現代民事法の実務と理論

田原睦夫先生　古稀・最高裁判事退官記念論文集

下巻

一般社団法人金融財政事情研究会

目次

一―1　倒産法共通

Ⅰ―2　破産法

Ⅰ―3　民事再生法

一―4　会社更生法

一―5　特別清算

一―6　トピックス

二　民事訴訟法

五　弁護士倫理

執筆者紹介

木南　　敦　京都大学教授
佐藤　鉄男　中央大学教授
山本　克己　京都大学教授
木内　道祥　最高裁判所判事
村田利喜弥　四天王寺大学教授
岡　　正晶　弁護士
小林　信明　弁護士
垣内　秀介　東京大学教授
松下　淳一　東京大学教授
増田　勝久　弁護士
中井　康之　弁護士
植村　京子　弁護士
黒木　和彰　弁護士
中西　　正　神戸大学教授
出水　　順　弁護士
石井　教文　弁護士
園尾　隆司　東京高等裁判所判事
小川　秀樹　法務省大臣官房司法法制部長
中本　敏嗣　大阪地方裁判所判事
印藤　弘二　弁護士
深山　卓也　法務省民事局長
山本　和彦　一橋大学教授
森　　倫洋　弁護士
阿多　博文　弁護士
木村　真也　弁護士
林　　圭介　大阪高等裁判所判事
籠池　信宏　弁護士
森　　恵一　弁護士
瀬戸　英雄　弁護士
花村　良一　東京地方裁判所判事
八田　卓也　神戸大学教授
菅野　雅之　東京地方裁判所判事
林　　道晴　静岡地方裁判所長
加藤新太郎　東京高等裁判所判事
髙部眞規子　横浜地方・家庭裁判所川崎支部長
森　　宏司　大津地方・家庭裁判所長
二本松利忠　大阪地方裁判所長
笠井　正俊　京都大学教授
山本　　弘　神戸大学教授
青木　　哲　神戸大学准教授
清水　正憲　弁護士

（掲載順・平成25年５月１日現在）

【上巻】目次

一　民法

五　民事立法

凡例

〔法律〕

金商法　金融商品取引法
金販法　金融商品の販売等に関する法律
自賠法　自動車損害賠償保障法
商法特例法　株式会社の監査等に関する商法の特例に関する法律
整備法　会社法の施行に伴う関係法律の整備等に関する法律
投信法　投資信託及び投資法人に関する法律
民執法　民事執行法
民執規　民事執行規則
民訴法　民事訴訟法
民保法　民事保全法

〔判例集・判例評釈書誌〕

民録　大審院民事判決録
民集　最高裁判所民事判例集
高民集　高等裁判所民事判例集
下民集　下級裁判所民事判例集
裁判集民時　最高裁判所裁判集民事
東高時報　東京高等裁判所判決時報
新聞　法律新聞
判決全集　大審院判決全集
家月　家庭裁判月報
交民　交通事故民事裁判例集
刑集　最高裁判所刑事判例集
刑録　大審院刑事判決録
判解民　最高裁判所判例解説 民事篇
無体集　無体財産権関係民事・行政裁判例集
主判解　主要民事判例解説
リマークス　私法判例リマークス

〔定期刊行物（学会誌、官公庁等の発行誌）〕

家族　家族〈社会と法〉
季労　季刊労働法
金商　金融商事判例
金法　旬刊金融法務事情
銀法　銀行法務21
金融法　金融法研究
クレジット　クレジット研究：クレジット研究所レポート
ケ研　ケース研究
債管　事業再生と債権管理
司研　司法研修所論集
自正　自由と正義
ジュリ　ジュリスト
商事　商事法務
信研　信託法研究

信託　信託
曹時　法曹時報
手研　手形研究
知管　知財管理
判時　判例時報
判タ　判例タイムズ
判評　判例評論
判民　判例民事法
評論　法律評論
ひろば　法律のひろば
米法　アメリカ法（日米法学会）
法協　法学協会雑誌
法教　法学教室
法支　法の支配
法時　法律時報
法セ　法学セミナー
民研　みんけん（民事研修）
民商　民商法雑誌
民情　民事法情報
民訴　民事訴訟雑誌
労経速　労働経営判例速報
労研　日本労働研究雑誌
労判　労働判例

［定期刊行物（法学部・法学科等のある大学の紀要）］

青法　青山法学論集
秋田　秋田法学
愛媛　愛媛法学会雑誌
岡法　岡山大学法学会雑誌
学習院　学習院大学法学会雑誌
関学　法と政治（関西学院大学法政学会）
関法　法学論集（関西大学法学会）
九法　九大法学
志林　法学志林（法政大学法学志林協会）
新報　法学新報（中央大学法学会）
専修ロー　専修ロージャーナル
同法　同志社法学
都法　東京都立大学法学会雑誌
阪法　阪大法学
広法　広島法学
府経　大阪府立大学経済研究
法学　法学（東北大学法学部）
法協　法学協会雑誌
法研　法学研究（慶應義塾大学法学研究会）
法雑　大阪市立大学法学雑誌
法政　法政研究（九州大学法政学会）
北法　北大法学論集
明学　明治学院論叢法学研究
名法　名古屋大学法制論集
立命　立命館法学
論叢　法学論叢（京都大学法学会）

一―1

倒産法共通

合衆国の司法権と破産裁判所
――Stern v. Marshallを中心として

木南　敦

一　はじめに

合衆国憲法第1条第8節第4項（以下、破産条項という。）は、合衆国議会が破産について合衆国を通じて一律の法律を定める権限を有すると定める。合衆国議会は、この権限を行使して、破産に関する法律として合衆国法典第11編を制定している（注1）。また、合衆国法典第28編で合衆国の裁判所とその管轄権を規定するなかで、破産を扱う裁判制度についても破産裁判官と破産裁判所についても規定している（注2）。

現在の制度の下では、破産裁判官（bankruptcy judge）は、合衆国の裁判地区（judicial district）に、その裁判地区が属する巡回区の合衆国上訴裁判所が任命する（注3）。破産裁判官の任期は一四年であり（注4）、その任期中は不適格、非行、職務怠慢又は身体的若しくは精神的な職務遂行不能の場合にのみ、その職務の場所が属する巡回区の裁判官会議によってのみ、それを構成する裁判官の多数決によって解任される（注5）。破産裁判官は常勤の職務の対価として、合衆国地方裁判所の裁判官である地区裁判官の俸給額の九二％の額の俸給を受ける（注6）。破産裁判官は、合衆国憲法（以下、憲法という。）第3条の下で設置される合衆国地方裁判所の裁判所職員として職務をする（注7）。各裁判地区において職務に就く破産裁判官が、その裁判地区の破産裁判所という名称の地方裁判所の単位を構成する（注8）。個々の破産裁判官は地方裁判所の裁判所職員として、合衆国法典第28編第6章によって付与される権限を法律又は地方裁判所の規則若しくは命令による別段の定めがない限り行使することができる（注9）。

他方、憲法第3条第1節は、合衆国の司法権は、最高裁判所及び合衆国議会が規定し設置する下級裁判所に託されることと、最高裁判所及び下級裁判所の裁判官は非行のない限りその職に就き、所定の時期にその在職中に減額されることのない報酬をその職務の対価として受けることを定める。非行のない限り在職するということは、弾劾裁判を経て解任されない限り、任期は終身であると解されている。このように、合衆国の司法権が託される合衆国の裁判官は、終身在職し、かつ、その間減額されない報酬を受けるという任期及び報酬の保障を憲法に基づいて受けるのである（注10）。これに対して、破産裁判官は、憲法第3条に定められる任期及び報酬の保障を受ける裁判官ではない。

合衆国の司法権は、このような任期及び報酬の保障が及ぶ裁判官により構成される裁判所が行使しなければならないから、合衆国の司法権と破産裁判所のかかわりが問われることになる。本稿は、Stern v. Marshall（注11）という、二〇一一年の合衆国最高裁判所判決を通して、合衆国の司法権と破産裁判所のかかわりを扱うことにする。

現行の合衆国法典第28編の規定（28 U.S.C. §1334）によれば、合衆国法典第11編に基づくすべての事件の排他的第一審管轄権と（注12）、合衆国法典第11編の下で生じるすべての民事手続、又は合衆国法典第11編に基づく事件において生じ、若しくはそのような事件に関連するすべての民事手続の排他的でない第一審管轄権が合衆国地方裁判所に付与される（注13）。合衆国法典第28編の別の規定（28 U.S.C. §157）によれば、合衆国地方裁判所は、合衆国法典第11編に基づくすべての事件、及び、合衆国法典第11編の下で生じるすべての手続又は合衆国法典第11編に基づく事件において生じる若しくはそのような事件に関連するすべての手続を、その裁判地区の破産裁判官に付託されるものとすると定めることができる（注14）。現在、この規定に基づき、すべての合衆国地方裁判所が、すべての破産事件及び手続は破産裁判官に自動的に付託されると定めている（注15）。

破産裁判官が地方裁判所から付託された事件及び手続につき行使できる権限は、事件あるいは手続が「合衆国法典第11編に基づく事件」及び「合衆国法典第11編の下で生じ又は合衆国法典第11編に基づく事件において生じる核心手続（core proceedings）」に当たるか、それとも、「核心手続ではなく合衆国法典第11編に基づく事件にその他の点で関連する手続」に当たるかによって異なる。「合衆国法典第11編に基づく事件」及び「核心手続」では、破産裁判官は審理し判断し、適切な決定及び判決をすることができる（注16）。この場合には、破産裁判官は審理のうえ終局判決をすることができることになる。他方、「核心手続ではなく合衆国法典第11編に基づく事件にその他の点で関連する手続」では、破産裁判官ができることは、審理をして地方裁判所に事実認定及び法の結論に関して提案を提示することであり、地方裁判所は、当事者が適時にかつ特定して異議を申し立てた事項については、初めから審査し直し、決定又は判決をする（注17）。このような場合でも、その全当事者の同意があると、地方裁判所は、合衆国法典第11編に基づく事件に関連する手続を破産裁判官が適切な決定及び判決をするよう付託することができる（注18）。合衆国地方裁判所が破産裁判所の決定及び判決からの控訴を審理する管轄権を有し（注19）、合衆国上訴裁判所が地方裁判所の終局判決からの上訴管轄権を有する（注20）。

一六種類の事項が「核心手続」として規定上例示されるが、「核心手続」は例示される事項に限定されないと規定される（注21）。例示される事項の一つが、財団に対する請求の届出をした者に対する反対請求（counter-claims）である（注22）。合衆国最高裁判所は、Stern v. Marshallにおいて、ここで「核心手続」の例とされる反対請求について、破産裁判官が決定及び判決をすることができるとする規定が憲法第3条の規定に違反し無効であると判断した。

現行の破産裁判官及び破産裁判所に関する規定は「１９８４年破産法改正並びに連邦裁判官職法（Bankruptcy Amendments and Federal Judgeship Act of 1984）」（注23）によって導入された（注24）。この法律は、合衆国最高裁判所が一九八二年、Northern Pipeline Construction Co. v. Marathon Pipe Line Co. において（注25）、１９７８年破産改革法とも１９７８年破産法とも呼ばれる法律（注26）における破産裁判所の管轄権に関する規定を憲法第3条に反し無効であるとしたことに対処するために、合衆国議会が制定した法律である（注27）。

１９７８年破産改革法は、１８９８年制定の破産法にかわる法律として、一〇年間にわたる調査の結果制定された。この法律は、裁判地区ごとにその地区の地方裁判所の付属機関として、その地区の合衆国破産裁判所を設置するとし、破産裁判所はその地区の破産裁判官によって構成されるとした（注28）。破産裁判官は、大統領が上院の助言と同意を得て任命し、大統領は、任命がなされる地区を含む巡回区の裁判官会議による推薦者に適切に顧慮するものとされた（注29）。破産裁判官の任期は一四年とされ、その任期中、不適格、非行、職務怠慢又は身体的若しくは精神的な職務遂行不能の場合にのみ解任され、解任は破産裁判官が職務をする地区が属する巡回区の裁判官会議により、解任にはその会議を構成する裁判官全員の過半数の同意がなければならないとされた（注30）。その報酬は年額五万ドルとされ、その額は連邦俸給法による調整を受けるとされた（注31）。

１９７８年破産改革法は、地方裁判所が、合衆国法典第11編に基づくすべての事件の第一審かつ排他的管轄権、及び、合衆国法典第11編の下で生じ又は合衆国法典第11編に基づく事件で生じ若しくはそのような事件に関連する手続に第一審であるが排他的ではない管轄権を有するという規定を置き、この規定によって地方裁判所に付与される管轄権は、合衆国法典第11編に基づく事件が開始された地区の破産裁判所が行使するとされた（注32）。地方裁判所の破産管轄権を破産裁判所に付託する規定の効力が、Northern Pipelineで争われた（注33）。

一九八〇年一月、Northern Pipeline Construction社（Northern）は、ミネソタ地区合衆国破産裁判所において再建事件の開始を申し立て、その再建事件が始まった。一九八〇年三月、Northernは、同破産裁判所においてMarathon Pipe Line社（Marathon）に対する訴えを提起した（注34）。この訴えで、NorthernはMarathonに対して、申立て前に契約違反及び保証違反並びに不実表示、威圧及び強迫があったと主張して、損害賠償を請求した。１８９８年破産法の下であれば、このような訴えは破産審理人の略式管轄権の範囲外であり、州裁判所又は合衆国地方裁判所における訴訟が必要とされる訴えに該当したが、１９７８年破産改革法の下では、破産裁判所が合衆国法典第11編に基づく事件に関連する手続に排他的ではない第一審管轄権を有するとされた（注35）。このために、Northernが提起したような訴えは破産裁判所の広範な管轄権の範囲内に収まった（注36）。

Marathonは、１９７８年破産改革法が、憲法第３条の定める地位と報酬の保障を受けない裁判官に合衆国の司法権を付与することは憲法違反であるという理由をあげ、この訴えを却下するよう求めた。合衆国が、規定は合憲かつ有効であると論じるために訴訟に参加した。破産裁判所はこの却下申立てを退けたが、控訴を受けた地方裁判所は、破産裁判官に権限を付与することは憲法違反であると判断して却下を認めた。合衆国最高裁判所は六対三で、同法の破産裁判所の権限に関する規定が憲法違反であり無効であると判断した。違憲とする裁判官六名のうち、ブレナン裁判官の意見には三名の裁判官が賛同し（注37）、また、レーンキスト裁判官の意見にはオコナー裁判官が賛同したことから、この判決において合衆国最高裁判所の見解を表明する法廷意見はなかった。ブレナン裁判官の意見は、１９７８年破産改革法の規定は「許容されないところまで、司法権の本質的属性の全部ではないがその大部分を憲法第3条に基づいた地方裁判所から取り上げ、そうした属性を憲法第3条に基づかない付属機関に付与する。」とした（注38）。ブレナン裁判官の意見とレーンキスト裁判官の意見は、「少なくとも、新破産裁判官が、Marathonに対する本件の州法上の契約に基づく請求を判断することは憲法上できないことは明らかである。」（注39）という点で一致していると指摘される（注40）。

１９８４年破産法改正並びに連邦裁判官職法（以下、１９８４年破産法という。）は、地方裁判所が破産事件の大部分を扱う時間も関心もないことを認めて、包括的な管轄権を名目上は地方裁判所に付与したうえ、地方裁判所がそれまでより限定された管轄権を憲法第3条による地位と報酬の保障を受けない破産裁判官に付託できるとして、破産裁判官が、核心手続と、核心手続ではなく破産事件又は破産手続に関連する手続では当事者が合意した場合は終局判決をする権限を有し、それ以外の場合には、破産裁判官は合衆国地方裁判所裁判官に報告と提案だけをすることができ、地方裁判所裁判官が当事者の少なくとも一人が同意しなかったときは核心手続ではない手続において終局決定をすることができるとしたのである（注41）。

合衆国最高裁判所は、Stern v. Marshallにおいて、１９８４年破産法の破産裁判官の管轄権に関する規定の一部を憲法第３条に違反し無効であると判断した。次に、Stern v. Marshallの事実と法廷意見の概略を紹介する。

（注1） See Kenneth N. Klee, Bankruptcy and the Supreme Court 122-33 (2008).

（注2） 合衆国の現行法による破産裁判所と破産裁判官に関して、高木新二郎『アメリカ連邦倒産法』二七三頁以下（一九九六年）参照。

（注3） 28 U.S.C. § 152(a) (2011).

（注4） Id.

（注5） 28 U.S.C. § 152(e) (2011).

（注6） 28 U.S.C. § 153(a) (2011).

（注7） 28 U.S.C. § 152(a) (2011). 憲法第2条第2節第2項は、合衆国議会は法律によって、それが適当と考える下級の公務員の任命を司法裁判所に付与することができることを規定する。この規定に照らせば、破産裁判官はこの規定にいう下級の公務員に当たり、その任命が司法裁判所に付与されているということになり、そして、裁判所職員として職務をするという法律の規定はここでいう下級の公務員であることに対応することになる。

（注8） 28 U.S.C. § 151 (2011).

（注9） Id.

（注10） See Jack N. Rakove, The Original Justification for Judicial Independence, 95 Geo. L. J. 1061 (2007); James E. Pfander, Judicial Compensation and the Definition of Judicial Power in the Early Republic, 100 Mich. L. Rev. 1 (2008).

（注11） 131 S. Ct. 2594 (2011).

（注12） 28 U.S.C. § 1334(a)（2011）.

（注13） 28 U.S.C. § 1334(b)（2011）.

（注14） 28 U.S.C. § 157(a)（2011）.

（注15） Ralph Brubaker, A "Summary" Statutory and Constitutional Theory of Bankruptcy Judges, Core Jurisdiction After Stern v. Marshall, 86 Am. Bankr. L. J. 121（2012）; Klee, supra note 1, at 214.

（注16） 28 U.S.C. § 157(b)(1)(2011). この決定及び判決は上訴によって、合衆国地方裁判所による審査の対象になる。28 U.S.C. § 158（2011）(a). 合衆国地方裁判所による破産裁判所の決定及び判決の上訴では、合衆国上訴裁判所が民事手続で地方裁判所の決定及び判決を上訴により審査するように、破産裁判所の決定及び判決が審査される。28 U.S.C. § 158 (c)(2)(2011).

（注17） 28 U.S.C. § 157(c)(1)(2011).

（注18） 28 U.S.C. § 157(c)(2)(2011). この決定及び判決は、上訴によって合衆国地方裁判所による審査の対象になる。Id. 28 U.S.C. § 158（2011）.

（注19） 28 U.S.C. § 158(a)(2011).

（注20） 28 U.S.C. § 158(d)(2011).

（注21） 28 U.S.C. § 157(b)(2)(2011).

（注22） 28 U.S.C. § 157(b)(2)(C)(2011).

（注23） Pub. L. No. 353, 98 Stat. 333（1984）.

（注24） Klee, supra note 1, at 214-15; Brubaker, supra note 15, at 132-33. 高木・前掲（注２）二七三頁以下参照。

（注25） 458 U.S. 50（1982）. この判決を扱う邦語文献に、霧島甲一「アメリカ連邦破産法違憲判決」志林九六巻三・四号一頁（一九九三年）がある。

（注26） An Act to Establish a Uniform Law on the Subject of Bankruptcies, Pub. L. No. 95-598, 92 Stat. 2549（1978）. See Kenneth N. Klee, Legislative History of the New Bankruptcy Law, 28 DePaul L. Rev. 941（1979）.

（注27） その間の事情を述べるものとして、See Susan Block-Lieb, What Congress Had to Say: Legislative History as a Rehearsal of Congressional History to Stern v. Marshall, 86 Am. Bankr. L. J. 55, 93-112（2012）.

（注28） Pub. L. No. 95-598, §201(a), 92 Stat. at 2657（repealed 1984）（28 U.S.C. §151(a), (b)）.

（注29） Pub. L. No. 95-598, §201(a), 92 Stat. at 2657（repealed 1984）（28 U.S.C. §152）.

（注30） Pub. L. No. 95-598, §201(a), 92 Stat. at 2657（repealed 1984）（28 U.S.C. §153(a), (b)）.

（注31） Pub. L. No. 95-598, §201(a), 92 Stat. at 2657（repealed 1984）（28 U.S.C. §154）.

（注32） Pub. L. No. 95-598, §241(a), 92 Stat. at 2657（repealed 1984）（28 U.S.C. §1471）.

（注33） 破産裁判所に関する規定は一九八四年四月に全面施行され、１９７８年破産改革法の施行日である一九七九年一〇月一日からそれまでの移行期間中は、１９７３年連邦破産規則改正によって破産裁判官と呼ばれることになっていた従来の破産審理人が同法条の破産裁判官として職務を遂行し、このような破産審理人は１９７８年破産改革法の定める管轄権及び権限の大部分を行使するとされた。Pub. L. No. 95-598, §§401-411, 92 Stat. at 2682-88. See Northern Pipeline, 458 U.S. at 56.

（注34） Northernは、再建事件の開始を申し立てる約一年前に、ケンタッキー西地区合衆国地方裁判所でMarathonに対し、実質的に同内容の請求に基づいて訴えを提起していた。In re Northern Pipe Line Construction Co., 6 B.R. 928, 931（Brankr. Minn. 1980）.

（注35） ある民事手続が破産と関連があるともっともな言い分が成り立つ限り、破産裁判所が第一審管轄権を有しないという民事手続はないことになる。破産事件に独占禁止の争いが絡んでいれば、その争いについて破産裁判所が管轄権を有することになり、離婚における配偶者間に生じている財産分割の争いにも、破産裁判所が管轄権を行使しようとすればできるとされた。Douglas G. Baird, Bankruptcy Procedure and State-Created Rights: The Lessons of Gibbons and Marathon, 1982 Sup. Ct. Rev. 25, 37.

（注36） Brubaker, supra note 15, at 131.

（注37） ブレナン裁判官は、「債務者と債権者の関係のリストラクチャリングは、合衆国の有する破産権限の核心

（core）にあって、本件で争われている契約違反による損害の賠償を請求する権利のように、州法によりつくりだされる私的権利の裁決と区別されなければならない。」と述べた。Northern Pipeline, 458 U.S. at 71. ここで用いられた「核心（core）」という用語が、１９８４年破産法改正並びに連邦裁判官職法が破産裁判官の権限を規定するのに用いる『核心手続』という用語法に反映しているとされる。Troy A. McKenzie, Getting to the Core of Stern v. Marshall: History, Expertise, and the Separation of Powers, 86 Am. Bankr. L. J. 23, 24 (2012); Brubaker, supra note 15, at 136. しかし、債務者と債権者の関係のリストラクチャリングは、合衆国の有する破産権限の核心（core）にあるということについては、少なくとも再建型でない場合には、破産法は核心に債務者と債権者の関係のリストラクチャリングを含まず、また、それを含むとしてもブレナン裁判官はそのことが重要である理由を説明していないという指摘がある。Baird, supra note 35, at 44.

（注38） Northern Pipeline, 458 U.S. at 87.

（注39） Id. at 87 n.40.

（注40） Brubaker, supra note 15, at 131-32.

（注41） Klee, supra note 1, at 214-15.

二　Stern v. Marshall

Stern v. Marshallは、テキサス州一の、又は第二の富豪といわれたJ. Howard Marshall二世の財産をめぐる、彼の三度目の結婚相手Vickie Lynn Marshallと、彼と最初の妻の間に生まれた二人の男子のうちの一人E. Pierce Marshallとの間の争いから生じた。事案の概要は次のとおりである。

J. Howard Marshallは一九〇五年に生まれ、一九三一年にイェール・ロー・スクールを最優等の成績で卒業し、卒業後イェール・ロー・スクールで教壇に立ち、彼が授業を担当した科目には遺言及び信託を扱う科目が含まれた（注42）。彼は一九三二年に、当時イェール・ロー・スクール教授であったWilliam O. Douglasの共著者として、A Factual Study of Bankruptcy Administration and Some Suggestionsという論文を発表した（注43）。また、同年とその翌年に、イェール・ロー・スクールの同級生と共著で、Legal Planning of Petroleum Productionという論文二編を発表した（注44）。その後、イェールからローズベルト政権下の合衆国政府に移って内務省で石油行政に携わった。その後、石油産業に転身し、石油事業において莫大な財を成した（注45）。

一九九一年に二人目の妻と愛人に先立たれ、Howardは意気消沈していたところ、その一〇月にヒューストン市内のクラブで、Anna Nichole Smithと名乗っていたVickie Lynn Marshallのダンスを見た。Vickieは一九六七年生まれ、一七歳で結婚し一九歳で離婚し、この間に誕生した男子を一人で養育しながらヒューストン市内のクラブでウエイトレスとダンサーとして働いていた。Howardは、Vickieのダンスを見た日から、彼女を口説きはじめた。このとき、Howardは八六歳、Vickieは二四歳であった。Howardは、Vickieに多額の金銭を与え、彼女に届く請求書を代わって支払い、高価な宝石類、衣装や高級車を与え、また、彼女のために牧場及び家屋を購入した。さらに、月に二度二〇〇〇ドルの小切手をコンサルタント料として彼女に送り、その額は後に二七五〇ドルに増額され、この支払について彼女の所得税申告書を作成した（注46）。HowardはVickieに求婚を繰り返した。VickieはHowardと出会ってから、発声とモデル活動のレッスンを受けていた。一九九二年三月にはプレイボーイ誌の表紙に登場し、一九九三年にはGuess社のジーンズの宣伝モデルに起用された。Howardは求婚を続けていた。一九九四年春になってVickieは求婚に応じ、一九九四年六月二七日、二人は婚姻した。Howardは婚姻後も、Vickieに気前よく高額の贈り物を続けた（注47）。Howardは一九九五年冬に体調を崩し、一九九五年八月四日、二人の息子と妻を残して死亡した。Howardの生前信託からも彼の遺言からも、Vickieは財産をいっさい受け取ることができなかった（注48）。

Vickieは、Howardの生存中の一九九五年五月に、テキサス州検認裁判所において、Pierceが、彼女がHowardから扶養を受ける権利を不法行為により侵害したと主張する訴えを提起した。このテキサス州検認裁判所における訴えでは、彼女は後に、Pierceと彼の代理人らが、Howardが生存中と死亡時に彼女に贈与をするという口頭の約束をしたという信頼に基づく期待権を不法行為により侵害したということを主張に加えた。

一九九六年一月二五日、テキサス州検認裁判所でHowardの遺産をめぐる争いが続いていたとき、Vickieは、カリフォルニア州中部地区合衆国破産裁判所にチャプター・イレブンに基づく再建事件の申立てをし、彼女は占有を継続する債務者（debtor in possession）とされた。一九九六年五月、Pierceは、この破産裁判所において、Vickieに対して対審手続（adversary proceeding）を提起し、彼女の代理人が再建事件申立て前に、PierceがHowardの財産を支配するために偽造、詐欺や不当威圧を用いたと報道陣に述べたと主張して彼の名誉を損なったと主張し、彼女が非免責債務を負っているという決定を求めた。一九九六年六月一一日、Pierceはこの請求について債権の証拠の届出をした（注49）。Vickieは、この対審手続で真実であることを抗弁とする旨の答弁をし、また、一九九六年六月一四日、Pierceに反対請求を提起して、そのなかでPierceは彼女がHowardから贈与又は相続する期待を不法行為により侵害したと主張した。この反対請求は、対立する当事者の請求の主題である同一の取引又は出来事から生じることから、手続上は強制的反対請求に該当した（注50）。一九九九年三月八日、破産裁判所は、チャプター・イレブンに基づくVickieの再建計画を承認した（注51）。

カリフォルニア中部地区合衆国破産裁判所は、一九九九年一一月にPierceによるVickieに対する請求について

Vickie勝訴の略式判決をした後、VickieのPierceに対する反対請求について裁判官による事実審理を経て、二〇〇〇年一二月に、Pierceに対して四億ドルあまりの損害賠償と二五〇〇万ドルの懲罰的損害賠償の支払を命じた（注52）。Vickieは、この破産裁判所の判決の数日後、二〇〇一年一月に、テキサス州検認裁判所に彼女が提起しそこで続いていた訴訟において、Pierceに対する不法行為による権利侵害の訴えを取り下げた。その後、Pierceが同裁判所において、Vickieによる請求に対して提起していた反対請求において請求を修正し、Howardの生前信託と遺言が有効であるという確認判決を求めた。二〇〇一年八月に、テキサス州検認裁判所は、Howardの主張をすべて認める判決をした（注53）。

カリフォルニア中部地区合衆国破産裁判所はこの審理において、VickieのPierceに対する反対請求は、破産裁判官が判決をすることができる「核心手続」に当たると扱っていた（注54）。Pierceは、破産裁判所の判決を不服としてカリフォルニア中部地区合衆国地方裁判所に控訴した。二〇〇一年七月に、地方裁判所は、破産裁判所がVickieのPierceに対する反対請求が「核心手続」に当たると判断していたけれども、この反対請求は核心手続に当たると解することができないと判断した（注55）。地方裁判所は、破産裁判所の判決は最終的なものではなく提案されたと扱うことが求められるとして、記録を独自に審査するとした（注56）。二〇〇一年一二月には、地方裁判所は、すでにテキサス州検認裁判所が判決をしていたが、このテキサス州判決に既判力と争点効を与えて訴えを却下することを求めるPierceによる略式判決の申立てを認めなかった（注57）。

二〇〇二年三月に、地方裁判所はVickieの反対請求を認めて、Pierceに対して損害賠償と懲罰的損害賠償として、それぞれにつき四四二九万二七六七ドル三三セントの支払を命じた（注58）。二〇〇四年一二月に、第九巡回区合衆国上訴裁判所は別の理由によって原審である地方裁判所の判決を取り消したが（注59）、二〇〇六年五月に、合衆国最高裁判所はこの点について原審の判断を覆して、同上訴裁判所に差し戻した（注60）。この合衆国最高裁判所判決の直後にPierceが死亡し、その遺言執行人であるElaine T. Marshallが訴訟を承継した。二〇〇七年にはVickieが死亡し、その遺言執行人であるHoward K. Sternが訴訟を承継した。

二〇一〇年三月に、第九巡回区合衆国上訴裁判所が、Vickieの反対請求は「核心手続」に当たらないから、破産裁判所はこの請求について判決をすることができないと判断して、原審は、テキサス州検認裁判所の判決が本件手続に関する事項について最初の判決であるから既判力と争点効を認めるべきであったと判断した（注61）。Sternがこの上訴裁判所判決の審査を合衆国最高裁判所に申請したところ、合衆国最高裁判所はこの申請を認めた（注62）。こうして、合衆国最高裁判所が、「核心手続」に関する規定を解釈して、この規定が憲法第3条に合致するかという問題を扱うことになった。

以上見たように、Vickieによるpierceに対する不法行為に基づく請求については、一九九九年一一月のカリフォルニア中部地区合衆国破産裁判所のVickieの反対請求を判断した判決、二〇〇一年八月のテキサス州検認裁判所の判決、及び、二〇〇二年三月のカリフォルニア中部地区合衆国地方裁判所の判決がある。カリフォルニア中部地区合衆国破産裁判所が、Vickieの反対請求を核心手続として判決することができないのならば、テキサス州検認裁判所が最初の終局判決として、カリフォルニア中部地区合衆国地方裁判所において争点効をもつことになる。このように扱うのが第九巡回区合衆国上訴裁判所の立場であり、合衆国最高裁判所はStern v. Marshallにおいてこの立場を支持した。この際に、合衆国最高裁判所は、破産裁判官が、核心手続として、財団に対する請求の届出をした者に対する反対請求を審理判断しかつ適切な決定及び判決をすることができるとする規定が憲法第3条に違反し無効であるという判断を示したのである。ロバーツ主席裁判官がこの判決の法廷意見を執筆した。ロバーツ主席裁判官の法廷意見にスカリア、ケネディ、トーマス、アリトーの各裁判官が賛同した。ブライアー、ギンズバーグ、ソトマイヨールとケーガンの各裁判官がこの判決に反対し、ギンズバーグ、ソトマイヨールとケーガンの各裁判官がブライアーの反対意見に賛同した。

法廷意見は、VickieのPierceに対する不法行為による侵害という反対請求は、財団に対する請求の届出をした者に対する反対請求を核心手続と定める合衆国法典第28編の規定（28 U.S.C. §157(b)(2)(C). 以下、§157(b)(2)(C)という。）の明確な文言の下で「核心手続」であるとする（注63）。そして、この規定は、破産裁判所がVickieの不法行為による侵害という反対請求につき終局判決をすることを許すと解釈する（注64）。しかし、§157(b)(2)(C)が破産裁判所がVickieの反対請求につき終局判決をすることを許しても、憲法第3条はそうすることを許さないという（注65）。

法廷意見は、憲法第3条は、権力分立を実行に移す際にそれが果たす役割を通じてだけではなく、憲法第3条のいう裁判官の性格を指定することによって自由を保護するといい（注66）、この保護を達成することができるようにするために、合衆国議会は、性質上コモン・ロー、エクイティ又は海事法上の訴えである事項を裁判所の管轄から取り上げることはできないとする（注67）。この例外として、Northern Pipeline事件の最高裁判所判決では、「公的権利（public right）」を扱う事件は、合衆国議会が、憲法第3条の規定を満たさない裁判所にその解決を委ねても、憲法に反しないこととされたといい、この判決に加わった裁判官の半数以上が、この例外の範囲について意見の合致を見なかったものの、この法理はこの事件において争われた州法上の請求の裁決を含まないと結論したことを指摘する（注68）。

法廷意見は、合衆国議会は一九八四年の法改正によって、新しい破産裁判所が核心手続においてのみ終局判決をすることを許すものの、核心手続に当たる事項については、１９８４年破産法の下での破産裁判所は、１９７８年破産改革法の下でと同じ権限を行使することを指摘する（注69）。そして、本件で、破産裁判所は、Northern Pipeline事件で破産裁判所がしたのとまさしく同様に、州のコモン・ロー上の請求につき解決し終局判決をしようとすることで「合衆国の司法権」を明確に行使したといい、「公的権利」に関する例外はNorthern Pipeline事件におけるのと同様に、この行使につき憲法第3条に従わないことの言い訳とならないという（注70）。また、本件において、Vickieの請求は、破産法から独立の州法に基づくものであり、債権者による請求の証拠の届出につき決定すれば解決されるというものではなく、Northern Pipeline判決及びGranfinanciera判決はこの種の事件において「公的権利」に関する例外の適用を拒否したという（注71）。さらに、Northern Pipeline判決以降、「公的権利」に関する例外を扱った合衆国最高裁判所判決に言及した後、これらの判決におけるさまざまな「公的権利」に関する例外の公式のいずれにも該当しないとする（注72）。

法廷意見は、１９８４年破産法の下での破産裁判所は地方裁判所の附属機関とされるが、本件でも、Northern Pipelineにおけるのと変わりなく、最終決定する権限及び責任は地方裁判所ではなく破産裁判官にあり、このような権限があるのならば、破産裁判所は、地方裁判所が上訴裁判所の附属機関であると見られないのと同様、地方裁判所の単なる附属機関であると見られないとする（注73）。

こうして、法廷意見は、本件は、最も典型的な司法権の行使、訴訟が行政機関による規制制度に由来することなくまたそれに依存することもない場合に、広い範囲に及ぶ実質的管轄権を有する裁判所による、コモン・ロー上の訴訟原因についての拘束力ある終局判決をすることを含み、このような司法権の行使が、それがまとまりのない「公的権利」というものの一部であると見られるという理由で、憲法第３条に基づく裁判所から取り上げることが可能であれば、憲法第３条が、われわれが長年認めてきた個人の自由と権力分立の保護者から単に願望的思考にすぎないものにされてしまうことになろうという（注74）。こうして、合衆国最高裁判所は次のように結論した。「合衆国憲法第３条は、合衆国の司法権は、同条に定められた保護を享受する裁判官からなる裁判所にのみ託することが許される。本日、当裁判所は、合衆国議会は、ある孤立した点で、１９８４年破産法においてこの制限を超えたと結論する。本件における破産裁判所は、債権者が届け出た請求の証拠につき判断する過程で解決されない州法上の反対請求につき判決をする憲法上の権限を欠く。」（注75）

（注42） In re Marshall, 275 B.R. 5, 11 (C. D. Cal. 2002). See Fred Rodell, For Charles E. Clark: A Brief and Belated But Fond Farewell, 65 Colum. L. Rev. 1323, 1325 (1965).

（注43） William O. Douglas & J. Howard Marshall, A Factual Study of Bankruptcy Administration and Some Suggestions, 32 Colum. L. Rev. 25 (1932).

（注44） J. Howard Marshall & Norman L. Meyers, Legal Planning of Petroleum Production, 41 Yale L. J. 33 (1931); J. Howard Marshall & Norman L. Meyers, Legal Planning of Petroleum Production: Two Years of Proration, 42 Yale L. J. 702 (1932).

（注45） In re Marshall, 275 B.R. at 11-12; In re Marshall, 600 F. 3d 1037, 1041 (9th Cir. 2010).

（注46） コンサルタント料としたのはHowardの贈与税課税対策であった。In re Marshall, 275 B.R. at 19.

（注47） 一九九四年秋には、HowardからVickieに六〇〇万ドルを超える価値のある贈与があった。In re Marshall, 392 F. 3d 1118, 1123 (9th Cir. 2010).

（注48） In re Marshall, 275 B.R. at 20-25; In re Marshall, 392 F. 3d at 1121-23.

（注49） この債権の証拠の届出の画像が、In re Marshall, 600 F. 3d at 1070に収録されている。

（注50） Fed. R. Bankr. P. Rule 7013.

（注51） In re Marshall, 392 F. 3d at 1126-27; In re Marshall, 600 F. 3d at 1042-45.
（注52） Marshall v. Marshall, 547 U.S. 297, 301（2006）; Stern v. Marshall, 131 S. Ct. at 2601; In re Marshall, 600 F. 3d at 1045; 253 B.R. 550, 561-62（Banrkr. C. D. Cal. 2002）; 257 B.R. 35, 39-40（Banrkr. C. D. Cal. 2002）.
（注53） In re Marshall, 600 F. 3d at 1046-47.
（注54） In re Marshall, 257 B.R. at 39-40.
（注55） In re Marshall, 264 B.R. 609（C. D. Cal. 2001）.
（注56） Id. at 633.
（注57） In re Marshall, 271 B.R. 858（C. D. Cal. 2001）.
（注58） In re Marshall, 275 B.R. 5（C. D. Cal. 2002）.
（注59） In re Marshall, 392 F. 3d 1118（9th Cir. 2004）.
（注60） Marshall v. Marshall, 547 U.S. 293（2006）.
（注61） In re Marshall, 600 F 3d. 1037（2010）.
（注62） Stern v. Marshall, 131 S. Ct. 63（2010）.
（注63） 131 S. Ct. at 2604.
（注64） Id. at 2605.
（注65） Id. at 2608.
（注66） Id. at 2609.
（注67） Id.（citing Murray's Lessee v. Hoboken Land & Improvement Co., 59 U.S.（18 How.）272, 284（1856））.
（注68） Id. at 2610.
（注69） Id. at 2610-11.
（注70） Id. at 2611.
（注71） Id.

（注72） Id. at 2613-14.
（注73） Id. at 2618-19. See id. at 2610.
（注74） Id. at 2615.
（注75） Id. at 2620.

三　合衆国の司法権と破産裁判所

合衆国最高裁判所がStern v. Marshallで判示したことは、破産裁判官は、事実又は法律の問題が債権者が届け出た請求の証拠につき判断する過程で解決されない限りで、州法上の反対請求につき判決をする憲法上の権限を欠くということである（注76）。合衆国最高裁判所は、この判示によって見解を示した問題は狭い問題であると述べた（注77）。実際にそれが狭い問題に関する判示であるかは、すぐに判明するところではないと評されている（注78）。判決が意味するところはしだいに判明する。ここでは、合衆国の司法権と破産裁判官に付与される権限のかかわりを扱うことにする。

合衆国最高裁判所は、Murray's Lessee v. Hoboken Land & Improvement Co.（注79）において、「非常に重大な事項について誤解を避けるためにも、われわれは、合衆国議会は、性質上コモン・ロー、エクイティ又は海事法上の訴えである事項を裁判所の審理と決定から外すこともできず、他方、性質上裁判所による決定の対象ではない事項を司法権の下にもってくることもできないと考えるというのが適当であると考える。」（注80）と述べていた。合衆国最高裁判所は、Stern v. Marshallで、この前半部分を引用して、合衆国議会は性質上コモン・ロー、エクイティ又は海事法上の訴えである事項を裁判所による審理と決定から外すことができないと述べた（注81）。合衆国議会が性質上裁判所による決定の対象ではない事項を司法権の下にもってくることができないという部分は、合衆国議会が司法権を他の部門の領域に拡張することは許容されないということであり、合衆国の裁判所を政府の他の部門の領域であると扱われる領域に引き込まれるおそれに対応する（注82）。裁判所の決定が政府の他の部門によって審査される場合が、このような場合の例である（注83）。

他方、合衆国議会が性質上コモン・ロー、エクイティ又は海事法上の訴えである事項を裁判所の審理と決定から外すことができないという部分は、司法権が扱う領域を縮減することは許されないということである（注84）。一九世紀において、合衆国議会が州となっていない合衆国の領地に設置した裁判所も、軍法会議も、合衆国の司法権の領域を縮減する脅威となるとは考えられていなかった（注85）。コモン・ロー、エクイティ及び海事法はイングランドにおいては一九世紀まで、それぞれに対応する裁判所組織が存在した法領域である。コモン・ロー、エクイティ又は海事法という法領域に該当する事件は憲法第3条第2節によって合衆国の司法権が及ぶ事件とされるから、合衆国議会はコモン・ロー、エクイティ又は海事法の事件を扱う裁判所を設けるときには、このような事件を憲法第3条第1節の地位と報酬の保障を受ける合衆国の裁判官が審理し決定する事件としなければならなくなる。

それでは破産の場合はどうか。合衆国議会は、破産条項により破産について合衆国を通じて一律の法律を制定する権限を有する。破産条項は、合衆国議会が、一六世紀半ばからイングランド国会が制定してきたように、破産に関する法律を、合衆国を通じて一律の法律として制定することができるとするものである。イングランドにおける破産制度は一五七一年の法律を基礎とし、コモン・ロー、エクイティ及び海事法という法領域とは別個に設けられた制度であった（注86）。この制度の下では、大法官（Lord Chancellor）が破産コミッショナーを任命し、その監督下で破産コミッショナーが破産者の財産を管理し、債権を証明した債権者に対してそれを分配した。破産における大法官の権限は大法官府裁判所の権限とは別種の権限であり、破産コミッショナーが担当する手続は大法官府裁判所の手続とは考えられていなかった。破産者の財産の管理は破産コミッショナーの権限であったが、その権限は何が破産者の財産に属するかの決定には及ばず、この決定はコモン・ローあるいはエクイティの手続によるとされた（注87）。破産コミッショナーによる手続はコモン・ロー上あるいはエクイティ上の事件ではないと扱われ（注88）、破産制度はこのように、国会の制定した破産に関する法律によって創設されたものであった（注89）。

合衆国議会が破産条項に基づき破産について法律を制定するとは、イングランドの国会が破産制度のもとになったような法律を制定したように、また、一七七六年に独立を宣言した個々のアメリカの共和国における破産に関する法律を制定したように、破産を扱う法律を制定することと考えられる（注90）。合衆国議会がこうして制定する法律は、破産条項に基づく立法である限り、コモン・ローにもエクイティにも該当しないことになる。合衆国議会は、一八〇〇年に憲法第1条第8節第4項の破産条項に基づいて初めて破産法を制定したとき、地方裁判所の裁判官が破産コミッショナーを任命し、破産コミッショナーに破産財産を管理し分配する権限を付与し、破産コミッショナーの決定が地方裁判所において審査されるという制度を、イングランドの破産法制度を実体面でも手続面でもならって導入した（注91）。このように、合衆国議会は、破産について法律を制定する際、その法律の運用を担当する機関を設けた。この機関が一八〇〇年制定の破産法を適用して事例を扱うことはコモン・ロー上あるいはエクイティ上の事件につき審理し決定することにならず、そのために、破産コミッショナーは地方裁判所の裁判官が任命するとされ、また、破産コミッショナーには憲法第3条が定める地位と報酬の保障がなかったと考えられる。

合衆国議会は、破産条項にいう破産の意義を解釈し、破産条項を根拠としてそれを扱う法律を制定し、そのような法律の内容に応じて、破産法を運用する機関、権限及び手続を規定することができると考えられる（注92）。けれども、合衆国議会がこのように規定する際に、コモン・ローにおける令状により、あるいはエクイティの手続に従って訴訟が開始される事件については、憲法第3条による制約があると考えられる。コモン・ローにおける令状により、あるいはエクイティの手続に従って訴訟が開始される事件につき審理し決定することは司法権の行使に当たり、合衆国議会は憲法第3条が定める地位と報酬の保障を受ける裁判官からなる裁判所にそれを行使させることが求められるからである。

合衆国最高裁判所がMurray's Lesseeで、合衆国議会が性質上コモン・ロー、エクイティ又は海事法上の訴えである事項を裁判所の審理と決定から外すことができないといったのは、コモン・ローにおける令状により、あるいは、エクイティ又は海事法の手続に従って訴訟が開始される事件には、合衆国の司法権を及ぶようにすることが求められ、合衆国の裁判所の審理と決定の対象外とすることができないことを意味することになる。

Murray's Lesseeでは、ジャクソン大統領によってニューヨーク港の関税徴収者に任命されたSwartwoutが、その職にあった八年間に徴収した関税のうち一三〇万ドル以上を合衆国に納付せず、アメリカ合衆国内に財産をほとんど残さずに国外に逃亡した。合衆国政府は彼に対する最も大口の債権者であった。合衆国財務省は、合衆国国庫に納付される公金を受け取る合衆国の公職者に適用される一八二〇年制定の法律の規定に従って、まず、Swartwoutが合衆国に負っている金額を算出し確定する手続を進め、その結果確定した額の金銭を回収するために、彼の所有の財産を差し押さえるように合衆国執行官に指示する令状を発し、執行官がこの令状に基づき彼の土地を差し押さえリーエンを得て、それを実行してこの土地を競売した。Swartwoutの別の債権者が、州の裁判所で彼に対して提起していた訴訟で判決を得たが、この判決は令状に基づく合衆国執行官による差押えより後に言い渡されていた。この判決に基づいて、州執行官がすでに財務省による手続によって合衆国執行官が競売を終えていた土地を再び競売に付した。州執行官の競売を経て土地を取得した者が、合衆国執行官の競売を経て土地を取得した者に対して不動産回復訴訟を提起した（注93）。

この訴訟で、通常、債権者は債務者が債務を負っているとする裁判所の判決を得てからでなければ、リーエンを得て競売を進めることができないことから、財務省のとった手続は、憲法第3条と憲法修正第5条のデュープロセス条項とを論拠として効力がないと論じられた。合衆国最高裁判所は、一八二〇年の法律が定めるような令状による略式手続がイングランドでもアメリカ合衆国制定時のアメリカの共和国でも税徴収者が滞納している金銭の額の確定とその徴収のために用いられたことを指摘し（注94）、この令状は修正第5条のデュープロセス条項に反することにならないとし（注95）、また、合衆国議会が憲法第1条第8節第1項の定める、税を課し徴収する権限を実行するために適当と考える範囲で、税徴収者が滞納している金銭の額の確定とその回収のために、裁判所の手続を用いない令状を採用することができることを認めた（注96）。合衆国最高裁判所はこの判断を示す際、非常に重大な事項について誤解を避けるために、合衆国議会は、性質上コモン・ロー、エクイティ又は海事法上の訴えである事項を裁判所の審理と決定から外すこともできないと述べて、このことを強調したのである（注97）。

合衆国議会は、一八二〇年の法律が定めるような令状によって開始される手続を用いるとしても、憲法修正第

5条のデュープロセス条項の要求を満たすことができる。けれども、合衆国議会は、コモン・ロー上、エクイティ上又は海事法上の訴えを審理する手続については、合衆国の裁判官が審理し決定するように定めなければ、憲法第3条に違反することになる。コモン・ローを例にすれば、コモン・ロー上の訴えを開始する令状による手続には、憲法第3条の定める地位と報酬の保障を受ける合衆国の裁判官が審理し決定するようにすることが求められる（注98）。

破産についてはどうなるか。破産制度自体がもともと立法によって設けられた独自の領域であって、コモン・ローあるいはエクイティの領域に属するとは考えられず、合衆国議会には破産条項に基づく立法権限が付与された。合衆国議会はこの権限を行使して破産について提供される規則を実体と手続の両方について定めることができ、そのように立法してきた（注99）。破産について立法するとき、破産条項に基づく権限を行使しまたそれに必要かつ適当な手段を採用しているということができる限りで、合衆国議会は修正第5条のデュープロセス条項に反しない範囲で、それが適切と考える手続を設定することができる。けれども、コモン・ロー上、エクイティ上又は海事法上の訴えに該当する事項となると、合衆国議会が使用する手続は憲法第3条の要件も満たさなければならない。１９８４年破産法が、合衆国法典第11編に基づく事件及び核心手続と、核心手続ではなく合衆国法典第11編に基づく事件にその他の点で関連する手続を区別し、前者においてのみ破産裁判官に終局判決をする権限を付与するのは、合衆国議会がこうすることによって、事件を迅速にかつ能率よく処理しつつ、憲法第3条の要求を満たそうとしたと理解できる。

Sternにおける法廷意見について、Douglas G. Bairdは、破産財団を管理することと、コモン・ロー裁判官の扱う領域にある行為をすることを区別するように見えると指摘する（注100）。そして、判決を得ることは、ある市民がその権利を主張して他の市民に対して力を行使するよう政府に対して求めることができる方法であり、財産を力ずくで差し押さえることを承認することは重大な職務であり、それこそが司法権の本質であると考えられるという（注101）。さらに、このような承認を合衆国の裁判所制度において得ようとすれば、それは合衆国憲法第3条に基づく裁判官から得なければならないという（注102）。Stern判決がこのような含意を有するのであれば、それが扱った問題は狭い問題ではないかもしれない。Sternにおける法廷意見によれば、破産手続に持ち込まれるコモン・ロー上又はエクイティ上の反対請求については、事実又は法律の問題が債権者が届け出た請求の証拠につき判断する過程で解決されるか否かということが、破産裁判官が審理し決定することができる範囲を決める手がかりとなるように見えるが、この判決後において、破産裁判所から上訴裁判所までが、合衆国最高裁判所がStern判決で示した見解に、それぞれの職務の遂行の過程でどのように対処するのかを見なければならない（注103）。

（注76）Id. See Brubaker, supra note 15, at 176, 178.

（注77）Id. at 2620.

（注78）E. g. Eric G. Behrens, Stern v. Marshall: The Supreme Court Erosion of Bankruptcy Court Jurisdiction and Article I Courts, 85 Am. Bankr. L. J. 387 (2011); Douglas G. Baird, Blue Collar Constitutional Law, 86 Am. Bankr. L. J. 3 (2012); Troy A. McKenzie, Getting to the Core of Stern v. Marshall: History, Expertise, and the Separation of Powers, 86 Am. Bankr. L. J. 23 (2012); Brubaker, supra note 15; Katie Grell Grissel, Stern v. Marshall—Digging for Gold and Shaking the Foundation of Bankruptcy Court (or Not), 72 La. L. Rev. 647 (2012) Erwin Chemerinsky, Without a Foundation : Stern v. Marshall, 2011 Sup. Ct. Rev. 183. Tyson A. Crist, Stern V. Marshall: Application of the Supreme Court Landmark Decision in the Lower Courts, 86 Am. Bankr. L. J. 627 (2012).

（注79） 59 U.S.（18 How.）272（1855）.

（注80） Id. at 284.

（注81） Stern, 131 S. Ct. at 2609（citing Murray's Lessee v. Hoboken Land & Improvement Co., 59 U.S.（18 How.）272, 284（1856））. 前掲（注66）に対応する本文参照。

（注82） Thomas W. Merrill, Article III, Agency Adjudication and the Origin of the Appellate Review Model of Administrative Law, 111 Colum. L. Rev. 939, 990（2011）.

（注83） Id.

（注84） Id. at 989.

（注85） Id. at 989-90; Caleb Nelson, Adjudication in the Political Branches, 107 Colum. L. Rev. 559, 575-76（2007）. 合衆国議会が州となっていない合衆国の領地に設置した裁判所は、合衆国に帰属する領地に関する必要な規則と規制を定める、憲法第４条第３節による合衆国議会の権限に基づいて設置される。軍法会議は、陸軍と海軍の規律と規制のために規則を定める、憲法第１条第８節第14項による合衆国議会の権限に基づいて設置される。

（注86） V. Markham Lester, Victorian Insolvency: Bankruptcy, Imprisonment for Debt, and Company Winding-up in Nineteenth-Century England 13-16（1995）; John C. McCoid, Right To Jury Trial in Bankruptcy: Granfianciera, S.A. v. Nordberg, 65 Am. Bankr. L. J. 15, 29（1991）; Thomas E. Plank, Why Bankruptcy Judges Need Not and Should Not Be Article III Judges, 71 Am. Bankr. L. J. 575-76（1996）.

（注87） McCoid, supra note 86, at 29-31.

（注88） Plank, supra note 86, at 573.

（注89） Id. at 594. Thomas Plank, The Constitutional Limits of Bankruptcy, 63 Tenn. L. Rev. 487, 526（1996）.

（注90） Id. at 606-07.

（注91） McCoid, supra note 86, at 33; Plank, supra note 86, at 607-09.

（注92） Plank, supra note 86, at 610.

（注93） 事案の紹介は次の文献による。Baird, supra note 78, at 6-7; Caleb Nelson, supra note 85, at 587（2007）.

（注94） Murray's Lessee, 59 U.S.（18 How.）at 277-80.

（注95） Id. at 280.

（注96） Id. at 280-85.

（注97） Id. at 284.

（注98） さらに、この場合には、憲法修正第７条が、陪審による審理を受ける権利を保障することになる。See Granfinanciera, S.A. v. Nordberg, 492 U.S. 33（1989）.

（注99） See David A. Skeel, Jr., Debt's Domain: A History of Bankruptcy Law in America（2001）.

（注100） Baird, supra note 78, at 4.

（注101） Id. at 5.

（注102） Id. at 6.

（注103） See, e.g., Joan N. Feeney, Stafement to the House of Representatives Judiciary Committee on the Impact of Stern v.Marshall, 86 Am. Bankr. L.J. 357（2012）.

四 むすび

Northern PipelineとSternで争われた破産裁判所あるいは破産裁判官の管轄権に関する憲法上の争点は、破産裁判官が憲法第３条の定める地位と報酬に関する保障を受けないことから生じた。もし、破産裁判所において、破産裁判官が憲法第３条にいう合衆国の裁判官であれば、破産条項に基づいて扱う事項に関する手続において、コモン・ロー上、エクイティ上又は海事法上の訴えについて審理し決定しても、憲法第３条に反することはない。けれども、これは、合衆国議会が、１９７８年破産改革法制定時に下院がいったん可決した法律案には取り入れられていたにもかかわらず、採用しなかった方策である（注104）。１９８４年破産法でもこの方策は採用されなかった。破産裁判官を憲法第３条の地位と報酬の保障のある裁判官とする方策は今後も採用されそうにない（注105）。現行の制度を前提として、この方策を採用すれば、六六七という地区裁判官の職の半数より多い三五〇あまりの破産裁判官の職に、憲法第３条の裁判官を任命することが必要になる。このような方策には、現職の合衆国裁判所の裁判官が反対するうえ、こうして創設される裁判官職は大統領が指名し上院の助言と同意を得て任命するという、大統領と合衆国議会上院にとって大きな課題がある。この方策が採用されるまで、SternやNorthern Pipelineのような判決が出現し、手続を遅滞させ、債権者に分配される財産の減少を招くことになろう。

（注104）１９７８年破産改革法の立法の経緯を見ると、下院が可決し上院に送付した法律案には、破産裁判官を憲法第３条の地位と報酬の保障のある裁判官とする規定が含まれたが、上院が可決した法律案にはこのような規定は含まれず、協議の結果、両院が可決した法律案にはこのような規定はなかった。Klee, supra note 26, at 951-57; Block-Lieb, supra note 27, at 86-93.

（注105）Block-Lieb, supra note 27, at 118-19.

〔附記〕本稿は科学研究費補助金（学術創成研究費）（課題番号１９ＧＳ０１０３）を受けた研究の成果に基づくものである。

倒産手続の目的論と利害関係人

佐藤鉄男

一　はじめに

裁判所における倒産手続（破産、再生、更生、特別清算）の目的は何であろうか。近時の法令では冒頭に趣旨・

目的が明示されていることも多く、現に、破産法、民事再生法、会社更生法の各第一条は目的規定となっている。したがって、別に悩むまでもなく、これら目的規定を示せばその問いの答えになるようにも思える。

しかし、ことはそんな単純なものではない。人間の営み、とりわけ経済活動の展開に伴い、それを下支えするセイフティ・ネットとして、倒産への対処は時代、そして社会の課題となり、さまざまな姿を見せてきた。そもそも、ここでいう倒産手続の目的が普遍的なそれを問おうとしているのか、現下の課題を示そうとしているのか、それによって答えも変わってくるであろう。実際、諸外国の倒産立法でも目的を明示する例があるが、対象とする倒産現象が社会に濃淡さまざまな影響を与えるとともに、それが時代の課題とも重なっている関係で、トレンドを反映するかたちで変遷する傾向にある。その意味で、法文に掲げられた目的は立法時の政策が映し出されていることが多いので、制度の究極を指していう普遍的な目的である保証は必ずしもない。また、顧みれば、わが国において、倒産手続の目的論といったものが論争の的になったことがあったのかどうかさえ怪しい。

そこで、少し目を転じて、本論文集の関係者の多くが関心を寄せる民事訴訟でこれを考えると、民事訴訟の目的論という誰もが知っている論争が思い出される。権利保護説、法秩序維持説、紛争解決説、多元説、等々、それらのバリエーションとともに多くの見解が示され、学者のみならず民訴法初心者にも周知の論争が存在する。ところが、これだけ議論があっても、民訴法には目的に言及した規定は見当たらない。つまり、大議論のある民事訴訟の目的については何の規定もない一方で、さして議論のない倒産手続の目的については規定があるわけだが、このことが、倒産手続の目的が議論の余地のないほど自明であることを意味するかと問われると、返答に困るであろう。

田原睦夫先生は、倒産弁護士として名を馳せ、最高裁判事となってからも広い分野にわたり刺激的な意見を発信し続けられたが、やはり先生が最も輝いた分野を振り返る意味で、おそらくは私には答えの見つけにくい、大きな問題に挑んでみたいと考えた次第である。

二　目的論と基礎理論

今日、民事訴訟が刑事訴訟と並ぶ裁判所手続の中心である一方で、民事訴訟が民事分野の裁判所手続のワン・オブ・ゼムにすぎないことを否定する者はいないであろう。裁判所は、民事分野でも多くの役割を担い、そのために多様な手続を用意している。これらを包括して「民事手続法」という言い方も聞かれるところであり、また長く民事訴訟を規律する民訴法という法律自体が、いまでいう、民事執行の大部分、民事保全をも含んだ法律であったことは、われわれの世代以上の法律関係者にはしっかり記憶されている。しかし、そうした時代の民事訴訟目的論も、現在の民事訴訟目的論も、狭義の民事訴訟、すなわち判決手続を射程にしたものであることはほぼ疑いない。その含意が、民事手続の中心である狭義の民事訴訟の目的論が定まれば、それが執行や保全等の諸手続の目的論としても通用力を有すると考えてのことか、執行や保全等は異質で別の目的論を想定していたのか、必ずしも明らかではない。すなわち、目的論の先頭を切った権利保護説は、訴訟利用者の実体的請求権を目的論の基礎に据えたものであり、これは執行請求権、破産請求権、という具合に、執行や破産の基礎づけと通底するものがあったが、その後は、訴訟と非訟が異別のものと強調されている点から考えて、狭義の民事訴訟目的論が広く民事の諸手続の目的論としても通用力をもっていると見うる余地は乏しい。

しかし、権利保護説は、目的論の出発点であると同時に、現在も多くの支持を集めている。すなわち、自力救済禁止の代償として設けられたのが民事訴訟であり、これによって私人の権利救済を図るのが民事訴訟の目的であると説くのが権利保護説であるが、これはいわゆる訴権論として権利保護請求権説と結びつき、母法国ドイツで通説となっていたものである。判決手続のみならず、強制執行や破産についてもドイツ法の流れを汲むのがわが国であるから、その影響下にある説明は執行や破産についても多少垣間見ることができなくもない。たとえば、中野執行体系書では、判決手続における訴権に対応させるかたちで、私人の権利に内在した民事執行請求権によって民事執行の基礎づけがなされている（注1）。また、破産についても、支払能力の不足する債務者の総財産をめぐる債権者間の公平な満足を図る（ことを、債務者側からであれ債権者側からであれ、裁判所に求める）権利を破産請求権と構成して制度の基礎づけが試みられていた（注2）。もちろん、明示的に述べられているのは民事執行請求権や破産請求権だけであり、とにもかくにも民事手続法としての共通基盤が見て取れるものの、これがどういう目的論（民事執行目的論、破産手続目的論）の展開につながりうるのかは想像の域を出ない。否むしろ、これは目的論というよりは、その後の倒産法で展開される基礎理論と位置づけるほうが適切なものにも思える。

もともと民事訴訟の目的論も、民事訴訟が社会においてどのようなものとして機能しているのかについての認識を前提に、さらにこれをどう解釈・運用につなげるかという実践までをも意識する視点のはずである。すなわち、民事訴訟がなければ社会はどうなるのか、それと比して民事訴訟の存在がどのような効用をもたらし、またいっそう目指すべきことは何かが探求される点で、議論が制度の発展に寄与してきた面がある（注3）。これは、倒産が不可避となった社会で倒産手続がなければどうなるか、すなわち、個別執行制度、担保・保証といった債務不履行リスクに対処する制度、詐害行為取消権による責任財産保全と平等確保の制度、これらにどこまでのことが可能であると同時に限界があるか（注4）、これに対し、倒産手続が存在することでこそ実現できる価値が何であるのか、その点を倒産手続の制度目的として理論づけようと試みてきたのが倒産法の基礎理論であった（注5）。経済的に破綻した者が現れる一方で倒産手続が存在しない状態では、関係者の利益を最大化することはできず社会的な不経済が生じ、限られたパイの奪い合いという不公平が回避できない。ここから倒産手続の制度を導き、あるべき規制原理が探求されてきた。もちろん、これも変遷を免れるものではなく、社会そして時代のなかで変化・発展してきた倒産手続の基礎理論そして目的を一言で言い尽くすことは至難の業であろう。

しかし、わが国の現行の各倒産法は目的規定を有している。これは、それまでの倒産事件への対処の実績を通じて揺るぎない目的にたどり着いたということを意味するのか、また、民事訴訟の目的論についてなお議論が続くなかで倒産手続について目的規定があることの意義は何であるのか、あえて問うてみる次第である。

（注1）中野貞一郎『民事執行法〔増補新訂六版〕』五頁。また、松本博之『民事執行保全法』一七頁もこれを示す。
（注2）加藤正治『破産法要論』三頁。
（注3）新堂幸司『新民事訴訟法〔第五版〕』四頁、青山善充「民事訴訟の目的と機能」伊藤眞＝山本和彦編『民事訴訟法の争点』四頁。
（注4）伊藤眞『破産――破滅か更生か』一九頁以下の「破産のない国への旅行」。
（注5）水元宏典『倒産法における一般実体法の規制原理』。また、山本和彦ほか『倒産法概説〔第二版〕』四頁〔水元宏典〕。もっとも、水元教授が抽出する規制原理と本稿の倒産手続の目的論は同じ意味のものではない。

近年の法令では、冒頭で目的や趣旨が明示されることが多い。関連する目的規定を概観してから、四以下での倒産各法の目的規定や倒産法基礎理論（外国を含めて）などの検討につなげたい。

三　目的論の展開

1　民事手続関連の目的規定の素描

第二次世界大戦後に制定された法令に目的規定があることは、民事手続法関係でも例外ではない。最初に登場したのが、家事審判法（昭和二二年法律第一五二号）の目的規定である。そこには、「個人の尊厳と両性の本質的平等を基本として、家庭の平和と健全な親族共同生活の維持を図る」という目的が掲げられていた（家事審判法一条）。敗戦を受けた諸改革の一環として、日本国憲法の制定、民法の親族相続の改正、家庭裁判所の設置等と関連づけられながら、家庭関係の問題に関しての家事審判、家事調停の手続を定めたのが同法であるが、旧来の家制度や男女の不平等を改め新たな家族像を追求しようとする意欲が体現されていた。この目的規定は、新たな制度の創設にかかわるものであったので、認識論としての目的ではなく、むしろ理念を掲げ解釈・運用の指針たることを意図したものであったと思われる。実際、その後の家事審判、家事調停において家庭裁判所はこうした目的規定に則した役割を果たしてきたと評されているところである。もっとも、手続のあり方としては、旧来の非訟事件手続法を準用するというかたちで（家事審判法七条）、要は職権探知、非公開といった、訴訟と対極にあることを示しただけで格別の新しさはなかったので、目的規定は、家族関係の実体法的側面にかかわっていたというべきかもしれない。そのためであろうか、戦後も半世紀を超える間にわが国も少子高齢化が進むなかで家族の状況は大きく変わり、家事審判法一条のような画一的な表現で現代の家族を規範化することは困難となり、同法を全面改正する家事事件手続法（平成二三年法律第五二号）では、こうした目的規定はなくなった。

これに続いたのが、民事調停法（昭和二六年法律第二二二号）である。同法は、従来、個別に制定されていた各種の調停制度を、「民事に関する紛争につき、当事者の互譲により、条理にかない実情に即した解決を図ることを目的」とするという目的規定（民事調停法一条）の下に統合したものである。ここには、民事訴訟の目的論として兼子一博士が紛争解決説を説いた影響が読み取れるとともに、解決規範を法に依拠する訴訟と異なり、互譲、条理に基づいた柔軟な解決を目指すことがうたわれている。かつては、こうした黒白不明な決着のゆえに消極的な評価もされた調停制度であるが、今日では裁判外紛争解決（ＡＤＲ）が訴訟と並ぶ選択肢との位置づけを得るに至り、なかでも裁判所が行ってきた民事調停、家事調停は最も効を奏しているＡＤＲとなっている。もっとも、民事調停の手続については、非訟事件手続法を準用するだけで（民事調停法二二条）、格別のものはない。民事調停法は、制定から六〇年を超えてなお現役の法律であり、目的規定が果たしてきた役割も大きかったと思われるが、今後はどこまで互譲、条理で法から離れることが許容されるのか、いずれ改正が視野に入ってくると見直しの余地のありそうな目的規定のように思われる。

これらにすぐ続き、本稿に最も関係の深い目的規定が現れた。すなわち、旧会社更生法（昭和二七年法律第一七二号）の登場である。すでにわが国には、破産、和議、そして会社法上の整理及び特別清算とかたちの上では四種類もの裁判所の倒産手続が存在していたところであるが、本格的な再建型の手続として、アメリカの制度をモデルに制定されたものであり（注６）、同法一条に目的が示された。そこには、「窮境にあるが再建の見込みのある株式会社」について、「債権者、株主その他の利害関係人の利害を調整しつつ、その事業の維持更生を図ることを目的とする」とうたわれた。再建の見込みを掲げる点は現行法とは異なるが、担保権者をも手続に取り込んで多様な利害を更生計画による権利変更で調整し、物的な意味での会社を維持更生させるというねらいを明確に打ち出したものである（注7）。当時のわが国において、基幹産業の維持更生手段の整備が社会的要請でもあったことをうかがわせる規定であるが、制定当初は利用も少なく、更生手続の意義がひいては目的が注目されるまでにやや時間がかかった。すなわち、制定から一〇年を経て、制度が山陽特殊鋼をはじめとする大企業で使われるようになることで、大企業が救済される一方で多くの債権者たる中小企業が犠牲になっている面があると指摘され、会社更生法悪法論が登場したことで、逆に議論が深まることになったのである。中小企業や少額債権の保護等の改正措置が昭和四二年になされ、個々の債権者の権利との関係での憲法問題も展開され最高裁の判断も仰いだ（注8）。

以上の三つは、戦後早い段階での目的規定である。ちなみに、第二次世界大戦後、兼子一博士が紛争解決説を唱え、目的論が展開されつつも民訴法そのものはマイナー・チェンジにとどまったのに対し、刑事訴訟法は憲法とともに全面改正がなされた（昭和二三年法律一三一号）。その一条は目的規定であり、「刑罰法令を適正且つ迅速に適用実現する」という最終目的とともに、「公共の福祉の維持」「個人の基本的人権の保障」「事案の真相を（解）明」と刑事手続の指導理念をも明確に打ち出していた点は、民事訴訟の目的論と対照的である（注9）。

2　立法ラッシュ時代の目的規定

法令の冒頭に趣旨又は目的を明示するスタイルはその後定着したが、本稿のテーマとの関係では、新たな展開には一連の民事手続法改正を待つ必要があった。しかし、倒産法改正に先行した民執法、民保法、民訴法とも、対象とする手続を当該法令において定めるとの形式的な趣旨規定を各一条に置くのみで、目的への言及はなかった。だからといって、民事訴訟の目的論が学会の視界から消えてしまったわけではない（注10）。むしろ、目的論棚上げ説の登場（注11）は目的論の深みを示唆しているようにも思える。

ところが、その後の倒産法改正では、主要三法すべてに相当にメッセージ性の高い目的が示されることになった。もちろん、旧会社更生法にその例があったことがこれを後押ししたと推測できるが、先行した民訴法等とは見事に対照的である。倒産三法に示された目的については頁を改めることとして、前後して現れた民事手続関連の目的規定を参考のため少しく眺めておこう。

実は、目的規定はそのほとんどが倒産処理関連に集中し、それ以外では、裁判外紛争解決手続の利用の促進に関する法律（平成一六年法律第一五一号、いわゆるＡＤＲ法）に見られるにとどまる。これは、裁判外の紛争解決を裁判と並ぶ魅力的な選択肢とするとの政策的な位置づけの下に制定された点で、逆に民事訴訟の目的論の影響下にあると思われる。すなわち、法令名にすでに紛争解決に資するという視点が込められているし、やや長文にわたる目的規定（同法一条）が最終目的を「国民の権利利益の適切な実現に資する」と設定しているのは、民事訴訟目的論の先頭を切ると同時にその後の目的論の底流にある権利保護説が、ＡＤＲの目的にもなりうることを示していよう。また、そこには「紛争の実情に即した迅速な解決」といった文言も見られ、ＡＤＲとして先行実績のある民事調停法の目的規定の影響も感得することができる（注12）。

民事手続法改正の後半は倒産処理関連であるが、この時代になると、中心となる破産手続のほか、倒産処理の分野でもＡＤＲの発想、すなわち私的整理の整備が進められた。まず、当時、自然人の多重債務問題が深刻な状況にあるなかで、破産以外の受け皿として民事調停に活路を見出すべく、その特則として特定調停法が議員立法で制定された（平成一一年法律一五八号）。そして、その一条には「金銭債務に係る利害関係の調整を促進」するという目的が掲げられた。この「利害関係の調整」という点は、後で述べるように、倒産三法と共通しており、同法が倒産処理の一翼たることをよく表していよう。

また、一連の不良債権処理を国策として推進する諸制度の根拠法でも、目的が明示されることが多かった。すなわち、数度の機構改革を経ながら現在も活動を続ける整理回収機構は、そもそも預金保険法を基礎とする、預金保険機構の一〇〇％出資会社であるが、信用秩序の維持という最終目的に資するものと位置づけられている（預金保険法一条）。さらに、経済活性化の基盤と位置づけられた産業活力再生特別措置法（平成一一年法律第一三一号）一条でもその政策目的が掲げられているが、同法を基礎に各都道府県に設置された中小企業再生支援協議会は、一条にある「中小企業の活力の再生」を図る目的に資するものである。同様に、同法の関連法でも、より具体的な目的が掲げられている。すでにその役割を終えた産業再生機構の根拠法となった株式会社産業再生機構法の一条では、「産業再生」「信用秩序の維持」とともに、「過大な債務を負っている事業者」の「事業の再生」という目的が掲げられた。さらに、その後継をなす、企業再生支援機構の根拠法である株式会社企業再生支援機構法（平成二一年法律第六三号）の一条でも、「地域経済の再建」「中小企業の再生支援」といった目的が明示されている。

加えて、国際倒産事件への対応として制定された外国倒産承認援助法（平成一二年法律第一二九号）の一条にも目的規定が掲げられ、「国際的に調和のとれた財産の清算又は経済的再生を図ることを目的とする」とされている。

これらにおいては、時代背景や立法事情を反映し、役割を特定する目的が掲げられていることがわかる。これらは、同時に、法の解釈・運用の指針としても意識されているものであろう。もっとも、何が目的規定の有無を分けているのかは必ずしも明らかではない。ただ、一般に政策的意図がはっきりしている立法でそれを目的規定に表明している傾向は容易に読み取れる。特に、倒産処理は社会経済のインフラともいうべきものであり、目的規定に時代背景が映し出されても不思議ではない。たしかに、倒産処理は流行への対応で発展してきた面があるので自然なことであるが、経済的破綻への対処として普遍的な面もあり（注13）、そうした意味での目的はまた別にあるようにも思える。

（注6） 昭和二七年法律第一七三号として、破産法に一連の免責規定が付加され、株式会社とともに自然人にも過去の多重債務から逃れ再起を期すための制度が整えられた。

（注7） 三ヶ月章ほか『条解会社更生法(上)』一四〇頁。杉本和士「戦後企業倒産処理法制の変遷」季刊企業と法創造七巻一号二四頁。

（注8） 最決昭45・12・16民集二四巻一三号二〇九九頁において、清算解体が国民経済的損失をもたらす企業を維持更生する目的があり、更生計画による権利変更は公共の福祉のための合理的な財産権の制限であるとされた。佐藤鉄男「倒産法の憲法的考察」民訴五六号一頁。

（注9） 民事訴訟と刑事訴訟の目的論の比較として、山田文「訴訟の目的と機能」・梅田豊「訴訟の目的と機能」・後藤昭＝山本和彦「比較のなかの民訴と刑訴」法セ五五九号三〇・三二・四六頁。なお、修復的司法という考え方の台頭で、犯罪被害者の保護も刑事訴訟の目的の一つに加えられつつあるように認識できる。刑事訴訟の目的については、田口守一『刑事訴訟の目的』特に、三三頁以下。

（注10） 新しいものでは、上田竹志「民事訴訟の目的論に対する現代思想的考察」法政六八巻三号七二九頁、酒井一「民事訴訟の目的と訴訟物」民訴五七号二四頁。

（注11） 棚上げ説は、高橋宏志教授による。同『重点講義民事訴訟法(上)（第二版）』二三頁。また、無用論を説くのは、和田吉弘「民事訴訟目的論無用論の試み」明学六四六号六五頁。

（注12） ＡＤＲ法一条については、小林徹『裁判外紛争解決促進法』四五頁。また、ＡＤＲの目的の理論的分析として、山本和彦＝山田文『ＡＤＲ仲裁法』一四頁以下参照〔山田〕。

（注13） 人の営みとしての倒産処理には「流行」とともに「不易」なるものがあると思われる。佐藤鉄男「倒産法制の明日へ」ジュリ一四一四号一〇七頁。また、倒産法制は、より時代に敏感な政治を映し出すかたちでぶれることもある。その典型はフランスの倒産法であり、特に雇用問題へのスタンスの違いで倒産法は政権の変遷の影響を受けてきた。小梁吉章『フランス倒産法』一二～一三・一六〇頁以下。

四　倒産法制に現れた目的論

現行の倒産法制（破産法、民事再生法、会社更生法）はその一条を目的規定としている。一連の民事手続法改正のなかでは後半に位置するが、この改正は、制定からかなりの時間が経過し機能不全を来していた旧法制を大幅に改めると同時に、旧法制を曲がりなりにも運用してきた自負から、特定の外国モデルから自由な独自色の強い倒産法制の誕生をも意味した。前述したように、先行した民訴法等には目的規定は置かれなかったが、旧会社更生法の目的規定に倣うかたちで現行倒産三法には目的規定が置かれた。

1　倒産三法の目的規定

まず、制定順に目的規定を概観してみよう。倒産法の一本化が諸事情により断念され縦割法制が維持されたため、目的規定は制度相互の異同を体現している。

第一に、民事再生法（平成一一年法律第二二五号）である。同法は、「債務者とその債権者との間の民事上の権利関係を適切に調整」することを直接の目的に、最終的には「債務者の事業又は経済生活の再生を図る」ことを目的とするものとされ、その手段を、「債権者の多数の同意を得」かつ「裁判所の認可を受けた再生計画を定めること等」と定めている。第二に、会社更生法（平成一四年法律第一五四号）である。同法は、「債権者、株主その他の利害関係人の利害を適切に調整」することを直接の目的に、最終的には「株式会社の事業の維持更生を図る」ことを目的とするものとされ、その手段は「更生計画の策定及びその遂行」であると定めている。旧法の目的規定とほとんど変わっていないので、更生手続の目的はかなり定着しており手直しの要がないと判断されたことを意味しよう。第三に、破産法（平成一六年法律第七五号）である。同法は、「債権者その他の利害関係人の利害及び債務者と債権者との間の権利関係を適切に調整」することを直接の目的に、最終的には「債務者の財産等の適正かつ公平な清算を図るとともに、債務者について経済生活の再生の機会の確保を図る」ことを目的とするものとされ、その手段は「財産等の清算に関する手続」であると定めている。

以上の倒産三法の目的規定の異同は示唆に富むものである。目的規定の基本構造は共通し、法文の流れとしては、当該法が定める手段をまず示し、直接目的を説き、最終目的で結ぶというものである。手段の部分は、手続の種類ごとに法典をもつ縦割りが維持されたことによる形式的な差にとどまる。本稿にとって重要なのは、直接目的、最終目的の部分であり（注14）、「権利（ないし利害）関係の調整」が共通の直接目的であり、要は「再（更）生」の確保でそろっており、仮に倒産法が一本化されていれば、この辺りに収斂したであろう文言が見出せる。さらに注目すべきは、微差に映る違いである。すなわち、直接目的の部分に関しては、各手続が射程にする権利ないし利害の調整範囲が異なっていることに由来する差異が表現されており、最終目的の再（更）生も手続対象が法人、自然人と両方を含んでいるためそれに対応した言い方がされた点を中心に、破産法だけは「適正かつ公平な清算」という特有の文言が現れているからである。

目的規定に現れた差異については、本稿の後半であらためて検討してみたい。

2 他国に現れた倒産法の目的ないし基礎理論

倒産手続は、時代、とりわけ経済の影響を受けながら発展してきており、わが国と比較すると、頻繁に法改正がなされる傾向にある。改正に際しては、詳細な実情調査、諸外国との比較や調整がなされ（注15）、倒産手続をめぐる目的論や基礎理論が交わされ、それが法文に表現される例もある。諸外国の状況を少し眺めてみよう。

(一) ドイツ

ドイツの旧破産法は、一八七七年の制定で優れた法典と評され、わが国の旧破産法の母法としても知られ、長きにわたり施行されてきた。しかし、非占有型の動産担保権や各種の優先債権の発展で破産債権者の配当に供しうる破産財団が欠乏し破産手続は機能しなくなってしまい、抜本改正の要が叫ばれていた。入念な改正作業を経、またこの間に東西ドイツの統一等の変化も経験し、一九九四年に旧法にかわる全面的な倒産法改正がなされ、一九九九年から施行されている。これは、清算型と再建型の両方を含む一本化方式の倒産法典であるが、その第一条において倒産手続の目的（Ziele）が示された（注16）。すなわち、①債権者の共同の満足と②免責による債務者の更生の機会の確保、という二つが掲げられたが、後者はドイツが本法で初めて免責制度を導入したことに伴って新たに付け加わった目的であり、メインにあるのは前者であろう。そして、共同の満足の含意は債権者間の公平な満足（par conditio creditorum）すなわち債権者平等（ないし損失の公平な分担）であるとされており、それを達成する手段は債務者の財産の換価・配当又は倒産処理計画（Insolvenzplan）であることがうたわれている。

条文として現れたのはここまでであるが、ドイツでは、こうした目的規定をもたない時代から、本稿で扱う目的論に通ずる議論が存在していた。すなわち、債務者倒産の場面で特殊な規律をもたらす倒産法をどう基礎づけるかという視点である（注17）。

最初に現れたのが私法的破産請求権（Konkursanspruch）である。これは、債務者が支払不能等の状態に陥った際に、債権者には個別的な権利行使を禁じ、債務者からは管理処分権を奪い、つまり財産を拘束することで破産的集団満足を導くという基礎理論である。いわば、民事訴訟の目的論としての権利保護説とそこから導かれる私法的訴権論、それが破産に転じたものと理解しうる。この基礎理論は、たしかに、倒産法の規律とりわけ実体的規律のあり方を考えるうえではきわめて有用なものであったが、ドイツでは、前述のように、その後の倒産法の機能不全の反省から、社会的に意味のある倒産法が求められ、そこから市場適合的倒産理論が現れることになった。すなわち、倒産は個別企業の経済活動の蹉跌であり、倒産法はそこに生まれる国民経済的な資源の効率的配分に寄与することを目指すべきであるとのとらえ方である。その意味で、現実に活用される倒産手続たることが求められ、多くが手続棄却の結果となってしまう倒産法では駄目で、市場の経済秩序を形成する一般実体法を尊重し実現すべきものと解した。こうした理解に支えられるかたちで制定されたのが現行のドイツ倒産法であり、一条の目的規定にもその思いが込められていると思われる。当時すでに理論体系としては完成度の高かったドイツの倒産法であるが、市場での評価を意識する点は、機能性では先を越していたアメリカの倒産法の影響が現れていることも疑いない。

(二) フランス

フランスの倒産法は、わが国の最初の近代倒産法となった旧商法破産編には大きな影響力をもったが、その後はしばらく没交渉となっている間、幾度も改正を重ねていた(注18)。フランスでは、倒産という経済現象に対処する倒産法は政治的課題と結びつくことが多く、よくいえば改正を厭わないということであるが、ともすると政変に連動するため一貫せず、理論的にはぶれている印象が拭えない面もあった。

しかし、政治的課題に向き合ってきたことが関係し、法文に目的規定が示されるという副産物をもたらした。フランス倒産法は、企業を破綻に至らしめた債務者(経営者)に対する制裁から始まり、徐々にいかに債権者への配当を確保するかという面にも目配りをするようになっていた。こうしたなか、一九八五年倒産法は、社会党政権の下で、再建型手続前置主義、そして雇用の安定というスタンスを前面に出す趣旨で第一条に目的規定が置かれた。それによると、①企業の保護、②事業と雇用の維持、③債務の履行、の三つが目的として示された。非常にメッセージ性が強く、倒産法で意図的な資源の再分配を試みようとしたものの、現実に事業の再建は容易ではなかったし、担保権者よりも労働者や共同体の利益を優先するかのごとき倒産法の評判は芳しくなかった(注19)。そのため、一〇年も経たないうちに、相当の修正を余儀なくされたうえ(一九九四年改正)(注20)、ついに二〇〇五年には再び全面改正が敢行されることになり、かなりの期間、商法典から独立していた倒産法の法文はあらためて商法典に再編成されることになった(二〇〇五年改正)。

この頃になると、経済のグローバル化はいっそう進みEU圏の中核にある国として、諸外国の倒産法が事業再生に力点を置く傾向にある点も無視できないようになっていた。旧来の倒産手続である裁判上の更生（redressement judiciaire）、清算（liquidation judiciaire）の前に、早期の事業再生を目指す救済手続（sauvegarde）が新たに加えられた。一九八五年法のごとき統一倒産法としての目的規定はなくなったが、救済手続、更生手続、清算手続の各々の冒頭に目的が示されている（注21）。それによると、救済手続と更生手続の目的は、ほぼ同じで、①事業活動の継続、②雇用の維持、③債務の履行とされ、一九八五年法の第一条に倣っている。これに対し、清算手続の目的は事業の終了と財産の換価であると規定され、すなわち、債権者の責任財産（共同担保 gage commum）としての債務者財産の集団的分配ということが意識されている。おそらく、再建型手続における債務の履行と清算手続における換価による財産の分配とは、通底していると思われるが、清算手続との関係で事業活動の継続、雇用の維持をその目的に掲げることはむずかしかったのであろう。逆に、再建型と清算型の双方を取り込んでの目的となると、意外に抽出しにくいことに気づかされる。

かつては、倒産債務者に対する懲罰的色彩が強く、それは企業役員の責任追及に厳しい制度をもつ倒産法として現れていたが（注22）、制度そのものは残しながら徐々に緩和され、早期再生の機会の確保という諸外国の潮流にフランスも乗ってきているように思える。

㈢ アメリカ

企業であれ自然人であれ、利用される倒産法となるとアメリカのそれをあげないわけにはいくまい。すでに一九七八年には詳細な統一倒産法を擁し、利用のハードルを上げて濫用防止のための改正が必要になるほどであった（二〇〇五年改正）。しかし、本稿で取り上げているような目的規定はアメリカ倒産法には存在しない。では、倒産法の制度目的を問う試みがないのかというと、まったくそうではない。制度が利用される分、むしろあるべき倒産制度の理論的追求も熱くなされてきたといってもいい。倒産法の規範ないし基礎理論として知られるものであり、それらの多くは現代思想的背景も有している（注23）。

この議論は、ジャクソン（Thomas H. Jackson）によって火蓋が切られた。彼は、経済的に破綻した債務者を前に、債権者らがいかにその者に対する権利を確保するか、厳しい状況にありながらそこで可能な限りの財産価値の最大化を効率的に実現するのが倒産処理の目的であると論じたのである（財産価値最大化論）。これはきわめて基準の明確な基礎理論ではあったが、最大化といっても限界のある状況であるので、むしろ限られたパイをいかに意義あるかたちで分配するか、司法積極主義も背景に、分配のあり方を問う考えが現れた（再分配論）。もっとも、再分配の視点は論者によって異なっていた。たとえば、倒産現象はさまざまなかたちで社会に影響を及ぼすものであり、こうしたなかで誰のどのような利益を保護するのが正義に適うのか、倒産法も正義論によって基礎づけられるべきと説いたコロブキン（Donald R. Korobkin）の理解が代表的なものである（注24）。また、現実の市場が不完全であることを前提に種々の倒産政策の分析を試みたウォーレン（Elizabeth Warren）もまた倒産処理における再分配の要を説くものであった（注25）。再分配論は、倒産法による一般実体法の修正を積極的にとらえる。

こうした倒産法の基礎理論研究は、相互批判を受け、またさまざまな調査や実証データも伴うかたちでさらに繰り広げられ、理論的対立を止揚せんとする動きに向かった（止揚論）。ただ、止揚論にも倒産法の任意化、憲法的限界、福祉と種々の視点があり、簡単に議論が収束することはない。議論があるなかで法文として目的規定をもたないのは、わが国の民事訴訟の目的に似ているが、アメリカにおける倒産法の基礎理論は、こうした議論が問題の発見・検証に有用なものであることをうかがわせる。

㈣ 中　国

本来は倒産現象を社会から排除することを意図したのが社会主義であったが、現実社会は理想とは異なってい

た（注26）。かつての社会主義国の多くは経済体制を改め、倒産制度も復活させるに至っている。そうしたな

か、中国はなお社会主義体制を維持しているが、すでに古典的なそれではなく、市場経済原理を大きく取り入れ

たものであり、そこでは倒産の発生も折り込む必要があり、倒産処理システムも整備されつつある（注27）。

二〇〇六年に制定され、翌年六月から施行されている現在の中国倒産法には、目的規定が置かれている（第一

条）。そこに掲げられた「社会主義市場経済秩序を維持する」という目的は、お国柄を反映したものであるが、

「債権・債務の関係を公平に整理」「債権者・債務者の合法的な権利・利益を保護」という部分は、わが国の目的

規定の表現と似たものであり、興味を引く。社会主義市場経済秩序の維持に主眼があることは疑いないが、フラ

ンスに見られる雇用の維持といったことが掲げられることはなく、むしろ権利・利益調整が倒産処理の本質たる

ことを示唆しているようにも思える。

（注14）　直接目的、最終目的の関係は、前者を後者の達成手段ととらえる考えもある。小川秀樹編著『一問一答新しい破産法』三〇頁、才口千晴＝伊藤眞監修『新注釈民事再生法・上〔第二版〕』五頁〔中西正〕。ここでは、福永有利「破産手続の意義・目的」山本克己ほか編『新破産法の理論と実務』五頁に従う。直接目的、大目的という表現もある、伊藤眞ほか編集『ジュリスト増刊新破産法の基本構造と実務』一七頁〔小川秀樹発言〕、伊藤眞ほか

『条解破産法』一九頁。

（注15）　諸外国の状況をリサーチするのは、単に自国の立法の参照にするというにとどまらず、国際倒産事件への対応が必要なことによる。この場合、国際倒産に対処する固有の条約や立法だけでなく、国内法レベルでも倒産事件の国際化に即した調和が求められてこよう。

（注16）　語感の問題になるが、第一条の公式見出しはZielが使われているが、Zweckもほぼ同義で、目標ないし目的という意味で、本稿の対象に入れることに支障はないであろう。

（注17）　ドイツ、アメリカの議論を中心に倒産法の基礎理論の変遷として精密な分析を施したのが水元宏典の著書であり（注5）、本稿はこれに多くを負う。ただし、同書は実体的規律に絞ったもので、手続的規律については沈黙というスタンスをとっている。

（注18）　フランス倒産法については、小梁・前掲書（注13）のほか、霜島甲一「一九六七年のフランス倒産立法改革に関する法文の翻訳」志林六八巻一・二号、同三・四号、六九巻一号、七二巻一号、霜島甲一「一九六七年のフランス倒産立法改革について」判タ三〇八号二頁、佐藤鉄男＝町村泰貴「一九八五年のフランス倒産法に関する法文の翻訳」北法三八巻三号、同四号、三九巻一号、同三号等がある。

（注19）　一九八五年のフランス倒産法からの示唆は、水元・前掲書（注5）一三四～一三九頁、山本和彦『フランスの司法』八八～八九頁。

（注20）　この改正については、西澤宗英「一九九四年フランス倒産法改正について」青法三六巻二号三号合併号一八九頁。

（注21）　一本化された倒産法ではないため、破産法、民事再生法、会社更生法の各法の第一条に目的規定が置かれているわが国の状況と似ている。

（注22）　会社役員の民事責任としての填補責任、破産の拡張、経営禁止措置等の諸制度である。一九六七年法では、これらの制度が圧倒的存在感を示していた。佐藤鉄男『取締役倒産責任論』五〇頁以下。

（注23）　アメリカの基礎理論の詳細な比較は、水元・前掲書（注5）三九頁以下。

（注24） その議論の紹介として、藤本利一「紹介」民訴四二号二八四頁。
（注25） その議論の紹介として、田頭章一『企業倒産処理法の理論的課題』六一頁（初出、米法一九九五年Ⅰ）。
（注26） 破産のない国がユートピアたりえなかったことについて、伊藤・前掲書（注4）九頁。
（注27） 中国の倒産法については、福岡真之介＝金春『中国倒産法』が解説とともに条文の翻訳を掲げている。

五　目的論の視点としての利害関係人

通常、目的論は、民事訴訟の目的論がそうであるように、現実に制度がどのように機能しているかの認識をふまえ、どうあるべきかの理想そして実践を思い描くものと思われる。その場合に、個別の事件の処理について目的を考えるのと、制度全体について考えるのとでは違いが出る可能性もあるであろう。本稿で問うているのは、倒産法全体についての目的論であるが、そうすると、倒産三法の第一条は、三つに分かれている点でなおゴールとはいえないように思う。実際、先人が議論を展開してきた民事訴訟の目的でさえ明文化はされていないのであるから、倒産法が目的規定をもっているといっても、それが以後の思考を許さない到達点にあるとみるのは早計であろう。その意味で、本稿もまた、所詮は倒産手続の目的を探るささやかな一考にすぎないし、もちろん倒産三法の第一条批判をしようというのでもないが、逆に、無意味な空論だとも思わない。

1　誰のための倒産手続か

展開されてきた民事訴訟の目的論では、そもそも誰の目線でこれを考えるかの視点が異なるものがあった。すなわち、私法秩序維持説が明らかに制度を設営する国家の立場に立ってのものであるのに対し、権利保護説は能動的にこれを利用する当事者（特に、原告）の立場で発想したものであろう。また、戦後学説では、国家からの発想でも、紛争解決説や公共サービス説は、国民の利益に資するという方向づけに変わり、手続保障説は論争の場の提供ともっぱら利用者目線に徹する。

こうした目的論における視点の違いは、倒産手続に関してもありうるものである。当然、目的規定が明文化されるということは立法作用に連なるものであるから、制度を設営する国家からの視点が現れやすい（注28）。各国の目的規定や基礎理論にもその傾向が現れている。しかし、これを利用する関係者の利益に資さない手続では意味がないのも明らかであるので、基本的には利用者視点での目的の実現が国家にとっての目的実現と重なってくるというのが理想であろう。

だが、本質的に集団現象となって現れるのが倒産事件であり、そこに絡み合う当事者の利害関係は多種多様である。歴史的な変遷をたどれば、倒産者に対する制裁という懲罰的発想でスタートした倒産法は、やがて、残余財産の公平な分配の実現という債権者視点を確立し、その上に、免責や早期事業再生の機会の確保という債務者視点にも力点が加えられるようになった。これは、制度の発展とともに新しい要素を付け加えているのであり、現代の倒産手続が懲罰的発想や債権者視点を払拭したことを意味するものではない。当然、追求される目的もおのずと多元化することになり、そのなかでどれを重視して発想するかの違いが目的論に現れてくるとみることができよう（注29）。ただ、それが本来自由な経済活動を前提に倒産の発生を織り込んだ社会に置かれていることを考えると、過度に国家目的が強調されるのは適切とはいえまい（注30）。

2　倒産手続における当事者

倒産事件にはさまざまな利害が錯綜する。これを裁判所で処理するのが倒産手続であるが、これを裁判所や管財人等の手続機関とともに推進するのは利害関係を有する当事者にほかならない。たしかに、私的整理の場面と異なり、裁判所の手続では機関の役割が大きくなる傾向にあり、当事者に主導権があるとは言いがたい。しかし、たとえば管理処分権を掌握する破産管財人の場合であっても、破産手続が彼（女）のパフォーマンスを目的としたものでないことは明らかであり、そこで追求される目的や価値は当事者に還元されるものでなければなるまい。

さて、では倒産手続において、かかる意味での当事者とは誰になるのか、それが次の問題である。倒産した債務者本人、そしてその者に対する債権者がこれに該当することは間違いなく、その両者の利害が対立関係にあることもほぼ自明のことである。しかし、倒産手続において、狭義の民事訴訟における原告と被告のような意味での対立当事者としてこれをとらえることはされていない（注31）。すなわち、まず債務者と利害が対立する債権者が、ここではほぼ必然的に集団として現れ、倒産という債務者の財産不足を前提にしているのでこの債権者間でも対立の要素をはらんでいる（注32）。

そのうえ、倒産手続に利害関係を有するのは債務者と債権者に限られるものではない。すなわち、債権者としての地位を併有していることも少なくないが、担保権者、従業員、株主も意味合いは異なるが利害関係を有している。また、債権者というより逆に債務者となる得意先であるとか、周辺で商売をしたり住居を構えたりしている人々も、影響を免れないであろう。そしてまた、これら利害関係を有する者は、具体的にさまざまな属性を有し、利害の絡み方も決して一様ではない。

しかし、倒産という非常時に、これらの者のすべての要求に応えることができないのは明らかであるから、所定の枠組みのなかで対応せざるをえない。さらに、わが国の倒産法制はその枠組みが三者三様となっている。それは、倒産手続の種類により、当該手続におけるフォーマルな当事者の範囲を違えているということである。最も広く手続内に当事者を取り込むのは更生手続である。これに対し、再生手続は一般の債権者しか手続に取り込まない。破産手続はその中間に位置する。つまり、次のようになる。

第一に、更生手続は、担保権者をもこれを更生担保権として手続に拘束し、かつ、権利の減免の対象としている。また、必ずしも債務超過に陥っているとは限らないので、最下位ながら、株主もフォーマルな当事者として想定している。つまり、担保権者から株主まで手続当事者を類型化し、組分けしてその序列を守りながら処遇を決するものとしている（会社更生法一六八条一項）。

第二に、破産手続は、担保権者には別除権という手続外行使を許容する地位を与え（破産法六五条）（注33）、支払不能又は債務超過という状況で利用される手続であることから、株主には手続上固有の地位を与えていない。したがって、破産手続におけるフォーマルな当事者たりうるのは、優先的破産債権、一般破産債権、劣後的破産債権、約定劣後破産債権を有するものということになる。

第三に、再生手続は、中小企業や個人の利用を念頭に置いて手続の複雑化を避けるため、フォーマルな当事者を一般債権者だけとした。したがって、担保権者は破産の場合と同じく別除権とし（民事再生法五三条）、一般優先債権も手続の外に出し（同法一二二条）、株主も基本的にはフォーマルな当事者とされていない。

誰を当該手続におけるフォーマルな当事者とするかは、各手続のスキルの特徴を示すことになるものであるが、その意義は配当（破産配当又は計画による弁済）を受ける範囲を画するということである（注34）。もっとも、債務者の財産からの配当に影響するという意味では、これを引当てとする財団債権・共益債権を有する者も、当該手続におけるフォーマルな当事者と位置づけるべきであろう（注35）。もっとも、フォーマルな当事者を限定したからといって、それ以外の者が不存在であるとか、当該手続から捨象してかまわないということを意味するものではない。大なり小なり、フォーマルな当事者以外の者も絡んでくるのが倒産手続であり、これを倒産各法は、「利害関係を有する者」ないし「利害関係人」というオープンな概念で表現している。こうして、フォーマルな当事者以外の者にも手続に絡むパフォーマンスを果たす途を開いているのである。この場合、フォーマルな当事者の範囲が破産・再生・更生では異なるので、当然、同じ「利害関係人」という表現を使っていても、そこに吸収される関係人の範囲は違うということになろう。

3　倒産手続の主戦場

現状では倒産三法が格別に目的規定を有しており、これを一本に収斂することは、縦割主義が定着したなかでは容易ではない。それでも、三法の目的規定からは「権利（利害）関係の調整」という共通項を括り出すことが可能である。すなわち、支払不能等の倒産状態にある債務者をめぐる権利（利害）関係をいかに調整するか、それが倒産手続共通のテーマ、まさに不可欠の要素であることは間違いない。

もとより、それ以前、自由な経済活動、取引行為によって形成されてきた諸関係があり、破綻を来した場面でそれをいかに調整するかの再交渉がそこでなされる。しかし、倒産法も法体系の一環として、平時に積み上げられた実体法秩序を大きく無視することはできないのであり、各自が個別優先満足にこだわることで起きる不幸を回避するために倒産法が存在しうるということである。すなわち、仮にある倒産案件で有利な個別回収ができた債権者がいたとしても、別件では他の債権者の後塵を拝しないとは限らず、回収合戦にエネルギーを費やし、再生可能な債務者の事業を潰してしまうのは社会的不経済をもたらす。だからこそ債務者、債権者ともに勝手な行動を控え、秩序ある集団的な処理に従おうというのが倒産処理であろう。

もっとも、ここでの権利（利害）調整は、倒産三法でニュアンスを異にし、調整すなわち再交渉の余地に広狭がある。すなわち、破産では、その余地は狭く、既存のプライオリティを前提に最後は清算価値の按分弁済ということになる（破産法一九四条二項）。これに対し、再生、更生では、即時の分配はせず将来の収益を見越し、衡平な差という含みをもたせた平等とされている（民事再生法一五五条、会社更生法一六八条）。そして、衡平な差の意味も、フォーマルな当事者の範囲の広い更生手続のほうがより幅があることは間違いない。更生手続においては、この再交渉の結果は更生計画における権利変更に落とし込まれることになり、その考え方として、従来から絶対優先説と相対優先説の対立が知られていた（注36）。わが国では、旧会社更生法の時代から、上位の権利者への全額弁済前に下位の権利者への弁済を禁ずる絶対優先説の支持は少なく、上位者と下位者の順序の逆転がなければそれでよしとする相対優先説が学説でも実務でも広く支持されていた。

このように、権利（利害）の調整こそが倒産処理の主戦場となり、調整の基準は既存の実体法秩序の尊重のはずであるが、何を優遇し、逆に何を劣後させるか、事案によって論点が異なることもあるし（注37）、本来は手続外にあるインフォーマルな当事者も巻き込んでその再交渉が進むことも少なくない（注38）。

（注28）　たとえば、東日本大震災によって被害を受けた事業者の支援策の一環として制定された株式会社東日本大震災事業者再生支援機構法は、「被災地域からの産業及び人口の被災地域以外の地域への流出を防止」「被災地域にお

ける経済活動の維持」「被災地域の復興に資する」といった国家目的が中心を占め、事業者の再生支援は手段の位置づけの観がある。

(注29) 実際、各国の現行倒産法も、債権者寄りであったり(つまり、債務者には厳しい)、逆に債務者寄りであったり、と基調の差がある。倒産法をめぐる文化という切り口でとらえることもできる。倉部真由美「イギリスにおける倒産文化のアメリカ化」福永古稀『企業紛争と民事手続法理論』六二九頁。

(注30) たとえば、制度の濫用は裁判所のメンツを潰すとばかり過度に入口規制した一部の裁判所における和議手続の運用があったが、裁判所管理型倒産観から脱却するべきことを示すのは、大杉謙一「だれのための企業再建か?」法セ五五〇号四一頁。もちろん、時限的な政策実現型の立法では、国家の視点が前面に出るのは必然であろう。その意味で、株式会社企業再生支援機構法にいう「地域経済の再建」「中小企業の再生支援」と一般の倒産法の目的規定は同列のものたりえない。

(注31) しかし、特定の債権者から破産の申立てをされ、債務者がこれに(破産原因はない等と)抵抗する開始申立ての手続は二当事者対立に近い(quasi-streitiges Parteiverfahren)。

(注32) 債権者は集会や委員会で共通利害を実現する枠組みを与えられる一方で、届出債権の調査・確定は相互監視機能が働かされる(他者の債権が減れば自分の分け前が増える)。

(注33) 現実には別除権者も破産手続に関係づけられ(破産法一一一条二項、一〇八条)、破産管財人にも担保目的物の評価・換価権限が与えられている(同法一五四条、一八四条二項)。

(注34) フォーマルな当事者という表現は、破産手続における利害関係人を手続内のそれと手続外のそれに分けて分析する、伊藤眞ほか「破産管財人の善管注意義務——『利害関係人』概念のパラダイム・シフト」金法一九三〇号六四頁と同旨のつもりである。

(注35) すなわち、財団債権・共益債権は、基本的には債務者財産から随時弁済を受けられるが、不足する場合は割合弁済の可能性がある(破産法一五二条、会社更生法一三三条)。

(注36) この点に関する近時の研究として、山本慶子「再交渉による企業の再建」宍戸善一編著『「企業法」改革の論

理』一五九頁。

（注37）優遇とは、少額債権者や下請債権者の保護、金融債権者に比べての商取引債権者の保護、運転資金融資（D.I.P.ファイナンス）の保護、不法行為被害債権者の保護、といった問題であり、劣後とは、役員や主要株主といった内部者の債権の劣後処理等が知られている。

（注38）その典型は、倒産処理で環境上地域住民への配慮が必要になったり、個人情報の保護が必要になったりすることである。後者について、橋本誠志「Cloud Computing時代の倒産と個人情報保護」情報ネットワーク・ローレビュー一〇巻一〇七頁、同「クラウドコンピューティング時代の倒産処理における個人情報保護と管財人の責任負担に関する一考察」Info Com Review五七号一六頁。また、担保権消滅許可制度でも、手続内外の利害関係人の再交渉がなされる。とりわけ、破産手続での組入金（破産法一八六条一項一号）は利害関係人の線引きを微妙なものとする。

六　判例に現れた倒産手続の目的と利害関係人

目的規定の条文がありながら、前述のように、わが国では倒産手続の目的論は、民事訴訟の目的論のような盛り上がりを見せてこなかった。しかし、だからといって、わが国の倒産理論・実務が進展を遂げていないわけではない。ほぼ全面改正を果たした立法過程においてはもちろん、個別事件における法解釈・運用の場にあっても、趣旨・目的は常に実務家、研究者の意識の片隅にあるものと思われるが、ここでは、今後の議論を促す意味で具体的な判例に題材を求めておきたい。

1　事前特約と目的論

まず、事前の特約（いわゆる倒産解除特約）の効力が問題になった判例をあげてみたい。旧会社更生法下でと民事再生法下での次の二つが知られている。①最判昭57・3・30民集三六巻三号四八四頁は、動産の売主が所有権留保売買契約中の解除特約を根拠に、買主の更生手続で目的物の引渡しを求めたところ、「特約は、債権者、株主その他の利害関係人の利害を調整しつつ窮境にある株式会社の事業の維持更生を図ろうとする会社更生手続の趣旨、目的を害するものであるから、この効力を肯認しえない」とされたものである。また、②最判平20・12・16民集六二巻一〇号二五六一頁は、リース業者がリース契約中の解除特約を根拠に、ユーザーの再生手続において目的物の引渡しを求めたところ、「特約による解除を認めることは」「債務者の事業等におけるリース物件の必要性に応じた対応をする機会を失わせることを認めることにほかならないから、民事再生手続の趣旨、目的に反する」とされたものである。

もちろん、いろいろ論ずべき点のある判例であるが、本稿との関係で重要な点は、関係者が事前に結んだ特約の効力を認めては当該（更生又は再生）手続の趣旨、目的が達せられないと説いたことである。もともと、倒産法があるから倒産があるのではなく、倒産法がなくても倒産は起こりうるのであるから、平時の法律も倒産への適応性をある程度は備えている（注39）。したがって、仮に倒産法がなくても（注40）、関係者は権利（利害）の調整のため再交渉を試み、そこで事前の特約は一定の役割を果たすであろう（注41）。しかし、倒産法があるなかでは、これを潜脱するような特約の効力は認めがたいというのは、そこに国民が許容する調整の守備範囲が反映されており、外せない基本線が意識されていると見ることができよう。

2　管財人の注意義務と利害関係人

倒産処理において、倒産手続の目的の実現に当たるべきプレーヤーは、裁判所もさることながら、現場を担う機関、とりわけ管理処分権を掌握し事実上最高の権限をもつ管財人にほかならない。わが国の倒産実務でおなじみの破産管財人で考えてみよう。

破産管財人は、裁判所によって選任され（破産法七四条）、その監督を受けるが（同法七五条）、その権限は広範にわたる（同法七八条）。相応の報酬も受けるが（同法八七条）、その分、善良な管理者の注意義務を負い、注意を怠れば利害関係人に対し損害賠償を負うものとされている（同法八五条）。管財人の立場は、破産者や破産債権者の代理人ではなく、中立の立場（第三者性）の専門家として、まさに破産手続の目的の実現に向けて邁進しているものと思われるが、私欲を貪ったわけでもないのに、義務違反が問われた例がある。

最判平18・12・21民集六〇巻一〇号三九六四頁がそれであるが、事案は、敷金返還請求権を金融機関に対し質権設定をしていた賃借人が破産したところ、破産宣告（旧法事件）後の賃料につきこれを払う余力があるにもかかわらず支払うことなく敷金で充当し、具体的な敷金返還請求権を発生させなかったというものである。そこで、質権者である金融機関が、管財人のこうした敷金による賃料充当は質権を無価値にするもので、善管注意義務に違反すると主張して損害賠償又は不当利得の返還を求め、まさに管財人の注意義務が問題となった。最高裁は、質権設定者は質権者に対して「担保価値を維持すべき義務を負」っているところ、管財人はこの「義務を承継」し、本件の行為はこの義務に反するとして、不当利得の返還を認めた。しかし、他方で、本件において管財人はさもなくば破産財団から賃料を支払うことになるので、これは「破産債権者のために破産財団の減少を防ぐという破産管財人の職務上の義務と質権設定者が質権者に対して負う義務との関係をどのように解するか」という微妙な問題にかかわるものであり、善管注意義務違反の主張についてはこれを否定した。

本判決は、倒産事件を多く手掛けてきたオ口千晴判事の補足意見とあわせて、実務界に波紋を投げかけた（注42）。すなわち、それまでの管財人弁護士の平均的感覚は、単純化すれば破産財団を維持・増殖しひいては配当率のアップに寄与することに力点を置いていたと思われるところへ、別除権として一応は破産手続の外に置かれた者への目配りという視点をも管財人の現場に求めることになったからである。

3　上記判例から目的論と利害関係人への示唆

本稿は上記の判例の是非を問題とするものではない。判例の常でそれは射程を伴うものであるが、逆にここではあまりそれにはこだわらず使ってみたい。たとえば、解除特約の判例が破産の事案であったらどうであろうか、また注意義務の判例が会社更生の事案であったらどうであろうか。

まず、解除特約と破産の関係は、最高裁の判例はないが、かねて検討はされてきた。これに応えるには、当然、破産手続の趣旨、目的と特約の関係を詰める必要があろう。倒産法を一本化しているアメリカやドイツでは解除特約の無効を明文化しているが（注43）、縦割りのわが国ではこれを一律無効としうるかは予断を許さない。実際、上記の判例の内容は破産手続にも通用しそうなところはあるものの、再建型手続たることが念頭にあるように思える。しかし、破産手続も権利（利害）調整という点では、再生手続、更生手続と目的を共通にしているはずであり、そうした共通項に目をやるのか、違いを強調して各手続の趣旨、目的を論じていくのか次第ということになろう。

次に、注意義務違反が問われた事案のほうであるが、本件が破産ではなく仮に更生であった場合、かなり様相は異なってこよう。すなわち、おそらくは賃借物件は管財人によって履行が選択され賃料も共益債権として支払われる成り行きとなり、本件のような展開にはならないであろう。ただ、敷金での充当を意図し、あえて賃料を払わなかったと仮定して考えてみよう。これによって、敷金は消えてしまうので同様に質権の価値は損なわれる。そうなった場合、更生事件であっても、最判と同じように管財人の善管注意義務違反は否定されるのであろうか。担保権者に別除権の地位を与え手続外の利害関係人とする破産手続と更生担保権という構成で手続内の利害関係人とする更生手続では、ここは同じにはできないように思えるのだが（注44）、結論まで異にしうるかは微妙である。

（注39） すなわち、詐害行為取消権（民法四二四条）、契約当事者の破産（民法四四一条、六三一条、六四二条、保険法九六条）等は実質的な意味で倒産法の一部といってよいが、担保、保証、契約解除といった部分も相当程度、倒産への対応力をもっている。また、会社法の大部分を占める株式会社の基本原則はもともと倒産リスクを前提にしたものである。

（注40） 平時の法体系でどこまで倒産に対処できるかという問題関心については、柳川範之「企業再建のプロセスに必要な法律とは」宍戸・前掲編著（注36）一九八頁。

（注41） しかし、債務者が締結した事前特約のすべてが効力を実務で否定されているわけではない。たとえば、賃貸借契約における敷金や違約金に関する特約に関しては、その効力が肯定された裁判例もある（東京地判平20・8・18判時二〇二四号三七頁、大阪地判平21・1・28判時二〇三七号七四頁）。倒産法の強行法規性と任意性にかかわる問題でもある。

（注42） もちろん、重要判例として多くの判例評釈を数えたが、特にNBL八五一号の特集では実務家二八人が賛否さまざまな反応を寄せたことがこの判例のインパクトを物語る。

（注43） ipso fact clauseとして無効とされている（11U. S. C. §365(b)(2), (e)(1)）。福岡真之介『アメリカ連邦倒産法概説』九九頁。ドイツでも管財人の選択権を制限する事前合意は無効とされている（InsO§119）。水元宏典「倒産解除特約の効力論序説」青山古稀『民事手続法学の新たな地平』八八五頁。

（注44） 管財人の注意義務、損害賠償については三法で共通の規定があるが（破産法八五条、民事再生法七八条による六〇条の準用、会社更生法八〇条）、フォーマルな当事者の範囲を異にしているので、利害関係人への賠償の意味の効果は違ってくる可能性があろう。

七　結びにかえて

以上、倒産手続の目的論と利害関係人というテーマで考えるところを述べてみた。根拠法に目的規定を有しているにもかかわらず、倒産手続の目的論はこれまであまり議論されてこなかった。しかし、この点を意識しておくことは、個別の事件における法解釈・運用でも有用と思われるし、次の改正という立法論に際しても効用があろう（注45）。

しかし、民事訴訟の目的論が示すように、本当にこれを詰めるとしたら、それは容易なことではない。倒産手続の現状をどう認識し、またどうあってほしいか、論者の数だけ目的論が現れても不思議ではない。その意味では、本稿は誠にささやかな試みで、むしろ今後の議論の呼び水になりうるのかどうかも心もとない。だが、倒産手続が関係者の権利（利害）の調整の場であることはくしくも倒産三法の第一条が示すとおりであり、この点は外すわけにはいくまい。とはいえ、調整すべき権利（利害）の範囲については、各手続は少なくともその建前は異にしており、それによって利害関係人の意味合いそして線引きも違っていることがわかった。

たしかに、この利害関係人を手続の内外の者に分けて考えることは理論的にすっきりするが、現実の破産、再生、更生の各手続ではそれほどの差はないように思える。すなわち、平時に形成された実体法秩序を尊重しつつも、時代や周囲の環境のなかで具体的に生じた倒産事件ではかなり広い範囲での再交渉、再分配も試みられることもある。そうした現実認識としての目的論と、共通の核を探る理念型としての目的論とでは違っていて当然であり、いずれにせよ新たな展開が望まれる。本稿のような目的論では、民事訴訟の目的論として論じられてきたもののごとき深みや高みはないことを自覚しつつも、思うところを述べてみた次第である。

あらためて田原睦夫先生の最高裁判事退官（古稀）をお祝いしつつ、本稿を閉じることとする。

（注45）　倒産法はすでに次の改正が話題となっている。たとえば、伊藤眞＝須藤英章監修・著『新倒産法制一〇年を検証する』一三二頁以下、東京弁護士会倒産法部編『倒産法改正展望』、倒産法改正研究会編『提言倒産法改正』。

財団債権・共益債権の債務者
――管理機構人格説の検討を兼ねて

山本克己

一　はじめに

破産管財人の法的地位をめぐる議論について、伊藤眞教授は、

①　破産手続の内部的法律関係の問題

② 破産管財人の職務遂行についての指導理念の問題
③ 破産管財人の外部者との実体法的法律関係上の地位の問題

の三つの局面に分けて論ずるべきであると説く。そして、①の局面では、「破産財団に対する管理処分権の破産管財人による行使、裁判所や破産債権者と破産管財人の関係、否認権の行使主体、財団債権の債務者などを合理的に説明できるかどうか」、換言すれば、「破産手続の内部的法律関係をいかに矛盾なく説明できるか」が問題であるとする（注1）。そのうえで、①の局面においては、職務説、破産債権者代理人説、破産者代理人説、破産財団法主体説（破産財団代表者説）、信託受託者説などを斥け、管理機構人格説を採用すべきであると述べている（注2・3）。

「破産手続の内部的法律関係をいかに矛盾なく説明できるか」という下りからは、①について特定の見解を採用したからといって、破産手続の内部的法律関係に属する諸問題ついて、別の見解を採用した場合とは異なった解釈論的な帰結が見出されるわけではなく、①について提唱されている諸見解は、破産手続の内部的法律関係の諸問題についての一般に承認されている解釈を共通の前提としつつ、それを破産管財人の法的地位という観点から整合的に説明することを試みるものである、という伊藤教授の認識、言い換えれば、①についての議論は「実益」を欠くものである、という認識を読み取ることができるように思われる。筆者も、このような認識から、学部や法科大学院での破産法の講義において、①に関する議論についてはいっさい触れないことにしている。

しかしながら、伊藤教授は、「管理機構としての破産管財人に法主体性を認める考え方を財団債権についても当てはめると、管理機構としての破産管財人が財団債権の債務者となる。……したがって、破産手続終了後は破産者が財団債権について責任を負うことはない」と述べている（注4）。引用文には明示されていないが、破産手続の終了により財団債権の債務者が消滅することを根拠にして、破産手続終了後の財団債権の扱いを論じているものと考えられる。そして、そこでは、あらゆる財団債権について破産手続終了後に破産者にその履行を求めることができない、という必ずしも一般的に承認されているとは言いがたい解釈論的な主張が、管理機構人格説からいわば演繹的に導き出されている（注5）。このような論法に有意性が認められるのであれば、①をめぐる諸議論にも一定の「実益」が認められることになる。

本稿の目的は、以上の問題意識から、この伊藤説の当否を論ずるとともに、管理機構人格説にも若干の検討を加えることにある。

しかし、本論に入る前に、再生手続・更生手続終了後の共益債権の扱いを確認しておく。更生手続については、更生手続開始決定の取消し・更生手続の廃止・更生計画不認可決定の確定の場合（他の倒産処理手続への移行があったときを除く）に、管財人が、その任務終了に際する残務整理の一環として、共益債権の弁済又は供託をすることとされている（会社更生法八二条四項。旧会社更生法二八二条、二三八条、五一条三項でも同様の立場がとられていた）。会社更生法八二条四項は終結の場合を射程に置いていないが、共益債権は更生手続終結までに支払われるべきであることを前提としているものと思われる。また、同項は同法七二条四項所定の更生会社への権限付与の場合を射程に置いていないが、権限付与があった場合には、終結までに更生会社が共益債権を弁済し、更生計画認可後の手続廃止に際しては、更生会社が弁済又は供託をすることになろう。

これに対して、民事再生法一五四条一項二号は、共益債権の弁済に関する定めを再生計画の必要的記載事項としている（再生手続が再生計画認可決定の確定により終結する場合があるため、会社更生の場合とは異なった扱いがされているのである）が、再生手続開始決定の取消し・再生手続の廃止・再生計画不認可決定の確定の場合（他の倒産処理手続への移行があったときを除く）の共益債権の扱いについては規定が置かれていない。一般優先債権との優先劣後をどうするかという困難な問題はあるが、手続機関たる再生債務者又は管財人によって会社更生法八二条四項と同様の処理がされるべきであろう。

（注1）伊藤眞『破産法・民事再生法（第二版）』（二〇〇九年。以下、伊藤『破産・再生法』として引用する）一四五頁。

（注2）伊藤『破産・再生法』一四八頁。

（注3）破産管財人の法的地位についての議論の現状を分析した、近時の注目すべき論稿である、水元宏典「破産管財人の法的地位」高木新二郎ほか編集代表『倒産の法システム　第2巻』（二〇一〇年）三七頁は、伊藤教授の見解が現時点でのこの問題についての通説であるとする。

（注4）伊藤『破産・再生法』二三五頁。

（注5）もっとも、伊藤眞『破産法（新版）』（一九九一年）一四八頁以下は、財団債権の債務者が誰かという問題と、破産手続終了後に財団債権の履行を破産者に求めることができるかという問題は、切り離して考えるべきであるという前提に立っていた。しかし、同『破産法（全訂第三版補訂版）』（二〇〇一年）一八九頁以下では、本文で紹介した立場に移行している。

二　山木戸克己博士の見解と破産財団法主体説

管理機構人格説は、山木戸克己博士の創見に係る。そこで、まず山木戸博士の見解を要約して紹介する。

山木戸博士は、著書『破産法』（注6）において、①の局面に関する議論は、破産法の体系構築の主柱となるべき「破産理論」（注7）の中核的要素である、という当時の一般的な認識から出発しつつ、自ら「管理機構人格説」と命名する見解を提唱するのであるが、その内容は、次のとおりである。すなわち、破産宣告（破産手続開始決定）によって、破産者の有する財産は破産者所有のままで一種の特別財産である破産財団を構成し、破産管財人がこれを管理するところ、ここでの「破産管財人」の概念には、管理機構とその担任者（Träger）の二つの意義が認められ、管理機構としての破産管財人は破産宣告による破産財団の成立に伴って当然に備わるが、その担任者としての破産管財人は、裁判所の選任によってその地位に就く、と説かれるのである。

以上の議論においては管理機構たる破産管財人に法人格を認めるための根拠が示されていないが、山木戸博士は、かかる根拠を、当時の有力説である、私法上の職務説と破産財団法主体説に対する、次のような論評のなかで展開する。まず、破産管財人は、破産管財人たる資格に基づいて自己の名において行為する私人である、という私法上の職務説の主張は、破産管財人であることを示してした行為を自己の名における行為とする点において背理・矛盾を含んでおり、結局のところ、私人の固有の個人的地位と破産管財人たる地位が分裂せざるをえなくなり、管理機構としての破産管財人の独立の法主体性を認めることに帰着すると説く。次に、破産財団法主体説は、破産財団は破産法によって認められた法人であると説くが、法人たる破産財団は破産者の責任財産が清算目的のために破産法の定める管理機構の下に置かれている形態を指すのであるから、「そこでの法人すなわち法律関係の帰属点としての破産財団は、管理機構そのものを意味している」と見ることができるとする。

このようにして、私法上の職務説と破産財団法主体説に萌芽を見出された管理機構たる破産管財人の法主体性は、「破産管財人による管理及び処分は、財産帰属者である破産者の意思を抑圧してなされるものであって、そこに財団法人（および権利能力のない財団）における財産の管理運営と趣を異にするものがある。したがって破産関係においては、破産財団とその管理機構とを切り離して、管理機構たる管財人に法主体性（人格）を認めるのが妥当である」という論拠によって基礎づけられる。そして、法主体たる管理機構に帰属するのは、破産者に属する財産そのものではなく、その管理処分権であると説かれる。

このような管理機構法主体説を前提に、山木戸博士は、財団債権の債務者は管理機構たる破産管財人であるとし、破産管財人が債権者である財団債権（報酬請求権など）の債権者は担任者である破産管財人個人であり、その債務者は管理機構としての破産管財人であると説いている（注8）。もっとも、山木戸博士は、破産管財人の法的地位についての議論を含む「破産理論」は、破産関係の個別の事項に関する解釈において結論の差異をほとんど導かないとの認識を示しており、コンセンサスが得られつつある個別の事項の一つとして「財団債権に対する破産財団の有限責任」をあげている（注9）ことに注意が必要である。

以上が山木戸博士の見解の概要であるが、山木戸博士の見解は破産管財人だけを対象としており、旧会社更生法上の管財人は視野の外に置かれていることに注意が必要であることを指摘したうえで、博士の見解に対する批判的な検討に移ることにする。

まず、私法上の職務説に対する山木戸博士の批判を取り上げる。資格を示してする行為と個人の行為の区別の問題は、破産管財人に固有の問題ではない。他人に帰属する特別財産の管理者のなかでも、たとえば遺言執行者についても同様の問題が存在する。また、自己の財産についても、信託受託者の場合には、信託財産についての受託者の資格に基づく行為と固有財産についての行為は区別されなければならない。しかし、遺言執行者や信託受託者について、相続財産や信託財産という特別財産の法主体性ある管理機構であると説く見解は、卑見の及ぶ限りでは存在しないように思われる。他人名義の特別財産を自己の名で（かつ、資格を表示して）管理処分する管理者である点で類似している遺言執行者の場合とは異なり、破産管財人の場合だけ、何故に特異な法律構成がとられるのかが問われなければならない。

次に、財団債権の債務者に関する山木戸博士の所説を取り上げる。博士は、財団債権の債務者は管理機構たる破産管財人であるとする一方で、破産財団所属財産は破産者に帰属すると説いている。その結果、債務の帰属主体と責任財産の帰属主体とが分離してしまい、管理機構たる破産管財人について、「債務は負担するがその引当財産をおよそ有しえない法主体」という特異な概念形成が行われている。このようなものが果たして「法主体」と呼ぶに値するか、大いに疑問であるというべきであろう（注10）。また、保証の場合には、主債務者以外の法主体（保証人）の財産が主債務に係る債権の責任財産となるのであるが、しかし、この場合の責任財産の拡張は、保証人が保証債務を負うというかたちで実現されている。これに対して、山木戸博士の見解においては、債務の負担を媒介せずに、責任財産が他人物（破産財団所属財産）に拡張されている。この点にも疑問が残る。

また、山木戸博士が財団債権の債務者が管理機構たる破産管財人であるとする根拠は、必ずしも明確には示されていない。博士は、財団債権についての「破産終結後の破産者の責任については、債権ごとに、破産者が責任を負うべき債権かどうか、また破産債権に準じて免責の効果を受ける債権かどうかを検討……すべきである」と説き（注11）、より具体的には、破産者自身の債務たる性質を有するものを除いて財団債権の免責を認めている（注12）。したがって、「財団債権に対する破産財団の有限責任」を実現することが、決定的な根拠とはされていないように思われる。したがって、先に紹介した、破産財団法主体説のいう法人格は管理機構そのものであるという発想が、博士が財団債権の債務者を管理機構たる破産管財人とする主たる根拠であると見てよかろう。

しかし、管理機構人格説を採用することは、管理機構たる破産管財人を財団債権の債務者とすることの必要条件ではあっても（債務者であるためには法人格が必要である）、十分条件ではないように思われる。というのも、財団債権の債務者を破産者としつつ、財団債権の種別によっては、その責任財産が破産財団に限定されるという、一種の物的有限責任構成（注13）によっても、博士の所説と同様の帰結を導き出すことができるからである。むしろ、破産財団に属する財産が破産者に帰属すると説く管理機構人格説の立場を前提とするときには、債務の帰属主体と責任財産の帰属主体の分裂を招かない点で、破産者を財団債権の債務者とする構成のほうが、より自然であるように感じるのは筆者だけであろうか。

なお、山木戸博士は、財団債権を破産財団所属の債権と相殺することを認めている（注14）。この結論については、筆者にも異論はない。しかしながら、財団債権の債務者は管理機構たる破産管財人であり、かつ、破産財団所属財産は破産者に帰属するとする博士の見解において、債権債務の対立を肯定できる理由は示されていない。このことは管理機構人格説が「破産理論」として必ずしも成功していないことを意味する。

すでに述べたように、山木戸博士が管理機構人格説の展開に際して主として念頭に置いていたのは、私法上の職務説と破産財団法主体説である。そして、筆者は、財団債権の債務者を管理機構たる破産管財人とする博士の所説は、破産財団法主体説における法主体たる破産財団を管理機構たる破産管財人に置き換えたものであるとの印象を有している（注15）。そこで、破産財団法主体説が財団債権の債務者についてどのように考えているかを、これからの行論に必要な限度で紹介することにする。

しかし、その前に、破産財団法主体説の提唱者である兼子一博士が、破産法学の任務は①の局面において「統一的に而も最も明快に解明し得る」法律構成を見出すことにある（注16）との前提の下に、そのような法律構成として破産財産法主体説を提唱していることを、指摘しておく。

さて、破産財団法主体説は、周知のように、財団債権の債務者は法主体性を有する破産財団であるとするのであるが、その根拠は、財団債権をめぐる法律関係を最も整合的に説明することができる、という点にある（注17)。破産財団法主体説自体がそうであるように、財団債権の債務者論も「破産理論」の一環として展開されているわけである。しかし、より興味深いのは、有限責任性に関する破産財団法主体説の議論である。すなわち、財団債権について破産財団の有限責任を認めることを原則としつつも、破産宣告前の原因に基づく財団債権については、本来は破産者の人的な債務であるものを、法が特に財団債権として優遇しているのであるから、破産者の債務たる性質を失わないので、破産終結後に破産者の無限責任を認めてさしつかえない（注18)、と説かれている点である。「破産者の債務たる性質を失わない」が、破産者だけが債務者であることと、破産財団と破産者の双方が債務者であることの、いずれを意味するのかは明確ではないが、破産手続の終了による破産財団の消滅によって当然にあらゆる財団債権が免責される、とはされていない点に注意が必要である。上述の有限責任性についての山木戸博士の見解は、これを意識していると推測できるからである。

なお、破産財団法主体説においては、財団債権と破産財団所属債権の相殺を肯定することになんら支障がないことも指摘しておかなければならない。

（注6） 山木戸克己『破産法』（一九七四年）八〇頁以下。
（注7） 「破産理論」については、水元・前掲（注3）四〇頁以下を参照。
（注8） 山木戸・前掲（注6）一四二頁。
（注9） 山木戸・前掲（注6）八三頁。
（注10） 管理機構である破産管財人が財団債権の債務者であることを否定する場合には、債務と責任の帰属の分離という問題は生じないが、管理処分権（に加えて、双方未履行双務契約の選択権や否認権）しか帰属せず、所有権や債権等の財産権（実質権）が帰属しない法主体という点で、特異な概念形成が行われていることに変わりはない。

（注11） 山木戸・前掲（注6）一四二頁。
（注12） 山木戸・前掲（注6）一四〇頁。
（注13） 山木戸博士は、このような構成がありうることを意識して議論をしている。山木戸・前掲（注6）一四〇頁。
（注14） 山木戸・前掲（注6）一六五頁注（一）。
（注15） 水元・前掲（注3）四七頁は、管理機構人格説は破産財団法主体説と私法上の職務説との発展的折衷にすぎないと断ずる。
（注16） 兼子一「破産財団の主体性」（初出一九四四年）同『民事法研究第1巻（再版）』（一九五〇年）四二七頁。
（注17） 兼子・前掲（注16）四四一頁以下。
（注18） 兼子・前掲（注16）四四四頁、中田淳一『破産法・和議法』（一九五九年）一三九頁。

三　谷口安平博士の見解

山木戸博士によって提唱された管理機構人格説は、谷口安平博士の著書『倒産処理法』によって継承された。谷口博士の見解において注目すべきは、次の三点である。

まず指摘すべきは、谷口博士が、破産の場合だけではなく、旧会社更生法下における会社更生の場合をも射程に入れたうえで、破産管財人と更生管財人を統一的に説明するための管財人の法的地位論を展開している（注19）点である。破産法学から倒産（処理）法学への展開のなかで、管理機構人格説は支持者を見出していったのである。自由財産が観念されない会社更生（と民事再生）の場合に、破産財団法主体説を導入できるかどうか疑問があるのに対して、管理機構人格説は破産に固有の性質によって制約されていないということができよう。

第二に、谷口博士は、管財人の法的地位をめぐる諸々の議論は、具体的な結論に相違をもたらすわけではなく、「すべての関係を矛盾なく説明しきれるか」という観点から優劣が決せられる、と述べる（注20）。しかしながら、博士は、管理機構人格説を採用した場合に、破産・会社更生のどのような具体的な問題が整合的に説明できるかについて、論じてはいないように見受けられる（注21）。博士は、特別清算人や旧会社整理における管理人が債務者会社の代表者であると説くのである（注22）が、むしろ、博士の関心は、管財人が債務者会社の代表者性を持たないことを説明すること、つまり、倒産処理手続相互間の比較に向けられていた可能性がある。

最後に、第二点とも関連するが、谷口博士が財団債権・会社更生法上の共益債権の債務者についていっさい触れていない（注23）点は、本稿との関係では特に注目しておく必要がある。このことは、財団債権・共益債権は破産債権・更生担保権・更生債権に優先して破産財団・更生会社財産から弁済されることさえ確認しておけばよい、というある種プラグマティックな認識に基づくものと推測できる。ちなみに、博士は、財団債権・共益債権の債務者に言及することなく、財団債権・共益債権と破産財団・更生会社財団所属の債権との相殺を認めている（注24）。また、博士は、破産手続終了後の財団債権の処遇について、本来破産者の債務たるべき債権以外のものは破産者に請求できないとして、原則として破産財団の有限責任を認めるという、山木戸博士と同様の立場を採用している（注25）が、そこでも財団債権の債務者にはいっさい触れられていない。

（注19）谷口安平『倒産処理法（第二版）』六一頁（一九八〇年）。

（注20）谷口・前掲（注19）六〇頁。

（注21）筆者は、学部学生の頃から親しく谷口博士の指導を受ける機会に恵まれたが、「破産理論」の価値に消極的な博士の発言を何度か耳にした記憶がある。

（注22）谷口・前掲（注19）六一頁以下。
（注23）谷口・前掲（注19）一四二頁以下参照。
（注24）谷口・前掲（注19）二三五頁。
（注25）谷口・前掲（注19）一五〇頁。

四　伊藤眞教授の見解

本題である伊藤教授の見解を、その著書『破産法・民事再生法』と『会社更生法』に依拠しつつ、紹介し検討する作業に移ることにする。

伊藤教授の管理機構人格説は、破産管財人だけではなく、再生管財人・更生管財人をも視野に入れた（注26）、「倒産法理論」として展開されている。つまり、必ずしも「破産理論」として展開されているわけではないのである。このことからは、三つの倒産処理手続（破産手続・再生手続・更生手続）を統一的に説明するためのツールとして、「管理機構人格説」が採用されているかのような印象を受ける。しかし、後に紹介するように、財団債権・共益債権の債務者という論点に関していえば、統一的な説明はされていない。

ちなみに、伊藤教授は、手続機関としての再生債務者については、私法上の職務説を採っており（注27）、手続機関である再生債務者が管理機構の担任者となるという構成は採用されていない。

財団債権の債務者についての伊藤教授の所説の概要は一で紹介したが、伊藤教授は、一部の種類の財団債権について、破産者が責任を負うべきではない「実質的理由」を述べているので、ここではこれを紹介しておく。まず、受任者の急迫行為による請求権（破産法一四八条一項六号）と解約申入れがされた双務契約の終了までに生じた請求権（同項八号）は、急迫行為や双務契約の存続によって利益を受けるのは破産財団（つまり、破産債権者）であることから、破産管財人が解除した双務契約についての相手方の反対給付価値返還請求権（同法五四条一項）と訴訟等の相手方の費用償還請求権（同法四四条三項、四六条）は、管財人の行為によって生じた請求権であることから、それぞれ破産者が責任を負うべきではないとする（注28）。また、いわゆる政策的財団債権である、破産手続開始前の原因に基づく租税等の請求権であって財団債権とされるもの（同法一四八条一項三号）、あるいは、破産手続開始前の使用人の給料等の財団債権とされる部分（同法一四九条）も、これらの債権の債権者は、破産手続の開始によって本来破産債権であるべき債権が財団債権に格上げされることによって利益を受けているのであるから、その反面として、破産手続の終了後は破産者の責任を否定されるという不利益を甘受すべきであるとされる（注29）。

では、伊藤教授は、民事再生・会社更生の場合の共益債権の債務者について、どのように考えているのであろうか。まず、民事再生の場合について、管財人の有無にかかわらず、共益債権の債務者は再生債務者であるとされている（注30）。管財人の有無にかかわらないとされているので、ここでの再生債務者は手続機関ではなく手続債務者としてのそれであると考えられる。ところが、会社更生については、共益債権の債務者は管財人であるとされている（注31）。

なお、伊藤教授も、財団債権と破産財団所属の債権の相殺と、共益債権と再生債務者財産ないし更生会社財産所属の債権の相殺を肯定している（注32）。

このように、財団債権・共益債権の債務者について、破産と会社更生については共通ないし類似の構成が採用されているのに対して、民事再生においては別の構成が採られている。この相違の原因は、おそらく、破産と会社更生では管財人が必置の管理処分機関であるのに対して、民事再生の場合の管理処分機関は原則として再生債務者であり、管財人が選任されるのは例外とされていることにあると推測される。

しかし、この点はさらに検討する必要がある。以下では、伊藤説内在的に他の構成の余地が残されていないかを検討する。まず、再生手続においては、再生債務者と管財人が択一的（相互に排他的）な管理処分機関であるために、管理機構たる管財人が存在しない場合があるから、共益債権の債務者が常に管理機構たる管財人であるという構成は採りえない。

また、管理処分機関が再生債務者と管財人のいずれであっても、管理機構としては同一性を失わず、再生債務者も管財人もその担任者にすぎないという構成の下に、管理処分機関が再生債務者である場合と管財人である場合の双方を包含した管理機構が共益債権の債務者となると見ることも考えられないではない。しかし、管理機構人格説においては、否認権は担任者ではなく、管理機構たる管財人に帰属するとされていることとの関係で、管理処分機関が再生債務者の場合に否認権の主体が監督委員となることを説明できなくなるので、両者を包含する管理機構という構成も採用できない。

これに対して、共益債権の債務者は、再生債務者である場合には手続債務者たる再生債務者（「管理機構たる再生債務者」）を観念することは、その担任者が再生債務者以外にはありえない点で、不自然であると考えられる）、管理処分機関が管財人である場合には管理機構たる管財人であるとしつつ、管理命令の発令やその取消しによって、共益債権につき法定の（当然の）債務承継が生じるという構成も考えられ、この構成は、管理機構たる破産管財人・更生管財人が債務者とすることとの整合性が高い点で、伊藤説内在的には容易に斥けることができないように思われる。

もっとも、手続債務者たる再生債務者または管理機構たる管財人が共益債権の債務者であるという構成に対しては、法定の債務承継を観念せざるをえない点で不自然である、との反論がされるかもしれない。しかし、伊藤説は、破産・更生手続開始時においてすでに発生している債権が開始後に財団債権・共益債権として扱われる場合（たとえば、破産の場合の租税等の請求権や使用人の給料等の債権の場合）には、破産者・開始前会社から管理機構たる管財人への法定の債務承継があることを承認せざるをえないから、この反論は伊藤説と両立しえない。

さて、伊藤教授が、管理処分機関たる再生債務者又は管理機構たる管財人が共益債権の債務者であるという構成を採用せず、共益債権の債務者は手続債務者たる再生債務者だけであるとしていることは、次の二つのことを含意していると考えられる。一つは、二と三ですでに示唆したところであるが、管理機構人格説を採用すれば、当然に財団債権・共益債権の債務者が管理機構たる管財人になるという関係が成り立たないことである。別の言い方をすれば、財団債権・共益債権の債務者が管理機構たる管財人であると考えることは、管理機構人格説の必須の構成要素ではないことである。もう一つは、伊藤教授の見解において、民事再生の場合には再生手続終了後に共益債権の債務者が存在し続けるのに対して、会社更生の場合には更生手続終了後にこれが消滅することである（なお、管理処分機関たる再生債務者又は管理機構たる管財人が共益債権の債務者であるという構成においては、再生手続終了後に債務者が消滅することに注意が必要である）。

この伊藤教授の見解が含意する第二点においては、一で確認した手続終了時（特に終結時）の共益債権の処遇との整合性が、民事再生（特に再生債務者によって手続終結後にされる再生計画の定めに基づく共益債権の弁済がされること）と会社更生のいずれについてもほぼ確保されている。しかし、伊藤教授の見解において、会社更生法七二条四項所定の更生会社への権限付与によって管財人が管理処分機関としての性格を失った場合には、共益債権の債務者が更生会社であるとするために、管理機構たる管財人から更生会社への法定の債務承継を認めざるをえなくなると思われる。

(注26) 伊藤『破産・再生法』一四八・六二〇頁、同『会社更生法』(二〇一二年)以下、伊藤『更生法』として引用する) 一二八頁以下。
(注27) 伊藤『破産・再生法』六一二頁。
(注28) 伊藤『破産・再生法』二三六頁。
(注29) 伊藤『破産・再生法』五五四頁以下
(注30) 伊藤『破産・再生法』六六九頁。
(注31) 伊藤『更生法』二四六頁。
(注32) 伊藤『破産・再生法』三六一・七〇六頁、同『更生法』三四一頁。

五　おわりに

これまでの検討において、管理機構人格説を採用することから、当然に、財団債権・共益債権の債務者が管財人であるという帰結が導き出されるわけではないことを明らかにできたと考える。以下では、破産手続・再生手続・更生手続終了後の財団債権・共益債権の扱いについて検討を加えることにする。

まず、財団債権の場合を検討すると、管理機構たる破産管財人が財団債権の債務者であると考えたとしても、そのことから、論理必然的に、破産手続の終了後は、破産者に財団債権の履行を求めることができない、という帰結を導き出すことはできない。というのも、破産手続の終了により財団債権に係る債務を法律上当然に破産者が承継する、と考える余地があるからである。法定の債務承継を認める点が不自然であるとの反論がされるかもしれないが、**四**で述べたように、管理機構たる管財人が財団債権・共益債権の債務者であると考える場合には、倒産処理手続開始時に法定の債務承継が生じることを肯定せざるをえない。

他方、財団債権の債務者を破産者であると考えるとしても（**二**で述べたことから明らかなように、筆者はこの考え方に親近感を有している）、論理必然的に、破産手続の終了後も破産者に対して財団債権の履行を求めることができる、という帰結になるわけではない。**二**で述べたように、破産財団の物的有限責任を観念する余地があるからである。また、破産財団が財団債権の債務者であるとする破産財団法主体説においても、破産手続終結後に破産者に対して履行を求めることができる財団債権があることが認められていることは、**二**で紹介した。

このように、財団債権の債務者は誰かという問題設定に対する答えから、破産手続終了後の財団債権の処遇を一義的に導き出すことはできない（さらにいえば、破産手続終了後の財団債権の処遇を正当化するために、財団債権の債務者は誰かという問に対する答えを選択する必要もない）。それでは、破産財団終了後の財団債権の処遇は何を手掛りにして決すべきであろうか。筆者は、各種の財団債権が破産債権とは異なった扱いをされる根拠にその手掛りを求めるべきであると考えている（注33）。伊藤教授も、財団債権の債務者論とは別に、同様の作業をしていることは**四**で紹介した。

まず、当該債権が破産債権者全員のための共益費用性を有することが、財団債権性の根拠となっている場合（いわゆる本来的財団債権の場合）には、かかる共益費用を破産債権者が負担する理由はないから、破産財団限りの物的有限責任が認められるべきである。もっとも、かかる結論を、破産手続終了の場合一般に及ぼすことは、財団債権者に不当な不利益を与える場合がある（破産財団法主体説や山木戸博士が、破産財団限りの有限責任を論ずる際に、破産手続の終結だけを念頭に置いていたことは示唆的である）。たとえば、同意廃止の場合に、財団債権について破産財団限りの物的有限責任を貫徹すると、財団債権者に優先的に配分されるべき責任財産（破産財団所属財産）を、廃止決定確定後に財団債権者が摑取できない財産とすることによって、財団債権者の犠牲において破産債権者が利益を得ることを認めることになってしまう。したがって、終結以外の事由による破産手続の終了の場合に、会社更生法八二条四項が類推適用されると考えるべきであろう。

これに対して、当該債権が共益費用性を有しないにもかかわらず、別の政策的考慮から財団債権とされている場合（いわゆる政策的財団債権の場合。なお、山木戸・谷口両博士のいう「本来破産者の債務である債権」は、これに当たると推測される）には、財団債権とされている根拠から一義的な答えを導き出すことができないように思われる。**四**で紹介した伊藤教授の見解のように、破産手続内で優遇される反面として手続終了後は不利に扱われるべきであると考えることと、破産手続内で優遇されていることは当該債権の要保護性が高いことを意味するから、手続終了後も保護が与えられるべきであると考えることの、どちらも一定の説得力を有しているからである。

しかし、破産手続の終結の場合はともかく、それ以外の事由による破産手続の終了の場合には、随時弁済を受ける機会が事実上なく（時にはその原資すらなく）、政策的財団債権の手続内での優遇がノミナルなものであることも多い。また、政策的財団債権のうち、使用人の給料等の債権と租税等の請求権は、同種の債権が破産債権であれば非免責債権とされている（破産法二五三条一項一号・五号）こと、そして、租税等の請求権が非免責債権とされる背景には、租税等の請求権について徴収権者の同意を得ずに民事手続によって権利の減免をすることは原則として許されないという思想があると考えられる（会社更生法一六九条参照）ことを考慮すると、にわかに伊藤教授の見解に賛同することはできないように思われる。

不十分ではあるが、財団債権の検討は以上で終わり、共益債権の処遇を検討する。一で述べたように、民事再生の場合には、再生手続終結後も共益債権一般が、それぞれの債権が共益債権とされる根拠にかかわらず、再生債務者によって履行されることが想定されている。また、会社更生の場合には、会社更生法七二条四項所定の更生会社への権限付与があった場合には、共益債権一般が共益債権とされる根拠にかかわらず、更生会社によって履行されることになる。つまり、共益費用性を有する共益債権（本来的共益債権）が、再生債務者や更生会社によって履行されることがあるのである。この点は、本来的財団債権の場合と大きく異なる。むろん、権限付与を受けた更生会社は、管財人がいない場合の再生債務者と同様の手続機関性を有すると考える余地があるから、破産手続終了後の破産者とは異なるということができるかもしれない。しかし、再生手続終結後の再生債務者は破産手続終了後の破産者とは異なるところがないので、少なくとも民事再生における本来的共益債権と本来的財団債権の処遇の相違を正当化する必要性が存在する。

この相違は、少なくとも民事再生の場合には、本来的共益債権が、再生債権者のための共益費用性を有するとともに、手続債務者たる再生債務者のための費用でもあることによって根拠づけられよう。この点についてはおそらく異論がないところであると思われる。しかし、本来的共益債権のうち、再生管財人の行為によって生じた債権が手続債務者たる再生債務者のための費用としての性格を併有することは、②や③の局面において、再生管財人の場合には、破産管財人と異なった考慮が必要であることを意味しうることに注意が必要である（注34）。

本稿を締めくくるにあたって、一で設定した、①の局面での議論に「実益」があるかどうか、という問題についても一言しておくと、すでに述べたところから明らかなように、民事訴訟法学における訴権論と同じく、「実益は見出しがたい」というのが筆者の結論である。

（注33）　以下の本文で述べる財団債権についての私見は、松下淳一「財団債権の弁済」民訴五三号（二〇〇七年）六一頁以下に多くを負っている。本文での考察は大枠を述べたにすぎないので、より詳しくは松下論文を参照されたい。なお、伊藤『破産・再生法』二三六頁（注120）は、松下論文において、本来的財団債権の債務者は管理機構たる破産管財人、政策的財団債権の債務者は破産者とされている、と述べている。しかし、松下論文は、財団債権の債務者は誰かという問題とは切り離して議論をしており、本稿の立場と軌を一にする。これに対して、山本和彦ほか『倒産法概説（第二版）』（二〇一〇年）九〇頁〔沖野眞已〕は、松下論文や本稿と同じ結論を、伊藤教授が指摘するようなかたちで財団債権の債務者論と結び付けて論じている。

（注34）　それぞれ視角は異なるが、水元・前掲（注３）四九頁以下、沖野眞已「債権法改正と倒産」山本和彦ほか編『債権法改正と事業再生』（二〇一一年）三四頁以下を参照。

倒産手続における事業譲渡と株主総会決議の要否

木内道祥

一　はじめに――なぜ、破産管財人は、株主総会決議なしに事業譲渡ができるのか

株式会社の事業譲渡については、株主総会の特別決議による承認が必要である（会社法四六七条）（注1）。これに対し、各種の倒産手続では、株主総会の決議なしに事業譲渡をすることができるとされている場合がある。

そのなかで、最も簡便なのは、破産手続である。破産管財人は、事業譲渡についての裁判所の許可があれば、株主総会の決議なしに事業譲渡が可能と解されており、裁判所の許可以外に必要な手続は、労働組合等からの意見聴取のみである（破産法七八条四項）（注2）。特別清算では、裁判所の許可があれば株主総会決議は不要である旨の明文がある（会社法五三六条三項）が、債権者及び労働組合等からの意見聴取が必要とされている（同法八九六条）。

しかし、なぜ破産管財人は裁判所の許可があれば株主総会決議なしに事業譲渡をできるのかというと、必ずしもその根拠は明らかではない。

破産法七八条二項は、破産管財人が事業譲渡をするには、裁判所の許可を要するということを定めているが、この規定自体は、裁判所の許可があれば株主総会決議を要しないということまでは意味しない。民事再生における事業譲渡でも、裁判所の許可が必須であることは破産と同様であるが（民事再生法四二条）、この許可に加えて、株主総会決議が必要であり、債務超過であっても株主総会決議に代わる許可を要するとされている（同法四三条）。裁判所の許可が必要とされているからといって、それがあれば株主総会決議が不要であるということ

はできない。

しかも、破産法七八条二項は、大正一一年に制定された旧破産法の一九七条一項三号の趣旨をほぼそのまま引き継いだものであるが、株式会社の事業譲渡について株主総会決議を必要とするという規定が登場したのは昭和一三年の商法改正によってであり、それまでは、株式会社の事業譲渡についての規定はまったく存在しなかった。したがって、破産管財人が事業譲渡を行うには裁判所の許可を要するという破産法の規定は、少なくとも、その登場時点では、株主総会決議の要否には無関係なのである。

（注1） 用語としては、事業主体によって「事業譲渡」か「営業譲渡」なのかの違いがあり、また、新会社法より前の法律は「営業譲渡」を用いているが、本稿では（引用部分を除き）「事業譲渡」に統一した。

（注2） 旧破産法では労働組合等からの意見聴取の規定はなかったので、必要とされるのは裁判所の許可のみであった。

二 破産法における事業譲渡についての定め

旧破産法では、破産管財人が事業譲渡をするには、監査委員の同意が必要であり（旧破産法一九七条一項）、第一回債権者集会前（この時点では監査委員は登場していない）では裁判所の許可で監査委員の同意に代替することができ、第一回債権者集会で監査委員を置かないことにした場合には、債権者集会の決議が必要であるが、これも急迫の必要があれば裁判所の許可で代替することができる（同法一九八条）とされていた。実務上は、監査委員の制度には難点があり、ほとんど利用されておらず（注3）、ほぼ例外なく、裁判所の許可による事業譲渡がなされていた。

現行破産法では、監査委員の制度は廃止され、事業譲渡は裁判所の要許可事項とされた（破産法七八条二項）が、これは、旧破産法の下における実務の運用を踏襲したものであり、法の趣旨にかわりはない。少なくとも、株主総会決議の要否について、なんらかの変更をもたらす改正ではない。

（注3）　小川秀樹編著『一問一答新しい破産法』一二三頁。

三　破産管財人による事業譲渡に株主総会決議を不要とする理由

破産管財人による事業譲渡に株主総会決議を不要とする理由として述べられているものの一つは、「破産手続については、明文の規定はないものの、会社法第七章の規定の適用がないことは当然である（破七八条第二項第三号参照）。」（注4）という当然論である。

もう一つは、破産管財人に財産管理権限が専属することを根拠にするものであり「株式会社にあっては、事業譲渡は株主総会の特別決議事項であるが、破産手続開始によって、破産者の財産の管理・処分権は破産管財人に専属しているので、破産者が債務超過状態にない場合でも、株主は破産管財人の財産処分行為に容喙することはできず、破産管財人は会社法上の手続を経ることなく営業譲渡をなすことができる。」（注5）というものである。

これらの根拠の妥当性については、昭和一三年の商法改正に照らして検討する必要がある。

（注4）　萩本修編『逐条解説　新しい特別清算』一四五頁。

（注5） 竹下守夫編集代表『大コンメンタール破産法』一三三五頁〔田原睦夫〕。同旨のものとして、伊藤眞ほか『条解破産法』五八四頁、山下眞弘「会社解散後における営業の譲渡担保」関西法律特許事務所編『民事特別法の諸問題』九九頁。

四　昭和一三年の商法改正

昭和一三年の商法改正は会社法を中心とした大幅改正であり、会社法の条文数はほぼ倍増した。会社整理、特別清算の制度はこの改正により新設されたものである。

事業譲渡についての規定はこの商法改正で初めて登場し、事業の全部又は一部の譲渡などについては株主総会の特別決議が必要とされ（商法二四五条）、事業の全部譲渡が新たに当然の解散事由とされた（同法四〇四条三号）。同時に新設された特別清算においては、事業譲渡には、監査委員の同意（監査委員がないときは債権者集会の決議又は裁判所の代替許可）があれば株主総会の特別決議は不要とされた（同法四四五条）。

それまでは、事業譲渡について商法上に規定が存在せず、存立中の会社の全部の事業譲渡は会社の目的の範囲外であって許されず、少なくとも解散を条件としなければならないとする説が有力であったが、それでは便宜に反するとされていた（注6）。また、全部譲渡には「之を為すことを得るか否か之を為すことを得るものとするも其の方法の如何に付甚しく疑義を存した」ためにこれらの規定が新設されたものである（注7）。

（注6） 上柳克郎ほか編『新版注釈会社法(5)』二六一頁〔落合誠一〕。
（注7） 司法省民事局編『商法改正法律案理由書』一三三頁。

五　債務超過状態での事業譲渡と株主総会決議の要否

倒産手続を前提としなくても、会社が債務超過であれば、事業譲渡について株主総会決議は不要であるという説は、従来から存在した（注8）。理論的には、債務超過の場合には、その時点で清算すれば（事業を含む）会社財産の価値はすべて債権者に分配され、株主に対する分配はなされない以上、株主総会において株主の意思を問うことは無意味であるからである。その時点で清算せずに会社がその後も存続することによって債務超過を克服することに株主の利益があるということはできるが、債務超過は法人の破産原因であり、株主に清算時期の選択権が認められているということはできない。

実務においてはこの説が採用されていないが、その実質的な理由は「債務超過であることを明らかにする、何らかの手続的な仕切りがなかったから」（注9）ではないかと思われる。裁判所の許可という制度的手当があれば、債務超過であれば事業譲渡について株主総会決議は不要という説に支持が得られるとも考えられる（注10）。したがって、倒産手続において、債務超過か否かを判定する制度的手当があれば、債務超過を株主保護の分岐点とすることに理論的な合理性があるということができる。

（注8）代表的なものとして龍田節「営業譲渡と株主総会決議（2・完）」論叢一〇五巻三号一三頁。ただし、単に債務超過であるというだけで株主総会決議不要というのではなく、解散して清算中、債務超過の倒産会社など営業が休止し再開見込みがないなど、株主総会の決議を要求しても意味がない場合があることを指摘している。

（注9）ジュリ増刊『民事再生法逐条研究　解釈と運用』六四頁〔松下淳一〕。

（注10）　落合誠一編『会社法コンメンタール12』三六頁〔斎藤真紀〕も、一般の清算手続では、裁判所の許可という制度的手当がないので、債務超過であることによって株主総会決議を不要とすることはできないとする。

六　倒産手続での事業譲渡と債務超過の関係

各種の倒産手続での事業譲渡と債務超過の関係を整理すると、次のとおりである。

㈠　特別清算では、事業譲渡に株主総会決議は不要であり（会社法五三六条三項）、裁判所の許可及び債権者と労働組合等からの意見聴取が必要である（同法八九六条）（会社法改正前は、監査委員の同意又は債権者集会の決議ないし裁判所の代替許可が必要であった）。特別清算が開始されている以上、清算の遂行に著しい支障を来すべき事情、あるいは、債務超過の疑いが認定されていることが前提である。

㈡　再生手続での事業譲渡には、債務超過であると否とを問わず裁判所の許可が必要である（民事再生法四二条）。これに加えて、債務超過でなければ株主総会の特別決議が必要であり、債務超過であれば株主総会の承認を裁判所の許可で代替することができる（同法四三条）。

事業譲渡が再生計画によりなされる場合には、再生計画は裁判所の認可が必要であり（民事再生法一七四条）、再生計画案について労働組合等の意見の聴取も必要である（同法一六八条）ので、事業譲渡そのものについての民事再生法四二条による許可は不要である（注11）が、株主総会決議は、債務超過でなければそれが必要とされ、債務超過であれば裁判所の代替許可によることができる。

㈢ 更生手続での事業譲渡では、計画内のものと計画外のものを問わず、株主総会の特別決議は不要である(計画内の事業譲渡については会社更生法二一〇条一項、計画外の事業譲渡については同法四六条一〇項)が、債務超過でなければ、株主は事業譲渡についての通知を受け、異議権を行使できるなど、更生手続の定める態様での株主保護規定(同法四六条四項ないし七項)の適用を受ける。債務超過であれば、前記の株主保護規定の適用はなく、事業譲渡について株主が関与することはできない(同条八項)。

㈣ 破産手続については、前述したとおり、株主総会決議の要否についての規定は存在しないが、債務超過であるか否かを問わず、裁判所の許可があれば株主総会の特別決議を要せず、破産管財人は事業譲渡をなしうる(労働組合等からの意見聴取は必要である。破産法七八条四項)と解されている。

(注11) 条文上は必ずしも明らかではないが、実務上は、このように解されている。全国倒産処理弁護士ネットワーク編『通常再生の実務Q&A一二〇問』二五一頁(辺見紀男)、鹿子木康編『民事再生の手引』一九八頁(鹿子木康、住友隆行)。

七 再生手続における代替許可の意味

㈠ 再生・更生・破産という倒産手続の事業譲渡における株主総会決議の要否の規定を検討すると、再生手続は、更生・破産とは異なり、株式会社が債務超過であるか否かにかかわらず、事業譲渡には株主総会決議が必要という前提をとっている。事業譲渡には株主総会決議が必要であることを前提としたうえで、債務超過であり、かつ、「事業の継続のために必要である場合」には、裁判所が株主総会決議に代わる許可をすることができるという仕組みが民事再生法である。

この仕組みは、再生手続が、会社の組織に変更を加えないものであり、管理型となった場合にも、財産の管理処分権以外の会社の組織の権限には変更を加えないという建前から設けられたものである。しかし、その実質は、債務超過であれば、裁判所の許可を要件として、事業譲渡について株主総会決議を不要とするものである。

(二) 再生手続において裁判所の許可をもって株主総会の承認に代替できるための要件は、債務超過であることと、その事業譲渡が事業の継続のために必要であることの二つである（民事再生法四三条一項）。

「事業の継続のために必要」という要件については、譲渡をしなければ当該事業が早晩廃業に追い込まれざるをえない事情があるような場合という厳格説（注12）と、譲渡をしなければ事業の価値や規模に大きな変化が予想される場合も含む非厳格説（注13）がある。従来の企業の下でも当該事業の廃止は避けられるが縮小均衡にとどまると予想されるのに対して、譲渡先の企業の下では当該事業の拡大が期待され、それに応じて事業譲渡の対価も大きなものが期待できるという場合にこの両説の違いが出てくる。

しかし、いくら縮小しても元の企業によって継続が可能なら、譲渡が「事業の継続のために必要」とはいえないという解釈は非現実的である。事業譲渡によって大きな対価を得て弁済率の向上を期待する債権者の利害に対して、債務超過を前提とした企業の株主にあらためて株主総会による拒否権を与えることはバランスを失する

（注14）。そもそも、その事業を手離すと決めた経営体にその事業をやり続けさせても、はたして事業継続が可能かは疑問である。この要件は「なくもがな」であるという評価（注15）が妥当すると思われる。

実務的にいえば、民事再生法四三条の許可の決め手は債務超過である。裁判所が「事業の継続のために必要」か否かを実質的に判断することはきわめて困難であり、争う意味があるとすれば、それは債務超過か否かであろう。

東京高決平16・6・17（日本コーリン事件、金法一七一九号五一頁）は、「事業の継続のために必要」という要件を「当該営業が遅かれ早かれ廃業に追い込まれる場合や、当該営業の資産価値が著しく減少する場合に限られる」と解したうえで、それに該当しないと認定しているが、その前に、大株主を排除することを目的に特別損失を過剰に計上したとして債務超過であることについて疑問を付している。判断の要因は、このような再生手続の濫用の認定であり、厳格説ないしそれに近い考えということはできない。

㈢　結局、民事再生法四三条は、文言上は、債務超過であっても事業譲渡には株主総会の特別決議が必要ということを前提として、裁判所がその許可の判断によって株主の保護を全うするというかたちをとっているが、実質は、債務超過なのか否かについて裁判所が審査することに意味があるものである。

（注12）　深山卓也ほか著『一問一答民事再生法』七三頁。

（注13）　園尾隆司＝小林秀之編『条解民事再生法（第二版）』一九六頁（松下淳一）。

（注14）　門口正人「司法による再建型倒産手続の運用についての再考」伊藤眞ほか編『権利実現過程の基本構造』八一二頁。

（注15） 山本弘「現行倒産法制における営業譲渡の規律」高田裕成ほか編『企業紛争と民事手続法理論』八三八頁。

八　倒産手続における株主の地位

倒産手続における事業譲渡についての株主総会決議の要否という問題の原点は、倒産手続における株主の地位ということである。

これを概観すると次のとおりである。

1　民事再生手続と株主の地位

民事再生手続では、株主は手続外の存在とされている。それに対応して、再生手続は法人の組織上の事項については、かかわらないことが原則であるが、立法当初から、減資については、債務超過を条件として、再生計画によって可能とされていた（民事再生法一六六条）。その後、平成一六年、一七年改正によって、増資を引き受ける者の募集条項の決定に関する会社法の特例（再生計画で定めることによって株主総会決議は不要となる）が設けられた。この特例を設けることも、債務超過であること及び事業の継続のための不可欠性が条件である（同法一六六条の二第三項）。この特例は、株主総会決議を不要とする限度のものであり、再生計画によって増資が完結するものではなく、募集条項の決定以外の増資の手続は取締役（会）が行う。そのような構造であるため、この特例（募集条項の決定に関する会社法の特例）を定めた再生計画案を提出できるのは再生債務者に限定され、管財人、届出再生債権者は提出できないこととされた（同法一六六条の二第一項）。

再生手続において、このように組織変更（特に、増資）についての取締役（会）の権限が維持されていることは、取締役の選任権限を通じて、株主の権限が維持されているということができる。

2　会社更生手続と株主の地位

会社更生手続は株主を取り込んだ手続であり、更生計画は株主の地位の変更を必ず定めるものとされている（会社更生法一六七条一項一号）と同時に株主は更生手続に参加することができる（同法一六五条）。手続に参加する株主の確定については会社更生法上に規定が設けられており、現行法では、株主名簿の記載によるとされ（会社更生法一六五条二項）、名簿記載がない実質上の株主には、裁判所の許可による手続参加の途が設けられている（同条三項）。

更生会社が債務超過であれば、株主には議決権はなく（会社更生法一六六条二項）、手続開始の通知もなされない（同法四三条四項）のであるが、株主の確定手続が規定され、更生計画において株主の地位が変更されることからすれば、その場合でも、株主は手続内の存在とされているということができる。

更生手続がその構造として株主を手続内の存在としているので、株主の関与を更生手続のなかのものとして措定できることになる。事業譲渡についての株主の関与を、株主総会決議ないしその代替許可という再生手続とは異なり、更生手続のうえの株主保護規定（会社更生法四六条四項ないし七項）とすることができるのは、その構造によるものである。

3　破産手続と株主の地位

破産手続においても、株主は手続外の存在である。

破産は、法人破産に関しては、債権者に対する配当のために法人を清算する制度であり、債務超過でなかったとしても、破産管財人は債権者への配当のために管理処分権を行使する。債権者への配当を終えれば裁判所は破産手続を終了しなければならない（破産法二二〇条）。破産手続は残余財産の株主への分配を手続内で行うことは想定しておらず、破産手続において株主を確定する規定は存在しない。債権者に対する配当が終了して、なお残余財産があっても、それを株主に分配するのは破産管財人の任務ではない。破産手続が終了しても残余財産があれば法人格は消滅せず法人は存続するが、その会社の清算手続は、会社法によって行われるのであり（会社法四七五条一号）、清算人を選任して清算人が残余財産の分配を行うことになる（注16）。

（注16）伊藤ほか・前掲（注5）一三九九頁。

九　債務超過でない場合の事業譲渡について株主の関与を排除することの可否

1　債務超過の場合の株主関与の排除

債務超過であれば、理論的には、事業譲渡についての株主の関与の排除は可能である。これは、非倒産手続でも（実務では採用されていないが）、有力説である（注17）。

倒産手続については、更生手続は、債務超過であれば株主の関与は排除されている。再生手続でも、実質的にはそうなっていると解される。

問題は、債務超過でない場合に、事業譲渡について株主の関与を排除することが可能かということである。

2 再生、更生手続において債務超過でない場合

再生手続では、債務超過でなければ、手続外での株主総会決議が必要とされており、株主関与の排除はありえない仕組みとなっている。再生手続が株主を手続に取り込まず、会社組織上のことにかかわらないという原則に立つ以上、それが当然の帰結である。

更生手続では、新法の成立過程において、甲案（株主総会決議が必要という前提で、民事再生法と同様に株主総会決議に代わる代替許可の制度を設ける）と乙案（更生管財人に財産の管理処分権が専属する以上、その権限によって事業譲渡が可能であるという前提で、株主の関与は意見聴取にとどめる）が呈示され、成立した現行法は、乙案を基本的な考え方としているものであると評されている（注18）。

しかし、管財人に財産の管理処分権が専属することが事業譲渡に株主の関与を不要とする根拠になるということには疑問がある。

管理処分権を専有するのは、金融整理管財人、保険業法上の管理人、民事再生の管財人もあり、その場合の事業譲渡に株主総会決議が不要とはされていないことからしても、管財人の管理処分権から株主総会決議不要を理由づけることはできない（注19）。これらの管財人等は基になる手続の構造や性格が異なるから管理処分権があっても必ずしも株主総会決議が不要とはならないという説明もあるが（注20）、手続が異なるからという理由づ

け自体が、管財人の管理処分権がそれだけでは根拠となりえず、当該手続の性質をあわせて考慮しなければならないことを示している。

再生手続の管財人は、増資つまり新オーナーの登場を内容とする再生計画案の提出ができず、増資は再生債務者の取締役（会）が行う。したがって、再生管財人は、会社のオーナーシップについては単に預かっているにすぎない。そのような再生管財人の手続上の地位からすれば、管理処分権を専有するからといって、事業譲渡を株主の関与なしになしうるということはできない。

更生管財人の管理処分権も自己目的なものではない。更生管財人が義務づけられている更生計画案の作成及び提出のためには、会社の事業の存続を可能にする必要があるから、更生管財人に事業の経営と財産の管理処分権が与えられているという理解も可能である（注21）。更生計画案は株主の権利変更をも内容とするものであり、債務超過でなければ更生計画案の賛否には株主も参加するのであるから、更生管財人が管理処分権を専有するからといって、そのことだけから事業譲渡を株主の関与なしになしうるとは解しがたい。

昭和二七年に成立した旧会社更生法は、昭和二四年から立法作業が開始されていたが、その立案当事者は、更生管財人の地位を破産管財人と同様にとらえており、破産管財人は裁判所の許可があれば事業譲渡を株主総会決議なしにできるという理解の下で、更生管財人が裁判所の許可を得て行う事業譲渡については株主総会決議は不要であると考えて、事業譲渡について裁判所の許可を必要的なものとする会社更生法の原案（当時の七四条）を立案したという推測がされている（注22）。当時に考えられていた条文案から見て、その推測は正鵠を得ていると思われるものの、その前提とされた破産管財人は裁判所の許可があれば事業譲渡を株主総会決議なしにできるという理解の根拠は必ずしも明らかではない。

また、破産管財人が株主の関与なしに事業譲渡をなしうるとしても、そのことをそのまま更生管財人が事業譲渡を株主の関与なしになしうることの根拠にすることはできない。「更生手続における営業譲渡は、更生のスキームを決定づけるとともに、利害関係人の利益を害するおそれがあることから、会社の全利害関係人が決議に参加する更生計画で行われるのが本来の在り方であり、……例外的に更生計画前に許容するとすれば、その手続的規律は、利害関係人とりわけ株主の利益を保護するべく、その手続保障を十分に考慮したものであるべきであろう。このような観点からは、政府原案のとおり、管財人の行う更生計画前の営業譲渡が裁判所の必要的許可行為とされていたとしても、清算型の破産手続であればともかく、再建型の更生手続においては、なお株主の手続保障が不十分であり、株主が更生計画前の営業譲渡の拒否の決定過程に自ら関与しうる手続保障が必要である」という見解は十分に傾聴すべきものである（注23）。

（注17）前掲（注8）の龍田論文のほか、近時のものとしては相澤光江「事業譲渡と会社分割、増減資――民事再生とM&A」高木新二郎ほか編『講座　倒産の法システム　第3巻』四二五頁。

（注18）ジュリ増刊『新会社更生法の基本構造と平成一六年改正』三七頁〔山本和彦〕。

（注19）これを指摘するものに前掲（注18）三八頁〔山本和彦〕。

（注20）前掲（注18）三九頁〔深山卓也〕。

（注21）前掲（注15）八二四頁〔山本弘〕。

（注22）深山卓也「会社更生法の立案過程からみた営業譲渡の手続的規律」伊藤ほか編・前掲（注14）七七四頁。

（注23）前掲（注22）七八四頁。

一〇　破産手続における事業譲渡と株主総会決議・株主保護措置の要否

破産は法人にとっての強制的解散事由であり（会社法四一七条）、債務者の財産の清算のための手続である（破産法一条）。事業継続は裁判所の許可があれば可能であるが、これも、清算配当の原資である破産財団の増大が期待できる場合の一時的な手段としてなされることであり、本来的には事業継続は想定されていない。また、株主のための清算手続、すなわち残余財産の分配は、破産手続の範囲外であり、破産管財人が関与することはない。それは、破産手続の終了後に清算人が行うことである（会社法四七五条一号）。したがって、破産会社が資産超過であったとしても、株主のキャピタルゲインの期待（事業継続による企業の価値増大の期待）は、破産手続において保護されることはなく、株主の利益擁護は破産管財人の任務ではない。同じく、管財人として管理処分権限を専有していても、破産手続と再生・更生手続が異なるのは、この点である。

破産管財人は、別除権者、取戻権者などの債権者以外の手続関与者を破産手続上の地位に従って処遇する責務は負っているものの、債権者に清算配当を行うことを任務とする存在であり、株主のための存在ではない。

更生管財人は、手続内に株主も取り込んでおり、会社の組織変更を含む更生計画案を立案し、履行するのであるから、株主のための管財人でもある。

再生手続では、株主は原則として手続外であるとはいえ、債務者の事業の再生を図る手続であり、管理命令が発令された場合の管財人はその任務を負っているのであるから、事業再生についての株主の利益の擁護も管財人の任務である。

このように破産が会社の清算手続であるという観点からは、破産手続における事業譲渡について、清算価値の観点から事業譲渡の対価の相当性を裁判所の許可を要するとすることにより担保したうえで、株主総会決議や株主保護措置を要しないとすることに十分な合理性を認めることができる。その根拠は、破産管財人が財産の管理処分権をもつということよりも、破産手続が法人の清算手続であるということにある。

二 破産管財人の事業譲渡に株主総会決議を要しないことの解釈上の根拠

現行破産法にも、旧破産法にも、事業譲渡について株主総会決議の要否の文言は登場しないが、旧破産法の制定当時（大正一一年）には、商法において、事業譲渡に株主総会決議が必要との規定が存在しなかったこと、昭和一三年の商法改正で事業譲渡に株主総会の決議が必要という規定が新設されたが破産法の文言は変更されなかったことは、すでに述べたとおりである。

昭和一三年の商法改正について注目すべきことは、この改正によって特別清算の手続が新設され、特別清算では株主総会決議が不要であるとの明文が置かれた（商法四四五条四項）ことである。つまり、事業譲渡に株主総会決議を要するという制度は、その新設時点から（同時に新設された）特別清算手続を例外とするものであった。

他方、同じ昭和一三年の商法改正で新設された会社整理の手続については、会社の代表権限、業務執行、財産の管理処分権を専属して有する管理人が設けられた（商法三九八条）が、事業譲渡について株主総会決議が不要とはされていない。特別清算は「会社の整理の場合と類似の規定及び特別清算に特有なる規定をここに設くることしたり」（注24）とされているので、会社整理における事業譲渡について株主総会決議が必要という仕組みであることに疑いはない。

昭和一三年の商法改正は、事業譲渡について株主総会の決議を要する制度を新設すると同時に、存続中の会社についての会社整理の制度、清算中の会社についての特別清算の制度を新設し、特別清算については株主総会決議を不要とし、会社整理については株主総会決議を必要としているのである。

そして、この商法改正は、特別清算においては、事業譲渡に株主総会決議は不要であるが、一定の手続的な制約を設けた。その手続的制約とは、監査委員の同意、監査委員がない場合には債権者集会の決議、急迫の事情があれば裁判所の許可という債権者保護手続であり（商法四四五条一項・二項）、これは、その時点ですでに存在した旧破産法一九七条、一九八条と同じ仕組みである。

特別清算における事業譲渡について、破産手続と同じ仕組みの債権者保護手続を要件とし、それがあれば、株主総会決議を不要としたのが昭和一三年の商法改正である。破産管財人が必須である破産手続よりも簡便な特別清算手続においても破産手続と同様の債権者保護手続を求め、それを前提として、事業譲渡に株主総会決議を必要とする新設法制を特別清算に適用しないとしたのであるから、まして、破産手続は、事業譲渡に株主総会決議を必要とする新設法制の適用外であることが、昭和一三年商法改正の趣旨であったと解することができる。

したがって、破産管財人の事業譲渡に株主総会決議を要しないことの解釈上の根拠が何かといえば、昭和一三年の商法改正である。特に、特別清算について事業譲渡に株主総会決議を要しないとされたことの趣旨、換言すれば、事業譲渡に株主総会決議を要するという新設制度が適用される領域がどういうものか、ということである。

法解釈の問題としていえば、破産手続上の事業譲渡に株主総会決議が不要であることが「当然」であり、それが特別清算における事業譲渡に株主総会決議が不要であることの根拠となるというロジックとは逆に、昭和一三年の商法改正において特別清算における事業譲渡に株主総会決議が不要とされたことが、破産手続における事業譲渡について株主総会決議が不要であることの根拠というべきである。

（注24） 前掲（注7）二四六頁。

弁済による代位の問題点
——倒産手続における二つの最高裁判決を中心として

村田　利喜弥

一　問題の提起

法定利率と異なる損害金に関する特約と負担部分を零とする代位の割合に関する二つの求償特約は、物権法の領域にもまたがるものであるから有効であるのか、有効であるとして後順位抵当権者等第三者に対して効力を有するかが問題となった。最判昭49・11・5（裁判集民事一一三号八九頁）は、当事者間では有効であるが後順位抵当権者等第三者に対しては対抗できないとする消極説が採用された。しかし、最判昭59・5・29（民集三八巻七号八八五頁、以下、昭和五九年判例という）は、二つの求償特約につき後順位抵当権者等第三者に対しても有効であるとする積極説を採用した。そして、弁済者代位の法的性質については、原債権は消滅せずに代位弁済者に移転するとする債権移転説の立場により、原債権と求償権とは別個の債権であり、移転した担保権の被担保債権は原債権であるとした。その後、原債権と求償権との関係をめぐり、活発な議論が展開されることになった。最判昭61・2・20（民集四〇巻一号四三頁、以下、昭和六一年判例という）は、「原債権は、求償権を確保することを目的として存在する附従的な性質を有する」とした。この附従的な性質とは、主従的競合ととらえられ、これにつき多様な解釈がなされ、混迷の度を深めたといえる。

倒産手続における弁済者代位の問題につき、最判平23・11・22（民集六五巻八号三一六五頁、以下、財団債権判例という）と最判平23・11・24（民集六五巻八号三二一三頁、以下、共益債権判例という）の二つの判例は、弁済者代位制度は、「原債権を求償権を確保するための一種の担保として機能させることをその趣旨とするものである」とする最高裁としては初めての判断が示された。財団債権判例と共益債権判例（以下、併せて、平成二三年両判例ともいう）の二つの判例を中心に検討し、併せて弁済者代位の問題点につき検討してみることにする。

二　原債権と求償権の関係が問題となった二つの判例

平成二三年両判例は、原債権と求償権の関係が問題となった昭和五九年判例と昭和六一年判例を参照としているので、まず、この二つの判例を見てみることにする。

1　昭和五九年判例

昭和五九年判例は第三小法廷で出されたものであるが、第二小法廷で最判昭59・10・4（裁判集一四三号一頁）、第一小法廷で最判昭59・11・16（裁判集一四三号一六五頁）に、相次いで同旨の判決が出され、全小法廷の見解が統一的に示された。昭和五九年判例の判決文は長文なので、その判決要旨をまとめると以下のようになる。

「弁済による代位の制度は、代位弁済者が債務者に対して取得する求償権を確保するために、法の規定により弁済によって消滅すべきはずの債権者の債務者に対する債権（以下「原債権」という）及びその担保権を代位弁済者に移転させ、代位弁済者がその求償権の範囲内で原債権及びその担保権を行使することを認める制度であり、したがって、代位弁済者が弁済による代位によって取得した担保権を実行する場合において、その被担保債権として扱うべきものは、原債権であって、保証人の債務者に対する求償権でないことはいうまでもない」とした。そして、損害金に関する特約については、「特約によって求償権の総額を増大させても、極度額及び原債権の残存額によって限定されるのであり、物上保証人に対しても、後順位の抵当権者その他の利害関係人に対しても、なんら不当な影響を及ぼすものではない」とした。また、代位の割合に関する特約については、「代位弁済者はその求償権の範囲内で右の移転を受けた原債権及びその担保権自体を行使するにすぎないのであるから、物上保証人所有の担保不動産について右の原債権を担保する根抵当権等の担保権の存在を前提として抵当権等の担保権その他の権利関係を設定した利害関係人に対し、その権利を侵害するなどの不当な影響を及ぼすことはありえない」とした。以上の理由により、損害金に関する特約と代位の割合に関する二つの求償特約は、「物権変動の対抗問題を生ずるような関係に立つことはない」としている。

2　昭和六一年判例

求償権者が代位取得した原債権等の給付を求める事案において昭和六一年判例は、「主文において請求を認容する限度とし求償権を表示すべきである」とした。その理由とするところは、昭和五九年判例と同様に債権移転説をとり、「代位弁済者が代位取得した原債権と求償権とは、元本額、弁済期、利息・遅延損害金の有無・割合を異にすることにより総債権額が各別に変動し、債権としての性質に差違があることにより別個に消滅時効にかかるなど、別異の債権ではあるが、代位弁済者に移転した原債権及びその担保権は、求償権を確保することを目的として存在する附従的な性質を有し、求償権が消滅したときはこれによつて当然に消滅し、その行使は求償権の存する限度によつて制約されるなど、求償権の存在、その債権額と離れ、これと独立してその行使が認められるものではない。したがつて、代位弁済者が原債権及び担保権を行使して訴訟においてその給付又は確認を請求する場合には、それによつて確保されるべき求償権の成立、債権の内容を主張立証しなければならず、代位行使を受けた相手方は原債権及び求償権の双方についての抗弁をもつて対抗することができ、また、裁判所が代位弁済者の原債権及び担保権についての請求を認容する場合には、求償権による右のような制約は実体法の制約であるから、求償権の債権額が常に原債権の債権額を上回るものと認められる特段の事情がない限り、判決主文において代位弁済者が債務者に対して有する求償権の限度で給付を命じ又は確認しなければならないものと解するのが相当である」とした。

三　倒産手続と弁済者代位に関する二つの最高裁判例（注1）

1　財団債権判例

破産手続において財団債権を破産者のために弁済して、弁済による代位により破産法上の財団債権を取得したとする代位弁済者が、破産管財人に対し、財団債権として、破産債権に先立って、弁済を求めた事案である。

㈠　一審判決要旨（大阪地判平21・3・12金法一八九七号八三頁）

第三者が給料の立替払いをした場合には、労働者保護の観点から給料債権を財団債権とした破産法上の趣旨が達成されたといえるから、特段の事情のない限り、原則として財団債権にはならないとの一般論を述べつつ、破産会社の代表者の懇請を受けて、破産会社の従業員の給料を立替払いしたから、特段の事情があり、また、原債権が求償権に対して附従的な性質を有していることと、原債権が財団債権としての性質を有しているか否かは直接結びつくものでないとして、財団債権としての保護を受けられるとする、結果において肯定説を採用した。

(二) 控訴審判決要旨（大阪高判平21・10・16金法一八九七号七五頁）

第一に、第三者の弁済により、労働者保護の必要性という政策目的はすでに達成されたといえるから、第三者が弁済による代位によって取得した原債権たる労働債権は財団債権ではなく、一般破産債権として取り扱われる。第二に、代位弁済者に移転した原債権は、求償権を確保することを目的として存在する附従的な性質を有するから、求償権が破産債権にすぎない以上、原債権も求償権の限度でのみ効力を認めれば足りるとして、原債権の手続外での行使を認めないとする否定説を採用した。

(三) 財団債権判例の判決要旨

「弁済による代位の制度は、代位弁済者が債務者に対して取得する求償権を確保するために、法の規定により弁済によって消滅すべきはずの原債権及びその担保権を代位弁済者に移転させ、代位弁済者がその求償権の範囲内で原債権及びその担保権を行使することを認める制度であり（昭和五九年判例、昭和六一年判例参照）、原債権を求償権を確保するための一種の担保として機能させることをその趣旨とするものである。この制度趣旨に鑑みれば、求償権を実体法上行使し得る限り、これを確保するために原債権を行使することができ、求償権の行使が倒産手続による制約を受けるとしても、当該手続における原債権の行使自体が制約されていない以上、原債権の行使が求償権と同様の制約を受けるものではないと解するのが相当である。そうであれば、弁済による代位により財団債権を取得した者は、同人が破産者に対して取得した求償権が破産債権にすぎない場合であっても、破産手続によらないで上記財団債権を行使することができるというべきである。このように解したとしても、他の破産債権者は、もともと原債権者による上記財団債権の行使を甘受せざるを得ない立場にあったのであるから、不当に不利益を被るということはできない。以上のことは、上記財団債権が労働債権であるとしても何ら異なるものではない。」として、代位弁済者は、「破産手続によらないで本件給料債権を行使することができるというべきである」と判示して、求償権の性質とは無関係に、原債権を倒産手続外で行使することができるとする肯定説を採用した。なお、田原睦夫裁判官の補足意見がある（以下、「田原補足意見」という）。

2　共益債権判例

民事再生手続において共益債権を再生債務者のために弁済し、弁済による代位により民事再生法上の共益債権を取得したとする保証人が、再生債務者の再生管財人に対し、再生手続によらないで、共益債権として支払を求めた事案である。

(一)　一審判決要旨（大阪地判平21・9・4金法一八八一号五七頁）（注2）

民法五〇一条柱書の「自己の権利に基づいて求償をすることができる範囲内」とは、求償権の存在や額を行使の上限とする趣旨にとどまらず、求償権の行使に実体法上又は手続法上の制約が存する場合には、原債権がその制約に服することをも意味しているとした。そして、原債権たる本件請求権は共益債権であるが、本件求償権には、再生債権として、民事再生手続開始後は、原則として再生計画の定めるところによらなければ弁済等が許されないという行使についての手続法上の制約が存するから、原債権を求償権と独立して行使することができない以上、原債権たる本件請求権の行使についても、再生債権と同様の制約に服することになるとして、否定説を採用した。

㈡　控訴審判決要旨（大阪高判平22・5・21金法一八九九号九二頁）（注3）

①　民法は手続法ではなく実体法であることに鑑みれば、民法五〇一条柱書の「自己の権利に基づいて求償をすることができる範囲内」とは、求償権が存する場合にその求償できる上限の額の範囲内、すなわち実体法上の制約の範囲内を意味している

②　共益債権とされた理由が相手方の保護を図ることにあるからといって、直ちに代位弁済者がその共益債権を再生手続外で行使することが許されなくなるというのであれば、相手方の請求権が債権譲渡等によって第三者に移転した場合にも、第三者はその共益債権性を主張できないことになりかねない

③　民事再生手続外での行使を認めても、もともと原債権者が民事再生手続外で行使することができる債権であった以上、他の再生債権者が損失を被るわけでもなく、原債権者が行使する場合に比べ、関係者に不利益を及ぼすことにはならない

として、肯定説を採用した。

㈢　共益債権判例の判決要旨

弁済による代位の制度につき、昭和五九年判例、昭和六一年判例を参照して、原債権を求償権を確保するための一種の担保として機能させることをその趣旨とするものであるとする制度趣旨につき財団債権判例と同旨の判示がなされている。そして、「この制度趣旨に鑑みれば、弁済による代位により民事再生法上の共益債権を取得した者は、同人が再生債務者に対して取得した求償権が再生債権にすぎない場合であっても、再生手続によらないで上記共益債権を行使することができるというべきであり、再生計画によって上記求償権の額や弁済期が変更

されることがあるとしても、上記共益債権を行使する限度では再生計画による上記求償権の権利の変更の効力は及ばないと解される（民事再生法一七七条二項参照）。以上のように解したとしても、他の再生債権者は、もともと原債権者による上記共益債権の行使を甘受せざるを得ない立場にあったのであるから、不当に不利益を被るということはできない」と判示して肯定説を採用した。なお、金築誠志裁判官の補足意見がある（以下、「金築補足意見」という）。

（注1）富永浩明「財団債権・共益債権が代位弁済された場合についての二つの最高裁判決」NBL九六七号四頁、遠藤元一「弁済による代位と財団債権・共益債権の倒産手続外での権利行使」債管一三五号一一頁、阿多博文＝丹羽浩介「再生債権者が代位弁済により取得した共益債権の行使方法・範囲」銀法七四〇号八頁、東京弁護士会倒産法部会編『倒産法改正展望』三五三頁〔粟田口太郎〕、杉本和士「代位弁済者が原債権を財団債権・共益債権として破産手続・再生手続外で行使することの可否」金商一三八七号二頁、髙橋眞「倒産手続と弁済者代位――二つの最高裁判決に即して」法雑五八巻三・四号四四三頁、栗田隆「求償権者が代位取得した原債権の財団債権性・共益債権性」関法六二巻一号一四八頁、髙部眞規子「求償権が破産債権である場合において財団債権である原債権を破産手続によらないで行使することの可否――二つの最高裁判決に寄せて」金法一九四七号四一頁、宇津木旭「代位弁済により民事再生法上の共益債権を取得した農協は再生手続によらずに権利行使することは可能か」JA金融法務四九四号四二頁、野村秀敏「①求償権が破産債権である場合において、弁済による代位により取得した財団債権である原債権を破産手続によらないで行使することの可否、②求償権が再生債権である場合において、弁済による代位により取得した共益債権である原債権を再生手続によらないで行使することの可否」金商一三九四号八頁、久保田千春「代位弁済と財団債権・共益債権」中央総合法律事務所季刊ニュース第六七号五頁、榎本光宏「時の判例」ジュリ一四四四号九二頁、山本和彦「求償債権が破産債権（再生債権）である場合において財団債権（共益債権）である原債権を手続き外で行使することの可否（積極）」金法一九五三号五二頁、『松本恒雄先生還暦記念　民事法の現代的課題』四五七頁〔千葉美恵子〕。

（注2） 高橋眞「自己の権利に基づいて求償することができる範囲（民法五〇一条柱書）と民事再生手続――大阪地判平21・9・4を契機として」金法一八八五号一〇頁、高木多喜男「民事再生手続中における共益債権への弁済と再生債権である求償権の関係――大阪地判平21・9・4をめぐって」金法一八九〇号二〇頁、熊田裕之「判例評釈」白山法学六号一一五頁、伊藤眞「財団債権（共益債権）の地位再考――代位弁済に基づく財団債権性（共益債権性）の承継可能性（大阪地判平21・9・4を契機として）」金法一八九七号一二頁、髙部眞規子「民事再生法上の共益債権を弁済により代位した者が民事再生手続によることなくこれを行使することの可否」金法一八九七号二六頁、間宮健介＝倉賀野伴明「保証人が、主債務者について民事再生手続が開始された後に保証債務を履行した場合に、当該保証人が、法定代位によって取得した民事再生法上の共益債権たる債権を、民事再生手続外において行使することは許されないとされた事例」民研六三九号一四頁、上原敏夫「民事再生手続が開始された主債務者に代わって保証債務を履行し、再生債権となる求償権を取得した保証人が、民法五〇一条に基づいて代位取得した共益債権たる原債権を、民事再生手続外で行使することの可否（消極）」判時二〇七八号（判評六一八号）一七三頁、黒田直行「民事再生法上の共益債権の代位弁済者による行使の可否」ＪＡ金融法務四六三号五六頁。

（注3） 宮下央「民事再生法上の共益債権を保証契約に基づいて代位弁済した者が代位取得した当該債権を民事再生手続外で行使することの可否――大阪高裁平成二二年五月二一日判決」銀法七二二号一六頁、松久三四彦「財団債権ないし共益債権の代位弁済と民法五〇一条柱書」金商一三五二号一頁、松下淳一「共益債権を被担保債権とする保証の履行と弁済による代位の効果――大阪高判平22・5・21をめぐって」金法一九一二号二〇頁、杉本和士「代位弁済者が原債権を共益債権として再生手続外で行使することの可否」金商一三六一号五四頁、吉岡伸一「民事再生手続による担保権、特約等の変更（三）」岡法第六〇巻第三号四九五頁、野村剛司「弁済による代位と民事再生――大阪高裁平成二二年五月二一日判決の事案から」銀法七二二号三〇頁、中西正「財団（共益）債権性・優先的倒産債権性の承継可能性」銀法七二七号三八頁、山本研「再生手続における共益債権の代位弁済と求償権による手続法上の制約」判例セレクト（法教別冊）三四頁、田頭章一「民事再生法上の共益債権を弁済によ

り代位した者が再生手続によることなくこれを行使することの可否（積極）」金法一九二九号五二頁、村田利喜弥「民事再生法上の共益債権を代位弁済した者が民事再生手続外で行使することの可否──大阪高判平成22・5・21を素材として」ＮＢＬ九六一号一九頁、加藤哲夫「再生債務者の連帯保証人が保証債務の履行により債権者にとっては共益債権となる債権を代位取得したが、再生債務者に対する事後求償権は再生債権となるに過ぎない場合において、代位取得した債権を共益債権として民事再生手続外で行使することの可否（積極）」判時二一二〇号（判評六三二号）一六七頁、杉本純子「弁済による代位に基づく民事再生法上の共益債権行使の可否」速報判例解説(9)一九九頁（法セ増刊）。

四　関連裁判例（別紙一覧表参照）

代位弁済者は、主債務者に対し固有の求償権を取得するとともに、債権者が有していたいっさいの権利を行使することができるとする弁済による代位権をも取得することになる。代位することができない債権について、民法は特段の定めをしていないので、いずれの債権についても代位できそうである。しかし、倒産手続である破産や民事再生において、代位弁済した者が倒産手続外で行使できるかという問題について、平成二三年両判例が出るまでの裁判例では、そのほとんどは否定説であり、肯定説を採用するものは少ない。

1　裁判例

① 浦和地決昭32・12・27（下民集八巻一二号二五一七頁）
② 神戸地判平14・1・23（裁判所のホームページ、判例検索システム）

③東京地判平17・3・9（金法一七四七号八四頁）
④東京高判平17・6・30（金法一七五二号五四頁、③の控訴審判決）
⑤東京地判平17・4・15（金法一七五四号八五頁）
⑥東京高判平17・8・25（判例誌未登載（注4）、⑤の控訴審判決）
⑦東京地判平18・9・12（金法一八一〇号一二五頁）
⑧東京高判平19・3・15（倒産判例インデックス（第二版）一〇八頁、⑦の控訴審判決）
⑨大阪地判平21・3・12（財団債権判例の一審判決）
⑩大阪高判平21・10・16（⑨の控訴審判決）
⑪横浜地川崎支判平22・4・23（金判一三四二号一四頁）
⑫大阪地判平21・9・4（共益債権判例の一審判決）
⑬大阪高判平22・5・21（⑫の控訴審判決）
⑭大阪地判平23・3・25（金法一九三四号八九頁）
⑮大阪高判平23・10・18（金法一九三四号七四頁）
⑯最判平23・11・22（⑩の上告審判決）
⑰最判平23・11・24（⑬の上告審判決）

2　債権の種類

①から⑧判決が租税債権、⑨から⑪判決が労働債権、⑫から⑮判決が原状回復請求権を代位弁済した事案であ

る。財団債権判例は労働債権につき、共益債権判例は原状回復請求権について肯定説を採用した。租税債権についての最高裁判決はいまだなされていない。

3　裁判例の判決内容

㈠　租税債権

①から⑧判決のすべてが、財団（共益）債権としての手続外の行使はできないとして否定説を採用しており、①②③⑥判決は、租税債権への代位それ自体を否定している。これに対し、④⑤⑦⑧判決は、租税債権への代位権自体は肯定しているものの、原債権の手続外での行使はできないとして否定説を採用している。その共通する理由を概略すると、国・地方公共団体の租税債権ゆえに優先的な効力である財団（共益）債権性が付与されたものであり、私人が租税債権を取得した場合にまで優先的な効力を付与すべきでないとする。つまり、租税債権に優先権が認められているのは、公益的・政策的要請と債権及び主体の要保護性にあり、代位弁済によりその趣旨が達成されたので、債権の主体が変更されることにより手続外の行使を認める必要はないとしている。

㈡　労働債権

⑨⑩判決は、三1㈠㈡で判決要旨につき前述したように、第三者の弁済により労働者保護の必要性という破産法の趣旨が達成されたといえるから、代位取得した原債権を財団債権として取り扱うことはできないとする。ただし、⑨判決は、一般論としては否定しているが、特段の事情があるとして、財団債権性を肯定した。そして、⑩判決は、代位により移転する原債権は、求償権を確保することを目的とする附従的な性質を有するから、求償

権が破産債権にすぎない以上、原債権も求償権の限度でのみ効力を認めれば足りるとして、否定説を採用している。

しかし、⑪判決は、公的機関である労働者健康福祉機構が代位弁済した場合、機構が有する求償債権は、倒産手続後の事務管理または不当利得に基づく請求権として財団債権であるとし、肯定説を採用した（注5）。

㈢ 双務契約の解除による原状回復請求権（前渡金返還請求権）

⑫判決は、三2㈠で判決要旨につき前述したように、民法五〇一条柱書の「求償権の範囲内」とは、求償権の行使に実体法上又は手続法上の制約が存する場合には、原債権がその制約に服するとし、租税債権と労働債権の裁判例と同じように、再生手続外の主張は認めず、否定説を採用した。控訴審である⑬判決は、三2㈡で判決要旨につき前述したように、民法五〇一条柱書の「求償権の範囲内」には、実体法上の制約の範囲内に限ることを意味しているとして肯定説を採用した。

⑭判決は、

(i) 債権者が原債権を、民法五〇一条柱書の「求償権の範囲内」とは、代位弁済者は、求償権の債権の内容ないし効力の限度において、原債権を行使することができることを意味すると解すべきである

(ii) 再生計画及び本件変更計画の認可の決定により、原告が取得した求償権は、再生債権として、実体法上、債権の内容ないし効力が変更されているので、求償権の限度において行使しうるにとどまる

(iii) 原状回復請求権が共益債権とされることによって保護することが想定されているのは、双務契約の相手方である

別紙一覧表

		債権種類	事件	手続外行使	趣旨達成	属人性の保護	公益的・政策的要請	利益衡量	501条柱書	附従的性質
①	浦和地決 昭32.12.27	租税債権	競売	否定						
②	神戸地判 平14.1.23		民再	否定			○			
③	東京地判 平17.3.9		破産	否定			○			
④	東京高判 平17.6.30		破産	否定	○	○	○			○
⑤	東京地判 平17.4.15		民再	否定	○	○	○			
⑥	東京高判 平17.8.25		民再	否定		○	○			
⑦	東京地判 平18.9.12		民再	否定		○	○	○		
⑧	東京高判 平19.3.15		民再	否定	○	○	○			
⑨	大阪地判 平21.3.12	労働債権	破産	肯定	○	○	○			○
⑩	大阪高判 平21.10.16		破産	否定	○	○	○			○
⑪	川崎支判 平22.4.23		破産	肯定		○	○		○	
⑫	大阪地判 平21.9.4	原状回復請求権	民再	否定	○	○			○	○
⑬	大阪高判 平22.5.21		民再	肯定		○		○	○	○
⑭	大阪地判 平23.3.25		民再	否定		○		○	○	○
⑮	大阪高判 平23.10.18		民再	否定		○		○	○	○
⑯	最判 平23.11.22	労働債権	破産	肯定				○		
⑰	最判 平23.11.24	原状回復請求権	民再	肯定				○		

(注1) ○印は、判決で触れている項目である。
(注2) ①②③⑥判決は、そもそも租税債権の代位取得を否定する。
(注3) ⑨判決は、一般論としては手続外行使を否定している。

(iv) 再生債権についての制約は、実体法上債権の効力とされている請求力等が制限されているという意味において、実体法上の効力の制限である

(v) 弁済による代位の制度は、求償権を担保するための制度であり、求償権の担保的機能を有する制度である。しかし、このような機能ないし制度目的論から直ちに原債権に求償権を被担保債権とする担保物権が設定された場合と同視すべきであるとの結論を導くことはできない

として、否定説を採用した。

その控訴審である⑮判決は、一審判決の(i)から(iii)につき同様の判断を示した。それに加えて、代位取得した共益債権が再生債権として届け出られ、異議なく確定して再生計画が認可された後においては、共益債権であると主張することは許されないとして、一審判決と同様の否定説を採用した。

(注4) 新堂幸司＝山本和彦編『民事手続法と商事法務』二〇三頁〔上原敏夫〕、杉本純子「優先権の代位と倒産手続——日米の比較による一考察」同法五九巻一号一八一頁に引用されている。

(注5) 宗田親彦『破産法概説（新訂第四版）』二七七頁、遠藤元一「未払給与債権を立替払いした弁済者の求償権・代位取得する原債権の法的性質」金判一三四七号五頁は、労働者健康福祉機構が代位取得した債権の財団債権性を肯定する。これに対し、山本和彦「労働債権の立替払いと財団債権」判タ一三一四号五頁は、財団債権性を否定している、同・前掲（注1）五五頁。

五　学　説

1　租税債権

(一)　肯定説

肯定説を採用する理由は、以下のように異なる。

①　共益費用の先取特権に代位する者と同等の地位を認め、破産手続上は財団債権としては認められないが、優先的破産債権者として処遇する（注6）。

②　財団債権を代位弁済（譲渡と経済的には同一である）しても優先権は失われない（注7）。

③　再生債務者等が弁済すべき相手方が租税債権者か、それとも代位弁済者かという違いがあるにすぎず、代位債権者に一般優先債権（共益債権と類似の性質をもつと認められている）の地位を認めることは、他の再生債権者の利益に実質的に影響を与えるものではない（注8）。

(二)　否定説

原則的に債権者平等の原則が貫徹される再生手続開始決定時において、再生債権にすぎない求償権を、債権者平等の原則の例外を認めて優先的に扱うべきでない（注9）。

2　労働債権

㈠　肯定説

労働債権に関して労働者健康福祉機構が、財団債権部分の立替払いをした場合の原債権の行使については、財団債権性を肯定するのが多数説といえる（注10）。

㈡　否定説

近時、労働債権の立替払いに関して、財団債権化の立法趣旨は、債権自体の性質と債権者の性質から特別の保護が認められたものであるから、債権譲渡や立替払いによって債権者が変更された以上、求償権も原債権も財団債権性は失われるとする否定説が現れた（注11）。

㈢　折衷説

労働者健康福祉機構が未払賃金を労働者に立替払いすると、財団債権または優先的破産債権として代位するが、保証人のした弁済による代位では財団債権とならず、一般の破産債権にとどまるとする見解である（注12）。

3　原状回復請求権（前渡金返還請求権）

㈠　肯定説

肯定説を採用する理由は以下のようにそれぞれ異なる。

①　額面額で給付保持力のある求償権の満足を確保するための補助的な権利があり、これが個別行使可能なのであれば、補助的な権利の存在意義は求償権の満足の確保にあるから、その個別行使を認めるのは当然であるとする（注13）。

②　弁済者代位制度の原則は、昭和五九年判例で示されたとおり、代位がなかった場合と比べて関係者に不利益を及ぼさない限り、代位による権利行使は妨げられないとする（注14）。

③　原債権は共益債権であり再生手続外で行使しうるとし、いったんは民事再生法によって、民事再生手続の埒外に押し出されながら、民法という実体法の解釈として、再び民事再生法の世界に取り込んでいるが、明文の規定がある場合は別として、実体法である民法の一条文の解釈としてこのようなことをするのは、なんらかの理論上の無理があるとする（注15）。

④　財団債権または共益債権とされる場合に、当該債権が第三者に移転したときには、当該債権がいかなる根拠に基づいて財団債権または共益債権にされているものか、また、債権の移転がいかなる原因によるものかにかかわらず、第三者は、自らが取得した当該債権を財団債権または共益債権として主張することが許されるとする（注16）。

⑤　民事再生において原状回復請求権が共益債権とされるのは、契約の相手方との公平を考慮したものであり、その公平とは再生債務者または再生債権者への不当な利益を与えない趣旨を含むと考えられることから、あらかじめ保証をした者の代位の効果につき原債権を基準とした取扱いをすることは、合理的対応といえる（注17）。

⑥　私見である新接木説では、「保証人の弁済によって原債権は求償権に吸収され内在することになり、弁済者

保護のために求償権に対して原債権は残映的存在として機能的に残存する」と考えるから、求償権を強化するために機能的に存在する原債権の効力である共益債権を行使できると解することになる（注18）。

以上に述べた以外にも、肯定説をとるものがある（注19）。

㈡ 否定説

少数ながら、否定説も見られる。代位弁済者を他の破産債権者と区別して扱う理由は見出し難く、代位弁済者に財団債権者としての地位を認めることは、債権者間の公平・平等の理念と抵触する（注20）。保証人である金融機関の求償権が再生債権である以上、弁済による代位によって取得した原債権が共益債権であったとしても、再生債権の範囲を超えて行使することはできない（注21）。

（注6）濱田芳貴「租税債権への代位弁済と財団債権性」金商一二四五号一二頁。
（注7）佐々木修「破産手続において租税優先性の代位を否定した事例に関する問題点」銀法六七六号五九頁。
（注8）伊藤・前掲（注2）一四頁。
（注9）杉本純子「弁済による代位に基づく優先権の行使」金商一三六一号五三頁、長谷部由起子「弁済による代位（民法五〇一条）と倒産手続」学習院四六巻二号二五二頁。
（注10）伊藤眞『破産法・民事再生法（第二版）』二一七頁、竹下守夫編集代表『大コンメンタール破産法』五九二頁〔上原敏夫〕。
（注11）山本・前掲（注5）五頁。
（注12）宗田・前掲（注5）二七七頁。
（注13）松下・前掲（注3）二五頁。
（注14）髙橋・前掲（注2）一七頁。

（注15）高木・前掲（注2）二一頁。
（注16）伊藤・前掲（注2）一二頁。
（注17）田頭・前掲（注3）五五頁。
（注18）村田・前掲（注3）二六頁。
（注19）髙部・前掲（注2）三七頁、加藤・前掲（注3）一六八頁。
（注20）長谷部・前掲（注9）二五三頁。
（注21）野村・前掲（注3）三〇頁。

六 検討

1 裁判例・学説

別紙一覧表の関連裁判例の租税債権・労働債権・原状回復請求権にわたる①から⑮判決は、⑨⑪⑬判決を除きいずれも原債権の手続外の行使につき否定説を採用している。⑨判決は一般論としては否定説を採用しており、⑪判決は労働者健康福祉機構という私人ではない公的機関が立替払いをしたものであり、特殊な事案ともいえる。したがって、肯定説を採用したのは⑬判決のみであると見ることができる。これは、もともとの権利（者）の人的な属性であるという判断を前提にしているように思われる（注22）。権利（者）の人的属性としてとらえれば、権利者が本来的な満足を受けている限り、財団（共益）債権化の目的は果たされていることになり、代位弁済者の財団（共益）債権性を否定しても、当事者間の公平を害することにはならないことになる。これら関連裁判例の事案である租税債権や労働債権は、いわゆる公益的・政策的考慮に基づいた債権であり、また、譲渡することが想定されていない債権であることから、代位弁済による債権移転と債権譲渡との関係についての議論がなかったわけではないが（注23）、学説上あまり議論がなされていなかったといえる。

ところが、双方未履行双務契約の解除により発生した原状回復請求権である⑫判決は、通常の商取引から生ずるものであり、また、譲渡可能な債権であるのに、これまでの租税債権や労働債権といった関連裁判例と同様な立場により、代位弁済者の保護まで目的とするものではないとして否定説を採用した。この⑫判決に対し、学説において活発な議論がされることとなり多数の評釈が現れたが、そのほとんどが肯定説を採用している。原状回復請求権は譲渡が可能な債権であることから、債権譲渡などによって第三者に移転しても、第三者はその共益債権性を主張できないことになるとの批判が出され（注24）、共益債権とされている相手方のみの要保護性につき批判がなされた（注25）。このように肯定説が多数を占める状況において、平成二三年両判例は肯定説を採用した。

2　平成二三年両判例と昭和五九年判例・昭和六一年判例との関係

昭和五九年判例は、執行実務界で採用されていた原債権が消滅したことにより切り離された担保権だけが移転するとする接木説（注26）を否定し、債権移転説（注27）を採用した。したがって、接木説のように「原債権が消滅する」と考えるのではなく、「原債権が移転する」のであり、担保が移転するのは、移転した原債権に担保が随伴するとされるのである。これを原債権の消滅について「原債権が絶対的に消滅する」のではなく、「原債権が相対的に（債権者との関係で）消滅する」ということであるとする（注28）。また、債権移転説により二つの求償特約を有効であるとしても、後順位抵当権者等第三者の権利を侵害するなど不当な影響を及ぼさないとする利益衡量により、積極説を採用した昭和五九年判例と同様に、平成二三年両判例においても、他の債権者が不当に不利益を被ることはないとする利益衡量により肯定説が採用された。さらに、昭和六一年判例は、原債権がその固有の性格をもったまま代位弁済者に当然に移転するのであるから、原債権と求償権は債権競合の関係となるが原債権と求償権の債権競合につき、並列的な請求権競合ではなく原債権は求償権に附従しているとし、附従的な請求権競合の関係にあることを明確にした。

このように、昭和五九年判例は、求償権の額による原債権行使の制限についてなされたものであるが、民法五〇一条柱書の「求償権の範囲内」には、実体法上の制約に加え、手続法上の制約も含まれるのかが問題となる（注29）。附従性を説いた昭和六一年判例に関しては、「代位制度は法の規定によって原債権が当然に移転するのであって約定によるものではなく、いわば債権という権利の譲渡の方法による法定担保制度である」とする見解（注30）、「第三者（法定代位権者）は弁済によって原債権に対する法定担保権を取得し、原債権は求償権を被担保債権とする担保の客体である」とする見解（注31）、「原債権と求償権との関係は人的物的担保にも似る」との見解（注32）が出されるに至った。この原債権が求償権の法定担保である（求償権は原債権の被担保債権である）とする法定担保説に対して、求償権と原債権以外に担保権という別個の権利を構成するのは無理であるとするのがある（注33）。また、潮見佳男教授は、「『原債権が求償権の法定担保である（求償権は原債権の被担保債権である）』とする立場は、異質なものを判例理論の衣の下に包み込んだように思われる。その意味で、『接ぎ木』構成に戻れというものではないにしても、『主従的競合』の名の下での一般理論の独走に歯止めをかけ、再検討を加える必要がある」とされた（注34）。それにもかかわらず、原債権と求償権の両債権の関係につき、「主従的競合」というとらえ方が広く行われ主流をなしていたといえる。ところが、平成二三年両判例は、それまで議論がなされていた主従的競合論に触れることなく、「代位弁済制度は、原債権を求償権を確保するための一種の担保として機能させることをその趣旨とするものである」とした。つまり、法定担保制度そのものであるとする見解を採用せず、しかも原債権と求償権の両債権の関係につき、「主従的競合」に触れることなく、担保的機能に着眼したのはなぜかということが問題となる。法定担保制度そのものであるとすることには前述した批判があったからであろうと推察されるが、それよりも、倒産法秩序に基づく制約は、民法における求償権と代位の関係をめぐる議論とは、別問題であるとしているとの見解があり（注35）、この見解の立場に立ち代位弁済制度の制度趣旨から結論を直接導いたのではないかと思われる（注36）。

平成二三年両判例が説く担保的機能については、⑭⑮判決において、担保的機能ないし制度目的論から直ちに原債権に求償権を被担保債権とする担保物権が設定された場合と同視すべきであるとの結論を導くことはできないとされており、原債権の倒産法手続外での行使を肯定することにつき決定的ではないといえそうである（注37）。むしろ、原債権が財団（共益）債権の性格をもち、代位弁済者の地位はそれを基準に判断されるとすれば、代位弁済者は倒産法手続外での行使を肯定することができるので、このように考えるほうが、平成二三年両判例の説く担保的機能構成説より明解であるといえるのではなかろうか（注38）。

3　田原補足意見に対する私見

田原補足意見は、これまでの判例法理からどのような規律を導くことができるかを整理されたものである。今後において、実務上のガイドラインになりうるものであり、大きな意義がある。その整理されたものはかなり長文であり、多岐にわたっている。

そのなかで、

① 原債権の移転による担保的機能と倒産手続における届出名義の変更

② 求償権が消滅すれば、当然に原債権も消滅し、求償権と原債権とはそれぞれ別個に時効が進行する

③ 租税債権は、弁済による代位自体がその債権の性質上生じない

とされる部分につき、以下検討してみる。

(一) 担保的機能と届出名義の変更

田原補足意見は、「原債権の保証や時効と求償権との関係等個別の論点について論じられてきた支配的見解を基に考察すると、原債権の移転による担保的機能とは、求償権確保のために原債権が譲渡担保の目的として求償権者に移転したのと同様の関係に立つと解するのが、両債権の関係を説明する上で最も理解しやすい」とされる。そして、「倒産手続における求償権と原債権との関係について、求償権者が債権届出をしていなくても、原債権の債権届出がなされているときは、求償権者が破産法一〇四条の要件を満たす限り、求償権者は原債権の届出名義の変更をすることができるが、これは譲渡担保権の行使に類するものとしての届出名義の変更と理解することができる」とされている。

この点につき、これまでに倒産手続において求償権と原債権との関係について問題となった、

① 連帯保証人の一人について和議認可決定が確定した場合に、和議開始決定後の弁済により右連帯保証人に対して求償権を取得した他の連帯保証人の求償権の行使の要件とその限度についての最判平7・1・20（民集四九巻一号一頁）

② 破産手続において、原債権につき届出名義の変更の申出により求償権の時効が中断されるとする最判平7・3・23（民集四九巻三号九八四頁）について検討してみる。

⑴ 最判平7・1・20

最判平7・1・20は、旧和議法上の和議開始決定の後に債権全額の弁済をした連帯保証人は、「右弁済による代位によって取得する債権者の和議債権（和議条件により変更されたもの）の限度で右求償権を行使することができる」と判示し、その理由として、「和議制度の趣旨にかんがみても和議債務者に対し、和議条件により変更された和議債権以上の権利行使を認めるのは、不合理だからである」とする。昭和六一年最判は、原債権は求償権を確保することを目的として存在する附従的な性質を有するとする附従性論を採用しており、求償権を行使する場合は、原債権の制限を受けないと解されていた。しかし、本判決のように求償権を行使する場合において原債権の制約が働くとすることは、昭和六一年最判と整合性がとれていないのではないかとの疑問がもたれた（注39）。

これに対し、山野目章夫教授は、求償権の行使に対し原債権の制約が働くということは、倒産制度秩序に由来する、特殊な制約であるとし、昭和六一年最判が強調した附従性が重要であり、換言するならば最判平7・1・20は、昭和六一年最判を否定したのではなく、これを発展させ補完するものであるとされる（注40）が、昭和六一年最判との整合性がとれていないとの疑問を払拭しきれない。

この点、譲渡担保権の行使に類するものとしての届出名義の変更と理解することができるとする田原補足意見によれば、譲渡担保である原債権が行使されたことにより、債権者の和議債権（和議条件により変更されたもの）の限度で右求償権を行使することができることになり、山野目教授が説く附従性アプローチ論よりは、田原補足意見による担保的機能構成論のほうが理解しやすいといえる。

⑵　最判平7・3・23

最判平7・3・23は、保証人が代位弁済したことにより、債権者の破産債権届の名義変更の申出をした場合において、求償権も時効中断されるとした。この求償権が時効中断される理由として、「名義の変更の申出は、求償権に満足を得ようとしてする届出債権の行使であって求償権について、時効中断効の肯認の基礎とされる権利の行使があったものと評価するのになんらの妨げもない」としている。しかし、原債権は求償権に附従するとする主従的競合論からすれば、従である原債権の行使により主である求償権が時効中断されるということにつき、普通保証人を訴えたときにも主債務の時効中断が認められかねないとの批判がなされた（注41）。そこで、昭和六一年判例にいう「附従的な性質」とは、一方が他方の権利を制約するという主従的競合の意味で用いられておらず、一方の権利が他方の権利の保全に寄与するという意味で用いられているとする見解（注42）が出された。このように、「附従的な性質」の解釈につき、混乱が生じていた。

この点、求償権者は原債権の届出名義の変更をすることができるが、これは譲渡担保権の行使に類するものとする田原補足意見によれば、譲渡担保である原債権が行使されたことにより、被担保債権である求償権も時効中断されることになる。しがって、原債権は求償権に附従するとする解釈の混乱が生じるとの問題はなくなり、説得力があるものとなる。

⑶　以上⑴⑵についての検討

田原補足意見にいう、「原債権の移転による担保的機能とは、求償権確保のために原債権が譲渡担保の目的として求償権者に移転したのと同様の関係に立つと解するのが、両債権の関係を説明する上で最も理解しやすい」

ということは、平成二三年両判例にのみではなく、これまでの最高裁判例にとっても理解しやすいことになる。それでもなお、債権移転説により、原債権を求償権を確保するための一種の担保として機能させることを代位弁済の制度趣旨として結論を導くことには賛成できない。なぜならば、後述する原債権と求償権の時効につき、根本的な問題を含んでいるからである。

(二) 原債権と求償権の時効

田原補足意見は、これまでの判例法理によると、

① 求償権と原債権とは、別個の債権であり、それぞれ別個に時効が進行する

② 原債権が時効消滅しても求償権は消滅せず、求償権が時効消滅すれば原債権も消滅することになるとする。①・②ともに、実務的には大変困った問題となっている。

①は、債権者・債務者ともに原債権と求償権の二つの債権につき時効管理をしなければならないという問題がある。代位弁済者は原債権が時効で消滅した場合でも、なお時効が完成していない求償権の行使ができるならば原債権独自の消滅時効を認める実益に乏しくかえって原債権の時効管理という負担が余分である。また、債務者においても消滅時効期間がより長期の債務を基準に保存期間を決めることが必要になり弁済証拠の管理に関して債務者にとっても複雑な対応を求め、かつその対応につき、リスクを負わせることになる。この点、「保証人の弁済によって原債権は求償権に吸収され内在することになり、弁済者保護のために求償権に対して原債権は残映的存在として機能的に残存する」とする新接木説では、原債権は消滅時効の進行しない債権に変更されることになるから、判例のとる債権移転説のように二つの債権を代位弁済者は有していないので、時効につき求償権の管

理のみでよい（注43）。したがって、原債権と求償権との関係に対する判例法理には問題があるといわざるをえない。

②は、原債権を被担保債権とする代位取得した担保権の原債権の時効期間が一〇年である場合において、求償権の時効期間は五年であり求償権が原債権より先に時効消滅すると、原債権が消滅してしまうので担保権も消滅してしまう。本来、代位弁済者のために債権者が有している担保権に代位できるとする制度であるべきであるのに、債務者は代位がなければ担保権の実効を受ける立場にありながら、求償権の消滅によって担保権の実行を免れることになり、弁済者代位制度の趣旨にもとることになる（注44）。

三 租税債権

平成二三年両判例は、労働債権における財団債権及び双務契約の解除による原状回復請求権における共益債権について第三者が代位弁済した場合においても、手続外での行使を認めている。ここで、問題となるのは租税債権についても平成二三年両判例の射程距離が及ぶかということである。平成二三年両判例が出されるまでの裁判例は先に見たように八例のうち四例は、倒産手続外での行使は否定するものの、租税債権自体の代位取得ができるとし、学説は代位取得につき肯定する見解が有力である状況にある（注45）。田原補足意見は、「租税債権のごとく、弁済による代位自体がその債権の性質上生じない場合は別である」とし、射程距離外であるとしている。

私見は、租税債権についても第三者が代位弁済した場合は、手続外でも行使できると解する。租税債権における関連裁判例は八例あったが、①②③⑥判決は原債権の代位取得すること自体を否定するものが半数を占めている。特に、③判決は、国税通則法四一条及び同施行令一一条は、抵当権に限って代位を認める趣旨であることから、そもそも租税債権を弁済による代位により取得することはできない、と判示した。この場合における抵当権の被担保債権は、原債権である租税債権ではなく、求償権となるのではないか。つまり、最高裁によって否定された接木説を採用しているということになる。

したがって、債権移転説をとる昭和五九年判例及び昭和六一年判例からすれば、租税債権についても代位弁済者に移転すると解するのが妥当である。また、否定説において共通しているのは、租税債権が倒産法制上優先的な地位を与えられている根拠は、租税が国又は地方公共団体の存立及び活動の財政的な基盤となるものであり、租税を公平、確実に徴収するという政策的・公益的要請から、第三者により弁済を受ければその制度趣旨が達成されたことになり、公法上の債権としての属人性からして、私人が代位弁済しても保護する必要性はないとする。このような財団（共益）債権性の付与の根拠や具体的利益状況に応じて個別的に判断する方向性での解釈を思考する見解が見られる（注46）。しかし、倒産法制上、財団（共益）債権性が定型的に付与されている以上、財団（共益）債権者の要保護性によって財団（共益）債権性の存在はいっさい影響を受けないと考えるべきである（注47）。また、財団（共益）債権を代位取得した求償権者の倒産手続外での行使を認めない否定説は、正当な理由もなく他の債権者に対して、本来帰属しないはずの価値の配当を受けることになり、金築補足意見が述べているように「いわば棚ぼた的」な利益を受けることになり不当である（注48）。したがって、徴収権等を一般私人に行使させるべきでないことは当然であるから、租税債権が全部の効力を保持して移転はしないが、金銭債権としての性質を有する租税債権の代位取得を否定する必要はなく、租税債権についても手続外での行使を認めるべきであろうと思われる（注49）。

4　新接木説からの検討

新接木説（注50）によっても、立論は相違するが平成二三年両判例と同じく肯定説を採用することになる。債務者が倒産し第三者が代位弁済した場合において、代位取得した原債権である財団（共益）債権は、求償権に内在的なものとして固有の権利内容として機能することになる。つまり、原債権は求償権を強化するために発揮されることになる。この新接木説に対して、原債権に債務名義がある場合に、その債務名義に基づく強制執行における執行債権が求償権ではなく原債権であることに変わりはないであろうから、結局、原債権の存在を肯定することになろう。もしそうであるならば、この見解は、移転説を前提にして、原債権が求償権の確保のためにこれと密接な関係に立つことを強調するために比喩的表現を用いた見解と位置づけるべきであろう（注51）との指摘がある。

しかし、この指摘は、原債権に一定の機能を生じさせている以上は、原債権が消滅していることは論理的整合性を欠くから、原債権は消滅しないで移転するという観点からの新接木説（新接木説Bといわれているので、私見は新接木説Aとなる）には妥当する（注52）。私見である新接木説Aは原債権が一度は弁済により消滅しているという観点から始めているので、上記指摘は妥当でないといえる。

ところで、債権法改正に向けて、民法（債務法）改正検討委員会において、弁済による代位規定として試案の提案がなされている（注53）。その解説において判例の考え方は維持するとはされているが、「判例の見解は、一方では債権は弁済により消滅するものの、他方では代位弁済者が弁済による代位によって原債権を取得すると理解することができる部分を含んでいる。しかし、このことは分かりにくい。そこで、本提案では、原債権は観念するが、それは、弁済により消滅するものであり、同時に、担保権の被担保債権または、保証債権の主たる債権として、実質的に求償権の範囲を画するという意味や、債権の効力として認められた、権利を行使するとき（たとえば、債務名義の利用）の根拠としての意味にとどめて用いることとする。こうして、弁済により消滅することとの矛盾を回避するものである」とされている。

今回の民法の改正は、市民社会の私法上の権利義務を定める最も基本的な法律である民法が、市民にとって使いやすい、つまり、読んでもわかるものになっていることが必要であるとされている（注54）。民法（債務法）改正検討委員会から出されている弁済による代位規定は、ぜひとも改正委員会の試案で改正されることを期待するものである。

（注22）松下・前掲（注3）二六頁にも同様の指摘がある。
（注23）佐々木・前掲（注7）五九頁。
（注24）伊藤・前掲（注2）二一頁。
（注25）上原・前掲（注2）一七六頁。
（注26）椿寿夫編「代位弁済」手研三〇七号四頁〔石田喜久夫〕、椿寿夫編「代位弁済――その実務と理論（新版）」銀法別冊一号六頁〔石田喜久夫〕、椿寿夫編「担保法理の現状と課題」別冊NBL三一号一八七頁〔村田利喜弥〕、名古屋地判昭58・10・7（判タ五二一号二〇一頁）。
（注27）淡路剛久『債権総論』五三九頁、我妻榮『債権総論』二四七頁、林良平（安永正昭補訂）＝石田喜久夫＝高木多喜男『債権総論（第三版）』二八六頁。
（注28）『判解民昭和五九年度（一五事件）』二八三頁〔塚原朋一〕。
（注29）この点、金築補足意見は、昭和五九年判例及び昭和六一年判例も、実体法上の制約に限るという趣旨まで判示しているとは解されないとしている。また、⑭⑮判決は、実体法上債権の効力とされている請求力（訴求力）及

び強制力ないし執行力が制限されているという意味において、実体法上の効力の制限であるとする。野村・前掲（注3）三三頁は、求償権による制約は、執行段階の制約でないとする。

（注30）塚原朋一「保証人と債務者及び保証人と物上保証人との間で成立した特約の第三者に対する効力」手研三六八号一三頁。

（注31）石田喜久夫「他の利害関係人に対する求償権と代位の関係」金法一一四三号一四頁。

（注32）林良平「弁済による代位における求償権と原債権――信用保証委託契約を中心として」金法一一〇〇号五五頁。

（注33）清水暁「破産債権として届出がなされ時効中断している債権の代位弁済によって取得した求償権自体については時効中断の手段を講じなかったが、右破産債権の承継を破産裁判所に届け出た場合、求償権について時効中断の効力が及ぶとされた事例」判時一四九一号（判評四二五号）一九二頁。

（注34）中田裕康＝道垣内弘人編『金融取引と民法法理』二五三頁〔潮見佳男〕。

（注35）杉本・前掲（注3）五六頁、山本・前掲（注3）三四頁、加藤・前掲（注3）一七一頁。

（注36）杉本・前掲（注1）四頁、阿多＝丹羽・前掲（注1）一二頁、髙部・前掲（注1）四八頁、野村・前掲（注1）一一頁。

（注37）野村・前掲（注1）一一頁。

（注38）田頭・前掲（注3）五五頁。

（注39）潮見・前掲（注34）二四三頁。

（注40）山野目章夫「求償債権と原債権の関係――相互性仮説の検証」ジュリ一一〇五号一四一頁。

（注41）松久三四彦「主債務者の破産と弁済した保証人の求償権の時効」リマークス一三号㊦一四頁。

（注42）髙橋・前掲（注2）一六頁。

（注43）酒井廣幸「物上保証人に対する担保不動産競売手続を承継した代位弁済者の求償権の時効中断の有無㊦――最三判平成18・11・14について」NBL八五一号一〇四頁。

(注44) 髙橋眞「弁済者代位における原債権と求償権――消滅時効に関連して」銀法六五五号二一頁も同旨である。

(注45) 伊藤・前掲(注2)一二頁、濱田・前掲(注6)一四頁、杉本・前掲(注3)五六頁、上原・前掲(注4)二〇五頁、杉本・前掲(注9)一九〇頁。

(注46) 野村・前掲(注1)一二頁、髙部・前掲(注2)三七頁、中西・前掲(注3)四一頁、長谷部・前掲(注9)二五二頁、田頭・前掲(注3)五五頁。

(注47) 同様の見解として、伊藤・前掲(注2)一二頁、松下・前掲(注3)二六頁、山本・前掲(注3)三四頁、杉本・前掲(注1)六頁、同・前掲(注3)五六頁。

(注48) 佐藤鉄男「優先順位は代位できるか?」金商一一三三号一頁。

(注49) 栗田・前掲(注1)一七二頁。

(注50) 村田利喜弥「消滅時効における原債権の確定と求償権との関係」ジュリ一一三〇号一二四頁、同「弁済者代位における原債権と求償権の関係」法時一〇二一号一一六頁、酒井廣幸「物上保証人に対する担保不動産競売手続を承継した代位弁済者の求償権の時効中断の有無(上)――最三判平成18・11・14について」NBL八五〇号三八頁、同・前掲(注43)一〇一頁。

(注51) 栗田・前掲(注1)一五三頁。

(注52) 酒井・前掲(注50)四一頁。

(注53) 民法(債権法)改正検討委員会編『詳解・債権法改正の基本方針Ⅲ――契約および債権一般(Ⅱ)』三三一頁。

(注54) 内田貴「債権法の新時代『債権法改正の基本方針』の概要」七頁以下。

倒産手続開始時に停止条件未成就の債務を受働債権とする相殺
――倒産実体法改正に向けての事例研究

岡　正晶

一　はじめに（本稿の目的と結論の要約）

倒産手続開始時に停止条件未成就の債務を受働債権とする、停止条件成就後になされる倒産手続開始後の倒産債権者による相殺は、破産手続では、破産法六七条二項後段が定められているので許されるが（最判平17・1・17（判例表A1）参照）、民事再生手続・会社更生手続では、同後段のような規定がないので許されない、というのが現在の一般的見解（注1）である。

しかし、近時、相殺に対する期待は、開始された手続が破産手続か再生手続かによって変わりはなく、条件に関する利益の放棄も民法上妨げられるものではないので、民事再生手続でも、現行法上の相殺の意思表示の時期に関する制限（注2）は受けるとしても、「原則として」相殺を許すべきであるという解釈論（注3・4）が有力である。

本稿では、この問題意識に基づき、倒産手続開始時に停止条件未成就の債務について事例を分析・研究したい（注5）。そしてその分析・研究をふまえて、相殺に関する倒産実体法の改正につき立法提案及びその解釈論を試みてみたい。

結論を要約すると次のとおりである。

① 民事再生法・会社更生法・会社法（特別清算）にも、破産法六七条二項後段（「将来の請求権」に関する債務については別途検討予定、以下同じ）と同じ規定を設けて、倒産手続開始時に停止条件未成就の債務を受働債権とする、停止条件成就後になされる倒産手続開始後の相殺が許されることを明らかにすること、合理的相殺期待がある場合に限るなどの限定要件は設けないこと、を提案する。

② 倒産実体法上の相殺規律については、相殺権者（倒産債権者）側の相殺に対する期待の内容・程度だけでなく、他の総倒産債権者から見て倒産財団の責任財産に含まれるはずとの期待の内容・程度も検討することが重要である。

③ 倒産手続開始時に倒産財団から見て財産が「相殺権者以外の第三者に対する債権」「有体動産」等の状態で存在する場合は、有効な担保権が設定されていない限り、その価値変形物は倒産財団に組み込まれるべきである。この価値変形物が自分に入金されることを停止条件とする代理受領型の債務については、条件成就後の相

殺は認められるべきではなく、相殺に関する倒産実体法上の停止条件付債務には当たらないと解すべきである。

④ 倒産手続開始前の危機時期において負担された債務を受働債権とする「相殺禁止」を解除する「前に生じた原因」の法理は、停止条件付債務の法理とは別のものであるので、そのまま存続させることを提案する。

(注1) 兼子一監修『条解会社更生法㊥』八九三頁、園尾隆司ほか編『条解民事再生法(第二版)』四〇四頁〔山本克己〕。

(注2) この時期的制限の見直し論も提言されている。水元宏典「倒産法における相殺規定の構造と立法論的課題」債管一三六号一六頁、東京弁護士会倒産法部編『倒産法改正展望』三七六頁〔多比羅誠〕。

(注3) 論者によってニュアンスが若干異なるが、山本和彦ほか『倒産法概説(第二版)』二六四頁〔沖野眞已〕(ただし相殺の合理的期待が認められないときは相殺は禁止されるという)、伊藤眞『破産法・民事再生法(第二版)』七〇九頁(合理的相殺期待が認められる場合は相殺が認められるという)、松下淳一『民事再生法入門』一一三頁、全国倒産処理弁護士ネットワーク編『新注釈民事再生法(第二版)㊤』五〇四・五二五頁〔中西正〕(ただし停止条件成就の可能性がきわめて低い等の理由により、当該債務が担保となりうる財産的価値が乏しい場合は、合理的相殺期待を認めるべきではないという)などである。

(注4) (注3)の各見解は、同じ条文構造の会社更生手続でも同様の見解になろう。なおこの二法と同様の条文構造(ただし相殺の意思表示の時期に関する制限はない)の特別清算手続については明示的に議論されていないが、清算型でもあり、同様の見解になると考えられる。

(注5) 同じ問題意識をもつものとして、パネルディスカッション「倒産と相殺」債管一三六号一七頁以下がある。本稿はこの議論に触発されて執筆した。このパネルディスカッションは全国倒産処理弁護士ネットワークの第一〇回全国大会の企画であるが、このネットワークの第二代理事長が田原睦夫先生である。

二　現行の倒産実体法

1　現行の条文と判例

①　倒産債権者は、倒産手続開始時に、倒産者に対して債務を負担するときは倒産手続の拘束を受けないで、(相殺適状になった後に) 相殺をすることができる (注6)。なお民事再生法・会社更生法には相殺の意思表示の時期に関する制限が設けられている。

②　倒産債権者は、倒産手続開始後に、倒産者に対して債務を負担したときは、(相殺適状になった後でも) 相殺をすることができない (注7)。倒産手続が開始されたことを「知らないで」負担した場合でも、倒産手続開始前に生じた原因に基づく場合であっても、相殺は絶対的に禁止される。

③　破産法のみに、倒産債権者の負担する債務が、条件付きであるとき又は将来の請求権に関するものであるときも、(前段と) 同様とする (倒産債権者が①により相殺をすることを妨げない) 旨の明文 (六七条二項後段) があり、その他の三法にはない。

④　旧会社整理手続の事案につき、右記②の「債務を負担」とは、債務を現実に負担するに至った時と解すべきであり、停止条件付債務の場合は条件成就時と解すべきであるとの最高裁判例 (最判昭47・7・13 (判例表C1)) がある。

2　倒産手続開始時に負担する債務を受働債権とする相殺「容認」の趣旨

1①のとおり、現行法上、相殺の「容認」は、「倒産手続開始時における債権・債務の対立」だけが要件である。倒産手続開始時の相殺適状も、自働債権の弁済期が受働債権の弁済期より早く到来することも、相殺の担保的機能に対する期待が合理的であることも、要件とされていない（前掲最判平17・1・17参照）。

この規律は左記二つの理由から正当化できると考える。

① 倒産債権者（図表1のB）から見れば、倒産手続開始時点で債権・債務の対立がある以上、その時点で将来の相殺（優先的回収）に期待をもつのは、程度の差はあれ、当然である。

② 他方、他の総倒産債権者（図表1のC）から見ても、倒産財団に属する財産（A・B債権）につき、財産（債権）の債務者が倒産手続開始時点において一倒産債権者（図表1のB）と同一人である以上、当該財産（A・B債権）に対する利害関係は、CよりBのほうが強いと評価しうるといわれても、やむをえないと考えられる。

この②の観点が重要と考える。従来、相殺の合理的期待を論じる際、①の観点のみが重視されていた感があるが、②の観点、すなわち、他の総倒産債権者から見て倒産財団の責任財産に含まれるはずとの期待の内容・程度も検討することが重要と考える（注8）。

この倒産法の規律は個別執行に関する民法五一一条の判例法理（最大判昭45・6・24民集二四巻六号五八七頁）である無制限説と合致する。

停止条件未成就の債務に係る債権（図表1のa・b債権）であっても、個別執行（差押え）は可能である（MMFに係る最判平18・12・14民集六〇巻一〇号三九一四頁）。そしてその個別差押えの時に、第三債務者bが債務者a

図表1

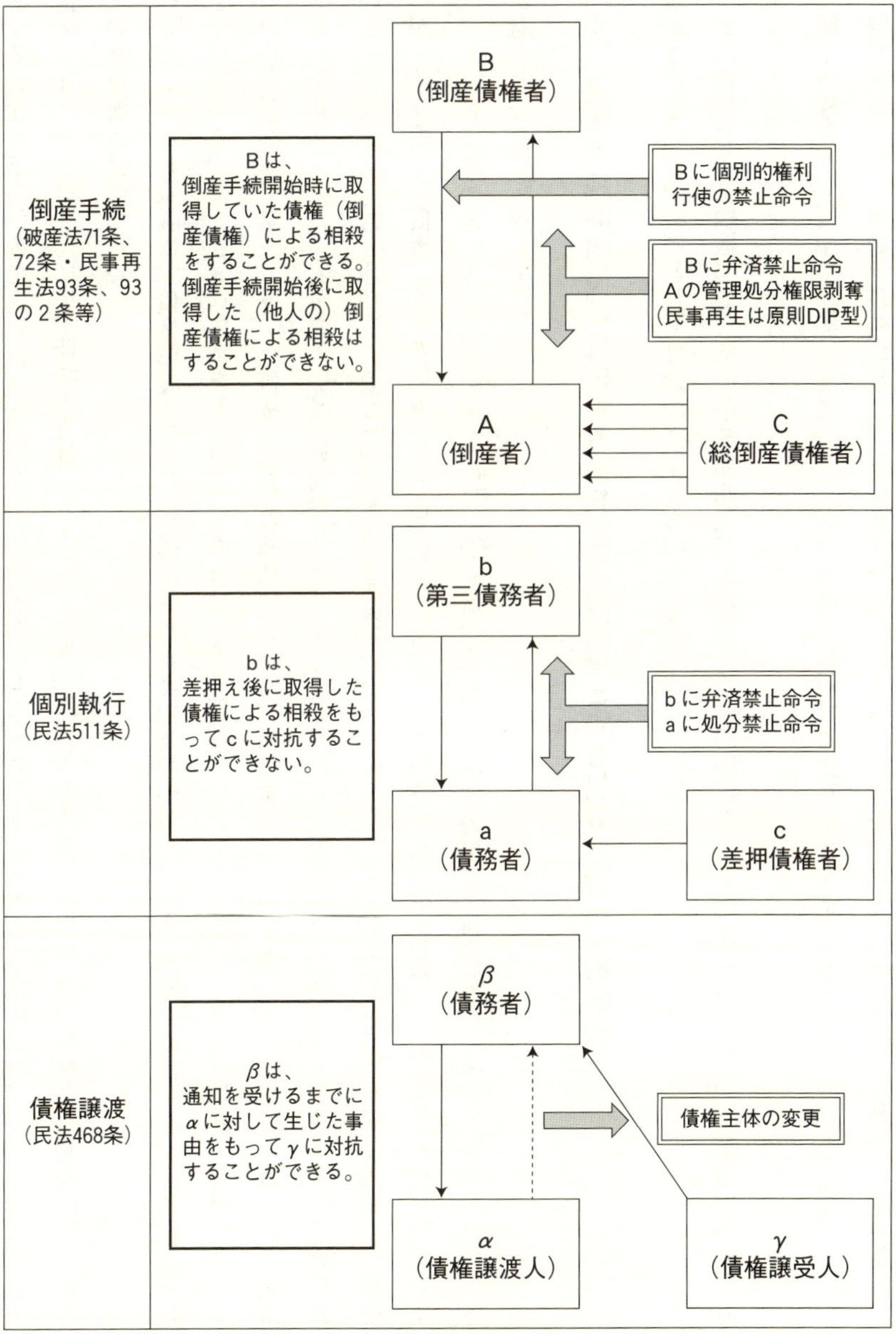
倒産手続
（破産法71条、72条・民事再生法93条、93の2条等）
Bは、
倒産手続開始時に取得していた債権（倒産債権）による相殺をすることができる。
倒産手続開始後に取得した（他人の）倒産債権による相殺はすることができない。
B
（倒産債権者）
Bに個別的権利行使の禁止命令
Bに弁済禁止命令
Aの管理処分権限剥奪
（民事再生は原則DIP型）
A
（倒産者）
C
（総倒産債権者）
個別執行
（民法511条）
bは、
差押え後に取得した債権による相殺をもってcに対抗することができない。
b
（第三債務者）
bに弁済禁止命令
aに処分禁止命令
a
（債務者）
c
（差押債権者）
債権譲渡
（民法468条）
βは、
通知を受けるまでにαに対して生じた事由をもってγに対抗することができる。
β
（債務者）
債権主体の変更
α
（債権譲渡人）
γ
（債権譲受人）

に対する債権を取得済みであれば、その要件だけで相殺が許される。それが無制限説である。差押え時点でa・b債権（b・a債務）の停止条件が未成就であることを理由に、差押え時に取得済みの債権との相殺は許されないという見解は見当たらない。

そしてこの無制限説は、債権譲渡の場合にも適用されるとの見解がある。図表1でいえば、βが、債権譲渡通知を受ける時までに、β・α債権を取得済みであれば、その後に、β・α債務（譲渡によりβ・γ債務になっているもの）とβ・α債権とが相殺適状になれば、相殺することができ、γに対抗できるという見解である（注9）。しかし、あまりにも相殺期待を保護しすぎであって、債権譲渡の取引安全の観点から認められないという見解もある（注10）。なおこの無制限説を採用したとしても、βが相殺の意思表示をする前に、譲受人γが、譲り受けた債権（γ・β債権）と別途有していたγ・β債務とを有効に相殺（いわゆる逆相殺）してしまえば、γがβに勝つという最高裁判例（注11）がある。現在、法制審の民法（債権関係）部会で議論されている重要論点の一つである（注12）。

3　倒産手続開始後に負担する債務を受働債権とする相殺「禁止」の趣旨

禁止される相殺の実例としては次のようなものがある（注13）。

①　倒産債権者が金融機関で、倒産手続開始後に倒産者名義の口座に第三者が振込送金をし、金融機関が倒産財団に預金返還債務を負担する場合
②　倒産債権者が、倒産手続開始後に、第三者の倒産者に対する金銭債務を債務引受（購入等）する場合
③　倒産債権者が、倒産手続開始後に、倒産財団からたとえば不動産を購入して売買代金支払債務を負う場合

倒産手続開始時点で「どのような財産であったか」を重視して利益考量することが重要と考える。倒産手続開始時点で、①と②は「第三者に対する金銭債権」であり、③は「不動産」であった。このような財産は、総倒産債権者から見れば、対抗要件のある担保権が設定されている場合を除き、当然に、配当財源に組み込まれるべきものである。単独執行（差押え）が可能である財産は、包括執行である倒産手続においては当然に倒産財団に組み込まれるべきである。2で述べたような、財産（金銭債権）の債務者が一倒産債権者（図表1のB）と同一人である以上、当該財産（債権）に対する利害関係は、図表1のCよりBのほうが強いといわれる特段の事情は存しない。このような配当財源に組み込まれるべき財産の換価金は、倒産財団に「現実に」組み込まれなければならない。

①②③の事例で、特定の倒産債権者が負担した債務（預金返還債務、引き受けた債務、代金債務）は、そのような倒産財団に「現実に」組み込まれるべき財産の「価値変形物」である。そのような価値変形物と倒産債権との相殺を認めれば、配当財源に組み込まれるべき財産の独り占めを、一倒産債権者に認めることになる。この観点から相殺は禁止されるべきであり、現に禁止されている。

なお、②の事例で、当該倒産債権者が倒産手続開始を知ってあえて債務引受した場合は、相殺適状を詐害的に創出したというべきであり、信義則違反ないし権利濫用の観点からも、積極的に相殺禁止とされるべきものである。ただ現行法は、前述の観点から、倒産債権者の認識を問わないで全面禁止としている。倒産手続が開始した以上、倒産債権者の予測可能性を保護する必要はないと考えられるからである（注14）。

4 破産法と民事再生法・会社更生法との違い

現行の民事再生法・会社更生法に、破産法六七条二項後段のような規定がないことは、旧会社更生法一六二条一項（昭和二七年成立）に始まる。しかし旧会社更生法がなぜ破産法六七条二項後段のような規定を設けなかったかの実質論は明らかでない。名著『条解会社更生法』（兼子一監修）にも積極的な理由は書かれておらず、破産法六七条二項後段のような規定がないので、手続開始後に条件が成就した場合は、相殺は許されないと「解するほかない」と述べるにとどまる（中巻八九三頁）。

平成一六年の倒産実体法改正時にも、破産法六七条二項後段のような規定を民事再生法・会社更生法には設けないことについて、実質的な議論をして、積極的な意味を付与したわけではないようである（注15）。

現在、破産と異なる点として、民事再生・会社更生では、

① 事業の再建という手続目的のために、清算型手続より、倒産債権者の権利を制約することが相当である、

② 再生計画・更生計画の立案に支障となるような、不安定な（将来相殺されるかもしれない）状態を長く容認することは相当でない、

といわれている（注16）。これについては三の2で議論する。

（注6） 破産法六七条一項、民事再生法九二条一項、会社更生法四八条一項。会社法（特別清算）にはない。

（注7） 破産法七一条一項一号、民事再生法九三条一項一号、会社更生法四九条一項一号、会社法五一七条一項一号。

（注8） 前掲（注5）パネル二四頁〔服部敬発言〕も同旨と考えられる。

（注9） 最判昭50・12・8民集二九巻一一号一八六四頁が、この旨判示するが、特殊な事案に関する判断であって先例

としての意義はないともいわれている。昭和五〇年度判解民六四四頁以下〔柴田保幸〕。

（注10）山本和彦ほか編『債権法改正と事業再生』一六四頁以下〔岡正晶〕。

（注11）最判昭54・7・10民集三三巻五号五三三頁。昭和五四年度判解民二六〇頁以下〔篠田省二〕。

（注12）法制審民法（債権関係）部会の部会資料三七の五〇頁以下（法務省ホームページ）。なお本資料は、抗弁切断の基準時に、図表1でいえばβが、いまだ債権を取得していなくとも、①債権の発生原因はすでに存在していた場合、②譲渡された債権（受働債権）と関連して一体的に決済されることが予定された取引があり、（後で）取得した反対債権がその取引から生じたものであった場合、には相殺を認める立法提案を、ヨーロッパ契約法原則等を参照しながら紹介している。

（注13）園尾隆司ほか編『条解民事再生法（第二版）』四一七頁以下〔山本克己〕。

（注14）前掲（注13）園尾ほか編四一七頁〔山本克己〕。

（注15）法務省の立案事務担当者が執筆した、小川秀樹『一問一答新しい破産法』にも説明はない。前掲（注5）パネル四五頁〔山本和彦発言〕も参照。

（注16）前掲（注5）パネル四三頁〔中本敏嗣・鹿子木康発言〕、名古屋地判平22・10・29金法一九一五号一一四頁（判例表B4の原審判決）、東京地判平23・8・8（判例表C2）。

三　相殺に関する倒産実体法の改正提案とその解釈論について

1　基本枠組みの維持

まず、倒産手続開始時に負担する債務を受働債権とする相殺は「容認」し（二-2）、倒産手続開始後に負担する債務を受働債権とする相殺は「禁止」する（二3）という、基本枠組みは維持することが相当と考える。十分理解可能な実質論であり、個別執行に関する判例法理である無制限説にも合致し、長年安定的に実務運用されていることから、あえて変更する理由はないと考える。

2　停止条件付債務を受働債権とする相殺規律の共通化

前述のとおり、現行の民事再生法・会社更生法には、破産法六七条二項後段のような規定がないが、この立法の積極的な理由は必ずしも明らかではない。

またこの違いを支持する論者は、事業の再建という手続目的のために、再建型手続では清算型手続より、倒産債権者の権利を制約することが相当であるというが（二4①）、説得的でない。水元宏典教授の「清算か再建かというのは、換価方法の違いであって、換価の問題は分配の問題とは関係がない。配当原資が現有財産なのか将来収益なのか（換価問題）によって、権利者間におけるプライオリティー秩序（分配問題）が異なるいわれはない」との見解のほうが説得的である（注17）。

また、再生計画・更生計画の立案に支障になるような、不安定な（将来相殺するかもしれない）状態を長く容認することは相当でないともいうが（二4②）、これは相殺の意思表示に関する時期的制限（注18）を正当化するにとどまり、手続開始後に停止条件が成就した場合の相殺を一律禁止することまで正当化できる論拠ではないと考える。

事例で考えてみる。判例表A1の事例（最判平17・1・17）で、損保会社が不法行為に基づく損害賠償請求権と解約返戻金債務を、相手方破産のときに相殺できるのであれば、相手方が民事再生を選択したときでも、損保会

図表2　停止条件付債務等に関する判例表：A

	判決の表示	倒産債権 （自働債権）	停止条件付債務 （受働債権）	結　論	
				破　産	民事再生
A	倒産手続開始時の財産の状態が、図表1のA・B債権である場合				
A1	最判平17.1.17（民集59巻1号1頁）原審広島高裁岡山支判平13.2.8も同旨。1審は反対（相殺不可）	損保会社の破産者に対する、保険金詐取の不法行為に基づく損害賠償請求権	積立保険契約（詐取した保険とは別の保険）の解約を条件とする、解約返戻金債務〈破産管財人が解約した〉	○ （相殺できる）	
A2	東京地判平15.5.26（金商1181号52頁）	信用金庫の破産者に対する貸付金債権 （信用金庫法20条は、信金は、脱退会員が債務を完済するまでは、持分の払戻しを停止できると規定している）	法定脱退（会員の破産）後、その事業年度の終わりにおいて信金の正味財産の存在を条件とする、持分払戻債務	○ （相殺できる） （信金は、出資を受けた時点から、将来持分払戻債務に転化したときには相殺できることを期待していたと認められ、このような期待は合理的なものといえる）	
A3	名古屋地判平17.5.27（判時1900号135頁）	農協の破産者に対する貸付金債権 （約款で、農協は、返戻金を支払う場合、貸付金の元利金を差し引くものと定めている）	共済契約の解約、消滅（2カ月払込みがないと失効、そのまま2年経過すると消滅）を条件とする、返戻金支払債務	○ （相殺できる） （破産者の免責後の相殺の意思表示であるが、自働債権が自然債務になっているだけで相殺可。旧法99条後段があるので、停止条件付債務が破産開始後に現実化した場合でも相殺可）	

A 4	名古屋高判平12. 4 .27（判時1748号134頁）	賃貸人の賃借人（破産者）に対する違約金請求権（賃貸借契約を賃借人が中途解約した場合は、敷金・建設協力金残金は解約による違約金に全額充当される旨の特約があった）（破産開始後に取得した債権か（破産法72条 1 項 1 号）？　ただし破産法54条 1 項で破産債権となる）	賃貸借契約の終了・明渡しを条件とする、敷金返還債務〈賃借人の破産管財人が解除した〉（あわせて訴訟物となった建設協力金残金の返還債務については、期限付債務と認定した）	○（相殺できる）（敷金の充当法理ではなく、相殺構成で処理した。旧法99条後段があるので、停止条件付債務が破産開始後に現実化した場合でも相殺可としたうえで、ただし自働債権の金額につき、合理的な期待の範囲を超える部分は相殺権の濫用となり不可と判断した）	
A 5	教科書事例	債権者の倒産者に対する倒産債権	倒産債権者（手形の裏書譲渡人）が、倒産者（手形の所持人）に対して負う、手形振出人の支払拒絶を条件とする、手形金遡求義務（裏書の時期が危機時期以前のものとする）	○（相殺できる）（伊藤眞『破産法・民事再生法（第 2 版）』369頁。停止条件付債務であり、合理的相殺期待がある）	〈会社更生法〉×（相殺できない）（兼子一監修『条解会社更生法㊥』893頁。破産法のような規定がない以上、許されないと解するほかない）
A 6	大阪地判平23. 1 .28（金法1923号108頁）（B 5 と同じ判決）	銀行の再生債務者に対する貸付金債権	銀行の株主総会決議等を条件とする、株主（再生債務者）に対する剰余金配当支払債務〈銀行が、債務者の民事再生開始後に、株主総会で配当決議をした〉		×（相殺できない）（停止条件付債務ではない。将来の請求権に関する債務としても、相殺に対する期待は低い。民事再生法92条 1 項にいう債務に当たらない）

図表３　停止条件付債務等に関する判例表：Ａ′

	判決の表示	倒産債権 （自働債権）	停止条件付債務 （受働債権）	結　論	
				破　産	民事再生
Ａ′	倒産手続開始時の財産の状態が、図表１のＡ・Ｂ（信託口）債権又はＡ（信託口）・Ｂ債権である場合				
Ａ′１	大阪高判平12.11.29（金法1617号44頁）原審京都地判平12.２.８は反対（相殺不可）	信託銀行の破産者に対する貸付金債権	合同運用指定金銭信託の信託期間満了により、信託銀行が受益者に支払うべき信託元本金及び収益分配金で、信託銀行の信託口における債務。受益者の破産管財人が入金口座とされていた普通預金口座を解約していたので、信託銀行は別段預金に振り込み、別段預金返還債務としたうえで、相殺した	○ （相殺できる） （なお信託が存続しているので、法定相殺は許されない。信託終了後の合意相殺は許される。銀取約定７条１項は有効。停止条件付債務に関する検討はない）	
Ａ′２	名古屋高裁金沢支判平21.７.22（判タ1312号315頁）原審福井地判平21.１.20も同旨	金融機関（信用金庫）の破産者に対する貸付金債権	破産者が信託財産として預かっている預金債権（公共工事の前払金に係る専用口座預金）が、信託財産としての性質を失って、破産者の固有財産となることを条件とする、普通預金返還債務 （破産開始後に自治体、保証会社、破産管財人の三者で「出来高＞前払金」となることを確認した）	× （相殺できない） （開始後に負担した債務又は条件付債務との認定なし） （原審は、破産法67条２項後段を検討し、その適用を否定すべき特段の事情ありと判示した）	
Ａ′３	福岡高判平21.４.10（金法1906号104頁）原審福岡地判平20.11.20も同旨	銀行の破産者に対する貸付金債権	破産者が信託財産として預かっている預金債権（公共工事の前払金に係る専用口座預金）が、信託財産としての性質を失って、破産者の固有財産となることを条件とする、普通預金返還債務 （破産開始前に出来高確認及び引渡しがなされ、遅くともその時以降、破産者は払出可能額につき払出請求ができた事案で、破産開始後に銀行が相殺した）	（○） （相殺できる） （前に生じた原因の有無については、議論されていない）	

図表4　停止条件付債務等に関する判例表：B

	判決の表示	倒産債権（自働債権）	停止条件付債務（受働債権）	結論	
				破産	民事再生
B	倒産手続開始時の財産の状態が、第三者に対する債権である場合				
B1	名古屋高判昭58. 3.31（判時1077号79頁） 原審名古屋地判昭55. 6. 9も同旨	〈破産開始前の相殺〉 信託銀行の破産者に対する住宅ローン債権	住宅ローン貸付の際、信託銀行は下記仕組みの下で、貸し付けた。①債務者は退職時の退職金を信託銀行の自分名義の預金口座に振り込むよう勤務先（国鉄）に依頼することを確約、②その依頼書は共済組合が保管し、退職時に組合が勤務先に提出する、③勤務先も本制度（共済組合の福利厚生事業の一環）を熟知。 債務者が破産開始申立て後に退職し、上記仕組みに従って退職金が破産開始の前日に銀行口座に振り込まれた	（○） （相殺できる） （破産開始前の振込みだったので、旧法104条2号本文に該当するが、「前に生じたる原因に基づく債務」なので相殺は許される（2号但書）と判断した）	
B2	大阪高判平22. 4. 9上告不受理で確定（金法1934号98頁） 原審大阪地判平21.10.22も同旨	銀行の破産者に対する貸付金債権	証券投資信託の解約及び銀行（口座管理機関）への委託者からの入金を条件とする、解約金支払債務 〈破産管財人が解約した〉 （当初受益証券が発行されていたが平19. 1以降電子化された。B3ないしB5も同様）	○ （相殺できる） （破産法67条2項の適用あり）（相殺の対象となると銀行が期待することの相当性を首肯させる）	

B 3	大阪地判平23.10.7確定（金商1383号14頁）	信用金庫の破産者に対する貸付金債権	証券投資信託の解約及び銀行（口座管理機関）への委託者からの入金を条件とする、解約金支払債務〈破産管財人が解約した〉	×（相殺できない）（信金が、解約金を、破産者名義の預金口座に入金した時点で、解約金支払債務は、預金返還債務に変じた。預金返還債務は手続開始後に生じた債務であり、相殺できない）	
B 4	名古屋高判平24.1.31（金法1941号133頁）原審名古屋地判平22.10.29は反対（相殺不可）	銀行の社長個人（再生債務者）に対する連帯保証債務履行請求権（経営する会社が民事再生開始になったことにより、社長個人が支払不能・支払停止になった）	証券投資信託の解約及び銀行（口座管理機関）への委託者からの入金を条件とする、解約金支払債務〈銀行が、社長の支払停止後、民事再生開始前に、債権者代位権を行使して解約し、解約金の入金を受けたうえで、相殺した〉		〈民再手続開始前の相殺〉（○）（相殺できる）（管理委託契約に従って条件が成就したもの、前に生じた原因に当たる）（相殺につき合理的な期待を有しないということはできない）
B 5	大阪地判平23.1.28（金法1923号108頁）（A 6と同じ判決）	銀行の再生債務者に対する貸付金債権	証券投資信託の解約及び銀行（口座管理機関）への委託者からの入金を条件とする、解約金支払債務〈銀行が、債務者の民事再生開始後に、銀取約定に基づき単独で解約手続を行い、その解約金を銀取約定に基づき弁済充当した〉		〈相殺ではなく、弁済充当〉（○）（銀取約定に基づく解約及び弁済充当は有効）

図表5　停止条件付債務等に関する判例表：C

	判決の表示	倒産債権（自働債権）	停止条件付債務（受働債権）	結論	
				破　産	民事再生
C	倒産手続開始時の財産の状態が、有体動産・手形・株式等である場合				
C 1	最判昭47.7.13（判タ280号230頁）	〈旧商法の会社整理手続〉譲渡担保権者（事業会社）の担保設定者（会社整理開始決定を受けた株式会社）に対する、被担保債権ではない別口の債権（手形金債権）	譲渡担保権に基づく有体動産（機械等）の換価処分清算により剰余金が発生することを条件とする、剰余金返還債務〈換価処分は整理開始決定後〉		×（相殺できない）（条件が成就した時にはじめて返還債務を負担するというべきであって、準用される旧破産法104条1号により相殺はできない）
C 2	東京地判平23.8.8（金法1930号117頁）控訴審の東京高判平24.3.14（金法1943号119頁）で別の論点で取り消された	銀行の再生債務者に対する貸付金債権	手形の取立委任契約に基づく、手形交換制度による取立てを条件とする、取立金返還債務		（×）（相殺できない）（停止条件付債務とは認められない）（仮に条件付債務と解したとしても、民事再生法92条1項に破産法67条2項後段のような規定がないため、相殺はできない）
C 3	大阪高判平20.5.29確定（金法1845号58頁）原審大津地判平19.12.26も同旨	銀行の破産者に対する貸付金債権	金曜日午後3時から翌営業日である火曜日午前8時35分（開扉時刻）までの間に、夜間金庫に預け入れられた金員につき、指定の口座に受け入れる手続が完了することを条件とする、当座預金返還債務	×（相殺できない）（夜間金庫規定によれば、翌営業日に指定の口座に受け入れる手続を行った際に、預金債務が成立する。その成立時は火曜日の午前9時19分。破産開始は午前9時なので破産法71条1項1号により、相殺不可。停止条件付債務に関する検討はない）	

社は相殺できると扱うのが法政策論として妥当と考える。民事再生の場合にのみ相殺を禁止するのは、総再生債権者に対して棚ボタ利益を与えるものであろう。

判例表A5の事例でも、破産と民事再生を差別する理由はないと考える。倒産債権者が、手続開始前に倒産者に支払のために第三者振出手形を裏書譲渡していた事案で、手続開始後に同手形が不渡りとなり、倒産債権者が手形金遡求義務を負った（条件成就による債務の現実化）場合である。この手形金遡求債権は、総倒産債権者から見ても、手形の「価値変形物」ではなく、手形に関する「従前からの保証債権」である。倒産手続開始時点で、財産（保証債権）の債務者が一倒産債権者と同一人であり、財産（保証債権）に対する利害関係は、図表1でいえばCよりBのほうが強いといわれるべき局面である。このような利益考量は、債務者が選択した手続が破産であろうが民事再生であろうが変わりはなく、再生手続の場合であっても相殺を容認するのが法政策論として妥当と考える。

3　合理的な相殺期待がある場合という限定

有力説は、そもそも破産法六七条二項後段につき、「相殺期待が合理的ではない」場合には停止条件成就後の相殺を許さないとしており（注19）、民事再生・会社更生にこの規律を拡げる場合についても同様の制限を主張する（注3）参照）。停止条件には多種多様なものがあるので、相殺容認局面が拡がりすぎることを懸念するもので、趣旨にはまったく同感である。

しかし、条文でどう表現するかとなるとむずかしい。「ただし相殺の担保的機能に対して有する期待が合理的な場合に限る」との条文では裁判規範とはなりえない。「期待が合理的」の内容・判断基準は明確でない（注

20）。

有力説は、期待が合理的でない場合の例として、相殺への期待が脆弱である場合、条件が成就する蓋然性が低い（債務が現実化しない蓋然性が高い）場合、債務の発生のみならず債務の金額もその上限すらも不確定である場合などをあげる。しかし、相殺の可否は、相殺権者の主観的な期待の強さ弱さだけで決する問題ではない。二2で述べたとおり、他の総倒産債権者から見て倒産財団の責任財産に含まれるはずとの期待の内容・程度も検討しなければならない。また条件成就の蓋然性が客観的に低いことも、相殺の可否の重要な判断要素にはならない（注21）。条件が成就しなかった場合に相殺できないだけである。

なお中西正教授は、この「合理的相殺期待」をさらに突き詰めて考究し、「負担する債務による相殺を担保と見て行われる担保信用取引の保護」が、倒産手続開始後の相殺権行使を容認する趣旨であると主張される（注22）。このような状況にある「債権債務の対立」の場合に、相殺が特に許されるべきことはそのとおりであし、このような場合に限定して相殺を許すべきであるとの法政策論がありうることも了解できる。しかし、この見解では現行破産法の相殺容認基準を相当程度狭める結果となろう。筆者としては、現行破産法の枠組みである「倒産手続開始時における債権・債務（停止条件付債務を含む）の対立」＝保護すべき合理的な相殺期待がある、と考える法政策論をなお支持したい。

以上の理由により、民事再生法・会社更生法・会社法（特別清算）にも、破産法六七条二項後段（「将来の請求権」に関する債務については別途検討予定）と同じ規定を設けて、倒産手続開始時に停止条件未成就の債務を受働債権とする、停止条件成就後になされる倒産手続開始後の相殺が許されることを明らかにすること、合理的相殺期待がある場合に限るなどの限定要件は設けないこと、を提案する。

相殺容認局面の拡がりすぎの防止については、まず、停止条件付債務の外延を、解釈論で明らかにすることで対応するのが相当である。

4　停止条件付債務の外延

停止条件付債務とは、条件（将来発生することが不確実な事実）が成就（発生）した場合に、自動的に（なんらの意思表示を要せずに）、債務負担が現実化するものである。なお停止条件が、単に債務者の意思のみに係るときは、当該停止条件付債務は無効とされる（民法一三四条）。

倒産手続開始時に停止条件未成就の債務による相殺に関連する又は関連しそうな判例等を収集し（収集時点は平成二四年三月末）、整理した。二3の問題意識に基づき、倒産手続開始時点で倒産財団から見て「どのような財産であったか」という観点から、四つのグループに分類した。

㈠　Aグループ（図表2参照）は、倒産手続開始時点で、倒産財団から見た財産が、相殺権者（倒産債権者）に対する停止条件付債権（図表1でいえばA・B債権そのもの）である群である。停止条件は、倒産者による保険契約の解約（A1）、事業年度終了時における信用金庫の正味財産の存在（A2）、共済契約の消滅（A3）、賃貸物件の明渡完了（A4）、裏書譲渡手形の不渡り（A5、三2参照）である。このグループは停止条件付債務に当たるとして問題ないと考える（注23）。なおA2の信用金庫の事案では、再生手続開始では法定脱退とならず、再生手続開始時における停止条件付債務とならない。再生手続開始後に自由脱退（信用金庫に対する持分譲渡）する場合は、再生手続開始後に負担する債務（持分譲受代金支払債務）になると解される。

A6（剰余金配当債務）が難問であるが、剰余金配当の基準日に、基準日株主に対して停止条件付債務が生ずると解する。基準日以前は、債権者が確定しておらず停止条件付債務には当たらないと考えるが、基準日経過後、機関決定までは、停止条件付債務に当たると解してよいのではないだろうか。A6の事案は、基準日（三月三一日）、取締役会決議（五月一五日）、債務者に対する再生手続開始（六月一八日）、株主総会決議（六月二七日）の順番であった。他の総倒産債権者（図表1のC）から見ても、倒産財団に属する財産（停止条件付きのA・B債権）につき、財産（債権）の債務者が倒産手続開始時点において一倒産債権者（図表1のB）と同一人である以上、当該財産（A・B債権）に対する利害関係は、CよりBのほうが強いと評価しうるといわれても、やむをえない関係にあると考えられる。この理由づけにより、この部分の判旨に反対する。

(二)　A′グループ（図表3参照）は、信託に関連する群である。A′1は、倒産財団から見た財産が、停止条件付き（あるいは期限付き）の受託者B（信託口）に対する債権（受益権）である。Bは、固有財産に属するB・A債権と、信託財産に属する右債務を相殺することはできない。よってA′1のA・B（信託口）債権は、相殺権者（倒産債権者）に対する停止条件付債権ではなく、「第三者」に対する債権に当たるというべきであって、次のBグループに準じて扱うことが相当と考える。

A′2・A′3は、特殊な（擬制）信託である公共工事の前払金に係る専用口座の事案である。A・B債権がAの倒産財団に属しない信託財産であり、A（信託口）・B債権、B・A（信託口）債務、と表示すべきものである（注24）。Bは、この状態ではB・A（固有財産）債権と相殺できない。他方、このA（信託口）・B債権は、Aの固有財産に対する総倒産債権者から見ても配当財源として期待できない財産である（個別執行もできない）。この点で他の事案と様相が大きく異なる。そして、工事出来高が前払金を超えていることが客観的に確認された時点で、預金債権が受託者の信託財産から固有財産に「移動」することになる。この移動には新たな行為は不要である（預金の名義はもともと建設業者名義である）。金融機関は、従来の制約（領収書等の書類があることのチェック等）が消滅していることを保証事業会社等から確認できれば、制約なしに建設業者からの払戻請求に応じることができるようになる。このような預金債権については、信託財産時代から債務者であった金融機関のほうが、信託財産時代は差押え等をできなかった総倒産債権者より、強い利害関係をもっていると評価して、相殺を容認することが相当ではないだろうか（注25）。このような理由から、BのA（固有財産）に対する債務は、工事出来高が前払金を超えていることが客観的に確認されることを停止条件とする債務と解するのが相当と考える（Aグループに準じて扱う）。そして、停止条件成就後になされる倒産手続開始後の相殺は許すことが相当と考える。この理由づけによりA′2の名古屋高裁金沢支部判決に反対する（注26）。A′3は、破産開始前に、上記意味における停止条件が成就した事案であり、停止条件付債務が危機時期以前に負担されていることを理由に相殺は許されると考える（判決に賛成である）。

㈢　Bグループ（図表4参照）は、倒産財団から見て、倒産手続開始時に、停止条件付きのA・B債権も存在するものの、それは「第三者から入金されればBが払う」という代理受領的なものにすぎず、真の債務者として、Bではない第三者が存在するグループである（注27）。証券投資信託における販売窓口銀行の債務はこの群である（注28）。

この群では、総倒産債権者から見れば、倒産手続開始時点では、財産は「第三者に対する債権」であり、債権の債務者が特定の倒産債権者と同一人であって、当該財産に対する利害関係が、総倒産債権者（図表1のC）より一倒産債権者（図表1のB）のほうが強いという状態ではない。このような場合、当該財産（第三者に対する債権）に対して、図表1のBが図表1のCより強い利害関係を有するというためには、担保権の設定（商事留置権のような法定担保権の成立を含む）が必要と考える。倒産手続開始時点で財産として「第三者に対する債権」が存在する場合で（有効な担保権がない場合に限る）、その価値変形物が自分に入金されることを停止条件とする代理受領型の債務は、相殺に関する倒産実体法上の停止条件付債務には当たらないと解すべきである。

B1の事案は、退職金に関するいわゆる強い振込指定（代理受領）合意である。事案は倒産手続開始前の振込みであるが、開始後の振込事案を想定すれば、手続開始時点で、勤務先に対する退職金債権という財産が存在することになる。この退職金債権（差押可能部分に限る）は、無担保財産であり現実に配当財源に組み込まれるべきであり、銀行の「入金されれば払う債務」を停止条件付債務として、銀行の相殺を容認することは、相当でない。いわゆる強い振込指定（代理受領）合意に基づく債務は、倒産実体法上の停止条件付債務ではないと解する。この合意があることを理由として、倒産手続開始後の振込分につき銀行の相殺を認める見解も見当たらない（注29）。振込指定合意は、倒産者による委任が中核であり、委任は、破産の場合は開始により当然に終了するし、民事再生・会社更生の場合も、再生債務者等が直ちに将来に向かって有効に委任契約を解約できるので、倒産手続開始後は有効でなくなることも理由であろう（5㈠参照）。

なお、危機時期前のいわゆる強い振込指定（代理受領）合意に基づき、倒産手続開始前に振込みがなされた場合は、「前に生じた原因に基づく」債務負担であり相殺が許される（注30）と、従来から広く解されている。これは、倒産手続開始前であるので、倒産手続開始時点の倒産財団に属する財産の確保という要請がまだ働かず、相殺適状の創出が詐害的でなければ、相殺を容認する趣旨と考えられる。「前に生じた原因」の法理は、このような倒産手続開始前の危機時期における法理として、停止条件付債務の法理とは別の意義と機能を有していると考えられるので、停止条件付債務の法理とは別に存続させることが相当である（注31）。

最高裁も、金融機関が危機時期以前に取立委任手形の交付を受け、取立金が入金されれば払う旨の代理受領型の債務を負っている場合について、「前に生じた原因」による倒産手続開始前の保護は認めたが（注32）、停止条件付債務構成による倒産手続開始後の保護は認めていない（注33）（この事案では倒産手続開始時の財産は約束手形である。C2参照）。

B2からB5は証券投資信託の事案である。倒産財団から見れば、倒産手続開始時に、「販売窓口銀行以外の第三者（受託者）に対する受益権」が財産として存在する場合である（注34）。この財産については、手続開始後に、破産管財人・再生債務者側が、受益権の譲渡、他の口座管理機関への振替請求（委任契約の解除）等をすれば、適法かつ有効に相殺を回避することができる（注35）。破産管財人等は、リスクがある状況では、まずこの措置をとるべきである（5参照）。

B2とB3は、破産管財人が、右の回避措置をとらず、販売窓口銀行を通じて解約した事案である。下級審の判断は分かれている。しかし破産管財人が、破産手続開始後に、破産財団に属する財産を換価（解約）したのであり、販売窓口銀行の支払債務は、この財産の「価値変形物」であり、破産管財人の行為によって負担された「新たな債務」と評価すべきである（注36）。販売窓口銀行による相殺（優先的回収）は許されるべきではない。倒産財団に属する無担保財産の価値変形物が自分に入金されることを停止条件とする代理受領型の債務は、相殺に関する倒産実体法上の停止条件付債務には当たらないと解すべきである（注37）。民事再生・会社更生でも、手続開始後に再生債務者等が解約をした場合は、同様に相殺不可と解する（注38）。

Ｂ４は、販売窓口銀行が、債権者代位権によって受益者（倒産者）の解約権を行使し、「再生手続開始前に」委託者から振込入金を得た事案である。原審と控訴審で判断が分かれた。まず、前述のとおり本件のような代理受領型の債務は、停止条件付債務と解すべきではなく、その法理による保護はないと考える。しかし本件は再生手続開始前の危機時期中の振込み（債務負担）なので、「前に生じた原因」の法理による相殺容認はありうる。そしてＢ４判決は、管理委託契約締結を「前に生じた原因」ととらえて、相殺可と判断した。しかしこの管理委託契約を「前に生じた原因」とするには、直接性・具体性が乏しいと考える（最判昭63・10・18参照）。この振込み（債務負担）の「原因」は、債権者代位権による解約権の行使と考えるのが相当である。そうすると銀行は、受益者の支払停止を知った後に代位権を行使しているので、知った時より前の原因に基づく債務負担とはいえず（民事再生法九三条二項二号不適用）、相殺不可と解するのが相当と考える。この理由により相殺不可の原審に賛成する（注39）。なお倒産手続開始後は債権者代位権の行使はできなくなる（破産法四五条等）。

Ｂ５は、販売窓口銀行が、受益者の再生手続開始決定後に、銀取約定に基づき「単独解約及び優先的な弁済充当」を行った事案である。対象物が約束手形で、銀行が商事留置権を有していれば、最判平23・12・15（金法一九四〇号九六頁）によって有効適法な債権回収となる。しかし証券投資信託については、平成一九年以降受益証券が発行されなくなっており、商事留置権の存在を認めるのはむずかしいと解する（注40）。難問であるが、次のように考える。倒産手続の開始によって包括執行が開始され、破産管財人・再生債務者は、本受益権につき、受益権の譲渡、他の口座管理機関への振替請求等による換価する権限と責務を負う。この倒産手続の根幹である、倒産財団に属する財産（別除権対象物は除く）の換価権限を奪うような事前合意は、倒産法の強行法的公序に反し無効と解すべきである。そして本件のような倒産手続開始後の「単独解約及び優先的な弁済充当」を定める銀取約定は、そのような事前合意であって無効と解すべきである。よって銀行の優先的弁済充当は無効と解する（B5判決に反対する）。倒産財団に属する債権の債務者でない者が、同債権につき優先権を主張するには、対抗要件を備えた担保権を設定することが必要である。

A′1は、信託銀行の信託期間満了による元本及び収益金の支払債務の事案である。この事案で信託銀行は、信託口における債務のままでは、固有財産に属する倒産債権（B・A債権）と相殺できないので、いったん固有財産口の別段預金に移したうえで相殺をした。受益者の破産管財人が、信託銀行（信託口）に対し、他の銀行の破産管財人名義預金に振り込めと請求していれば、信託銀行は、これに応じざるをえず、相殺できなかったと思われる。信託設定時に、信託の元本及び収益金は信託銀行の銀行口にある受益者の口座に振り込む旨の合意がなされていたとしても、これは委任契約であり、破産になれば当然終了し、民事再生でも解約できるはずである。信託銀行として、この受益権からの優先回収を確保したいのであれば、質権設定等の担保権を設定すべきであるし、それはできたはずである。信託銀行（固有財産口）は破産手続開始時に停止条件付債務を負担しており、その条件成就によって別段預金債務が現実化したから法定相殺は適法という構成は相当でないと解する（なお合意相殺の効力については別途検討したい）。

(四)　Cグループ（図表5参照）は、倒産手続開始時に、倒産財団に属する財産が、機械、手形、特定現金、株式などの有体財産の状態にあった群である。倒産債権者（図表1のB）が、自分で占有管理しているその有体動産につき、一定の行為（機械の換価処分、手形の取立て、夜間金庫で寄託を受けた現金の受入手続）をした結果として、B・A（金銭）債務が発生するものである。総倒産債権者から見れば、倒産手続開始時点では、財産は有体財産であり、その財産を特定の倒産債権者が占有しているとしても、債権の債務者＝倒産債権者という状態、すなわち相殺できる地位という意味で、当該財産に対する利害関係がCよりBのほうが強いという状態ではない。このような場合、当該財産に対して、BがCより強い利害関係を有するというためには、担保権の設定（商事留置権のような法定担保権の成立を含む）が必要と考える。この意味で、この類型は、倒産手続開始後の「相殺」を容認すべき停止条件付債務には含まれないと解することが相当である。

C1の最判昭47・7・13は、譲渡担保権者の旧会社整理手続開始後の換価処分に基づく剰余金支払債務を停止条件付債務と判断したが、上記の理由により停止条件付債務に当たるとすることには反対である。しかし相殺不可の結論には筆者も賛成である。筆者の立場からは、剰余金支払債務は、倒産手続開始時に倒産財団に属した一般有体財産（機械、ただし担保余剰部分）の倒産手続開始後の換価処分による「価値変形物」であり、停止条件付債務の現実化ではなく、「倒産手続開始後に新たに負担された債務」と解され、相殺不可の結論となる。なお、本判決の相殺不可との結論は広く支持されているが、理由は論者によって異なる。多数説は、債務の発生のみならず債務の金額もその上限すらも不確定であるので相殺に対する合理的期待がないことをあげるが、3のとおり支持できない。有力説は、この事案で剰余金返還債務と別口債権との相殺を容認すると、包括根担保を認めた結果になるので、相殺権濫用事例の一つとして相殺を禁止したと見るべきであるという（注41）。説得的ではあるが、相殺権の濫用という一般論ではなく、停止条件付債務に当たらないとの解釈論で対処するほうが簡明と考える。

C2の判決も、取立委任手形の取立金引渡債務につき、停止条件付債務とは認められないと判断した（注42）

（なお倒産手続開始前の取立金入金の場合には「前に生じた原因に基づく債務」として相殺が容認されることにつき㈢参照）。なお、倒産債権者が約束手形につき商事留置権を有する場合は、取立金の上にも商事留置権を行使することができるとの最高裁判決（最判平23・12・15）が出されたので、債権者が商人（銀行）である場合は相殺構成をとる必要はなくなった。筆者も、倒産手続開始時に財産が有体動産（手形）であるこの類型においては、担保権の法理で規律すべきであって、相殺法理で解決するのは相当でないと考える（注43）。

C3の判決も、夜間金庫に寄託されていた特定現金に関する預金返還債務につき、停止条件付債務とは認めず、開始後に負担された債務として相殺不可と判断した。賛成である。

5　破産管財人・再生債務者等がとりうる相殺回避措置

相殺容認局面の拡がりすぎの防止対策として、第二に、破産管財人・再生債務者等が、倒産手続開始後に、適法かつ有効に、相殺適状になることを阻止して相殺を回避することが考えられる。従来この点があまり明確でなかった。現破産法の解釈論としても重要であるし、破産法六七条二項後段の規定を民事再生法・会社更生法にも導入する立法を行う場合には、その新法の解釈論としても重要となる。

委任契約の当然終了（破産）ないし解約（民事再生・会社更生）と、倒産財団側からの停止条件付債権（倒産債権者にとっては債務）の譲渡が考えられる。

㈠　委任契約の当然終了ないし解約等

筆者は、前述のとおり、倒産手続開始時に倒産財団から見て財産が「相殺権者以外の第三者に対する債権」

「有体動産」等の状態で存在する場合は、有効な担保権が設定されていない限り、その価値変形物が自分に入金されることを停止条件とする代理受領型の債務については、条件成就後の相殺は認められるべきではなく、相殺に関する倒産実体法上の停止条件付債務には当たらないと解した。

しかしこの解釈が奏功しない場合、または停止条件付債務の停止条件に倒産者からの委任が中核要素になっている場合、委任契約の当然終了（破産）ないし解約（民事再生・会社更生）を活用して、停止条件未成就（相殺適状未到達）を基礎に、倒産債権者からの相殺を回避できる場合がある。

破産の場合、委任契約は当然に終了する（注44）。したがって、停止条件として、真の債務者が、倒産者の委任に基づき、倒産者の指定する倒産者名義の銀行口座に振込入金することが定められているような場合、その委任は当然終了となり（注45）、破産手続開始後に条件が適法に成就されることはないこととなる。真の債務者が振込入金しても、誤送金であり、倒産者に対する債務は消滅しない。真の債務者は銀行に誤送金の返還を請求できると考える。

民事再生の場合は、委任契約の当然終了の規定はなく、また原則DIP型であるため破産法のような公告（破産法三二条一項四号）もされない。しかし委任契約を直ちに将来に向けて解約することができる（民法六五一条）。停止条件として、真の債務者が、倒産者の委任に基づき、倒産者の指定する倒産者名義の銀行口座に振込入金することが定められているような場合、再生債務者等は、開始決定後直ちに、委任契約を解約しておくべきである。委任（振込指定）を撤回できない旨の約定がされている場合があるが、包括執行である民事再生手続から財産を免脱させる趣旨の合意というべきであり、民事再生法の強行法的公序に反し無効と解すべきである。よってそのような撤回不可の合意があっても、再生債務者等は開始決定後、適法に従来とは異なる口座への振込みを真の債務者に指示でき、それにより相殺を回避できると解する。

(二) 倒産財団側からの停止条件付債権(倒産債権者にとっては債務)の譲渡

第二に、破産管財人・再生債務者等として、倒産財団に属する財産である停止条件付債権(図表1のA・B債権)を、条件成就前に譲渡して、倒産債権者からの相殺を回避することが考えられる。

典型例は、前述のとおり、証券投資信託(B2から5)事案において、破産管財人・再生債務者等が、委託者に対する債権を譲渡することである。譲渡禁止特約はなく、委託者が倒産者に対する反対債権を通常有していないことも多い(債権譲渡と相殺の抗弁の問題が生じない)ので、有効に相殺を回避できる。

しかし多くの事案においては、譲渡禁止特約、債権譲渡と相殺の抗弁というむずかしい法律問題があり、相殺を有効に回避できるかどうか不透明である。

問題の第一は、譲渡禁止特約がある場合である。現行法下では、①譲受人が特約につき悪意又は善意重過失の場合は、譲渡自体が無効となる(無効を主張できるのは原則として債務者である。債務者が承諾すればさかのぼって有効となるが第三者の権利を害することはできない)、②譲受人が特約につき善意かつ無重過失の場合は、譲渡自体が有効となる、③特約があっても差押・転付命令による移転は有効になしうる、と解されている。一般的には、②の要件を満たす場合にしか有効に譲渡できないので注意が必要である(注46)。

なお、倒産手続は包括執行であり、③に準じて、破産管財人・再生債務者等は、特約があっても有効に譲渡できるとの解釈論が有力になりつつある。この解釈論によれば、A1(積立保険)、A2(持分払戻請求権)などで活用できる(ただし次の債権譲渡と相殺という論点がある)。

問題の第二は、債権譲渡と相殺の抗弁といわれる論点である。被譲渡債権の債務者（図表1のβ）は、民法四六八条二項に基づき、譲渡通知を受ける時までに債権者（α）に対して生じた事由をもって譲受人（γ）に対抗することができる。この「αに対して生じた事由」を、民法五一一条の無制限説と同様に解釈する見解が、前述のとおり有力であり、これによれば譲渡通知を受けた時点で取得済みの反対債権があれば、弁済期の先後を問わず、その反対債権と被譲渡債務とを相殺できることとなり、破産管財人・再生債務者等は譲渡によっては相殺回避は原則としてできない結論となる（いわゆる逆相殺につき、一―2参照）。しかし、これではあまりにも相殺期待を保護しすぎであって、債権譲渡の取引安全の観点から認められないという見解も前述のとおり有力である（前掲（注10）～（注12）参照）。

A1の事例で考える。破産者・再生債務者等が、積立保険契約を解約せず、相殺適状をあえて作出しない状態で第三者に譲渡した場合、どうか（なお譲渡禁止特約がないことを前提とする）。B・A債権が不法行為債権であり、積立保険契約債務を担保と見てなされた信用供与債権ではなく、相殺に対する合理的期待が強いとはいえないこと、倒産手続上の相殺容認はあくまで相殺適状になった場合の期待にすぎず権利ではないことから、保険会社による相殺は譲受人に対抗できないと解してよいと考える。

しかしA2・3の事例のように、B・A債権が停止条件付きのA・B債務を事実上の担保と見てなされた信用供与的債権であるときは、相殺に対する合理的期待があると考えられ、信用金庫・農協による相殺は債権譲受人に対抗できると解するのが相当である。

このような解釈は、債権譲渡と相殺の抗弁の局面においては、3記載の有力説である「合理的相殺期待説」によるということにほかならない。債権譲渡の場合は、差押・倒産手続開始決定等の法的手続は存在しないこと、その法的手続の安定性・予測可能性を高めるという要請はないこと、さまざまな譲受人が想定され透明性のある原則ルールの策定は現時点では困難と考えられること、いまだ事例が少なく研究・議論の蓄積がないこと等から、過渡的にこのような判断基準をとることも許されると考えるが、どうか（注47）。

6　停止条件付債務に関する「債務負担の時期」

最判平17・1・17（判例表A1）は、破産法六七条一項の「債務」には停止条件付債務が含まれる旨判断したと解される（注48）。これを前提にすると、破産法六七条一項の対である同七一条一項一号の「債務」にも停止条件付債務が含まれると解するのが相当である。とすればこの一号によって禁止されるのは、停止条件付債務自体を破産手続開始後に負担したときに限られる。

民事再生法・会社更生法・会社法（特別清算）に、破産法六七条二項後段と同じ規定を設ける場合も、このような解釈になることを明確にすべきである。

この解釈をとれば、倒産手続開始前の危機時期に、停止条件付債務を負担した場合には、破産法七一条一項二号から四号（及び対応する民事再生法、会社更生法の条文）による禁止の対象となる（注49）。すなわち危機時期にあることを知って停止条件付債務を負担したときは原則として禁止されるが、その負担が「前に生じた原因に基づく」場合は、例外的に相殺が許される。ただあまり想定される事例はない。

なお、いわゆる強い振込指定（代理受領）合意に基づく振込み、取立委任約定締結の上の手形交付に基づく手形取立金の受領は、倒産実体法上、停止条件付債務の条件成就には当たらないと解されるので、倒産手続開始後の振込み・受領に基づく債務を受働債権とする相殺は許されない。

しかし倒産手続開始前の危機時期に振込み・受領がなされた場合は、その時点で債務が負担されたと解され、かつ債務負担の原因は、強い振込指定（代理受領）合意、または取立委任約定締結の上の手形交付であると解される。よって、合意又は手形交付が危機時期であることを知る前になされた場合には、相殺は許される（破産法七一条二項等）。

（注17）前掲（注2）水元一四・一六頁。前掲（注3）沖野二六四頁も、相殺に対する期待は、開始された手続が破産手続か再生手続かによって変わりはないという。
（注18）この時期的制限の見直し論につき前掲（注2）参照。
（注19）前掲（注3）山本ほか二五二頁〔沖野〕、同伊藤三六九頁。
（注20）前掲（注3）『新注釈民事再生法（第二版）㊤』四九七頁〔中西正〕は、有力説につき、相殺期待を保護する趣旨からの理由づけを欠く点で不十分であると思われると厳しく評価する。
（注21）伊藤眞ほか『条解破産法』五二三頁〔松下淳一〕参照。
（注22）前掲（注3）山本ほか四九八頁〔中西〕、中西正「いわゆる「合理的相殺期待」概念の検討」債管一三六号四七頁以下。
（注23）Ａ４については、自働債権が破産手続開始後に取得された倒産債権と思われ、破産法七二条一項一号の問題がある。ただ受働債権が敷金返還債務なので、相殺ではなく、当然充当法理による解決が可能であったと考える。
（注24）最判平成14・1・17民集五六巻一号二〇頁は、発注自治体を委託者、建設業者を受託者、前払金を信託財産とする信託契約の成立を認めた。『倒産判例百選（第四版）』一〇〇頁〔沖野眞已〕。
（注25）金融機関の相殺に対する期待は強くないが（債務の発生（帰属）のみならず債務の金額すら不確定である）、総倒産債権者の責任財産としての期待も同様あるいはそれ以上に強くないと考えられる。
（注26）畠山新「前払保証金の信託終了による破産財団への復帰と相殺禁止」金法一九〇六号四三頁は判旨に反対し（相殺可）、長谷川貞之「判批」判時二〇七八号一七八頁は判旨に賛成する（相殺不可）。

（注27） 前掲（注5）パネル三四頁、前掲（注22）中西五三頁が、代理受領型と整理する群である。

（注28） 最判平18・12・14民集六〇巻六〇号三九一四頁は、販売窓口銀行は、受益者に対し、委託者から一部解約金の交付を受けることを条件として、同金員の支払義務を負い、同義務に係る請求権は債権差押えの対象になる旨判示した。

（注29） 前掲（注3）山本ほか五三四頁〔中西〕は、強い振込指定に基づく振込みは、危機時期になされたものは「前に生じた原因」によって相殺可とされるが、手続開始後になされたものは相殺不可とされる旨述べる。

（注30） 破産法七一条二項、七二条二項、民事再生法九三条二項、九三条の二第二項など。

（注31） 中西正「証券投資信託における受益者の破産・民事再生と相殺――名古屋高裁平成二四年一月三一日判決の検討」銀法七四三号二六頁は、前に生じた原因と停止条件付債務は、その実質を等しくすると思われる旨述べるが賛成できない。なお東京弁護士会倒産法部編『倒産法改正展望』二一一頁〔山本和彦〕も、この二つの概念を同じと考えているようである。

（注32） 最判昭63・10・18民集四二巻八号五七五頁。

（注33） 最判平10・7・14民集五二巻五号一二六一頁。

（注34） 平成一八年度判解民〔加藤正男〕の一三二五頁の参考図が有益である。投信振替制度発足後の取扱いについては一三四四頁の（注20）参照。

（注35） 伊藤尚「破産後に販売会社に入金になった投資信託解約金と販売会社の有する債権との相殺の可否」金法一九三六号六二頁。

（注36） 前掲（注31）中西二九頁は、倒産手続開始後は、破産管財人・再生債務者に第三者性が認められるので、停止条件付債務の条件成就ではなく、新たに負担された債務として、相殺不可となると解する。

（注37） 仮に停止条件付債務に当たるとしても、停止条件は倒産者の事前委任に基づく送金の実現であり、倒産手続開始後の送金は、その停止条件成就には当たらないと考える。倒産者の事前委任は、破産手続開始の場合当然終了するし、民事再生・会社更生手続開始の場合は再生債務者等により将来に向かって解約できる（再生債務者等は

証券投資信託を自ら解約するときは、この送金委任もあわせて解約しておくべきである）からである。

（注38）坂本寛「証券投資信託において受益者に破産手続ないし民事再生手続が開始された場合の債権回収を巡る諸問題」判タ一三五九号二二頁以下は、現行法の下では、販売窓口金融機関は、受益者破産の場合は相殺又は弁済充当で優先回収できるが、受益者民事再生の場合は相殺も弁済充当も否定されると解する。

（注39）前掲（注31）中西二八頁は、販売窓口銀行の債務を停止条件付債務ととらえたうえで、その債務負担が支払停止前に生じていることを理由として、（民再開始前の相殺を容認した）控訴審判決を支持する。髙山崇彦ほか「名古屋高判平24・1・31と金融実務への影響」金法一九四四号六頁も同じく控訴審判決を支持する。

（注40）前掲（注38）坂本二六頁は、振替受益権の準占有が認められ、商事留置権を認めることができるという。安東克正「八つの裁判例からみた投資信託からの回収」金法一九四四号三九頁は、主張しうると述べる。

（注41）前掲（注5）パネル二九・三〇頁〔浅田隆・水元宏典発言〕。

（注42）前掲（注5）パネル三三・三四頁〔中本敏嗣・服部敬発言〕、伊藤眞ほか「座談会：商事留置手形の取立充当契約と民事再生法との関係」金法一八八四号一六・一七頁〔伊藤眞・村田渉発言〕も、消極である。

（注43）ただし、最判平23・12・15の金築裁判官の補足意見は停止条件付債務ととらえているようである。また、相殺法理による解決を志向する見解も有力である。最近のものとして中井康之「取立委任手形による取立てと商事留置権・相殺」ジュリ一四三八号七四頁、伊藤眞「手形の商事留置権者による取立金の弁済充当――「別除権の行使に付随する合意」の意義」金法一九四二号二二頁。逆に、銀取約定を相殺という法形式を借用した非典型担保権の設定と正面から認め、公知性を根拠に第三者効を認める見解もある（東畠敏明「銀行の保持する留置物としての手形取立金の優先回収と倒産法理についての実体法的法律関係（銀行取引約定書からの解釈）からのアプローチ」銀法七四〇号一六頁、七四一号二二頁）。

（注44）最判平21・4・17金判一三二一号五一頁は、株式会社と取締役・監査役との委任関係は、委任者である株式会社につき破産手続が開始されても、破産財団に関する管理処分権と無関係な会社組織に係る行為等（役員の選任又は解任等）については、終了しないと判示した。この判決も受けて、法制審民法（債権関係）部会は、当事者

の破産により委任契約が当然終了する旨の規律（民法六五三条二号）を見直すべきか否かにつき検討している。

（注45）　破産法三二条一項四号は、破産手続開始決定時に「破産者に対して債務を負担する者は、破産者に弁済してはならない」旨公告するよう命じているが、破産者（債務者）に弁済してはならないということは、破産者が指示する者（指示した者）にも弁済してはならないという意味も含む。

（注46）　法制審民法（債権関係）部会資料五五の一四頁以下（法務省ホームページ）。

（注47）　法制審民法（債権関係）部会資料五五の二四頁以下（法務省ホームページ）。

（注48）　破産法六七条一項の債務に条件未成就の停止条件付債務は含まれないと解すると、破産手続開始時に、停止条件未成就の場合、破産債権者は「債務を負担していない」ことになる。そうなると「破産債権者の負担する債務が条件付であるときも、同様（破産債権者が破産法六七条一項により相殺をすることを妨げない）とする」との同法六七条二項後段の規定が、判読不可能になる。

（注49）　平成一七年度判例解説〔三木素子〕二二二頁は、たとえば、破産債権者が、危機時期において、それを知りながら、破産者との間で「停止条件付債務を負担する原因となる契約を締結」した場合には、「特段の事情」があるとして相殺は禁止されるという。

動産売買先取特権の倒産手続における取扱い

――優先弁済権の保障のあり方を中心として

小林　信明

一　はじめに

動産を売却した者は、動産の代価及びその利息に関し、その目的物である動産について動産売買の先取特権を有する（民法三一一条五号、三二一条）（注1）。動産売買先取特権は、売買当事者の約定によらないで発生する法定担保物権であり、買主の信用状態をあらかじめ確認できないことが通常である売主に保護を与えて動産の売買を容易にするために、法が公平の観点から認めた制度であるといわれている（注2）。動産売主は、目的物を買主に引き渡すまでは、同時履行の抗弁権（民法五三三条）、留置権（同法二九五条）で保護されるから、動産売買先取特権が実際に機能するのは、代金未受領のままで、買主に目的物を引き渡す（引渡義務を先履行する）場合である。このような場合は実例が少ないとの見解もあるが、動産取引の実状からすれば、継続的に製品・商品を納入する際には、代金支払と目的物の引渡しが同時に行われることはほとんどなく、一般的には、売主が月単位で集計して代金を請求し、一定の期間後に現金支払や手形交付が行われるから、売主としては、代金支払までの間買主に対し売買代金債権を保有するのが通常である（注3）。そのため、倒産事案では、債務者が動産の買主として売買代金債務を負担していることがほとんどであるから、動産売買先取特権が少なくとも潜在的には問題となることになる。

もっとも、平時においても動産売買先取特権又はその物上代位権の行使は、法律上・事実上制約されている（後記二）ことや、それだからこそ債権者（売主）があまり担保権として意識していなかったために、倒産処理の実務においては、従来、動産売買先取特権は担保権としてあまり意識されないまま処理されており、倒産手続における動産売買先取特権の取扱いが必ずしも確立されているとはいえない状況にある。しかし、平成一五年の民事執行法改正によって、動産売買先取特権の権利行使が事実上不可能な状態は改善されたし、近時では債権者においても担保権としての意識が高まってきており、倒産手続における権利主張が増えるものと思われる（注4）。そのため、倒産手続における動産売買先取特権の取扱いについて検討をする実務的必要性は高まっているといえる。

倒産手続における動産売買先取特権の取扱いについての基本的な考え方としては、動産売買先取特権は、実際の動産売買取引の力関係において約定担保権を設定できない売主にとって最後の砦となるのであるから、倒産手続においても、売主（動産売買先取特権者）の立場はより保護されるべきであるという立場がありうる。また、再建型倒産手続において、事業価値の毀損を回避するために、動産売買先取特権を利用して商取引債権の保護を図る手法も報告されている（注5）。

しかし、他方で、動産売買先取特権は、占有を伴わない公示性のない担保権であり、倒産手続になってはじめて主張される可能性があるから、その優先弁済性が認められた場合には、（製品・原材料や売掛金債権などの）一般債権者の引当財産が減少し、一般債権者に不測の損害を与え、再建手続では資金繰りに悪影響を与えかねないことも無視しえない。

本稿では、倒産手続における動産売買先取特権は、平時における動産売買先取特権の優先弁済権保障の実態（法律上・事実上の制約がある実態）をふまえ（注6）、それが倒産手続においても可能な限り尊重されるべきであるとの立場から、以下、二で「平時における優先弁済権の保障の実態（法律上・事実上の制約）」を、三で「倒産手続における取扱い」を、四で「動産売買先取特権の目的物の代物弁済と否認権」を、五で「破産手続における動産売買先取特権の行使（優先弁済権の保障のあり方）」を、六で「民事再生手続における動産売買先取特権の行使（優先弁済権の保障のあり方）」を、七で「会社更生手続における動産売買先取特権の行使（優先弁済権の保障のあり方）」を、順次検討する。

田原睦夫先生は、最高裁判事としても偉大な業績を残されたが、在野におられるときから倒産実務の向上に多大な尽力をされた。その薫陶を受けた多くの実務家の一人として少しでも恩に報いたいという思いから本稿を執筆したものの、筆者の能力不足のため、甚だ不十分な論考となったことをお詫びするとともに、ご批判ご叱正を賜り、さらに研究の機会をいただければそれに過ぐる喜びはない。

（注1） 制作物供給契約の場合に適用があるかなどの実体法上の論点があるが、本稿では、紙面の関係もあるので、それらは基本的に取り扱わない。

（注2） 我妻榮『新訂担保物権法（民法講義Ⅲ）』五〇～五二頁。ただし、公示性のない担保権であり、「近代法における物的担保権制度進展の過程からみてやや遅れた態度であることは否定しえない」とされる。

（注3） 田原睦夫「動産の先取特権の効力に関する一試論——動産売買先取特権を中心として」林良平先生還暦記念論文集『現代私法学の課題と展望(上)』七二頁。

（注4） 印藤弘二「更生担保権の届出の重要性」金法一七五九号七頁は、更生手続開始決定の時点において、動産売買先取特権の対象物の存否が明確でない場合、更生担保権者は動産売買先取特権と物上代位権の双方を念のため届け出ることが賢明であると指摘する。

（注5） 上田裕康「プレパッケージと民事再生——マッヤデンキの事例から」債管一〇五号一七二頁。しかし、再建型手続において事業価値の毀損を避けるために商取引債権の保護の必要性は認められるものの、それは動産の売主に限られず、役務の提供者についても同様のことがいえる。したがって、動産売買先取特権の有無に限らず、事業価値毀損を回避する観点から（民事再生法八五条五項後段、会社更生法四七条五項後段参照）、その当否が検

討されるべきであろう。

（注6） 動産売買先取特権の優先弁済権の効力は、本文の二で述べるように、法律上・事実上制約されていることに特徴がある。筆者はこのような平時の優先弁済権の保障の実態が（優先弁済権が法律上・事実上制約されていることを含めて）倒産手続でも尊重されるべきであると考えている。

二 平時における優先弁済権の保障の実態（法律上・事実上の制約）

1 動産売買先取特権の効力の制約

動産売買先取特権の効力の大きな制約は、債務者が目的物を第三者に譲渡して引き渡した後（注7）は、先取特権を行使しえない（民法三三三条）（第三者追及効がない）ことである。

この第三者追及効が認められない趣旨については、動産売買先取特権者は自ら目的物を占有せず公示性がないため、取引の安全の要請からのものと解するのが通説である。また、動産売買の目的物は債務者の営業・生活においてその処分が予定されているものも多く、民事執行法による差押えなどにより制限されない限り、債務者の処分権限は制限されない（注8）。この結果、動産売買先取特権者は、債務者が目的物をすでに第三者に譲渡して引き渡した場合には、先取特権自体としては権利行使できず、優先弁済権は保障されないことになる（この場合には、2で後述のとおり転売代金債権につき物上代位権が認められる）。そして、動産売買先取特権者は目的物を譲渡した債務者に対し、基本的に不当利得に基づく返還請求権又は不法行為に基づく損害賠償請求権を有するわけではない。このように、動産売買先取特権の効力には、法律上の制約がある。

2　物上代位権の効力の制約

動産売買先取特権の目的物の売却（注9）・賃貸・滅失・損傷によって、債務者（目的物所有者）が金銭その他の物（代償物）を受け取ることになった場合は、債権者はその請求権に対して先取特権（物上代位権）を行使することができる。ただし、先取特権者は、その「払渡し又は引渡し」の前に差押えをしなければならない（民法三〇四条一項）。

この差押えの趣旨についてはさまざまな見解がある。従来の見解としては、①物上代位は担保物権の本質から当然に認められ、差押えは特定性維持のためのものであるとの立場（特定性維持説）と、②物上代位は法が特に認めた特権的効力であり、差押えは物上代位権者が保護を受けるための要件であり、自らが差押えをしなければならないとする立場（優先権保護説）があった。

後者の見解によれば、買主の倒産手続開始後は、物上代位権を行使することができないと理解することも考えられるが、最判昭59・2・2民集三八巻三号四三一頁（以下「最判昭和五九年判決」という）は、動産売買先取特権の物上代位における差押えの趣旨について、「物上代位の対象である債権の特定性が保持され、これにより物上代位権の効力を保全せしめるとともに、他面第三者が不測の損害を被ることを防止しようとすることにある」として、一般債権者が差押命令を取得したにとどまる場合と同様に、破産手続開始後の物上代位権行使を肯定した（注10）。

もっとも、目的債権が第三者に譲渡され対抗要件が具備された場合（差押え後に転付命令の効力が生じた場合も同様である）、動産売買先取特権者は、もはや差押えによって物上代位権を行使することはできない（注11・12）。ただし、債務者は、物上代位権に基づく差押えがなされるまでは、動産売買先取特権自体の目的物についてと同様に、目的債権につき処分権限は制限されず、弁済受領や第三者への譲渡をすることができる。動産売買先取特権者は、弁済の受領や債権譲渡をした債務者に対し、基本的に不当利得による返還請求権または不法行為による損害賠償請求権を有するわけではない。このように、動産売買先取特権自体のみならず、物上代位権の効力についても法律上の制約がある。

3　行使方法とその制約

(一)　動産売買先取特権の行使方法（注13）

平成一五年の民事執行法改正前においては、動産売買先取特権を行使して目的物を差し押さえることができるのは、①債権者が執行官に対し、目的物を提出した場合（民執法一九〇条一項一号）、②債権者が執行官に対し、目的物の占有者が差押えを承諾することを証する文書を提出した場合（同項二号）に限定されていたため、動産売買先取特権は債務者の協力がなければ事実上行使できなかった。

このような実体法上の権利が手続法の不備によって権利行使できない状態は問題であるため、民事執行法が平成一五年に改正され、前記①②以外にも③債権者が執行官に対し、執行裁判所の動産競売開始の許可決定書の謄本を提出し、かつその許可決定が執行官の捜索までに債務者に送達された場合には動産競売が開始されることになり（民執法一九〇条一項三号）、債権者の協力がなくとも権利行使ができることとなった。ただし、この許可決定を得て、差押えをするためには、債権者は「担保権の存在を証する文書」（以下「担保権証明文書」という）を提出し、かつ当該動産が債務者の占有する場所にあることが必要である（民執法一九〇条二項、一二三条二項）。

(二) 動産売買先取特権行使の法律上・事実上の制約

しかし、平成一五年の民事執行法改正後においても、動産売買先取特権による差押事例は極端に少ない（注14）。その理由としては、次のような法律上・事実上の制約があることが考えられる。

(1) 担保権証明文書提出の困難性

動産競売開始許可の申立てを行う場合、担保権証明文書を提出して、動産売買先取特権の存在（売買契約締結の事実、その売買契約の目的物と差押対象たる動産とが同一であること）を立証する必要がある。担保権証明文書については、債務名義に準じる程度の高度の蓋然性をもって担保権の存在を証明できる独立の文書が要求されるという立場（準債務名義説）と、このような制限はなく、提出された文書を総合して裁判官の自由な心証により担保権の存在が証明できればよいと考える立場（書証説）の争いがあり、後者が実務・通説である（注15）。したがって、売買契約書、発注書、納品書、受領書、請求書などでも担保権証明文書となりうるが、動産売買先取特権の存在について高度の証明が必要とされているため、先取特権者が立証に足る前記のような書類を提出できない場合がある。

(2) 目的物存在確認の困難性

動産売買先取特権の目的物は、債務者の占有下になければならないが、その所在の確認が容易ではない。執行官は、債務者の住居その他の債務者の占有する場所に立ち入り、その場所において、債務者の占有する金庫その他の容器について目的物を捜索することができ（民執法一九二条、一二三条二項）、目的物を発見することができれば執行官はその動産を差押えすることができる（同法一二三条一項）。しかし、これを発見できない場合には、執行は不能となる。

(3) 目的物の特定の困難性

これが実務上の最も大きな問題点である。目的物が製造番号で特定できる機械などの場合は特定が容易であるが、継続的取引関係に基づく種類物売買の場合などでは、どの動産が当該売買契約の対象物なのか（売買の目的動産について、代金の支払がすでになされているものと、いまだなされていないものがありうるが、後者のものという特定が必要である）を特定することはきわめて困難な場合が多く、それができない場合には執行は不能とならざるをえない（注16）。

(三) 物上代位権行使の法律上・事実上の制約

物上代位権の行使は、執行裁判所に対し、債権者が担保権証明文書を提出して差押えをすることになる（民執法一九三条一項）。この場合、①動産売買先取特権の存在、②先取特権の目的物と同一の動産について転売契約をして同動産を引き渡したこと（物上代位権の発生）を立証する必要がある（注17）。

そのなかで特に問題となるのは②であり、目的物が種類物である場合はその証明は困難であることが通常であるため、売主が転売先に直接納入するような場合ならばともかく、買主の倉庫に納入後転売されるような場合には、その差押えはきわめて困難である。

以上のとおり、平時における動産売買先取特権自体や物上代位権の行使はきわめて困難であり、動産売買先取特権の優先弁済権の保障はきわめて制約が多いのが実態であるといえる。

(注7) 譲渡担保の場合はどうか、第三取得者の主観的要件、引渡しには占有改定も含まれるかなどの実体法上の論点があるが、本稿では、紙面の関係もあるので基本的には扱わない。

(注8) 道垣内弘人『担保物権法(第三版)』六七頁。なお、保全処分の可否についての議論において、動産売買先取特権者は債務者に対し差押承諾請求権や引渡請求権を有しないとする見解が有力であり、またほぼ一貫した実務であるが、この見解の前提としては、実体法上債務者の処分権限が制限されないという理解がある。(注23・24)参照。

(注9) これに請負が含まれるかなどの実体法上の論点があるが、本稿では紙面の関係で扱わない。

(注10) 判解民(昭和五九年度)六七頁以下〔遠藤賢治〕。なお、最判昭60・7・19民集三九巻五号一三二六頁は、一般債権者による差押え後の物上代位権行使を認めた。

(注11) 最判平17・2・22民集五九巻二号三一四頁。これに対し、最判平10・1・30民集五二巻一号一頁は、登記という公示方法がある抵当権の物上代位については、債権譲渡の対抗要件と抵当権登記の対抗要件の優劣によって決せられるとする。

(注12) 物上代位の差押えの趣旨については、複数の観点がありうるし、その基礎となる担保権によっても異なりうる。(注11)で前掲の平成一〇年判決は、抵当権の物上代位にかかる差押えの趣旨について主に第三債務者保護を目的とする立場を採っている。他方、(注11)で前掲の平成一七年判決は、動産売買先取特権の物上代位が公示方法を有しないことから、平成一〇年判決とは異なり、その趣旨を第三者(競合債権者)の保護であるとする立場を採用しているが、いずれも特定性維持などの副次的な目的を否定していない(判解民(平成一七年度)(上)一四六頁〔志田原信三〕)。

近時の有力説は、差押えの趣旨について、①一般債権者との関係で優先弁済権を確定させること、②目的債権の特定性を維持すること、③第三者を保護すること、の三つが含まれるとする(山本克己「債権執行・破産・会社更生における物上代位権者の地位(2)」金法一四五六号二三・二八頁)、伊藤眞『破産法・民事再生法(第二版)』

三四四頁（注45）。

（注13）本文の記載は、自ら主体的に権利行使をする方法であるが、そのほかに、他の債権者がなした差押手続において、動産売買先取特権者が担保権証明文書を提出して配当要求をする方法も認められている（民執法一九二条、一三三条）。ただし、物上代位権については、「配当要求」が民法三〇四条ただし書が要求する「差押え」に該当するかについて争いがある（肯定説最判昭62・4・2金商七七七号三頁、否定説最判平13・10・25民集五五巻六号九七五頁参照）。

（注14）東京地裁における動産競売開始許可の申立件数は平成二〇年八件、二一年五件、二二年三件と極端に少なく、実際にはほとんど利用されていない状況にある（「東京地裁民事執行センターにおける平成二二年の事件概況等」金法一九一八号八七頁）。東京地裁における動産売買先取特権の物上代位による転売代金差押事件の新受件数は平成二〇年一二七件、二一年二六件、二二年一九四件となっており、これも利用が多いとは言いがたい状況にある（「民事執行判例・実務フロンティア二〇一一年版」判タ一三三九号二三五頁）。

（注15）前澤功「動産売買先取特権」山崎恒ほか編『新・裁判実務体系12　民事執行法』三二七頁、吉野衛ほか『注釈民事執行法(8)』二四八頁、中野貞一郎『民事執行法（新訂四版）』三三〇頁、東京地方裁判所民事執行センター実務研究会編『民事執行実務（第三版）債権執行編(上)』二三二頁など。

（注16）道垣内弘人ほか『新しい担保・執行制度（補訂版）』一三七頁。

（注17）前掲（注15）東京地方裁判所民事執行センター実務研究会編二二九頁以下。

三　倒産手続における取扱いの問題の所在

倒産手続においては、各倒産手続の目的などによって必要な修正が加えられうることを前提に、基本的には、担保権の平時における効力が尊重されなければならない。動産売買先取特権についても同様である。

そこで、平時における動産売買先取特権の優先弁済権の保障の実態が問われるが、二で前述のとおり、①民法上の制約として、(i)動産売買先取特権は目的物につき第三者追及効がない、(ii)物上代位権は債務者が代金の「払渡し」を受ける前に差押えが必要である、さらに、②民事執行法上の制約として、(iii)担保権証明文書による証明が必要である、(iv)目的物や目的債権の特定が必要である、などの法律上・事実上の制約がある。

このような実態をふまえて、まず、四において「動産売買先取特権の目的物の代物弁済と否認権」を、次に、五ないし七で「各倒産手続における動産売買先取特権の行使（優先弁済権の保障のあり方）」を検討する。

四　動産売買先取特権の目的物の代物弁済と否認権

1　従来の裁判例

一般に担保権の目的物は、一般債権者の共同の担保（引当）財産とはならない。したがって、判例は、担保目的物をもって担保権者に対して代物弁済をすることは、有害性を欠き、否認権は成立しないとする（抵当権目的物について最判昭34・2・26裁判集民事三五号五四九頁、譲渡担保目的物につき最判昭39・6・26民集一八巻五号八八七頁）。このことは学説上もほぼ異論はない（ただし、債権者の受けた給付の価額が消滅した債務の額よりも過大であるときは、その超過する部分について否認権は成立する。破産法一六〇条二項）。

最判昭41・4・14民集二〇巻四号六一一頁（以下「最判昭和四一年判決」という）は、動産売買先取特権についても、他の担保権と同様に、先取特権の目的物をもって代物弁済をすることは有害性を欠き、否認権は成立しないとする。また、動産売買先取特権の目的物が転売された場合に、物上代位権が及ぶことから、転売代金債権をもって代物弁済に供すること（大阪地判昭48・6・30判時七三一号六〇頁）や、譲渡担保に供すること（大阪地判昭57・8・9判タ四八三号一〇四頁）も同様であるとされる。

2 前記裁判例の問題点

しかし、動産売買先取特権と、抵当権等とを同列に論じることには疑問がある。抵当権等には、公示性があり、目的物に対する優先弁済権が保障されているが、二で前述のとおり、動産売買先取特権には公示性がなく、第三者追及効がないことなどから、目的物に対する優先弁済権の保障が法律上・事実上制約されているからである。

動産売買先取特権の目的物が一般債権者の共同担保財産でないかどうかは、単に担保権の目的物であるという形式的観点からではなく、目的物について担保権者の優先弁済権の保障が現実に認められ、実質的に一般債権者の共同担保財産ではないといえるのかの観点から判断されるべきである。この点、前記判決当時（平成一五年民事執行法改正前）、動産売買先取特権者は、債務者の協力がなければ先取特権の行使ができなかった状況をふまえると、先取特権者は目的物から現実的には優先弁済を受けることはできなかったのであるから、当該目的物が実質的に一般債権者の共同担保財産ではないと言い切れるのか疑問である。さらに、動産売買先取特権目的物の代物弁済につき否認権の成立可能性を否定することは、破産手続開始後の動産売買先取特権者が優先弁済権を保障されない状況（後記五参照）と正反対の取扱いであり、買主の倒産直前に、売主が売り渡した目的物の引揚げを図るという自力救済を招きかねず、現場の混乱を引き起こすおそれもある。

3 最判平成九年判決の検討

他方、最判平9・12・18民集五一巻一〇号四二一〇頁（以下「最判平成九年判決」という）は、債務者が動産売買先取特権の目的物を一度転売したが、転得者と合意解除して目的物を先取特権者に代物弁済した事案において、否認権の成立を認めた。すなわち、同判決は、「動産売買の先取特権の目的物が買主から第三取得者に引き渡された後に買主がその所有権及び占有を回復したことにより、売主が右目的物に対して再び先取特権を行使しうることになるとしても、破産会社（買主）が転売契約を合意解除して目的物を取り戻した行為は、債権者との関係では、法的に不可能であった担保権の行使を可能にするという意味において実質的には新たな担保権の設定と同視しうるものと解される」として、否認権が成立するとしたのである。同判決の注目すべき点は、動産売買先取特権者は転売代金債権について「債権者は物上代位権を取得したものと認められるが、物上代位権の行使には法律上、事実上の制約があり、先取特権者が常に他の債権者に優先して物上代位権を行使しうるものとは認められない上、本件代物弁済の時点では売買代金債権の弁済期は到来しておらず、現実に転売代金債権につき物上代位権を行使しうる余地はなかった」として、否認権の成立の判断につき物上代位権の存在が影響するものではないと判示していることである。これは、代位目的債権が実質的に一般債権者の共同担保財産といえるかどうかの判断（有害性があるかどうかの判断）については、動産売買先取特権者の代位目的債権に対する優先弁済権が現実的に保障されているかどうかを検討すべきことを示しているものと解される（注18）。この考え方は、前記最判昭和四一年判決とは異なるアプローチであるといえ、さらに、代位目的債権に限らず、動産売買先取特権自体の目的物についても同様にいえることである（注19）。

4 まとめ

最判平成九年判決についての前記検討をふまえれば、動産売買先取特権自体の目的物やその物上代位の目的債権の代物弁済が否認権の対象となるかどうかについては、次のように考えるべきである。すなわち、「動産売買先取特権は担保権であるから、その目的物や代位目的債権は一般債権者の共同担保財産の対象とならない（有害性はない）」と抽象的に判断すべきではない。動産売買先取特権や物上代位権の行使には法律上、事実上の制約があることをふまえ、個別的具体的事実をもとに、「目的物や代位目的債権について先取特権者の優先弁済権が現実的に保障されるか（権利行使が現実的に可能か）」「実質的に一般債権者の共同担保財産といえないか」を検討して否認権の成否の可能性を判断すべきである。

この点、平成一五年の民事執行法改正前は、動産売買先取特権の行使による差押えは事実上不可能であったが、同改正によって、破産管財人の協力がなくとも差押えが可能となったことから、「優先弁済権が保障されているため一般債権者の共同担保財産とはいえない」ことになったとの見解もあろう。しかし、同改正によっても相変わらず、二で前述したとおり、動産売買先取特権や物上代位権の行使には法律上・事実上多くの制約があり、実際にほとんど利用されていないのが実態である（（注14）参照）。したがって、平成一五年の民事執行法改正後であっても、個別的具体的に検討し、前記のように、目的物につき動産売買先取特権者の権利行使が制約され、優先弁済権が現実的に保障されない場合には、実質的に一般債権者の共同担保財産ではないとはいえず、したがって、有害性もないとはいえないため否認権の成立可能性を認めるべきである。たとえば、動産売買先取特権者が担保権証明文書を保有せず、法律上権利行使が不可能であるにもかかわらず、債務者がそのことを知っていながらあえて目的物をもって代物弁済をする場合や、目的物が特定性を失って差押えが不可能な場合（注20）に、それらを代物弁済する場合には、否認権の対象となりうると解される。

（注18）『倒産判例百選（第四版）』六一頁「動産売買先取特権の目的物を転売先から取り戻してする代物弁済と否認」〔田原睦夫〕参照。

（注19）判解民（平成九年度）㊦一四三五頁〔山下郁夫〕は、当該判決について「動産売買先取特権の効力や実行方法について最判昭和四一年判決とは若干異なる考え方を含んでいるようにも思われる」とする。

（注20）この場合は、そもそも動産売買先取特権の目的物ではないと評価することも可能である。

五　破産手続における動産売買先取特権の行使（優先弁済権の保障のあり方）

1　動産売買先取特権行使の可否

動産売買先取特権は破産法上別除権であり（破産法六五条一項・二項、同二条九項）、その個別的権利行使は破産手続の制約を受けない。そのため、その目的物を破産管財人が保有している場合には、破産管財人は民法三三三条の第三取得者に該当しないから、動産売買先取特権者は民事執行法上の個別的権利行使が可能である（注21）。また、債務者や破産管財人が目的物を転売した場合、動産売買先取特権者は、破産手続開始後であっても「払渡しまたは引渡し」までは、その転売代金につき物上代位権を行使することができる（前記最判昭和五九年判決）（前記二2参照）。したがって、動産売買先取特権者は、担保権証明文書を執行裁判所に提出して、動産売買先取特権やその物上代位権を行使することが考えられる（民執法一九〇条一項三号・二項、一九三条一項）。

2　破産管財人による目的物の処分の可否

民事執行法上の差押えがなされていない状況で、破産管財人は目的物の処分や代位目的債権の弁済を受領することができるのだろうか。二1及び2で前述のように、平時においては、動産売買先取特権者は、債務者に対し目的物や代位目的債権の処分権を禁止・制限する権限を有しておらず、動産の買主（債務者）は目的物を処分したり、転売代金債権の弁済を受領することができる。これと同様に、破産者の一般承継人たる破産管財人は目的物の任意売却や転売代金の受領を禁止・制限されない。したがって、破産管財人は通常の管財業務として粛々と目的物や代位目的債権の換価・回収を進めるべきである。

その結果、動産売買先取特権の目的物を、破産管財人が第三者に売却して引き渡すと、先取特権者はその権利自体を行使できなくなるし、破産管財人が転売代金を受領すれば物上代位権を行使できなくなる。

3　動産売買先取特権者の保全処分

動産売買先取特権やその物上代位権について、先取特権者が担保権証明文書を提出できない場合に、これらの権利行使を容易にするために、債務者や破産管財人に対して保全処分をなし、その後それらの権利の存在確認訴訟を提起するなどの手法が提唱された。その提唱された保全処分としては、①動産売買先取特権について(i)動産売買先取特権を被保全権利とする動産仮差押え、(ii)競売のための引渡請求権を被保全権利とする引渡断行仮処分、(iii)動産競売承諾請求を認める判決に基づく動産競売を本案とする動産競売承諾の仮処分、②物上代位について(iv)物上代位権行使のための債権仮差押えや処分禁止の仮処分、などがある（注22）。

しかし、一部下級審にはこれを認めたものもあるものの、実務はほぼ一貫してこれを否定しており（注23）、学説的にも否定説が通説である。そもそも、実体法上の解釈として、第三者追及効を有しない動産売買先取特権者に、債務者やその一般承継人としての地位を有する破産管財人に対し目的物や目的債権について処分や弁済受領を禁止する権限を認めることはできないし、また、民事執行法が先取特権や物上代位権の行使に担保権証明文書を求めるのは、担保権証明文書が用意できた場合に限り優先弁済権の権利の実現を認めるという趣旨であるから、それらが欠けている場合に保全処分を流用するのは相当でないからである（注24）。

4　破産管財人により任意売却された場合の取扱い

(一)　実務の運用

破産管財人が目的物を任意売却し、売却代金の弁済を受領した場合、下級審裁判例や実務は、破産管財人は、それらの売買代金を全額破産財団に組み入れることができるとし、この場合、破産管財人の行為は、基本的に、動産売買先取特権者に対する不当利得及び不法行為に該当せず、財団債権たる返還請求権や損害賠償請求権は成立しないと解している（注25）。二―1及び2で前述のとおり、平時の場合においても債務者について不当利得や不法行為が成立しないことからすれば妥当な見解である。

㈡　否認権に関する判例との整合性の観点からの批判

しかしながら、前記㈠の実務運用は、さまざまな観点から批判されている。まず、動産売買先取特権の目的物や物上代位の目的債権の代物弁済について否認権の成立を否定している判例（前記四1参照）との整合性に欠けるとの批判である。すなわち、前記㈠の取扱いの前提として、別除権者はその権利を実行して初めて満足を受けるのであり、当初から別除権の担保価値が破産債権者の共同担保財産（破産財団）から控除されているわけではないから、別除権の行使が認められないままに、その価値が破産債権者に配当されたからといって破産財団が不当に担保価値を利得したことにはならないという理解がある。他方、動産売買先取特権の目的物の代物弁済について否認権の成立を否定した前記最判昭和四一年判決は、先取特権の目的物は破産債権者の共同の担保財産ではないということを前提としているのであり、前記㈠の取扱いは同判決の立場と整合していないというのである（注26）。

しかし、前記最判平成九年判決は、最判昭和四一年判決とは異なり、（動産売買先取特権の存在自体から、その行使の現実的可能性を考慮しないで破産債権者の共同担保財産ではないとする前提を採用しておらず）動産売買先取特権の権利行使が法律上・事実上不可能または著しく困難であれば、目的物に対する優先弁済権は現実的に保障されないから、当該目的物は破産債権者の共同担保財産とすべきであり、否認権の対象となりうるとする立場であると解される（前記四3参照）。その理解を前提とすれば、否認権に対する判例の立場と、前記㈠の実務運用が必ずしも整合しないとはいえないと思われる。

(三) 破産手続が（包括）執行手続としての性質を有することからの批判

次に、破産手続が（包括）執行手続としての性質を有することからの批判がある。すなわち、破産手続は、いわば強制執行の領域において動産売買先取特権の目的物を差し押さえる手続と同視でき、差押手続において動産売買先取特権が優先弁済権を主張する場合と類似する関係となる。他の債権者から差押えがなされた場合、動産売買先取特権者は民執法一九二条、一三三条に基づき担保権証明文書を提出することによって配当要求というかたちで優先弁済権が保障されるのであるから、破産手続においても配当要求類似の方法として、担保権証明文書を破産管財人に提出すれば目的物の任意売却代金からの優先弁済を請求することができる。そして、その優先弁済の請求が認められず、換価代金が破産財団に組み入れられた場合には財団債権たる不当利得返還請求権が発生するとの見解である（注27）。

このような見解は、特に、平成一五年改正前の民事執行法においては、動産売買先取特権を事実上行使できないことをふまえて、先取特権が破産法上別除権として認められていることを重視してその優先弁済権が保障されるよう主張されたものである。そして、平成一六年の新破産法制定の際にも、動産売買先取特権について破産手続に優先弁済請求制度を設けることが検討されたが、平成一五年の民事執行法の改正によって動産売買先取特権の行使方法につき一定の対処（民執法一九〇条一項三号・二項参照）がなされたことから、倒産法においては独自の対応は見送られたという経緯がある（注28）。

さらに、平成一六年の新破産法制定後にも、破産管財人を執行機関と同視し、そのうえで担保権消滅許可制度（破産法一八六条以下）においても破産管財人の任意売却の際に担保権者の優先弁済権が尊重されることを理由に、破産管財人の任意売却の場合に、破産法一八四条二項の換価の場合と同様に、動産売買先取特権者に配当要求類似の優先弁済の請求を認めるべきとの見解もある（注29）。

しかし、破産管財人の任意売却の場合に、配当要求類似の優先弁済の請求を認めるべきであるという見解には賛成できない。以下にその理由を述べる。

① たしかに、破産手続は包括執行手続であり、破産管財人はその執行機関としての側面がある。したがって、立法論として、動産売買先取特権について破産手続に配当要求類似の優先弁済請求制度を採用することはありえよう。しかし、破産法には、民事執行法とは異なり、動産売買先取特権の優先弁済の請求があった場合の規定がまったく存在しないことや、前記新破産法制定経緯も考えあわせると、立法者の意思としてこのような制度を採用しなかったと考えるのが相当である。

② 実際にも、民事執行手続と破産手続では手続として大きな違いがある。前者は、担保権証明文書をふまえた競売開始許可決定や執行官による差押えによって、特定の目的物に対する動産売買先取特権の存在が審査・確認される。他方、後者では、動産売買先取特権の主張をしている債権者がいても、特定の目的物に対する先取特権の存在を審査・確認する機関やその手続が予定されていない。これらの審査・確認をする役割を、破産者の所有財産のすべてを速やかに換価・回収することを職責としている破産管財人に課するのは、破産管財人にとって過大な負担となり、実務的にはきわめて困難である。また、動産売買先取特権を主張する者が破産管財人の審査・確認の判断を争う場合の対応手続についても法定されておらず、手続的に不安定であることは否めない。

③ 平成一五年に民事執行法が改正されたため、動産売買先取特権者としては、破産管財人の協力なくして、先取特権の行使が可能となったのであるから（民執法一九〇条一項三号・二項）、その方法によるべきであり、配

当要求類似の権利行使方法を認める必要性はない。

なお、動産売買先取特権の目的物の転売債権について、物上代位権により差押えができるものの、それをしないで破産管財人に優先弁済を求めた場合の取扱いは、前記の動産売買先取特権の目的物の任意売却の取扱いと基本的に同様であると解される。両者は、(物上代位権については、配当要求の方法が民法三〇四条ただし書の「差押え」に該当するかについては争いがあるものの(注30))基本的に利益状況が共通するからである。

(四) 担保権侵害の主張の可否

平成一五年の民事執行法改正によって動産売買先取特権の行使が可能となったことにより、破産管財人の任意売却行為について担保権侵害(注31)としての不法行為の成立の可能性が議論されている。具体的には、①破産管財人が特定の動産につき動産売買先取特権の目的であることを知った場合、②動産売買先取特権者が担保権証明文書を提示して、先取特権を行使する旨を通知してきた場合、③動産売買先取特権者が、目的物が存在するかどうかの調査を要求してきた場合、④破産管財人が動産競売開始許可決定(民執法一九〇条二項)がなされたことを知った場合、などである(注32)。実務上も、破産管財人としてどのように対応すべきか悩ましい問題とされているようである(注33)。

これらは、物上代位権の目的債権を破産管財人が回収することが不法行為を成立させるのかという問題と基本的に利益状況は共通する(注34)。転売債権については、物上代位に基づく差押えがなされない限り、債権を回収することが破産管財人の職責であることから、原則として不法行為が成立するとは考えられていない(かえって差押えがなされるおそれがある場合には、速やかな債権の回収が求められる)。動産売買先取特権の目的物を売却する行為についても基本的に同様の結論となろう。以下、具体的に述べる。

①については、(i)動産売買先取特権者は、原則として、債務者の処分権を制限し、又は債務者に差押えの協力を求める権限を有しないこと、(ii)動産売買先取特権者は、行使要件と手続が法定されている民事執行法による権利行使が可能であるからその方法によるべきであり、それ以外の方法による優先弁済権の保障を認めることは、行使要件と手続を定めた民事執行法の趣旨を没却すること、(iii)破産管財人は、動産売買先取特権の目的物を知っていたとしても、それだけでは先取特権者が民事執行法による権利行使をする意思を有するか否かや、それが可能か否かを判断することはできない、ことからすれば、基本的には、破産管財人が目的物を換価・回収しても不法行為は成立しないと解される。

②については、前記(i)(ii)に加えて、(iv)担保権証明文書の提出があっても、(三)で前述したように、民事執行法上の行使要件を審査・確認する義務を破産管財人に課すことは、破産管財人に過大な負担となり、実務的にはきわめて困難であることからすれば、①と同様の結論となる。

③については、破産管財人は、別除権者が破産手続によらないで権利行使をしたときにこれを受忍しなければならないにすぎず、積極的に別除権の存在を調査し、それに対する優先弁済を行う義務はない。破産管財人がこれに応じないとしても不法行為は成立しない。

悩ましいのは、④の場合（注35）である。動産競売開始許可決定（民執法一九〇条二項）があったとしても、一般に、執行官の差押えの段階において目的物の特定が困難なため差押えが執行不能になる可能性もあることからすれば（前記二3(二)(3)参照）、同決定がなされたことをもって、直ちに、破産管財人が予定されている任意売却を停止しなければならない義務を負うとはいえないと思われる。ただし、執行官が差押えに着手することとなった場合、破産管財人がその執行を妨害するべく目的物を移動させるような、現実に迫った執行を積極的に妨げる意図の下になされる行為は、不法行為を構成するおそれがあることには注意すべきである。

5　和解的処理

破産管財人が動産売買先取特権の目的物を任意売却することについて、前記のように不当利得や不法行為が成立しないとしても、先取特権者が破産管財人に対し、その行使が法律上も事実上も容易であることについて証明をした場合には、その実行可能性を考慮して、破産管財人が和解的に処理（たとえば、目的物の売却代金の一部又は相当部分を財団債権として先取特権者に弁済することを約したうえで売却するなどの処理）をすることは許容されるし、その処理が実務的な妥当性を有することもあろう（注36）。しかし、動産売買先取特権の行使が法律上・事実上できない場合には、優先弁済権は現実的に保障されていないのであるから、先取特権者が破産管財人に和解的処理を求めたとしても、破産管財人としては、和解的処理に応じるべきではないと思われる。

（注21）　斎藤秀夫・麻上正信編『注解破産法（第三版）㊤』六六九頁など通説。破産管財人が第三取得者的地位にあることを理由に否定する見解もあるが少数説である。

（注22）　学説を整理したものとして、前掲（注15）中野三三二頁、井上治典・宮川聡「倒産法と先取特権――動産売買先取特権を中心にして」米倉明ほか編『金融担保法講座Ⅳ巻　質権・留置権・先取特権・保証』二八一頁以下参照。

（注23）　東京高決昭60・1・18判時一一二四二号六一頁、大阪高決昭60・6・24判時一一七三号六七頁、東京高決昭60・11・29判時一一七四号六九頁、大阪高決平元・9・29判タ七一一号二三二頁、東京地判平3・2・13判時一四〇七号八三頁など。なお、破産管財人の承諾義務を認めたものとして、東京高判平元・4・17判タ六九三号二六九

頁。

（注24）　藤田耕三「動産売買先取特権に基づく保全処分――東京地裁保全研究会報告㈠」判時一一四七号三頁以下、伊藤眞「動産売買先取特権と破産管財人㈦」金法一二四〇号一三頁、伊藤眞『破産法・民事再生法〔第二版〕』三四二・三四五頁、伊藤眞ほか『条解破産法』四七九頁。なお、これらのなかには物上代位についてのみ言及しているものがあるが、その趣旨は基本的に動産売買先取特権自体についても同様と解される。

（注25）　大阪地判昭61・5・16判時一二一〇号九七頁・名古屋地判昭61・11・17判時一二三三号一一〇頁・東京地判平3・2・13判時一四〇七号八三頁（いずれも目的物の任意売却の事案）、東京地判平11・2・26金商一〇七六号三三頁（転売債権の回収の事案）、前掲（注24）伊藤ほか四八〇頁。ただし、前記名古屋地裁判決は、「破産管財人が動産売買先取特権の存在を明確に認識しながら、破産手続上の格別の必要もないのにことさら動産売買先取特権者を害する意図をもって当該目的物を処分するなどした場合においては不法行為の成立の余地なしとしない」として、不法行為の成立に言及している。

（注26）　前掲（注24）伊藤・金法一二四〇号一六頁。

（注27）　前掲（注24）伊藤・金法一二四〇号一五頁以下、山本克己「債権執行・破産・会社更生における物上代位権者の地位⑶」金法一四五七号三〇頁以下など。

（注28）　伊藤眞ほか『新破産法の基本構造と実務』ジュリスト増刊四五八頁以下〔小川秀樹発言〕参照。

（注29）　田邊光政『最新　倒産法・会社法をめぐる実務上の諸問題』一六〇頁以下「破産手続における動産売買先取特権の処遇」〔徳田和幸〕。前掲（注28）伊藤ほか四六一頁〔山本克己発言〕参照。

（注30）　（注13）参照。

（注31）　最判平18・12・21民集六〇巻一〇号三九六四頁は、債権質権について破産管財人の担保目的財産価値維持義務を認めた。しかし、そもそも債務者の目的物処分権限を制約しない動産売買先取特権とは同列に論じることはできない。

（注32）　前掲（注24）伊藤ほか六二四頁、前掲（注28）伊藤ほか四六一頁〔松下淳一発言、田原睦夫発言〕。

（注33） 東京地裁破産・再生部裁判官による論文では、平成一五年民事執行法改正前は、「破産管財人による動産売買先取特権の目的物の処分は原則として不法行為や不当利得にならない」としていたが（園尾隆司ほか『破産・民事再生の実務(上)』二六七頁〔深沢茂之〕）、平成一五年民事執行法改正後では、動産売買先取特権を主張する者がある場合の当該動産の換価について、「破産管財人は、改正の趣旨をも考慮したうえで、その適法性・相当性について判断すべき」とされている（西謙二ほか『破産・民事再生の実務〔新版〕(中)破産編Ⅱ』四六頁〔堀田次郎〕）。全国倒産処理弁護士ネットワーク編『論点解説新破産法(上)』七九頁〔宮崎裕二〕は破産管財人の善管注意義務違反の可能性に言及している）。

（注34） ただし、動産売買先取特権と物上代位権の実体的効力の違いについては、（注40）参照。

（注35） 片山英二「動産売買の先取特権」山本克己ほか編『新破産法の理論と実務』三三二頁は、動産競売開始許可決定が管財人に送達され、実際に破産管財人が当該動産を認識し、占有しているような場合に、破産管財人がそれを無視して動産を売却したようなときは、善管注意義務違反となる可能性があるとする。

（注36） 前掲（注28）伊藤ほか四六一頁〔田原睦夫発言〕、那須克己「先取特権」全国倒産処理弁護士ネットワーク編『倒産手続と担保権』一〇二頁。

六 民事再生手続における動産売買先取特権の行使（優先弁済権の保障のあり方）

民事再生における先取特権は、破産と同じく別除権とされている（民事再生法五三条一項・二項）。そのため、動産売買先取特権の取扱いは、基本的には、五で前述した破産の場合と共通する。

もっとも、民事再生では、事業活動を継続して行う必要があるため、破産とは異なり原材料の仕入れなど動産取引の継続が求められることが通常である。その取引先は、動産売買先取特権者でもある場合が多いから、和解的処理を求められることが多くなることが考えられる。

七　会社更生手続における動産売買先取特権の行使（優先弁済権の保障のあり方）

1　問題の所在

会社更生では、担保権について、手続外での個別的権利行使を認める別除権制度を採る破産・民事再生とは異なり、手続内に取り込む更生担保権制度を採用する。すなわち、会社更生では、更生手続開始後は担保権の個別的権利行使が禁止される反面（会社更生法五〇条一項）、更生手続開始当時更生会社の財産に係る担保権（動産売買先取特権も含まれる）の被担保債権であって当該担保権によって担保された範囲のものは更生担保権として認められ（同法二条一〇項）、更生手続に従い、届出・調査を経て確定に至った場合には更生計画に基づく優先弁済を受ける。このため、会社更生においては、動産売買先取特権の優先弁済権の保障は、届出・調査・確定手続でどのような取扱いを受けるかによって決まることになる。

それでは、更生担保権の届出・調査・確定手続において、動産売買先取特権やその物上代位権がどのように取り扱われるのであろうか。これを2以下で検討するが、筆者の問題意識は、次の点にある。すなわち、

① 動産売買先取特権やその物上代位権の個別的権利行使（民事執行法による権利行使）には、二で前述のとおり、法律上・事実上の制約があるから、平時や別除権的構成を採用している破産・民事再生では先取特権者は優先弁済を受けられないことが通常である。

② 会社更生では、確定更生担保権に対する更生計画に基づく弁済によって優先弁済権は保障されるから、動産売買先取特権者の優先弁済権が保障されるかどうかは、届出・調査・確定手続でどのような取扱いを受けるかによることになる。

③ 担保権に対する制度設計の違いにより、破産・民事再生と、会社更生とで優先弁済権の保障に違いが生じることはやむをえない場合もある（注37）。

④ しかし、会社更生においてあまりに過度な優先弁済権の保障を認めることは、平時や破産・民事再生の場合と均衡を失するとの批判は免れない。

⑤ したがって、動産売買先取特権についての更生担保権の届出・調査・確定手続における取扱いは、「可能な限り」、平時や破産・民事再生の場合との均衡を意識して検討すべきである、というものである（注38）。

2 動産売買先取特権自体の取扱い

(一) 目的動産の差押えの要否

動産売買先取特権者は、破産・民事再生の手続開始後においては、前述のとおり民事執行法による差押え（個別的権利行使としては、このほかに、他の債権者の差押えを前提とした配当要求があるが（（注13）参照）、以下では、他の債権者の差押えがなされていない場合を前提とする）をしない限り、優先弁済を受けることはできないが、会社更生では、更生手続開始申立て後であっても差押えをすることは可能であるものの（注39）、更生手続開始後においては、個別的権利行使は禁止されるから（会社更生法五〇条一項）、差押えをすることができなくなる（ただ権に基づき民事執行法による目的物の差押えがなされていることが必要かが問題となる。

この点、3㈠で後述のように、物上代位については見解が分かれるが（注40）、動産売買先取特権自体については、更生担保権として認められるためには、目的物について更生手続開始前に先取特権の行使としての差押えを経ている必要はないと解されている。目的物を差し押さえることは、担保権を実行する競売手続を開始するための手続であって（民執法一九二条、一二二条一項）、担保権の存否や対抗力の有無という更生担保権として認められるための実体的要件とは直接の関係がないからである。

すでに差押えがなされている場合にも、動産売買先取特権について更生担保権としての届出は必要であり、更生管財人等の調査を受けるが、更生管財人としては、競売開始許可決定や執行官の差押えによって、先取特権が存在していることを推定できるから、その調査はそれほど困難ではない。他方、差押えがなされていない場合には、動産売買先取特権者が更生担保権の届出でどこまで目的物の特定をすべきか、更生管財人としてはどのように調査し、認否すべきかが問題となるので、次項以下で検討する。

㈡　更生担保権の届出における特定性の程度と更生管財人の調査義務

更生担保権者は、更生担保権の内容や原因、担保権の目的である財産及びその価額など、所定の事項を届け出ることが必要である（会社更生法一三八条二項一号・二号）。したがって、動産売買先取特権者は、更生担保権の届出にあたっては、更生手続開始時点において先取特権を有することの具体的内容をも記載しなければならない。この記載すべき内容としては、①動産売買契約が締結され、その目的物が更生手続開始前に更生会社に引き渡された具体的な事実が要求されることは当然であるが、②当該目的物が更生手続開始時点に更生会社財産中に特定性をもって存在することについて、どの程度具体的に（たとえば、存在する場所や存在態様などを）記載すべきかが問題となる。

更生会社が購入した動産にはさまざまな態様のものがあり、製造番号などで動産売買先取特権の目的物として特定されるものについては、先取特権の目的物の存在の調査は容易であるが、製造番号等のない同種の動産が複数存在する場合には先取特権の目的物としての特定が非常に困難であること（前記二3(二)参照）に加え、更生担保権の地位は更生手続開始時を基準として決せられるが、更生担保権の調査時点は更生手続開始から数カ月後であることが通常であるから、更生手続開始時点で特定性をもって存在していたかどうかが不明なことも多いからである。

この点、動産売買先取特権者は、更生担保権届出によって、更生管財人に調査対象を具体的かつ明確に示すべきであり（注41）、それがなされていない場合には、更生管財人は、更生手続開始時点において目的物が特定性をもって存在することを積極的に探索する義務を負わず、更生担保権として認めない認否をすることができると解される。

なぜならば、

① 調査の対象が具体的かつ明確でない場合、更生手続開始時点において、動産売買先取特権の目的物が特定性をもって存在していたことを探索し、それを確認することは非常に困難である場合が多く（注42）、更生管財人にこのような過度の調査義務を負担させることは相当ではない、

② 動産売買先取特権者が調査の対象を具体的かつ明確にできない場合、更生担保権として認められないことに

なり、それは先取特権者にとって酷であるとの批判も考えられるが、そもそも先取特権は平時や破産・民事再生の場合には差押えをしなければ優先弁済を保障されないものであることを考えれば、それはやむをえない、

③　更生管財人が更生担保権として認めない場合、動産売買先取特権者は、査定決定手続（会社更生法一五一条）やその異議訴訟手続（同法一五二条）（注43）（以下、両裁判手続を併せて「確定裁判手続」という）で更生管財人の認否を争いうるが、確定裁判手続においても、基本的には先取特権者が先取特権の存在を主張立証しなければならないものと思われることからしても妥当である（確定裁判手続における具体的事実の立証の分配をどのように考えるかなどについては、本稿では立ち入る余裕はないが、更生管財人には調査義務がないこと、民事執行法上の権利行使では先取特権者に担保権証明文書を提出して差し押さえることが要求されていることが考慮されるべきである）、からである。

なお、この目的物の特定性について、民事執行法上の権利行使の場合は、厳格なものが要求されているが、動産売買先取特権者の更生担保権の届出については、「執行」ではなく、権利の「存否」を確定する手続であるから、目的物の特定性は民事執行法が要求するよりも緩やかでよいとの見解がある（注44）。しかし、そもそも「執行」か、権利の「存否」の確定かで目的物の特定性の違いを正当化しうるかは疑問であるうえ、倒産手続は包括執行としての性質を有し、更生担保権の確定は、優先弁済権の保障の実現と直結していることから、単純に「執行」ではないと分類することはできないと思われる。

㈢　調査資料の限定

更生管財人は、動産売買先取特権者が届け出た更生担保権につき認否をするにあたり、先取特権の存在を調査

するが、その調査において、先取特権者が提出した資料のみによってその存否を調査するべきか、それとも更生会社が保有している資料をも調査すべきであろうか。

この点につき、民事執行手続では、債務者を審尋せず、債権者提出証拠のみにより証明がなされる必要があり、債務者の有する証拠はいっさい考慮されない（したがって、動産売買先取特権者がその担保権証明文書を保有していない場合には権利行使は不可能である）のに対し、会社更生では更生管財人の有する資料もふまえて認否をすることが前提とされており、必ずしも更生担保権者の提出資料による証明が完全でなくとも、更生会社保有資料と併せて証明ができれば、更生担保権として認めるべきであるとの見解がある（注45）。

しかし、この見解には、疑問がある。なぜならば、

① この見解に従った場合、動産売買先取特権者は、自ら担保権証明文書を有していないときには、平時や破産・民事再生では優先弁済権を保障されないにもかかわらず、会社更生では更生担保権が認められて優先弁済権を保障されうることになり、均衡を失する、

② さらに、民事執行法が担保権証明文書を要求したのは、単に、（債務者が執行前に審尋を受けられないという）民事執行の手続的制約からの要請にとどまらず、動産売買先取特権者の優先弁済権の実現のための要件として、担保権存在文書による証明を求め、あくまでも先取特権者が担保権証明文書が用意できた場合にのみ権利の実現を認めるという側面もあると解される（注46）、

からである。

したがって、更生管財人としては、更生担保権の調査において、動産売買先取特権者に対し、自らの提出資料により、更生手続開始時において先取特権を有していることを立証するように求め（会社更生規則四四条）、先取

特権者がこれを果たすことができない場合には、更生担保権として認めないという認否をすることが考えられる（これは、実質的には担保権証明文書による証明を求めるともいえる。このことは、更生担保権の届出に、民事執行法上における「配当要求」と同様の機能をもたせるものとも評価できよう。なお、五4で前述のように、筆者は、破産では配当要求類似の優先弁済請求権を認めるべきではないとの見解をもっているが、会社更生では、破産と異なり、動産売買先取特権者が個別的権利行使をすることができないし、更生手続内に調査・確定手続を有している点に留意すべきである）。

ただし、更生管財人が更生担保権として認めない場合には、確定裁判手続に移行する可能性があるが、同手続では、その証拠資料について、担保権証明文書に限定するとの規定はない。確定裁判手続の具体的な立証活動等については、前述のとおり本稿では立ち入らないが、動産売買先取特権者が同手続において担保権証明文書を提出できなくとも、先取特権を有することを立証して更生担保権としての確定を求めることができるのであれば、更生管財人としては、その見通しを考慮して、更生担保権の調査手続において認否することもありえよう。

3　物上代位の取扱い

(一)　目的債権の差押えの要否

更生手続開始前に動産売買先取特権の目的物が転売されていた場合に（注47）、物上代位権について、更生担保権が認められうるためには、更生手続開始時において物上代位に基づいて目的債権を差し押さえていることが必要であろうか。

これについては見解が分かれ、①更生手続開始時点において物上代位権が存在すれば更生担保権は成立し、差押えを要しないとする見解（差押え不要説）（注48）と、②更生手続開始時点で物上代位権の行使のための差押えを要するとの見解（差押え必要説）（注49）がある。

差押えの趣旨については、多くの議論があるところであるが（前記二2参照）、前記最判昭和五九年判決は、債務者が破産した後でも差押えをすることができるとしており、債務者の倒産手続開始時点での差押えがないことによって物上代位権が消滅するとはしていないことを重視すれば、②の差押え必要説を採ることは、動産売買先取特権者の優先弁済権の保障を不当に制限することになる。他方、差押えには、前述のとおり、一般債権者との関係で動産売買先取特権者の優先弁済権を確定する意義がある（注50）ことをふまえれば、差押えができない状況であったにもかかわらず、①の差押え不要説を採り、更生担保権として認めることは、先取特権者に過度の保護を与えることになる。

学説的には、①の差押え不要説が多数説といわれるが、実務家は②の差押え必要説を支持するものが多いようである。それは、更生手続開始申立て後手続開始前は物上代位権による差押えをする機会があることや、そもそも物上代位権による差押えをすることが現実的には困難な場合が多いこと（前記二3㈢参照）をふまえれば、①の差押え不要説を採用した場合に動産売買先取特権が過度に保護されるとの批判を重視するからであろう。

筆者は、「更生手続開始時点」での差押えは不要という立場ではあるが、以下に述べるように、物上代位権の優先弁済権が過度に保護されず、適切な保障にとどまる取扱いをすべきであると考えている。

㈡　更生手続開始後の差押え許容説

物上代位権の適切な保護を図るものとして、近時、伊藤眞教授が注目すべき見解を提唱している。すなわち、伊藤眞教授は、「物上代位を基礎として更生担保権を主張しようとする者は、その前提として目的債権に対する差押えを行う必要がある。更生手続開始後は担保権の実行は禁止されるが、これは物上代位権の実行ではなく、更生担保権の基礎である物上代位権を保全するための差押えであるから、更生手続開始の効力に基づく強制執行等の禁止や中止（会社更生法五〇条一項）によって妨げられることはない。ただし、差押えを行うためには、動産売買先取特権やその担保権を証明する文書を執行裁判所に提出することが要求される（民執法一九三条一項）」とされる（注51）。

前述のように差押えの要否に係る議論は、更生手続開始時点を基準として争われていた。更生手続開始後は、物上代位権による民事執行法上の差押えが禁止されていることを前提としていたからである。しかし、伊藤教授が提唱されたように、更生手続開始後においても民事執行法上の差押えが許容されるのであれば、その差押えがなされたかどうかで、動産売買先取特権者の優先弁済権の保障の可否が判断されることになる。これは、平時や破産・民事再生における優先弁済権の保障の取扱いと共通であるから、（不当な制限や過度の保護ではなく）適切な優先弁済権の保障と評価されよう。

もっとも、この見解に対しては、この差押えには処分禁止の効力があるのか否か（処分禁止の効力が生じるのであれば、更生手続開始後に更生管財人の更生会社財産の処分権を制約することになり、それは相当ではない）、その後の民事執行手続はどうなるのか（取立て等は許容されるのか）が明確でないうえ、そもそものような差押えを民事執行法が許容しているのかという疑問もある（注52）。したがって、このような更生手続開始後の差押えが許容されないとも思われる。その場合には、次のように、更生担保権の調査を厳格に行うことが考えられる。

(三) 差押えがない場合の更生担保権調査

すでに差押えがなされている場合にも、物上代位権について更生担保権としての届出は必要であり、更生管財人の調査を受けるが、更生管財人としては、執行裁判所の差押命令や実際の差押えによって、物上代位権が存在していることを推定できるから、その調査にはそれほど問題が生じない。差押え不要説の立場では、差押えがなされていない物上代位権について調査する必要があるが、更生管財人としてはどのように調査し、認否すべきかが問題となる。

この点は、基本的には、(二)で前述した動産売買先取特権自体に関するものと共通する。更生管財人としては、更生担保権の調査において、動産売買先取特権者に対し、更生手続開始時点において、先取特権の目的物と同一の動産について転売契約をして同動産を引き渡したこと(物上代位権の発生)を明らかにして、物上代位権による差押えが可能な状態にあったことを示すように求め(会社更生規則四四条参照)、動産売買先取特権者がそれを自らの資料によって立証できない場合には、更生担保権として認めない認否をすることが考えられる。いわば、現実の差押えの手続に代わり、更生担保権の調査手続において、動産売買先取特権者が差押えをすることができる状況であったか否かを審査するのである。これによって、前記(二)のように更生手続開始後に実際の差押えを経たか否かによらないでも、動産売買先取特権者の優先弁済権につき(不当に制限されず、かつ過度には保護されない)適切な保障を実現することができるものと思われる(注53)。

(注37) たとえば、破産・民事再生の場合は、それらの手続開始後の目的物の譲渡や目的債権の弁済受領などにより、民事執行法による個別的権利行使ができなくなり、優先弁済権が保障されなくなるが、会社更生の場合は、更生担保権の成否は更生手続開始時点で固定されるから(会社更生法二条一〇項)、更生手続開始後の事情によって

優先弁済権の保障がなくなることはない。

（注38） 会社更生と破産・民事再生との不均衡を解消するために、破産・民事再生において動産売買先取特権の優先弁済権を保障する方向が妥当であるという見解も有力であるが（伊藤眞「動産売買先取特権と破産管財人(上)」金法一二三九号一二頁）、筆者は、むしろ会社更生の届出・調査・確定手続における取扱いを厳格にすべきであると考えている。

（注39） ただし、更生手続開始前の担保権実行に対して、裁判所が中止命令を発令することがある（会社更生法二四条一項二号）。

（注40） 動産売買先取特権自体については、差押えがなくとも実体的な効力が生じている。他方、物上代位権については、民法三〇四条ただし書の差押えを実体的要件としてとらえるのか、手続的要件にすぎないのかについて議論がある。小林秀之・角紀代恵『手続法から見た民法』四二頁参照。

（注41） 目的物の特定のためにどの程度の記載が必要とされるかは、具体的な事案によるが、動産売買先取特権に基づく動産競売開始許可の申立て（民執法一九〇条二項）にあたり、目的物が特定され、その所在する場所を記載しなければならない（民執規一七八条二項・一項、一七〇条一項二号・三号）ことが参考になろう。

（注42） 更生手続開始時点において更生会社がどのような動産を保有しているかどうかを正確に確認するためには、更生手続開始直後に、動産売買先取特権を念頭に更生会社の在庫品等の棚卸しをしなければならないが、更生管財人にそのような義務があるわけではない。

（注43） 異議訴訟の法的性質は形成訴訟であるが、その実質は権利の確認訴訟である（前掲（注24）伊藤ほか八四三頁参照）。

（注44） 倒産実務交流会編「更生手続下における動産売買先取特権の取扱いについて」『争点　倒産実務の諸問題』一三五・一三七頁〔池口毅・木村真也〕。

（注45） 前掲（注44）倒産実務交流会編一三五・一三八頁〔池口毅・木村真也〕。なお、札幌高判平24・2・17金商一三九五号二八頁は、破産手続において、別除権者が不足額を証明しなかった場合において、破産管財人においい

て不足額を確定しえたにもかかわらず、当該不足額がないものとして破産配当を実施したときに、破産管財人の善管注意義務違反を認めた。しかし、この問題と、更生担保権における更生管財人の調査とは性格を異にし、同列には論じられないと思われる。

（注46） 前掲（注24）伊藤・金法一二四〇号一三頁。

（注47） 破産の場合は、破産管財人が目的物を売却したときにも物上代位の問題が生じるが、会社更生では、更生手続開始時点を基準時として更生担保権の地位が決定されるため、このような問題は生じない。

（注48） 長井秀典「更生担保権をめぐる諸問題――非典型担保」門口正人編『会社更生・会社整理・特別清算（現代裁判法体系20）』一三九頁、竹下守夫『担保権と民事執行・倒産手続』二一五頁、玉城勲「動産売買先取特権に基づく保全処分と倒産手続」松浦馨＝伊藤眞編『倒産手続と保全処分』三六三頁、角紀代恵「先取特権の会社更生法上の取扱い」判タ八六六号二六二頁、山野目章夫「更生手続と動産売買の先取特権」判タ八六六号二六五頁。

（注49） 宮脇幸彦ほか編『注解会社更生法』四四一頁、安藤一郎「先取特権」金商七一九号一三九頁、事業再生研究機構『更生計画の実務と理論』一三一頁、上野正彦「商社の倒産」高木新二郎＝伊藤眞編『倒産手続における新たな問題・特殊倒産手続』（講座倒産の法システム第4巻）三六〇頁。

（注50） （注12）のように、差押えの趣旨の一つには、一般債権者との関係で優先弁済権を確定させることが含まれていると解される（前掲（注12）伊藤三四四頁（注45）、前掲（注12）山本二三・二八頁）。この点、伊藤眞教授は、本文の㈡で後述のように更生手続開始後の差押えは許容されるとしつつ、更生担保権として認められるためには差押えが必要であるとする。山本克己教授は、更生担保権の届出を民事執行法上の配当要求と同様の位置づけをして更生担保権として認められうるとしつつ、更生手続開始後に「保全のために」民執法一九三条一項後段の差押えを認めるべきとする（前掲（注27）山本三二頁以下、「債権執行・破産・会社更生における物上代位権者の地位（4・完）」金法一四五八号一〇七頁以下）。

（注51） 伊藤眞『会社更生法』二〇三頁以下。

（注52） 民執法一九三条一項は担保権実行の差押えであり、更生担保権の保全のための差押えの根拠規定とはなりえ

ず、そのほかに（担保権実行ではない）更生担保権の保全のための差押えという制度を法が予定しているのかは疑問がある。東京高判平9・11・13金商一〇四二号三二頁、東京高判平10・6・19判タ一〇三九号二七三頁は、更生手続開始後の物上代位による差押えを否定する。

（注53）ただし、更生手続開始後においても現実に差押えを要求する見解とは、更生手続開始後に目的債権の弁済を受領したことによって現実の差押えができない場合の取扱いが異なる。

否認要件をめぐる若干の考察
――有害性の基礎となる財産状態とその判断基準時を中心として

垣内　秀介

一　はじめに

1　本稿の問題関心

破産手続をはじめとする法的倒産手続は、債権者に対する配当原資を可能な限り確保し、平等な満足を実現するための多くの手段を設けているが、否認権の制度は、利害関係人に与える影響の大きさという点で、そのなかでも最も重要かつ強力なものの一つである。その意味で、否認権の制度の適正な運用を図ることは、倒産法制にとって重要な課題であり、平成一六年に制定された現行破産法が、否認権に関する規定を旧法に比べて大幅に拡充したことも、このことを反映したものと理解することができる。こうした否認権制度の重要性に鑑みれば、一方で、否認権の要件・効果をめぐる個別の解釈問題に対応するとともに、他方で、そうした個別の解釈論の基礎となるべき理論的な視点を構築することもまた、倒産法学にとって重要な課題であると考えられる。実際、現行破産法の制定前後を通じて、否認権をめぐる理論的な進展には著しいものがあるといえるが、しかしなお、未解明の点が残されていないわけではないように思われる。

本稿は、こうした問題関心を背景として、否認の要件、とりわけ否認の一般的な要件とされる有害性の概念について、若干の考察を試みようとするものである。本稿の具体的な問題関心は、以下の二点にまとめることができる。

第一は、有害性が生じるのは、債務者の経済状態が悪化した局面においてであると考えられるが、有害性の前提となるそうした債務者の経済状態悪化の指標として、どのような概念を用いるか、具体的には、支払不能と債務超過のいずれを用いるのか、という問題である。この点については、一方で、否認権に関する破産法の規定上は、支払不能またはその徴表である支払停止に言及するものが散見され（一六〇条一項二号、同条三項、一六二条一項など）、学説においても、「支払不能がすでに発生している段階になされた行為が詐害行為とみなされること は、一般に承認されている」といった記述に示されるように（注1）、支払不能との結びつきを自明視する理解も見受けられる。しかしながら、他方で、たとえば、遊休資産は豊富に存在するため債務超過ではない債務者が、キャッシュフローの行詰まりにより支払不能に陥って破産したが、破産手続開始前に、支払不能状況の下で遊休資産の一部を廉価で売却していたような場合に関しては、後述するように有害性を否定する見解も主張されており（注2）、なお問題は残されているところである。

第二は、第一の点とも関連するが、有害性の判断基準時をどのように考えるか、具体的には、①否認対象行為時においてすでに有害性が認められることを要求するか、それとも、②否認権行使時、より厳密にいえば、否認訴訟における事実審の口頭弁論終結時における有害性を問題にすべきか、という問題である。この点に関しては、従来の議論においては、①の考え方が大前提とされてきたように見受けられる。しかし、本稿でこの点を問題とするのは、有害性の内容に関して従来行われてきた議論のうち、少なくとも一部については、判断基準時の問題を自覚的に論じること（したがって、場合によっては②の考え方を導入する可能性を検討すること）によって、より的確に問題点を把握することが可能になるのではないか、という見通しを有しているからである。

以上のうち、とりわけ第二の問題関心は、近年いくつかの文献によって紹介されているドイツ法の直接加害・間接加害の概念と関係する部分がある。そこで、二以下での検討に先立って、直接加害・間接加害の概念と本稿の問題関心との関係について、簡単に触れておきたい（注3）。

2　直接加害・間接加害の概念との関係

ドイツ法においては、否認における有害性（Gläubigerbenachteiligung）は、直接加害（unmittelbare Benachteiligung）に基づくものと間接加害（mittelbare Benachteiligung）に基づくものを含むとされ、財産減少行為の危機否認（ドイツ倒産法132条1項）など、一部の否認については直接加害が要件とされるが、その他の場合には、間接加害で足りるものとされている。ここで、直接加害とは、有害な結果が否認対象行為のみによって直ちに生じる場合をいい（注4）、したがって、その有無についての判断基準時は、行為当時ということになる（注5）。直接加害の典型例としては、債務者の財産の廉価売却があげられる（注6）。これに対して、間接加害とは、有害な結果が、行為後に他の事情が介在することによって間接的なかたちで生じる場合をいう（注7）。したがって、間接加害の有無の判断基準時は、否認訴訟における事実審の口頭弁論終結時となる（注8）。間接加害が認められる場合としては、債務者財産の相当価格での売却後に債務者が代金を隠匿・費消した場合や、行為時における相当価格で売却した財産の価額がその後に高騰したため、結果的に見ると廉価で売却したのと同様に評価できるような場合があげられる（注9）。

このように、ドイツ法における直接加害・間接加害の概念は、主として、当該行為後の債務者の別の行為の介在や、処分目的物の価額の事後的な高騰などを想定したものであり（注10）、本稿の主たる検討課題である、有害性の基礎となる債務者の財産状態やその変動をもその射程に含むものかどうかについては、明らかでない部分もある（注11）。しかし、ドイツにおいても、倒産財団が結果としてすべての債権者を満足させるのに十分である場合、言い換えれば、否認権行使時において債務者が債務超過の状態にない場合には、有害性は否定されるとの考え方（注12）や、廉価売却がされた場合であっても、売却当時に債務者が債務超過の状態にない場合には、直接加害は否定されるとの考え方（注13）が見られることからすると、これらの概念は、広い意味では、有害性の基礎となる債務者の財産状態の問題についてもその射程が及ぶものと考えられる。

直接加害・間接加害の概念をこのような意味に解した場合、1で述べた有害性の基準時に関する①及び②の考え方は、それぞれ、有害性の内容として直接加害を要求するか（①の考え方）、それとも間接加害で足りると考えるか（②の考え方）、と言い換えることができることになる。すなわち、上記②の考え方は、当該行為が行為当時においては有害とはいえなくても、否認権行使時において有害といえれば否認を認めてよいとするものであるから、有害性の内容は間接加害で足りるとする立場を、基準時という表現を用いて言い換えたものと理解できるのである。

ところで、このように考えた場合には、間接加害による否認を正面から認めているドイツ法の場合と異なり、日本法の下においては、間接加害の考え方を導入する余地はなく、したがって、そもそもこのような問題を設定する余地がないのではないか、との疑問が生じうるところである。実際、日本の旧法下における通説は、間接加害による有害性を否定してきたといわれるし（注14）、現行破産法一六一条は、相当の対価を得てした財産の処分行為の否認について、代金の現実の隠匿や処分後の財産価額の高騰などといった行為後の事情に着目するのではなく、あくまで行為時における隠匿等の処分の現実のおそれを要求しており、この規律は間接加害の考え方とは相容れないとされるからである（注15）。たしかに、予測可能性の観点を重んじる一六一条のこうした規律は、間接加害に着目した否認を認めることに対する現行破産法の慎重な態度を示唆するものである。とはいえ、一六一条は、あくまでも相当対価による財産処分という行為類型における否認の可能性を限定するものであると解することも可能であり、そうだとすれば、同条の存在は、他の行為類型について別異の考え方を採用する余地を排除するものではないように思われる。また、同条は、間接加害が問題となる局面のうち、否認対象行為後の債務者の行為の介在をどのように評価するかという問題にかかわるものであるし、旧法下の諸文献も、主として相当価格での財産処分後の目的物の価額の変動の問題を念頭に置いた議論であって（注16）、いずれも、本稿が主たる検討課題とする債務者の財産状態の変動を問題とするものではない。これらの点からすると、有害性の基礎となる債務者の財産状態の変動に関して、一定の条件の下で間接加害的な考え方を導入することは、必ずしも排除されていないものと解する余地があろう。

3 本稿における検討の順序

以上に述べたような問題関心を前提として、以下、本稿では、まず、財産減少行為否認における有害性と債務者の財産状態との関係について（二1）、いわゆる「実質的危機時期」の概念（二1）や相当対価による財産処分行為の有害性（二2）を素材として検討する。そのうえで、偏頗行為否認における有害性と債務者の財産状態との関係について（三）、いわゆる一元説と二元説の対立（三1）、二元説にいう「債権者平等」の内実（三2）、支払不能基準の合理性（三3）といった点について、考察を試みることとしたい。

なお、以下の検討においては、「間接加害的な考え方」あるいは「間接加害的な規律」という用語を頻繁に用いるが、これは、有害性を基礎づける事情が行為後、否認権行使時までに発生した場合に、当該事情をも考慮して否認の可能性を認める考え方ないし規律を指すものである。

（注1） 伊藤眞ほか『条解破産法』一〇二〇頁（注2）参照。

（注2） 田原判事も、この事例に関しては、否認を否定する見解に賛意を示されたことがある。伊藤眞ほか『新破産法の基本構造と実務』三八六頁〔田原睦夫発言〕。

（注3） ドイツにおけるこうした法理の展開は、それ自体として興味深い研究対象であるが、ドイツ法の紹介を目的とするものではない本稿では、必要最小限の言及にとどめざるをえない。なお、ドイツ法における直接加害・間接加害の概念については、中西正「同時交換的取引と偏頗行為の危機否認」法学六二巻五号四～五・一五頁（注5）、山本克己「不動産の適正価格売買の否認可能性についての立法論的試論」資産流動化研究九号四〇～四二

頁、水元宏典「新しい否認権制度の理論的検討」ジュリ一三四九号六〇～六一頁参照。

（注4） たとえば、Uhlenbruck et al., Insolvenzordnung (Kommentar), 13. Aufl., §129, Rn. 124（Hirte）参照。同コンメンタールは、ドイツにおける標準的な注釈書の一つであり、主として裁判例に依拠した標準的な叙述を展開しているものと考えられることから、以下では、ドイツ法の紹介に関しては、もっぱら同書の該当箇所を指示するにとどめる。

（注5） 前掲Insolvenzordnung (Kommentar), §129, Rn. 126（Hirte）。

（注6） 前掲Insolvenzordnung (Kommentar), §129, Rn. 124（Hirte）。

（注7） 前掲Insolvenzordnung (Kommentar), §129, Rn. 127（Hirte）。

（注8） 前掲Insolvenzordnung (Kommentar), §129, Rn. 128（Hirte）。

（注9） 前掲Insolvenzordnung (Kommentar), §129, Rn. 127（Hirte）。

（注10） （注3）で掲げた日本の諸文献も、もっぱらこれらの場合を念頭に置いて論じているように見受けられる。

（注11） その背景としては、ドイツ法においては、故意否認についても否認対象行為の時期が法律上規定されているなど（ドイツ倒産法133条1項は、倒産手続開始申立ての前一〇年以内または開始申立て後の行為とする）、否認対象行為の時期について日本法以上に詳細な規定ぶりとなっていることから、対象行為の時期と有害性との関係を論じる必要性が相対的に少ないという事情もあろう。

（注12） 前掲Insolvenzordnung (Kommentar), §129, Rn. 91（Hirte）。

（注13） 前掲Insolvenzordnung (Kommentar), §129, Rn. 125（Hirte）。

（注14） 水元・前掲「新しい否認権制度の理論的検討」六〇頁（注7）参照。

（注15） 水元・前掲「新しい否認権制度の理論的検討」六〇～六一頁参照。

（注16） 水元・前掲「新しい否認権制度の理論的検討」六〇頁（注7）が引用する中田淳一「破産法・和議法」一五四～一五五頁、山木戸克己『破産法』一八九頁、谷口安平『倒産処理法（第二版）』二四八頁、兼子一監修『条解会社更生法㊥』四二二頁は、いずれもこの問題を念頭に置いた叙述といえる。

二　財産減少行為否認における有害性

1　財産減少行為否認における有害性と「実質的危機時期」

㈠　有害性の内容

狭義の詐害行為、言い換えれば、財産減少行為は、債務者の責任財産を絶対的に減少させる行為であるといわれる（注17）。そこでいう責任財産の絶対的な減少とは、当該行為が、債務者の積極財産の流出をもたらす一方で、流出した財産に相当する対価の取得や消極財産の減少をもたらさず、債務者の財産状態を一方的に悪化させることを指しており、その典型例としては、財産の廉価売却や、合理性を欠く価格での物品の買入れなどがあげられる。無資力の状態にある債務者がこのような財産処分を行うことは、債権者に対する弁済原資を減少させ、債権者の受けるべき満足を低下させる結果となることから（注18）、こうした行為には、有害性が認められるものとされるのである。

以上のことは、一見自明に思われるが、破産法一六〇条一項一号のように、否認対象行為の時期について規定上定めていない場合に、いかなる時期においてされた財産減少行為であれば否認が可能であるのかについては、必ずしも見解が一致していない。

(二) 有害性と「実質的危機時期」

(1) 問題の所在

破産法が一六〇条一項一号による否認(以下、「一号否認」と呼ぶ)の対象行為の時期について明言していないことは、破産債権者を害することを知ってされた行為である以上、支払停止や破産手続開始申立てといった外部的徴表の存否にとらわれることなく、当該行為を否認の対象としてよい、との判断に基づくものと考えられる。したがって、一号否認の場合には、対象行為の時期の問題は、行為の有害性の判断の一環として行われることになる。言い換えれば、ここで問題となるのは、債務者がどのような財産状態にある時期にした行為であれば、債権者を害する行為であると評価できるかである。一般には、一号否認の対象行為は、債務者の資力が相当程度悪化した時期にされたものであることを要するものと考えられており、そのような時期を「実質的危機時期」と呼ぶのが一般であるが、その内容については、考え方の対立がある(注19)。そこでの主たる対立軸は、①資力悪化の指標として、債務超過と支払不能のいずれに着目するか、②現に債務超過または支払不能が発生していることを要求するか、それとも、それに近接した時期を含むと考えるか、という点である。

(2) 学説の状況

第一説は、現に債務超過が発生しているか、当該行為によって債務超過となる状態にある場合に限って有害性が認められるとする(注20)。したがって、この見解によれば、債務者が支払不能に陥っている場合であっても、債務超過が認められない限りは、その時点でされた廉価売却等を否認することはできないことになる(注21)。上記①の問題点については、民法上の詐害行為取消権との連続性を考えると、支払不能を根拠として否認を認めるのは相当でないこと、②の問題点については、債務超過発生以前の時期を含めると、予測可能性を害することを指摘する（注22）。

これに対して、第二説は、支払不能若しくは債務超過状態がすでに発生し、または発生することが確実に予測される時期であれば足りるとする（注23）。有害性の内容を最も広く解する見解といえる。①の問題点については、債務超過でなくても支払不能であれば破産手続を開始して債務者の財産処分を拘束できる以上、その時期以降の有害性のある行為は否認の対象とすべきであるとし、②の問題点については、破産原因の発生が確実に予測される時期においては、有害性のある行為に関する限り、債務者の行動の自由が制限されることもやむをえない、とするほか、現行破産法は、旧法と異なって適正価格による処分行為に対する否認の要件を制限しているので、こうした解釈の適用対象となるのは廉価売却等に限られることとなり、債務者の行動の自由を過度に阻害することにはならないことも指摘される（注24）。

次に、第三説として、もっぱら支払不能に着目しつつ、支払不能がすでに発生し、または発生することが確実に予測される時期を要求するものも見られる（注25）。

さらに、第四説として、有害性の前提として債務超過が必要であるとしつつ、さらに、債務者の財産管理処分権への介入を正当化するためには、支払不能または倒産処理手続開始申立てが確実に予測される状態であったことが要求される、とする見解がある（注26）。

(3) 検　討

まず、債務者の財産状態悪化の指標として、債務超過と支払不能のいずれに着目するか、という点（(1)で述べた①の問題）に関しては、基本的には、財産の廉価売却等によって、債権者に対する配当が減少するという意味における有害な結果が生じるのは債務超過が認められる場合に限られることからすれば、財産減少行為における有害性は、債務超過の存在を前提とするものと考えざるをえないように思われる（注27）。もっとも、第二説や第三説のいうように、支払不能が一般的な破産手続開始原因とされていることとの関係をどう考えるか、という問題がある。この点については、たしかに、債権者としては、債務者が支払不能である場合には破産手続を開始させて債務者による財産処分を制約できることは事実であるが、このことは、支払不能状態は発生しているものの、なお破産手続そのものは開始されていない段階において、債務者によるあらゆる財産処分が当然に否定されるべきことを意味するわけではないと考えられる（注28）。むしろ、第二説の論者も認めるとおり、否定されるべきであるのは有害性の認められる行為に限られるのであり、ここでの問題は、いかなる状況の下における財産処分が有害性を認められるかである。このように考えれば、財産減少行為における有害性の有無の判断は、基本的には債務超過を基準として考えることにならざるをえない。

次に、基本的に債務超過を基準として有害性を判断するとしても、さらに、債務超過がどの時点で発生することを要求するか、という問題（(1)で述べた②の問題）がある。学説上は、この点に関して、行為当時に現に発生していることを要するか、それとも、その発生が確実に予測される段階で足りるか、というかたちで対立しているが、この問題を検討するにあたっては、まず、大前提として、そもそも、以上のいずれの見解とも異なって、行為のされた時点における財産状態を問うことなく、現に破産手続が開始され、当該行為の否認により配当率の向上が見込まれる以上は、否認権の行使を認める、という立場、言い換えれば、有害性の基礎となる財産状態を、否認権行使時を基準として判断する立場を想定することはできないか、という問題を検討する必要があるように思われる。

しかし、結論としては、このような立場を採用することはできないであろう。すなわち、この立場に従った場合、行為時において債務者及び相手方に要求される認識の内容としては、当該取引が対価的均衡を欠く取引である、との認識で足り、債務者の財産状態に関する認識を要しない、ということになるはずである。しかし、債務者の財産状態にまったく問題がない段階においては、たとえ経済的合理性を欠く取引であっても制約を受ける理由はないから、結果的に後に破産手続が開始されたからといって、債務者の財産状態についての認識をおよそ問うことなく否認を認めることは、債務者の財産処分権と取引の安全とを過度に害することになるといわざるをえないのである。

これに対して、債務超過等が確実に予測される時期において、そのことを認識しつつされた行為について、その後に実際に債務超過に陥ったことを条件として否認の対象とする立場は、十分に検討に値するものと解される。この立場は、行為の時点においてはなお有害な結果が生じていないとしても、その後に有害な結果が現実化したことを理由として、当該行為の有害性を肯定する考え方であり、一種の間接加害を認める考え方といえる。しかし、このような規律についても、第一説が指摘するとおり、そうした規律が、当該行為の有効性についての予測可能性を過度に害しないかどうか、という問題が存在する。すなわち、現に債務超過が発生していない段階において、どの程度債務超過に陥る蓋然性が高ければそれが「確実」といえるのかを画定するのは、相当に困難と思われる。しかも、否認権が行使されるのは、その後実際に債務超過が発生した場合と考えられるが（注29）、現に債務超過が発生している以上は、回顧的に評価すれば、すべては必然の流れであったという評価もありうるところであり、いったいどのような事情が存在すればそれが「確実」でなかったといえるのか自体が困難な問題である。このように考えれば、立法論として、たとえば債務超過発生の前一月以内にした行為、といったより明確な限定をするのであれば別であるが、そうでない限り、この局面で間接加害的な考え方を無限定なかたちで導入することは、問題が大きいように思われる。他方で、日本において現実にどの程度の個人または法人が債務超過であるのかは必ずしも明らかでないものの、現実に倒産として顕在化する事象の数よりは相当に多いものと推測してよいとすれば（注30）、否認対象行為の時期を現に債務超過が発生している場合に限定したとしても、否認による逸出財産回復の可能性を過度に制約するとまではいえないであろう。このように考えると、基本的には、第一説に賛成してよいように思われる（注31）。

もっとも、現に債務超過に陥った段階の行為ではなくても（＝行為当時の有害性なし）、現に支払不能に陥った段階の行為については、否認権行使時に債務超過に陥っていることを条件として（＝否認権行使時に有害性あり）、一号否認の対象とする、というように、一定のより明確な時期的限定の下で間接加害的な考え方を取り入れることは、なお検討に値するように思われる（注32）。

(4) ドイツ法の規律との関係

なお、ここで、以上のような考え方とドイツ法の規律との関係について、一言しておきたい。

ドイツ倒産法においては、故意否認の場合（ドイツ倒産法133条1項）、有害性については広く間接加害で足りると解されている反面、対象行為の時期についての限定はきわめて緩やかである（同項は、手続開始申立て前一〇年間というきわめて緩やかな限定しか課していない）。そこで、もしこのような規律が正当化可能であるとすれば、日本の一号否認の場合にも、同様に解する余地がないか、という疑問が生じうる。

この点との関係では、ドイツ法の故意否認が、日本法よりも厳格な主観的要件を要求していることが、一つの手がかりを提供するように思われる。すなわち、ドイツ倒産法133条1項は、一方で、債務者側の主観的要件につき、「債権者を害する意図（der Vorsatz, seine Gläubiger zu benachteiligen）」として、文字どおり故意を要求するとともに（注33）、他方で、受益者側については、債務者の詐害の意図についての悪意を要求している（なお、悪意の推定につき、同項後段参照）。これに対して、日本法では、受益者側の悪意の対象は行為の客観的な有害性であり、債務者側の詐害意思についての悪意までは要求されていない。したがって、ドイツ法の規律は、とりわけ受益者側の悪意の内容に関して、日本法の規律とは異なるのである。結果として、ドイツ法では、実質的に通謀的な場合に限って故意否認が認められるものといえるが、このように限定された主観的要件の下であれば、間接加害を広く認めることも、予測可能性の観点から見て、かろうじて許容されうるように思われる。これに対して、そのような前提を共有しない日本の一号否認の場合には、必ずしも同様に解することはできないと考えられるのである。

2　相当対価による財産処分行為の有害性

(一)　問題の所在

一2でも述べたように、相当対価による財産処分行為の否認を定める破産法一六一条は、代金の現実の隠匿や処分後の財産価額の高騰などといった行為後の事情に着目するのではなく、あくまで行為時における隠匿等の処分の現実のおそれを要求しており、正面から間接加害的な考え方を採用したものとはいえない（注34）。しかし、同条の適用上、間接加害的な考慮が問題となる局面は、なおいくつか存在するものと考えられる。具体的には、①当該処分によって取得した対価が破産財団に現存する場合の取扱い、及び②財産処分行為がなされた時期の問題である。以下、順に検討する。

(二) 対価が現存する場合の取扱い

相当対価による財産処分行為によって取得した対価が現存する場合に、なお破産法一六一条による否認が可能かどうかについては、否定説、肯定説の両説が対立している。

否認否定説は、対価が現存する場合には、否認の一般的要件である有害性が欠けることを理由とするものであり、現在の多数説と見られる（注35）。

これに対して、否認肯定説は、一六一条が、「害する処分」が現実に行われたことを要件とはしていないこと、反対給付が破産財団に現存している場合には、処分行為の相手方は財団債権者として保護される（一六八条二項一号）から、相手方（受益者）に酷ともいえないことを理由とする（注36）。

それでは、この見解の対立について、どのように考えるべきであろうか。

多数説である否認否定説は、一六一条の場合においても、一般的な意味における有害性（債権者に対する配当減少）を前提とし、否認権行使時にはそうした意味での有害性が実現していることを要求しつつ、それが行為の当時に直ちに生じる必要はないものとする間接加害の考え方を導入したものと評価することができる。この理解によれば、一六一条は、間接加害に基づく否認を認めるものであるが、しかし、行為後に有害な結果が発生した場合全てを否認の対象とするのではなく、あくまで行為時における加害の具体的危険を要求するものである点で、否認の対象となりうる間接加害の範囲に絞りをかけたものだと評価することになろう。

これに対して、否認肯定説は、相当価格による売却の時点における債権者への具体的危険の発生それ自体に否認の根拠を求める点で、間接加害の考え方を採用しないもののように見える。しかし、実際には、否認肯定説は、否認否定説とは別の意味において、やはり間接加害の考え方を部分的に導入したものと評価すべきであろう。すなわち、前述のように、否認肯定説は、反対給付が破産財団に現存している場合には、財団債権者として保護されるから、受益者に酷とはいえないとしており、これ自体は正当な指摘と考えられる。しかし、このことを前提にすると、否認が実益を有するのは、相当価格での処分後に目的物の価格が高騰したため、現存する対価を財団債権として返還したとしても、なお目的物の取戻しが破産財団にとって有利となるような場合に限られることになる。そうだとすれば、否認肯定説は、まさにそうした場合に否認を可能とする点に実際上の意義が認められる見解といえる。そして、この場合に否認を認めることは、一種の間接加害に基づく否認を認めるものと考えられる。というのも、この立場は、行為当時には目的物の価値と対価とが均衡しているために直ちに有害性が生じているわけではないが、その後、目的物の価格高騰という行為後の事情によって有害性が認められるに至った場合に、否認を可能にしようとするものと評価できるからである。

しかし、否認肯定説の説くようなかたちで間接加害的な処理を導入することには、問題があるように思われる。すなわち、そもそも、相当対価を支払ったにもかかわらず、それが他の債権者との間で不当となりうるのは、まさにそれが破産者の財産隠匿に加担し、その結果として他の債権者が害されるおそれがある場合に限られる、というのが一六一条の考え方であるといえるが、対価が現存している場合には、その危険は現実化しなかったのであり、ただ、行為時以後の値上がりという偶発的な事情によって、結果的に他の債権者に不利益が生じることになったにすぎない。相手方としては、行為時において相当な対価を支払っている以上、財産の取得はまったく正当であり、したがって、その後の値上がりによる利益を享受するのは原則として正当であると考えられることからすれば、このような場合にまで否認を認めるのは行き過ぎであろう。言い換えれば、相手方が、破産者の財産隠匿の意思を知っていた、という事情は、（財産隠匿が現実化しなかった場合にまで）行為時以後の値上がりによる利益を剥奪することを正当化することにはつながらないと考えられるのである。したがって、この問題については、多数説である否認否定説を支持すべきであろう。

(三) 相当対価による財産処分行為がなされた時期

次に、財産処分行為がなされた時期に関しては、一般に、隠匿等の処分は、財産減少行為として有害なものでなければならないから、そのおそれが現に生じるといえるためには、その当時債務者が実質的危機時期に陥っていることが必要であるとされる（注37）。

しかし、ここで注意を要するのは、破産法一六一条の場合には、受益者側の主観的要件について、破産者が隠匿等の処分をする意思を有していたことについての悪意が要求されており（一六一条一項三号）、一六〇条一項一号の場合とは異なって、破産者の財産状況及び隠匿等の処分の客観的なおそれの認識だけでなく、破産者の詐害意思についての悪意まで要求されているという点である。すなわち、一六一条の規律は、この点では、間接加害を広く認めるドイツ倒産法133条1項以上に具体的かつ限定的といえるのである。この点に着目すると、二1(二)(4)でも示唆したように、このような具体的認識を有する関係人間の行為についてであれば、行為当時に債務超過であったとはいえない場合でも、それを予測して行為している以上、否認権行使時までに債務超過に至っていた場合には、否認が可能であるとして、間接加害的な考え方を導入する余地は十分にあるように思われる。

（注17） 伊藤眞『破産法・民事再生法（第二版）』三八六頁、前掲『条解破産法』一〇一八頁など参照。

（注18） もっとも、加藤哲夫『破産法（第六版）』二九七～二九八頁は、ここでの有害性は、配当の減少を含意しないとするようである。しかし、そこでの叙述は、偏頗行為（本旨弁済）における有害性と財産減少行為の有害性と

が異なるという点に重点を置いたものであり、財産減少が配当の減少を帰結しない場合であっても有害性が肯定されるとする趣旨であるのかどうかについては、明らかでない。

（注19） もっとも、実務上は、もともと早期の段階から財産状態が悪い事案が多いこと、微妙な事案では和解的解決が図られることが多いことといった事情から、本文で論じるような限界線が問題とされる場面はそれほど多くはない、との指摘も見られる。前掲『新破産法の基本構造と実務』三八五～三八六頁〔花村良一発言〕。こうした実務上の感覚は、不動産の適正価格売却についても故意否認の余地を認めてきたことなどに象徴される、有害性要件の伝統的な緩和傾向を反映したものである可能性もあるが、有害性の存在を否認の大前提と考える限り、実質的危機時期の外延を理論上明らかにしておく必要は、なお存在するものと考えられる。

（注20） 前掲『新破産法の基本構造と実務』三八六頁〔山本克己発言、松下淳一発言〕。当該行為によって債務超過となる場合を含む旨を明示するのは松下淳一教授であるが、山本克己教授も、この場合を除外する趣旨ではないものと解される。

（注21） たとえば、遊休資産は豊富に存在するため債務超過ではない債務者が、キャッシュフローの行詰まりにより支払不能に陥って破産したが、破産手続開始前に、支払不能状況の下で遊休資産の一部を廉価で売却していた場合であっても、否認は認められないこととなる。

（注22） 前掲『新破産法の基本構造と実務』三八六頁〔山本克己発言〕参照。

（注23） 伊藤・前掲『破産法・民事再生法〔第二版〕』三九四～三九五頁、前掲『新破産法の基本構造と実務』三八五頁〔山本和彦発言〕、竹下守夫編集代表『大コンメンタール破産法』六二七～六二八頁〔山本和彦〕。

（注24） 前掲『新破産法の基本構造と実務』三八五頁〔山本和彦発言〕、前掲『大コンメンタール破産法』六二七頁〔山本和彦〕。
　なお、この見解が、否認権行使時においてもなお債務超過状態が存在しない場合であっても否認を肯定するのかどうかについては、必ずしも明らかではない。この場合には、否認権を行使しなくても、破産手続のなかで資産を売却すれば、一〇〇％の配当が可能になるはずなのであるから、破産債権者への配当が減少するという意味

における有害性は、結果的に存在しないこととなる。この見解が、あくまで「有害性のある行為」についての否認を説くのは、この場合を除外する趣旨とも解しうる。もっとも、通常は、この場合に破産管財人が否認権をあえて行使することは考えにくく、問題は顕在化しないことになろう。

（注25）前掲『条解破産法』一〇一九～一〇二〇頁（注2）。債務超過が発生している時期及び発生が確実になった時期の取扱いについては、「考え方が分かれよう」とする。

（注26）才口千晴＝伊藤眞監修『新注釈再生法(上)（第二版）』七一五～七一六頁（中西正）。

（注27）こうした理解は、民法上の詐害行為取消権の要件としての無資力が、基本的には債務超過として理解されていることとも対応するものである。たとえば、内田貴『民法Ⅲ（第三版）』三〇六～三〇七頁参照。
もっとも、詐害行為取消権の要件としての無資力については、単なる計数上の債務超過とは異なり、債務者の信用等も考慮して判断すべきであるとする判例があり（最判昭35・4・26民集一四巻六号一〇四六頁）、学説上も、これを支持するのが多数説のようである（我妻榮『新訂債権総論』一八五頁、中田裕康『債権総論（新版）』二四七頁（注22）などを参照）。これは、破産法上の支払不能の発想を一部取り込んだものとも理解できるが、こうした無資力要件の理解と、破産法上の債務超過概念の理解との関係をどのように考えるかについては、なお検討の必要があるように思われる。

（注28）このことと、偏頗行為否認において支払不能が基準とされることとの関係は、さらに説明を要する。偏頗行為否認について支払不能が基準とされる点については、破産手続開始の効果の前倒し（いわゆるリレーション・バック）であるとの理解を前提とした説明が有力であるが（たとえば、前掲『大コンメンタール破産法』六四五頁〔山本和彦〕）、そこで想定される破産手続開始の効果は、債権者の個別的権利行使の禁止である。これに対して、財産減少行為の否認について同様の説明をするとすれば、そこで問題となる効果は、債務者の財産管理処分権の剥奪ということになろう。しかし、個別的権利行使の禁止が、すべての裁判上の倒産処理手続に共通し、その意味で、裁判上の倒産処理手続の本質に属する効果といえるのに対して、財産管理処分権の剥奪は、そのための手段としての位置づけにとどまるものであり、その意味で、支払不能状態から当然に生じる効果ということは

できないように思われる。このことは、手続開始後も基本的には債務者の財産管理処分権が維持される手続を法律が認めていることからも、明らかであろう。もし、財産減少行為の否認を文字どおり手続開始の効果のリレーション・バックとして説明するとすれば、一方で破産手続の場合には支払不能発生以後のあらゆる財産処分の効力を否定するとともに、他方で民事再生の場合には原則的に効力を肯定する、といった不合理な帰結が導かれうることになり、相当でないと思われる。この点に関しては、高田裕成「更生手続における否認権とその行使」判タ一一三二号一五九頁の指摘が示唆に富む。もっとも、本文で後述するように、支払不能を有害性そのものの基準としてではなく、間接加害的取扱いの適用範囲を画するための基準として用いることは、なお検討に値すると考えられる。

なお、これに関連して、水元・前掲「新しい否認権制度の理論的検討」六一・六六頁は、支払不能を債権者平等（集団的満足）のみの基準時と解する立場と、集団的満足と排他的満足の双方の基準時として把握する立場とをあげ、後説による場合には、支払不能時以降は、財産減少行為についても危機否認が認められることになる、とする。この分析に従えば、本文及び本注における以上の説明は、前説に従ったものだということになろう。もっとも、仮に後説に立ったとしても、「排他的満足」を害するとはどのようなことか、なぜそれを禁じる必要があるのかこそが、ここで問われるべき問題であり、その答え如何によっては、同様の結論が導かれることもありうるように思われる。

なお、偏頗行為否認における支払不能基準の合理性の問題については、三3で後述する。

（注29） そうでなければ、間接加害の考え方によるとしても、当該行為の有害性を認めることはできないからである。

（注30） 一般的には、法人について支払不能に加えて債務超過も破産手続開始原因とされていることについては（破産法一六条一項）、実際上、支払不能よりも前の段階で破産手続を開始できるようにする機能を有するものと理解されているところである。たとえば、前掲『条解破産法』一一七～一一八頁参照。

（注31） 民法上の詐害行為取消権との関係でも、詐害性は当該行為の時点において認められる必要があり、行為後の事情によって債権者を害する結果が生じた場合でも、詐害行為とはならない、とするのが通説及び判例である。前

掲『新訂債権総論』一八四頁、前掲『債権総論（新版）』二三九頁、大判大10・3・24民録二七輯六五七頁参照。

（注32） こうした規律は、支払不能そのものは行為の有害性を基礎づけるものではないが、支払不能が発生し、破産手続を開始させることができる段階に至った以上は、その当時に仮に債務超過ではないとしても、後に債務超過状態に陥った場合に当該行為が否認されてもやむをえない、とするものであるから、ある意味では、（注28）で検討したリレーション・バック説を限定的に再構成したものともいえよう。

（注33） ただし、ここでの「意図」は、解釈上、きわめて広く理解されているようである。たとえば、前掲 Insolvenzordnung（Kommentar）, §133, Rn. 13（Hirte）参照。

（注34） 同条の規律と間接加害の発想との関係については、山本・前掲「不動産の適正価格売買の否認可能性についての立法論的試論」四一頁以下参照。

（注35） 山本克己「否認権(上)」ジュリ一二七三号八一頁、前掲『新破産法の基本構造と実務』三九八頁〔山本克己発言、小川秀樹発言〕、前掲『破産法・民事再生法（第二版）』三九九頁（注161）、前掲『条解破産法』一〇三〇～一〇三一頁参照。

（注36） 前掲『大コンメンタール破産法』六四〇～六四一頁〔山本和彦〕。

（注37） 山本・前掲「否認権(上)」八〇～八一頁、前掲『新破産法の基本構造と実務』四〇二頁〔山本克己発言〕、前掲『大コンメンタール破産法』六三九～六四〇頁〔山本和彦〕、前掲『条解破産法』一〇二九頁。

三　偏頗行為否認における有害性

1　一元説と二元説

(一)　問題の所在

偏頗行為における有害性の内容に関しては、それが、財産減少行為における有害性の内容とどのような関係に立つのか、という点をめぐって、いわゆる一元説及び二元説という二つの考え方が提唱されてきた。

ここで、一元説とは、財産減少行為における有害性と偏頗行為における有害性とを一元的に把握し、財産減少行為であれ、偏頗行為であれ、各破産債権者の受けるべき満足を低下させる点では同様であり、その点で有害性が認められる、とする見解である（注38）。これに対して、二元説とは、財産減少行為と偏頗行為とを峻別し、前者については、一元説と同様に、責任財産の減少をもって有害性の内容と理解するのに対して、後者については、むしろ破産債権者相互間の平等を害する点に有害性の内容を見出す見解といえる（注39）。

これらの見解は、旧法下において、主として、本旨弁済に対する故意否認を認めるかどうか、という問題との関連で議論されてきたものであるが、現行破産法に関しては、二元説的な理解を前提としているとの理解が有力となっている（注40）。その理由としては、①破産法は、財産減少行為と偏頗行為について別個の規定を設けて、それぞれの要件効果を区別していること、また、②一元説が偏頗行為と財産減少行為を本質的には同質であると見る前提には、危機時期における弁済行為においては、消滅する債務の名目額と実価との差額について財産減少が認められるとする理解が存在するが（注41）、新法は、詐害的債務消滅行為の財産減少行為性について、債権の実価ではなく名目額を基準とする枠組みを採用しており（破産法一六〇条二項）、これは一元説の前提と整合しないことがあげられる。

そこで、偏頗行為における有害性の内容を検討するための前提問題として、まずこの点について検討しておきたい。

(二) 実価基準説の問題点

まず、一元説が前提としているとされる債権の価額の評価についての実価基準説、言い換えれば、債権の額面と実価との差額分を財産減少として把握する理解については、二元説の論者も指摘するように、次のような問題点があり、適切でないものといわざるをえないであろう。

すなわち、まず、実価基準説を前提とすると、①なぜ債権の額面と実価との差額部分のみでなく、弁済行為全体が否認の対象となりうるのか、②弁済行為時から破産手続開始までの間に債権の実価がさらに低下した場合に、弁済行為時における差額の返還のみでなく、全額の返還を強いたうえで破産配当に甘んじさせることがなぜ正当化されるのか、といった問題が生じる（注42）。加えて、③実価基準説を前提とすれば、弁済当時の実価相当額の債務を破産者が免れたことが、財産減少行為における反対給付と同視されることになるはずであるが、そうだとすれば、弁済当時の実価相当額については、少なくとも財団債権として（破産法一六八条一項二号参照）、受益債権者への帰属が認められるべきことになるはずである。にもかかわらず、この部分をも含めて破産配当に甘んじさせることの説明は、やはり困難ではないかと思われる。さらに、④仮に、債権者が、実価相当額の限度で一部弁済を受けたとした場合、実価基準説からは、弁済行為の有害性を認めることができないことになるが、この場合にも配当率の低下は生じる以上（注43）、この帰結は相当でないと考えられる。

このように考えると、二元説による一元説への批判は、一元説が前提とする実価基準説の問題点を指摘する限りにおいて、正当なものであると考えられる。

2 「債権者平等」の内容

以上のように、従来説かれてきた一元説の内容には問題があると考えられるが、その一方で、いわゆる二元説を採用することが、有害性の実質についてどのような理解を採用することを意味するのかは、必ずしも明らかではない面がある。すなわち、二元説は、偏頗行為によって債権者平等が害される、とするが、そこでいう「債権者平等」の内容をどのようなものと解するかは、必ずしも自明とはいえないのである。

この点に関する従来の議論においては、「債権者平等」の内容を、(i)特定債権者が他の債権者よりも先に満足を受けたことと解するか、それとも、(ii)他の債権者よりも多く満足を受けたことと解するか、という二つの理解の可能性が指摘されているところである（注44）。そして、これらのうち、(ii)の理解を採用する場合（注45）には、財産減少行為と偏頗行為とでは、債権者を害する態様において違いがあるとしても、一般債権者に対する配当の減少をもたらす、という点では共通するという理解が成り立つこととなる。(ii)の理解を前提とすれば、他の債権者よりも早く満足を受けたとしても、他の債権者も率において同等の満足を受けられたとすれば、有害性は認められないこととなり、結果として、有害性が肯定されるのは、当該債権者が満足を受けたことによって他の債権者の満足が減少する場合に限られることになるからである。したがって、(ii)の理解からは、配当の減少という点で、財産減少行為と偏頗行為の両者に共通する有害性の実質を見出す余地が生じることになる（注46）。

このように、いわゆる二元説を前提としても、そこでいう「債権者平等」の内容の理解によっては、実質的に一元説と同様の説明をする可能性が残されるところである。ところで、このような理解を前提とした場合、1(二)で指摘した②の問題、すなわち、弁済行為時から破産手続開始までの間に債権の実価がさらに低下した場合に、弁済行為時における差額の返還のみでなく、全額の返還を強いたうえで破産配当に甘んじさせることがなぜ正当化されるのか、という問題に関して、あらためて検討する必要が生じる。本稿の視点からすれば、これは、この場合に、債権の実価のさらなる低下＝財産状態のさらなる悪化、という行為後の事情を考慮した一種の間接加害を認めることが適当かどうか、という問題として定式化できることになろう。

以上を前提としたうえで、二元説における「債権者平等」の内容について、前述(i)または(ii)のいずれの立場を採用すべきかが問題となるところであるが、これは、次項で検討する支払不能基準の合理性と密接に関連する問題である。

3　支払不能基準の合理性

本稿では、二1で述べたように、財産減少行為における有害性の前提となる債務者の財産状態としては、基本的に、支払不能ではなく債務超過を指標とすべきであると主張した。それに対して、偏頗行為否認に関しては、現行破産法は、支払不能を基準時とする旨の明文規定を置いている（一六二条一項一号参照）（注47）。そこで、このような現行破産法の規律の合理性をどのように理解するか、ということが問題になるところである。

ところで、偏頗行為否認の基準時を支払不能とするか、債務超過とするか、という問題は、2で触れた「債権者平等」の理解と密接に関連する。すなわち、2(i)のように、他の債権者よりも先に満足を受けることが債権者平等を害すると解する立場は、支払不能の発生を有害性の前提とする理解に親和的であると考えられるのに対して、(ii)のように、他の債権者よりも多くの満足を受けることが債権者平等を害すると解する場合には、債務者が債務超過に陥っていることが有害性の前提となるのである（注48）。

この問題が顕在化するのは、とりわけ破産の場合には実際上少ないであろうが、支払不能ではあるが債務超過ではない債務者を想定する場合である（注49）。そこで、このような場合に否認を認めるかどうかが議論の試金石となるところであるが、この点については、事後的に否認権を行使したとしても、先に満足を受けて事実上享受しえた利益そのものを失わせることは困難であること、否認権の行使の有無にかかわらず一〇〇％の弁済が可能であるとすれば、あえて否認権を行使する必要性に乏しいし、行使の手続的コストも無視できないことを考えると、このような場合に否認権の行使を認めるべき合理的な理由は認められないように思われる。そうだとすれば、偏頗行為否認における有害性の内容についても、前述(ii)の考え方を出発点として考えるべきであり、具体的には、債務超過の存在が偏頗行為の有害性を基礎づける、と考えるべきであろう。

もっとも、このように考えたとしても、債務超過がどの時点で認められることを要するかについては、なお検討の余地がある。すなわち、ここでも、間接加害的な考え方を導入し、債務超過は、否認対象行為時において存在する必要はなく、否認権行使時に存在すれば足りる、とする規律もまた考えられるのである。仮にこのような立場に立つ場合には、現行法が支払不能の発生を偏頗行為否認の基準としているのは、支払不能が偏頗行為における有害性そのものを基礎づけるからではなく（注50）、むしろ、このような間接加害的規律の導入が許容される時点を画したものとして位置づけられることになる（注51）。

さらに、このような発想は、現行破産法が、支払不能等と並んで、手続開始申立てをも否認要件の指標としていることに対しても、統一的な説明を可能とするものであるように思われる。すなわち、手続開始申立ては、支払不能以上に有害性要件とのつながりが希薄であり、行為当時の有害性を考える限り、手続開始申立てそのものが行為の有害性を基礎づけるとは考えがたい面がある（注52）。しかし、手続開始申立ては、行為の有害性そのものを基礎づけるのではなく、間接加害的規律を許容する限界を画するものであると考える場合には、基準として十分に明確であり、かつ手続開始直前のものである点で、その合理性は十分に認められるのである（注53）。

（注38）山木戸・前掲『破産法』一八八頁。

（注39）古いものとして、兼子一「判例評釈」法協五九巻四号六七二～六七三頁、近年のものとして、中西正「判例評釈」関学三八巻二号三九八頁などがあげられる。

（注40）山本・前掲「否認権(上)」七七～七八頁、水元・前掲「新しい否認権制度の理論的検討」五九頁参照。

（注41）このような理解につき、たとえば、宗田親彦「新法における否認制度」櫻井孝一ほか編『倒産処理法制の理論と実務（別冊金判）』一三一～一三三頁を参照。

（注42）前掲『新破産法の基本構造と実務』三八〇頁〔山本克己発言〕。

（注43）たとえば、一〇〇〇万円相当の積極財産を有する債務者が二〇〇〇万円の債務を負担している場合、期待できる弁済率は五〇％であるから、額面一〇〇〇万円の債権の実価は五〇〇万円ということになろう。そこで、実価基準説を前提とすれば、この債権者が五〇〇万円の一部弁済を受けた場合には、有害性を認めることができず、否認をすることができないことになりそうである。しかし、否認を認めない場合、他の債権者が受けることのできる弁済率は、積極財産の残り五〇〇万円を一五〇〇万円で配分することとなり、三三・三％に低下してしまうのである。そうだとすれば、この場合に五〇〇万円の弁済に有害性がないとするのは問題であろう。

（注44）松下淳一「新たな否認権と相殺制限の理論的根拠」田邊光政編集代表『今中利昭先生古稀記念・最新倒産法・

会社法をめぐる実務上の諸問題」四六頁。また、水元・前掲「新しい否認権制度の理論的検討」六六頁も参照。

(注45) 二元説を採用する前掲『新注釈再生法㊤（第二版）』七一一頁〔中西正〕には、この理解を示唆する記述も見られる。

(注46) 増田勝久「偏頗行為否認の改正による実務の変更点」前掲『最新倒産法・会社法をめぐる実務上の諸問題』八〇頁、宗田親彦『破産法概説（新訂第四版）』三五五頁。なお、水元宏典「否認権の意義および性質」山本克己他編『新破産法の理論と実務』二四六頁も参照。

(注47) その趣旨について、現行破産法の立案担当者の解説は、支払不能の「時期にされた弁済等は、弁済期にある債務を全般的に支払うことができない状態にあるにもかかわらず、特定の債権者のみに満足を得させたという点において債権者間の平等を害するものなので、破産手続開始の効果の前倒しを認めるべきである」ことを指摘する。小川秀樹編著『一問一答新しい破産法』二二八頁。

(注48) この対応関係を指摘するものとして、松下・前掲「新たな否認権と相殺制限の理論的根拠」四六頁参照。

(注49) 支払不能を偏頗行為否認の基準時とする現行法の規律の理論的支柱を提供したのは、中西正「危機否認の根拠と限界⑴（2・完）」民商九三巻三号三五七頁以下、九三巻四号五一六頁以下であると考えられるが（この点については、畑瑞穂「偏頗行為否認」前掲『新破産法の理論と実務』二五八頁も参照）、同論文は、支払不能ではあるが債務超過ではない債務者による本旨弁済が否認の対象となるかという問題については、検討の対象から明示的に除外していた。同・民商九三巻三号三六一頁（注8）参照。

(注50) このように考えること自体は、必ずしも新奇なものではなく、ドイツ旧破産法の立法者の見方に回帰するものとの評価も可能である。というのも、ドイツ旧破産法の立法者は、危機否認の理論的根拠として、債務者が支払不能であること（破産請求権が発生していること）とは別個に、債権者を害する結果が発生することを要求していたと考えられるからである。この点については、中西・前掲「危機否認の根拠と限界⑴」三六八・三七七頁（注19）参照。

(注51) なお、同様の議論は、財産減少行為に関する破産法一六〇条一項二号の否認（以下、「二号否認」と呼ぶ）に

ついても、当てはめることができる。すなわち、二号否認は、支払停止又は手続開始申立て後の行為について可能とされているが、ここでも、有害性の要件を厳格に解し、行為当時の有害性を要求するものと考えると、支払停止等に加えて、行為当時の債務超過の立証まで必要ということになりかねない。しかし、二号否認は、支払停止といった指標によって明確な時期的な限定を加えることによって（そこがまさに一号否認と異なる）、間接加害的な規律を許容したものと解すれば、債務超過＝有害性については、否認権行使時までに生じていれば足りる、と解することができ、規定の文言とも合致することになろう。

（注52） 開始申立ての時点で債務者が支払不能であるとは限らないことを理由として、開始申立てを基準とすることに立法論的な批判がありうるとするものとして、山本克己「否認権㊦」ジュリ一二七四号一二五頁参照。

（注53） 手続開始申立てを否認対象行為の時点の基準とすることについては、手続開始申立てに保全処分類似の効果を認めたものとする説明も考えられるところである（前掲『大コンメンタール破産法』六五三～六五四頁〔山本和彦〕はこのような趣旨とも見られる。また、畑・前掲「偏頗行為否認」一二五九頁も参照）。しかし、手続開始申立て後であっても、たとえば弁済の禁止に関しては、別途保全処分の要件及び効果が慎重に規定されているところであり（破産法二八条）、手続開始申立てがあったというだけで、当然に保全処分と類似の効果が認められるとするのは、説明として適切でないように思われる。

四　おわりに――間接加害的規律を許容する条件

以上の検討の結果からすれば、否認権に関する現行法の諸規律のなかには、有害性の判断基準時を、行為当時ではなく否認権行使時と考える、言い換えれば、間接加害的規律を導入することによって、合理的に説明できるものが意外に多いのではないかと思われる。もっとも、すでに繰り返し触れてきたように、そうした規律を何の限定もなく導入することは、関係人の予測可能性の点で大きな問題をはらむものである。したがって、間接加害的な考え方を導入することがありうるとしても、それは、一定の条件を満たす場合にのみ認められるものと解すべきであろう。

そうした条件として本稿が提示したものとしては、まず、①主観的要件による限定があげられる。すでに見たように、ドイツ倒産法133条1項の故意否認は、債務者及び行為の相手方の主観的な悪性に依拠して、一般的なかたちで間接加害的規律を許容するものといえるが、日本法の故意否認の下では、とりわけ受益者の側の主観的要件の内容が異なるため、これと同列に論じることはできない。したがって、破産法一六〇条一項一号否認においては、行為時の債務超過を要求するか、行為時の債務超過又は行為時の支払不能と否認権行使時の債務超過といったかたちで、対象行為の時期を客観的に限定しない限り、間接加害的規律を許容することはできない。これに対して、相当価格による財産処分に関する一六一条の場合には、債務者・相手方双方の主観的要件がきわめて限定されており、これを満たす場合については、処分時の財産状態との関連では間接加害的規律を部分的に許容することが可能ではないか（注54）、というのが本稿の暫定的な結論である。

間接加害的規律を許容するための第二の条件としては、②対象行為の時期による限定があげられる。すなわち、対象行為の時期を、合理的な指標によって、手続開始に近接する一定の時期に限定する場合には、その限りで、間接加害的規律を許容する余地があると考えられるのである。偏頗行為否認や、一六〇条一項二号の否認の場合には、こうした考慮から、行為当時には直ちに有害な結果が認められないとしても、否認権行使時に有害な結果が認められれば、否認を認めてよい、とする理解も十分にありうるのではないか、また、支払不能や支払停止、また、手続開始申立ての存在といった指標は、このような間接加害的規律の許容のための基準を画するものとして、理解し直すことが可能なのではないか、というのが、この点に関する本稿の暫定的な結論である。
また、本稿では、以上のような観点を導入することを通じて、否認対象行為の有害性を基礎づける財産状態悪化の指標としては、財産減少行為否認と偏頗行為否認のいずれであるかを問わず、支払不能ではなく債務超過を基礎として考えるべきではないか、また、そのように考えたとしても、現行破産法の規律と大きく矛盾することはないのではないか、という点の論証を試みた。

以上の議論は、いずれも試論にすぎず、支払不能や債務超過といった概念そのものの意義をどうとらえるかという点をはじめとして、なお研究すべき課題は多い。そうした課題については、大方のご批判、ご教示を賜りつつ、今後研究を深めていくことができれば幸いである。

（注54） もっとも、二2(二)で述べたとおり、行為後の目的物の価格高騰については、間接加害的規律の対象とすべきではないと解される。

＊田原判事には、その多数のご著作や最高裁判所で示されたご意見を通じて、これまで多大なお教えをいただいてきたことはいうまでもないが、とりわけ、最高裁判事にご就任されて以来、判事公邸で定期的に開催された勉強会の末席を汚す栄誉に浴し、親しくその謦咳に接する幸運に恵まれたことは、筆者にとって望外の喜びであった。ここに付記して、あらためて御礼を申し上げたい。

偏頗行為否認の諸問題

松下淳一

一　はじめに

本稿の目的は、偏頗行為否認の要件及び効果に関する若干の論点について検討をすることである（注1）。偏頗行為否認は、危機時期において他の債権者に先駆けて満足を得、又は満足を確保するという「抜け駆け」を是正し、無担保の破産債権者の地位に引き戻す（破産法一六九条）ことによって破産配当に甘んじさせる制度であり、相殺禁止（同法七一条、七二条の各一項各号）とともに、倒産実体法のうち債権者平等の確保に直接かかわる部分である。

（注1） 以下では、破産法について検討するが、検討内容は民事再生法及び会社更生法にも当てはまる。

二 支払不能

1 意 義

破産法二条一一項は、支払不能を、「債務者が、支払能力を欠くために、その債務のうち弁済期にあるものにつき、一般的かつ継続的に弁済することができない状態」と定義している。

支払不能は、破産手続開始の原因たる事実であり（破産法一五条一項）、また偏頗行為否認や相殺禁止の基準時でもある（同法一六二条一項一号、七一条一項二号）。前者は、債権者間の平等をこれから強制する根拠であり、他方で後者は、開始された破産手続のなかで手続開始前の弁済や担保の設定等の効力を遡及的に否定する根拠である。両者に共通しているのは、債権者間の平等を強制する契機である点である。そして、条文上同じ「支払不能」という文言が用いられている以上、原則として同じ意味内容のものとして解釈すべきである。

2　現実の債務不履行の要否

支払不能とは、条文で定義されているように客観的な状態であって、弁済期の到来した債務について現に債務者が履行していないという債務者の行為（不作為）がある必要はない。仮に債務者が現に弁済期の到来した債務を弁済しており、債務不履行が生じていないとしても、弁済資金を調達するために、投売りや高利の借入れその他非常な「無理算段」をしているような場合には、支払不能を認定することができる（注2）。「無理算段」を続けて弁済している限り支払不能にならないと解するとすれば、債務者による「無理算段」によって支払不能に陥る時点を操作できることになり、破産手続の開始が不当に遅れて債権者への損害が拡大し、あるいは偏頗行為否認や相殺禁止の基準時が遅くなって債権者平等の実現が不十分に終わるという帰結をもたらすことから、妥当ではないのである。

3　弁済期の到来した債務の存在の要否――見解の対立

近時、判例や学説において議論があるのが、支払不能を認定する際に弁済期の到来した債務の存在が必要か、という問題である。以下では、具体例を用いつつ、対立する見解の内容を紹介する。

【例】　債務者Sに対して、債権者A（債権額一〇〇万円、弁済期四月一日）と債権者B（債権額一〇〇万円、弁済期四月八日）のみがある。Sの手元には一〇〇万円の資金しかなく、当面収益や融資を得られる可能性がほぼゼロであるなかで、Sは三月一日にAに対して弁済をした。

支払不能を認定するためには、弁済期の到来した債務の存在が必要であるとする見解を、以下「必要説」と呼ぶ。平成一六年の破産法の全面改正・倒産実体法の改正の際の立案担当者は、次のように述べて必要説によっている。すなわち、「支払不能は、弁済期の到来した債務の支払可能性を問題とする概念ですので、弁済期未到来の債務を将来弁済できないことが確実に予想されても、弁済期の到来した債務を現在支払っている限りは、支払不能ではありません。」(注3)、「……支払不能になった場合には、現在弁済期にある債務でさえも債務者の自力による弁済は不可能な状態になっており、経済的には完全に破綻しているので、破産手続開始後と同様、債権者を平等に取り扱うことが要請されると考えられます。」(注4)と述べているのである。

下級審裁判例は、公表されている限りでは、「弁済期未到来の債務を将来弁済することができないことが確実に予想されたとしても、弁済期の到来した債務を現在支払っている限り、支払不能ということはできず」と述べて必要説によるもののみである(注5)。

実務上も、債務者に多額の債務があり、その弁済が困難であることを理由として支払不能が主張されたとしても、当該債務の弁済期が到来しているかどうかについて主張と資料を欠く場合には破産手続開始申立てとしては不十分であって、請求によって遅滞に陥る債務の場合には請求をした事実の証明が必要であるとされている、との報告がある(注6)。

この必要説によれば、【例】においては、SのAに対する弁済は期限前弁済であるところ、Sは四月八日(残された債権者Bの債務の弁済期)までは支払不能にはならないので、期限前弁済について支払不能に陥る時点より三〇日前まで否認可能とする破産法一六二条一項二号によっても、上記のSによる弁済は否認できないことになる。

以上に対して、支払不能を認定するために弁済期の到来した債務の存在は不要であるとする見解があり、以下「不要説」と呼ぶ。この不要説（注７）は、支払不能を、「その債務のうち（現実にまたは将来の時点で）弁済期にあるものにつき、（弁済期が到来した時点において）一般的かつ継続的に弁済することができない（と認められる現在の）状態」であると解釈する。そのような解釈を基礎づけるのは以下のような認識である。すなわち、現在の弁済能力の一般的欠乏とは将来の債務不履行の確実性と同義であり、いま特定の債権者に弁済すれば一週間後に他の債権者に弁済することが不可能である高度の蓋然性が認められるのであれば、当該特定の債権者への弁済資金の調達方法が無理算段によるのか手元資金によるのかは等価である。また、【例】のような場合に、Ｂは、ＳがＡに弁済するのを指を咥えて見ていなければならないのは不当であり、債務者の財産状態がそのような段階に至っていれば、債権者の損失を最小限に抑えるという要請が債務者の経済活動の自由をできる限り保障するという要請を上回っていると考えるべきである、という認識である。

そして上記に示唆されているように、不要説によれば、【例】によれば三月一日時点でＳの支払不能を認定できる可能性があり、仮に支払不能を認定できるのであれば、Ａへの弁済を破産法一六二条一項二号により否認できることになる。

以下では、必要説と不要説について三つの角度から検討する。

第一に、破産法二条一一項の「その債務のうち弁済期にあるものにつき、一般的かつ継続的に弁済することができない」という文言との関係では、必要説が整合的であり、不要説はやや無理な読み方をしているといわざるをえない。

第二に、不要説によると、支払不能を認定する際には将来の債務不履行についての蓋然性が一定程度高いことを認定する必要があることになる。しかし、蓋然性がどの程度高ければ支払不能を認定することができるかは必ずしも明らかではなく、破産手続開始の原因たる事実としても偏頗行為否認や相殺禁止の基準時としても不安定であり、後者との関係では取引の安全を害しかねない。また、弁済期間際になって突然スポンサーが登場する場合もあることを考えると、結局弁済期が到来しなければ支払不能を認定できない場合も少なからずあるのではないか。さらに、支払不能自体が蓋然性を含んだ概念であるとすると、再生（更生）手続開始の原因たる事実である「支払不能のおそれ」とは二重に蓋然性を含む概念であることになりそうであるが、そのような概念がそもそもありうるのか疑問である。

第三に、個別執行との対比である。個別執行は、債務名義に係る請求権の弁済期が到来しないと開始することができない（民執法三〇条一項）。包括執行と個別執行とをパラレルに考えるのであれば、少なくとも一つは弁済の到来した債務が存在しないと包括執行は開始できない、ということになろう。もっとも、請求権の弁済期未到来であっても保全処分を利用することは可能である（民保法二〇条二項、二三条三項）。このことを考えると、不要説は、破産手続を包括執行であるとともに財産保全手続でもあるととらえていると理解することができる。破産手続（広く倒産手続一般）が保全的な機能を有することを認めるかどうか自体は興味深い問題であるが、必要説に立つとしても、弁済期の到来した債務がなくても破産手続開始の申立てをすること自体は適法であり、必要に応じて破産手続開始前の保全処分を利用し、どれか一つの債務について弁済期が到来したら（期限の利益の喪失条項が機能する場合が少なからずあろう）破産手続開始決定をすることができるから、その限りでは財産の保全をすることができよう。

以上の検討から、債権者平等を早期の段階で強制しようという不要説の実践的な意図は十分に理解できるものの、必要説のほうが優れていると解する。

（注2）　加藤正治『新訂増補破産法要論（第一六版）』二六二～二六三頁。伊藤眞『破産法・民事再生法（第二版）』八〇頁は、返済の見込みが立たない借入れにより表面的に弁済能力を維持しているように見える場合を「糊塗された表面的弁済能力」と表現する。

（注3）　小川秀樹編著『一問一答新しい破産法』三一頁（「支払不能」の定義の説明）。

（注4）　小川編著・前掲（注3）二二八頁（偏頗行為否認の時期的要件の説明）。

（注5）　東京地判平19・3・29（金法一八一九号四〇頁）、東京地判平22・7・8（判時二〇九四号六九頁）。

（注6）　中山孝雄「破産手続開始原因の審理」園尾隆司ほか編『新・裁判実務大系28　新版破産法』一一〇頁。

（注7）　山本和彦「支払不能の概念について」新堂幸司＝山本和彦編『民事手続法と商事法務』一六九頁。

三　支払停止

1　意　義

支払停止は、破産手続開始の原因たる事実や偏頗行為否認・相殺禁止の基準時となる支払不能を推定する前提事実である（破産法一五条二項、一六二条三項）（注8）。

支払停止については、破産法は定義規定を設けていないが、最判昭60・2・14（判時一一四九号一五九頁）は、「破産法七四条（現一六四条）一項の『支払ノ停止』とは、債務者が資力欠乏のため債務の支払をすることができないと考えてその旨を明示的又は黙示的に外部に表示する行為をいうものと解すべき」と判示しており、この理解が判例・学説上一般的に受け入れられている。この最判昭和六〇年は、上記の理解を具体的な事案に当てはめて、「債務者が債務整理の方法等について債務者から相談を受けた弁護士との間で破産申立の方針を決めただけでは、他に特段の事情のない限り、いまだ内部的に支払停止の方針を決めたにとどまり、債務の支払をすることができない旨を外部に表示する行為をしたとすることはできない」と判示した。

2 「外部」への表示の意義

上述のように、支払停止とは、支払不能の旨を「外部」に表示する債務者の行為であると一般的に理解されている。この「外部」とはいかなる意味か。特に特定債権者に対してだけした支払不能の旨の表示は支払停止に該当するのであろうか。

東京地判平19・3・29（注9）は、次のように判示して、特定債権者に対してだけした表示でも支払停止（破産法七一条一項三号の「支払の停止」）に該当するとした。すなわち、「手形不渡りを出すことを認識しつつ……本件当座預金口座に決済資金を入金することなく、本件手形債務の決済資金について一切手当をしようとしなかった行為は……支払能力の欠乏のため、弁済期にある債務について、一般的かつ継続的に弁済することができない旨を外部である被告（銀行）に黙示的に表示する行為」であると判示したのである。他の債権者は、手形資金について手当てがされなかったという債務者の不作為をその時点で認識する可能性はまずなかったものと思われる。

では、支払停止についてなぜ表示の「外部性」が必要とされているのであろうか。従来はこの問題について、あまり検討されてこなかったように思われる。

支払停止が支払不能を推定する前提事実であるから、債務者が支払不能の旨を外部に表示すれば通常は本当に支払不能であるという経験則があることが「外部性」を必要とする根拠である、という説明がまずは考えられる。しかし、前出の最判昭和六〇年の具体的な事案においては、弁護士との間で破産申立ての方針を決めたのであれば、債務者（自然人）本人が支払不能に陥っていることを弁護士に対して認めていることから、実際にも支払不能である蓋然性が高いと思われ、上記のような経験則が「外部性」を必要とする根拠であるという説明は、最判昭和六〇年の具体的な結論との関係ではむずかしいように思われる。

むしろ、「外部性」は、支払停止の時期を、複数の異なる否認訴訟（あるいは相殺禁止が問題となっている訴訟）の間で可及的に統一するために必要とされている、という説明ができないであろうか。旧商法（明治二三年法律第三二号）第三編（破産編）九八〇条一項一号は、破産決定書の記載事項として「支払停止ノ時期」をあげていた。破産手続の効力をどの時点まで遡及させるか（すなわち、どの時点以降の弁済に異議を述べることができるか（旧商法九九一条一項）、どの時点以降の債権債務の対立が相殺不可となるか（同法九九五条二項））を破産決定の段階で画一的に決定する規律であったのである。これに対して、旧破産法（大正一一年法律第七一号）及び現行破産法（平成一六年法律第七五号）は、債権者平等を強制する契機となる支払不能を推定する支払停止の時点を破産手続との関係で画一的に決める規律はとっておらず、否認訴訟（あるいは相殺禁止が問題となっている訴訟）が複数係属する場合には、それぞれの訴訟ごとに異なる時点で支払停止が認定される可能性がある。しかし、債権者間の平等を確保するためには、複数の訴訟の間で、支払停止の時点は可能な限り同じであることが望ましい。そのために、支払不能の旨を表示する債務者の行為は「外部」に向けてされることが必要とされているのではなかろうか。表示が外部にされていれば、その時点をとらえて支払停止があったという同じ判断が複数の訴訟においてされる可能性が高まるからである。そうだとすれば、外部への表示は、一定人数以上の者が知りうる状態になるという公知性あるいは周知性が必要であることになる。このような解釈論を前提とすると、特定の債権者にだけ向けられた表示（不作為）を「支払の停止」であるとした上述の東京地判平成一九年には疑問が残る。

3　債務整理開始通知

最判平24・10・19（金商一四〇六号二六頁、金法一九六二号六〇頁）の事案は以下のようなものであった。個人債務者Aが法律事務所に対し債務整理を委任し、その法律事務所の弁護士らが、A代理人として、Aに対して金銭を貸し付けていた債権者一般に対し、債務整理開始通知を送付した。その通知には、債権者一般に宛てて、「当職らは、この度、後記債務者から依頼を受け、同人の債務整理の任に当たることになりました。」「今後、債務者や家族、保証人への連絡や取立行為は中止願います。」などと記載され、Aが債務者として表示されていた。もっとも、本件通知には、Aの債務に関する具体的な内容や債務整理の方針は記載されておらず、当該弁護士らがAの自己破産の申立てにつき受任した旨も記載されていなかった。このような事案における支払停止の意義について、上記最判平成二四年は以下のように判示した。

「破産法一六二条一項一号イ及び三項にいう『支払の停止』とは、債務者が、支払能力を欠くために一般的かつ継続的に債務の支払をすることができないと考えて、その旨を明示的又は黙示的に外部に表示する行為をいうものと解される（最高裁昭和五九年(オ)第四六七号同六〇年二月一四日第一小法廷判決・裁判集民事一四四号一〇九頁参照）。

これを本件についてみると、本件通知には、債務者であるAが、自らの債務の支払の猶予又は減免等についての事務である債務整理を、法律事務の専門家である弁護士らに委任した旨の記載がされており、また、Aの代理人である当該弁護士らが、債権者一般に宛てて債務者等への連絡及び取立て行為の中止を求めるなどAの債務につき統一的かつ公平な弁済を図ろうとしている旨をうかがわせる記載がされていたというのである。そして、Aが単なる給与所得者であり広く事業を営む者ではないという本件の事情を考慮すると、上記各記載のある本件通知には、Aが自己破産を予定している旨が明示されていなくても、Aが支払能力を欠くために一般的かつ継続的に債務の支払をすることができないことが、少なくとも黙示的に外部に表示されているとみるのが相当である。

そうすると、Aの代理人である本件弁護士らが債権者一般に対して本件通知を送付した行為は、破産法一六二条一項一号イ及び三項にいう『支払の停止』に当たるというべきである。」

弁護士を介して債務整理通知を債権者一般に送付する行為は、債務者が現状では債務を完済することができない旨を外部に表示する行為と考えられるから、上記判決が本件通知の送付をもって支払停止と認定したのは相当であると考える。

この判決が興味深いのは、上記の判示の「Aが単なる給与所得者であり広く事業を営む者ではないという本件の事情を考慮すると」という部分との関係で、須藤正彦判事の以下のような補足意見が付されている点である。

「一定規模以上の企業、特に、多額の債務を負い経営難に陥ったが、有用な経営資源があるなどの理由により、再建計画が策定され窮境の解消が図られるような債務整理の場合において、金融機関等に『一時停止』の通知等がされたりするときは、『支払の停止』の肯定には慎重さが要求されよう。このようなときは、合理的で実現可能性が高く、金融機関等との間で合意に達する蓋然性が高い再建計画が策定、提示されて、これに基づく弁済が予定され、したがって、一般的かつ継続的に債務の支払をすることができないとはいえないことも少なくないからである。たやすく『支払の停止』が認められると、運転資金等の追加融資をした後に随時弁済を受けたことが否定されるおそれがあることになり、追加融資も差し控えられ、結局再建の途が閉ざされることにもなりかねない。反面、再建計画が、合理性あるいは実現可能性が到底認められないような場合には、むしろ、倒産必至であることを表示したものといえ、後日の否認や相殺禁止による公平な処理という見地からしても、一般的かつ継続的に債務の支払をすることができない旨を表示したものとみる余地もあるのではないかと思われる。

このように、一定規模以上の企業の私的整理のような場合の『支払の停止』については、一概に決め難い事情がある。」

下級審裁判例のなかには、この須藤補足意見と同じく、支払の免除や猶予を求める行為であっても、合理性のある再建方針や再建計画が債権者に示され、これが債権者に受け入れられる蓋然性があると認められる場合には、一般的かつ継続的に債務を弁済できない旨を外部に表示する行為とはいえないから、「支払の停止」ということはできない、と判示するものもある（注10）。

学説においても、債務免除等の申出行為が相当性を欠く場合には支払停止に該当する、と述べ、相当性を基礎づける事情として、①申出の相手方が主要債権者であること、②免除等の申出を債権者が受け入れる合理的蓋然性があることであり、この合理的蓋然性は、債権者・債務者の交渉経過、その過程における資産負債に関する情報の債権者への開示の有無、将来の収益力回復の見込みの基礎の債権者への開示の有無から判断する、と説くものがある（注11）。

しかし、債務者の行為という本来は外形的に判断可能な事柄について、一部免除や猶予の申出（再建計画案）の合理性や債権者による受入れの蓋然性という実質的な、あるいは規範的な判断を持ち込むのは適切ではないと考える。いかに再建計画案が合理的であり、債権者が受け入れる合理的な蓋然性があったとしても、再建計画の成立に向けて債務者と債権者とが交渉している間に、一部債権者が秘密裏に弁済を受け、あるいは担保の提供を受けたとしたら、結局交渉が決裂して法的倒産手続が開始された場合には、それらの弁済や担保提供は偏頗行為として否認できなければ不当である。須藤補足意見は、「たやすく『支払の停止』が認められると、運転資金等の追加融資をした後に随時弁済を受けたことが否定されるおそれがあることになり、追加融資も差し控えられ、結局再建の途が閉ざされることにもなりかねない。」と指摘する。しかし、借入金による弁済の否認を認めないとの判例法理（五1）を用いれば、融資金による弁済が否認されない場合がありうるから、「支払停止」に実質的、規範的な要素を盛り込んで狭く解釈する必要はない。一部免除や猶予の申出（再建計画案）があれば、その合理性や債権者による受入れの蓋然性の如何を問わず「支払停止」には該当すると考えるべきである。また、「支払停止」の後に債権者と債務者の交渉が実って再建計画が成立すれば、その時点で支払不能を脱することになるから、その後二次破綻して法的倒産手続が開始されたとしても、一部免除や猶予の申出と二次破綻後の法的倒産手続との間には因果関係がないという理由で、「支払停止」後の弁済や担保提供はその「支払停止」を基礎としては否認できない、と解すべきである（注12）。以上のような解釈論により、再建計画案をめぐる交渉中の弁済や担保提供の否認は、再建計画が成立に至る限りでは否定することができるから、「支払停止」概念を実質化・規範化する必要はないと考える。

（注8）　破産法七一条一項三号の本文と但書も、実質的には支払停止が支払不能を推定する前提事実であるという意味である。

（注9）　前掲（注5）。更生手続開始申立てを決めた債務者会社が、その発行した社債の弁済期の到来までに社債の弁

済金を、社債を有する大手銀行に入金しなかったという行為は、当該金融機関に対して支払不能を黙示的に表示したものであり「支払停止」である、と判示した大阪地判平21・4・16判時二〇六二号九二頁にも本文の検討が同様に当てはまる。

（注10）東京地決平23・8・15判タ一三八二号三四九・三五七頁。これに対して、東京地判平22・11・12判時二一〇九号七〇頁は、複数の金融機関に対する債務を弁済期に支払えなかった債務者が、各金融機関に対して書面を用いて返済繰延の申入れを行い、この書面中には運転資金を削って返済に充てるのは耐えがたい局面に入ったことを理由としてあげていたという事案において、返済繰延の申入れは破産法一六二条三項の支払停止に該当する、と判示した。

（注11）伊藤眞「債務免除等要請行為と支払停止概念」ＮＢＬ六七〇号一七頁。

（注12）支払停止について、一部免除や猶予の申出（再建計画案）の合理性や債権者による受入れの蓋然性という実質的な考慮をするという解釈論は、支払停止が直接否認権を基礎づけた旧法の下では、否認の対象が過度に拡大しないようにするために意味があった。しかし、現行法は、偏頗行為否認は（支払停止ではなく）支払不能が基礎づけることを明らかにしているのであるから、支払停止概念を実質化する必要性はなくなったものと考える。

四　同時交換的行為の除外

1　意　義

平成一六年の倒産実体法の改正の際に、偏頗行為否認の対象となる担保の供与は「既存の債務についてされた」ものに限定される旨の明文の規定が設けられた（破産法一六二条一項柱書括弧書）。新規融資と同時の担保の設定行為は、「既存の債務」に対する担保供与ではないので、同時交換的行為として否認の対象とはされないのである。平成一六年倒産実体法改正の立案担当者は、同時交換的行為が否認されない理由として、一度も一般債権者としての地位には立っていない、という説明をしている（注13）。被担保債権は、無担保債権として債務者の無資力リスクを引き受けるべき状態には一度もなっておらず、無資力リスクを危機時期になってから回避したという事情がない以上、他の債権者との間の平等を害することはない、という趣旨と理解される。このような説明が正当なのかどうかを後に検討する（五2）。

2　危機時期に既存債務と新規融資との両方について担保設定した場合の処理

たとえば、支払不能後に、既存の無担保債権一〇〇〇万円と新規融資二〇〇〇万円に係る債権とを被担保債権として根抵当権を設定した場合に、この根抵当権設定行為をどのように否認できるかについて考え方が分かれている。

一方では、この根抵当権設定行為の全部を否認できるとする考え方がある。この考え方は、「両者（既存債務への担保提供と新規融資への担保提供：筆者補充）が不可分である場合には…全体が否認の対象となるべきであろう。新規融資の保護のために既存の信用供与にまで優先的地位を付与することを承認するものではないからである。」という説明をする（注14）。

しかし、新規融資に対する担保供与の部分まで否認可能であるとすると、新規融資に対する萎縮的な効果が生じ、債務者の再建が困難になるおそれがある。そのような過剰な効果を避けようとする配慮から、過不足なき否認を指向して一部否認の可能性を模索する考え方もある。具体的には、旧債務一〇〇〇万円が当該根抵当権の被担保債権ではないことの確認を求める判決を得るという方法である（注15）。もっとも、この方法により既存債務一〇〇〇万円が根抵当権の被担保債権から外れて、根抵当権が実行された場合でもその一〇〇〇万円には優先弁済されないという帰結が執行手続上保障されるかどうかについては、なお詰める必要があると思われる。

過不足なき一部否認ができるかどうかは難問であるが、他方で、既存債務に対する担保供与について実質的に否認すべきではない場合とはどのような場合かという角度からの検討も必要であろう。債権者平等を破ってでも事業の継続や全債権者への弁済原資の増大という他の価値を追求することがどのような場合に正当化されるかという問題である点で、いわゆる商取引債権への弁済可能性（民事再生法八五条四項後半、会社更生法四七条五項後半）と類似の問題であり、弁済許可の要件に関する従来の議論（注16）が参考となる。既存債務に対する担保供与をしなければ新規融資を受けられず、新規融資を受けられないと事業の継続が不可能となること、他からの新規融資の調達可能性がなかったこと、既存債務に対する担保供与をしても新規融資による債務者の事業の継続によって債務者財産の価値が増大した結果として他の債権者も不利益を被らないことという要件を満たす場合には、既存債務と新規融資の両方を被担保債権として一括して危機時期に設定された担保権は偏頗行為として否認することはできないと解する（注17）。

（注13） 小川編著・前掲（注3）二三〇頁。同箇所は、同時交換的行為が偏頗行為否認の対象となるとすると、経済的危機に瀕した債務者が担保を設定して融資を受けることができなくなるので、債務者が再建の途を閉ざされるおそれがあることも理由としてあげている。

（注14） 山本和彦ほか著『倒産法概説（第二版）』二九四頁〔沖野眞已〕。伊藤眞ほか編『新破産法の基本構造と実務』（ジュリ増刊）四一〇頁の花村良一発言も、根抵当権の被担保債権が不可分であるとすると、否認されるべき内容が含まれているものについては、全体を一体として否認の対象となる、と述べる。

（注15） 伊藤ほか編・前掲（注14）四〇九頁〔山本克己発言〕。
（注16） 伊藤眞「新倒産法制一〇年の成果と課題――商取引債権保護の光と影」伊藤眞＝須藤英章監修・著『新倒産法制一〇年を検証する』二・二八頁。
（注17） アメリカ連邦破産法の下では、倒産手続開始「後」に担保権付の新規融資をする場合に、開始前の無担保債権についても新規融資に係る担保権の効力を及ぼすというクロス・コラテラル（Cross-Collateral）が認められるかについて議論があり、巡回裁判所レベルで判例が分かれている。債権者平等に反することを理由に認めない裁判例がある一方で、本文にあげた要件をあげて認める裁判例もある。邦語文献として、福岡真之介『アメリカ連邦倒産法概説』一〇六～一〇八頁。

五　新規融資（同時に担保設定）された金銭による無担保債権への弁済
――同時交換的行為と借入金による弁済の否認可能性との交錯

1　借入金による弁済

最判平5・1・25（民集四七巻一号三四四頁）は、後に破産する証券会社が日本証券業協会・京都証券取引所から借りた金銭で京都ステーションセンター㈱に返済した、という事案において、京都ステーションセンター㈱への弁済が否認できるかどうかが争われた。最高裁は、以下のように判示して、否認を否定した。

「以上の事実関係によれば、本件においては、本件各貸主からの借入前と本件弁済後とでは、破産者の積極財産の減少も消極財産の増加も生じていないことになる。そして、破産者が、借入れの際、本件各貸主との間で借入金を被上告人に対する特定の債務の弁済に充てることを約定し、この約定をしなければ借入れができなかったものである上、本件各貸主と被上告人の立会いの下に借入後その場で直ちに借入金による弁済をしており、右約定に違反して借入金を他の使途に流用したり、借入金が他の債権者に差し押さえられるなどして右約定を履行できなくなる可能性も全くなかったというのであるから、このような借入金は、借入当時から特定の債務の弁済に充てることが確実に予定され、それ以外の使途に用いるのであれば借入れることができなかったものであって、破産債権者の共同担保となるのであれば破産者に帰属し得なかったはずの財産であるというべきである。そうすると、破産者がこのような借入金により弁済の予定された特定の債務を弁済しても、破産債権者の共同担保を減損するものではなく、破産債権者を害するものではないと解すべきであり、右弁済は、破産法七二条一号による否認の対象とならないというべきである。」

学説においては、「偏頗行為の有害性は、責任財産の実質的減少ではなく、破産配当によらない満足そのものに求められる」ことを理由に、借入金による弁済は原則として偏頗行為否認に服するという見解（注18）もある。

しかし、偏頗行為は債権者平等に反する行為であるから否認できるのであり、その債権者平等は債務者の責任財産との関係において観念すべきである。債権者が危機時期に保証人から弁済を受けてもその弁済が否認されないのは当然であるところ、それは弁済原資が債務者の責任財産ではないからである（注19）。上述の最判平成五年は、一定の場合には借入金は実質的には債務者の責任財産とはならないと判示しているのであるから、これを前提とするのであれば、最判平成五年が判示するように、借入金を特定の債務への弁済にのみ充てる旨の約定があり、借入れと弁済とが時間的に密接してされた事案においては、借入金を減資とする弁済は否認できないと解すべきである。

2　担保設定と同時にされた新規融資に係る金銭による無担保債権の弁済

破産法一六二条一項柱書括弧書による同時交換的行為を否認の対象外とする法理と、借入金による弁済は一定の要件を満たす場合には否認できないという法理を組み合わせると、特定の無担保債務の弁済のために新規に借入れをし、この借入れのために担保供与をし、借入金で所期の弁済をした場合には、弁済も担保供与も否認できないことになりそうである。しかし、そのような帰結は、もともと無担保債権であったものが担保付債権に入れ替わる結果をもたらすことから、他の債権者への配当率は減少することになり、他の債権者との関係では不当と評価すべきである。

ここでは、同時交換的行為を否認できない根拠の再検討が必要であると考える。平成一六年の倒産実体法の改正に係る立案担当者は、先述（四1）のように、一度も一般債権者としての地位には立っていないことをあげていた。そのような理解に立つと、上述のように特定の債務の弁済のために新規に借入れをし、この借入れのために担保供与をし、借入金で弁済をした場合に、否認による対応ができなくなってしまう。むしろ、同時交換的行為を否認できない根拠は、債務者の総財産の価値に変動がないこと（新規融資により金銭が流入した分、担保目的財産の交換価値が流出した）と理解すべきではなかろうか。このような理解を前提とすると、上述のように特定の債務の弁済のために新規に借入れをし、この借入れのために担保供与をした場合には以下のように考えることになる。

すなわち、借入金による弁済が最判平成五年の示した要件を満たすのであれば、借入金は債権者の共同担保を構成しないことになるため、債務者財産は増加しない一方で、担保の負担が増えていることになる。したがって、融資に係る担保設定は、同時交換的行為ではあるが、融資金による弁済が最判平成五年の法理により否認できない場合には否認できる、と解すべきである。

（注18） 上野泰男「借入金による弁済の否認」山本克己ほか編『新破産法の理論と実務』二七九・二八〇〜二八一頁。

（注19） 破産債権が、危機時期に額面額を対価として譲渡された場合には、もともと債権者であった債権者は額面額で満足を受けることになるが、破産者の行為はいっさいない以上、この満足を否認できるとする見解はないと思われる。保証人による弁済も、弁済による代位が生じることから、否認可能性の観点からは、上記のような譲渡と同視できよう。

六 先順位担保権の設定の否認と後順位担保権の順位

一つの財産に複数の担保権が設定されていて、先順位の担保権の設定が否認された場合に、後順位担保権の順序は上昇するか。たとえば、一番抵当権者Aの債権額が60、二番抵当権者Bの債権額が120で、抵当権の設定された不動産の価値が100であるとする。二番抵当権の設定は同時交換的行為である等の理由により否認できない一方で、一番抵当権の設定が否認されたとする。

この場合に、Bの二番抵当権の順位が一番に上昇することを認めるのであれば、抵当権が実行された場合にはBに100の配当をする（Bの20とAの60は抵当権によりカバーされない債権となる）ことになる。しかし、そのような帰結になるのであれば、破産管財人はあえて費用をかけてAの一番抵当権の設定を否認することはないであろう。否認権行使に係る費用は破産財団が負担しながら、否認権行使の結果は破産配当の増加をもたらさないからである。破産管財人とBとの間で、否認権行使に必要な費用はすべてBの負担とするという合意があれば格別、否認できるものは否認すべきであるという「正義」の実現を、破産債権者への配当の増加という実益のないまま行うことは破産管財人の善管注意義務に反するのではないか。そもそも、否認の効果である原状回復（破産法一六七条一項）は、破産債権者への配当の原資をつくりだすためのものであるから、否認の利益を後順位担保権者が順位上昇というかたちで享受するのは否認権の趣旨に反する。また、破産法二六〇条四項は、否認権行使により破産財団に取り戻した財産が破産手続の終了（異時廃止や一〇〇％配当の場合等）の時点でまだ破産財団に残っている場合には、否認の登記は抹消される旨を定めているところ、この規律は、否認により取り戻した財産が破産債権者への配当のために用いられなかった場合には、その財産は破産者ではなく否認権行使の相手方（受益者）に帰属させること、すなわち否認権行使の結果が破産債権者に帰属しない場合には否認の効果は生じさせないことが前提となっている。以下のように考えるべきであろう。

破産財団に属する財産は、破産という包括差押えの目的となっており、一番抵当権は全破産債権者という「第三者の権利の目的」（民法一七九条一項但書）であるため、抵当権が破産財団に復帰しても消滅せず、破産財団が自己の財産の上に一番抵当を有している状態になる。一番抵当権の否認の登記は、その破産財団の一番抵当の公示である。破産手続の係属中に抵当権が実行された場合には、一番抵当に基づいて破産管財人に60、二番抵当に基づいてBに40配当されることになる（注20）。

上記のような解釈は、一番抵当権の設定が詐欺等により取り消される場合とは異なる帰結をもたらすことになるが、一番抵当権の設定の効力の消滅が債務者（あるいはさらに債務者の地位に依存する後順位担保権者）のためなのか、それとも破産債権者のためなのかが異なる以上、むしろ帰結を異にすべきであろう。

（注20）　なお、アメリカ連邦破産法551条は、否認の効果はもっぱら破産財団に帰属する旨を定め、本文にあげたような場合には、後順位担保権者の順位は上昇しないと理解されている。

＊田原先生には、かねてから実務面でも理論面でも多々ご教示を賜ってきた。その学恩に応えるには本稿はあまりに貧しいものであるが、謹んで本稿を田原先生に捧げたい。

偏頗行為否認に関する近時の問題点

増田勝久

一　問題の所在

否認の類型には、ローマ法の「パウルスの訴権」に淵源をもつ財産減少行為否認の類型と、ゲルマン法に由来する偏頗行為否認の類型がある。両者は倒産財団の清算価値の確保という点では共通の目的を有するが、財産減少行為が否認の対象となるのは、あるべき責任財産を回復し、債権の価値の毀損を防止する点で、平時でも保護される法益の確保に由来するのに対し、偏頗行為が否認の対象となるのは、債権者の平等という倒産法独自の価値判断によるものである。この意味で偏頗行為否認の基準時は、自由競争原理に基礎を置く平時の価値判断とは異なる倒産法の価値判断が介入する時期といえる。

否認の要件について、平成一六年改正前の破産法が、財産減少行為否認と偏頗行為否認を区別せず、否認対象行為の時期により故意否認と危機否認とに区別していたのに対し、現行破産法は、財産減少行為と偏頗行為とを峻別し、偏頗行為については故意否認類型を除外したうえで、否認の基準時を支払停止から支払不能に変更した（注1）。この改正は、否認の基準時を支払不能時まで「遡らせる」ことによって、否認の対象を拡大した、と一般には理解されている（注2）。

ところが、近時の実務においては、債務不履行が現実に生じる前に、債務者が自ら債務の支払を停止することがむしろ通常となっており、支払不能・支払停止の解釈によっては、支払不能前に近々支払不能が発生することが外部に表明されることとなり、その表明後に一部債権者が担保を取得するなど実質的に債権者間の公平を害することも考えられる事態が発生している。

そこで、本稿では、現行法下における支払不能概念、支払停止概念を再検討し、弁済期に債務が支払えないことが予測される段階での偏頗行為について、否認の可否を検討する（注3）。

（注1）　民事再生法及び会社更生法もこれに沿った改正がなされたが、本稿では特に断らない限り破産法の条文を引用する。

（注2）　伊藤眞ほか『条解破産法』（以下「条解」という）一〇三四頁。

（注3）　このほか、支払不能前の通謀による偏頗行為、支払不能前の財産流出行為についての原因行為の仮装といった

新たな病理現象が発生している。

二　裁判例の概観

まず、支払不能、支払停止の意義を判示した近時の裁判例を概観する。

1　支払不能の意義に関するもの

㈠　裁判例①：大阪地決平21・7・3（金商一三二五号六〇頁、昭和ナミレイ・民事再生）

本件は、債務者代理人弁護士が、新規融資や借換えができないとすると、すべての債務の弁済をした場合には平成二〇年一月末に、金融債務の支払を停止し事業債務の弁済のみを継続した場合には同年三月末に、いずれも資金ショートするとの試算の、債務のリスケジュールによる私的整理案を作成することを前提に、同年一月七日、金融機関に対して同月八日から同年四月末まですべての金融債務の支払を停止することを申し入れ、かつ、同月一〇日の債権者集会において、上記資金繰り検討結果の資料を配付して任意整理手続の開始を通知した事案である。債務の支払の停止に書面により同意した（明示的に弁済を猶予した）のは二行のみにとどまったが、債務者は事実上支払を停止した。否認対象行為は平成二〇年三月二六日の手形譲渡担保契約であり、同日時点で支払不能であったか否かが争点となった。なお、民事再生手続申立ては、平成二〇年六月五日である。

決定は、「支払不能とは、再生債務者が、支払能力を欠くために、その債務につき弁済期にあるものにつき、一般的かつ継続的に弁済することができない状態をいい（民事再生法九三条一項二号参照）、支払能力を欠くとは、再生債務者の財産、信用または労務による収入のいずれをとっても、債務を支払う能力がないことをいうものと解すべきである。」と判示し、平成二〇年三月二五日までに弁済期が到来したが弁済されなかった債務が三二億八〇〇〇万円を優に超えていたこと、再生債務者の同日時点の使用可能な現預金が約一一億円であったこと、平成一九年の当期純損失及び債務超過額が多額であったこと、同年一月二四日時点の試算で同年三月期に一九億二九〇〇万円の資金不足が見込まれていたこと、金融債権支払の停止に対する同意書を提出したのは二行にとどまっていたこと等の事実から、三月二六日時点の支払能力の欠乏、支払不能を認めた。

なお、相手方からは支払猶予がなされていた旨の主張がなされたが、その事実は認定されていない。

(二) 裁判例②：大阪地判平22・3・15（判時二〇九〇号六九頁、昭和ナミレイ・民事再生・裁判例①の異議審）

支払不能に関する判示は、ほぼ裁判例①と同旨である。

なお、本判決は、債務者が示した弁済計画案の合理性と支払不能とは無関係であるとしている。

(三) 裁判例③：東京地判平22・7・8（判時二〇九四号六九頁、ソリッドアコースティックス・破産）

本件は、平成一九年三月一九日に債務者が証券会社に対してなした一二〇億円の預託金返還請求権に対する質権設定契約を偏頗行為（破産法一六二条一項二号該当の非義務的偏頗行為）として否認するための要件としての支払不能の判断に、同年七月一二日に弁済期が到来する一五〇億円の借入金及び期限の定めのない一二〇億円の寄託金返還債務を考慮すべきか否かが争点となった。なお、その後の平成一九年一二月一一日に破産手続開始申立てがなされているが、前記質権設定がなされた預託金返還請求権の債務者、一二〇億円の寄託金返還請求権の債権者、及び破産手続開始申立人が、すべて同一会社であり、かつ当該会社が破産手続開始申立て前から詐害行為取消訴訟を提起していた（破産管財人がこれを受継した）という、かなり特殊な背景をもつ事案である。

判決は、「支払不能は、弁済期の到来した債務の支払可能性を問題とする概念であることから、支払不能であるか否かは、弁済期の到来した債務について判断すべきであり、弁済期の到来していない債務を将来弁済できないことが確実に予想されても、弁済期の到来している債務を現在支払っている限り、支払不能ということはできない。」と判示し、否認対象行為等である平成一九年三月一九日及びその後三〇日以内の支払不能を否定した。

その理由としては、

① 「債務のうち弁済期にあるものにつき」という破産法二条一一項の文言、

② 将来における債務不履行の確実性が現在の弁済能力の一般的欠如と同視できる場合にまで支払不能概念を拡張すると、相対的評価が入ることになって不明確になるおそれが強いこと、

③ 危機時期の基準を画する基準は明確性が強く要請されるべきものであること、

④ 破産法一六二条一項二号は弁済期前の偏頗行為の否認を可能とする範囲を規定したものであることがあげられている。

2　支払停止の意義に関するもの

㈠　裁判例④：大阪地判平21・4・16（判時二〇六二号九二頁、石原商事・会社更生）

本件は、対抗要件否認（会社更生法八八条一項）の事案であり、債務者が、平成一八年一二月二六日（火曜日）に社債元金等償還金約二七〇〇万円の弁済期が到来する状況で、社債募集受託銀行の入金要請を通常の入金日で

ある三営業日前の同月二一日から前日の同月二五日まで拒否したことが黙示の支払停止に該当するか否かが争点となった。なお、否認対象行為は平成一八年一二月二六日の抵当権設定登記手続、会社更生手続申立ては同月二七日である。

判決は、「支払の停止」について、最判昭60・2・14（裁判集民事一四四号一〇九頁）を引用し、「債務者が資力欠乏のため債務の支払をすることができないと考えてその旨を明示的または黙示的に外部に表示する行為をいうものと解すべきである」としたうえ、「支払停止には、弁済期の到来した債務に対する支払停止行為だけでなく、弁済期が近日中に到来する予定の債務に対してあらかじめ支払うことができない旨表示する行為も含まれると解すべきである」と判示し、前記平成一八年一二月二五日の支払拒絶をもって社債元金等の不払いによって期限の利益を喪失するすべての債務の支払を拒絶することを示したものと評価して、「黙示的な支払停止行為」を認めた。

また、本判決は、「債務者が少額の債務を支払うことができたが、資力欠乏のため、他の大口の債務を支払うことができずに、その旨を表示したときは支払停止となると解され（大判昭15・9・28民集一九巻一八九七頁参照）、債務者が一般的に支払いをすることができないと表示したときは、その後に多少の支払いをしても支払停止とされると解される（大判昭7・3・25民集一一巻四九九頁）」として、多少の額の債務の支払が支払停止の妨げとはならないことも判示している。

(二) 裁判例⑤：高松高判平22・9・28（金法一九四一号一五八頁、愛媛県のマンション販売業者・破産）

本件は、債務者が、平成一八年七月一四日、貸付金の目的外流用を理由にA銀行から預金拘束を受け、分譲マンションの販売不振もあって資金繰りが苦しくなり、新規分譲マンションの建築も断念し、同年九月には新規融資も受けられなくなって廃業に至った事案であり、支払不能、支払停止の時期が争点となった。否認対象行為は、平成一八年七月一九日のA銀行に対する根抵当権設定（破産法一六二条一項一号イ）、同年九月二九日のB銀行に対する根抵当権設定登記（同法一六四条）、同日のC銀行に対する根抵当権設定（同法一六二条一項一号イ）である。なお、債務者は平成一八年八月一八日から弁護士に相談していたが、弁護士が破産申立受任通知を各債権者に発したのは同年一〇月九日、破産手続開始申立ては同月二四日である。

判決は、「支払不能とは、債務者が、支払能力を欠くために、その債務のうち弁済期にあるものにつき、一般的かつ継続的に弁済ができない状態をいう」と判示し、平成一八年七月一九日の段階では債務超過でなかったこと、A銀行に対し同年九月一九日まで、B銀行に対し同月一一日までの支払をしていること、同年八月九日には弁済期経過後とはいえすでに弁済期が到来していた工事代金債務のほぼ全額を支払っていることなどを理由に、同年七月一九日時点の支払不能は否定し、新規借入れによる資金調達が困難となった同年九月二八日に支払不能となったと認めた。

また、支払停止については、「債務者が資力欠乏のため債務の支払をすることができないと考えてその旨を明示的又は黙示的に外部に表示する行為をいう」と判示し、弁護士が破産申立受任通知を各債権者に発した平成一八年一〇月九日をもって支払停止を認めている。債務者は、C銀行に対しては、それ以前に破産申立てを示唆し、弁護士に相談中であるとも述べ、C銀行は弁護士に対しても破産申立ての意向を確認しているが、これらは特定の債権者に対し個別に対応したものであるとして、支払停止を認めなかった。

㈢　裁判例⑥：東京地判平22・11・12（判時二一〇九号七〇頁、フードリゾート・破産）

本件は、債務者が、平成一九年五月三一日に約三億一七〇〇万円、同年八月三一日に約一億九六〇〇万円、同年九月二八日に約二億四六〇〇万円、一一月三〇日に三行計約四億八一〇〇万円、同年一二月五日に五〇〇〇万円、平成二〇年一月四日に約四億四〇〇〇万円、同年三月三一日に約五五〇〇万円と銀行からの借入金の弁済を順次停止し、他の銀行債務の支払も停止していく中で、各金融機関との間では、資産状況、収支計画、資金繰り予定などを示して返済条件についての交渉を行い、平成一九年一二月末頃に、文書で、同年一一月以降の元利金弁済の猶予を求め、平成二一年五月期から一〇年間の具体的返済計画の立案を説明した事案であり、その説明文書の配付が支払停止に該当するか否かが争点となった。否認対象行為は、平成一八年六月二九日付債権譲渡担保予約に基づく平成二〇年六月二日、同月二六日、及び同年七月二九日の三回に分けてなされた予約完結権の行使による債権譲渡担保契約である。なお、債務者は、平成二〇年八月まで通常の事業活動を続け、同年九月四日に破産手続開始を申し立てている。

判決は、破産会社が弁済期にある債務の大部分の支払をしていない状況で、運転資金を削って弁済に充てるのは耐えがたい局面に入ったことを理由に、各金融機関に対する弁済繰り延べの申入れをしたことは、「弁済能力の欠乏のために弁済期が到来した債務を一般的かつ継続的に弁済することができない旨を外部に表示したもの」であるものとして、平成一九年一二月末頃の申入れが支払停止に当たることは明らかであるとした。

また、本判決は、申入れ後も通常の営業活動を継続していたこと、各金融機関に対し元利の返済計画を定めた再生計画案を提示していたことは、支払停止に当たることを妨げないとしている。

㈣　裁判例⑦：神戸地裁伊丹支決平22・12・15（判時二一〇二号一二九頁、個人・破産）

本件は、財産減少行為否認（破産法一六〇条一項）の事案であるが、債務者代理人弁護士が債権者に対して行った通知書の送付が支払停止に該当するか否かが争点となった。

判決は、「支払の停止とは、支払不能にある旨を外部に表示する債務者の行為をいう」と判示したうえ、債権者に対する通知書に、債務者の債務額を明示して返済が困難であって長期分割払いをせざるをえない旨の記載は、支払の能力を欠くために、その債務のうち弁済期にあるものにつき、弁済することができない状態にあることを自ら認めるものであることなどを理由に、任意整理を依頼された旨の通知書をもって支払停止に当たるとした。

㈤　裁判例⑧：東京地決平23・8・15（判タ一三八二号三四九頁①事件、林原・会社更生）（注4）

本件は、平成二二年一一月中旬頃に不正経理がメイン行及び準メイン行に発覚し、新規借入れを従来どおり継続することが困難となった債務者が、同年一二月一六日にメイン行、同月一七日に準メイン行を順次訪問し、平成二二年一二月三〇日及び平成二三年一月四日に弁済期が到来する債務の支払ができないこと、事業再建ADRを通じた再建を企図していること、平成二三年一月上旬頃に金融機関との協議の機会を設け、同月二四日に事業再生ADRの申込みを行いたいと考えていることを明らかにして、事業再生ADR期間中の支払猶予と資金手当を要請した事案であり、平成二二年一二月一六日の説明が支払停止に該当するか否かが争点となった。対抗要件否認（会社更生法八八条一項）の事案で、否認対象行為は、平成二二年一二月二七日の根抵当権設定登記である。

なお、債務者は、事業再生実務家協会に対し、平成二二年一二月二〇日に事業再生ADRの利用申請、平成二三年一月二四日にその正式申込みをし、各金融機関に対して一時停止の通知がなされた。しかしながら、金融債権者間の意見の調整はできず、平成二三年二月二日、債務者は事業再生ADRの申請を取り下げ、会社更生手続開始を申し立てた。

決定は、「支払の免除又は猶予を求める行為であっても、合理性のある再建方針や再建計画が主要な債権者に示され、これが債権者に受け入れられる蓋然性があると認められる場合には、一般的かつ継続的に債務を弁済できない旨を外部に表示する行為とはいえないから、『支払の停止』ということはできないと解するのが相当である」と判示し、本件においては、「更生会社らは、事業再生ADRにおける事業再建を図ることを前提として専門家に事業再生計画の策定を依頼し、近く事業再生ADRの利用申請をすることを予定した上で、その内容等を説明したものであるから、その説明をもって『支払の停止』には該当しないというべきである」とした。

㈥ 裁判例⑨：東京高判平23・10・27（金法一九四二号一〇五頁、勝村建設・民事再生）

本件は、債務者が、平成二〇年九月九日に仕入れ・下請業者四二社に対する同月一〇日を支払日とする合計約一億円の債務の半額につき同月末日までの、同月二九日に仕入れ・下請業者七六社に対する同月末日を支払日とする合計約三億二三〇〇万円の債務につき同年一〇月七日までの支払猶予を求めたうえで、同月六日に、仕入れ・下請業者二九四社に対する同月七日及び一〇日を支払日とする合計約三億六〇〇〇万円の債務につき同月末日までの支払猶予を求める通知を仕入れ・下請業者三四二社に対して送付したことが支払停止に該当するか否かが争点となった。否認対象行為は、平成二〇年九月一一日の抵当権及び転抵当権設定契約、同月二四日の株式質権設定契約（いずれも民事再生法一二七条の三第一項二号該当の非義務的偏頗行為）であり、民事再生手続開始申立ては同年一一月一一日である。

判決は、支払停止を、「債務者が弁済能力の欠乏のため、弁済期の到来した債務を一般的、かつ、継続的に弁済することができない旨を外部に表示する行為を指す」と判示し、前記平成二〇年一〇月六日の通知は、通知上は一カ月足らずの短期の支払猶予を求めてはいるものの、同時点において、債務返済のメドは立っていない状態に至っており、そのような状況の下でされた通知は、弁済期が到来している債務について一般的かつ継続的に弁済することができない旨を少なくとも外部に黙示的に表示したものと認められるとして、支払停止を認めた。

3　最高裁判例

最判平24・10・19（金判一四〇六号二六頁）は、支払停止について、注目すべき判断を示した。

本件は、個人破産の事案であり、債務者から債務整理を受任した弁護士が金融債権者一般に対して、債務に関する具体的内容や債務整理の方針を示さないまま、債務整理について受任した旨を記載し、今後債務者本人等への直接の連絡、取立行為の中止を求めた通知書の送付が、支払停止に該当するか否かが争点であった。

最高裁は、支払停止につき、「債務者が、支払能力を欠くために一般的かつ継続的に債務の支払をすることができないと考えて、その旨を明示的又は黙示的に外部に表示する行為をいう」と判示し、上記通知書には、債務整理を法律の専門家である弁護士に委任した旨の記載があること、受任弁護士が債務者の債務につき統一的かつ公平な弁済を図ろうとしている旨をうかがわせる記載があることから、債務者が給与所得者でなく非事業者であることも考慮すると、破産を予定していることが明示されていなくとも、支払停止に該当するとした。

なお、須藤正彦裁判官の補足意見は、一定以上の規模の企業については、合理的で実現可能性が高く、金融機関等との間で合意に達する蓋然性が高い再建計画が策定、提示されて、これに基づく弁済が予定されている場合と、再建計画が合理性あるいは実現可能性がとうてい認められないような場合があることを考慮して、慎重に判断すべきとする。

（注4） 同一の裁判体が同一の事案について判断したものとして、東京地決平23・8・15（判タ一三八二号三四九頁②事件）、東京地決平23・11・24（金法一九四〇号一四八頁）がある。

三 学説の状況

1 支払不能に関する学説

支払不能については、平成一六年破産法改正前にはこれを定義する明文の規定がなかったが、現行法は、「債務者が、支払能力を欠くために、その債務のうち弁済期にあるものにつき、一般的かつ継続的に弁済することができない状態をいう。」とする定義規定を置いた（破産法二条一一項、民事再生法九三条一項二号、会社更生法四九条一項二号）。

これは、旧法下においては破産宣告の要件としての機能しかなかった「支払不能」に、相殺禁止や偏頗行為否認の基準時としての機能が加わったために、債権者など第三者との関係でも明確な基準が必要となったことによるものであるが（注5）、定義された内容は、旧法下において通説的に認められてきたもの（注6）を明文化したにすぎないと考えられる。

しかしながら、この支払不能の定義のうち、「弁済期にあるものにつき」「弁済することができない」の意義については、旧法時から、商品の投げ売りや高利の金融などの無理算段をして弁済を継続していても支払不能である、との見解（いわゆる無理算段説）が有力であり（注7）、必ずしも現実の債務不履行の発生は必要でないと考えられていた（注8）。

その一方で、支払不能を債権者の損失を最小限に抑えるという要請と債務者の経済活動の自由をできる限り保障するという要請を調整する概念であると位置づけ、債務者が経済活動等により支払資金を債務の履行期までに調達する可能性が一般的継続的に消滅した時点が支払不能である、との考え方も見られた（注9）。

現行法の立法過程においては、危機時期を画する基準につき従来の支払停止基準に代えて支払不能基準を採用し、相殺禁止や否認の範囲を拡大することについて、支払不能基準は支払停止基準に比して不明確である（注10）、という批判がなされたほか、特に金融機関側からの反発が強く、定義規定の導入そのものに影響があったと思われ、その結果、支払不能は、弁済期の到来した債務の不履行に関する概念であり、弁済期にある債務が支払われている限り、将来債務を弁済できないことが明らかであっても支払不能ではない、との見解も主張されるに至った（注11）。

しかしながら、支払不能はあくまで客観的な財産状態であるから、現実の債務不履行の有無とは一応切り離して考えるべきであり、いわゆる無理算段説からは、一時的な借入れや返済の見込みがない借入れによって弁済能力があるように見えても、それは糊塗された能力であって、客観的に資力が不足しておれば支払不能である（注12）、あるいは「弁済期の到来した債務について弁済できないものが現にあるという事態が発生している必要はない」（注13）との批判がなされている。

さらに進んで、将来の債務不履行が高度の蓋然性をもって予測されるのであれば、現在の支払不能が認められる、との見解もある（注14）。

2　支払停止に関する学説

支払停止の意義については、支払不能の旨を外部に表示する債務者の行為をいう、とするのが多数であるが（注15）、判例（前記最判平24・10・19、最判昭60・2・14）が支払不能の要件のうち「その債務のうち弁済期にあるものにつき」の部分の表示を、支払停止の要件から除外していることは、特段意識されていないようである。

なお、表示行為の態様について、夜逃げや手形不渡は異論なく黙示の支払停止とされているが、表示行為の範囲、支払不能推定の意味については、学説上は特段の議論はないように思われる。

（注5）　小川秀樹編著『一問一答新しい破産法』三〇頁。
（注6）　斉藤秀夫ほか編『注解破産法（改訂第二版）』六七七頁。
（注7）　兼子一『破産法』一四九頁、伊藤眞『破産法』四三頁、斉藤ほか前掲（注6）六七九頁ほか。
（注8）　谷口安平『倒産処理法（第二版）』七四頁は、財産、信用、稼働力の三要素を総合してもなお弁済能力が継続的に欠乏する客観的状態が支払不能である、とする。この考え方からは、現実の債務不履行の存在は支払不能の有無を左右しないと考えられる。
（注9）　中西正『ドイツ破産法における財産分配の基準』関学四三巻三号一二〇頁、同『否認権・相殺権』別冊ＮＢＬ六九号一一九頁。
（注10）　シンポジウム「倒産実体法の改正」民訴四九号一四一頁（森宏司コメント）。なお、債権者の悪意を要件とすることでバランスをとるという意見に対しては、善意悪意の対象が不明確であればやはり予測可能性を欠くという批判がなされよう。

（注11）加藤哲夫『破産法（第五版）』八五頁。三上徹「新破産法と支払不能・支払停止、相殺禁止の時期」金法一八二〇号一四頁によれば、「法務省民事局との慎重な意見交換の結果、その判断のポイントが『新破産法において否認権及び相殺禁止規定に導入された『支払不能』基準の検証事項について』として全銀協から公表されている」。

（注12）伊藤眞『破産法・民事再生法（第二版）』八〇頁。

（注13）松下淳一「新たな否認権と相殺制限の理論的根拠」今中古稀『最新倒産法会社法をめぐる実務上の諸問題』五二頁。

（注14）山本和彦「支払不能の概念について」新堂幸司・山本和彦編『民事手続法と商事法務』一七〇頁以下。

（注15）伊藤ほか前掲（注2）一一五頁、山本和彦ほか『倒産法概説（第二版）』三五〇頁など。

四　検　討

1　弁護士実務の現状

破産法の立法者は、窮境にある債務者については、まず支払不能状態が発生し、それが一定期間継続する中で、支払停止行為が生じることが通常であることを前提としている（注16）。実際にも、約定の支払期日に支払ができない債務者が、金融機関や取引先に個別に支払猶予を申し入れ、破綻状態が公にならないままこれら債権者の黙認のもとに事業を継続している場合は多数あり、それがある時点で金融機関の態度の硬化、取引先の倒産など何らかの引金により、自ら支払ができないことを表示し、破産等の倒産手続開始を申し立てる例は、今日でも少なくない。前記裁判例⑤⑨の事案はこれに該当すると考えられる。

しかしながら、一方で、余力のあるうちに倒産手続に入る方が債権の毀損も少なく、債権者に迷惑をかけなくてすむとの認識が広まったこと、倒産に対する倫理的非難がなくなり、債務者に倒産することに対する心理的抵抗が小さくなったこと、反社会的勢力による暴力的な介入が少なくなったことなどを背景に、支払を遅延する前に自ら「手を上げる」例も増加している。

従前から、非事業者の個人破産は、苛酷な取立てを免れる手段として機能してきたため、支払の遅延による取立行為がなされる前に弁護士が代理人就任通知を債権者に送付し、支払を停止するのが通例であったが、近時では、法人破産においても、破産申立てを受任した弁護士は、債務者財産の散逸を防止するため、可及的速やかに営業を停止して従業員の解雇、賃借物件の明渡し等を行い、現預金・動産等につき財産保全の措置をとったうえ、債権者に対する受任通知を行うべきものとされ（注17）、実際にも債務不履行が発生する前に受任通知を発する事例が多い。

また、会社再建の委任を受けた弁護士は、民事再生手続ないし会社更生手続を申し立てる前に任意整理による再建を試みることも少なくなく、この場合には債務不履行が発生する前に、金融債権者に対する説明会を開くなどの方法で債務者の資産状況を公表し、場合によっては再建計画案の枠組みを示すこともある。前記裁判例①②⑧はこれに該当する。

このような場合に、債務不履行発生前に近々債務不履行が発生することを知りながら、弁済を受けた債権者、担保提供を受けた債権者が後の倒産手続開始後もその利益を享受することは、債権者の公平を欠くのではないかとの疑問が生じる。

そこで、以下では近時の弁護士実務をふまえた次のような想定例により、支払不能と支払停止の意義、支払不能と支払停止との関係につき、検討することとする。

(1) 想定例1

A社は、これまで債務不履行はないが、資金繰りを検討した結果、取引先に対する一一月末の支払ができないことが判明したため、一一月一〇日に弁護士に相談した。弁護士は、一一月一五日、A社の事業を閉鎖するとともに、A社が債務超過であり、一一月末期限の債務の支払の見込みがないことを明示して、各債権者に対し、A社の債務の処理に関する代理人就任通知を発送した。

(2) 想定例2

B社は、これまで債務不履行はないが、資金繰りを検討した結果、取引先に対する一二月末の支払ができないことが判明したため、一一月一〇日に弁護士に相談した。弁護士は、一一月二〇日、金融債権者のみを集めて説明会を開催し、過去三年間の貸借対照表、損益計算書、過去一年間の資金繰り表、今後一年間の資金繰り予定表を開示したうえ、三カ月以内に弁済計画を示すので、現時点から金融機関への支払を停止しつつ、事業を継続する、と通告した。

「想定例1」は破産など清算へ向かうことが予定されている場合、「想定例2」はとりあえずは再建を指向する場合であり、いずれもヴァリエイションが考えられるが、これらを念頭に置いて検討を進める。

2 支払不能

いうまでもなく、破産法一六二条は支払不能を偏頗行為否認の基準時としているが、支払不能時の精密な特定が求められているわけではない。当該否認の対象とされた行為の時点において支払不能であったか否か（一項一号ア）、もしくは支払不能になる前三〇日以内であったか否か（同項二号）が問題とされているのであり、受益者等の主観的要件も、行為時の認識が問題なのであって、いつ支払不能になったかの認識とは無関係である。したがって、支払不能の概念を検討するにあたっても、概念そのものの明確性は要求されるが、つねにその時点を厳密に特定できることまで考慮する必要はない。

しかしながら、破産法二条一一号の文言を待つまでもなく、支払「不能」の対象となる債務の範囲は、行為時において明確に特定され認識可能であることが必要であり、将来の債務まで「その債務のうち弁済期にあるもの」の解釈に含めるのは、無理があると考える。

ただ、このことは、支払不能の要件として現実の債務不履行の発生を要するとの見解に直ちに結びつくものではない。ここでは、支払不能の概念が、債務者の財産拘束とともに、債権者平等原理を介入させ、債権者の権利行使を制約するものであることを考慮しなければならない。

本旨弁済や義務的担保提供が平時法である民法においては原則として詐害行為の対象とならないのは、これにより資産の総和に変更がなく、ある債務の弁済と他の債務の弁済との間に関連性がないからである。仮に債務超過であっても、その後の一定時点における清算が予定されていない以上、期限未到来の債権者や事実上弁済を受けていない債権者に、先行する債務の弁済を覆滅させるほどの保護を与える必要はない。一方、倒産法において否認の対象となるのは、その後の倒産手続開始によってある一定時点の実質的資産価値によりそれまでの債務を清算することが予定されていることから、その基準時である倒産手続開始時における平等弁済の利益を確保するためである。

してみると、その境界線となる「一般的かつ継続的な弁済能力の欠乏を示す客観的状態」としての支払不能は、「特定の債権者に満足を与えることにより、当該債権に対応する資産価値の消滅を超えた不利益を他の債権者に与える状態」と考えることができる。したがって、「弁済期が到来した債務」について、①「一般的かつ継続的に」現実に支払ができない状態のほか、②現実に支払おうとすると、必然的に、資産価値が毀損する、あるいは収支が悪化するなど、以後の弁済能力に影響を与える状況が、「一般的かつ継続的に」発生している場合には、「支払不能」の状態にある、と解すべきであろう。

このように解することにより、いわゆる無理算段説が想定する場合はほぼ支払不能に包摂され、「想定例1」についても、遅くとも一一月一五日以後に最初に到来した債務の弁済期における支払不能が認められることになろう。また、前記裁判例③の事例については、将来の巨額の債務の弁済期が到来するまでに履行期が到来する債務の支払に支障がないことを前提とすれば、具体的事案としては四月二〇日までの支払不能は否定されよう。

これに対し、「弁済期の到来していない債務を将来弁済できないことが確実に予想されても、弁済期の到来している債務を現在支払っている限り、支払不能ということはできない。」との見解を前提とすると、「想定例1」では一一月二九日までに履行期が到来する債務をすべて支払っても否認の対象とはならないという帰結になるが、債権者の平等・公平という倒産法の理念とあまりにもかけ離れた結論であろう。このような見解では、手形不渡りが確実に予想される日の前夜に、債務者会社において善後策を協議していた場で債権者が弁済を受けた場合（弁済が詐害行為取消しの対象となった最判昭46・11・19（民集二五巻八号一三二一頁）の事案）でも、その債権の履行期が手形不渡りの前日に到来しておれば、後に倒産手続が開始しても否認の対象とならないことになるが、妥当な結論とは思われない。

3　支払停止

㈠　表示内容

最高裁判例は、前記のとおり、「債務者が、支払能力を欠くために一般的かつ継続的に債務の支払をすることができないと考えて、その旨を明示的又は黙示的に外部に表示する行為をいう」とし、対象債務の弁済期は問題にしていない。前記裁判例④⑤も同様に解しており、④は、弁済期が近日中に到来する予定の債務に対してあらかじめ支払うことができない旨表示する行為も含まれることを明言している。

支払不能が支払停止に先行することが圧倒的多数であった時期とは異なり、履行期にある債務を支払っている間に弁護士が代理人就任通知を発送する近時の実務を前提とすると、最高裁判例の結論を支持すべきであり、弁済期の到来の有無に関係なく、通知時以後に弁済期の到来する債務を含めてすべての債務の弁済を停止する旨の通知が弁護士からなされたときは、支払停止と解すべきである。

ここで弁済を停止する債務は必ずしも「すべての」債務であることは必要でなく、金融債務のみ、取引債務のみであっても、当該債務者の総負債に占める割合、当該債務の弁済の事業の遂行における重要性などを考慮して、支払停止の有無を判断すべきである。

支払停止の対象債務を弁済期既到来のものに限るとすると、「現在までに弁済期が到来した債務をすべて支払っている状況で、弁済期未到来の債務につき将来弁済できないことを表示する行為」が「支払停止」から除外される結果、破産法一六二条三項が予定している「支払停止がなされたが、支払不能でない場合」は、債務者が数字を読み違ったなどのきわめてまれなケースに限られることになり、当該条項自体ほとんど意味をなさない。また、「想定例1」の代理人就任通知はもちろん、通常行われている個人破産の就任通知も、弁済期既到来の債務をすべて支払ったうえで夜逃げした場合も、その時点では支払停止とはみなされないことになって、明らかに不合理な結論となろう（注18）。

「想定例2」は、予想されている債務不履行の発生が一カ月以上先である。このような場合に支払停止を認めると、債務者の延命策としての濫用が懸念されるところである（再建支援を抑制するとの懸念については後記㈣で述べる）。しかしながら、多くの債権者が期限の猶予に同意するなどの事情がない限り、支払を事実上停止することにより契約上将来の期限の利益も喪失するのが通常であるから、債務者は早晩支払不能に陥る事態が予想されることを考慮すると、支払停止を認めることに支障はないと考える（注19）。

さらに進んで、支払不能以外の倒産手続開始原因（民事再生法二一条一項後段、会社更生法一七条一項二号）を表明して、倒産手続開始申立ての予定を明らかにした場合も支払停止に含めることはできないであろうか。現行法は支払不能とその他の倒産手続開始原因とを明確に書き分けており、解釈論としては困難であるが、立法論としては、債務者が自ら財産拘束に服することを表明して倒産法秩序に従うことを明らかにした以上、債権者も債権者平等という倒産法の原理に従うべしとしても、不合理ではないと考える。

㈡ 表示の相手方

前記最判昭60・2・14は、債務者と弁護士との間で破産申立ての方針を決めただけでは内部的方針決定にとどまり、支払停止とはならないとする。これは、支払停止が否認の要件である危機時期の基準時とされていた旧法時の判例であるが、現行法下においても、支払不能の推定機能を有する以上、外部に表示されることは必要である。

表示行為の相手方は、金融債権者のみの場合（裁判例①②⑥「想定例2」）、取引債権者のみの場合（裁判例⑨）のいずれでも、支払継続の有無が事業の遂行にとって重大な影響を与える相手方であれば足りる。

ただ、特定の債権者だけに表示した場合（裁判例④は支払停止を肯定、⑤は否定、⑧は別の理由で否定）は問題である。表示を受けなかった者に支払不能の不存在につき立証責任を課すのが酷であることはいうまでもないが、実際に問題となるものの大半は、表示行為を受けた者が債務者と通謀して行った偏頗行為である。当該債権者に対する支払継続の有無が債務者の事業の遂行にとり重大な影響を与える場合には、仮に一社であっても前記同様に解することができよう。表示を受けなかった債権者の救済は、主観的要件によることになる。

(三) 支払不能の推定

旧法下では、否認及び相殺禁止の要件は支払停止であり、支払不能ではなかった。このため、否認を主張する側が支払停止を立証すれば、相手方が支払不能でないことを立証して否認を免れる余地はなかった（注20）。しかし、現行法では、支払停止はそれ自体が偏頗行為否認の要件事実ではなく、支払不能を推定させる前提事実にすぎないから（破産法一六二条三項）、対象行為時に支払不能でなかったとの反証が許されることになる。

したがって、「想定例1」では、支払停止はあったとしても、就任通知自体に資金ショート時が一一月末日であることが明記されているのであるから、一一月二九日までに対象行為を行った者については、反証の余地がある。その結論は、支払不能につきいかなる説をとるかにより、分かれるであろう。

これに対し、「想定例2」では、支払停止後も事業を継続するので、実際に支払停止後の弁済・担保設定等が行われる可能性が十分にある。しかしながら、通知時に想定されていた資金ショート前の一二月三〇日までに対象行為を行った者について反証の余地があるかといえば、「想定例1」とは状況が異なる。事業を継続している以上、事実上支払を止めることによって資金を回転させることができ、実際に資金がショートする時期は不明となること、支払猶予に応じる、期限の利益喪失の手続をとるなど個々の金融機関の対応によって以後の弁済期がまちまちになり、支払不能の対象となる債務が見えなくなることにより、当初想定されていた支払不能時期は必然的に変わり、ある特定の時期をとって支払不能でないことを証明することは、事実上きわめて困難になると思われる。すなわち、この場合が、支払停止による推定が最も機能する場面であるといえる。

このように、支払停止時に支払不能でない場合においても、支払停止以後は支払不能の推定がはたらくので、支払不能基準に変更されたことによりかえって債権者間の公平を害することになるような事態は、かなりの程度で回避できると考えられる。

(四) 再建計画案と支払停止

最後に、前記最判平24・10・19の須藤補足意見が指摘し、裁判例⑧が採用する、再建計画案と支払停止の概念との関係について触れる。

破綻企業の再建の有用性が社会的に認知され、再建優先の気運が高まるとともに、「想定例2」のようなケースでは再建支援を促進するため支払停止を認めるべきでない場合があるとの考え方が、主として企業再建にあたる実務家サイドから主張されるに至っている。

しかしながら、再建計画案の提示の有無やその合理性は、支払停止の有無とは無関係であると考える。

その理由としては、

① 可能な限り企業は再建すべきとの考え方の有用性は理解できるが、再建の優先性が一般法理として必ずしも妥当するとはいえないこと、

② 提示された再建計画の実現性合理性の判断は、示された時点ではなんら検証されておらず、その判断を個別の債権者がするとすると、抜け駆け的な担保取得などが横行するおそれがあり、結局は債権者のコンセンサスによるほかないこと、

③ 真に合理的な再建計画案であれば、倒産手続開始には至らないためおよそ否認の問題は生じないはずで、否認が問題となるのは当該計画案が債権者の多数の承認を得られず任意整理が頓挫して倒産手続が開始した場合であること、

④ いわゆるプレ・パッケージ型民事再生においても否認の問題は生ずるのであり、自主的再建計画案による任意整理が不成功に終わって倒産手続に入った場合に否認リスクを回避できるというのは不均衡であること、

⑤ 再建支援のための新規与信・追加融資については、同時交換的行為として新たな担保をとることにより否認リスクを回避できる方法があること

があげられる。

示された再建計画の実現性合理性の検証は提示段階ではなされておらず、後日の判断にかからしめざるをえないのであり、このようなものを基準とすることはそれ自体不安定で、支払停止の判断の基礎として不適切であり、裁判例②⑥が判示するとおり、支払停止の有無とは無関係であると解すべきである（注21）。

（注16） 伊藤ほか前掲（注2）一〇四一頁。

(注17) 大阪地方裁判所ほか編『新版破産管財手続の運用と書式』一七頁以下。

(注18) 就任通知を発するまでは穏当にすべての債務を弁済している例も少なくないので、支払不能につきいわゆる無理算段説をとった場合も、上記私見のように考えた場合も、個人多重債務者の場合はともかく、企業倒産の場合は同様に不合理な結論となる。

(注19) 多くの債権者が期限の猶予に同意した場合は、支払不能が発生しないか、支払不能が解消するので、この場合も支払停止を認めて支障はない。

(注20) この点を不合理として、否認権行使の要件としての「支払停止」には支払不能の客観的状況を要する、といういわゆる二義性説も主張された。斉藤ほか前掲(注6)三八六頁。

(注21) 裁判例⑧は、当該会社更生手続について、不動産の高額での売却により高率での弁済が見込まれたため、更生手続の長期化を防ぎ、早期終結を促す意味があったとの見方もでき(柴原多ほか「林原グループの事業再生ADR申請の経緯および更生手続申立ての経緯」金法一九五二号二三頁参照)、その意味では先例的意義は疑問である。

五 結び

以上のとおり、偏頗行為について故意否認が否定され、支払停止基準から支払不能基準に移行したことによって、立法者が意図していなかった方向で生じた問題点について検討してみた。支払不能及び支払停止概念の再検討については、あくまで試論であり、今後のご批判を仰ぎたい。

本稿は、田原睦夫最高裁判事のご退官にあたって、果たしてこられた激務を慰労するものである。田原判事には、筆者が司法修習生であった頃から、倒産法の研究会、実際の倒産事件などを通じてお世話になってきた。

「まだこの程度のものしか書けへんのか」とのお叱りの声が聞こえてきそうであるが、筆者の感謝と慰労の気持ちだけはお汲み取りいただきたいと思う次第である。

対抗要件否認の行方

中井康之

一　はじめに

林原グループの会社更生事件における更生担保権査定手続で対抗要件否認の成否が争われた、東京地決平23・

11・24（金法一九四〇号一四八頁）を紹介することから本稿を始めたい（注1）。

1　事案の概要

X銀行は、H社の準メインバンクとして、H社に対して、平成一八年二月二八日から平成二二年八月三一日までの間に、一〇回にわたって合計四八二億円の証書貸付けをしていた。

T社は、H社グループに属するH社の子会社であるが、平成二一年一〇月三〇日、H社のX銀行に対する借入債務を担保するために、T社所有の不動産に極度額五〇億円の根抵当権を設定した（以下「本件根抵当権設定契約」という）が、X銀行とT社は、その登記手続を留保した。

平成二二年一一月中旬頃、H社グループにおいて約二二八億円に及ぶ売上の架空計上をはじめとする不適切な会計処理を行っていたこと等が、H社のメインバンクであるC銀行とX銀行に発覚した。

H社グループの代理人弁護士は、平成二二年一二月一六日にC銀行、翌一七日にX銀行を訪問し、同月末日と平成二三年一月四日に弁済期日が到来するC銀行とX銀行の借入金債務を支払うことができず、資金繰り破綻に至ること、不適切な会計処理の問題性の重大性に照らして、H社グループの事業破綻を回避するためには、抜本的な事業再建のための方策が必要であり、C銀行とX銀行の理解と協力を受けられるのであれば、事業再生ADRを通じた再建を企図していること、平成二三年一月二四日に事業再生ADRの正式申込みを行いたいと考えていること、事業再生ADRの期間中における資金繰り破綻を避けるべく、C銀行及びX銀行に対する借入金の支払猶予及び資金手当てについての協力の要請を行った（以下「本件要請行為」という）。

H社グループは、両行の訪問結果をふまえて、平成二二年一二月二〇日、事業再生に関する特定認証紛争解決事業者である事業再生実務家協会に対して、事業再生ADRの利用を申請し、同日受理された。

X銀行は、平成二二年一二月二四日及び同月二七日に、本件根抵当権設定契約に基づく仮登記を具備した（以下「本件仮登記具備行為」という）。

H社グループは、平成二三年一月二四日に事業再生ADRの正式申込みを行い、取引金融機関に対して一時停止の通知をするとともに、事業再生計画案を提出したが、事業再生ADR手続を利用した金融機関の意見調整は困難と判断し、同年二月二日に、事業再生ADRを取り下げるとともに、H社ほかのグループ会社について会社更生手続開始の申立てをした。T社は、遅れて、同年五月二五日、会社更生手続開始の申立てをして、同日開始決定を受けた。

2 争点

(1) 本件仮登記具備行為について、会社更生法八八条一項による対抗要件否認が成立するか

T社管財人は、本件要請行為は、T社の「支払の停止」に該当し、本件仮登記具備行為は、本件根抵当権設定契約から一五日経過後になされたもので、X銀行はT社の支払停止を知っていたから、対抗要件否認ができると主張した。

X銀行は、本件要請行為をもって、「支払の停止」があったとはいえないと主張した。

(2) 本件仮登記具備行為について、会社更生法八六条一項一号による詐害行為否認が成立するか

T社管財人は、支払停止前であっても実質的危機時期において原因行為から一定期間経過後に抜け駆け的な対抗要件具備行為がされた場合、更生会社の引当てとなるべき財産につき、他の更生債権者等の正当な期待を害

し、債権者平等の原則に著しく抵触する結果となる事態が想定されるから、抜け駆け的な担保権確保行為を否定し、債権者間の公平を図るためには、対抗要件具備行為について、その原因行為とは独立して、詐害行為否認を認める必要があるとしたうえ、T社は、本件仮登記具備行為時には、実質的危機時期にあり、T社には詐害意思があり、X銀行はT社が大幅な債務超過にあることを認識していたから、本件仮登記具備行為について詐害行為否認ができると主張した。

X銀行は、T社は、実質的危機時期にはなかったし、仮に、実質的危機時期にあったとしても、X銀行はそのような認識はなく、悪意ではなかったと主張した。

3　争点に対する判断

本決定は、争点(1)について、「支払の免除又は猶予を求める行為であっても、合理性のある再建方針や再建計画が主要な債権者に示され、これが債権者に受け入れられる蓋然性があると認められる場合には、一般的かつ継続的に債務を弁済できない旨を外部に表示する行為とはいえないから、「支払の停止」ということはできない」としたうえ、本件要請行為は、「支払の停止」に当たらないとして、対抗要件否認の成立を否定した。本決定が、私的整理手続における金融機関に対する金融支援や弁済猶予の依頼が、一定の要件の下で支払停止に該当しないとしたことは重要である（注2・3）。事業再生ADRにおける一時停止の通知の場合も、正式受理に先立って、手続実施者候補者により、事業再生計画案の内容が審査されその合理性が一定担保されており、かつ主要債権者の意向聴取も行われているので、一時停止の通知は原則として「支払の停止」に当たらないといえよう。この点は、直接本稿の論点にかかわらないので、その指摘にとどめる。

本決定は、争点(2)について、会社更生法八八条及び同法八六条一項一号の解釈として、対抗要件具備行為に対する詐害行為否認の成立可能性を認めたうえで、T社は、本件仮登記具備行為時において実質的危機状態ではなかったとして、詐害行為否認の成立を否定した。本決定の認定した「判断の基礎事実」の下で、T社が実質的危機状態ではなかったとした点は事例判断として興味深いものがあるが、本稿との関係で重要な点は、本決定が、対抗要件否認の規定による対抗要件具備行為に対する否認の成否と、否認の一般規定による対抗要件具備行為に対する否認の成否の相互関係について、以下のとおり判断した点である。

① 対抗要件否認の規定は、債務者の詐害意思を要件とする「故意否認」を制限したものではなく、債務者の詐害意思を要件とせずに危機時期にされた行為を対象とする「危機否認」の要件を加重する趣旨の特則である。

② 対抗要件否認の規定（破産法一六四条、会社更生法八八条）は、危機否認に対応する規定、すなわち、担保供与又は債務消滅行為を対象とする偏頗行為否認の規定（破産法一六二条一項一号、会社更生法八六条の三第一項一号）と、それ以外の財産処分行為を対象とする詐害行為否認に関する規定の一部（破産法一六〇条一項二号、会社更生法八六条一項二号）との関係で、その各要件を加重した特則であるから、これら一般規定によって対抗要件具備行為を否認することは、当該特則の置かれた趣旨を没却し、他の否認規定の内容、要件と齟齬を来すことになるため許されない。

③ 担保供与又は債務消滅行為以外の財産処分行為を対象とする詐害行為否認の規定のうち危機否認と直接関係がない規定（破産法一六〇条一項一号、会社更生法八六条一項一号）は、従前の「故意否認」の規定に対応するものであり、対抗要件否認の規定は、「故意否認」の特則ではないから、故意否認に対応する規定の要件を満たす場合には、対抗要件具備行為を否認することができる。

4　問題意識

本決定が示した破産法一六四条（会社更生法八八条）に関する対抗要件否認の理解は、大審院時代からの判例である「制限説」を前提に、旧破産法七四条（以下、旧破産法は「旧」とのみ表示する）は、旧七二条二号の危機否認を制限するもので旧七二条一号の故意否認を制限するものではないとする後述の「制限説（二分説）」に従うものである。そして、その一般論は、「理論の枠組みとして妥当であり、意義のある裁判例である」と評釈されている（注4）。

しかし、実務家として、本決定を読み込んではじめて、なるほどそういうことか、と理解できたものの、以下のような疑問を感じざるをえなかった。それが、本稿執筆の動機であり、問題意識でもある。

第一は、本決定の示した対抗要件否認の解釈論が、学説の一般的理解と評されているにもかかわらず、会社更生法八八条や同法八六条一項一号、その前提としての破産法一六四条や同法一六〇条一項一号を読んでもにわかに理解しがたいことであった。それはひとえに、私の勉強不足によるものであるが、はたして、本決定が示した整理が、日頃かかる事態に接している金融実務家や倒産実務家の一般的理解であったのか、という素朴な疑問がある。くしくも、民法（債権法）の改正作業において、詐害行為取消権の改正を検討する過程で、その対象として対抗要件具備行為を取り込むかどうか議論されていたことも、本決定に関心をもつに至った契機であった（注5）。

第二に、本件仮登記具備行為についてその根拠はともかく否認が成立しなくてよいのか、という実質論である。それも、本来的には、破産法一六四条（会社更生法八八条）に基づく対抗要件否認が認められて然るべきではないか、という素朴な感覚があった。

H社グループは、きわめて優良な企業グループとして有名であったようである。本業のバイオ技術はすぐれその収益性は高く、岡山駅前には、四万六〇〇〇㎡を超える広大な土地を特段有効利用もしないまま長年所有し、メインバンクであるC銀行の筆頭株主であり、グループの行うメセナ事業も有名であったようである。岡山駅前の不動産はもとよりH社グループの所有する多数の不動産は、登記簿上まったく担保提供されていなかったようで、本件仮登記具備行為がなされるまでは、外観上はきわめて高い信用力を維持していた。しかし、実際には、メインバンクのC銀行や準メインバンクであるX銀行は、H社に対する多額の貸付金を保全するために岡山駅前不動産をはじめとするH社グループの不動産に担保権を設定しながら、その信用力の外観を維持するために債務者と合意のうえで登記留保をしていたうえに、債務者は他の金融機関に対してはメインバンクや準メインバンクからは無担保で借入れを行っているとの虚偽の説明までしていたとのことである（注6）。

かかる状況下で、C銀行とX銀行以外の金融機関が競うように、H社グループに対する与信を継続ないし拡大していたようで、T社管財人の主張によれば、本件根抵当権設定契約をした平成二一年一〇月三〇日から、平成二二年一二月に本件仮登記具備行為がなされるまでの間に、金融機関一〇行が総額一九三億円に及ぶ貸付けを行っていたというのであるから、かかる貸付実行に際して、H社グループの多額の不動産にまったく担保提供されていないという外観がその与信審査に影響を及ぼさなかったとは考えがたい。むしろ、メインバンクや準メインバンクが、H社グループの不動産に担保を設定していたことを知れば、与信審査に多大な影響を与えたものと容易に想像できるのである。

しかも、本決定の認定した事案の概要を見る限り、H社グループは、多額の粉飾の事実をまずは、メインバンクのC銀行と準メインバンクのX銀行のみに開示しているようであり、X銀行は、準メインバンクとして取得した情報に基づき本件仮登記具備行為に至っており、その段階では、他の金融機関は粉飾の事実を知らなかったものと思われる。準メインバンクとして多額の担保をとりながら、登記を留保してその事実を公示せず、他方で、準メインバンクとしてマイナス情報を優先的に知るや、留保していた登記を具備する行為は、明らかに他の債権者のそれまでのH社グループの外観に対する信頼を裏切る行為と評価できる。

対抗要件否認は、このような場面でこそ機能する制度であるはずで、それゆえ当然に、本件仮登記具備行為に対する否認は成立するものと想像していただけに、本決定が、対抗要件否認も詐害行為否認も否定したことは驚きであった。ただ、別途同じ頃に締結した連帯保証について否認が認められ実質的危機状態ではないことが理由となったようであり、本決定が更生担保権額の査定手続におけるもので、簡潔な事実認定と評価しか示されていないので、その当否を議論することは当を得ないであろう。

しかし、本件事案を通じて、以下の作業の必要性を感じる次第である。第一に、旧破産法との比較において、破産法において対抗要件具備行為が否認できる場合について、対抗要件否認規定による否認と一般規定による否認との関係、その対象となる対抗要件具備行為と原因行為との関係、その要件と効果を整理することである。第二に、その整理の結果が、現行条文のままでは容易に理解できないのであれば、関係者の誰もが理解できるように、その整理を的確に反映したわかりやすい条文に改正すべきであるし、整理を試みても解明できない論点が残るとすれば、対抗要件否認の目的趣旨に立ち返って、それらを明確化する作業が必要であろう。

5　検討の進め方

そこで、検討の便宜のために設例を設ける（二）。次に、旧七四条の理解についてごく簡単に確認してから（三）、対抗要件否認に関する問題点を指摘し（四）、対抗要件否認をめぐるいくつかの提案を紹介したうえ（五）、実務の視点から、対抗要件否認を認める実質的理由を検討し（六）、最後に、提案を試みる（七）。

（注1）林原グループの会社更生事件の全体像については、森倫洋「林原グループの再建の全体像」金法一九五二号六頁以下参照。また、否認手続の詳細については、高橋洋行ほか「林原グループ案件における否認請求等」金法一九五二号二四頁以下参照。それによると、同じ対抗要件具備行為について、別途否認請求がなされ対抗要件否認が認容されているようである。本決定は、判断を変更し否認を否定したが、それはその間に別途争われていた保証行為の否認が認められたことによるようである。

（注2）伊藤眞「債務免除等要請行為と支払停止概念」NBL六七〇号一七頁。

（注3）最判平24・10・19（判時二一六九号一二頁）須藤正彦裁判官補足意見参照。

（注4）笠井正俊「事業再生ADR手続の申請に向けた支払猶予の申入れ等の後にされた対抗要件具備行為に対する会社更生法に基づく対抗要件否認と詐害行為否認の可否（東京地決平23・11・24）」債管一三八号一七頁。

（注5）法制審議会民法（債権関係）部会の部会資料35「民法（債権関係）の改正に関する論点の検討(7)」第2の2(3)カ参照。

（注6）前掲（注1）森六頁、高橋ほか二四頁以下。

二　設例

以下の論述をわかりやすくするために、対抗要件否認が問題となる原因行為の設例を例示しておこう。いずれも、以下の原因行為があったが、登記は留保され、危機時期に登記が具備された場合を想定している。

【事例1】相当対価の不動産売買の場合

A社は、Bに対して、その所有する不動産を時価の一億円で売り渡したが、所有権移転登記をしなかった。

【事例2】廉価売買の場合

A社は、Cに対して、その所有する時価一億円の不動産を三〇〇〇万円で廉価売買したが、所有権移転登記をしなかった。

【事例3】物上保証の場合

A社は、親会社の借入債務を担保するため、D銀行に対して、その所有する不動産に根抵当権を設定したが、登記をしなかった。

【事例4】同時交換的に担保を設定した場合

A社は、E銀行から一億円を借り入れるのと引き換えに、その所有する不動産に担保権を設定したが、登記をしなかった。

【事例5】既存債務のために担保を設定した場合

A社は、F銀行の既存債務の借入金一億円の担保として、その所有する不動産に担保権を設定したが、登記をしなかった。

【事例6】 代物弁済

A社は、Gに対して、三〇〇〇万円の借入債務について時価一億円の不動産を代物弁済したが、登記をしなかった。

三　旧破産法七四条と同七二条との関係

対抗要件否認について定めた旧七四条と否認権一般について定めた旧七二条との関係は、次のように理解されている（注7）。

1　創設説

「原因行為が有効になされた場合には、これに伴う対抗要件の充足行為は債務者の当然の義務に属し、またその義務の履行によって債務者の財産を減少させるものではないので、対抗要件の充足行為を旧七二条によって否認することはできない。しかし、対抗要件の充足行為が原因行為から遅れてなされた場合には、債務者の責任財産に対する一般債権者の信頼を不当に害するので、一般債権者を保護するために、旧七四条として対抗要件の否認権が特別に創設されたものである」。

創設説は、旧七四条の要件が充足する場合にのみ対抗要件否認ができる。

2　制限説

「対抗要件の充足行為は、第三者に対する関係では実質的には財産処分行為であるから、本来、一般の否認規定である旧七二条で否認できるはずである。しかし、新たに権利変動を生じさせる行為ではなく、すでに生じた権利変動を完成させる行為にすぎないので、原因行為に否認の理由がない限り、できるだけ対抗要件を具備させるために、否認の要件を旧七二条よりも制限する趣旨で、旧七四条を設けたものである」。

この制限説は、その具体的適用場面では、結論として創設説と同じになる。

3　制限説（二分説）

制限説に立ちつつ、故意否認と危機否認を峻別する考え方である（以下「制限説（二分説）」という）。

「旧七四条は、旧七二条二号が定める危機否認のみの要件を加重したものであり、対抗要件の充足行為について、旧七二条一号の故意否認の要件が備わっている場合には、支払停止の前後を問わず、また、一五日の期間の経過も問わず、否認が可能である。」

これが学説における多数説であったようである（注8）。

4　旧破産法における否認対象行為

旧七四条において対抗要件否認が成立するには、対抗要件具備行為が、「破産者カ支払ノ停止又ハ破産ノ申立アリタル後」であることを要するが、それは旧七二条二号の危機否認の要件である「破産者カ支払ノ停止又ハ破産ノ申立アリタル後」と同一であり、同じ危機時期を前提として、さらに原因行為から一五日経過後であることが要件として加重されていた。したがって、制限説（二分説）の場合でも、対抗要件否認の成否については、旧七二条二号と旧七四条の両方の要件充足性を判断すれば足り、その対象となる対抗要件具備行為が財産減少行為か偏頗行為かを明らかにしたり、また、対抗要件具備行為の原因行為が財産減少行為か偏頗行為かについて関心を及ぼしたりする必要はなかった。

創設説や制限説の場合は、旧七四条の要件充足性のみが問題で、それ以上に対抗要件具備行為の対象について論じる必要はなかった。制限説（二分説）の場合も、直接旧七二条一号の適用を認めるが、そのときも故意否認の要件充足性を判断すれば足りた。なお、対抗要件具備行為について、旧七二条一号の適用の可否について判断した裁判例はないとのことであり、それゆえ、判例の立場が、制限説なのか、制限説（二分説）なのかは、必ずしも明らかではないとされる（注9）。

（注7）竹下守夫編『大コンメンタール破産法』（以下「大コンメ」という）六六三頁〔三木浩一〕以下の説明を引用する。

（注8）前掲（注7）大コンメ六六四頁。

（注9）前掲（注7）大コンメ六六四頁。

四　破産法における対抗要件否認

1　破産法一六四条と一般否認規定の関係

破産法一六四条（以下、破産法は「法」と略称する）は、現代語化されただけで、旧七四条をそのまま引き継いだとされる（注10）。他方、否認規定は、旧七二条の故意否認と危機否認の類型から、詐害行為否認と偏頗行為否認の類型に整理され、それぞれについて要件と効果が定められた。そこで、制限説は破産法において何を制限するのかが問われることになり、また、旧破産法で危機否認を制限したもので故意否認を制限したものではないとする制限説（二分説）は、破産法でも同様に危機否認を制限したものとして整合的に説明できるのか、対抗要件否認と一般規定による否認との関係を含めて、その適用関係や要件、効果について、さまざまな見解が紹介され、理解の一致を見ていないように思われる。

2　対抗要件否認が成立する前提について

(一)　制限説は何を制限するのか

制限説は、一般規定に基づき否認が成立する場合に、その要件を加重して、否認の成立する範囲を制限したものであるとする。旧七二条は、財産減少行為も偏頗行為も区別することなくその対象としていたが、破産法は、財産減少行為と偏頗行為に分けて規律する。そうすると、制限説は、そのいずれの否認を制限するのか、もしくは、その両方を制限するのか、まず問題となる。

(二) 対抗要件具備行為の二つの側面

対抗要件具備行為は、その効果に照らして、対抗要件具備請求権を有する債権者(以下「登記権利者」ということがある)に債務者の責任財産を確定的に帰属させるという意味で財産減少行為という側面を有しており、他方で、原因行為との関係で、対抗要件具備請求権の履行という意味で債務の消滅行為という側面を有している。前者を重視すると、対抗要件具備行為は、財産減少行為として否認対象となり、対抗要件否認は、法一六〇条一項の特則となる。後者を重視すると、対抗要件具備行為は、債務の消滅行為として否認対象となり、法一六二条一項の特則となる(注11)。そのような整理が適切なのか、適切とすれば、そのいずれなのか。

(三) 原因行為の詐害性、偏頗性が必要か

対抗要件具備行為が財産減少行為であるとする場合にも、その対象が、原因行為において詐害性を有するが、なんらかの事情で原因行為を否認できない場合に限るのか、それとも原因行為がそもそも相当価格売買のように詐害性を有しない場合も含むのか。同様に、偏頗行為とする場合にも、その対象が、原因行為において偏頗性を有するが、なんらかの事情で原因行為を否認できない場合に限るのか、それとも原因行為が同時交換的担保設定のように偏頗性を有しない場合も含むのか(注12)。後述のとおり、対抗要件否認の効果との関係で、原因行為そのものに詐害性や偏頗性がない場合には、対抗要件否認は成立しないとする考え方もありうる。

㈣ 制限説（二分説）の対象

制限説（二分説）が、危機否認を制限したものとする場合、危機否認類型とされる法一六〇条一項二号で成立した否認と法一六二条一項一号で成立した否認を制限することになるが、その対象となる対抗要件具備行為は、必ずしも明らかではない。論理としては、対抗要件具備行為を、ここでも財産減少行為と偏頗行為に分類し、前者について法一六〇条一項二号の成否を検討し、後者について法一六二条一項一号の成否を検討するという整理になりそうであるが、前述した二つの側面を有する対抗要件具備行為をどのように切り分けることになるのか。可能性があるとすれば、原因行為が財産減少行為か偏頗行為かを基準に切り分ける考え方である。事例1から事例3は、対象財産を破産者の責任財産から外部に逸出させるのに対して、事例4と事例5は、対象財産を登記権利者にその価値を確定的に把握させることになるが、それは債権者間の平等を害するにとどまり外部に逸出するわけではないと整理することができそうであり、一応の切分け基準となりうる。しかし、事例4の同時交換的担保設定は本来偏頗行為ではなく、その実質は事例1の相当価格売買と変わらないが、対抗要件具備行為の限りで偏頗行為とすれば、それは原因行為による切分けではないということになろう。また、事例6は、債権額の範囲内（三〇〇〇万円分）は偏頗行為であり、債権額を超える目的物の価値部分（七〇〇〇万円分）は財産減少行為とされているから、一個の登記を否認する根拠が異なることになる。

このように、制限説（二分説）に立つ場合、危機否認の特則であるといえても、法一六〇条一項二号の特則の対象となる対抗要件具備行為と、法一六二条一項一号の特則の対象となる行為が何か、必ずしも明らかではない。むしろ、そのような整理が適切なのかが問われることになると思われる（注13）。

3　対抗要件否認の隠れた要件

(一)　一般否認規定の要件

制限説は、一般否認規定に基づき成立する否認を制限するものであるとする。

そうすると、詐害行為否認を制限したものであれば、法一六〇条一項の要件を充足することが前提となり、「破産債権者を害する行為」、つまり、債務超過（又は支払不能を含む実質的危機状態）であることが必要である。したがって、支払停止であっても、債務超過でなければ、故意否認は成立しないから、対抗要件否認も成立しないことになる（注14）。

また、危機否認を制限したものであれば、法一六二条一項一号の要件を充足することが前提となり、「支払不能」であることが必要である。支払停止であれば支払不能であることが推定されるが（法一六二条三項）、債権者がその反証に成功し、支払不能でないとすれば、危機否認が成立しないので、対抗要件否認も成立しないことになる（注15）。

つまり、制限説の立場からは、対抗要件否認が成立するには、法一六四条の要件である「支払停止」だけでは足りず、対抗要件具備行為が詐害行為であるという場合には、債務超過（又は支払不能を含む実質的危機状態）であることが要件となり、それが偏頗行為であるという場合には、支払不能であることが要件となるはずである。このように、対抗要件否認が成立するためには、法一六四条の条文からは直接読み取れない、書かれざる要件が必要となりそうであるが、それは適切なのか。また、仮にそれが要件であれば明示されるべきではないか。

(二) 要件論の一般的説明

ところが、多くの基本書や注釈書では、法一六四条の対抗要件否認の成立とは別に、対抗要件具備行為が法一六〇条一項一号の詐害行為否認の対象となるかどうかという論点について、創設説と制限説を紹介し、制限説を支持したうえで、それは危機否認を制限したにすぎないとして、法一六〇条一項一号の成立可能性を認める（注16）。そのとき、法一六四条の対抗要件否認について制限説に立つのであれば、それは一般否認規定に基づき成立した否認を制限するものであるから、その要件充足が当然の前提となるはずである。しかし、その点について論じているものは少ないように思われる（注17）。

4 対抗要件否認の効果

さらに、対立があるのは対抗要件否認の効果である。

(一) 原因行為が担保設定の場合

事例5の担保設定の場合、対抗要件具備行為が否認されると担保権を破産財団に対抗できない。登記権利者は、担保権を主張できず、その被担保債権は裸の破産債権になる。この点に争いはない（注18）。

(二) 原因行為が廉価売買の場合

事例2の場合については、法一六八条の適用を認めるかどうか争いがある。事例2の対抗要件具備行為を財産減少行為とする立場からは、法一六四条の否認が成立する前提として法一六〇条一項二号の否認が成立しているから、その効果として法一六八条が適用されると考える。原因行為に応じて考える制限説（二分説）の立場も同じ結論となりそうである（注19）。その結果、登記権利者は、対象財産の所有権を主張できないが、反対給付は財団債権として返還を求めうることになる（法一六八条一項二号）。かかる考え方によれば、結局、対抗要件否認は、原因行為の否認と等しいこととなる（注20）。これに対して、対抗要件具備行為を偏頗行為とする立場からは、対抗要件否認の効果として復活した登記具備請求権を破産債権として行使できるにすぎず、所有権は破産財団に対抗できない（注21）。それは登記が否認されて「登記がない」ことによる効果で、売買代金を支払った買主が、破産手続開始までに対抗要件を具備しない場合に、その所有権を破産財団に対抗できないのと同じと考える（注22）。このような見解に対しては、事例2の原因行為が否認された場合を想定すると、法一六八条が適用され、反対給付が財団債権となるのに、対抗要件具備行為が否認された場合には、反対給付の返還も請求できず、対抗要件具備請求権が破産債権にしかならないとすれば、登記権利者の地位が劣悪になると批判する（注23）。しかし、このような批判は妥当であろうか。

(三) 原因行為が適正価格売買の場合

それでは、事例1の場合はどうか。法一六八条適用説に立つと、反対給付は財団債権となる。そうすると、買主は、対抗要件具備行為が否認された場合、対象財産の所有権は主張できず、それを返還しなければならないが、反対給付も財団債権としてその全額の返還を求めうることになる。対抗要件否認を認めても、対象不動産の価値に変動がない限りにおいて、破産財団にとって回復財産はなく、対抗要件否認を認めた意味がなくなる（否認権行使時点で対象不動産の価値が下落していれば、利得を得ることになる）。このように解するのであれば、対抗要件否認が成立する対抗要件具備行為については、その原因行為の詐害性を要求すべきことになろう。かかる考え方によれば、原因行為に詐害性があるが、なんらかの事情で否認できない場合に限り、対抗要件否認が意味をもつことになる（注24）。しかし、それでよいか。

(四) 原因行為が同時交換的担保設定の場合

事例4の場合はどうか。事例5と同様に、それは偏頗行為であるから、担保権の主張ができなくなり、その被担保債権が裸の破産債権になるという理解のままでよいのかが問われる。なぜなら、同時交換的担保設定は、否認一般においては、相当価格売買と同じ評価であり、正当な対価を得て対象財産が外部に逸出するのか、内部にとどまりその価値が登記権利者に把握されるのかの違いにすぎないのに、効果において、事例1では、反対給付の返還請求権を財団債権とするのに、事例4では、その被担保債権は破産債権になるとすれば、均衡を失する。そして、事例4について、適正価格売買と平仄をあわせて、否認の効果として反対給付返還請求権の財団債権性を認めるのであれば、否認を認めた意味がないから、そうであれば、対抗要件否認が成立する前提として、原因行為の偏頗性を要求すべきことになろう。かかる考え方によれば、原因行為に偏頗性があるが、なんらかの事情で否認できない場合に限り、対抗要件否認が意味をもつことになる（注25）。しかし、それでよいか。

5　法一六二条一項の否認の成否

対抗要件否認が、詐害行為否認を制限したものとする立場からは、そもそも偏頗行為ではないから、法一六二条一項の否認は成立しないと考え、偏頗行為否認を制限したものとする立場からも、法一六二条一項に基づく否認の成立を前提に、それを法一六四条が制限したものであるから、法一六二条一項の否認が成立することはないと考えることになろう。制限説（二分説）も、本決定が述べるように、法一六二条一項は危機否認を対象とし、法一六四条はその危機否認を制限するのであるから、その趣旨に照らして、法一六二条一項の否認が独立して成立することはない。

実質的にも、支払停止前の偏頗行為否認を認めると、原因行為から一五日が経過しなくても否認できることとなり、支払停止後に認める対抗要件否認の場合より否認の範囲が広がる結果となり不当であろう（注26）。

6　法一六〇条一項一号の否認の成否

㈠　旧破産法

旧破産法においては、対抗要件具備行為の故意否認の成否について、創設説と制限説がこれを否定し、制限説（二分説）が旧七二条一号の否認を認めていた（注27）。

㈡　偏頗行為否認制限説

破産法において、対抗要件否認が偏頗行為否認を制限したものとする立場からは、そもそも詐害行為ではないとしたのであるから、法一六〇条一項一号の否認は成立しないと考えることになろう（注28）。

㈢　詐害行為否認制限説

詐害行為否認を制限したものとする立場からは、法一六〇条一項の全部を制限したものとすれば、当然に法一六四条で成立する場合を除いて、もはや法一六〇条一項一号の否認が成立することはない（注29）。

四　制限説（二分説）

(1)　故意否認の成立とその対象

制限説（二分説）では、法一六四条は危機否認を制限したもので、故意否認を制限するものではないとする立場であるから、支払停止前であっても、債務超過又は実質的危機状態において原因行為から一定期間経過後に対抗要件が具備されるのは、破産債権者の利益を害することになるとして、法一六〇条一項一号の要件を充足する限りにおいて否認が成立すると解することになろう（注30）。ただ、その対象となる対抗要件具備行為の範囲は不分明である。

本決定のように、対抗要件否認の対象範囲の問題と同様に、原因行為との関係で考えざるをえないとする見解が生じる。そこでは、事例1から事例3のような対象財産の外部逸出型が適用対象となり、事例4や事例5のように登記権利者に対象財産の価値が確定的に帰属する類型は、偏頗行為と同視でき、故意否認の対象にならないとする切分けが考えられる。それは、担保の供与を詐害行為否認から除外した法一六〇条一項柱書かっこ書の趣旨を考えれば、この場合に詐害行為否認を認めることは解釈論として不合理であるからであるとする（注31）。

しかし、事例4は、同時交換的担保設定であり、そもそも偏頗行為ではない。対抗要件具備行為により、債権者に財産価値が帰属するとしても、それは本質的に事例1において買主に対象財産の所有権が帰属するのと変わらない。事例1を対象とするのであれば、事例4を対象としない理由がないし、事例4を対象とするのであれば、事例6の債権額を超える目的物の価値部分も対象とすべきことになる。原因行為による切分け論の根拠は乏しいように思われる。

加えて、この見解の論者は、事例1の適正価格売買については、取引の存在を隠蔽して、他の債権者からの信用供与を受けるなどすれば、債権者に対する詐害性において、事例2の廉価売買と本質的な差異はないことを理由に、適正価格売買の対抗要件具備行為について法一六〇条一項一号の否認可能性を認めるが、担保設定をしながら、意図的に登記を留保し、その事実を隠蔽していた場合は、売買をしたのに登記を留保している場合と同様に、「他の債権者からの信用供与を受けるなどすれば、債権者に対する詐害性において、本質的な差異はない」という説明（注32）が妥当し、故意否認の成否を考えるときに、これらを区別することの合理性は乏しいように思われる（注33）。

(2) 効　果

法一六〇条一項一号の故意否認を認めるとしても、その効果はあまり論じられておらず、不分明である（注34）。法一六八条の適用を認めた場合、原因行為の反対給付返還請求権の財団債権性について、対抗要件否認を財産減少行為の否認類型と構成した場合と同様の問題が生じ、適正価格売買は故意否認を認めた意義が失われる。そうすると、故意否認の場合も、原因行為が廉価売買や無償行為に限るという考え方に結び付きやすいが、適正価格売買も廉価売買と同様に取引の隠蔽をしている点で異ならないとする上記の理由づけと矛盾する。

効果を、対抗要件が具備されていない状態になると解すると、所有権や担保権が破産財団に対抗できなくなるにとどまる。それは、偏頗行為否認の効果と同じである。そうすると、法一六〇条一項一号の故意否認を認めるという考え方は、偏頗行為否認と同じ効果をもつ詐害行為否認類型を認めることに等しくなる。そのように解してよいのか。

7　小　括

以上のとおり、法一六四条の対抗要件否認について、制限説を前提とした場合、対象となる対抗要件具備行為が何か、法一六四条における書かれざる要件の存在、対象となる対抗要件具備行為と原因行為の関係や対抗要件否認の効果について、整合的な説明がむずかしい。

（注10）　山本克己ほか『新破産法の基本構造と実務⑱』ジュリ一三一八号（以下「山本ほか」という）一八〇頁〔松下淳一〕。

（注11）　伊藤眞ほか『条解破産法』（以下「条解」という）一〇五三頁、水元宏典「新しい否認権制度の理論的検討」ジュリ一三四九号六四頁。

（注12）　畑瑞穂「対抗要件否認に関する覚書」井上治典先生追悼『民事紛争と手続理論の現在』五四九頁は、対抗要件具備行為の有害性として、①原因行為の有害性の有無を問わず、対象財産の相手方への移転を破産財団に対抗できるようにして、いわば責任財産からの逸出を完結させること自体から、財産減少行為としてとらえる、②原因行為が詐害的な場合に、それを完結するという意味で、財産減少行為としてとらえる、③原因行為が偏頗性を有する場合に、それを完結するという意味で偏頗行為としてとらえる、④原因行為の有害性を問わず、原因関係上の義務の履行として偏頗行為にあたりうるととらえる、これら四つの可能性を指摘する。

（注13）　前掲（注11）水元六四頁は、現行法の下で制限説に立つ場合、故意否認と危機否認を制限したものか、危機否認を制限したものかではなく、財産減少行為否認を制限したものか、偏頗行為否認を制限したものかという問題の建て方が整合的であるとする。

（注14）　前掲（注11）水元六四頁。

（注15）　前掲（注11）水元六四頁、前掲（注10）山本ほか一八一頁〔山本和彦〕、前掲（注7）大コンメ六六五頁。

（注16）　山本和彦ほか『倒産法概説〔第二版〕』（以下「概説」という）二九六頁、前掲（注11）条解一〇五三頁、伊藤

眞『破産法・民事再生法（第二版）』四一六頁。

（注17） 前掲（注7）大コンメ六六五頁や前掲（注10）山本ほか一八一頁〔山本和彦〕は、当該論点を取り上げ、制限説（二分説）の場合、偏頗行為については支払停止後であっても支払不能でなければ対抗要件否認はできないとするが、詐害行為については言及しない。

（注18） 前掲（注11）条解一〇六五頁、全国倒産処理弁護士ネットワーク編『新注釈民事再生法（第二版）(上)』七五一頁〔中西正〕（以下「中西・新注釈」という）。

（注19） 前掲（注10）山本ほか一八四頁〔山本和彦〕は、制限説的理解からは、法一六四条の対抗要件否認の根拠条文が一六〇条一項だとすれば一六八条が適用できるとする。

（注20） 前掲（注11）条解一〇六六頁は、所有権移転登記が否認された場合は、原因行為たる売買契約が否認されたものと同視すべきであるとする。しかし、売買契約の効力については別途の検討が必要であるとして留保する。

（注21） 前掲（注12）畑五五一頁。前掲（注18）中西・新注釈七五一頁。前掲（注11）水元六五頁。水元は、偏頗行為の特則とする場合、同時交換的取引の法理は妥当するので、移転登記が代金の支払と同時交換的に行われるときは、対抗要件否認は成立しないとする。その結論は当然であり、それゆえ、通常、同時交換的に行われる売買実務では、登記請求権が破産債権となることの問題性が顕在化する例は限定されるとするが、そのとおりであろう。この点は、前掲（注12）畑五五三・五五六頁も同旨。

（注22） 前掲（注10）山本ほか一八四頁〔松下淳一〕。

（注23） 前掲（注10）山本ほか一八三頁〔山本克己〕は、対抗要件具備請求権が破産債権になり、法一六〇条で売買契約を否認した場合よりも相手方の受益者の地位が劣悪になることから、対抗要件否認制度を残すとしても、担保設定行為と代物弁済行為に限るべきであると提案する。これに対して、前掲（注12）畑五五一頁は、廉価売却や高価買受の具体例を示して、偏頗行為否認の効果として売買代金の反対給付は戻らず、対抗要件具備請求権が破産債権になるとしても、一概に受益者の地位が劣悪になるわけではないとする。

（注24） 前掲（注12）畑五四九頁の②の考え方の帰結である。

（注25） 前掲（注12）畑五四九頁の③の考え方の帰結である。
（注26） 前掲（注7）大コンメ六六五頁、前掲（注11）条解一〇六四頁、前掲（注10）山本ほか一八一頁〔山本和彦〕。
（注27） 前掲（注7）大コンメ六六三頁とそこに指摘される文献。
（注28） 前掲（注12）畑五五四頁、前掲（注11）水元六四頁。
（注29） 加藤哲夫『破産法（第四版補正版）』三〇五頁。前掲（注11）水元六四頁。
（注30） 前掲（注11）条解一〇六四頁、前掲（注7）大コンメ六六四頁、前掲（注16）伊藤四一六頁。
（注31） 前掲（注11）条解一〇六四頁。
（注32） 前掲（注11）条解一〇六四頁は、本文記載のとおり説明したうえで、その（注15）において、「登記留保の詐害性を重視すれば、担保供与の形式をとっても財産処分行為とみられる場合には詐害行為否認の対象とする考え方もありえよう」とする。
（注33） 前掲（注18）中西・新注釈七五〇頁は、故意否認の成否を検討する対象事例として、「支払不能に陥っていた債務者Aと債権者Bが通謀して、支払不能が明るみに出ないように、AがBに設定した抵当権の登記を留保しておき、Aの支払資金が枯渇し支払停止が避けられないことが確定した時点で設定登記を行う行為」をあげたうえで、結論を留保するが、法一六四条の要件そのものについては、その（注15）で「支払停止」を「支払不能」とするのが一つの有力な解決方法であるとする。
（注34） 前掲（注11）条解一〇六五頁は法一六〇条一項一号の否認を肯定するが、その場合の効果については説明がない。前掲（注7）大コンメ六六四頁、前掲（注16）伊藤四一六頁も肯定するが、同様である。

五　対抗要件否認をめぐるいくつかの提案

1　廃止論

かかる状況の下、対抗要件否認廃止論が主張されている。すなわち、山本克己教授は、登記は共同申請主義であり、登記義務者が登記に応じない限り一五日は容易に経過してしまうが、平時実体法において類似の例が存在しない不利益を抵当権者に課すことの合理性に疑問があり、その立法論的妥当性は相当に疑わしいので、対抗要件否認は廃止すべきであるとする（注35）。

対抗要件否認を危機否認と位置づけた結果、対抗要件の具備時期が危機時期以降で、原因行為から一五日経過していた場合には、その遅滞の理由を問わないで否認できるとすれば、債務者に登記の具備を求めていた登記権利者には酷である。債務者が任意に応じない場合、登記権利者に、一五日が経過しないうちに、仮登記仮処分を義務づけるに等しく、それは「めちゃくちゃ」であろう（注36）。

山本克己教授は、対抗要件否認を廃止した場合の対抗要件具備行為の否認を認めるのか不明であるが、偏頗行為としてとらえることを否定しない（注37）し、売買を原因とする登記に対する否認を認めると、所有権を対抗できず、反対給付の取戻しができないとして、原因行為である売買契約を否認した場合より登記権利者の地位は劣悪となるから、対抗要件否認制度を残すとしても、担保設定行為と代物弁済行為に関する対抗要件に限るべきであるとする（注38）。

2　偏頗行為否認

畑瑞穂教授は、対抗要件否認の有害性について、原因行為が偏頗性を有する場合に、それを完結するという意味で偏頗行為としてとらえる可能性と、対抗要件具備行為が契約上の義務の履行（の重要な一部）であることから、原因行為の有害性の有無を問わず、原因関係上の義務の履行として（金銭債務の履行と同様に）偏頗行為に当たりうるととらえる可能性があるとして、対抗要件具備行為を偏頗行為としてとらえる制限説を暫定的な前提として整理を試みる（注39）。

3　秘密取引の禁止と公示の促進

伊藤眞教授は、対抗要件否認の目的は、「秘密取引の禁止」にあるとし（注40）、「破産者に属する財産について売買や担保設定などの原因行為がなされたにもかかわらず、対抗要件具備による公示がなされなければ、破産者の一般債権者としては、その取引がなされていないもの、いいかえれば、原因行為の対象財産が責任財産から逸出していないものと信頼する。ところが、破産手続開始前の危機時期に至って初めて対抗要件が具備され、権利の移転などの効力が破産債権者に対抗できるものとなるのであれば、この債権者の信頼が裏切られる。だから、原因行為とは別に対抗要件具備行為の否認を認める。」とする（注41）。

中西正教授は、伊藤眞教授の考え方について、対抗要件否認制度を再構成するものと評価したうえで、これを発展させ、対抗要件否認を、破産手続開始時に公示されていない担保権その他の権利の効力を否定する原則を危機時期まで遡及させ、公示されていない担保権その他の権利の処分から無担保債権者を保護し、これら財産処分の公示を促進させる制度として位置づけたうえで、それを達成するために対抗要件具備行為を偏頗行為の危機否認に服せしめるのが妥当であるとする（注42）。否認の根拠・目的は異なるが、その結果は、対抗要件否認を偏頗行為否認として整理する立場と共通する。

このように対抗要件否認を位置づけたうえで、伊藤眞教授は、それに加えて、法一六〇条一項一号の詐害行為否認を積極的に認め（注43）、中西正教授は、その成立可能性について、効果との関係で留保する（注44）。

これらは、形式的には、制限説ないし制限説（二分説）に整理できるものの、実質的には「対抗要件の充足行為が原因行為から遅れてなされた場合には、債務者の責任財産に対する一般債権者の信頼を不当に害するので、一般債権者を保護するために、旧七四条として対抗要件の否認権が特別に創設されたものである。」とする創設説に通じるように思われる。

実務の立場からは、次項に述べるとおり、伊藤眞教授や中西正教授の基本認識に共感を覚える。廃止論や偏頗行為として整理する見解は、対抗要件の留保が虚偽の外観を作出し、一般債権者の信頼を害する可能性があり、危機状態に至って対抗要件を具備する行為は、その外観に対する信頼を裏切る結果となることを十分に評価していないように思われる。

（注35）山本克己「否認要件に関する考察」福永有利『倒産実体法――改正の在り方を探る』別冊NBL六九号一一六頁。

（注36）前掲（注10）山本ほか一八三頁〔山本克己〕。

（注37）前掲（注10）山本ほか一八二頁〔山本克己〕は、契約上の債務の履行行為といわざるをえないから、制限説である対抗要件否認の条文をなくせば、もっと広く隠れた担保に対処できるはずであるとする。

（注38）前掲（注10）山本ほか一八三頁〔山本克己〕。

（注39）前掲（注12）畑五五四頁。福永有利編『詳解民事再生法〔第二版〕』三七四頁〔水元宏典〕も、偏頗行為否認を制限したものとして整理する。
（注40）伊藤眞『破産――破滅か更生か』一九九頁。
（注41）前掲（注16）伊藤四一二頁。
（注42）中西正「対抗要件否認の再構成」青山善充ほか編『民事訴訟法理論の新たな構築(下)――新藤幸司先生古希祝賀』六六七頁（以下「中西・再構成」という）。
（注43）前掲（注16）伊藤四一六頁。
（注44）前掲（注18）中西・新注釈七五一頁。

六　実務の視点

1　登記留保が利用される理由

実務的に最も一般的に対抗要件否認が問題となりうるのは、本件事案のように担保権の設定契約を締結したが登記留保をしていた場合に、後日、債務者に信用不安が生じた段階で登記を具備する場面であろう。その原因行為としては、事例5のように、既存債務に新たな担保を設定する場合もあるし、事例4のように、借入実行と同時交換的に担保を設定する場合もある。特に、複数の銀行と取引がある場合に、特定の銀行の既存債務に担保提供したことが他行に知れると、他行からも同様の担保提供を求められることが多いし、同時交換的担保設定であっても、他行からも借入れの継続等に際して担保提供を求められることになりやすい。また、銀行に担保提供したことが明らかになれば、取引関係者に対して信用不安を惹起し信用収縮が生じる可能性もある。このような理由から、債務者と債権者が合意して登記留保をすることが少なくない。特に、資金繰りが苦しくなってから利用されることの多い集合債権譲渡担保や集合動産譲渡担保の場合は、顕著となる。

このように、登記留保の目的は、債務者にとって信用の維持を図り、信用不安や信用収縮を防止することにあり、また、他の取引金融機関から同様の担保提供の要請を受けないためでもある。他方、債権者銀行は、信用不安が生じたときにいつでも登記手続ができるように、適宜債務者から印鑑証明書等の交付を受けておき、いざというときに登記を具備できるようにしておけば、当面の保全に支障は生じないし、登記留保を約束することにより担保提供を受けられることもある。しかも、さしあたり他行から抜け駆け的な担保取得と非難されることもない。結果として、不測の事態が発生しなければ債務者も登記権利者も困らないし、それによって債務者の信用がそれなりに維持できるのであれば、登記権利者は事実上その反射的利益を受けることもできる。

しかし、登記留保により、実際には担保提供しているのにそれが公示されず、無担保不動産が存在する外観が生じるから、他の一般債権者に誤った信用情報を提供するに等しい。他の一般債権者は、適正な与信判断が妨げられ、誤った信用情報に基づき与信を継続したり、与信を拡大したりすることにもなりかねない。つまり、登記留保は、一種の債務者と債権者の合意による信用の作出行為であり、それ自体、他の債権者の利益を害しかねない行為といえる。本件事案において、原因行為から対抗要件具備行為までの間に、金融機関一〇行が総額一九三億円に及ぶ貸付けを行っていたとすれば、典型的な問題事例のように思える。

なお、教科書事例として、事例1や事例2の売買を検討対象に含めているが、通常、同時交換的に所有権移転登記がなされるから、登記留保が問題となる事例は多くない。財産減少型の外観作出行為として具体的に想定されるのは、事例3のような物上保証類型であろう。

2 対抗要件具備行為が否認される実質的理由

一般の否認は、債権者全体に対する責任財産を絶対的に減少させる行為や債権者平等に反する行為の効力を否定し、いったん責任財産から逸出した財産を破産財団に回復し、破産債権者に対する公平な配当を可能にするための制度であるとされる（注45）。詐害行為否認も偏頗行為否認も、対象行為時点における財産状態の変動を対象として、その時点のバランスシートを切り取って、財産の絶対的減少や債権者平等の侵害を静止的に観察している。

しかし、対抗要件否認は、このような一般の否認規定による静止的に見た財産状態の変動を理由とする否認とは、性格が違う。登記留保は、外観（信用）の作出行為であり、原因行為以降に取引関係に入る一般債権者の利益を害する可能性があり、留保した登記が危機時期に具備されることによりその不利益が顕在化する。だから、対抗要件否認は、原因行為から対抗要件具備行為までの間に対象財産が債務者の責任財産として存在すると信じて取引に参加した一般債権者を保護するために、対象財産を責任財産に取り戻すことにその目的がある。単に、対抗要件具備行為時における一般財産の減少行為や債権者の平等を害する行為から、債権者を保護するためではない。本件事案では、原因行為から対抗要件具備行為までの間に総額一九三億円の貸付けを実行した金融機関一〇行をはじめとしてその間に信用を許与した一般債権者の不利益の回復が問われているのである。そうであれば、廉価売買も相当価格売買も、登記留保による外観（信用）の作出は変わらず、一般債権者の保護の必要性は変わらない。既存債務に対する担保設定も同時交換的担保設定も、同様である。

したがって、対抗要件具備行為に、財産の確定的逸出と登記請求権の履行としての債務の消滅という二つの側面があるとしても、それが財産減少行為か偏頗行為か、また、その原因行為が財産減少行為か偏頗行為か、原因行為に詐害性や偏頗性が必要かという議論は、いずれも実質的に意味があるとは思えない。端的に、いずれであれ、登記留保による外観（信用）作出に対して、それを信じて取引に参加した一般債権者を保護するための制度として構築すべきであるように思われる。

伊藤眞教授が、対抗要件否認の目的は秘密取引の防止にあり、中西正教授が、無担保債権者保護のために担保権の公示を徹底させることにあるとする前述の考え方が、対抗要件否認制度の根幹にあり、実務的に見ても支持されるべき考え方であると思われる。

3　実務への影響について

登記留保が実務で多用されていることは前述のとおりであり、対抗要件否認の認められる範囲が拡大すると、当然のことながら、登記留保は使い勝手が悪くなる。その結果、債務者に対する与信が縮小する可能性は否定できない。しかし、見せかけの信用の維持を正当化することは困難であり、信用状態は可能な限り公示されるべきで、実体に即した公示を促進する制度として対抗要件否認を位置づける以上、登記留保が困難になることを理由に実務への影響を懸念することは正当とはいえないであろう。

危機状態に備えたいのであれば一般債権者にそれを知らせるべきであり、一般債権者をリスクにさらしながら自分だけ危機状態に備えることは許容できない。

（注45）　たとえば前掲（注16）伊藤三八六頁。

七　提　案

1　対抗要件否認は完結した規定とすること

破産法において、上記の対抗要件否認の目的を達するには、その効果面から考えると、偏頗行為否認として整理するのが適当である。しかし、対抗要件否認の目的と根拠が、詐害行為否認や偏頗行為否認と異なるとすれば、対抗要件否認の要件と効果について、完結した規定とするのが好ましい。

2　対象行為

対抗要件否認は、すべての対抗要件具備行為を対象とする。その原因行為の内容は直接関係がなく、その詐害性や偏頗性も問わない。対抗要件具備行為の行為者も問わない。

対抗要件具備行為の原因行為が、事例1から事例6の相当価格売買、廉価売買、物上保証、同時交換的担保設定、既存債務に対する担保設定、代物弁済のいずれであろうと、対抗要件具備行為を留保することにより、対象財産が債務者の責任財産を構成するとの外観を作出した点では異ならず、その後に債務者と取引を行う将来の一般債権者を害する内容と程度は変わらないから、その原因行為の如何にかかわらず対抗要件具備行為は否認対象となる。

また、対抗要件を留保することを債務者と債権者は認識している以上、その後の、対抗要件具備行為が誰の行為に基づくものであれ、その外観作出とは無関係であるから、行為者が誰かを問う必要はない。債権譲渡の場合における債務者の承諾、未登記建物の保存登記や仮登記仮処分も含まれる。

現行法の解釈としても、すべての対抗要件具備行為を対象とし、その行為者を問わないと考えてよい（注46）。

3　危機否認

対抗要件を留保して対象財産が債務者の責任財産を構成するような外観を作出しながら、危機時期に至って対抗要件を具備して権利を保全した場合に、対抗要件否認の危機否認が認められる。

(1)　支払停止から支払不能へ

その要件について、法一六四条は、支払停止と破産手続開始の申立てとするが、破産法は、危機時期としての財産拘束時期を支払不能としているので、対抗要件否認の危機時期も、支払不能を基準とすべきである（注47）。

現行法でも、偏頗行為否認の特則とする制限説又は制限説（二分説）の立場からは、法一六四条の書かれざる要件として、法一六二条一項の支払不能を要件と解することができる（前記四3(一)）から、かかる立場からはその明文化となる。

(2)　悪意は不要

法一六四条は、危機時期であることについて悪意を要件としているが、その悪意を登記権利者に求めるのか、対抗要件を具備する者に求めるのか争いがある（注48）。

しかし、危機時期に対抗要件が具備されたのであれば、危機時期について登記権利者や行為者の悪意を問う必要はないのではないか。ここでは、取引安全の問題は生じない。債務者と登記権利者は、対抗要件の具備を留保することを認識しているから、外観の作出を容認している。そうである以上、外観作出について責任があり、対抗要件の具備が客観的に危機時期以降であれば、すでに一般債権者の信頼を害しているのであるから、もはや行為者や登記権利者の悪意は不要であるように思われる。登記権利者は、原因行為時に、その後、危機時期に至って対抗要件を具備しても対抗できないというリスクをとったのであるから、危機時期について善意であるからといって、そのリスクから免れることを容認するまでもない（注49）。

この点は、法一六四条が明文で悪意を要求している以上、悪意を不要とするならば、法改正を必要とする。このように解した場合、倒産手続開始後の対抗要件具備行為についても、悪意を問題にする必要はないと思われるから、法四九条但し書きの削除が検討されることになろう（注50）。

(3) 一五日の経過と遅滞の反証

原因行為から一五日経過後という要件については、なぜ一五日なのかが問われることになる。それは、対象となる権利の公示に必要な常識的な準備期間を登記権利者に保障するためであると説明される（注51）。本来、原因行為と同時交換的に対抗要件は具備されるはずであるから、危機時期に具備された対抗要件の否認を認めるかどうかは、それが同時交換的に具備されたのか否かの判断に収斂されると考えることも可能である（注52）。しかし、常識的な準備期間を徒過した場合には、原則として、同時交換的行為ではないと評価して、対抗要件否認を肯定してよかろう（注53）。

ただし、山本克己教授が指摘するとおり、その遅滞が登記権利者の了解に基づくものでない場合にまで否認を認めるのは、外観の作出に協力していない登記権利者に酷であるから、一五日経過後であっても、その遅滞が登記権利者の了解に基づかないことを反証できた場合には、対抗要件否認の成立を否定してよいように思われる。

もとより、債務者の懇請に登記権利者が応じて登記留保をしたとしても、それは外観作出に加担したことに変わりはないから、否認の対象となる。

現行法では、一五日経過は客観的要件であるから、その遅滞が登記権利者の了解に基づかない場合に否認できないとするときは、法改正が必要となる。

4　故意否認

法一六四条は、対抗要件否認は危機時期のみに認める。そのうえで、現行法の解釈として法一六〇条一項一号の故意否認の成否が問われているが、対抗要件否認の危機時期を支払不能とした場合、支払停止前の実質的危機状態を相当程度カバーできることになるから、もはや、対抗要件否認としての故意否認類型を認める必要性は乏しいようにも思われる(注54)。

しかし、本件事案のように、メインバンクや準メインバンクが、不動産に担保設定をしながらその対抗要件を具備しないことにより、他の金融機関に多額の与信を継続ないし拡大させ、それら一般債権者が害される可能性のあることを容認しながら、その後、債務者と登記権利者が、近い将来に支払不能に至る蓋然性の高いことを知るや、留保していた対抗要件を具備した行為を、いまだ支払不能前であることを理由に許容することは疑問である。本件事案のように、債務者が積極的に外観を作出し、それを利用して信用の維持を図ろうとし、登記権利者もそれを知って協力している場合など、一定の主観的要件の下で、支払不能前の対抗要件具備行為についても故意否認を認めてもよいように思われる。

その場合、現行法では、従来どおり、法一六〇条一項一号の否認可能性として議論することにならざるをえないが、その効果が、法一六八条を前提とするならば、反対給付がある場合に財団債権性を認めることとなり、対抗要件具備行為を否認した目的を達することができない。

したがって、法一六〇条一項一号とは別に、対抗要件否認の故意否認として、明示の類型を設けるように改正するのが適当と思われる。そのときの効果は、次に述べるとおり、対抗要件が具備されていない状態となるにとどまり、それ以上ではない（法一六八条の適用はない）。

5 効果

対抗要件否認の目的と根拠を上記のとおり理解した場合、対抗要件が否認されると、対抗要件が具備していない状態となり、破産手続開始時に対抗要件が具備していない場合と同様に、その結果として所有権や担保権を破産財団に対抗できない。そして、対抗要件具備請求権が復活し、それは破産債権となる。偏頗行為否認とした場合の効果と同じである。売買の場合は、給付済みの対価は、適正価格か廉価かを問わず取戻しはできず、担保の被担保債権は、同時交換的か既存債務かを問わず、裸の破産債権となる。

かかる結果は、開始時に対抗要件を備えていない所有権者や担保権者の立場と同じであり、開始時期を支払不能時に前倒しをして破産者の財産拘束をしようとする破産法の基本的考え方に整合的である（注55）。

現行法における否認の効果も上記のとおりと考えることができるが、対抗要件否認について、要件とあわせて効果についても立法的に明示すべきである。

（注46）前掲（注7）大コンメ六六六頁、前掲（注18）中西・新注釈七四八頁、前掲（注16）伊藤四一三頁、前掲（注16）概説二九七頁等。前掲（注11）条解一〇五四頁は、債務者の承諾、保存登記、仮登記仮処分のいずれについ

てもその可能性を認める。最判昭40・3・9民集一九巻二号三五二頁及び山本克己『注釈民事再生法〔新版〕(上)』四一二頁は反対。

(注47) 前掲(注12)畑五五五頁、前掲(注42)中西・再構成六九八頁、前掲(注18)中西・新注釈七四七頁。前掲(注12)畑五五五頁における山本弘教授の見解は、現行法において、支払停止を支払不能と読み替える提案であるようである。

(注48) 判例通説は受益者とし、前掲(注16)伊藤四一三頁、前掲(注7)大コンメ六七〇頁〔三木浩一〕は行為者とする。前掲(注42)中西・再構成六九八頁は、偏頗行為の危機否認を利用している点から受益者とすると考えることもできるが、秘密取引の禁止という趣旨からは行為者とする見解もあるとする。

(注49) なお、前掲(注42)中西・再構成六九八頁は、秘密取引の禁止、担保の公示を促進する制度とし、その目的を達するために対抗要件具備行為を偏頗行為否認の危機否認に服せしめるとするが、その理由の一つとして、担保設定後に危機を知らずに対抗要件を具備した権利者だけでなく、否認の対象となる移転登記を受けた相手方より権利の移転を受けた第三者などの利益も正当に保護することができるとして、受益者の悪意を求めているようである。登記の転得者については、その危機時期の悪意を要件とすることが検討されてよいように思われる。

(注50) 前掲(注12)畑五五七頁に同様の問題提起がある。

(注51) 前掲(注42)中西・再構成六九九頁。

(注52) 前掲(注12)畑五五六頁。

(注53) 前掲(注10)山本ほか一八二頁〔山本克己〕は、一五日経過は対抗要件具備債務の既存性の定形化要件と考えることができるとする。

(注54) 前掲(注18)中西・新注釈七五一頁の(注15)は、前掲(注33)のとおり、対抗要件否認の基準時を支払不能時とすることは、有力な解決方法であろうと指摘する。

(注55) 前掲(注42)中西・再構成七〇〇頁、前掲(注18)中西・新注釈七四四頁。

一九八二年四月に大阪弁護士会に弁護士登録をした私は、大阪空港公害訴訟の原告弁護団への加入を許された。前年一二月の最高裁大法廷判決を受けて三〇〇〇人規模の第四次訴訟の審理が大阪地方裁判所第二民事部古崎慶長裁判長の下で動き出そうとしていた。その弁護団会議で見た光景は、それまでの大学や司法修習で経験してきた議論とはまったく違うもので、その発想の斬新さ、そして厳しさは今も忘れない。その議論の中心に当時まだ不惑の年も迎えない田原睦夫先生がいらっしゃった。その後、空港弁護団会議をはじめ、田原先生が法制審議会の幹事や委員を務められた民事訴訟法や一連の倒産法の改正作業における大阪弁護士会のバックアップ会議、また、ご一緒させていただいた会社更生事件の管財人会議などを通じて、先生から多くを学ばせていただいた。いや、お叱りを受け続けた。本稿もまた、いつものように「あほか」(大阪弁のイントネーションでお読みください)と厳しいお叱りを受けることになりそうであるが、年齢とともに丸くなっていることをかすかに祈りながら、脱稿させていただくことにした。

否認権の効果に関する一考察

植村　京子

一　はじめに

破産管財人が訴えの提起等のかたちで否認権を行使すると、破産法一六七条一項によって原状回復の効力が生じ、否認対象行為に基づく法律効果は無効となり、その目的物についての権利は当然に破産財団に復帰する。否認対象の目的財産が処分されたり、滅失したりしている場合には、同条の解釈上、相手方に対して、目的財産の価額償還請求をすることが認められている。

現行破産法は、それに加えて、破産法一六八条四項を創設し、詐害行為否認（同法一六〇条一項・三項、一六一条一項）が認められた場合の効果として、否認の相手方の反対給付の請求権が財団債権化（同法一六八条一項ないし三項）されたことに伴い、現物返還が可能な場合でも、その価額償還を認めるとしたうえで、現物返還にかわる価額償還請求権と相手方の有する財団債権（又は破産者が受けた反対給付についての価額償還請求権）との一種の相殺処理を認めた。

破産法一六八条四項による価額償還請求権は、同法一六七条一項との対比から差額償還請求とも呼ばれ、否認対象の目的物の返還方法として現物返還をするか、差額償還をするかについての選択権は、管財人がこれを行使することになる。この差額償還請求権に関して、否認権行使により破産財産を原状に復することによって生ずる複雑な権利関係をより迅速かつ簡便に処理するものとして、その有用性が広く認識されつつある。

以下では、現行破産法における否認権改革を概観したうえで、差額償還請求の相手方の権利行使の可否、詐害的な会社分割を否認した場合の効果等について若干の考察を加えるものである。

二　否認権改革の概要

1　倒産法改正の主要な目的

旧破産法（大正一一年制定）から現行破産法（平成一六年制定）への法改正の重点は、破産実体法を現代社会のニーズに適合させることであった。

旧破産法改正の主要点であった否認権制度は、詐害行為否認と偏頗行為否認の二元的構成に基づいて要件が定立された（注1）。そこでは、支払不能基準が採用され、支払不能以前の偏頗行為否認は対象外となった。

否認の効果についても見直しがされ、詐害行為否認については、取引の安全を図るという趣旨から、破産者が受けた売買代金などについて取引の相手方が有する返還請求権は、これによって生じた利益が破産財団に現存するかどうかにかかわらず、財団債権とすることを原則とし、例外的に取引の相手方が破産者の費消・隠匿などの意図を知っていた場合には、財団に利益が現存していない部分については破産債権として取り扱うこととした。

また、詐害行為否認の効果として、目的物の適正価格から取引の相手方の有する財団債権額を控除した金額の賠償を求めるという制度（同法一六八条四項）を創設し、管財事務の円滑化・効率化という観点から、管財人が現物返還か価額償還かの選択権を有することになった。

これによって、取引の相手方に目的物の適正価格による買取りを強制する効果をもたらすことになるが、この制度によって不利益を受けるのは、基本的には通常適正価格から懸け離れた価額で買い受けた者で、そういった者の利益を考慮する必要性は必ずしも大きくないとして、目的物の取戻しが可能な場合にも、価額による償還請求を認めるに至った（注2）。

2　詐害行為否認と偏頗行為否認の二元的構成

旧法では、債権者に対して有害性と不当性を有する行為として一元的な要件が定められていたが、現行破産法においては、債務者の責任財産を減少させる財産減少行為（狭義の詐害行為）と、債権者間の実質的な公平や平等の確保を目的とする行為（偏頗行為）に分けられ、前者の詐害行為否認は責任財産の回復を、後者の偏頗行為否認は債権者間の公平確保を目的とすることが明確となった。

そして、弁済行為や担保提供行為について、原則として支払不能以前は債務者の自由であり、偏頗行為にも詐害行為にもならないのに対し、支払不能以後は、債権の価値が完全に下落していることを理由に債権者間の公平を害する行為としてとらえることになった。条文上の規定も、本旨弁済や担保供与のような義務的行為は詐害行為否認には含まれず、偏頗行為否認の対象であり、原則として支払不能後にのみ否認対象となることが明確にされた。

旧法の否認権は、主として詐害行為を対象として想定して、破産者の害意を要件とする故意否認（旧破産法七二条一号）、主として偏頗行為を対象として想定して、破産者の害意を要件としない危機否認（同条二号）及び無償否認（同条五号）を基本類型としていたが、行為類型と主観的要件とが交錯していたため、解釈上の問題を生じていた（注3）。

現行破産法は、このような問題点をふまえ、詐害行為否認（同法一六〇条一項・二項）とその特殊類型としての無償行為否認（同条三項）、偏頗行為否認（同法一六二条一項一号・二号）を基本類型として要件を定立したのである。

これらの改正により、詐害行為否認と偏頗行為否認の二つの基本的な行為類型が明確にされ、それぞれの要件と効果の違いが鮮明となった。

3　相当価格による財産処分行為

不動産等の重要な財産の相当価格での処分に関して、従来の判例・通説は、不動産は、債権者に対する責任財産として最も確実なものであるが、それが売却されたり融資の担保とされたりすると、破産者が金銭化された不動産の価値を費消・隠匿しやすくなり、責任財産の実質的減少と見られるとして否認の可能性を肯定していた。

これに対しては、適正価格で買い受けたにもかかわらず、後に売主が破産したことによって否認が認められるのでは買主の地位が不安定となり取引の安全を害するとか、債務者の資金計画から不動産を売却する必要を否定することはできないなどとする批判があった。また、否認の例外とされた「有用の資」に当たる場合が何かについても、法的安定性を欠いているとの批判があった。

現行破産法は、このような批判をふまえ、原則と例外を逆にし、原則として不動産等の重要な財産の相当価格での売却を否認できないとする一方、例外的に隠匿等の行為がなされるおそれが現に生じた場合は否認できるとし（同法一六一条）、一般の詐害行為否認よりも厳格な要件を設けて、危機時期における債務者の財産処分の自由度を広げるものとした。

4　新規債務についての担保供与（いわゆる同時交換的取引）の除外

債務者が第三者から新たに資金を借り入れ、その担保のために担保権を設定するような同時交換的行為について、従来は、債権者間の平等に反するとして否認できるとする見解も有力で、同時交換的行為を否認できるかについて争いがあったが、現行破産法は、このような同時交換的行為が否認権の対象とならないことを明確にした（同法一六二条一項柱書き）。

偏頗行為否認の根拠となる債権者間の平等の確保は、既存債権者間の平等を意味し、新規に出捐して債権を取得する者については、従来の責任財産の平等分配を期待する既存債権者との間の平等を確保する必要がないからである。実際にも、同時交換的行為に否認を認めると、経済的に窮境にある債務者に対する救済融資が困難となり、倒産を増大させる危険があることが指摘されていた。ただし、新規債務による担保供与だけでなく、既存の債務も併せて担保を設定する場合には、既存債務部分は否認の対象となる（注4）。

これらの否認権改革の根底には、基本的な政策判断の変更があり、非常時である倒産時において否認されない行為は、平常時において詐害行為として取り消されるべきではないという債権法改正への方向づけとなるべきことが指摘されている（注5）。

（注1）法務省民事局参事官室編『倒産法制に関する改正検討事項』別冊NBL四六号五四頁。
（注2）NBL編集部編『破産法等の見直しに関する中間試案と解説』別冊NBL七四号一四一頁。
（注3）伊藤眞ほか『条解破産法』一〇一一頁。
（注4）前掲『条解破産法』一〇四〇頁。
（注5）小林秀行「否認権改革から詐害行為取消権改正へ」青山善充先生古稀祝賀論文集『民事手続法学の新たな地平』。

三　破産法一六八条四項の差額償還請求制度について

1　破産法一六八条四項

破産法一六八条四項は、①詐害行為否認（同法一六〇条一項の詐害行為、同条三項の無償行為、同法一六一条の相当対価による処分行為）が成立する場合に、②同法一六七条一項に基づいて返還すべき目的財産の価額から、本条一項ないし三項による財団債権となる額（破産者の受けた反対給付が破産財団中に現存する場合には破産者の受けた反対給付の価額）を控除した額の償還を請求する権利である。

差額償還請求権は、現物の返還請求ができる場合でも可能であり、破産法一六七条の解釈上認められている価額賠償請求の発生原因事実が、否認の要件事実のほかに、目的物そのものの破産財団への回復が不可能あるいは困難なことが求められるのと区別される。破産管財人はこの差額償還請求権と現物返還を選択的に行使することができる。

2　相手方の有する反対給付の内容

差額償還請求権は、相手方が反対給付の返還請求権を有することを前提に、相手方の反対給付が破産債権となるか財団債権となるかは相手方のあずかり知らぬ事情であって、これによって左右されるとすれば取引の萎縮を招くという点を考慮し、否認の相手方の反対給付が財団債権化されたことに伴い、目的財産にかわる価額から財団債権を控除するという相殺的処理を認めた。

現行破産法上、控除すべき財団債権ないし反対給付の価額となるのは、

① 相手方の反対給付が破産財団中に現存しているときは、その反対給付の価額（同法一六八条一項一号）、

② 相手方の反対給付が破産財団に現存しないときは、財団債権となる反対給付の価額償還請求の額（同項二号）、

③ 当該行為の当時、破産者が対価として取得した財産について隠匿等の処分をする意思を有し、かつ、相手方がそれについて悪意であった場合には、反対給付によって生じた利益が破産財団に現存する場合の財団債権と

なる現存利益の返還請求権の額（同条二項一号）、

④　前記③の場合で、反対給付によって生じた利益の一部が破産財団中に現存する場合には、その限度で財団債権となる現存利益の返還請求権の額（同項三号）

である。

そして、破産管財人の否認権行使としての財産の返還請求権と、相手方の財団債権となる価額償還請求権等に対する履行義務が同時履行の関係となるため、財団増殖の観点から、返還されるべき財産の価額から相手方の価額償還請求権額を控除した差額の支払を求めることになる。

3　差額償還請求の相手方の目的財産に対する権利行使の可否

(一)　問題の所在

破産管財人が破産法一六八条四項の差額償還請求を選択した場合、取引の相手方は、破産管財人が差額償還請求を選択したことを理由に、差額を償還しないまま、目的財産についての完全な権利を行使しうるであろうか。

たとえば、破産者が相手方に対し、支払停止直前に抵当権付債権をほとんど無償で譲渡し、相手方が債権譲渡について登記を備えたが、抵当権について付記登記を経由する前に破産手続開始の決定がなされ、破産管財人が破産法一六〇条三項による否認権を行使し、同法一六八条四項の差額償還請求を選択した場合、相手方は、破産管財人が差額償還請求を選択したことを理由に、差額を償還しないまま、自己に債権が帰属することを前提に目的財産の完全な権利（上記の例でいえば、相手方の破産管財人に対する移転付記登記請求）を行使しうるであろうか。

これまで差額償還請求の相手方と破産管財人との関係に関する裁判例はあまりなく、上記事案に関する下級審の判断は、以下のとおり分かれている。

① 差額償還請求と移転登記請求は、履行上の牽連関係に立たず、破産管財人が差額償還請求を選択した以上、差額償還を受ける前であっても相手方の権利行使を拒むことはできないとするもの（注6）。

② 差額償還請求権について、あたかも差額も含めた適正な価額で否認対象行為がされたかのように取り扱い、償還されていない差額を売買代金の一部未払いの場合と同じ利益状況にあるとして、差額償還請求と移転登記請求は同時履行の関係に立つとするもの（注7）。

③ 相手方の移転登記請求は、破産者との間の売買契約に基づく履行請求であるから、売買代金支払請求と移転登記請求は双務契約に基づく履行上の牽連関係にあるのに対し、差額償還請求と移転登記請求は、同一の双務契約から発生したものとはいえず、差額償還請求と同時履行の関係に立つ相手方の権利は想定されていないし、破産管財人の否認権行使の制約にはならないとして、破産管財人の差額償還請求と相手方の移転登記請求は同時履行の関係には立たないとするもの（注8）。

前記①の立場は、破産管財人が差額の償還を受けないまま、移転登記請求を甘受せざるをえなくなる一方、否認の相手方は、未登記であった目的財物の移転登記を取得したうえで自由に処分することができることになり、破産財団が原状回復される保障もないまま、相手方を破産手続開始前よりも優位に扱うもので、妥当ではない。

前記②の立場は、差額償還請求と移転登記請求について双務契約類似の関係を擬制するもので、破産管財人は、目的財産の価値の保障を失うことはなく、相手方からの移転登記請求に対しても同時履行の抗弁を主張することができることになり、破産財団の適正な確保に配慮するものであるが、明文にはない擬制関係を認めることの是非が問題となる。

前記③の立場は、否認権が破産管財人に特別に認められた権能であるとすれば、廉価代金を支払ったのみで移転登記を放置していた債権者をそれ程保護すべき利益はなく、破産財団の保護を優先し、差額償還の先履行を求められてもやむをえないと考えることになる。

差額償還請求の相手方の権利行使の可否については、これと類似の制度である遺留分減殺請求の価額弁償制度が参考となるので、さらに検討する。

(二) 遺留分減殺請求の価額弁償制度との対比

遺留分減殺請求における受贈者及び受遺者の価額弁償の制度は、遺留分減殺請求の行使によってその目的物の返還義務を負う受遺者に対し、減殺を受けるべき限度において遺贈の目的物の価額を遺留分権利者に弁償して、その返還の義務を免れることを認めたものである（民法一〇四一条）。

この価額弁償を行うかどうかは、遺留分減殺請求の相手方である受贈者もしくは受遺者が選択権をもっており、破産法一六八条四項の差額償還請求制度を立法化する際に参考とした制度である。

受遺者が価額弁償を選択した場合の目的物の返還義務の帰趨について、最判昭54・7・10（注9）は、次のように判示して、価額弁償の効果について初めての判断を示した。

① 特定物の遺贈につき履行がされた場合において、民法一〇四一条の規定により受遺者が返還義務を免れる効果を生ずるためには、受遺者において遺留分権利者に対し価額の弁償を現実に履行し、又は、価額の弁償のための弁済の提供をしなければならず、単に価額の弁償をすべき旨の意思表示をしただけでは足りないものと解

するのが相当である。

② このような場合に単に弁済の意思表示をしたのみで受遺者をして返還の義務を免れさせるものとすることは、同条一項の規定の体裁に必ずしもあうものではないばかりか、遺留分権利者に上記価額を確実に収める道を保障しないまま、減殺の請求の対象とされた目的の受遺者への帰属の効果を確定する結果となり、遺留分権利者の受遺者との間の権利の調整上公平を逸し、遺留分の制度を設けた法意に沿わないこととなる。

㈢ 検　討

一般的に、遺留分減殺請求権の法的性質は、意思表示により当然に減殺の効力が生ずる形成権であり、その効果も物権的効力であるとするのが通説判例である。この立場から目的たる権利の帰趨を考えると、遺贈によって被相続人から受遺者に権利が移転するが、遺留分権利者の減殺請求権の行使によって、対象となる権利が遺留分権利者に移転し、最後に、受遺者が価額弁償を選択した場合に、目的たる権利が受遺者に最終的に帰属するのはいつかが問題となっていた。この帰趨の時期について下級審の判断が分かれており、前記判例は、遺留分減殺請求に関する価額弁償制度の先例として非常に大きな意味を有する。

破産法の差額償還請求権が、この遺留分減殺請求における価額弁償制度をヒントに創設された経緯を併せ考慮すれば、破産管財人の差額償還請求権を選択した場合には、否認権の目的財産が相手方に帰属するのは、遺留分減殺請求における価額弁償制度と同様に、相手方において差額の償還を現実に履行した時点と考えるべきではなかろうか。

実際にも、破産管財人が差額償還請求権を選択したことをもって、否認の相手方が目的物の返還義務を免れることができるとすることは、破産管財人に目的物にかわる価額を保障しないまま、目的物の相手方への帰属の効果を確定する結果となり、否認の相手方と破産管財人との権利の調整上、公平を逸することになる。

したがって、破産管財人が差額償還請求権を選択した場合の相手方の目的物の権利行使の可否については、遺留分減殺制度と同様に、相手方が差額の償還を現実に履行し、又はそのための弁済の提供をした時点で目的物の帰属の効果が確定すると解し、破産財団の保護を優先するのが相当と考える。

（注6） 新潟地高田支決平22・2・10、名古屋地決平22・5・19いずれも公刊物未登載。いずれも執行異議申立事件であるが、差額償還請求を行ったことを理由に、抵当権付債権の権利者は破産管財人ではなく、債権譲渡登記を受けた相手方であるとした。

（注7） 東京地判平23・3・17（不当利得返還等請求事件）公刊物未登載。否認の相手方から破産管財人に対する移転付記登記請求に対し、差額償還との引換給付判決を言い渡した。

（注8） 東京地判平23・3・28（否認請求の認容決定に対する異議事件）公刊物未登載。破産管財人の差額償還請求を認容し、否認の相手方の移転付記登記請求の同時履行の抗弁を認めなかった。

（注9） 判タ四一一号一七七頁。

四　詐害的な会社分割における否認権行使の効果

1　問題の所在

近年、①破綻直前に窮状にある株式会社が新設分割をし、会社の債権者に対する弁済の多寡に重大な影響を与えるにもかかわらず、②分割会社が重畳的債務引受をすることなどによって、ほとんどの債権者が異議手続の対象外となり、③債務者が恣意的な選択で会社債権者を不平等に取り扱い、④分割会社が取得した新設会社の株式は、バランスシート上、ほとんど価値がないか、第三者に低廉で譲渡されるなどして、⑤分割会社に残された債権者の債権価値を毀損してしまうという会社分割が行われるケースが目立つようになった。

このような詐害的な会社分割について否認権を行使できるかについて、否認権を認める説が有力であり、その場合の否認権の効果として、価額償還請求による現実的な解決方法が注目されている。

2　詐害的な会社分割の出現について

旧商法下では、「各会社の負担すべき債務の履行の見込みのあること及びその理由を記載した書面」が株主及び債権者に対する事前開示書面とされていたため（同法三七四条の二第一項三号）、通説判例も「債務の履行の見込みがあること」が会社分割の効力要件であると解していた。

これに対し、現行会社法では、事前開示事項については、会社施行規則に定められ、「債務の履行の見込みに関する事項」と改められたため（同法一八三条六号）、「債務の履行の見込み」がないことは会社分割の無効事由ではなくなったと解し、債務超過会社であっても会社分割を行うことができると解する見解が一般的となっている。そこで、前述のような詐害的な会社分割が出現するようになったといわれている。

このような詐害的な会社分割について、会社分割が組織法上の行為であることを理由に会社分割は否認の対象とはならないという見解もあるが、むしろ、会社分割（新設分割）につき、会社の設立手続と吸収分割手続という組織的な行為と、資産と負債の全部又は一部の承継という財産上の行為を一体化したものととらえ、会社分割における組織的な面を否認の対象とすることには制度上の限界が伴うが、会社分割の財産上の行為に着目し、資産や負債の移転についての行為を否認の対象とすることは可能であるとする見解が近時の有力説となっている（注10）。

3　詐害的な会社分割に関する会社法制の見直し

㈠　現行会社法における規律

現行会社法は、分割後に分割会社に債務の履行を請求することができなくなる債権者にのみ異議権を付与して保護しているが（会社法八一〇条一項二号）、分割会社に請求することができる債権者は保護の対象としなかった。そのため、新設会社に承継される債権であっても、分割会社が重畳的債務引受をすることが異議権の付与対象から免れる手段として使用された。

また、異議権を有する債権者がいる場合、分割会社は所定事項を官報に公告し、かつ知れている異議権を有する債権者に対し各別に催告しなければならない旨規定されているが（会社法八一〇条二項）、分割会社が官報のほか定款所定の日刊新聞紙又は電子公告により公告すれば、知れている異議権を有する債権者に対する各別の催告を省略することができる（同条三項）。また、異議権のある債権者が適式な手続が行われたにもかかわらず、所定の期間内に異議を述べなかったときは、当該会社分割について承認したものとみなされる（同条四項）。

異議権のある債権者が法定の各別の催告を受けなかった場合（電子公告等がされた場合は、不法行為債権者以外は各別の催告がされていることになる）、同債権者は、新設分割計画において新設分割後に新設分割会社に対して債務の履行を請求することができないものとされているときであっても、分割会社に対しては新設分割会社が新設分割設立株式会社の成立の日に有していた財産の価額を限度として、新会社に対しては承継した財産の価額の限度で、当該債務の履行を請求することができる（会社法七六四条二項・三項）。

これに対して、分割会社に残る債権者等（以下「残存債権者」という）には、なんらの保護も与えられていなかった。

(二) 会社法制の見直しに関する要綱案

法制審議会会社法制部会（平成二四年九月七日開催）では、附帯決議とともに採択された「会社法制の見直しに関する要綱案」において、詐害的な会社分割における債権者の保護に関する規律が提案された（注11）。詐害的な会社分割等における規定案は、以下のとおりである。

① 詐害的な会社分割等における債権者の保護

分割会社が新設分割会社（吸収分割承継会社を含む）に承継されない債務の債権者（残存債権者）を害することを知って会社分割をした場合には、残存債権者は、新設分割会社に対して、承継した財産の価額を限度として当該債務の履行を請求することができる（ただし、吸収分割の場合には、分割承継会社が吸収分割の効力が生じた時において残存債権者を害すべき事実を知らなかったときはこの限りではない）。

上記債務の履行責任は、分割会社が残存債権者を害することを知って会社分割をしたことを知った時から二年以内に請求又は請求の予告をしない残存債権者に対しては、その期間を経過した時に消滅する。会社分割の効力が生じた日から二〇年が経過した時も同様とする。

② 分割会社に知れていない債権者の保護

会社分割に異議を述べることができる分割会社の債権者であって、各別の催告を受けなかったもの（電子公告等がされた場合は、不法行為債権者以外は各別の催告がされたことになる）は、新設分割計画において、会社分割後に分割会社又は新設会社に対して債務の履行を請求することができないとされているときであっても、分割会社又は新設会社に対して、分割会社が会社分割の効力が生じた日に有していた財産の価額を限度で、新会社に対しては承継した財産の価額の限度で、当該債務の履行を請求することができる。

なお、前記①の請求権は、「分割会社について破産手続開始の決定、再生手続開始の決定又は更生手続開始の決定がされたときは、行使することができない」旨が注意書に記載されていることから、倒産手続が開始された場合には、残存債権者の新設会社に対する請求は中断（ないし破産法一〇七条二項と同様に管理を行使できない状態）となり、倒産法上の否認権が優先されるというのが現時点の方向となっている。

4　詐害的な会社分割に対する否認権の行使について

(一)　詐害行為否認か偏頗行為否認か

詐害的な会社分割について倒産法上の否認権を行使するにあたって、詐害行為否認に該当するのか、偏頗行為否認に該当するのかについて見解が分かれている。

第一の見解は、責任財産の絶対的減少行為として詐害行為否認に当たるとするものである（注12）。資産移転の対価として、債務超過状態にある会社の債務を引き受けることは、移転する負債が額面よりはるかに実質的な価値（債権実価）が低くなる一方、交付株式の多くは換価がむずかしく、純資産評価としても〇円にしかならないため、移転資産との差額について分割会社の債権者に対する責任財産減少行為ととらえる立場である。

第二の見解は、債権者間の不平等性として偏頗行為否認に当たるとするものである（注13）。これは、新設会社に移転資産と額面同額の負債を移転しているとしても、新設会社から株が交付されている以上、債権実価を基準とするのではなく、新設会社の事業価値を含めて弁済を受けられる承継債権者と、分割会社に残された非承継債権者との間の不平等性を本質的な問題ととらえて、偏頗行為否認に当たるとする立場である。

第三の見解は、「偏頗行為の準備行為としての詐害行為」としてとらえるものである（注14）。詐害的な会社分割が債権者間の不平等性を生ずる可能性のある偏頗的な性格をもちながら、直接の偏頗行為とは言いがたい点があることを考慮し、会社分割によって資産と負債が離脱するから、承継される債権の実質価値を超える資産の承継を、残存債権者にとって絶対的な財産減少行為とするものである。

第二の見解に対しては、偏頗行為否認において承継債務に係る債権者が「他の破産債権者を害する事実」又は「分割会社が支払不能状態であったこと」等を知っていたことが要件となるといわざるをえず、実質的に現行の倒産法規定を適用することは不可能であるという批判がある。

第一や第三の見解のように、移転した債務の価値を実質価値でとらえることは、これまでの詐害行為否認では例がないが、詐害的な会社分割という新たな社会事象に対処するのに有益であり、現行の破産法規定の解釈としても適切妥当なものと考える（注15）。

(二) 否認権の対象となる行為

会社分割（新設分割）には、実体法上、法人格の取得という組織法上の行為と、資産及び負債が一体として移転されるという財産上の行為という側面があり、新設分割計画の記載どおり、権利義務が相手方の同意なく設立会社に包括的に承継され、対世的・対外的効力が及ぶ。

これに対し、倒産法上の否認権は、特定の相手方や特定の手続においてのみ効力を有し、当該手続の範囲で個々の利害関係人との間で相対効を有するものであるから、否認権によって会社分割における効力がすべて否定されるのは法的安定性の面から見ても問題がある。倒産法上の否認権の対象となるのは、会社分割の財産上の行為に限られ、組織上の行為を否定することはできないと解すべきであろう。また、会社分割について否認権行使の対象となるのは、財産的な行為のうち、破産財団の責任財産を構成する資産移転行為に限られると考える（注16）。

(三) 否認権の効果の特殊性について

破産管財人が会社分割によって新設会社に移転した資産をすべて否認対象とし、原状回復として、これらの移転した権利ないし資産の返還を求めると、否認権行使の結果、新設会社は事業継続が困難となり、新設会社との間で取引を継続している取引相手や新設会社に移転した労働者の権利を損なうことになる。否認の対象を財産的な行為に限定したとしても、結局は会社分割による組織的な行為を覆滅させる結果となってしまい、責任財産の回復という否認権制度の目的及び範囲を超えることになりかねない。

したがって、会社分割に対して否認権を行使する場合、詐害行為否認として、その効果については現物返還ではなく、価格賠償による現実的な解決、すなわち、破産法一六八条四項による価額償還請求による解決を目指すべきであろう。

5　裁判例

濫用型の会社分割に対して、詐害行為否認による価額償還請求を認容した下級審の裁判例がある（注17）。

(1)　事　案

分割会社の破産管財人が、新設分割により設立された新会社（承継会社）に対して、本件会社分割は一億二九九七万一七八六円相当の分割会社の資産を移転させ、これによって分割会社の債権者を害する行為をしたとして、破産法一六〇条一項一号（詐害行為）に基づいて否認権を行使し、当該資産相当の償還及び遅延損害金の支払を求めたところ、破産裁判所が否認請求を認容したため、新会社が当該否認請求認容決定に対して異議訴訟を提起した。なお、分割会社は新設会社が承継した債務について、重畳的債務引受をしている。

(2)　判　旨

①　会社分割（新設分割）詐害行為に当たるかについて

本件では、破産会社（分割会社）は、本件新設分割時、債務超過であったにもかかわらず、本件新設分割により、その資産のすべてを新会社に承継させており、債権者の共同担保となるべき資産はほぼ皆無の状態になっていたのに対し、破産会社は、本件新設分割により、その債務の一部を新会社に承継させているものの、同時に、上記債務につき重畳的債務引受をしているため、本件新設分割後において、その債務総額は変動していない。このように、破産会社は、本件新設分割により、既存の資産及び債務のうち、その資産のみ逸失させたのであり、債権者の共同担保が減少して債権者が満足を得られなくなったことは明らかであり、本件新設分割は詐害行為に当たる。

② 会社分割に対する否認権行使の可否について

破産法においても、会社法においても、否認の対象となる行為から会社分割を除外する規定はなく、その他これを調整する旨の規定も置かれていないことからすれば、破産法上、否認の対象となる行為から会社分割を除外すべき根拠はなく、新設分割について会社法上の無効原因があるかどうかや、また、会社分割が相当かどうかといった点によって、否認権行使の可否が左右されるものでもなく、会社分割の会社法上の無効原因の有無や相当性といった点について判断するまでもなく、会社分割に否認権を行使することができる。

新設分割に際し、新会社から旧会社に対して分割対価が交付されることとされているため、分割対価が相当である限り、分割の前後を通じて旧会社の責任財産の総和に変動がないことによるものと解されるが、仮に、分割対価が新会社に承継した財産の価値に満たない場合や実質的に見て責任財産が減少しているような場合には、旧会社に対して分割後も債権の全額を請求できる債権者等は保護されないことになるのであるから、債権者保護について、会社法上の債権者保護手続で十分であるとはいえない。

③ 債権者保護について

新設分割に際し、新会社から旧会社に対して分割対価が交付されることとされているため、分割対価が相当である限り、分割の前後を通じて旧会社の責任財産の総和に変動がないことによるものと解されるが、仮に、分割対価が新会社に承継した財産の価値に満たない場合や実質的に見て責任財産が減少しているような場合には、旧会社に対して分割後も債権の全額を請求できる債権者等は保護されないことになるのであるから、債権者保護について、会社法上の債権者保護手続で十分であるとはいえないし、会社法がそれを許容したうえで、否認権等の行使を排斥する趣旨であるとは解されない。

④　価額償還請求において控除されるべき財団債権の有無について

破産管財人は、破産法一六八条一項ないし三項までの規定により財団債権となる額を控除した額の償還を請求することができ（同条四項）、本件の場合、新会社は、本件会社分割により、破産会社から一億二九九七万一七八六円を超える価額の資産を承継しており（負債について重畳的債務引受を行っている）、これから控除すべき財団債権は見当たらないから、同額の償還請求権を有する。

新会社が破産会社の債務を承継し、そのほとんどを弁済しているから、破産会社は資産を承継させた際に対価を得たのと同様の評価をすることができるかについて、新会社が破産会社の債務を承継したことにより、同債務が消滅したものとは認められず、新会社が、破産会社から債務を承継したことやその後同債務を弁済したことをもって、破産法一六八条四項にいう「反対給付」と解することは困難である。本件会社分割によって交付された株式については、同条の反対給付に当たるといえるが、分割直後に会社代表者に一円で譲渡しており、仮にこの株式に価値があったとすれば同条二項に当たるというべきであるが、破産財産には財団債権となるべき現存利益はない。

6　詐害的な会社分割に価額償還請求を行使した場合の問題点

(一)　会社分割の際に移転した負債の取扱い

会社分割では、分割会社の事業として移転した資産と負債が一体として譲渡されていることから、価額償還請求においては、財産上の行為である「負債の移転」をどう扱うかが問題となる。

前記判決では、会社分割行為の詐害性について、破産法一六〇条一項一号にいう「破産債権者を害する」行為とは、債権者の共同担保が減少して債権者が満足を得られなくなるものと解し、会社分割当時、分割会社は債務超過でありながら資産のすべてを移転し、債務については分割会社が重畳的債務引受しているため、新設分割前後において、その債務総額は変動していないととらえている。つまり、重畳的債務引受の場合は、分割会社が承継対象債務について支払義務を免れないから、新設会社に負債を移転したとしても、上記債務の承継を資産の移転の対価と見る必要はないということになる。

これに対し、分割会社が免責的債務引受をしている場合、分割会社が承継した債務の支払を免れているから負債全額の返還を請求しうるとすると、濫用型の会社分割によく見られるように清算貸借対照表上の債権債務が同額である場合には、財団の増殖につながらず、相当価格行為の否認の問題となりうるにすぎないことになる。この点については、会社分割における「負債の価値」については、前述したとおり清算貸借対照表上の価額ではなく、「負債の実質的な価値」としてとらえるべきものと考える。

たとえば、貸借対照表で資産が500、負債が１５００の分割前の株式会社について、資産400と負債400を新設会社に移転し、分割会社に資産100、負債１１００を残し、その後、分割会社が移転した新設会社の株式を取得して破産手続開始の申立てをした場合を検討する。

この場合、残存債権者乙（負債額を300とする）が把握していた責任財産は、分割前には、会社資産500×300／1500の割合的価値（100）であったのに対し、分割後は会社資産100×300／1100の割合的価値（27）と交付された株式の割合的価値の合計額となる。この場合、清算貸借対照表上の純資産としての価値が0であるから、将来の事業価値を考慮すべき事情がなければ、分割前後で乙の責任財産の実質的な価値は100から27に減少したことになる。

他方、分割前の承継債権者甲（負債額を400とする）が把握していた責任財産は、500×400／1500の割合的価値

（133）を有し、会社分割後は、400×400／400の割合的価値を有することになり、分割前後で、甲の責任財産の実質的価値は133から400に増加したことになる。前記の例でいえば、移転した資産400に対し、移転した負債は分割前の責任財産の割合的価値の133程度（500×400／1500）にすぎない結果となる。

会社分割において資産と負債が一体として譲渡されるという特殊性を考慮し、負債についての実質的価値を問題とすれば、会社分割によって移転した資産（400）に対し、移転した負債は分割前の責任財産の割合的価値（133）となり、破産管財人は、詐害行為否認として、新設会社に移転した資産の価額（400）の償還を求め、相手方は、反対給付として、承継した負債の責任財産の割合的価値（133）の返還を求めるか、差額償還（破産法一六八条四項）として267（400－133）を請求することになる。

(二) 会社分割時に交付された株式

会社分割では、分割会社の事業に関する権利義務が一括して移転・承継され、その対価として、新設会社が分割会社に対して株式等を交付するのであるから、交付した株式は、移転した権利義務の反対給付といえる。

会社分割時に移転した資産と負債が等価値であった場合、バランスシート上では交付された株式に価値はないが、この「交付株式」を破綻した時点で分割会社が株式を保有していた場合、相手方はその株式の返還を求めうるであろうか。

この点について、破産法一六八条一項一号に基づいて「破産者の受けた反対給付が破産財団中に現存する場合」に該当するとして、破産管財人は新設会社に交付株式を返還すれば足りるとする見解もあるが、会社法上、株式会社には自己株式の取得の制限があり、分割会社に交付された株式が一〇〇％株式である場合には、その返還は会社自体の存立を否定することにつながるものであるから、原則として交付された株式の「価額」の返還を求めうるのみと解すべきであろう。

この株式の「価額」は、破産管財人が換価することを前提とするから、処分価格を第一次的な基準とすべきである。交付株式に将来の事業収益価値があるという場合には、相手方が反対給付となる株式価格を、DCF評価に基づいて主張立証すべきことになろう。

（注10） 神作裕之「商法学者が考える濫用的会社分割問題」金法一九二四号三六頁、伊藤眞「会社分割と倒産法理との交錯——偏頗的詐害行為の否認可能性」NBL九六八号一三頁。

（注11） 法制審議会会社法制部会資料二七「第二部　親子会社に関する規律」の「第五　会社分割等における債権者の保護」。

（注12） 伊藤眞『会社分割と倒産法理の交錯——偏頗的詐害行為の否認可能性』NBL九六八号一二頁。鹿子木康ほか「事業スキームの光と影」債管一三三号。

（注13） 井上聡ほか「［座談会］会社分割をめぐる諸問題」金法一九二三号四〇頁以下、五九頁〔山本和彦〕、六一頁〔井上聡〕。

（注14） 松下淳一「濫用的会社分割についての覚書」再管一三八号一四六頁。

（注15） 服部明人ほか「会社分割と破産法上の否認権の類型」倒産法研究部会編著『会社分割と倒産法』七六頁参照。

（注16） 最判平24・10・12（金商一四〇二号一六頁）。濫用的会社分割に詐害行為取消権の行使を認めた事案。会社分割は財産権を目的とする行為と新たな会社設立等の会社の組織に関する行為であり、詐害行為取消権の行使によって新設分割を取り消したとしても会社設立の効力には影響を及ぼさず、その債権の保全の限度で新設会社への権利の承継の効力を否定することができるとした。

（注17） 福岡地判平21・11・27（金法一九〇二号一四頁、一九一一号八四頁）。

一－2

破産法

自然人の破産手続とその運用
——貸金業法改正をふまえて

黒木和彰

一　はじめに

自然人は、仮に支払能力を喪失して、その債務のうち弁済期にあるものにつき一般的継続的に弁済することができない支払不能（破産法二条一一号）状態に陥っても、権利主体であり続けることにはなんら変わりはない。

この点が、間接有限責任を前提として企業活動を行う株式会社等の法人組織とはまったく異なる。そのため、支払不能を起因として法人のように解体清算して権利主体性を喪失させること（同法三五条）はできない以上、債務不履行（支払不能）下にある債務者についての義務を定めると同時に、その義務を履行すれば、その経済的苦境から脱する方策を定めなければならない。

また、以前は、支払不能やそのおそれ等を起因とする倒産は、社会のなかで本来生起すべき事象ではなく、やむをえず生じた場合には、その損害を倒産法制が定めた損失負担に従って、関係者が分担するべきものと理解されていた。しかし、二〇世紀後半から二一世紀初頭の経済状況の激変を経て、倒産状態というのは、競争社会においては、不可避に生じる事態であり、この事象が生じることを前提に経済秩序を構築すべきであるということが理解された。すなわち、倒産制度は、経済社会における静脈のように、苦境に陥った債務者の負担を軽減・削減し、再び経済主体として活動させることを目的とすべきであるし、それがかなわない場合には、合理的に退場するシステムとして、経済秩序に組み込まれるべき制度とされたのである。そして、前述のように自然人の場合には、経済社会から退場することはありえないのであるから、自然人の倒産法制の最終的な目的は、「債務者について経済生活の再生の機会の確保を図る」（破産法一条）ものとなる。

他方、自然人が支払不能に陥るということは、自然人に対して、そこまで信用を供与する債権者の存在が前提となる。そして、自然人、とりわけ消費者に対する与信行為を行っている債権者に関する業法である「貸金業の規制等に関する法律等の一部を改正する法律」（以下「貸金業法」という。）が、平成一八年一二月一三日に成立し平成二二年六月一八日に完全施行された。この貸金業法は、債権者の与信行為の変化をもたらしていること、それが破産手続にどのような影響を与えるかについて検討することが必要である。

本稿は、一連の倒産法改正前後の実務状況を概観して、筆者なりの問題点を指摘した後、貸金業法により自然人に対する与信供与者であるいわゆる貸金業者の業務が著しく変わったことを前提として、現行倒産法制の制度の運用等を検証することとしたい。なお、自然人に対する信用供与の手法として、消費生活に費消されることを前提とし、債務者の将来収入を事実上の担保として行われる消費者金融に対応して、消費者破産という用語も併せて用いる。

二 同時破産手続廃止と免責決定

1 旧破産法下での同時破産手続廃止と免責決定という運用

旧破産法は、現行法三四条一項と同様に固定主義を採用していた（旧破産法六条）。ただ、現行法の個人再生手続が存在せず、単に和議法あるいは強制和議（旧破産法二九〇条以下）が存在するだけであった。

ところが、昭和五〇年代後半から、非事業者（サラリーマン・主婦・学生等）に対して、その将来収入を事実上の担保として信用供与を行ういわゆるサラ金業者が現れ、高金利と過剰貸付、過酷な取立てが問題となった（注1）。

消費者破産の場合、その主な資産は、将来収入しかないことから、破産申立て時の財産自体は少ない。かつ、旧破産法の実務では、管財人選任事件の予納金は、五〇万円が原則とされていた（注2）。そのため、関西地域の弁護士を中心に、自己破産申立てと同時破産手続廃止、そして、免責の積極的な運用を求める運動が起こった。裁判所も、五〇万円という、法律で定めたものではない破産管財人の費用を用意できない破産申立ての増加に対して、費用を国庫仮支弁（旧破産法一四〇条）で対応することができないことから、破産申立てを行った代理人弁護士に対する一定の信頼関係を前提として、手続的配慮を行ったうえで、消費者破産の増大に対処するための暫定的な救済措置いわば緊急避難として、同時破産手続廃止制度（旧破産法三五三条）と免責決定が導入された（注3）。ところが、平成になって、消費者信用市場の拡大とともに増加した消費者破産事件において、同時破産及び免責決定が全国的に定着し、暫定的措置としての位置づけではなく、あたかも同時破産決定と免責決定が原則であるかのような運営がなされることとなっていた（注4）。

そして、自然人が自己破産申立てを行うのは、免責決定を求めることであるので、将来収入からの債権回収が困難となった債権者と債務者との確執を、裁判官が免責手続のなかで処理する必要に迫られていた。以下、その問題について概観する。

(一) 事実調査の限界

本来、固定主義の下でも、債務者の財産が破産手続費用を償うに足るか否かは、破産管財人の調査で判明するものである。破産管財人の調査を経ずして、破産手続を終了させることになると、第一に債務者の隠匿財産の有無や否認対象行為の有無という破産財団の範囲が不明となるし、第二に、これと密接に関連する免責不許可事由の有無の調査も不十分となる。

このような事実調査の限界があるにもかかわらず、あたかも消費者破産の場合には、同時破産手続廃止と免責手続が原則的な運用形態であるかのような実務が定着したのは、債権者に対して財産の有無や同時廃止の是非についての意見照会を行うという運用だけではなく、当時の貸金業の規制等に関する法律（以下「旧貸金業法」という。）にもその原因があったというべきである。

(二) 旧貸金業法の問題（いわゆるサラ金三悪）

すなわち、第一に旧貸金業法では、みなし利息（旧貸金業法四三条）という規定があり、貸金業者が一定の書面要件を満たし、かつ債務者が任意に支払義務のない利息を支払った場合に、本来利息制限法では支払義務のない利息制限法超過利息分を有効な弁済とみなすことができることとされていた。そして、このみなし利息による金利は、昭和五八（一九八三）年から昭和六一（一九八六）年までは年七三％、平成三（一九九一）年までは年五四・七五％、平成一七（二〇〇五）年までは四〇・〇〇四％、平成二二（二〇一〇）年までは二九・二％であった。これがいわゆる高金利問題である。

第二に、旧貸金業法でも、過剰貸付を禁止する規定があった（旧貸金業法一三条一項）。しかし、旧貸金業法の過剰貸付を禁止する規定はいわば訓示的なものであり、違反しても行政処分や刑事罰の対象となるものではなかった。そのため、すでに多重債務状態にあるとか、生活保護の受給資格があるほど貧しい者に対しても野放図に貸付が行われるという状態であった。実際、日本信用情報機構「各種統計データ」によると、平成一九（二〇〇七）年では五件以上借入れがある債務者は一七一万人にも及んでいた。このような過剰貸付が高金利と相まって、深刻な問題を生じさせていた。

第三に、過酷な取立ての問題があった。旧貸金業法にも一定の取立行為の禁止規定があったが（旧貸金業法二一条）、貸金業者の威迫や平穏を害する言動により、債務者が「困惑する」ことが取立行為違反の要件であったうえに、日中の執拗な取立行為は認められており、また第三者に対して取立行為に協力することを要請することも禁止されていなかった。

以上の、高金利、過剰貸付、過酷な取立てがいわゆるサラ金三悪といわれているものであり、利用者（債務者）は、次のような状態に陥っていた。

すなわち、「サラ金は、高金利や違法な取立屋や過剰債務により、借り主の生活や経済活動を根底から破綻させてしまいます。返済に困り、別の業者から借金を重ねる〝自転車操業〟に陥って、借金が雪だるま式に膨らんでいく。これが多重債務と呼ばれる人たちです。年間八八〇〇人以上が経済的理由から自殺していますが、その多くが、借金が原因と考えられます。止むに止まれず、犯罪に走ってしまう場合もあります。（注5）」というものである。

この債務者の状況が、本来、緊急避難的な運用として導入された同時破産と免責決定という運用を原則的な消費者破産手続として定着させていったといえよう。そして、これを制度上も支えたのは、自己破産申立てを行う債務者について、類型的に破産管財人の調査の必要性が乏しいと判断されていたからではないかと考えられる。

すなわち、消費者金融に対する支払利息は、家計にとって典型的な冗費であるが、第一に高利の支払利息の約定があること、第二に過剰貸付が禁止されていないため、支払のためにさらに借入れを行うことが常態化しており、これは家計にとって支払利息が複利になることを意味していたこと、第三に、債権者に対する取立ての規制が緩かったことから、債務者は、長年にわたり、家族等の第三者も巻き込んで高金利を厳しい取立てのなかで支払を続けており、隠匿資産が存在する可能性が乏しいと判断されたといえよう。換言すれば、裁判官にとって、逆説的に上記のサラ金三悪により、債務者の破産原因が生じた原因や、破産財団の形成が困難であることが類型的に把握可能となり、あえて破産管財人に事実関係を調査させなくても同時破産手続廃止の要件や免責の要件を判断することが可能となっていたのである。

(三) 免責不許可事由を利用した膨張主義的運用

しかし、以上のようなサラ金三悪を前提とした消費者破産申立ての実務においても、融資時に破産者の将来の収入を自己の債権の担保として考えていた破産債権者による将来の収入への追及と、将来の収入をもとに自己の経済的更生を図ろうとする破産者の間の確執は、非常に深刻であった。この将来収入からの債権回収が困難となった債権者と債務者との確執を、裁判官が免責手続のなかで処理する必要に迫られていた。

このため、裁判官は、免責不許可事由である「浪費」や「賭博」(旧破産法三六六条の九、三七五条)といった価値的概念を利用して、破産者に対して任意積立・任意弁済を慫慂するということが行われるようになった(注6)。これは、消費者信用の融資形態をふまえた膨張主義的な破産手続の事務上の運用を模索しようとしたものと評される(注7)。

しかし、裁判官が、破産者に対して、任意積立と任意弁済を慫慂するためには、破産者の過去の行為を「浪費」や「賭博」「詐術」と評価せざるをえなくなる。そのため、裁判官の価値観次第で、たとえば子弟に対する学費の支払が「浪費」であるとされることも生じた(注8)。ついには、破産手続が、過度に「倫理化」し、破産者が経済生活のなかで失敗したことが即「浪費」であり、本来免責不許可とすべきであると判断する裁判官が現れるまでに至った(注9)。この結果、まさに裁判官の個人的な経済生活に対する倫理観で、破産手続が左右されることになり、申立人側での予見可能性が著しく低くなった。しかも、同時廃止手続中に、個別債権者の強制執行を認め、免責決定後も不当利得とならないという判決（注10）が言い渡された結果、同時廃止後、免責までの間、将来収入からの弁済を強く意図した一部強硬な債権者が給料債権を差押えすることが頻発するようになった。この結果、任意積立が頓挫することも生じたし、これを避けるために、破産債権者からの提訴に対し、訴訟の引き延ばしを図るための訴訟活動がなされる等の病理現象が生じていた（注11）。

以上のように、旧破産法下で、消費者破産手続について同時廃止と免責決定を前提として運用しようとすると、さまざまな弊害が生じており、抜本的な制度の見直しが必要であった。

2　旧破産法下での少額管財制度の運用

旧破産法下で、以上の問題点を解決する画期的な手法が、東京地裁で始められた少額管財手続である。少額管財手続とは、平成一一年四月から東京地裁破産再生部において運用が開始された破産手続であり、財団収集業務がないか、または短期間でこれを終えることができると見込まれる代理人申立ての法人・個人の破産事件について、管財業務の簡素化を図ることによって、二〇万円の予納金により破産管財事件の申立てを受理する手続である（注12）。

この少額管財手続により、同時破産手続廃止が直面していた既述のさまざまな問題に対処することが可能となった。すなわち、同時破産手続廃止の問題は、昭和五〇年代後半からの消費者信用の拡大とその病理現象に対して、いわば緊急避難的に同手続が利用されたにもかかわらず、所与の制度であるかのように運営されてきたことにその原因があった。そこで、多くの事件で管財人を選任し、専門の第三者機関による事実関係の確定と平等弁済その他の適正手続による破産手続の実現を図ることで、これを解決しようとした（注13）。

少額管財手続を運営するために、同時破産手続と管財制度を融合させ、換価基準もできるだけ同一とし、かつ、手続を簡素化することで、破産手続の予見可能性も高まり、また迅速に処理することが可能となった。

この東京地裁における実務上の少額管財手続の運用は、現在の破産法改正に非常に大きな影響を与えており（注14）、また管財人や中立代理人の意識の変化をもたらしてきたとされる（注15）。

3 現行法下での同時破産手続廃止の運用

(一) 倒産法制の改正

政府は、平成八年から、倒産法制全体の改正作業に着手し、平成一一年一二月に従来の和議法に代わる再建型倒産手続として民事再生法が成立した。

民事再生法は、法人・自然人、事業者・非事業者を問わない再建型法制の基本法であるが、中小企業以上の事業者を念頭に置いて制定されており、小規模事業者や消費者が利用するには手続的負担が大きすぎることが指摘されていた。そこで、民事再生法の特則手続として、個人債務者の再建型倒産手続を制定することにした。平成一二年一一月にいわゆる個人再生手続と住宅資金貸付条項についての特則を定めた民事再生法の改正案が成立し、平成一三年四月から施行された。

その後、破産法の改正作業が進められ、平成一六年五月に現在の破産法が可決され、平成一七年一月一日から施行されている。また、この現行破産法の成立に伴い、民事再生法についても負債総額が五〇〇〇万円までに開始要件が緩和され、また最低弁済要件が見直されるとともに、非免責債権が創設された（民事再生法二二九条三項）。

このように自然人の新しい再建型倒産手続が制定され、その後破産法の抜本改正がなされたのであるが、順次改正作業がなされたことにより、自然人についての再建型倒産手続をふまえて、清算型倒産手続である破産手続の改正もなされ、法制度全体の整合性が整えられたと評価しうる（注16）。

(二) 現行破産法における同時破産手続や免責制度の概要

現行法でも旧法と同様に同時廃止手続（破産法二一六条）は存続させている。しかし、原則として破産申立てを同時に免責許可の申立てとみなす（同法二四八条四項）こととして、破産手続と免責手続を一体化することとした。そして、免責許可申立ての申立て中は、同時廃止決定がなされたとしても個別債権者による強制執行を許さない（同法二四九条）として、一部債権者の抜駆け的債権回収を禁止した。加えて、自由財産の範囲を見直すとともに（同法三四条二項）、この範囲拡張の裁判（同条四項）を定めて、破産者の経済生活の再建の基盤を確保させることとしている。また、裁量免責を明文で認める（同法二五二条二項）とともに、非免責債権の範囲（同法二五三条）を整理している。

免責手続については、以上に加え、裁判所は、破産管財人が選任されている場合、破産管財人に、免責不許可事由や、裁量免責を判断する場合に考慮すべき事情についての調査をさせ、その結果を書面で報告させることができる（同法二五〇条一項）とする。実務上は、破産管財人が選任されると、この調査報告は必ずなされている。

(三) 現行破産法下でのいわゆる少額管財制度の定着と限界

東京地裁で旧破産法の下で平成一一年四月から始まった少額管財手続であるが、これは、単にその時点での事件数の増大や同時廃止の弊害に対処するために短期的な破産手続の運用改善を目指したものではなく、法改正を視野に入れた検討に基づき、破産法改正をリードするためのパイロットプログラムとして創設されたものであるとされる（注17）。そして、少額管財手続で取り入れられていた工夫のうち、既述の免責手続との一体化（破産法二四八条）、一〇〇万円以下の破産管財人の行為に対する裁判所の許可の省略（同法七八条）、破産管財人による口頭での報告・許可（破産規則一条）、簡易配当手続（破産法二〇四条以下）等が実際の制度として取り入れられた。

さらに、少額管財手続の定着に伴い、免責手続の運用について、公的政策・後見的立場から職権調査によって審理すべき純粋な非訟事件である（注18）という理解から、破産者と破産債権者の利害の対立する争訟的非訟事件であるとの理解（注19）に変わったといえる（注20）。このため、実際の免責不許可事例は、申立て後の破産者の手続義務に対する違反事例が上位を占めており、申立て前の財産状態との関係での不許可事由は相対的に少なくなってきていた（注21）。

このように、少額管財により免責手続の実務上の運用についても、破産法一条の目的に沿った、安定的な運用が可能となったと考えられる。

しかし、東京地裁で行われていたいわゆる「少額管財」が直ちに他の地裁に受け入れられたわけではない（注22）。これは、第一に申立人側からは、仮に二〇万円の予納金であっても、同時廃止手続の場合であれば申立人が負担する必要がない費用を負担することに対する抵抗感があったこと（注23）、第二に、申立人側に、少額管財手続による申立人側のメリットが十分理解されておらず、いわゆる任意積立、任意弁済を前提とした同時廃止手続が定着しつつあったこと（注24）、第三に、弁護士の数が少ない庁では、従来の予納金基準より低廉なこともあって少額管財手続の管財人候補者の給源について、確保が困難であったこと（注25・26）、があげられる。

したがって、現行破産法が施行された後も、直ちにいわゆる少額管財が全国的に行われたわけではない。

（注1）中島弘雅『破産・特別清算』四八九頁、宮川知法『消費者更生の法理論』一頁。
（注2）司法研修所編『破産事件の処理に関する実務上の諸問題』三五頁。
（注3）鈴木義和「少額管財手続」高木新二郎＝伊藤眞編集代表『講座　倒産の法システム第2巻』一七五頁。
（注4）田中康久「東京地裁における最新の破産事件の傾向」自正四四巻一二号二〇頁。
（注5）横田一『クレジット・サラ金列島で闘う人びと』一三頁以下で弁護士宇都宮健児の発言として引用。
（注6）東京地裁等では破産宣告まで、あるいは免責決定までの間、浪費グループについては一割ないし二割、ギャンブル関係については二割ないし三割を全債権者に平等に弁済するという取扱いを行っていた（田中康久「鼎談　破産免責制度の趣旨と運営上の課題」ジュリ一〇一四号二五頁、同「東京地裁における最近のカード破産・免責事件の取扱」ジュリ一〇一四号三六頁、同「東京地裁における免責事件処理について」自正四四巻一二号四一頁等）。
（注7）伊藤眞『破産法・民事再生法』一七四頁。
（注8）東京地決平5・10・15（判時一四八四号九一頁）では、子弟に対する学費の支払と生活費を賄うために借金を繰り返したことを「浪費」による免責不許可事由があるとしている。
（注9）井上馨『破産免責概説』二三一頁では「免責とは、債権者の多大な犠牲の上に、債務者の生存権を確保する制度であるから、この犠牲を正当化させるためには、常にその相当性（債務者の誠実性）及び必要性の首肯しうる最小限度の範囲内において慎ましく運用することを要する。ましてや、経済的破綻の原因が自業自得である場合が多数をしめ、かつ負債全部を無条件で棒引きするまでの必要性は余り認められない破産者の実態、安易な免責付与に由来する幾多の弊害を是正する必要の大いなることを直視すれば、免責の付与は個別的に慎重な吟味を要し、安易な付与は厳に禁じられるべきである。」としている。

（注10） 最判平2・3・20（民集四四巻二号四一六頁）、同（裁判集民事一五九号二五三頁）。
（注11） 「研究会・新破産法の基本構造と実務㉑」における花村良一発言（ジュリ一三二五号二〇八頁）。
（注12） 園尾隆司「少額管財手続の創設・発展および現状と立法課題」園尾隆司ほか『少額管財手続の理論と実務』二〇頁、伊藤・前掲（注7）一二八頁、中島・前掲（注1）八二頁。
（注13） 園尾・前掲（注12）三二頁以下。
（注14） 園尾・前掲（注12）五〇頁、「研究会・新破産法の基本構造と実務⑴」における田原睦夫発言（ジュリ一二八四号八一頁）。
（注15） 才口千晴「『管財手続』の意識改革――個人・法人少額管財事件の経験を踏まえて」園尾隆司ほか『少額管財手続の理論と実務』七六頁、宇都宮健児「弁護士から見た少額管財手続」同書九九頁。
（注16） 「研究会・新破産法の基本構造と実務⑴」における竹下守夫発言（ジュリ一二八四号七二頁）。
（注17） 鈴木・前掲（注3）一八八頁。
（注18） 裁判集民事一六二号一一七頁は、非訟事件であるとしていた。
（注19） 二つの理解については、司法研修所編『破産事件の処理に関する実務上の諸問題』二五二頁。
（注20） 少額管財手続の争訟的を強調するものとして、園尾・前掲（注12）四九頁、花村良一発言・前掲（注11）二〇九頁、「研究会・新破産法の基本構造と実務㉒」ジュリ一三二八号六八頁等。
（注21） 研究会・前掲（注20）七七頁以下。
（注22） 才口・前掲（注15）八二頁以下では、少額管財手続の定着には法律実務家の意識改革が必要であるとする。
（注23） 相談者が、弁護士費用を一括で用意できない場合であっても、分割払いを前提に受任すべきであるとすると、申立人代理人からすれば、自らの費用を受け取っていないにもかかわらず、まず予納金を用意させるということになり、抵抗感が強かった。加えて、申立人代理人が、申立て前に一定の財産の換価を行うと、さらに予納金を納めてまで管財手続にする必要性を感じなかったという事情がある。
（注24） 特に個人再生手続が施行されてから、裁判官が、「浪費」等といった免責不許可事由を拡大解釈して、任意弁

済を迫るという事案が相対的に減っており、同時破産手続廃止基準に該当するまで財産を減らすということが任意弁済の目的となりつつあった。

（注25）園尾・前掲（注12）四八頁では、「従来の管財事件の管財人とは異なり、企業の管財事件に堪能な弁護士ばかりではなく、消費者問題に造詣が深い弁護士も相当数選任している。」とのことである。消費者破産事件が、同時廃止で終わることが当然であるかのように理解されていた時期は、消費者破産の申立代理人は、管財人として選任されることはなかった。ところが、少額管財手続の管財人の給源を申立代理人の経験が豊富な弁護士に広げることで、少なくとも東京では給源の問題は解消されたといえよう。しかし、地方ではこの関係が直ちに解消さることにはならなかった。

（注26）野村剛司「破産手続のさらなる合理化――少額管財等の今後の発展に向けて」倒産法改正研究会編『続・提言　倒産法改正』二〇頁では、「大阪地裁や大阪の倒産処理弁護士は、当初消極的なとらえ方をしていたようである（やはり、予納金額の大幅な減額＝破産管財人報酬の大幅な減額につながるとの意識だったと思われる）」とする。

三　改正貸金業法について

1　貸金業法が倒産手続に与える影響

既述のように、いわゆる消費者破産の主な債権者は貸金業者であり、倒産法制度が整備されても、貸金業者の業法が変わらない限り合理的に運用されない場合があった。

たとえば、平成一二年一一月に成立した個人再生手続では、債権調査手続を簡素化するために、再生債務者の提出した債権者一覧表についてみなし届出（民事再生法二二五条）をしたものとみなすこととなっている。そのため、再生債務者は申立て時に利息制限法超過利息を収受している貸金業者に対してみなし利息（旧貸金業法四三条）の要件が満たされているかを調査するため、民事再生規則で取引履歴の資料の提出請求権を認めていた（民事再生規則三七条）。しかし、貸金業者は、民事再生規則上の義務は、法的義務ではないとして、取引履歴の開示には応じなかった。

そこで、当時の個人再生の手引書では次のような実務上の知恵を紹介している。「問題は、資料送付を請求したのに、それに債権者が応じてこなかったときです。この場合、債務者側としては、利息制限法上の引直し計算をすることができません。……そこで、一つの方法としては、債務者からの情報を元に、一般的にはかつての出資法の上限金利であった、四〇・〇〇四％の利息のみを返済した場合には、利息制限法の超過分を元本充当して計算すると約三年半で、現在の出資法の上限金利である二九・二％では約五年半で、また二〇回払いの元利均等返済の場合には約二年でそれぞれ残債権が無くなりますので、これらをベースに債務者側でしかるべき金額については異議を述べることが考えられます。この手法に賛成する弁護士が多いようです。（注27）」すなわち、取引履歴の開示がなされないことを前提として、上記の金利と支払期間を確認すれば、元本がゼロとなっていることから、債権額ゼロの債権者一覧表を作成し、後に債権者から届出がなされたら異議を述べられるようにするというものである。そして、個人再生委員が選任されれば、民事再生法二二三条二項二号により、「再生債務者や再生債権者に対して再生債権額の存在および額ならびに担保不足見込額に関する資料の提出を求めることができ（二二七条六項）、この資料提供に応じない場合には過料の制裁がある（二六六条二項）。個人再生委員はこの規定を根拠に、債権者に対し利息制限法引直し計算に必要な全取引過程の開示とその裏付け資料の提出を求めることができる（注28）」から、個人再生委員の調査に依拠して正しい債権額を確定すべきであるとしていた。

ところが、取引履歴の開示義務を認めた最高裁判例（最判平17・7・19民集五九巻六号一七八三頁）を受けて貸金業法が改正され、取引履歴の開示義務は貸金業法一九条の二に明文化され、同法二四条の六第一項二号で行政処分が、同法四九条六号において罰則がそれぞれ定められることになった。そのため、『個人再生の実務Q＆A一〇〇問』（注29）では、当然に業者が取引履歴を開示することを前提に、上記のような債権額ゼロによる債権一覧表を作成することはないとしている。

これは、個人再生手続の一例であるが、このように貸金業法の改正は、いわゆる消費者の倒産手続の運用に影響を与えるのである。

では、貸金業法が完全に施行されたことは、倒産手続にどのような影響を与えるであろうか。以下、貸金業法の制定背景とともに現在の利用者（債務者）の状況を紹介しながら検討していきたい。

2　貸金業法の制定の背景

(一)　旧貸金業法改正の背景

平成一五（二〇〇三）年に自己破産の申立件数は二四万二三五七件となって、過去最大となった。当時の社会状況は、以下のようなものであった。

「大量消費を煽る風潮が横行する一方で金銭教育が決定的に欠如する中、圧倒的な情報量や資金力を有するサラ金業界が圧倒的な広告宣伝をかけている。最近ではサラ金業者の無人貸出機がコンビニや銀行に設置されて、その抵抗感はますます希薄になる一方だ。経済的弱者を食い物にするビジネスが野放しにされている状態なのだ

（注30）」。このような状況は、さまざまな社会的批判を生み、既述のいわゆるサラ金三悪の抜本的な対処を要求することとなった。

(二) 貸金業法改正意図

旧貸金業法を大幅に改正したことについて、当時の立案担当者である大森泰人は次のように記述している。「収入の範囲内で返済できる額しか貸さない、という節度が貸し手にあり、収入の範囲内で返済できる額しか借りない、というリテラシーが借手にあれば、市場メカニズムに委ねていても、大きな社会問題にならないだろう。現実には、既に多重債務状態にあるとか、生活保護の受給資格があるほど貧しい人たちにも貸付が行われるのは、他から借りてでも返してくれればよい、との前提に立っているし、借り手の負担を軽減すべく金利引下げ競争が行われているわけでもない。……借り手のリテラシーが直ちに向上しない以上、貸し手への規制によって、返せない人たちに貸さないようにするしかないし、その規制によって返せる人にまで貸せなくなるという副作用が一定程度生じてもやむを得ないという判断になる。

上限金利を引き下げれば、当然、貸し手のリスク許容度は低下するから、これまでよりも返済能力を精緻に審査しなければならなくなるし、収入の三分の一という総量規制は、返済能力の範囲内での貸付を制度として直接促すものである。また、説明義務の強化は、借り手のリテラシー不足を補い、各般の行為規制や自主規制の強化は、借り手を不合理に搾取する貸し手を市場から排除するものである。貸し手の節度と借り手のリテラシーが、現状ではともに期待し難いゆえに、市場メカニズムが健全に機能すれば出現するであろう市場を制度により直接、出現させようという性格をもつ。（注31）」すなわち、サラ金三悪に代表される消費者信用市場のゆがみを、法規制により実現させるというものであったのである。

その方法として、上限金利の引下げによる金利負担の軽減、総量規制の導入による借りすぎの抑制、行為規制や参入規制、自主規制機関の確立等貸金業者の業務の適正化を図り、多重債務問題の解決に向けた抜本的かつ総合的な対策を講じようとしたものである。このような改正を行ったことについて、「改正法の成立は、その立法事実である多重債務をめぐる社会問題の深刻さを示すとともに、日本の司法、行政、立法各府がそのような社会問題に対して一定の解決の意思と能力をもっていることを示したものである。(注32)」と評されている。

3　完全施行後の状況

では、貸金業法が完全に施行されている現在の状況はどのようなものであろうか。

まず、日本信用情報機構「各種統計データ」によると、法改正前には多重債務者とされる五件以上の借入れがあった者が約二三〇万人いたところ、平成一九(二〇〇七)年には、一七一万人に減少し、さらに平成二四(二〇一二)年には四四万人に激減している。これに平仄をあわせるように、破産申立件数も平成一五(二〇〇三)年に二四万二三五七件であったものが、その後申立件数が減少し、平成二四(二〇一二)年には、九万二五五二件となっている。

さらに、経済・生活問題を原因とする自殺者の数をとってみても、警察庁生活安全局の統計では、平成一五(二〇〇三)年では八八九七件であったものが、多重債務を原因とするという統計に変わった平成一九(二〇〇七)年では一九七三件、平成二二(二〇一一)年では九九八件となっている。

他方、ヤミ金事案について、警察庁の統計資料によると検挙件数は、平成一五(二〇〇三)年の五五六件(検挙人数一二四六人）が最も多く、その後は暫減しており、平成二四（二〇一二）年は三二五件（検挙人数四七〇人）となっている。したがって、貸金業法の完全施行により、資金需要にゆがみが生じ、ヤミ金が跳梁跋扈するという状態にはなっていない。

（注27）日本弁護士連合会倒産法改正問題検討委員会編『Q&A個人再生手続』三八頁。
（注28）全国倒産処理弁護士ネットワーク編著『新注釈民事再生法㊦』四二八頁〔大迫恵美子〕。
（注29）全国倒産処理弁護士ネットワーク編『個人再生の実務Q&A一〇〇問』四八頁〔波多江愛子〕。
（注30）横田・前掲（注5）二三頁。
（注31）上柳敏郎＝大森泰人編著『逐条解説貸金業法』一四頁。
（注32）上柳＝大森編著・前掲（注31）一八頁。

四　貸金業法施行後のあるべき自然人の破産手続に関する試論

以下、貸金業法により消費者市場が正常化しつつあることを前提として、破産手続の申立人本人である債務者像の変容や、申立代理人である弁護士の問題、また隣接職種である認定司法書士の破産手続への関与等をふまえて、今後のあるべき自然人の破産手続に関し、試論を述べてみたい。

1　多重債務者像の変容

(一)　旧貸金業法四三条といわゆる過払金

消費者破産の主な債権者は、旧貸金業法四三条のみなし利息に依拠したサラ金・クレジット等の高利金融を営むものであった。ところが、貸金業法の改正の契機となった最判平18・1・13（民集六〇巻一号一頁）は、きわめて例外的な場合を除くほか、貸金業法四三条の適用を認めないとの判決を言い渡した。またこれに先立ち、最判平17・7・19（民集五九巻六号一七八三頁）は、貸金業者の取引履歴の開示義務を認めた。

この結果、いわゆる多重債務者が、利息制限法超過利息を支払っていた場合に、その超過利息分を元本に充当していくと、すでに元本が完済されており、その後の支払については不当利得返還請求権、いわゆる過払金が発生していることになった。これが、既述の五件以上の借入れがある債務者が減少した理由の一つであると考えられる。これを示す指標として、地裁第一審の新受件数は、平成一八年以降急増して、平成二一（二〇〇九）年には、一二三万五五八〇件となっているが、これは「金銭その他（具体的には過払金返還請求訴訟）」が急増したことが影響しているとされている（注33）。

したがって、平成一八年以前から貸金業者と継続的な取引を続け、その結果五件以上の借入れを行っていた債務者の相当数が、上記最判を受けて、債権額が減額され、あるいは債権が消滅して過払金請求を行うこととなったと想定される。

よって、主観的には多重債務状態に陥っていると考えている利用者が破産申立てをした場合、同時廃止もあわせて申し立てたとしても、破産債権についても引直し計算をし、資産となる過払金（不当利得返還請求権）の有無を調査し、支払不能の有無を再度判断することが必要となった。

(二) 貸金業法施行後の貸出について

貸金業法施行後は、出資法の上限金利を利息制限法二〇％まで引き下げており、必ずしも従来のような高金利貸付とは言いがたいこととなった。

同時に、貸金業法一三条の二第一項による総量規制もあり、貸金業者は、債務者の返済能力を調査したうえで（貸金業法一三条）貸付を行うこととなっている。貸金業者は、この調査のために指定信用情報機関に対して個人向け貸付については原則全件登録しなければならない（同法四一条の三五）。

しかも、貸金業者には適合性原則に従った業務をすることが義務化され（貸金業法一六条三項）、取立行為についても厳しい行為制限が課せられている（同法二一条）。

このため、旧貸金業法の下では、債務者が、いわゆるサラ金三悪の被害者であり、消費者信用市場に著しいゆがみがあることから、「借りたものは返さなければならない」という原則の例外として取り扱われていたことも不問に付されてきた。ところが、消費者信用市場のゆがみを適正化する目的で改正された貸金業法が施行された後、同様の債務者像を維持できるか、より慎重に検討することが必要である。

2　中立代理人弁護士の変容

(一)　大量広告事務所

日弁連の会規が、平成一二年三月二四日に改正され、弁護士の広告が原則自由となった（会規二九条の二）。そのため、多重債務者の事件処理を掲げる法律事務所が、公共交通機関の車内広告や、新聞等に広告を出すことが可能となった。

そして、既述の最判平18・1・13日以降、貸金業者に対する過払金の返還請求は、事務量を厭わなければ比較的簡単に手掛けることができる弁護士業務であるとの認識が急速に広まった。このため、「弁護士としてすべきことは、極論すれば、何についての相談か、どこに問題があるか、その判断だけである（注34）」から、「多重債務の結論としては、大きく分けて、『和解』『破産』『民事再生』の三であり、それぞれの流れを独立させて手続がスムーズに進むよう、和解支援システムや破産管理システムといった形で三種類のシステムを構築した。さらに、それぞれに、たとえば、必要情報の収集や書類作成、裁判所への報告、裁判を行う手続など、必要なすべての工程を管理するシステムを部品化して盛り込んでい（注35）」くことで、対応可能な業務であると弁護士業務をとらえたうえで「最初のシステムである多重債務問題を受け付けるサイトが完成してから、ウエブ、地下鉄広告、ティッシュの配布など、斬新な公告を大規模に行った。法律事務所が企業的に宣伝活動を行った、ほぼ最初のケースといってよいだろう。……オープンして初年度の来客は六千を超え、年間売上規模は二〇億円にものぼった。……システム化、マニュアル化、そしてパラリーガル、各種専門家を効率的に活用することによって、分業体制を完璧に揃えた結果である。（注36）」として、弁護士の業務は「サルでもできる」と主張する者まで現れた。

このような状況を受けて、日弁連は、平成二三年二月九日に「過払金返還請求事件を含む債務整理事件が多量に生じている状況において、債務整理事件について一部の弁護士（弁護士法人を含む。第七条を除き、以下同じ）によって不適切な勧誘、受任及び法律事務処理並びに不適正かつ不当な額の弁護士報酬の請求又は受領がなされているとの批判があることにかんがみ、臨時の措置として、債務整理事件の勧誘、受任及び法律事務処理に関して弁護士が遵守すべき事項を定めるとともに、主として過払金返還請求事件における弁護士報酬の額を適正化し、もって弁護士に対する国民の信頼の確保及び依頼者の利益の擁護を図ることを目的」として、「債務整理事件処理の規律を定める規程」を策定し、面談を義務づけることや、弁護士報酬等を定めている。

(二) 中立代理人の問題

この債務整理事件処理の規律を定める規程に日弁連の組織としての危機意識が顕れているとおり、五件以上の借入れがある多重債務者が二三〇万人も存在し、この問題の解決が国家的な使命であるとして、政府が多重債務問題改善プログラムを策定して相談窓口の拡充等を図るなか、それまで必ずしも消費者の倒産事件を手掛けていなかった多数の弁護士が、この問題に関与するようになった。

新たにこれらの分野を手掛けることになった弁護士が、多重債務者の経済的・法的問題を解決するという本来の弁護士としての使命だけではなく、多重債務者の法律関係を調査すればかなりの確率で比較的容易な弁護士業務である過払金請求事件を受任できるという動機で参加したのではないかと考えられる。その結果、公刊物に見られるだけでも、かなりの数の中立代理人の不適切な処理事案があり、破産手続開始決定後に選任された破産管財人が、中立代理人に対して否認請求（注37・38）や不当利得返還請求（注39）、損害賠償請求（注40）を行っている。

このような破産管財人が、中立代理人に対して法的手続をとって責任が認められた例のみならず、弁護士会の懲戒事案として、多重債務者の法的業務を受任した弁護士の業務に関して、多数の懲戒が認められている（注41）。

このように、中立代理人の質について、問題が生じているなかで、中立代理人からの資料提出だけで、破産原因の存在や、免責不許可事由の有無等を判断してよいのかを再度検討することが必要な時期になっているといえよう。同時破産手続廃止は、裁判所が一定の事実調査ができるとはいえ、原則として中立代理人の疎明資料等で事件の処理がなされていく。これは、中立代理人の能力と、弁護士として依頼者である中立人の利益を擁護しながら、公平・誠実に業務遂行をするという前提が存在してはじめてその正当性が確保されている。しかし、既述のさまざまな事例を考えると、その前提に重大な疑問が生じていることを直截に認めるべきではないか。

(三) 司法書士の関与

さらに、多重債務者の債務整理や自己破産申立てについて、弁護士のみならず認定司法書士が、債務整理については代理として、自己破産申立てについては事実上関与しているという実態もある。この司法書士の関与のあり方についても、検討していくべきであろう。

3 同時破産手続廃止の運用について

(一) 「破産財団をもって破産手続の費用を支弁するのに不足する」(破産法二一六条)という要件

同時破産手続廃止の要件である、「破産手続の費用」とは、官報公告費用等を除けば、ほとんどが破産管財人の報酬の最低限を意味する。では、破産管財人の報酬の最低額は法定されているのか。答えは否であり、運用で決まっているにすぎない。裁判所と弁護士会が、管財人の給源や事務負担を勘案しながら、最低限度の予納金額に関する実務上の運用を行っているだけである。ところが、その事実上の金額が、「破産財団をもって破産手続の費用を支弁するのに不足する」として、開始決定と同時に直ちに破産手続を終結させるという同時破産手続廃止決定の基準となり、債務者にとっても、債権者にとっても重大な意味をもっているのである。

そして、「破産手続の費用」である破産管財人の報酬の最低限は、既述のとおり少額管財の運用がなされる前は、五〇万円であり、これが二〇万円と下がったことで、少額管財が定着していったのである。すなわち、同時廃止となるか否かは、実務上の運用（管財事件と同時廃止事件の振分基準いわゆる「同廃基準」）（注42）による。

理論的に自由財産と同時廃止基準の問題を考えるなら、どのような財産が最終的に自由財産となるかは、破産手続開始決定後に破産財団としてどのような資産を換価すべきかで決定されるものである以上、開始決定時の振分基準は、申立て時の申立人の財産をもって「破産手続の費用を支弁するに不足する」（破産法二一六条）か否かで判断すべきである。そのため、破産法の自由財産の範囲が、動産としての現金（民執法一三一条三号）九九万円（破産法三四条三項一号）を超えて、およそ価値的に九九万円相当を破産者に保有させるべきであるとされたとしても（注43）、九九万円相当の資産を保有しないから、直ちに同時廃止とすべきとはならない（注44）。

したがって、管財事件の割合を増やすか否かは、ひとえに実務上の運用にかかっており、より低廉な予納金で破産管財人を選任できるか否かによる（注45）。

(二) 管財事件による処理が合理的であること

既述のように、改正貸金業法が、市場の合理性を法が形成するというものであったことを考えると、歪な消費者信用市場が正常化しつつあるなか、従来の同時破産手続廃止を中心とした消費者破産手続の正当性が再び問われている。しかも、申立代理人の過払金回収報酬や、破産申立報酬、処理遅滞等の問題が生じている。このようななかで、申立代理人の業務の正確さ、誠実さに依拠して、第三者である破産管財人の調査を経ずに、債権者の財産権を喪失させる免責決定の正当性を確保することができるのであろうか。

やはり、破産手続による債務者の免責決定による「経済生活の再生の機会の確保」（破産法一条）を重視するなら、申立代理人と破産管財人の相互チェックシステムを構築して、破産者が誠実に破産手続に協力しているか、支払不能に陥った理由が合理的か、申立代理人の事件処理が適切かを、第三者である破産管財人がチェックしたうえで、裁判所が免責決定を行うことが原則となっていくのではないかと考える（注46）。

したがって、現在の実務の原則と例外を転換し、原則として管財事件として処理すべきであろう。そして、同時破産手続廃止の基準は、たとえば、①著しい給料の減額や失業などで将来収入が、融資時とはまったく異なってしまった場合、②負債総額が一〇〇万円程度であり、破産管財人の調査を経ることが破産債権者との関係でも合理性を欠く場合等に転換していくべきであると考える（注47）。

（注33）「裁判の迅速化に係る検証に関する報告書」（第四回）民事第一審訴訟事件の概況一二一頁。
（注34）西田研志『サルでもできる弁護士業』一一九頁。
（注35）西田・前掲（注34）一二三頁。
（注36）西田・前掲（注34）一二八頁。
（注37）否認請求として、神戸地伊丹支決平19・11・28（判タ一二八四号三二八頁）。これは、破産者が申立代理人に支払った報酬のうち合理的均衡を失する分として金二〇六万三七二五円の支払を認めた。
（注38）否認訴訟として、東京地判平23・10・24（判時二一四〇号二三頁）。これは、破産者から過払金返還請求訴訟の事件を受任した弁護士に対して破産管財人が否認訴訟を提起したものであり、四五万円の請求に対し三一万八一六三円の請求が認められている。この訴訟のなかで、被告は、依頼者が、直接、事務所にアクセスした場合には、事務所の広告宣伝費がかかっており、これは報酬の増加要因であると主張しているが、裁判所は、広告宣伝費を支出していることは副次的な要因であるとして弁護士報酬を高額に請求することを正当化できないとしている。
（注39）不当利得返還請求事件であるが否認請求を請求原因としている事件として、東京地判平22・10・14（判タ

一三四〇号八三頁)。この事件では「申立代理人弁護士による換価回収行為は、債権者にとって、それを行われなければ資産価値が急速に劣化したり、債権回収が困難になるといった特段の事情がない限り、意味がないばかりか、かえって、財産価値の減少や隠匿の危険ないし疑いを生じさせる可能性があるのであるから、そのような事情がないにもかかわらず、申立代理人弁護士が換価回収行為をすることは相当でなく、換価回収行為は、原則として管財人が行うべきである。」と判示し、申立代理人の換価行為等の報酬のうち一六八万円の返還を認めた。

(注40) 損害賠償請求事件として、東京地判平21・2・13(判時二〇三六号四三頁)。これは、会社から自己破産の申立てを受任した弁護士が二年間申立てを放置した場合において、破産財団の損害につき弁護士の不法行為責任を認めたものである。

(注41) 日本弁護士連合会編著『弁護士白書二〇一二年版』懲戒事案二二一頁には、「自己破産の申立等につき約二年半事務処理を遅滞した事案」「住宅資金特別条項付民事再生手続開始申立てを含む債務整理を受任しながら放置した事案」「代表者と会社の破産申立事件を受任し、会社のみ破産申立を行い、依頼者個人については、受任から六年近く放置した事案」「債務整理を受任したが、受任から破産申立を行うまで約七年九ヶ月にわたり事件処理を怠り、債権者から受任事件の処理方針や進捗状況の照会を受けながら回答を怠った事案」「住宅資金特別条項付民事再生手続開始申立を含む債務整理について、依頼者と一度も面談せず、依頼者との連絡協議を専ら事務員に行わせた事案」「受任した債務整理に関し、依頼者から少なくとも六七〇万円を預かったが、事件を放置し、辞任時も事件処理の状況及び結果の説明をせず、預り金の清算を怠り、事務職員が法律事務を取り仕切っていることを認識しながら、放置し、黙認していた事案」等が、平成二三年度中の懲戒事案として記載されている。

(注42) この同廃基準の詳細は、阿部弘樹「管財事件と同時廃止事件の振分基準」日本弁護士連合会倒産法制等検討委員会編『個人の破産・再生手続――実務の到達点と課題』五〇頁以下。

(注43) 阿部・前掲(注42)五七頁。

(注44) 同旨、鈴木・前掲(注3)一九三頁。

（注45）なお、ソウル中央地方裁判所（韓国）では、二〇一一年九月より、破産管財人の基本報酬を負債にかかわらず三〇万ウォン以下（日本円では二万六〇〇〇円程度）としたことで、全件について破産管財人を選任する取扱いとなったとのことである（PROCEEDING The 4th Annual Symposium of East Asian Association of Insolvency and Restructuring p.20）。

（注46）たとえば「平成二四年の破産事件の概況をみる」（金法一九六五号六頁以下）では、全国の多くの地方裁判所で、破産管財率、とりわけ自然人の管財率が上昇していることが紹介されている。

（注47）なお、予納金を下げて破産管財人が破産手続を行う場合の立法上の課題については、野村・前掲（注26）三一頁以下。

五　最後に

以上、貸金業法の改正を契機として、今後の自然人の破産手続の運用について、筆者の考えを述べた。

わが国の倒産法は、清算型倒産手続である破産手続と再建型倒産手続である再生手続を自由に選択することができる。しかし、消費者破産の貸手側の原因が改善されている以上、経済破綻の原因を借手側に求めることにつながるから、この自由選択を見直すべきとの意見が強まることも想定すべきである。

特に、わが国の倒産法制改正について、強い影響を与えた米国連邦倒産法が二〇〇五年に改正され、濫用的破産申立ての防止のため弁済資力テスト制度が導入され、第七章手続の申立て前にクレジットカウンセリングを受けることが義務化されている（注48）ことなどを考えると、そのような法改正の提案がなされることも十分考えられる。そのときに、同時破産手続廃止が原則であるのか、破産管財人による適切な事件処理がなされているのか、その実務の運用が大きな影響を与えると思われる。

この試論が、そのときの一つの答えになることを期待している。

（注48） 松下淳一「二〇〇五年連邦倒産法改正における消費者倒産法制の改正の素描⑴⑵」ＮＢＬ八一九号四二頁、八二〇号七一頁。

なお、脱稿後に債務整理に関する弁護士の説明義務を判示した最三判平25・4・16（http://www.courts.go.jp/hanrei/pdf/20130416113943.pdf）に接した。この判決で指摘された多重債務者に対する弁護士の説明義務の問題は、本稿の指摘する申立代理人弁護士の変容とも問題意識が通底すると思われるが、残念ながら詳細な検討を行うことができなかった。

破産管財人の実体法上の地位

中西　正

一　はじめに

破産管財人の法的地位をめぐっては、これまでに多くの議論がなされている。議論の対象は、大きく、破産手続内部の法律関係の問題と、破産手続外の第三者と破産管財人との関係の問題に分けられる（注1）。前者は、破産手続内部の法律関係を、破産管財人を中心として、どのように法律構成・理論構成するのかという問題であるのに対し、後者は、破産手続の各利害関係人と破産管財人は実体法上どのような関係に立つのかという問題である。

本稿は、後者の問題を検討すること、とりわけ破産管財人の実体法上の地位につき、①破産管財人は破産者の地位を承継するというルールと、②破産管財人は差押債権者の地位を有するというルールを併用する判例・通説を、批判的に検討することを、目的とする。すなわち、これらのルールが適用される場面では、当該利害関係人の権利は破産手続において尊重されるべきか（どの程度に尊重されるべきか）が問題となっているのであり、①、②のルールではなく、その権利に関する倒産実体法上の規定や理論により、問題を解決すべきであると論じるものである。そして、これに必要な限度で、前者の問題も検討することにしたい。

（注1） 伊藤眞「破産管財人の第三者性」民商九三巻・臨時増刊号⑵九一頁。櫻井孝一「破産管財人の第三者的地位」道下徹ほか編『裁判実務体系6』一六五・一七〇頁も、同旨と見ることが、許されよう。

二　判例・学説

1　破産手続内部の法律関係の問題

(**1**) 破産手続内部の法律関係をどう理論構成するかという問題については、これまでに、代理説、職務説、破産財団代表説、管理機構人格説、受託者説などが、主張されている（注2）。現在では、管理機構人格説が通説であると見てよいが（注3）、私法上の職務説も有力である（注4）。

(**2**) 破産法により破産管財人に付与された権限は、私法上の職務であると位置づけられよう。破産財産の管理処分権は他人効を生ぜしめるが代理権と見るべきではないし（注5）、破産管財人は市場のなかで職務を遂行する以上（市場を規制する当局になるのではない）、その職務が公法上のそれであると見るのは不自然だからである（注6）。ただ、その職務が、管理機構法人としての破産管財人に帰属するのか（管理機構人格説）、裁判所から選任された破産管財人自身に帰属するのか（私法上の職務説）が、問題となるのである。管理機構法人という法律構成に必然性が乏しいのであれば（注7）、私法上の職務説が支持されるべきであろう（注8）。そのうえで、破産管財人の職務の信託的な側面が分析されるべきである（注9）。

(3) しかし、管理機構人格説に立っても、私法上の職務説に立っても、①破産手続開始決定により債務者財産の帰属に変更が生じることはなく、破産財団財産は依然として破産者に帰属すること、②破産手続開始決定により債務者と相手方の法律関係が当事者の面で変更を受けることはなく、依然として破産者と相手方の間の法律関係にとどまることは、同じである。なぜなら、破産手続開始決定は、破産財団財産に関しては、その管理処分権を破産者から破産管財人に移転するだけであり、そうである以上、破産者と相手方の法律関係が破産管財人と相手方の間に移ることもないからである。破産管財人は、第三者として、破産者に帰属する財産を管理処分し、破産者と相手方の間の法律関係を処理することになるのである。

そして、倒産処理手続の各利害関係人が平時実体法上有する法的地位・法的利益を可及的に尊重するという倒産実体法の基本原則からすれば（後述三2四を参照）、このようなルールは正当であると思われる。これにより、各利害関係人がもつ法的地位・法的利益は、破産手続開始決定による変動を可及的に免れるからである。ただし、利害関係人の権利が、個別の規定、理論、解釈による制約を受けることは、論をまたない。

ている。

2 破産管財人の実体法上の地位の問題

(一) 判例

(1) 判例は、破産管財人の実体法上の地位の問題について、破産管財人は破産者の地位を承継するというルールと、破産管財人は差押債権者の地位を有するというルールを、当該権利・法律関係の性質に応じて、使い分けている。

(2) まず、破産者の地位を承継するというルールについてであるが、〔一〕Aが、Bに対し、Aが賃貸人Cに対して有する敷金返還請求権につき債権質権を設定し、Aが破産手続開始決定を受けた後、破産管財人が本件賃貸借契約上の賃料をCに支払わず、敷金返還請求権の価値を減損させたという事例において、最高裁判所は、破産管財人は、質権設定者たる破産者Aが質権者Bに対して負っていた担保価値維持義務を承継する旨を、判示した（注10）。これは、破産管財人を破産者の承継人とするルールを適用したと、見ることができよう。

次に、〔二〕BがAにいわゆる融通手形を振り出し、Aがこれを割り引く前に破産手続開始決定を受け、Aの破産管財人が、Bに当該手形金の支払を求めた事例で、最高裁判所は、Bは融通手形の抗弁を破産管財人に対抗できる旨を判示した（注11）。この判例については、破産管財人を破産者の承継人とするルールを適用したと理解する見解（注12）と、破産管財人は差押債権者の地位を有するというルールを適用したうえで、手形法一七条が適用されなかったと理解する見解（注13）が、対立している。

また、〔三〕破産管財人が、破産手続開始決定前の雇用関係に基づく退職手当等の支払に際し、所得税の源泉徴収義務を負担するか否かが争われた事件で、最高裁判所は、破産管財人が、所得税の源泉徴収をすべき者としての地位を、破産者から当然に承継すると解すべき法令上の根拠は存しない旨を、判示した（注14）。これは、論理的には、破産管財人が破産者の地位を承継することもありうるとしつつ、所得税の源泉徴収をすべき者としての地位に関しては、このように解する法的根拠はないと判断したと、位置づけられよう。

(3)　他方、差押債権者の地位を有するというルールについては、まず、［四］債権の譲受人が民法四六七条所定の対抗要件を具備するまでに、譲渡人が破産手続開始決定を受けた場合に、譲受人は当該債権譲渡を破産管財人に対抗しうるかが問題とされた事例で、大審院は以下のように判示した（注15）。(a)譲渡された債権の差押債権者は、民法四六七条の「第三者」に該当し、債権の譲受人は、同条所定の対抗要件の具備がなければ、その譲渡を差押債権者に対抗できない、(b)破産手続開始決定があると、その時点で存在した破産者の財産は、破産財団を構成し、破産管財人の管理処分に服し、破産債権者全体のために差し押さえられたに等しい状態となる、(c)したがって、債権が譲渡され対抗要件が具備されるまでに、債権の譲渡人が破産手続開始決定を受けた場合には、譲受人は破産債権者全体に当該債権譲渡を対抗することができない。その後、最高裁判所も、「指名債権の譲渡を受けた者は、譲渡人が破産宣告を受けた場合には、破産宣告前に右譲渡について民法四六七条二項所定の対抗要件を具備しない限り、右債権の譲渡をもって破産管財人に対抗し得ない者と解すべきである。」と判示している（注16）。

次に、［五］AがBに土地を貸し渡し、Bはその上に建物を建ててこれを所有していたが、土地賃借権にも建物にも登記を具備しないうちに、Aが破産手続開始決定を受けた事例で、最高裁判所は、「破産管財人は、破産者の代理人または一般承継人ではなく、破産債権者の利益のために独立の地位を与えられた破産財団の管理機関であるから、破産宣告前破産者の設定した土地の賃借権に関しては、建物保護ニ関スル法律一条にいわゆる第三者にあたるものと解すべきである。」と判示して、Aの破産管財人のBに対する建物収去・土地明渡しを認めた（注17）。

このほか、［六］破産管財人は民法九四条二項の「第三者」に該当するかという問題につき、最高裁判所は、破産財団に属する破産者の財産は、破産手続開始決定により差押えられたのと同じ拘束を受け、これについての破産者の管理処分権は破産管財人に移されること等を理由に、これを肯定している（注18）。

以上は、破産管財人は差押債権者の地位を有するというルールを適用したと見ることが許されよう。

㈡ 学　説

学説も、判例と同様、破産管財人は破産者の地位を承継するというルールと、破産管財人は差押債権者の地位を有するというルールを、使い分けている。この問題に関する代表的な見解を紹介すれば、以下のようになろう（注19）。

実体法律関係における破産管財人の法的地位を決定するについては、法律関係の性質に即して、破産管財人は破産者の地位を承継するというルール、破産管財人は差押債権者の地位を有するというルールなどが、適用される（注20）。

破産管財人は破産者の地位を承継するというルールの趣旨は、以下のとおりである。

(a) 破産手続開始によって破産管財人が管理処分権を付与されても、権利義務の帰属自体にはなんら変更がないとすれば、第三者との関係において破産管財人を破産者と区別して取り扱うべき理由がない。

(b) 破産手続開始前から破産者となんらかの法律関係を結んでいた第三者から見た場合、相手方の破産という自己と無関係の事由によって法律関係の内容が変更されることを受忍する理由はない。

(c) 第三者が破産者に対して主張することができた法律上の地位は、破産管財人に対しても認められるべきであるし、破産管財人が第三者に対して主張できる法律上の地位は、破産者が主張できた範囲に限られるべきである。

他方、破産管財人は差押債権者の地位を有するというルールの趣旨は、以下のとおりである。

(ア) 破産手続開始決定が、破産債権者の利益のために、破産管財人に、破産財団財産の管理処分権を付与する以上、財団財産に対する差押債権者と類似の法律上の地位が、破産管財人にも認められるべきである。

(イ) 物権変動や債権譲渡の対抗要件の問題が典型例であるが、実体法が差押債権者の地位を保護している場合には、その趣旨に照らし、破産管財人も、破産手続開始の効力として、その時点における差押債権者と同様の地位を認められるべきである。

(ウ) 破産手続開始前に破産債権者の一人がすでに差押えを行っている場合には、破産管財人はその効力を援用することが許される。

これらのルールの相互関係であるが、破産手続開始決定によっても権利義務の帰属自体にはなんら変更がない点に鑑みれば、基本的には、破産管財人は破産者の地位を承継するというルールが適用される。ただし、実体法規が、ある法律関係について、差押債権者に特別の地位を付与している場合には、破産管財人は差押債権者の地位を有するというルールが適用される、とされる。

（注2） 櫻井・前掲（注1）引用文献一六六頁以下、垣内秀介「破産管財人の地位と権限」山本克己ほか編『新破産法の理論と実務』一三九頁以下が、詳細である。

(注3) 伊藤眞ほか『条解破産法』五四〇頁。
(注4) 垣内・前掲(注2)引用文献一四二頁以下を参照。
(注5) 垣内・前掲(注2)引用文献一四〇頁以下と、そこに引用された各文献を参照。
(注6) このことは、再生型倒産処理手続である、会社更生手続の更生管財人、民事再生手続の管財人を見れば、いっそう明らかとなろう。これらの職務は私法上の職務である一方、破産管財人の職務だけは公法上の職務であるという見解は、成り立ちえないと思われる。
(注7) 破産手続の機関である破産管財人に法人格を付与する必要があるのか否かがここでの問題であり、他の民事手続法上の機関とのバランスが重要だと思われる。なお、破産管財人を財団債権の債務者とするため法人格を付与せねばならないという見解もあろうが、仮にそうだとすれば、破産財団の管理処分権を破産管財人に帰属させるだけでは不十分で、担保権のような価値権を帰属させる必要があろう。しかし、このような理論構成は錯雑であると思われる。
(注8) 垣内・前掲(注2)引用文献一四一頁以下。
(注9) 垣内・前掲(注2)引用文献一四三頁。なお、受託者説については、霜島甲一『倒産法体系』四三頁以下を参照。
(注10) 最判平18・12・21(民集六〇巻一〇号三九六四頁)。「債権が質権の目的とされた場合において、質権設定者は、質権者に対し、当該債権の担保価値を維持すべき義務を負い、債権の放棄、免除、相殺、更改等当該債権を消滅、変更させる一切の行為その他当該債権の担保価値を害するような行為を行うことは、同義務に違反するものとして許されないと解すべきである」とした後、「質権設定者が破産した場合において、質権は、別除権として取り扱われ(旧破産法九二条)、破産手続によってその効力に影響を受けないものとされており(同法九五条)、他に質権設定者と質権者との間の法律関係が破産管財人に承継されないと解すべき法律上の根拠もないから、破産管財人は、質権設定者が質権者に対して負う上記義務を承継すると解される」と判示した。
(注11) 最判昭46・2・23(判時六二二号一〇二頁)。「本件三通の約束手形は、いずれも破産会社代表者の依頼を受け

て、被上告人が破産会社の運転資金を融通する目的で振り出したものであり、なんら被上告人と破産会社との間に対価関係があって振り出されたものではなく、被上告人は、このことをもつて、破産宣告後破産会社から右約束手形を受け取り所持している破産管財人である上告人に対しても対抗することができるものと解すべきである旨の原審の認定判断は、原判決（その引用する第一審判決を含む。以下同じ。）挙示の証拠関係に照らして首肯できる。」

（注12） 伊藤眞「破産管財人の法的地位」法教四三号二五頁、伊藤・前掲（注1）引用文献一〇七頁、『新倒産判例百選』二六事件〔宮川知法解説〕ほか。

（注13） 瀬川卓男「破産管財人の第三者的地位」園尾隆司ほか編『新・裁判実務体系』七九頁、『倒産判例百選（第四版）』一八事件〔高田裕成解説〕、伊藤ほか・前掲（注3）引用文献五五五頁。このほか、『倒産判例百選』二五事件〔前田重行解説〕も参照。

（注14） 最判平23・1・4（民集六五巻一号一頁）。以下のように判示した。「破産管財人は、破産手続を適正かつ公平に遂行するために、破産者から独立した地位を与えられて、法令上定められた職務の遂行に当たる者であり、破産者が雇用していた労働者との間において、破産宣告前の雇用関係に関し直接の債権債務関係に立つものではなく、破産債権である上記雇用関係に基づく退職手当等の債権に対して配当をする場合も、これを破産手続上の職務の遂行として行うのであるから、このような破産管財人と上記労働者との間に、使用者と労働者との関係に準ずるような特に密接な関係があるということはできない。また、破産管財人は、破産財団の管理処分権を破産者から承継するが（旧破産法七条）、破産宣告前の雇用関係に基づく退職手当等の支払に関し、その支払の際に所得税の源泉徴収をすべき者としての地位を破産者から当然に承継すると解すべき法令上の根拠は存しない。そうすると、破産管財人は、上記退職手当等につき、所得税法一九九条にいう「支払をする者」に含まれず、破産債権である上記退職手当等の債権に対する配当の際にその退職手当等について所得税を徴収し、これを国に納付する義務を負うものではないと解するのが相当である。」

（注15） 大判昭8・11・30（民集一二巻二七八一頁）。

（注16） 最判昭58・3・22（判時一一三四号七五頁）。

（注17） 最判昭48・2・16（金法六七八号二一頁）。

（注18） 最判昭37・12・13（判タ一四〇号一二四頁）。以下のように判示した。「所論は、民法九四条二項によつて保護される第三者とは、意思表示の虚偽であることを知らないすべての第三者を指すのではなく、その虚偽の意思表示を真実であると信じて、なんらかの法律行為をなし、新たに利害関係をもつに至つた者にかぎるが如く主張するが、破産管財人は、破産債権者全体の共同の利益のためにも、善良な管理者の注意を以てその職務を行なわねばならぬ者であるから、選任された後は、所論の如き特段の法律行為をなしたかどうかに拘らず、ある財産が破産財団に属するかどうかを主張するにつき、法律上利害関係を有するものと解すべきであるから、所論民法九四条二項によつて保護される第三者たることを失なうものではない。」「右の点に関し、所論は、破産管財人は、破産財団に属する財産の占有及び管理に着手して始めて、ある財産が破産財団に属するかどうかを主張するにつき法律上利害関係をもつに至るのであつて、選任されただけでは、民法九四条二項にいう第三者に該当しない旨主張するが、破産財団に属する破産者の財産は、破産の宣告により、差押えをされたと同じ拘束を受け、これに対する破産者の処分権は剥奪されると同時に直ちに破産管財人に移付されるのであるから、所論法律上の利害関係は、破産管財人に関しては、破産宣告と同時にされる選任によつて当然生ずるものと解するのが相当である。所論引用の各判例中、判例違反の論拠として引用する各判例は、いずれも事案を異にし、本件に適切でない。」

（注19） 伊藤眞『破産法・民事再生法（第二版）』二四八頁以下。破産管財人の実体法上の地位を包括的・理論的に論じた文献は少なく、同書のほか、伊藤・前掲（注1）引用文献一七〇頁、櫻井・前掲（注1）引用文献、小林秀之「動産売買先取特権の物上代位と債務者の破産宣告」ジュリ八二六号九六頁などをあげうるにとどまる。小林論文は、破産管財人の法的地位は、基本的には破産者の地位を引き継いだものにすぎず、破産債権者への公平な平等弁済のために修正を受けるだけであるとされる。『新倒産判例百選』二四事件〔小林秀之解説〕も参照。

（注20） 伊藤教授は、「三つの基準が適用される」（伊藤・前掲（注19）引用文献二四八頁）とされるが、ここでは二つの基準に絞って紹介したい。

三　検　討

1　破産管財人による破産者の地位の承継

上述（二1(3)）のごとく、破産手続開始決定がなされても、債務者財産の帰属に変更はないし（破産財団財産は破産者に帰属する）、債務者と相手方との法律関係についても当事者の面で変更はない（依然として破産者と相手方の間の法律関係にとどまる）と、解される。したがって、破産管財人は、第三者として、破産者に帰属する財産（破産財団財産）を管理処分し、破産者とその相手方との間の法律関係を処理することになる。

とするなら、破産管財人が破産者の地位を承継することはありえない。ただ、倒産実体法上、ある破産手続の利害関係人の権利が破産手続で尊重される場合には、破産管財人は、あたかも破産者の地位を承継したかのごとく、その管理処分権を行使し、当該利害関係人の権利（あるいは当該法律関係）を処理せねばならないだけのことである。破産管財人が倒産実体法が破産手続の利害関係人に保障した法的地位を尊重しつつ、職務を遂行せねばならない点については、異論はないと思われる。

破産管財人は破産者の地位を承継するというルールは、要するに、ある破産手続の利害関係人の権利（法律関係）が破産手続で尊重されるべき場面の、比喩的な表現にすぎないものと思われる。そして、ある利害関係人の権利が破産手続において尊重されるか否かという問題は、その権利に関する倒産実体法上の規定、その規定の趣旨、その権利に関する理論などにより解決すべきであり、破産管財人は原則として破産者の地位を承継するというルールの適用により解決してはならないと思われる。後者のアプローチは、問題解決のうえで真に必要な検討を行うプロセスを飛び越えて、結論を出すことを認めてしまうものであり、誤った解釈・結論を生ぜしめる危険を有しているといわざるをえないからである。

なお、ある利害関係人の権利が破産手続において尊重される場合、破産管財人は破産者の承継人となるわけではないが、当該利害関係人に対して、直接その権利を尊重するよう自らの職務を遂行する義務を負う（善良な管理者の注意義務。破産法八五条一項・二項）。このような義務を負うことの理論的根拠については、さらに検討が必要である（注21）。

㈢　以上のような見解に立った場合、上述二2㈠⑵であげた［一］の事例で、最判平18・12・21（民集六〇巻一〇号三九六四頁）が、直ちに、破産管財人は原則として破産者の地位を承継するというルールを適用することなく、①別除権は破産手続上尊重され、担保価値維持義務は別除権に包摂されるので破産手続でも尊重されるべきである、②したがって、破産管財人は担保価値維持義務を尊重するよう破産財団財産の管理処分をし、その他職務を遂行せねばならない、③そして、破産管財人は、当該別除権者に対し、そのように職務を遂行する善良なる管理者の注意義務を負う旨を判示したことは、正当であると評価される。また、［三］の事例でも、最判平23・1・4（民集六五巻一号一頁）が、破産管財人は原則として破産者の地位を承継するというルールを適用するのではなく、実質的な検討を行っている点では、正当であると考えられる。

2 破産管財人の差押債権者的地位

(一) はじめに

破産管財人は差押債権者の地位を有するというルールについては、破産手続開始決定が、破産債権者の利益のために、破産管財人に破産財団財産の管理処分権を付与する以上、破産財団財産に対する差押債権者と同じ法律上の地位が破産管財人にも認められるべきであると、説明されている（上述二2(一)(3)〔四〕〔六〕の事例、(二)の学説を参照）。しかし、破産管財人に破産財団財産の管理処分権が付与されることが根拠となって、財団財産に対する差押債権者と同じ法律上の地位が付与されるのだろうか。

民事執行において差押債権者の地位を享受するのは、差押債権者など配当を受けるべき債権者（民執法八七条一項）と、買受人（民執法七八条一項、七九条ほか）である（注22）。しかし、配当を受けるべき債権者も、買受人も、差し押さえられた財産の管理処分権など、有していない。したがって、このルールには、何か別の根拠が必要なのではないかと思われる。それが明らかになれば、このルールの適用範囲もより明確になろう。

以下では、以上のような問題意識に立ちつつ、破産管財人の差押債権者の地位のルールの実質的根拠を、検討したい。

(二) 債権者の掴取力・債務者の責任

一般債権者は、債務者の責任財産につき、どのような権利を有しているのであろう（注23）。ある有力な学説は、これを、以下のごとく、説明する。一定の財産が債務の引当（担保）となっていることを、言い換えれば、債務が履行されない場合に、その債権に満足を得させるために一定の財産が担保となっていることを、責任という。債権の法的構造を、債務者に対する請求力と、債務者財産に対する掴取力からなるものと理解するなら、債務者の側で、請求力に対応するものが債務、掴取力に対応するものが責任である（注24）。この見解に従えば、一般債権者は、その債権につき、債務者の責任財産上に、掴取力＝責任を有していると見ることが許されよう。債権を債務者に対する関係と責任財産に対する関係の二重構造として理解する点で、この見解は正当であると思われる。そこで、以下では、この見解を前提に、検討を行うことにする。

(三) 差押債権者の実体法上の地位

まず、この掴取力＝責任は、平時においては、つまり倒産処理手続外においては、どのような保護を受けるのであろう。これについては、以下のように見ることが許されよう。仮にＢがＡに対して債権を有しているとすると、ＢはＡの責任財産上に掴取力＝責任を有しているが、これは流動的な存在である。すなわち、ＢがＡに対して債権を取得した時点で、ある財産がＡの責任財産を構成していたとしても、その後Ａがその財産の所有権を失えば、Ｂのその財産に関する掴取力＝責任も失われる。また、ＢがＡに対して債権を取得した後に、Ａがある財産を取得した場合、財産を取得した時点から、Ｂは当該財産上に掴取力＝責任を取得する。ＢがＡの責任財産に対する権利行使をしない限り、掴取力＝責任は揮発的・流動的なのである（注25）。

しかし、Ｂが、Ａのある財産に対し、強制執行の開始を申し立て、手続が開始され、当該財産が差し押さえられれば、Ｂは当該財産上に一定の法的地位（差押債権者の地位）を取得する。これは、Ｂの債権の満足を求める法的手続が当該財産に対して開始されたため、当該財産上の掴取力＝責任を顕在化・固定化し、その存在・内容を明確化して、Bの法的地位を明確にしたものである。また、他の競合する権利との対立も調整される。すなわち、差押債権者の地位（差押債権者の地位を享受するのは正確には民執法八七条一項一号ないし三号の配当を受けるべき債権者及び買受人である）は、民執法五九条の規定などにより当該財産上の他の権利との優劣に関する調整を受け、差押えの処分禁止効により差押え時に当該財産が有する価値を原資とする弁済を保障される。そして、その弁済は、平時実体法が定める弁済順位に従い、すべての権利を満足させることができない場合は同順位の権利に按分弁済をすることになる。

差押債権者の地位自体は、右に述べたように、当該財産より満足を受けることを内容とする。しかし、このような内容を保護するため、差押債権者の地位にはさまざまな効力が付与されている。それにつき、例をあげれば、以下のようになろう。

(a) CがAより当該財産の譲渡を受けた場合、Bは、Cに対して、対抗要件の欠缺を主張できる（民法一七七条、一七八条、四六七条の「第三者」に該当する）。

(b) CがAより当該財産につき用役権、担保物権の設定を受けた場合も、同様である。

(c) CがAより当該財産につき借地権、建物賃借権などの設定を受けた場合も、同様である（借地借家法一〇条一項の「第三者」、三一条一項の「その後その建物について物権を取得した者」に該当する）。

(d) C・A間の通謀虚偽表示に基づき、Cの所有する不動産につき、CからAに所有権移転登記がなされ、Bが強制執行を申し立て、当該不動産が差し押さえられた場合、Cは通謀虚偽表示につき善意のBに対して、民法九四条一項の無効を主張することができない（民法九四条二項の「第三者」に該当する）。

(e) CがAにある財産を売り渡した場合、Aが代金を支払わないため当該売買契約につき解除権が発生し、B

が当該財産を差し押さえた後、Cが解除権を行使した場合、CはBに対して当該財産の所有権を主張できない（Bは民法五四五条一項但書きの「第三者」に該当する）。

(f) CがAに手形を振り出しBがこれを差し押さえた場合、手形法七七条一項一号、一七条は適用されない。

(四) 破産手続における一般債権者（破産債権者）の地位

(1) では、債権者の掴取力（債務者の責任）は、破産手続においては、どのように扱われるべきであろう（注26）。これは倒産実体法の問題であるから、その基本原則にさかのぼって検討してみたい。

倒産処理手続は、利害関係人が平時実体法において有する権利・法的利益を可及的に尊重せねばならない。その具体的意味は、以下のとおりである。われわれの経済制度の下では、信用が大きな意義を有する一方、企業についても消費者についても倒産が生じることを前提としている。債務者が倒産すれば信用供与者は損失を被るのだから、倒産による損失を管理できなければ信用制度は崩壊する。そのため、取引界では、物的・人的担保のような、倒産による損失を回避するための手段が、創造されてきた。他方、このような手段なしで供与される信用もあるし、同時交換的取引のように、信用の供与自体を回避しようとする取引もある。取引界は、債務者や取引の態様に応じてこれらの手段を使い分け、それぞれの取引のリスクに応じた価格、利息などを設定し、倒産による損失を実質的に分散することにより、これを管理しているわけである。したがって、倒産が起きる社会で信用制度を維持するためには、このような管理が現実に機能するようにせねばならない。そのためには、信用供与を回避する取引も含めた取引界が創出した倒産による損失を回避する手段を、倒産処理の場面で尊重することが不可欠である。他方、このような手段なしで行われた信用供与は、リスクの引受けがある以上、損失を負担することを免れない。また、このような法的手段どうしが対立し合う場合には、それらを調和させねばならない（注27）。以上は、平時実体法が定めるプライオリティー・ルールを倒産実体法において可及的に尊重することであると言い換えることもでき、倒産実体法の最も基本的な目的であるということができる（注28）。

(2)　このように考えるなら、破産債権者には、債務者が破産したことによる損失を負担させる一方で、平時実体法が無担保債権者に与える保護（法的地位）も付与すべきである。そして、そのような保護（法的地位）とは、差押え前の流動的な地位ではなく、差押債権者の地位であると解される。すなわち、当該破産財団財産が不動産の場合には不動産強制競売及び不動産収益執行における差押債権者の地位が、動産の場合には動産執行における差押債権者の地位が、債権・その他の財産権の場合には債権執行における差押債権者の地位が、当該財産の上に成立し、そのすべてが破産債権者に付与されると、解すべきである。なぜなら、破産も、強制執行と同様、債務者財産に対する権利行使であるので、債務者財産、すなわち破産財団財産上の掴取力＝責任を顕在化・固定化し、その存在・内容を明確化して、破産債権者の法的地位を明確にするとともに、他の競合する権利との利益の対立を調整する必要があるからである。そして、利害関係人の平時実体法における権利・利益の可及的尊重という倒産実体法の原則からは、民法、商法その他の実体法が、差押債権者を保護するため、その地位に結び付けた、さまざまな実体法上の効力（上述三2㈢の(a)ないし(f)を参照）も、破産手続において尊重されなければならない、すなわち、破産債権者に付与された差押債権者の地位に結び付けられなければならないと思われる。

以上によれば、倒産実体法は、破産債権者全体に、①すべての破産財団財産上の差押債権者の地位（破産財団を構成する個々の財産の上に各債権者が有していた差押債権者の地位を個々の財産ごとに一体化したもの）と、②その差押債権者の地位に平時実体法が結び付けた法的効力を、付与していると、解すべきである（注29）。

(3) しかし、個々の破産財団財産上の差押債権者の地位が破産債権者全体に帰属することを、どのように法律（理論）構成するかは、問題である。破産債権者全体に法人格を認めることは不可能なので、まず、ⓐ破産債権者全体が一つの社団を形成し、差押債権者の地位はこれに帰属すると解することが考えられる（各破産債権者にはプライオリティー・ルールに従った配当請求権が帰属すると解することになろうか。プライオリティー・ルールに従った弁済はこの社団の目的の一つである）（注30）。しかし、それが困難であるとするなら、ⓑこのような地位は、いわば信託的に破産管財人に帰属すると、解するほかないであろう。破産債権者はその権利行使を禁止される一方で、破産管財人は、その職務として、破産財団を管理・処分し、破産債権者に配当するからである。しかし、このように解しても、差押債権者の地位が実質的には破産債権者全体に帰属する点は否定できないであろう。

実体法が差押債権者の地位に付与した効力については、ⓑの見解に立てば、破産管財人がこれを主張すると解されよう。他方、ⓐの見解に立つなら、破産管財人は、個々の破産財団財産上に差押債権者の地位が成立し、それが破産債権者全体に帰属しているという法律状態を前提に、破産財団財産を管理し、処分し、破産者と各利害関係人間の法律関係を整理し、配当することになると説明されよう。破産管財人は、倒産実体法が各利害関係人に保障する法的地位を尊重する職責を、負っているからである。差押債権者の地位は破産管財人に帰属するというⓑの見解が現在の通説・判例である。どちらの見解が正当であるか最終的な判断は留保したいが、以下では、利益状況を正確に反映しているという点に鑑みて（上述二2(一)(3)の事例〔四〕ないし〔六〕などから明らかなように、破産管財人の差押債権者の地位が問題となるのは破産財団財産の分配をめぐり破産債権者全体と他の利害関係人〈個々の破産債権者も含む〉が対立する場面である）、ⓐの見解に立ちつつ、破産管財人は個々の破産財団財産上に破産債権者全体のために差押債権者の地位が成立していることを前提として、破産財団を管理・処分し、破産者と各利害関係人間の法律関係を整理すると解しつつ、個別問題につき、検討を進めたい（注31）。

(五) 個別問題の検討

(1) 対抗問題

債務者Aが、自ら所有する財産（不動産、動産、債権その他の財産権）をBに譲渡し、対抗要件を具備しないうちに破産手続開始決定を受け、Xが破産管財人に選任されたとする（上述二2(一)(3)の［四］の事例、三2(三)の(a)、(b)の事例を参照）。この場合、Xは、当該財産上に差押債権者の地位が成立していることを前提に、管理・処分を行わねばならない。したがって、Bの権利（取戻権）行使に対しては、対抗要件の欠缺を主張して、これを排斥すべきであると解される（民法一七七条、一七八条、四六七条ほか）。

破産管財人は、倒産実体法が各利害関係人に保障する法的地位を尊重する職責を負っていると解される（破産法八五条を参照）。したがって、本設例のように、破産債権者全体と取戻権者（本設例ではB）の利益が対立する場面で、破産管財人が前者の利益を優先して、対抗要件欠缺の権利抗弁を行使し、取戻権を排斥することは、利害関係人間の公平に反し、破産法八五条の趣旨にも反するので、破産管財人の職務として正当化されないのではないかという疑問も生じよう。しかし、破産債権者は破産手続上その権利を行使することを制限されており、これに代わって、破産管財人が破産債権者のためにその権利を行使する職責を負っているのだから（本設例が民事執行であればBが提起する第三者異議の訴えに差押債権者が応訴することになるが、破産手続でBが訴えにより取戻権を行使したときに応訴するのはXである）、本設例で、XがBの権利行使に対し対抗要件の欠缺を主張して、これを排斥することは、破産管財人の職責から導くことが可能である。

なお、破産管財人が、差押債権者の地位に基づいて、相手方の権利につき対抗要件の欠缺を主張するために、当該財産につき破産の登記などの「対抗要件」が備わっている必要は、ないと思われる（注32）。この場面では、相手方の対抗要件の欠缺を主張する利益さえあればよいからである。差押債権者に対抗要件の欠缺を主張しうる法的地位を付与した根拠を債務者財産に関する権利の設定・移転の公示を促進する必要性に求めることができるなら（注33）、差押債権者が対抗要件を具備せねばならない必然性はないこと、そして、破産財団財産上の差押債権者の地位についても同様であることが、より強く正当化されよう。

(2) 賃借権の対抗問題

債務者AがBに土地（以下「甲地」という）を貸し渡し、Bはその上に建物を建ててこれを所有していたが、甲地の賃借権にも建物にも登記を具備しないうちに、Aが破産手続開始決定を受け、Xが破産管財人に選任されたとする（上述二2(一)(3)の［五］の事例を参照）。本設例では、甲地の上に差押債権者の地位が成立したと見て、Xはこれを管理・処分することになる。すると、Bは甲地上の賃借権を差押債権者に対抗することができず「Bは甲地の賃借権を甲地の買受人に対抗できず」（民法一七七条、借地借家法一〇条一項）、破産法五六条一項は適用されないので、Xは、たとえば、A・B間の賃貸借契約を解除して（破産法五三条一項）、Bより建物収去・土地明渡しを受けて、甲地を第三者に売却し、売却代金を破産債権者に対する配当原資とすることができる。

(3) 民法九四条二項の「第三者」の問題

債務者AとCの間の通謀虚偽表示に基づき、Cが所有する土地（以下「甲地」という）につき、CからAに所有権移転登記がなされた後、Aが破産手続開始決定を受け、Xが破産管財人に選任されたとする（上述三2(三)の(d)の事例を参照）。本設例でも、甲地の上に破産債権者全体のために差押債権者の地位が成立したと見て、Xはこれを管理・処分することになる。この場合、Cは通謀虚偽表示につき善意の差押債権者に対しC・A間の売買契約の無効を主張できないので（民法九四条二項）、これと同様に、差押債権者の地位が帰属する破産債権者のなかにC・A間の通謀虚偽表示につき善意の者がいれば、Cは破産債権者全体に対して通謀虚偽表示の無効を対抗できず、XはCによる甲地の返還請求（移転登記抹消登記手続請求など）を拒絶し、甲地を売却し、売却代金を破産債権者への配当原資とする。

ここでは対抗要件の欠缺が主張されるわけではないが、破産財団財産の虚偽の公示を排除することを趣旨とする点で、対抗要件欠缺の場合と同じであるから、差押債権者の地位につき対抗要件が具備されることは必要でないと解される。

(4) 融通手形の問題

Bが債務者Aにいわゆる融通手形（以下「甲」という）を振り出し、Aがこれを割り引く前に破産手続開始決定を受け、Xが破産管財人に選任されたとする（上述二2㈠(2)の［二］の事例、三2㈢の(f)の事例を参照）。甲は破産財団財産であるので（破産法三四条一項）、Xは満期が到来すればBに対して手形金の支払を請求できる。他方、BはAに対して融通手形の抗弁を対抗しうるので、これをXに対しても主張することになろう。そこで、甲の上に破産債権者全体のために差押債権者の地位が成立している点が問題となるが、差押債権者については手形法七七条一項一号、一七条は適用されないので、Xはやはり融通手形の抗弁の対抗を受け、手形金の請求は認められない。

(5) 民法五四五条一項但書きの「第三者」の意義

【設例】 Bは、Aに対し、機械（以下「甲」という）を売り渡した。代金は一二〇〇万円で、一二回の分割払いとされた。Aは第四回以後の支払ができなかったため、Bは解除権を取得した。その後、Aは破産手続開始決定を受けて、Xが破産管財人に選任された。Bは、解除権を行使して、Xより甲を取り戻すことができるだろうか。解除権行使が、破産手続開始前か、開始後かで、結論に差はあるだろうか。

以下、この設例に基づき検討する。

(a) 現在の通説は、このような事例に、まず、破産管財人は原則として破産者の地位を承継するというルールを適用して、破産手続開始前に解除権が発生していれば、破産手続開始の前後を問わずこれを行使しうると解している（注34）。

では、解除の結果生じたBの権利は、破産手続において尊重されるのだろうか。通説は、この点については、一転して、破産管財人は差押債権者の地位を有するというルールを適用し、民法五四五条一項但書きを適用して、BはXに甲の取戻しを請求できないと主張する（注35）。たとえば、ある有力な見解は以下のように主張する（注36）。破産者に対して特定動産を売却する契約を締結して目的物を引き渡した売主が、買主に対して破産手続が開始された後、破産手続開始前の代金債務の不履行を理由として契約を解除し、破産管財人に対して目的物の取戻しを主張できるかどうかは、問題である。この場合の破産管財人は、解除権が行使される前、破産手続開始時に差押債権者と同様の地位を取得した者とみなされ、近時の一般的民法解釈が民法五四五条一項但書きの第三者は差押債権者を含むとしていることを前提とすれば、破産管財人も第三者に該当し、解除権を行使した相手方は、原状回復の効果を破産管財人に対して主張しえないと解される。

以上の見解によれば、設例では、Bは、Xに対し、解除権は行使できるが、甲の取戻しは請求できないことになろう。

(b) しかし、この通説の見解には、疑問がある。第一に、一つの事例に、破産管財人は破産者の地位を承継するというルールと、破産管財人は差押債権者の地位を有するというルールを重ねて適用して、結論を出しているが、これら異なるルールを同時に適用する理論（法律）構成は、論理的整合性を欠いていると思われる。第二に、設例で、Bの解除権行使が認められるなら、B及び破産財団が負担する原状回復義務は互いに同時履行の関係に立つ。そして、同時履行の抗弁権は差押債権者に対抗することができ、破産手続上も保護されなければならないと解するなら、この点をどう処理するのかも問題となろう。

そこで、以下では、「破産管財人の実体法上の地位」のルールを使わずに、倒産実体法の問題として、設例を検討することにしたい。

(c) まず、破産手続開始前に成立した解除権は、破産手続開始の前後を問わず行使しうると解すべきか否かが問題となるが、この点は差し当たり行使可能であるとして、以下での検討を進めることにしたい。

すると、解除権行使の結果、①甲の所有権はBに復帰し、②売買契約に基づく原状回復として、Bは甲の引渡し請求権をもち、破産財団はすでに支払った三〇〇万円の返還請求権をもち、両者は同時履行の関係に立つことになる。では、解除権行使の結果Bに生じた権利は、破産手続においてどのように取り扱われるべきであろう。

(d) 解除権行使の結果、Bは甲の所有権を回復し、これを取戻権として行使することが考えられる。しかし、甲の上には破産債権者全体のために差押債権者の地位が成立し、Bは甲の占有を回復していないため（甲を占有しているのはXである）、Xは、これを前提に、Bに対して、対抗要件（設例では引渡し）の欠缺を主張し、その結果、Bの取戻権行使は認められないことになる。甲の返還請求権は履行不能となるため、金銭評価したうえで、破産債権として届け出るべきであろうか。

(e) 取戻権行使は認められないとして、Bが、甲の返還請求権と、Bが破産財団に負う三〇〇万円の返還義務は同時履行の関係に立つことを理由に、三〇〇万円の支払と引き換えに甲の返還を求めることは、可能であろうか。

設例では、AのBに対する三〇〇万円の返還請求権の上に差押債権者の地位が成立していることになるが、Bの同時履行の抗弁権は破産手続上保護されるべきだと思われる（注37）。しかし、設例で、Aが一回でも支払ってから破産手続開始決定を受けた場合には、Bは受け取った代金の支払と引き換えに甲を取り戻すことができるが、そうでない（Aが一度も支払わなかった）場合には取り戻すことができないという結論は、不当であると思われる。なぜなら、Aが、一度も代金を支払わないまま不履行を起こし、手続開始決定を受けた場合も、何度か代金を支払い、その後不履行を起こし、手続開始決定を受けた場合も、BはAに対して先履行し、代金債権につきリスクを引き受けているのだから、前者の場合には、Bに代金債権全体につきAの破産の損失を負わせ、後者の場合には、リスク引受け（信用供与）関係全体を覆して、Bに損失を負担させないようにする取扱いは、不公平であり、合理性を欠くと思われるからである。また、代金の一部でも受け取っている場合に、債務者が破産手続開始決定を受けた後で、債務不履行を理由に信用供与の関係を覆すことを認めるなら、多くの破産財団財産が取り戻され、破産制度が成り立たなくなるものと思われる。

とするなら、設例のようにA・B間の売買契約が信用供与型取引である場合には、Bの解除権行使により生じた原状回復請求権は破産債権となり、Bは甲の返還を請求できないと解すべきであろうか（破産管財人の第三者性を認める通説からも同じ結論となろう）。

しかし、このような解釈には、結果の妥当性の点で、問題がある。すなわち、解除権の行使を認め、返還義務を認めるなら、Bは甲の返還請求権との関係では破産債権者となって按分弁済を受ける一方、三〇〇万円の原状回復義務は完全に履行せねばならないことになる。この結果は、設例で、ⓐBが解除権を行使しなかった場合（Bは破産債権者として九〇〇万円の残代金債権を行使することになる）、ⓑBが、AのBに対する三〇〇万円の弁済につき偏頗行為の危機否認（破産法一六二条一項一号）の行使を受けた場合（Bは破産債権者として一二〇〇万円の代金債権を行使することになる）よりも、Bに不利益となろう。Bを保護するための解除権行使が、Bに不利益を与えるわけである。

とするなら、この場合にはBの解除権行使自体が認められないと解するのが妥当であると思われる。その理論的根拠は、BがAに対して信用供与をした後Aが破産手続開始決定を受けた場合、Bは他の破産債権者と同様にAが破産したことによる損失を負担すべきであり、これを覆すことは許されないという倒産実体法のルールに、求めることができるのではないかと思われる。したがって、設例で、解除権を取得したBがこのような損失負担を免れようとするなら、破産手続が開始されるまでに、解除権を行使し、甲の引渡しを受けなければならない。それゆえ、設例で、仮にBが破産手続開始前に解除権を行使していたとしても、未だ甲の引渡しを受けていない場合には、BはXに解除の効果を主張できないと解すべきである。また、解除権を行使して、甲の引渡しを受ける行為自体も、破産法一六二条一項一号の適用の対象となると解すべきである。

他方、仮に設例のA・B間の売買が同時交換的取引であった場合には、Bは解除を行使でき、その結果生じた原状回復請求権は別除権になると解することができよう。これは、破産法五四条二項が想定している場合と利益状況が同じであるからだと説明することができよう。

（注21）（注9）を参照。今後、こうした観点から「私法上の職務」が検討され、その性質論が深化されることが必要

であろう。

（注22）　中西正ほか『民事執行・民事保全法』一二六・一六九頁ほか。

（注23）　抵当権者は、その被担保債権につき、担保目的物である不動産の上に抵当権を有している。この権利は、担保不動産競売（民執法一八〇条以下）などの手続において実現される。そして、債務者が破産手続開始決定を受けると、抵当権には別除権という法的地位が付与され（破産法二条九項）、やはり、担保不動産競売などによる権利の実現が、認められる（破産法六五条一項）。他方、無担保債権者は、執行文の付与された債務名義に基づく債務者財産に対する強制執行により、債権の強制的実現を得る。債務者に破産手続が開始されると、破産債権者として破産配当を得る。抵当権者の場合と同様に構成するなら、無担保債権者の債権には債務者の責任財産に対する実体法的地位が付与されていると、解することになろう。手続法と実体法は列車（手続法）とレール（実体法）のごとき関係にあると考えるのである。於保不二雄『債権総論（新版）』七六頁、及び（注３）を参照。ここでの問題は、そのような実体法的地位とは何かである。

（注24）　奥田昌道『債権総論（増補版）』九四頁以下。このほか、於保・前掲（注23）引用文献七五頁以下も参照。中野貞一郎『民事執行法（増補新訂六版）』三五三頁以下は、強制執行・担保執行は、執行を受ける債務者の法益を侵害することを正当化する実体的根拠を必要とし、それは執行請求権の掴取権、担保権の換価権であるとされるが、これも同様の見解であると位置づけることが可能であろう。なお、中西ほか・前掲（注22）引用文献二六一頁以下も同旨である。

（注25）　債務者が責任財産を構成する財産を自由に処分することを認め、当該財産の責任につき法的安定性を確保するためには、揮発性・流動性という法技術は不可欠であろう。本文の設例で、Ａが当該財産をＣに譲渡してもＢは当該財産上の掴取力を失わないとするのであれば、当該掴取力に特定性・公示性が備わっていない限り、法的不安定の問題が生じることになろう。一般の先取特権や動産の先取特権にも揮発性・流動性があると思われるが、同様の趣旨である。詐害行為取消権の責任説に立てば、民法四二四条一項は揮発性・流動性の例外であると位置づけることができる。中野貞一郎「債権者取消訴訟と強制執行」民訴六号五三・八六頁以下を参照。

（注26）破産手続において破産債権者全体が破産財団に対しどのような権利を有しているかは、ドイツでも、わが国でも、重要な問題であった。古くは、債権者団体が担保権（差押質権）を有していると解する見解が有力であったが、一八七七年のドイツ破産法草案理由書は、破産請求権と呼ばれる、破産財団から排他的・共同的満足を求める私法上の請求権が、破産債権者全体に帰属すると考え、この理論（私法的破産請求権説）に基づき破産法を制定した。その後、ドイツでは、破産請求権は訴権の一つに変容し（公法的破産請求権説）、訴権の理論とともに消滅することになる。わが国でも、初期の破産法学では、これは重要な問題として取り上げられていたが、その後消滅する。以上の点につき、中西正「危機否認の根拠と限界㈠」民商九三巻三号四九頁以下、水本宏典『倒産法における一般実体法の規制原理』五頁以下を参照。

ドイツ普通法の時代、破産手続において債務者財産を担保権者や無担保権者の間でどのように分配するかは、激しく争われた。その際は、破産債権者全体が破産財団に対して有する権利の理論構成は、きわめて重要な問題であったと推測される。ドイツでは、その後、一八五五年のプロイセン破産法、それに続く一八七七年のドイツ破産法（わが国の旧破産法の母法である）が、債務者財産分配のルールの原型を創り、その後の民法典の制定がこれを完成させた。このような状況の下で、破産債権者全体が有する権利の理論構成の重要性は、消えていったものと思われる。

債務者財産分配のルールが確立している点では、わが国もドイツと同様であるので、破産債権者全体が破産財団に対しどのような権利を有しているかを問題とする実益も多くはないというべきであろう。それでも、破産管財人の実体法上の地位などを考えるうえで、この問題はなお重要性を失っていないと思われる。

（注27）倒産による損失を回避する手段としては、抵当権、質権、商事留置権、相殺権、その他の非典型担保権を、あげることができよう。これらは破産法上別除権、相殺権を付与されている。信用供与を回避する手段としては、同時交換的取引をあげることができよう。これは、破産法五三条、一六二条一項括弧書きなどにより、保護されている。他方、破産債権者は損失の負担を免れないが、それが合理的な範囲にとどまるよう配慮されている。破産法一五条一項が支払不能を破産原因としたのはまさにそのような趣旨であるし、一六〇条以下の否認権の規定

も同様の趣旨である。破産法一六二条一項、一六四条一項、さらには破産管財人の差押債権者としての地位は、別除権者と破産債権者の利益の対立を調整する制度でもある。

（注28）中西正「更生計画の条項」山本克己ほか編『新会社更生法の理論と実務』（判タ一一三二号）二一九頁。さらに、水本・前掲（注26）引用文献一四一頁以下も参照。

（注29）このように考えるなら、民執法の規定の破産手続への（類推）適用の可能性が生じる。その一例を説明するなら、以下のようになろう。

［設例］　Aは、債権者Bに対し、自らが所有するマンション（以下「甲」という）につき、抵当権を設定した。そして、Aは、Cに、甲を賃貸し、引き渡した。その後、Aは破産手続開始決定を受け、Xが破産管財人に選任された。Xは、A・C間の賃貸借契約を破産法五三条により解約し、甲を任意売却して、換価金の一部を財団に組み入れ、残額をBに支払うことはできるだろうか。

この設例では、民事執行手続において、Bの抵当権が実行されれば、Cの賃借権は消滅する（民執法五九条一項）。このようなプライオリティー・ルールに着目すれば、本設例には破産法五六条一項は適用されず、Xは破産法五三条によりA・C間の賃貸借契約を解約することができ、甲の売却代金をBに支払い、残余を破産財団に組み入れることも可能であると思われる。売却代金の残余を破産債権者への配当に充てることができるか否かは、剰余主義の問題であるが、剰余主義が用役権に妥当しない以上、配当に充てることができると解されよう。

（注30）一八七七年のドイツ破産法の立法者は、このような破産債権者全体による社団を肯定し、これを「偶然的社団」と呼んだ。中西・前掲（注26）引用文献三六六頁を参照。

（注31）差押債権者の地位を本文のように解するなら、民事再生手続においては再生債務者に差押債権者の地位が認められる。民事再生手続も債権者がその権利を債務者財産に対して行使する法的手続である以上、再生手続開始決定により再生債務者の個々の財産上に再生債権者全体のために差押債権者の地位が成立していると解すべきである。したがって、再生債務者も、管財人も、これを前提に、再生債務者の財産を管理し、処分し、個々の法律関係を処理せねばならないからである。最判昭22・6・4（民集六四巻四号一一〇七頁）も参照。

（注32）伊藤ほか・前掲（注３）引用文献五四一頁以下、ジュリスト増刊『新破産法の基本構造と実務』五九頁以下も参照。

（注33）中西正「対抗要件否認の再構成」新堂先生古希記念論文集『民事訴訟法理論の新たな構築・下』六七二頁以下、六九四頁以下を参照。

（注34）福永有利「倒産手続と契約解除権」竹下守夫先生古希祝賀『権利実現過程の基本構造』六八八頁と、そこに引用された各文献を参照。

（注35）福永・前掲（注34）引用文献六八八頁以下ほか。

（注36）伊藤・前掲（注19）引用文献二五四頁以下。

（注37）たとえば、ＢとＡの間に双務契約に基づく債権・債務が対立し、双方に同時履行の抗弁権が付着している場合に、Ａの債権者ＣがＡのＢに対する債権を差し押さえ、Ｂに対して取立てを行っても、ＢはＣに対して同時履行の抗弁権を対抗できる。このＢの平時実体法上の地位は、破産手続においても尊重されるべきである（その理由については、中西正「双方未履行双務契約の破産法上の取扱い」谷口安平先生古希記念論文集『現代民事司法の諸相』五〇五頁以下を参照）。

Ａが破産手続開始決定を受けた場合、Ｂがもつ同時履行の抗弁権は、通常、破産法五三条一項、五四条二項、一四八条一項七号や、一六二条一項括弧書き等により保護される。しかし、Ｂ・Ａ間の双務契約が解除された場合には、同時履行の抗弁権の保護は、Ｂがもつ原状回復請求権の法的性質は何かという形で問題となる。同時履行の抗弁権を破産手続で保護するためには、同時履行の抗弁権付破産債権は破産手続上取戻権または財団債権の地位を付与されるべきだと考える。この点に関し、伊藤・前掲（注19）引用文献二六〇頁の（注42）は、破産法五四条二項の趣旨に関してではあるが、「破産財団の原状回復請求権と相手方の原状回復請求権の双方が生じるときには、両者が同時履行の関係に立つので（民五四六）、相手方の権利を取戻権または財団債権とするのは当然といえる。」とされる。そこで、債務不履行に基づく解除の場合はどうなるかが、問題となるわけである。

四　むすび

破産手続開始決定がなされても、債務者財産の帰属に変更はないし（破産財団財産は破産者に帰属する）、債務者と相手方との法律関係についても当事者の面で変更はない（依然として破産者と相手方との間の法律関係にとどまる）。したがって、破産管財人は、第三者として、破産者に帰属する財産（破産財団財産）を管理処分し、破産者とその相手方との間の法律関係を処理することになる。

ある破産手続の利害関係人の権利が倒産実体法上破産手続で尊重される場合、破産管財人もその権利を尊重しなければばならない。したがって、破産管財人は、その権利を尊重するよう、破産財団財産を管理処分し、破産者と相手方の法律関係を処理せねばならない。そして、破産法八五条に鑑みれば、破産管財人は、このように管理処分権を行使したり、法律関係を処理したりする義務を、直接、当該利害関係人に対して負うと解される。破産管財人は破産者の地位を承継するというルールは、以上のように再構成されるべきである。

他方、破産債権者全体は、倒産実体法上、個々の破産財団財産上に、差押債権者の地位を付与されるべきである。平時実体法では、一般債権者は、差し押さえられた財産上に、差押債権者の地位を有しているが、倒産実体法の基本原則からすれば、破産手続においてもこの権利は保護されるべきだからである。したがって、破産管財人は、その職責上、個々の破産財団財産上の差押債権者の地位が破産債権者全体に帰属していることを前提に、破産財団財産を管理し、処分し、配当せねばならない。また、破産管財人は、破産債権者全体に対し、直接、善良なる管理者の注意義務を負う。破産管財人は差押債権者の地位を有するというルールは、以上のように再構成されるべきである。

以上から明らかなように、①破産管財人が破産者の地位を承継するというルールも、②破産管財人は差押債権者に地位を有するというルールも、ある破産手続の利害関係人の権利が倒産実体法上破産手続で尊重される場合、破産管財人もその権利を尊重せねばならないことの、パラフレイズにすぎないというべきである。したがって、これまで①、②のルールを適用して解決してきた問題は、そうするのではなく、当該利害関係人の権利に関する倒産実体法上の規定や理論により、当該利害関係人の権利が破産手続上尊重されるべきか否か（どの程度に尊重されるべきか）を検討することにより、解決されるべきである。破産管財人はその結果を尊重して、その職務を遂行するだけなのである（注38）。

（注38）破産管財人の実体法上の地位の問題は、私にとって難問であった。中西正「コメント／倒産法と将来債権譲渡の効力」倒産実務交流会『争点・倒産実務の諸問題』一二五頁以下で述べた見解で、本稿に反する部分は、すべて撤回・改説したものである。

以上、はなはだ拙い論考ではあるが、謹んで田原睦夫先生に献呈する次第である。

破産管財人による不法原因給付債権の行使に関する覚書

出水　順

一　はじめに

破産財団に属する財産として不当利得返還請求権があるが、それが不法原因給付である場合、破産管財人がこれを行使することができるかということが時々問題になる。破産前に破産者が公序良俗違反の行為を行っており、それによって利得を得た相手がいる場合に、破産管財人が、破産者の行為は無効であり、相手の利得は不当利得であるとして不当利得返還請求訴訟を提起したところ、相手方が、当該行為は不法原因給付であるから民法七〇八条により返還請求できないと抗弁するというパターンである。

この問題に関する最高裁判決はまだないが、下級審ではいくつかの裁判例があり、最近の例では、東京地判平24・1・27が破産管財人の返還請求を否定した。また、この判決の控訴審そのものではないが、同一事案の別当事者に対して同日に出た同じ理由・結論の判決に対する控訴審で、東京高判平24・5・31は、原判決を取り消し、破産管財人による返還請求を認めた。関連する判例としては、破産管財人の請求ではないが、不法原因給付を行った者の債権者が債権者代位権に基づき返還請求した場合に、返還請求を認めないとした大判大5・11・21があり、破産管財人が、破産者から公序良俗違反の支払を受けた者に対し否認権を行使した場合に、返還請求を認めた大判昭6・5・15等がある。

この問題については、不当利得があるにもかかわらず、それが不法原因給付の場合に返還請求が制限されるのはどうしてかという民法七〇八条の趣旨、解釈、不法原因給付の場合、返還請求が制限されるのは請求権そのものが成立しないのか、請求権は成立しているが行使が制限されるのか、また破産者（給付者）自身が返還請求するのは制限されるとしても、第三者の場合はどうか、破産管財人が返還請求する場合も制限されるのか等が、破産管財人の地位（立場）とも関係して問題となると思われるので、整理してみようとするものである。

二　民法における七〇八条の議論状況

1　民法七〇八条の立法趣旨

この条文は、立法段階の法典調査会で、不当利得の特則として、不法原因給付の場合は返還を認めないとする立場と、これを認めるとかえって不法を助長することになるとする立場が対立し、結局、返還を認めないという立場で立法されたという経過がある（注1・2）。

趣旨としては、「社会的・道徳的に非難されるようなことをしておきながら、それによって蒙った損害を事後回復しようとするような不埒な者は、その心情において非難されるべきであり、返還請求の根本理由がかかる原告の『非難されるべき心情』に対する制裁に求められていることではほとんど異論を見ない。」（注3）と説明されている。

もっとも「『此規定は誰レカ手出シヲシタ、ドチラガ悪イト云フコトニハ問ハナイ唯タサウ云フコトヲ言ヒ出シテ裁判所ヲ煩ハスコトヲ妨クカ必要ト言フ所カラ来て居ル規定テアリマス』（法典調査会・前出注(1)四〇ノ一〇〇～一〇一における富井政章発言）、あるいは『むしろ、公の機関である裁判所としては原告の不法を理由とする請求を認めることができない、という、裁判所という特殊の国家機関からくるその限界のゆえにこうなると理解すべきものではないかと思われる』（星野英一・民法第二部事務管理・不当利得・不法行為二八～二九頁（東京大学出版会教材部、昭和五四年））と捉える見解がある」（注4）と、非難より裁判所が助力するかどうかの面を前に出した説明をするものもある。

また、「このようにして、一方、自ら不法をしでかしておきながら後になってそれにより蒙った損害を回復しようとしても、それは自業自得であり、その返還請求に法は助力しないとすることによって不正の鎮圧・防止が図られるとしても、他方、それでは不法のために給付されたものは受領者の手中に帰し、梅博士も危惧されたように、『狡猾ナル者ハ相手方ヲシテ其履行ヲナサシメ自己ハ則チ自己ノ義務ヲ履行セス以テ不正ノ奇利ヲ博スル』ことになって不衡平を生ぜしめる結果となる（受領者側にも同程度の不法が存するときはそうである）。前述のように、具体的ケースにおいては、当事者の一方がつねに『きれいな手』の持主であり、他方がつねに『汚れた手』の持主であるというようなことは極めて稀であることから、不法な原因に基づく給付者の返還請求を拒否することが妥当でなく、場合によっては返還請求を認めた方が正義衡平にかない妥当であることもある」（注5）とも説明されている。

つまり、不法原因給付として返還を認めないというのは、それを認めないことによって不正の鎮圧・防止を図るためであるから、認めないことがかえって正義衡平にかなわない場合には、認めることが妥当であるということになる。

2　給付者の不法性の認識

不法原因給付となるかどうかという点で、客観的に給付が不法原因ありと認定されるのをもって足りるのか（客観説）、給付者に不法の認識又はその認識の可能性があるという主観的要素が必要か（主観説）という議論がある。

古い判例には「給付行為カ不法ノ原因ニ基ク以上ハ其不法カ受益者ニ付イテノミ存スル場合ノ外ハ當事者カ其不法ナルコトヲ知ルト知ラザルトニ論ナク之カ返還ヲ請求スルコトヲ得サルモノ」（大判大8・9・15民録二五輯一六三三頁）というような判示をするものがあり（注6）、これは「不法原因給付自体に、取り戻されえないという性格が付着したものとみる見解といえる。」（注7）。もっとも、我妻榮『債権各論下巻(一)』では、判例は給付者に悪意を必要としないといったこともあるが（と右記大正八年の判例をあげ）、多くの判決は、少なくとも無意識的に、行為者の心情の非難性を問題としていることは否定しえないと指摘されている（注8）。

主観説は、不法原因給付は無効原因による給付であるから返還されるべきものであるが、給付者自身の不法な目的に対する制裁的意味をもって取戻しが拒否されるものであり、したがって、制裁する意味がない場合には取り戻させるべきだとする見解とか、取戻しを拒否される不法原因給付というためには、取り戻そうとする者の主観において違法の認識があったことを要するとする説と説明されている（注9）。

不法原因給付の返還請求は、客観説に立てば、行為自体に不法性が付着しているということで、誰が請求する場合でも返還は認めないという立場につながるが、主観説は、本人（給付者）以外の者からの返還請求の場合は非難性がないから、第三者からの返還を認める立場と親和性があるといえる。学説では主観説が一般的である（注10）。

3　給付者以外の者による請求

(一)　この点に関するものとしては、次の判例が有名である。

(1)　債権者代位権に関する大判大5・11・21（民録二二輯二二五〇頁）

「本件ノ給付ヲ爲シタル右仙次郎ハ受益者タル上告人ニ対シ其給付シタルモノノ返還ヲ請求スルコトヲ得サル者トス而シテ民法第四百二十三条ノ定ムル代位訴権ハ債権者カ其債務者ニ属スル権利ヲ行フニ他ナラサレハ債務者カ請求スルコトヲ得サルモノハ債権者ニ於テモ之ヲ請求スルコトヲ得サルノ筋合ナリトス」

つまり、債権者代位権はその債務者の権利を行うものであるから、債務者が請求できない場合は、債権者も請求できないとする。

(2)　否認権に関する大判昭6・5・15（民集一〇巻六号三二七頁）

「否認権ナルモノハ各破産債権者ノ権利ニ属シ破産管財人ハ債権者全員ノ爲ニ行使スルモノニシテ破産者ノ権利ヲ行使スルモノニ非ス従テ債務者カ爲シタル破産宣告前ノ行爲ニシテ前示第七十二條ノ規定ニ該当スル以上縦令破産者自身ハ受益者ト本件ノ場合ニオケルカ如ク特殊ナル関係ニ於テ之ヲ否認スルコトヲ得サル場合ニ於テモ破産管財人ハ債務者タル破産者ノ爲シタル当該行爲ヲ否認シ破産者ノ財産狀態ヲ行爲以前ニ回復スルコトヲ得ルモノト謂ワサル可ラス蓋若然ラストセンカ破産債権者ノ利益ハ保護セラレサルニ至ルケレハナリ然ラハ本件ニ於テ原審カ民法第七百八條前段ノ規定ハ不法原因ノ爲給付ヲ爲シタル者ハ自己ノ爲シタル違法行爲ニ基因シ之ニ因ル不當利得返還ノ請求権ヲ有セサルコトヲ明ニ爲シタルニ止マリ右給付カ違法行爲ヲ原因トセル場合ニ於テモ別ニ法律上認メラレタル正當ナル権利ニ基キ右給付ニ係ル物件ノ返還ヲ求ムル者アルトキハ其ノ相手方ハ他ニ正當

ノ事由ナキ限リ該請求権ノ行使ヲ拒ミ得サルモノ」

この判例は、破産管財人は、（各破産債権者の権利に属する）否認権を破産債権者全員のために行使するのであり、破産者の権利を行使するものではないから、否認して返還を求めることができるとしたものである。

(二) 前記判例を支持する学説

前記二判例については、学説は両方に賛成するものが多い（注11）。

学説は判例を説明して、たとえば次のようにいう。

「本条は給付者自身についてばかりではなく、その代理人・一般承継人・ことに相続人についてもまたその適用がある。なお、債権者代位権は、債権者の権利を行使し得る権利に外ならないから、不法原因給付者の債権者も前者に代位して、該給付の返還を請求することはできない。これに反し、破産管財人につき、判例は破産法上の否認権が各破産債権者の権利であって、破産管財人は債権者全員のためにこれを行使するもので、破産者の権利を行使するものでないとの理由から、第七〇八条の適用がないとする。」（注12・13）。

(三) 債権者代位の場合も返還請求を認める説

これに対し、否認権の場合だけでなく、債権者代位の場合についても返還請求を認めるべきとする説もある（注14）。

この説は、たとえば次のようにいう。

「非難性は返還請求することにおいて認められるべきもので、給付者自身が返還請求する場合は、給付の際の非難性がすなわち返還請求の非難性であると言えるが、債権の代位による返還請求、管財人の財団のためにする返還請求などの場合は、給付者自体への制裁は意味がなく、その一般債権者保護の必要から例外的に返還請求を認むべく、これに反し、給付者の代理人・一般承継人・相続人・受贈者（前掲大判明32・2・14）は返還請求を拒否されるものと解される。」（注15）。

なお、藤原正則『不当利得法』一一六頁も、債権者代位権に基づく請求について「債権者代位権は債務者の財産を保全し、強制執行の準備をする為の債権者の権利である。しかも、仮に七〇八条本文の返還請求権の排除を、法的保護の拒絶の要請だけで説明するとしても、そういった要請は債権者には当てはまらない。さらに、債権者の債権者代位権の行使を認めても、債務者の行為を禁止した規範の目的が損なわれるとは言えない。そのような観点からは、以上の判例・学説は見直される余地もあるのではないかと考える」とする。

このように、債権者代位の場合は返還請求を認めないとする説との違いは、同説は、あくまで債務者（給付者）が有する債権を行使するのであるから、債務者が返還請求できるかどうかという点のみで判断しているのに対し、債権者代位の場合にも返還請求を認める説は、債権者が返還請求する場合は、返還を拒否する理由である、給付者に対する制裁として意味がないと考えるからである。

(四) 差押債権者が返還請求する場合

このように、債権者代位の場合と否認権については、判例もあるので、学説は議論しているが、差押債権者が請求する場合はどうかということに関しては、民法分野ではあまり議論されていないようである。もっとも、倒産法の分野からであるが、伊藤眞『破産――破滅か更生か』は、不法原因給付について、不法原因給付に当たる場合でも、給付をした者の返還請求権自体は存在し、ただし、給付をした者自身はその手が汚れているので、その権利を行使できない状態になっているという説明をした後、相続人は給付者の分身であるから返還請求はできない、また返還請求権が第三者に譲渡された場合は、給付者の意思によって第三者が取得するのだから、これを認めると給付者に認めたのと同じ結果になるので、この場合も返還が認められないが、差押債権者は、給付者の分身でもなく給付者の意思に基づいて取得したのでもないから、返還請求が認められると説明されている（注16）。

（注1）谷口知平＝甲斐道太郎編『新版注釈民法⒅』六八七頁以下〔谷口知平＝土田哲也〕で法典調査会の議論が紹介されている。また、広中俊雄『債権各論講義』三九六頁以下でも民法修正案理由書の紹介がある。
（注2）なお、谷口知平『不法原因給付の研究（第三版）』一頁以下。三島宗彦「七〇八条適用の要件」谷口知平教授還暦記念『不当利得・事務管理の研究⑵』一頁。
（注3）山田幸二「不法原因給付」星野英一ほか『民法講座6』七三頁。
（注4）星野ほか・前掲（注3）七四頁（注11）〔山田幸二〕。
（注5）星野ほか・前掲（注3）七四頁〔山田幸二〕。
（注6）ほかにも大判明32・2・14民録五輯二号五六頁、大判大5・11・21民録二二輯二二五〇頁、大判昭13・5・14民集一七巻九五七頁。
（注7）谷口＝甲斐・前掲（注1）六九二頁〔谷口知平＝土田哲也〕。
（注8）我妻榮『債権各論下巻㈠』一一三五頁。
（注9）谷口＝甲斐・前掲（注1）六九二頁〔谷口知平＝土田哲也〕。
（注10）谷口・前掲（注2）一七頁、我妻・前掲（注8）一一三三頁、松坂佐一『事務管理・不当利得（新版）』一九三頁、四宮和夫『事務管理・不当利得・不法行為㊤』一七二頁。もっとも、藤原正則『不当利得法』一〇〇頁は、

給付者の主観的態様・能力は考慮すべき重要な要素であるが、適用の要件ではないとする。

（注11） 我妻・前掲（注8）一一六二頁、松坂・前掲（注10）一七九頁、四宮・前掲（注10）一九四頁、星野ほか・前掲（注3）〔山田幸二〕二二九頁等。

（注12） 松坂・前掲（注10）一九四頁。

（注13） 我妻・前掲（注8）は、給付者以外の者でも返還請求が制限される場合の理由として、相続人は給付者の非難を承継するというべきであり、代理人は効果が本人に帰属するからと説明する。また、債権者代位の場合は給付者に代わって行う色彩が強いこと、とりわけ、特定債権に基づいて代位行使する場合は、効果が一応給付者に帰属することを考慮すれば、否認権の場合と区別する理由があるとする（一一六二頁）。

（注14） 谷口・前掲（注2）一八頁、戒能通孝『債権各論』四三二頁、谷口＝甲斐・前掲（注1）六九五頁〔谷口知平＝土田哲也〕。

（注15） 谷口＝甲斐・前掲（注1）六九五頁〔谷口知平＝土田哲也〕。

（注16） 伊藤眞『破産――破滅か更生か』一七一頁。

三　破産管財人による返還請求

1　破産管財人が返還請求する場合の裁判例

破産管財人が、否認権を行使するのではなく、不当利得をそのまま請求する場合に関しては、いくつかの下級審裁判例がある。これまでの裁判例を見ると、返還請求を認めたものが多く、次のようなものがある（注17）。

(一) 大阪地判昭62・4・30（判時一二四六号三六頁）

いわゆる豊田商事事件第一次訴訟の判決であり、この問題が明示的に争われ、判示された初めてのものである。金の現物まがいもの商法をその営業内容としていた会社が破産し、破産管財人が、破産会社との間の歩合報酬契約に基づききわめて高額な歩合報酬を取得していた営業社員に対し、違法な詐欺商法をすることによる歩合報酬契約は公序良俗違反であり無効であるとして、受領した金員について不当利得返還請求をした事案である。

判決は歩合報酬契約を公序良俗違反としたうえ、次のように判示して破産管財人による返還請求を認めた。

「民法七〇八条は『不法ノ原因ノ為メ給付ヲ為シタル者ハ其給付シタルモノノ返還ヲ請求スルコトヲ得ス（以下省略）』と規定するところ、その立法趣旨は、ある行為の実質が社会生活および社会感情に照らし真に倫理、道徳に反する醜悪なものと認められる場合に、そのような行為をした者に対する制裁として、右行為に基づき給付したものの返還請求につき法的救済を拒否する、すなわち、不法に給付したものの回復を認めないことによって、不法な行為の発生を妨圧することを目的としているものと解される。これを本件についてみるに、本件歩合報酬契約は公序良俗に違反し無効であるから、これに基づく歩合報酬の支給は一応『不法ノ原因ノ為メ給付ヲ為シタ』ものであるとの前提で検討すると、破産会社は被告らに対し、右支給した歩合報酬の返還を請求することができないことになる。そして、破産管財人は破産者が破産宣告の時において有する一切の財産（破産財団）の管理及び処分権を専有する者であるから（破産法第六条第一項、第七条）、原則として、破産者が破産宣告時において有していなかった権利を取得することはできない筋合いである。そうすると、破産管財人も、破産者と同様に、被告らに対し歩合報酬の返還を求めることができないようにみえる。しかし、破産者のなした返還請求が、不法原因給付として許されないときでも、不当利得返還請求権自体はその発生要件を具備することにより当然に発生しており、ただ、同法第七〇八条に該当するゆえにその行使が許されないにすぎないから、本件歩合報酬返還請求権も客観的には破産財団に属しているということができる。次に、破産管財人は同条により破産者が行使できない返還請求権を行使できるかにつき考えるに、結論として、破産者が行使できないときは、即管財人も行使できないと解するべきではなく、管財人の権利行使の許否については、その態様等一切の事情を考慮して、同条の立法趣旨に照らし別途判断されるべきものと解する。けだし、破産管財人は、裁判所によって選任され（同法第一五七条）、裁判所の監督のもとに（同法第一六一条）、総債権者に公平な満足を得させることを目的として、破産法に基づき固有の権利をもって管財業務を執行する独立した法主体であって、その権利行使は破産者の権利承継人または代理人としてするものではないからである。そして、このように解することは、民法第七〇八条の立法趣旨に副うものと解する。そこで本件の場合につき検討するに、原告管財人が被告らに対して本件歩合報酬の返還を求めることは、本件商法による被害者である破産債権者の損害の一部を回復する結果にこそなれ、同立法趣旨に照らし許容し得ないとする事情は全くない（破産債権者からするとき、自己の出資金を取り戻すものであって、いかなる意味においても汚れた金銭を手にすることにならない）から、原告の本件請求は許容されてしかるべきである。」

㈡　**大阪地判平1・9・14（判タ七一八号一三九頁）**

豊田商事事件の第二次訴訟（請求対象の被告を第一次訴訟以外の者に広げたもの）の判決であり、次のように判示して被告の不法原因給付であるとの抗弁を排し、破産管財人の請求を認めた。

「前記認定のとおり、同被告らは本件歩合報酬を取得する目的で詐欺的な本件商法を推進、実行したものであり、その対価たる本件歩合報酬は顧客から収奪した受入金によって支払われたことが明らかであり、他方、原告は破産法上の固有の地位に基づき大部分が本件商法による被害者である破産債権者の被害回復のため、本件訴訟を追行しているが、破産債権者に対する最終配当率は約一〇パーセントに見越されるに過ぎず、他に適切、有効な手段がないため右破産債権者らは十分な被害の回復を得られないことが窺えるのである。してみると、本件歩合報酬が不法原因給付であるとして原告の本件請求を拒むことは民法七〇八条が目的とする正義公平の理念に反し、却って社会的妥当性を欠く結果となる。」

㈢ **東京地判平15・5・23（LLI／DB判例秘書ID番号05832105）**

破産会社は海外先物取引の会社であり、破産管財人が、破産会社の元取締役、元従業員に対し、破産会社と被告らとの委任契約又は雇用契約は、破産会社が行っていた詐欺商法に加担、助長、援助することを内容とするもので公序良俗違反であるから無効であるとして不当利得返還請求をした事案である。

判決は、民法七〇八条の趣旨につき前記㈠判決とまったく同じ内容を述べたうえ、次のように判示した。

「仮に、破産者の第三者に対する給付が不法原因に当たる場合であっても、その返還請求権自体は、不当利得返還請求の発生要件を具備することにより発生しており、その行使が許されないにすぎないのであって、破産管財人は裁判所によって選任され、裁判所の監督の下に、総債権者に公平な満足を得させることを目的として、破産法に基づき固有の権限をもって管財業務を執行する独立の主体であって、その権利行使は、破産者の権利承継人又はその代理人としてするものではないから、破産管財人が当該返還請求権を行使することは妨げられないというべきである。」

(四) 東京地判平18・5・23（判タ一二三〇号二一六頁）

健康食品の販売を仮装して会員に利益を分配する取引システムが、実質的に無限連鎖講に当たり強度の反社会性を有し公序良俗に違反するとされた事案で、会社の破産管財人が、利益の配分を受けた会員に対し、不当利得として配当金等の返還を求めたものである。

判決は、次のように判示して返還請求を認めた。

「民法七〇八条により不法原因給付による返還請求が許されないとされるのは、自ら不法な給付をなした者が、当該違法行為を理由として法の保護を求めることの非難性に対しする制裁の趣旨と解される。しかるところ、破産管財人は、破産債権者全体の利益を代表して、総債権者に公平な配当を行うことを目的として、破産者に帰属する財産について、破産者に代わって管理処分権を行使する独立の法主体であると解されるから、破産管財人が破産者の権利を行使する場合には、民法七〇八条の趣旨は当てはまらないというべきであり、同条は適用されない（大審院昭和6年5月15日判決・民集一〇巻三二七頁参照）。」

(五) 東京地判平24・1・27（判時二一四三号一〇一頁）

本件は、無限連鎖講の防止に関する法律及び出資法に違反する事業を行った会社が、破産手続開始となり、破産管財人が、同事業は公序良俗違反であり無効であるとして、同事業に参加することで配当金として金員を受領した者に対し、不当利得返還請求をした事案である。

判決は、次のように判示して返還請求を認めなかった。

「破産開始決定時に破産者が有していた財産権の管理及び処分に関する権利は破産管財人に専属している（破

産法七八条）ところ、本件で、原告は、本件契約が無効であることを前提に、破産会社が破産開始決定時に有していた被告に対する不当利得返還請求権を、破産者に代わって上記管理処分権に基づき行使していると認められる。そうすると、不法原因給付によって返還請求権が否定される第三債務者に対する債権について、債務者でなく債権者が債務者に代わって当該債務を管理するために債権者代位権に基づいてこれを代位行使した場合にも、不法原因給付に基づき返還請求権が否定されるべきであること（大審院大正5年11月21日判決・民録二二輯二二五〇頁参照）と同様に、総債権者のために破産財団に属する財産を管理する破産管財人が破産財団に属する債権を行使する場合であっても、破産者が破産開始決定前に当該債権を取得した時から不法原因給付により返還請求権が否定される場合には、破産管財人による不当利得返還請求は、民法七〇八条により許されないと解するのが相当である。なお、破産管財人が否認権を行使する場合には、破産管財人が、その独自の権能により、破産債権者のために、契約の相手方の悪意などその他の要件を満たした上で、破産者にもなしえない権限を行使するものであり、否認権の行使によって取得する請求権が、破産管財人が法律に基づき特別に取得する債権としての性質が強いことに鑑みれば、例え破産者による行為が不法原因給付に当たるとしても、返還請求権は否定されないと解すべきである（大審院昭和6年5月15日判決・民集一〇巻六号三二七頁参照）が、本件は、破産者が元々有していた債権を破産管財人がその管理処分権に基づいて行使するものであり、事案を異にするものである。」

㈥　東京高判平24・5・31（判タ一三七二号一四九頁）

本判決は、㈤と同一事案で、判決理由・結論も同一の別当事者についての判決（公刊物未登載とのことである）に対する控訴審判決であるが、この問題に関する初めての高裁判決であり、原判決を取り消し、次のように判示して破産管財人からの返還請求を認容した。

「前記一認定の事実によれば、破産会社は自ら上記の公序良俗に違反する事業を企画し、実行したものであるから、破産会社自身が被控訴人に対し給付に係る利益を不当利得として返還請求をすることは、不法原因給付として許されない。しかし、破産管財人は、破産法に基づき、裁判所の監督の下に、総債権者に公平な満足を得させることを目的として、固有の権限をもって管財業務を遂行する独立の主体であり、破産管財人による権利行使は、破産者の権利承継人又は代理人としての立場で破産者の権利を行使するものではなく、また、破産者に代位して破産者の権利を行使するものでもないから、破産管財人による破産者の不当利得返還請求権の行使は、当該不当利得が不法原因給付であるとする不当利得者からの抗弁によって妨げられるものではないというべきである。したがって、破産会社の破産管財人である控訴人は、不当利得者である被控訴人に対し、上記不当利得返還請求権を行使することができる。」

2　前記裁判例についての簡単な検討

前記裁判例は、㈤が返還請求を否定していること、㈡が他とは少し違った理由のあげ方をしていることを除けば、他のものは、返還請求を認め、また、認める理由も、先に出たものを参考にしているためか、よく似た表現をとっている。

㈠は、不法原因給付の場合でも、不当利得返還請求権自体は当然に発生しており、その行使が制限されているにすぎないから、返還請求権は客観的には破産財団に属しているとの前提の下、破産管財人は、総債権者に公平な満足を得させることを目的として、固有の権利をもって管財業務を執行する独立した法主体であり、その権利行使は、破産者の権利承継人又は代理人としてするものではないから、民法七〇八条の趣旨から返還を拒絶する理由はないとして、返還請求権は認められるという理由をあげる。不当利得返還請求権の存在と行使は概念的には分けることができ、その行使者との関係で返還請求の許否を考えるのは、条文の趣旨に合致し、また破産管財人の立場を考慮し、合理的である。

㈡は、返還請求権については細かい議論をせず、破産管財人は破産法上の固有の地位に基づき請求しているのであり、この請求を拒むことは民法七〇八条の理念に反し、かえって社会的妥当性を欠くという理由で、返還請求を認める。

㈢も、㈠と同様に、返還請求権自体は不当利得返還請求の発生要件を具備することにより発生しており、その行使が許されないにすぎないとし、破産管財人は債権者に公平な満足を与えることを目的として固有の権限をもって執行する独立の主体であり、その権利行使は破産者の権利承継人又は代理人としてするものではないからという理由で、返還請求は妨げられないとする。判断理由は㈠とほぼ同じである。

㈣は、破産管財人は、破産債権者全体の利益を代表しており、破産者に帰属する財産について、破産者に代わって管理処分権を行使する独立の主体であり、破産管財人が破産者の権利を行使する場合には、民法七〇八条の趣旨は当てはまらないとして、前記大審院昭和六年の否認権の判例を参考として示し、請求を認容している。

㈥は、破産管財人は、総債権者に公平な満足を得させることを目的として固有の権限をもって管財業務を遂行する独立の主体であり、破産者の権利承継人又は代理人ではなく、また、破産者に代位して破産者の権利を行使するものではないという理由をあげて、請求を認容している。

これらに対し㈤は、破産管財人は、破産者が破産開始決定時に有している不当利得返還請求権を、破産者に代わって管理処分権に基づき行使するのであり、そうすると、不法原因給付による返還請求権が債権者によって代位行使された場合にも不法原因給付に基づき返還請求権が否定されるべきであるのと同様に、総債権者のために破産財団に属する財産を管理する破産管財人が破産財団に属する債権を行使する場合であっても、破産管財人による不当利得返還請求は、民法七〇八条により許されないと解するのが相当という理由をあげる。つまり、破産管財人が請求する場合も、破産者の債権を行使するのであり、債権者代位の場合と同じという判断をしていることになる。

これに対し、上記㈠㈢㈥の裁判例に共通するのは、破産管財人は、①破産債権者に公平な満足を得させる目的で行動しており、②固有の権限をもって管財業務を遂行する独立の主体であり、③破産者の代理人や承継人ではない、という理由である。もっとも、㈣は、破産者に帰属する財産について、破産者に代わって管理処分権を行使するという表現をしていて（この説明自体は破産者と破産管財人の説明として一般的であるが）、他のものと若干ニュアンスが異なるが、否認権の場合と同じという判断をしているので、管財人独自の立場で請求権を行使していると考えていることになる。また㈥は、実質上㈤の控訴審判決ということから、原判決が債権者代位権と同じという判断をしたことに対し、債権者代位権の場合とは異なると明示している。

（注17）このほかにも、国際金融先物取次業「飛鳥」と役員・従業員との間の歩合給等支払契約が公序良俗違反で無効であるとして破産管財人から歩合給等返還を請求した東京地判昭63・12・15（判タ七〇一号一九一頁）があるが、被告が不法原因給付の抗弁を出さなかったため、請求がそのまま認められている。

四　破産管財人と破産者の関係

㈠　前記のように、民法の債権者代位と否認権の議論においては、債権者代位の場合は返還請求を認めないが否認権の場合は返還請求を認めるという説（通説と思われる）では、返還請求する者が、給付者が有する債権（不当利得返還請求権）自体を行使する場合かどうかという点が判断基準となっており、給付者が有する請求権を行使する場合は請求を認めないが、破産管財人が否認権を行使する場合のように、独自の権利を行使する場合は認められるとされていた。破産管財人が不当利得請求権を行使するのは、不当利得返還請求権とは別個の否認権を行使するわけではないので、その中間に当たることになる。では、破産管財人は、破産者の有する不当利得返還請求権そのものをそのまま行使する、すなわち承継行使すると考えるべきなのであろうか。

破産者の有する権利義務と破産管財人の管理処分権の関係をどう考えるかはむずかしい問題であるが、破産法の条文上は、「破産財団に属する財産の管理及び処分をする権利は、裁判所が選任した破産管財人に専属する」（破産法七八条一項）とあるだけである。最近の判例では、破産管財人の善管注意義務に関するものとして注目を浴びた最判平18・12・21（民集六〇巻一〇号三九六四頁）は、「質権設定者が破産した場合において、質権は、別除権として取り扱われ（旧破産法九二条）、破産手続によってその効力に影響を受けないものとされており（同法九五条）、他に質権設定者と質権者との間の法律関係が破産管財人に承継されないと解すべき法律上の根拠もないから、破産管財人は、質権設定者が質権者に対して負う上記義務を承継すると解される。」と判示しており、承継されないと解すべき法律上の根拠もないと、「承継」という表現が使われている。しかし、これについては、別除権としての質権の担保価値維持義務についてであるが、破産者が負う実体法上の義務をそのまま破産管財人が承継すると考えるのは相当でないという批判意見がある（注18）。一方、破産管財人の源泉徴収義務に関して判示した最判平23・1・14（民集六五巻一号一頁）は「破産管財人は、破産財団の管理処分権を破産者から承継するが（旧破産法七条）、破産宣告前の雇用関係に基づく退職手当等の支払に関し、その支払の際に所得税の源泉徴収をすべき者としての地位を破産者から当然に承継すると解すべき法令上の根拠は存しない。」として、破産者の地位を当然承継するものではないと判示している。もちろん、単にこの二判例を取り上げて、これだけで論じるのはいかにも乱暴であるが、破産管財人が債権者のために財産を管理処分するという地位を考えると、破産管財人は、破産者の権利義務をそのまま「承継」するのではなく、破産者と同等の権利義務を管理処分権の内容として独自に持つと考えたほうがいいのではないか。そうすれば、破産管財人は、破産者の権利自体をそのまま承継行使するのではないということができる。

(二) ところで、破産管財人と破産者との関係如何ということについては、周知のように、破産管財人の法的地位に関する基本的な問題として多くの論考があり、以前から盛んに議論され、代理説、職務説、破産財団代表説、破産団体代表説、受託者説、管理機構人格説等が主張されている。しかし、これらは破産手続開始による破産者、破産管財人及び破産債権者間の法律関係、つまり内部関係をいかに矛盾なく説明できるかという理論的な説明であり、外部関係、対第三者との関係では、どの説をとるかによって論理必然的に結論が出るものではないというのが、現在の一般的な理解である（注19）。

そして、破産管財人の地位（立場）に関する対第三者関係の具体的問題を解決する場合の検討としては、破産管財人は、破産者の財産に関する管理処分権が専属する（破産法七八条一項）ということから、破産者と同視されるという面と、破産債権者の利益を実現する立場という面があるといわれている（注20）。代表的な教科書である伊藤眞『破産法・民事再生法（第二版）』では、破産管財人の実体法上の地位は、破産管財人が破産者に代わって管理処分権を行使する側面と管理処分権の行使を破産債権者の利益を実現するために行う側面の双方を考慮しなければならないとして、次のような三つの基準をあげられている（同書二四八頁以下）。

第一は、破産者と同視され、又はその一般承継人とみなされる（注21）破産管財人であり、破産手続開始によって破産財団所属財産が変動するものでない以上、基本的にはこの基準で規律され、法に特別の規定がなければ、破産管財人の法的地位は破産者と同視される。

第二は、破産債権者の利益代表者としての破産管財人で、財団財産に対する差押債権者と類似の法律上の地位であり、実体法が差押債権者の地位を保護している場合に、破産管財人も同様の地位が認められるというものである。

第三は、破産法その他の法律によって特別の地位が与えられる場合の破産管財人。たとえば否認権を行使する立場である。

この第二の基準が使われ、破産管財人の実体法上の地位がどう処理されるかという点について、伊藤ほか『条解破産法』では次のような場合が問題となると指摘されている（注22）。①民法一七七条（不動産の物権変動の対抗要件）、②借地借家法一〇条（建物登記による借地権の対抗要件）、③民法一七八条（動産の物権変動の対抗要件）、④民法四六七条二項（債権譲渡の第三者対抗要件）、⑤民法九四条二項（通謀虚偽表示による無効）、⑥民法九六条三項（詐欺による取消し）、⑦民法五四五条一項ただし書（契約解除）、⑧民法三三三条、三〇四条（動産売買の先

取特権）、⑨手形法一七条（融通手形の抗弁）、⑩民法七〇八条（不法原因給付）。

このうち①から④は対抗要件の問題であるから、譲受人でなくても差押債権者が対抗要件の関係で第三者と扱われるかという問題であり、⑤⑥⑦は差押債権者が善意の第三者あるいは第三者に含まれるかという問題で、いずれも破産管財人は差押債権者と同等であり、第三者として保護されるとされ、⑧⑨の場合は、差押えをした第三者を保護する趣旨の規定はないということで、破産管財人は破産者と同等の地位にあり、第三者として保護されるわけではないと一般的に解釈されている。

しかし、⑩については、保護されてしかるべきであるのに、第三者を保護するという直接的な条文の規定はなく、他のものとは少し性格を異にしている。逆からいえば、右第二基準が妥当するのは、⑩を考えると、破産管財人が差押債権者と同等に扱われる場合だけではないと考えられるのではないだろうか。

（注18） 上野保「〈特集〉破産管財人の注意義務」NBL八五一号二二頁、岡正晶同二四頁、服部敬同五一頁、三森仁同五五頁、深山雅也同六二頁、林道晴「判研」金商一二六八号一一頁等。林論文では「破産管財人に破産者の財産の管理処分権が専属するとはいえ、破産管財人が破産者の質権者に対する義務を当然承継するという説示には、疑問を抱かざるを得ない。……破産法上の要請から破産管財人独自の義務として認められると解する方が自然であろう。」と評されている。

（注19） 『条解破産法』五三八頁。もっとも、（今では評価されないが）代理説をとると、破産管財人は破産者の債権を行使するということにつながると考えられるので、結論にまったく関係がないというわけではないと思われるが、現在最も有力なのは管理機構人格説であり、この立場で破産管財人を独立の法主体と考える場合は、以下の議論と矛盾しない。

（注20） この点に関する破産管財人の法的地位に関しては、たとえば、伊藤眞「破産管財人の法的地位」法教四三号二三頁、伊藤眞「破産管財人の第三者性」民商法雑誌創刊五十周年記念論集Ⅱ九一頁、櫻井孝一「破産管財人の

第三者的地位」道下徹＝高橋欣一編『裁判実務大系　破産訴訟法』一六四頁、瀬川卓男「破産管財人の第三者性」園尾隆司＝中島肇編『新裁判実務大系10　破産法』七〇頁、吉田勝栄「破産管財人の第三者性」園尾隆司ほか編『新裁判実務大系28　新版破産法』一二一頁、水元宏典「破産管財人の法的地位」高木新二郎＝伊藤眞編『講座倒産の法システム　第2巻』三七頁等がある。

（注21）「みなされる」という表現であるから承継人そのものではないことになる。伊藤眞『会社更生法』二五一頁（注3）でも「伊藤248頁では、破産管財人を破産者の一般承継人とみなす旨を述べるが、破産者から破産管財人への権利義務の承継が存在するわけではなく、あくまで破産者と同視されるという趣旨であり、このことは、更生管財人についても同様である」と指摘されている。

（注22）伊藤眞ほか『条解破産法』五四一頁以下。

五　検　討

㈠　民法七〇八条の解釈として、債権者代位の債権者つまり給付者の一般の債権者に関しても返還請求を認めるという立場をとるなら、その理由は非難される給付者ではないということであるから、当然、破産管財人の場合も返還請求が認められることになる。もっとも、この立場はいまだ通説ではないと思われる。なお、差押債権者には不当利得返還請求権が認められるという前提に立てば、代位債権者は債務名義による差押えをしていないという点では差押債権者と異なるが、債務者の意思によらずに自己の債権の保全を図る点で共通点があり、非難性も欠いており、差押債権者の取立訴訟と債権者代位訴訟とで、被告の防御方法に差があるとも思えないから、代位債権者についても認める余地が出てくるという指摘もされている（注23）。

㈡　一般債権者が返還請求をする場合は認められないが、差押債権者には返還請求を認めるという解釈をとる場合。この場合は、破産管財人は、差押債権者と同等の地位にあるといえるから、破産管財人による返還請求は認められる。前掲伊藤眞『破産——破滅か更生か』の説かれる立場であり、前記（二3㈣）のように、差押債権者は給付者の分身ではなく、給付者の意思に基づいて取得したのでもないから、差押債権者による返還請求は認められると前提したうえ、豊田商事事件につき、仮に、この事件が破産事件にならず、被害者の一人が豊田商事に対する債権者として、豊田商事の元従業員に対する給与返還請求権を差し押さえれば、その債権者に対しては不法原因給付の理論は適用されず、元従業員から給与の返還を受けられることになるところ、破産管財人は差押債権者と同視してもよいから、破産管財人からの返還請求は認められると説明されている（注24）。

しかし、もし、代位債権者は、そもそも返還請求できない給付者の債権を代位行使するのであるから、返還請求は認められないという立場を前提とすると、差押債権者も、その返還請求できない給付者の債権を差し押さえて行使することに変わりはなく、代位の場合と区別することが困難である（注25）。たしかに判例は、民法九四条二項の「第三者」につき、「法律上利害関係を有するに至った者」という概念を使用し（注26）、かつ債権者代位の場合と差押債権者の場合とで扱いを異にしている（注27・28）。

しかし、民法七〇八条に関しては、「法律上利害関係を有するに至った者」＝差押債権者という概念をそのまま使うのは適当なのであろうか。むしろ、次項のように考えたらどうであろうか。

㈢　破産管財人は、破産者の請求権をそのまま承継するのではなく、独自の立場で請求するのだから、制裁としての返還請求の拒否をする必要がなく、認められるとの立場。

たしかに、前項のように説明し、破産管財人＝差押債権者は、債権者代位と違って保護されるとすれば、説明が一貫している。しかし、民法七〇八条の場合は、譲受人が典型でそれと同等に評価される者として差押債権者の出てくる民法九四条二項等の場合と異なり、差押債権者は債務者の有する債権以上のものは取立てできないのだから、差押えというだけで特別な地位になるのではなく、制裁の意味がないというところに根拠を求めるべきではないか。つまり、ここでは、やはり、「債権者には非難性がない」という要素が重要なのであり、これを入れなければ、返還請求することができるという結論を導くのは困難である。そうだとすると、給付者の分身でなく、給付者の意思によらないから給付者とは違うという理由の、差押債権者という中間項を通さずに、破産管財人の立場から説明してもいいのではあるまいか。前掲の破産管財人による返還請求の裁判例㈠㈢㈥によれば、破産管財人の権利行使は、破産者の権利承継人又はその代理人としてするものではないとしており、前記のように、破産管財人は、破産者の有する権利義務を「承継」するのではなく、同等のものの管理処分権を取得する立場にあると考えることができるとすれば、破産管財人としての独自の立場で不当利得返還請求権を行使することになり、破産管財人に非難性の要素はなく、むしろ債権者のためになるのであるから、破産管財人が不法原因給付債権を行使する場合には、返還請求が認められることになる。

(注23) 上原敏夫「管財人による歩合報酬の返還請求——豊田商事事件」青山善充ほか編『倒産判例百選（第四版）』一八九頁。
(注24) 伊藤・前掲（注16）一七一頁以下。
(注25) （注23）の上原教授の指摘を逆から見たことになる。
(注26) 大判大5・11・17民録二二輯二〇八九頁。最判昭45・7・24民集二四巻七号一一一六頁。
(注27) 大判大9・7・23民録二六輯一一七一頁。差押えをした者でなく、代位して請求している普通の債権者に過ぎ

ないとして、第三者に該当しないとした。

（注28）　民法九四条二項についての説明であるが、四宮和夫＝能見義久『民法総則（第六版）』は、「債権者の第三者性」として、次のような説明をしている。

「仮装譲受人Bの債権者Cが『第三者』に該当するかについては場合を区別する必要がある。（i）単なる金銭債権者であるというだけでは第三者にならない。金銭債権者は、債務者の全財産について利害関係を有するものの、仮装譲渡の目的物という特定の財産についてはかえって利害関係が薄いからである。（ii）ただし、債権者の利害関係の程度が高くなれば「第三者」とされる。たとえば、仮装譲受人から目的物を譲り受ける契約をした者（大判昭18・12・22民集二二―一二六三）、金銭債権者にすぎなくても虚偽表示の目的物に対して差押えをした者（大判昭12・2・9判決全集四―四―四）、仮装譲受人が破産した場合の破産管財人（大判昭8・12・19民集一二―二八八二）などは、「第三者」とされる。」（同書二〇六頁）。

破産手続における弁済の充当

石井教文

一　はじめに

本稿は、最高裁判所の判決における田原睦夫裁判官の補足意見に触発され、破産手続における「弁済の充当」の問題を検討しようとするものである。この補足意見は、平成二二年三月一六日に第三小法廷で言い渡された開始時現存額主義（破産法一〇四条）に関する二つの判決のうちの一つに付されたものである。

当該事案では、債権者は、破産者に対して複数個の貸出債権とそれらを元本とする利息・損害金債権（以下「貸出債権等」という。）を有し、物上保証人がこれらを被担保債権としてその所有不動産に抵当権を設定していた。債権者は、破産手続開始後、物上保証人の所有不動産が任意売却されたことによって一部弁済を受けたが、法定充当すれば複数の貸出債権等のうちの一部はその全額が弁済される関係にあった。債権者は、破産手続開始当時に存在した複数の貸出債権等の一部がその後に弁済を受けて消滅しても、開始時現存額主義（破産法一〇四条五項が準用する同条二項）により、手続開始時に存在した貸出債権等の全額について破産手続内での権利行使が許されると主張した。また、当該事案では、債権者は、破産手続開始前に破産者及び物上保証人と弁済充当指定特約を締結していたため、前述の一部弁済を受領してから約一年後に充当指定権を行使し、弁済額を小分けして貸出債権等の一部分ずつに充当し直したうえ、破産手続開始時に存在した貸出債権等の全額で破産手続へ参加できるとも主張した（注1）。

右事案については二つの最高裁判決が言い渡されたが、そのうちの一つは、全部弁済を受けた貸出債権等については、他に弁済を受けていない貸出債権等が存在しても、破産法一〇四条五項により準用される同条二項にいう「その債権の全額が消滅した場合」に該当し、債権者は、破産手続において全額弁済を受けた債権については行使することができない旨を判示した（注2）。また、同日に言い渡されたもう一つの最高裁判決は、前述のような充当指定権の行使等の当否を争点とするものであり、法廷意見は物上保証人が債権者と締結した弁済充当指定特約が破産手続においても有効であることを前提に、その充当指定権の行使が遅きに失し、法的安定性を害することを理由に債権者の上告を棄却した（注3）。本稿が取り上げる田原睦夫裁判官の補足意見（以下「田原補足意見」という。）は、後者の判決に付されたものであり、結論としては法廷意見に同調するものであるが、破産等の「法定の換価手続」による債権の満足に伴う「弁済の充当」一般に言及するものであった。

（注1）事案の詳細については、中井康之（司会）「開始時現存額主義の適用範囲をめぐる最高裁判決の射程と実務対応」（金法一九〇二号一八頁）に、印藤弘二弁護士の要を得た整理があるので参照されたい。

（注2）最判平22・3・16民集六四巻二号五二三頁（平成二〇年（受）一二〇二号事件）。なお、同判決にも開始時現存額主義の適用範囲に関する田原裁判官の補足意見が付されているが、本稿はこれに関するものではない。

（注3）最判平22・3・16判時二〇七八号一八頁（平成二〇年（受）一四五九号事件）。

二　田原裁判官の補足意見の骨子

田原補足意見の骨子は、以下のとおりである。

すなわち、①破産手続開始前に破産者と債権者との間で弁済充当指定特約が締結され、その後、破産手続開始前に一部弁済がなされて同特約に従って債権者が充当指定をしていた場合には、破産管財人はその指定の効力を受ける。しかし、債権者が破産手続開始前に充当指定をしていない場合、②弁済充当指定特約は、民事執行等の法定の換価手続における配当手続においてはその効力を主張できず、配当ないし弁済金交付は法定充当によるべきであるから、一般執行である破産手続における配当や担保権消滅請求手続において実施される配当手続も法定充当によるべきである。また、③破産管財人によって別除権の目的財産の受戻しがなされて、その際に別除権者に被担保債権の一部が弁済される場合も、同手続は一般執行手続たる破産手続の一環として行われるものである以上、別除権者は、破産手続開始前に破産者と別除権者との間でなされた弁済充当指定特約の効力を主張することはできない。以上と異なり、④破産手続開始前に債権者が保証人や物上保証人との間で弁済充当指定特約を締結している場合、破産手続開始後に破産債権者が保証人から弁済を受け、あるいは物上保証人から担保権消滅の対価として受けた弁済につき、破産債権者が破産管財人に対して同特約に基づく充当指定の効果を主張することは妨げられない。また、⑤別除権の目的財産の受戻しに際し、破産管財人が破産債権者一般の利益を図る観点から、別除権者との間で法定充当と異なる合意充当を行うことも妨げられない、という五つの準則からなる。

田原補足意見が示した五つの準則は、法定の換価手続における充当関係を法定充当によって規律することを志向しつつ（準則②③）、その周縁部分に生じる問題については個々に適用範囲を画する考え方を示したものといえる（準則①④⑤）。田原補足意見が提示する五つの準則のうち、準則①に異論はないものと思われるが、準則②については、担保不動産競売の配当について同旨の最高裁判例があるものの、これに反対する有力学説が台頭しており、近時の最高裁判例には有力学説に影響を受けているのではないかと推測されるものがある。さらに、準則②と破産配当についていえば、破産管財実務は必ずしも田原補足意見に従っておらず、また、別除権の目的財産の受戻しに関する準則③については、異論もありうるところであり、準則④⑤に関しても、検討を要する問題点があるように思われる。

以下では、これらの問題点等を順次検討していきたい（注4）。

（注4）　破産手続で充当関係が問題となる場面としては、他に破産手続で相殺権が行使される場合の相殺充当（民法五一二条）や破産債権者が行う債務の一部免除の場面等があるが、本稿では論及しない。

三　法定の換価手続と弁済充当

1　問題の所在

債務者が同一債権者に対し、同種の目的を有する複数個の債務を負担する場合（民法四八八条一項）、または一個の債務の弁済として複数回の給付をすべき場合（同法四九〇条）、債務者がその債務の全部を消滅させるに足らない弁済をし、債権者がこれを受領したときは、その弁済をどの債務又はどの給付に割り当てるかを確定する必要がある。「弁済の充当」の問題であり、民法は、①当事者の合意があればそれに従い（合意充当）、当事者に合意がない場合は、②四九一条一項の法定充当、③四八八条の指定充当、さらに④四八九条の法定充当の順序で充当方法を定めている（注5）。

ところで、任意の弁済による場合だけではなく、民事執行、破産等の法定の換価手続における配当又は弁済金交付の手続によって執行債権、被担保債権又は破産債権等（以下「執行債権等」という。）が満足を受けた場合も、満足を受けた限度で執行債権等が消滅することに争いはない（注6）。しかしながら、民事執行、破産等の法定の換価手続による配当金ないし弁済金が同一債権者の有する複数の執行債権等の全部を消滅させるに足りない場合、弁済充当を含む弁済に関する民法の規定が適用されるのか否かについては争いがある。この問題は、弁済の法的性質や民事執行における「満足」と民法上の「弁済」との関係といった古典的な論点に関連して議論されてきたが、その解明は十分に行われていないといわれている（注7）。

2 検討の方向性

弁済の法的性質については議論があり、現代の学説は、債務消滅の効果意思としての弁済意思を不要とする点では一致するものの、弁済概念を債務者による任意の給付行為によって債権が消滅する場面に限定したうえ、給付と債権とを関連づける要素として債務者の「弁済意思」を必要とする見解と（注8）、上記のような意味での「弁済意思」をも不要としつつ、むしろ弁済概念を広くとらえて民事執行による満足によって債権が消滅する場面等でも、必要に応じて弁済に関する民法の規定を準用すれば足りるとする見解（注9）に大別される。

前者の代表的な学説は、弁済には給付行為とこれを通じてその内容が実現される債権を結合する債務者の弁済意思が必要であるとし、「民法の定める弁済充当の諸準則は、債権の消滅が問題となる局面であっても、債権への充当に債務者・債権者の意思が介在しないような場面では妥当しない。」とする。もっとも、この見解も、民法の法定充当に関する規定は、当事者の充当意思を離れ、「債権をどのように満足させて消滅させるのが客観的に見て合理的かという法秩序を具体化したものである」とし、債務者・債権者の意思が介在しない民事執行等による満足の場面では、充当関係の確定は法定充当の方法によるべきものとする（注10）。また、右のような意味での「弁済意思」の必要性を否定し、弁済概念を広くとらえる見解においても、「配当手続においては、債権者・債務者の意思によるよりも、画一的に法定充当によることが公平と考えられる」（注11）との理由で法定充当によるとする見解が一般的である（注12）。

「弁済」に弁済意思を必要とする学説においては、当事者の意思が作用する余地のない債権の消滅場面での充当関係が法定充当によって規律されるべきことは当然の帰結である。また、弁済意思を不要とする学説においても、合意充当や指定充当が当事者の法律行為であることは認めざるをえないのであるから、当事者の意思と無関係に債権が消滅する場面での充当関係の確定は、法定充当の方法によらざるをえないものと思われる。結局、右のいずれの立場からも、民事執行の配当等による債権の満足の場面においては、法定充当によるとの結論（以下「法定充当説」という。）が支持されている理由は、民事執行の配当手続においては、当事者の意思が介在する余地がないとの前提があるのだろう。仮にこの前提が崩れるのであれば、いずれの立場も異なる結論を支持する可能性があることに留意すべきであり（注13）、問題の核心は、民事執行や破産手続等の法定の換価手続によって執行債権、被担保債権、破産債権が満足を受ける場面での充当関係の確定に、弁済当事者の意思が介在する余地があるのか否か、あるいはその余地を認めるのが相当なのかどうかにかかっているというべきである。

（注5） 我妻榮『新訂債権總論（民法講義Ⅳ）』二八五頁、奥田昌道『債権総論（増補版）』五二一頁、平井宜雄『債権総論（第二版）』一八二頁、内田貴『民法Ⅲ 債権総論・担保物権（第三版）』七二頁、潮見佳男『債権総論Ⅱ（第三版）』一九九頁、中田裕康『債権総論（新版）』三三四頁。

（注6） 中野貞一郎『民事執行法（増補新訂六版）』五四一頁、中西正・中島弘雅・八田卓也『民事執行・民事保全法』一八二頁。なお、執行債権等の消滅時期は、債権者が配当金ないし弁済金を受領した時と解するのが通説である（判解民昭和六十二年度七三四頁〔河野信夫〕）。

（注7） 中野貞一郎「不動産競売手続における配当金が同一担保権者の有する数個の被担保債権のすべてを消滅させるに足りない場合と弁済の充当方法」民商九九巻三号一二三頁以下がつとに指摘するところである。なお、執行による満足と債権の消滅との関係については、梶山玉香「執行による『満足』と債権の消滅⑵」同法四二巻二号一〇一頁以下に簡潔に学説史が整理されている。

（注8） 奥田・前掲書（注5）四八八頁、潮見・前掲書（注5）一八三頁以下、一九九頁以下。この立場からの最近の議論の集約として滝沢昌彦「弁済における意思の位置づけ」（中田裕康・道垣内弘人『金融取引と民法法理』

六三頁）が参考となる。ただし、この系譜に属する学説も、その説く「弁済意思」の内容については微妙にニュアンスの違いがあるが、本稿との関連では重要でないので深入りしない。

（注9） 平井・前掲書（注5）一六三頁以下、中田・前掲書（注5）二九一頁以下。

（注10） 潮見・前掲書（注5）一九九頁。

（注11） 中田・前掲書（注5）三三八頁。

（注12） 民法（債権法）改正検討委員会編『詳解債権法改正の基本方針Ⅲ　契約および債権一般(2)』五頁によれば、民事執行による債権の満足を弁済と見るか、これに準じるものと見るかには争いがあるが、現行民法は、担保執行による満足を弁済と定めているという（民法三〇三条、三四二条、三六九条）。同委員会は、担保執行のみならず、強制執行による満足の場合を含め、疑義を解消するために「民事執行手続における売却代金の配当、または、弁済金の交付など強制的に行われた履行も弁済とする」との規定を置くことを提案していた。その後、法制審議会の民法（債権関係）部会でも、民事執行手続における配当が同一債権者の有する数個の債権全部を消滅させるに足りない場合に合意充当、指定充当を認めるべきか否かが議論されている（商事法務編『民法（債権関係）部会資料集』第一集第二巻九七・三四五・三六八頁、前同第一集第六巻三一〇・七四〇頁）。

（注13） 弁済意思必要説も不要説も、執行による満足の際の充当関係が法定充当によるべきことの根拠として、法定充当自体の客観的合理性、公平性をあげている。しかし、民法の弁済充当に関する規定が任意規定であることには争いがなく、民法自体が法定充当自体の客観的合理性、公平性よりも当事者の意思に優位を置いていることは、これらの学説も認めるところである。その意味で、これらの学説が民事執行による満足の場面で法定充当を採用する根拠として、法定充当の客観的合理性、公平性をあげるのは、副次的な理由と解すべきなのだろう。

四　民事執行における弁済充当

1　判例の状況

判例（注14）は、担保不動産執行の配当手続において弁済充当指定特約（注15）に基づく充当指定権の行使の可否が問題となった事案について、法定充当説の立場によることを明らかにしている。すなわち、「同一の担保権者に対する配当金がその担保権者の有する数個の被担保債権のすべてを消滅させるに足りないときは、右配当金は、右数個の債権について民法四八九条ないし四九一条の規定に従った弁済充当（以下「法定充当」という。）がされるべきものであって、債権者による弁済充当の指定に関する特約がされていても右特約に基づく債権者の指定充当は許されないものと解するのが相当である。」と判示する。また、同判決は、このように解する根拠については、「不動産競売手続は執行機関がその職責において遂行するものであって、配当による弁済に債務者又は債権者の意思表示を予定しないものであり、同一債権者が数個の債権について配当を受ける場合には、画一的に最も公平、妥当な充当方法である法定充当によることが右競売制度の趣旨に合致するものと解されるからである」と説示する。右判例は、不動産担保執行による被担保債権の満足に伴って充当関係の確定を要する場合は、配当手続の内部で法定充当の方法によるとするものであり、このような考え方からすれば、前記の最高裁判例がいう担保不動産執行における配当だけではなく、弁済金交付の場合や強制執行における配当等の場合も法定充当によるべきものと考えられる（注16）。田原補足意見の準則②も、右の最高裁判例を引用しており、法定充当説の立場を破産配当等に及ぼすものということができる。

もっとも、前掲昭和六二年の最高裁判決の立場には揺らぎが生じているように思われる。供用根抵当権の実行の場合における各債務者への按分後の充当関係について判示した平成九年の最高裁判決（注17）では、「法定充当の規定に定めるところと異なる充当をするべき事由につき何らの主張、立証のない本件においては」との留保が付されて法定充当説がとられており、債権者から合意充当、指定充当に関する事実が主張・立証されれば、別の結論となった可能性が示唆されている（注18）。さらに、法制審議会の民法（債権関係）部会でも、昭和六二年の最高裁判例の立場を立法によって変更し、民事執行の配当等の場面でも合意充当、指定充当を認めることが検討されている（注19）。

2　学説等の状況

学説においては、昭和六二年の最高裁判例が採用した法定充当説に反対する見解が台頭している。こうした学説には、二つの異なる系譜があり、一つは、配当手続内で充当関係を確定する必要性があることを前提に、配当手続内で合意充当、指定充当を行う余地を認める見解であり（注20）、ほかは、そもそも配当手続内で充当関係を定めることを不要とし、充当関係の確定を配当手続の外部に位置づけて、合意充当、指定充当を含む民法の規律に全面的に委ねようとする立場である（注21）。

まず、執行手続内で合意充当、指定充当を行う余地を認める見解（以下「手続内充当説」という。）には賛成できない。すでに指摘されるとおり、民事執行における配当手続は、競合する債権者の関係（配当関係）については債権者間の合意による自治を認めているのに対し、債権者と債務者の関係（執行関係）に関しては債権者と債務者の自治を意識的に排除している（民執法八五条一項ただし書）。また、配当期日では合意充当や指定充当の有無を審理するための手続は予定されておらず（同条四項）、配当手続は、当事者の指定充当や合意充当を顧慮するだけの手続構造を有していない（注22）。手続内充当説の立場は、配当手続内部で当事者による合意充当、指定充当の有無に配慮しつつ執行機関が充当関係を確定すべきものとするが、前述した配当手続の構造にそぐわないうえに、大量の執行事件を処理する執行実務に無理を強いるものというべきである。

それでは、そもそも配当手続内部で充当関係を定めることを不要とし、充当関係を合意充当、指定充当を含む民法の規律を適用することで確定しようとする立場（以下「手続外充当説」という。）はどうであろうか。この見解は、民事執行の配当手続では、競合する債権者ごとに配当の順位と総額が決まればよく、それが同一債権者の有する複数の債権のどれに充当されるかは配当関係に影響しないとし、同一債権者が複数の執行債権等を有する場合の充当関係の確定は、配当手続外部の問題として民法の規律を全面的に適用すべきであり、当事者間で合意充当、指定充当がなされるのであれば、それによるのが本来であるとする（注23）。また、手続外充当説は、配当による充当関係が争点となるのは、配当によってすべての執行債権等について満足を受けられなかった債権者が、債務者やその保証人に対して残債権を請求する場面においてであって、債権者が残債権を訴訟物として債務者、保証人等を相手に提起する給付訴訟等の後訴においては、配当手続で確定された充当判断が既判力を有するわけではないから、この点からも配当手続の内部で充当関係を確定する意味はないと主張する（注24）。

手続外充当説の論旨は明快であるが、執行手続内部で充当関係を定める必要がないといえるのかには問題がある。継続的給付に係る債権に対する差押え（民執法一五一条）や不動産の強制管理や担保不動産収益執行の場合のように配当等が逐次ないしは回帰的になされる場合（民執法一〇六条ないし一〇九条、一八八条）は、少なくとも先行する配当手続の内部で充当関係を確定する必要がある。手続外充当説の立場によれば、先行する配当によって一部満足を受けた執行債権等の充当関係は執行手続外で行われることになるため、執行機関は、こうした手続外の事実を確定して後続する配当を実施しなければならないことになるが、実務的には明らかに不都合である。また、一般の強制執行の場合においても、一つの債務名義に基づいて複数回の強制執行が行われる際には類似の問題を生じうる。さらに、裁判所書記官は、債権の一部について配当等を受けた執行債権者等から求めがあるときは、配当等を受けた額を記載した債務名義の正本を返還しなければならないが（民執規六二条三項）、複数の請求債権があるときは、配当を受けた債権を特定し、さらに利息、損害金、元本に分けて、利息・損害金については充当された期間も記載すべきものとされており（注25）、ここでの充当関係も法定充当によるほかはないものと思われる。このように配当手続内部で充当関係を確定する必要があるのであれば、昭和六二年の最高裁判決が説示するように当事者の意思を介在させる余地はないのであるから、法定充当によるべきであろう（注26）。さらに、一般執行である破産手続において、個別の破産債権者との充当関係を配当手続の外部に切り出して当事者の法律行為によって確定するのであれば、その一方当事者は破産管財人とせざるをえないが、後述するとおり、破産配当を破産管財人の弁済と見ることは困難であり、手続外充当説の立場を破産配当に及ぼすことには無理があるように思われる（注27）。

手続内充当説及び手続外充当説の立場は、実体法上、弁済充当の第一次的基準は当事者の意思であるから、執行債権等の満足の場面においても、弁済充当に関する当事者の意思を尊重すべきであるとの価値判断があるものと思われる。実務的にも、金融債権者が民事執行手続において、利息・損害金債権よりも元本債権の回収を優先させたい場合に不都合が生じることが指摘されているが、本質的には金融債権者の内部の会計・税務処理の問題であるように思われる（注28）。

（注14） 最判昭62・12・18民集四一巻八号一五九二頁。なお、この最判以前の下級審判例（松山地判昭29・2・27下民集五巻二号二八一頁、京都地判昭57・12・24判時一〇八四号一一九頁等）も法定充当説に従っていた。

（注15） 弁済充当指定特約とは、債務者が行った一部弁済を当事者の合意によってどの債務（あるいは給付義務）に充当するかを一方当事者の指定に委ねる特約である。実際には、債権者に充当指定権を与える内容であることが一般的であり、この場合には、民法四八八条一項に基づく弁済者による充当の指定を排除するとともに、同条二項ただし書に基づく弁済受領者による充当の指定に対する弁済者の異議権を排除することを主たる目的とする特約といえる。特約によって充当指定権を与えられた当事者の相手方に対する意思表示によって弁済の充当が行われ、合意充当の一種であるため、指定充当や法定充当に関する民法の規定と異なる充当方法を定めることができる。実務上は金銭消費貸借契約や保証委託契約等の債権の発生原因となる契約や担保権の設定契約で特約の形式で締結されることが多い。

（注16） 河野・前掲判例解説（注6）七三三頁。

（注17） 最判平9・1・20民集五一巻一号一頁。

（注18） 判解民平成九年度上〔野山宏〕一二頁。

（注19） 商事法務編・前掲資料集（注12）第2巻九七・三四五・三六八頁、第6巻三一〇・七四〇頁。

（注20） 石川明「不動産競売手続における配当と弁済充当の方法」金法一一九四号六頁以下。なお、秦光昭「競売配当金と弁済方法の特約」金法四頁も、明確ではないが配当手続内での充当権行使を認める趣旨か。

（注21） 沖野眞已「最高裁判所民事判例研究」法協一〇六号一〇九七頁。

（注22） 中野・前掲論文四〇六頁以下、川上正俊「不動産競売手続における配当金が同一担保権者の有する被担保債権のすべてを消滅させるに足りない場合と弁済の充当方法」金法一一九七号一一頁以下。

（注23） 沖野・前掲（注21）論文一〇六頁以下。

（注24） 沖野・前掲（注21）論文一〇五頁以下、野山・前掲解説（注18）一二頁以下。

（注25）　最高裁判所事務総局民事局監修『条解民事執行規則（改訂版）』二四一頁（注5）。

（注26）　本文で述べた配当手続内部での充当関係の確定の必要性の観点とは別に、競合債権者への情報開示の観点から配当表の作成を法定充当によるべきことを説く有力説がある。すなわち、中野・前掲論文（注7）一二三頁以下は、「配当による各債権者の満足が、債権の客観的な額と順位だけでなく、競合債権者間の協議・合意・抗争の有無と結果に左右されることは、さきに述べたとおりであるが、債権者がその態度を自主的に決めることができるためには、配当表原案なり配当表自体の記載が明確でなければならない。同一順位の債権に対しては債権額に従い均等の配分がなされるべきであるが、充当の指定または合意を容れて配当額を定め配当表に記載するのでは、表面上、債権額に対する関係では配当率が異なる結果となり、配当関係が不透明となる。これは、同一債権者の有する複数の債権の順位が異なる場合に著しいが、同じ順位の場合でも同様である。」と指摘する。

（注27）　破産手続においても、中間配当、最後配当、追加配当と複数回の配当手続が行われる場合には、やはり先行する配当手続内で充当関係を確定することが必要であり、また、配当をしたときは、破産管財人は配当金額を破産債権者表に記載しなければならない等（破産法一九三条三項）、個別執行と同様の問題がある。

（注28）　倒産手続における類似の問題点として、会社更生手続における管財人の更生担保権の調査において、担保権の目的の評価額が被担保債権となる元本、利息、損害金債権の全額に満たない場合、金融債権者が利息・損害金債権よりも元本債権部分を更生担保権とすることを希望することがあるのを例に、更生担保権の調査において管財人と更生担保権者の合意充当を認めるべきことが説かれることがある（商事法務編・前掲資料（注12）第二集第二巻九八頁）。しかしながら、更生担保権の認否は管財人の専権であり、本来的には、管財人は法定充当に従って認否を行うべきである。ただし、更生担保権者があえて法定充当よりも不利益な充当を望むのであれば、管財人が当該希望を入れて認否をしても、更生担保権者が査定の申立てをしないことによって当該認否が確定し、かつ、利害関係人に損害を生じることもないので管財人の善管注意義務にも反しない。実務上、管財人は、更生担保権の調査に際し、充当関係を含めて更生担保権者と交渉することが一般的であるが、あくまで事実上の問題であり、これを合意充当と構成する必要はない。

五　破産手続における充当関係

1　破産配当

破産配当における弁済の充当関係については、これまで意識的に議論がなされてきたのか否かは疑問のように思われる。旧破産法下の下級審判例（注29）ではあるが、破産配当が破産管財人から破産債権者に対する一種の弁済であることを理由に、傍論ながら合意充当の可能性を認めたものがある。当該事案は、債権者が会社を主債務者、その代表者を連帯保証人として貸付けをしたが、主債務者に和議手続が開始され、連帯保証人には破産宣告がなされたため、債権者が和議・破産の双方に同一内容の債権届出（貸付金の元本及び遅延損害金）を提出し、その後、債権者は、連帯保証人の破産手続で元本の一部について配当を受けたにもかかわらず、和議手続で貸付金元本全額について分割弁済を受けたとして、主たる債務者から債権者に対して不当利得返還請求がなされたというものである。

当該事案における連帯保証人の破産事件では、五八件の破産債権の届出がなされ、うち二七件は「債権の種類」欄に元本・利息・損害金の別を明示し、「債権額」欄に各債権別の金額が記載されていたが（区分記載型）、二六件は元本のみの届出であり、当該判例の被告となった債権者を含む二件は破産債権届出書自体には「債権の種類」欄に「保証債権」と記載し、これに添付した別紙明細書に記載した元本と損害金の合計額を一括記載していた（一括記載型）。破産管財人は、区分記載型については、債権表に区分された債権ごとに認否を行い、配当表においても同様の記載をしたうえ、債権の種類ごとに同一の配当率を乗じて配当額を算出したが、一括記載型の債権届出については、別紙明細書の記載を省略したうえ、債権総額を債権表及び配当表に記載し、認否及び配当も一括して行った。判決は、「破産管財人の行う配当は、破産債権者に対する弁済であるから、民法の弁済充当の規定が適用され、元本の外に利息及び費用（以下「利息等」という）を支払うべき場合は、民法四九一条の順序に従って充当するべきである。したがって、区分記載型の債権届出がされた場合でも、本来は、同条の弁済充当の順序によって配当するのが相当と考えられるが、同条は強行規定ではないから、当事者の合意によって充当の順序を変更することは可能であり、利息等を消滅させるに足りる弁済がなされないにもかかわらず、元本及び利息等のそれぞれに一律に配当する旨の配当表の記載は、利息等に充当されるべき配当の一部を元本に充当する旨の意思表示であり、配当表に対する異議がないことにより、充当の順序を変更することについて合意があったと解することもできなくはない。」とした（注30）。

これに対し、同判例は、一括記載型については、「破産管財人は、元本の外に利息等を支払う場合は民法四九一条によるのが原則であり、これと異なる充当方法について破産債権者の合意を得るためには、配当表に元本に対する配当額を記載することによってその旨を明示することを要するものと解するのが相当である。配当表の当該債権者以外の記載から前記のような破産管財人の意思が推測できなくはないとしても、元本と損害金を区分して配当額を記載していない以上、破産債権者が配当表に異議を述べることはできないのであるから、このような黙示の意思表示を認めることはできない。」とし、本件債権者に対する破産配当は、法定充当により遅延損害金から充当され、その配当額が遅延損害金に満たないことを理由に原告である和議債務者の請求を棄却している。

学説においても、破産配当に民法四八八条以下の弁済充当の規定が適用されるとする見解が有力であり、前掲下級審判決と同様に配当表の記載から破産管財人の充当指定の意思を読み取ることを肯定する見解も多い（注31）。破産管財業務の手引書類にもこうした見解を前提に破産配当表の記載例をあげたと思われるものもあり（注32）、実務上は、前掲下級審判決がいう区分記載型の配当表においても、民法四九一条の法定充当によらず、元本・利息・損害金に同率の配当率を乗じて配当額を算出している例が多いように思われる。

しかしながら、民事執行における配当手続について述べたのと同様の理由により、上記の見解は疑問であって、破産配当においても民法四八九条ないし四九一条に従って法定充当がなされるべきだろう（注33）。破産手続は、破産者の意思にかかわらず、破産者の責任財産（破産財団）に対する管理処分権を破産管財人に与え、これを換価して破産債権者に平等な満足を与える手続であり、その本質は強制執行と同様である（注34）。また、破産管財人は、破産法上の職務として配当手続を行うのであり、手続法的には個別執行における執行機関と同様の立場に立つものと解される。

さらに、破産管財人は、破産者の責任財産を構成していた積極財産からなる破産財団の管理処分権を与えられているが（破産法七八条一項）、通説である管理機構人格説の立場においては、破産債権の債務者は破産者本人であると解されているうえ（注35）、むしろ破産債権について破産管財人が弁済等の消滅行為をすることは原則として禁止されているのであるから、（破産法一〇〇条一項）前掲下級審判例のような「破産管財人の行う配当は、破産債権者に対する弁済である」との理解は疑問というべきだろう。破産配当の手続は、個別執行の配当手続における執行関係と同様に破産者や破産債権者はもちろん、破産管財人の意思が入り込む余地のない構造をしており、その充当関係は法定充当によるべきである。したがって、破産手続開始前に破産者が債権者と弁済充当指定特約を結んでいた場合においても、配当手続において、破産債権者がこれを行使することは許されないと解すべきであり、この点については、田原補足意見が述べる準則②が支持されるべきである。

それでは、破産配当の完了後、破産管財人と破産債権者の合意によって充当関係を変更することは可能であろうか。個別執行の場面においては、配当手続内部で法定充当に従って充当関係を確定しつつ、その後の債権者と債務者の合意によって充当関係を変更する余地を認める見解も有力である。しかし、破産管財人は、破産債権の引当である破産財団の管理処分権を有するが、破産債権の債務者ではない。破産管財人は、破産配当を通じてのみ破産債権に満足を与えうるのであり、この点で個別執行における債務者とは立場を異にするのであるから消極的に解すべきである。

2　財団債権の弁済

財団債権の弁済については、合意充当、指定充当を含めて民法上の弁済充当に関する準則が妥当するものというべきだろう。争いはあるが、財団債権の債務者は破産管財人と解すべきであり（注36）、財団債権は、破産財団を責任財産として、随時弁済されることになる。また、随時弁済（破産法二条七号）とは、破産手続によらず、破産管財人が当該債権の本旨に従って随時に弁済を行うことをいい（注37）、要するに、財団債権の弁済は、債務者である破産管財人が本旨弁済をするものである。充当関係が生じる場合は、合意充当、指定充当を含む民法の規定が適用されるべきである。

3　別除権の目的財産の受戻し

別除権の目的財産の受戻し（破産法七八条二項一四号）とは、別除権の被担保債権全額を弁済し、担保権を消滅させたうえで別除権の目的であった破産財団に帰属する財産を受け戻すことをいい、被担保債権の額が目的財産の価格よりも低い場合は、破産財団の拡充を図ることができる。また、被担保債権の額が目的財産の価格よりも高い場合にも、破産管財人は、別除権者との間で被担保債権の一部を弁済して担保権を消滅させることを合意することにより、目的財産を受け戻すことができるが、これも別除権の目的財産の受戻しであると解されており（注38）、実務上はむしろ後者の例が多い。

前者の場合は、破産管財人が単に被担保債権を全額弁済して消滅させ、これを被担保債権とする担保権が附従性によって消滅するだけのことであり、新たな法律行為がなされるわけではない。また、前者の場合は、担保権の不可分性により、被担保債権の全部が弁済されて初めて担保権消滅の効果が生じるのであるから、そもそも弁済充当の問題は生じない。

これに対し、後者の場合は、被担保債権の一部を弁済することにより、担保権が消滅することになるため、弁済の対象とならなかった被担保債権の一部は、無担保の破産債権として破産手続による権利行使を認められることになる。したがって、後者の意味における別除権の目的財産の受戻しは、被担保債権の一部を財団債権として弁済することと、弁済を受けられなかったその余の被担保債権に関する担保解除ないしは被担保債権額の変更を内容とする合意（破産法一〇八条一項・一九八条三項）を含む破産管財人と担保権者との新たな契約というべきである。したがって、後者の意味での別除権の目的財産の受戻しを行う場合には、破産管財人と別除権者との合意内容の一つとして、複数の被担保債権が存在する場合には、そのうち弁済の対象となる部分と破産手続で権利行使すべき部分を特定することが必要なはずである（注39）。

問題は、別除権の目的財産の受戻しに関する合意で弁済の対象となる債権が定められていない場合に、これをどのように確定するかである。この点、田原補足意見の準則③は、破産管財人によって別除権の目的財産の受戻しがなされて、その際に別除権者に被担保債権の一部が弁済される場合も、同手続は一般執行たる破産手続の一環として行われるものである以上、法定充当によるべきであり、別除権者は、破産管財人に対し、破産手続開始前に破産者と別除権者との間でなされた弁済充当指定特約の効力を主張できないとする（注40）。たしかに、破産手続においては、破産手続の開始によって破産者はその責任財産に関する管理処分権を奪われ、あたかも破産財団に属する財産について差押えがなされたのと同様な効果が生じ、その後、それらの換価によって形成された配当財団が破産配当によって破産債権への満足に充てられることになる。田原補足意見の準則③は、こうした破産手続と個別執行との類似性に着目しての立論であると思われるが、破産手続における財団の換価は、個別執行の場合とは異なり、破産管財人の管理処分権に基づいて売買その他の法律行為で行うことが原則であり（破産法一八四条一項）、こうした換価行為は一般の法律行為と同様の規律を受けるというべきであろう（注41）。別除権の目的財産の受戻しも、破産管財人による破産財団の換価行為の一種ではあるが、その方法としては破産管財人と別除権者との契約によるのであるから、破産管財人と別除権者の合意による法律関係の形成が予定されていると解すべきであり、当事者の意思が不明確な場合には、民法における弁済充当の規律が適用されるべきである（注42）。

それでは、破産者と債権者が締結した担保権の設定契約、あるいは被担保債権の発生原因である金銭消費貸借契約等に弁済充当指定特約がある場合、別除権の目的財産の受戻しを行う際に、破産管財人がその特約の効力を受けると解すべきであろうか。通説は、破産管財人は、破産手続開始前に破産者が行った法律行為については、原則的にその効果を承認すべき地位にあると解しており、例外的に実体法に第三者保護規定が設けられている場合や差押債権者に特別の保護が与えられる場合に破産管財人も同種の保護を受ける可能性があるにとどまるとする（注43）。こうした判断の枠組みからすれば、別除権の目的財産の受戻しに関する充当関係にも、破産者と債権者が締結した弁済充当指定特約の効力が及びそうである（注44）。しかしながら、別除権の目的財産の受戻しは、単純な被担保債権の一部弁済を内容とするものではなく、被担保債権の範囲の減縮や不足額の確定等をも目的とする契約であり、抵当権設定契約や被担保債権の発生原因である金銭消費貸借契約等とは別個の法律行為である。したがって、通説の枠組みを採用する場合の立場においても、抵当権設定契約や金銭消費貸借に付された弁済充当指定特約は、別除権の目的財産の受戻しの場面では、破産管財人に効力を及ぼさないものと解すべきだろう。

4　付随する問題点

最後に、田原補足意見の準則④⑤について、若干の言及をしておきたい。

準則④は、「破産手続開始前に債権者が保証人や物上保証人との間で弁済充当合意をしている場合、破産手続開始後に破産債権者が保証人から弁済を受け、あるいは物上保証人から担保権消滅の対価として受けた弁済につき、破産債権者が破産管財人に対して同特約に基づく充当指定権の行使を主張することは妨げられない。」というものである。準則④については、別異に解する見解があるものの（注45）、準則④と同様に解するのが通説であると思われる（注46）。ただし、充当指定権の行使があまりに遅い場合には、法律関係を不安定にするものとして無効とされる（注47）。また、仮に充当指定権の行使に時期的な問題がない場合であっても、たとえば、他の全部義務者の破産手続に多額の債権をもって参加するために、複数の被担保債権の一部に少額ずつ充当するような指定権の行使は、権利の濫用として無効とされる場合があるだろう（注48）。

準則⑤は、「別除権の目的財産の受戻しに際し、破産管財人が破産債権者一般の利益を図る観点から、別除権者との間で法定充当と異なる合意充当を行うことも妨げられない。」というものであるが、多少の検討を要すると思われる。仮に別除権の目的財産の受戻しに伴う充当関係が法定充当によるべきであるとしても、法定充当の規定に従っていったんは消滅した債権を破産管財人と別除権者の合意によって復活させ、すでになされた給付を別の債権の弁済に充てることができるかという問題があるからである。判例は、いったん弁済によって生じた法律上の効果を当事者双方の合意により排除することは妨げられないとするが（注49）、債権の消滅について正当な利益を有する第三者には対抗できないと解する学説が有力であり（注50）、田原補足意見が準則⑤に「破産債権者一般の利益を図る観点から」と制限を付するのも同趣旨かと思われる。破産管財人が破産債権者一般の利益に反する合意をした場合、単に善管注意義務の問題だけにとどまらず、当該合意充当は無効となり、法定充当に戻ることになるのだろう。

（注29）　大阪地判平4・11・6判タ八二三号二四八頁。

（注30）　通説は、民法四四七条一項を根拠に、主たる債務に元本、利息等の別があっても、これを保証する保証債務履行請求権は一個の債権であると解している（司法研修所編『改定紛争類型別の要件事実』三九頁）。本文で紹介した下級審判決には、この点の理解に問題があるが、ここでは検討の対象とはしない。

（注31）伊藤眞ほか『条解破産法』一一七六頁、伊藤眞『破産法民事再生法〔第二版〕』五一三頁・注一一七頁、中野貞一郎ほか編『基本法コンメンタール破産法〔第二版〕』一一九三頁〔小島浩〕。
（注32）野村剛司ほか『破産管財実践マニュアル』五二六頁掲載の【資料48】破産配当表。
（注33）同旨、竹下守夫編集代表『大コンメンタール破産法』四五九頁〔菅家忠行〕。
（注34）山木戸克己『破産法』二二四頁。
（注35）伊藤・前掲書（注31）一四八頁、伊藤眞ほか・前掲書（注31）五四〇頁。
（注36）山木戸・前掲書（注34）一四一頁、伊藤・前掲書（注31）一一三五頁、伊藤眞ほか・前掲書（注31）五四一頁等。ただし、財団債権の債務者に関する争いは、破産手続終了後に弁済されていない財団債権が残った場合の処理に関する解釈論の枠組みを提供する議論である面が強い（山本克巳編著『破産法・民事再生法概論』一四七頁）。
（注37）伊藤眞ほか・前掲書（注35）三一一頁。
（注38）伊藤眞ほか・前掲書（注35）五九七頁。
（注39）本文で述べたとおり、広義の別除権の目的財産の受戻しにおいては、弁済の対象となる被担保債権を特定することは当該法律行為の要素というべきであり、その後は、合意によって弁済の対象とされた被担保債権の一部が弁済されるだけのことであるから、厳密にいえば弁済充当の問題ではないように思われる。
（注40）田原補足意見の準則③を支持する見解として、滝澤孝臣「民事法判例研究」金商一三四九号一四頁。
（注41）これに対し、破産管財人が別除権の目的財産を民執法等の法定の換価手続で売却した場合（破産法一八四条二項）、売得金はその全額が破産管財人に交付され、破産管財人から別除権者への弁済がなされると解すべきであるが、この場合は法定充当によるべきである（竹下編集代表・前掲書（注41）四六〇頁〔菅家忠行〕）。
（注42）弁済には給付行為とこれを通じてその内容が実現される債権を結合する債務者の弁済意思が必要であるとする見解からは、弁済充当に関する民法の規定は、補充規定としての性質をもつ（滝沢・前掲論文（注40）七二頁）。私見のように、広義の別除権の目的財産の受戻しにおいては、弁済の対象となる被担保債権を特定するこ

とが必要であると解する立場からは、当事者が明示的に弁済の対象となる被担保債権を特定していないときは、受戻しに関する法律行為の解釈の問題となるが、その際には弁済充当の規定を適用することが許されよう。

（注43）　伊藤・前掲書（注35）二四八頁以下、垣内秀介「破産管財人の地位と権限」山本克己ほか編『新破産法の理論と実務』一三九頁。

（注44）　そのように解する見解として、竹下編集代表・前掲書（注33）四六〇頁〔菅家忠行〕。

（注45）　林良平・石田喜久夫・高木多喜男『債権総論』二五一頁以下〔石田喜久夫〕は、債権者と主債務者の合意によって、保証人や物上保証人の利害を左右することはできず、「少なくとも、保証人・物上保証人の意思を無視した充当契約はこれらの者に対し、効力を生じない」とする。もっとも、田原補足意見が付された最高裁判例の事例では、債権者と物上保証人が合意した弁済充当指定特約が主債務者の破産管財人に対抗できるかが問題となっており、利益状況は必ずしも右の学説が想定する場面と同様ではない。また、印藤弘二「開始時現存額主義の適用範囲を示した最高裁判決に関する一考察」銀法七一九号三二頁は、破産手続開始後、破産債権者は、破産者とともに全部義務を負う他の全部義務者からの一部弁済について弁済充当指定特約による充当指定権を行使することはできず、当該破産手続との関係では法定充当されたものとして取り扱うことを提唱する。藤本利一「別除権行使による主たる債務の弁済と手続開始時現存額主義」阪法五八巻六号一五五頁もこれと同旨か。

（注46）　磯村哲編『注釈民法（旧版）⑿』二一〇頁〔山下末人〕。たしかに、林ほか・前掲書（注45）二五一頁〔石田喜久夫〕が指摘するように、弁済当事者による充当合意の効力が利害関係を有する第三者に及ぶとする根拠は、十分に検討されてのものではないのかもしれない。しかし、民法の弁済充当に関する規定は、多数当事者の債権関係についても、弁済当事者の行為によって充当関係を定めることができることを前提としており、他の関係者の関与を予定していないものと思われる。本文に述べたとおり、弁済当事者の合意充当、あるいはその一種である充当指定特約に基づく一方当事者の充当指定権の行使によって、充当関係を定めることを承認しつつ、必要があれば、一般条項等で制限をすることが穏当な解釈論であるように思われる（沖野・前掲論文（注21）一〇六頁以下）。

（注47） 大阪高判平20・5・30判タ一二六九号一〇三頁は、破産債権査定手続が開始された後における充当指定権の行使は、時期に遅れたものであることを示唆する。

（注48） 中井ほか・前掲座談会（注1）三五頁以下。

（注49） 最判昭35・7・1民集一四巻九号一六四一頁、最判平22・3・25判時二〇八一号三頁。なお、個別執行の場面においては、配当手続内部で充当関係を確定することを前提とし、これを法定充当によって確定しつつ、なお、債権者と債務者の合意によって変更する余地を認める見解も有力である（中野・前掲論文（注7）四〇九頁、野山・前掲判例解説（注18）一四頁）。

（注50） 奥田・前掲書（注5）四八六頁、中田・前掲書（注5）二九〇頁。

債務者の死亡と倒産手続

——新破産法二二六条の下での新たな視点

園尾　隆司

はじめに

倒産手続において債務者が死亡するという事態は、実務的にはまれにしか起こらず、また、議論の帰趨如何によりわが国の経済に影響するところはないので、実務界の学聖、田原先生のご退官記念論文集のテーマとしては、いかにも小さい。しかし、この問題は、国ごとに独自性が強い相続法制の特質から、範とする外国法制が見出せず、学問の対象となることが少ない一方、まれにしか起こらず、裁判実務において問題が生じても公にされることがないために、学問的研究と裁判実務の狭空間《エアーポケット》に位置する問題である。

諸外国に目を転ずると、ヨーロッパの伝統的法制においては、豊かな歴史と遺産を背景に、相続財産に独自の価値を見出し、倒産手続においても積極的規律が設けられているのに対し、連邦国家としての歴史が浅いアメリカ合衆国においては、遺産と相続の規律は伝統の異なる各州法の管轄に委ねられており、連邦倒産法はこの問題に踏み込んでいない(注1)。わが国の遺産・相続法制と国民意識は、ヨーロッパやアメリカのいずれとも類似性がなく、他の国を範とすることは困難である。このように国ごとに個性的な規律をもつ債務者死亡時の倒産手続上の扱いにスポットを当てて、わが国の実情に即した手続法の必要性という視点から、このテーマを取り上げさせていただく次第である。

(注1) 斉藤常三郎『日本和議法論(上)』二〇〇頁、我妻学「債務者の死亡と倒産処理手続」都法四二巻一号五四頁。

一　開始決定前に債務者が死亡した場合の旧破産法上の解釈

破産手続開始決定（旧破産法上は破産宣告）がされた後に債務者が死亡したときは、旧破産法及び新破産法を通じて、当該破産手続は当然に相続財産に対する破産手続として続行され、手続が中断することはない（旧破産法一三〇条、破産法二二七条）。この場合の手続主体が何であるかについて、戦前の古い判例は相続人であるとしていた（大決昭6・12・12民集一〇巻一二号一二二五頁）が、その後、相続財産自体が手続主体であるとの解釈が定着し、近時は異説がない。債務者が死亡した場合に手続が続行されることについては、旧破産法制定前の旧商法（明治二三年法律第三二号）第三編破産の時代には、破産手続は民事訴訟手続であるとするのが定説であり、強制執行開始後に債務者が死亡した場合にも強制執行が続行されるとする旧民訴法五五二条（現民執法四一条一項）に基づき、上記と同様の解釈（中断否定説）が導かれていた（注2）。

これに対し、破産申立てを受けた債務者が破産手続開始決定前に死亡した場合については、明治二三年から大正一一年までの旧商法第三編破産の時代には、破産手続は民事訴訟手続であるとされ、中断説が当然視されていた（注3）が、大正一一年の旧破産法制定後は、破産申立てについての審理手続が中断するのか、中断することなく進行するのかをめぐって大いに説が分かれ、戦前には活発な議論がされてきた。中断否定説は、破産事件が職権で進行される点に着目したものであり、旧破産法制定当初は、中断説に並んで、この中断否定説も有力であったが、中断を否定しても期間の進行は中断するなどとして、現実に生じる不都合を回避する技法がとられていた（注4）。しかし、戦後の学説は、中断説におおむね収斂してきており、近時の旧破産法上の通説的見解は、破産宣告前に債務者が死亡したときは、相続財産に対する破産申立ての手続は中断し、受継されるのを待って続行されると解している（注5）。ただし、中断説をとりながらも、「口頭弁論または審尋（審問）が終了して、破産原因について判断できる状態になっている場合には、裁判所は、債権者をいち早く保護するために、手続中断中といえども破産宣告をすることができる」として、部分的に非中断説の解釈を取り入れる考え方も根強く残存していた（注6）。これに対して平成一六年に制定された新破産法は、二二六条というわが国独自の新しい条文を創設した。以下に詳述する。

（注2） 相続財産破産に関する規定の沿革については、斎藤秀夫ほか編『注解破産法（第三版）㊦』一五七頁〔林屋礼二＝宮川知法〕に詳しい。

（注3） 正確にいうと、旧破産法制定前には、破産要件の審理手続が民事訴訟であると解され、中断は当然視されており、債務者の死亡を論じる者は、破産宣告後の債務者の死亡を念頭に置いて論じており、破産宣告前に債務者が死亡した場合に特化して議論するものはほとんどなかった。

（注4） 加藤正治『破産法研究7巻』一二四頁。

（注5） 前掲（注2）斎藤秀夫ほか一六〇頁〔林屋礼二＝宮川知法〕。

（注6） 前掲（注2）斎藤秀夫ほか一六一頁〔林屋礼二＝宮川知法〕。

二　新破産法制定に伴う破産法二二六条の新設

1　新破産法二二六条の規定の新規性

新破産法は、開始決定前に債務者が死亡した場合について、旧破産法上の上記取扱いを変更する他国に例のないユニークな条文を創設した。破産法二二六条がそれである。この条文によれば、債務者死亡後一月以内に関係者（相続債権者、受遺者、相続人、相続財産の管理人又は遺言執行者。以下「相続債権者等」という）から続行申立てがあれば、裁判所は、相続財産について手続を続行する決定をする一方、相続債権者等から一月以内にこの申立てがなかったときは、破産事件は当然に終了するものとされたのである。この規定の立法趣旨については、立法に参画した担当官・研究者から次のように解説されている。すなわち、この規定は「相続財産についての破産手続開始の申立てをすることができる者が、……破産手続を進めることを求める場合に限り、破産手続開始の申立てに係る手続を続行」するものと定めたものであり（注7）、「破産手続開始手続中は、相続財産破産を開始するか否かを利害関係人の意思に委ねるのが適当であると判断されるところから、申立てにより続行するものとされたものである」（注8）。

このように、破産法二二六条は、わが国の相続法制及び相続財産破産手続の特殊性をふまえて考案された規定である。この規定の創設によって、破産手続開始決定前に債務者が死亡した場合には、民訴法の中断の規定に基づくことなく、手続は当然に中断して一カ月の経過により当然終了し、死亡後一カ月以内に相続債権者等が続行申立てをした場合に限り、続行決定がされて手続を続行するものとされたのである。旧破産法当時も、債務者が死亡した場合には手続は中断されたが、この中断は民訴法の中断の規定に基づく中断であるため、債務者に代理人が選任されているときは、中断の規定は適用されず（民訴法一二四条二項）、裁判所は破産申立ての審理を継続することができた。しかし、破産法二二六条一項によれば、開始決定前に債務者が死亡したときは、相続債権者等の申立てにより当該相続財産についてその破産手続を続行する旨の決定をするまでは、債務者に代理人が選任されていても、裁判所は手続を中断しなければならないのである。この規定の趣旨について、「相続財産破産を開始するか否かを利害関係人の意思に委ねる」ものであると説明されているのは、そのためであり、その意味で、この規定は、破産手続開始決定前に債務者が死亡した場合の中断の規定の準用を否定するものといえる（注9）。この規定によれば、債務者の死亡後に、相続債権者等の続行申立てがないにもかかわらず、債務者に代理人が選任されている等として破産手続開始決定がされたときは、当該決定は違法であり、債務者の死亡後一カ月以内に適法な続行申立てがない限り、破産事件は当然に終了したものとして処理されることとなる。

このように、この規定はわが国の破産手続の特殊性を表すものであるが、この規定に基づく手続の内容を具体的に論じる文献はほとんど見当たらない。わずかに後記三1㈡に掲げる文献に解説があるが、この解説には破産手続の裁判実務に適合しない部分があり、したがって、この規定の運用はもっぱら裁判実務に委ねられている実情にある。わが国が範とする外国法制が見出せない事項に関するわが国独自の新設手続規定の常として、この規定についても、手続の具体的な内容はもっぱら裁判所の運用に委ねられている。以下に破産法二二六条の運用に関し、実務上生じる問題点を指摘することとしたい。

（注7）　小川秀樹『一問一答　新しい破産法』三二一頁。

（注８） 伊藤眞『破産法・民事再生法〔第二版〕』六七頁。
（注９） 伊藤眞ほか『条解破産法』一四二九頁。

三 破産法二二六条をめぐる実務上の諸問題

1 破産法二二六条の続行決定をする時期

(一) 続行決定申立ての時期と手続受継者確定の困難性

破産手続開始決定前に債務者が死亡した場合、債務者の死亡時から一カ月以内に相続債権者等から続行申立てがされないときは、破産法二二六条三項の規定に基づき、破産事件は当然に終了する。この規定による事件促進効果は大きく、仮に債務者に代理人が選任されており、かつ、破産原因について証明が十分であっても、相続債権者等から続行申立てがない限り、裁判所は破産手続開始決定をすることができず、債務者死亡後一カ月の経過により破産事件は当然に終了する。債務者に代理人が選任されていても、当該代理人は、死亡した債務者の代理人であるにすぎず、相続債権者等の代理人ではないから、続行の申立てをすることができない。しかも、破産申立てをするような債務者は相続人と疎遠となっていることが多く、債務者の代理人が相続人から続行申立ての委任状を取得するのが困難な場合も少なくない。かといって、相続債権者から続行申立ての委任を受けることは利益相反行為となるおそれがある。代理人としては、一カ月以内に続行申立てをすることが困難な事情を明らかにして、裁判所に法定期間である一カ月の期間の伸長の職権発動を求めることができる（破産法一三条、民訴法九六条一項）が、期間の伸長がされず、又は委任状が取得できないまま伸長された期間が経過したときは、破産事件は終了する。このように、債務者の死亡から一カ月以内に相続債権者等から続行申立てがない場合には、手続は簡明かつ厳格で、事件は当然に終了し、手続に疑問を差し挟む余地はない。

これに対して、一カ月の期間内に相続債権者等から続行の申立てがあった場合には、裁判実務上問題が生じる。事件の続行を望む相続債権者等は、事件が終了するのを避けるため、債務者の死亡後一カ月以内に裁判所に続行の申立てをしなければならない。しかし、相続放棄又は限定相続のための熟慮期間は、相続開始を知った後三カ月以内とされている（民法九一五条一項）から、一般に、続行申立期間内に相続人の有無及び範囲を確定するのは困難である。そのため、続行申立人は、続行申立ての時点においては、民事訴訟手続において受継申立てをする場合のように手続受継者を明らかにして申立てをすることはできず、単に手続続行を求める意思を表明するにとどまらざるをえない。ここに実務上の問題が潜むこととなる。

(二) 続行決定申立てを受けた後直ちに決定をすべきとする学説とその問題点

破産法二二六条によれば、続行申立ての資格を有する者から続行申立てがあった場合には、裁判所は、続行決定を直ちに行うべきものとされているかのように見える。破産法二二六条の手続の詳細を論じた唯一の文献といえる伊藤眞ほか『条解破産法』は、この点について、相続の開始があったこと及び申立権者による申立てがあったことの二要件が確認されたときは、裁判所は直ちに続行決定をすべきであると解説している（同書一四三〇頁）。条文の文言に素直な解釈である。

しかし、旧破産法において、破産宣告前に債務者が死亡したときは、破産の審理手続は中断すると解されていたことをいま一度思い起こしてみる必要がある。破産手続は職権進行主義を基本とするものでありながら、破産宣告前に債務者が死亡したときは、職権で相続人を探索することが困難であることから、手続を中断させ、相続人が確定できた段階で手続を続行するとの解釈運用がされてきたのである。にもかかわらず、破産法二二六条が創設されたことを理由に、相続人を確定できない段階で続行決定をするものと解した場合、旧破産法上困難であるとされてきたことを新法下では実行することになるが、職権による相続人の確定が困難であることは、旧法下でも新法下でも変わりがないのである。

仮に、相続人を確定しないまま続行決定をするという解釈をとった場合、裁判所はこれを誰にどう告知するのであろうか。また、続行決定をした後になって、相続人の確定が困難であることが判明した場合、裁判所は破産手続をどう進めていくのであろうか。破産法二二六条に基づき、続行決定の申立てを受けて続行決定をしたというだけで、旧破産法上困難であったことが、容易になるものではない。

具体的事例に基づいて検討してみよう。本人申立てにより自己破産の申立てをした債務者が破産申立てについての審理中に死亡したが、このことを知った高利金融業者（相続債権者）が、当該債務者に死亡保険金が下りることを聞き及び、その配当に与るため、死亡後一カ月以内に続行申立てをした。裁判所は、相続債権者から提出された債務者の世帯の住民票、債権証書写し及び報告書により、「債務者死亡の事実」と「相続債権者の債権の存在」の二要件を確認し、上記学説に従って直ちに続行決定をした。ところが、その後、当該続行申立人が一向に相続関係を明らかにする戸籍謄本を提出してこないため、手続受継者が誰であるかを確定することができず、審理を進めることができない。そこで、裁判所書記官が続行申立人に電話をして、受継者を明らかにする書面の提出を催促した。これに対して続行申立人は、「債務者には妻子がなく、両親も死亡しており、兄弟姉妹又はその子や孫が相続人になるが、関係者が全国に散らばっている。相続人の一人はブラジルに移住しているらしい。そのため、調査が面倒で費用も掛かるから、続行申立人側で相続人を確定するつもりはない。続行決定をした裁判所の責任で適宜手続を進めてほしい」と述べて、調査続行の意向を示さない。この場合に、裁判所は職権で相続人を探索、確定すべきであろうか。

相続人の確定が困難な事態は、特に債務者に配偶者及び子がなく、両親も死亡しており、兄弟姉妹が相続人となるような場合にしばしば発生する。この場合において、兄弟姉妹が死亡しているときは、代襲相続によりその子や孫が相続人となるために、相続人が各地に散在し、相続人の確定が困難となる。また、外国には戸籍制度はなく、外国に移住した相続人の調査は容易でない。特にブラジルにおいては、行政上の書類伝達は複雑な経路をたどっており、国際送達条約に則ってブラジルに書類を送達すると、一回の送達に二年近くかかることがある。このような国における相続人の所在確認は殊のほか困難である。相続放棄の有無も問題となる。相続放棄は、債務者死亡時からではなく、相続開始を知った時から三カ月以内であればすることができるのであり、相続放棄の有無を第三者が確認するには困難が伴う。

裁判所は職権調査の権限を有するが、国の一機関である裁判所が多大な労力と国費を用いて相続人を探索し、確定するのは相当とはいえないであろう。高利金融業者の利益のための申立てである本設例のような場合はなおさらである。そうすると、事件は宙に浮いたまま処理不能で残ることになり、そのうちに、死亡者が増えるにつれて比例級数的に相続人が増え、手に負えなくなる。

仮に、続行申立人は続行を求める意思を表示しさえすれば足り、後は裁判所が相続人の探索も含めて職権で手続を進めていくというのであれば、手続の遅延の防止のために創設された続行申立ての手続が遅延防止の役割を果たさないこととなる。相続の開始があったこと及び申立権者による申立てがあったことの二要件が確認されれば直ちに続行決定をするという解釈をとれば、手続の困難を解決するために創設された破産法二二六条が、結果として裁判所に相続人の職権調査義務を課し、手続の困難を増大させるという矛盾した事態を招来するのである。

(三) 裁判実務から見た続行決定の時期

前述のとおり、続行申立てを受けた段階で、相続の開始があったこと及び申立権者による申立てがあったことの二要件が確認されたとして直ちに続行決定をしてみても、相続財産についての手続受継者が誰かが判明しない場合には、続行決定を告知する対象者も破産手続について弁解を聴取する相手方も定まらず、結局破産手続を進めることができない。その場合に、裁判所が職権で相続人を探索するという考え方も採用できない。したがって、裁判所としては、続行申立てを受理した段階においては、その時点で相続人が確定して証明書が提出されている例外的場合を除き、とりあえず申立書を受理するのみとして続行決定の発令を留保し、三カ月の熟慮期間経過後に、続行申立てをした者から証明書類の提出とともに手続受継者の届出を受けたうえで続行決定をするものとせざるをえない。この運用は、民訴法上の解釈運用との連続性を保った運用であるといえる。

民訴法上の受継手続については、当事者から手続の受継がされないときは、裁判所は職権で続行命令（注10）を発することができると規定されている（一二九条）。しかし、この続行命令を発することができる場合については、「職権調査により誤りのない承継人を発見すれば、続行命令を出すことができる」と限定的に解されており、手続受継者を確定することができない間は、続行命令を発令することはできないとする解釈が定着している

（注11）。民事訴訟の裁判実務においても、記録上手続受継者が判明している場合以外は、職権で続行命令を発することはない。職権で民訴法上の続行命令が発せられれば訴訟手続の中断が解消されると解されているが、誰が受継するのかが判明しない段階で中断を解消させることは、無責任かつ有害であり、また、誰を対象として手続を続行するかが不明な段階での続行決定は、決定の告知の対象すら不明で、手続を続行しえない続行決定ということになり、概念矛盾が生じるからである。

民訴法の解釈が上記のとおりであるにもかかわらず、旧破産法の一部の解説書のなかには、「中断後も、適切な時期に、相続人等から受継の申立てがない場合には、裁判所としては、続行命令（民訴一二九条（旧民訴二一九条））によって、手続の迅速な処理をはかる必要がある」という解釈を述べるものがあった（注12）。しかし、破産手続においても、民事訴訟手続と同様に、裁判所が職権で相続人の調査をし、戸籍から認められる相続人の有無・人数、相続人の現住所と当該相続人の相続放棄の有無等を確定することは、一般に困難であり、続行命令を発したからといって、手続が迅速に処理できるものではない。この文献のほかにも、「裁判所としては、相続人・相続財産管理人などに職権をもって手続の関与を命ずべき」であるとするものがある（注13）が、破産手続が職権主義で進行するからといって、相続人の調査・確定が職権で簡単にできるわけではない。そして、相続人が確定できない以上、相続人に命令を発するのは困難であるから、旧破産法下の裁判実務においては、上記一部学説を採用することはなく、民事訴訟手続と同様に、手続受継者が確定しない間は続行命令を発することができないとする取扱いが行われてきた。これと同様に、破産法二二六条の続行決定も、手続受継者が確定しない間は発令を留保すべきであり、続行決定は、相続の開始があったこと及び申立権者による申立てがあったことの二要件のほか、手続受継者が確定された場合に初めて行うべきこととなる。

（注10） ネーミングは続行命令とされているが、仮処分命令等と同じく、法的性質は続行決定である。
（注11） 菊井維大＝村松俊夫『全訂民事訴訟法Ⅰ〔補訂版〕』一三九一頁、秋山幹男ほか『コンメンタール民事訴訟法Ⅱ〔第二版〕』五七四頁、兼子一ほか『条解民事訴訟法〔第二版〕』六七三頁〔竹下守夫＝上原敏夫〕。
（注12） 前掲（注2）斎藤秀夫ほか一六一頁〔林屋礼二＝宮川知法〕。
（注13） 山木戸克己『破産法』二二七頁。

2　続行申立ての具体的方法

(一)　手続受継者を後日届け出る旨の上申

上記のとおり、続行申立ては、破産手続の取消しを避けるためのとりあえずの申立てであり、続行決定は、手続受継者の確定後に行われることになるが、そうすると、続行申立ては、具体的にはどのようなものになるであろうか。

続行申立てをしようとする者は、債務者死亡後一カ月以内に続行申立てをしなければならないが、この時点においては、手続受継者を明らかにして申立てをすることはできないのが通例であるから、「追って、手続受継者を確定でき次第、証明書を添えてその届出をします。」との誓約文言を付して、とりあえず続行申立てをすることとせざるをえない。破産法一二六条の続行申立てがとりあえずの申立ての性質をもつものであることを考えると、このような申立てが同条の趣旨に沿ったものであるということができよう。この場合において、後に手続受継者の届出がないときの事件処理については、後記3(二)を参照されたい。

続行申立ての資格を有する相続債権者等において債務者が死亡したことを知るのが遅れた場合には、その事情を明らかにしたうえ、裁判所に法定期間である一カ月の期間の伸長の職権発動を求めることになる（破産法一三条、民訴法九六条一項）。このような期間伸長の申立てがないまま、債務者の死亡から一カ月が経過したときは、やむをえない事由により債務者の死亡を知らなかった場合であっても、破産事件は当然に終了する。その場合、破産手続の進行を希望する者は、相続人を確定し、申立手数料を納付することにより、相続財産に対して、あらためて破産手続開始申立てをすることができる。

(二) 続行申立てと破産手続費用の第二次予納義務

続行申立てを受けて手続受継者確定後に続行決定をしても、破産申立ての申立人（債務者申立ての場合は相続財産）が破産手続の続行を望まない場合には、破産手続費用を予納する者がいないこととなり、破産申立ては棄却されることとなる（破産法三〇条一項一号）。これを避けるためには、続行申立人が破産申立人にかわって費用の予納をする必要がある。続行申立てをする相続債権者等は、このことを認識しておく必要がある。その意味で、続行申立てをする相続債権者等は、第二次予納義務者の立場に立つことになる。続行申立ては、債務者が死亡し、かつ、申立人が続行申立適格を有するという二点があれば気軽にやれるという気楽なものではなく、その後の費用負担も考えたものでなければならない。個人破産の申立ては同時廃止となることが多く、予納金は低額（官報公告費用のみ）であることが多いが、債務者死亡後の続行は相続財産が対象となるため、管財人を選任する手続となり、相当額の予納金を納付しない限り手続を続行することができないことに、特に注意する必要がある。続行申立ては、相続人の調査もせず予納金の負担の検討もしないいまま、気軽にできるものではないのである。

3　続行申立ての却下に関する問題点

(一)　申立要件がない場合の却下と即時抗告権者

続行申立ては、債務者について相続が開始したとの要件がないとき又は続行申立てをした者が破産法二二六条一項に規定する者（相続債権者等）でないときは、却下される。この決定に対しては、即時抗告をすることができる（同条四項）。

続行申立却下決定についての即時抗告権者の範囲に関し、前記1(二)に掲げる学説は、「相続開始の要件がないことを理由とするときは破産法二二六条一項に規定する者全員が即時抗告権を有し、相続債権者等に当たらないとするときは申立人に限られる」とする（前掲『条解破産法』一四三〇頁）。しかし、この説に従って、申立人以外の相続債権者も即時抗告権者であると解した場合、当該相続財産について相続債権者がどの程度あるかを裁判所が探知するのは不可能であるから、裁判所は、続行申立却下決定を即時抗告権者全員に告知することができないこととなる（注14）。そうすると、続行申立却下決定はいつまでも確定しないこととなり（破産法二二六条三項）、不合理な結論となる。続行申立却下決定に対する即時抗告権者は続行申立てをした者に限られると解しない限り、事件終了により手続の困難を避けるという破産法二二六条の趣旨は生かされないことになる。前記の唯一の学説にもかかわらず、続行申立却下決定の抗告権者は当該申立人に限られるとするのが裁判実務の運用である。

（注14）　続行申立却下決定は法律により送達すべき裁判ではないから、公告により確定させることもできない（破産法一〇条三項）。

(二) 手続受継者の届出がない場合の却下

仮に続行決定がされた後、相当期間を経過しても手続受継者の届出がないときは、裁判所は、破産手続を続行することができない。この場合の問題を論じる文献は存在しないが、手続受継者の届出がないうちに早々に続行決定をしてしまい、その後、手続受継者の届出がないという場合には、裁判所は、相当期間経過後に、期間を定めて手続受継者の届出の催告をし、それでも届出がないときは、続行決定を取り消したうえ、続行申立てを却下することができると解すべきである。手続受継者を確定することができない事情が生じたにもかかわらず、事件を係属させたままにしておくことを認めるのは、破産法二二六条の趣旨に反すると考えられるからである。したがって、手続受継者の届出がないうちに早々に続行決定をしてしまったが、その後、手続受継者の届出がないという場合には、民訴法二一九条の続行命令がいつでも取り消せるのと同様に、裁判所は、続行決定を取り消すことができると解するのが相当である。

以上のとおり、わが国独自の新設条文である破産法二二六条については、独自の新設条文の常として、実務において検討すべき問題点が多いが、わが国独自の手続の創設を目論む以上、克服していかなければならない。

四 債務者の死亡と旧和議手続

旧和議法一二条二項は、債務者が死亡した場合は和議事件は終了するものと規定していた。この規定をめぐって、大正一一年に和議法が制定された直後から、和議債務者が死亡した場合に、相続財産を対象として手続の続行を認めるべきかどうかをめぐって論争が生じた。旧和議法は一二条二項をもって相続財産を和議の手続から除外しており、和議債務者の死亡によって相続財産に和議手続が続行されることがないことは明らかであったが、一方、破産から強制和議に移行した場合には、相続財産に対する強制和議を認めており、立法の当否をめぐって、債務者が死亡した場合の倒産手続をどう解するのかが争われてきた。民事再生法は、相続財産を手続の対象外とする旨の規定を設けていないので、民事再生手続においては、債務者が死亡した場合に、相続財産に対して手続を続行するかどうかがあらためて議論される余地が生じている。

旧和議法は一二条二項において、「相続財産ニ付テハ和議開始ノ申立ヲ為スコトヲ得ス」と定め、相続財産に和議申立適格がないことを明らかにした。ここにいう和議とは破産予防のためにする強制和議である（旧和議法一条）。債務者が死亡すれば、和議手続は、開始決定の前であろうと開始決定後であろうと、和議手続は終了するのである。この規定は、和議の手続を簡易なものとするために設けられたものであったが、同時期に制定された旧破産法と対比すると、この規定は不可思議な規定であった。すなわち、同じく大正一一年に制定された旧破産法の強制和議の章（第九章）においては、破産者はいつでも強制和議の提供をすることができるものとされ（二九〇条）、破産者が相続財産であるときは、相続人が強制和議の提供をすることができると規定されていた（二九二条）（注15）。これら二つの規定は矛盾している。入口が旧破産法であるときは相続財産も強制和議の対象として認めながら、旧和議法を入口とするときはその対象として認めていないのである。

旧和議法当時、学者のなかでの立法論としては、相続財産に和議能力を認めるべきであり、和議能力を認めない規定は不当であるとする有力説があった（注16）。この説は、当時のドイツ和議法、オーストリア和議法、ベルギー和議法、フランス法がいずれも相続財産に和議能力を認めていることを一つの論拠としていた。これに対して、相続財産を和議の対象から除外した立法については、法律がそう規定しているという以外に、その趣旨を積極的に擁護する学説は皆無であった。その状況から見ても、旧和議法の上記規定は、当時のわが国の相続法制と国民意識を考慮した実情重視の思い切った規定であったといえる。

大正年間は、ユニークな手続基本法が数多くつくられた時代である。この時代背景を考えると、大正一一年制定の旧和議法が、同時に制定された旧破産法中の強制和議の規定と平仄が合わないことは、当時の立法担当者にとっては、あまり気にならないことであったに違いない。わが国の相続・遺産法制及び国民意識からすると、旧和議法が明文の規定を設けたとおり、債務者が死亡したときは、和議手続遂行適格が消滅するという法制は、わが国の実情を配慮した規定といえるのであり、わが国の実情に基づく規律を優先した大正一一年の選択は、ドイツ破産法の体系に沿った旧破産法の規定と抵触する点でやや乱暴ではあったが、大正年間の合理性を重視した姿勢の一環として理解することができる。

（注15） 破産から移行した強制和議においては、相続人全員が一致して提供することを要するという制約があった。
（注16） 前掲（注1）斉藤常三郎一九七頁。井上直三郎「議会に提出されたる和議法に就いて」論叢七巻三号七〇頁も同旨。

五　債務者の死亡と再生手続

1　債務者の死亡と再生手続をめぐる学説

再生手続には、通常再生手続と個人再生手続がある。個人再生手続は例外的な手続であるので、項を改めて後述することとし（後記六参照）、ここでは再生手続として、まず通常再生手続を論じることとする。以下、本項においては、再生手続は通常再生手続を意味するものとする。

民事再生法は、旧和議法と異なり、相続財産を再生手続の対象外とする旨の規定を設けていないので、再生手続開始決定前に債務者が死亡した場合について、次の二つの考え方がありうる。すなわち、旧和議法と同趣旨の規定は存在しないが、旧和議法と同じく相続財産は再生手続の対象外であると解する「当然終了説」と、規定がない以上、相続財産に対して再生手続が続行されるとする「続行説」である。

当然終了説は、相続財産に再生能力が認められないから、再生手続は当然に終了すると解する（注17）。この説によれば、民事再生法においては、個人である債務者が開始決定前または開始決定後に死亡した場合であっても、また、債権者申立てに基づいて開始決定がなされた後、債務者による即時抗告中に債務者が死亡した場合であっても、再生手続は直ちに、かつ、当然に終了することになる。

これに対し、続行説は、相続財産に再生能力を認める。この説は、民事再生法が再生債務者の倒産能力に特に制限を加えておらず、私法上の権利義務主体全般に再生能力があるとされていることを根拠としており、相続財産として一体的に再生を図ることが認められるとする（注18）。この説によれば、開始決定後に債務者が死亡したときは、相続財産に対して手続が続行され、開始決定前に債務者が死亡した場合において、代理人が選任されていないときは、受継されるまで手続が中断することになる。また、債権者申立てに基づいて開始決定がなされた後、債務者による即時抗告中に債務者が死亡した場合において、代理人が選任されていないときは、抗告審の手続は中断することになる（注19）。

（注17）　前掲（注8）伊藤眞五七八頁。花村良一『民事再生法要説』二四頁も、相続財産には再生能力がないとする。

旧和議法一一条のような規定を設けなかった趣旨につき、伊藤眞ほか「研究会民事再生法第一回」ジュリ一一八二号四二頁〔深山卓也発言〕。上記解釈の問題点を指摘するものとしては、上記伊藤眞ほか四二頁〔高橋宏志発言〕がある。

(注18) 前掲(注1)我妻学八四頁。

(注19) 抗告手続は中断しても、開始決定の効力は停止されないから、再生手続は進行することとなり、その後再生手続が進行して終了すれば、抗告の係争の対象の消滅により、受継前でも抗告手続は終了する。

2 学説に対する評価

旧和議法は、相続財産に和議申立てを許さない旨の明文の規定を有していた(旧和議法一二条一項)が、民事再生法は再生債務者の倒産能力について制限を加えてはおらず、再生債務者となる資格を有するのは、私法上の権利義務主体全般であるとされていること、旧破産法の強制和議においては相続財産に手続遂行能力が認められており(旧破産法二九二条)、旧和議手続および旧強制和議手続を承継した民事再生手続が当然に相続財産の再生能力を否定するものとは言いがたいことなどからすると、続行説は、一つの筋の通った説であるといえる。

しかし、わが国の相続財産破産の実情に照らすと、相続財産を対象として再生手続を続行するということは、実務的には、想定しにくいことであり、続行説も、「(個人の通常再生手続の場合、)もっぱら個人の信用、収入等に依拠し再生を目指しており、事業主体の交代になじみにくい場合が多いと考えられる」とする(注20)。しかも、相続人は相続放棄または限定承認をすれば足りることから、債務者が死亡した場合に、手続を受継して再生手続を遂行する意欲のある者がおらず、また、債権者が債務者死亡後も時間がかかり不安定な相続財産再生の続行を希望するということは実務的には想定しがたいことから、債務者が死亡した場合に、再生手続をどう続行させるかを議論する実益はほとんどないといってよい。

旧破産法及び旧和議法との対比上、民事再生法に相続財産の再生能力を認めない明文の規定がないにもかかわらず、当然終了説を導き出せるかというという点にやや疑問があるものの、わが国の相続・遺産法制及び国民意識の実情を考えると、民事再生法が相続財産の再生能力を肯定する条文をまったく有しないことを根拠に、解釈論としてもこの説を支持したい。理想論からいえば、この点については、立法的措置がとられるのが望ましいが、わが国の相続・遺産法制ないし債務者の死亡についての国民意識からすると、現行法の解釈としても、このような解釈が許されてよいと考える。

（注20） 前掲（注1）我妻学八四頁。

3 債務者の死亡と再生手続に関する立法課題

再生手続中に債務者が死亡した場合の取扱いに関する疑義をなくするためには、旧和議法のように相続財産には債務者適格がない旨の規定を設けるのが望ましい。旧和議法当時、当該規定が適切かどうかをめぐって議論はあったが、明文の規定があるために、債務者が死亡した場合には、和議手続が当然終了することについては争いがなく、実務上有益であった。

しかし、なんらかの事情によりそのような明文の規定を設けることが困難な場合（債務者に制限がない再生手続について、なぜ相続財産を除外するのか理論的説明が困難等の理由により立法困難となること等が考えられる）には、開始決定前の債務者の死亡について、破産法二二六条と同じく、一カ月の期間内に再生申立ての権限を有する者からの続行申立てがない限り、再生事件は当然に終了するものと規定することも一つの実務的な選択肢といえる。その場合に、申立人が単に続行申立てをするだけで、相続人を確定する申立てをしないときは、申立てが却下される旨の手当て（規定の創設又は解釈の確立）をすることも有用である（前記三3㈡参照）。このような規定が設けられた場合には、一カ月を待って事件が当然終了するというのに近い運用となろう。債務者が再生申立てをした場合には早期に開始決定がされている実情においては、審理中に債務者が死亡することは考えにくく、一方、債権者申立ての場合、個人の債務者が死亡しているにもかかわらず、予納金を負担してまで再生申立てを維持したいと考える債権者はほとんどいないと思われるからである。仮に当然終了とならない事案があっても、相続財産の再生手続は、よほど特殊な事情がない限り、再生計画案の作成が困難であるといえるから、続行決定がされても、その後再生申立棄却決定がされることが多く、また仮に続行後に開始決定がされても、多くの場合再生手続廃止決定で事件が終了するものと思われる。それにしても、例外的に相続財産再生が可能な事例が存在するのであれば、そのための手続進行を頑なに拒む必要はないであろう。

六　債務者の死亡と個人再生手続

個人再生手続は、債務者が定期収入のある個人であることを前提としており、債務者が死亡した場合の相続財産は、個人再生手続の債務者適格がないから（注21）、個人再生手続において債務者が死亡したときは、再生手続開始決定の前であっても後であっても、再生手続は当然終了する。個人再生手続は、定期収入を得ている個人の再生手続であるから、個人が死亡した以上、これを存続させることはできないものであり、立法論としても、通常再生手続のように破産法二二六条に倣った規定を設けることを検討する余地はない。また、個人再生手続を債権者が申し立てることもないので、申立債権者が死亡した場合についての立法を検討する余地もない。

（注21） 前掲（注8）伊藤眞五七八頁、前掲（注17）花村良一二四頁、前掲（注1）我妻学八三頁。

七　開始決定前の申立債権者の死亡と倒産手続

実務の現場を見ると、破産・再生手続開始決定前に債務者が死亡した場合のみならず、破産・再生・更生手続開始決定前に破産・再生・更生事件の申立債権者が死亡した場合にも、手続受継者の確定の困難による手続上の問題が生じる。債権者についても、相続人が海外に居住するなどして受継の手続をとることが困難な場合が少なく、民事訴訟手続に準じた受継がない限り事件が係属するとすれば、債務者を長く破産・再生・更生手続開始申立事件の被申立人の立場に置くことになり、当該債務者の信用の面から見て問題なしとしない。債権者申立てに係る破産・再生・更生事件についても、民訴法の中断・受継の規定の準用に委ねるのではなく、破産法二二六条二項及び三項に倣い、開始決定前に個人である申立債権者が死亡し、相続人による受継手続がされないまま一カ月が経過したときは、当該債権者に係る破産・再生・更生手続開始申立事件は当然に終了するものとする立法も、わが国の破産・再生・更生事件の実情にかんがみれば、ありうることである。このような立法がされて債権者申立ての破産・再生・更生事件が終了したとしても、当該債権者の相続人は、あらためて破産・再生・更生申立てをすることができ、また、仮に共同申立人である他の債権者の申立てにより破産・再生・更生手続開始決定がされたときは、相続人は債権の届出により手続参加をすることができるのであり、当該債権者の相続人に特段不利益が生じるわけではない。

八　手続法制定におけるわが国固有の手続創設の必要性

すでに見てきたように、破産法二二六条はわが国独自の規定であり、わが国の破産手続及び相続制度の特殊性を反映したものであるといえる。わが国においては、債務者が破産手続開始決定前に死亡した場合に、相続財産を対象として破産手続を続行すべきものとする意識は希薄である。これは江戸時代、明治時代に端を発するわが国の相続法制の特殊性を反映したものといえる。長い歴史のなかで培われたわが国の相続法制と国民意識は、破産申立て後に債務者が死亡した場合には破産手続は相続財産に対して続行される旨を規定してみても、特段変化するわけではない。しかも、個人の破産申立ては、ほとんどの場合、自己破産の申立てであり、破産債権について免責を得ることを目的とするものであり、第三者がそれによって利益を受けることは少ない。個人の自己破産事件の手続中に債務者が死亡した場合には、免責決定を得る道はなくなり（破産法二四八条一項）、また、相続人としては、相続放棄又は限定相続をすれば、破産財団以上に債務を承継することはなくなるから、破産手続を続行しようとする意欲がある者が生じる可能性はきわめて低いからである。わが国の死者に対する国民感情においても、債務者が死亡した場合には、死者に鞭打つこととなる破産申立てについては、債権者に躊躇ないし宥恕の感情が生まれることが多い。こういう法的環境にある場合、開始決定前に債務者又は申立債権者が死亡すれば、倒産手続を手仕舞いするという手続には合理性がある。その場合に、一カ月という猶予期間を置いたうえで事件を終了させることによって、倒産手続における最終手段である破産手続について日本的で温和な雰囲気が醸成される。一カ月の猶予期間にはそういう意味がある。

わが国の手続法は成熟するにつれて徐々に欧米法から脱し、わが国独自のものが増加しつつある（注22）。手続法を立案する場合に、他国の先例に倣う風潮が明治二三年前後に旺盛となり、大正年間から昭和初期にかけて、その風潮がいったん一掃されたかに見える時期があったが、戦後、連合軍の占領下において、再度その傾向が戻ってきた（注23）。平成年間に入って、民保法、平成民訴法と、わが国独自の民事手続法を制定する経験を経て、わが国独自の手続を創設することが自然になった。今後も、わが国の風土と国民性に合致した手続法が立案されることが望まれる。

（注22） 個人の自己破産申立てがあった場合に、管財人を選任せず、同時廃止により直ちに免責に移行するという手続は、わが国固有のものであり、欧米諸国に例のない手続である（園尾隆司『民事訴訟・執行・破産の近現代史』二五三頁）。

（注23） 園尾隆司「倒産法改正における五つの命題」東京弁護士会倒産法部会『倒産法改正展望』六九頁。

破産免責をめぐる諸問題

小川秀樹

一　はじめに

免責手続は、破産手続開始決定を受けた個人の債務者が、破産手続によって弁済されなかった破産債権について責任を免れるための手続であり、アメリカ法の影響の下、昭和二七年に株式会社について更生手続を定めた旧会社更生法が制定されたことに伴って、破産法の改正において、個人についても経済的再生手段を整備する目的から導入されたものである（注1）。昭和五〇年代半ばまでは、申立件数もきわめて少なく、ほとんど利用されない手続であったが、周知のとおり、消費者信用の急激な発達とともに、その後は利用件数も激増するに至った（注2）。事件増に伴い、免責の制度については問題点も指摘されるようになり、実務上もさまざまな対応がとられてきたが、特段の改正がされない状況が続いた（注3）。

平成一六年の破産法の改正は、大正一五年の旧破産法制定以来の制度の抜本的な見直しであり、現行破産法の制定にあたっては、各種債権の優先順位の見直しや否認権及び相殺権の改正等倒産実体法の改正等の多くの改正点があったが、免責制度も主要な改正分野の一つであった。現行破産法においては、旧破産法における免責制度が基本的に承継されているものの、重要な点について、大幅な見直しがされている。

破産法における免責関係の主要な改正点としては、①債務者が破産手続開始の申立てをした場合には、原則として免責許可の申立てがあったものとみなす（破産法二四八条）等破産手続と免責手続の一体化を図ったことのほか、②免責手続中の強制執行等の禁止・中止の制度の導入（破産法二四九条）、③非免責債権の範囲の拡大（破産法二五三条）等があげられる（注4）。

本稿では、破産免責に関する改正点を中心にして、いくつかの論点につき検討することとしたい。

（注1）　免責制度の導入に関する昭和二七年改正の経緯等については、位野木益雄＝中田秀慧「破産法及び和議法の一部を改正する法律の解説」曹時四巻九号五三三頁。なお、現行破産法において、免責の対象となる債務者が条文上も「個人」と明記されたことにつき、小川秀樹編著『一問一答新しい破産法』三三三頁、竹下守夫ほか編『大コンメンタール破産法』一〇六〇頁〔花村良一〕参照。

（注2）免責制度導入後の事件の動向について、園尾隆司「破産法の役割の変化と破産法の運用における裁判所の審理の在り方」園尾隆司ほか編『新裁判実務大系28　新版破産法』三頁。

（注3）一部免責等の実務上の工夫がされたことにつき、田中康久「東京地裁破産部における免責事件処理について──裁量的免責に関する問題を中心として」自正四四巻一二号三七頁参照。なお、一部免責等の考え方については、破産法改正における検討事項（倒産法制に関する改正検討事項第2部、第2、2(5)イ）とされたが、導入されることはなかった。

（注4）前掲『一問一答新しい破産法』三三五頁。

二　破産免責の意義

1　免責手続の法的性格

免責手続は、前述のとおり、破産手続によって弁済されなかった破産債権のうち非免責債権として法律上定められたもの以外について破産者の責任を免除する手続である。破産者について破産債権の責任を免除する以上、破産手続開始を当然の前提とするものではあるが、破産手続とは異なる裁判手続であり、性質としては、債務免除のための非訟事件である（注5）。

このように、破産手続を前提としており、破産手続と別個独立に存在するものではないが、手続の効果としては、後述するようにその内容に争いはあるものの、債務を免除するという実体的な権利の変更を内容とする。大正一五年に制定された旧破産法上は、強制和議による場合を除き、破産手続が終了した後に残存する債務について免除を受けられる制度はなかったが、前述のとおり、旧会社更生法が制定されたことに伴って、昭和二七年の改正で破産法に免責の章を追加するかたちで改正されたもので、そのため、いわば「木に竹を接いだ」部分があることは否定できないものであった。このことが、特に、三で後述するように、免責手続中に強制執行が可能であるとする、本来の免責制度の趣旨からすると適切とは言いがたい結論を招き、その結果として、破産手続と免責手続の一体化という今次改正の重要テーマにつながることになった。

2　免責制度の理念

免責制度に関しては、その理念をめぐって、周知のとおり、①免責を誠実な債務者に認められた特典とする考え方（特典説）と、②免責を破産者の経済的再生の手段とする考え方（更生手段説）との対立がある。この二つの考え方の違いは、免責不許可事由等の解釈運用にも影響を及ぼすとされているが（注6）、これらについては、いずれか一方の考え方でなければならないという対立関係にあるものではなく、誠実な債務者と評価することができるのでなければ免責が許可されないのは当然のことである。端的にいえば、両者をめぐる議論の中心は、誠実さというモラルの問題と債務者の更生の必要性の問題との間で、両者の比重をどのように考えるかという点にあると考えられる（注7）。

特に、実務上は、破産手続が同時破産手続廃止（破産法二一六条）というかたちで終了し、免責手続が行われる場合には両者の関係の問題点が顕著に現れる。同時破産手続廃止は、比較法的にも例をみないわが国独自の制度で、破産財団をもって破産手続の費用を支弁するのに不足するため、破産管財人が選任されずに、破産手続開始と同時に破産手続が廃止されることになる。このため、破産管財人による破産者の財産や免責不許可事由の有無に関する調査も行われないことになり、このような状況の下で免責についての審理を行うことは、財産の隠匿等のモラル面での問題が生ずるおそれがあるとの指摘がされていた。全国の裁判所において、個人破産事件の大部分を占める大量の同時破産手続廃止事件が処理されていたこともあって、このような問題点をどう評価するかということが、特典説と更生手段説との対立が強調される原因となったものと思われる。

しかし、平成一一年から実務において開始された少額管財手続は、手続の簡素効率化を通じて破産手続に要する費用を抑えることにより同時破産手続廃止になる場合を少なくして、破産管財人の選任を拡大し、その管財事務により債権者の満足を図るというものであった。その主な目的は、専門家である破産管財人による情報の開示と適正手続による破産手続の実現であるとされ、それまでの同時破産手続廃止と免責に伴う問題点を解消するものとして、各地の裁判所で同様の方法が事件処理に取り入れられた。これにより、破産事件の審理はその運用を大きく変えることになったが、これは、従来指摘されていたモラル面での問題に対応しつつ債務者の更生を図るという考え方が実務上の工夫として実現したものであるといえる（注8）。

今回の破産法の改正は、このような少額管財事件の処理に代表される実務の状況を前提にしており、少額管財事件を一つのモデルとして、少額管財事件で取り入れられた考え方を新たな破産法上も制度として相当程度導入している（注9）。また、理念としても、今回の改正は、必ずしも特典説や更生手段説といった考え方のいずれかの立場に立ったというものではなく、免責制度を債務者の経済的再生の手段として位置づけたうえで、そのためには債務者の誠実性を要求するという意味において、その両面を備えているものといえる（注10）。すなわち、免責が破産者の経済的再生の手段であることを直視し、裁量免責の考え方を規定上明確にする（破産法二五二条二項）一方で、免責不許可事由は基本的に維持し（同条一項）、後述する非免責債権の範囲の拡大（破産法二五三条一項三号及び四号）にみられるように、一定の債権者の保護にも配慮し、誠実な債務者について免責を許可することとしている。

なお、現行破産法においては、総則規定の冒頭に破産法の目的が規定され（破産法一条）、復権手続と併せて免責手続についても、これにより債務者についての経済生活の再生の機会を確保することが新たに破産法の目的として明示された。現行破産法の制定にあたっては、最近の法制執務に従い目的規定を設けることが必要とされたが（注11）、この際には、免責手続が破産手続と別個のものとはいえ、倒産処理手続において全体として大きな役割を果たしていることを考慮し、これまでの判例学説等をもとに、破産手続のみならず免責手続（及び復権手続）の目的と認識されていることを規定することが必要であった。そこで、その目的を規定するにあたっては、免責制度の趣旨に関して「破産終結後において破産債権を以って無限に責任の追求を認めるときは、破産者の経済的再起は甚だしく困難となり、引いては生活の破綻を招くおそれさえないとはいえないので、誠実な破産者を更生させるために、その障害となる債権者の追求を遮断する必要が存するからである」とする判例（最決昭36・12・13民集一五巻一一号二八〇三頁）等が参考にされている。

個人の破産事件数が飛躍的に増え、そのほとんどについて免責許可の申立てがされているという現状の下で、免責手続を含む広い意味での破産制度が個人の債務者の再生に資するものになっており、特に免責手続は、その目的が債務者の再生のためにあることは疑いのないところである。破産法の目的を定める規定を設けるにあたっても、債務者の経済生活の再生の確保を制度の達成すべき目的としたことは当然のことといえよう。

（注5）　前掲「破産法及び和議法の一部を改正する法律の解説」五三七頁、最決平3・2・21金法一二八五号二一頁参照。

（注6） 伊藤眞『破産法・民事再生法〔第二版〕』五三四頁。
（注7） 伊藤眞ほか編『新破産法の基本構造と実務』五一三頁〔松下淳一発言〕。その他、両説に関する議論等につき長谷部由起子「免責の理念と根拠」高木新二郎＝伊藤眞編『講座倒産の法システム二巻』一三三頁。同論文においても、「両説の対立は、根本的なものとまではいえない」と指摘されている。
（注8） 同時破産手続廃止事件の問題点とそれへの対応として実務において採用された少額管財事件の状況について、園尾隆司「少額管財手続の創設・発展および現状と立法課題」園尾ほか編著『少額管財手続の理論と実務』二〇頁、鈴木義和「少額管財手続」前掲『講座倒産の法システム二巻』一六九頁。國井恒志「少額管財事件と免責調査の実例――免責手続の新たな視点」前掲『少額管財手続の理論と実務』一九一頁は、特典説と更生手段説という免責に関する二つの考え方について、「情報の開示と適正手続を目的とする少額管財手続では、この二つの理念は決して相反するものではなく、統合的に理解されるべきものである」とする。なお、東京地裁における平成二三年の全新受件数に占める管財事件の割合は、約五七％に達している（北村治樹「東京地方裁判所における破産事件の運用状況」金法一九四一号四七頁）。
（注9） 前掲『新破産法の基本構造と実務』五一一頁〔小川秀樹発言〕、小川秀樹「新破産法の特徴」山本克己ほか編『新破産法の理論と実務』九頁。
（注10） 前掲『新破産法の基本構造と実務』五一三頁〔松下発言〕。
（注11） 前掲『新破産法の基本構造と実務』一七頁〔小川発言〕。

三　個別執行禁止効

1　趣　旨

旧破産法の下では、破産手続が終了すると、債権者の個別執行禁止の効果が失われるため、破産手続中に免責申立てがされた場合でも、破産手続終了後免責決定が確定するまでの間に破産者の財産に対する強制執行がされるおそれがあり、また、同時破産手続廃止後に免責申立てがされた場合には、そもそも破産手続中の個別執行禁止の効果が働かなかった。さらに、判例上、強制執行の後に免責の裁判がされても、強制執行の結果として得られた満足が不当利得として返還請求の対象とならないとされたため（最判平2・3・20民集四四巻二号四一六頁）、これらの点が、債務者の自由財産、とりわけ新得財産に対する債権者の追及を遮断し、債務者の経済生活の再生を図るという免責手続の目的の実現を阻止することになると批判されていた。このように、免責手続において強制執行を可能とすることは、特に、清算手続である破産手続と同手続で確定された残債務についての免除の手続である免責手続とを倒産事件処理の過程として一体のものとしてみるときは、制度設計上大きな問題があるといわざるをえなかった（注12）。

すなわち、破産手続は、集団的な清算手続であり、包括的な執行手続としての性格を有する以上、破産債権について個別の執行を禁止するのは、その性質上当然である（さらに、破産法四二条においては、財団債権についても執行を禁止することとされている。）。他方、免責手続は、債務を免除するためのものであるが、破産手続に付随して後続するものであり、この間、破産者の財産に対する個別執行を可能とすると、債務者の経済的生活の再生の機会の確保という手続の本来の目的が達成できないことになる。

そこで、現行破産法では、債務者の経済生活の再生の機会を確保する趣旨で、免責許可の申立てがされた場合には、同時破産手続廃止決定、異時破産手続廃止決定又は破産手続終結決定があったときであっても、破産債権については強制執行等を禁止することとした（破産法二四九条一項）。債務者が破産手続開始の申立てをしたことにより、当該申立てと同時に免責許可の申立てがあったとみなされる場合（破産法二四八条四項本文。現行破産法において導入された制度である。）であるか、債務者が別個に免責許可の申立てをした場合であるかを問わず、破産手続が開始されたときは、その終了後（同時破産手続廃止の決定がされて当初から個別的な権利行使を禁止する効力が生じない場合を含む。）であっても、免責許可の申立てについての裁判が確定するまでの間は、①破産債権に基づく強制執行、②破産債権を被担保債権とする一般の先取特権の実行又は民事留置権による競売、③破産債権に基づく国税滞納処分を行うことを禁止するとともに、すでにされている強制執行等の手続は中止するものとしている。免責手続中の個別執行禁止効を認めたものであり、免責に関する今回の改正のうち最も重要な事項ということができる。

なお、強制執行等の禁止の対象となる破産者の財産としては、破産管財人によって破産財団から放棄された財産や換価されずに破産者に引き渡された財産等破産手続の終了までに破産財団を構成していた財産のほか、破産手続における自由財産、破産手続開始後の新得財産を含む（注13）。

この効果の法的性質については、理論上は、大別して二つの考え方がありうる。一つは、①破産手続開始の効果である個別執行の禁止について、付随する免責手続が継続する限りはなお維持しようとする考え方である。もう一つは、②破産手続終了後に生ずる免責手続固有の効果とする考え方である。

前者の考え方は、破産手続と免責手続を一体的にとらえる考え方の趣旨にも沿うものであるが、法律上は、債権者による破産手続開始の申立ての制度も存在する以上、債権者から手続開始の申立てを受けた債務者の利益を考慮すれば、破産手続が終了した後も、一定期間は破産者による免責許可の申立てはできるとすることが必要であり（破産法二四八条一項）、したがって、破産手続と免責手続とが常に連続することを前提とする前者の考え方を採用することはできない。したがって、制度上は、個別執行禁止効は、免責手続固有の効果と考えるほかない。もっとも、破産手続が継続する場合には、その効果が優先し、破産手続が終了した場合にはじめて免責手続固有の効果が顕在化することにより、破産手続の個別執行禁止効と連続するという理解は可能である。

破産法においては、破産手続開始の前倒しの意味をもつ保全処分として包括的禁止命令の制度を設けた（破産法二五条）が、免責手続の個別執行禁止効は、実質的には広い意味での破産手続の事後的な効果として位置づけることは可能であろう。もっとも、どの種類の手続を禁止するかは、免責手続固有の効果の問題であり、破産手続が終了した段階に達している以上、破産手続とは異なる考慮をする必要がある。

2　禁止の対象となる手続

免責手続における個別執行禁止効は、免責手続中の経済的生活の再生の機会の確保という前述の趣旨に基づくものであり、せっかく免責がされても、この間、強制執行が行われて、その趣旨が損なわれるということのないようにすることに意味がある。したがって、第一に、破産手続との一体性や連続性という観点からみると、最大の問題となるのは、破産手続の下ではできなかったにもかかわらず、免責手続中債権回収が可能になるという事態であり、これを避けるために「破産手続中禁止されていた権利行使は免責手続中もできないようにする」ことが重要なテーマとなる。しかし、他方で、個別執行禁止効は、あくまで免責による破産者の経済的生活の再生のためにあるのであるから、第二に、「免責手続と直接関係がない権利については、その行使を禁止する必要性はない」といえる。

第一に指摘した点に関しては、まず、破産債権に基づく国税滞納処分が問題となる。本来国税滞納処分が禁止されるのは破産手続開始後であり（破産法四三条）、破産手続が終了すれば、破産債権についても破産手続開始後禁止されていた新たな国税滞納処分は可能となるはずである。しかし、租税債権以外の他の破産債権については、たとえ優先的破産債権であっても、免責手続中は強制執行が禁止されることとの均衡という観点から、破産債権に基づく国税滞納処分も禁止の対象とされた。もっとも、破産手続中に別除権が実行された場合等については交付要求（国税徴収法八二条）をすることが可能であることからすると、免責手続中であっても交付要求をすることができないとするのは均衡を失すると考えられる。そこで、破産債権による交付要求は、免責手続中も可能とされている（注14）。

他方、破産債権を被担保債権とする民事留置権による競売手続については、破産手続開始決定があった場合には、当該留置権は、破産財団に対しては効力を失うとされている（破産法六六条三項）ので、破産手続においては、留置権に基づく競売手続はすることができない。しかし、破産手続が終了した後は、このような制約がなくなることから、目的物が留置権者の占有下にある場合には、競売手続も可能となる。そこで、破産法二四九条では、破産債権を被担保債権とする民事留置権による競売手続（民事執行法一九五条の形式競売）を特に取り上げて、免責手続における個別執行禁止の対象としている。

これに対し、商事留置権は、破産手続開始によって破産財団に対しては特別の先取特権とみなされ（破産法六六条一項）、別除権として破産手続によらないでその行使をすることができるとされている。ただし、商事留置権が特別の先取特権とみなされるのは、破産財団との関係であり、商事留置権の目的物が換価されないまま破産手続が終了した場合には、商事留置権の権能を回復することになるので、商事留置権に基づく競売手続は可能となる。そこで、免責手続中であるからといって、すでに開始されていた競売手続まで中止の対象とするのは適当ではないとしても、いまだ競売手続に着手していない場合についても、免責手続中に商事留置権に基づく競売手続を許容するかどうかは問題となりうる。

しかし、民事留置権による競売手続は、第一に指摘したとおり、破産手続中にできなかった手続について免責手続中も引き続き禁止するという性質のものであるが、商事留置権による競売手続の場合は、破産手続中は別除権として行使できたものについて、当該手続が終了した場合に、免責手続においてあえて禁止の対象とするかという問題である。破産法においては、この点については、破産手続中は破産手続によらないで行使することができたものにつき免責手続で独自に禁止するまでの必要性は見出しがたいとして、商事留置権に基づく競売手続を禁止の対象としていない（注15）。

次に、第二に指摘した点との関係で見ると、破産法の改正において、破産手続では、財団債権についても破産債権と同様に強制執行が禁止された（破産法四二条）が、免責手続においては、財団債権は強制執行の禁止の対象とされていない（破産法二四九条一項）。これは、免責の効果は、破産手続終了後に生ずるものであるところ、免責は破産債権をその対象とし、財団債権は免責の対象とはならないことによる。すなわち、破産手続が終了した後も、一般に破産者は財団債権について責任を免れることはないとされることからすると（注16）、前述の免責手続における個別執行禁止効の趣旨から見て、免責手続において財団債権による強制執行を禁止する必要性もない。また、破産手続において財団債権の執行が禁止されているのは、破産手続においては、財団債権の全額を支払えない事態はまれなことではないことに照らし、財団債権者相互間の平等を図るとともに、破産手続を円滑に進行させる必要があるとの観点に基づくものであるが（注17）、免責手続の効果は、前述のとおり破産手続終了時において問題となるのであり、破産手続において破産管財人による平等弁済が必要とされるという状況とは異なるものである。したがって、免責手続においては、財団債権者が権利を行使する機会を制限する必要はないのである。

すなわち、財団債権の執行については、破産手続においてできなかったことが、免責手続においてできるようになるという結果になるが、免責の効果と直接関係のないことである以上、免責手続においてまで禁止する必要性はないということになる。

他方、破産債権であっても、後述する非免責債権については、免責の対象とならない以上、免責手続と直接関係がないことになり、前述した第二の指摘に照らすと、非免責債権に基づく強制執行等は禁止する必要はないことになるが、禁止の対象から除外されていない。これは、免責の対象となる債権と非免責債権との区別は、実体法上の判断を伴うなど一義的に明確であるとはいえず、執行裁判所において、強制執行等について異なる取扱いをすることが困難であるという、もっぱら手続的な理由によるものである（注18）。

（注12） 伊藤眞『破産法（全訂第三版）』四七三頁、山内八郎「破産免責に関する判例法理㈦」判タ八〇四号一三頁。
（注13） 伊藤眞ほか『条解破産法』一五六一頁。
（注14） 前掲『一問一答新しい破産法』三三八頁。

（注15） この点について法体系上の疑問を呈するものとして、前掲『条解破産法』一五六三頁。

（注16） 破産手続開始により解散する法人の破産の場合と異なり、個人の場合は、破産手続終了後に弁済されていない財団債権について最終的に責任を負うかどうかという点が議論されている。これらの学説の状況につき、片野三郎「財団債権の最終義務者」石川明ほか編『破産・和議の実務と理論』二九九頁、松下淳一「財団債権の弁済」民訴五三号五八頁、山本克己ほか編著『破産法・民事再生法概論』一四七頁〔長谷部由起子〕。

（注17） 前掲『一問一答新しい破産法』七二頁。

（注18） 前掲『一問一答新しい破産法』三三六頁。

四　免責と相殺

免責手続における個別執行の禁止に関連して、強制執行と同様に、債権の行使の一方法である相殺が、免責との関係で可能かという点も問題となる。この点については、①免責手続中の相殺と、②免責許可決定確定後の相殺という二つの場面での問題として考えられる（なお、財団債権をもってする相殺は、前述の三2の第二の指摘のとおり、財団債権による強制執行と同様に免責手続中は禁止の対象とならないと考えられる。）。

1　免責手続中の相殺

まず、免責手続中に破産債権者が相殺をすることが可能かという問題がある。破産財団に属する財産がすべて換価処分された場合には、受働債権とすべき財産が破産者の手元に残らないが、同時破産手続廃止や異時破産手続廃止（破産法二一七条）の場合には、手続終了後も相殺可能な財産を想定することが可能であり、実際上も問題となりうる（注19）。なお、免責許可についての審理がされている場合であっても、破産手続中においては、相殺に関して破産手続一般の規定が適用されることは強制執行の場合と同様当然であり、ここで問題となるのは、破産手続終了後、免責手続が継続している場合である。

破産債権の権利行使の一形態である相殺について強制執行と異なる点は、破産手続中も破産債権を自働債権とする相殺が一定の範囲で認められている（破産法六七条等）ことであり、この点をどのように考えるかが問題となる。まず、破産債権を自働債権として破産財団に属しない債権を受働債権とする相殺のように、破産手続中一般に禁止されると解されている相殺（注20）については、破産手続中は認められなかった権利行使が破産手続が終了した後に可能となって、免責手続において権利の実現を図ることができるようになるとすれば、前述のとおり不当というほかない。したがって、一般的には、これらの相殺については、免責手続中における破産債権に基づく強制執行と同様に、認められるべきではないと考えられる。

他方、破産手続において可能であった相殺については、免責手続であるからといって、できなくなるのは相当とはいえないのではないかが問題となる。むろん、相殺権の行使は、破産手続において例外的に認められたものであるから、免責手続における行使についても限定的に考えるべきであり、たとえば、手続開始と同時に破産手続が終了して、債権者としても相殺の機会のなかった同時破産手続廃止の場合に限って認めるといった方向もありえよう。しかし、やはり、相殺が一種の担保的利益の実現であることをも考慮すれば、破産手続において保障された相殺権が免責手続において奪われる結果となるのは相当ではないと考えられる。したがって、破産手続開始前に相殺適状にあれば、破産手続において認められない相殺（前述のとおり、①破産財団に属しない債権を受働債権とするもののほか、②破産法七一条及び七二条の相殺制限に該当するもの）以外については（注21）、相殺を可能とすることが相当であろう。

なお、このような免責手続中の相殺の可否については、個別執行禁止効との関係で、法制審議会における破産法改正の審議のなかでも議論がされた。結果としては、前述のとおり、破産手続開始前に相殺適状にあれば、破産手続において認められない相殺以外については、相殺を可能とする考え方が適当であるとされたが、いずれにせよ解釈の問題であるとされて明文の規定は設けられなかったという経緯がある（注22）。

2　免責許可決定後の相殺

次に、免責許可決定の確定後に破産債権者が破産債権を自働債権として破産者に対する債務（受働債権）とする相殺については、免責の効果との関係での議論がされている（注23）。

免責許可の決定が確定した場合には、破産者は、その破産手続による配当を除き、破産債権についての責任を免れる（破産法二五三条一項本文）。この効果をどのように解するかについては、周知のとおり、①免責された債務は消滅するとする考え方（債務消滅説）と、②消滅するのではなく、自然債務となるとする考え方（自然債務説）の対立があり、後者の自然債務説が通説とされている（注24）。判例においても、免責の対象となった債権の債権者が詐害行為取消権を行使できるかという問題につき、その債権は「訴えをもって履行を請求しその強制的実現を図ることはできなくなったものであり」として詐害行為取消権の行使を否定し（最判平9・2・25判時一六〇七号五一頁）、また、免責の効力を受ける債権についての消滅時効の進行が問題とされた事案についても、その債権は「債権者において訴えをもって履行を請求しその強制的実現を図ることができなくなる」（最判平11・11・9民集五三巻八号一四〇三頁）としており、実務上も自然債務説を前提とするものと解されている。もっとも、免責された債務が自然債務として残るとすると、任意の弁済は有効となることから、免責後も破産債権者が破産者に対して事実上弁済を求めることが可能となり、破産者の経済的な再生を図ることが困難になる等の理由から、債務消滅説も有力に主張されているのが現状である（注25）。

免責の効果に関する債務消滅説では、免責許可決定確定後の相殺については、自働債権となる債権が存在しないとする以上、相殺を可能とする旨の説明は理論上困難であろう（注26）。これに対し、自然債務説においては、二つの考え方がありうる。

まず、破産債権が自然債務に変更されたとすると、①一般に、自然債務は相殺における自働債権とすることはできないと解されていること（注27）、②自然債務となった破産債権を自働債権とする相殺を認めることは、その弁済を強制するのと同様の結果になること等の理由から、相殺を否定する見解が考えられる。

しかし、これに対し、相殺への合理的な期待や相殺の担保的機能を強調する立場からは、破産手続及び免責手続中を通じて相殺可能であった債権については、免責許可決定確定後もこれを認める見解（したがって、この見解では、破産手続開始後、免責許可決定前に相殺適状になった場合については相殺が否定される。）が有力に主張されている（注28・29）。裁判例においても、破産者による共済契約の解約金返戻請求（受働債権）に対し、農業協同組合が破産者に対して有する貸金債権を自働債権としてする相殺の可否が問題とされた事案において、①時効消滅に関する民法五〇八条の適用場面（時効によって消滅した債権がその消滅以前に相殺適状にあった場合には、相殺を可能とする。）と同様の状況にあること、②免責許可決定が確定しても担保には影響を及ぼさないとされる（破産法二五三条二項）趣旨、③破産財団に属する財産（解約金返戻請求権）であれば、免責を受けた者がその満足を得るべき地位にはなく、相殺を認めても免責の趣旨に反するものではないことから、相殺への合理的期待を保護することが必要であるとして、相殺を肯定するものがある（名古屋地判平17・5・27判時一九〇〇号一三五頁）。最高裁判例も、旧和議法（相殺権については、旧破産法の相殺権の規定が和議に準用されていた。）に関するものではあるが、和議債権者が相殺の意思表示をしない間に和議認可決定が確定し、和議債権の一部免除等の実体法上の効果が生じた場合、和議債権者は和議条件による変更前の和議債権を自働債権として相殺権を行使できるかが問題とされた事案において、和議認可決定の確定による和議債権の変更後に和議債権者が変更前の和議債権を自働債権として確定前に相殺適状にあった受働債権と相殺することを認めている（最判平11・3・9民集五三巻三号四二〇頁）（注30）。

また、相殺の必要性を前提としつつ、破産債権者としても、すでに債権債務関係は決済されたと見ているのであり、このような当事者の信頼を保護する観点から、破産法の相殺制限等に抵触しない場合であることを前提として相殺を認めるべきであって、立法論として、民法五〇八条と同様の規定を設けるべきであるとする考え方も主張されている（注31）。

たしかに、破産手続においては、再建型手続と異なり、再生（更生）計画の作成等のために再生（更生）債権や再生債務者（更生会社）の債権の額を一定時期までに確定しておく必要性が乏しいことから、相殺について時期的な制限はない。しかしながら、相殺権の行使が破産手続（なお、前掲の共済契約の解約返戻金請求権に関する裁判例は、同時破産手続廃止事件であり、破産手続において相殺権を行使することはできなかったようである。）及び免責手続において可能であった場合と消滅時効（民法五〇八条）の場合とを同列に論じ、免責許可決定確定後も相殺への合理的期待を保護すべきであるとすることは、必ずしも適当とはいえないように思われる（注32）。また、前述の和議に関する最高裁判例も、和議手続では和議債務者の財産の清算が行われないため破産手続と比べて手続中（和議認可決定確定までの間）に相殺権の行使の機会が十分に保障されているとはいえないことからすると、和議認可決定の確定をもって一律に相殺権の行使を制限するのは和議債権者に酷であり、なお相殺の担保的機能及び当事者間の公平の観点から和議条件に拘束されない相殺権の行使を認めるべき必要性が高いことが根拠の一つとされており（注33）、破産手続の場合とは異なる面があると見ることもできる。

以上のとおり、相殺については、担保的な機能に対する一定の期待が存在することは否定できないところではあるが、破産債権の責任を免除され、債務者が新たに経済的再生のスタートを切る段階であること等を考慮すると、免責許可決定確定後において破産債権につき相殺というかたちでの権利行使を否定する考え方も、自然債務説の立場の下で十分成り立つように思われる（注34・35）。

（注19） 具体的な問題としては、破産者を雇用していた会社側が破産者に対して有していた破産債権（自働債権）をもって破産終結後に発生した退職金支払債務（受働債権）と相殺するケースがあるとの指摘がされていた。平成一五年二月二八日法制審議会倒産法部会第二四回会議審議議事録参照。

（注20） 前掲『破産法・民事再生法（第二版）』三六一頁、前掲『条解破産法』五〇三頁等。なお、山本和彦ほか『破産法概説（第二版）』二六一頁（沖野眞已）は、手続開始時に債権債務の対立関係が生じているときは、このような相殺を可能とする。

（注21） 破産管財人の催告（破産法七三条）を通じて相殺権を放棄したとみなされた場合の相殺の可否についても問題となるが、前掲『条解破産法』一六〇八頁は、破産手続との関係で制約されるにすぎないとして、破産手続終了後は相殺を可能とする。

（注22） 平成一五年二月二八日法制審議会倒産法部会第二四回会議審議議事録参照。

（注23） 免責の効力は別除権には及ばないとされており（斎藤秀夫ほか編『注解破産法（第三版）（下）』八二三頁（池田辰夫））、相殺についても、担保的機能を強調して、別除権と同様に免責によっても影響を受けないとする議論も

十分考えられるが、一般に、免責許可決定後の相殺の可否については、免責の効果との関係での議論がされている。

（注24） 昭和二七年改正の立案担当者も、免除された部分については責任なき債務が生ずるとして、自然債務説の考え方に立っている（前掲「破産法及び和議法の一部を改正する法律の解説」五四三頁）。その他、山木戸克己『破産法』三〇〇頁、我妻榮『債権総論』七〇頁等。債務消滅説として、伊藤眞「破産免責の再構成」『債務者更生手続の研究』二一一頁、前掲『破産法・民事再生法（第二版）』五五二頁、前掲『破産法概説（第二版）』〔山本和彦〕五五一頁。

（注25） 免責の効力に関する最近の議論の状況について徳田和幸「免責の効力」前掲『新破産法の理論と実務』四六六頁、中島弘雅『体系倒産法Ⅰ』五一二頁、山野目章夫「倒産手続と債権の効力の実体的変動」別冊ＮＢＬ六〇号一六六頁。

（注26） 前掲『条解破産法』一六〇八頁、中野貞一郎＝道下徹編『基本法コンメンタール（第二版）』三六三頁〔山垣清正〕、山垣清正「破産免責の効力――殊に免責の法律的性質について」金法一二一四号八頁。

（注27） 前掲『債権総論』七一頁及び三二四頁は、自然債務を自働債権とする相殺を否定する。

（注28） （注20）のとおり、破産者の新得財産に属する債権に対して免責の対象となった破産債権をもってする相殺のように、手続中することができなかった相殺は、この場合も許されない（前掲『条解破産法』一六〇七頁）。

（注29） 前掲『注解破産法（第三版）㊦』八二三頁〔池田辰夫〕、坂口裕英「被免責債権を自働債権とする相殺の可否」前掲『破産・和議の実務と理論』三六八頁、前掲『基本法コンメンタール（第二版）』三六三頁〔山垣〕、前掲「破産免責の効力――殊に免責の法律的性質について」八頁。

（注30） 和議の効力についても、免除の場合は、免責の効力における債務消滅説と自然債務説の対立と同様の議論がされていた。飯塚重男「和議の効力」前掲『破産・和議の実務と理論』四〇七頁。

（注31） 長島良成「免責」東京弁護士会倒産法部編『倒産法改正展望』五七三頁。

（注32） 前掲「破産免責の効力――殊に免責の法律的性質について」八頁。

（注33）『最高裁判所判例解説民事篇（平成一一年度）』二〇七頁〔山下郁夫〕。

（注34） 免責許可決定確定後に相殺を認めた前掲名古屋地判の結論に対して一般論として疑問を呈するものとして、伊藤眞「免責手続の意義」前掲『新破産法の理論と実務』四四九頁（なお、伊藤教授は、（注24）のとおり、債務消滅説の立場に立つ。）。

（注35） 免責許可決定確定後において破産者から過払金返還請求を受けた場合については、破産債権者による相殺の可否の問題とはせずに、そもそものような返還請求の当否を含めて取扱いを検討する必要がある。前掲『新破産法の基本構造と実務』四九五頁〔松下発言〕、滝澤孝臣「自己破産手続における過払金返還請求権の取扱いとその帰すう」『過払金返還請求訴訟の実務（別冊判タ三三号）』一九一頁。近時の裁判例として東京地判平23・11・17、東京地判平24・5・16金法一九六〇号一四八頁。

五　非免責債権

1　趣　旨

非免責債権は、破産債権のうちで、一定の理由から、免責の効果の例外として免責の対象とされない債権である。破産法が特定の種類の債権を免責の対象外とする理由については、個々の債権ごとに説明がされているが、旧破産法三六六条ノ一二に従来から規定されていた非免責債権については、おおむね以下のとおりの説明がされていた（注36）。すなわち、①租税債権（同条一号）については、国税収入等の確保、②破産者が悪意をもって加えた不法行為に基づく損害賠償請求権（同条二号）については、道徳的に非難されるべき行為により負担した債務についての加害者への制裁、③一般の先取特権の対象となる使用人の給料（同条三号）、使用人の預り金及び身元保証金返還請求権（同条四号）については、労働者の保護、④破産者が知っていて債権者名簿に記載しなかった請求権（同条五号）については、免責に対する異議申立権を事実上奪われた債権者の保護、⑤罰金等（同条六号）については、破産者本人への人格的な責任の追及という観点等から、それぞれ説明がされている。

他方、これらの非免責債権を統一的に説明するものとしては、以下の考え方がある。すなわち、「破産による免責の根拠は、人の経済活動は通常財産を基礎とする事業の経営管理として行われるから、その通常の結果と認められる損失による債務に対しては、清算当時の財産の範囲で責任を負えば足り、それ以上の負担を残さないのが当然だとの考慮にあるわけである」とし、個人の場合には、債務の発生や破産に至った原因について単なる財産関係にとどまらない破産者の人格的道義的責任を認めるべきときは、なお債務が残るものとすると説明する考え方がある（注37）。これによれば、非免責債権は、債務者の人格的道義的責任を認めるべき場合が中心とされることになり、その帰結として、公法上の債権とはいえ、財産や収入を標準とする租税債権はこのような観点からも立法論として非免責債権から外すべきであるとされる（注38）。

もっとも、旧破産法上の非免責債権のうち、②及び⑤の債権については、債務者に対する制裁や人格的道義的責任の追及という観点が強調されているが、前記①の租税債権のほか、③の労働債権についても、当該債権者の保護という観点から実体的な優先権が付与される（①については国税徴収法八条、③については民法三〇八条）のであり、そこでは、人格的道義的責任というよりも、債権者保護の必要性が強調されていると見るべきであろう（もっとも、③の債権については、個人間の雇用関係という点で、人格的道義的責任が問題とされているという評価は可能であろう。）。また、④の債権は、前述のとおり、債権者名簿に記載されなかったため意見申述（異義申立）期間の通知がされず、免責についての意見申述の機会が奪われた債権者を保護する趣旨から非免責債権とされたもので、債権者名簿に適正な記載がされて手続が円滑に進むようにするという手続面での政策的理由に基づくものであるとともに、債務者に対する制裁という面もあるということができる。

現行破産法では、このような旧破産法の非免責債権に関する規定（旧破産法三六六条ノ一二）を承継しつつ、以上の①から⑤までの従来からの非免責債権のほか、新たに以下の債権を加える等の改正が行われた（破産法二五三条一項）（注39）。

2　主な改正点

(一)　故意又はこれと同視すべき重大な過失により加えた人の生命又は身体を侵害する不法行為

破産法二五七条一項三号では、故意又はこれと同視すべき重大な過失により加えた人の生命又は身体を侵害する不法行為に基づいて生じた損害賠償請求権を新たに非免責債権としている。なお、同項二号の「破産者が悪意をもって加えた不法行為に基づく損害賠償請求権」（旧破産法三六六条ノ一二第二号に相当する。）に関しては、かつては「悪意」の意味について争いがあった。旧法の下でも単なる「故意」ではなく積極的な加害の意思（「害意」）を要するものと解する見解が通説的な立場とされていたが、現行破産法において、悪意と故意とを区別した表現を用いた規定ぶりとされ、三号の規定との対比で、積極的な加害の意思を意味する点は明らかとなっている（注40）。

二号の趣旨については、前述のとおり、破産者の道徳的に非難されるべき行為から生ずるもので、その責任を免除することは正義に反するからであるとされており（注41）、債権者の保護の必要性や侵害される法益の種類は問わず、まさに債務者の人格的道義的責任を認めるべき場合として、加害者に対する制裁の必要性が強調されている。

これに対し、新設された破産法二五七条一項三号は、人の生命又は身体という法益の種類に着目し、その保護の必要性に照らして非免責債権とされたものであり（注42）、第一に、保護されるべき法益の重大性（債権者の保護の必要性）が考慮されている。しかし、人の生命又は身体を侵害したものであれば単なる過失による交通事故のような場合であっても常に免責されないとすると、不法行為をした者に酷な結果となることから、主観的な要件を設けて強い非難に値する場合に限ることとしている。もっとも、このことは、故意や重大な過失がある加害者に対しては制裁的に機能するのであり、結果として、三号は、法益の重大性（債権者の保護の必要性）と加害者への制裁（人格的道義的責任の追及）のいずれもがその趣旨となると考えられる（注43）。

(二) 親族関係に係る請求権

破産法二五七条一項四号では、①夫婦間の協力及び扶助の義務（民法七五二条）、②婚姻費用分担義務（民法七六〇条）、③子の監護に関する義務（民法七六六条）、④扶養義務（民法八七七条等）及びこれらの義務に関する義務であって契約に基づくものに係る請求権を新たに非免責債権としている。これらの債権は、いわゆる扶養料に関する債権であり、子や前配偶者など扶養を受ける者の生活を保障するものとして保護の必要性の高い債権であることに照らし、非免責債権としたものである（注44）が、債権者の保護の必要性のほか、これを免責の対象とすれば、扶養する者にモラルハザードが生じるという意味で、破産者の人格的道義的責任も問題とされる債権と見ることができ、これらの債権は、国民感情の面でも保護の必要性が高いといえる（注45・46）。

3　非免責債権の代位取得

たとえば、重大な過失によって交通事故が発生し、当該事故により生命又は身体に対する侵害を生じさせた者が破産した場合に、保険会社が被害者に保険金を支払った結果として保険法に基づく保険代位（保険法二五条）によって破産者（加害者）に対する損害賠償請求権（破産法二五七条一項三号）を代位取得したときは、当該債権が非免責債権としての性質を失うことがないかが問題になる（注47）。これは、破産手続において特定の属性を有する債権の移転が生じた場合にどのような取扱いをすべきかという問題にかかわるもので、租税債権や労働債権等の財団債権が弁済による代位によって第三者に移転した場合に、財団債権としての性質を維持するのかという問題に類似した論点と見ることができる。

そこで、まず、財団債権について第三者が弁済をした場合について見ると、求償権とは別に当該第三者が弁済による代位（民法五〇一条）によって原債権を取得するが、この場合は、この債権を財団債権として行使することができるかという点が問題となる。弁済による代位の効果としては、債権者の有していた原債権とその担保権をそのまま代位弁済者に移転させ、代位弁済者は、その求償権の範囲内で移転を受けた原債権及びその担保権自体を行使することができるとされている（最判昭59・5・29民集三八巻七号八八五頁）が、財団債権について弁済による代位が生じたときは、保護されるべき債権の本来の債権者ではない者が債権者になっており、このような場合にも財団債権としての行使が認められるかが問題となるのである。しかしながら、①弁済による代位によって法律上生ずるのは原債権の移転であり、原債権が実体法上の内容も含めて移転することは財団債権が譲渡された場合と同視できること、また、②第三者が行使する場合も財団債権性を認めることが当該債権の弁済を促進し、財団債権の要保護性の要請にこたえるものであること等からすると、財団債権として行使することを認めるべきであるとする説が有力であり（注48）、近時の最高裁判例も同様の結論をとる（注49）。

非免責債権のうち、労働債権のような実体法上の優先権が付与される債権が代位取得される場合については、そのような実体法上の属性を非免責債権の根拠と見るときは、前述の財団債権の移転の場合と同様に非免責債権としての性質を維持すると考えることができるものと思われる。

他方、冒頭の故意又はこれと同視すべき重大な過失により人の生命又は身体を侵害する不法行為に基づく損害賠償請求権（破産法二五三条一項三号）が代位取得される事例について見ると、実体法上は、前述した財団債権の事例と同様に、保険会社は、保険代位により加害者に対する損害賠償請求権を取得することになる。したがって、当該債権が移転する以上、そのまま非免責債権としての性質を維持するといえそうであるが、非免責債権かどうかについては、前記2で述べたとおり実体法上の属性とは別に、政策的な理由も大きく考慮されているのであり、当然に非免責債権という属性も移転すると考えるべきかどうかは問題となる。そこで、この場合も、三号の債権が非免責債権とされる趣旨が、免責との関係での被害者保護にあるのであれば、被害者自身が債権者でなくなれば当該債権は非免責債権ではなくなるとの考え方も成り立ちうると指摘されている（注50）。すなわち、一般に、三号の規定は被害者保護の規定であるので、このような代位が生じた場合には、最早被害者に対して弁済が行われた以上、代位取得した債権についてまで非免責債権に含まれるものとする必要は乏しく、破産者は免責されるという考え方である。

しかし、三号の債権に関するこのような考え方に一定の合理性があるとしても、二号の悪意の不法行為者に対する損害賠償請求権については、その非免責債権化の根拠として指摘される、不法行為者への制裁という点に着目すると、保険会社が代位したからといって、直ちに悪意の不法行為者が免責されていいかという点については疑問が残る。悪意の不法行為者に対する損害賠償請求権については、法益の重大性による債権者保護の必要性よりも、人格的道義的責任の追及に等しい加害者への制裁が主たる目的である以上、代位取得された場合にまで免責を肯定する理由は見出しがたいということになるであろう。結局のところ、非免責債権とされた趣旨が、単に実体法上の性質によるものではなく、政策的な理由ないしは人格的道義的責任に基づく債権については、非免責債権としての属性の帰趨は、個別に考える必要があると考えられる（注51）。

このように見てくると、主観的な要件を故意又は重大な過失という加害者への非難に値する場合に限定した三号の債権についても、被害者保護とは別の加害者への制裁という面（２㈠）をどう考えるかが問題となり、その点を考慮すれば、代位取得されても非免責債権としての性質は変わらないとする議論は可能ではないかと考えられる。

（注36）前掲『注解破産法（第三版）㊦』八二四頁〔池田〕等。
（注37）兼子一「破産免責の法理――財産責任と人格責任との区別」『民事法研究二巻』一三五頁。
（注38）このほか租税債権を非免責債権とすることに対する立法論的な批判として、前掲「破産免責の再構成」二四頁、前掲『注解破産法（第三版）㊦』八二四頁〔池田〕等。
（注39）民事再生法の個人再生手続においては、立法当初は非免責債権についての規定が整備されていなかったが、今回の破産法の改正にあわせて、民事再生法においても同様に非免責債権が定められており、破産法二五七条一項二号、三号及び四号の債権は、再生計画において再生債権者の同意がある場合を除き、権利に影響を及ぼす定めをすることができないこととされた（民事再生法二二九条三項、二四四条）。
（注40）現行破産法の下でのかつての反対説の立場について、前掲『新破産法の基本構造と実務』五四七頁〔伊藤眞発

言〕。

（注41）　前掲「破産法及び和議法の一部を改正する法律の解説」五四四頁。

（注42）　前掲『一問一答新しい破産法』三四七頁。旧法の下でもこのような債権の非免責債権化を主張する指摘として、前掲『注解破産法（第三版）(下)』八二五頁〔池田〕。

（注43）　小林秀之＝沖野眞已『わかりやすい新破産法』二三四頁〔沖野眞已発言〕。

（注44）　前掲『一問一答新しい破産法』三四七頁。なお、これらの定期金債権は、その権利実現が生活維持に不可欠である一方で、額自体は少額であり、確定期限が到来するごとに執行の申立てをせざるをえないとすると債権者の手続的負担が重いという性質を有することから、民事執行法上も特殊な取扱いがされている（民執法一五一条の二）。

（注45）　倒産手続における扶養料債権の取扱いについて、杉山悦子「倒産手続における扶養料債権者の保護」青山善充先生古稀祝賀論文集『民事手続法学の新たな地平』七六三頁。

（注46）　法制審議会での審議の過程において、(一)及び(二)の債権につき破産者の経済的再生を促進する観点から、非免責債権となる範囲を過去一年分程度に制限すべきであるとの意見もあったが、債権者の保護やモラルハザードの防止という観点から採用されなかったことについて前掲『一問一答新しい破産法』三四七頁。

（注47）　日弁連編『要点解説破産法』一四六頁、前掲『破産法・民事再生法（第二版）』五五五頁、前掲『新破産法の基本構造と実務』五四八頁〔松下発言〕。

（注48）　前掲『倒産法概説（第二版）』九一頁〔沖野〕、前掲『破産法・民事再生法（第二版）』二一七頁、上原敏夫「納税義務者の民事再生手続における租税保証人の地位についての覚書」新堂幸司＝山本和彦編『民事手続法と商事法務』一九九頁等。

（注49）　最判平23・11・22民集六五巻八号三一六五頁、最判平23・11・24民集六五巻八号三二一三頁（後者は再生手続における共益債権に関するもの）。髙部眞規子「求償権が破産債権である場合において財団債権である原債権を破産手続によらないで行使することの可否――二つの最高裁判決に寄せて」金法一九四七号四一頁、榎本光宏

「求償権が破産債権である場合において財団債権である原債権を破産手続によらないで行使することの可否——最三小判平成23・11・22ほか」ジュリ一四四四号九二頁。

（注50） 前掲『新破産法の基本構造と実務』五四八頁〔松下発言〕。保険会社の利益の保護という観点については、保険会社が非免責債権ではなくなるという前提でリスク管理をすれば足りるとする。

（注51） そもそも、債権者保護の必要性が高いのであれば、実体法上の優先権等による保護を図り、破産手続においても、非免責債権化も含めて一定の優先性を確保するというのが理論的にも一貫した解決方法であろう。不法行為に基づく損害賠償請求権の優先性について、伊藤眞「不法行為にもとづく損害賠償債権と破産・会社更生」判時一一九四号一七四頁。前掲「倒産手続における扶養料債権者の保護」七九二頁も、扶養料債権への優先性の付与に言及する。前掲『わかりやすい新破産法』二三四頁は、非免責債権について「むしろ、実体法上の検討を行うのが王道だという気はします。」〔沖野発言〕とする。しかし、実体法秩序において優先権を付与することにはさまざまな議論があるのも当然である。非免責債権については、実体法上の説明とは別に、制裁的な面等多様な観点から根拠づけられたものであることが、ここでの問題の出発点にあるといえるであろう〔前掲『新破産法の基本構造と実務』五四九頁〔小川発言〕〕。

六　おわりに

田原睦夫先生に初めてお会いしたのは、筆者が法務省民事局付として民事訴訟法の改正を担当した平成二年であり、その後は参事官として担当した破産法改正を含め、法制審議会での調査審議を通じて、法律改正について先生と共同作業を行ってきたといっても過言ではない。先生からは、さまざまな場面で鋭いご指摘をいただいてきたが、特に解決のむずかしい問題に直面したようなときには、前に進むために適切なアドバイスを幾度となくいただいた。あらためて最高裁判所判事を退官されるにあたり、これまで先生からいただいた数々の御恩に感謝しつつ筆を擱くこととしたい。

一―3

民事再生法

民事再生事件処理における裁判所の関与の在り方

中本敏嗣

一　はじめに

民事再生法（平成一一年法律第二二五号、平成一二年四月一日施行）は、会社更生法と異なり、権利関係の複雑でない中小規模の企業等にとって利用しやすい簡素な再建手続として制度設計されたが、実際に施行されてみると、中小企業等のみならず、大企業、たとえば、そごう百貨店のような大規模企業の事件でも広く利用されてきた。地方裁判所に係属する再建型事件数では、会社更生事件よりは、圧倒的に民事再生事件が占めており、民事再生法は、いまや企業再生に関する基本法的な地位を占めている。

本稿は、民事再生事件処理に関して、裁判所がどのような立場で関与するか、その際の関与の在り方などについて検討を加えるものである（本稿の対象は、株式会社の再生手続を念頭に置き、個人再生事件などを除いている。）。もっとも、民事再生法上、裁判所が関与する手続や場面にはさまざまなものがあるが、本稿では、紙幅の関係から、その一つ一つを詳細に検討することはせず、必要な限度で言及するにとどめる。

本稿で述べるところをあらかじめ要約すると、次のとおりである。すなわち、民事再生法は、再生債務者の自主的再建努力、意欲を尊重し、債務者自身が民事再生手続を遂行して事業の再建を図ることを重視するとともに、再生計画案の可否を決する判断を債権者に委ね、債権者の自己決定権を尊重することを理念としていることから、裁判所としても、これを前提にした関与をすべきであり、民事再生手続の円滑、迅速な進行を図ることを目的とした手続進行管理をするとともに、民事再生法の前記理念が達成されるように、後見的役割を果たすように努めるのが、基本的立場であろう。しかし、再生債務者と債権者の間の権利関係の調整については、再生債務者が公平誠実義務を果たさないかそのおそれがあるという場合を中心に、債権者全体にとり何が利益になるかという点がよりいっそう強調されることになり、同時に、民事再生制度の信頼を確保、維持するために裁判所は何をするべきかという点からの関与も大切になってくる。そのような場合には、事案に応じて、裁判所が適切な後見的役割を果たすべきことの一環として、進んで積極的な監督機能を果たすことが必要とされる。さらには、より例外的ではあるが、裁判所が再生債務者の業務遂行権及び財産の管理・処分権を奪い、管理型の再建手続を進めることが相当な場合もあり、当該事案では、これを躊躇してはならない。

なお、筆者は、大阪地裁倒産部に籍を置いたことがあるのでその時の経験が本稿の基礎にあるが、本稿自体は、筆者の個人的意見にとどまるものであって、大阪地裁倒産部としての立場を述べるものではない（注1）。

（注1）　大阪地裁倒産部の実情については、林圭介「民事再生手続の概要――大阪地裁」門口正人＝西岡清一郎＝大竹たかし編『新裁判実務体系21会社更生法・民事再生法』、小久保孝雄「大阪地裁倒産事件における現況と課題――民事再生事件を中心として」判タ一三〇〇号二五頁以下、同「大阪地裁における倒産事件の概況――再建型法的倒産手続を中心として」㊤㊦商法一九四四号二一頁以下、一九四五号三九頁以下参照。

二　民事再生法の基本理念と裁判所の基本的な関与の在り方

1　民事再生法の基本理念

民事再生法は、再生債務者は、再生手続が開始された後も、その業務を遂行し、又はその財産を管理し、若しくは処分する権利を有する（三八条一項）としているとおり、再生債務者が自ら主体となって手続を進めることを前提（ＤＩＰ型）に制度設計されている。もともと、事業の内容や債権者の状況等を熟知しているのは再生債務者であるから、再生手続開始後も再生債務者自身が主体となって事業再生に取り組むことにより、遅滞なく事業を継続することが可能になり、迅速な手続の進行が図られ、会社の再建に資することが期待できる。また、迅速な再建自体は、債権者の利益にもつながりうるものである。このように、民事再生手続は、再生債務者（経営者）の自主的再建の意欲、努力を尊重、重視することを原則とするＤＩＰ型再建手続といえる（注２）。

２　裁判所の基本的な関与の在り方

民事再生法の前記基本理念からすれば、裁判所の関与の在り方としては、基本的には、裁判所が管理するものではなく、裁判所が監督する場合においても、過度の干渉をせず、できるだけ再生債務者に任せ、手続が適正に行われているかに配意することを中心とする後見的役割を果たすにとどめるべきものといえる（注３）。民事再生規則一条三項は、再生手続においては、その円滑な進行に努める再生債務者の活動は、できる限り尊重されなければならないとしているが、この思想が表れている（注４）。

３　民事再生法の規定と裁判所の関与

民事再生法は、裁判所の関与について種々規定しているが、その大略を見ておくこととする。

㈠　判断権者としての裁判所

裁判所は、再生手続開始の申立てに対する開始決定又は棄却決定（民事再生法二五条）、再生計画案を決議に付する旨の決定（一六九条）、再生計画の認可又は不認可の決定（一七四条）、再生手続廃止の決定（一九一ないし一九四条）、再生計画の変更決定（一八七条）、再生手続終結の決定（一八八条）などを行う。

これらは、再生手続上重大な結果を伴うが、法が定める各要件の該当性の判断という意味では、訴訟手続における判決、非訟手続における決定等と同じ性質の判断作用である。実務上は、ほとんどの場合、監督委員や調査委員の意見を考慮して判断することになる。

また、裁判所は、再生債権の査定の裁判(一〇五条)や否認の請求に対する判断(一三六条)などを行う。迅速化の要請などから、審理の仕方や決定の方式などに工夫を要する点があり、さらに、当然のことながら、公平、中立な判定者の役割を果たすべきであるが、本稿の目的とする裁判所の関与の在り方という点からは特段に論じる点はない。

(二) 許可権者としての裁判所

民事再生手続では、管財人が選任された場合を除いて、再生債務者が業務の遂行、財産の管理及び処分をすることにより、自ら事業の再生を図ることになるが、裁判所は、再生手続開始後において、必要があると認めるときは、再生債務者等が財産の処分、譲受け、借財等の一定の行為をするには裁判所の許可を得なければならないものとすることができる(民事再生法四一条一項)。これは、債権者に対する弁済原資となるべき再生債務者の財産の散逸・減少を防いでこれを確保し、債権者一般の利益を保護する必要性と再生債務者の再生を図る要請との調和を図ったものである。裁判所は、裁量により、要許可事項を定めて、再生債務者を直接監督することになる。もっとも、実務上は、後述のとおり、監督委員を全事件に選任し、要許可事項のほとんどについて監督委員の要同意事項としてその監督に委ねており、監督委員は、裁判所の監督を代替する機能を果たしている(選任された監督委員は、裁判所の監督を受ける(五七条一項))。なお、裁判所の要許可事項の指定や監督委員の要同意事項の指定のいずれの場合でも、再生債務者の活動をできる限り尊重するという前記民事再生法の趣旨に沿った運用がなされなければならない。

また、前記のとおり裁判所の要許可事項のほとんどを監督委員の要同意事項に委ねた場合においても、なお、裁判所の許可事項として、直接の監督権限を行使すべきとしているものがある。たとえば、①再生計画によらない営業等の譲渡許可（四二条一項）、②少額債権弁済許可（八五条五項）である。前者につき、営業等の譲渡は、事業再生の基本的枠組みを決定するものであり、債権者や取引先、従業員等の利害にかかわる重要な事柄であるだけでなく、営業価値の急速な劣化を防ぎ適切な時期に行う必要があるから、裁判所は、譲渡の許否の判断にあたっては、営業等の譲渡の必要性、譲渡の範囲、譲受人の選定過程、譲渡の対価その他譲渡契約の内容の相当性について、債権者への弁済の可能性や弁済率、従業員の雇用の確保等を考慮に入れ、再生債務者の事業の再生のために必要であるかを考慮しながら、判断しなければならない。後者については、特に、再生債権者が多数ある事案で、他の債権者の権利に実質的な影響を及ぼさないかどうかを考慮しながら、これらの債権者を手続から除外することにより、その後の手続が円滑に進行することができるかを判断し（前段）、あるいは、会社更生法四七条五項で商取引債権について議論されることが多いが、民事再生法でも、弁済の対象となる債権の額、再生債務者の資産総額、再生債務者の業務の規模、弁済の必要性などを考慮しながら判断する（後段）ことになる。

4　裁判所による手続進行管理

(一)　標準スケジュールの策定

民事再生手続開始の申立てがあると、債務者の事業としての信用が低下し、その事業価値が急速に劣化することが避けられないから、事業価値の毀損を防止し、事業再生という民事再生法の目的を達成するためには、迅速な手続運営が不可欠である。民事再生法は、再生事件の迅速処理を旨としており、手続進行管理は、裁判所の重要な役割の一つとして位置づけられる。

全国のほとんどの裁判所では、再生手続運用のための標準スケジュールを策定し、これに基づいた手続進行管理をしている。

たとえば、大阪地裁倒産部では、民事再生手続開始申立て後一週間で開始決定、開始決定から六カ月という短期間で再生計画認可決定にまで至ることを想定して、標準スケジュールを設定しており、原則として、これに従って、手続を進行管理している（注5）。標準スケジュールの内容は、債務者の再生手続申立ての直後に債務者審尋を実施したうえで保全処分を発令し、同時に監督命令を発令する、申立ての一週間後をメドに手続開始決定を行う、開始決定の一カ月後を再生債務者の財産評定書（目録）・報告書等の提出期限とする、その頃をメドに、債権届出期間を設定し、債権届出期間経過後から三週間後を再生債務者の認否書提出期限とし、一〇日間をおいて、二週間をメドに一般債権調査期間を設定する、開始決定から約三カ月半後を再生計画案の提出期限とし、再生計画案提出期限の二週間後を監督委員の報告書の提出期限とする、監督委員から報告書が提出された翌日ないし翌々日（二、三日後）に付議決定を行い、付議決定の六週間後に債権者集会期日を開催するなどである。

大阪地裁倒産部では、個別事件において、標準スケジュールをもとに、再生債務者、監督委員の都合を聞いたうえでスケジュールを策定し、各人にこれを交付し、関係者の共通の認識の下で、これに従い、再生手続開始決定、再生計画案付議決定、決議、認可決定等の各段階における進行管理に配慮するなど、計画的な手続運用を行っている。

(二) 標準スケジュール策定の意義

標準スケジュール策定の意義については、民事再生手続の迅速性、透明性、予測可能性を確保できる点などが指摘できる。すなわち、裁判所では、あらかじめこれを策定し、文献その他の方法により公表しているが、それにより、申立て、開始決定から債権者集会、認可決定に至るまでの手続の進行の流れが予測可能となる。個別事件では、再生債務者、監督委員と協議し、書面化して交付し、それに沿った運用を行うことにより、関係者が手続の進行状況、各段階で行われる内容について共通認識をもつことができるだけでなく、再生手続に関与する債権者、その他の利害関係人においても、手続の進行段階及び内容に対する予測可能性をもつことができる。また、裁判所は、上記スケジュール中に、再生手続の節目ごとに、再生債務者、監督委員との打合せ期日を設け、再生債務者の再生手続の進行状況（別除権協定の締結状況等を含む。）、その過程で発生している問題点を報告してもらい、それぞれの立場から意見を出し合って、今後の進行を協議している。スケジュールのもととなった各準備等の期間は、民事再生法上の法定期間をふまえて作成されている。法は、法定期間の不遵守に対しては、再生手続廃止決定（民事再生法一九一条二号）などの強力な制裁を用意している。裁判所は、当事者に対し、標準スケジュールに沿った裁判所の手続管理の運用の意味を理解してもらい、このスケジュールの遵守を求め、スケジュール全体を皆の共通認識とするよう努め、仮にスケジュールどおりにいかない場合には、再生債務者にその理由を明らかにするように説明を求めている。

このように、標準スケジュールを策定し、これを遵守することにより、手続の円滑な進行が図られ、迅速な事件処理につながるのであり、標準スケジュールは、重要な機能を果たしている。

㈢ 留意点

裁判所は、標準スケジュールによる手続進行管理を重視するとともに、関係者にも、その意義や果たしている機能について十分な理解を求めるべきである。

もっとも、標準スケジュールは、絶対的なものではなく、あくまでも一応の目安にとどまり、事案ごとに、よりふさわしいスケジュールの検討、策定が欠かせない。たとえば、申立人側から、短期決戦を想定して、申立段階で標準スケジュールを短縮したい旨の申出があった場合、特段の問題がなければ、これを認めることになろう。あるいは、事案によっては、再生債務者が当初から再生計画案の提出期限を相当先にすることを求めることもありえようが（たとえば、スポンサーの選定、事業譲渡先の選定、別除権協定などがポイントとなる再生事案など）、そのような事案でも、進行の推移を勘案して、必要に応じて再生計画案の提出期限の伸張を柔軟に認めることで対処し、開始段階から長期の提出期限としない場合が多いであろう。提出期限の伸張については、民事再生法一六三条三項、民事再生規則八四条二項・三項を基本にしつつも、裁判所は、債務者、監督委員と協議のうえで、再生目的を考慮して柔軟な対応が必要かどうかを検討し、場合により、複数回、相当期間先を認めることもあろう（注6）。

裁判所は、手続進行管理にあたり、手続の各段階にわたって再生債務者、監督委員等と緊密な連携をとり、再生債務者による再生手続の追行に常に注意し、時には厳しい姿勢で臨むなどして、適切なかじ取りをすることが要請される。また、後述する裁判所や監督委員による積極的関与の場合でも、迅速処理の趣旨に逆行することのないよう留意しなければならない。また、手続の円滑な進行管理をするについて、裁判所書記官の役割が重要であり、実務ではその役割を十分に果たしている（注7）。

(注2) 民事再生法施行当初の論文には、この点を強調するものが多い。たとえば、田原睦夫「民事再生法の理念と主要な特徴」才口千晴＝田原睦夫ほか『民事再生法の理論と実務（以下『理論と実務』という。）(上)』四頁以下、園尾隆司「民事再生手続における裁判所の役割」『理論と実務(上)』七三頁以下参照。

(注3) 園尾・前掲（注2）七三頁以下、小澤一郎「再生計画の履行」『理論と実務(下)』一六九頁以下参照。

(注4) 司法による再建型手続の運用について、門口正人「司法による再建型倒産手続の運用についての考察」伊藤眞ほか編『竹下守夫先生古希祝賀・権利実現過程の基本構造』七九九頁以下は、「適正さの保障」の観点から、倒産処理手続においては、DIP型と否とにかかわらず、できる限り当事者に主体的に手続に関与する機会を保障することが必要である旨を、また、「判断の正当性の確保」の観点から、それを裁判所又は裁判官にのみ委ねることは至難である旨を説かれる。裁判所の関与の在り方を考えるうえで示唆に富む論考である。

(注5) 小久保・前掲（注1）判タ二七頁参照。

(注6) 会社更生手続における標準スケジュールであるが、運用の柔軟化と予測可能性の調和を図ることが肝要とするものとして、菅野博之「東京地裁における会社更生事件の運用と課題」伊藤眞＝須藤英章監修・著『新倒産法制一〇年を検証する　事業再生実務の深化と課題』（以下『新倒産法制一〇年検証』という。）二六一頁以下参照。

(注7) この点を指摘するものとして、林道晴「倒産法改正作業に関与して――一層の実践と研究成果の蓄積を」『新倒産法制一〇年検証』二八九頁以下参照。

三　裁判所の積極的な監督権限が発生する根拠

1　債権者利益との調整の必要性

再生手続開始決定があったときは、再生債権を有する者は、個別的な権利行使を制限され、再生手続に参加し、再生計画の定めに基づいてのみ弁済を受けることができるにすぎない（民事再生法八五条一項、三九条一項）から、債権者の権利行使に重大な制約が生じる。しかも、民事再生手続において、債権者の権利の全部又は一部を変更する内容の再生計画案につき、債権者の多数の同意を得、かつ、裁判所の認可を受けて再生計画を定めることができるかが中核となるから、再生債権者の権利変更を含めて、再生債務者と債権者との間の民事上の権利関係の適切な調整が重要な要素となっている（一条）。したがって、再生債務者が自ら再建手続を進めるにあたっては、債権者の利益に対する考慮は欠かせない。

2　民事再生法の公平誠実義務

民事再生法は、再生手続が開始された場合には、再生債務者は、債権者に対し、公平かつ誠実に、業務遂行権、財産の管理処分権を行使し、再生手続を追行する義務を負うとしており（三八条二項）、再生債務者には、債権者に対する「公平誠実義務」が課せられている。再生債務者は、理念はともかく、現実には、自らの利益のみを図って行動するおそれがないわけではないので、民事再生法は、債権者の全体の利益を適切に代表し、その利益を損なうことのないように行動する責務を負う必要があることから、公平誠実義務に関する規定を設けたものといわれている（注8）。通説的理解では、「公平誠実義務」のうち、公平義務は、原則として、同等の地位にある債権者を公平に扱う義務をいい、誠実義務は、自己又は第三者の利益を図って債権者の利益を害することは許されないという意味と解されており、再生債務者が、公平誠実義務に違反した場合には、管理命令の発令、再生手続の廃止といった制裁や、損害賠償義務を負うことがある（会社法四八六条の類推適用）（注9）。また、公平誠実義務を受けて、再生債務者は、再生手続の円滑な進行に努めなければならず、再生手続の進行に関する重要な事項を、債権者に周知させるように努めなければならない（民事再生規則一条）。

3　裁判所の積極的な監督権限が発生する根拠

民事再生法がＤＩＰ型手続を理念としているとはいえ、民事再生制度は、「法的」倒産処理手続の一つであることから、適正さが重要な要素となる。しかも、再生債務者の自主的再建努力といっても、再生債務者が自由に再建手続を進められるものではなく、金融機関をはじめとする債権者、取引先その他多数の利害関係者がさまざまにかかわってくるから、その間の利害調整を必要とする。裁判所としては、常に、関係者間の利害の調整、手続の公平、公正などを考慮しながら、民事再生手続全体を監督していかなければならない。

さらに、民事再生法は、公平誠実義務を通じて、再生債務者が「信頼に足りる」機関であると認識して運用されるように制度設計されている（注10）ことからすれば、再生債務者には、公平誠実義務に従った行動が理念として期待されているだけでなく、公平誠実義務は、民事再生法がＤＩＰ型手続をとることを正当化するための大前提となるものと思われる（注11）。

そして、公平誠実義務が履行されている限りは特段の問題は生じないが、実際には、再生債務者による自己利益のみの追求その他の理由により、再生債務者が公平誠実義務を果たさず、かえって、これを濫用するおそれがある。ここに至っては、公平誠実義務の履行を実質的に確保するために、裁判所が、民事再生手続において、再生債務者に対し、積極的に関与し、監督権限を行使し、あるいは、さらに自ら管理型運用を行う根拠が出てくると考える。

民事再生法は、再生手続の機関として、監督委員、調査委員、管財人、保全管理人の四種類を定めるが、いずれも任意に選任する機関にとどまり、必須機関ではない。しかし、再生債務者が公平誠実義務を果たさない場合やそのおそれのある場合においては、これらの機関は特に重要な意味をもってくる。本稿では、監督委員、管財人について、監督権限の強化という側面から、以下、検討する。

（注8） 深山卓也ほか『一問一答民事再生法』六八頁ほか参照。
（注9） 才口千晴＝伊藤眞監修『新注釈民事再生法(上)（第二版）』一八八頁以下、一九〇頁参照。
（注10） 才口千晴「感慨と追想をこめた跋文」『実務解説一問一答民事再生法（全面改訂）』六四三頁、才口千晴「新倒産法制の来し方行く末」『新倒産法制一〇年検証』一六七頁、園尾隆司「新倒産法一〇年の軌跡――一〇歩前進三歩後退」『新倒産法制一〇年検証』二二九頁以下参照。
（注11） 園尾隆司「再生手続開始決定」『理論と実務(上)』二三三頁は、アメリカ連邦倒産法にいうＤＩＰは、業務遂行や財産管理ばかりでなく、再建手続遂行においても、まさに管財人にかわる働きが期待されているとする。

四　監督委員による監督

1　監督委員の選任

民事再生法は、監督委員の選任を必要的（義務的）としていないから、監督委員をいっさい選任しないで行う再生手続（純粋ＤＩＰ型手続）も民事再生法上は可能である。しかし、五四条一項の監督委員選任の「必要があると認めるとき」については、裁判所の許可（四一条）や裁判所への報告を求める（一二五条）ことによる監督、債権者による監視だけでは不十分な場合に限定せず、手続の適正さを担保することを主たる理由として、緩やかに解されてきた。そして、民事再生法施行時には、監督委員の選任につき、同法施行直後の過渡期的措置あるいは当事者が手続に慣れるまでの当面の見込みとする意見もあったが（注12）、実務では、施行当初（一部裁判所で監督委員を選任しない扱いがあったものの）から今日まで、ほぼ全件について監督委員を選任する運用が維持継続されており、すでにこの運用が実務で完全に定着している。

監督委員の選任は、民事再生法の理念である再生債務者の自主的再建努力の尊重と矛盾するものではない。また、監督委員による監督は、裁判所が直接監督する場合よりはむしろ、手続を円滑に進めるために意義があり、後述するとおり、現に監督委員が再生手続のなかで重要な役割を果たしていることからすれば、民事再生事件全件に監督委員を選任する現在の運用は相当というべきである（注13）。

2　監督委員の選任にあたり裁判所が配慮すべき点

監督委員は、その職務を行うに適した者のうちから選任しなければならない（民事再生規則二〇条一項）。監督委員として誰を選任するかは、主として、手続当初の段階で、裁判所が十分に配意すべき最も重要な仕事の一つである。監督委員に適切な人材が得られるかどうかにより、その後の事件の展開が大きく異なってくる。実務では、倒産事件処理経験の豊富な弁護士のなかから厳選して監督委員を選任している。また、事案との関係も考慮される。たとえば、大規模再生会社の事案であれば、大規模弁護士事務所から、あるいは、監督委員補助者をつけることを考慮し、否認対象行為、役員責任追求原因や粉飾経理等の問題がある事案では、同種事案の経験が豊富な弁護士、公認会計士等を補助者として臨機に使うことができる弁護士を考慮する。牽関破産や管理命令に移行する可能性がある事案では、管財人としての適性も考慮するし、その他、金融機関や地方公共団体等に信頼があるとか、同業種ですでに再生申立代理人や監督委員の経験のある弁護士かどうかなども考慮する。さらには、監督委員の育成、裾野の開拓の点から、申立代理人が倒産事件の経験豊富な弁護士である場合には、むしろ能力と将来性のある若手弁護士を選任することを考慮してもよいと思われる。

3　監督委員の職務内容

監督委員は、民事再生手続の各場面で、さまざまな職務を行っているが、その大略を見ておくこととする。

㈠　監督委員による監督

裁判所は、監督命令を発令する場合には、監督委員を選任し、監督委員の同意を得なければ再生債務者がすることができない行為を指定しなければならない（民事再生法五四条二項）。再生債務者は、開始決定後も業務遂行や財産の管理処分権限を有するが、監督委員は、中立の第三者的立場で、債務者が一定の行為を行うことに対する同意権限の適切な行使を通じて、あるいは、必要に応じて裁判所が指定する監督委員への報告を要する行為（民事再生規則二二条一項）についての報告を受けることを通じて、再生債務者の前記行為の適正さを監督する。

監督委員の要同意事項をいかに定めるかは、本来は、再生裁判所が民事再生手続の運営をどのように考えているかを反映すべきものである。たとえば、再生債務者主導の手続構造を強調するならば、要同意行為はできるだけ少なくして真に必要なものに限定することが望ましい（注14）が、他方、債権者全体の利益を考えると再生債務者の行為の制限を通じて監督する後見的役割が重要となり、両者の調和が欠かせない（注15）。また、本来、業務遂行や財産の管理処分を適正ならしめる観点からは、個別の事案ごとに、中立の第三者である監督委員の判断を介在させることが相当と考えられる行為を具体的に指定すべきことになる（注16）が、一般には、民事再生法四一条一項各号の裁判所の要許可行為（再生債務者の財産の処分、譲受け、借財、別除権の目的である財産の受戻しなど）を参考にし、これに準じてあらかじめ裁判所により定型的に定められることが多いようであり、この運用にも合理性があろう。監督委員が同意事項に当たるか、また、同意してよいかに疑義がある場合は、実務上は、裁判所と監督委員が適宜協議をしている。再生債務者は、監督委員の同意を得たときは、遅滞なく、その旨を裁判所に報告しなければならない（民事再生規則二一条二項）。

㈡ その他

そのほか、監督委員の権限としては、否認権限の行使（民事再生法五六条）、共益債権化の許可にかわる承認（一二〇条二項）、再生計画の遂行の監督（一八六条二項）及び付随する事項、再生債務者の業務及び財産の管理状況その他裁判所が命ずる事項の報告（一二五条三項）などがあり、監督委員の活動は広く再生手続全般に及んでいる。

4　監督委員が民事再生手続に関与することの意義、監督委員の役割

再生債務者は、業務遂行権、財産の管理・処分権を有するが、同時に、民事再生法上、財産管理・処分権の行使や再生手続の追行について、公平誠実義務を負っている（三八条二項）。しかし、実際には、再生債務者には、常に自己の利益のみを追求するおそれがあるので、①再生手続の適正、透明性や公平さの確保を図るために、あるいは、②債権者が再生計画案について的確な判断をするための前提となる適時に適切な情報提供がなされるために（当然のことながら、裁判所に対しても、必要な情報を提供する。）、ひいては、③民事再生手続が信頼される手続として評価されるために、中立的な第三者機関である監督委員による再生債務者の業務及び財産管理の監督が重要な意味をもつ（注17）。

5　監督委員の消極的関与

監督委員の監督の在り方（関与の程度）については、従来から、積極的関与と消極的関与の議論が続いていることは周知のとおりである（注18）。

このうち、消極的関与について述べると、あくまで事案によるが、民事再生法の基本理念からすれば、一般的には、裁判所は、再生債務者の自主的再建努力を尊重し、再生計画案の可否についての債権者の自主的決定に委ね、債務者の経営の細部についてまで介入せず、むしろ、手続が公正かつ迅速に運用されるように努めるべきという基本的立場にあり、監督委員も、同様の趣旨から、再生債務者の自主的再建努力に任せ、同意権の行使を中心とした監督権限の行使などを内容とする消極的関与にとどめるのが基本となろう（たとえば、再生債務者からの質問に適宜答えたり、再生計画案の法的許容性などについて検証することなど）。実務でも、ほとんどで消極的関与の運用が行われているものと思われる。

そして、債権者、代理人が再生手続に通じており、業務内容や再生計画に特段の問題がなく、債権者に対しても、適切な情報開示をしている場合など（要するに、公平誠実義務を十分に果たしている場合）では、裁判所や監督委員としても、手続を見守る程度の監督権を行使することで足りる。これに対し、そのような状況でないにもかかわらず、消極的関与にとどめるのは、かなり問題がある。

6　監督委員の積極的関与

(一)　はじめに

事案によっては、消極的関与にとどまらず、さらに進んで、監督委員が積極的に関与する場合がある。この積極的関与をどう考えるかは、積極的関与が再生債務者の事業遂行、財産の管理処分に積極的に関与していくものであるから、何のために行うかという目的、積極的関与が本当に必要かという必要性などの点からの検討が必要であり、最終的には、裁判所や監督委員が民事再生手続においてどのような役割を果たすべきかという根本的考えを反映する。

この点については、一般的には、再生債務者が公平誠実義務を果たしているとはいえない場合、あるいはそのおそれがある場合には、債権者の利益の保護、最大化を図り、民事再生制度の信頼性を確保することを目的として、裁判所あるいは監督委員による積極的関与を必要とする場合が多くなるであろう（注19）。

もっとも、積極的関与とはいっても、監督委員には、再生債務者にかわって自ら事業遂行や財産の管理処分を行う権限まであるわけではなく、あくまで、助言、指導が中心になるから、再生債務者がどうしてもこれに従わないときには限界がある（これに対して、根本的な介入をするのが、管理命令である。）。

(二) 積極的関与をする場合

監督委員の積極的関与が必要となる場合について、以下、ポイントとなる点などを指摘する。

(1) 再生債務者代理人に問題がある場合

民事再生手続は、他の倒産手続と比較したうえでの民事再生手続の申立ての選択、財産評定や債権調査、再生計画案の策定、債権者や利害関係人等との関係、債権者の決議、計画の履行など、広範囲に手続が予定されており、複雑かつ専門的である。しかも、代理人は、DIP型運用を前提として、自らが実質的な采配をとるべきことからすれば、この分野に熟練した弁護士が関与して、重要な役割を果たすことが当然の前提とされており、民事再生法をはじめとする倒産法規についての専門的知識や倒産事件処理の十分な経験が不可欠である（注20）。ところが、実際の事件では、代理人のなかには、民事再生手続について十分な知識、経験が不足している弁護士がいる（注21）。近時、法曹人口の増加に伴い倒産分野に参入する弁護士が増えているが、安易に民事再生事件を担当する者もいる（注22）。また、弁護士としての経験が長くても、再生債務者の現状や今後の方向性等を十分把握せず、内容が不備なまま民事再生手続を申し立てる者もある。そのような場合、大阪地裁倒産部では、申立て前の事前相談、申立て時の代表者審尋の際などに、申立書の補正、改善指示、問題点の説明などを行っているが、事前相談段階で、債務者会社の業種、業績等や申立代理人の経験などを考慮し、十分かどうか疑問がある場合には、きちんとした再生計画案策定に至らせるように積極的な関与を期待して、経験豊富で実力のある弁護士を監督委員に選任し、単なる助言の域を超えて、種々の問題点を指摘するなどの積極的関与を求める事案が少なからずある。また、知識、経験不足などから、弁済禁止違反その他の監督命令違反を繰り返す代理人、手続がかなり進んでいるにもかかわらず、別除権交渉をしない代理人、債権者（特に金融機関等大口）に再生手続への協力依頼をするどころか、対応を債務者本人任せにしてなんら具体的指示をしないなど、債権者から不信感を示される代理人、再生計画案の立案能力に疑問がある代理人などもいる。

このような代理人の活動は、裁判所や監督委員から見て不適切であるだけでなく、債権者の利益の点からも、放置できない。裁判所は、再生手続中も、自らあるいは監督委員を通じて、代理人に対する個別指導をするほか、事案によっては、倒産事件処理経験が豊富な弁護士との共同受任を促すこともある。これは、主として、不十分な知識、経験などを補い、裁判所や監督委員が適切な関与をするため、積極的な役割を果たすものである。

⑵　債権者に対する配慮を要する場合

債権者が再生計画案についてどのような議決権を行使するかは債権者自治の領域であるが、その前提として、判断の参考となる情報が債権者に十分提供されていなければならない。本来、民事再生法の理念からすれば、債権者への情報開示は再生債務者の責任で行うべきであり、かつ、再生債務者の状況に関する情報は、債権者自らが積極的に集めるべきである（注23）。それでも、実際には、再生債務者からの債権者に対する情報提供や説明が十分になされていない場合がある（注24）。

監督委員は、実務上、①申立て後再生手続開始決定までの間に債務者が行う債権者説明会に立ち会い、債権者の意向を確認し、②再生計画案付議後、再生計画案に対する債権者説明会に立ち会い、監督委員の立場から、これまでの経緯を説明するとともに、債権者の意向を確認し、③再生債務者作成の再生計画案のなかで、債権者に対する有益な情報記載を求めたり、債権者に送付される監督委員の意見書において、自ら積極的に監督委員の把握している問題点の記載をするなど、債権者に対する適時適切な情報提供という観点から、いろいろな工夫をするなどの積極的な活動をしている。

裁判所は、債権者に十分な情報提供がされているかに常に留意し、監督委員を通じて、債権者に的確な情報を提供するため、積極的な姿勢で臨むことを要請し、監督委員もその点を自覚した行動をとっているのが実情であろう（注25）。

(3)　再生計画案作成段階

ａ　再生計画案は、再生債務者が自らの経営判断と責任において作成して裁判所に提出するもの（民事再生法一六三条一項）であって、裁判所や監督委員が作成すべきものではなく、作成権限もない。また、裁判所は、裁判所の定めた期間若しくはその伸長した期間内に再生計画案の提出がないときなどの場合、職権で、再生手続廃止の決定をしなければならない（一九一条本文、一号・二号）。

しかし、再生計画案は、再生債務者の目指す再生内容（再生計画）の原案となり、企業存続、営業譲渡、清算のいずれの方針をとるか、企業存続の場合、再生債務者の将来の収益見込みをどう考えるか、あるいは、債権者の再生債権の減免、期限の猶予その他の実体的な権利変更の内容、債権者に対する弁済計画及び方法等をどうするかなどを記載するものであるから、再生債務者のみならず、債権者等の利益に直接影響する事柄であって、きわめて重要である。そのため、裁判所は、再生計画案に重大な関心をもっており、再生債務者が再生計画案を作成、提出するにつき、再生債務者任せにはせず、たとえば、標準スケジュールによりあらかじめ再生計画案提出期限の一ヵ月前に面談期日を入れ、進捗状況を確認し、その段階での再生計画案の草稿を確認し、内容について、裁判所や監督委員から必要な意見を述べるほか、その後も、必要に応じて、再生計画案提出までの間に、随時面談等の期日を設定して同様の問題点の検討をするなど、再生計画案が充実したものとなるよう積極的に後見的な役割を果たしているのが実状である（注26）。

b　民事再生法には、再生計画案に対する監督委員の権限は明記されていない。監督委員は、再生計画案について適否の意見を述べることが想定されているが、変更を指示したり、命令したりするなど作成に直接関与する権限はない。しかし、たとえば、再生計画案が法律に違反する可能性がある場合には、自ら調査をし、その点を助言すること、必要に応じて、修正を促すことなどは実務上行われていることであり、監督権限の内容に含まれるといえよう。

再生計画案の内容について、監督委員の積極的関与という観点から若干触れると（注27）、再生計画案による権利変更の内容は、清算価値保障原則を充足するものでなくてはならない（民事再生法一七四条二項四号）。再生計画案に定める弁済率と清算配当率との関係については、債権者の一般の利益に直結するから、監督委員は特に留意すべきである。一般的には、特に、自主再建を前提とする再生計画案においていかなる弁済率を定めるかは、従前の業績、今後の事業見通し、確保すべき内部留保などを前提に決められるものであり、まさに再生債務者の経営判断による問題であり、かつ、履行可能性の問題もあるから、債権者の決議による債権者自治に委ねるべき問題である。しかし、監督委員は、疑問がある場合には、再生計画案に対する意見書に疑問点を記載するにとどめるだけではなく、積極的に自らあるいは補助者である公認会計士を通じて調査をしたうえで、再生債務者に弁済率設定の根拠の説明や根拠の補充を求め、さらには内容の修正、たとえば、適切な弁済率を再度立案するよう促したり、事案によっては、弁済率をもっと上げるように求めることもある。監督委員の適正な業務遂行の点からすれば、再生債務者が作成した再生計画案に単に意見を述べるだけでなく、問題のある再生計画案の作成を未然に防ぐことも監督委員の職務の内容に含まれると考えてよいであろう。

また、再生計画案に対して債権者が適切な判断をするための参考に供するため、監督委員は、再生計画案に対する意見書を作成し、再生計画案とともにこの意見書を再生債権者に送付するのが実務であるが、監督委員は、再生債務者からの情報提供が不十分と考えるときには、自らの調査結果を述べるなどして積極的に情報提供をすることもあろう。

なお、議論の余地はあると思われるが、監督委員によっては、債権者（特に金融機関）やスポンサーの意向を聴取し、再生計画案可決の見通し等を考慮して、たとえば、自主再建の場合でも、経営責任を明確にするため経営陣の交替を求めたり、株主責任を明確にするため株式の減資・償却を勧めたりして、これを前提とした再生計画案の立案を促すこともある。事案にもよるが、これを一概に否定すべきではない。

7　積極的関与の運用の評価

前述した監督委員の積極的関与の運用に対しては、再生債務者の自己責任を強調し、最終的に再生計画案に対する議決として債権者の判断に委ね、再生計画案が否決されれば再生手続を廃止して破産手続に移行させればすむだけのことではないかとの見解もありえよう。しかし、監督委員の積極的関与の運用により、事業が再生できて破産を免れ、雇用も守られるのであれば、社会経済上その他のメリットは大きいし、そうでないとしても、債権者の利益がより最大化される可能性は高い。しかも、債権者への情報提供などで監督委員が重要な役割を果たすことになる。したがって、積極的関与の運用について肯定的評価をすべきである（注28）。

もっとも、実務の一部で、監督委員の積極的関与に関連して、厳格すぎる監督は問題でないかとの指摘がされることがある。積極的関与といっても運用の一つであり、監督委員が何でもやれるわけではないし、再生債務者が従わないことは、最終的には自己責任の問題として自由である。また、従来、監督委員の関与の程度については、監督委員の人柄や個性、姿勢に委ねられる面がなかったとはいえない。しかし、再生手続が円滑に機能するためには、単に監督委員の考えや姿勢に頼るのでなく、裁判所と監督委員、再生債務者（代理人）が率直に問題点を出し合って意見交換をし、連携を密にして共通認識をもったうえでの積極的関与であるべきである（その意味で、積極的監督委員関与「型」運用と呼ぶこともできよう。）。

8　裁判所の関与の在り方

裁判所は、直接再生債務者の監督にあたるのではなく、監督委員を選任し、監督委員の要同意事項等を指定し、あるいは、監督委員への報告を要する行為を指定したうえで、監督委員を通じて再生債務者を間接的に監督することになる（注29）。監督委員がその職務権限を適切に行使しているかについては、裁判所が直接監督する（民事再生法五七条一項）が、この監督権は、一般的なものと解されている。

裁判所は、監督委員を通じた再生債務者への間接的監督であるからといって、監督委員に任せきるのは相当ではない。再生債務者が公平誠実義務を果たさないかそのおそれがあるという場合には、債権者全体の利益という側面をより考慮して、大局的見地から適切に対処しなければ、民事再生手続への信頼は確保されない。そのためには、裁判所が積極的な役割を果たすことが必要になり、具体的事案や各手続の進行状況を見ながら、裁判所から、監督委員に積極的関与を求めることもあるし、監督委員と連携を密にして共通認識を持ち、監督委員が自ら積極的な監督権限を行使する方向でかかわっていくことになる。

（注12） 田原・前掲（注2）一五頁の（注13）、同二二頁参照。

（注13） 園尾・前掲（注2）八三頁以下は、民事再生法施行当初から、和議事件の運用の教訓によれば、裁判所が直接監督にあたることとすると、書面審査に基づく形式的で厳格な監督が行われるおそれがあり、厳格第一、慎重第一の判断となってしまうが、民事再生法改正の眼目である債務者の自主再建に向けた努力尊重の趣旨実現のためには、監督委員を選任し、裁判所としては、原則として、監督委員を通じた間接的な監督を行い、自らが債務者を直接監督することはできる限り避けることが必要であるとしていた。

（注14） 伊藤眞編集代表「ジュリスト増刊民事再生法逐条研究」六八頁〔林道晴発言〕参照。

（注15） 中島弘雅「監督委員の地位・監督委員による否認権行使」『講座倒産の法システム3巻』三一一頁、松下淳一『民事再生法入門』四五頁参照。

（注16） 深山ほか・前掲（注8）八三頁参照。

（注17） 林圭介ほか「座談会　大阪地方裁判所における監督委員の実務」民事再生実務合同研究会編『民事再生手続と監督委員』一九頁以下〔林圭介発言〕、村田典子「民事再生手続における監督委員の意義」事業再生研究機構編『民事再生の実務と理論』三八三頁以下参照。

（注18） この点は、前掲（注17）『民事再生手続と監督委員』に詳細に触れられている。

（注19） 服部敬「再生計画の遂行・終結と監督委員の役割」事業再生研究機構編『民事再生の実務と理論』二二四頁以下は、民事再生法上の機関たる監督委員の在り方として、再生債権者全体の利益を保護する機能を強調し、民事再生を債権者のための手続と位置づければ、監督委員の監督権限が拡大することを示唆する。また、村田典子「当事者主導型倒産処理手続の機能の変容——アメリカ合衆国連邦倒産法第一一章手続における債権者の手続支配(二)」民商一三九巻一号五九頁以下は、連邦倒産法に関し、裁判所の運用方針は、各裁判官の再建手続のとらえ方を反映しており、再建手続を「債務者が当該事業を再生するもの」と考える裁判官も、「債権者の利益を最大化するもの」と考える裁判官もおり、これらの考え方の違いが、再建手続のさまざまな局面で影響を及ぼすことになるとの論文を引用して、裁判所の役割を考察する。なお、中島・前掲（注15）三一四頁は、再生債務者やその代理人が再生債権者一般の利益に反するような行動をしているときは、監督委員は、再生債務者やその代理人に対して、積極的にその是正を働きかけるべきであるとしており、本稿と目的意識を共通にする。しかし、同三一五頁では、事案により、監督委員が再生債務者に対する監督や働きかけを怠ったことを理由に善管注意義務違反に問われることがありうるとされるが、監督委員の監督行為の積極的役割を「権限」と見ることはできるが、「責務」と見て義務化するなどして監督委員の監督を重くしすぎるとかえって手続の進行が停滞して再生手続が機能しなくなるおそれがあるから、疑問である。

（注20） 民事再生手続における申立代理人の重要な役割については、池田靖「民事再生手続における申立代理人の役割」『理論と実務(上)』一四一頁以下参照。

（注21） 大阪地裁倒産部で民事再生事件を担当していたとき、倒産事件処理に堪能な弁護士とそうでない未熟な弁護士とで、裁判所（特に書記官事務）の事務負担がまったく異なっていることを、少なからず経験した。

（注22） 司法修習を終えたばかりで、かつ、いまだ破産管財人経験のない弁護士が代理人として申し立てた民事再生事案を経験したが、知識・経験はいうに及ばず、経営的な判断が必要となる状況に即座に対応できるかどうかも含めて、かなり問題と思われた。たとえ、民事再生法が、「簡略」で使い勝手のよい再建制度として制度設計されているからといって、決して「簡単」なものではない。

(注23) 田原・前掲(注2)七・九頁参照。

(注24) たとえば、林圭介「大阪地裁の実務にみる民事再生手続四年の特徴と総括的諸問題」債管一〇五号六五頁は、付議時点で事業に不可欠な財産の別除権協定が締結未了の場合など、債務者に不利な情報開示には消極的になりがちで必ずしも十分に情報提供されていない事案も多いとしたうえで、監督委員の意見書でこのような情報についてもできる限り正確な記載を求める運用をしているとする。

(注25) 中島・前掲(注15)三〇八頁以下・三二五頁は、債権者の手続参加が必ずしも十分でないわが国の民事再生手続の下では、監督委員は、債権者の利益代表として、再生債務者やその代理人に対して、積極的に働きかける必要があるとの立場を明らかにしており、同意見である。この点、田原・前掲(注2)七・九頁は、監督委員の職務には、再生債務者の業務、財産、現状等に関する報告等は含まれず、再生債務者の報告内容の適否に関する監督権も含まれていないとするが、そう狭くとらえることはないと思う。

(注26) 田原・前掲(注2)一六頁は、法制審議会での審議過程では、監督委員に再生計画案の作成を補助する権限や責務を認めるべきとする意見はまったく存しなかったし、再生計画の立案につき事実上のアドバイスをすることはありうるであろうが、それはあくまで事実上のものであり、法的な権限や責務に基づくものではないとされ、同一一頁は、再生計画案の作成には関与せず、その再生計画案の当否につき意見をいうべき立場にもないとされる。しかし、債権者全体の利益を考えると、積極的に関与することは許されるであろう。

(注27) 再生計画案の審査については、鹿子木康「東京地裁における再生計画案の審査について」松島英機ほか編『門口正人判事退官記念　新しい時代の民事訴訟』一七一頁以下参照。

(注28) 腰塚和男「監督委員の実務Q&A32問」・前掲(注17)『民事再生手続と監督委員』二〇三頁以下は、「後見的」というのは「消極的」という意味ではない、民事再生法は、監督委員に幅広い権限を与えており、事案に応じた柔軟かつ適切な「後見的監督」を期待しているという。

(注29) この点につき、園尾・前掲(注2)八三頁以下は、裁判所が直接監督すると、勢い、書面審査に基づく形式的で厳格な監督が行われるおそれがある、手続も遅延するおそれがあるなどとして、監督委員を通じた間接的な監

督態勢の有用性について論じるが、特に異論はない。

五　管理命令

1　管理命令の位置づけ

裁判所は、再生債務者（法人である場合に限る。）の財産の管理又は処分が失当であるとき、その他再生債務者の事業の再生のために特に必要があるときは、管財人による管理を命ずる処分（管理命令）をすることができる（民事再生法六四条一項）（注30）。

民事再生法が再生債務者の自主的再建努力を尊重して、ＤＩＰ型手続を基本理念としていること、民事再生法上、管理命令発令が監督委員の選任よりも相当厳格な要件となっていることなどをふまえると、管財人を選任するのは、例外的事態というべきであり、できるだけ、監督委員による積極的関与・監督を通じて、ＤＩＰ型運用から生じる諸問題に適切に対応し、それによっては十分対応できない例外的事案に限って、管理命令を発令すべきである。大阪地裁をはじめ、ほとんどの裁判所では、そのような運用を行っているものと思われる（注31）。

前述の監督委員の積極的関与の運用は、監督委員の関与の在り方が積極的かどうかの問題であり、あくまで運用にとどまる。これに対して、管理命令は、例外的扱いとはいえ、民事再生法が六四条一項に規定する要件の下で認めているものであり、管理命令が発せられた場合には、再生債務者の業務の遂行並びに財産の管理及び処分をする権利は、裁判所が選任した管財人に専属する（六六条）ので、再生債務者に与える影響は決定的であり、まさに管理型の手続といえる。管財人は、裁判所の監督に服し、管財人が裁判所の定める一定の行為をするには裁判所の許可を要するほか、必要に応じて裁判所に報告する義務を負う（七五条、七八条による五七条の準用）。

2　大阪地裁における管理命令の発令状況

(一)　大阪地裁における管理命令の発令状況

民事再生法が施行された平成一二年四月から二三年一二月末までの一二年間の通常再生事件の申立件数は八三〇件である。このうち、管理命令が発令された件数は八九件だが、このなかには、民事再生手続終了から破産手続開始までの間、保全管理命令を発令する根拠規定がなかったことから、財産保全の必要上、保全管理命令のかわりに管理命令を発令したもの（いわゆる「代用型管理命令」）が合計三九件含まれているので、この代用型管理命令を除くと、本来型の管理命令は五〇件で、総数に対する割合は約六%である。なお、大阪地裁で代用型管理命令の発令をしなくなった平成一六年から二三年末までの再生事件申立件数は四〇一件、管理命令発令件数は二七件で、総数に対する割合は約六・七%である（注32）。

(二)　管理命令を発令した事例

大坂地裁でこれまで管理命令を発令した事例を類型化すると、

①　巨額の粉飾決算、偏波弁済、使途不明金などがあり、著しく不当な資産管理の実態がある場合
②　監督委員の同意違反の程度が著しい場合
③　再生債務者の放漫経営があり、従来の経営陣が多数の債権者から信頼されておらず、現経営陣の退陣を求め

る場合

④　代表者自身が病気・体調不良その他の理由により経営について自信を喪失し、経営意欲や能力に疑義がある場合

⑤　債権者申立ての場合

などがある（注33）。

たとえば、大阪地裁で実際に管理命令を発令した事案として、次のような事例がある。

【事例①】　平成一八年決算では約一六億円の資産超過であったが、翌一九年決算では約八四億円の過年度修正損を計上するなどして、約一〇〇億円の債務超過となる巨額の決算修正を行った株式会社の民事再生申立てについて、長期間にわたり売上げの過大計上などの不適正な会計処理が大規模に行われていたことは間違いなかったことから、再生債務者の財産の管理が失当であったとして、再生手続開始決定と同時に管理命令を発令した。

【事例②】　簿外で約一〇〇億円以上の買掛金債務が存在する可能性や、その売上げ及び資産のうち約八～九割以上が架空循環取引に係るものであるとの疑いがあった東証二部上場の株式会社の民事再生申立てについて、申立てと同時に保全管理命令を発令し、さらに、再生手続開始決定と同時に管理命令を発令した。

3　管理命令の発令と裁判所の関与の在り方

(一)　管理命令発令を検討すべき場合

前述のとおり、民事再生法上、管理命令は例外的に位置づけられているから、裁判所として、この点を十分留

意しなければならないのは当然である。

しかし、たとえば、前記事例①②のような民事再生事件について、裁判所は、どのような立場で関与すべきであろうか。あくまで、理念どおり、まずはＤＩＰ型で手続を進めるべきであろうか。上記事例①②の場合にＤＩＰ型で手続を進めるとすると、債務者（代理人）主導の下で、経営陣の変更を促すことが一応考えられよう。しかし、それでは、債権者の理解・協力が得られないなど手続の進行に支障が生じ、事業価値の毀損も進むなどの事態が経験的に予想されるから、ＤＩＰ型再生手続によることは相当でなく、管理型の再生手続でなければうまくいかないといえよう（裁判所が再生手続開始決定と同時に管理命令を発令した判断は相当というべきである。）。

その他、重大な粉飾決算が行われた事例、あるいは、偏波弁済などが行われており、再生債務者の業務遂行、財産処分自体にかなり問題があり、このまま再生債務者主導で手続を進めていては、企業価値も大きく毀損し、債権者や利害関係人の利益が大きく損なわれる場合など、発令要件を満たし、管理命令発令を必要・相当とする事案は、前記事例①②のほかにもある。このような事案で管理命令を発令することは、決してＤＩＰ型手続をとる民事再生法の基本理念に反するものではない。むしろ、適切な管理命令の発令は、民事再生手続全体の趣旨にかない、公平・透明性を含めて、その信頼確保、維持、向上につながる。逆にそのような事案で、ＤＩＰ型手続であることを観念的に強調して、そのままＤＩＰ型として手続を進めることは、民事再生手続に対する信頼を損ないかねないのであって、相当ではない（注34）。

もっとも、管理命令が発令されることを考え、経営陣が民事再生申立てをすること自体を萎縮させる面があることは否定できない。しかし、民事再生申立てを要する段階にありながら、管理命令をおそれて申立てをしない場合、再生債務者は当該会社をどうしようというのであろうか。そのまま経営陣の経営に委ねるのであれば、会社財産が流出、毀損するおそれも十分ある。管理命令発令は、あくまで法六四条の要件を充足する場合に発令されるのであり、この点を含め、申立代理人が民事再生制度の趣旨、目的を債務者に十分説明することがむしろ重要であろう。また、管理命令発令の可能性があることは、再生債務者の違法行為を予防し、ＤＩＰ型手続として再生債務者・経営陣が公平誠実に業務を遂行し、適切な財産の管理処分を行うための動機づけにもなっており、結果として再生手続の信頼性を高めている。もともと、ＤＩＰ型民事再生手続は、再生債務者を「信頼に足りる機関」であるとの前提で設計され運用されている制度であるから、再生債務者による公平誠実義務等が果たされていない例外的場合には、裁判所が積極的管理の役割を果たすことはやむをえないことと考える。

また、監督委員の積極的関与と管理命令との関係では、監督委員による積極的な関与・活動がされれば管理命令は不要でないかとの見解もあり、実際にも、監督委員が積極的役割を発揮した結果、管理命令の発令がなくとも、民事再生の目的を達している事案は少なからずあろう。しかし、前記事例①②のように、監督委員の権限では対処できないほど再生債務者の管理が著しく失当で、真に管理命令を必要とする事例も実際にはある。監督委員の積極的役割を強調したとしても、管理命令を完全に否定する理由にはならない。したがって、発令の要件を充足し、必要性・相当性があれば、裁判所は、むしろ躊躇なく管理命令を発令すべきであり、そうであるにもかかわらずこれを発令せず、漫然と事業等を遂行させ、最終的に再生債務者及び債権者の自己責任であるとして民事再生手続を廃止し破産手続に移行させてしまうことは、倒産制度全体の信頼を損なうおそれがあるから、裁判所の責任上あってはならないことと考える。

(二) 管理命令発令にあたっての留意点

管理命令を発令するか否かの判断にあたっては裁判所の裁量が大きく、民事再生法(六四条一項)も「職権管理命令」を許容しているが、大阪地裁倒産部の実務上は、利害関係人(特に債権者、再生債務者)の申立てによることがほとんどである。しかも、管理命令の発令に際しては、監督委員とも十分な打合せをし、申立代理人、場合により主要債権者などから意見聴取し、監督委員の報告書等で一定の事実認定をしたうえ、監督委員の管理命令を相当とする旨の意見書、あるいは、申立人から管理命令に移行が相当である旨の上申書に基づいて管理命令を発令しており、手続的にも慎重な取扱いをしている。

また、管理命令の発令時点については、事案により一概にいえないが、再生債務者の事業価値毀損の程度の最小限化の点や管財人がとれる行動の範囲の制約などからすれば、要件充足性がある限り、できるだけ早い段階で管理命令へ移行するほうが望ましい。また、事案によっては、あえて管理命令発令にまでは踏み込まずに、監督委員の積極的関与の運用にとどめておいたほうがよい場合もあろう。

管理命令の場合、裁判所が直接監督することになるが、裁判所が手続全般にわたって逐一監督をするには、情報量、収集方法などを含めて限界がある。通常は、経験豊富で能力の高い管財人を選任しているから、裁判所の監督に問題が生じることはまずないが、それでも、①事業譲渡の許可の場合の事業再生のための必要性(四二条)や譲渡の対価その他の契約内容の相当性、②スポンサーからの借入れなどの許可申請について、裁判所が適宜に適切な判断をすることに困難な場合があり、しかも、手続が遅滞しないよう留意を要する。そこで、調査委員を活用するとか、事業家管財人を選任する(注35)、管財人を複数選任して分掌させる、あるいは、管財人代理を選任するなど、実務上運用の工夫が必要となる。

（注30）管理命令については、中井康之「管理命令の現状と課題」事業再生研究機構編『民事再生の実務と理論』一二頁以下参照。

（注31）管理命令に関する立法経過によると、一読会案では、機関に関する規定の初めに管財人に関する規定が置かれ、監督委員及び調査委員は管財人の規定を準用しており、二読会案では、管理命令は特則として簡易調整手続等とともに最後に置かれていたのが、最終的に、監督委員、調査委員、管財人、保全管理人の順に規定され、監督委員の規定のうち必要なものが準用されるという現在のかたちになったのであり、民事再生法上、ＤＩＰ型手続を原則とし、管財人による管理型運用が例外的な位置づけとされていたことは明らかである。

（注32）全国的に見ると、大阪地裁の管理命令発令件数が多いのは事実である。また、大阪地裁と東京地裁とでは管理命令発令の運用に大きな違いがあると従前から指摘されており、統計上、大坂地裁では、管理命令の発令は平均して六～七％程度であるのに対し、東京地裁では、平成一五年まで一件、その後二一年三月まで〇件と、従来はほとんど管理命令を発令してこなかった経緯がある。もっとも、東京地裁でも、平成二二年一月から、「本当に必要な場合には管理命令を発令する」と運用を改め、実際にも、平成二二年から五件管理命令を発令したようである（鹿子木康『新倒産法制一〇年検証』五五頁参照）。管理命令の発令件数自体は、あくまで個々の事件で民事再生法六四条の管理命令の発令要件を検討したうえでの発令の判断の積重ねの結果にすぎないが、大阪地裁で実際に管理命令を発令した事例を考慮すれば、大阪地裁の運用に問題はないであろう（中井・前掲（注30）一六頁も同旨）。この点、福永有利監修『詳解民事再生法〔第二版〕』九三頁〔四宮章夫〕は、大阪地裁の管理命令の発令率につき、代用型管理命令を割り引いたとしても、再生手続をＤＩＰ型の手続として運用することを拒否するものと評価せざるをえないとする。その趣旨は明確でないが、管理命令の発令自体がＤＩＰ型手続では相当でない場合の例外的事態であるし、大阪地裁がＤＩＰ型手続運用を軽視している趣旨を含むのであれば、誤解に基づくものである。

（注33）林圭介「企業倒産における裁判所による再建型倒産手続の実務の評価と展望」ジュリ一三四九号四二頁、中井・前掲（注30）14頁参照。

（注34） 山本克己ほか「施行六年を経過した民事再生手続を振り返って――全国倒産処理弁護士ネットワーク第五回全国大会シンポジウム報告」債管一一五号二八頁以下〔石井教文弁護士、上田裕康弁護士発言〕参照。
（注35） 事業家管財人選任事例として、柳田一宏ほか「事業家管財人が活躍した民事再生事例――経営体制刷新の手段としての管理命令の活用」金法一九四二号六〇頁参照。

六　おわりに

民事再生法施行後、すでに一〇年以上を経過した。その間、施行直後から、東京地裁、大阪地裁を中心に、民事再生手続の実施にあたって、よりよい実務の定着に向けて検討を重ねた結果、民事再生法はよく利用され、当初想定されなかった大企業の再建についても利用されるようになったのであり、施行一〇年を見る限り、裁判所の運営を含めておおむね肯定的評価をしてよいと思われる（注36）。

本稿は、民事再生事件処理における裁判所の関与の在り方について、再生債務者の自主的再建努力、意欲の尊重や債権者の自己決定権の尊重といった民事再生法の理念を基本に置きながらも、民事再生手続の信頼確保の面からすれば、裁判所（監督委員）が積極的な役割を果たす場合があり、それが民事再生法の趣旨、目的にもかなうことを指摘したものである。民事再生法施行当時の諸論文（たとえば、前掲（注2）・田原論文、園尾論文など）は、法の理念を尊重すべきことを強調しており、それ自体は筆者としても異論はなく、裁判所として留意しなければならない点であるが、実際の事件処理の実情や必要に応じて、裁判所や監督委員の果たすべき役割の大きさは否定できない。もっとも、裁判所が、事案によって積極的な立場を示すことについては、見方によっては、和議法の下で、裁判所、整理委員、和議管財人が和議に関して責任を負いすぎ、結果として債務者の再建の芽を摘んでいたことの再現を懸念する意見が出ないでもないが、実務では、民事再生法一条の目的を正しく理解して運用しており、事案の実情を直視すれば、この懸念は当たらないことが明らかになると思われる。

法的倒産手続処理について裁判所に対する国民の期待には常に高いものがあり、今後ともさらに高まることが予想されるが、裁判所は、これに確実に応えていかなければならない。とはいえ、民事再生手続において、裁判所が単独でやれることはかなり限られており（ほとんどないともいってよい。）、弁護士、公認会計士等との連携、さらには研究者の支援も欠かせない。民事再生事件処理における裁判所の関与の在り方についての議論がいっそう進むことを期待したい（注37）。

（注36）　多比羅誠「再び倒産法改正を」『新倒産法制一〇年検証』一八四頁は、「民事再生法はなぜ成功したか」として、「法律そのものの できが良いというだけでなく、実務運用がよい。徹底的に、手続の簡素化、迅速化を図り、かつ、柔軟性を持って運用しているからである。」とされる。

（注37）　小杉丈夫「改革のインパクトの大きさと、広がる異なる手続相互の協働」『新倒産法制検証一〇年』一七七頁以下は、世界のなかでは、日本の裁判所は企業再建についての大きな割合の役割を果たしており、その監督の度合いもかなり高く、基本的には、このような方向を維持してよいとされ、特に、民事再生事件は、申立代理人の能力が千差万別で、裁判所は個別の事件での監督、介入の匙加減に苦労されており、これからの裁判所は、これまで以上に、多様な利益の調整、手続の公平さと透明性の確保に神経を使うことになろう、とされる。

ファイナンス・リースに対する民事再生手続上の中止命令の類推適用について

印藤　弘二

一　はじめに

民事再生法上の担保権の実行中止命令（同法（以下「民再法」とも略記する。）三一条一項。以下、単に「中止命令」ともいう。）は、その条文文言上は特別の先取特権、質権、抵当権又は商事留置権の実行手続に対するものであるが、非典型担保に対しても、その類推適用を認める見解が多数説であり（注1）、裁判例にもこれを認めるものが現れている（注2）。

ただし、類推適用肯定説は、非典型担保の実行手続の多様性や簡易実行の特性などから、中止命令の要件や効果について慎重な検討を要するとの注釈を付するのが一般的であるとされ（注3）、近時は、むしろ抽象論として非典型担保の類推適用の可否を論じるのではなく、具体的な担保類型や目的財産を前提として、中止命令の可否や効果を検討することが重要であり、また、非典型担保では簡易な実行が認められ、早期に実行手続が終了してしまうからこそ、中止命令によって、別除権協定の交渉や担保権消滅請求の機会を確保することが必要であることに留意すべきであるといわれる（注4）。筆者もこの問題意識に共鳴するものであり、本稿では、ファイナンス・リース（以下単に「リース」ともいう。）を検討素材として、この議論に加わりたいと考える。

なお、ファイナンス・リース契約の実質が金融取引であり、リース業者がリース物件に関して有する権利は非典型担保の一種であって、倒産手続において更生担保権ないし別除権として扱われることはすでに判例理論となっている（注5）。よって、本稿でもこのことを前提に考察を進めることとする。

（注1）　伊藤眞『破産法・民事再生法（第二版）』六〇一頁以下、松下淳一『民事再生法入門』一〇〇頁、山本和彦ほ

か『倒産法概説（第二版）』四〇六頁〔笠井正俊〕、園尾隆司＝小林秀之編『条解民事再生法（第二版）』一二七頁以下〔高田裕成〕、才口千晴＝伊藤眞監修『新注釈民事再生法(上)（第二版）』一五一頁以下〔三森仁〕など。なお、消極説として紹介されることもある西謙二「民事再生手続における留置権及び非典型担保の取扱いについて」民訴五四号六九頁も、実効性等の問題を指摘するが、類推適用の可能性を全く否定するものではない。

（注2）　集合債権譲渡担保につき中止命令を認めた裁判例として、東京地判平16・2・27（金法一七二二号九二頁）、大阪高決平21・6・3（金法一八八六号五九頁）、福岡高裁那覇支決平21・9・7（判タ一三二一号二七八頁）がある。また、前掲東京地判の控訴審である東京高判平18・8・30（金商一二七七号二一頁）は集合債権譲渡担保に中止命令の類推適用があることは認めつつ、熊本地裁が当該事案で発令した中止命令について、発令要件を欠くことを理由に無効とした。

（注3）　前掲（注2）大阪高決に係る山本和彦「判批」金商一三二一号三頁参照。

（注4）　小林信明「担保権実行手続の中止命令の適切な利用——非典型担保への類推適用」事業再生研究機構編『民事再生の理論と実務』三三頁。

（注5）　更生手続につき最判平7・4・14（民集四九巻四号一〇六三頁）、再生手続につき最判平20・12・16（民集六二巻一〇号二五六一頁）。

二　中止命令の類推適用の意義

民事再生手続（以下「再生手続」という。）において、再生債務者財産上の担保権は別除権として取り扱われ、原則として手続に拘束されることなく実行される（民再法五一条一項・二項）。この取扱いは、清算型手続である破産手続におけるそれ（破産法二条九項、六五条一項）と基本的に同様であり、同じ再建型手続である会社更生手続（以下「更生手続」という。）が更生会社財産上の担保権に関し、更生担保権として手続の拘束を及ぼしている（会社更生法二条一〇項、四七条一項等）ことと顕著な相違がある。

再生債務者の事業・経済生活の維持・再生に必要な資産に担保権が設定され、担保権が実行されたならば再生債務者の事業再生等に支障を来す場合は往々に見受けられるが、民事再生法は、その最終的な解決を、担保権者との個別合意である別除権協定と担保権消滅許可の制度（民再法一四八条以下）に委ねている。しかしながら、別除権協定の成立には相応の交渉期間を要するものであり、また担保権消滅許可の申立てにも資金面の手当てをはじめその準備には一定の期間を要するのが通常であるところ、担保実行になんらの制約も加えないのでは、別除権協定の成立や担保権消滅許可の制度利用の機会が実質的に失われてしまい、そのため再生債務者の再生が困難となり、ひいては再生債権者一般の利益に反することともなりうる。

そこで、再生手続では、再生債権者一般の利益に適合し、かつ、競売申立人に不当な損害を及ぼすおそれがないものと認めるときに、裁判所は相当の期間を定めて担保権実行手続の中止命令を発令することができるものとされている（民再法三一条一項）。

非典型担保に中止命令の類推適用を肯定する見解は、このような中止命令の制度趣旨は非典型担保にも等しく妥当することを理由とするものであり、私見も同様である。

ところで、中止命令は担保実行を停止させるものであって、実行手続を取り消すものではないから、担保実行が終了すれば、中止命令を発令する余地は失われる。すなわち実行の終了は中止命令発令の時的限界を画することになるが、非典型担保は民事執行法所定の手続によらず簡易な私的実行手続によることから、その終了時期をどのように解するかが重要となる。とりわけ解除等の担保実行の意思表示のみによって担保実行は完了し、担保権者の目的物に対する権利は取戻権に転嫁するとの見解に立つと、中止命令を発令する機会は多くの場合事実上失われ、類推適用肯定説といっても否定説と帰結に大差がなくなってしまいかねない。したがって、中止命令の制度趣旨から非典型担保への類推適用を認めるうえは、その実用性が確保できる方向での解釈を目指すべきと考える。このような立場から、ファイナンス・リースに対する中止命令に関する問題点を検討していきたい。

三 ファイナンス・リースにおける担保実行の終了時期

1 実行終了時期に関する学説

まず、ファイナンス・リースにおける担保実行の終了時点はどの時点かが問題となる。これについては、中止命令ないしは担保権消滅請求の議論において次のような説がある（なお、リース契約ではユーザーの占有権限を失わせる意思表示を解除と構成することが多いが、解除を要せずに返還請求ができるとの約定も見られる。前者の場合の解除通知と後者の場合の返還請求の意思表示は、そのいずれであってもリース料債権につき期限の利益を失わせ、ユーザーの占有権限を奪う形成権の行使であり、実質は担保実行の通知にほかならない。したがって、以下「解除」というときは、後者の場合の返還請求の意思表示も含める意味に用いる。）。

(1) 解除時説

契約解除により完全な所有権がリース業者に帰属した時点で担保権の実行はすでに完了し、あとは取戻権の問題が残るにすぎないとの見解である（注6）。裁判例でも、リースに対する担保権消滅請求の事例で、解除通知により実行は完了するとしたものがある（注7）。

(2)　交換価値実現時説

ユーザーからリース物件を取り戻して交換価値を実現し弁済を受ける時までを実行手続と評価するべきとする見解である（注8）。

この見解は、リース物件の引渡しがあるまでは担保実行手続は完了しないというものと解され、さらには引渡し後であっても、リース物件の処分まで中止命令発令の余地を認めるようにも理解しうる。もっとも、帰属清算方式をも認める趣旨か否か、もし帰属清算方式を認めるのであれば、その場合の担保実行手続完了時はどの時点か、引渡し前でも実行手続完了となることがあるのか等の点については、必ずしも明らかにされていないように思われる（注9）。

(3)　仮登記担保法二条一項類推説

仮登記担保法を担保権の私的実行についての通則と解し、リース契約による担保権についても同法二条一項を類推適用し、同法所定の清算期間内は権利移転の効力が生ぜず、中止命令が可能とする見解である（注10）。仮登記担保法二条一項は、清算金の見積額（清算金がないと認めるときは、その旨）の通知後二カ月間は所有権移転の効力が生じないとするものであるから、リース契約についても解除通知とは別に右通知を必要としたうえで、その後二カ月間の中止命令を認めることとなろう。

(4)　評価額通知時説

一応の合理性のあるリース物件の評価額と債権額を具体的に記載した清算通知があるまで実行手続は終了しないとする見解である（注11）。

この見解は、右通知があれば、物件の引渡し前でも実行手続は終了するものとする。

2 検討（その一）——私見

右各説のうち、前記のとおり複数の下級審裁判例が(1)説（解除時説）に立っており、実務上はこの見解が有力と見られるが、(2)(3)(4)説は、そのいずれもが(1)説（解除時説）ではファイナンス・リースに中止命令を発令する機会が著しく限定されるとの問題意識に根差している。この問題意識はもとより正当と考えるが、それではいずれの説が適切であろうか。

ここに(1)説（解除時説）は、ユーザーが取得したリース物件の利用権がファイナンス・リースの担保目的であり、リース契約の解除によって利用権はリース業者に移転してリース業者は完全な所有権を回復するとする（注12）。リース契約におけるリース業者の担保権の法律構成については、右のとおり利用権を担保目的とする説のほか、所有権留保類似のものと解する説（注13）があるが、たとえファイナンス・リースの担保目的が利用権であるとしても、その上にユーザーの受戻権があると観念される間は、利用権はリース業者に確定的には移転しておらず、したがってリース業者はなお完全な所有権を回復していないと考えることが可能であると考える。

したがって、利用権が担保目的であったとしても、そのことが直ちに担保実行の完了は解除時であるとの結論に結びつくのではなく、むしろ解除によりユーザーの受戻権は消滅するのか、それともなお一定の期間存続するのかとの観点から考察するべきではないだろうか。

ここに、受戻権とは被担保債権を弁済することにより担保目的から担保権を消滅させる担保設定者の権利の意味で用いる（注14）。そして、受戻権の存続する間は、担保目的たる権利が担保設定者から担保権者に終局的には移転しないから担保実行は終了しておらず、受戻権の消滅により、担保設定者は担保目的たる権利を終局的・不可逆的に喪失するので担保実行は終了する。すなわち、担保実行の終了時点の論点は、受戻権の終了時点の論点に置き換えることができ、むしろそのように置き換えて、リース契約においてユーザーの受戻権をいつまで認めることが妥当かとの観点からリース業者の担保実行の終了時点の判断をすることが、リース業者とユーザーの利害を適切に評価するうえで有用と考える。

もっとも、ここで考慮すべき利害関係者として、再生債権者を含んで考える必要はあるだろうか。少なくとも平時では、担保実行の終了時点につきユーザーの一般債権者の利害を考慮する必要は格別ないであろう。一方、再生手続では、担保権者を別除権として処遇し、その行使に対して中止命令と担保権消滅請求による制約を及ぼす余地を認めているから、リース業者の担保実行に関する再生債権者一般の利益との調整は、これら制度との関係では当然考慮すべきである。しかし、だからといって、再生手続時のこれら制度の適切な運用との整合性に目を奪われて、平時における利害調整が疎かになってはならないであろう。したがって、検討の手順としては、まず平時を想定してファイナンス・リースの担保実行終了時の判断を行い、しかる後、そのような実行終了時について倒産法たる民事再生法上の観点から修正を加える必要があるかを検討することが妥当であると考える。

それでは受戻権はどの時点まで存続するだろうか。

最判昭57・10・19（民集三六巻一〇号二一三〇頁）は、リース業者がリース期間中にリース物件の返還を受けた場合には、特段の事情がない限り、返還によって取得した利益を返戻し又はリース料債権の支払に充当するなどしてこれを清算する必要があるとの清算義務を認めるが、リース物件の受戻しについて明言する判例はない。一方、譲渡担保の受戻権の存続期間については、最判昭62・2・12（民集四一巻一号六七頁）が、①帰属清算型においては、譲渡担保権者が設定者に対し、目的不動産の適正評価額の適正評価額が債務の額を上回る場合は清算金の支払又はその提供をするまで、目的不動産の適正評価額が債務の額を上回らない場合はその旨を通知するまで、②処分清算型においては、その処分の時までとする。また、その理由として右判例は「譲渡担保契約の目的は、債権者が目的不動産の所有権を取得すること自体にあるのではなく、当該不動産の有する金銭的価値に着目し、その実現によって自己の債権の排他的満足を得ることにあり、目的不動産の所有権取得はかかる金銭的価値の実現の手段にすぎないと考えられるからである。」と判示していることから、その射程は目的物が動産の場合にも及ぶと理解される。

そうであれば、ファイナンス・リースにおいても、リース業者が解除のうえ目的物の返還を求める目的は右判示と同様であるから、リース物件の受戻権の存続期間についても右判例を基本に据えて論じるべきものと考えられる。

すなわち、リース契約ではリース業者の清算方式については定めを置かないか、あるいはリース業者に帰属清算と処分清算の選択を認めるものが多い。そのいずれであっても実務上は、リース業者が処分清算を選択することが多いと見られるが、その場合には、ユーザーの受戻権は処分時まで存続する。他方、リース業者が帰属清算を選択したうえで、適正な清算金を提供するか、目的物の適正評価額が債務額以下であるとの通知をすれば、その時点で受戻権は消滅する。もっとも、リース物件は、通常、換価価値の減少の速度が速い動産等であるから、帰属清算の場合には、実際上は、右清算通知だけで受戻権が消滅することが通例となろう。

このように考えると、一般的なリース契約では、通例、清算通知時又は目的物の処分時のいずれか早い時期が受戻権の消滅時点であるといえる。そして、ファイナンス・リースにおける担保実行が終了する時期は、この受戻権消滅時点であると解すべきである。

3　検討（その二）——他説について

右私見によれば、まず⑴説（解除時説）は、リース物件に対するリース業者の権利の実質が担保権であるにもかかわらず、担保実行開始の意思表示の実質を有する解除があっただけで、その後の受戻権をまったく否定する点において問題があると考える。

リース業者は、リース契約の解除によってユーザーの利用権を奪い、目的物の返還請求権を行使できるが、ユーザーの受戻権が存続する間は、その行使によってユーザーの利用権が復活すると考えられる。換言すれば、受戻権が行使されることを解除条件とする返還請求権と構成できるだろう。よって、この間のユーザーの目的物返還請求権は、その法形式上の根拠がたとえ所有権に基づくものであるとしても、担保権の実行手続の過程と位置づけるべきであり、再生手続上は別除権の行使であるというべきである。

もっとも、ここに受戻権とは残リース料全額を提供することにより、利用権を回復できるという権利であるから、受戻権の存在自体で返還請求を拒絶する根拠とならないのは当然である。リース業者は所有権、リース契約の終了のいずれをも実体法上の原因として返還請求ができ、ユーザーは残リース料全額を提供する受戻権を行使しない限り、これを拒むことはできない。

次に⑵説（交換価値実現時説）は、前記のとおり、帰属清算方式を認めるのか否か、これを認める場合には、その具体的な適用の結果はどのようなものか等が必ずしも明らかにされていないと考える。あるいは、私見と同様の結論を導くものかもしれないが、仮にそうではなく、帰属清算方式を認めないのであれば、合理的な理由を見出しがたいと考えられる。もっとも、帰属清算方式を認め、清算通知だけで担保実行が終了すると解すると、リース契約で清算金の発生する場合は実際上まれであるから、実行中止命令発令の機会が著しく奪われることになるが、それへの対応は、平時におけるファイナンス・リースの扱い一般の解釈論により対処するのではなく、前述したように、あくまで民事再生法上の観点から平時の扱いに修正を加える必要の可否を別途検討すべきと考える。

(3)説（仮登記担保法二条一項類推説）については、上記のとおり昭和六二年判決が譲渡担保において、仮登記担保法二条一項と異なる準則を定立しており、判例の立場と異なるというべきである。また、実質的に見ても、同法は担保目的が不動産の場合であるのに対しリース物件は換価価値の減少の速度が相対的に速い動産等であることから、リース業者に対し一律に清算通知後なお二カ月の処分を禁じる帰結を導くことは、リース業者の利益を害するように思われる。

最後に(4)説（評価額通知時説）であるが、この説が仮にリース契約には処分清算方式を認めないとの立場であれば、リース業者の換価価値実現の機会を不当に奪うものであり妥当ではないであろう。おそらく論者もそのような前提をとるのではなく、処分清算方式を認めたうえで、帰属清算方式の場合はもとより処分清算方式の場合であっても清算通知が必要であり、その清算通知の内容は、目的財産の見積価額と被担保債権額が具体的に明記されなければならず、さらに清算金が発生する場合にはその支払又は提供を必要とするものであろう。

しかし、この立場は譲渡担保に関する昭和六二年判決とは明らかに異なる。たとえリース物件の評価額は「一応の合理性」があればよいとしても、帰属清算方式をとった場合、清算金がないとき（リース契約の解除時にはこの場合が多いであろう。）は仮登記担保契約法においてもその旨の清算通知で足りるのに対し、それを超える内容の清算通知をリース業者に一般的に要求することとなる。また、処分清算方式（実務ではこの方式がとられることが多いと思われる。）を認めつつ処分前に右のような内容の清算通知を一般的に要求することとなる。これではリース業者に対し、やや過重な手続上の負担を課することになるのではなかろうか。この点論者は、その評価を要する期間は清算通知をできなくなるため、中止命令の利用可能性が増大するとされ、中止命令の実用性確保の効果を重視される。しかし、中止命令の実用性確保のため、平時におけるファイナンス・リースの担保実行に関する一般的な規律についてまでリース業者の側に過重な負担を及ぼすことは、やはり穏当でないように思われる。

（注6）山本和彦「倒産手続におけるリース契約の処遇」金法一六八〇号一三頁。西謙二＝中山孝雄編『破産・民事再生の実務〔新版〕(下)民事再生・個人再生編』七八頁〔中山孝雄〕。また、最判平20・12・16（民集六二巻一〇号二五六一頁）に関する松下淳一「判批」金商一三六一号一〇七頁は、同判決は、ファイナンス・リース契約では解除が有効であると取戻権の問題しか残らず中止命令等の余地はないとの理解に立つものであるとする。

（注7）ファイナンス・リースに対する民再法一四八条の担保権消滅許可申立ての事案において、再生手続開始前にリース契約が解除されていたとして申立てを棄却したものとして、大阪地決平13・7・19（金法一六三六号五八頁）。なお、東京地判平15・12・22（金法一七〇五号五〇頁）、東京高判平19・3・14（金法一八六九号四七頁、平成二〇年判決の原審）も、ファイナンス・リースの担保権実行の完了時期につき同旨。

（注8）全国倒産処理弁護士ネットワーク編『新注釈民事再生法(上)〔第二版〕』一五四頁〔三森仁〕。

（注9）巻之内茂「各種の契約の整理（Ⅲ）——リース契約」園尾隆司ほか編『新・裁判実務大系㉘』二三五頁は、破産手続における担保権消滅許可請求との関係において、ファイナンス・リースにおける担保実行の完了は、清算義務を完了した時点であるとする。この見解は、帰属清算方式をも認めることを前提とするが、その場合に、引渡し前でも担保実行が完了することがあるのか否かについてまでは言及されていない。

（注10）安木健ほか編『新版一問一答民事再生の実務』三〇四頁〔木内道祥〕。なお、動産・不動産を問わず譲渡担保にこれを認めるものとして、柚木馨＝高木多喜男編『新版注釈民法⑼』八六〇・八七九頁〔福地俊雄〕。

（注11）前掲（注4）小林四三頁以下。

（注12）前掲（注6）山本九頁以下。前掲（注7）平成一三年大阪地決、同平成一五年東京地判、同平成一九年東京高判も同旨である。

（注13）田原睦夫「ファイナンス・リース契約と会社更生手続」金法一四二五号一四頁、伊藤眞「ファイナンス・リース・ユーザーの会社更生手続における未払リース料債権の法的性質」金法一四二八号六五頁。

（注14）最判昭57・1・22（民集三六巻一号九二頁）は、不動産譲渡担保の事案において、債務者が債務を弁済して目的物を取り戻すことを、「いわゆる受戻の請求」と判示している。

四　解除前の中止命令の発令について

解除によりユーザーはリース物件の占有権限を失い、リース業者はその返還を請求できるとしても、それだけで受戻権は失われないから担保実行は終了せず、清算通知時又は目的物の処分時のいずれか早い時期が担保実行の終了時となるとの前記私見（便宜上、以下「清算通知・処分時説」という。）では、中止命令発令の時的限界は実務上有力と見られる「解除時説」よりも遅くなる。したがって、解除後であっても中止命令が発令できると解することになる。

それでは、ファイナンス・リースの担保実行に関する中止命令の具体的な内容はどのようなものとなるだろうか。中止命令が本来予定する中止対象は民事執行法上第三章の定める担保権の実行としての競売手続であるが、これをファイナンス・リースの担保実行手続に類推適用するとすれば、その中止の対象はどのように考えるべきか。ファイナンス・リースの担保実行過程は、①解除によりユーザーの占有権限を奪い、②リース物件を引き揚げ、③処分清算の場合は物件を処分し、帰属清算の場合は清算通知をする、との過程をたどるのが通常である。もっともユーザーが引揚げに応じない場合などは、中止命令の発令を回避するためリース業者は引揚げ前でも清算通知または物件処分を行って受戻権を消滅させ、担保実行を終了させることもありえよう。したがって、ファイナンス・リースの担保実行に関する中止命令は、その実行過程を構成する右法律行為及び事実行為のうち、発令時点で履践されていないすべての行為をその対象とすることができると考える（注15）。すなわち、リース契約の解除前に、リース業者は解除をしてはならないとの内容を含む中止命令が発令されることも認められると考える。

中止命令は本来、担保権の実行としての民事執行手続の係属後に発令されることが前提とされているところ、ファイナンス・リースの担保実行においては、解除前には実行手続は開始されていないから、開始前の中止命令発令は、事前禁止であって「中止」の概念を超えるのではないかが一応問題とされる余地があろう。しかし、ファイナンス・リースの担保実行は私的実行であり、執行手続利用は予定されていないのであるから、執行手続の係属との対比にこだわるべき合理的な理由はないと思われる。

解除により直ちに担保実行が終了するとする「解除時説」では、解除前の中止命令発令を認めないことはファイナンス・リースの担保実行にはいっさい発令しないことと同義である。一方、「清算通知・処分時説」では、解除後でも発令可能性は否定されないのだが、だからといってそのことが解除前の発令を否定すべき根拠ともならない。そして、仮に、常に解除後に発令しなければならないとすると、次に述べるように、やはり中止命令の実用性が大きく損なわれてしまう。

すなわち、解除後、引揚げ前の段階では、ユーザーは利用・占有権限を失っており、リース業者の引揚げを拒絶できない状況にある。もっともリース料残金全額を一括弁済すれば受け戻すことができるが、そのような資金的余裕があることは実際上まれであるし、仮に可能であっても目的物の評価額を超える金額については、再生手続開始の効果により弁済することができない（注16）。したがって、通常は、引渡執行や引渡請求権を被保全債権とする保全処分があれば拒否することができず、また執行によらない返還請求を拒否し、またリース物件の利用を継続すれば違法性を帯び、不法行為又は債務不履行に基づく損害賠償責任が発生する。また、平時であれば引揚げ前に清算通知又は処分が行われる例は少ないであろうが、再生手続下では中止命令回避のため引揚げ前の清算通知・処分が行われる可能性も否定できない。特に清算通知であれば解除直後さらには解除と同時に行うことができる。

次に、引揚げ後の段階では、清算通知又は処分のいずれかがあるまでは受戻権があるが、その行使が事実上困難であることは引揚げ前の段階と同様である。引揚げ後は清算通知又は処分がいつ何時行われるか予測できず、むしろ再生手続下では引揚げ直後に行われる可能性も高い。

以上のように、たとえ実行終了時期において「清算通知・処分時説」をとったとしても、解除後はリース業者の選択によりいつでも実行を終了させることができることになる。また、清算通知も処分も行われずに返還請求がなされているにとどまる場合でも、リース物件に対するユーザーの利用・占有権限はすでに失われてしまっている。やはり、ひとたび解除があれば、中止命令を発令する機会は実際上大きく制限されることになる。

したがって、私見の「清算通知・処分時説」の立場であっても、解除前の中止命令発令を認めなければ、中止命令発令の機会は大きく制限されることとなる。このような、中止命令の類推適用を認めるべき必要性自体に、解除前の中止命令発令の正当化理由があるというべきであろう。

（注15） 上柳克郎ほか編『新版注釈会社法⑿』一六三頁〔青山善充〕は、会社整理における担保権の実行としての競売手続の中止命令に関し、リース契約等への類推適用を認め、目的物の引渡執行やその保全のための仮処分は中止命令の対象となるとし、他方、実力による引揚げに対しては、自衛するしかないとする。

（注16） 再生手続開始の申立て後、開始前の段階であっても、弁済禁止の保全処分の一部解除を受けて目的物の評価額を超えるリース料残金全額の一括弁済をすることは、債権者間の公平性の観点から問題であろう。

五　解除自体の制限について

1　解除自体の制限の必要性

解除原因が生じれば、解除は意思表示のみによって行われる。また、解除前の中止命令の発令を認めるとしても、その発令には担保権者の意見聴取が必要であるから（民再法三一条二項）（注17）、中止命令の申立てがあれば、すでに解除事由がある限り、担保権者はその発令可能性を事前に察知して直ちに解除を行う可能性がある。さらには、申立てがなくともあらかじめ中止命令の発令を回避するため、あるいは、それまでの認識はなくとも担保権者は、迅速に担保実行を行うべく速やかに解除を行うことが多い。

「清算通知・解除時説」では解除だけで発令の機会は失われないとしても、担保権者は解除と同時に、あるいはそれに引き続いて清算通知が行うこと等により担保実行を終了させようとするであろう。特に、意見聴取手続により、中止命令発令の可能性を事前に察知した担保権者は右のような行動に出る可能性が高い。したがって、やはり中止命令発令のタイミングは大きく制約されることとなる。

よって「解除時説」はもとより、「清算通知・処分時説」の立場でも、ファイナンス・リースの担保実行に中止命令を類推適用し、その実用性を確保するうえで、リース契約の解除の効力自体を制限する必要があることになる。

2　最高裁判例——倒産解除特約の無効

最判平20・12・16（民集六二巻一〇号二五六一頁。以下「平成二〇年判決」という。）は、次に引用するとおり、ファイナンス・リース契約中の、ユーザーに再生手続開始の申立てがあったことを解除事由とする特約（以下「倒産解除特約」という。）は無効であるとの判断を示した。

「本件リース契約は、いわゆるフルペイアウト方式のファイナンス・リース契約であり、本件特約に定める解除事由には民事再生手続開始の申立てがあったことを解除事由とする部分は、民事再生手続の趣旨、目的に反するものとして無効と解するのが相当である。その理由は、次のとおりである。

民事再生手続は、経済的に窮境にある債務者について、その財産を一体として維持し、全債権者の多数の同意を得るなどして定められた再生計画に基づき、債務者と全債権者との間の民事上の権利関係を調整し、債務者の事業又は経済生活の再生を図るものであり（民事再生法一条参照）、担保の目的物も民事再生手続の対象となる責任財産に含まれる。

ファイナンス・リース契約におけるリース物件は、リース料が支払われない場合には、リース業者においてリース契約を解除してリース物件の返還を求め、その交換価値によって未払リース料や規定損害金の弁済を受けるという担保としての意義を有するものであるが、同契約において、民事再生手続開始の申立てがあったことを解除事由とする特約による解除を認めることは、このような担保としての意義を有するにとどまるリース物件を、一債権者と債務者との間の事前の合意により、民事再生手続開始前に債務者の責任財産から逸出させ、民事再生手続の中で債務者の事業等におけるリース物件の必要性に応じた対応をする機会を失わせることを認めるにほかならないから、民事再生手続の趣旨、目的に反することは明らかというべきである。」

本判決により、再生手続におけるリース契約の倒産解除特約は無効であることが明らかにされ、倒産解除特約に基づく担保実行はできないこととなる。その限りにおいて、再生債務者は、少なくとも債務不履行による解除があるまでの間、中止命令の発令を申し立てる時間的余裕を得ることになる。

3 債務不履行による解除の制限について

(一) 債務不履行による解除を制限する根拠

それでは、債務不履行による解除の効果を制限する必要はないだろうか。その必要があるとすれば、どのような理由からそれを認めることができるだろうか。

平成二〇年判決は、「債務者の事業等におけるリース物件の必要に応じた対応」をする機会を失わせる「事前の合意」を、民事再生手続の趣旨、目的に反するものとして無効とするものである。この「対応」の具体的内容として中止命令が含まれることは明らかであるから、本判決の趣旨を敷衍して、中止命令の利用機会を不当に失わせる「事前の合意」は無効である、とまで解することが許されるのではないだろうか。

そして、リース契約の債務不履行による解除は、担保の実行行為の実質を有するものであり、当該担保は一債権者と債務者との事前の合意によって設定された約定担保権である。そのように考えると、債務不履行による解除であっても、それが中止命令の利用機会を不当に失わせるものと評価でき、民事再生手続において、その解除を制限する必要があると認められる場合には、リース契約中の担保実行に関する合意部分について、その限りで無効と解することができるのではないだろうか。

もっとも、倒産解除特約のような特約部分とは異なり、債務不履行時に担保実行を行うことは、担保設定合意の本来の目的であって合意の核心である。しかし、再生手続において担保権は別除権として取り扱われ、原則として手続の拘束に服することなく行使されるとしても、他方で中止命令や担保権消滅請求に服することが前提とされている。そして、中止命令の本来的適用である典型担保に基づく民事執行手続の場面では、元来、債務不履行による担保実行の中止が想定されている。したがって、ファイナンス・リースの担保実行に対する中止命令を類推適用するうえにおいて、解除の実質が担保権の実行行為である以上、その原因が債務不履行であることだけで、中止命令の適用対象から除外する理由はないと考えられる。

また、そもそも、特定財産に対する担保権につき会社更生手続では、更生担保権として債務不履行時の担保権行使に対する全面的な拘束が及ぼされ、担保設定合意の核心部分の効力が全面的に制限されている。これと対比すると、再生手続でも、中止命令と担保権消滅請求が制度化されており、債務不履行時の担保権行使に対するいわば部分的な拘束が手続内に予定されているといえる。そうであるなら、たとえ債務不履行時の担保権行使という、担保設定合意の核心部分であろうとも、中止命令や担保権消滅請求の利用機会を不当に失わせてしまう結果を導くものについては、再生手続の趣旨、目的が、その効力を一定程度で制限するところまで要求しているのだといえるように思われる。

以上のことから、ファイナンス・リースの担保実行に対する中止命令の発令の場面では、債務不履行を原因とする解除についても、その効果を制限する余地があるものと考える。

そこでまず、再生手続開始の申立て後、債務不履行を理由とする解除があった場合につき、中止命令が発令できるかとの検討を行うものとする。さらに、後記六で、再生手続開始の申立て前に解除があった場合の発令可能性についても検討をする。

(二) 再生手続開始の申立て前の不履行による、同申立て後の解除

まず、再生手続開始の申立て前に不履行があり、同申立て後に解除がされた場合において、中止命令を発令できる可能性はあるだろうか。

この論点につき、その不履行の程度が小さく、債務者がリース物件の必要性判断、別除権協定の申出及び別除権協定で合意できない場合の担保権消滅許可申立ての各機会を真剣に検討しているときなどは、契約の重大な不履行には当たらず、民事再生法の強行法規部分（「民事再生手続の中で債務者の事業等におけるリース物件の必要性に応じた対応をする機会」を再生債務者に与えること）に反して無効と判断する余地があるとの見解がある（注18）。

私見もほぼ同様であるが、債務者がリース物件の要否を判断し、必要があると判断すれば別除権協定を申し出てリース業者の意向を確認すること等により、中止命令の発令の要否判断とその準備をするために必要な合理的期間（以下「合理的準備期間」ともいう。）中は、中止命令を認めるべきと考える。倒産処理、とりわけ再生手続は事件ごとの個別性が強いので、この合理的準備期間を具体的にどの程度の期間と解するかは事案にもよる

というべきであろうが、中立て後の債務者側に必要とされる手続上の作業量やリース物件の換価価値の減少速度等を勘案すると、標準的には中立て後の保全期間を含み、開始後二カ月程度と考えられるであろう（注19）。

前述のとおり、私見の「清算通知・処分時説」では、ファイナンス・リースの担保実行は解除によっては終了せず、清算通知又は目的物の処分により終了するから、それまでは中止命令が発令可能と解するが、そうではあっても債務者は、解除の結果、受戻権行使を解除条件として利用・占有権限を喪失することになる。しかし、そのような効果はやはり制限しなければ、実際上、債務者は中止命令の発令の要否判断とその準備を適切に行えない。したがって、これらに必要な合理的準備期間中は、解除の右効果は一定の制限を受けるものと解するべきである。

なお、解除の効果のうちリース料債務の期限の利益を喪失させ、あるいは規定損害金を発生させる効果については、これを制限する必要はない。なぜなら、それらは中止命令発令の障害となるものではないからである。

右に述べたことの具体的な効果としては、合理的準備期間中は、将来中止命令が発令されれば解除後のリース物件の利用・占有は適法なものとして保護されると考える。そして、中止命令が発令されなければ、たとえ合理的準備期間内であっても、リース物件の利用・占有権限喪失の効果は否定しなければならない。中止命令が発令されないままにその期間を経過すれば、その間の利用・占有は違法なものとして確定する。

もっとも、ここに合理的準備期間とは、中止命令発令の時間的限界だけをいうものであって、たとえその時間的限界内にあっても、中止命令発令がリース業者に不当な損害を及ぼすおそれがあれば、中立ては棄却される（民再法三一条一項）。中立て前に重大な不履行がある場合には、この発令要件が認められないことになるのが通例であろう。

したがって債務者は、この期間中、将来の中止命令発令の可能性を予測したうえでリース契約への対応を迫られることとなる。また、合理的準備期間中であっても、中止命令が発令されるまでの間は、債務者はリース物件の引渡請求を拒絶する法的根拠を有さないため、リース業者からの引渡執行やその保全のための仮処分に対抗することはできないと解さなければならないであろう。しかし、後に中止命令が発令され、債務者の利用・占有権限が遡及的に回復される可能性があることは、リース業者の側にも冷静かつ合理的な判断を促す要素となるのではなかろうか。そして、これらのことにより、リース業者に保障されるべき簡易迅速な担保実行機能の保護と債務者のリース契約への対応機会の保護との調和点を見出すことができるように思われる。

(三) 申立て後の不履行による解除

再生手続開始の申立て後に債務不履行があった場合については、申立てと同時に弁済禁止の保全処分が発令されるのが通例の実務運用であることから、そのことを前提に解除の効果制限の要否について検討する。なお、この場合において、①申立てを理由とする期限の利益喪失約定により弁済期が到来した場合と、②本来の弁済期が到来した場合が含まれることを意識しておく必要がある。

まず、この場合の解除の効果に関する見解として次のようなものがある。

(1) 田原裁判官補足意見

開始前は、弁済禁止の保全処分の効果としてリース料金の弁済が禁じられ、その反射的効果としてリース業者は申立て以後のリース料金の不払いを理由とする解除が禁止され、開始後は、弁済禁止の保全処分が失効するので解除可能となるが、これに対しては中止命令を得てリース業者の担保権実行に対抗できるとする見解（平成二〇年判決の田原裁判官補足意見であり、以下「田原補足意見」という。）（注20）。

⑵　対応機会確保説

平成二〇年判決の判旨を引用し「民事再生手続の中で債務者の事業等におけるリース物件の必要性に応じた対応をする機会」（以下「対応機会」ともいう。）を失わせることを理由に解除が禁止されるとの見解（以下「対応機会確保説」という。）（注21）。

この見解のなかでも、その期間について(i)開始後二カ月程度とするもの（注22）、(ii)少なくとも債権届出期間（注23）までと示唆するものがある。

⑶　催告必要説

「無催告」解除の特約は「対応機会」を失わせるものだから倒産解除特約と同様に無効であり、解除には一カ月程度を目処とする相当な催告期間を要するとの見解（以下「催告必要説」という。）（注24）。

⑷　開始時基準説

保全期間中は「対応」が困難であるため解除を認めるべきでなく、開始後は、別除権協定に向けた交渉に必要な期間、期限の利益喪失条項による履行遅滞に基づく解除ができないとする見解（以下「開始時基準説」という。）（注25）。

この見解では、別除権協定に向けた交渉に必要な期間として、中止命令における「相当の期間」の実務運用が参考になろうとする。

右各見解のうち、⑴説（田原補足意見）及び⑶説（催告必要説）は、申立てを理由とする期限の利益喪失約定が有効であることを前提とするものであり、他方、⑵説（対応機会確保説）は、当該約定に基づく解除は無効であると解する説（注26）と、その有効性を認めつつ、少なくとも債権届出期間までの債務不履行の効果の猶予を示唆する説（注27）に分かれる。(4)説（開始時基準説）も、期限の利益喪失約定を全面的に有効とすると、「対応」可能性を確保するために倒産解除特約を無効とした意味がなくなるとして、別除権協定締結に向けた交渉のために必要な期間は、当該特約による履行遅滞に基づいては解除できないとする。

リース契約の実質はユーザーに対して金融上の便宜を付与する金融取引であるから（注28）、ユーザーの信用毀損の典型である再生手続開始の申立てを期限の利益喪失理由と定める約定の効力を全面的に否定することは妥当ではない。おそらくは、(2)説（対応機会確保説）や(4)説（開始時基準説）も、期限の利益喪失約定そのものを全面的に無効とするのではなく、当該約定によって前倒しされた弁済期の経過を解除原因とする解除の効果を制限しようとするものであろう。

しかし、たとえそのように解したとしても、リース料債務の本来の弁済期は通常一カ月に一度到来する。すなわち、早ければ申立て直後に、遅くとも申立て後一カ月以内には本来の弁済期が到来するのであるから、申立てを理由とする期限の利益喪失約定による解除の効果を制限するだけでは、これらの説が企図する「対応」の時間的猶予は十分に確保できない。したがって、むしろ本来の弁済期の経過をも含めて、債務不履行を解除原因とする解除の効果を制限することが必要であろうと思われる。

また、再生手続では、申立てから開始決定までの期間は通常一週間程度にすぎないから、保全期間経過の前後を問わず一定期間は解除の効果を制限しなければ、実際上、中止命令の機会確保は困難である。

これらの観点から右各説を概観すると、(1)説（田原補足意見）は、保全期間中のリース料金の不払いを理由とする解除については弁済禁止の保全処分の効果により禁止されるとし、開始後の債務不履行状態においても、中止命令を得て担保実行に対抗できるとする。開始後の対応に関する言及からは、解除後の中止命令発令の可能性を必ずしも否定しない趣旨にもとれるが（注29）、その点は明らかではない。これに対し、⑵説（対応機会確保説）は、保全期間を含め開始後一定の期間は「対応機会」確保のため、債務不履行解除の効果を制限しようとするものであり、その立場は明瞭である。⑶説（催告必要説）も、保全期間経過の前後を問わず「対応機会」を確保する必要を重視するが、たとえ再生手続下であっても、ファイナンス・リースの担保実行につき平時には要求されない手続要件を課すことは、実務運用に混乱を招くおそれがないだろうか。また、⑷説（開始時基準説）には、開始後において、本来の弁済期が経過した場合の実行中止命令発令の機会をどのように確保するかの議論が残されているように思われる。

ところで⑴説（田原補足意見）は、保全期間中の会社更生手続における弁済禁止の保全処分が命じられたときは、その後に会社の債務の弁済期が到来しても債権者は履行遅滞を理由とする契約解除はできないことを示した最判昭57・3・30（民集三六巻三号四八四頁）を引用する。

この点に関しては、更生手続と再生手続では担保権に対する処遇が異なることを指摘し、弁済禁止保全処分は手続開始による弁済禁止の効果の前倒しであって、再生手続開始後は別除権行使が認められるのだから、担保権実行の前提として、再生手続開始の申立てを理由とする期限の利益喪失約定の効力を認めるべきであり、被担保債権に関する限りで弁済禁止の効力は解除されるとの見解が示されている（注30）。

右昭和五七年判決は、所有権留保付売買の事案において、更生手続上の弁済禁止の保全処分発令後の履行遅滞を理由とする解除はできないとの判断を示したものであった。しかし、リース契約における解除は担保実行手続の一環としての実質を有するところ、保全期間中であっても、その限りでは原則として解除の効力を認めなければ、別除権の行使に再生手続開始の効果を超える一般的な制約を加えることとなり、権衡を欠くのではなかろうか。そうすると、同判決の再生手続への射程を考えた場合には、弁済禁止の保全処分の効果として一律に担保実行手続としての解除を制限するとの帰結を導くことには、困難が伴うように思われる。

以上のような考えから、解除権の効果を制約する論拠としては、保全期間経過の前後を通じて同一のものに求めることが妥当であると考えられ、私見は、右各説のうち基本的には⑵説（対応機会確保説）の立場に賛意を覚える。具体的には、債務者がリース物件の要否を判断し、必要があると判断すれば別除権協定を申し出てリース業者の意向を確認すること等により、中止命令の発令の要否判断とその準備をするために必要な合理的期間中は、中止命令発令を認めるべきというものである。

もっとも、⑶説（催告必要説）の論者からは、⑵説（対応機会確保説）に対し、担保権実行が許容される再生手続において、担保権実行たる債務不履行解除が（一定期間とはいえ）否定されることについて十分な理論的根拠を示していないとの批判がされている（注31）。しかし、㈠で述べたとおり、約定担保の設定も一債権者と債務者との事前の合意にほかならない。その約定どおりの行使を無制限に認めると、民事再生法が担保権への対応策として設けた法制度である中止命令の利用機会を不当に奪うような場合について、担保実行に関する当該合意部分の効力を制限することは、再生手続の趣旨、目的の要請するところではないだろうか。そのことと、倒産解除特約や無催告解除特約といった「特約」の効力を否定するとの間に、格別の質的な差異はないと考えられる。

以上のことから、申立て前の不履行による解除に関し㈡で述べたのと同様に、申立て後の不履行によるリース契約の解除に関しても、中止命令の発令を得るための準備に必要な合理的期間中は解除の効力が制限されると考えるものである。

もっとも、前述のとおり私見は、ファイナンス・リースの担保実行は解除のみでは終了せず、清算通知又は目的物の処分までは中止命令が発令可能というものである。そして、合理的準備期間中に制限を受けるのは解除の効果の全部ではなく、担保実行のプロセスとして、債務者の受戻権行使を解除条件としつつリース物件の利用・占有権限を剥奪する部分である。すなわち、後に中止命令が発令されたならば、合理的準備期間中の債務者の利用・占有権限は遡及的に回復することとなり、他方で、中止命令が発令されないまま合理的準備期間が経過したならば、解除後における債務者の当該リース物件の利用・占有は権限のない違法なものとして確定する。以上は(二)で述べたところと同一である。

(四) まとめ

ここで今一度、再生手続開始の申立て後、リース契約の債務不履行による解除があった場合において、中止命令を発令することができるかとの問題に対する私見を整理し、説明を補足しておきたい。

まず、リースの解除は、担保実行の実行過程を構成する行為であるから、中止命令の対象となる。解除前の中止命令発令は、実行行為開始前の発令であるから事前禁止であるが、本来の実行中止命令が民事執行手続を想定したものであるのに対し、ファイナンス・リースへの類推適用では私的実行をその対象とするのだから、その開始前の発令か否かにあえてこだわるべき合理的な理由は見出せない。清算通知又はリース物件の処分があるまで実行手続は終了しないと解しても、それらは解除後速やかに、場合によっては解除と同時にすら行えるので、解除前の中止命令の発令を否定すべき理由にはならない。

次に、たとえ解除前の中止命令発令を認めても、中止命令発令の要否を判断しその申立準備を行う合理的な期間を経ないうちに解除がなされる危険性は高い。ところが、この時期の解除についてリース物件に対する債務者の利用・占有権限を失わせる効果を無制限に認めると、債務者は中止命令のための準備を適切に行えず、中止命令利用の機会を事実上奪うこととなりかねない。したがって、このような期間中になされた解除に中止命令発令の障害となるべき効果を認めることは、民事再生法が担保権への対応策として設けた法制度である中止命令の利用機会を不当に奪うものである。そして、そのような効果は、リース契約に含まれる非典型担保の設定合意に由来するものである。そうであるなら、当該合意部分の効力を制限することは、再生手続の趣旨、目的の要請するところと考える。

また、典型担保に対する本来の実行中止命令は、債務不履行があった場合の担保実行が開始された場合に発令されるものであり、当該不履行の発生時が再生手続開始の申立ての前にあるか後にあるかを区別していない。したがって、ファイナンス・リースの担保実行に中止命令の発令を類推適用するうえにおいても、当該担保実行の原因となった債務不履行の発生時が再生手続開始の申立ての前か後かで、その取扱いを区別する理由はない。

以上のとおり、中止命令発令の要否を判断しその申立準備を行うために必要な合理的期間中は、債務不履行に基づく解除があった場合でも、ファイナンス・リースの担保実行に中止命令を発令できると考える。その場合の中止命令は、リース業者に対し、相当の期間、リース物件の引渡請求を禁じるとともに、受戻権を喪失させる効果をもたらす清算通知又はリース物件の処分を禁じるものである。

なお、右合理的期間中であれば、再生手続開始の申立て後の解除に基づきリース物件が引き揚げられていても、そのことだけで中止命令の可能性は失われないと考える。その原因となった解除自体がすでに制約を受けているのであって、引揚げによる占有移転にはなお暫定性が残されていると考えるからである。

（注17）前掲（注２）東京高判は、集合債権譲渡担保に対して発令された中止命令を無効と判断し、民再法三一条二項所定の意見聴取を欠いたことをその理由の一つにあげる。

（注18）平成二〇年判決に関する岡正晶「判批」金法一八七六号四七頁。

（注19）平成二〇年判決に関する小笠原浄二「判批」金法一八六二号七頁は、再生計画案（草案）提出期限のメドが開始決定後二カ月とされていること、月払いでリース料が支払われるとすると申立て後に弁済期が二～三回到来することを勘案して、再生手続開始後二カ月程度、リース業者が解約権の行使を自粛すれば、「民事再生手続の中で債務者の事業等におけるリース物件の必要性に応じた対応をする機会」を十分与えたといえるとする。岡・前掲（注18）四七頁も、開始後二カ月程度の期間は、開始決定後の解除を無効と判断する余地があるとする。

（注20）平成二〇年判決の田原睦夫裁判官の補足意見。

（注21）小笠原・前掲（注19）七頁、岡・前掲（注18）四七頁、平成二〇年判決に関する佐藤鉄男「判批」判時二〇六〇号一六八頁。

（注22）小笠原・前掲（注19）七頁、岡・前掲（注18）四七頁。

（注23）佐藤・前掲（注21）一六八頁。

（注24）小林・前掲（注４）三七頁。

（注25）松下・前掲（注６）一〇七頁。

（注26）岡・前掲（注18）四六頁。なお、小笠原・前掲（注19）七頁は権利の濫用等が問題とされることになろうとする。

（注27）佐藤・前掲（注21）一六八頁。

（注28）最判平成７・４・14（民集四九巻四号一〇六三頁）。

（注29）田原補足意見の「リース業者は、別除権者としてその実行手続としてのリース契約の解除手続等を執ることができることとなる」との判示、特に「解除手続等」の表現には、必ずしも解除の意思表示だけで担保実行が完了するものではないとの含意を読み取ることも可能なのではないかと考える。

（注30） 伊藤眞「集合債権譲渡担保と事業再生型倒産処理手続 再考——会社更生手続との関係を中心として」曹時六一巻九号二九頁以下。
（注31） 小林・前掲（注4）三七頁。

六 再生手続開始の申立て前に解除があった場合の中止命令発令の可否

以上は再生手続開始の申立て後の解除を想定した議論であったが、それでは申立て前に解除がされたときには、中止命令の発令可能性は失われるのであろうか。

私見では、ファイナンス・リースの担保実行が終了するのは解除時ではなく、清算通知又はリース物件の処分があったときであるから、たとえ再生手続開始の申立て前に解除がされていたとしても、それだけではいまだ担保実行過程の途上にあり、少なくとも申立て時までに清算通知も物件処分もされていなければ、なお中止命令発令の可能性は否定されないと考える。しかし、その場合でも、申立て前の解除に加え、リース物件の引揚げまでがされていた場合には、後述するとおり、申立て後の清算通知や物件処分に対して合理的準備期間による制約を及ぼすことはできないと考えられる。

まず、再生手続開始の申立て前の解除によって、リース料債務の期限の利益喪失や規定損害金の発生だけではなく、債務者のリース物件の利用・占有権限喪失の効果まですでに発生している。その時点でリース業者になんら再生手続上の制約がなかったことは論をまたない。しかし、少なくともリース物件の引揚げが未了であるのなら、中止命令の要否判断とその準備に必要な合理的期間が経過するまでの間は、なお中止命令の発令を認め、当該命令の効果として債務者の利用・占有権限を暫定的に復活させ、清算通知や物件処分による担保実行終了の効果の発生を阻止することを認めてよいのではなかろうか。ここで、いったん失われた権限を復活させることは、たとえ類推適用とはいえ「中止」の概念を超えるのではないかとの疑問がありうるが、法律構成としては権限の暫定的復活であっても、その実質は担保権の実行過程を一時的に凍結して現状固定するものにほかならない。また、申立て前の解除によって発生した債務者の利用・占有権限の消滅の効果も、本来、受戻権の行使による復活の可能性が残されていたものである。したがって、少なくとも合理的準備期間中に中止命令を発令するうえにおいて、それに先立つ解除は申立て前に行われたものであってもよいと考えられる。

しかしながら、再生手続開始の申立て前の解除により、リース物件の引揚げまでが終わっている場合には、もはや合理的準備期間の制約は及ばず、清算通知や物件処分が行われればいつでも担保実行は終了し、中止命令は発令できなくなると考えられる。なんら再生手続上の制約がないなかで行われた解除により債務者のリース物件利用・占有権限の喪失の効果がすでに発生していることは、引揚げがない場合でも同様であるが、それよりもさらに進んで、リース業者がリース物件の占有を回復した場合には、リース業者としては、その後は清算通知や物件処分を行えばいつでも担保実行を直ちに完了させることができることを期待するに至っている。この期待は、いわば再生手続開始の申立て前の解除が起点となっており、当該解除の時点においても、引揚げをすれば担保実行は簡易迅速に行えるとの期待は生じている。そしてさらに、当該引揚げは中止命令発令前のものである以上、その時点ではなんらの法的制約なく行われたものである。そうすると、担保実行を簡易迅速に完了させることへのこれら期待は正当なものとして保護すべきであり、中止命令の発令機会の確保のためであっても一定の時間的制約を設けることは、そのことだけで定型的にリース業者の担保権者としての利益を不当に害するおそれがあると考えるのである（注32）。

（注32）　本文は、再生手続開始の申立て前の解除により引揚げがあった場合に、合理的準備期間の制約を否定するものである。その一方で私見は、前記五の3㈣で述べたように、申立て後の解除による引揚げがあった場合には、なお合理的準備期間の制約を維持すべきであり、中止命令は発令可能と考える。この取扱いの相違は、後者の場合、引揚げの前提となった申立て後の解除自体がすでに、合理的準備期間による制約を受けていることによる。

七　清算通知があった場合の中止命令の可否

それでは、中止命令発令の要否を判断しその申立準備を行うために必要な合理的期間が経過する前に、清算通知までが行われた場合ではどうであろうか。

まず、解除が再生手続開始の申立て後に行われた場合である。ファイナンス・リースの担保実行において、清算通知があるまでは受戻権が存続しており、清算通知によって受戻権が消滅し、担保実行を完了させるから、清算通知は解除に引き続く担保実行の過程を構成する行為である。そして、右期間経過までの間、担保実行過程の前段の行為として先行する解除の効力が、中止命令発令の機会を確保するため制約を受けるものである限り、それに後行する清算通知についても、債務者の受戻権を失わせて担保実行を完了させる効果は制限を受けるといえるのではなかろうか。ファイナンス・リースの場合、リース物件の評価額が被担保債権額を上回る場合はまれであろうから、通例、清算通知の内容はその旨を通知するにとどまる。リース業者に格別手続上の負担はなく、リース物件の引揚げ前であっても行うことができ、解除と同時に行うこともできる。したがって、中止命令の要否判断とその準備に必要な期間中に、清算通知に受戻権を消滅させる効果を認めたのでは、中止命令はその利用機会が事実上失われ、これを法制度として設け、リース物件の必要性に応じた対応機会を確保しようとした民事再生手続の趣旨、目的に反することになる。したがって、中止命令発令の要否判断とその準備に必要な合理的な期間中に限り、清算通知から中止命令発令の障害となる効果、すなわち受戻権を消滅させる効果の発生は制限され、この期間中はなお中止命令が発令できると考えるのである。

次に、再生手続開始の申立て前に解除が行われていた場合はどうであろうか。この場合、申立て前に清算通知が行われていれば、担保実行は終了しており、もはや中止命令を発令することはできない。したがって、問題となるのは申立て前に解除があり、清算通知は申立て後に行われた場合であるが、これについては、前記六で述べたようにリース物件の引揚げの有無で区別すべきと考えるのである。

すなわち、リース物件の引揚げが未了であるのなら、中止命令の要否判断とその準備に必要な合理的期間が経過するまでの間は、債務者の利用・占有権限を暫定的に復活させ、清算通知による担保実行終了の効果の発生を阻止することを認めることができ、したがってまた、この期間中は清算通知があっても、その効力は制限を受けており、なお中止命令が発令できると考えられる。清算通知はリース業者に格別の手続上の負担なく簡易に行えるのが通常だから、右期間中の清算通知に受戻権を消滅させる効果を認めたのでは、中止命令はその利用機会が事実上失われることになるからである。

他方、リース物件の引揚げがあれば、もはや清算通知に対する合理的準備期間の制約は及ばず、それが行われれば担保実行は終了し、中止命令は発令できないと解される。リース業者は、申立て前の解除の効果として、なんら法的な制約を受けることなく引揚げまでを行っていることから、後に清算通知を行えば担保実行を直ちに完了させることができることにつき保護されるべき正当な期待を有しているからである。この点は前記六で述べたとおりである。

八　リース物件の処分があった場合の中止命令の可否

リース契約の解除に引き続き、中止命令の要否判断とその準備に必要と考えられる合理的な期間の経過前にリース物件の処分まで行われた場合には、どのように解すべきであろうか。

この場合には、処分の相手方との関係で取引の安全を保護する必要があり、原則として、この間に行われた処分自体の効力を制限することはできないであろう（注33）。その結果、右期間の経過前であっても、物件処分があれば、それによって受戻権は消滅して担保実行手続は完了し、中止命令を発令することはできなくなると解さなければならない。ただし、そのように解しても、実際上、物件処分が引揚げ前に行われることはまれであろうから、多くの場合、解除通知から物件引揚げに至る過程において、実行中止命令の発令機会が確保できると考えられる。したがって、必ずしもファイナンス・リースの担保実行に対する中止命令の実用性を失わせることにはならないであろう。

もっとも、解除後、物件の引揚げ前であってもリース業者の物件処分がまったくできないわけではなく、再生手続開始の申立てがなされれば、リース業者は中止命令の発令を免れるため、あえてそのような行動に出ることも考えられなくはない。そのような例外的な場合、そもそも別除権協定成立の見込みはほとんどないだろうが、それでも担保権消滅許可の申立てを行える可能性があるのなら、なお中止命令の必要性は否定されない。このような事案では、物件処分の相手方においても、当該物件に係るリース契約のユーザーであった債務者に再生手続開始の申立てがあることや、当該物件が債務者にどのように利用されているか等の事情を知っている可能性は高いであろうから、個別事情によっては、物件処分の相手方の所有権取得の主張や、リース業者の取戻権の行使を権利の濫用として制限できる場合もあるのではなかろうか。そして、そのような場合には中止命令の発令の余地を認めることができるものと考えられる。

(注33) ただし、倒産解除特約を原因とする解除については、平成二〇年判決により無効であるとされたことから、これに基づいて行われたリース物件処分の相手方に対しては、即時取得の限度でしか保護を与える必要はないであろう。

九 おわりに

以上のとおり本稿では、ファイナンス・リースに対する民事再生法上の担保実行中止命令の類推適用について、その担保実行完了は清算通知又は物件処分の時であるとの理解に立って、その実用性を確保するうえで中止命令発令の時間的限界はどのように解するべきかを検討した。

その結論として、中止命令発令の時間的限界として、清算通知又は物件処分の時と、「中止命令の発令の要否判断とその準備をするために必要な合理的期間」(合理的準備期間)の経過という二つの基準を提示し、

① 合理的準備期間中は、債務不履行に基づく再生手続開始申立て後の解除があっても中止命令の発令が可能であること、

② 中立て前の解除があってもリース物件の引揚げがされていないのなら、合理的準備期間中は中止命令の発令が可能であること、

③ 申立て前の解除によりリース物件が引き揚げられていれば、合理的準備期間の制約を認めず、清算通知又は物件処分があれば中止命令は発令できなくなること、

④ 合理的準備期間中であっても、解除後の物件処分があれば原則として中止命令は発令できなくなること、

等の帰結を提案した。

中止命令発令の時間的限界としては右のように解する一方で、これとは別に、中止命令の発令要件には担保権者に「不当な損害を及ぼすおそれのない」ことが要求されているのであるから（民再法三一条一項）、具体的発令時の裁判所の判断において、リース業者の利益が不当に害されていないかが斟酌されることになる。したがって、以上のように解することによって、ファイナンス・リースの担保実行につき可能な限り中止命令の実用性を確保しつつも、リース業者がリース物件に期待する担保機能を不当に害するおそれのない結論を柔軟に導くことができると考えるものである。

追　記

田原睦夫先生には、筆者の弁護士登録時（平成元年四月）から今日までの永きにわたって、常に温かいご指導をいただきました。心より感謝を申し上げます。先生の古稀と最高裁判所判事ご退官をお祝いし、謹呈するための論考でありながら、あまりに拙いものであることに忸怩たる思いですが、どうか筆者の能力不足に免じて諒としていただきたくお願いいたします。

宅建業法上の還付充当金納付請求権の再生手続における取扱い

深山卓也

一　はじめに

宅地建物取引業法（以下「宅建業法」という。）は、その六四条の七以下において、宅地建物取引業保証協会（以下「保証協会」という。）の社員である宅地建物取引業者（以下「宅建業者」という。）との間で宅地建物取引業（以下「宅建業」という。）に関し売買等の取引をした者（以下「購入者等」という。）を保護するため、弁済業務保証金の制度（注1）を設けている。

弁済業務保証金の制度は、営業保証金に代替する制度として宅建業法の昭和四七年改正により設けられたものであり、宅建業法六四条の二の指定を受けた保証協会の社員である宅建業者は、保証協会に弁済業務保証金分担金を納付すれば営業保証金の供託義務を免除され、購入者等が当該社員に対して損害賠償請求権等の債権を取得した場合には、保証協会において供託した弁済業務保証金から弁済（還付）を受ける権利を認め、弁済業務保証金からの還付がされたときは、当該社員は、還付された金額に相当する還付充当金を保証協会に納付しなければならないとする制度である（以下、保証協会が社員に対して還付充当金の納付を請求する権利を「還付充当金納付請求権」という。）。

弁済業務保証金に関する紛争は、裁判実務上も時々見かけるものであるが（注2）、本稿は、筆者が実務上遭遇した一事例——社員である宅建業者について再生手続が開始され、購入者等が損害賠償請求権を再生債権として届け出た後に、保証協会が購入者等に対して弁済業務保証金からの還付を認め、保証協会が再生債務者である社員に対して還付充当金納付請求権を取得するに至った事例（以下「本件事例」という。）——を素材として、還付充当金納付請求権の再生手続上の取扱いについて検討しようとするものである。

まず、検討の前提として、弁済業務保証金の制度についてより詳しく説明し、さらに、本件事例の概要を紹介する。

（注1） 弁済業務保証金の制度につき、明石三郎ほか『詳解　宅地建物取引業法（改訂版）』四九三頁以下参照。

（注2） 平成六年当時までの弁済業務保証金をめぐる裁判例をまとめたものとして、升田純「弁済業務保証金の裁判実務(上)(下)（借地借家を巡る裁判例の研究23）」判時一四九五号一六頁、一四九六号一三頁がある。

二　弁済業務保証金の制度について（注3）

① 宅建業を営もうとする者は、国土交通大臣又は都道府県知事の免許を受けなければならず（宅建業法三条）、さらに、宅建業者がその業務を行うためには、所定の営業保証金（主たる事務所につき一〇〇〇万円、その他の事務所につき事務所ごとに五〇〇万円）を主たる事務所のもよりの供託所に供託するか、又は、所定の弁済業務保証金分担金（主たる事務所につき六〇万円、その他の事務所につき事務所ごとに三〇万円）を保証協会に納付してその社員とならなければならない（宅建業法二五条、六四条の九第一項、六四条の一三、宅建業法施行令二条の四、七条）。

② 保証協会は、弁済業務保証金分担金の納付を受けたときは、その日から一週間以内に、その納付を受けた額に相当する額の弁済業務保証金を法務大臣及び国土交通大臣の定める供託所に供託しなければならない（宅建業法六四条の七第一項・二項）。

③ 保証協会の社員たる宅建業者と宅建業に関し取引をした購入者等は、その取引によって生じた債権に関し、当該社員が社員でないとしたならば供託すべき営業保証金の額に相当する額の範囲内において、保証協会が供託した弁済業務保証金について弁済を受ける権利を有する（宅建業法六四条の八第一項）。

④ 弁済業務保証金について弁済を受ける権利を有する者が、その権利を実行しようとするときは、弁済（還付）を受けることができる額について、保証協会の認証を受けなければならない（宅建業法六四条の八第二項）。

⑤ 保証協会の認証により権利の実行があった場合には、保証協会は、国土交通大臣より供託物の還付があった

旨の通知を受けた日から二週間以内に、その権利の実行により還付された弁済業務保証金の額に相当する額の弁済業務保証金を供託しなければならない（宅建業法六四条の八第三項）。

⑥ 保証協会は、権利の実行により弁済業務保証金の還付があったときは、その還付に係る社員たる宅建業者に対して、還付額に相当する額の還付充当金を保証協会に納付すべきことを通知しなければならない。その通知を受けた社員たる宅建業者は、通知を受けた日から二週間以内に通知された額の還付充当金を保証協会に納付しなければならず、その期間内に還付充当金を納付しないときは、社員たる地位を失うこととされている（宅建業法六四条の一〇）。

（注3） 弁済業務保証金の制度は、旅行業法（昭和二七年法律第二三九号）にも設けられており（同法二二条の八以下）、本稿における議論は、旅行業法上、旅行業協会が保証社員たる旅行業者に対して取得する還付充当金納付請求権についても同様に当てはまるものと考えられる。

三 本件事例の概要

A保証協会は、宅建業法六四条の二の指定を受けた保証協会であり、宅建業者であるB社は、その社員であって、A保証協会への加入に際し弁済業務保証金分担金を納付している。B社から土地を購入したCらは、購入した土地の擁壁に瑕疵が存在していたと主張し、B社との間で擁壁の補修等を求めて係争中であったところ、B社について再生手続が開始されたことから、擁壁の補修費用等の損害賠償請求権を再生債権として届け出た。これに対して、B社から異議が述べられ、Cらは、査定の申立てをしたものの査定額が〇円であったため、さらに異議の訴えを提起し、最終的に、B社との間で、届出額どおりの再生債権があることを認める旨の訴訟上の和解が成立した。他方で、B社の再生手続においては、Cらとの訴訟上の和解が成立する前に再生計画認可の決定がされたが、再生計画では未確定再生債権とされていたCらの再生債権（損害賠償請求権）は、前記のとおり、訴訟上の和解により債権額が確定したので、再生計画の定め（民事再生法（以下「再生法」という。）一五九条）に従い、権利変更の一般的基準（再生法一五六条）に基づいて権利変更された結果（注4）、その大部分が免除された（注5）。そこで、Cらは、弁済業務保証金から支払を受けるべくA保証協会に対して損害額の全額（再生計画による免除前の再生債権額）について認証の申出をしたところ、A保証協会は、申出額からCらがB社より再生計画に基づいて弁済を受けることができる金額を控除した残額（再生計画において免除された金額）を認証する旨の決定をし、Cらは、この認証に基づき、弁済業務保証金から同残額の還付を受けた。その後、A保証協会は、国土交通大臣から、還付された弁済業務保証金の額に相当する額の弁済業務保証金を供託するよう通知を受けたので、同額を供託するとともに、B社に対し、還付充当金納付請求書を送付して、同請求書が到達した日から二週間以内に還付額に相当する額の還付充当金を納付するよう通知したが、B社は、これを納付しなかったため、A保証協会の社員たる地位を失った。もっとも、B社は、営業保証金を供託してその後も宅建業を継続している。

（注4）再生法一五九条は、未確定再生債権については、「再生計画において、その権利確定の可能性を考慮し、これに対する適確な措置を定めなければならない。」と規定するが、「適確な措置」としては、未確定再生債権が確定した時点で、確定した債権額について、再生計画に定められた権利変更の一般的基準に従い、債務の減免、期限の猶予その他の権利変更を行うものとするのが通例であり（園尾隆司＝小林秀之編『条解民事再生法』七四八頁、伊藤眞『破産法・民事再生法（第二版）』七八二頁）、本件事例におけるB社の再生計画にも「適確な措置」として権利変更の一般的基準に従って権利変更する旨の定めが置かれていた。

（注5）　B社の再生計画における権利変更の一般的基準は、再生手続開始決定前後の利息、損害金の全額を免除するとともに、再生債権のうち一〇万円を超える部分の九三・三％を免除し、残額を三分割して割賦弁済するというものであった。

四　還付充当金納付請求権の再生手続上の取扱い

(一)　本件事例で問題となったのは、A保証協会がB社に対して取得した還付充当金納付請求権がB社の再生手続においてどのように取り扱われるか、すなわち、①同請求権は、共益債権、一般優先債権又は再生債権のいずれに当たるか、また、②再生債権に当たるとすれば、再生手続においてCらが届け出た再生債権（損害賠償請求権）との関係はどうなるかという点である。以下、この二点について順次、検討する。

(二)　還付充当金納付請求権の共益債権、一般優先債権又は再生債権への該当性

(1)　共益債権該当性

共益債権に関する一般規定である再生法一一九条各号に照らしてみると、還付充当金納付請求権が共益債権に当たるとすれば、還付充当金の納付に係る費用を「再生手続開始後の再生債務者の業務」に関する費用と見て同条二号の共益債権に当たると解するか、これを「再生債務者のために支出すべきやむを得ない費用」と見て同条七号の共益債権に当たると解することになろう。

B社は、再生手続開始当時、A保証協会の社員となっており、A保証協会から求められた還付充当金の納付を

怠るとその社員たる地位を失わざるをえない状態にあったから、再生手続開始後も宅建業の業務を継続してその再生を図るためには、還付充当金を納付する必要があったかのようである。しかしながら、前記二（弁済業務保証金の制度について）のとおり、弁済業務保証金は、営業保証金に代わるものであり、B社が宅建業の業務を継続するためには、還付充当金をA保証協会に納付してその社員としての地位を維持する方法のほかに、所定の営業保証金を供託所に供託する方法も存在していた。そして、現に、B社は、A保証協会の社員たる地位を失った後、営業保証金を供託して宅建業の業務を継続しているのである（注6）。そうすると、還付充当金の納付に係る費用をもって、「再生手続開始後の再生債務者の業務」に関する費用、あるいは、「再生債務者のために支出すべきやむを得ない費用」と評価することはできないといわざるをえない。

また、共益債権は、再生債権者の共同利益に資する行為により生じた費用の請求権であるという本質的性格を有するが、再生手続開始時にB社がCらに対して負っていた再生債権（損害賠償請求権）は、再生計画の定め（権利変更の一般的基準）に従って権利変更された結果、その大部分が免除されていたのであるから、その後にA保証協会がCらに対してB社が免除を受けた金額を還付した行為は、B社の再生債権者の共同利益に資する行為であったということはできず、この点からも、A保証協会のB社に対する還付充当金納付請求権に共益債権たる性格を認めることはできない。

したがって、A保証協会のB社に対する還付充当金納付請求権は、B社の再生手続における共益債権には当たらないというべきである（なお、共益債権は、原則として再生手続開始後の原因に基づく請求権であるところ、A保証協会のB社に対する還付充当金納付請求権は、後記(3)のとおり、再生手続開始前の原因に基づく請求権であると解され、この点からも共益債権としての適格を欠くものである。）。

(2) 一般優先債権該当性

一般優先債権とは、「一般の先取特権その他一般の優先権がある債権」であって共益債権以外のものを指す（再生法一二二条一項）から、A保証協会のB社に対する還付充当金納付請求権が一般優先債権に当たるか否かは、同請求権が実体法上の一般の優先権のある債権であるか否かにより決まることとなる。

還付充当金納付請求権は、宅建業法において、弁済業務保証金の制度を構成する特別な請求権として創設されたものであるが、宅建業法には、同請求権に一般の優先権を認める旨の規定は存在しない。そこで、還付充当金納付請求権に一般の優先権があるとすれば、民法上の一般の先取特権があると認められなければならないが、民法三〇六条各号に照らしてみると、認められる可能性があるのは、同条一号の共益費用の先取特権のみである。

共益費用の先取特権について、民法三〇七条一項は、「共益の費用の先取特権は、各債権者の共同の利益のためにされた債務者の財産の保存、清算又は配当に関する費用について存在する。」と規定している。したがって、還付充当金納付請求権に共益費用の先取特権が認められるとすれば、B社の有する宅建業の免許を同社の「財産」と見たうえで、還付充当金の納付をその「財産の保存」に関する費用と見ることになろう。しかしながら、共益費用に一般の先取特権が認められる根拠は、債務者の財産の保存等に関する費用が各債権者の債務者財産に対する権利の実行（民事執行）に必要である点に存するところ、B社の宅建業の免許は、これをB社の「財産」と見る余地がないわけではないものの、B社の各債権者にとって権利の実行の対象となる財産、換言すれば、執行対象財産を構成するものでないことは明らかである。したがって、仮に、宅建業の免許を保持（保存）するために還付充当金を納付する必要があったとしても、還付充当金の納付に係る費用は、「各債権者の共同の利益のためにされた」「財産の保存」に関する費用であるということはできない（なお、宅建業法上、B社が宅建業者の免許を保持（保存）する方法として、所定の営業保証金を供託所に供託する方法も存在していたことは(1)のとおりであるから、B社にとって還付充当金の納付が宅建業の免許を保持（保存）するために必要不可欠な費用であったということもできない。）。

したがって、A保証協会のB社に対する還付充当金納付請求権は、B社の再生手続における一般優先債権には当たらないというべきである。

(3)　再生債権該当性

再生債権とは、「再生債務者に対し、再生手続開始前の原因に基づいて生じた財産上の請求権」であって、共益債権又は一般優先債権である請求権以外のものを指す（再生法八四条一項）。そこで、A保証協会のB社に対する還付充当金納付請求権の再生債権該当性を検討するにあたっては、まず、同請求権がB社の「再生手続開始前の原因に基づいて生じた」ものであるか否かが問題となる。

前記二（弁済業務保証金の制度について）の③ないし⑥によれば、還付充当金納付請求権の発生原因事実は、宅建業者が弁済業務保証金分担金を納付して保証協会に加入していることを前提としたうえで、ⓐ社員たる宅建業者と宅建業に関し取引した購入者等が、その取引によって損害賠償請求権等の債権を取得したこと、ⓑ当該購入者等が弁済を受けることができる額について保証協会から認証を受けたうえで、認証を受けた額につき弁済業務保証金から還付を受けたこと、ⓒ保証協会が社員たる宅建業者に対して、還付額に相当する額の還付充当金を保証協会に納付すべきことを通知したことであると解される（注7）。そして、弁済業務保証金の制度が、保証協会の社員たる宅建業者と取引し損害賠償請求権等の債権を取得した購入者等を保護するための制度であることに鑑みると、ⓐないしⓒの各事実のうち、ⓐの事実は、主要な発生原因事実であるということができる。

本件事例において、A保証協会の社員であるB社から土地を購入したCらが土地の擁壁に瑕疵が存在していたと主張し、その補修等を求めたのは、B社について再生手続開始決定がされる前であるから、ⓐの事実が再生手続開始前に発生していたことは明らかである。これに対して、CらがA保証協会から認証を受けたうえで弁済業務保証金から還付を受け、さらに、A保証協会がB社に対して還付充当金納付請求書を送付して還付充当金を納付するよう通知したのは、いずれも再生計画の認可決定後であるから、ⓑ及びⓒの事実は、再生手続開始後に発生したものである。

そうすると、本件事例においては、A保証協会のB社に対する還付充当金納付請求権の発生原因事実のうち主要なものであるⓐの事実（損害賠償請求権等の債権の発生）がB社の再生手続開始前にすでに生じているのであるから、還付充当金納付請求権は、「再生手続開始前の原因に基づいて生じた」請求権であると解される（注8）。そして、A保証協会のB社に対する還付充当金納付請求権が共益債権又は一般優先債権に当たらないことについては、すでに(1)及び(2)で見たとおりであるから、同請求権は、B社の再生手続における再生債権に当たるというべきである。

(4) 再生計画による権利変更

再生手続においては、再生計画認可の決定が確定したときは、再生計画の定め又は再生法の規定によって認められた権利を除き、再生債務者は、すべての再生債権について、その責任を免れるが（再生法一七八条）、再生債権の届出をした再生債権者及び自認債権を有する再生債権者の権利は、再生計画の定めに従って変更される（同法一七九条一項）のが原則である。A保証協会のB社に対する還付充当金納付請求権は、(3)で見たとおり、B社の再生手続における再生債権であるが、再生債権としての届出がされていない。そこで、再生計画の認可により、同請求権が免責されるのか、あるいは、どのように権利変更されるのかという点が問題となる。

A保証協会のB社に対する還付充当金納付請求権の発生原因事実は、(3)のとおり、その一部は再生手続開始前に発生しているものの、そのすべてが発生したのは再生計画認可の決定がされた後である。したがって、それまでは、A保証協会が同請求権を再生債権として届け出ることは不可能な状態にあり、当然のことながら、再生計画においても同請求権についての具体的な定めは置かれていない。しかし、届出がされていない再生債権であっても、再生法一七八条の原則どおりに免責したのでは不合理なものが存在することから、再生法では一八一条(届出のない再生債権等の取扱い)を設けている。そして、A保証協会のB社に対する還付充当金納付請求権は、同条一項二号の「前号の決定(再生計画案を決議に付する旨の決定)後に生じた再生債権」に該当するから、同項柱書によって、(失権することなく)再生計画中の権利変更の一般的基準に従って権利変更されることになる。

(三) 還付充当金納付請求権と損害賠償請求権との関係

(1) これまで検討してきたところによれば、B社の再生手続においてCらが届け出た損害賠償請求権とA保証協会がB社に対して取得した還付充当金納付請求権とは、いずれも再生債権であり、前者は再生計画上の未確定債権についての定めに従い、後者は再生法一八一条一項二号の再生債権として、いずれも権利変更の一般的基準に従って権利変更されたことになる。そこで、次に問題となるのは、B社の再生手続において、Cらの損害賠償請求権とA保証協会の還付充当金納付請求権とを無関係なものとして、それぞれに対して再生計画に基づく弁済を行うことが許容されるかという点である。

この点を理解しやすくするために、本件事例を単純化して、Cらが届け出た損害賠償請求権の額が一〇〇〇万円であり、B社の再生計画における権利変更の一般的基準が再生債権の九割を免除するというものであったとする設例を考えてみると、Cらが届け出た一〇〇〇万円の損害賠償請求権は再生計画に基づき九割が免除されて一〇〇万円に権利変更され、他方で、Cらから一〇〇〇万円損害賠償請求権につき認証を求められたA保証協会は、Cらが再生計画に基づいて弁済を受けることができる一〇〇万円を控除した九〇〇万円について認証を与え（Cらはこれに基づいて弁済業務保証金から九〇〇万円の還付を受け）、B社に対して九〇〇万円の還付充当金納付請求権を取得するが、同請求権も再生計画に基づき九割が免除されて九〇万円に権利変更されることになる。この設例の下で、仮に、B社が再生計画に基づいて、Cらに一〇〇万円を弁済し、A保証協会にも九〇万円を弁済することが許容されるとすれば、実質的には、CらがB社に有していた一〇〇〇万円の損害賠償請求権について合計で一九〇万円（一割九分）の弁済がされることとなり、再生債権について一割の弁済しか受けられない他の再生債権者との平等を害することは明らかであろう。こうした事態は、宅建業者の再生手続において、保証協会が取得する還付充当金納付請求権を購入者等が有する損害賠償請求権と無関係に行使させることが両債権の実体法上の関係に照らして相当でないことを示している。

そこで、弁済業務保証金の制度の趣旨及び同制度における還付充当金納付請求権の位置づけを再度検討してみよう。同制度の趣旨について触れた最判平10・6・11（判時一六四九号一一〇頁）は、「弁済業務保証金の制度は、営業保証金の代替的な制度であって、宅地建物取引業者（以下「業者」という。）が営業保証金の供託（法二五条）に代えて、それよりはるかに低額な弁済業務保証金分担金（法六四条の九）を納付して協会の社員となれば営業保証金の供託を要しないものとし（法六四条の一三）、業者を結集して集団保証の方法により業者の負担を軽減しつつ、宅地建物取引に関する事故につき取引の相手方を保護する制度である。」と判示している。このように弁済業務保証金の制度を集団保証の制度と理解すると、保証協会が宅建業者に対して取得する還付充当金納付請求権は、実質的には、当該宅建業者に対する事後求償権としての性質を有するものということができる。したがって、再生手続開始決定を受けた社員たる宅建業者に対して、開始決定前に取引をした購入者等が有する損害賠償請求権と、この損害賠償請求権について開始決定後に弁済業務保証金から還付がされたことによって保証協会が取得する還付充当金納付請求権との関係については、再生法八六条二項により準用される破産法一〇四条（全部の履行をする義務を負うものが数人ある場合等の手続参加）四項が類推適用されると解するのが相当である（また、弁済業務保証金の制度は、実質的に見ると、購入者等が保証協会の社員たる宅建業者に対して有することとなる損害賠償請求権等の債権について、保証協会が弁済業務保証金を担保に供している一種の物上保証の制度であると見ることも可能であるが、このような理解に立っても、再生法八六条二項により準用される破産法一〇四条五項が同条二項ないし四項を物上保証人について準用していることから、同条四項を類推適用することが許されよう。）。

したがって、購入者等が損害賠償請求権等の債権をもって宅建業者の再生手続に参加した場合において、再生手続開始後に弁済業務保証金から当該債権について弁済（還付）がされ、保証協会が当該宅建業者に対して還付充当金納付請求権を取得したときは、還付により購入者等の債権の全額が消滅した場合に限り、保証協会は再生債権者として権利行使することができるということになる。本件事例におけるCらは、B社の再生手続において損害賠償請求権の全額を再生債権として届け出ているところ、その後にA保証協会の弁済業務保証金から還付を受けたのは、その一部（再生計画に基づいて弁済を受けることができる金額を控除した残額）にすぎず、全額の弁済を受けていない。したがって、B社の再生手続において再生債権を行使することができるのはCらのみであり、A保証協会は再生債権たる還付充当金納付請求権をいっさい行使することができない。本件事例を単純化した前記の設例においては、Cらが一〇〇万円の弁済を受けうるのみで、A保証協会はいっさい弁済を受けることはできないこととなり、他の再生債権者との平等を害する事態は生じないのである。

(2) 本件事例を前提とした検討は、以上のとおりであるが、最後に、B社の再生手続開始後、A保証協会がCらの認証の申出に対して損害賠償請求権の全額（再生計画による免除前の再生債権額）を認証し、Cらが弁済業務保証金から全額について還付を受けたとした場合に、A保証協会の取得する還付充当金納付請求権とCらの損害賠償請求権との関係がどのようになるかという点について付言する。

この場合にも、購入者等が有する損害賠償請求権と保証協会が取得する還付充当金納付請求権との関係については再生法八六条二項により準用される破産法一〇四条四項が類推適用されるという(1)の考え方に従えば、A保証協会は、Cらが有していた再生債権たる損害賠償請求権（再生計画における権利変更の一般的基準により変更されたもの）を代位行使することができ（注9）、その具体的な手続としては、Cらが届け出た再生債権（損害賠償請求権）につき届出名義の変更（再生法九六条）を受けることになる。

そこで問題となるのは、A保証協会としては、Cらの損害賠償請求権を代位行使することに加えて、自らが有する再生債権である還付充当金納付請求権をも選択的に行使することが可能であるか否かという点である。

CらがB社の再生手続において届け出た損害賠償請求権とこれを全額弁済したことによりA保証協会が取得する還付充当金納付請求権とは同額であり、いずれも権利変更の一般的基準に従って権利変更されるのであるから、通常は、A保証協会にとって、Cらの損害賠償請求権を代位行使しても、自ら有する還付充当金納付請求権を行使しても、B社から弁済を受けられる金額は同額であって、この問題を検討する実益は乏しい。

もっとも、CらがB社の再生手続において、損害賠償請求権の元本のみならず利息や遅延損害金まで届け出ていた場合には（注10）、再生計画によって弁済を受けることができる金額に差異が生ずる可能性がある。すなわち、再生計画における権利変更の一般的基準では利息や遅延損害金は全額免除されるのが通常であることから（再生法一五五条一項参照）（注11）、このような届出がされた場合には、権利変更の一般的基準により権利変更がされた後は、A保証協会の還付充当金納付請求権のほうがCらの損害賠償請求権よりも多額になることが考えられる。この場合に、B社の再生手続においてA保証協会が還付充当金納付請求権を行使することを無条件で認めたのでは他の再生債権者との平等を害するという不都合を生ずることになろう。

この点を検討するあたって参考となる最高裁判例として、最判平7・1・20民集四九巻一号一頁がある。同最判は、連帯保証人の一人について和議認可決定が確定した場合において、和議開始決定後に債権者に債権の全額を弁済したことにより和議債務者に対して求償権を有するに至った他の連帯保証人は、「弁済による代位によって取得する債権者の和議債権（和議条件により変更されたもの）の限度で、右求償権を行使し得るにすぎないと解すべきである。」と判示している。同最判の結論は、和議手続あるいは再生手続において、権利変更がされた後の求償権の額が代位行使される原債権の額を超える場合の調整のあり方として合理的なものであり、これに従えば、債権者の平等を害する不都合は生じない。しかし、同最判は、判文上必ずしも明確ではないものの、事後求償権が和議債権となりえないことを前提としているようであり（注12）、この点については到底賛成することができない（注13）。

また、破産手続においては、権利行使機会の確保と手続の円滑・迅速な進行との調整から、（二重の権利行使の否定と並んで）一つの債権の行使で一本化する要請が強く、手続開始の時点において行使債権が確定された以上は、基本的にその債権を破産債権として手続を進めるとの判断も可能であるとして、破産法一〇四条四項は、求償権者の破産債権行使を原債権の代位取得・行使の途に限定するものであり、別途の求償権の行使は封じられるとする有力な見解（沖野眞已「主債務者破産後の物上保証人による一部弁済と破産債権行使」曹時五四巻九号二九頁）がある（注14）。この見解に従えば、求償権の額が代位行使される原債権の額を超える場合であっても、原債権の行使しか許されないこととなるから、破産法一〇四条四項を再生法に準用する場面においても、債権者の平等を害する不都合は生じない。しかし、破産法一〇四条四項は、原債権の代位取得・行使について規定しているものの、求償権者が求償権自体を行使することの可否については肯定も否定もしておらず、同条三項が求償権者に破産手続への参加を認めていることを考えると、むしろ求償権自体の行使を当然に許容していると解するのが素直であるように思われる。

もっとも、破産手続開始時における各破産債権の額を基準としてその割合に応じて配当することを建前とする破産法の原則から、破産法一〇四条四項の適用場面において、破産債権者が求償権を行使する場合には、破産手続開始時における原債権の額に制限されざるをえないと解することは可能であるように思われる（注15）。そうだとすれば、再生法八六条二項により準用される破産法一〇四条四項を適用あるいは類推適用する場面においても、再生計画による権利変更後に、求償権の額が原債権の額を上回る場合には、再生手続開始時における各再生債権の額を基準としてその割合に応じて各再生債権者に平等に弁済することを建前とする再生法の原則から、求償権の行使は権利変更後の原債権の額に制限されざるをえないと解することができるであろう（注16）。

このような解釈に立つことにより、A保証協会が、Cらの損害賠償請求権を代位行使することなく、より多額の還付充当金納付請求権を行使しようとしても、Cらの損害賠償請求権（再生計画により変更されたもの）の限度でしか行使しえないこととなり（注17）、他の再生債権者との平等を害する事態は生じないという結論を導くことができると考える。

（注6）本件事例において、B社がA保証協会からの請求に応じて還付充当金を納付する方法を採ることなく、営業保証金を供託して宅建業の業務を継続したのは、再生手続開始後にB社の事務所数が減少したために、請求を受けた還付充当金の金額（一八五六万円余り）よりも供託すべき営業保証金の金額（一〇〇〇万円）のほうが少額ですみ、経営上有利になるという事情が存在していた。

（注7）なお、本件事例においては、原告は、還付充当金納付請求権の発生原因事実は本文中のⓒの事実のみであると主張し、これに対して、被告は、本文中のⓐの事実のみである（ⓑ及びⓒの事実は法定の停止条件である。）と主張した。

（注8）「再生手続開始前の原因に基づいて生じた」の解釈についての「一部具備説」（再生手続開始前に債権の発生原因事実の主要なものが存在していれば足りるとする説）に従ったものであるが、同説は、現在では、通説というべきであろう。

（注9）この解釈は、還付充当金納付請求権が実質的に事後求償権、あるいは、物上保証における求償権と評価しうるものであることを前提として、弁済業務保証金からの弁済（還付）により、弁済による代位が生じ、A保証協会がCらの損害賠償請求権を代位取得・行使しうることを前提としている。

（注10）これらの利息及び遅延損害金も宅建業法六四条の八第一項所定の「その取引により生じた債権」に含まれ、したがって、弁済業務保証金による弁済（還付）の対象となる（ちなみに、前掲最判平10・6・11は、保証協会の社員たる宅建業者との間で取引をした購入者等がその取引に係る契約内容である損害賠償額の予定又は違約金に関する定めに基づき取得した損害賠償請求権又は違約金債権は、特段の事情のない限り「その取引により生じた債権」に当たる旨を判示したものである。）。

（注11）（注5）のとおり、本件事例における権利変更の一般的基準も、再生手続開始決定前後の利息、損害金の全額を免除する内容となっていた。

（注12）『判解民平成七年度(上)』一頁〔八木良一〕は、和議債権に当たらない旨を明言する。

（注13）　この最判に対して同旨の批判をするものとして、田原睦夫「和議認可決定を受けた連帯保証人の一人に対する他の連帯保証人の求償権の行使」金法一四六〇号四三頁、潮見佳男「和議認可決定を受けた連帯保証人の一人に対し他の連帯保証人が和議開始決定後の弁済により取得した求償権の行使の要件とその限度」銀法五一四号一〇頁がある。また、伊藤眞ほか『条解破産法』七二四頁（注8）は、同最判について、「将来の求償権自体が破産債権となりうるという前提に立つかぎり、このような結論をとる理論的根拠を見いだすことが困難であろう。」とする。

（注14）　この見解に賛成するものとして、山本克己ほか編『新破産法の理論と実務』三七一頁〔勅使河原和彦＝杉本和士〕があり、批判するものとして、竹下守男編『大コンメンタール破産法』四四八頁〔堂園幹一郎〕がある。

（注15）　このような解釈を述べるものとして澤野芳夫「近時における破産・和議の諸問題」金法一五〇七号六頁がある。

（注16）　結論としては、前掲最判平7・1・20と同じことになる。

（注17）　このように解すると、A保証協会にとっては、Cらの損害賠償請求権を代位行使しても、自らの還付充当金納付請求権を行使しても、B社から再生計画に基づいて受けられる弁済額は同額となるが、手続的には、Cらの損害賠償請求権の代位行使には届出名義の変更が必要となるのに対し、自らの還付充当金納付請求権の行使にはそれが不要であるという点が異なることとなる。もっとも、A保証協会が還付充当金納付請求権を行使するにはCらの損害賠償請求権を全額弁済した事実をB社に対して明らかにする必要があるから、実際問題としては、いずれの請求権を行使するかにより手続上負担する手間に大きな差異は存在しないことになろう。

五　おわりに

再生手続において、再生債務者に対する各種の債権がどのように取り扱われるかは、当該債権が、どのような趣旨に基づく、どのような性格の債権であり、いかなる要件の下に発生し、行使されるのかという当該債権についての実体法的な理解を前提として、これを再生手続における各種の枠組みに当てはめて再評価することにより決定される。本稿は、宅建業法上の還付充当金納付請求権という特殊な請求権について、このような観点からの再評価を試みたものにすぎないが、今後の倒産処理実務になんらかの参考となれば幸いである。

別除権協定の効果について
——協定に基づく債権の共益債権性の問題を中心に

山本和彦

一　問題の設定

民事再生法は、担保権を別除権として扱っている（同法五三条）。ただ、再生債務者について、事業の継続に不可欠な財産に担保権が設定されていることはまれではなく、再生債務者の事業の再生を図るために、担保権の実行に制約を加える必要がある場合は少なくない。民事再生法も、担保権実行を制約する方途として、担保権実行手続の中止命令（同法三一条）や担保権消滅請求（同法一四八条以下）の制度などを有している。しかし、前者（中止命令）は中止を命じることができるのが「相当な期間」に限定されているし、後者（消滅請求）は担保目的物価額の一括弁済が前提とされている。したがって、後者の方法を最後の手段としながら、通常は、前者の方法などを用いて、再生債務者と担保権者の間で話合いがされ、合意に基づき、被担保債権の分割弁済とその間の担保権の不実行が合意されることが多いとされる。これを一般に別除権協定と呼ぶ（注1）。以上のように、別除権協定は、民事再生法の構造上、不可欠なものであるが、法律には明文の規定がなく、その法的内容等については解釈に委ねられている。本稿は、別除権協定の効果、とりわけ協定に基づく債権の性質（共益債権か再生債権か）の問題について若干の検討を加えることを目的とするものである。

本稿は、以上のような問題意識に基づき別除権協定の効果について検討するものであるが、その前提として具体的な問題を設定したい。すなわち、以下のような問題である。

AはBに対して債権（以下「甲債権」という。）を有し、甲債権を被担保債権としてB所有の不動産の上に抵当権を有している。その後、Bについて再生手続開始決定がされたところ、再生手続中に、AとBとの間で、以下のような条項を中核的な内容とする別除権協定が締結された。

①　AB間で再生手続開始日現在負担している再生債権額が○円であることを確認する。

②　AB間で別除権（本件不動産）の評価額及び本件不動産により担保される債権（以下「別除権付再生債権」という。）の額が△円であることを確認する。

③　Bは、Aに対し、別除権不足額（○円－△円）につき、本件再生計画の定めに従って算出された金額を弁済計画表のとおり弁済する。

④　BがAに対し一定の期間内に別除権付再生債権の全額を弁済するのと引き換えに、Aは担保権の解除及び抹消登記手続を行う。Aは、本件不動産について担保権実行手続を行わない。ただし、Bが本合意書に違反した場合はこの限りでない。

⑤　本合意書は、Bの再生手続の監督委員の同意があること及び再生計画認可決定が確定することを停止条件として効力を生じる。ただし、再生手続が廃止されたときは、本合意書は効力を失う。

しかるに、再生計画認可決定の確定後、BはAに対して、別除権付再生債権の額の弁済をしなかった。そこで、Aは、債権者代位権の行使として、Cを被告にして、BのCに対する債権（以下「乙債権」という。）の支払を求めて訴えを提起した。このような訴えは許されるか、という問題である（注2）。

以下では、以上のような問題について、論理的にありうる考え方をまず整理した後（二参照）、それらの考え方について検討する前提となる問題として、別除権協定が失効した場合の被担保債権の取扱いについて検討する（三参照）。その後に、それぞれの考え方の問題点を順次検討し（四～六参照）、さらに本問題に類似した事案に関する近時の裁判例（東京地判平24・2・27金法一九五七号一五〇頁）について検討した（七参照）後、最後に私見の結論を述べる（八参照）。

（注1） 別除権協定に関する文献は多いが、近時のものとして、倉部真由美「別除権協定について」事業再生研究機構編『民事再生の実務と理論』三四二頁以下、及びそこに引用された文献を参照。

（注2） 後述のとおり（二参照）、これは、別除権付再生債権が共益債権であるか再生債権であるかによって結論が異なってくる一つの問題にすぎない。より端的には、別除権付再生債権に基づき、本件不動産以外の再生債務者財産を差し押さえることができるか、という問題でも、まったく同様の点が問題になる（開始決定後は、再生債権に基づく強制執行は許されないが（民事再生法三八条一項）、共益債権に基づく強制執行は可能である（同法一二一条三項参照））。

二　本問題についてありうる考え方

以上のような問題を検討する前提として、まず以下の点を指摘することができる。すなわち、Aの行使する債権者代位権の被保全債権が仮に再生債権であるとすれば、債権者代位権の行使は許されず、他方で、その被保全債権が共益債権であるとすれば、債権者代位権の行使が許されるという点である。すなわち、民事再生法四〇条の二第一項によれば、民法「四二三条（中略）の規定により再生債権者の提起した訴訟（中略）が再生手続開始当時係属するときは、その訴訟手続は中断する」ものとされ、同条二項は「再生債務者等は、前項の規定により中断した訴訟手続のうち、民法第四二三条の規定により再生債権者の提起した訴訟に係るものを受け継ぐことができる」とする。このような規律は、再生手続開始によって再生債権者は債権者代位訴訟の原告適格を失い、再生債務者等がその適格を承継することを前提にしているものと解される。したがって、再生手続開始後に再生債権者が新たに債権者代位訴訟を提起することはできないことが当然の前提になっていると解される（注3）。他方、上記条項は明確に「再生債権者の提起した」債権者代位訴訟のみに言及しており、手続外で権利を行使できる共益債権についてはこのような規律は及ばず、共益債権者は、再生手続開始にもかかわらず、なお債権者代位権の行使が許されるものと解される。そもそも債権者代位権の行使は、強制執行の前提としての権利保全の行為であるとすれば、手続中は強制執行の許されない再生債権者には行使が認められず、強制執行が可能である共益債権者には行使が認められるとすることは合理的な規律であろう（注4）。したがって、本問の検討に際しては、債権者代位権の被保全債権が再生債権であるか共益債権であるかが決定的なポイントになるものと解される。

以上のような前提の下に、本問題に解答するに際しては、上記別除権協定の条項②に定められた「別除権付再生債権」が再生債権であるのか共益債権であるのか、つまり当該債権の法的性質が決め手になるものと解される。換言すれば、上記協定の条項④において認められている当該再生債権の額の弁済がそもそもどのような根拠で許されるのかが問題になる。この点についての考え方としては、以下のような三つのものがありうるように思われる。すなわち、第一に、別除権協定によって新たにAのBに対する債権が（甲債権とは別に）共益債権（丙債権）として発生したものとする考え方である。第二に、別除権協定によってAのBに対する甲債権が（従来の再生債権から）共益債権にその性質を変えたものとする考え方である。第三に、別除権協定によってAのBに対する甲債権について（再生債権としての性質を維持したままで）その弁済が許容されることになったものとする考え方である。すなわち、第一又は第二の考え方によれば、債権者代位権の被保全債権は共益債権ということになり、その行使が認められることになるのに対し、第三の考え方によれば、被保全債権は再生債権ということになり、その行使は認められないことになる。

以下では、それぞれの考え方について順次検討していきたいが、その前提として、別除権協定が解除等によって失効した場合の別除権の被担保債権の取扱いの問題を検討する。なぜなら、この点については、後述のように(三参照)、いわゆる復活説と固定説の考え方の対立があるところ、そのいずれの考え方を採用するかによって、たとえば、他の財産から強制執行等によって被担保債権を回収した後に別除権協定が効力を失った場合、被担保債権がどのように取り扱われるかが異なってきて、その帰結はひいては本問題に関する検討にも影響を及ぼす可能性があると考えられるからである。

(注3) 債権者代位権と同様に規律されている詐害行為取消権について、再生手続開始後の取消権の行使はできないと判示する裁判例として、東京地判平19・3・26判時一九六七号一〇五頁参照。

(注4) したがって、財団債権者の強制執行が認められない破産手続においては、財団債権者の債権者代位訴訟も中断するものとされている(破産法四五条一項は「民法第四二三条(中略)の規定(中略)により財団債権者の提起した訴訟が破産手続開始当時係属するときは、その訴訟手続は、中断する」と規定する)。

三　別除権協定の失効後の被担保債権——前提問題

本件のような別除権協定において、被担保債権額をいったん△円として合意がされたわけであるが(協定条項②参照)、その後に、再生債務者が債務不履行に陥ったり牽連破産となったりして、別除権協定が解除・失効した場合に、被担保債権額が△円のままであるのか、○円に回復するのかが一つの問題となる。

この点について、別除権協定の解除・失効の際に、担保権の被担保債権が本来の額（上記条項でいえば〇円）に復活するものとする見解（復活説）と、被担保債権額は合意の額（上記条項でいえば△円）で確定しており、別除権協定の解除・失効によっても変動することはないとする見解（固定説）に分かれている。この点は、別除権協定が当事者の合意（契約）である以上、一次的には協定当事者の意思解釈によって定まる問題である。しかし、別除権協定が締結される大きな目的は、それに基づき、いわゆる不足額について、担保権者が計画弁済を受けることにあると考えられるところ（注5）、その要請を満たすためには、上記復活を認めない合意でなければならないのか、復活を認めるものでも足りるのか、という点が問題になる。換言すれば、それは、どのような場合に、民事再生法八八条但書において「当該担保権によって担保される債権の全部又は一部が再生手続開始後に担保されないこととなった場合」との要件を満たすのかという解釈問題となる（注6）。

この点について、筆者はかねてから固定説によるべきであると考えている（注7）。すなわち、民事再生法八八条但書の適用を受けるためには、「『担保されないこと』が確実なものとなる必要がある」ことを前提にして、「再生債務者等に協定上の債務の弁済について債務不履行があった場合には当該協定が解除され、被担保債権額が復活するような合意であれば、やはり担保解除は確定的なものではなく、別除権者の権利行使は認められないものと解される」とする。同様に、この点を詳細に検討される中井弁護士も、「工場評価額六〇〇〇万円は一〇年均等分割で支払い、残額四〇〇〇万円は再生計画で八〇％の免除を受け八〇〇万円を一〇年均等分割で弁済する場合に、いずれも六回分を支払った後に債務不履行により解除される」事例について、復活説では、未払債権額合計五九二〇万円（別除権対象額二四〇〇万円＋再生債権未払額三五二〇万円）がすべて被担保債権となり、全額回収することが可能となって再生計画が履行される場合よりも有利な結果になるとして、復活説は問題が多いと批判される（注8）。

これに対し、復活説は、再生債務者が協定を履行しない場合には、担保権の実行によって協定を上回る金額が別除権者に配当される結果となる場合があることは、固定説の批判のとおりであるが、そのような変更の可能性は、約定が履行されないことによる結果であり、不足額がいったん確定したこととは矛盾しないと評価される（注9）。このような考え方は、将来の不履行に備えて別除権の行使の可能性を留保したいとする担保権者の保護を重視したものとみることができる（注10）。おそらく、実務的には、このような復活説に基づく別除権協定が相当一般的に行われているものと解される。本問題の別除権協定も、条項⑤が示唆するように、復活説による意思を当事者が有しているという見方もできよう（注11）。

そこで、以下では、（筆者自身は固定説が相当であるとの見解は維持するものの）復活説を前提に本問題を論じることとする。

（注5） 本設例でも、協定条項③において、そのような不足額の計画弁済に係る定めが置かれている。

（注6） 上記のように、不足額弁済を受けることが別除権協定締結の主たる目的であるとして、復活説ではその目的が達成できないとすれば、当事者の合理的意思は固定説に基づく合意にあると考えるのが自然ということになろう。他方、その前提によれば、当事者の意思が復活説によるものであるときにまで不足額に対して計画弁済する条項は、民事再生法八八条に反する違法なもの（したがって、本来は認可されるべきではないもの）ということになろう。

（注7） 高木新二郎＝伊藤眞編集代表『民事再生法の実務（新版）』一六六頁（山本和彦）、福永有利監修『詳解民事再生法（第二版）』三一二頁（山本和彦）参照。

（注8） 全国倒産処理弁護士ネットワーク編『新注釈民事再生法上（第二版）』四七三頁以下（中井康之）参照。同旨

として、山本和彦ほか編『Q＆A民事再生法（第二版）』二五三頁〔難波修一〕も参照。

（注９）上野正彦ほか編『詳解民事再生法の実務』三八六頁〔須藤英章〕参照。

（注10）逆にいえば、そのような可能性を留保しないと、実際上別除権協定の締結が困難になる可能性があるという実務の実情を反映したものであろう。

（注11）「再生手続が廃止されたときは、本合意書は効力を失う」という文言は、条項④のみならず条項②による被担保債権額の固定の合意も失効させると読むのが素直であるとすれば、その合意内容は復活説を前提にしているとみることもできる。ただ、その場合、筆者の見解によれば、条項③による計画弁済は、法律上許されない内容を規定したもので、意味がないものと解されることになる（（注６）参照）。

四　共益債権を新たに生じさせる合意とする考え方

1　ありうる考え方

この考え方は、本件別除権合意によって、Aは、Bに対する甲債権（再生債権）を被担保債権とする別除権を行使しない旨の義務を負い、その代償として新たにBに対して甲債権と内容が同一であるが別個の債権（以下「丙債権」という。）を取得し、丙債権は、再生債務者の行為によって生じた債権として共益債権となる（民事再生法一一九条五号）と解するものである。そして、丙債権は、甲債権を実質的に担保するものとしてのみ存在し、丙債権が弁済等によって消滅したときは、甲債権も同時に消滅すると解することになる（注12）。

公刊物においてこのような考え方を明示する見解は認められないようであるが、三上徹氏が「受戻し協定は、別除権の『買戻し』であるから、その代金の『支払い』条件であり、別除権者は代金として受領した金銭を別除権付債権の返済に『充当』する」とされるのは（注13）、このような考え方に近いものがあろうか。すなわち、別除権の買戻しにより、丙債権（売買代金債権）が共益債権として発生し、その支払を受けて、甲債権（再生債権）の弁済に充当するということであるので、丙債権は甲債権を実質的に担保するものとして存在し、丙債権の消滅によって甲債権も消滅することになろう。ただ、別除権＝担保権を債務者が「買い戻す」ということ（それ自体は比喩的な表現と思われるが）の厳密な法的意味（それが被担保債権に係る債務の弁済と法的にどのように相違するのか）は、必ずしも明らかではないように思われる。その意味で、上記のような見解は、三上氏の見解を理論的にパラフレーズしたものということができようか。

2 問題点

以上のような見解についての問題点としては、以下のような三点が考えられる。

第一の問題点は、別除権協定によって新たに丙債権（共益債権）を生じさせると解することの不自然さである。協定に合意する当事者の意識のなかには、あくまでも甲債権しか存在しないものとみられ、その合意によってまったく新たな債権を発生させるという認識はないのではないかと思われる。たとえば前記のような協定書の条項においても、弁済の対象とされているのはあくまでも「別除権付再生債権」、すなわち甲債権の一部（本件不動産で担保されている部分）であるとされている（注14）。そもそも担保権の実行を防止する代償として、当該担保権の被担保債権と同じ内容の共益債権を新たに生じさせるという合意は、当事者の合意内容としては不自然なものといわざるをえない。

第二の問題点は、再生債権と別除権協定によって発生したとされる共益債権との関係である。この両債権は同じ権利内容を有しながら、一方が他方の担保として機能するものとされるが、そのような関係にある債権を併存させるのは、当事者の合意内容としてはやはりかなり不自然なものである。たしかに求償権と原債権との間にそのような関係が認められる場合があるが（注15）、それはもともと別の主体に帰属していた債権がたまたま（弁済による代位によって）同一人に帰属した場合の法律関係を説明するものであり、本件のように最初から同一主体に二つの債権が帰属する場合とは前提が異なる。同一人間で同一内容の債権があるとすれば、それは一つの債権と解するのが通常であろう（注16）。

第三の問題点は、別除権者と一般債権者との不平等に関する、より実質的なものである（注17）。たとえば、担保権の目的財産が一億円の価値を有し、Aの有する被担保債権の額が二億円であるとする。そして、再生債務者の他の一般財産が一億円の価値を有し、A以外の一般債権の総額が三億円であるとする。この場合において、別除権合意に基づくBの支払債務の不履行があったが、破産手続への移行が遅れて、その間にAが共益債権（債権額一億円）に基づきBの一般財産に対して強制執行して一億円の債権を回収したとする（注18）。その後にBは破産移行して、その結果、残債権一億円を被担保債権とする担保権が別除権となり、Aが別除権の実行により目的財産から一億円の回収をすることができるとすれば（注19）、A以外の一般債権者の回収は結局ゼロになってしまう。しかし、このような帰結は明らかに不公平である。本来は、担保権者Aは一億円（別除権実行による優先回収）と二五〇〇万円（不足額一億円についての一般財産からの二五％配当による弁済）の合計一億二五〇〇万円の回収しかできず、一般債権者も各二五％弁済（一般財産から合計七五〇〇万円の弁済）を受けられるはずである。しかるに、Aの丙債権（共益債権）に基づく強制執行を認め、結果としてAが二億円全額の回収をすることができ、他の一般債権者の配当がゼロになるとすれば、その帰結は明らかに相当ではないと解される（注20）。

このような帰結を防ぐ解釈の可能性としては、再生手続の廃止等によって別除権協定は効力を失うところ、そのような失効に遡及効を認める考え方がありうる。仮に遡及効が認められるとすれば、丙債権はそもそも最初から発生しなかったことになり、それに基づく強制執行は本来許されず、その回収金は結果として破産手続においては不当利得になると解される余地があるからである（注21）。したがって、Aは強制執行により回収した一億円を破産管財人に返還してそれが破産財団に帰属し、上記のような本来の結果が達成できる。しかし、このような解釈を仮にとるとすれば、高い確率で不当利得になってしまう強制執行を一度は許すことになるが（注22）、なぜそのような行為をあえて認める必要があるのか、疑問を否めない（注23）。担保権者が別除権協定の解除に基づく別除権の実行ではなく、あえてこのような強制執行をするとすれば、その動機は担保目的財産の価値が下落している点にあるのではないかと推測される（注24）。しかし、仮にそうであるとすれば、担保権者の本来の権利である担保目的財産からの回収を超えて、本来は一般債権者の引当てとなるべき一般財産からも優先的な回収を認める結果となり、結果として担保目的財産の価値下落のリスクを一般債権者に転嫁させることになり、そのような帰結は相当とは思われない（注25）。

（注12）　保証人が弁済によって求償権を取得するとともに原債権の移転を受ける場合の求償権と原債権と同様の法律関係に立つものになるとの理解である。この場合、原債権が共益債権である場合に、求償債権が再生債権であっても、原債権を共益債権として行使しうるものと解されている。この点については、最判平23・11・24金商一三八〇号一二頁参照。

（注13）　三上徹「別除権協定の実務」債管一〇五号一五九頁参照。

（注14）　たしかに「再生債権」という表現が使われているからといって、当事者がそれを法的に再生債権と明確に意識

していることまではいえないかもしれないが、少なくとも被担保債権である再生債権とは別個の債権（共益債権）を合意によって生じさせている（別除権の「買戻し」がそこで行われているなど）という効果意思は当事者間には存在しないのではなかろうか。

（注15）（注12）参照。ただ、求償権と原債権の場合にすら、判例が前提とするこのような法的構成は不自然であるとの批判がつきまとう。債権法改正の議論のなかで、代位弁済の場合にも原債権は消滅すると解するべきである旨の改正提案が示されているが（民法（債権法）改正検討委員会編『詳解債権法改正の基本方針Ⅲ』三〇頁以下参照。中間論点整理でも、「例えば、弁済者が代位する場合であっても原債権は弁済により消滅することを明記した上で、原債権の効力として認められた権利を代位者が行使できること等を定めるべきである」との考え方が示されている。「民法（債権関係）の改正に関する中間的な論点整理」第一七の一〇⑵ア参照）、それは、このような法律構成の不自然さ・複雑さに対する抵抗感をよく示しているものである。それにもかかわらず、あえて類似の法律関係を他の場合にまで拡大することの合理性には違和感を否めない。

（注16）その意味では、別除権協定に基づく被担保債権を共益債権と解する必要性がどうしてもあるとしても、後記五のように、これを共益債権化の合意ととらえるほうが当事者の意思表示の内容としては自然なものであろう。

（注17）なお、牽連破産の際に、別除権協定に基づき発生した共益債権が財団債権になるとすれば（民事再生法二五二条六項）、その帰結が不当であることは疑いない。しかし、この点は、再生手続が廃止等により終了した場合には共益債権は消滅し、財団債権にはならないものと解されるので、一般に問題は生じないと解してよい。本件協定においても、「再生手続が廃止されたときは、本合意書は効力を失う」（条項⑤）とされ、仮に合意によって共益債権が発生していたとしても、その効力は失われる旨が明示されている。

（注18）この時点で、丙債権は消滅し、甲債権も一億円の範囲で消滅するため、残る甲債権の額は一億円となる。

（注19）この点は、まさに前述の前提で（三参照）、復活説をとることの帰結である。仮に固定説を採用すれば、別除権協定の効力にかかわらず、被担保債権一億円は全額弁済されているので、担保権は消滅しており、牽連破産の手続においても、Aは別除権を行使する余地はないことになる。その意味で、この問題点は固定説を採用する場

合には妥当しない。

（注20）そもそも、別除権合意の不履行に対する担保権者の保護として、それ以外に救済方法がないのであればともかく、別除権者は協定を解約等して担保権を実行できる選択肢をも有するのである（六2参照）。そのような（通常とみられる）選択肢をとらずに債務者の一般財産から回収することを担保権者に認めることは過剰な保護であり、相当ではないように思われる。

（注21）ただ、このような別除権協定の失効の遡及効から強制執行の回収金の不当利得を導く解釈も必然ではないように思われる。仮に丙債権が遡及的に消滅したとしても、Aはなお実体法上甲債権を有しているのであり、強制執行による回収が甲債権に充当されているとすれば、それは不当利得とはいえないとみられる余地もあるからである。その場合には、遡及効の有無にかかわらず、前記のような問題点が妥当することになろう。

（注22）再生債務者は、事業活動に必要な財産について別除権協定を締結しているのであろうから、その被担保債権に係る債務をあえて弁済しないという行為に出る以上は、近い将来に破産手続に移行することはかなりの確度で予測できよう。

（注23）また、このような理解によれば、別除権者が任意で履行を受けていた部分も（それが担保目的財産価額の範囲内であっても）当然に不当利得になることになってしまうが、それは別除権協定の法的安定性を著しく損なうおそれがあるように思われる。この点に関する詳細な検討を行う高井章光「牽連破産に関する諸問題」事業再生研究機構編・前掲（注1）二五八頁以下も、別除権協定を解除しても既払金の返還を求めることが相当でないことを前提に、さまざまな調整の方途を検討されている。

（注24）たとえば、上記の事例で、担保目的財産の価値が五〇〇〇万円に下落している場合には、担保権者は、一般財産に対する強制執行によって一億円の回収ができれば、より多額の回収を実現でき、このような行動は経済合理性を有するものとみられる。

（注25）実体法上も、担保権者は本来担保目的物から一次的に回収を図るべきであるとする考え方（民法三九四条などに表れている考え方）があるとみられ、それにそぐわないものとなろう。

五　共益債権化させる合意とする考え方

1　ありうる考え方

この考え方は、別除権協定は、Aの再生債権を共益債権とする合意（共益債権化の合意）であると考えるものである。第一の考え方とは異なり、甲債権とは別の丙債権を発生させるとするのではなく、甲債権はそのままで、ただその債権の性質が合意によって再生債権から共益債権に変容すると理解することになる。これは、別除権協定を一種の和解（民事再生法四一条一項六号参照）に当たると解し、被担保債権について「再生債務者財産に関し再生債務者等が再生手続開始後にした（中略）行為によって生じた請求権」（同法一一九条五号）として共益債権になると解するものである。これが「和解」に該当するのは、Aは再生手続中に別除権を実行しないというかたちで譲歩する一方、BはAの甲債権を再生債権から共益債権に格上げするというかたちで譲歩をし、当事者間の互譲による契約（民法六九五条参照）が締結されたことになるからであろう。

このような見解を明示されるものとして、中井康之弁護士の見解がある（注26）。中井弁護士は、「別除権協定は、一種のなし崩し的な担保目的物の受戻しと評価できる。分割して弁済することになる六〇〇万円は、協定という一種の和解契約の成立により共益債権になると解される（法一一九条五号）」とされる。ただ、中井弁護士も、債務者の債務不履行の場合には別除権の実行を救済方法として考えられているようである（注27）。すなわち、「再生債務者が協定の履行を怠ったとき、約定に基づき、債務者は期限の利益を喪失し、担保権者は担保権実行禁止の制約を免れ、いつでも担保権の実行ができる状態に至る」とされる。そして、固定説を前提にされながら、担保権の実行によって回収できない残額がある場合に限って、「別除権協定に基づいて、なお再生手続によることなく随時弁済を受けることができると解される」とされる。その意味では、中井弁護士自身は、共益債権化を前提にされながらも、それが当然に一般財産に対する強制執行等まで許す性質のものとは考えておられないように見え（注28）、本問題の解答に際しては債権者代位を許さない帰結になるのかもしれない。しかし、ここでは、中井弁護士の所説を離れるかもしれないが、純粋に共益債権＝強制執行の許容を導く見解を前提に考えてみる。

2 問題点

この見解については、以下のような三つの問題点が考えられる（注29）。

第一の問題点は、そもそも再生債権を当事者の合意（和解）によって共益債権とすることができるのか、という根本的な問題である。これは民事再生法四一条一項六号及び同法一一九条五号の解釈にかかわる問題ということになる。本来は再生債権にすぎないものを（裁判所の許可又は監督委員の同意があるとしても）共益債権に格上げすることは、実体法上の優先順位に関する規律（プライオリティ・ルール）を直接オーバーライドするものであり、原則として許されるものではない。たとえば、一〇〇万円の再生債権について、それを五〇万円に減額することを前提に共益債権として扱うといった和解は、計画弁済率が三〇％であるような場合を考えれば明らかなように、債権者平等原則に反する結果をもたらす。それは、仮に監督委員の承認、さらには裁判所の許可があっても、民事再生法上許されない事柄である（注30）。以上のことは再生債権に別除権が付されている場合にも異なるところはないと解される。したがって、仮にそのような和解が可能であるとしても、きわめて例外的な場合に限られるものと解され、あえて共益債権化という構成をしなければ、別除権実行の回避という目的を達成できないかどうかが問題となるものと思われる。この点で、六で述べるような再生債権の弁済という理解が可能であるとすれば、あえてこの場面で和解による共益債権化という無理の多い構成による必要はないと思われる（注31）。

第二の問題点は、当事者の意思内容の問題である。前記条項のような合意内容を前提とする限り、当事者には甲債権（被担保債権）を共益債権とするとの意思は明確ではないように見受けられる（注32）。そして、少なくとも和解＝当事者の意思を共益債権化の根拠とする限りにおいて、当事者の共益債権化の意思は外観上明確なものである必要があると思われる。しかるに、別除権協定においてそのような意思が明確に表示されていない場合にまで、共益債権化を合意内容と理解することには疑問があろう。

第三の問題点は、債権者間の不平等の問題であり、これは四2で指摘したのとまったく同じ問題である。この点は、別除権合意によって新たな共益債権を発生させると考えるか、既存の再生債権を共益債権に格上げすると考えるか、いずれであってもまったく同様に問題となるものと解される（注33）。再生手続廃止による別除権協定の失効の遡及効を認める解釈による場合も、結局、この考え方によれば、共益債権への格上げが遡及効をもって失効することになるので、やはり同様の問題を生ずることになろう。

（注26）　全国倒産処理弁護士ネットワーク編・前掲（注8）四七二頁以下〔中井康之〕参照。
（注27）　全国倒産処理弁護士ネットワーク編・前掲（注8）四七四頁〔中井〕参照。
（注28）　管見の限りでは、別除権協定に係る支払債務の履行について一般財産に対する強制執行を正面から認める見解

は見受けられないように思われる。

（注29）　なお、第一の見解との関係で指摘した第一及び第二の問題点は、この見解との関係では生じない。けだし、この見解は、被担保債権である再生債権と別個の共益債権を発生させるものではないからである。

（注30）　そして、それは再生債権の弁済をきわめて限定された、他の再生債権者の利益を害しない場合に限定している民事再生法の規律（同法八五条二項・五項参照）とも整合しない。

（注31）　加えて、前述の中井弁護士の見解のように、合意された債権の回収は一次的には担保権の実行によるべきものと解する限り、共益債権化と解する必要性はさらに小さい（後述の六のような考え方でも、中井説と同様の帰結は達成できると解される）。

（注32）　前述のように、「別除権付再生債権」という文言を過度に重視するのは相当ではないが（（注14）参照）、それでも共益債権化の合意という趣旨は、その条項からはうかがわれない。

（注33）　ただし、この問題点は、中井説のように明確に固定説を採用される見解に妥当しないことは、前述のとおりである。中井説では、別除権協定による未払額を被担保債権として担保権の実行が行われて、実行の結果、被担保債権を上回る額で売却できたとしても、確定再生債権部分の弁済に充てることはできないと解されるからである（全国倒産処理弁護士ネットワーク編・前掲（注8）四七四頁〔中井康之〕参照）。したがって、前記四2のような例では、Aに別除権行使の余地はないことになろう（（注19）参照。ただし、中井説では、前述のように、その前提となる共益債権に基づく強制執行自体をそもそも認めないのではないかと思われる）。

六　再生債権を弁済する合意とする考え方

1　ありうる考え方

この考え方は、別除権協定によっても甲債権は再生債権のままでその性質を変えず、当該債権について弁済を可能にする合意としてとらえるものである。民事再生法八五条一項は、「再生債権については、再生手続開始後は、この法律に特別の定めがある場合を除き、再生計画の定めるところによらなければ、弁済をし、弁済を受け、その他これを消滅させる行為（免除を除く。）をすることができない」とするところ、この見解は、別除権協定を「別除権の目的である財産の受戻し」（同法四一条一項九号）の一種としてとらえることを前提に、その場合には、上記条項の「この法律に特別の定めがある場合」として、当該別除権の被担保債権である再生債権についても再生計画外で弁済する可能性を認める考え方ということができる。

このような見解を採用するものと評価できる見解としては、たとえば、別除権協定に関する包括的な検討を加える倉部真由美准教授の見解がある（注34）。それによれば、別除権協定に基づく弁済については、「本来、弁済禁止効が及ぶ再生債権の弁済であり、別除権の目的である財産の受戻しとして、民再法四一条一項六号の裁判所の許可またはこれに代わる監督委員の同意を得てから弁済するべきである」とされる。そこでは、別除権の受戻しに相当する弁済については、再生債権の弁済が可能になる（その意味で、民事再生法八五条一項の例外となる）との理解が前提とされているように見受けられる。

2 問題点

この見解については、以下のような三つの問題点が考えられる。

第一の問題点は、別除権協定の内容が「受戻し」に該当するか、という問題である。「受戻し」とは、最も典型的には、別除権の被担保債権に係る債務の全額を弁済して担保権を消滅させることと解されるからである。しかし、この点については、別除権協定も受戻しに含まれるとする見解が一般的とみられる。たとえば、中井弁護士は、前述のように、「別除権協定は、一種のなし崩し的な担保目的物の受戻しと評価できる」とされるし（注35）、山本浩美教授も、「別除権協定は、分割弁済による目的財産の受戻し、ないしそれに準ずる行為として、裁判所の許可あるいは監督委員の同意が必要（中略）である」とされる（注36）。受戻しについて裁判所の許可が必要とされている趣旨にかんがみれば、少なくとも合意された弁済の完了によって担保権の消滅が約定されている場合には、そのような合意は「受戻し」と評価することができよう。

第二の問題点は、「受戻し」が例外的に再生債権の弁済が許容される「この法律に特別の定めがある場合」（民事再生法八五条一項但書）に該当するか、という問題である。受戻しという手続によれば、被担保債権である再生債権を弁済することができる旨の明文規定が存在しないからである。しかし、この点については、民事再生法においては受戻しを認める規律の存在が当然にそれに基づく弁済を前提としているのではないかと思われる。すなわち、受戻しとは、「別除権の目的物（中略）について、その担保されている債権を弁済して当該担保権を消滅させること」であるところ（注37）、それが裁判所の許可によって可能である旨の規定があるということは、被担保債権に係る債務の弁済の可能性が当然の前提になっていると解されるからである。そして、その際の弁済の対象が常に共益債権であるかというと、そのようなことはない。たとえば、最も素朴な受戻しの場合、すなわち債権者・債務者間に（別除権協定のような）合意はいっさいなく、債務者が端的に被担保債権全額に係る債務の弁済をする場合を想定してみれば、その前段階として再生債務者の行為はまったく必要とされておらず（注38）、弁済の対象は再生債務者等の「行為によって生じた請求権」（民事再生法一一九条一項五号）でないことは自明である。また、他に当該被担保債権を共益債権とする根拠はないと考えられるので（注39）、そのような場合であっても（裁判所の許可等によって）弁済ができることが前提になっているとすれば、この規律自体が（別除権の被担保債権である）再生債権に係る債務の弁済の可能性を定めたもの、すなわち民事再生法八五条一項但書にいう「特別の定め」になるものと解さざるをえない。したがって、別除権協定の場合のように、受戻しが合意に基づいて行われる場合であっても、その本質は変わらず、やはり再生債権に係る債務の弁済がされているものと解すべきであろう。

第三の問題点は、仮にこれを再生債権に係る債務の弁済と考えるとき、再生債務者に合意の不履行があって、被担保債権の弁済がされない場合に、別除権者の救済が図られるか、という問題がある。共益債権であれば、強制執行によって手続外で権利行使が可能であるが、再生債権であるとすればその合意内容を強制することができないと考えられるからである。しかし、その場合には、別除権者による担保権の実行が可能となり、それによって別除権者の保護は必要十分であると解される（注40）。別除権協定には通常被担保債権の弁済がされない場合には担保権の実行が可能になる旨の条項があると考えられるし（本件協定条項④但書参照）、仮にそのような条項がなくても、別除権者は再生債務者の債務不履行によって別除権協定を解除し、それによって担保権不実行の合意はその効力を失うので、担保権を実行することができるものと解される。そのような措置で担保権者の保護としては十分であり、逆に、共益債権とする考え方のように、再生債務者の一般財産にまで担保権者が権利実行できるとするのは、他の債権者との公平を害し、別除権者に必要以上の保護を与える結果となろう（四2参照）。以上のような検討から、筆者はこの第三の考え方、すなわち別除権合意は再生債権を弁済する受戻しの合意であるとする考え方を相当と解するものである。

（注34）倉部・前掲（注1）三五二頁参照。
（注35）全国倒産処理弁護士ネットワーク編・前掲（注8）四七二頁〔中井康之〕参照。
（注36）園尾隆司＝小林秀之編『条解民事再生法〔第二版〕』三八六頁〔山本浩美〕参照。
（注37）園尾＝小林編・前掲（注36）一八五頁〔相澤光江〕参照。
（注38）被担保債権全額に係る債務の弁済がされる場合に、債権者との事前の合意が必要とされる根拠はなく、そのような合意なしに（換言すれば債権者が弁済に合意していなくても）弁済は当然可能と解される。
（注39）被担保債権は再生手続開始前の債権であり、民事再生法一一九条二号や七号に該当しないことは明らかである。
（注40）園尾＝小林編・前掲（注36）三八七頁〔山本浩美〕も、「受戻し代金の支払いが不能となれば、別除権者は、別除権を実行して回収することになる」とされる。

七　東京地判平24・2・27について

この問題に関連して判断した下級審の裁判例として、東京地判平24・2・27金法一九五七号一五〇頁がある（注41）。以下では、この裁判例を簡単に紹介し、上記のような筆者の見解との関係について検討してみる。

本件の事実関係は、基本的には本稿の問題設定と同旨のものである。すなわち、原告X（整理回収機構）が、再生手続開始決定を受けたA社との間の別除権協定に基づく債権を保全するため、A社がYらに対して有する会社分割の分割対価金請求権を代位行使する旨主張して、その支払を求めた事案である。そこで、Xが債権者代位訴訟の当事者適格を有するかどうかが争点となり、その前提として、別除権協定に基づく債権が共益債権か再生債権かが問題とされたものである（二参照）。

本判決は、まず本件別除権協定の内容を検討し、それを「全体的に考察すれば、同合意により、本件別除権は消滅し、新たな権利が発生したとみるのは困難であり、同合意にもかかわらず、本件別除権は存続し、その行使方法については、担保権実行手続を停止させ、本件別除権対象の主要な財産（中略）についての確認済みの担保権評価額が弁済されたときに同担保権が消滅するが、本件別除権合意が履行されない場合は、担保権の実行が可能になるとすることにより、担保権者であるXの不利益を回避する措置が講じられている上に、再生手続が廃止されたときには本件別除権合意が失効すると定めることにより、あくまでも再生手続において効力を有する合意であることを明確にしている」とする。

そして、そのような認識を前提にすれば、「本件別除権合意を、同合意に基づき新たな権利を発生させる更改又は和解契約であると解することは困難であると言わざるを得ない。そして、同合意の法的性質をあえて捉えるとすれば、再生手続によらないで行使できる別除権（法五三条二項）について、その担保権評価額を再生手続外で弁済することにより同担保権を消滅させる合意であり、その意味では法四一条一項九号所定の『別除権の目的である財産の受戻し』に関する合意であると解される」とする。前述のように、筆者もこの点について同様の認識を有しており、妥当な判断と思われる。

ただ、このように、別除権協定を受戻しと解したとしても、再生債権について手続外での弁済を許さない民事再生法八五条一項との整合性が問題になる。この点で、判旨は、「法四一条一項九号の受戻しについては、これをするには裁判所の許可が必要であると規定するだけにとどまるが、これは、当然の前提として、裁判所の許可があれば、再生手続外で被担保債権の弁済を行うことができることを予定しているのであるから、これをもって法八五条一項に定める法の特別規定と解するのが相当である」とする。この点も、前述のとおり、民事再生法の素直な理解ではないかと思われる（注42）。

ただ、判旨は、それに続いて、受戻しについては、本来担保権の消滅には被担保債権全額の弁済が必要であるところ、その一部の弁済によって担保権を消滅させる合意であるという側面から、これを一種の和解契約と解する余地があり、その場合には、民事再生法一一九条五号によって共益債権と解される余地がないかを検討する。しかし、判旨は結論として共益債権となることを否定する。その理由として、第一に、「合意内容に違反することがあっても担保権実行ができるとするだけで、本件債権についての強制的満足を実現させることをうかがわせる規定を置いておらず、本件債権を共益債権と認めることは当事者の通常の意思とはみられない」こと、第二に、「仮に共益債権として権利行使ができるとすれば、再生手続が廃止される前は、担保権の実行だけでなく、再生会社の財産に対する強制執行も可能となり、一般再生債権者の多大な不利益の下にXを保護することになりかねない」が（注43）、「このような事態を肯認するためにはそれ相応の合理性が必要であるというべきところ、そのような合理的根拠を基礎付ける事実を認めるに足りる証拠はない」こと、第三に、「共益債権に基づく強制執行後に再生手続が牽連破産に移行した場合を想定すると、再生手続の廃止によって本件別除権合意が失効するとしても、それに遡及効が認められない限り（注44）、共益債権の債権者であるXから強制執行により受領した金員について不当利得返還請求ができないことになり、明らかに不当な事態が生じかねない」ことを指摘する。別除権協定に基づく債権の共益債権性を否定する上記のような議論は、いずれも基本的に正当なものと解される。なお、最後の理由については、ややわかりにくい部分もあるが、前提として、強制執行により回収した額を除く部分（協定上は再生債権とされた部分）が牽連破産となった場合には被担保債権として復活すること（復活説）を前提にしているとみられる。仮にそのような復活がなければ、担保目的物の残余価値は一般債権者の弁済の原資となるため、不当利得を認めないことが「明らかに不当な事態」とまでは言いがたいように思われるからである。そうだとすれば、本判決は復活説を前提にしていると推測されるが、本判決の趣旨が、別除権協定について一般的に復活説によるのか、本協定の内容にかんがみ復活説によるべきとされるのかは、必ずしも明らかではない（注45）。

以上のような検討から、本判決は「本件債権は共益債権には該当せず、再生債権に過ぎないと解するのが相当である」とし、「本件債権者代位訴訟は、再生手続外では行使し得ない再生債権を被保全債権とする訴訟であるから、不適法な訴訟として却下を免れない」と結論づける。相当な判断であると解される。

（注41）　なお、本稿は、同判決の対象とした事案において、筆者が被告側から依頼されて執筆した法律意見書を基とするものである。

（注42）　判旨は、さらに、民事再生法八五条二項や五項の弁済については、異論なく同条一項の「特別の定め」に相当すると解されているところ、それらも規定の内容としては、弁済に係る裁判所の許可の定めであり、同法四一条一項九号と異なるところがない旨をも指摘する。正当な指摘といえよう。

（注43）　Xの保護としては、その合意にあるとおり、担保権の実行で足りるとされる。

（注44）　そのような遡及効を認めるには特別の定めが必要であるが、そのような趣旨をうかがわせる規定は存在しない

とするとともに、遡及効を認めるとその後の手続を不安定にさせる危険がある旨も指摘する。
（注45）　本判決はその検討にあたって「あくまでも本件別除権合意の内容を基礎とし、同合意に基づく当事者意思を踏まえた上で、本件債権が法において共益債権（法一一九条）とされる債権に該当するかどうかを判断すべきであり、同合意内容を離れて可能な法解釈のあり方を詮索し、論じた上で結論を導くことは相当ではない」という思考方法をとられていることからすれば、後者のような理解に立たれるものかと思われる。

八　結論

以上の検討から、以下のような結論を導くことができる。

まず、別除権協定について、一般に共益債権を発生させる合意又は共益債権化する合意として理解することは、当事者の通常の意思とは齟齬するし、その実質的な帰結も相当ではないと考えられる。特に別除権協定の不履行がある場合において、別除権者には担保権実行の選択肢を与えればその救済には十分であるにもかかわらず、一般債権者の引当てとなっている再生債務者財産からの回収まで強制執行によって保障する必要はないと解され（注46）、そのような帰結を招来する共益債権説は相当とは思われない（注47）。

他方、別除権協定について、再生債権を弁済する合意として理解することは、当事者の意思にも合致すると考えられるし、そのような合意を認めるについて特段の障害があるようには思われない。これによって、別除権協定の不履行がある場合には、別除権者はその本来の権利内容に復して担保権の実行による救済を受けることができるし、それは過不足のない救済を担保権者に保障することになると思われる。

以上から、本設例との関係では、本件別除権協定については、甲債権は再生債権のままその性質を変えず、再生債権である甲債権について弁済を可能にする受戻しの合意としてとらえるべきものと解される。そして、そうだとすると、再生債権である甲債権を被保全権利として債権者代位権を行使することは、再生手続においては許されないものと解される。したがって、本問の結論としては、裁判所は、Aの訴えにつき、原告適格を欠くものとして不適法却下すべきものと解する。

（注46）これは、担保権のあり方にもかかわる問題であり、民法三九四条一項（「抵当権者は、抵当不動産の代価から弁済を受けない債権の部分についてのみ、他の財産から弁済を受けることができる」）などに表れている実体法上の価値判断、さらにそれを倒産手続に反映している不足額責任主義（民事再生法八八条等）などとも整合しない結果となるように思われる。（注25）も参照。

（注47）そのような観点からは、仮に別除権協定の効力について固定説を採用したとしても、なおこの結論は動かないように思われる。

本稿は、田原睦夫最高裁判所判事のご退官のお祝いとして著されたものである。周知のように、田原先生は、その弁護士時代には倒産法分野を中心としてさまざまな分野で活躍され、最高裁判所に転じられてからも、多くの重要な判決に関与され、個別意見において実務的にも理論的にも重要な見解を多数示されてきた。筆者自身も、田原先生のご論稿やご意見、さらには個別のお話のなかから多くの貴重なご示唆を得て、筆者のささやかな研究活動の大きな糧とさせていただいてきた。本稿は、そのような田原先生の多大な学恩に報いるものとしてはあまりに不十分な論稿ではあるが、筆者のお祝いの意図のみお汲み取りいただければ幸甚である。

再建型倒産手続（民事再生・会社更生）における解雇について

――整理解雇を中心に

森　倫洋

倒産法と労働法の交錯する「倒産労働法」の領域については、かねてから研究の必要性が指摘されていたが（注1）、近時、とりわけ日本航空（ＪＡＬ）の整理解雇事件を機に注目され、議論が深まりつつあるように見受けられる。

もっとも、これまでの議論のなかでは、労働法の世界に属する会社の解雇権（労働契約又は就業規則の定め等により使用者に認められる労働契約の解約権）と、倒産法の世界に属する管財人又は再生債務者の双方未履行双務契約の解除権との相互の関係や、その行使に対してそれぞれの法領域の規律の及ぼす影響について、必ずしも緻密な分析はなされていなかったように思われる。

本稿では、使用者である会社について再建型倒産手続（民事再生手続及び会社更生手続）が開始されたことを念頭に置いて、労働契約関係に対する再建型倒産手続の開始の及ぼす影響について述べたうえで、管財人や再生債務者の側からする解雇（労働契約の解除（注2））、とりわけ整理解雇について、いわゆる解雇権濫用法理や整理解雇法理の適用の有無・規律の関係について、浅学非才を省みず、要件事実論もふまえて私見を論じるものである。

（注1）上江洲純子「再建型倒産手続における労働者の処遇」東京弁護士会倒産法部会編『倒産法改正展望』一五七頁によれば、「倒産労働法」との用語は、谷口安平『倒産処理法』一九三頁に「倒産労働法とも呼ぶべき分野の成熟が望まれる」と記されているのが初出と思われるとされている。

（注2）継続的契約における「解除」は、契約の効力を将来に向かって消滅させるもので、遡及的に関係を消滅させるものではないので、その意味では「解約」というべきものであるが、本稿では、双方未履行双務契約の「解除」というときの用語法に従い、解約の意味でも「解除」の語を用いることとする。

一　再建型倒産手続の開始が労働契約に与える影響

まず、解雇権行使の問題の分析に先立って、再建型倒産手続の開始が労働契約関係に与える影響について分析を加える。

1　管財人・再生債務者の法的地位と労働契約との関係

(一)　管財人・再生債務者の法的地位

会社更生手続が開始され、又は民事再生であっても管理命令が発令されて、管財人が選任された場合には、債務者の業務の遂行並びに財産の管理及び処分をする権利は、管財人に専属する（民事再生法六六条、会社更生法七二条１項）（注３）。

また、民事再生手続が開始されても、原則として再生債務者はＤＩＰ（Debtor in Possession）として業務遂行権及び財産管理権を保持し（民事再生法三八条一項）、解雇権も含めて労働契約関係はそのまま従前の債務者に属することとなるが、「再生債務者」という立場においては一定の第三者性をもつものとされる（注４）。

破産管財人の法的地位については、①基本的には破産者又はその一般承継人と同視されるものとして規律され、②実体法規が差押債権者に特別の地位を与えている場合には破産管財人にも同様の地位が与えられ、③破産法その他の法律が破産管財人に特別の地位を認めている場合にはそれによると整理されている（注５）。このことは、民事再生及び会社更生における管財人にも、また、再生手続の機関として一定の第三者性が認められる再生債務者にも、基本的には同様に当てはまると解されるところである（注６）。

(二)　契約関係の帰属（契約上の地位の移転の有無）について

もっとも、前記①の点について、契約当事者たる地位そのものが管財人に移転すると解するかには問題がある。

この点、管財人は倒産債務者の一般承継人としての地位を有するとされるところから、契約上の当事者たる地位自体が管財人に承継されるという見方も考えられる（注7）。破産法における担保価値維持義務についてであるが、最判平18・12・21民集六〇巻一〇号三九六四頁は、「他に質権設定者と質権者との間の法律関係が破産管財人に承継されないと解すべき法律上の根拠もないから、破産管財人は、質権設定者が質権者に対して負う上記義務を承継すると解される」と判示しているし、また、労働契約については、管財人が使用者としての地位を承継するとの見解（注8）が多数のように見受けられる（注9）。

しかしながら、管理処分権の移転が直ちに契約当事者たる地位まで管財人に移転するものと解することにつながるわけではない。むしろ倒産法の規定上は管理処分権の専属のみが規定され、権利義務の帰属主体の変更が定められているものではないことから、契約当事者としての地位は倒産債務者にとどまるとの見解も有力に主張されている（注10）。

この問題について、私見を述べれば、少なくとも再建型倒産手続に関していえば（注11）、契約上の地位は倒産債務者にとどまると解するのが自然なように思われる。

すなわち、第一に、倒産法の規定上、業務遂行権・財産管理処分権の専属を超えて、管財人への契約上の地位の移転まで定められているものではない。たとえば、契約上の地位の移転が生じるならば、双方未履行双務契約で履行選択された契約について倒産手続終了後には再度会社に契約上の地位の移転があるはずであるが、訴訟の当事者適格の扱いを除けばその点についてなんらの規律もなく、また、会社更生における取締役の権限回復に関する規定（会社更生法七二条四項）も業務遂行権・財産管理処分権の専属の不適用を定めるだけで契約関係や権限の移転に関する処理をなんら定めていない。第二に、訴訟の当事者適格に関していえば、管財人は法定訴訟担当の立場と解されており（注12）、むしろ自己が権利義務の帰属主体ではないことを前提理解としているように思われる（注13）。第三に、契約上の地位が管財人に移転するとすると、複数の管財人が選任される場合（民事再生法七〇条、会社更生法六九条参照）の権利義務の帰属関係について説明が容易ではないと考えられる。第四に、契約上の地位そのものが管財人に移転するというのは実務感覚にも合致しない。殊に近年のいわゆるＤＩＰ型会社更生を想定すれば（注14）、従前の取締役が管財人に選任された途端に、会社ではなく、管財人となった個人が契約主体となるというのは違和感が強い。第五に、前記最判平成一八年（前記のとおり破産管財人の事案である。）の述べる義務の「承継」の意義も必ずしも明らかでないし、むしろ労働契約について最判平23・1・14民集六五巻一号一頁は「破産管財人は、……破産者が雇用していた労働者との間において、破産宣告前の雇用関係に関し直接の債権債務関係に立つものではな」いとしているのであって、判例上管財人に契約上の地位が移転するとされているともいえない。

以上から、契約当事者としての地位は管財人に移転するのではなく、倒産債務者にとどまると解すべきものと思料される。

2　労働契約に関する双方未履行双務契約の解除権について

(一)　双方未履行双務契約の解除権の有無

前述したところから、労働契約についても、再生手続において管理命令が出されない限り再生債務者が労働契約当事者にとどまるのは無論のこと、再生・更生手続において管財人が選任された場合であっても、契約当事者（使用者）たる地位は倒産債務者に残ると解することになるが（注15）、倒産債務者の業務遂行権及び財産の管理処分権は管財人に専属するため、管財人は解雇権を含めて労働契約の当事者（使用者）のもつ権利を倒産債務者と同一の立場で行使できることになる。そのため、再生債務者や管財人が使用者の契約上の権利としての解雇権を（労働基準法や労働契約法に反しない限り）行使できる。

これに加えて、労働契約は双務契約であることから、倒産手続開始時に存続しているものにつき、双方未履行双務契約として再生債務者や管財人に倒産法上の特別な解除権が認められるものと解される（民事再生法四九条、会社更生法六一条）。この点につき、労働関係の当事者以外の者がその者の権利として解雇権を有するものと認められるためには、民法六三一条のような具体的かつ明瞭な内容の規定が存在することが必要であると解すべきであるとし、会社更生法六一条（旧会社更生法一〇三条）一項の解除権は更生会社自体が解雇権を有することを前提にしてその管財人への専属により行使が認められるものである（そのため更生会社がもともと有する解雇権を行使するにすぎないと理解する）とする見解もないわけではない（注16）。しかしながら、そもそも双方未履行双務契約の解除権は、倒産債務者（契約当事者）に契約上の解除権（解約権）が認められるか否かにかかわらず、法により管財人や再生債務者に認められた特別の権能であって（注17）、更生会社に解除権（解雇権）が認められることが前提になると解すべき理由はなんらない（注18）。破産法五三条については、労働契約につき民法六三一条の特則があるため適用が排除されるとされているが（注19）、民法六三一条は期間の定めのある契約について労働者側の解除権をも認めるとしていることと損害賠償請求権を否定することに意義のあるものであり（注20）、使用者たる破産者の管財人の解除を否定するものではないから、民事再生や会社更生については、（殊に期限の定めのある雇用契約につき）倒産法上の双方未履行双務契約の解除権を否定すべき理由はないと解され（注21）、一般的にもそのように理解されていると思料される（注22）。

㈡　労働法の規制との関係

前記のとおり、管財人や再生債務者は、労働契約上の解雇権を行使できるほか、倒産法上の双方未履行双務契約の解除権を行使できることとなる。

もっとも、管財人や再生債務者が使用者としての労働契約上の権利を行使する際に労働契約法や労働基準法等の制約を受けることはいうまでもない。権利行使主体が管財人や再生債務者であっても、あくまでそれはもともとの契約当事者（使用者）であった債務者の契約上有する権利の行使にすぎないのであり、債務者にかわって（あるいはその立場として）行使しているにすぎないからである。日本航空の整理解雇事件における東京地方裁判所の二つの裁判例（東京地判平24・3・29（労経速二一四四号三頁）〔運行乗務員の整理解雇に関する事案。以下「JAL乗員判決」という。〕及び東京地判平24・3・30（労経速二一四三号三頁）〔客室乗務員の整理解雇に関する事案。以下「JAL客乗判決」という。〕）を含めた下級審裁判例も、いずれも理論構成はともかく、少なくとも再建型倒産手続に関してはこのことを前提としている（注23）。

それのみならず、管財人や再生債務者が倒産法上の固有の権限である双方未履行双務契約の解除権を行使する場合であっても、解雇権濫用法理を法制化した労働契約法一六条の規定や労働基準法上の解雇規制（労働基準法一九条）や解雇予告（同法二〇条）等の制約を受けると解されている（注24）。管財人の解除権は、発生根拠こそ倒産法に基づく特別なものであるが、労働者保護の必要性は通常の解雇の場合と変わらないのであり、強行法規的性格のある労働者保護のための各規制が及ぶのは当然であるとされているのである（注25）。もっとも、解雇権濫用法理を法制化した労働契約法一六条の規定はともかく、明文規定のないいわゆる整理解雇法理が適用されるかは後述（二2㈢⑵b参照）のとおり問題があり、この点については私見では否定的に解する。

3　小　括

以上のとおり、再生手続又は更生手続が開始された場合、労働契約について、①再生債務者又は更生会社が契約当事者の地位にとどまるが、②管財人がある場合には契約解除権（解雇権）も含めた管理処分権は管財人に専属し、管財人がこれらの契約上の権限を行使できるほか、③管財人や再生債務者はその固有の権利としての双方未履行双務契約の解除権を行使できることになる。

（注3）　再生手続や更生手続において、保全管理命令が発令されて保全管理人が選任された場合も同様の問題があるが、以下、便宜上、管財人が選任された場合について述べる。

（注4）　伊藤眞『破産法・民事再生法（第二版）』六七二頁以下、大阪地判平20・10・31（金商一三一四号五七頁）等参照。

（注5）　伊藤・前掲（注4）二四八頁以下。

（注6）　伊藤・前掲（注4）一四九頁（注38）、伊藤眞『会社更生法』二五〇頁以下参照。なお、会社更生における管財人については、利害関係人のための受託者と見る見解（公的受託者説。兼子一監修『条解会社更生法(上)』四九三頁）が有力と見られるが、上記伊藤・前掲（注4）及び（注6）では、基本的に破産管財人と更生管財人とで違いはなく、会社更生の管財人も更生会社の継続事業価値を維持・配分するための管理機構として独立の法人格が認められるべきであるとし、民事再生における管財人についても同様に考えられるとする。

なお、民事再生における再生債務者の立場については、伊藤・前掲（注4）六七二頁以下、拙稿「民事再生手続における各種契約条項の拘束力の有無」事業再生研究機構編『民事再生の実務と理論』八五頁参照。

（注7）　田頭章一「倒産債務者の締結した契約の管財人等に対する拘束力」民訴五六号一三七頁のコメント参照。

（注8）　池田悠「再建型倒産手続における労働法規範の適用(1)」法協一二八巻三号六一三頁、伊藤眞「破産と労働関

係」法教六五号三四頁、霜島甲一『倒産法体系』四〇二頁、塚原英治「企業倒産と労働者の権利」日本労働法学会編『労働契約』（講座21世紀の労働法４）二九七頁以下、上江洲・前掲（注１）一五九頁。荒木尚志「労働法と倒産法の交錯」ＮＢＬ九七九号一二頁も基本的に同様の理解と思われる。

（注９）労働契約の地位の承継をめぐる従前の見解の状況について、池田悠「会社更生手続における整理解雇の有効性――日本航空（整理解雇）事件」「倒産と労働」実務研究会編『概説　倒産と労働』一七五頁参照。

（注10）中田裕康「契約当事者の破産」別冊ＮＢＬ六〇号八頁、田頭章一「倒産債務者の締結した契約の管財人等に対する拘束力」民訴五六号一三七頁。伊藤・前掲（注４）二四八頁においても、破産者又はその一般承継人と同視されることの説明として、「破産手続開始によって破産管財人が管理処分権を付与されても、権利義務の帰属自体には何らの変更がないとすれば、第三者との関係において破産管財人を破産者と区別して取り扱う理由がない」としていることから、少なくともそのように「同視」される場合には権利義務の帰属主体自体は変更がないことを前提としていると見られる。民事再生に関しても、たとえば、園尾隆司＝小林秀行編『条解民事再生法（第二版）』二九三頁及び二九六頁（小林久起）は、「本条（筆者注：民事再生法六六条）に規定する管財人の権限は、法人である再生債務者の業務の遂行ならびに財産の管理および処分に関する包括的な権限であり、その権限の範囲内で管財人の行為の法律効果が法人である再生債務者に帰属することは当然であ」るとし、「管理命令が発せられた場合であっても、権利義務の帰属主体は再生債務者の法人であるから、判決主文の記載は、端的に法人としての再生債務者を主体として表現するのが適切であろう」としている。

労働契約については、小西國友「企業の倒産時における労働組合等の活動」鈴木忠一＝三ヶ月章監修『新・実務民事訴訟講座13』二八九頁において、（管財人が事業の経営担当者として労働基準法や労働組合法上の「使用者」に当たると解される余地があるのと別に）倒産債務者も労働契約関係における使用者たる法的地位を喪失するものではないとしている。

（注11）伊藤・前掲（注４）一四九頁（注38）では、破産管財人と更生管財人とで違いはないとされるところ、同二四八頁では破産の場合でも権利義務の帰属主体には変更がないことを前提とするかのように記載されているこ

とは前記（注10）記載のとおりである。中田・前掲（注10）も破産管財人を念頭に置いて、権利義務の帰属主体には変更がないことを述べる。その意味では、破産を区別する理由もないようには思われるが、本稿における検討対象との関係で再建型手続を前提に述べるものである。

（注12） 伊藤眞ほか『条解破産法』六〇一頁。

（注13） 前掲『条解民事再生法（第二版）』二九六頁〔小林久起〕では、ライフの会社更生事件で支配人が訴訟代理権を喪失しない扱いをしたことが紹介されているが、契約上の地位自体が管財人に移転・承継されるという見解では、かかる扱いの説明も困難なように思われる。

（注14） DIP型会社更生については、難波孝一ほか「会社更生事件の最近の実情と今後の新たな展開」NBL八九五号一〇頁以下等を参照。

（注15） ただし、これはあくまで契約当事者たる地位の問題であって、そのことと管財人が就業規則の変更など「使用者」が有する権限の行使を行いうるかということや、労働組合法上の「使用者」として団体交渉応諾義務を負うことになるかということは別問題である（契約当事者たる地位の問題と別にこれを認めるべきとするものとして小西・前掲（注10）二八九頁参照）。

（注16） 小西・前掲（注10）二九九頁。

（注17） 伊藤・前掲（注4）二六八頁。

（注18） 上原敏夫「会社更生手続と労働契約」判タ八六六号一二二頁参照。

（注19） 前掲『条解破産法』三九八頁。ただし、伊藤・前掲（注8）三〇頁では、破産法五三条（旧破産法五九条）の適用は全面的に排除されるのではなく、解除がされる場合には両者が競合するため民法六三一条が適用されるが、労働契約関係が継続される場合の履行選択については破産法五三条（旧破産法五九条）の規定が適用されるとする。

（注20） 田頭章一『企業倒産処理法の理論的課題』一二九頁、土田道夫＝真嶋高博「倒産労働法の意義と課題」季労二二二号一五六頁以下、伊藤・前掲（注4）三〇二頁以下。

（注21）兼子一監修『条解会社更生法(中)』三一三頁でも、期間の定めのある雇用契約についても双方未履行双務契約の解除権の行使ができるとされている。

（注22）伊藤・前掲（注6）三〇三頁、伊藤・前掲（注8）三〇頁、佐々木宗啓「更生手続と労働契約」西岡清一郎ほか編『会社更生の実務(上)』二三五頁、戸谷義治「会社倒産と解雇」季労二二四号七九頁。なお、伊藤・前掲（注8）三〇頁では、労働契約が破産法五三条（旧破産法五九条）の双方未履行双務契約として位置づけられることは「まず異論をみない」とされており、前注のとおり、前掲『条解会社更生法(中)』三一三頁でも、契約当事者である更生会社には「やむを得ない事由」がない限りできないはずの期間の定めのある労働契約の解除も、民法六二三条のような特則の不存在を理由に、会社更生法六一条（旧会社更生法一〇三条）の規定により解除ができると説明されているところである。

（注23）「山田紡績事件」についての名古屋高判平18・1・17（労判九〇九号五頁）及びその第一審である名古屋地判平17・2・23（労判八九二号四二頁）、「イセキ開発工機事件」についての東京地判平15・12・22（労判八七〇号二八頁）等。池田・前掲（注9）一七二頁以下参照。

（注24）土田＝真嶋・前掲（注20）一五七頁、伊藤・前掲（注6）三〇三頁、伊藤・前掲（注8）三二頁、毛塚勝利「倒産をめぐる労働問題と倒産労働法の課題」労研五一一号八頁、塚原・前掲（注8）三〇三頁、上原・前掲（注18）一二二頁以下参照。

（注25）前掲『条解会社更生法(中)』三一三頁、伊藤・前掲（注8）三二頁、土田＝真嶋・前掲（注20）一五六頁以下、塚原・前掲（注8）三〇三頁以下。なお、中田・前掲（注10）三〇頁以下で、契約法秩序と倒産法秩序の関係についての一般的考察がされているが、そのなかでも、労働契約については「自由で対等な二人の抽象的法人格の間の個別的合意」「契約自由の原則を徹底した契約法」という伝統的な契約法を社会的価値等への配慮から修正しているものであり、使用者が倒産した場合の双方未履行双務契約の解除権行使についていえば、倒産法的な公序と契約法的な公序が対立する場面といえよう。
なお、池田・前掲（注9）一七七頁では、双方未履行双務契約の解除権の行使であれば、解雇権濫用法理や整

理解除の法理の適用がないと解する余地があるかのように述べられているが、双方未履行双務契約の場合であっても「権利濫用」があることは最高裁判例でも認められており（預託金会員制ゴルフ会員契約の解除の例であるが最判平12・2・29民集五四巻二号五五三頁参照）、双方未履行双務契約の解除権の行使であっても、前記掲載の各文献にあるように、労働法的な規制は及ぶと見るのが一般的である。

二　再建型倒産手続における労働契約の解除（解雇）について

1　双方未履行双務契約の解除権と就業規則の定め等に基づく契約上の解雇権の関係

前記のとおり、管財人や再生債務者は、①就業規則の定め等により契約上使用者に認められた解雇権（以下「契約上の解雇権」という。）の行使ができるほか、②倒産法上管財人や再生債務者に認められている双方未履行双務契約の解除権（以下「倒産解除権」という。）の行使が可能であることになるはずである（なお、管財人について述べるところは再生債務者にも等しく当てはまると解されるので、以下では便宜上「管財人」について論じることとする。）。それでは両者の関係はいかに解すべきであろうか。

㈠　両者が併存するか否か

まず、双方未履行双務契約については、管財人が解除権を行使するか履行請求をするかの選択ができるが（民事再生法四九条一項、会社更生法六一条一項）、契約相手方には確答催告権が認められ、相当期間内に管財人が確答しないときには倒産解除権を放棄したものとみなされる（前各条二項）。そのため、管財人が手続開始後において履行請求の選択をした場合又は労働者から倒産解除権を行使するかどうかの確答を求められて確答しない場合には、倒産解除権の行使はできず、契約上の解雇権の行使のみが可能となる。

もっとも、双方未履行双務契約の解除か履行請求かの選択には、（上記の確答催告に対する応答のほかは）時間的な制約はないと解されている（注26）。また、継続的契約では、給付が可分であり、他方が分割された各部分給付に対してそれに応じた対価を支払う関係にある場合には双方未履行かどうかは各部分給付ごとに判断すべきものとされているところ、手続開始後に部分給付（労務の提供）を受けてその対価（賃金）の支払をしたからといって、将来部分がなお双方未履行であることは否定されず、その後の将来給付部分について履行請求をしたともいえないことから、基本関係たる労働契約関係を維持するとの選択・履行請求がなされない限りは、管財人は（信義則に反する等の事情のない限り）なお選択権をもち、倒産解除権を行使できると解される。そのため、この間は、契約上の解雇権と倒産解除権が併存することとなる（注27）。

㈡　行使できる場面や効果の違い

前記一2㈡でも述べたとおり、管財人が契約上の解雇権を行使する場合であっても、倒産解除権を行使する場合であっても、解雇権濫用法理を法制化した労働契約法一六条の規定や労働基準法上の解雇規制（労働基準法一九条）及び解雇予告（同法二〇条）等の制約を受けると解されるところ、それでは、両者の行使には具体的にどのような相違があるのであろうか。

まず、一つめは、期間の定めのある契約の解除である。前記一2㈠記載のとおり、民事再生や会社更生については、期限の定めのある雇用契約であっても、倒産解除権の行使が認められ、「やむを得ない事由」がない場合であっても解雇ができると解される（注28）。もっとも、この場合でも解雇予告等の労働基準法による制限に服するほか（注29）、労働契約法一六条による解雇権濫用の余地は認められると解される。他方で、契約上の解雇権行使の場合には、民法六二八条に従うこととなり「やむを得ない事由」がなければ期間途中での解除は認められない。そのため、期限の定めのある雇用契約については、労働者側から双方未履行双務契約の解除か履行選択かの確答催告をして（相当期間内に確答がなければ倒産解除権の行使ができなくなるため）「やむを得ない事由」（民法六二八条）がない限り契約期間内は解雇がなされないこととなるかどうかを確定させる意義は一定限度存するのではないかと思われる。

二つめは、契約による終了事由の制限や、（解釈にもよるが）就業規則の定める解雇事由による制約を受けるかどうかの点である。この点、後者については、就業規則に定められた解雇事由（労働基準法八九条三号）が例示列挙であって、就業規則上の解雇事由に該当する事由がなくとも客観的に合理的な理由が存すれば解雇できると解するならば（注30）、契約上の解雇権行使も就業規則の解雇事由の定めで制約はされないことになるが、使用者が就業規則に解雇事由を列挙した場合は契約上使用者自ら解雇の自由を制限したものとして列挙された以外の事由による解雇を認めないという見解（注31）に立つとすれば、倒産解除権については、まさにそのような倒産債務者がした契約上の解除事由の制限に拘束されずに行使できることに意義があることになる。

三つめは、損害賠償の点である。契約上の解雇権行使は、これが濫用に当たる場合には無効であって、労働者の賃金請求権は失われず、（慰謝料等はともかくも）賃金相当額に関する損害は生じないし、逆に解雇が有効であるならば損害賠償の問題は想定しにくい（注32）。しかしながら、倒産解除権の行使については、管財人又は再生債務者による一方的な解除により契約相手方に損害が生じることは前提とされており、契約相手方は損害賠償請求権について再生債権者又は更生債権者として権利行使ができることとなる（破産法五四条、民事再生法四九条五項、会社更生法六一条五項。なお、民法六三一条参照）（注33）。

四つめは、裁判所の許可の要否である。倒産解除権の行使については、通常、裁判所の要許可事項（再生債務者については監督委員の要同意事項）と定められる（民事再生法四一条一項四号、会社更生法七二条二項四号。なお、民事再生法五四条二項参照）のに対して、契約上の解雇権行使は（「その他裁判所の指定する行為」として許可を要する事項と定められないわけではないが）通常は裁判所の要許可行為とはされていない。

このうち、前記三つめの点は、特に重要であると考える。すなわち、労働契約における契約上の解雇権行使については、建物賃貸借の賃貸人のする更新拒絶・解約申入れにおいて立退料が正当事由の補完事由として位置づけられる（借地借家法二八条）のと異なり、少なくとも従来の理解では金銭的な補償の有無は解雇権行使が有効となるかの考慮要素とは考えられておらず（注34）、解雇権行使が有効か無効かは「オール・オア・ナッシング」のものとされてきた（注35）。しかしながら、倒産解除権の行使については、（破産における民法六三一条の適用される場合を除き）解除について帰責事由のない契約相手方の損害賠償請求権が（倒産債権としての位置づけながら）認められており、いわば一定の代償の支払（注36）と引き換えに解除が認められる状況にあるといえるのである。

(三) 小　括

以上に述べたところから、私見では、契約上の解雇権と倒産解除権の関係について、

Ⅰ　管財人が手続開始後において履行請求の選択をした場合又は労働者から倒産解除権の行使をするかどうかの

確答を求められて確答しない場合には、倒産解除権の行使はできず、契約上の解雇権の行使のみが可能

Ⅱ　Ⅰ以外の場合には、管財人としては、①（金銭給付を伴わない）契約上の解雇権の行使を倒産債務者と同視される立場で行うか、②相手方の損害賠償請求権行使を認めるかわりに固有の権限としての倒産解除権を行使するかのいずれかを選択できる

Ⅲ　Ⅱの場合に、倒産解除権の行使と契約上の解雇権の行使とでは、前記㈡のように、①期限の定めのある契約の解除、②就業規則の定め等による終了事由の制限の有無、③損害賠償請求権の発生の有無、④裁判所の許可・要否など行使の要件や効果に相違がある

と解するものである（注37）。

2　整理解雇法理と再建型倒産処理手続における解雇との関係

㈠　整理解雇法理

整理解雇とは企業が経営上必要とされる人員削減のために行う解雇であり、労働者の責に帰すべき事由による解雇でなく、使用者の経営上の理由による解雇である点に特徴があって、解雇権濫用法理の適用においてより厳しく判断すべきものと解されている（いわゆる「整理解雇法理」）（注38）。

整理解雇については、一般に、①人員削減の必要性、②解雇回避努力、③解雇者対象者選定（人選）の合理性、④解雇手続の妥当性の四つの要素を総合考慮して、有効性を判断すべきものと解されており（いわゆる「四要素説」）、多くの下級審裁判例も概ねこの枠組みに従った判断をしてきている（注39）。

なお、筆者としては、整理解雇も労働契約終了の一場面である以上、労働契約当事者の「合理的意思」に従っ

て終了の当否が判断されるべきであり、現下の長期低迷状況にある経済情勢や雇用形態の多様化が「社会通念」として勘案されるべきは無論のこと、各企業における労働者の雇用の経緯、雇用の実態（人材の流動性）、報酬体系、企業規模や職種など配転可能性をめぐる事情（注40）、過去における解雇の運用実態等から、そもそも〝雇用継続への期待〟（言い換えれば〝整理解雇されないことへの期待〟）がどれほど強いものとして労働契約の締結がなされているかも重要な「要素」として勘案されるべきものではないかと思料するところであるが、紙幅の関係上、ここではその点は割愛し、以下においては、いわゆる整理解雇法理が適用されるべき雇用実態・雇用状況があることを前提に論じる。

(二) 整理解雇法理と再建型倒産手続における解雇をめぐる議論の状況

(1) 整理解雇法理の適用の有無

再建型倒産処理手続に入った後に管財人の行う解雇については、従来、契約上の解雇権行使か倒産解除権の行使かを区別することなく、解雇権濫用法理及びこれを明文化した労働契約法一六条の適用を受け、整理解雇についても、前記(一)の「四要素」を中心とする整理解雇法理が適用されると解されてきた（注41）。

この点、前記の二つの日本航空（整理解雇）事件においては、管財人側は、倒産解除権の行使ではなく契約上の解雇権行使をしたものであるが（注42）、管財人側からは、①本件解雇は管財人が更生計画ないしその基礎となった事業計画に基づき管財人の職務遂行の一環としてなしたものであること（必要性は明らかで恣意性もないこと）、②会社更生手続は更生会社を観念的に清算する手続であること等を理由に、そもそも整理解雇法理は適用されないとの主張がなされていた。しかし、ＪＡＬ乗員判決及びＪＡＬ客乗判決とも、理由づけは異なるが、結論として、これらの事件で、管財人のした解雇にも整理解雇法理の適用があることを判示している（注43・44）。

(2) 整理解雇法理の変容の有無

もっとも、管財人の行う解雇について、倒産債務者とまったく同じ立場にあるものとして、整理解雇法理を適用すべきか否かについては議論がある（注45）。

すなわち、まず、「人員削減の必要性」の判断のあり方については、再建型倒産手続の開始がなされている事実に着目し、これが特に不当でない限りは人員削減の必要性を肯定すべきとする見解がある（注46）。また、再生計画や更生計画の遂行のために事業計画に基づいて行う人員削減策としての解雇については、①管財人はその職務を適切に遂行できる者が選任され（会社更生規則二〇条一項）、裁判所の監督を受けて職務を遂行する（会社更生法六八条一項）ものであり、再生債務者も公平誠実義務を負って（民事再生法三八条二項）、監督委員や裁判所の監督を受ける立場にあること（同法四一条、五四条二項）、②管財人や再生債務者の行う解雇は、解雇の意思表示の時点において、その必要性がスポンサーや利害関係人との交渉、裁判所の検証を経て十分に検討され、客観的な正当性が確保されているといえること、③人員削減策も実質的な意味での再生計画・更生計画をなすものとして遂行義務の対象となると解されることから（注47）、（原則として必要性を認めるべきであり）人員整理の必要性がその後に「消滅したか」の判断が中心とされるべきであるとする見解もある（注48）。

次に、「解雇回避努力」についても、倒産企業が回避のためにとりうる措置は時間的にも資金的にも限界があるため、その内容や程度について緩和されたものとして適用すべきとの見方もある（注49）。

さらに、「人選の合理性」については、（扶養対象者がいないなど）解雇による経済的打撃の程度が相対的に小さく平時であれば被解雇者として優先順位が高くなる労働者であっても再建に不可欠な労働者であれば解雇対象者から除外することを認めるなど、事業の再生・更生のために必要不可欠な能力を有するかどうかという観点から解雇対象者を選別することを認めることで労働法上の解雇規制を緩和し、事業継続に不可欠な人材の確保を認めるべきものとする見解が述べられている（注50）。

(三) 問題点の整理

しかしながら、前記(二)(2)の議論は、適用基準自体の緩和の問題を述べているのか、整理解雇法理の四要素について倒産企業の管財人が解雇を行う場合の当てはめの類型化（類型的な各要素の該当性）の問題を述べているのか、必ずしも判然としないものもある。また、契約上の解雇権行使と倒産解除権の行使では前記1(二)にあげたような相違点があるにもかかわらず、これが一緒くたに議論され、契約上の解雇権行使について述べるものであるのか、倒産解除権の行使についても等しく当てはまるとするのか（後者の理解が多いと思われるものの必ずしも）判然としないものもある。

そこで、問題の整理のため、まずは、

Ⅰ　契約上の解雇権行使について、①適用基準の緩和をすべきか、②基準の緩和がないとしても、倒産企業であるということ又は管財人による解雇権行使であるということで、当てはめにおいて類型化できる点はないかどうか

について述べ、次に、

Ⅱ　倒産解除権の行使についての整理解雇法理の適用・変容の有無

について述べる。

(1) 管財人のする契約上の解雇権行使について

a 適用基準の緩和の適否

まず、前記一で述べたとおり、契約上の解雇権行使についていえば、行使主体は管財人であるが、倒産債務者が有する権利を倒産債務者と（一般承継人と称するかどうかは別として）同視される立場において行使するものであって、管財人による行使であるから、あるいは、倒産企業であるからというだけで適用基準を緩和すべきということにつながる合理的理由は見当たらないように思われる。

この点は、更生計画・再生計画の遂行のために事業計画の一環として行われる解雇の場合も同様である。すなわち、平時における取締役も、会社の業務執行について善管注意義務（会社法三三〇条、民法六四四条）及び忠実義務（会社法三五五条）を負うものであり、会社の維持・存続のために事業計画において人員削減策をうたって関係者（融資している金融機関や取引先、出資している株主等）の承認を取り付けたのであればその実施をすべきことは管財人の場合と変わりがない。人員削減策は、更生計画・再生計画の内容をなすものではなく（注51）、その内容を変更しあるいは実施しない場合にも、弁済等に影響しない限りは更生計画・再生計画の変更には当たらないのであって（注52）、この点で平時と質的な差異を見出すこともできない。さらに、更生計画の遂行期間は一五年ないし二〇年にもわたりうる（会社更生法一六八条五項、二三九条参照）のであり（注53）、そのような長期間もの間、整理解雇法理について更生会社であることの一事をもって異なる適用基準となることの説明は困難であろう。

なお、私見では、再建にとって必要のない契約の一方的な解除は、倒産解除権の行使の形で賠償を伴って行われるのであり、解雇についても同様のことがいえると解するものであって、後述のとおり、倒産状態にあることによる特有の必要性から解除を要するのであれば倒産解除権の行使によれば足りると解するところである。

したがって、再建型倒産手続における管財人のした契約上の解雇権の行使について、整理解雇法理の適用基準自体の緩和を図るべきものとは解されない。仮にそれが倒産に至った窮境企業にとって酷であるというのであれば、それはそもそも整理解雇法理の適用一般の問題であって、私的整理に入った企業や、あるいは倒産回避や更には経営悪化を回避すべく行われる整理解雇に関しても、等しく「社会通念」（労働契約法一六条）に沿った適用基準であるかが問われるべきものと解する。

b　当てはめの類型化について——要件事実に基づく整理

そのうえで、整理解雇法理の基準の緩和がないとしても、とりわけ、整理解雇については、裁判所の評価によるところが大きく、同一の事案でも異なる判断がなされることが間々あり、結果の予測可能性が低いことが指摘されているところ（注54）、倒産企業であるということ又は管財人による解雇権行使であるということで、同法理の当てはめにおいて類型化できる点はないかどうかが次に問題になりうる。この点については、次のように考える。

整理解雇法理も、解雇権濫用法理に基づくものであり、解雇が無効とされるのは労働契約法一六条（及び民法一条三項）を根拠とする（注55）。

しかるところ、労働契約法一六条の「合理的理由」を欠くか、「社会通念上相当」であるかといった「規範的要件」については、そのような規範的評価を基礎づける事実が主要事実と解されており（注56）、整理解雇の場合については、①人員削減の必要性、②解雇回避努力、③人選の合理性、④解雇手続の妥当性の四つの要素に該当する事実が解雇権濫用の評価障害事実ないし評価根拠事実として、主要事実になると解されている（注57）。

すなわち、解雇された労働者から提起された地位確認訴訟を想定すれば、

Ⅰ　労働者側がまず請求原因として①労働契約の締結及び②使用者（管財人）による契約終了の主張（確認の利益の存在）の主張立証をし、

これに対して、

Ⅱ　使用者が抗弁として解雇の意思表示を主張立証し、

さらに、整理解雇の場合には、

Ⅲ　（A説）　ⅰ使用者が抗弁として、①人員削減の必要性、②解雇回避努力、③人選の合理性を基礎づける事実を主張立証しなければならず、これに対して、ⅱ労働者が④解雇手続の妥当性を欠くことを基礎づける事実を再抗弁として主張立証することとなるとの見解（注58）、

（B説）　ⅰ労働者が、解雇権濫用の評価根拠事実として、(i)平素の勤務が労働者として通常のものであったこと又は(ii)④解雇手続の妥当性を欠くことを基礎づける事実を再抗弁として主張立証し、そのうえで、ⅱ使用者が前者（ⅰ）に対しての再々抗弁として、①人員削減の必要性、②解雇回避努力、③人選の合理性を基礎づける事実を主張立証しなければならないこととなるとの見解（注59）、

（C説）　労働者が、再抗弁として、①人員削減の必要性、②解雇回避努力、③人選の合理性、④解雇手続の妥当性の四要素を欠くことを基礎づける事実を主張立証することとなるとの見解（注60）

がある。このうち、C説は主張立証責任の公平な分担の観点から適切でないとされるが（注61）、A説・B説のいずれかをとるならば、管財人による解雇の場合であっても、契約上の解雇権の行使である以上は、管財人側において①人員削減の必要性、②解雇回避努力、③人選の合理性を基礎づける事実を（抗弁ないし再々抗弁として）主

張立証しなければならないこととなる（注62）。そして、主要事実としては、これらを基礎づける具体的事実を主張立証することとなるものである。①人員削減の必要性、②解雇回避努力、③人選の合理性のいずれも抽象的な概念にすぎないため、

そのうえで、前記(二)(2)の「変容」論を見ると、位置づけは必ずしも明確でないものもあるが、基本的には、ある事実（たとえば、再生・更生手続開始後の解雇であること若しくは再生・更生計画の基礎となった事業計画に基づく人員削減であること、きわめて短期のみであるが希望退職を実施したこと、事業継続に必要な人材かという観点から人選がされたこと等）があった場合にそれを上記①ないし③に該当する具体的事実と見るかどうかという評価の点について緩和論を述べるもののように思われる。

この点について私見では次のように考える。すなわち、前記aのとおり、更生手続や再生手続における解雇であるからといって契約上の解雇権行使について直ちに整理解雇法理の適用基準を変えることを正当化するような質的な相違があるということはできない。実際に、再生手続における解雇について公表されている裁判例はいずれも人員削減の必要性が十分であるとは認められていない（注63）。そのため、更生手続や再生手続における管財人による解雇であっても、契約上の解雇権行使について整理解雇の「四要素」のうちの「人員削減の必要性」その他の要素がアプリオリに満たされるとは言いがたい。

もっとも、たとえば「人員削減の必要性」についていうと、「人員削減の必要性」の具体的内容は、人員削減措置の実施が経営不振などによる企業経営上の十分な必要性に基づいていること、ないしは、「企業の合理的な運営上やむを得ない措置」と認められることとされるが（注64）、更生手続・再生手続の開始要件は、「破産手続開始の原因となる事実の生ずるおそれがあるとき」又は「事業の継続に著しい支障を来すことなく弁済期にある

債務を弁済することができないとき」（民事再生法二一条、会社更生法一七条）であるため、更生手続・再生手続の開始直前直後に解雇権行使がなされた場合、手続開始時点で債務者会社が経済的な窮境状況・経営不振にあることについては裁判所の認定を経ていることから、手続開始の事実をもって、人員削減が「企業の合理的な運営上やむを得ない措置」であるとある程度推定されることはありうると解される。また、更生計画や再生計画が認可されれば、債務免除により債務者会社の財務状況は好転することにはなる（民事再生法一七八条、会社更生法二〇四条一項参照）が、更生計画・再生計画の前提として合理的なプロセスを経て確定された事業計画における人員削減策に基づいてなされた解雇については、かかる人員削減策に基づくものであることをもって、基本的には「企業の合理的な運営上やむを得ない措置」であると推認されうるということができるであろう。ただし、前者については、あくまで抽象的な削減の必要性にとどまるのであり、実際にされた削減措置の規模での削減が必要であったのかを直ちに基礎づけるものとなるものでないことには留意が必要である（注65）。また、後者については、具体的にいかなる検討過程を経て必要削減数が決定されたのかは問題となるのであり（注66）、財務状況のみならず事業計画による事業規模の縮小等も勘案し（注67）、削減の判断の合理性が検証されることとなると解される。とはいえ、基本的には、「人員削減の必要性」の有無については、経営者の経営判断が尊重されるべき部分であって（注68）、人員削減の必要性と矛盾した行動がなければ、倒産手続における解雇では、その必要性が推認できる場合が多いと考えられる（注69）。

このようにある事実の存否が証明されれば、これに伴って他の要証事実の存在が相当程度の蓋然性をもって判断される関係にあるときには「事実上の推定」が働くとされるのであり（注70）、経験則に基づく「事実上の推定」を活用することで妥当な結論を導くことが可能となるのではないかと思料される。

この点、「解雇回避努力」についても、企業の経営状況や社会情勢等諸般の具体的事情の下で判断されるものであるところ（注71）、倒産企業が（計画遂行段階ではなく）倒産手続開始前後に行う解雇においては、すでに倒産以前にぎりぎりまでコストカット等の措置はとられていることが多く、解雇回避のために追加でとりうる措置は時間的にも資金的にも限界があることは経験則上も明らかであり（注72）、短期間のみの希望退職募集・退職合意の取付け等のみであっても、解雇回避のためにとりうる措置の検討・努力がなされていれば解雇回避努力がなされていると評価できることが多いと解される。また、更生計画・再生計画遂行段階における解雇についていえば、計画認可により債務が圧縮され、財務状況が改善したといえる場合であっても、事業の更生・再生のため合理的プロセスを経て確定された事業計画において、更生計画・再生計画における弁済額算定・事業の再建策等の前提として人員削減策が定められている場合には、（事後的にその実施が不必要となったと見られる特段の事情のない限りは）再建のためにかかる人員削減策の実施が必要であると解され、管財人として事業計画に従った人員削減を行わないという選択は実際上とりえず（注73）、そのため、設定された削減策を実現するための希望退職の募集等の措置がとられていれば、ワークシェアリングや一時帰休など削減自体を回避する措置をとらなくても「解雇回避努力」が尽くされたと認めることもできると解される（注74）。

さらに、「人選の合理性」については、特に解雇権行使の主体が（再生債務者自身でなく、いわゆるＤＩＰ型会社更生でもない）管財人である場合には類型的に恣意性が排除されるといえるところ、管財人が一定の客観的又は合理的基準の下に解雇対象者を選定した場合には、（人選基準の内容は管財人において主張立証すべきであろうが）それは事業の再建に資するかどうかという観点からされているのが通常であって、「人選の合理性」を推認することも不可能ではなく、そのような「事実上の推定」によって再建に有用な人材の選別の合理性を容認する判断を行うことが可能となると考えられる（注75）。

以上のとおり、契約上の解雇権行使については、整理解雇法理の適用を認め、「四要素」の認定基準の緩和はしないとしても、それぞれ要素の認定にあたって、倒産状況にあることや管財人による解雇権行使であること及び（更生計画・再生計画の基礎となった事業計画に基づく人員削減の場合には）合理的プロセスで確定された事業計画に基づく人員削減であること等を適切な経験則による「事実上の推定」を用いることで各要素の認定につなげれば、妥当な結論を導くこと、ひいては認定に関する一定の予測可能性を確保することが可能となると思料するものである。

⑵　倒産解除権の行使と整理解雇法理との関係

以上はあくまで契約上の解雇権の行使について述べたものである。しかるに、前記1に述べたとおり、再建型倒産手続の管財人は、①倒産債務者について就業規則の定め等により認められた契約上の解雇権の行使ができるほか、②（履行選択がされ、又は確答催告がされて相当期間が経過していない限りは）固有の権利としての倒産解除権の行使ができる。そして、私見では、①の契約上の解雇権の行使については、前記⑴に述べたとおり、（各要素について一定の「事実上の推定」を用いる余地はあるとしても）整理解雇法理自体は変容等されず適用されるものと解するものであるが、これに対して、②の倒産解除権と整理解雇法理の関係についてはいかに解すべきであろうか。

この点、従来は契約上の解雇権と倒産解除権の両者につき、前記1㈡にあげたような相違点があるにもかかわらず、特に区別されることなく、後者についても解雇権濫用法理の適用があり、整理解雇法理も適用されると解されてきたようである（注76）。

しかしながら、労働契約法一六条の規制が（契約上の解雇権行使のみならず）倒産解除権の行使としてする解雇についても及ぶものと解するとしても、倒産解除権の行使について、必ずしも整理解雇法理の適用を受け、「四要素」により判断され、管財人側が①人員削減の必要性、②解雇回避努力、③人選の合理性の三要素の主張立証責任を負うと解さなければならない必然性はないように思われるし、実質的にも前記1㈡にあげたような相違点からすれば、倒産解除権の行使としてされる解雇には整理解雇法理の適用はないと解するほうが妥当ではないかと思料する。以下この点について論じる。

a　倒産解除権の労働契約への適用及び労働契約法一六条の適用について

まず、倒産解除権については、①労働契約も民事再生法四九条一項及び会社更生法六一条一項の双方未履行双務契約に該当すること（民事再生法五〇条三項及び会社更生法六二条三項が労働契約について手続開始前の給付に係る弁済がないことを理由とする履行拒絶の禁止に関する規定の適用を排除しているのも、そのことを当然の前提としていると解される。）、②民事再生法四九条三項及び会社更生法六一条三項は「労働協約」についてのみ倒産解除権の規定の適用を排除しており「労働契約」への適用は排除していないこと、③賃貸借についての破産法五六条（民事再生法五一条及び会社更生法六三条で準用）のような特則も置かれていないこと、④民事再生及び会社更生については民法六三一条のような特則もないことから、労働契約についても民事再生法四九条一項及び会社更生法六一条一項の倒産解除権の行使が契約上の解雇権行使に加えて認められると解すべきことは前記のとおりである。

また、労働契約法一六条は、「解雇は、客観的に合理的な理由を欠き、社会通念上相当であると認められない場合は、その権利を濫用したものとして、無効とする。」と規定しているが、①倒産解除権の行使としてされる労働契約の解除（解約）も使用者側からする解約であって同条の「解雇」に当たると解されること、②同条は権利濫用（民法一条三項）の法理を基礎とするものであるが（注77）、倒産解除権の行使についても最判平12・2・29（民集五四巻二号五五三頁）が権利濫用の法理が適用されることを認めているところ、権利濫用の法理を明文化した同条の適用を排除する理由も見当たらないと解されることから、倒産解除権の行使についても同条が適用されると解される。

b　整理解雇法理と倒産解除権の関係

前記(2)のとおり、整理解雇法理も、解雇権濫用法理に基づくものであり、解雇が無効とされるのは労働契約法一六条（及び民法一条三項）を根拠とするものとされる。

そのうえで、権利濫用法理に基づくにもかかわらず、整理解雇であるとの一事をもって、濫用を主張する労働者の側でなく、使用者が抗弁又は再々抗弁として、①人員削減の必要性、②解雇回避努力、③人選の合理性を基礎づける事実を主張立証しなければならなくなるのは、整理解雇が経営上必要とされる人員削減のために行う解雇であり、労働者の責に帰すべき事由による解雇でなく、使用者の経営上の理由による解雇であるからであるとされる。すなわち、整理解雇が使用者側の経営上の理由による一方的な解雇であることが、まずは、解雇権行使が「客観的に合理的な理由を欠き、社会通念上相当であると認められない場合」として「濫用」となるとの評価を基礎づけるものとなっているといえる。

しかるところ、倒産解除権は、そもそも相手方に帰責事由がない場合でも事業の再生・清算のために行使が認められるものである（注78）。そのため、労働契約について倒産解除権の行使に対しての特則がないにもかかわらず、「労働契約」の解除であることの一事をもって、倒産解除権の行使の主張がそれのみでは契約解除の効果を主張するものとしては足りず、その行使が「濫用でないこと」を基礎づけるために（あたかも解除について

「正当事由」が必要とされるかのような扱いを受けて）、労働者の地位確認に対して、管財人が（抗弁として）あわせて①人員削減の必要性、②解雇回避努力、③人選の合理性を基礎づける事実を主張立証しなければならないとされたり（前記「A説」参照）、あるいは、倒産解除権の行使の抗弁に対し、労働者がその効力発生を障害・阻却する事由として〝平素の勤務が労働者として通常のものであったこと〟を（再抗弁として）主張できるとすること（前記「B説」）には、強い違和感を覚えざるをえない。

むしろ、倒産解除権の行使に対して労働契約についての特則がない以上は、労働契約法一六条の適用はあるとしても、(α)通常の権利濫用法理の枠内で考えざるをえず、整理解雇法理の適用はないと見るか、もしくは、(β)権利濫用法理を適用するうえで（いわゆる整理解雇法理にいう「四要素」が判断要素の中心となると解するとしても）、労働者側で権利濫用を基礎づける事実として「四要素」が欠けることを主張立証しなければならないと見る（前記「C説」参照。その範囲では整理解雇法理が変容を受けると考える。）かのいずれかの見解をとらざるをえないのではないかと思われる。

そして、(α)(β)のいずれの見解をとるべきかについて私見を述べれば、労働契約法一六条により権利濫用として無効になるかどうかを検討するうえで「四要素」はそれなりのウエイトをもつものとしてとらえられるべきものとしても、以下の理由により、「四要素」の主張立証責任の転換にとどまるものではなく、無効とされるべき実体的基準が質的に異なるものと考えざるをえず、その意味では(α)の見解、すなわち一般的な理解での整理解雇法理は適用されないものと解すべきものと考える。

第一に、倒産解除権は、（民事再生における再生債務者自身がしたものを含めて）再建の観点から不必要又は不利な契約について倒産場面で契約の拘束から免れることを認めるものであって、契約上の解除権（解雇権）行使よりも制度的に広く行使できるものと解すべきものと思われる。これについては、解雇権濫用法理及びその一類型である整理解雇法理は、そもそも解雇自由の原則（民法六二七条）に対する制約であるので、解除権が倒産法上重ねて付与されても同様の制約が及ぶとの反論もあるかもしれない。しかしながら、倒産解除権については、倒産債務者が契約上解除権を制限した場合であっても、そのような制限にかかわりなく行使できるのであって、やはり契約上の解除権（解雇権）の行使とは質的に異なるものと考えるほうが自然であるように思われる。

第二に、期限の定めのある契約との平仄の問題である。前記一2㈠記載のとおり、倒産解除権の行使は期限の定めのある労働契約にも適用があると一般に理解されているところ、期限の定めのある労働契約について「やむを得ない事由」（民法六二八条）がなくても解約（解雇）ができることになる。そして、法制上は、いうまでもなく「やむを得ない事由」なくして解雇できない（民法六二八条）ほうが、「権利を濫用したものとして、無効とする」場合以外には解雇できる（民法六二七条、労働契約法一六条）というよりも解雇が厳しく制限されるはずであるから、前者について「やむを得ない事由」なくして解雇できるものと解雇が緩和されるのであれば、後者の場面について、整理解雇法理を倒産解除権の行使にも契約上の解雇権行使と同様に適用して解雇を緩和しないのは均衡を失する。

第三に、前記1㈡に述べたとおり、契約上の解雇権行使の場合には損害賠償を伴わないが、倒産解除権の行使の場合には倒産債権の扱いになるとはいえ、解雇された労働者は損害賠償請求権を行使できる点で実質的な扱いの差異がある。

第四に、前記1㈡に述べたように、倒産解除権の行使については裁判所の要許可事項とされることが多いと思われるが、裁判所が労働契約に関する倒産解除権の行使に際して、適法性を吟味するうえで、整理解雇法理の

「四要素」を満たすかどうかを迅速に検討・判断するのは実際上困難である。この点、「四要素」の欠如について主張立証責任は労働者側にあると解するとすれば許可時において「四要素」を判断する必要はなくなるかもしれないが、そうであるとすれば、端的に整理解雇法理の「四要素」は適法性には影響せず、整理解雇法理は倒産解除権の行使には適用されないと考えるほうがより直截にかかる問題を回避できるように思われる。もっとも、倒産解除権の行使については、裁判所の許可を要する行為に「できる」というにとどまるのであって（民事再生法四一条一項四号、会社更生法七二条二項四号）、労働契約の解除を要許可行為から外すこともできるので、この点は決定的ではない。

他方で、管財人が倒産解除権を行使するうえで、労働者保護の概念やそれに基づく労働契約法一六条の規定を無視してよいということにはならず、あくまで労働契約法一六条自体の適用はあると解されるところ、整理解雇法理にいう「四要素」は帰責性のない労働者を解雇するにあたって勘案されなければならない要素とされているのであるから、程度の差こそあれ、倒産解除権の行使としての解雇権行使にあたっても、「四要素」が解雇権行使が濫用か否かの判断における重要なファクターとして機能することは否定されないものと考えられる。

以上のとおり、倒産解除権の行使としての解雇については、厳密な意味での整理解雇法理の適用はないと解するが、労働契約法一六条により権利濫用として倒産解除権の行使としての解雇が無効になるかどうかを検討するうえで「四要素」はそれなりのウエイトをもつものとしてとらえられるべきものと解するものである。

c　労働協約との関係

なお、手続の妥当性との関係で、労働協約における解雇に関する条項との関係も問題となるので若干付言する。すなわち、労働協約において、解雇に関して労働組合との事前協議又は同意を要する条項が定められている場合があるが、整理解雇法理によると、一般に、このような協議条項・同意条項に反して労働組合と十分な協議を経ることなくなされた整理解雇は、手続の妥当性を欠くものとして無効となるとされる（注79）。このことと倒産解除権の行使との関係はどのように考えるべきであろうか。

この点、私見では、倒産解除権の行使において厳格な意味での整理解雇法理の適用がないと解することは前記のとおりであるが、労働協約に関しては双方未履行双務契約の解除権の適用対象から除外されている（民事再生法四九条三項、会社更生法六一条三項）ことから、倒産解除権の行使としてされる解雇と上記協議条項・同意条項の関係が問題になると考えられる。

これについては、次のように解する。すなわち、倒産解除権の行使によっては、労働協約の解除はできないのであるから、管財人もこれに拘束されるが、前記のような協議条項・同意条項も「労働条件その他労働者の待遇に関する基準」に当たるものとして規範的効力をもつと解されているところ（注80）、これは労働契約の内容をなすのみならず管財人が拘束を受けて倒産解除権の行使により免れることはできないのであるから、かかる協議条項・同意条項に反して労働組合と十分な協議を経ることなくなされた整理解雇は、管財人の倒産解除権の行使としてされた場合であっても、労働契約法一六条によりやはり無効となるものと解する（注81）。

(3) 管財人のする契約上の解雇権行使と倒産解除権の行使との関係

以上の私見をまとめると、管財人による解雇権の行使については、

A　契約上の解雇権行使としてされる場合、

(a) 通常の整理解雇法理の適用があり、「四要素」に従った判断がなされる。

(b) ①人員削減の必要性、②解雇回避努力、③人選の合理性を基礎づける事実は管財人が主張立証しなければ

ならない。

(c)　ただし、各要素の認定にあたって、①については開始決定があること（手続開始前後の解雇の場合）や合理的プロセスで確定された事業計画に基づく人員削減であること（計画認可後の解雇の場合）、②については倒産状態にあって資金的・時間的制約のなかで（手続開始前後の解雇の場合）又は再生計画若しくは更生計画又はその基礎となる事業計画の枠のなかで（計画認可後の解雇の場合）行っていること、③については管財人が中立公正な立場から行っていること等により、ある程度推定される部分があることは考えられる。

B　倒産解除権の行使としてされる場合、

(a)　通常の整理解雇法理の適用はなく、必ずしも「四要素」を満たす必要はない。

(b)　①人員削減の必要性、②解雇回避努力、③人選の合理性を基礎づける事実について管財人が主張立証する必要もない。

(c)　もっとも、労働契約法一六条の適用はあり、権利濫用法理の適用にあたって、「四要素」を欠くことが一定程度勘案されることはありうる。また、労働協約は解除されないので、解雇に関する協議条項・同意条項が労働協約にある場合に、それに従わずに十分な協議を経ずしてなされた解雇は同条により無効となりうる。

(d)　これにより解雇された場合には、解雇された労働者は損害賠償請求権を倒産債権として行使できるということとなると解するものである。

とりわけ、整理解雇については、前記のとおり裁判所の判断の予測可能性が低いことが指摘されているところ、誤解を恐れず、相互の関係をあえて図示すれば図表1~2のようなイメージになるものと考えられる。

図表1　実体規範について

大　　解雇の必要性・許容性　　小

解雇必至【⑤】	解雇必要／許容性大（例：削減必須、希望退職実施済、回避措置困難）【④】	解雇必要／許容性中（例：削減必要、希望退職実施せず、回避措置困難）【③】	解雇必要／許容性有（例：削減必要、希望退職実施せず、回避措置可能）【②】	解雇必要性低（削減必要性低、回避措置可能）【①】

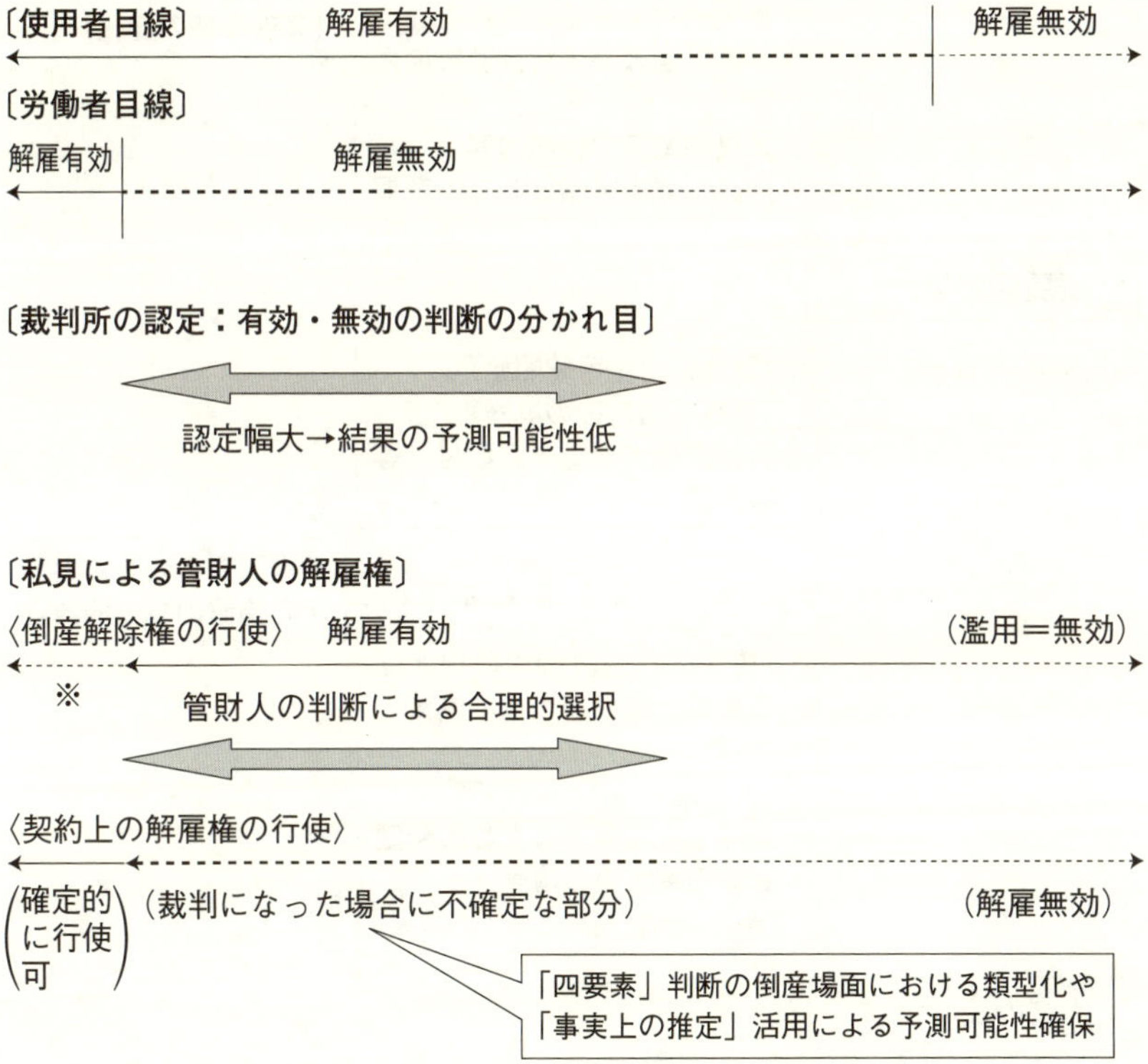

※なお、契約上の解除権を確定的に行使できる部分は、損害賠償を伴わない契約上の解雇権行使を選択すべきと考えられる。

★契約上の解雇権行使の場合の解雇権濫用の評価障害事実について

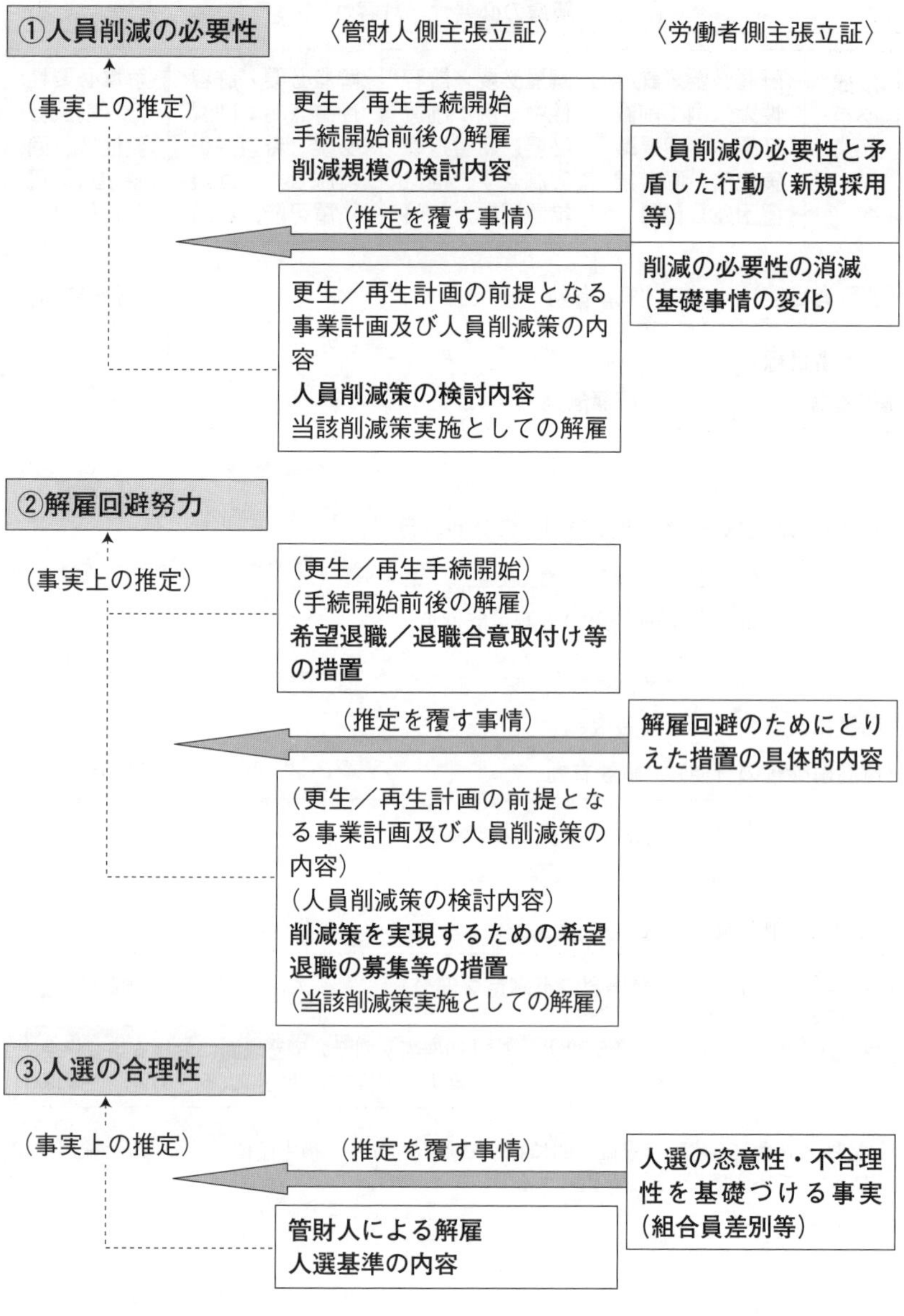
①人員削減の必要性
〈管財人側主張立証〉
〈労働者側主張立証〉
（事実上の推定）
更生／再生手続開始
手続開始前後の解雇
削減規模の検討内容
人員削減の必要性と矛盾した行動（新規採用等）
（推定を覆す事情）
削減の必要性の消滅（基礎事情の変化）
更生／再生計画の前提となる事業計画及び人員削減策の内容
人員削減策の検討内容
当該削減策実施としての解雇
②解雇回避努力
（事実上の推定）
（更生／再生手続開始）
（手続開始前後の解雇）
希望退職／退職合意取付け等の措置
（推定を覆す事情）
解雇回避のためにとりえた措置の具体的内容
（更生／再生計画の前提となる事業計画及び人員削減策の内容）
（人員削減策の検討内容）
削減策を実現するための希望退職の募集等の措置
（当該削減策実施としての解雇）
③人選の合理性
（事実上の推定）
（推定を覆す事情）
人選の恣意性・不合理性を基礎づける事実（組合員差別等）
管財人による解雇
人選基準の内容

図表２　裁判における主張立証責任（労働者から労働契約上の地位にあることの確認訴訟を提起された場合を想定：私見（注82）による整理）

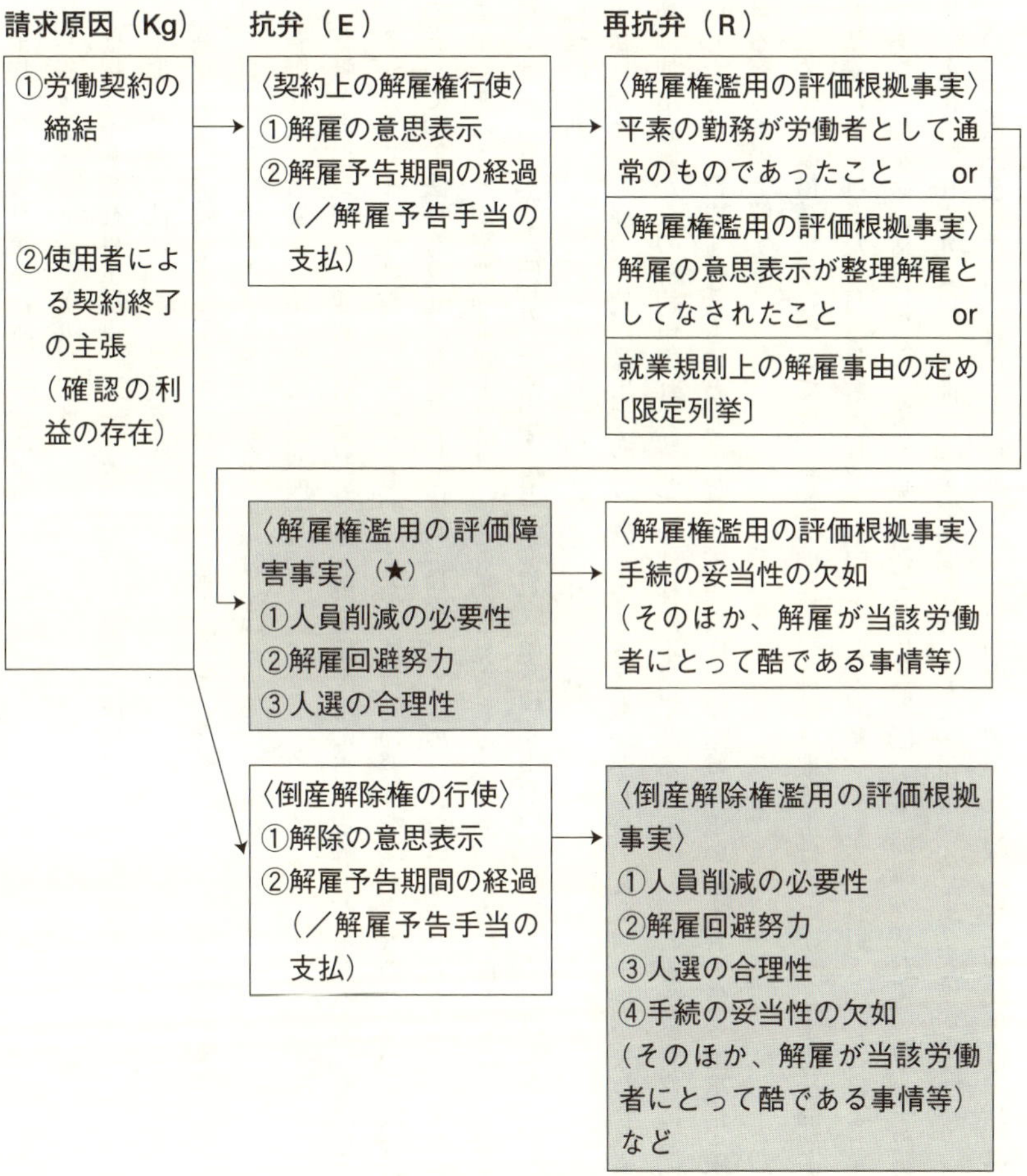

（注26） 前掲『条解会社更生法㈷』三〇四頁。
（注27） 戸谷・前掲（注22）七九頁参照。
（注28） 前掲『条解会社更生法㈷』三一三頁、上原・前掲（注18）一一二頁参照。
（注29） 上原・前掲（注18）一一二頁参照。
（注30） 萩澤清彦『労働基準法上巻』二七六頁、荒木尚志『労働法』二五七頁、東京地決平12・1・21労判七八二号二三頁〔ナショナルウエストミンスター銀行（三次仮処分）事件〕。
（注31） 菅野和夫『労働法（第九版）』四八四頁。
（注32） 菅野・前掲（注31）四八九頁においても、解雇権濫用に当たる解雇が当然不法行為になるものではないとしているが、あくまで権利濫用に当たるもののうち不法行為の要件を満たすもののみが不法行為に当たるという議論であって、不法行為成立の前提として権利行使として認められないものであること、すなわち、解雇権の行使が濫用であることが当然の前提とされているものと見られる。なお、損害に関しては、荒木・前掲（注30）二六六頁では、「解雇が不法行為に該当するとして賃金請求権相当額の請求が認められるか、どの範囲で認められるかは難問であり、裁判例も分かれている」とされている。

私見では、解雇の行使が濫用であって無効であるにもかかわらず賃金請求権が失われたとするのであれば、結局は使用者側からの解約申入れ（解雇）の態様が不当であるものの、それを労働者側において受け容れ、合意退職したものと構成すべきものと考えられ、不当な圧力で退職に追い込まれて賃金請求権を喪失させられたものと見るべきものと解する。

（注33） この損害賠償請求権については、紙幅の関係上、詳細は取り上げないが、本来劣後的破産債権となるものを破産債権に格上げしたと見る見解〔従来の通説とされる見解〕や、本来管財人の行為により生じる債権で財団債権であるものを破産債権にとどめたと見る見解〔伊藤眞説〕など諸説分かれている（学説の状況については、中田・前掲（注10）九頁以下、前掲『条解破産法』三八三頁以下、竹下守夫ほか編『大コンメンタール破産法』二〇四頁以下及び二一一頁以下〔松下淳一〕、伊藤眞＝田原睦夫編『新注釈民事再生法㊤』二三二頁以下〔中島

弘雅〕等参照)。

なお、労働契約について倒産解除権を行使したときに生じる損害賠償請求権については、雇用関係の解消に伴う損害賠償請求権として、「雇用関係に基づいて生じた債権」に当たり、一般先取特権(民法三〇八条)が認められ、一般優先債権(再生手続の場合)や優先的更生債権(更生手続の場合)とならないのかは一応は問題になるように思われる。もっとも、破産法五四条の損害賠償請求権については、格上げと解するにせよ格下げと解するにせよ、本来的な債権の性質を離れて政策的に破産債権としたものであるとされることからすれば、雇用関係解消に伴う損害賠償請求権であっても条文どおり再生債権又は一般更生債権となるものと理解すべきと解される。

(注34) 荒木・前掲(注30)二六二頁以下、池田・前掲(注9)一八一頁。平成一七年九月一五日に厚生労働省の発表した「今後の労働契約法制の在り方に関する研究会」報告書においても「解雇の金銭解決制度」の導入を検討するものとされたが、法制化が見送られた経緯がある。

もっとも、裁判例では、たとえば、東京地判平24・2・29(労経速二一四一号九頁)〔日本通信事件〕は「……金銭面で有利な退職条件を提示することができるよう、社会通念上相当と認められる程度の費用捻出策等を講じるべき義務を負っていたというべきである」として、(理論構成は定かではないが)金銭的な補償の申出が解雇回避努力の一環として解雇権濫用の考慮要素となるかのごとき判示をしている。

(注35) 荒木・前掲(注8)一九頁参照。

(注36) 損害賠償の内容については、信頼利益説と履行利益説があるが、履行利益説をとるべきものと解される(前掲『大コンメンタール破産法』二二二頁〔松下淳一〕、前掲『条解破産法』四〇六頁)。

もっとも、労働契約において、「履行利益」をどのように見るかは問題がある。期間の定めのある契約については、任期途中の取締役の解任の場合(会社法三三九条二項、民法六五一条三項参照)について、残任期(及び任期満了時)に得られたであろう報酬相当の損害賠償を請求できると解されている(江頭憲治郎『株式会社法(第四版)』三六五・三七二頁参照)こととの対比からしても、残期間の賃金請求権であって合理的に支払の蓋然性が認められる範囲のものとなると考えられる。他方で、期間の定めのない契約については、定年までの賃金請求権が喪失された損害であると見るのは合理的ではなく、解雇と相当因果関係のある経済的損失として、爾後の発生が合理的蓋然性をもって見込まれる部分を画するべきであり、再就職可能性・再就職のための合理的期間・爾後の賃金低下の見込み・（たまたま賃金が不相当に高かったような場合には）本来の適正な賃金水準等も勘案して、（長期にわたる場合には中間利息控除も考慮し）喪失された履行利益を（現在価値として）認定すべきものと考えられる。この点、事案は異なるが、継続的契約の解除における損害賠償請求について、たとえば、東京地判平24・1・30（判時二一四九号七四頁）が「原告において、本件契約が期間満了後も更新されて継続すると期待する合理的な理由があったとはいえ、永久に継続するとまで期待することはできないのであって、契約継続への期待には自ずから限界があるというべきであり、将来、本件契約が適法に終了した場合に、原告が新たに事業を立ち上げるため、その時点において支出することとなるものは、原告が負担すべきであることを考慮すると、被告の債務不履行によって生じた損害と認められるのは、上記支出の一部にとどまるというべきである。」としていることや、東京地判平22・7・30（金商一三五二号五九頁）が代理店契約を打ち切られたことについて一年の予告期間を設けるべきであったとして、実際にされた予告期間（四カ月）との差である八カ月の期間の粗利益相当額の損害賠償を認めていること等は参考になると考えられる。

（注37）この一般論は、いうまでもなく整理解雇に限らず、労働者側に落ち度がある場合の解雇権行使も含めて当てはまると解するものである。なお、池田・前掲（注9）一七五頁では、「更生管財人が、労働契約について、会社更生法に基づく双方未履行双務契約としての解除権（会社更生法六一条一項）のほかに、倒産手続外から存在する労働契約の解除権（民法六二七条、六二八条）をも更生会社に代わって行使できるという理解は、従来の学説で必ずしも一般的に共有されていなかった理解と言える」とされている。しかし、労働契約に限らず、契約上の約定解除権（特に債務不履行の場合の解除権）がある場合に、裁判所の許可を得て双方未履行双務契約の解除権の行使をするまでもなく、約定解除権を行使できるというのはむしろ通常のことであって、解雇についても、双方未履行双務契約の解除権というより、まずは契約上の解雇権の行使を検討するのが実務上は普通ではないかと

思われる。

（注38） 菅野・前掲（注31）四八九頁以下。

（注39） 菅野・前掲（注31）四九一頁以下、荒木・前掲（注30）二五九頁以下、神林龍編『解雇規制の法と経済』一二六頁以下〔奥野寿＝原昌登〕参照。なお、従来、これら四つの要素の一つでも欠ければ解雇は無効となるとの解釈（「四要件説」）がとられてきたが、近時は、これらを「要件」ではなく、「要素」ととらえる見解が有力であり、裁判例の多くも「四要素説」によっている（この点について、今津幸子「整理解雇をめぐる今までの裁判例の動向」経営法曹研究会報七一号四頁以下及び四五頁以下参照）。

（注40） これについては解雇回避努力で勘案することも可能であるが、ここでは、そもそも雇用継続期待の程度を裏付ける事情としてあげているものである。

（注41） 上江洲・前掲（注1）一六〇頁以下、池田・前掲（注9）一七三頁、池田・前掲（注8）六一三頁、戸谷・前掲（注22）九〇頁、前掲『会社更生の実務(上)』二三六頁〔佐々木宗啓〕、水元宏典「更生手続開始と労働契約」山本克己ほか編『新会社更生法の理論と実務』（判タ臨増一一三二号）一〇七頁、毛塚・前掲（注24）九頁、山本和彦「倒産企業従業員の生活保障」河野正憲＝中島弘雅編『倒産法体系』八八頁、上原・前掲（注18）一二三頁、谷口・前掲（注1）一九四頁参照。

（注42） 両事件の判決によると、就業規則の「企業整備等のため、やむをえず人員を整理するとき」に該当するものとして解雇されたとされている。

（注43） 詳細については、池田・前掲（注9）一七四頁以下参照。

（注44） ただし、JAL乗員判決では四つめの要素について、「解雇手続の相当性等の当該整理解雇が信義則上許されない事情の有無及び程度」としてより広汎にとらえている（池田・前掲（注9）一八〇頁参照）。

（注45） 上江洲・前掲（注1）一六二頁以下、前掲『概説　倒産と労働』六九頁以下〔服部明人発言〕、中島弘雅「JALの会社更生と整理解雇問題」金判一三五八号一頁参照。

（注46） 土田＝真嶋・前掲（注20）一五九頁参照。

（注47）人員削減策やこれを含む事業計画は、民事再生法や会社更生法において再生計画や更生計画の記載事項とはされていない。必要的記載事項でないのは無論のこと、記載された場合に計画としての効力をもつ相対的記載事項としても位置づけられていないものである。

しかしながら、伊藤眞「事業再生手続における解雇の必要性の判断枠組み」前掲『倒産法改正展望』二頁以下では、人員削減策などの事業計画も再生計画案や更生計画案と一体として利害関係人に開示され、利害関係人の賛否や裁判所の認可決定の基礎資料となるものであって、「実質的意味での再生計画案又は更生計画案」であるとし、管財人や再生債務者は善管注意義務（会社更生法八〇条、民事再生法七八条、六〇条）や公平誠実義務を負って遂行をしなければならない（会社更生法二〇九条一項、民事再生法一八六条一項）とする。

（注48）伊藤・前掲（注47）一四頁以下では、人員削減策も実質的意味での再生計画又は更生計画として遂行義務の対象になるため、更生計画・再生計画の認可後に著しい事情の変更が生じて事業計画を変更すべきものと判断される場合であって、かつ、利害関係人及び裁判所・監督委員がかかる変更を是認し、変更後の事業活動にとって削減予定対象人員の削減をせずにこれを維持することが不可欠と判断される場合に限って、解雇を行わないことができるとしている。

この点については、JAL乗員判決においても、解雇時点において「全ての雇用が失われる破綻的清算を回避し、利害関係人の損失の分担の上で成立した更生計画の要請として、事業規模に応じた人員規模とするために、人員を削減する必要性があった」と判示し、また、JAL客乗判決でも、更生計画及び更生計画の基礎となった新事業再生計画における事業規模の縮小計画は更生会社を「二度と沈むことのない船にするために立案・実行された」もので、事業規模の縮小に伴う人員計画に基づく人員配置を行うとの観点から、「必要稼働数を超える人員の削減を行うことは、真にやむを得ないことであったと評価することができる」としている（ただし、更生計画の遂行としての側面であることの評価は両判決で必ずしも同じではないことについて、池田・前掲（注9）一八五頁以下参照）。

（注49）前掲『概説　倒産と労働』六一一頁以下〔高井章光発言〕及び七一一頁〔服部明人発言〕。もっとも、土田＝真嶋・

前掲（注20）一五九頁では、「平時と同様またはそれ以上の義務を求めるべきである」としている。

（注50）毛塚・前掲（注24）九頁、土田＝真嶋・前掲（注20）一六〇頁、上原・前掲（注18）一二三頁、清水洋二「企業倒産と労働法㊦」労判二八一号七頁参照。

（注51）民事再生法第七章第一節、会社更生法第七章第一節参照。

（注52）伊藤・前掲（注47）一四頁でも、形式的な更生計画・再生計画の変更にわたらない限りは、変更手続をとる必要はなく、「合理的裁量」で人員計画の見直しができるとしている。

（注53）再生手続であれば、弁済期間は特段の事情がなければ一〇年以内である（民事再生法一五五条三項）が、多くの場合には遂行段階も監督委員が選任されており、再生計画認可決定確定後三年で終結する（同法一八八条二項）。

（注54）前掲『概説　倒産と労働』五八頁〔木下潮音発言〕、阿波連光「『再建型倒産手続下における整理解雇』に関する考察」経営法曹一七四号七頁参照。

（注55）渡辺弘『労働関係訴訟』二一一頁、野川忍「経営上の理由による解雇――新たな判断枠組みの可能性」山口浩一郎ほか編『経営と労働法務の理論と実務』一三一頁以下参照。なお、野川・前掲では、労働契約法の制定について検討した研究会報告書において、経営上の理由に基づく解雇については四要件を法に明記したうえで、その具体的内容を規則で示すという案が提示されていたが、労政審における審議の迷走がたたって、成文化は労働契約法一六条のみにとどまったもので、かかる経緯からは、同条が経営上の理由に基づく解雇を想定しているとは言いがたいが、さりとて同条の適用がないというのも困難であるとされている。

（注56）山口幸雄ほか編『労働事件審理ノート（第三版）』六頁以下。

（注57）山川隆一『労働紛争処理法』二一三頁以下、前掲『労働事件審理ノート（第三版）』三四頁参照。

（注58）難波孝一「労働訴訟と要件事実」河上正二ほか編『要件事実・事実認定論と基礎法学の新たな展開』（伊藤滋夫先生喜寿記念）五三六頁、東京地判平15・8・27判タ一一三九号一二一頁〔ゼネラル・セミコンダクター・ジャパン事件〕、東京地判平18・1・13判時一九三五号一六八頁〔コマキ事件〕参照。

（注59） 山川・前掲（注57）二一三頁以下、渡辺・前掲（注55）二四頁。なお、山川・前掲（注57）二一三・二一六頁では、就業規則の定めのある場合には、限定列挙説をとると就業規則の定めの存在が再抗弁となり、就業規則上の解雇事由該当事実を予備的抗弁として使用者側が主張立証することとなるが、その場合に使用者は就業規則上の整理解雇事由の該当事実を主張立証するにあたり、①人員削減の必要性、②解雇回避努力、③人選の合理性を基礎づける事実を予備的抗弁の評価根拠事実として主張立証しなければならないとする。

なお、渡辺・前掲（注55）では、④につき、ＪＡＬ乗員判決と同様に、手続的に妥当でないことを含め、「整理解雇が信義則に反する事情」がｉの再抗弁事由に当たるとする。

（注60） 大江忠『要件事実 労働法』一五一頁。

（注61） 前掲『労働事件審理ノート（第三版）』三四頁参照。

（注62） 本稿では、主題でないので詳述はしないが、私見では、山川・前掲（注57）二一三頁の構成も理論的には理解できるように思われるものの、難波・前掲（注58）五三五頁で指摘されているように、就業規則の定めの有り無しで攻防方法の位置づけが異なってくることに対する違和感は実務感覚として理解できるもののように思われる。また、山川・前掲（注57）二一三頁で述べられているように「手続の不相当」が再々抗弁として出てくる三要素と別に独立の抗弁として位置づけられるのも違和感を覚える。現実には、使用者側が解雇の意思表示を主張するに際して就業規則上の根拠も提示するのが通常であるし、解雇の意思表示が普通解雇としてされたのか整理解雇としてされたのかも争いになることがあるところ、そのような場合に、解雇自由の原則による解雇の意思表示の効果が復活すると見るべきか、就業規則の定めに基づく別の解雇の意思表示の効果が生じると見るべきかといえば、後者のように理解し、別の抗弁として理解するほうが当事者の意思にも合致するように思われる。さらに、前記のとおり、手続の不相当を独立の抗弁ととらえるには違和感があるが、さりとて、平素の勤務が労働者として通常のものであったという解雇権濫用評価根拠事実の抗弁の効果が「手続の不相当」という再々抗弁で復活するという性質のものでもないように思われる。

そのため、本稿では、次のように解することとしたい。すなわち、解雇自由の原則に基づいてされた解雇の意思表示の抗弁に対しては、解雇自由の原則の制約がされる場面であること、すなわち、①就業規則の定めにより制限がなされていること、又は、②整理解雇法理の適用のある場面であること＝労働者側に落ち度がないとしてされた解雇であることを再抗弁として主張できる（そして、②については、さらに、(i)意思表示がそのようなものとしてされたということと、(ii)労働者の勤務状況が通常のものであったという二種類の主張が考えられる。）。これに対しては、そのような制約のある解雇の意思表示であることを前提としても、なお解雇が有効であることを基礎づける事実を使用者側において解雇権濫用評価障害事由として「予備的抗弁」（解雇事由の原則の意思表示を復活させるものではなく別の抗弁）として主張立証することとなるものと見る。これにより、「手続の不相当」をもって前記②の解雇権濫用評価根拠事由の効果が復活するものではないとの位置づけもできることとなり、結局、A説のように、整理解雇法理の「四要素」のうちの①人員削減の必要性、②解雇回避努力、③人選の合理性の三要素を使用者が主張立証すべき抗弁に位置づけ、④解雇手続の妥当性についてはこれを欠くことを再抗弁に位置づけることとなるものである。

（注63） 前掲名古屋高判平18・1・17（及び原審である名古屋地判平17・2・23）〔山田紡績整理事件〕、前掲東京地判平15・12・22〔イセキ開発工機事件〕、東京地判平22・3・24〔有限会社皇華事件、公刊物未掲載（LEX／DB25471319）。経営法曹研究会報七一号五七頁参照〕。

（注64） 菅野・前掲（注31）四九〇頁。

（注65） 前掲東京地判平15・12・22〔イセキ開発工機事件〕は、まさにこの点で再生債務者のした解雇の「人員削減の必要性」に疑問を呈している。

（注66） 前掲『解雇規制の法と経済』一三〇頁以下〔奥野＝原〕参照。

（注67） 村中孝史「人事制度の多様化と解雇の必要性判断」季労一九六号三〇頁以下参照。

（注68） 阿波連・前掲（注54）一二頁以下、野川・前掲（注55）一三八頁、荒木・前掲（注8）一六頁、前掲『概説倒産と労働』六七頁〔木下潮音発言〕参照。

（注69） 人員削減を進めて、削減予定数に満たないときに、最後に残った一人ないし数名を解雇する場合の人員削減の

必要性判断について、一連の人員削減策を一体として見て判断するか、最終的な整理解雇の時点で判断するかの問題も指摘される（池田・前掲（注9）一八七頁以下、前掲『概説　倒産と労働』六六頁以下〔徳住堅治発言〕、今津幸子「整理解雇をめぐる今までの裁判例の動向」経営法曹研究会報七頁以下参照）が、削減予定数が合理的プロセスを経ていったん定められれば、事後的に必要性が消滅したことを基礎づける事情のない限りは、整理解雇時点で削減の残数が少数となった場合であっても必要性を肯定すべきもののように思われる。

（注70）　法令用語研究会『法律用語辞典（第四版）』四八七頁、伊藤眞『民事訴訟法（第四版）』三六三頁参照。

（注71）　前掲『解雇規制の法と経済』一三四頁参照。

（注72）　荒木・前掲（注8）一六頁、前掲『概説　倒産と労働』六一頁〔高井章光発言〕。

（注73）　伊藤・前掲（注47）一一頁以下において「解雇の必要性」として論じられているのも、人員削減の必要性というよりは、更生計画遂行状況のなかで、「解雇回避努力」としてどのような措置をとることまで求められるのかの問題を呈示しているものと理解される。

（注74）　ＪＡＬ乗員判決及びＪＡＬ客乗判決はかかる前提に立った理解をしていると思われる。なお、この点について、池田・前掲（注9）一八九頁以下参照。

（注75）　前記㈡⑵では再建に必要かどうかという観点からの人選が許容されるとする見解があることを指摘したが、そもそも人選基準の合理性については、客観性の担保・恣意性の排除が重要であって（前掲『解雇規制の法と経済』一四〇頁以下〔奥野＝原〕参照）、必ずしも倒産場面でなくても、（人員削減の必要性が認められることを前提とすれば）事業への有用性・必要性に着目して一定の客観的基準をもって選定基準としたときに、それが労働者への影響を考慮しないからといって「人選基準の合理性」を欠くと解されるとは思われない。削減対象となる労働者にとって酷かどうかという点は、むしろ労働者に個別の事情であって、かかる個別事情については、解雇権濫用の評価根拠事実として労働者側が主張立証すべき事情と位置づけられ、整理解雇法理の四要素とは別の事由と見るか、ＪＡＬ乗員判決のように第四要素について「解雇手続の相当性等の当該整理解雇が信義則上許されない事情の有無及び程度」と見てかかる事由をそのなかに位置づけるか、いずれかのように解される。

（注76） 小西・前掲（注10）二九九頁。土田＝真嶋・前掲（注20）一五七頁及び前記（注41）掲記の各文献参照。ただし、池田・前掲（注9）同一七七頁では「客乗判決の理解によれば、会社更生法によって更生管財人に付与される双方未履行双務契約としての解除権（会社更生法六一条一項）が労働契約について行使された場合には、労働契約上の使用者による解除権の行使とは直ちに評価できないため、解雇権濫用法理、ひいては整理解雇法理の適用を受けないと解する余地がある」とされている。

（注77） 解雇権行使の制限については、「正当事由説」と「権利濫用説」があったが、「権利濫用説」が下級審裁判例の趨勢となり、最高裁もこれを採用し、労働契約法一六条もそれを法制化したものとされる（荒木・前掲（注30）二五四頁）。

（注78） 伊藤・前掲（注4）二六八頁以下。

（注79） 菅野・前掲（注31）四九一頁、六〇二頁。

（注80） 菅野・前掲（注31）六〇二頁。

（注81） 上江洲・前掲（注1）一六五頁参照。

（注82） 前記（注62）を参照。

再生手続における債権者の多数の同意と議決権の行使について

――債権者の視点から

阿多博文

一　はじめに

本稿では、民事上の権利関係を調整するための方法である債権者の多数の同意について取り上げる。民事再生法一条は、再生債務者と債権者の間の民事上の権利関係を適切に調整する方法として、債権者の多数の同意と裁判所の認可を受けた再生計画を定めること等をあげる（注１）。この債権者の多数の同意は、再生計画案の可決要件として定められる（民事再生法一七一条、一七二条、一七二条の三）。債権者の多数の同意は、再生計画案への「同意」であるから（同法一七二条の三第一項）、同意の対象は、再生計画案に記載されている権利変更（同法一五四条一項一号）を中心とする条項であって、実体法上の権利・財産の処分を意識する用語のはずであるが（注２）、近時、手続要件に純化され形式的にとらえられているのではないかと感じることがある。そこで、本稿では債権者の同意の意義について、債権者の視点を意識しつつ検討してみたい。

なお、もう一つの権利関係調整の要件である裁判所の認可は、当事者の私的自治に対する後見的な審査・監督という意義を有し（民事再生法一七四条）、法が多数決という自治的な方法を採用する以上（同法一七二条の三第一項）、裁判所の関与は自制的であるはずが、むしろ裁判所により実質的・積極的な役割を期待する主張がなされている。この点についても最後に少し触れておきたい。

（注１）　民事再生法一条の位置づけについて簡潔に説明するものとして、福永有利監修『詳解民事再生法（第二版）』七頁〔山本克己〕。再生計画による権利変更と憲法二九条の関係については、山本克己編『破産・民事再生法概論』二二頁〔山本克己〕参照。

（注２）　簡易再生では、五分の三以上の同意が、また、同意再生では、すべての届出再生債権者の同意が要件とされる（民事再生法二〇〇条一項、二一七条一項）。ここでの同意は、①再生計画案への同意と②再生手続の調査及び確定の手続を経ないことについての同意の双方を含み、通常再生と比較して、②の手続省略まで含む点で差異がある。加えて、同意再生では、再生計画案の決議を経ることまでを省略することから、全員の同意を要求している。その意味では、いずれも手続省略の点に法定多数の同意の要件に差異を設ける理由を求めている。

他方、給与所得者再生では、債権者の多数の同意は要件とされていない（民事再生法二四一条参照）。これは、債務者の可処分所得の二年分という客観的な弁済を保障させることによって債権者の最低限度の弁済を確保することで「同意」に代替させるものであり、政策的なものである。その他、民事再生法上、債権者の同意が要件とされる規定は、債権者委員会への関与（同法一一七条）、不利益を受ける債権者の同意（同法一五五条）、債権者集会の期日の続行の同意（同法一七二条の五）、再生計画の変更の同意（同法一八七条）等各所に設けられている。「同意」の対象は規定ごとに異なるので、区別して検討する必要がある。

二 債権者の多数の同意

1 多数の同意

何故、多数の同意で足りるのか。実体法上の権利であることを前提とすれば、個々の債権者の同意が前提となるはずである（注3・4）。ところで、個々の債権者にすれば、一定の範囲で自己の債権額を縮減することで債務者の再生が実現し回収額の増大が見込まれる場合には、減免に応じ債務者の再生を認めることが合理的である。他方、多数の債権者が減免に応じることが見込まれる状況では、債権額が小さい債権者にすれば、自らが減免に応じなくても債務者の再生が実現することが期待できるから、減免を拒否し全額の回収にこだわる戦術を選択する可能性は否定できない。しかし、この不平等を認めると誰も減免に応じず、結果として、債務者の再生が不可能となり回収額の増大も見込まれない事態が生じかねない。ここに、多数の同意だけで全債権者を拘束し、反対する再生債権者についても強制的に権利を変更することの理由がある。併せて、債務者においても、全債権者ではなく多数の同意だけで再生が実現できることになる。このように、多数の同意による全債権者の拘束は、債権者・債務者双方にとりメリットがある（注５・６）。

2　多数の基礎

㈠　多数の同意の多数とは何の多数か。①民事再生法では、議決権者の過半数の同意（民事再生法一七二条の三第一項一号。いわゆる頭数要件）と②議決権者の議決権の総額の二分の一以上の議決権を有する者の同意（同項二号。いわゆる議決権額要件）の双方を要求する（注７）。判例は、この①の要件を少額債権者保護の趣旨に基づくものであると位置づけている（最決平20・3・13民集六二巻三号八六〇頁）（注８）。頭数多数と議決権額多数の双方から同意を得るためには、再生債務者は、多数の債権者・多額の債権者双方へ配慮する再生計画案の策定が必要であり、双方の多数の同意を可決要件とすることによって再生債務者に絶妙な調整役を期待しているのである。

①頭数要件と②議決権額要件では、多数を算定する分母が異なる。①頭数要件では、債権者が議決権を行使する等積極的に行動するものばかりではないことを考慮して、賛否を表明しない債権者が多数を占め再生計画案が可決されないという事態を防止するため、多数決の分母を再生計画案に対して賛否を示した債権者の数とした。他方、②の議決権額要件では、少額の債権者の意向のみで再生計画案が可決されることは望ましくないとの価値判断から総議決権額とした（注９）。実務では、再生債務者は、大口債権者の意向と多数の少額債権者の意向の双方に配慮しつつ再生計画を策定している。また、再生計画案の採決の場面で、①の頭数要件を満たすが、②の議決権額要件を満たさないため期日が続行された場合には（民事再生法一七二条の五第一項）、大口債権者への説

得の時間の確保の方法として、①の頭数要件を満たしていることを説得の材料に使われることもある。このように実務では、①②双方を要求する民事再生法バランス感覚は有効に機能している（注10）。

㈡　他方、民事再生法が二つの要件を課すことについては立法論的な問題点も指摘されている。一つ目は、②議決権額要件を満たしているが、①頭数要件を満たさない場合に、再生計画を成立させることができるための手当が必要ではないか、二つ目は、②の議決権額要件が分母を議決権総額ではなく議決権行使者に限定すべきではないかというものである（注11）。

一つ目の再生計画案を可決させるための手当については、頭数要件が多数を占める少額債権者の例として、社債権者集会の決議（会社法七〇六条一項二号）が成立しないために個別に権利行使をする社債権者、不法行為や製造物責任に基づく少額多数の損害賠償請求権者、消費者金融が再生債務者である場合の過払金の返還請求権者、ゴルフ場を経営する再生債務者のゴルフ会員債権者を例示し、議決権額では半額以下であるが頭数では半数以上を占めるこれら再生債権者の不同意により、客観的には合理的な内容の再生計画案が否決されることがありうるが、このような帰結は不当であると問題提起する（注12）。

しかし、多数決という自治的な方法を採用する以上、少額債権者は自らの利益を実現する目的で反対することを否定することはできない。立法手当を求める論者が「客観的には合理的な内容の再生計画案」に少額債権者の多数が反対することが問題だとの価値判断に立つのであれば、その前提は少額債権者の判断能力が信用できない、少額債権者は合理的行動をとらないということになりかねないが、そこまでの意図は有しないのであろう（少額債権者が債権者として保護される利益とは別の利益の獲得を目的として反対しているのであれば別問題である）。

立法手当を求める論者は、少額債権者が反対することを認めつつ再生計画の実現を目途するのであろうが、多数の同意との関係において、頭数要件を満たさない（過半数以上の債権者が反対する）再生計画を成立させ権利変更を認めることの正当性をどう説明するのかも不明である。また、「客観的には合理的な内容」の具体的意味も不明である（「合理的な内容」という以上、清算価値を超える弁済がなされるだけでは足りないであろうが、どこまでの弁済を盛り込めば「客観的には合理的」といえるのであろうか）。

裁判所の役割との関係においても、裁判所の介入は謙抑的であるべきとするのであれば、少額債権者の多数の意思に委ねるべきであろう。松下教授は頭数要件を削除し「再生債務者の事業が、再生計画案に反対した再生債権者との取引関係を絶っても維持できるものであること」を認可の要件に加えることを提案するが（注13）、債権者が権利変更を受け入れるための納得のための要件である頭数要件を「再生計画の遂行可能性を、債権者の多数の動向という角度から、手続的に検証するための要件」「再生計画の遂行可能性を間接的に判断するためのもの」と理解すること自体に抵抗がある。

次に、二つ目の議決権額要件の分母を議決権総額ではなく議決権行使者に限定すべきとの立法提案は、議決権総額を前提とする限り、賛成も反対も表示しない債権者は、反対票を投じたのと同じ効果をもつことを問題視する。しかし、何故債権者全員ではなく多数の同意だけで全債権者を拘束できるのかという根本的な部分から考えると、議決権行使者だけで全債権者を拘束するのはあまりに乱暴であろう。現行法のままで足りると考える。

3　同意の方法

再生債権者の意思の表明は、決議に付された再生計画案に議決権を行使する方法による（民事再生法一六九条一項）。裁判所は、再生計画案を決議に付する旨の決定（付議決定）の際に、議決権の行使方法等を定め（同条二項）、再生計画案の内容又はその要旨を届出再生債権者等に通知する（同条三項）。

議決権の行使方法には、①債権者集会期日において行使する方法、②書面等投票を実施する方法、③これらを併用する方法の三つが用意されている（民事再生法一六九条二項一号ないし三号）。いずれの方法に拠るのかは裁判所の裁量であるが（注14）、民事再生法は、債権者集会で決議することを原則と位置づけており、裁判所が②書面等投票を実施する方法を選択した場合であっても、所定の者が債権者集会における決議を求めたときには、裁判所は②の方法を取り消し①又は③の方法を定めることになる（同条五項）。以下、本稿では、①又は③の債権者集会期日開催型を中心に記述しておく。

（注3）法的倒産処理手続とは、債権者全員の同意を基礎とせずに、法律の規定に基づく債権者の個別の権利行使を制約しながら、裁判所の監督・関与の下に倒産処理を行う手続とされ（松下淳一『民事再生法入門』四頁）、民事再生も法的倒産処理手続の一つである以上、全員の同意を必要としないことは所与の前提となるが、多数の債権者の自律的決定こそが法的倒産手続の中核であることを再確認するため整理している。

私的整理は交渉に応じない債権者を拘束できないから、対象債権者全員の同意が必要である（全員同意の原則）。私的整理ガイドラインＱ&Ａ・Ｑ44、整理回収機構（ＲＣＣ）企業再生スキーム８⑸、再生支援協議会基本要領６⑺②、同基本要領ＱＡ・Ｑ34、再生支援機構法二八条一項参照。

（注4）松下淳一「事業再生における社債権の変更に関する立法試案について」『事業再生と社債』二一七頁は、再生・更生計画案に対する債権者の多数決と裁判所の認可が元本の減免を可能にしている理由を、①財産評定を通じた債務者財産に関する情報の債権者への開示、②債権者・債務者という利害関係人の関与の機会の保障、③資産及び負債に関する情報についての中立的な第三者（再生手続における監督委員、更生手続における管財人）の関与、④権利の減免を受ける債権者の多数決という自律的な決定、⑤手続の適正、債権者平等原則や清算価値保証

原則の遵守を裁判所が認可決定を通じて担保していることなどに分析して整理する。

(注5) 小川秀樹編『一問一答新しい破産法』二九頁は、再生債務者の権利変更は、特別清算手続における協定、会社更生手続における更生計画と同様一種の強制和議としての性質を有するとする。

(注6) 再生計画の法的性質(再生計画によって権利変更の効果が生ずる理論的根拠)については、再生債務者と再生債権者団との間の特殊な和解契約であるとするか(園尾隆司＝小林秀之編『条解民事再生法(第三版)』一条二頁〔徳田和幸〕)、再生債権者団の決議と考えるのか(伊藤眞ほか編『注釈民事再生法㊤(旧版)』一条八頁〔山本克己〕)という見解が対立する。対立の詳細については、更生計画に関するものであるが、三ヶ月章ほか編『条解会社更生法㊦(第四次補訂版)』六九九頁以下参照。

(注7) 倒産手続により要件が異なる。他の倒産法制での決議の可決要件を紹介するものとして、大石健太郎「再生計画案の可決要件」東京弁護士会倒産法部編『倒産法改正展望』商事法務五三一頁。

(注8) 高橋宏志「債権者集会」金商一〇八六号九七頁は、大口債権者の横暴を防ぐためとする。

松下教授は、「頭数要件とは、少額債権者の保護それ自体を目的とするものではなく、再生計画の遂行可能性を、債権者の多数の動向という角度から、手続的に検証するための要件である、という理解も可能である」と説明する(松下淳一「再生計画案可決のためのいわゆる頭数要件について」『企業法の変遷』四四八頁)。

なお、当該最決に対する調査官解説では、頭数要件に関する言及はなく、当該最決が民事再生法一七四条二項三号の不認可事由の解釈につき最高裁として初めての判断を示し、かつ、その事例的な当てはめを行ったものであり、実務上重要な意義を有すると紹介している(判解民二〇年度一六六頁〔市川多美子〕)。

(注9) 松下・前掲(注8)四三三頁参照。

(注10) 三森仁「頭数要件(民再法一七二条の三第一項一号)の意義と弊害」事業再生機構編『民事再生法の実務と理論』商事二一五頁、大石・前掲(注7)五三一・五四四頁。

(注11) 頭数要件の要否に関する立法論的検討として、三森・前掲(注10)二一五頁、大石・前掲(注7)五三一頁参照。いずれも頭数要件の機能を肯定し結論として削除に反対しつつ、前者は組分けの仕組みを前提としないクラ

ムダウン制度の導入を提案する。後者は、手続的要件と実体的要件の追加を提案する。

（注12）大石・前掲（注7）五四四頁。

（注13）松下淳一「民事再生法に関する立法論断想」東京弁護士会倒産法部編・前掲（注7）五〇頁。

（注14）東京地裁では、③の併用型を原則としている（鹿子木康編『民事再生の手引』三三二頁〔吉井篤〕）。

三　債権者集会での議決権の行使

1　債権者集会の役割

債権者集会には情報開示と債権者の意思表明の場としての役割があり、この役割に応じて、再生債務者の財産状況を報告するために招集される財産状況報告集会（民事再生法一二六条）と再生計画案決議のための債権者集会（同法一六九条二項一号から三号、一七〇条、一七一条）とが設けられているが（注15）、これらの目的以外に債権者集会を開催することも可能である（注16）。

民事再生法は、書面・電磁的データの活用を充実することで、債権者集会の開催を任意的とし（注17）、柔軟で実効性のある運用を期待している。実務では、民事再生手続申立て直後に再生債務者が主催する債権者説明会（民事再生規則六一条）が開催されて早期に債権者等に情報が提供されており、財産状況報告集会はほとんど利用されていない（注18）。他方、東京地裁では、再生計画案決議のための債権者集会の前にも、債務者に別途再生計画案に関する債権者説明会（同規則六一条）を開催するように求めている（注19・20）。

2 債権者集会の主宰者

法定の債権者集会の手続面での主宰者は裁判所で（民事再生法一一七条）、①出席者の制限、②監督委員の出席（民事再生規則四九条一項）（注21）、③議事の進行（開催宣言、発言の許否、期日の続行・閉会宣言）、④決議等を指揮する（注22）。裁判所は、再生手続に対する信頼を醸成するため、債権者集会を整序しまた活性化することが期待されている（注23・24）。債権者集会は訴訟ではないので、法廷は必要なく、公開も要求されていない（注25）。裁判所の指揮は、手続に関してのみ行使され、内容には及ばない。発言の許否、制限についても、再生計画案の決議という集会の目的に照らして判断される（注26）。実務では、②再生計画案決議のための債権者集会は決議を目的とするから、質疑応答の時間は用意していないが、裁判所の裁量により出席者の発言の機会を提供することもある（注27）。

決議の方法についても、各債権者の議決権を具体的にどのような手順、方法により行使させるのかは民事再生法に規定はなく、裁判所の裁量に委ねられている（東京高決平13・12・5金商一一三八号四五頁）。一般的には、議決票を事前に債権者に交付し、賛否を記入させて提出させる方法がとられている。

決議の対象は再生計画案であり、債権者が賛否を表明する。再生計画案の可決要件については前述した。なお、欠席等の場合の扱いとして、分母との関係で、①頭数要件は、議決権者が債権者集会に出席しなかった場合又は書面等投票をしなかった場合には、棄権扱いとなる。②議決権要件では、議決権者が債権者集会に出席しなかった場合又は書面等投票等をしなかった場合には、実質的には反対扱いとなる。

（注15） 債権者集会を機関と位置づけるか否か争いがあるが、民事再生法において「機関」として掲げられるのは、法

第三章に規定される監督委員、調査委員、管財人及び保全管理人の四つだけである（機関性を肯定するものとして、伊藤眞『破産法・民事再生法』六三四頁）。

（注16） たとえば、東京地裁では、営業等の譲渡（民事再生法四一条）の許可をする場合に、知れている債権者の意見を聴く方法として、債権者数が多数の場合には、意見聴取期日を定めて招集通知を送達し、期日に意見聴取とするという方法が採られている（西謙二＝中山孝雄編『破産・民事再生の実務㊦（新版）』一二九頁〔中山孝雄〕）。期日の招集通知のほか、新聞公告をしていることについて、重政伊利「民事再生手続における登記嘱託と公告」金法一五九四号四九頁参照。

（注17） 再生債務者、債権者委員会、一定額以上の債権を有する再生債権者からの「会議の目的である事項」「招集の理由」を記載した申立書による申立てがなされた場合には、債権者集会の招集は義務となる（民事再生法一一四条、民事再生規則四八条）。

（注18） オロ千晴＝伊藤眞監修『新注釈民事再生法㊤（第二版）』一一四条六二四頁〔武笠圭志〕、松下・前掲（注3）八一頁、鹿子木編・前掲（注14）一〇・一八頁。

（注19） 鹿子木編・前掲（注14）一八頁〔鹿子木康〕、三四五頁〔吉井篤〕。

（注20） 債権者集会に関する個々の論点については、高橋・前掲（注8）九六頁。

（注21） 最高裁判所事務総局民事局監修『条解民事再生規則（新版）』一一二頁。

（注22） 私的整理での債権者会議は、債権者が主宰する。債権者会議の開催方法等については、全国倒産処理ネットワーク編『私的整理の実務Q&A一〇〇問』Q34〔足立学〕、Q35〔赤川公男〕、Q36〔長沢美智子〕、Q37〔川畑和彦〕、Q48〔西村賢〕参照。

（注23） 立法論としては、裁判所の判断機関としての性格に純化するため、裁判所が債権者集会に関与することを制限する法制もある（オロ＝伊藤監修・前掲（注18）一一六条六二七頁〔武笠圭志〕は、一九七八年に制定された連邦破産法341条Cを紹介する。高橋・前掲（注8）九九頁も、倒産法先進国の再建型倒産法は、基本的に倒産債務者と倒産債権者その他利害関係人間の自主的な交渉の中で手続を進展させているという）。

（注24） 裁判官が執筆する文献では、債権者集会の期日を裁判上の期日と位置づけ、訴訟における口頭弁論の指揮（民訴法一四八条）と同様の規定を置いたものと説明されている（園尾＝小林編・前掲（注6）一一六条五九二頁〔野口宣大〕）。

（注25） 高橋・前掲（注8）九七頁。

（注26） 園尾＝小林編・前掲（注6）一一六条五九三頁〔野口宣大〕。

（注27） 西＝中山編・前掲（注16）二七七頁〔西謙二＝小河原寧〕。

四 再生債権者の議決権

1 債権と議決権の区別

清算型の破産手続では、平等に配当を行うために破産債権の金銭化・現在化（破産法一〇三条）が必要である。他方、再建型の民事再生手続では、再生債務者は事業の継続を前提とし、再生計画では再生債権を当該債権のまま権利変更が可能であるから、再生債権の金銭化・現在化は必要としない。ただ、再生債権者は債権者集会で議決権を行使するので、議決権の額を確定する必要がある。ここに債権と議決権を区別して調査する理由がある。再生債権の調査の対象が「内容及び原因」「議決権の額」「別除権の予定不足見込額」とされているのはその現れである（民事再生法一〇〇条、九九条二項。九四条二項。ちなみに、破産債権の調査の対象は「額」等である。破産法一二五条一項）（注28）。

再生債権には非金銭債権・将来債権を含むから、議決権の額を確定するためには、一定のルールの下で議決権を均質化する必要がある。民事再生法八七条は再生債権者の議決権の額を算定するルールを定めている。

2 再生債権と議決権が異なる場面

議決権の額は原則として債権の額による（民事再生法八七条一項四号）。しかし、債権額を議決権の額とすることが他の再生債権者との公平に反する場合、確定した債権額が存在しない場合は両者の額は異なることになる。

(一) 債権額と議決権の額が異なる場面

(1) 民事再生法八七条一項各号（四号は除く）に掲げられる債権は現在価値等に引き直す等して議決権の額が算定されるため、債権額と議決権の額が異なる。

議決権を与えない債権もある。同法八四条二項に掲げられる請求権（再生手続開始後の利息請求権（一号）、不履行による損害賠償及び違約金の請求権（二号）、再生手続参加の費用の請求権（三号））は、本来の再生債権に対する付帯的な請求権で一般の再生債権に後れるものであること、手続の経過とともに発生し算定困難であること及び無利息債権との均衡から、議決権を与えない（同法八七条二項）。同法九七条に規定する再生手続開始前の罰金、科料、刑事訴訟費用、追徴金又は過料は、政策的に一般の再生債権より劣後させるものとして議決権を与えない（同法八七条三項）。

(2) 次に、別除権者は、予定不足額が議決権の額となる（民事再生法八八条）。民事再生法は不足額責任主義を採用し、別除権者は不足額が確定しない限り権利行使ができないが（同法八八条本文、一六〇条、一八二条）、不足が見込まれるにもかかわらず確定まで手続にすら参加できないのは公平ではない。そこで、予定不足額を議決権の額として別除権者に議決権の行使を認めている。

別除権者は、議決権の額を確定するため、予定不足額及び別除権の目的財産を届け出る（民事再生法九四条二項、民事再生規則三一条）（注29）。予定不足額は議決権の額を確定する関連においてのみ意味を有するから、再生債権の調査の対象に含まれるものの（民事再生法一〇一条一項、一〇二条一項、一〇四条一項参照）、査定の裁判・異議の訴えの対象には含まれない（同法一〇五条一項但書）。したがって、予定不足額は異議がなければそのまま確定するが（同法一〇四条一項、一七〇条一項）、異議等があれば、債権者集会において裁判所が定めることになる（同法一七〇条二項三号）。

ここで、予定不足額と議決権に関する実務上の問題点を整理しておく。

① まず、別除権の目的の評価のズレから生じる問題である。再生債務者は、別除権の目的物を評価して予定不足額を算定しそれに基づいて認否し、裁判所書記官は、債権届出と認否の結果に基づいて再生債権表を作成し、そこに予定不足額を記載する（民事再生法九九条）。したがって、別除権者と再生債務者との間で再生債権の内容に争いがないとしても、別除権の目的物の評価が異なれば予定不足額が異なり、その結果、計算上は別除権者が届け出る予定不足額を議決権額が上回る可能性が生じることになる。これを認めるか（注30・31）。

肯定する見解は、別除権者の意思解釈（再生債務者において、多額の議決権を認めてくれるのであればこれを行使したい）、及び、これを肯定することに他の再生債権者も許容していると思われることを根拠とする。しかし、多数の同意の獲得について必ずしも利害が一致しない可能性がある他の再生債権者が、再生債務者の意図により議決権の額が変動することを認めているとは考えがたい。債権者の自律的決定を尊重する立場から考えれば、予定不足額の届出は、再生債権者が行使しようとする議決権の額を自らの認識として表示しているわけであるから、それを別除権の目的額の評価で左右すべきではない。あくまでも届出額に拘束力を認めるべきである（注32）。

② 次に、別除権の評価と実際に確定した価格とのズレの問題である。再生債務者が別除権者の届出どおりに議決権を認めた後、債権者集会までの間に任意売却、別除権協定により予定不足額が確定し、確定不足額が予定不足額を超えることになった場合に、別除権者の議決権の額は、確定不足額か予定不足額かという問題である（注33・34）。別除権者に予定不足額で手続参加を認める趣旨及び予定不足額の確定をどこまで貫徹するかという点を検討する必要があるが、予定不足額による手続参加はあくまでも例外的措置であり、不足額が確定したのであれば、債権者の認識に拘束されることなく、確定額に従って議決権の額を変更すべきである。なお、変更の手続であるが、議決権の額の確定は、債権額の確定のような効果は認められていない。しかし、手続的適正を担保するためには、変更手続を踏むべきで、かかる変更手続がなされていない限り、予定不足額の限度でしか議決権の額は認められない。

(3) さらに、債権額と議決権の額が異なる実例として、次のケースが紹介されている。再生債権の存在には争いがないが、帰属が不明な場面である。消費者金融が再生債務者である場合の過払金の返還請求権、ゴルフ場を経営する再生債務者のゴルフ会員債権の事件等では債権者数も多数にのぼり、相続が発生している事例も少なくない。かかる事件では、債権届出の段階で相続人と推測される者が被相続人名義の債権を相続した旨を届け出ることがあるが、実務上、相続に係る十分な疎明資料の提出がなされないようである。東京地裁では、最低限の疎明として被相続人と相続人が特定できる戸籍謄本の提出は求めているが、それでも相続関係が不明な場合には、一部の相続人による保存行為（民法二五二条但書）として届出を認め、被相続人を債権者として記載するが、議決権の届出は保存行為とはいえないとして議決権は認めない扱いをしている（注35）。その結果、届出債権者であっても、債権額は認められるが、議決権を有しない債権者がいることになる。

(4) 最後に、再生債務者が倒産手続外の行使又は倒産手続における優先的効力が承認された債権（租税債権、労働債権、双方未履行双務契約の解除に基づく相手方の原状回復請求権）を弁済する等して代位取得した場合の議決権への影響について検討する。再生債務者に対して再生手続外の行使又は再生手続における優先的効力が承認された債権を有する債権者が、保証人又は第三者から代位弁済を受けた場合に、代位債権者は、再生債務者に対して再生手続外で原債権を行使し又は再生手続において優先的な取扱いを受けることができるか、それとも、原債権の行使は代位債権者が有する求償権の範囲（ことに再生手続により権利変更を受けた範囲）に制約されるのかという問題である（注36）。

近時、二つの最高裁判決が出て、いずれも代位債権を手続外で行使することを認めた（最判平23・11・22民集六五巻八号三一六五頁、最判平23・11・24民集六五巻八号三二一三頁）（注37）。これら最高裁判決を前提に整理すれば、再生債務者が届け出た求償権が再生計画によって権利変更されても、再生債権者は原債権を行使できるということになるが、求償権に関する議決権の額に影響を与えるのか（再生債務者は、再生手続外で共益債権を行使することで全額ないし相当額を回収できることが見込まれる）。最高裁判決は、民事再生法一七七条二項を参照条文として指摘するが、原債権は別除権ではない（再生債務者の財産につき存する担保権（同法五三条一項）ではない）。再生債務者が取得した代位債権（共益債権、優先債権）に別除権に関する議決権のルール（同法九四条二項、民事再生規則三一条）を適用し予定不足額を届け出させることは、制度として予定していない（共益債権、優先債権には議決権という概念はない）。再生債権者が再生手続外で回収することが見込まれる場合であっても、議決権の額には影響しないとせざるをえない。

(二) 債権者と議決権者の名義が異なる場面

議決権が確定した後にも、再生債権の譲渡、相続、代位等によってその主体が変動することがありうる。通常は、譲渡・代位等がなされれば、債権の移転とともに議決権も移転する。しかし、債権者集会の直前に頻繁に変更手続がなされると事務処理が混乱しかねない。そこで、民事再生法は基準日による議決権者の確定制度を採用した（民事再生法一七二条の二第一項、民事再生規則九〇条）（注38）。これによれば裁判所は基準日の再生債権者を議決権者と定め、その者に議決権を行使させれば足りるので、再生債権者と議決権者の名義が異なることが生じることになる。なお、基準日制度であって再生債権者表の閉鎖を伴うものではないから、基準日後であっても再生債権を譲り受けた者は、基準日後に届出名義を変更することができる（注39）。

基準日制度は、議決権の帰属者を確定するために認められた事務処理の便宜のための制度であるから（民事再生法一七〇条の二の規定振りも議決権者を「定めることができる」と裁判所の裁量を認めている）、基準日後に債権の消滅に伴う議決権の額の変更が生じた場合にまで議決権を固定するものではない。再生債権者が届出債権を取り下げれば、基準日後であっても議決権の額は変動することになる。

3 議決権の確定・変更

(一) 確定の機会

再生債権者の届出額のまま議決権が確定する機会は二度ある。一度目は、再生債権の調査の結果に基づく確定である。再生債権の調査において、再生債務者等が認め、他の届出再生債権者の異議がない届出再生債権は、その時点で議決権の額が確定する（民事再生法一〇四条一項・二項一号）。

二度目は、債権者集会期日である。再生債権の調査によっても議決権の額が確定しなかった再生債権者も、債権者集会期日に異議がなければ届出額で議決権が行使できる（民事再生法一七〇条一項・二項二号）。この異議は債権者集会における議決権のみを対象とするものであり、一般調査期日、特別調査期日の異議（民事再生法一〇二条一項、一〇三条四項）とは異なる。したがって、債権調査において異議を述べられても、債権者集会期日に異議がなければ、異議のない債権として取り扱われる。

債権者集会期日で再生債務者等又は届出再生債権者から異議が出された場合は、債権者集会において裁判所が定める額が議決権の額となる（民事再生法一七〇条二項三号）（注40）。再生債権者は、裁判所の定めた額について不服申立てはできない（同法九条）。この決定は議決権の額だけを対象とし再生債権の存否には影響しないこと、及び、債権者集会期日を適法に成立させるためには、行使される議決権の額が随時確定している必要があることを理由とする（注41）。ただし、議決権者を含め利害関係人は、決定した議決権の額の変更を申し立てることができる（同法一七〇条三項）。債権者集会の期日での変更の申立ては、迅速に処理すること、利害関係人の便宜のため口頭で足りる（民事再生規則九〇条の三）。

なお、債権者集会が開催されない場合は、再生債権の調査によって確定しなかった再生債権は、集会期日に異議が述べられることはないため、裁判所が付議決定の際に、議決権を行使させるか否か、いくらの額で行使させるかを定める。裁判所の定めた額について不服申立てはできないが、変更の申立てができる（民事再生法一七一条二項）。

(二) 裁判所による議決権の額の定め方

(1) 債権の内容に争いがある場合

裁判所は、債権の内容の確定手続をふまえ、議決権の額を定めることになる。再生債権の調査において、再生債務者等が届出債権の内容を認めない場合、他の届出再生債権者が異議を述べた場合は、査定申立期間又は訴訟受継申立期間内（民事再生法一〇五条二項、一〇七条二項）に申立てがなければ、再生債権が確定する（注42）。その際、争いの対象が全額であれば、当該届出をした者は再生債権者ではなくなるため議決権も認められない（そもそも再生債権者でもなくなるので、招集通知も届かない）。争いの対象が一部であれば、残りの部分で再生債権が確定し、確定した額が議決権の額として定められる。

査定申立期間内に申立てがなされ、すでに査定決定が確定していれば、認められた債権額の限度で議決権の額が定められる。いまだ査定決定が出ていなければ、裁判所は、裁判の状況をふまえ議決権を割合的に認めている。裁判の状況がいずれに有利と判断しがたいときは、争いのある範囲の中間値を議決権の額と定めることが多い（注43）。裁判所は、参考のために監督委員の意見を求めることもある。

訴訟受継（民事再生法一〇七条一項）について、再生裁判所は、訴訟受継の申立てをした旨の通知を受けない限り、訴訟受継の事実を知りえない。再生債権者にすれば、再生債権の調査で認められた限度でしか議決権が認められないおそれがあるので、速やかに再生裁判所に通知をすることが必要である。また、再生債務者も受継申立てがあった旨を再生裁判所に通知することが求められる（注44）。

(2) 議決権の額に争いがある場合

別除権の目的物の評価が別除権者と再生債務者との間で異なるため、別除権不足額に争いがあり、届出議決権額と再生債務者の認める議決権額との間に差異が生じている場合は、原則として争いのある範囲の中間額を議決権の額と定めている。不足額が確定したときは、議決権の額と確定不足額に変更すべきことは前述のとおりである。

(三) 議決権額の変更

届出再生債権者は、再生債権の消滅その他届出事項について他の再生債権者の利益を害しない変更が生じたときは、遅滞なく裁判所に届出しなければならない(民事再生規則三三条一項)。再生債権の消滅とは、再生債権の免除や放棄があったとき、裁判所の許可に基づく中小企業者の再生債権又は少額債権の弁済(民事再生法八五条二項・五項)、相殺(同法八五条の二)がされたときを指す。また、他の再生債権者の利益を害しない変更とは、再生債権者の氏名又は名称、住所の変更等である。届出債権が消滅しても再生債権者の確定した議決権が当然に失権するわけではない。取下げの届出が必要となる。届出債権の全部取下げがなされると、届出債権者は再生債権者の地位を失い、議決権も失う。届出債権の一部取下げは、取り下げられた範囲で再生債権者の地位を失い、議決権の額は、取下げ後の届出債権残額となる。

代位弁済等により議決権の額の全額が移転すれば、議決権は新たな議決権者に帰属する。議決権の額が一部移転すれば、議決権の額が分割され、旧・新議決権者がそれぞれに帰属する(注45)。

いずれの場合であっても、再生債権者は、裁判所に変更内容を記載した上申書を提出し、議決票の再交付を受ける。

4　議決権の行使

(一)　議決権の不行使（棄権）

再生債権者が再生債権と切り離して議決権だけを放棄することは許される。再生債権と議決権では届出段階から区別されていること、不統一行使は（一部の）不行使も予定していることが理由となる。棄権すると、その議決権は議決権総額からは除外される（注46）。

(二)　議決権の不統一行使制度

平成一六年改正の際に「再生計画案に対する意見が異なる複数の者から債権の管理・回収の委託を受けたサービサー（債権回収会社）が委託者の意思を議決権の行使に反映させる場合等に必要であることを考慮」して導入された（民事再生法一七二条二項・三項）（注47）。会社更生法にも同様の規定が設けられている（会社更生法一九三条二項・三項）。

例示された以外に、いかなる事案で不統一行使が可能かについては必ずしも明らかではないが、手続を踏む限り、議決権者の意思を尊重し限定する必要はなかろう。代位弁済した信用保証協会（注48）、合併後間もない会社で合併前の会社ごとに賛否が異なる場合（注49）等があげられるが、たとえば、個人でも預託金会員債権を共同相続した場合に会員を維持しプレー権の確保を希望する相続人と預託金の返還を求める相続人に分かれる場合等も考えられる。

民事再生法上の不統一行使は会社法での不統一行使のように理由を通知することは要しない（民事再生法

一七二条二項、会社法三一三条二項参照）（注50）。

次に、会社更生法の可決要件は頭数要件がなく議決権額要件だけなので（会社更生法一九六条五項）特段の問題は生じないが、民事再生法の可決要件では議決権額要件だけではなく頭数要件も規定しているので（同法一七二条の三第一項一号・二号）、議決権者数の取扱いに関するルールが必要である（同法一七二条の三第七項）。①頭数要件の関係で複数議決権は認めない、②不統一行使は再生計画の可決の難易に対して中立的であるべきであるとの理由に基づく（注51）。

（三） 社債権者の議決権行使申出制度

社債権者は投資対象として社債を購入しているのであって、発行会社の事業の債権に対する関心は薄い（合理的無関心）。そのため、会社法が予定する社債管理者による議決権行使のための社債権者集会決議（会社法七〇六条一項柱書本文、同項二号）の成立が困難である）。そこで、①社債権者自らが、社債管理者の債権届出がなされる前に債権届出をする、②社債管理者がまとめて債権届出をした場合であっても、社債権者自ら議決権の行使の申出をするかのいずれかをした社債権者に限り議決権の行使を認める（民事再生法一六九条の二第一項）。その結果、議決権を行使する意思のある社債権者の議決権のみが算定の基礎に組み入れられることになる。しかし、かかる取扱いは例外であるから、社債権者集会の決議が成立したとき、社債の募集の時点で決議による授権なしに社債管理者に再生手続上の手続をすることが授権されているときは、原則に戻り社債権者は個別に権利行使はできない（注52）。

㈣　約定劣後再生債権者の議決権行使

一般再生債権と約定劣後再生債権とは、再生計画による債務の減免、期限の猶予その他の権利の変更に差を設けることを予定しているから（民事再生法一五五条二項）、両者を組分けして、それぞれで議決権を行使することを原則とした（同法一七二条の三第二項）。しかし、約定劣後再生債権者が議決権を有しないとき、また、議決権を有する者が僅かで影響が乏しい場合等相当と認めるときには組分けの必要がない（同法一七二条の三第二項但書・三項）。

㈤　特別利害関係人による議決権行使

再生債務者と特別な関係を有する債権者について、議決権の行使を制限できるか。否定する見解は、特別利害関係人が決議から排除される旨の旧破産法一七九条二項に対する規定が現行破産法に存在しないこと、民事再生法にもその趣旨の規定が設けられなかったことを理由とする（注53）。たしかに、多数の同意による再生計画が可決の効果は一律に生じるのであるから、仮に過剰な減免を内容としても（清算価値保証原則に反しない限り）、多数の再生債権者が少数の債権者を犠牲にして不当に利益を得るという状況は想定しにくい。

しかし、劣後する権利を有する者（株主、約定劣後債権者等）が多額・多数の議決権を有する場合において、再生債権者への配当を清算価値保証原則に抵触しない限度まで低減させた再生計画案を可決させようとする事例、また、事業譲渡を内容とする再生計画案で譲受人が多額・多数の議決権を有する場合において、事業譲渡の対価を低廉に抑えた再生計画案を可決させようとする事例では、再生債権者の地位を離れた利益を実現するべく議決権を行使しようとしているのであり、これを放置容認することは、少数債権者に犠牲を強いていることになる。

この問題は、何故、多数の同意により全債権者を拘束できるのかという本質に戻って考えざるをえない。特定の債権者が他の少数債権者と異なる利益を獲得するため、他の少数債権者の個別同意を得ることなく多数決だけで拘束力を認めるのは、多数の同意という自律的な決定方法を否定しかねない。再生債権者とは異なる利益を獲得するための議決権の行使は制限すべきである。では、どのような方法で議決権の行使を制限するのか。否定説は、旧破産法一七九条二項のような事前制限の規定が排除されていることを指摘する。たしかに、明文の規定なく、事前に特別利害関係を有するというだけで、議決権の行使を制限するのは困難であろう。多数決濫用の法理を援用し、特別利害関係人が個人的利益を追求して著しく不公正な再生計画案を可決せしめ、これにより少数債権者の利益を害する場合には、「再生計画の決議が不正の方法によって成立したとき」（民事再生法一七四条二項三号）に該当し、不認可事由に該当すると考える（注54）。

（注28） 更生手続における議決権算定の意味について、深山卓也「更生債権及び更生担保権の議決権額」判タ八六六号二三八頁。

（注29） 実務では、議決権の額を未定としている届出や金額の記載がない届出が見られるが、これら届出は、「〇円」として認否される（鹿子木編・前掲（注14）一五四頁〔西林崇之〕）。

（注30） 背景には、別除権の受戻しの交渉の際、別除権の目的物の評価が低いほうが再生債務者の負担が軽くなるので、再生債務者が目的物を低く評価する傾向にあること、別除権の目的物の評価は清算価値の算定にも影響し、再生債務者は財産評定での目的物の価格に連動する傾向にあること等がある。

（注31） かつては、東京地裁では、届出額に拘束されないとしてこれを認めていたようであるが（西＝中山編・前掲（注16）二〇四頁〔松井洋〕）、近時の実務書では、別除権者の届け出た議決権の範囲内に限るという取扱いのようである（鹿子木編・前掲（注14）一五七頁〔西林崇之〕）。従前の東京地裁の実務を支持するものとして、園尾隆司＝小林秀之編『条解民事再生法（第二版）』九四条四三四頁〔岡正晶〕があったが、園尾＝小林編・前掲

（注６）九四条五一一頁では改説されている。大阪地裁では、従前から届出額に拘束力を認めているようである（才口＝伊藤監修・前掲（注18）八八条四七〇頁〔中井康之〕）。

（注32）伊藤・前掲（注15）七〇二頁（注13）。

（注33）東京地裁では、債権届出書の書式に議決権額を「確定不足額が上記金額を超えるときは当該確定不足額」として届け出る旨を不動文字で印刷し、不足額が確定した場合には、再生債務者からその旨の上申を受けて議決権額を確定不足額に変更する手続をとっている（鹿子木編・前掲（注14）一五七頁〔西林崇之〕）。

大阪地裁は、手続的適正が担保されている場合には、特別な手続を経ることなく確定不足額で議決権を認めているようである（才口＝伊藤監修・前掲（注18）八八条四七〇頁〔中井康之〕）。

（注34）東京地裁の従前の実務を紹介する文献では、議決権の額は一般調査期日の経過により確定しているから（民事再生法一〇四条一項）、予定不足額以上の議決権を認めることは困難であるとしたものがある（西＝中山編・前掲（注16）二〇四頁〔松井洋〕）。これを支持するものとして、森宏司「再生計画の決議」福永監修・前掲（注1）五二五頁。なお、森論文は他の再生債権権者の利益を害する届出事項の変更（民事再生法九五条五項）又は再生債権者の責に帰すことができない事由があるものとして特別調査期日を定める方法を提案する。

（注35）鹿子木編・前掲（注14）一五三頁〔西林崇之〕。

（注36）近時、かかる問題について立法論を含め詳細に検討するものとして、粟田口太郎「弁済による代位により取得された原債権の倒産法上の取扱い」東京弁護士会倒産法部編・前掲（注7）三五三頁。

（注37）①最判平23・11・22民集六五巻八号三一六五頁は、求償権が破産債権である場合において、財団債権である代位債権を破産手続によらないで行使することを肯定した。また、②最判平23・11・24民集六五巻八号三二一三頁は、求償権が再生債権である場合において、共益債権である原債権を再生手続によらないで行使することを肯定した。その理由づけにおいて、②判決は「再生計画によって上記求償権の額や弁済期が変更されることがあるとしても、上記共益債権を行使する限度では再生計画による上記求償権の権利の変更の効力は及ばないと解される（民事再生法一七七条二項参照）。以上のように解したとしても、他の再生債権者は、もともと原債権者による上

記共益債権の行使を甘受せざるを得ない立場にあったのであるから、不当に不利益を被るということはできない」と判示した。

（注38）基準日制度の趣旨については、西岡清一郎ほか編『会社更生の実務㊦』二八七頁〔名島亨卓〕。

（注39）東京地裁では、基準日制度を原則として利用していない（鹿子木編・前掲（注14）三三四頁〔吉井篤〕）。他の裁判所でもほとんど利用されていないようである。東京地裁では、会社更生でも利用していない（東京地裁会社更生実務研究会編『最新実務会社更生』二五一頁）。

（注40）東京地裁では、債権者集会期日において未確定の議決権額に異議がなされれば議決権額を定める前提は維持しつつも、債権者集会における決議を円滑に行えるように、未確定の再生債権者に対して、裁判所が集会期日に定める予定の議決権額（争いのある範囲の中間値）で、議決票をあらかじめ作成し送付している。そのため、再生債務者等から異議が述べられることはない。他の裁判所の事務処理も同様である。また、実務上、他の届出再生債権者が異議を述べることはほとんどない。

裁判所が債権者集会期日に議決権の額を定めざるをえないときも、原則として議決権の額を争いのある範囲の中間値とする運用のようである（鹿子木編・前掲（注14）三六〇頁〔扇野はる代〕）。

（注41）園尾＝小林編・前掲（注6）一七〇条八九八頁〔野口宣大〕。

（注42）裁判所は、査定や訴訟受継の申立ての有無が確定するまで、議決権票や集会証通知等の発送を留保するようである（鹿子木編・前掲（注14）三四〇頁〔吉井篤〕）。

（注43）東京地裁は、原則として、争いのある範囲の中間値を裁判所が定める予定の額とした議決票を送付し、債権者集会期日までに債権額が決定したときは、議決権の額を決定額に変更する運用をしている（鹿子木編・前掲（注14）三四〇頁〔吉井篤〕）。

（注44）鹿子木編・前掲（注14）三六一頁〔扇野はる代〕。

（注45）鹿子木編・前掲（注14）三六三頁〔扇野はる代〕。

（注46）福永監修・前掲（注1）五二四頁〔森宏司〕。

（注47）小川編・前掲（注5）三九五頁。
（注48）鹿子木編・前掲（注14）三四四頁〔吉井篤〕。
（注49）東京地裁会社更生実務研究会編・前掲（注39）二五四頁。
（注50）小川編・前掲（注5）三九五頁。
（注51）小川編・前掲（注5）三九五頁。
（注52）福永監修・前掲（注1）五二九頁〔森宏司〕、園尾＝小林編・前掲（注6）七九一頁〔山田文〕。
（注53）伊藤・前掲（注15）六三九頁、福永監修・前掲（注1）五二七頁〔森宏司〕。なお、森論文で例示されるのは、旧和議手続下での会社代表者に議決権を与えない運用であり、これについて、民事再生法上は明文がない以上許されないとするが、当該例は、破綻原因者といえ、債権者として議決権の行使は認められるのであって、本文で示する例とは内容が異なる。
（注54）議決権制限と多数決濫用の議論は、特別利害関係を有する株主の議決権排除制度を採用していた昭和五六年改正前商法が、多数決濫用法理を類型化して取消事由とした際の議論が参考になる（上柳克郎＝鴻常夫＝竹内昭夫『新版注釈会社法(5)』二四七条三二四頁〔岩原紳作〕）。

五　裁判所による認可・不認可

1　認可により保護しようとする利益

再生計画案が債権者の同意により可決されても、手続の合法性の確保及び再生債権者（とりわけ再生計画案に同意しなかった少数反対派）の保護という観点から、裁判所の認可・不認可の決定という審査が要求される（注

55・56)。ここで確認したい点は、裁判所の後見的役割は、直接には再生債権者（とりわけ少数債権者）を対象とするのであって、再生債務者ではないという点である。再生債務者は監督・管理の対象にすぎない（民事再生法五四条、六四条）。

近時、「客観的には合理的な内容の再生計画案」の認可を模索する立法提案等において、債権者の意向とは異なる視点から（たとえば、再生債務者の事業継続の実現等）、裁判所の後見的機能を期待するかに映る提言が散見されるが、出発点を確認しておく必要がある。

この認可・不認可について、民事再生法は、再生債務者の自発性と再生債権者の自治とを尊重する角度から、不認可の要件が存在しない限り認可するという仕組み（消極要件主義）を採用している（民事再生法一七四条二項四号）（注57）。これら規定振りから、民事再生法は、裁判所に謙抑的であることを求めていると理解すべきである。

2　不認可事由のいくつかの特徴

不認可事由のうち「再生手続又は再生計画が法律の規定に違反し」ているとき（一号本文）は、①再生手続の法律の規定違反、②再生計画の法律の規定違反を対象とする。①は形式的な違反が対象とされることが多いが、②は平等原則（民事再生法一五五条）がしばしば問題となる。平等原則は、多数決原則の濫用から少数債権者の権利を保護する原則として機能する。「再生計画が遂行される見込みがないとき」（二号）は、再生計画の遂行可能性を対象としており、再生債権者の利益保護の規定である。ただし、履行可能性は将来の事由であり、裁判所が踏み込んで判断することはむずかしい。「再生計画の決議が不正の方法によって成立するに至ったとき」（三号）の「不正の方法」とは、再生計画案の可決が信義則に反するあらゆる行為を指す。特別利害関係人による議決権行使はこの三号事由に該当すると考えるべきであろう（注58）。「再生計画の決議が再生債権者の一般の利益に反するとき」（四号）たとえ再生債権者の多数の同意を得ても、清算価値を下回る弁済を内容とするのであれば、同意をしない少数債権者を保護しようとする（清算価値保証原則）。

かように、不認可事由の規定振りを見ても、裁判所は、手続的合法性と再生債権者の一般の利益、少数債権者の利益を確保する後見的役割が期待されているのであって、再生債務者の保護が直接の目的とされているわけではない。この前提を確認しておく必要がある（注59）。

（注55）山本編・前掲（注1）三六七頁〔山本弘〕、松下・前掲（注3）一四八頁。

（注56）園尾＝小林編・前掲（注6）一七四条九一五頁〔三木浩一〕は、当事者に対する後見的な審査・監督が必要とされる理由として、①再生計画案に同意しない少数者である再生債権者の利益の保護、②不正または不当な再生計画により再生債権者全体の利益が害されることの防止、③再生の目的を達成しえないような計画の実施から生ずる社会的な不経済の回避などをあげるが、いずれにも再生債務者の救済は含まれない。

（注57）園尾＝小林編・前掲（注6）八〇九頁〔三木浩一〕。

（注58）最決平20・3・13（民集六二巻三号八六〇頁）。なお、「不正の方法」に関する議論については松下・前掲（注8）四三三頁参照。

（注59）民事再生法の認可事由と会社更生法の認可事由（会社更生法一九九条二項一号から四号。会社更生法は積極要件主義に立つ）を比較すると、民事再生法一七四条二項一号・二号・三号に該当する規定として、会社更生法一九九条二項一号・三号・四号が存在するが、民事再生法一七四条二項四号の「再生債権者の一般の利益」に関する規定はない。他方、会社更生法一九九条二項二号の計画の公正衡平に相当する規定は民事再生法にはない。両者の違いは関係者の範囲によるものである。

六　最後に

民事再生案件には諸々の立場でかかわることがあるが、監督委員としてかかわると、再生債権者がもっと積極的に手続に参加すれば違った再生手続が進行し、異なる内容の再生計画が成立したのではないかと感じることがよくある。また、倒産手続に係る論文、とりわけ実務家の手によるものは債務者、管財人の立場からのものが多く、その内容も倒産手続の効率性・実効性を求め、障害となる事項を除去すること、そしてそれら手続に裁判所の積極的な関与を期待するものが多い。そこで、本稿では、民事再生法一条に定める債権者の多数の同意、議決権の行使を取り上げ、債権者の自律的行動を尊重する観点から、いくつかの問題を検討してみた。議論の材料になれば幸いである。

議決権の行使はどちらかといえば裁判所の範疇に属することで、実務の取扱いについての誤解等は筆者の能力不足によるものであり容赦されたい。

一—4

会社更生法

更生手続上の管財人の地位について
——担保権者及び租税等の請求権者としての権限と関係して

木村真也

一　はじめに

更生手続上の管財人の地位については、管理処分権の行使が更生債権者等をはじめとする利害関係人の法律上の利益を実現するものである点に着目すれば、差押債権者と同様に管財人を第三者と解すべきことになることが指摘されている（注1）。この点は、破産管財人が、差押債権者類似の地位を有し、たとえば対抗問題等において第三者として保護されることと基本的に同様なものとされることが多い（注2）。

ところで、破産手続においては、破産債権の個別的権利行使が禁止されるにとどまり、それゆえに破産管財人を差押債権者と同視することをもって破産財団が拡充され、その結果、個別的権利行使を禁止された破産債権者の利益が確保される。破産管財人を差押債権者と同視するとの解釈は、現実には執行手続がとられているわけではないにもかかわらず、破産手続の下において、いわば執行がなされたものと擬制をし、破産管財人を強制執行をした債権者と同視することを通じて、平時の執行手続における関係者の利害調整の方法に沿った処理を破産手続の下で行うということを意味する（注3）。このような破産管財人を差押債権者と同視するとの議論において、差押債権者とは、破産債権に基づく強制執行をした債権者が想定されている。反面、別除権（破産法六五条）となるべき抵当権、根抵当権等の担保権（以下では単に「抵当権等」といい、その権利者を「抵当権者等」という。）の実行をした差押債権者や、破産手続の下で続行されるべき租税等の請求権に基づく滞納処分権者（破産法四三条）としての地位を破産管財人が主張することはできない。

これに対して、更生手続上の管財人の地位はどのようなものであろうか。上記に指摘したとおり、更生手続上の管財人も破産管財人と同様に、一般の債権に基づく差押債権者としての地位と類似の地位を有すると解する見解が一般的であると思われる。しかしながら、更生手続は、更生債権ばかりではなく、抵当権者等の被担保債権及び租税等の請求権をもその手続内に取り込み、更生手続開始決定により更生債権者のみならず更生担保権者及び租税等の請求権者による個別的権利行使をも禁止する効力を生ずる。更生手続における管財人は、更生会社財産の管理処分権の行使に際して、そのような、更生担保権者、租税等の請求権者を含む更生債権者等の利益をも合理的に調整することが求められる。このような更生手続の特殊性（破産手続との相違点）によれば、管財人は、更生債権に基づく差押債権者の地位を有するばかりではなく、更生担保権の基礎となる抵当権等の実行をした差押債権者、租税等の請求権に基づく滞納処分を行った者の地位と類似の地位をも有すると解するべきではないか（注4）。

そうすることによって、更生担保権及び租税等の請求権の個別的権利行使を禁止する反面として、個別的権利行使にかわる権限を管財人の管理処分権として行使することが可能となり、更生担保権者及び租税等の請求権者を含む更生債権者等の全体の利害を適正に調整しつつ、これらの者への弁済原資を更生会社財産として確保することを通じて、それらの利益が適切に保護されるのである。

以下では、このような問題意識を前提として、更生手続上の管財人の地位の性質とこれに基づく具体的問題点について検討を試みたい。

（注1）　兼子仁監修『条解会社更生法(上)』五四〇頁、松田二郎『会社更生法』九五頁、宮脇幸彦ほか編『注解会社更生法』二〇三頁、伊藤眞「破産管財人の第三者性」民商九三巻臨時増刊号(2)一〇四頁、伊藤眞『会社更生法』二四九頁。

（注2）　破産管財人につき、伊藤眞『破産法・民事再生法（第二版）』二四九頁、伊藤眞ほか『条解破産法』五四一頁。

（注3）　水元宏典『倒産法における一般実体法の規制原理』二頁において、「一般実体法」は民執法等を含むものとされ、これが倒産法において正当に変更される根拠と限界を検討するべきことが指摘される。

（注4）　なお、抵当権等や租税等の請求権の効力を重視する場合には、当該抵当権の成否をどのような手続により確定するかが重要な問題となるが、更生担保権及び租税等の請求権の調査手続あるいは確定手続のなかで確定されることとなると解される。したがって、仮に抵当権等の成立を前提として管財人が権利主張をしたが、その後の更

生担保権の調査手続等のなかで、当該抵当権等の成立が認められなかった場合には、管財人の権利主張はその前提を失うこととなる。

二　更生手続上の管財人の実体法上の地位について

1　破産管財人の実体法上の地位について

更生手続上の管財人の地位を検討する前提として、破産管財人の実体法上の地位について概観しておきたい。破産管財人の実体法上の地位については、以下のように論じられている。すなわち、破産手続の開始による財産の管理処分権の破産管財人への専属は、債権者の個別執行の禁止（破産法四二条）と同時に行われる、実質的な包括差押えであり、個別執行をしたならば差し押さえることができた財産は、破産財団に取り込まれるべきである。この意味で、破産管財人は「差押債権者類似の地位」を有するというべきであり、実体法が差押債権者を第三者として保護している場合には、その趣旨に照らして、破産管財人（実質的には総債権者）（注5）を当該第三者に当たるとして保護すべきであると解されている（注6）。そして、「実体法規がある法律関係について差押債権者に特別の地位を与えている場合には、破産管財人にも同様の地位が与えられる」（注7）とされている。

このように破産管財人が第三者的地位を有することの実質的根拠について、「対抗問題で「勝った」利益が破産手続における実質的な利害関係人であるところの破産債権者に一〇〇%行くという点」が指摘されている（注8）。これを破産債権者の利益保護の必要性という観点から述べれば、破産手続において、破産債権の個別的権利行使としての差押え等が禁止される反面として（破産法一〇〇条、四二条）、破産管財人が差押債権者と同様の権限を行使して破産財団を増殖し、これをもって破産財団を拡充したうえで破産配当を行うことが必要となるものと理解をすることが可能である（注9）。ここでは、現実には、差押えがなされていないにもかかわらず、破産手続の下で、あたかも差押えがなされたといわば擬制をして、破産管財人を差押債権者と同視することによって、平時の執行手続における利害調整と同様な調整を破産手続の下で行っていることに着目したい。

2　更生手続上の管財人の実体法上の地位について

更生手続上の管財人の法律上の地位については、企業の法定代理人ないし代表者とするもの（注10）、更生手続の利害関係人の団体ないし更生団体の代表機関とするもの（注11）、総債権者及び総株主のために会社財産の管理を委託された公的受託者と解することが比較的難点が少ないとするもの（注12）、債務者を信託者とし債権者を受益者とする信託関係を基礎として理解すべきとするもの（注13）、管理の機構そのものを直視してこれに主体性を認めるのがその独立的性格に最も忠実な理解であり、破産管財人と更生管財人の統一的理解にも資するとするもの（注14）等が見られるが、破産管財人の法的地位に関する議論と同様これらの見解の相違は具体的結論に直接影響をしないと解される。そして、これらの立場の相違にかかわらず、冒頭に述べたとおり、管財人を更生会社とは独立した第三者であるとするものが多い。その実質的根拠として、会社更生においても対抗問題で勝った利益が利益帰属主体である更生債権者に行くということがいえる限り、やはり先ほどの破産手続と同様に管財人の第三者性が正当化されると指摘されている（注15）。この点についても、更生債権者等の利益保護の観点から見れば、更生債権者等は、個別の権利行使を禁止され（会社更生法四七条、五〇条）、これにより更生会社の事業の更生が図られるのであるから、管財人は更生債権者等が行使しえたのと同様な権限を行使し、これをもって更生会社の財産を拡充して、更生計画を通じてなされる更生債権者等への弁済原資が確保される必要があるのである。

そして、このような更生債権者等の保護の必要性の観点からいえば、更生手続においては一般の更生債権者のみならず更生担保権者及び租税等の請求権者の個別的権利行使も禁止されるのであるから、管財人は単に更生債権に基づく差押債権者としての権限ばかりではなく（注16）、同様に個別的権利行使を禁止される更生担保権者がその有する抵当権等の実行により主張しうる事項、及び租税等の請求権者が滞納処分により主張しうる優先性についても、主張することができる権限を付与されるべきものである（注17）。

なお、以上に対して、更生手続上の管財人は、破産管財人とは異なり会社が置かれている旧来の経済的・法律的関係の下で、取締役にかわって事業の継続を図る機関であって、第三者性を強調することは誤りであるとして、更生手続上の管財人の第三者性を認めない見解もある（注18）。しかし、会社更生法五六条は、「不動産……に関し更生手続開始前に生じた登記原因に基づき更生手続開始後にされた登記……は、更生手続の関係においては、その効力を主張することができない」旨を定め、破産法四九条とほぼ同様な条文をもって管財人の第三者性を示していると解される（注19）。論者は、会社更生法五六条の前身である旧会社更生法五八条を政策的規定であるとするが（注20）、管財人の第三者性を否定する前提からやや無理がある説明であるといわざるをえない。実質的に見ても、更生手続と破産手続の間で相互に手続移行をすることが認められているところであり（会社更生法二四六条、二五二条）、破産管財人には第三者性が認められるのに対して、更生手続上の管財人にはこれが認められないとすることはバランスを欠き妥当とはいえない。

以上のとおり、更生手続上の管財人は、更生債権に基づく差押債権者としての地位ばかりではなく、抵当権等の実行をした抵当権者等、滞納処分をした租税等の請求権者の地位と類似の地位をも有し、それらの更生債権者等が平時に主張しえた事項を主張する権限を付与されていると解するべきである。このような立場から、具体的な問題点について検討を試みたい。

（注5）破産管財人の法的地位については議論があるが、破産手続における種々の法律問題の処理につき特に具体的な結論の差異を来すものではないとされ（破産管財人の地位論の意義につき、伊藤眞「破産管財人の法的地位——破産財団代表説の光と影」法教四三号二三頁、山木戸克己『破産法』八三頁、谷口安平『倒産処理法』六〇頁、櫻井孝一「破産管財人の第三者的地位」道下徹＝高橋欣一編『裁判実務体系第6巻破産訴訟法』一六五頁）、内部的法律関係とは別に外部的法律関係を検討するべきものとされる（伊藤・前掲論文（注1）九一頁、伊藤・前掲（注1）『会社更生法』一二五頁）。

（注6）伊藤・前掲（注2）二四九頁、谷口安史「判解」伊藤ほか・前掲（注2）五四一頁、瀬川卓男「破産管財人の第三者的地位」園尾隆司＝中島肇編『新・裁判実務体系10　破産法』七〇頁。管財人の利益状況に基づき検討するべきとするものとして、吉田勝栄「破産管財人の第三者的地位」園尾隆司ほか編『新・裁判実務体系28　新版破産法』一二一頁。また、再生債務者の第三者性について、三宅省三ほか『最新実務解説一問一答民事再生法』四一一頁〔山本和彦〕、高田賢治「判批」判時二〇五七号一七八頁（判評六一一号八頁）参照。
　最判昭59・2・2（民集三八巻三号四三一頁）も「債務者が破産宣告決定を受けた場合においても、その効果の実質的内容は、破産者の所有財産に対する管理処分権能が剥奪されて破産管財人に帰属せしめられるとともに、破産債権者による個別的な権利行使を禁止されることになるというにとどまり、……これを前記一般債権者による差押の場合と区別すべき積極的理由はない。」と判示しており、最高裁判所も破産管財人を差押債権者と同視する見解を示している。

　これに対して、破産管財人、更生手続上の管財人、再生債務者等の第三者性を否定する見解として、有住淑子

「再生債務者の法的地位」櫻井孝一先生古希祝賀『倒産法学の軌跡と展望』八頁がある。

（注7） 伊藤・前掲（注2）二四九頁。この見解は、現在の通説の到達点であるとされる。水元宏典「破産管財人の法的地位」高木新二郎＝伊藤眞編集代表『講座　倒産の法システム第2巻』三七頁。

（注8） 東京弁護士会編『入門民事再生法――申立手続と裁判実務』六四頁〔松下淳一〕。

（注9） 瀬川・前掲（注6）七一頁において、「破産債権者は破産宣告により個別執行が禁止され、破産手続による配当をまつ立場に置かれ、破産管財人は総債権者のために破産財団の増殖を図り配当を実現すべき者であるから、破産管財人は宣告時において差押えをなしえたであろう債権者に代わって引き当て財産の保全に努めるべき地位に立つといえる」とされ、同七九頁で、破産管財人の第三者的地位は「破産手続において、破産債権者が個別執行を禁止される一方、破産管財人の活動による利益を破産配当として最終的に得る立場にあることによって根拠づけられるといえよう」とされており、本文の理解と同様の観点が示されている。

（注10） 宮脇幸彦＝時岡泰『会社更生法の解説』三一八頁。

（注11） 前者につき、松田・前掲（注1）一一〇頁、後者につき、宗田親彦『破産法研究』四〇八頁。

（注12） 兼子・前掲（注1）四九二頁。

（注13） 霜島甲一『倒産法体系』五四頁。

（注14） 谷口・前掲（注5）六〇頁。

（注15） 松下・前掲（注8）六六頁。なお、松下教授は、「絶対優先原則にもとづいて更生計画案が書かれている限りでは、やはり対抗問題で、勝った利益は実質的な利益帰属主体である更生債権者に行くということになり、更生債権者を代表する更生管財人を第三者として考えることができるのである。」とされるが、再生手続において対抗問題で勝った利益が再生債務者の株主に行く可能性があっても清算価値の保障があれば再生債務者の第三者性を認めてよいとされているところであり（同書六七頁）、更生計画における相対的優先説を否定される趣旨ではないと思われる。

（注16） したがって、更生手続上の管財人は、破産管財人と同様に、差押債権者類似の地位を有し、対抗関係上の第三

者、善意者保護規定における第三者等に該当するものと解するが、本稿ではこの点には立ち入らない。

（注17） このような方向性を示唆するものとして、伊藤・前掲（注1）『会社更生法』二八四頁（注87）参照。

（注18） 千葉勝美「更生管財人の第三者的地位」司法研修所論集七一号一二頁。

（注19） 会社更生法五六条一項本文とほぼ同様の定めを置く破産法四九条一項本文が、破産管財人の第三者性に基づくものであるとするものとして、伊藤・前掲（注2）二四九頁、伊藤ほか・前掲（注2）五四三頁。

なお、千葉・前掲（注18）二頁は、旧破産法五三条ないし五六条は「破産債権者に対抗することを得ず」と表現して対抗要件として処理しているのに対して、旧会社更生法五六条ないし五九条は「更生手続の関係においては、その効力を主張することができない。」と表現し対抗問題として処理していないことを自説の根拠とするが、上記各条文に対応する現行破産法四七条ないし五〇条は「破産手続との関係においては、その効力を主張することができない」とし、現行会社更生法五四条ないし五七条は「更生手続との関係においては、その効力を主張することができない。」としてほぼ同じ表現をとっており、これが破産管財人及び更生手続上の管財人の第三者性を示すものであると解されるから、現行法の下では千葉説の指摘は妥当しない。

（注20） 千葉・前掲（注18）一四頁。

三 抵当権等の実行に基づく権限の管財人による行使が問題となる場面について

1 問題となりうる事例の設定

抵当権等の実行に基づく権限の管財人による行使が問題となりうる事例として、以下の事例を設定して検討を試みたい（注21）。

【設例Ⅰ】　賃貸物件の賃料債権の取扱いについて

更生会社Ａは、その所有する本社物件について平成二〇年三月一日に抵当権者Ｂのために抵当権を設定して登記を行い、同年五月一日に同物件を賃借人Ｃに賃貸していた。Ｃは、同物件の賃借に際してＡに対して敷金を預託していた。

その後、平成二四年七月一日、Ａにつき更生手続開始決定がなされ、Ｘが管財人に選任された。Ｃは平成二四年六月の取引に基づきＡに対して売掛金を有していた。

この設例を前提として、以下の設問について検討をしたい。

㈠　設問ⅰ　賃料債務を受働債権とする相殺の可否について

Ｘがに対して、平成二四年七月分の賃料の支払を求めて訴えを提起したところ、ＣはＡに対して、当該賃料債務を受働債権とし、ＣがＡに対して有する売掛金債権を自働債権とする相殺を債権届出期間内に主張した。そして、Ｃは、会社更生法四八条二項によれば、「更生債権者等が更生手続開始当時更生会社に対して負担する債務が賃料債務である場合には、更生債権者等は、更生手続開始後にその弁済期が到来すべき賃料債務（前項の債権届出期間の満了後にその弁済期が到来すべきものを含む。……）については、更生手続開始の時における賃料の六月分に相当する額を限度として、前項の債権届出期間内に限り、更生計画の定めるところによらないで、相殺をすることができる」と定められており、上記相殺は有効であると主張した。

これに対して、Ｘは、平時においてＢが抵当権に基づく物上代位として賃料債権を差し押さえた場合には、Ｃ

は抵当権設定登記の後に賃貸人に対して取得した債権を自働債権とする賃料債権との相殺をもってBに対して対抗することができないとされているのであり（最判平13・3・13（民集五五巻二号三六三頁））、更生手続においてもCの相殺の主張は許されるべきではないと主張した。

このようなCの相殺は認められるか。

(二) 設問ii　賃料債務を敷金へ充当することの可否について

Aの更生手続開始後にAC間の賃貸借契約が終了し、Cが賃借物件を明け渡した。Cは賃料の一部を未払いとしていたので、XはCに対してその支払を求めたところ、Cは敷金への充当を主張した。

Cは、明渡しにより未払いの賃金債務は、敷金に当然充当されるのであり、更生手続の下でも同様であると主張した。このようなCの主張は認められるか。

(三) 設問iii　賃料債権の将来債権譲渡担保の取扱いについて

Aは、平成二〇年七月一日、賃貸物件に係るCに対する将来の賃料債権をDのために譲渡担保に提供し、その旨登記を行っていた。その後、設例のとおり、平成二四年七月一日、Aにつき更生手続開始決定がなされた。Dは、AのCに対する将来の賃料債権に係る譲渡担保権を更生担保権として届け出た。

これに対して、Xは、将来の賃料収入は賃貸物件の価値の一部であるところ、賃貸物件についての抵当権者によりその価値はすでに把握されているのであって、Dの更生担保権を認めることは賃貸物件の価値を実質的に二重に評価するものとなるとしてDの更生担保権を認めなかった。

これを受けて、Dは更生担保権の査定の申立て（会社更生法一五一条）を行った。裁判所はどのように判断をするべきか。

四　設問ⅳ　担保権消滅許可における抵当権等に劣後する賃借権の消滅について

Xは、賃貸物件に設定された抵当権につき、裁判所の担保権消滅許可を得たうえ、当該物件をEに任意売却した。CはEに対して、賃貸借契約及び敷金が承継されたことを主張した。

これに対して、Eは、平時にBの抵当権の実行としての競売がなされた場合にはCの賃借権は消滅し、Eには承継されないところ（民執法一八八条、五九条）、更生手続下で担保権消滅許可を受けて抵当権の消滅がなされたうえで対象物件が任意売却された場合も、これと同様に解するべきであるとして、Cの賃借権及び敷金を承継することを争った。

いずれの主張が相当か。

2　設例Ⅰ（賃貸物件の賃料債権の取扱いについて）の検討

一　設問ⅰ（賃料債務を受働債権とする相殺の可否について）の検討

(1)　問題の所在

Cの主張するとおり、会社更生法四八条二項の文言によれば、Cの主張する相殺は認められるように見える。

しかしながら、前掲最判平13・3・13等（注22）は、「抵当権者が物上代位権を行使して賃料債権の差押えをした後は、抵当不動産の賃借人は、抵当権設定登記の後に賃貸人に対して取得した債権を自働債権とする賃料債権との相殺をもって、抵当権者に対抗することはできないと解するのが相当である。」と判示している。すなわち、平時において、Bが抵当権に基づく物上代位として賃料債権を差し押さえた場合には、Cは抵当権設定登記の後に賃貸人Aに対して取得した債権を自働債権とし賃料債権を受働債権とする相殺をもってBに対して対抗することができないのである。

もとより、設例において、Bによる物上代位権の行使はなされていないので、上記判例理論が直ちに妥当するものではない。しかしながら、このような平時における判例理論との関係で、更生手続の下でのCの相殺の主張が制約される余地はないか。

(2) 検　討

この点、上記のとおり、会社更生法四八条二項の文言による限り上記のような相殺は許容されるようにも見える。そして、これを許容するのがこれまでの実務の多くの運用ではないかと思われる。

しかしながら、このような相殺を許容することは、平時における前掲最判平13・3・13等に基づく処理内容との間で実質的に整合性を欠くのではないか。同判例の立場は、物上代位による価値変形物の優先的支配につき登記時基準説に立ち（注23）、抵当権等の設定登記により、代位される可能性のある債権に対する抵当権者の優先的価値支配権が対外的に公示されているとの理解に支えられていると指摘されているところである（注24）。

ところで、会社更生法四八条二項の趣旨については、以下のように説明される。すなわち、従来、賃料債務との相殺については、旧破産法一〇三条が更生手続にも準用されて当期及び次期の賃料の範囲に限定されていたが、旧破産法一〇三条の規律に合理性がないものとして、平成一七年の破産法改正に際して旧破産法一〇三条が削除されて破産手続上は相殺の範囲の制限がなくなった。これを受けて、更生手続においては事業の更生を図る観点から相殺の範囲が賃料の六カ月分に制限された（注25）。このように同条は、平時の相殺を更生手続下で制限する趣旨の規定であり、平時において許容されない相殺を更生手続下で許容するものではない。そうであれば、平時における上記判例法理による相殺の制約は更生手続下での賃料債務との相殺について特別に排除されているわけではない。

たしかに、設問ⅰにおいて、Bは賃料債権に対する物上代位権を行使しているものではないので、上記判例法理が直ちに妥当するわけではない。しかしながら、既に述べたとおり、更生手続開始決定によりBはもはや物上代位権を行使することが許されない状態となることから（会社更生法五〇条一項）、管財人は抵当権者等が物上代位により主張しえた事項を主張することができると解する必要がある。このように解することにより、抵当権者等が物上代位権の行使をなしえないとの制約を受けること（会社更生法五〇条一項）の反面として、管財人がそれにかわる権限を行使して更生会社財産を拡充し、更生計画における更生担保権者等に対する弁済原資を確保することが可能となるのである。

このように解するならば、賃貸物件について抵当権等が設定されている場合に賃貸人につき更生手続開始決定がなされたときは、自働債権が抵当権等の設定登記の後に発生したものである限り、賃料債務との相殺をすることは許されないものと解すべきである（注26・27）。

したがって、Cによる相殺の主張は許されない。

なお、設問ⅰのような事案において、Aについての更生手続開始前にBの申立てにより賃料に対する物上代位又は収益執行がなされていた場合には、それらの手続は更生手続の開始により中止するが（会社更生法五〇条一項）、管財人は裁判所の命令によりこれらの手続を続行しうるほか（同条五項）、物上代位権行使等の担保実行手続の効力を主張することができるとする見解が有力である（注28）。この見解によれば、賃借人が抵当権設定登記後に取得した反対債権をもってする相殺は許されないこととなろう。この場面では、抵当権等の実行により抵当権者等が主張しえた事項を管財人が主張することがすでに認められているところであるが、私見では、更生手続開始前に抵当権等の実行がなされていなかった場合においても、管財人に同様な権限が付与されてよいと解するものである。

(二) 設問ii（賃料債権を敷金へ充当することの可否について）の検討

(1) 問題の所在

最判昭48・8・2（民集二七巻一号八〇頁）によれば、「家屋賃貸借における敷金は、賃貸借存続中の賃料債権のみならず、賃貸借終了後家屋明渡義務履行までに生ずる賃料相当損害金の債権その他賃貸借契約により賃貸人が賃借人に対して取得することのあるべき一切の債権を担保し、賃貸借終了後、家屋明渡がなされた時において、それまでに生じた右の一切の被担保債権を控除しなお残額があることを条件として、その残額につき敷金返還請求権が発生するものと解すべきである」とされている。これによれば、AC間の賃貸借契約が終了しCが賃借物件を明け渡したときは、未払賃料は当然に敷金に充当されるのであり、Cがこれを主張することは正当であると考えられる。

もっとも、設例iにおいて検討したように、更生手続上の管財人が、抵当権実行をした差押債権者の主張しうる事項を主張することができると解する場合、Cが主張する敷金への充当が何らかの形で制約される余地がないかを念のため検討しておきたい。

⑵ 検　討

この点、前掲最判平14・3・28は、「敷金が授受された賃貸借契約に係る賃料債権につき抵当権者が物上代位権を行使してこれを差し押さえた場合においても、当該賃貸借契約が終了し、目的物が明け渡されたときは、賃料債権は、敷金の充当によりその限度で消滅する」ものと判示する。

この判断を支える根拠として、敷金契約の付着した賃料債権を差し押さえた抵当権者はこのような敷金の充当が予定された賃料債権を差し押さえたのであって、目的物明渡し時における未払賃料への敷金の当然充当の結果に服するものとされている（注29）。また、その実質的な価値判断として、①敷金返還請求権が保障されなければ抵当権の設定された物件には賃借人が見つからなくなるおそれがあり、そうなれば抵当権者は賃料債権に対し物上代位権を行使する余地がなくなるのであるから敷金返還請求権の保障は抵当権者の利益でもあること、②賃貸借契約において敷金が授受されるのは通常の事態であって抵当権者もこれを予測すべきであるから、物上代位権を行使する抵当権者に敷金の限度で賃借人に譲歩すべきことを求めても不当な不利益を与えるものではないことが指摘されている（注30）。

この理は、賃貸人について更生手続が開始された場合も同様に妥当すると解され（注31）、更生手続上の管財人が差押えをした抵当権者等としての地位を主張しうると解する立場からも、敷金の充当は認められることとなる（注32）。よって、Cは、未払いの賃料債務が敷金に充当されることをXに対して主張することができる。

㈢　設問ⅲ（賃料債権の将来債権譲渡担保の取扱いについて）の検討

⑴　問題の所在

Dは、将来賃料債権の譲渡担保権を有するものであり、このような譲渡担保権は更生担保権に該当すると解するのが一般的である。そして、更生手続開始決定の効果として将来債権譲渡の範囲が固定化する等その範囲が制限されるとの見解もあるが、将来債権譲渡担保の効力は更生手続開始後の財産にも及ぶとする見解が有力である（注33）。これによると、将来の賃料債権についてDの更生担保権が認められることとなりそうである。

しかしながら、最判平10・1・30（民集五二巻一号一頁）（注34）は、「民法三〇四条一項の趣旨目的に照らすと、同項の「払渡又ハ引渡」には債権譲渡は含まれず、抵当権者は、物上代位の目的債権が譲渡され第三者に対する対抗要件が備えられた後においても、自ら目的債権を差し押さえて物上代位権を行使することができるものと解するのが相当である」とする。平時において、抵当権者Bは、物上代位の目的債権がDに譲渡され第三者に対する対抗要件が備えられた後においても、自ら目的債権を差し押さえて物上代位権を行使することができ、かつ、抵当権の効力が物上代位の目的債権についても及ぶことは抵当権設定登記により公示されているので抵当権者Bの物上代位はDへの債権譲渡に優先するのである。

そこで、このような、平時における判例法理をふまえて、Dの更生担保権を否定することができないかが問題となる。

⑵　検　討

一般に集合債権譲渡担保については、その成立範囲がきわめて広範囲であって事業の更生に対する重大な制約となることが懸念されるところである。最判平11・1・29（民集五三巻一号一五一頁）は「将来の一定期間内に発生すべき債権を目的とする債権譲渡契約について、右期間の長さ等の契約内容が譲渡人の営業活動等に対して社会通念に照らし相当とされる範囲を著しく逸脱する制限を加え、又は他の債権者に不当な不利益を与えるものであると見られるなどの特段の事情の認められる場合には、右契約は公序良俗に反するなどとして、その効力の全部又は一部が否定されることがあるものというべきである」と述べて、将来債権譲渡担保の成立範囲の制約の可能性を示唆するが、その具体的な基準は明確ではなく、実務上必ずしも有効に機能しない。

とりわけ、設問iiiのような事例において、賃貸用収益不動産の評価は、将来予測される賃料収入から、予測される管理費用を控除し、将来得られると予測される賃貸収益を現在化することにより対象不動産の時価（会社更生法二条一〇項）が算定される場合が比較的多いと思われる（注35）。このような方法を前提とする限り、将来の賃料収益は対象不動産の評価の一部をなすものであるから、将来賃料債権の価値は対象不動産に対して抵当権を有するBの更生担保権により評価済みであり、これに加えてDの将来債権譲渡担保を更生担保権と認めることは、更生会社の有する資産を二重に評価することとなる。しかるに実際には更生会社は対象不動産の価値と将来賃料債権の価値の二重の価値を保有しているものではない。したがって、仮に双方の更生担保権を認めるならば、更生会社としては双方の更生担保権の弁済原資を対象不動産の売却代金又は使用収益等から現実に調達することができず、その弁済原資を他の一般財産から調達するほかない事態となり、結果として一般更生債権者の弁済原資が侵食されることとなるのである。

そこで、管財人は差押えをした抵当権者の主張しえた事項を主張しうると解する立場から、前掲最判平10・1・30の考え方をふまえて、Dの更生担保権を争うことができると解したい。すなわち、同最判によると、抵当権設定登記により物上代位の目的となる債権についても物上代位権の対抗要件は潜在的には具備されたことになるのである（注36）。管財人は抵当権者等の有する権限を主張することができるものとの立場によるならば、抵当権等の設定登記の後になされた賃料債権譲渡担保については、仮にそれが第三者対抗要件を備えていたとしても、管財人には抵当権等に基づく物上代位の効力を援用して賃料債権譲渡担保の効力を排除することができると解しうるのである（注37）。このように解すれば、設問ⅲにおいて、管財人Xは、抵当権者Aによる物上代位の効力を主張して、賃料債権の譲渡担保権者Dの更生担保権を認めるべきではない（注38）。DがXの更生担保権の認否を不服として更生担保権の査定の申立てをした場合の裁判所（会社更生法一五一条）も同様な判断をするべきである。

なお、Aに対する更生手続の開始前にBが賃料債権に対して物上代位権を行使していたときには、その手続はAに係る更生手続開始により中断するが（会社更生法五〇条一項）、管財人は、その効力を援用してEの譲渡担保権を争うことができると解するのが一般的であると思われる（注39）。私見では、このような場面はもとよりであるが、BがAの更生手続開始前に物上代位権を行使していない場合においても、同様に管財人はBの差押えによる効力を主張しうると解するものである。

このような解釈に対しては、将来の賃料債権の譲渡担保の効力を弱め、会社が金融を受けて事業を更生する機会をかえって失わせるとの批判も考えられる。しかしながら、賃借契約が抵当権等に後れる以上、賃料債権に対して抵当権者等により物上代位がなされることにより賃料債権譲渡の効力は覆されるものなのであり、賃料債権の譲渡担保権者もそのようなリスクをふまえて譲渡担保の設定を受けていると見るのが合理的である。賃料債権の譲渡担保権が対象物件の抵当権等の物上代位権行使に劣後することは、平時の抵当権等の実行のみならず、債務者について破産手続、再生手続が開始され、別除権の行使がなされた場合にも同様に妥当する。債務者について更生手続が開始した場合に、更生担保権者の担保権行使が許されないゆえに、将来賃料の債権譲渡が平常時や再生手続、破産手続下以上に保護される結果となることは、かえってアンバランスである。更生手続下でも、担保権の実行禁止の解除（会社更生法五〇条七項）がなされることが考えられるのであり、その場合に当該抵当権等に基づき賃料債権に対する物上代位又は収益執行がなされると、譲渡担保権が抵当権者に対抗することができないこととなるのである。このような点を考慮すれば、上記のような見解をとっても、決して譲渡担保権者の利益を不当に侵害するものとはいえないし、むしろ抵当権者等を含む関係人間の合理的な利益調整に資するというべきである。

よって裁判所は、Dの更生担保権を認めるべきではない。

(四) 設問ⅳ（担保権消滅許可における抵当権等に劣後する賃借権の消滅について）の検討

(1) 問題の所在

設問ⅳにおいては、管財人が、抵当権等の設定された賃貸物件について担保権消滅許可を得て任意売却する場合において、賃借権や敷金はどのように処理されるかが問題となる。

この点については、従来、担保権消滅許可に係る会社更生法一〇四条は、「当該財産を目的とするすべての担保権を消滅させることを許可する旨の決定をすることができる」と定めるのみであり、賃借権等の用益権の消滅の効力は認められないと解するのが一般的である（民事再生法一四八条、破産法一八六条も同様である）（注40）。

しかしながら、更生手続の下での任意売却においても、このような見解を維持することでよいか、管財人は抵当権等の実行の効力を主張することが可能であると解するならば、抵当権等に劣後する賃借権や敷金の負担のない状態で任意売却をなしうると解しえないかについて検討を試みるものである。

⑵ 検　討

そもそも、実体法上、賃貸物件について対抗力のある賃借人がいる場合に、その物件の任意売却がなされると、賃貸人たる地位も当該物件の新所有者に承継され、敷金についても承継される（注41）。この点は、賃貸人について破産手続又は再生手続が開始され、破産管財人又は再生債務者等が賃貸物件を任意売却する場合も同様である。賃貸人について倒産手続が開始された状態でこのような取扱いを行うことについては、敷金債権者は倒産手続上倒産債権にすぎないにもかかわらず、賃貸物件の譲渡に伴い新所有者に承継されて全額の弁済を受けることとなることは偏頗的であるとの問題がある。そこで、倒産手続下では、賃貸物件の任意売却に伴って賃借権及び敷金は新所有者に承継されないとの傾聴に値する見解が有力に主張されているが（注42）、直ちに実務において採用されるに至っていない。

しかるに、とりわけ更生手続においては、上記のような実務は抵当権者等に対して重大な侵害となる。すなわち、抵当権等を別除権として行使しうる破産手続及び再生手続では、抵当権者等としては、破産管財人等による任意売却が自己に不利益であると判断するならば、原則として担保権を実行することにより、賃借人及び敷金の負担を排除した状態で競売を行うことが可能である（注43）。それをあえて破産管財人等の任意売却に協力するのであるから、仮にその場面では抵当権等に劣後する賃借権及び敷金が買受人に承継されるとしても、抵当権者等の利益の重大な侵害であるとはいえない。このことは破産手続において担保権消滅許可の申立てがなされた場合にも、抵当権者等には対抗手段として競売申立権が留保されていること（破産法一八七条）から変わらない。これに対して再生手続上の担保権消滅許可の申立てがなされた場合には、抵当権者等は競売申立てにて対抗することはできないことと関係して、賃借権の消滅を認めるべきではないかとの点が問題となるが、この点については他日を期したい。

以上に対して、更生手続では、破産手続や再生手続とは異なり、抵当権者等は個別的権利行使を禁止されるため、管財人が任意売却をする場合にはこれに服する以外にない。担保権消滅許可の手続がなされる場合はまさにそのような場面である。そうである以上、抵当権等の実行により抵当権者等が行使しえた権限は管財人が行使する必要性が特に大きい。仮にこれを認めないと、平時の抵当権等の実行と比較して更生手続下の担保権消滅を経た任意売却による売却代金は賃借権や敷金の負担ゆえに相当に低下するおそれが生じる。その結果、更生担保権の弁済原資に不足を来すため（注44）、結局一般更生債権の弁済原資たる更生会社財産に負担を転嫁する結果となるのである。

そこで、担保権消滅許可を得た場合には、許可により消滅する抵当権等に劣後する賃借権は抵当権等とともに消滅すると解することができないであろうか（注45）。担保権消滅許可の制度の性質を手続機関による換価の強制を認めるものとするいわゆる介入権説によるならば、担保権消滅許可制度において民執法一八八条、五九条に沿う処理を行うことは背理ではない（注46）。そして、管財人は、抵当権者等が平時に行使しえた権限を行使する権限を有するとの理解を背景として、担保権消滅許可制度の効力についても、抵当権者等に劣後する賃借権は消滅し、敷金は対象物件の買受人に承継されないと解したい（注47）。

ただし、平時においては、抵当権等の実行の場面では、引渡しの猶予の制度があることから（民法三九五条）、管財人が担保権消滅許可を得て任意売却をする際にも、抵当権等に劣後する賃借人は同様に賃借物件の引渡しの猶予を求めることができると解するべきであろう。

このような見解に対しては、賃借権の保護に欠けるとの批判も考えられるが、そもそも短期賃貸借の保護を否定し、抵当権の実行手続のなかで賃借権が保護されないとの立法的判断がなされた以上、それに従った処理を更生手続のなかで行うことが不適切であるとの批判は当たらない。さらに、実際の競売事件では、収益物件等について、抵当権に劣後する賃借人との賃貸借契約の条件が正常である限り直ちに退去を迫ることなく賃貸借契約を継続しつつ敷金の承継のみを排除する場合も見られる。更生手続下の任意売却においても、対象物件の価値を大幅に下落させるような高額な敷金の負担や不利益な賃借権の負担が存する限りにおいて、管財人は担保権消滅許可の制度を用いてこれらを必要な範囲で排除することにとどまるのであり、賃借人の利益を不当に侵害するものではない。

なお、賃借権が抵当権等の設定登記に先立ち対抗要件を備えている場合、又は、民法三八七条による同意がなされている場合には、賃借権及び敷金契約をもって抵当権者等に対抗することができるため、担保権消滅許可の効力として賃借権が消滅するものではなく、管財人が担保権消滅許可を得て任意売却するにおいても賃貸借契約及び敷金契約を買受人に承継することとなろう。

よって、Cの賃借権及び敷金を承継することを争うEの主張が相当である。

(注21) 以下では、更生会社所有の不動産上に抵当権等が設定されており、同物件が賃貸されている事例等の取扱いを検討の対象とすることが多いが、更生会社所有物件に抵当権等が設定されていることはきわめて頻繁に見られ、また同物件が賃貸されていることも実務上珍しくはなく、比較的多く見られる事例である。

(注22) 収益執行につき、最判平21・7・3(民集六三巻六号一〇四七頁)も同旨。

(注23) 物上代位と債権譲渡の優劣につき同じ立場をとるものとして、最判平10・1・30民集五二巻一号一頁、最判平10・3・26民集五二巻二号四八三頁。

（注24）　杉原則彦「平成一三年度判解民」、潮見佳男『債権総論（第三版）Ⅱ』四〇八頁、高木多喜男『担保物権法（第四版）』一四四頁。

（注25）　民事再生法九二条二項につき、小川秀樹編著『一問一答新しい破産法』三八四頁。

（注26）　このような方向性を示唆するものとして、伊藤・前掲（注1）『会社更生法』二八四頁（注87）参照。

（注27）　譲渡担保についても物上代位権が認められうる（最判平22・12・2（民集六四巻八号一九九〇頁〔集合動産譲渡担保の保険金請求権に対する物上代位〕）、最判平11・5・17（民集五三巻五号八六三頁〔個別動産の譲渡担保の売買代金に対する物上代位〕））。最判平13・3・13（民集五五巻二号三六三頁）の趣旨からすると、譲渡担保権に基づく物上代位権の行使に対して、当該代位債権の債務者（第三債務者）が、譲渡担保権の対抗要件が具備された後に取得した反対債権をもって相殺することが許されないと解しうる。そうすると、譲渡担保設定者につき更生手続が開始されて管財人が代位債権を行使する場面においても、当該代位債権の債務者（第三債務者）は、上記のような反対債権をもって相殺を主張しえないと解するべきである。

（注28）　伊藤・前掲（注1）『会社更生法』二五四頁。破産法四二条二項但書につき、伊藤・前掲（注2）三一五頁、伊藤ほか・前掲（注2）三二六頁。

（注29）　潮見・前掲（注24）四一〇頁。

（注30）　中村也寸志「平成一四年度判解民」。

（注31）　なお、山本和彦「倒産手続における敷金の取扱い⑵」NBL八三二号六六頁は、会社更生法四八条二項に基づき、敷金による充当を賃料の六カ月分に限定するべきであるとする。指摘の趣旨は傾聴に値するが、平時では敷金による充当が相殺以上に厚く保護されていることからして、同項が敷金の充当を相殺と同様に制限していると解することにはなお躊躇が残る。

（注32）　このように管財人が差押えをした抵当権者等の地位を主張しうると解する場合には、さらに、抵当権等が設定された物件の賃貸人につき更生手続が開始された場合に、会社更生法四八条三項による敷金の共益債権化がなされることに制約はないかの問題も生じうる。この点、再生手続上は、物上代位による賃料の差押え等がなされて

いる場合には再生債務者のキャッシュフローが確保されていないことから、敷金の共益債権化は認められないとの見解が有力である（才口千晴＝伊藤眞監修『新注釈民事再生法（第二版）㊤』五一〇頁〔中西正〕、山本和彦ほか『倒産法概説（第二版）』二六六頁〔沖野眞已〕、全国倒産処理ネットワーク第四回全国大会シンポジウム報告「新法下における破産・再生手続の実務上の諸問題」債管一一一号二五頁〔山本和彦発言〕）。これと同様に、更生手続上も敷金の共益債権化が制約されないか問題となるのである。

しかし、更生手続においては、物上代位権の個別的権利行使が禁止される結果（会社更生法五〇条一項）、賃料は基本的に更生会社に支払われ、更生会社財産のキャッシュフローに対する寄与は一定範囲で認められるのであって、敷金の共益債権化を認めることに支障はない。ここでの問題の実質を見ると、賃料を更生会社財産に組み入れて、抵当権者等の更生担保権等の弁済原資として確保するか（敷金の共益債権化を否定する場合）、敷金を共益債権化して敷金の弁済原資として使用するか（敷金の共益債権化を肯定する場合）という問題であるといえる。そうすると、前掲最判平14・3・28の判断によるならば、賃料に対する物上代位による差押えと敷金の充当が競合する場合には、敷金の充当が優先するとの判断がなされているのであり、このような価値判断を尊重して処理するならば、賃料は敷金債権者の回収の原資として使用されることが整合的であり、敷金の共益債権化を認める合理性があるといえるのである。

（注33）　将来債権譲渡担保の更生手続上の取扱いを論ずるものとして、西岡清一郎ほか編『会社更生の実務㊤』二六四頁〔真鍋美穂子〕、事業再生研究機構編『更生計画の実務と理論』一一九頁〔岡正晶ほか〕、籠池信弘「将来債権譲渡担保と更生担保権評価㊤㊦」倒産実務交流会編『争点　倒産実務の諸問題』一八三頁、中西正「将来債権譲渡担保と倒産手続」倒産実務交流会編『争点　倒産実務の諸問題』二一八頁、赫高規「将来債権譲渡の効力と債権法改正㊤㊦――管財人の第三者性の議論との関係も踏まえて」倒産実務交流会編『争点　倒産実務の諸問題』一〇五頁、中西正「倒産法と将来債権譲渡の効力」倒産実務交流会編『争点　倒産実務の諸問題』一二五頁。また、破産手続、再生手続における取扱いについて、伊藤ほか・前掲（注2）四八六頁、伊藤・前掲（注2）七〇五頁、伊藤眞「倒産処理手続と担保権――集合債権譲渡担保を中心として」NBL八七二号六〇頁参照。

（注34） 同判決の事案は物上代位権の行使を賃料債権譲渡によって妨害しようとしたいわゆる執行妨害事案であると評価することができるとされる（野山宏「平成一〇年度判解民」）。

（注35） 事業再生研究機構財産評定委員会編『新しい会社更生手続の時価マニュアル』一三六・一四九頁、日本公認会計士協会「経営研究調査会研究報告第二三号財産の評定に関するガイドライン（中間報告）」（平成一六年五月一七日、http://www.hp.jicpa.or.jp/specialized_field/post_321.html）二〇頁。

（注36） 野山宏「平成一〇年度判解民」。

（注37） これに対して、更生手続開始前に転付命令が発令されていたときには、その後に抵当権等に基づく物上代位の差押えをしてもその効力を妨げることはできない（最判平14・3・12民集五六巻三号五五五頁）。この場合には、抵当権等の設定者に更生手続がなされたとしても、管財人の地位に関する解釈から転付命令の効力を直ちに覆すことはできないと解される。もっとも、執行行為の否認が別途問題となりうる。

（注38） 法制審議会における民法（債権法）改正に関する議論のなかで、将来債権譲渡の効力の範囲が議論される典型的事例は、将来の売掛金の譲渡担保と、将来の賃料の譲渡担保である（法制審議会「民法（債権関係）部会第四五回会議議事録」五三頁、「民法（債権関係）部会資料37民法（債権関係）の改正に関する論点の検討(9)」五三頁等参照）。本文の解釈により、更生手続による限り、将来の賃料債権の譲渡担保については、相当な制約を課することが可能となる。更生会社所有物件について抵当権等が設定されていることや、その対抗要件が賃借権の対抗要件に優先することは比較的よく見られることであり、その意味でも賃料債権譲渡担保を制約する論理として実効性があるといえる。

他方、将来の売掛債権の譲渡担保については、直ちに同様な制約を課することは容易ではない。管財人は、動産売買先取特権に基づく物上代位権を主張して、譲渡担保の効力を制約することが検討されてよいが、最判平17・2・22（民集五九巻二号三一四頁）によると、動産売買の先取特権者は、物上代位の目的債権が譲渡され、第三者に対する対抗要件が備えられた後においては、目的債権を差し押さえて物上代位権を行使することはできないものとされており、賃料債権の場合とは事情が異なる。将来の賃料債権の譲渡は対象物件の担保権者の利益と正面から衝突するのに対して、将来の売掛債権の譲渡はむしろ一般更生債権の弁済原資の確保の要請と衝突するものであり、実質的な利益状況が異なるため、制約原理に差異が生じることはやむをえないとも思われる。これに対して、更生会社の有する在庫品につき（集合）動産譲渡担保が設定されて、対抗要件が具備された後に、売掛債権の譲渡担保が設定され、さらにその後に債務者につき更生手続が開始した場合には、管財人は、（集合）動産譲渡担保権に基づく物上代位を主張して売掛債権上の譲渡担保権は（集合）動産譲渡担保に劣後するものとして更生担保権の認否をすることが可能であると解する。（注27）参照。

（注39）伊藤・前掲（注1）『会社更生法』二五四頁。破産法四二条二項但書につき、伊藤・前掲（注2）三一五頁、伊藤ほか・前掲（注2）三二六頁。

（注40）田原睦夫「担保権消滅請求制度の機能と課題」『民事手続法と商事法務』一三七頁以下、深山卓也ほか『一問一答民事再生法』二〇二頁。ただし、担保権消滅許可において用益権は消滅しないとする立場においても、担保権の対象たる財産の評価は用益権の負担のないものとして行うべきであるとする見解が有力であり（西岡清一郎ほか編『会社更生の実務㊦』五五頁〔村松忠司〕）、その場合には用益権の評価額相当額については更生計画で更生担保権の減免がなされない限り、実質的に一般更生債権の弁済原資に負担が移るという問題がある。

（注41）最判昭44・7・17（民集二三巻八号一六一〇頁）ほか。

（注42）山本和彦「倒産手続における敷金の取扱い⑴」NBL八三一号一八頁、全国倒産処理ネットワーク第四回全国大会シンポジウム報告「新法下における破産・再生手続の実務上の諸問題」債管一一一号二三頁〔山本和彦発言〕。

（注43）従来民法上は、短期賃貸借の制度があり（旧民法三九五条）、これにより抵当権に後れる賃借権も一定範囲で保護されたところ、これが濫用されて抵当権に対する重大な侵害となる場合があるとして制度が廃止されたのであって、このような短期賃貸借制度廃止の経緯から見ても抵当権者等が対象物件の賃借権を排除した状態において物件を売却する利益を軽視することは許されない。

（注44）更生担保権の評価は、理論上劣後する賃借権の負担のない状態による物件価値によることとなると解されるた

め、任意売却に際して賃借権の負担により物件価値が下がるような場合には、物件売却によっては更生担保権の弁済原資（ないし、会社更生法一〇八条に基づく価額に相当する金銭の納付のための原資）を確保することができないおそれを生じるのである。

（注45）　なお、これに代わる法律構成として、抵当権等に劣後する賃借権は、「登記、登録その他第三者に対抗することができる要件」（会社更生法六三条、破産法五六条）を備えていないものと解して、賃貸借契約を双方未履行双務契約により解除すること（会社更生法六一条、破産法五三条）を認めるとの構成も考えられないではない。しかし、このように解する場合には、対象物件を任意売却するのではなく、更生会社が使用を継続する場合にも、管財人は賃貸借契約を解除することができることとなり、会社更生法六三条、破産法五六条の適用範囲を相当程度狭める点でなお慎重な検討を要する。

（注46）　いわゆる介入権説からは、担保権消滅許可の制度を執行手続にひきつけて理解することになじむことを指摘するものとして、竹下守夫編集代表『大コンメンタール破産法』七六七頁〔沖野眞已〕、再生手続上の担保権消滅許可制度を含めて、介入権説を支持するものとして、山本克己「担保権消滅請求制度と倒産・執行法制」銀法五六四号六六頁、同「倒産法改正の出発点としての民事再生法」債管一〇五号四〇頁、福永有利監修『詳解民事再生法（第二版）』四〇七頁〔山本和彦〕、伊藤・前掲（注2）二四九・七六四頁。

事案は異なるが、最判平22・3・16（金法一九〇二号一二〇頁）の田原睦夫裁判官の補足意見において、「破産管財人によって別除権の目的財産の受戻しがなされて、その際に別除権者に弁済がなされる場合も、同手続は、一般執行手続たる破産手続の一環として行われるものである」との指摘がなされている。この考え方を更生手続上の管財人に援用し、管財人による抵当権等の対象物件の任意売却は当該抵当権等の実行としての実質を有するものと解することが可能であると思われる。さらに、担保権消滅許可を経るならば、なお担保権の実行手続に類する効力が付与される基礎があるといえまいか。

（注47）　このような立場を前提とすると、担保権消滅許可の申立てに際して、消滅する担保権の表示（会社更生法一〇四条三項三号）として、抵当権等に劣後する賃借権を併せて表示しておき、裁判所による担保権消滅許可の

決定に際して抵当権等に劣後する賃借権が特定、明示されることが適当であろう。

これに対し、平成一五年法律第一三四号による担保法改正施行（平成一六年四月一日）以前から成立している短期賃貸借がその後更新されて継続している場合には、現在の担保実行手続においても短期賃貸借として保護されることから（同法附則五）、そのような場合においては管財人の任意売却に際しても賃借権及び敷金が承継されると解することとなろう。ただし、この場合には、同法による改正前民法三九五条において、詐害的賃貸借の解除の制度があったところであり、ここでも管財人は抵当権者等にかわって詐害的賃貸借契約の解除の権限を有すると解するべきではなかろうか。

四　租税等の請求権者の利益の主張が問題となる場面について

1　問題となりうる事例の設定

【説例Ⅱ】　租税等の請求権の法定納期限等が抵当権設定登記に先行する場合の劣後する抵当権等の取扱いについて

Ａは、Ｅに対する消費税を滞納しており、その法定納期限は平成一九年五月三一日であった。その後、Ａは、その所有する本社物件について平成二〇年三月一日に抵当権者Ｂのために抵当権を設定して登記を行った。平成二四年七月一日、Ａにつき更生手続開始決定がなされ、Ｘが管財人に選任された。

更生手続において、Ｅは租税等の請求権を届け出、Ｂは当該物件に対する更生担保権を届け出た。Ｘは、これらの届出をどのように扱うべきか（注48）。

2　説例Ⅱ（租税等の請求権の法定納期限等が抵当権設定登記に先行する場合の劣後する抵当権等の取扱いについて）の検討

(1)　問題の所在

Bは、更生手続開始当時更生会社の財産につき有する抵当権の被担保債権であって、当該目的財産の価額が更生手続開始の時における時価であるとした場合における当該担保権によって担保された範囲のもの（会社更生法二条一〇項）を有するので、更生担保権を有するものと認められそうである。また、租税等の請求権者Eの有する消費税の納付請求権も、国税徴収法によって徴収することのできる請求権であって、共益債権に該当しないもの（租税等の請求権、会社更生法二条一五項）であり、その届出は認められる。

しかしながら、国税徴収法八条は「国税は、納税者の総財産について、この章に別段の定がある場合を除き、すべての公課その他の債権に先だって徴収する」とする一方、同法一六条は「納税者が国税の法定納期限等以前にその財産上に抵当権を設定しているときは、その国税は、その換価代金につき、その抵当権により担保される債権に次いで徴収する」ものと定めている。平時において、Eが当該物件に対して抵当権の実行としての競売又は滞納処分がなされた場合には、当該物件の換価代金について、国税徴収法八条により、租税等の請求権者Eが抵当権者Bに優先して配当を受けることとなり、抵当権者Bは租税等の請求権者Eに劣後する。

平時における滞納処分手続等の下でのこのような優劣関係をふまえて、更生手続においてもBの更生担保権について制約が生じないかが問題となる。

⑵ 検　討

説例Ⅱにあるように、更生会社が長期間租税を滞納している事案においては、法定納期限等（注49）が抵当権等の設定登記前である場合が見られる（注50）。そのような場合に、平時に会社所有財産について抵当権等の実行又は滞納処分に基づく換価がなされた場合には、当該物件の換価代金について租税等の請求権が抵当権等に優先する。他方、租税等の請求権の法定納期限等が抵当権等の設定登記に後れるときは、抵当権等が優先する（注51）。このようにして、平時においては抵当権等と租税等の請求権の優劣が定められ、相互間の利害調整がなされている。

このような優劣基準は、更生手続下でも尊重されるべきであると考える。すなわち、更生手続において更生担保権者と租税等の請求権者が存する場合に、租税等の請求権の法定納期限等が更生担保権の基礎となる抵当権等の設定登記よりも前である場合には、租税等の請求権者が更生担保権者に優先するとの取扱いをすることが、上記のような平時の取扱いとの整合性を図るうえで相当である（注52）。

ところで、租税等の請求権者は更生手続開始決定により個別的権利行使を一定期間にせよ禁止される（会社更生法五〇条二項）。そこで、ここでも、更生手続上の管財人は、租税等の請求権者の利益の確保のために、租税等の請求権者が滞納処分をした場合に抵当権者等に対して主張しうる優先性を、主張することができるものと解するべきである。

具体的には、抵当権等に優先する租税等の請求権者がある場合には、その租税等の請求権の相当額について、更生担保権の対象財産の評価額の価値を当該租税等の請求権者へ優先的に割り付け（注53）、劣後する抵当権者等はその残余の価値についてのみ更生担保権を有するものと解するべきである（注54）。

このような扱いをしない場合には、更生担保権者は平時であれば租税等の請求権者に劣後して担保対象財産全部の価値を把握しえなかったにもかかわらず、担保対象財産全部の価値を把握して更生手続により望外の利益を得ることとなる。反面、租税債権者に対する弁済原資は、担保対象財産からは確保されず一般更生債権の弁済原資となるべき一般財産から優先的に弁済を受けることとなる（会社更生法一六九条参照）（注55）。結果的に、一般更生債権の弁済原資が侵食されることとなるのである（注56）。

とりわけ、更生手続開始前に租税等の請求権による滞納処分が先行していた場合を想定すれば、その滞納処分手続において想定される配当内容、また更生手続が廃止されて牽連破産手続に移行した場合に想定されうる配当内容と、更生手続における更生担保権の成否の内容が大きく乖離することとなることが適当ではないことは明らかであるといえる。このように更生手続開始前に滞納処分がなされていた場合には、更生手続開始後に管財人は滞納処分の効力を援用して租税等の請求権に劣後する抵当権の被担保債権を更生担保権として認めない見解もありうるが、私見ではこのように滞納処分が先行している場合に限らず、管財人は組成等の請求権者が滞納処分により主張しえた事項を主張することができると解するものである。

説例Ⅱに即していえば、Xは、Bによる更生担保権の届出を直ちに認めるのではなく、まず当該物件の評価額からEの届出に係る租税等の請求権の額を控除し、残余が生じる限りにおいてBの更生担保権を認めるべきである。

（注48）　実際には、第一順位抵当権者等の対抗要件具備時期が、租税等の請求権の法定納期限等に後れることはまれであろうが、古くから租税を滞納している更生会社においては、第二順位以下の後順位の抵当権者等の対抗要件具備時期が、租税等の請求権の法定納期限等に遅れる事態が生じうる。説例は、やや単純化しているが、実務上生じうる事例である。

（注49）　ここに述べる「法定納期限等」とは、法定納期限までに税額の確定した租税については原則として法定納期限のことである（国税徴収法一五条一項本文、地方税法一四条の九第一項本文。地価税については、全額につき第一回目の法定納期限）が、法定納期限後に税額の確定した租税については更正通知書・決定通知書若しくは納税通知書を発した日又は期限後申告若しくは修正申告をした日（国税徴収法一五条一項一号、地方税法一四条の九第一項一号）、繰上請求をされた租税についてはその請求に係る期限（国税徴収法一五条一項二号、地方税法同二号）である。そのほか、国税徴収法一五条一項各号及び地方税法一四条の九第一項各号に詳細な定めがなされている。金子宏『租税法（第一七版）』八〇六頁。

（注50）　たとえば、ゴルフ場事業を運営する会社が、長期間消費税、固定資産税やゴルフ場利用税等を延滞した末に更生手続に入るような事例において、その法定納期限が、後順位の抵当権設定登記よりも先であるような事例が生じうる。

（注51）　国税徴収法一五条、一六条等、金子・前掲（注49）八〇六頁。

（注52）　破産手続においても租税等の請求権に基づく滞納処分が制限されるが（破産法四三条）、破産手続の下では抵当権等が実行された場合には租税等の請求権もその手続に対して交付要求をすることができ、国税徴収法一五条、一六条等に基づく配当表が作成されることとなる。そして、交付要求に対する配当金は、破産管財人に交付されるが（最判平9・11・28民集五一巻一〇号四一七二頁、最判平9・12・18判時一六二八号二一頁）、破産管財人はそのような租税等の請求権を財団債権等として優先的に弁済することとなる。以上より、破産手続の下では、国税徴収法一五条等の規律は維持されているのであり、更生手続の場合のような特別の解釈上の工夫を要するものではない。

（注53）　この場合、端的に租税等の請求権を更生担保権と認めることも考えられないではない。しかし、会社更生法二条一〇項の更生担保権の定義に直ちに該当しないこと、更生担保権の届出、調査の手続も適用されないこと（会社更生法一六四条）、更生計画における権利変更においても更生担保権とは異なる特有の規律を受けること（同法一六九条）、関係して議決権も排除されていること（同法一三六条二項四号）からして、あえて更生担保権に

該当すると解する必要はない。

（注54）　実際の更生担保権の認否に際しては、担保対象財産の価値から担保権に優先する租税等の請求権の額を控除し、その余を更生担保権者にその優先順位に従って割り付けるとの処理が考えられる。第一順位抵当権者は租税等の請求権に優先するが、第二順位抵当権者は租税等の請求権に劣後するような場合には、担保対象物件の価値をまず第一順位抵当権者に割り付け、余剰価値を租税等の請求権者に割り付け、なお余剰があれば第二順位抵当権者に割り付けるとの処理に基づき更生担保権の認否をすることとなる。さらに、担保対象物件が複数ある場合に、租税等の請求権をどのように割り付けるかが問題となりうるが、対象財産の評価額等に応じて租税等の請求権を案分して割り付けることが考えられよう。

また、租税等の請求権者は、平常時に債務者の一般財産に対して滞納処分を行い優先的に回収をする権限が付与されていること（国税徴収法八条、一六条）について、更生手続下でどのように反映させるかという問題もあるが、租税等の請求権は、更生手続上、いわゆる優先的更生債権とされ（会社更生法一六八条一項二号）、更生計画における権利変更に特別の規律が設けられていること（同法一六九条）等（（注53）参照）により平常時における一般財産に対する優先性は更生手続のなかで評価されているとみることができると思われる。

（注55）　租税等の請求権の減免には、原則として徴収の権限を有するものの同意を要するため（会社更生法一六九条）、実際には減免を受けることができず全額を弁済する必要が生じることが多いが、その場合には、一般更生債権の弁済原資ともなるべき更生会社の一般財産から租税等の請求権に対する弁済原資が調達されることとなるのである。

（注56）　仮に本文のような立場を前提としなくとも、実務的には同様な考慮の下で関係人の権利を調整することが求められる。すなわち、関係人は更生手続が廃止されて破産手続に移行した場合における自らの回収額と比較して更生手続への賛否、協力如何を検討することが多い。説例Ⅱのような事案においては、租税等の請求権については破産手続に移行すれば対象物件が抵当権者等の申立てにより競売され、租税等の請求権者がその手続において交付要求をすることにより物件の売却代金が抵当権者等に優先して租税等の請求権者に配当されること（ただし、

配当金は破産管財人に交付される（注52））が見込まれる以上、更生手続において減免の同意を得ることは困難である（会社更生法一六九条）。そして、更生担保権について対象物件の評価額全額を割り付けると、本文記載のとおり一般更生債権の弁済原資を侵食する結果、そのような内容の更生計画案に対して一般債権者からの所定の同意（会社更生法一九六条五項一号）を得ることができないおそれが生じる。そうすると、管財人として、更生担保権者に対して更生担保権の評価額を引き下げるか、（仮に更生担保権の額を物件評価額全額とすると）更生担保権の減額について同意を求めることとならざるをえない。更生担保権者としても、管財人との協議に応じず更生手続が廃止になれば、牽連破産手続において別除権を行使しても、対象物件の価値の相当部分は租税等の請求権者に配当されることを考慮して、管財人の要請に応じることを検討せざるをえないこととなる。

もっとも、上記のような交渉は複雑で時間を要するうえ、更生担保権者の全員が牽連破産手続移行後の回収額との比較を合理的に理解せず、管財人に協力しないことも懸念される。そこで、本文の立場は、以上のような関係人の利害関係を端的に租税等の請求権と更生担保権の優劣の問題として簡明に整理することを意図するものである。

五　結　論

以上のとおり、管財人の地位は抵当権者等及び租税等の請求権者の利益をも代表する側面を有することに基づき、抵当権者等及び租税等の請求権者に付与された権限をふまえて更生会社に係る法律関係を整理、解釈することが適切であると考える。

以上のようなアプローチの実質的な意義をあらためてまとめるならば、以下のような点である。

第一に、抵当権等に関する近時の最高裁の判例理論を更生手続に及ぼすことである。たとえば、上記のとおり、近時の最高裁判例においては、賃貸物件に係る抵当権等に基づく賃料債権に対する物上代位や収益執行の効力等について、差押え時ではなく登記時を基準として権利関係を処理するものが見られる。更生手続上の管財人が更生担保権の基礎となる抵当権等の効力を主張することができるならば、更生会社財産を適切に確保することにより、更生担保権への弁済原資を適切かつ確実に調達することができることとなるのである。

第二に、租税等の請求権に基づく滞納処分と抵当権等の優劣に関する平時の規律を更生手続に及ぼすことである。抵当権等と租税等の請求権に基づく滞納処分の優劣については、国税徴収法八条、一六条等により規律がなされているのであり、このルールが更生手続において排除されるべき合理的な理由はなく、更生手続下での更生担保権と租税等の請求権の調整に際しても援用されるべきである。

以上、管財人は一般債権に基づく差押債権者としての地位ばかりではなく、抵当権等の実行による差押債権者、租税滞納処分をした債権者としての地位と類似する地位をも有すると解することにより、平時における各権利者の優劣関係をふまえて、更生手続上の権利関係を調整することを試みた。読者諸賢のご批判を仰ぎたい。

追　記

田原睦夫先生には私の弁護士登録以来、判例の読み方から倒産実務現場まであらゆることにつき指導をいただいた。本稿は、その成果としてはあまりにも未熟であるが、筆者なりの感謝の気持ちのみをおくみいただければ幸いである。

また、本論文の作成に際して、多くの研究者、実務家の先生方より貴重なご示唆を賜った。個別にお名前をあげることは控えさせていただくが、この場をお借りして、お礼を申し上げたい。

会社更生における時価問題
——「新しい会社更生手続の「時価」マニュアル」の解読と検討

林　圭介

一　はじめに

本稿では会社更生手続における「時価」の問題を扱う。平成一五年四月一日に施行された会社更生法は、「財産評定の評価基準」（会社更生法八三条二項）と「更生担保権に係る担保権の目的財産の評価基準」（同法二条一〇項）をいずれも「時価」とした。この二つの時価の関係について二説がある。両者は同一の時価であるとする

「時価一個説」と別個の基準による二つの時価を同じ時価と表現しているにすぎないとする「時価二個説」である。理論的に徹底させれば、両者の基準が異なる以上、両者を一致させる必要はなく時価二個説となる。しかし、両者は同一の概念であるとする時価一個説が通説とされている。

この時価問題を取り扱ったのが、田原睦夫氏を委員長とする事業再生研究機構財産評定委員会により編集された「新しい会社更生手続の「時価」マニュアル」（以下「「時価」マニュアル」という）である。「時価」マニュアルは、現在においても、時価に関する諸問題について最も重要な指摘をし指針を示している。会社更生実務を担当する者にとって「時価」問題についてのバイブル的存在（注1）であり、実務に対して大きな影響力を有している。

本稿は、「時価」マニュアルの解読と検討を行うものである。目的は、「時価」マニュアルが採用する時価一個説の問題点を明らかにしたうえでの再検討である。また、担保目的物の時価は、問題の重要性から不動産についての検討に限定する。主として実務的な観点からの指摘を中心とするものであり、引用文献は、「時価」マニュアルを中心とし、最少限にとどめる。

（注1）　本書は本文二編と資料編からなる。第一編は全般にわたり会社更生法上の時価に関するきわめて質の高い綿密な分析と検討がされている。第二編の松下淳一「更生手続における「時価」について」、山本和彦「コメント1」及び山本克己「コメント2」のいずれの論文も卓越した分析をしており大変示唆に富む論考である。「時価」マニュアルは、現時点においても時価問題の文献として最高水準である。

二　時価一個説の問題性

1　有力な時価二個説

「時価」マニュアルの採用する見解は、前述のとおり時価一個説である。しかし、時価一個説は理論的にも実務的にも数多くの問題を含んでいる。

「時価」マニュアルを編集した事業再生研究機構財産評定委員会の委員長である田原氏は、「財産評定と更生担保権の価額の評価は、別の目的でなされるものであり、理論的には前述のとおり一致させる必要はなく、相対的に解することも可能である。しかし、同一の法律中に規定されている同一の用語を別異に解するには、余程の合理性が必要とされているのであり、したがって、原則として同一の概念と解さざるを得ない」として、「時価」マニュアルの見解と同様、時価一個説を支持している（注2）。しかし他方、「研究会　会社更生法の基本構造」の座談会において、「時価マニュアルの編集を担当したものですが、同書での結論とは異なり、私自身も、財産評定と担保目的物の部分では、時価概念というのは本当は違うのだろうと思うのです」と発言している（注3）。そして、実務的な観点からは、「新法は、更生担保権の評価も「時価」によるべきこととしたが、それが財産評定の時価と一致すべきものかについては見解が分かれており、実際に更生計画を立案する視点からは、相対的にとらえざるをえないといえよう」とする時価二個説に従った見解を表明している（注4）。透徹した理論的分析をされる田原氏をして、実務的処理においては時価一個説の貫徹は困難であるといわしめた。特筆すべきである。

実際の更生実務においても、更生会社京都交通株式会社の更生管財人として田原氏は、この事件で時価一個説を採用したのでは事業の再建はできないので、時価二個説に従って更生担保権に関する評価を行った（注5）。この更生会社は、そのバス路線が地元住民の唯一の公共交通であるという京都府北部の地域を多く抱える赤字バス会社であった。田原更生管財人は、この事業再建を地域のためにも絶対に失敗に終わらせるわけにはいかないとする強い決意で臨んだ。筆者は、更生裁判所の裁判長としてこの事件に関与する機会をもつことができた。このような重大な社会的使命を背負った田原氏の苦渋の選択の場面に居合わせて、「時価問題」には「理論と実務の関係」について本質的かつ究極的な問題が含まれていることを痛感させられた。その後、この更生手続は最高の結末を迎えて終結決定に至っている。

また、「時価」マニュアルの推薦の辞を記載した伊藤眞氏も前記の座談会において、「私はこの本について推薦の辞も書いており、それはそれで十分説得力のある意見であるとは思いますが、自分自身では、相対的時価概念をとる余地もあるのではないかと思っているのです」と発言する（注6）。

このように、「時価」マニュアルの時価一個説は、解釈論として潜在的に有力な反対意見（時価二個説）を含んだ緊張関係にあるものであることが理解できる（注7）。

なお、松下淳一氏は前記の座談会で、「更生担保権は、……物の価値さえ保障すればいい、その価値は処分価値であろう、……立法論としては、なお将来的にはダブルスタンダードをとっていく可能性はあり得る、しかし、こういう議論は、私自身は、立法で敗れたと認識していまして、解釈論としては、潔くあきらめるしかないのかな、という感触をもっています」と述べている（注8）。時価問題における「解釈論の限界」についても見解に分かれがある。

時価問題については、会社更生法改正要綱試案に対するパブリックコメント手続のなかでも最も多くの意見が寄せられ、かつ、詳細なコメントが付されたものが少なくなかったとされている（注9）。この問題には非常に多くの奥深い問題が含まれていることを示唆している。

2 時価一個説の根拠

通説とされる時価一個説の根拠としては、主として次の三つがあげられる。

第一 両者の時価を同一とすることで手続構造の理解を容易にし手続コストの低減につながる。

第二 同一の法律中に規定されている同一の用語である以上、原則として同一の概念であると解するべきである。

第三 時価二個説は担保目的物の時価を処分価額とすることを前提とする。この場合、更生担保権を減免する更生計画案を多数決で決することは清算価値保障原則に反することになる。これでは更生計画の成立が困難になるので、時価二個説は採用できない。

しかし、以上三つの根拠については、必ずしも説得的ではない。以下、検討する。

3 時価一個説により「手続構造の理解の容易化」と「手続コストの低減」は実現するか

二つの時価が同一の概念とされたことによって、理解が容易化したといえるか。本来、財産評定の時価は、更生会社の損益計算の前提として、更生手続開始決定時における「平時の会社」からの取得原価、すなわち時価を基準とすることになる。その意味で、商法の原則を変えるものではなく、更生手続固有の考慮は不要となるはずである（注10）。財産評定の時価の基準と担保目的物の時価の基準は、それぞれ別個に存在する。それにもかかわらず、時価一個説は二つの時価は「同一の概念」であるとするものである。そのため、この「時価」については、「会社更生法の下」での新たな「法的な評価概念」であると解されている（注11）。時価一個説の場合、財産評定の時価基準である会計上の評価指針・評価方法として許容される幅のあるもののなかから、更生担保権の範囲を画する担保目的物の時価基準としても正当化できる幅に収まるものを選択することとなる。

時価一個説は、このような選択が可能であるために、二つの基準による時価の幅が重なり合うことを当然の前提としている。しかし、当然に重なり合うものであろうか。二つの別個の基準に基づいた評価である以上、「幅の重なり」が当然にあるはずであるというのは擬制である。「幅の重なり」がない場合は、時価二個説によらざるをえない（注12）。「時価」マニュアルでは「幅の重なり」を前提とする論述をしているものの、「必ず重なる」ことの論証はない。

「幅が重なる」場合であっても、「重なる範囲のどの部分が相当か」については、「法的な評価概念」によって決せられるとされている。ということは、この部分については、「評価基準」が確立されておらず、「法的判断」の問題であるということになる。

「時価」という概念は社会経済的にも一義的に明確とはいえず、会社更生法や会社更生規則にも「時価」についての定義規定が置かれていない（注13）。二つの「時価の幅」はそれぞれの評価基準によって定められる。しかし、その統一の基準、つまり「重なる範囲の内のどの部分が相当か」は法的判断であるとされており、しかも一義的明確性がない。

以上によれば、時価一個説によって、「手続構造の理解の容易化」が図られたとはいえない。このような統一化の実務的な作業も困難を極めることが多いのが実情である（注14）。

時価一個説に従えば、このような統一化の作業が不可欠である。これに対して、趣旨の異なる「評価基準」は別個のものとするのが時価二個説であれば、財産評定の時価の目的、担保目的物の時価の目的に即した純化した基準に基づいた評価を行うことになる。前記のような「統一化の作業」は不要である。

次に、時価一個説により手続コストの低減は図れるか。時価一個説、時価二個説のいずれにおいても、最初に二つの基準による評価を実施することになる。時価一個説の場合は、新たに「法的な評価概念」による評価の統一という作業が必要となる。したがって、時価一個説によれば手続コストが低減されるということにもならない。

4　「同一法律」中の「同一の文言」が「同一概念」を意味するか

同一の法律中に、同一の文言が使用されている場合、特別な理由がない限り、同一の概念であると解するのが相当である。これが一般論として妥当することは明らかである。しかし、同一の法律中に同一の文言が使用されていても、趣旨が異なれば別個の概念であると解するのがむしろ通常であろう。

同じ民法第一編（総則）第五章（法律行為）に規定する九〇条の無効と九五条の無効は、無効とする趣旨が異なるので別個の解釈がされている。九〇条の無効は公序良俗違反を理由とする絶対無効である。これに対して、九五条は表意者保護を目的とするので、表意者に意思表示の無効を主張する意思がない場合には、第三者が錯誤に基づく意思表示の無効を主張することは原則として許されない（相対無効）とされている（注15）。また、民法に規定する「第三者」の文言についても同様である。九六条の第三者は、取消しの遡及効により影響を受けるべき第三者、すなわち取消し前に利害関係を有するに至った第三者に限る（取消し後に利害関係を有するに至った第三者を含まない）とされ（注16）、九四条の第三者は、その表示の目的につき法律上利害関係を有するに至った者をいうとされる（注17）。また、一七七条の第三者には背信的悪意者は含まれない（注18）。同一の「第三者」という文言であっても、条文の趣旨によって「第三者」の範囲は異なる。このように同一の法律に規定されているからといって、同一の文言が同一の意味でなければならないわけではない。趣旨・目的が異なれば、かえって異なった解釈をするほうが妥当な場合があることは承認されている。

「同一法律」中の「同一の文言」は「同一概念」と解するのが相当であるというのは、たしかに一般「原則」である。しかし、二つの時価はその趣旨が異なり、別個の概念である以上、「原則」に対する「例外」としての時価二個説を排斥する理由にはならないと解される。

5　時価二個説の場合に多数決で更生担保権の減免をなしうるか

時価二個説は、担保目的物の時価を処分価額とする（注19）。仮に、処分価額が清算価格と一致するのであれば、清算価値保障原則により多数決で更生担保権の減免をなしえないことになる。

しかし、処分価額は一つではなく、処分価額と清算価格とは当然に一致するものではない。したがって、時価二個説によると多数決で更生担保権の減免をなしえなくなるとする批判は当たらないとすることは、「時価」マニュアルも指摘している（注20）。

たとえば、「処分価額としての時価」を早期売却市場修正減価を伴う任意売却価額（早期処分価格）として、

「清算価格」を競売での売却により実現するであろう価額（競売価格）とする場合は、更生担保権の多数決による減免が可能となる。

ここでは、「時価」マニュアル自体が、「時価二個説の場合には多数決による更生担保権の減免ができなくなる」とする時価二個説に対する批判が成立しないということを認めている点のみを指摘する。処分価額と清算価格とが別個の概念として成立しうることを指摘しておきたい。

（注2）田原睦夫「更生担保権とその評価基準」判タ二〇〇頁。

（注3）ジュリ増刊号（二〇〇五—五）七四頁の田原発言。「会社更生法の基本構造」をテーマとする研究会が、ジュリ一二五二号から一二六四号まで合計六回、半年にわたって連載された。これが「新会社更生法の基本構造と平成一六年改正」としてジュリ増刊号にまとめられた。

（注4）田原睦夫「保全管理人・管財人業務の実際」清水直『企業再建の真髄』二一三頁。

（注5）林圭介「法的倒産手続における理論と実務」金商一二五八号一頁。

（注6）前掲（注3）七四頁の伊藤眞発言。伊藤眞「会社更生法」一九九頁（注80）も、二つの時価は一致する場合もあるが、概念的には区別されるべきであるとする。ただ、同書五一三頁では、「時価の意義」について時価一個説を相当としている。

（注7）田原説は、時価二個説が相当である理由として、「実際に更生計画を立案する視点から」としており、「解釈論として」とは明記していない。しかし、解釈論として採用できない（単に立法論にすぎない）見解に従った実務を行うことはできない。田原氏の時価二個説は解釈論として成立することを前提にしていると理解される。

（注8）前掲（注3）七六頁の松下淳一発言。

（注9）「時価」マニュアル二六頁。

（注10）松下淳一論文（「時価」マニュアル）二二七頁。

（注11）「時価」マニュアルvii頁。

（注12）ただ、「幅の重なりがない」場合、実務的には、「幅の重なりができるまで」拡大する処理がされる可能性がある。時価一個説を貫徹しようとすれば、このような処理が不可欠となる。このような拡大処理が相当でないとすれば、田原氏が「実際に更生計画を立案する視点からは、相対的にとらえざるをえないといえよう」とするように時価二個説の採用に踏み切らざるをえないはずである。

（注13）明確な規定が置かれなかった理由については、①規定が商法等の他の法令にも「時価」を定義した規定や資産の種類別に時価による評価の方法を明示した規定がないこと、②資産評価の方法は、会計上の評価理論の発展に伴い変化するものと考えられ、これを法令上一義的に規定することは相当ではないからであるとされている（「時価」マニュアル二九頁）。

（注14）担保目的物の時価評価の評価人に選任された不動産鑑定士に対しては、更生裁判所から「時価」マニュアルの熟読を要請していた。しかし、読後の感想として、「結局どうすればよいのか十分に理解できませんでした。しかし、とりあえず全力で評価を行います」とか、「税法は、一読難解、二読誤解、三読不可解といわれますが、時価問題も同じような感じがします」と感想を述べられたことが印象に残っている。

（注15）最判昭40・9・10民集一九巻六号一五一二頁。

（注16）大判昭17・9・30民集二一巻九一一頁。

（注17）最判昭45・7・24民集二四巻七号一一一六号。

（注18）最判昭43・8・2民集二二巻八号一五七二頁。最判昭43・11・15民集二二巻一二号二六七一頁。

（注19）「時価」マニュアル八六頁（注9）は、「時価は処分価額であるとしても、「処分価額」自体も多義的な概念である。担保権者は、任意売却代金からの優先的回収についても正当な期待を有しているとの前提をとると「公正な市場価格」となりうる。担保権者は最終的には競売によって担保権を実行して回収するしかないから、それを保障すれば足りるとする前提をとると、ここでの処分価額は競売による価額（清算価値）となる」とする。

（注20）「時価」マニュアル八六頁（注11）。

三　価額決定手続の手続構造からの検討

会社更生法一五四条は、「評価人の評価に基づき」担保目的物の価額を決定する構造としている。民執法六〇条一項にも「評価人の評価に基づき」売却基準価額を決定する旨の規定がある。迅速に不動産鑑定士の専門的知見を活用して売却基準価額を決定するための重要な規定である。評価人が依拠すべき売却基準価額の評価基準はかなり標準化されており、競売市場特有の減価率（競売市場修正率）も各地域ごとにあらかじめ定められている（注21）。その結果、「原則として、評価額じたいを売却基準価額とすべき」ものとされている（注22）。つまり、評価対象を評価する基準が明確であり、専門的知見が原則としてそのまま決定手続に反映される手続構造が確保されていることに特徴がある。専門的知見を裁判に反映させるための鑑定手続とは異なる点である。

民事再生法一五〇条二項も、評価人の評価に基づき財産の価額を決定するとしている。この場合の評価の基準は、民事再生規則七九条一項により処分価額とされている。処分価額については、諸説（注23）があるが、不動産評価基準に基づいて評価されるという点では売却基準価額の場合と同様であり、基準は明確である。

これに対し、時価一個説における「時価」は、会計上の評価指針・評価方法として許容される幅のあるもののなかから最も公正妥当と認められ、かつ、更生担保権の範囲を画する基準としても正当化できるものを選択するという「法的な評価概念」であるとされている。しかも、二つの基準を一つの「時価」に統一する基準となる「会社更生法の下」での新たな「法的な評価概念」については、きわめて複雑な考慮を要する作業を必要とするものである。評価人の候補者と考えられる不動産鑑定士（場合によっては公認会計士の場合もある）という業種にとって、本来的な専門的知見を有する領域とは異なるものである。

このような「法的概念」に精通しているのは、実際上は会社更生法の実務を熟知した者に限定されることになる。しかし、このような限定された者にしか行いえないような「評価人」を前提とする価額決定手続は、前述した他の法領域における「評価人」の制度からはかけ離れたものとなってしまう（注24）。二つの時価を統一する過程については、「会社更生の下での「時価」に関する専門家」なるものを想定しなければ実態に適合しないように思われる。ただ、このような「社会的に公認された専門家」の存在が想定されているとは思われない。仮に「社会的に公認された専門家」集団を想定するとすれば、会社更生手続に精通した倒産処理弁護士なのであろうか。

さらに、時価統一の基準が「法的概念」であるとすれば、本来的に裁判官の判断事項である。この部分を「評価人の評価に基づいて」とするのは、医療訴訟において「医療行為の法的過失」自体を「原則として」専門家の判断に委ねるのと同じことになる。医療訴訟における鑑定は、あくまでも専門的知見に基づく事実に関する経験則を補充するものであって、「医療行為の法的過失」の有無自体は「法的概念」であるので裁判官の判断事項である。「医療行為における法的過失の有無」という「法的判断」自体を鑑定事項とする実務的な運用はない。

時価が「法的概念」であるとすると、医療訴訟における「医師の過失」が法的概念であるとの同じ意味で、本来は裁判官の判断によるべきところである。そうであれば、法的概念である「時価」について「評価人の評価に基づいて」決定するという手続構造は、法概念としてはきわめて異質であることになる。

また、裁判官が「法的概念である時価」について、妥当な法的判断が可能かと問われれば、これもきわめて困難であることを認めざるをえない。

これに対し、時価二個説の場合は、「処分価額としての時価」が評価対象となる。この場合に要求されるのは「処分価額に関する不動産価格に関する専門性」である。これは、不動産鑑定士にとって要求される通常の場合の専門性と変わりはない。

そうすると、「更生担保権の時価」については、不動産鑑定士の専門領域である一般的な専門的知見を活用によって解明可能なものと解するのが相当である。「時価」の定義を、不動産鑑定基準としての「処分価額としての時価」とするのが相当である。この定義による「時価」であれば、不動産鑑定基準に従って判断をすることが可能である。そうしないと、同様に価額決定手続を採用する制度との整合性がとれないことになる。

両者の評価基準である「時価」については同一の文言が使用されてはいるものの、別個の概念と解するのが相当とする合理的な理由があると解される。

（注21） 裁判所ごとに運用基準が定められている。東京地裁や大阪地裁などでは競売市場修正率を三〇％減価としている。しかし、不動産市場の動向などに応じて修正率を変更する場合もあり、大阪地裁でも四〇％減価とした時期もある。

（注22） 中野貞一郎『民事執行法（増補新訂六版）』四四八頁。

（注23） ①競売での売却により実現するであろう価額（競売価格）とする説（深山卓也ほか『一問一答民事再生法』一九八頁、福永有利監修『詳解民事再生法――理論と実務の交錯（第二版）』四一七頁（山本和彦）、田原睦夫監修『新注釈民事再生法㊤』八六八頁（木内道祥））、②早期売却市場修正減価を伴う任意売却価額（早期処分価格）とする説（伊藤眞『破産法・民事再生法（第二版）』七六九頁））、③通常の市場価額（通常価格）とする説（福永有利「担保権消滅請求制度――その解釈・運用上の諸問題」金商一〇八六号五八頁）。

（注24） 社団法人日本不動産鑑定協会は、平成一五年七月に「会社更生法に係る不動産の鑑定評価上の留意事項」を発表し、八三条時価は、正常価格、すなわち現実の社会経済情勢のもので、合理的と考えられる条件を満たす市場

で形成されるであろう市場価格であるとした。岡正晶「会社更生手続における財産評定」（門口正人ほか編『新・裁判実務大系21　会社更生法・民事再生』一五三頁）は、これを通説と対極的にある見解であるとして批判している。この批判はもっともである。しかし、不動産鑑定士の評価人としては、本文で述べたような「法的概念」が不明確であり、実際上評価不能になることを懸念したうえでの見解表明とも受け取ることができる。仮に、時価二個説によって「時価」を「処分価額としての時価」としていれば、このような見解を表明することにはならなかったと思われる。

四　おわりに

会社更生実務において時価問題は最大の悩みの種である。「更生担保権者から見れば、更生担保権の目的物の評価額が高いほど回収率が高まるのに対し、更生会社から見ればその評価額が低いほど更生計画が立てやすいというトレードオフの関係に立つ。更生担保権者の協力なしには更生手続は円滑な進行を望めないから、そもそもここに理論と計算だけだは割り切れない交渉的要素が存在していたといえる。実際、……評価基準の曖昧さは、更生担保権評価をめぐる争いにおいて先鋭的に現出した（注25）」といわれている。

交渉的要素があるということは、ある意味で理論的に確定していないということである。その意味では、「二つの時価の幅」を「法的概念」によって統一する作業を必要とする時価一個説は、最も交渉の幅を広くする理論的基礎を与えていることになる。

実務的には、時価一個説と時価二個説に従ったものがあり、多くは時価一個説によっているようである。「時価」マニュアルの見解が時価一個説を相当としていることの影響も大きいと思われる。ただ、時価一個説とはいうものの、実際には、財産評定の時価の幅を下方に拡大して、時価二個説の場合の担保目的物の時価に近づける運用がされていることも多いとされている。田原氏が実務的には時価二個説を相当（注26）としていることの意味は、実務的処理においては時価一個説の貫徹は困難であることを意味している。時価一個説では、理論的には「幅が重なり合わない」場合がありうるので、理論を超えて「幅が重なるまで拡大」することが必要となる。現実の実務においては、時価一個説では無理がある場合でも、「実務の知恵」によって問題を解消している例が多いと推測される。しかし、このような実務的な対応は、前述したとおり、やはり本来の実務の姿ではない。実際に更生計画を立案する視点からは時価二個説をとらざるをえないとする田原氏の指摘は、理論的なあいまいさを残さない実務の運用という点で正当である。

また、何人もの評価人候補者と時価問題について議論する機会があった。時価一個説による場合の基準が不明確であることに困惑する発言が多かったことが特徴的であった（注27）。この点からも時価二個説が真剣に検討されてよいと思われる。

また、本稿では論じなかったが、筆者も、更生担保権者に「時価の利益（注28）」を与えることにそもそも合理性があるのかとする山本和彦論文（注29）と同様の疑問を抱いている。

時価問題についてはさらに検討が深められることによって、関係人からよりいっそう信頼される、真の意味で使い勝手のよい会社更生手続がつくりあげられることを期待したい。

（注25）「時価」マニュアル七頁。

（注26）前掲（注4）。

（注27）何人もの評価人候補者から「時価問題は複雑すぎて意味不明です」「謎だらけです。わかった振りをせざるを

えません」などの言葉が囁かれたこともあった。

（注28）「時価ボーナス」ともいわれる。

（注29）「時価」マニュアル二四三頁の「コメント1」。

会社更生手続における更生担保権評価と処分連動方式のあり方についての一考察
――マンションデベロッパーの会社更生事案をふまえて

籠池信宏

一　処分連動方式の概要

㈠　マンションデベロッパーの財務構造を鳥瞰すれば、総資産の大部分が棚卸資産たる販売用不動産（仕掛中のものを含む）（注1）によって占められており、その資金の調達源泉は金融機関借入金、及びマンション施工業者（ゼネコン）の取引与信によって賄われているのが一般的である。

マンションデベロッパーが更生手続に入った場合、仕掛販売用不動産について見れば、その仕掛土地には金融機関の抵当権が設定されており、建築中の地上工作物にはマンション施工業者（ゼネコン）の商事留置権が成立するため、これらの債権者が更生担保権者として処遇されることとなる。

(二) マンションデベロッパーの更生事案においては、実務上、いわゆる処分連動方式を採用した更生計画が策定されることが多い（注2）。

処分連動方式（注3）とは、担保目的物の実際売却価額を基礎として、担保権者に対する弁済額（担保弁済額）（注4）を定める権利変更の方式であり、「実際売却価額から諸費用等を控除した残額（費用控除後代金）」を弁済額として定める取扱いが一般的である。控除の対象となる「諸費用等」には、更生手続開始後の担保価値の維持・増殖に要した「諸費用」（注5）のほか、実際売却価額に一定率を乗じて算定する「更生協力金」を含める例が多く見られる。

また、上記により算定される担保弁済額（費用控除後代金）と、更生手続中の債権確定手続にて定められた確定更生担保権額との調整にあたっては、

① 費用控除後代金が確定更生担保権額を下回る場合（いわゆる下振れのケース）には、その不足額について一般更生債権と同じ内容（弁済率）の弁済を行い、

② 費用控除後代金が確定更生担保権額を上回る場合（いわゆる上振れのケース）には、その超過額は当該更生担保権者に対し一〇〇％弁済を行う（注6）、

旨を定めるのが一般的である。

㈢ 処分連動方式は、担保目的物の実際売却価額を基礎として担保権者に対する弁済額を定めるため、担保権者の納得感を得やすく、「担保評価」をめぐる担保権者との争いを回避することができることから、更生手続の迅速性に資する点において有用性が高い（注7）。

このような有用性に加えて、特にマンションデベロッパーの更生事案で処分連動方式が多用される理由としては、

① 総資産の大部分を占める販売用不動産が元来売却に供することを目的としているため、実際売却価額を基礎として弁済額を定める取扱いが、更生手続の遂行上、簡便かつ効率的であること、

② マンション事業の付加価値率が高いため、仕掛販売用不動産を工事途中で資産売却するよりも、更生会社の下で建築工事を続行してマンションを完成させ、通常の市場販売プロセスでエンドユーザーに売却するほうが採算性も高く、より高値での売却を期待することができ、倒産債権者に対する弁済額の極大化に資すること、

を指摘しうる。

㈣ 仕掛販売用不動産の一例としては、一〇階建マンションとして建築予定の物件で、更生手続開始時に三階部分までしか建築されていないような工事仕掛物件がモデルとしてあげられる。このような工事仕掛物件の財産評定額は、簿価（取得原価）を大きく下回ることが避けられない（注8）。

しかし、かかる工事仕掛物件であっても、処分連動方式が採用された場合には、マンションとして工事完成さ

せたうえで、エンドユーザーたる一般顧客に分譲し、当該分譲に係る実際売却価額を基礎として弁済額を定めることになる。したがって、処分連動方式による弁済額が確定更生担保権額を下回るようなケースはきわめてまれであり、担保権者は、確定更生担保権額を大きく上回る弁済（いわゆる上振れ弁済）を受けることができるのが通常である（注9）。

会社更生法が本来予定する確定弁済方式に比べると、処分連動方式は、担保権者から好まれる傾向にある。その一因が、上記の例によって示されるような弁済額の増大にあることは否定しがたい（注10）。

㈤　上記のとおり、すでに実務上も定着している処分連動方式であるが、財産評定制度を基礎とする本来の更生担保権評価のあり方との位置づけや、担保権者に対して確定更生担保権額を上回る弁済が許容される根拠等、理論的に解明されるべき点が数多く残されている。

そこで、本稿においては、会社更生法が本来予定している更生担保権評価のあり方についての理論的考察をふまえつつ、処分連動方式にまつわる上記の問題点について解明を試みることとする。

（注1）　一口に「販売用不動産」といっても、更生手続開始時の形態はさまざまであり、建物完成後販売前の区分所有建物たるマンション、建物完成前の工事仕掛中の不動産、工事着工前の素地等がある。

（注2）　澤野正明ほか「日本綜合地所における会社更生手続」ＮＢＬ九五四号八四頁、事業再生迅速化研究会第３ＰＴ「会社更生手続における不動産処分連動方式㊤」ＮＢＬ九八九号八八頁。

（注3）　処分連動方式の概要は、事業再生研究機構編『更生計画の実務と理論』一八五頁、事業再生研究機構財産評定委員会編『新しい会社更生手続の「時価」マニュアル』一九七頁に詳しい。

（注4）　処分連動方式に基づく担保権見合いの弁済額は、担保権の優先弁済権に由来する弁済金の意味として、「担保

弁済額」と称するのが通例である。ただし、後述のとおり、処分連動方式における上振れ弁済の正当化根拠を、「担保権の効力」ではなく、倒産債権者の「エクイティ投資者的地位」に基づく倒産手続開始後のアップサイドの分配に求める観点からは、この通称は厳密には適切ではない。

（注5）更生手続開始後に発生した工事代金や売却費用等があげられる。

（注6）「超過額相当の一般更生債権部分に対する一〇〇％弁済」として処理する例が多い（前掲（注3）『更生計画の実務と理論』二一〇頁）。

（注7）富永浩明「処分連動方式に関する規定の新設」東京弁護士会倒産法部編『倒産法改正展望』四九九頁、前掲（注2）「会社更生手続における不動産処分連動方式(上)」NBL九八九号八九頁。

（注8）筆者が関与したマンションデベロッパーの更生事案では、販売用不動産について不動産鑑定士の鑑定評価に基づく財産評定を行ったところ、当該財産評定額（鑑定評価額）の簿価（取得原価）からの平均減価率は五一・三％であり、特に、販売用仕掛土地の平均減価率は、六〇・九％であった。これは、工事完成リスクや仕掛工事による建付減価等が、減価要因として評価に反映されたためであると目される。

（注9）筆者が関与した更生事案では、確定更生担保権額（総額）が二五九億九九〇〇万円であるのに対し、処分連動方式に基づく担保弁済予定額（総額）としては四〇八億八五〇〇万円が見込まれていた。

（注10）後述のとおり、処分連動方式における弁済額の増大要因は、更生手続開始後の更生会社の事業利益（アップサイド）の一部が弁済額に含まれている点に求めることができる。

二　更生担保権評価のあり方

1　更生手続の理念的フレームワーク――「投資の清算と再投資」という考え方

(1)　更生担保権評価のあり方を検討するにあたっては、議論の出発点として、更生手続の理念的フレームワークを抑えておく必要がある。

この点、更生手続の理念的フレームワークとしては、「更生手続の開始決定により、更生会社に帰属するすべての財産的な利益は、『平時の会社』から、開始決定により新たに設立された『更生会社』に包括的に譲渡される」との枠組みで考察するのが通説的見解である（注11）。

このような考察の下、通説的見解は、会社更生法八三条二項が更生会社の財産の価額を更生手続開始時の「時価」によるものとする理論的根拠について、「財産評定は、『更生会社』の損益計算の前提として『平時の会社』から更生手続開始決定時において個々の財産をいくらで取得したかを明らかにする作業であることになるから、取得原価、即ちその時点での時価を基準とすべきことになるのである。」と説明する。

(2)　以上のような通説的見解の考察は、投資の継続性が断たれたと判断される事象の発生によって、資産及び負債の時価への評価替えを要請する、現行の会計理論（企業結合会計のパーチェス法）とも合致している（注12・13）。

更生会社の資産及び負債の評価に関する会計実務処理指針（注14）は、「更生手続の開始決定時においては、通常、更生会社は債務超過であり、今後の更生計画案の決定権限が実質的に債権者にあることを考慮すれば、更生会社の資産等の実質的な所有者は更生債権者、更生担保権者等であると考えられるため、更生債権者、更生担保権者等が旧所有者から資産等を新たに取得したものと解釈することができる。この場合、財産評定に当たっては、事業の清算を仮定するのではなく、更生後の事業の継続を仮定した個々の資産の時価が付される。また、更生計画の認可決定時においては、更生債権者、更生担保権者等に移転した更生会社の資産等を更生計画の下で再構築し、収益性を改善した後に、新たな会社所有者へ事業全体が譲渡され、この会社所有者が再構築後の事業を取得したと解釈することもできる。仮にこのような解釈を前提とすれば、更生手続開始後の会社は、開始決定時及び認可決定時において、資産及び負債をすべて評価替えする必要がある」との考え方を採用している。

(3) 上記のとおり、更生手続開始決定をもって「『平時の会社』から『更生会社』への財産の包括的譲渡」が行われたものとしてとらえる法的考察と、更生手続開始決定をもって「投資の清算と再投資」が行われたものと仮定する会計理論は、軌を一にしており、両者は、一体となって更生手続の理念的フレームワークを形成している。

そして、更生手続開始決定を「投資の清算と再投資」の実現契機としてとらえる会計理論のフレームワークは、会社更生法所定の財産評定制度を通じて、更生手続の遂行を計数面で下支えする機能を果たしており、更生担保権評価のあり方を考察するにあたって重要な理論的示唆を提供している。

2　更生手続における資産評価のあり方
――ゴーイングコンサーンの成立を前提とする事業者の適正利潤の確保を織り込んだ「適正原価」

(1)　上記の理念的フレームワークの下で、会社更生法八三条一項にいう更生手続開始時の「時価」は、どのような価額としてとらえるべきであろうか。

結論からいえば、同法八三条一項の「時価」は、ゴーイングコンサーンの成立を前提とする事業者の適正利潤の確保を織り込んだ「適正原価」(注15)としての「時価」を意味するものと理解すべきである。このように解する論拠は、以下のとおりである。

(2)　第一に、会社更生法八三条一項の財産評定によって定められた資産の評価額は、更生計画認可後の更生会社の貸借対照表に組み込まれ、以降の更生会社の損益計算の基礎となる(同法施行規則一条二項)。このように、制度会計(会社法会計)に取り込まれることによって、以後の損益計算の基礎になるという性質上、同法八三条一項の財産評定額は、本来的に「原価」としての本質を備えた価額であるということができる(注16)。

(3)　第二に、会社更生法は、「株式会社の事業の維持更生を図ること」を目的としており(同法一条)、その意味で、「ゴーイングコンサーンの成立を前提とする」という点は、最も重視されるべき視点である。

もとより株式会社は営利企業であり、事業活動によって利益を獲得し、その利益を出資者に分配することを目的としている(会社法一〇五条二項)。したがって、ゴーイングコンサーンが成立するためには、事業プロセスによって適正利潤が確保されることが不可欠であり、そのためには、適正利潤の確保を織り込んだ「適正原価」への資産の評価替えが行われることが必要となる。

前記のとおり、会社更生法八三条一項の財産評定額は、更生会社の貸借対照表に組み込まれ、以後の損益計算の基礎となる。損益計算の結果として更生計画認可後に更生会社の下で生み出される将来の事業利益は、更生会社の新たな投資者（注17）に対するリターンの原資となる。このようなリターンの原資を確保し、正常な投下資本還元サイクルを再構築するための財務的基礎を提供するのが財産評定の目的である。そのためには、更生会社の資産は、適正利潤の確保を織り込んだ「適正原価」をもって評価されなければならない。仮に、更生会社の財産評定価額が「適正原価」を上回る価額をもって計上されたならば、更生会社は事業利益を計上することができず、投資者に対するリターンを確保することはできなくなる。当然ながら、資本市場において、そのような不採算企業に対して投資する投資者はおらず、ゴーイングコンサーンの成立は困難となろう。

(4) それでは、適正利潤の確保を織り込んだ「適正原価」たる「時価」は、どのような条件の下で成立する価額として評価すべきであろうか。

この点、会社更生法八三条一項の財産評定額は、「新たな投資者たる事業者が、更生手続開始時の現状で（注18）、更生会社の資産（事業）を取得することを想定した場合に成立する価額」、を基準として評価されるべきものと考える。

当該財産評定額が、エンドユーザー市場において成立する価額（最終消費者市場価格）を意味しないことは自明であろう。最終消費者市場価格は、企業において相応の販売活動と販売コスト等を負担してはじめて実現しうる価格であり、更生手続開始時の現状で資産売却することを前提とした場合に成立する価格ではない。先に見たとおり、財産評定価額は、「原価」としての性格を有しているところ、最終消費者市場価格（いわゆる売価）をもって貸借対照表に資産計上したのでは、未実現利益の混入という会計理論上の問題が生じるうえ、適正利潤を確保するというゴーイングコンサーンの成立の前提にも沿わない。

「投資の清算と再投資」という理念的フレームワークの下、①更生手続開始時の現状を所与として、②事業の継続（ゴーイングコンサーン）を前提とした、③包括的な財産譲渡、という会社更生法が想定する資産評価の基礎となる前提条件をふまえれば、会社更生法八三条一項の財産評定額は、上記のとおり、新たな投資者（事業者）との間の事業者間取引において成立する取引価額（時価）を基準とすべきものと理解される。このような事業者間取引においては、買手たる事業投資者は、資産取得後の運用処分による投資採算性をふまえて、自社の期待利潤を織り込んだ購入価額を、資産取得の対価として提示することが想定される。したがって、当該取引において成立する価額は、自ずと、ゴーイングコンサーンの成立を前提とし、適正利潤の確保を織り込んだ価額に落着する（注19）。買手たる事業投資者は、当該取得価額をもって、自社の貸借対照表に購入資産を計上することとなるが、これが「適正原価」たる「時価」の基準となるべき価額にほかならない。更生会社が貸借対照表に資産計上すべき価額は、上記の例により事業投資者が同じ資産を購入した時に貸借対照表に資産計上すべき価額と、基本的には変わらないと考えられる（注20）。

(5)　更生手続の実務処理上、棚卸資産（仕掛品）の財産評定額は、「製品販売価格から完成までに要する費用、販売費用、完成販売努力に対する合理的見積利益を控除した価額」をもって評価する運用が定着している（注21）。

このような運用の理論的根拠は、上記のとおり、新たな投資者（事業者）において適正利潤を確保しうる「適正原価」をもって更生会社の資産を評価替えすることによって、正常な投下資本還元サイクルを再構築し、もって更生会社のゴーイングコンサーンの成立を確保するという会社更生法の目的に求めることができる。

(6) 前記のとおり、マンションデベロッパーの更生事案においては、仕掛販売用不動産の財産評定額は、更生手続開始前簿価（原初取得原価）を大きく下回るのが通常である。

工事途中という更生手続開始時の現状有姿で、当該仕掛販売用不動産を事業者に売却した場合、どのような価額で取引が成立するかを想定すれば、当該取引価額が更生手続開始前簿価（原初取得原価）を大きく下回ることは容易に想像がつく。当該仕掛販売用不動産を購入しようとする事業者とすれば、更生手続開始に伴って生ずる工事完成・マンション販売を阻害するマイナス要因を投資リスクとして織り込まざるをえず、それだけ事業者の要求利回りも高くならざるをえないからである。この場合、事業者に確保されるべき適正利潤の水準も高くなり、それだけ取引価額は低くならざるをえない。

仕掛販売用不動産の財産評定額は、上記のような事業者間取引において成立するであろう価額をふまえて評価されるべきであり（注22）、このような評価方法が、「適正原価」たる「時価」による資産評価の考え方である（注23）。

また、上記の例のとおり、「適正原価」たる「時価」は、更生手続下におけるさまざまなリスク要因（将来の不確実性、情報の不完全性、不完全市場性等）を反映した「事業者の要求利潤」を織り込んだ価格（投資価値）であるため、いわゆる「正常価格」たる「時価」よりも低く算定されざるをえず、「正常価格」とは異なる概念である（注24・25・26）。

3　更生手続における更生担保権評価のあり方――責任財産見合いによる残存負債の画定

(1) 更生計画において倒産債権に対する弁済総額（逆に見れば債務免除額）をいかに定めるかは、議論のありうるところである。

この点、「投資の清算と再投資」という更生手続の理念的フレームワークをふまえれば、更生手続開始時の資産総額（財産評定に基づく評価替え後の資産総額）に見合う額を倒産債権に対する弁済総額（注27）とする「資産負債見合い方式」が、合理的な基準であると考える（注28）。
(2) 前記のとおり、更生手続を経済的・会計的観点から見れば、「更生手続開始決定をもって、投資者たる倒産債権者がいったん投資を清算し、改めて当該資産に対して投資を行い、それを更生会社に現物出資した」ものとしてとらえることができる。
まず、「投資の清算」の側面に着目すれば、この考え方は、更生手続開始時に更生会社を観念的に清算したものとしてとらえることから（いわゆる観念的清算）、倒産債権者が受けるべき清算分配の価額は、倒産債権の引当てとなるべき更生手続開始時の責任財産の価額（財産評定に基づく評価替え後の資産額）によって画定されるべきことが帰結される（注29・30）。

また、「再投資」の側面に着目しても、この考え方は、倒産債権者が清算分配の原資たる資産を更生会社に現物出資し、新たな投資者として再投資したものとしてとらえることから、当該再投資によって倒産債権者に認められるべき新たな権利（権利変更後の倒産債権）の価額は、やはり当該現物出資の目的たる資産の価額（時価たる財産評定額）をもって測定されるべきことが帰結される。
(3) さらに、同じ倒産法制度である破産法が「債務超過」を法人の破産手続開始原因としており、債務超過が生じた場合には、申立てさえあれば破産手続開始決定がなされる制度設計になっていることに鑑みれば、倒産債務者たる更生会社の債務超過状態の解消を図ることは、再建型倒産手続である会社更生法の理論的要請になっているものと理解される(注31)。

責任財産たる資産総額に見合う額への倒産債権の圧縮を図る「資産負債見合い方式」は、倒産原因たる債務超過の解消を図るとともに、倒産債務者に対する過剰支援とならない限界ラインの債務免除額を提示するものとして、合理的な基準であるといえる(注32)。

(4) 上記のとおり、「資産負債見合い方式」は、「倒産債権の引当てとなるべき更生手続開始時の責任財産の価額(財産評定に基づく評価替え後の資産額)によって、倒産債権の弁済額を画する」という考え方を基軸としている。したがって、このような考え方を敷衍すれば、更生担保権の評価は、その引当てとなるべき責任財産たる担保目的資産の価額(更生手続開始時の財産評定額)をもって画定すべきことが帰結される。そして、この担保目的資産の価額は、先に見たとおり、「適正原価」としての「時価」をもってなされるべきであるから、これが更生担保権の価額となる。

(5) この点、更生担保権の評価額と担保目的資産の財産評定額を一致させる必然性はなく、両者は異なる観点から評価すべきである、とする有力説(相対的時価概念説)もある(注33)。

しかし、前記のとおり、更生手続は、「投資の清算と再投資」の理念の下、更生手続開始時の責任財産額に従って倒産債権の弁済額(注34)を画定し、もって更生会社の債務超過を解消し財務健全性を回復することを目的としている。更生計画に基づく倒産債権の権利変更を通じて、更生会社の貸借対照表上、資産と負債の財務的均衡を確保することは、倒産原因たる債務超過の解消を図るという会社更生法の目的に根差した特別の意味をもっており、そのためには担保目的資産の価額(財産評定額)に基づいて更生担保権の価額を定めることが大前提となる。担保目的資産の価額(財産評定額)と更生担保権評価額が異なっていたのでは、資産と負債の均衡を確保することができず、更生会社の財務健全性を損ない、あるいは逆に過剰支援となるおそれを生ずることとなるのであり、会社更生法の目的を達することは困難に陥るからである。

相対的時価概念説は、「制度会計上の資産評価額（貸借対照表価額）」ではなく、「担保権者が捕捉している担保価値」を基準として、更生担保権額を定めるべきであるとする。

仮に、「担保権者が捕捉している担保価値」（注35）を、「担保権者が倒産手続下においても最低限保障されるべき権利に相当する価値」としてとらえるのであれば、それが重視されるべき局面は、清算価値保障原則の適用が問題となる局面であり、更生担保権評価の局面ではない。かかる「担保権者に対する最低保障としての担保価値」は、清算価値保障原則の適用上、更生担保権評価額の下限を画する意味合いはある（注36・37）が、そのような機能にとどまり、更生担保権額を規律する原則的基準になるものではないと解する。

「担保権者に対する最低保障としての担保価値」は、担保権消滅請求制度等の手続において、担保権それ自体を消滅させる場合に重視されるべき視点である（注38）。これに対して、更生担保権評価の局面では、担保権それ自体を消滅させるための代価の算定を目的としているわけではなく、債務超過解消を目的とした更生手続下において、倒産債権の残存額（倒産債権の総弁済額）をどのような基準の下で算定するかという、更生会社全体の財務再構築のあり方を主問題としているのである（注39）。両者は、その前提とする制度・手続の目的を大きく異にしており、当然ながら担保評価の視点も異にしているのであって、そもそも同列に議論されるべき事項ではない。その意味で、相対的時価概念説の指摘は当たらないものと思料する。

(6)　上記の点に関連して、更生計画を通じて更生担保権者に処分価額を超える弁済を正当化する根拠について、「処分価額を超える部分の弁済は、担保権の実行禁止という制約の対価として、担保権の実行禁止から生まれる利益を政策的に更生担保権者に取らせるものである、と理解することができる」との指摘がなされている（注40）。

しかし、担保権の実行禁止の制約は、会社更生の目的を実現するためのやむをえざる私権の内在的制約原理に基づくものと解され、その意味で基本的には更生債権の権利行使の制約原理と異なるものではないと考えられる。したがって、担保権者にのみ私権制約の対価を供与すべき理由は乏しく、その説明の妥当性は疑問である。また、担保権の実行禁止の制約と、処分価額と財産評定額（時価）との差額に相当する弁済額との間に、確たる合理的関連性（合理的対価関係）があるようにも思われない。

先に見たとおり、更生担保権評価額を担保目的物の財産評定額たる「時価」をもって画する取扱いは、「投資の清算と再投資」という理念型をふまえた、更生会社の財務再構築の観点から導かれる帰結である。このような財務再構築の基礎となるべき性質の財産評定額たる「時価」と、担保権消滅の代価としての性質を有する「処分価額」とは、評価の基礎・目的をまったく異にするものである。したがって、両者の間に確たる関連性はないし、両者を比較することにも特段の意味はないというべきである（処分価額は、清算価値保障原則による制約上、財産評定額（更生担保権評価額）の下限を画するものとして機能するだけである）。

（注11）　松下淳一「更生手続における『時価』について」前掲（注3）『新しい会社更生手続の「時価」マニュアル』二二六頁。同書二三七頁（注3）は、米国会社更生手続の沿革につき、「債務者会社の財産をいったん債権者群に売却し、債権者群はその財産を現物出資して会社を新設して新設会社の発行する株式を取得する手続であるエクイティレシーバーシップから発達したものである」とし、「この現象は、債務者会社（「平時の会社」）の全財産を新設会社（更生会社）に譲渡し、債務者会社は清算の際に（即ち更生計画認可時に）譲渡の対価として受領した新設会社の株式を債権者に分配するものである（更生債権等の株式振替）、という説明をすることも可能で

ある。」とする。

（注12）「企業結合に関する会計基準」（企業会計基準委員会・企業会計基準第二一号）七三項・七四項は、「企業結合には『取得』と『持分の結合』があり、それぞれに異なる経済的実態を有するといわれてきた。企業結合が取得と判断されれば、（中略）被取得企業の資産及び負債は時価に評価替えされる。」「持分の継続が断たれてしまえば、そこで投資家はいったん投資を清算し、改めて当該資産及び負債に対して投資を行い、それを取得企業に現物で出資したと考えられる。したがって、再投資額が結合後企業にとっての新たな投資原価となるが、それは企業結合時点での資産及び負債の時価に他ならない。そのような投資原価を超えて回収できれば、その超過額が企業にとっての利益である。」とする。

（注13）岡正晶「会社更生手続における財産評定」門口正人ほか編『新・裁判実務体系21　会社更生法・民事再生法』一四八頁も同旨の指摘をしている。

（注14）「継続企業の前提が成立していない会社等における資産及び負債の評価について」（日本公認会計士協会・会計制度委員会研究報告第一一号）4⑵②。

（注15）「適正利潤の確保を織り込んだ」という意味は、予定売価からあらかじめ事業者の適正利潤や間接費を「控除」した額を原価として設定することにより、適正利潤を確保できるように企図するという意味である。以下、本稿においては、同旨の意味合いで用いる。

（注16）企業会計理論上、「資産」は、「企業に帰属する将来の経済的便益で、貨幣額で合理的に測定できるもの」をいい、費用（原価）配分の原則により、将来収益に対応する経済価値的犠牲として各事業年度に費用配分されるべき「原価」としての性質を有するものとして位置づけられる。

（注17）ここでいう更生認可後の「新たな投資者」には、新株主たるスポンサー、倒産債権者、更生手続開始後の新たな債権者（共益債権者）など、更生会社に資金拠出する広義の投資者すべてを含んでいる。更生会社は、これらの新たな投資者から提供された投資資金の見返り（元本使用の対価たるリターン）を確保する必要がある。すなわち、デット投資者に対する約定利息の支払、エクイティ投資者に対するアップサイドの提供（インカムゲイン

としての配当、キャピタルゲインとしての投資価値の増分）、という投資者の利回り要求に応えなければならない。企業の資産価値は、このような調達資金の資本コストを織り込んで評価されるべきであり、資本コストを還元利回りとして用いて算定される収益価格は、このような考え方（インカムアプローチとしての評価方式）に基づく評価額である。

（注18）前掲（注3）『新しい会社更生手続の「時価」マニュアル』九四頁は、更生会社の財産評定について、「現実の利用状況を所与のものとして評価するので、正常価格の前提となる最有効使用の実現を想定できない」旨を示唆する。

（注19）買手たる事業投資者は、購入後の資産処分価格等をふまえた利益計算の下で購入価額を決定するから、自社の期待利潤を確保することが困難となるような購入価額では、取引に応じないであろう。

（注20）投資者が想定する資産の運用方法（期待収益）と、当該資産に対する要求利潤（期待収益率）が同じであれば、その資産の評価額（購入価額）は変わらないはずだからである。したがって、①更生会社の財産全部を新設会社に事業譲渡した場合において、当該新設譲受会社に計上されるべき譲受財産の資産価額と、②更生会社が自主再建スキームを採用した場合において、更生会社に計上されるべき財産評定後の資産価額は、基本的に変わるところはないと考えられる。

（注21）「財産の価額の評定等に関するガイドライン（中間報告）」（日本公認会計士協会・経営研究調査会研究報告第二三号）八二項、日本公認会計士協会編『財産評定等ガイドラインとQ＆A・事例分析』三七・四三頁、前掲（注3）『新しい会社更生手続の「時価」マニュアル』一〇三・一六七頁。

（注22）実際の資産評価（鑑定評価）にあたっては、収益価格を求める場合の還元利回りに、更生手続下の投資リスクに見合った平均的な投資者（事業者）の要求利回りが上乗せされることによって、資産評価額が低く抑えられることになる。

（注23）いわゆる事業譲渡による清算型スキームの場合、実務上、事業譲受人（スポンサー）による個々の譲渡対象資産の評価額をもって、更生手続上の財産評定額（更生担保権評価額）を定める取扱いをするのが通例である（藤

原総一郎監修『企業再生の法務（改訂版）』七四〇頁）。新投資者たる事業者が「適正原価」による資産評価を行うことを仮定すれば、事業譲渡スキームと自主再建スキームとでは、資産の評価額（更生担保権評価額）は基本的に異なるところはないはずで、原則として両者を一致させるべきであるというのが私見である。したがって、事業譲渡スキームの場合に、財産評定額を事業譲受人（スポンサー）の個別資産評価額をもって定める上記の実務運用は、合理的であると考える。

（注24）前掲（注３）『新しい会社更生手続の「時価」マニュアル』九四頁、『新会社更生法の基本構造と平成一六年改正』ジュリスト増刊七七頁〔田原睦夫発言〕、前掲（注13）「会社更生手続における財産評定」『新・裁判実務体系21　会社更生法・民事再生法』一五三頁。

（注25）事業者間取引において更生手続下の投資リスクを織り込んで形成されるべき価額であるという性質からは、同じく事業者間取引市場（卸売市場）において形成される「卸売価額」に近似しているといえる。

（注26）実務上、財産評定額の簡易な算定方法として、更生手続開始前簿価に一定の掛目を乗ずる方法が用いられることも多々ある。あくまで簡便的な手法ではあるが、このような取扱いも更生手続下の投資リスク要因を考慮した「適正原価」たる「時価」の算定方法として、許容しうるものと考える。

（注27）ここでいう「倒産債権に対する弁済総額」は、権利変更後倒産債権の元本弁済額である。弁済期間中の金利（元本使用対価）については、後述のとおり、別途の考慮が必要である。

（注28）前掲（注３）『更生計画の実務と理論』三〇一頁。前掲（注21）『財産評定等ガイドラインとQ＆A・事例分析』一一二頁。

（注29）物的有限責任会社としての株式会社の性質上、倒産債権の実質価値は、その引当てとなる責任財産の価額によって定まる。したがって、更生手続における財産評定は、資産査定手続であるとともに、当該資産を引当てとする倒産債権の実質価値を測定する手続としての機能的側面を備えているといえる。

（注30）倒産債権者に対する分配原資を倒産手続開始時の責任財産額（時価）をもって画する取扱いの根拠は、「倒産債権者の投資の自己責任原則」に求めることができる。投資先の債務者企業が債務超過を生じているという事態

は、信用供与後の投資先の資産運用（事業活動）上の損失発生による投資対象資産の目減り、すなわち「投資の失敗」を意味するものにほかならない。このような「投資の失敗」の責任は、過去投資者たる倒産債権者が自ら負担すべきであり、倒産手続開始後の将来の投資者に転嫁することは許されない。仮に、倒産債務者の債務超過状態が解消されなければ、倒産債権者が負担すべき過去の投資損失負担の一部が将来の投資者に転嫁されることとなるが、このような帰結は正当化できない。

（注31）他方、債務超過額を超えて倒産債権をカット（債務免除）する権利変更の取扱いは、債務免除益課税の可能性を生ずるし、実際上も、過剰支援であるとして倒産債権者から理解を得ることは困難である。

（注32）倒産債権に対する弁済総額について、認可前基準日の継続企業価値をもって定めるべきであるとする見解がある（中井康之「倒産手続における財産評定」田邊光政編集代表『今中利明先生古稀記念　最新倒産法・会社法をめぐる実務上の諸問題』四二一頁）。たしかに、更生手続開始時から認可前基準日までの間の財産変動に基づく時点修正は必要であろうし、財産評定額と継続企業価値との間に差異が存する場合には、継続企業価値をもって倒産債権の弁済総額を定めるべきである。ただし、このような場合には、会計処理上、財産評定額と継続企業価値との差額を正または負ののれんとして認識すべきであり（前掲（注21）『財産評定等ガイドラインとQ&A・事例分析』一一三・一一六頁）、当該のれんを資産又は負債として計上した認可前基準日貸借対照表をベースとして、倒産債権に対する弁済総額を定めることとなる。このような処理は、認可前基準日貸借対照表に計上された資産総額（厳密には、当該資産総額から共益債権及び負ののれんを控除した価額）をベースとして、倒産債権の弁済総額を定めるものであり、責任財産たる資産総額に見合った倒産債権を残存させることによって、貸借（資産・負債）の財務的均衡を維持するという考え方の本質に変わりはなく、広義の「資産負債見合い方式」といってさしつかえないように思われる。

（注33）『新会社更生法の基本構造と平成一六年改正』ジュリスト増刊七四頁以下〔伊藤眞、田原睦夫発言〕。

（注34）先に見たとおり、権利変更後の倒産債権額は、「清算分配の価額」であり、かつ、「再投資の価額」としての性質を備えている。

（注35）「担保権者が捕捉している担保価値」といっても、非常に幅のある概念であり、担保目的物の価値自体、その処分ないし利用方法によって如何様にでも変わりうる性質のものである。その意味で担保権者が捕捉している価値は、きわめて伸縮性に富む性質を備えている。

（注36）倒産債権者に確保されるべき最低限度の利益を犠牲にしてまで、更生会社の再建を図ることが許されないのは当然の規律である。その意味で、破産手続下において想定される担保目的物の「清算価値」は、財産評定額並びに更生担保権額の下限を画するものであり、清算価値保障原則は更生担保権についても適用される。

「清算価値」をどのような価額としてとらえるかについては、議論のありうるところである。山本和彦「倒産法改正と理論的課題」NBL七五一号二七頁は、「担保権者が債務者倒産の場面で把握している資産の価値は、『債務者の協力が得られなくても、担保権者自らの一存で実現できる価値』であると考えるべき」との理由から、「競売価額」が「倒産手続下において担保権者が捕捉している価値」であるとする。担保権者に確保されるべき最低限度の価値を保障するという清算価値保障原則の考え方に鑑み、かかる「競売価額」が、清算価値保障原則にいう「清算価値」にふさわしいと解する。

（注37）「競売価額」は、売主の瑕疵担保責任・売買後のアフターフォローがない、目的物情報が限定的である、等の競売手続特有のリスク要因が加味されるため、いわゆる「競売減価」の発生が避けられず、更生手続下の投資リスク要因をふまえた事業者間取引で形成される「適正原価」たる「時価」よりも、さらに低い価額にとどまることが想定される。

なお、更生会社の事業を継続企業体として一括譲渡する際の対価を、清算価値保障原則の適用前提たる「清算価値」の概念に含めて解釈する見解がある（山本和彦ほか『倒産法概説（第二版）』一二二頁）。しかし、このような事業譲渡取引において形成される価額は、管財人（更生会社）の事業譲渡に伴うさまざまな履行上の役務提供や費用等の負担の下で形成される価額であり、担保権者が管財人等の協力なしに自らの費用等の負担で実現することが前提となる「清算価値」と同視できるものではない。

（注38）更生手続上の担保権消滅請求がなされた場合における財産の評価は、いわゆる「処分価額」によるものとされ

ている（会社更生法規則二七条、民事再生規則七九条一項）。

もとより、更生担保権評価額は、担保権消滅請求手続において定められた財産の価額（処分価額）とは無関係に、更生手続開始時の担保目的物の「時価」によって定まるため、担保権消滅請求手続において定められた財産の価額（処分価額）の如何は、更生担保権の弁済額に影響を及ぼすものではない（「改正会社更生法と金融実務㊦」金法一六七五号三四頁）。

担保権消滅請求手続における価額決定手続は、もっぱら「担保権」消滅の代価（担保代わり金）の算定を主眼としているのに対し、更生担保権評価は、倒産債権たる「被担保債権」について、更生担保権として更生会社に残存させるべき債権額（更生担保権弁済額）の画定を主眼としており、着眼点を異にしている。

（注39）所論のとおり、「投資の清算と再投資」の理念の下、担保目的資産の「適正原価」たる「時価」をもって「再投資の価額」と見立てることが可能であるから、同額により更生担保権評価額を定めるのが妥当であり、これによって債務超過を解消し、更生会社の財務再構築を図るのが、更生手続における財産評定制度の目的である。

（注40）前掲（注3）『新しい会社更生手続の「時価」マニュアル』二三〇頁。

三　更生手続上の倒産債権者の地位

1　更生手続上の倒産債権者の地位――更生会社に対する再投資者（エクイティ投資者性）

⑴　「投資の清算と再投資」という更生手続の理念型は、「更生手続開始決定をもって、投資者たる倒産債権者がいったん投資を清算し、あらためて当該資産に対して投資を行い、それを更生会社に現物出資した」という考え方を基軸としている。

かかる更生手続の理念型を敷衍すれば、更生手続における倒産債権者の地位は、更生会社帰属財産の「出資者（再投資者）」として、持分を喪失した従前の株主になりかわり、更生会社の実質的な所有者たる地位にあると見ることが可能である。

法的観点からすれば、倒産債権者には、更生計画案の提出権や更生計画案に対する議決権が付与されており（注41）、その限りにおいて、平時の株主と同様、更生会社帰属財産に対する間接支配権（コントロール権）が認められている。

経済的観点からしても、倒産債権者は、従前の残余権者である株主の権利が消除されれば、更生会社に対する最劣後のリスク資金の拠出者になるのであるから、将来の事業利益（アップサイド）を享受するにふさわしい立場にあるといえる（注42）。

このように、倒産債権者は、エクイティ投資者的な地位にあると見ることができ、本来、投資原資たる更生会社帰属財産から生ずる将来の事業利益（アップサイド）を全面的に享受しうる地位（残余権者）にあると考えられる（注43）。

(2) 倒産債権者が更生会社に対して有している倒産権利は、もとより「債権（デット）」属性の権利である。しかし、「投資の清算と再投資」を枠組みとする更生手続下で、従前の残余権者である旧株主の持分的権利が消除され、更生会社帰属財産を基礎とする権利（持分的権利）の再分配がなされることを通じて、いったん観念的（潜在的）に、更生会社に対する持分的権利、すなわち「残余権（エクイティ）」属性の権利に置換されるものと理解される（注44）（ただし、前注のとおり、倒産債権者は倒産債権の回収目的で更生会社帰属財産を実質支配しているのであるから、法的債務性がなくなるわけではないと解する）。

ここで「いったん観念的（潜在的）に」と表現したのは、上記の「残余権（エクイティ）」属性の持分的権利は、これがそのまま更生計画に基づく権利変更後の権利として倒産債権者に付与されるわけではなく、最終的に更生計画に基づいて倒産債権者に付与される権利の基礎となる、いわば権利変更後の権利の原型（プロトタイプ）として観念される権利だからである。このプロトタイプとしての持分的権利は、倒産債権の実質価値（資産負債見合い方式の下で、引当てとなる責任財産の時価をもって等価測定された、倒産債権の負債時価）と等価の元本価値（経済価値）を備えた観念上の権利として理解される。更生計画に基づいて倒産債権者に付与される権利は、かかるプロトタイプとしての持分的権利を基礎として、その間に優先劣後構造等（返済順位の優劣、元本の法的確定債務性の有無、元本返済時期、株主議決権の有無、利子・配当の支払条件）を組み込むことにより、リスクとリターンの組換えを行い、持分的権利と等価の金融資産に置き換えられたうえで、最終的に付与されることになる。

(3) たとえば、財産評定（更生会社の財産評価）において前提とした利回り（期待収益率）が年利二〇％であれば、税効果等を度外視した単純モデルを前提とすれば、倒産債権者に観念的（潜在的）に再分配される持分的権利の期待利回り（期待収益率）も、理論上、年利二〇％となる（注45）。しかし、上記の優先劣後構造等を組み込むことによって、①返済順位の優先性（安全性）が高い代わりに、リスクフリーレートに近い低確定利回りの「債権（デット）」属性の権利（リスク回避的金融資産）や、②法的確定債務性がなく他の権利に劣後する代わりに、高利回りを期待できる「残余権（エクイティ）」属性の権利（リスク選好的金融資産）など、さまざまな種類の金融資産に組み換えることが可能となる。これらの金融資産と、プロトタイプとしての持分的権利とは、リスクとリターンの構造を異にするものの、いずれも等価の元本価値（経済価値）を有する金融資産である（逆にいえば、倒産債権者間の衡平上、両者は等価であることが要請される）（注46・47・48）。

(4)　このように、倒産債権者が本来有している持分的権利者性（エクイティ投資者性）に着目すれば、更生計画に基づく権利変更の態様として、倒産債権者を「債権（デット）」属性の権利者として処遇することは必然ではなく、むしろ更生会社の将来事業利益（アップサイド）を享受させるために「残余権（エクイティ）」属性の権利を付与することの活用が図られるべきであるといえる。そして、更生計画の策定にあたっては、リスクに見合った適切なリターンを内容とする権利（金融資産）が、権利変更後の権利として倒産債権者に付与されるよう留意されなければならない。

2　経済取引的観点から見たスポンサー選定の意味合い

(1)　既述のとおり、会社更生法八三条二項の財産評定額は、適正利潤を織り込んだ「適正原価」たる「時価」をもって算定されるべきである。その場合、予定された事業計画どおりに事業遂行が図られれば、更生会社は所期の事業利益を確保することとなる。

前記のとおり、更生会社の将来の事業利益（アップサイド）は、理念上は「再投資者」たる倒産債権者に帰属されるべきものと考えられるが、実際の更生手続（自主再建型の場合）においては、新たな事業経営主体としてスポンサーが選定され、更生会社の新株主となることが多い。このようなスポンサー（新株主）の選定や倒産債権者の権利変更の局面において、更生会社の将来の事業利益（アップサイド）は、誰に対して、どのように分配されるように、更生計画上、策定されるべきなのであろうか。

(2)　いわゆる事業譲渡による清算型スキームの場合、倒産債権者は、譲渡対象資産の対価（注49）を原資とする清算分配に与かるだけで、当該譲渡対象資産から生み出される将来の事業利益（アップサイド）は、事業譲受人に帰属することとなる。この場合、譲渡対象資産の対価に相当する資金は、事業譲受人が拠出しているのであるから、事業譲受人がアップサイドを享受するのは、当該リスク資金の拠出に対する当然の見返りである。他方、倒産債権者は、清算分配金の一括弁済を受けることによって投下資本の回収を了することとなり、更生会社に対する「再投資」に当たるリスク資金の拠出をするわけではないから、将来の事業利益（アップサイド）に与かりえなくとも仕方がない。

これに対して、自主再建による収益弁済型スキームの場合、倒産債権者は、倒産債権の弁済期間中、更生会社に対して「更生会社資産の現物出資による再投資」としてリスク資金の拠出を行っているのであるから、本来的に、将来の事業利益（アップサイド）を享受するにふさわしい立場にあるといえる（注50）。

(3) ただし、当然ながら、将来の事業利益（アップサイド）の獲得は、倒産債権者の「再投資」による資金供与だけで成り立つわけではない。更生会社が事業活動を継続し、所期の事業利益を獲得するためには、事案ごとの程度差こそあれ、事業経営面、信用補完面、資金供与面での支援が不可欠であり、これら更生会社に不足している経営資源の補完者としてスポンサーが選定されるのが、近時の更生手続の趨勢である。

このような経済取引的観点からすれば、スポンサーの選定行為は、更生会社の実質的な所有者たる地位にある倒産債権者が、単独では更生会社の事業再建を果たすことができないため、その有する地位（更生会社の将来のアップサイドを享受しうる地位）の全部ないし一部を分与するのと引き換えに、スポンサーから事業経営・信用補完・資金供与等の支援を得、もって倒産債権の回収の極大化を図ることを目的とした、バーター取引としてとらえることができる（注51）。

(4) ファイナンス面に着目すれば、スポンサーと倒産債権者との間の残余権をめぐる上記の取引は、更生計画のもつ資産変換機能に依拠したリスクとリターンの組換えを通じて実現される。

前記のとおり、倒産債権者は、更生会社の実質的所有者であり、更生手続開始後計画認可前の段階では、観念的（潜在的）に「残余権（エクイティ）」属性の持分的権利を有しているものと理解される。ここで、スポンサーが更生会社に対して新資金を拠出した場合、その対価としては、当該資金拠出額と同額面の更生会社に対する持分的権利を付与すれば、経済的等価関係が維持される（注52）。この場合、スポンサーと倒産債権者とは、同じ持分的権利者として、同一のリスクを負担し同一のリターンを享受する立場に置かれる（注53）。

しかるところ、更生計画に基づく権利変更を通じて、両者の間に優先劣後構造を組み込むことにより、リスクとリターンの組換えを行うことが可能となる。すなわち、スポンサーに対して付与する権利（金融資産）を、倒産債権者に劣後する法的確定債務性のない「残余権（エクイティ）属性」の権利（株式）とすれば、高リスク負担の見返りに、高リターンを享受しうる地位（残余権者として更生会社の将来のアップサイドを享受しうる地位）を与えることができる。他方、倒産債権者に対して付与する権利（金融資産）を、スポンサーに優先する「債権（デット）」属性の権利とすれば、倒産債権者は、高リターンを享受しうる地位（残余権者として更生会社の将来アップサイドを享受しうる地位）を手離すのと引き換えに、低利回りではあるものの安全性が高く確実に元利金返済を受けることのできる地位を確保することができる（注54）。

(5)　以上のとおり、スポンサー選定に基づく新株式の付与は、更生計画の資産変換機能によるリスクとリターンの組換えを通じて、更生会社の将来のアップサイドを享受しうる地位の全部ないし一部を分与するファイナンス取引として理解することができる。

3　従来の更生計画の傾向と問題点

⑴　倒産債権者を「再投資者（エクイティ投資者）」と見る理念型に忠実な権利変更の手法としては、倒産債権者に更生会社の新株式を割り当てるDESの方式があげられる（注55）。DESを用いた場合、倒産債権者は、更生会社の新株主として、更生会社の将来の事業利益（アップサイド）を享受することができる。しかし、実務上は、倒産債権者は更生会社の株主となることを避ける傾向が強く、DESを用いた更生計画例はわずかにとどまっている（注56）。

DES以外に、更生会社の将来の事業利益を倒産債権者に享受させる手法としては、予想超過収益金を倒産債権者に分配する旨の更生計画の条項（会社更生法一六七条一項五号）を用いる手法が考えられる（注57）。しかし、これについても、将来の事業利益を倒産債権者に分配する旨の予想超過収益金条項を用いた更生計画例は、実務上ほとんど見られない（注58）。

⑵　このように、従前の更生計画においては、倒産債権者に回収の不確実性を避ける傾向が強く、このため、更生会社の将来の事業利益（アップサイド）を倒産債権者に分配するような権利変更の手法が回避されてきたという特徴を指摘することができる。

しかし、かかる傾向がエスカレートすれば、倒産債権者は、将来の事業利益（アップサイド）に享受しえない分、倒産債権（権利変更後）の弁済金として回収の極大化を図るというインセンティブが働くこととなり、できるだけ多額の倒産債権を、そのまま確定額の法的支払義務のある「債権（デット）」として残存させるという行動につながることとなる。更生会社に生ずるであろう将来の事業利益を可及的に圧縮したいというインセンティブが倒産債権者に働くのも上記と同根である。

(3)　更生会社の将来の事業利益の見積り（期待利回りの設定）は、更生会社の財産評定とも関連している。先に見たとおり、資産評価額（更生担保権評価額）は、投資者に確保されるべき利潤にかかる期待利回り（期待収益率）の設定とリンクしており、利回りが大きければ資産評価額は圧縮され、利回りが小さければ資産評価額は膨張する（注59）。そして、更生手続の理念上、権利変更後に残存させるべき倒産債権は、その見合いとなる資産評価額によって画定される。その意味で、将来の事業利益（アップサイド）をどの程度見積もり、誰に帰属させるかは、その前提とする期待利回りの設定を連結環として、更生会社の資産・負債の評価額と密接な牽連性があり、更生会社の財務再構築のあり方を決すべき重要事項である。

この点、更生会社の将来の事業利益を極端に圧縮し（注60）、できるだけ多額の倒産債権を残存させようとする倒産債権者の意向が過剰に反映されれば、適正なリスクを織り込まない低い利回りの設定の下、更生会社の資産・負債は、適正水準を超えて膨張することとなり、更生会社の財務基盤は不安定・不健全なものとならざるをえず、二次破綻リスクも増大することとなる。

(4)　たしかに、倒産債権者は、更生会社の将来の事業利益（アップサイド）を享受すべき立場にあるが、かかるアップサイド分のリターンを享受させるために、権利変更後の「債権（デット）」属性の権利を過大に残存させるような方法によって調整を図ることは不合理であり、更生会社の財務健全性の観点からも是認できない。

事業譲渡スキームと自主再建スキーム（収益弁済スキーム）を比較すれば、前者よりも後者のほうが、倒産債権者の受くべき総回収額が多額であってしかるべきであるが（注61）、その増加分を財産評定額や権利変更後の倒産債権額（更生担保権額）に上乗せすることは、合理的な処理とはいえない。スキームの違いによって資産の収益性に違いが生じるわけではなく、両スキームにおける資産評価額は基本的には変わらないはずだからである。

そもそも、自主再建スキームにおいて倒産債権者が受くべき総回収額が増加する経済的ゆえんは、更生会社に対する倒産債権（権利変更後）の分割弁済期間中の「再投資」のリターンとして、更生会社の将来の事業利益を原資とする分配に与れるからであるところ、かかるリターンの回収は、「投資元本の回収」ではなく、「投資の果実の回収」としての性質を備えているから、当該リターンに対応する額を倒産債権の元本として残存させることは合理的でない（注62）。

(5) 所論のとおり、更生会社の貸借対照表の純化と財務健全性の確保という観点からは、ゴーイングコンサーンの成立を前提とした適正利潤の確保を織り込んだ資産評価と、これに見合う倒産債権の圧縮が、更生計画の大前提とされなければならない。

かかる大前提をふまえたうえで、倒産債権者とスポンサーが更生会社のアップサイドを分け合う立場にあるという関係を権利関係に直截に反映する手法としては、ＤＥＳをはじめとする「残余権（エクイティ）」を活用した権利変更の手法が優れており、実務上、その積極活用が図られるべきであると考える（注63）。

(6) 従来の更生手続の実務感覚としては、倒産債権者において、自らが更生会社に対するエクイティ投資者としての地位（更生会社の将来の事業利益を享受しうる地位）にあるという認識があまりに希薄であり、本来はスポンサーとの間でアップサイドを分け合うべき立場にあるという意識も皆無であったように思われる。

その結果、倒産債権者は、財産評定（更生担保権評価）をはじめとする更生手続の各局面において、権利変更後の倒産債権額（更生担保権額）の極大化にのみ執着し、ともすれば更生会社の財務健全化や事業再建の方向性と対立するような利害を生ずることも間々見受けられた。

いうまでもなく倒産債権者に対する弁済原資は、更生会社の将来収益を基礎とするものであるから、本来、更生会社と倒産債権者の利害は一致するはずであるし、両者の利害を一致させるようなインセンティブを生み出しうる更生計画の策定が望ましい（注64）。その意味で、倒産債権者のエクイティ投資者としての地位が再認識されるべきであり、今後の更生計画策定実務においては、倒産債権者に対して更生会社のアップサイドを分配するための手法が、よりいっそう工夫されるべきであると考える。

（注41） 更生会社が債務超過である場合、株主は更生計画案に対する議決権を有せず（会社更生法一六六条二項）、いわゆる一〇〇％減資を前提とした更生計画が策定されるのが通例である（前掲（注37）『倒産法概説（第二版）』五〇三頁）。

（注42） 更生計画に基づく権利変更（債務免除）を通じて、更生会社の債務超過状態は解消されるものの、もとより更生会社の二次破綻リスクがまったくないわけではなく、更生会社が二次破綻を生じた場合には、権利変更後の倒産債権は、共益債権（更生手続開始後に生じた債権）に劣後する地位にあるから（会社更生法二五四条六項）、倒産債権者の「再投資」は、リスク資金の供与といってさしつかえない。

また、スポンサーが更生会社の新株主として出資した場合、スポンサーが最劣後の投資者となるが、新株発行を含む更生計画の議決権は倒産債権者にあり、その最終的な判断は倒産債権者に委ねられているから、その意味で、残余権の原始的帰属者は倒産債権者であるといえる（倒産債権者は、DESを用いた更生計画を可決することにより、自ら更生会社の新株主となることも可能な立場にある）。後述のとおり、スポンサーの選定は、倒産債権者が自らに原始的に帰属している残余権をスポンサーに分与する旨の取引ととらえることができる。

（注43） 「エクイティ」は、もともと経済用語であり、多義的な意味に用いられるため、その意義は必ずしも明瞭ではない。「エクイティ」と「デット」の相違については、①法的債務性（返還請求権）の有無によって説明する見

方、②持分性（支配者性ないし実質的所有者性）の有無によって説明する見方、③優先劣後関係（デットに対するエクイティの返済順位等の劣後性）によって説明する見方、④経済的観点からの残余権者性の有無によって説明する見方、⑤リターンの受取方法の違い（約定利息か剰余金配当か）によって説明する見方、等さまざまな見方がある。

ここでは、倒産債権者が、更生会社帰属財産の再投資者であり、その実質的所有者であることに着目することによって、更生会社帰属財産から生み出される将来事業利益（アップサイド）を全面的に享受しうる地位にあることを強調する趣旨で、「エクイティ」の用語を使用している。したがって、上記②の意味合いに近い（④の趣旨も含む）。

倒産債権者は、もともと「債権（デット）」属性の権利者であり、究極的には倒産債権を回収する目的で更生会社帰属財産を「再投資」し、これを実質支配しているのであるから、更生計画認可前の時点で、その法的債務性（返還請求権）を否定することは困難であり、そのような趣旨で「エクイティ」の用語を用いているものではない（ただし、更生計画に基づく権利変更後の権利として、法的債務性のない金融資産（株式等）を付与することはもとより可能であり、かかる金融資産は上記①のような趣旨の「エクイティ」である）。

(注44)　このような考え方は、会社更生手続の沿革的前身であるエクイティレシーバーシップの考え方に近いといえる。

(注45)　当該持分的権利は、更生会社に対するリスク投資として高い期待利回りとなるが、当然ながら、元本毀損リスク等、リターン（期待利回り）に見合うだけのリスクも包含している。

(注46)　ただし、両者の等価性に関しては、定性的要因を数多く孕む更生手続下の事象をすべてリスクとリターンの関係として数値化し、等価性を厳密に数理検証することは困難であるから、ある程度、目分量的な調整によらざるをえない。

(注47)「倒産債権者に観念上再分配される持分的権利との等価性が確保されている限り、更生計画に基づき各々の倒産債権者に対してリスクとリターンを組み換えた種類の異なる権利（金融資産）を付与したとしても、倒産債権

者間の衡平を阻害するものではない」という本文の立論は、更生計画のもつ資産変換機能に着目し、その柔軟かつ積極的な活用を図ろうとする方向性の思考であり、後述のとおり、処分連動方式を正当化する理論的根拠を提供する。

（注48） 後述のとおり、スポンサー（新株主）選定は、倒産債権者が有する残余権とスポンサーによる経済的支援のバーター取引としてとらえることが可能であるところ、当該取引は、更生計画に基づくスポンサーに対する新株式の発行と倒産債権の権利変更を通じて行われる、リスクとリターンの組換えを内容とするファイナンス取引としての側面を有しているといえる。

（注49） 当該譲渡対象資産の対価額は、事業者の適正利潤を織り込んだ「適正原価」たる「時価」に相当する価額となる。

（注50） スポンサーからすれば、倒産債権者が「再投資」としてリスク資金を供与している分、自らが調達・拠出すべきリスク資金の額を抑えることができる。

（注51） スポンサーの選定及びスポンサー契約の締結は、管財人が主体となって行うものではあるが、管財人は倒産債権者の利益代表者として活動しているのであるから、スポンサー選定に伴う利害得失（代償関係）は、概ね本文のような図式でとらえることができる。

（注52） 資産負債見合い方式の下では、更生会社のバランスシート上、倒産債権者の持分的権利と見合いの資産（引当財産）とが、時価（額面額）ベースで均衡している状態となる。したがって、スポンサーが新資金を拠出した場合、その対価として資金拠出額と同額面の持分的権利を付与すれば、時価発行増資と同様の原理により経済的等価性が維持され、スポンサーと倒産債権者との間で経済価値の移転が生ずることを避けられる。

（注53） たとえば、倒産債権者が有する持分的権利の期待利回りが年利二〇％である場合、スポンサーに付与される持分的権利の期待利回りも年利二〇％である。そして、スポンサーの資金拠出の前後で、倒産債権者が有する持分的権利の期待利回りが変化することもない（新資金拠出後の期待利回りも年利二〇％である）。

（注54） たとえば、資産変換（リスク変換）の基礎となる持分的権利の期待利回りが年利二〇％であるとした場合、ス

ポンサーが、倒産債権者に付与されるデット属性の権利の安全性を十分確保するに足る手厚いリスク資金の拠出等を行う前提であれば、倒産債権者に付与される果実収受権（リターン）はリスクフリーレートに近い低利回りの権利となる一方、スポンサーは更生会社の残余権者として、年利二〇％を大きく上回る期待利回りの果実収受権（リターン）を享受するようなモデルが想定される。これに対して、スポンサーの拠出するリスク資金その他の経済的支援が、倒産債権者に付与されるデット属性の権利の安全性を十分確保するには足らないような場合には、倒産債権者にも相当程度高い利回りの果実収受権（リターン）が付与されるべきこととなる。ただし、前記のとおり、現実の更生手続下においてリスクとリターンの関係を厳密に数値化することは困難であり、更生計画に基づいて倒産債権者に付与する権利の内容（返済時期、金利条件等）は、スポンサー交渉をふまえたうえでの目分量的な調整によらざるをえない。

（注55）　この場合、倒産債権放棄後の残債権について株式振替を行う方式と、倒産債権の放棄対象部分について株式振替を行う方式の、二種類の方式があるとされる（前掲（注3）『更生計画の実務と理論』三七五頁）。しかし、倒産債権の放棄対象部分について株式振替を行う後者の方式は、更生会社財産に対する持分的権利（経済価値）の裏付けのないもの（消除されるべき権利部分）に対して権利変更後の権利を付与することになるから適切ではないと考える。

（注56）　前掲（注37）『倒産法概説〔第二版〕』三二二頁、桃尾重明「更生計画案の策定」『新・裁判実務体系21　会社更生法・民事再生法』一八七頁。これらの文献では、DESが忌避される理由として、①更生会社株式に市場性がないこと、②独占禁止法の五％ルールの適用上、金融債権者がDESに消極的とならざるをえないこと、③投資ファンドがスポンサーとなる場合、アップサイドを倒産債権者と分け合うと投資効率が下がるため、スポンサーから歓迎されないこと、があげられている。

（注57）　兼子一監修『条解会社更生法㊦』四〇五・九五八頁。

（注58）　前掲（注3）『更生計画の実務と理論』四〇二頁。

（注59）　評価理論上、投資者の期待利回り（期待収益率）は、資産評価の一手法である収益還元法の適用上、還元利回

りとして用いられることとなるため、このような帰結がもたらされる。

（注60） 投資者の要求利回りは、投資リスクを反映したものであるから、仮に、当該利回りを過度に引き下げることによって、投資リスクを織り込まない不適切な利回りの設定がなされ、かかる利回りを前提とした事業計画が策定されるようなことになれば、理論上、投資破綻リスクが増大することとなる。もとより、このような事業計画を前提としたのでは、スポンサーの選定もままならないであろう。

（注61） 先に見たとおり、自主再建スキーム（収益弁済スキーム）の場合、倒産債権者は「再投資」として更生会社に対してリスク資金を供与しており、当該リスク資金に相応するリターンを受けるべき地位にあるからである。

（注62） 更生会社の将来収益の構成を経済的に分析すれば、①「投資元本たる原価（費用）の回収部分」と、②これを上回る「利益部分」とに区分される。倒産債権者に対する弁済金（リターン）と弁済原資（価値源泉）との経済的対応関係を考慮すれば、本来、①「投資元本たる原価（費用）の回収部分」は、権利変更後の倒産債権（確定債務たるデット）に対する弁済金として、②「利益部分」は、倒産債権者の残余権（エクイティ）に対するアップサイドの分配として、それぞれ異なる法的性質の権利として倒産債権者に還元する手法が望ましいと考えられる。

（注63） 更生会社の事業計画は、その性質上、さまざまなリスクと不確実性を孕んでいる。倒産債権者を法的確定債務たる「債権（デット）」属性の権利者としてのみ残存させることを前提としたのでは、更生会社が抱えるリスクと不確実性に柔軟に対応することは困難といわざるをえない。この点、倒産債権者を「債権（デット）」属性の権利者としてのみならず、ハイブリッド的に「残余権（エクイティ）」属性の権利者として処遇すれば、不確実性を孕む将来の事業利益（アップサイド）の倒産債権者への還元を、法的債務性のない「残余権（エクイティ）」に対応するリターンとして処理することが可能となり、更生会社の事業遂行上、適切な余裕代（バッファ）をもたらす機能を有し、実務上もきわめて有用である。

（注64） 極端な例ではあるが、スポンサー不在で倒産債権者が更生会社の残余権者（一〇〇％株主）を兼ねているとすれば、倒産債権者の利害は、更生会社の利害と基本的には一致する。この場合、更生会社からの資金回収その他

の還元を、倒産債権元本の回収という形式によるか、それとも株主価値の増分ないし受取配当という形式によるか、という法形式の違いを別にすれば、いずれにせよ更生会社のアップサイドはすべて倒産債権者に帰属することになるから、資産（財産評定額）・負債（権利変更後の倒産債権総額）の如何は、倒産債権者への還元の多寡に影響を及ぼさず、さほど重要性をもたなくなる（もちろん、倒産債権者間の分配に影響するという意味においては重要であるが、倒産債権者団全体として見れば還元の多寡に影響はない）。このような例からも察せられるように、倒産債権者をもっぱらデット投資者として処遇する従来の視点や手法は、構造的に更生会社（スポンサー）と外部の倒産債権者という利害対立状況を生じやすい性質を孕んでいることが留意されるべきである。

四　処分連動方式における上振れ弁済の正当化根拠と機能

1　上振れ弁済の正当化根拠——倒産債権者のエクイティ投資者性

(1)　先に見たとおり、マンションデベロッパーの更生事案で、工事仕掛物件について処分連動方式が採用された場合、マンションとして工事完成させたうえで、エンドユーザーたる一般顧客に分譲し、当該分譲に係る実際売却価額を基礎として担保弁済額を定めることになるため、担保権者は、確定更生担保権額を大きく上回る弁済（上振れ弁済）を受けることができるのが通常である。この場合、更生担保権者が確定更生担保権額を超える弁済を受けることを正当化する根拠は、どこに求められるのであろうか。

(2)　この点、上振れ弁済の正当化根拠としては、更生担保権者が有していた担保権の効力（担保目的物の換価金に対する優先弁済権）をもって説明するのが一般的な見解である（以下「担保権根拠説」という）（注65）。

しかし、会社更生法は、更生担保権制度の下で、担保権と被担保債権の牽連関係を切断（担保権の不可分性の排除）する制度設計を採用している。したがって、担保権根拠説に対しては、更生担保権制度の建付け上、担保権と被担保債権の関係は切断されており、少なくとも担保権によって担保される債権は更生担保権の範囲にとどまることから、確定更生担保権額を超える支払の根拠を担保権の効力に求めることは困難ではないかという批判が、第一に考えられる。

(3) また、担保権根拠説は、更生手続開始時の担保目的物の「時価」と、担保目的物処分時の「実際売却価額」が同視できることを理論的前提としている。しかし、マンションデベロッパーの工事仕掛物件のケースに照らせば顕著なとおり、更生手続開始時の担保目的物である工事仕掛物件と工事完成後のマンションとでは、明らかに経済価値を異にしており、両者の担保価値を同一視することはできないとの批判が、第二に考えられる。実際に、工事仕掛物件を基礎とする確定更生担保権額と、分譲後マンションの実際売却価額を基礎とする担保弁済額とでは、大幅な額の開差が存するのが通例である。

担保権根拠説が前提とする「更生手続開始時の時価と、担保目的物売却時の時価の同一性」の議論が当てはまらないことは、マンションデベロッパーの工事仕掛物件のケースに限られたことではない。一般の棚卸資産（完成品たる商製品）の場合であっても、事業者の販売活動を前提とした価格（エンドユーザー価格ないし小売価格）と、事業者の販売活動を前提としない価格（事業者間取引価格ないし卸売価格）とでは、価格帯を異にしており、商製品それ自体が変わらなくても、事業者の販売活動に伴う付加価値の如何によって、当該商製品の経済価値は大きく左右される。

上記に示されるとおり、担保権根拠説は、更生手続開始後の更生会社の販売活動等によって生ずる付加価値

（増分価値）を度外視して、更生手続開始時の担保目的物の「時価」と、更生会社の販売プロセスを通じて形成される担保処分時の「実際売却価額」を同視している点において、大きな問題があるといわなければならない。後者の「実際売却価額」は、更生会社の対顧客販促活動やアフターフォローの保障等があってはじめて実現する経済価値であり、このような更生手続開始後の付加価値的活動なくして成立する価額ではないからである。

(4)　結局、担保権根拠説が担保権の効力に含まれるとする「実際売却価額（更生会社の通常の販売プロセスを通じて形成される価額）」は、更生手続開始後の更生会社の付加価値的活動の成果により形成された経済価値（増分価値）を含んだ価額であり、更生手続開始時に担保権者が捕捉していた担保価値とは異なる経済価値である。このように更生手続開始後の事業活動に伴い付加された経済価値（増分価値）に対応する価額を担保価値に含める担保権根拠説の考え方は、「投資の清算と再投資」を理念とする会社更生法の趣旨に沿うものとはいえない。

所論のとおり、更生会社の資産は、事業の継続を前提として、新たな投資者（事業者）が更生手続開始時の現状で当該資産を取得することを仮定した場合において成立する「時価」をもって評価されるべきである。そして、この場合の「時価」は、新たな投資者（事業者）の事業プロセスにおける適正利潤の確保を織り込んだ「適正原価」としての「時価」を意味する。このような「適正原価」としての「時価」のとらえ方は、更生手続開始後に生ずる更生会社の付加価値的活動に伴うコストと利潤を控除し、更生手続開始時の純粋な資産価値を測定するという点で合理的である（注66）。

更生手続下において担保権者に認められるべき担保価値は、かかる「適正原価」たる「時価」に相当する「更生担保権額」にほかならないと解すべきであり、当該「更生担保権額」を上回る額の弁済の正当化根拠を担保権の効力に求める担保権根拠説は妥当ではない。

(5)　それでは、処分連動方式における上振れ弁済の正当化根拠は、どのように考えるべきであろうか。この点については、先に述べた倒産債権者のエクイティ投資者としての地位に求めるのが妥当であると考える（以下「エクイティ根拠説」という）。

すでに論じたとおり、倒産債権者は、更生会社帰属財産の「出資者（再投資者）」として、従前の株主になりかわり、更生会社の実質的な所有者たる地位にあるといえる。倒産債権者は、このようなエクイティ投資者たる地位に基づき、本来、更生会社が生み出す将来の事業利益（アップサイド）を享受しうる権利（残余権）を有していると見ることが可能である。

前記のとおり、更生会社の通常の販売プロセスを通じて売却することにより実現する「実際売却価額」は、更生手続開始後の更生会社の付加価値的活動の成果により形成された経済価値（増分価値）を含んだ価額である。このような更生手続開始後の付加価値部分は、更生会社が生み出す将来の事業利益（アップサイド）を構成するものにほかならず、本来、エクイティ投資者（残余権者）に帰属させられるべきものである（注67）。

このように考えれば、処分連動方式における上振れ弁済の正当化根拠は、倒産債権者のエクイティ投資者としての地位（更生会社の将来の事業利益を享受しうる地位）に求めるのが最も合理的である。

2　処分連動方式の機能——倒産債権者とスポンサーとの間でのアップサイドの分配

(1)　先に見たとおり、マンションデベロッパーの更生事案では、処分連動方式を前提とした自主再建スキームの更生計画が策定されることが多い。

かかる更生事案では、倒産債権者は、スポンサーの事業再建支援の下で、更生会社の信用や事業の毀損を最小限に抑えつつ、工事仕掛物件をマンションとして工事完成し、一般顧客に分譲することを通じて、回収の極大化を図る。他方、スポンサーは、倒産債権者から「再投資」として拠出された投資原資を利用することによって、更生会社に投下すべきリスク資金の調達・拠出にかかる負担額を少額に抑えつつ（注68）、事業経営面や信用補完面における再建支援を通じて、更生会社が生み出す将来の事業利益（アップサイド）の増大を目指す。

この場合、倒産債権者は、更生会社に対する「再投資者」としてリスク資金の拠出を行っているから、その見返りとしてアップサイドを享受すべき立場にある。そして、スポンサーは、更生会社に対する事業再建支援を行っているから、その見返りとしてアップサイドを享受すべき立場にある。

(2) このように、倒産債権者とスポンサーとは、いずれもが更生会社のアップサイドを享受するにふさわしい立場にあるとともに、両者の間には更生会社に対する経営資源の提供に関して顕著な相互補完関係が認められることから、本来的にアップサイドを分配し合う関係にあるといえる。

そして、処分連動方式を前提とした権利変更の条項は、倒産債権者とスポンサーとの間における「更生会社のアップサイドの分配ルール」としての本質を備えているものと理解される（注69）。

(3) 先に見たとおり、ファイナンス面に着目すれば、倒産債権者とスポンサーとの間のアップサイドをめぐる取引は、更生計画のもつ資産変換機能に依拠したリスクとリターンの組換えを通じて実現される。

すなわち、スポンサーは、更生会社に対するリスク資金その他の経済的支援を提供することの見返りに、更生計画に基づき更生会社株式を付与されることによって、更生会社の新株主（残余権者）として、アップサイドの一部（更生協力金に相当する部分）を享受する地位を得る。他方、倒産債権者は、もともとは更生会社のアップサイドを全面的に享受しうる地位にあるところ、スポンサーからリスク資金その他の経済的支援を受けることの見返りに、残余権者としての地位をスポンサーに譲り、自らは、更生計画に基づく権利変更後の権利（金融資産）として、担保目的物の実際売却価額を基礎とした一定の算式に基づく弁済金を得る地位を取得する。その際、更生協力金等としてアップサイドの一部を更生会社に残留させる取扱いを通じて、新株主（残余権者）であるスポンサーに価値帰属させることが目論まれている（注70）。

(4) こうした権利変更の内容（処分連動方式における更生協力金の料率設定等）は、競争原理下のスポンサー選定・交渉の結果として形成されるものであるから、権利変更の設定を通じて行われるスポンサーと倒産債権者との間のリスクとリターンの交換取引は、基本的には経済的等価関係を維持しているとみられる。そして、更生計画に基づいて倒産債権者（更生担保権者）に付与される権利（金融資産）と、更生手続開始時の倒産債権（更生担保権）の実質価値（時価）も、リスクとリターンの形態を異にするだけで、経済的には等価であると解される。

処分連動方式は、このような、更生計画に基づいて倒産債権者（更生担保権者）に付与される当該権利（金融資産）と、更生手続開始時の倒産債権（更生担保権）の実質価値（時価）との経済的等価性を論拠として、正当化することができる（注71）。

3　処分連動方式におけるアップサイドの分配のあり方

(1) それでは、処分連動方式における権利変更の条項（注72）は、どのような点に留意して定められるべきであろうか。

まず、処分連動方式は「実際売却価額から諸費用等を控除した残額（費用控除後代金）」を担保弁済額として定める取扱いが一般的であり、「実際売却価額」から控除すべき「諸費用等」に、いかなるものが含まれるかが検討されなければならない。

(2) この点、第一に、更生手続開始決定後に担保価値の維持・増殖に要した諸費用は、最低限、控除の対象とされるべきである。マンションデベロッパーの更生事案の仕掛販売用不動産の例でいえば、更生手続開始決定後の建築工事費、マンション販売に要する売却諸費用等の「直接費」がこれに該当するのはもちろん、期間損益計算の対象とされている人件費その他の「間接費」も、原則として控除すべき「諸費用等」に含めるべきである。前記のとおり、処分連動方式は、「更生会社のアップサイドの分配ルール」であるから、更生手続開始後の収益に対応する費用は、「間接費」も含めてその全額が回収されることを前提としなければならないからである（注73・74）。

(3) 第二に、スポンサーの事業再建支援に見合う適正利潤が確保されるために、これに相当する額が「更生協力金」等として控除の対象とされなければならない。処分連動方式は、「更生会社のアップサイドの分配ルール」であるから、スポンサーの貢献に見合ったアップサイドが更生会社（スポンサー）に留保されるのでなければ、スポンサーによる事業再建支援は成り立たない（注75）。

問題は、どのような基準により、アップサイドの分配ルールを定めるのが妥当であるかである。先に見たとおり、更生会社の財産評価価額は、更生手続下における事業者の適正利潤の確保を織り込んだ「適正原価」をもって評価されているところ、この場合における事業者の要求利潤（要求利回り）は、更生手続下におけるさまざまな投資リスク要因を反映して相当高い利潤水準に設定される。しかし、当該要求利潤水準は、事業者が自らリスク資金全額の調達・拠出を負担することを想定した場合に設定されるべき利潤水準であるから、かかる利潤水準を「更生協力金」の算定ベースとすることは相当でない（注76）。他方で、スポンサーとしては、資金供与や信用補完等の一定のリスクを負担して更生会社の事業再建支援を行うのであるから、最低でも、平均的な投資者（事業者）が平時に要求する利潤水準が確保されるのでなければ、更生会社のスポンサー支援を行うインセンティブは働かない。

結局のところ、「更生協力金」の設定については、「更生手続下の投資リスク要因を織り込んだ要求利潤水準」を上限とし、「平均的な投資者（事業者）が平時に要求する利潤水準」を下限として、その範囲内で、競争原理下のスポンサー選定・交渉のプロセスを経て決定されるべきものと解される（注77）。

(4) 次に、処分連動方式を採用した場合における一般更生債権者の処遇について考察する。

倒産債権者に更生会社のアップサイドを享受させることの論拠は、倒産債権者が、倒産債権の分割弁済期間にわたって、「再投資者」として更生会社にリスク資金を拠出していることに求められる。したがって、一般更生債権者に対する権利変更内容が、権利変更後の一般更生債権の分割弁済を前提とするものであれば、一般更生債権者も、相応のアップサイド（注78）を享受してしかるべき立場にあると考えられる。

他方、権利変更後の一般更生債権を計画認可直後に一括弁済する更生計画事案では、一般更生債権者は、「再投資者」として更生会社にリスク資金を拠出しているわけではないから、アップサイドを享受すべき立場にはない（注79）。

近時の多くの更生事案では、権利変更後の一般更生債権を計画認可直後に一括弁済する方式が採用されているところ、このような更生事案で一般更生債権者が処分連動方式におけるアップサイドの分配の対象となっていないことの正当化根拠としては、上記の点を指摘することができる。

(5) 次いで、処分連動方式を採用した場合における更生担保権者間の処遇の差について考察する。

処分連動方式を採用した場合、更生担保権者に対する弁済額・弁済時期は、担保目的物の売却処分に連動して定まることになるため、必然的に、更生担保権者間で処遇の差を生じることとなる。担保権根拠説の考え方からは、かかる更生担保権者間の処遇の差について、担保目的物の違いに基づく合理的な格差であることから衡平を害しないものとして説明される（注80）。

この点、エクイティ根拠説からは、更生担保権者の再投資者性（担保目的物の現物出資者性）を根拠として説明されることになる。すなわち、更生担保権者は、更生手続開始時の担保目的物の経済価値を把握する立場にあり、「投資の清算と再投資」の理念からは、当該担保目的物を更生会社に現物出資した再投資者として位置づけられる。この場合、現物出資財産のパフォーマンス（収益獲得状況）に応じて投資者にリターンを提供すること、換言すれば、現物出資財産のパフォーマンスにリンクした金融資産を各々の更生担保権者に付与することは（注81）、そのリターンの算定方法が同一条件であれば、更生担保権者間の衡平を害するものではないと解される。

エクイティ根拠説は、上振れ部分の弁済の性質を、投資元本たる「更生会社への再投資」に対する果実（リターン）としてとらえる考え方である。したがって、投資元本たる「更生会社への再投資」の内容が、現物出資財産の性質を反映して異なる以上、これに対応する果実（リターン）に差が生ずるのも合理的に説明できるものと考える（注82）。

4　処分連動方式の有用性

(1)　以上のとおり、処分連動方式は、倒産債権者とスポンサーとの間で、更生会社の将来の事業利益（アップサイド）を配分する機能を備えている。

かかる処分連動方式の機能は、倒産債権者とスポンサーの利害を一致させることにより、その対立構造を回避し、更生計画の円滑な策定、遂行に資するというメリットをもたらす。

(2) また、経済的観点から見れば、処分連動方式は、倒産債権者のエクイティ投資者（残余権者）としての地位をふまえ、投資元本たる確定更生担保権に相当する部分を「債権（デット）」属性の権利として残存させるとともに、これを上回る利益部分（上振れ弁済に相当する部分）を「残余権（エクイティ）」に対するリターンとして倒産債権者に還元する役割を果たしているものと理解される（注83）。

かかる処分連動方式の機能は、①更生会社の財務健全性の確保（注84）と、②倒産債権者に対するリターンの拡大を図る、という会社更生法の二大目的の両立に資するものといえる。

(3) このように、処分連動方式は、権利変更後の倒産債権を、もっぱら法的確定債務たる「債権（デット）」として残存させることによる弊害を避け、従前の更生計画の問題点の解消を図る手法として有用であり、今後ともその活用といっそうの理論的深化が望まれる。

（注65） 前掲（注3）『更生計画の実務と理論』二四一頁。

（注66） 先に見たとおり、かかる「適正原価」としての「時価」は、事業譲渡スキームの場合に譲渡対象資産の対価として成立する価額がこれに相当する。事業再建手法の違いは、基本的には資産価値に影響を及ぼすものではなく、事業譲渡スキームか自主再建スキームかという事業再建手法の違いによって資産価値に変わりがない以上、両者で担保権者に認められるべき担保価値も異なるところはないと考えるべきである。

（注67） この場合、確定更生担保権額に相当する弁済部分は「投資元本の回収」としての性質を有し、上振れ弁済額に相当する弁済部分は「投資の果実の回収」としての性質を有するものと理解される。

(注68) 事業譲渡スキームの場合、スポンサーは更生会社の事業価値に相当するリスク資金を自ら調達し拠出することが必要となる。マンションデベロッパーの更生事案では、事業譲渡スキームを前提とした場合、スポンサーが調達・拠出すべき資金額が巨額にのぼり、スポンサーの資金負担が大きいため、このようなスキームが採用されるケースはまれである。

(注69) その意味では、処分連動方式を前提とした権利変更の条項は、更生計画後の収益金の分配を目的にしているという性質上、予想超過収益金の条項(会社更生法一六七条一項五号)に近似しているということもできる。ただし、予想超過収益金条項のように、抽象的、裁量的なものとしてとらえることは妥当ではなく(前掲(注57)『条解会社更生法㊦』四〇九頁は、「予想超過収益金の使途に関する条項の記載は利害関係人に直接権利を与えるものではない」とする)、将来の給付額が未確定ながらも、倒産債権者に対して具体的権利を付与する性質の条項であると理解すべきである。

(注70) 処分連動方式の下で倒産債権者(更生担保権者)に付与される権利変更後の権利(金融資産)は、①弁済額が担保目的物の実際売却価額を基礎として算定されるという権利内容の未確定性、②弁済額が確定更生担保権額を下回るリスク(下振れリスク)が残されており元本保障がないこと、③上振れ弁済の原資がもっぱら更生会社のアップサイドに依拠していること、という点においてエクイティ的性格が色濃く残存した権利(金融資産)であるといえる。

マンションデベロッパーの更生事案において、倒産債権者(更生担保権者)に対して、かようにエクイティ的性格が強い権利(金融資産)を付与せざるをえないのは、更生会社の事業リスクがきわめて高いため、スポンサーにおいて倒産債権者(更生担保権者)の権利の安全性を十分に確保するだけの資金拠出等の経済的支援をすることが困難であることに起因するものと目される。

(注71) 倒産債権の実質価値(時価)との経済的等価性が確保されている限り、更生計画に基づき各々の倒産債権者に対してリスクとリターンを組み換えた種類の異なる権利(金融資産)を付与したとしても、倒産債権者間の衡平を阻害するものではなく、更生計画に基づく権利変更において、同種の倒産債権者に対して同内容の権利変更後

の権利（金融資産）を付与すべきことが絶対的要請であるとまではいえないものと思料する。

（注72）先に見たとおり、処分連動方式における権利変更の条項は、倒産債権に対する弁済額の算定方式として定められる。本稿のエクイティ根拠説を前提とすれば、配当金等として処理するのが理には適っており、「倒産債権に対する弁済」としての処理はエクイティ根拠説とは法形式面で相容れないが、税務対応等を考慮すれば、実務上やむをえない処理であると解される。なお、予想超過収益金条項に基づく分配についても、同種の実務処理上の問題がある（前掲（注57）『条解会社更生法㊦』九五八頁）。

（注73）処分連動方式における担保弁済の根拠を担保権の効力に求める考え方（担保権根拠説）からすれば、控除対象とすべき「諸費用等」の範囲を限定的に解しがちであり、実際、実務上も、そのような主張が担保権者側からなされるケースが多い。しかし、更生手続開始後に発生した費用の回収が図られず、担保権者に対する倒産債権の弁済原資に回ってしまったのでは、更生会社の再建に支障を生ずることは明らかである。本文のエクイティ根拠説のとおり、上振れ弁済部分は、更生手続開始後の更生会社のアップサイドを弁済原資とするものであるから、更生手続開始後に発生する費用の全額回収を前提にしていると考えるべきである。

（注74）ただし、「間接費」の場合、個別の担保目的物の「実際売却価額」に直接対応させることが困難であるから、実務上は、「更生協力金」に含めて処理することが多く、このような処理方法も簡便法として許容しうる。この場合、後記の「更生協力金（更生会社に留保されるべき適正利潤）」は、損益計算の利益段階に対応させれば、「事業利益（営業利益）」ではなく、「粗利（売上総利益）」をベースとして算定されるべきこととなる。

（注75）担保権根拠説の考え方からすれば、「諸費用」と同様に、「更生協力金」の設定についても消極的な解釈につながりやすく、実際、担保権者は「担保権の優先弁済効」を根拠として、「更生協力金」を控除することについて強い抵抗を示すことが多い（澤野正明ほか「経営責任との関係および担保変換」NBL九五五号九二頁）。しかし、所論のとおり、担保目的物の「財産評定額」と「実際売却価額」の差額に相当する経済価値の増価（増分価値）は、スポンサーの事業再建支援の下での付加価値的活動なくしては実現しえない経済価値である。当該増分価値は、倒産債権者とスポンサーとの間で分配すべき将来の事業利益（アップサイド）にほかならず、決して担

保権者に専属されるべき性質の経済価値ではないことが認識されなければならない。
(注76) 更生会社に対するリスク資金は倒産債権者が拠出しているから、その分だけ、スポンサーのリスクは軽減されているはずだからである。
(注77)「更生協力金」の料率設定については、一定の許容幅があると解される。それゆえ、実務処理上、管財人は、スポンサー選定・交渉のプロセスをふまえ、スポンサーが提供する事業再建支援の内容その他の諸事情を勘案しつつ、利害関係人間の適切な利害調整を図る大局的観点から、裁量的判断をもって「更生協力金」を定めることになる。

処分連動方式を採用したマンションデベロッパーの更生事案における適正利益の考え方と実務処理については、前掲（注75）「経営責任との関係および担保変換」NBL九五五号九三頁、「スポンサー選定と更生計画案をめぐる諸問題」NBL九五六号九五頁が参考となる。
(注78) 資産見合い方式による権利変更後の倒産債権を前提として、一般更生債権と更生担保権の残存債権額の割合をもってアップサイドを按分するのが、考えうる合理的な配分方法の一例である。
(注79) これは、事業譲渡スキームの更生事案において、倒産債権者が将来の事業利益（アップサイド）を享受すべき立場にないのと同様である。
(注80) 伊藤眞『会社更生法』五五一頁、前掲（注3）『更生計画の実務と理論』二三七頁及び同書引用の各文献参照。
(注81) トラッキング・ストックに対する「特定事業連動配当金」に類似するものとして理解することが可能である。
(注82) マンションデベロッパーの更生事案の場合、プロジェクトファイナンスの融資形態が一般的であり、個別のプロジェクトごとに、その工事進捗度等に応じて倒産債権の処遇に差を設ける取扱いは、倒産債権者の立場からも受け入れられやすい。
(注83) 処分連動方式は、法形式上は、倒産債権全額を「債権（デット）」として残存させたうえで、担保目的物の実際売却価額に応じた弁済額を超える倒産債権部分を、事後的に免除するという建付けになっている。このように、処分連動方式では、一応、倒産債権を「債権（デット）」として残存させる法形式がとられてはいるもの

の、法的債務額があらかじめ確定しているわけではなく、しかも、当該債務は担保目的物の処分を条件として具体的に発生するものである。したがって、処分連動方式に基づく権利変更後の倒産債権は、いわゆる条件付債権の部類に属するものといえ、その法的属性は、権利内容の未確定性を本質とする「エクイティ（残余権）」にきわめて近いものといえる。

（注84）　処分連動方式は、倒産債権全額を「債権（デット）」として残存させる建付けではあるが、所定の弁済額を超える倒産債権の事後的な免除を予定しているため、更生会社の財務健全性を損なうおそれはない。なお、倒産債権全額を「債権（デット）」として残存させる法形式は、理論上はともかく、税務対応等を考慮すれば、実務上はやむをえない措置であろう。

一―5

特別清算

特別清算における実務上の課題

森　恵一

一　はじめに

特別清算は、民事再生と同様にＤＩＰ型の倒産処理手続の一つであるが、清算会社主導ですべての手続が進行する点で、さらに強力なＤＩＰ型の手続といえる。そのために、特別清算では清算人及び代理人の役割が重要となる。また、この手続をさらに活性化するためには、調査委員や監督委員の活用が有用ではないかと考えられる。本稿では、ごく限られたものではあるが、一人の実務家として実際の事件処理を通じて考えた解釈運用上の問題点、さらには若干の立法論についても言及することとしたい。

ところで法改正後も特別清算の利用件数は、必ずしも増加しているわけではない。司法統計年報によれば、最近一〇年間の全国の申立件数は三〇〇件から四〇〇件程度で推移しているが、平成一八年から二二年までの直近の五年間は、四〇〇件から三六五件程度であり、漸減の傾向にあるといえよう。

これを大阪地方裁判所第六民事部についてみれば、事件数は平成一八年から二二年までは五一件から三四件と同様に漸減傾向が見受けられる。もっともこの点は、破産、民事再生、会社更生などの倒産処理手続全体の動向も含めて検討する必要があるので、ここではこれ以上の分析は留保させていただくこととしたい。

なお、以下の記述では法文を引用する場合のほかは、便宜上原則として、清算株式会社を「清算会社」、特別清算の清算人を「特別清算人」として表記させていただくこととする。

二　特別清算の利用状況とその背景事情

特別清算は、手続開始後も債務者会社が選任した清算人が清算事務を遂行することができる。たとえば、仕掛かり工事をしている建設業者であれば、破産者といういわば烙印を押されずに継続して工事を行うことができるという長所がある。また、親会社やスポンサーのように債務者と特別な関係にある債権者の債権を劣後させ、一般債権者に有利な取扱いをすることもできる。このように、債務者会社がリードして手続を進めることができるという点で使い勝手のよい手続である。

特別清算は、平成一七年の会社法改正の際に見直しがなされたが、その後においても上述のとおり利用数は多くはない。特別清算が利用されない理由には種々のものがあるが、主なものはおおよそ以下のとおりである（詳細は、多比羅誠「後見型・合意型清算手続」高木新二郎＝伊藤眞編集代表『講座倒産の法システム第2巻』二一七頁以下を参照）。

①　解散しにくい会社のケース

特別清算は、清算中の株式会社しか利用できない。株主総会の特別決議を得て解散するために、株主に招集通知を出せば、破産というほどではなくとも解散ということで信用不安を来すこともある。このようなことになれば従業員の退職や会社債権者の取立てを誘発することにもなりかねない。そこで、全員出席総会が可能な株式会社のような限られた株式会社にしか特別清算は利用されない。

②　株式会社以外の法人

株式会社ではない会社、医療法人、学校法人などの各種法人は特別清算を利用することはできない。

③　一般債権者に配当できないケース

特別清算では、税金債権や労働債権などの優先債権を弁済できない場合には、一般の債権者に対する協定案は作成できない。したがって、このようなケースでは特別清算は利用できない。

④　債権者が会社に不信を抱いているケース

特別清算は、債権者の多数決によって協定を締結する方法により債務を整理する場合が多い。そこで債権者が会社に不信感をもつなどして多数の賛成が得られる見込みがない場合には、特別清算を利用することはできない。

⑤　中途半端な制度

売却困難な不動産などの資産があるときは、破産の場合は破産財団からの放棄が認められる（破産財団からの放棄自体が認められるかが問題ではあるが、実務上はこれを認める取扱いが定着しているといえよう）ので早期終結が可能である。特別清算では財団からの放棄という制度がない。また、否認対象行為がある場合にも、特別清算手続では否認権が認められていない。したがって、これらの場合には特別清算を利用することができない。

三　運用に関する提言・改善策

1　破産との差別化

同じく清算型手続である破産と比較して、特別清算を利用しやすくするためには、破産との差別化を図るという視点も必要である。特別清算において破産にはない利点を簡単にあげるとすれば、おおよそ以下のとおりである。

①　ＤＩＰ型

会社が選任した清算人による清算業務がなされるので、従来の経営者や従業員の協力を得て効率的かつ迅速な清算が可能である。

②　裁判所による監督

債権者の信頼を得るために裁判所による監督、具体的には監督委員を選任しての監督ができる。

③　債権者との協議

清算業務の報告、重要な財産の換価、協定案の作成などについて主要債権者と協議して進行する。

④　実質的平等・衡平な弁済

親会社の債権の劣後化、少額債権者の保護などの取扱いが可能である。

⑤　簡易迅速な手続

会社及び債権者のために迅速に手続の進行を図ることができる。

2 民事再生の運用をふまえて

他方、ＤＩＰ・自主的な手続という面では共通点がある民事再生手続が数多く利用されている。そこで、その原因を分析して、特別清算にも利用可能な点がないかという観点からの考察もなされている。経験豊富な倒産法の実務家である多比羅誠弁護士は、民事再生の「成功」の原因を分析して、その運用面の特徴は、手続の簡素化・迅速化と柔軟な運用であり、今後の実務運用として以下のとおりの提言をされている。その指摘は示唆に富むとともに実際の運用に直ちに導入されるべきものが多いと思われる（前掲書二三五頁以下）。

① 清算人の心構え
清算人は迅速で効率のよい処理を念頭に置くことが重要である。

② 標準スケジュールと打合せ期日
協定型・和解型あるいは対税型に分けた標準スケジュールの公表と、裁判所と清算人との打合せ期日を設定して迅速な進行を図る。

③ 書面の簡略化
報告書など清算人作成書面の簡略化を図り、清算人の負担を軽くする。

④ 債権者集会の活用
清算人による清算業務の進行状況、特に弁済の見込みについての情報開示と債権者からの意見陳述の場として債権者集会を積極的に活用すべきである。

⑤　特別清算開始の申立書の添付書面
従来提出が求められていた申立ての際における債権者の同意書の提出は不要とする。ただし、総債権額の三分の二以上の債権者からの同意書が提出されたときは予納金を大幅に減額する。
⑥　特別清算開始要件
開始後に和解によって解決できるケースが相当数あるので、特別清算開始の要件は厳格に解すべきではない。
⑦　委　任　状
委任状に印鑑証明書の添付は不要とすべきである。
⑧　許可不要の清算行為の明確化
一〇〇万円以下の清算行為と清算手続に要する行為は許可不要であることを徹底する。
⑨　月間報告書
月間報告書の記載は簡略化する。
⑩　監督委員・清算人の選任
清算人が弁護士ではない場合には、状況に応じて監督委員の選任や清算人の追加選任をする。
⑪　清算人の報酬
清算人の報酬は破産管財人報酬と同程度とする。
⑫　破産手続への移行
清算人の清算業務が進まない場合、公租公課その他優先債権全額の弁済が困難な場合、否認該当行為がある

場合には、監督委員あるいは調査委員を選任し、調査のうえ、職権で破産手続開始決定をする。

また、特別清算の活用については、松嶋英機弁護士の論文（東京弁護士会編『入門新特別清算手続――新しい特別清算手続の理論と運用』七三頁以下）にも詳しく論じられており、松嶋弁護士の意見は本来型、対税型のほかに再建型の一種として事業譲渡と特別清算とを組み合わせた利用が有益だとされている（前掲「後見型・合意型清算手続」二三二頁も同意見である）ところであるが、筆者も同意見である。

四　特別清算のさらなる活用に向けて

以上のように練達の実務家からの示唆に富む提案を超えるような新しい視点を筆者としては十分に持ち合わせているわけではない。ただ比較的最近、大阪地方裁判所において特別清算手続に清算人代理としてかかわったケースと調査委員兼監督委員としてかかわったケースがあるので、そのようなごく限られた経験ではあるが、実際の事件を通じて考えた点を紹介させていただくこととしたい。もちろん検討が十分になされていないことや検討の視点が誤っていることがあるかもわからないが、この点はご容赦願いたい。

1　特別清算の利用の活性化――調査委員の活用（運用の工夫）

まず、現行法の運用でできる視点からの検討として、調査委員による調査権を適切に利用することを取り上げることとしたい。

特別清算の類型としては、本来型（協定型と呼ばれることもある）のほかに、いわゆる対税型（個別和解型と呼ばれることもある）がある。対税型の典型例は、以下のようなものである。すなわち、経営不振の子会社が債務超過の状態にあり、しかも親会社に対して相当額の債務を負担している場合に、親会社が、子会社を解散させたうえ特別清算の申立てをさせる。他方、子会社の債権者から債権を買い取るとか、他の債権者に対する弁済資金を貸し付けるなどして子会社の債務を整理し、債権者を親会社のみとする。そのうえで、親会社と子会社との間で和解契約をして債権債務を相殺し、子会社は全資産を換価して親会社に弁済し、親会社は残債権を放棄し、清算会社の資産と負債をゼロにして特別清算手続を終了させるケースが多い。

裁判所においても、対税型について特別清算手続を運用するに際し、進行のスケジュール、予納金の金額など本来型の特別清算とは異なる基準を定めており、その運用が定着しているといえよう。

このように、現在の特別清算の運用は本来型と対税型に大別される（さらに再建型の一種としての活用については上記松嶋論文参照）。

これらの二類型のうち、対税型の場合はその必要がないので調査委員や監督委員は選任されないのが一般である。これに対して、本来型の場合には、調査委員や監督委員が選任される場合とそうでない場合とがある。調査委員の選任については、個別のケースについて必要とされる調査事項を判断して、その要否を決めることになる。

2　調査委員による調査

ところで、会社法の規定では、「裁判所は、特別清算開始後に、清算株式会社の財産の状況を考慮して必要があると認めるときは、清算人、監査役、一定額以上の債権額を有する債権者、一定割合以上の議決権額を有する株主の申立て又は職権で、一定の事項について調査委員による調査を命じることができる」とされている（会社法五二二条）。

そして、調査事項としては以下の事項が定められている。

① 特別清算に至った事情
② 清算株式会社の業務及び財産
③ 会社法五四〇条一項の規定による保全処分をする必要があるかどうか
④ 同法五四二条一項の規定による保全処分をする必要があるかどうか
⑤ 同法五四五条一項に規定する役員等責任査定決定をする必要があるかどうか
⑥ その他特別清算に必要な事項で裁判所の指定するもの

これに関連して、監督委員も清算会社の業務及び財産の状況を調査することができる。そこで、監督委員の調査権が活用されることで十分であれば、調査委員を選任する必要は乏しいといえる。ただし、特定の専門分野について十分な知見を有する者による専門的観点からの調査報告が必要な場合には、調査委員の調査が必要となる。したがって、このような場合には、監督命令とは別に独自の調査命令を発令することが必要になる。

この点、大阪地方裁判所第六民事部では、監督命令と調査命令が必要なケースにおいては、それぞれの命令を同時に発令し、しかも監督委員と調査委員を一人の弁護士に兼任させるという運用がなされている。このような運用は、当該事案について監督命令と調査命令が必要であると認められる場合において発令されているものであって、適切なものと評価できる。

また個別事案について、必要に応じて調査事項を追加して調査命令を発令することによって柔軟な運用が図られるものであり、この点でも相当といえる。このような運用について、特に問題が生じたということはないようである。

3　ある事例の紹介

筆者が比較的最近に経験した事案の概要は以下のようなものであった。

この事案は、主要な債権者が金融機関二社と関連会社数社のケースで、任意整理が成功せずに特別清算が利用されたものであった。調査委員による調査が適切になされたことにより協定が認可されるに至ったものである。

当初は、債務者の事業用財産を譲受会社に全部譲渡し、譲渡代金と保有していた現預金を弁済原資として債務者の債務の弁済を行い、その余の債務の免除を受けるという内容の任意整理を試みた。しかしながら、事業用財産の譲渡先が債務者の親会社であったことなどから金融機関を中心とする債権者の了解が得られなかった。そこで、債務者において株主総会の解散決議を行い、清算人を選任したうえで清算人が特別清算の申立てをすることになった事案である。中立公正な立場の調査委員に調査をしてもらうことによって金融機関債権者に債務者の状況について理解を得、さらに協定案についても賛同してもらおうとした。実際にもこの事案では、債権者が疑問を呈していた否認対象行為の有無などの主な問題点について、調査委員自身が十分に問題点を咀嚼され、速やかに調査事項の調査を遂げ、調査報告書を提出された。のみならず、調査委員は調査報告書提出前に各債権者に、前記の各問題点に関して自らの意見を示し、債権者から出された質問に対しても、そのつどこれに答えるように努めた。このように調査事項についてはいわば調査委員が中心となって債権者の対応をするという手法がとられたといってよいケースである。

4　若干の検討（調査委員の役割）

上記の事例をもとに考えると、調査委員は、本来の調査のほかに債権者との間で一種の調整を行うことができるのか、あるいは、このような調整は調査委員の権限を越えるものではないかが問題になる。

調査委員は裁判所から選任された公正中立な機関である。債務者の説明では納得がいかない場合でも、債務者と利害関係のない調査委員の意見によれば、債権者も納得できる場合があるし、さらには債権者にとって調査委員の意見が重視されることも実務上多いといえる。清算会社としては、当該事案に応じ適切な調査事項を設定したうえ、調査委員による調査を行ってもらい、それをもとに債権者の理解を得るというように手続を進めることが望ましい事案もあると思われる。このような事案においては、調査委員による調査と協定成立に向けて債権者との調整を行うという運用がさらに積極的に活用されてもよいのではなかろうか。債権者の理解を得るために説明会を開催したり、大口の債権者に個別に説明を行うことなどは本来清算人がなすべきであることはいうまでもない。ただ、任意整理ができずに特別清算の手続が申し立てられたような事案では、裁判所から選任された調査委員が調査の過程で債権者から提出される意見や要望について、提出する報告書に記載することもあるであろうし、それが否認対象行為の存否、役員の責任の有無など一定の法律判断を伴うものであれば調査委員として調査のうえ意見を述べることは十分にありうることである。むしろ、このような調査委員の役割は、裁判所からも期待されているといってよい。

通常の事件であれば調査報告書を提出期限までに作成して裁判所に提出し、清算人から債権者に調査報告書を交付するという流れになるであろう。

調査委員が精力的に調査を行い提出期限前に報告書を提出することもあるであろうが、実際には提出期限の直前に提出されることが多いのではなかろうか。

債権者が協定案に賛成するかどうかを決定するについて、取締役会などの社内の決裁手続を経る必要があるような場合には、債権者集会までに、調査委員作成の報告書を添えて社内の決裁に間に合うように準備する必要がある。

さらに調査委員が報告書を取りまとめる前に、調査の結果、一定の方向での意見がまとまった場合に、自らの意見を述べ、債権者に対して問題点についての理解を求め、検討を促すことも許されるのではなかろうか。

このような運用を行う場合には、標準スケジュールによらなくともよく、個別事情による事件の特質に従った処理をすることを許容することが妥当ではなかろうか。したがって、このような運用については、迅速な運用という特別清算のメリットを損なうことになるとの非難は当たらないものと考える。

そもそも対税型についても、法が予定していた本来型ではないが、運用上の工夫により、実務上定着している。

そうだとすれば、同じように運用の工夫により調査委員が協定に向けて債権者間の調整をするといういわば調整的な運用についても、これを積極的に評価することでよいといえよう。事業譲渡をして特別清算を利用するなどのパターンの場合には監督委員・調査委員が活躍される場合が多いのではなかろうか。そういう意味でも運用のなかでさまざまな工夫を重ねることが許されてよいと考える。

この場合運用のソフト面で重要なのは、①調査委員候補者の的確な人選と、②調査委員による債権者との具体的な折衝であろう。後者については調査委員としての基本的な職務に付随するものといえるのではなかろうか。そして調査委員は基本的な職務についてはこれを遂行すべき義務があるのに対し、付随する職務はそのような義務はないが、これを遂行することができるものといってよいであろう。そして付随的な職務を遂行できる倒産処理に堪能な弁護士が選任されることが望ましいといえよう。

さらに、運用上重要であるのは、清算人の側から裁判所に対して調査事項と調査委員の選任を申し入れることである。

実際には、調査命令発令前にあらかじめ清算人から裁判所に対し調査委員の選任の必要性とともに必要と考えられる調査事項について、積極的に意見を述べるべきではなかろうか。

五　開始時調査について――調査委員の活用（立法論に向けて）

1　問題提起――破産か特別清算かの調査

破産手続開始の申立てと特別清算開始の申立てが競合した場合においては、簡易迅速な特別清算手続を優先させる必要が認められるときは、破産手続の中止が命じられる（会社法五一二条一項）。これに対して、特別清算開始の障害事由が認められる場合、たとえば特別清算によって清算を結了する見込みがないときや特別清算では清算価値を保障できないような場合などは、破産手続を中止するのは相当ではなく、特別清算の申立てを却下し（同法五一四条）、破産手続を開始することになる。

前述のとおり公租公課や労働債権等の優先債権を支払って、弁済資金が尽きてしまい、一般債権者に対する弁済原資がゼロになる場合には、協定案を作成することができないので、特別清算を利用することはできない。一般債権者に対する弁済ができず債権額を全額放棄するという協定案では、通常一般債権者の同意は得られないからである。このような場合には、特別清算を利用せずに最初から破産を利用することになる。

2 障害事由の認定が困難な場合

しかしながら、申立時点で、以上のような開始原因や障害事由の存否自体が争われており、これを容易に認定できないような場合（微妙なケースで事実認定が疑わしい場合など）に、特別清算開始の申立てがされた場合には裁判所の対応はどうであろうか。

たとえば、債権者から破産の申立てをされた債務者会社が、その破産原因を争い、いわば対抗的に特別清算の申立てをしたような場合には、開始原因について疑義があることがある。そして、このような場合には、「明らかである」という要件の認定ができないことが想定できる。このような場合には、現行法では、いったん特別清算の手続のルートにのせることになると思われる（この点、現在の実務は、法の原則に忠実に運用されているといえよう）。そして、特別清算が開始すれば、同手続はＤＩＰ型であるがゆえに、清算人（およびその代理人）主導ですべての手続が進行することになる。実際の運用としても東京地方裁判所では、「特別清算によることが債権者の一般の利益に反することが明らかである」とまではいえないが、「特別清算によることが債権者の一般の利益に反する」と認められる可能性が少なくない事件について、以下のような運用がなされている。

① 総債権額の三分の二以上の債権者の申立てに対する同意書がない事件であって特別清算手続開始決定をする

もの
② 現預金の額が著しく少なく、優先的な債権を支払うに足りる資産がないと見込まれる事件
③ 換価困難な資産が多数あり換価に一年以上の期間を要すると見込まれる事件

以上のような事件については、将来破産手続開始の決定をする可能性がある（会社法五七四条一項三号）。そこで、東京地方裁判所では、手続選別の観点から、特別清算開始決定を行うに際し、破産手続開始の予納金相当額の予納を求めることがある。また、調査委員による調査が必要であると見込まれる場合には、それに要する費用の予納を求めることがある（山口和男編『特別清算の理論と裁判実務』六五頁）。

このような実務運用は、現行法の運用上の工夫としては貴重なものである。しかしながら、認定のための資料がないという理由で、このような運用がなされているという側面はないであろうか。たとえば破産申立てに対抗的に特別清算が申し立てられた場合には、破産を申し立てた債権者からは、十分な納得が得られるのであろうか。さらに、その他の債権者にとっても、上記の運用が真にやむをえないものといえるかについては慎重な検討が必要ではないであろうか。

3 解決の方向性

その解決策としては二つの方向性が考えられる。一つは、特別清算の開始原因（会社法五一〇条）があり、障害事由（同法五一四条）が不明であれば、現在の実務が運用しているとおりできるだけ速やかに特別清算手続を開始したうえで、調査委員を選任して、その調査の結果、「協定の見込みがない」（同法五七四条一項一号）、「特別清算によることが債権者の一般の利益に反する」（同項三号）などと認められれば、その時点で破産手続開始

決定を行うという考え方である。これが現行法下では素直な考え方であろう。実際の運用においても、東京地方裁判所では、債権申出期間（公告・催告から二カ月（会社法四九九条一項））内に申立てがされ、かつ現預金が少額（せいぜい租税債権が支払える程度）しかないときは、破産相当予納金を納付させせたうえで特別清算開始決定をする。ただし、債権申出届出期間内に優先債権が発見され、現在の現預金だけでは支払が不可能になったときは、特段の事情がない限り、「協定の見込みがない」ものとして破産手続開始決定をすべきことになるという紹介がなされている（前掲『特別清算の理論と裁判実務』六五・一〇〇頁など）のも、このような理解の下で運用がなされていることの証左であろう。

これに対して、特別清算の開始原因及び障害事由の有無について調査委員を選任して調査させ、調査の結果に基づき開始の可否を判断するという方向が考えられないであろうか。現行法では、特別清算開始決定前に調査命令を発令することは認められていない（会社法五二二条二項）。これは開始決定により裁判所の監督に入るのであるから、調査命令や監督命令も開始後にするのが理論的には一貫した態度といえることがその背景事情としてあるのではないかと思われる。

したがって、この考え方は現行法の解釈論としては無理があると思われる。そこで、立法論として検討することはできないであろうか。たとえば、民事再生法六二条一項のように「裁判所は、特別清算開始の申立てがあった場合において、必要があると認めるときは、利害関係人の申立てにより又は職権で、調査委員による調査を命ずる処分をすることができる」というような規定を設けることが考えられる。

その必要性と合理性はあるかについて、若干の検討を試みたい。たしかにこの考え方によれば迅速な開始という方向には沿わないことになるが、上記のような事例においては、破産申立てをした債権者は破産手続を開始することが相当であると主張し、これに対して破産手続を申し立てられた債務者は特別清算によることが債権者の一般の利益に合致すると主張しているのである。

このように要件該当事実の存否をめぐって債権者と債務者が厳しく対立しているケースでは、開始要件や障害事由があると認定できるだけの資料があれば、裁判所において破産手続開始決定ができる場合があろう。そのための資料を裁判所に提供するために中立な第三者として調査委員を選任することが必要であるとともに、そのような制度設計が合理的な処理方法として求められるのではないかと考える。

また、このような制度を創設するとしても、以下のとおり特別清算手続全体に対する影響はそれほど多くはないと思われる。

4　ある事例の紹介

このように考えるきっかけとなったのは、次のような事例に遭遇したことによる。

債権者がある債務者に対して債権者破産を申し立てたところ、その債務者から対抗的な特別清算の申立てがなされることなく、審理の結果、破産手続開始決定がなされ、裁判所により選任された破産管財人による管理がなされた。

これに対して別の債務者に上記の同一債権者が破産の申立てをしたところ、その債務者からは対抗的に特別清産の申立てがなされ、同手続が開始され、筆者が調査委員・監督委員に選任された。

5　現行法規定との整合性

ところで、このように調査委員の選任が手続開始前に認められたとしても、次に問題となるのは現行法の手続開始障害事由が「特別清算によっても清算を結了する見込みがないことが明らかであるとき」（会社法五一四条二号）、「特別清算によることが債権者の一般の利益に反することが明らかであるとき」（同条三号）とされていることである。これらの事由があったとしても、それが「明らか」でなければ、特別清算が開始されるとされているのである。この趣旨はこれらの事由が明らかではない限り同手続の開始を認めようというものであり、迅速な特別清算の進行を図ることにあるとされている。民事再生法にも同趣旨の規定（民事再生法二五条三号）がある。

この障害事由のうちの、「清算の結了する見込みがないことが明らかである」例として実務上遭遇する典型的なものとしては、租税債権など協定による拘束を受けない優先債権者がある場合において、その債権を弁済するに足りる資産がなく、当該債権について債務免除を受けられる見込みがない場合である。優先債権のなかでも、労働債権については労働者との間で和解ができる場合がありうるであろうが、租税債権が免除されることはまれといってよい。したがって、このような場合には、清算の結了の見込みがないことが明らかであるといえる。このような事実を調査委員が調査することができれば、裁判所として、特別清算を開始しないとの決定をなすことができるのである。

また、「特別清算によることが債権者の一般の利益に反することが明らかである」例としては、明らかな否認対象行為があり、破産管財人が否認権を行使したならば、債権者の配当率が上がることが明らかな場合があげられる。ただ、この点の解釈としては、会社に否認対象行為や財産隠匿行為があることを理由に債権者が特別清算手続に反対しており、「債権者の一般の利益に反することが明らか」と認められることが必要であるとし、開始前に債権者からの意見聴取をすべきであるとする見解がある（前掲『特別清算の理論と裁判実務』六五頁など）。

しかしながら、そもそも、債務者に否認対象行為や財産隠匿行為があるかどうかは容易には判明しない。そこで、債権者からの意向聴取により、否認対象行為等が存在することが疑われる場合には、開始後に調査命令を出して調査委員による調査を行うことが考えられるとされる（同書六五頁）。さらにこれを一歩進めて、開始前に調査させることは有用であろう。

そして、このような運用ができるならば、そのうえで調査委員を選任し（要点を報告書にて報告する）、その結果、牽連破産の要件が満たされる場合には、むしろ速やかに破産に移行すべきではなかろうか。破産手続に移行後に、同手続が異時廃止として終了する場合であったとしても、一連の倒産処理手続として速やかな処理を行うことが妥当であると考えるからである。

6　根本的な問題点

以上のような必要性と有用性が認められたとしても、現在の特別清算制度自体の構造を変更せずして、調査委員を特別清算開始決定前に選任することが可能であるかが問題となる。

この点に関しては、特別清算の性格に関して倒産処理手続に純化していないとの観点からの疑問が提起されうると思われるので、この点についてここで検討することとしたい。

周知のとおり、特別清算の改正の過程においては、特別清算の性格についても、議論がなされた。すなわち、法人の清算手続としての性格を後退させて、倒産処理手続として純化し、債権者の法定多数の同意を得た協定に基づいて事業の解体、清算を行う簡易、迅速、柔軟な清算型倒産処理手続に改めることの可否について議論がなされた。

これは、特別清算を破産手続の厳格性を緩和した特則手続として位置づけようとする考え方である。この考え方によれば、特則手続の開始原因は破産手続の開始原因と同一のものとせざるをえないことになろう。また特則手続の開始原因を破産手続の開始と同様に法人の解散事由とすることは容易になる。したがって、存立中の法人が各法人法制で定められた解散の手続を経ることなく、直接特則手続を利用することが可能となる。

しかしながら、このように特別清算を破産手続の特則手続とするとの考え方については、従前の特別清算のメリットを大きく減殺し、これまで特別清算によって処理されている事案が特別清算の射程外に置かれ、私的整理によらざるをえなくなるおそれも大きくなり、全体としてみればかえって特別清算が利用されなくなってしまうのではないかとの懸念がある。また、破産事件においても、いわゆる少額管財などの運用が拡大・定着しており、破産事件の新受件数も増加し、破産手続が企業の清算型倒産処理手続の主要な地位を占めるに至っていること、新破産法の制定により、破産手続の占める地位が拡大することはあっても、縮小することはないと考えられること、その意味では特別清算が創設された昭和一三年当時と比較して特別清算の存在意義は相対的に薄れているということができることを考慮すると、破産手続の特則手続として位置づけることにより、特別清算の利用の拡大を図ることは適当ではないと考えられた（萩本修編『逐条解説新しい特別清算』一七頁以下）。

7　若干の検討

しかしながら、この点で参考になるのは、同じＤＩＰ手続である民事再生では申立て後開始前に、監督委員や調査委員を選任することができることとされている（民事再生法五四条一項、六二条一項）ことである。また、弁済禁止の保全処分と同時に監督命令が発令されるという実務も定着している。

再建型の手続と清算型の手続という相違はあるが、開始前に調査委員の選任を認めることも十分に検討に値するのではないであろうか。特別清算においても、手続開始前に会社財産に対する保全処分（会社法五四〇条二項）、会社役員の財産に対する保全処分（同法五四二条二項）が認められているが、一方でこのように財産の現状維持を図りつつ、調査委員の調査を行うこととすれば実際の弊害はないといえるのではなかろうか。

さらに、特別清算が破産手続の特則ではなく清算手続の特則手続であるとしても、手続開始に際して、開始要件・障害事由の存否を調査委員に調査させることは、清算手続が裁判所の監督を受けない手続であるという性格と必ずしも矛盾するものではない。

もっとも、監督命令や調査命令は裁判所の監督権が及んで初めて発令することができるという考え方に立脚すれば、手続開始前は裁判所の監督権は及んでいないので、監督命令や調査命令の発令ができないとするのが理論的に一貫するとの反論が考えられよう。しかしながら、仮にこのような立場であっても、前述のような発令の要件の調査に限定した目的で特別に調査委員を選任すること自体は許容されるのではなかろうか。ただ、このような手続開始前に選任される特別の調査委員については、厳密には手続開始後に選任される調査委員とその法的性格を異にするというように説明することも考えられるが、他方同じ調査委員でありながら手続開始の前後でそこまで峻別して厳格に取り扱う必要はないのではなかろうか。

また、速やかな特別清算の開始を前提としている前記の現行法の規定にそぐわないのではないかという点については、たしかに現行法が原則として迅速な開始を予定していることは事実であるが、例外的な場合に対する対処方法として開始時の要件を調査するための補助機関を設けること自体は許されるものと考えられる。さらに、調査のための期間をある程度限定するという視点に立ち、短期間の調査により解明できない場合には、特別清算開始後に引き続き調査委員による調査を行うというような運用を図るということも一考に値するのではなかろうか。

六　清算人の金銭管理について——運用の工夫

1　清算人としての金銭保管義務

特別清算人は債権者、清算会社及び株主に対して公平誠実義務を負っている（会社法五二三条）。もちろん特別清算人は清算会社の利益だけのために清算業務を行うことは許されない。清算人が清算会社に対して委任契約に基づく善管注意義務を負うのに対して、特別清算が開始された場合に特別清算人が負担する公平誠実義務は債権者、株主に対しても直接責任を負うものであって、清算人よりも重いものといえる。ただし、公平誠実義務違反の場合には特別清算人は損害賠償義務を負うことになるが、それは清算会社にとってはまさに事後の救済措置であって、また特別清算人に資力がない場合には清算会社の損害は回復されないままとなる。なお、弁護士ではない代表取締役が特別清算人になっている場合には、関係人にその認識が十分でない場合が少なくないように思われる。

特別清算人の金銭管理については、公平誠実義務の内容の一つをなすものといえるのではなかろうか。

2　ある事例の紹介

実際に筆者は特別清算の監督委員として、次のような事例に遭遇した。特別清算人が五〇〇万円を超える金額であったにもかかわらず、これを現金のまま金庫に保管して管理を続け、銀行に預金口座を開設して預金として管理をしなかった。そこで、監督委員としてこれを改めて銀行預金による管理とするように数回にわたり特別清算人に対して勧告したが、それでも応じないものであった（特別清算人は弁護士ではなかったが、特別清算人代理の弁護士が複数名いた）。この事例のように弁済原資となるべき清算会社の資金が安全な方法により確保されていない場合が、金銭管理が誠実に行われていない典型例ではなかろうか。いわゆる「手元現金」が必要な場合があるとしても、清算手続の場合には事業を継続している再建型手続と比較して、「手元現金」が必要な例は多くはないといえる。預金で管理することを原則とし、例外として現金で管理する場合があるとするのであれば理解できるが、これとは反対に金庫内で保管するとはいうものの原則として現金での管理を続けることとし、例外として預金で管理する（極論すれば全部現金で管理する）ことが許されるか。そして、どのような場合に許されるかなどが問題となる。

また、その事実を知った監督委員が預金で管理するように指摘しても、これに応じない場合には、どのように対応すべきであろうか。

3　若干の検討

手続の途中でこのような事実が判明した場合には、監督委員はまずは特別清算人に対して是正を促すことになる。しかしながら、それでも特別清算人が是正をしない場合には、事務処理の継続性を考え清算人を追加選任することも検討の余地がある（会社法五二四条三項）。特に代表取締役が清算人に選任されたような場合においては、弁護士の清算人を追加選任して、複数体制として弁護士の清算人に直接金銭管理に係る清算事務を行ってもらうことも一つの方法である。しかしながら、現在の特別清算人が協力しない場合も多いと考えられる。これは、ちょうど債権者申立てにより破産手続が開始された場合に、債務者の代表取締役が破産管財人に協力しないことが実務上多いということと状況が似ている。そうだとすれば、端的に特別清算人を解任して新たな清算人を選任するほうがよい場合もある（会社法五二四条一項・二項）といえる。ただし、解任された特別清算人から即時抗告がなされることがありうるであろう（同法八九三条三項）が、即時抗告の申立てに執行停止効がないので、実際の影響はほとんどないといってよいのではなかろうか。

以上の方法を選択する基準であるが、ケースごとに判断することになるものと思われる。

4　金銭管理のあり方

金銭管理の方法としては、原則としては預金で保管すべきであり、手元現金は必要最小限度にとどめるべきである。

現金の保管が許される限度については、清算事件の規模にもよるところではあるが、一定の手元現金（釣り銭など）を必要とする業種の場合は別として、特段の事情がない限り（その認定は厳格であるべきである）、預金口座で管理すべきである。この点、裁判所の許可を要する処分（会社法五三五条一項・二項）については一〇〇万円以下の場合には許可を要しないものとされているが、一定の金額以上の場合には預金としなくてよいという一定の金額による基準を設けることも考え方としてはありうるであろう。しかしながら、この方法による場合は一定金額以下は預金による管理をしなくてよいことになり、必ずしもふさわしいものとはいえない。

以上の点は、親子会社、関連会社であっても同様であり、会社ごとに預金口座を設けて、管理すべきである。

また、このような金銭の保管方法について、破産手続と同様に、たとえば特別清算の清算人は金銭・有価証券その他の高価品の保管場所（通例は銀行をはじめとする金融機関）を裁判所に届けなければならないとするなどのルールを明文化してはいかがであろうか。

七　その他の課題1——破産への移行について

特別清算から破産に移行するのは、以下の要件が満たされた場合である。

① 協定の見込みがないこと
② 協定の実行の見込みがないこと
③ 特別清算によることが債権者の一般の利益に反するとき

これらのいずれかの場合において、清算会社に破産手続開始の原因となる事実があると認めるときは、裁判所は、職権で破産手続開始の決定をしなければならない（会社法五七四条一項、義務的移行）。

また、

① 協定が否決されたとき
② 協定の不認可の決定が確定したとき

これらのいずれかの場合において、清算会社に破産手続開始の原因となる事実があると認めるときは、裁判所は、職権で破産手続開始の決定をすることができる（会社法五七四条二項、裁量的移行）。

1　問題提起

このようにして破産手続開始決定がなされたときは、特別清算手続は当然に終了し、破産手続に移行する（会社法五七四条一項・二項）。このような規定の仕方からすると、これらの事実があるときは、直ちに破産手続に移行すべきではなかろうか。この点、大川治弁護士は（安木健ほか編著『一問一答改正特別清算の実務』二五九頁）、裁量的移行について、実務的な運用としては債権者の主なものが破産手続開始決定を希望しないような例外的な場合を除いて、破産手続開始決定がなされるものと考えられるとされる。しかしながら、そのような例外はほとんどないのではないかと思われる。

2　反対意見

もっとも、特別清算は裁判所の監督下にあり清算人の解任の余地があること、特別清算には協定という柔軟な方法があること、会社に知られた債権者については届出がなくても配当から除斥されないこと、取締役等に対する責任追及の簡易手続があること等の点で特別清算は破産より債権者の利益にかなう面があり、他方破産手続に移行すると、破産管財人の選任により公正さが強く担保される半面、あらためて破産管財人を選任し、債権届出や調査の手続を反復する必要があって時間と費用の面では債権者に不利益であることから、職権による破産手続開始をするにあたっては可決及び認可が可能な他の協定に変更する見込みがないか、債権者の意向を十分に把握することが望ましいとの意見（前掲『特別清算の理論と裁判実務』三一〇頁など）がある。

また、特別清算を終了させて、破産手続を開始するとなると、あらためて破産管財人の選任や債権届出の手続等を行う必要があるなどさらに時間と費用等を要し、債権者にとっても不利益となる場合があるだけでなく、特別清算においては、協定内容の変更が認められる以上（会社法五七二条）、清算人が実行の見込みのない協定の内容を変更して特別清算を完遂することが想定されていることから、裁判所としては清算人と協議して協定内容の変更等によって上記の要件が解消されるかどうかについて検討することが望まれるとする中井康之弁護士の見解（今中利昭ほか『実務倒産法講義（第三版）』一〇九一頁）も実質的には同様の考え方といえよう。ただし、中井弁護士は、義務的移行に関して、このような協議の結果、上記の要件に変化がないと判断される場合には、破産手続に移行されてもやむをえないとされる。

なお、必要的移行が問題となる「協定の見込みがない」場合には、協定の変更はありえないといえるので、速やかに破産手続に移行することになろう。

3　若干の検討

たしかにこれらの見解は清算人と債権者の立場を重視するもので穏当なものといえようが、実際には義務的移行のみならず裁量的移行の場合も、要件に変化がない場合が大多数ではないかと思われる。そこで、このような状況にある債務者に対しては、上記の問題提起で述べたとおり、速やかに破産手続に移行することが結果として債権者の利益を図ることになるのではないかと考える。したがって、反対意見の趣旨は理解できるところであるが、やはり、速やかな破産手続に移行することこそが必要ではないかと考える次第である。

八　その他の課題２——特別清算開始決定に差押えの効果を認めることができるか

１　問題の所在

集合債権譲渡担保あるいは抵当権設定契約を締結していたものの、その対抗要件を留保していた場合において、特別清算申立て後に対抗要件具備を阻止しようとして使用される保全処分があり、これを利用することができれば清算会社にとって有益である。

しかしながら、従来から、特別清算開始後の清算会社の第三者性は認めないとの考え方が一般的なものとされてきた。そこで、特別清算の場合には、すでに担保権設定契約が締結され、担保権が成立している場合には、当該担保権者から登記等の対抗要件の具備を請求されたときは、清算会社は、これに応じる義務があるものと解されてきた。

ひるがえって、同じ清算型手続である破産と比較してみると、破産の場合には、破産手続開始申立て後に対抗要件を具備しても対抗要件否認の問題となるし、破産手続開始後は対抗要件の具備もできない。そして、対抗要件を具備しない担保権者は担保権を主張することができない。

このような差異を認めることが、はたして妥当といえようか。むしろ、特別清算開始の申立て前に担保権設定契約が成立しているとしても、開始時までに対抗要件を具備していなければ、債権者間の平等との見地からして、開始後の清算会社に対して担保権を主張することができないとする考え方が妥当ではないか。

この考え方からすれば、開始申立て後に、対抗要件を具備していない担保権者に対して対抗要件を具備することを禁止する保全処分を発令する必要性があることになる。

2　検討——他の倒産処理手続との比較

そこで、以上の結論が現行法の解釈論として可能であるかを、簡単に検討してみることとする。その手がかりとなるのは、前述のとおり、手続開始の効力として包括的な差押え禁止効が認められるか、別の視点からは清算会社の第三者性が認められるかという視点であろう。

特別清算開始後の清算人は、清算会社に対してのみならず、株主や債権者に対しても公平誠実義務を負担しており、その地位は破産管財人に近いということができる。

裁判所が従来の清算人を解任して新たな清算人を選任した場合には、裁判所が民事再生手続において管理命令を発令して管財人を選任した場合と類似しているといえる。

再生手続の再生債務者は、旧商法当時の特別清算人の地位を参考に公平誠実義務が課されたものであり、さらにその地位は再生手続の機関として一定の第三者性が認められている。さらに会社法では、特別清算の開始命令により、手続開始後に生じる清算に関する費用等は共益債権的取扱いを受け、原則として開始前の原因に基づく債権が協定債権となるとともに、手続開始当時に存在する財産がすべての協定債権の弁済の引当てになっている。このような実質からすれば、開始時点で一般財産に総債権者のための包括的な差押えを観念することができないわけではなく、特別清算は、その一般財産を、公平誠実義務を負担した特別清算人が裁判所の監督の下に公正衡平に分配する手続であると考えることができる。その限りでは、典型的な倒産処理手続とその基本構造は変わらないといいうる。

しかも、開始後には協定債権者による差押え等が禁止されるのであるから、それとの均衡でも、対抗要件を具備しない担保権者は開始後に対抗要件を具備することができず、その結果、担保権を清算会社ひいては協定債権者に主張できないと解するのが妥当である。

またこのように解さないと、担保権の対抗要件を具備しない財産に一般債権者が仮差押えをしたにもかかわらず、特別清算の開始命令が確定して仮差押えが失効した後に、担保権者が対抗要件を具備して優先権を主張できることになり、一般債権者の利益を著しく害する結果となるのである（前掲『実務倒産法講義（第三版）』九九三頁以下）。

この点も、五の6で検討したように特別清算の基本構造をどのように考えるかという点にもつながる問題であるといいうる。ただ特別清算では簡易迅速な手続としての特質から否認権の行使はできないが、債権者間の公平を図るという相殺禁止の規律は適用される（会社法五一七条、五一八条）。

このように特別清算が債権者間の公平を図るという相殺禁止を取り入れていることは、むしろ手続開始にその時点の一般財産に対し総債権者のために包括的な差押えの効力があるとの解釈論をとることと矛盾するものとはいえないと考える。

3　結　論

以上のように考えると、特別清算の場合も、他の法的倒産処理手続と同様に、開始命令に一般財産に対する包括的差押えを観念することにより、開始後に担保権の対抗要件の具備を認めないと解するのが妥当である。

このような立場からすれば、開始前の対抗要件具備行為の禁止の保全処分は、一般財産を保全するための重要な手段となる（上記中井論文）。

一｜6

トピックス

日本航空の再建
——企業再生支援機構による再生支援と会社更生手続

瀬戸英雄

一　はじめに

平成二四年九月一九日、日本航空株式会社（以下、「日本航空」という）（注1）は、東京証券取引所第一部へ再上場を果たした。これにより、同社に対する企業再生支援機構（以下、「機構」という）による再生支援は完了した（注2）。東京地方裁判所が日本航空に対し会社更生手続開始決定をし、機構が日本航空の再生支援を決定したのが、平成二二年一月一九日であるから、それからちょうど二年八カ月後のことであった（注3）。

この間、日本航空は、徹底した事業構造改革と経営の合理化を推進し、世界でもトップクラスの高収益な航空会社に生まれ変わった。日本航空の再生は、今後、航空政策と公的支援のあり方、産業経済における位置づけなどさまざまな角度から検証されるべきものであろうが、本稿は、機構が日本航空を再生支援する際に、なぜ会社更生手続を併用したのか、また会社更生手続の適用に際し、懸念された混乱を回避すべく、どのような対応をしたのか、そしてその目的は達成できたのか、などを主として法的側面から報告するものである。

ところで、筆者は、日本航空の会社更生手続における管財人の職務を行った者であり、また、機構の企業再生支援委員会委員長でもあった。本稿は、開示資料と公知の情報を、日本航空再生の渦中にいた者の視点から整理し組み立て直したモザイクにすぎないが、それでも今後の公的支援と会社更生手続を考えるうえでの一つの素材は提供できるのではないかと思う次第である。もとより、意見にわたる部分は、筆者個人の見解であり、機構ないし日本航空の見解でないことはあらかじめお断りしておく（注4）。

それでは、まず日本航空の経営破綻に至るまでの経過、機構の設立とその目的などについて簡単に触れてから、本題に入ることにしよう。

（注1）機構による再生支援対象は、株式会社日本航空、株式会社日本航空インターナショナル、株式会社ジャルキャピタルの三社である。この三社を含む五社が更生計画によって合併し、現在の「日本航空株式会社」となった。本稿では、煩雑さを避けるため、これらを「日本航空」と総称する。

（注2）機構ホームページ（以下、ＨＰという）http://www.etic-j.co.jp/pdf/120919newsrelease.pdf

（注3）会社更生手続開始から再上場まで、それまでの最短期間は、平成九年九月静岡地裁に会社更生手続開始を申し立てたヤオハンジャパン（現マックスバリュ東海）の六年一〇カ月であった（帝国データバンク「会社更生手続を申請した上場一三九社の追跡調査」平成二四年九月一一日 http://www.tdb.co.jp/report/watching/press/pdf/p120902.pdf）。

（注4）筆者は、日本航空の法人管財人となった機構から管財人の職務を行う者（職務執行者　会社更生法六七条二項、会社更生規則二〇条二項）に指名されたことから、日本航空に係る支援、債権買取り、出資に関する委員会決議には関与していない。機構ＨＰ http://www.etic-j.co.jp/pdf/100119newsrelease.pdf

二　日本航空の経営破綻

1　窮境に至る要因

日本航空は、政府出資の特殊法人として昭和二六（一九五一）年に設立され、昭和六二（一九八七）年には完全民営化された。高度経済成長とともに、航空ネットワークを内外に発展させ、平成一四年には日本エアシステム（旧東亜国内航空）を統合し、またグループ企業は本業外の商社や海外のホテル事業に進出するなど、その業容を拡大してきた。しかし、バブル経済が崩壊し、また世界の航空会社の事業形態が変化するなかで、かつて成功した大型機材の大量保有による少頻度大量輸送モデルの事業構造は硬直化し、不採算路線の撤退もできず、その一方で肥大化した組織と余剰人員を抱え、賃金体系は不均衡が生じるなど、非効率な高コスト体質に陥っていた。近年ようやく、不採算事業の見直し、給料・賞与の抑制、特別早期退職の実施など、相応の努力は重ねたものの、抜本的な改善には至らないなかで、平成二〇年秋のリーマンショックに端を発する金融危機、さらには新型インフルエンザによる急激な世界規模の航空需要の低迷は、同社の経営に深刻なダメージを与えた。

平成二一年六月には、当面の運転資金にも事欠く状態となったが、当時の金子一義国土交通大臣、与謝野馨財務大臣、河村健夫官房長官による関係閣僚会談における申合せにおいて、わが国の航空ネットワークの維持・充実に支障を生じさせないため、日本航空に抜本的な経営改善計画（注5）を九月までに策定することを確約させたうえで、日本政策投資銀行（以下、「政投銀」という）、みずほコーポレート銀行、三菱東京UFJ銀行及び三井住友銀行による一〇〇〇億円の協調融資（うち、政投銀による貸付六七〇億円は危機対応業務に関する日本政策金融公庫・国際協力銀行の八〇％の損害担保付貸付）が実行されることになった（注6）。これにより、当面の資金ショートは回避できたものの、同年末には再び資金不足が発生することは必至の状況であった（注7）。

2　破綻処理へ

これを受けて、国土交通省は、日本航空に抜本的な経営改善計画を策定させ、その計画の確実な実施について監視する目的で、「日本航空の経営改善のための有識者会議」（注8）（座長：杉山武彦一橋大学学長。以下、「有識者会議」という）を設置し、関係金融機関もオブザーバーとして参加したうえで、第一回会合を八月二〇日、第二回会合を九月一五日に開催した。ところが、八月三一日の衆議院議員総選挙によって自民党から民主党への政権交代が生じ、九月一六日に組閣された鳩山内閣の前原誠司国土交通大臣は、この有識者会議は活用せず、同月二五日、大臣の私的な諮問機関として五名の事業再生実務家によって構成する「ＪＡＬ再生タスクフォース」（注9）（以下、「タスクフォース」という）を立ち上げ、日本航空は、タスクフォースの直接の指導・助言の下で、再生計画立案のための調査と策定作業を行うものとした。

タスクフォースは、日本航空の資産査定を行ったうえで、同社が大幅な債務超過に陥っていることを明らかにし、平成二二年三月まで事業運営を継続するためには、二一年一一月末につなぎ資金として一八〇〇億円、二二年三月末に機材投資、人件費削減関連投資等に充てるためのエクイティ性資金三〇〇〇億円が必要であるとし、加えて、二五〇〇億円の金融支援（二二〇〇億円の債権放棄及び三〇〇億円の債務の株式化）を主要金融機関に打診した。しかし、主要金融機関からは、損失とリスクを一部に片寄せする不公平なものとして反発を受け、一〇月二九日、タスクフォースは国土交通大臣に対し、民間からの融資・投資の可能性はきわめて低いことから、運航を維持しながらの再生には公的資金が不可欠であるとする調査報告書を提出して解散した（注10）。

（注5）日本航空ＨＰ http://press.jal.co.jp/ja/release/200906/001237.html

（注6）政投銀の日本航空に対する融資の検証については、会計検査院ＨＰ http://www.jbaudit.go.jp/report/new/summary22/pdf/fy22_tokutei_05.pdf

（注7）畠山肇（参議院国土交通委員会調査室）「ＪＡＬの再生問題」立法と調査三〇一号平成二二年二月一七一頁。参議院ＨＰ http://www.sangiin.go.jp/japanese/annai/chousa/rippou_chousa/backnumber/2010pdf/20100201169.pdf

（注8）国交省ＨＰ http://www.mlit.go.jp/report/press/cabkjk090818

（注9） メンバーは、リーダー高木新二郎、サブリーダー冨山和彦、田作朋雄、大西正一郎、奥総一郎の五氏。国交省HP http://www.mlit.go.jp/report/press/cab04_hh_090925.html

（注10） 日本航空HP http://press.jal.co.jp/ja/release/201001/001430.html

三 企業再生支援機構による再生支援業務

1 機構の目的

機構は、「株式会社企業再生支援機構法」に基づき、地域における総合的な経済力の向上を通じて地域経済の再建を図り、地域の信用秩序の基盤強化にも資するため、有用な経営資源を有しながら過大な債務を負っている中堅事業者、中小企業者その他の事業者に対し、当該事業者に対して金融機関等が有する債権の買取りその他の業務を通じてその事業の再生を支援することを目的とする株式会社であり（企業再生支援機構法（以下、「機構法」という）一条）（注11）、国と金融機関が出資（約二〇一億円）して、平成二一年一〇月一四日に設立された認可法人である（注12）。

平成二〇年秋のリーマンショックに端を発する世界的な金融環境の悪化は、わが国の金融機関を萎縮させ、リスクマネーを供給してきた事業再生ファンドを機能不全に追い込んだ。その年の秋には景気の二番底の到来が懸念されるなかで、機構は、政府と連携を保ちながら、金融機関との協議・調整を行って対象事業者の再生支援を行うことを目的とし、民間のプロフェッショナルな再生人材を糾合した組織として設置されたものである。かつての産業再生機構の主たる目的は、債権者である銀行とりわけ大手銀行の不良債権処理にあったが、機構においては、地域経済の支柱となる事業者それ自体の再生を目的としている点に違いがある。そのため、機構には、債権者調整のみの支援や支援にまでは至らぬ助言指導など、柔軟な手法を駆使して事業者の再生と地域経済への貢献を図ることもミッションの一つとして課せられている（同法二二条一項七号・三項）。

2　支援対象

機構法は、機構の支援対象先を「有用な経営資源を有しながら過大な債務を負っている中堅事業者、中小企業者その他の事業者」（同法一条）としており、大企業は「その他の事業者」に含まれる。もとより、一つの大規模事業者を救済することによって、その周辺に位置する各地の中堅事業者、中小企業者の事業継続を図ることができるし、それが全国にネットワークを張りめぐらせている企業の再生であれば、複数の地域経済に資することにもなる（注13）。

3　支援に至るまで

機構による具体的な支援業務は、対象事業者又は主要債権者である金融機関などによる支援の打診、「事前相談」から始まる。対象事業者や主要債権者から提供された資料等に基づいて、機構スタッフによる精査（プレデューデリ）を行う。再生支援すべき案件と思料する場合には、外部専門家による本格的なデューデリジェンスを実施し、その結果に基づき、対象事業者と共同して事業再生計画案を作成する。

事業再生計画は、所定の支援基準を満たすものでなければならない（機構法二四条）。すなわち、当該企業が、

① 有用な経営資源を有していること
② 三年以内に生産性向上基準及び財務健全化基準を満たすことが見込まれること
③ 債権買取り又は出資を行う場合には、支援決定の日から三年以内に債権又は株式等の処分が可能となる蓋然性が高いと見込まれること

が必要である。これらの要件を満たす事業者について、対象事業者と主要債権者から「事業再生計画」を添付して（同法二五条二項）、正式に支援の申込みがあった場合に、企業再生委員会は支援について審議する。

なお、機構は、支援決定の日から三年以内に当該支援決定に係るすべての再生支援を完了するように努めなければならない（同法三三条三項）。

4 企業再生支援委員会

機構には、取締役会とは別に、社外取締役四名に代表取締役社長が加わった五名の委員によって構成する「企業再生支援委員会」（以下、「委員会」という）が置かれている（機構法一五条、一七条一項ないし三項）（注14）。委員会は、独立した立場で、公正中立に再生支援の決定、債権の買取り、出資等の重要な事項について決定する（同法一六条）。委員会には、監査役も出席し、必要があると認めるときは、意見を述べなければならない（同法一八条六項）。その制度目的は、執行部の不当な業務執行を防止するとともに、外部圧力からの独立性と中立性を保持するためである。

5　機構の再生支援スキーム

機構による再生支援は、金融機関を対象とする債務調整、出融資による資金援助と専門家スタッフによる人的支援によって対象事業者の再生を図ろうとするものである（機構法二二条）。委員会の支援決定後における一般的な機構手続の進行としては、機構は、まず、すべての関係金融機関に対して、回収等停止を要請する（同法二七条）。その後、債権者集会において、非メイン行に対して、事業再生計画案の説明と金融支援（債権放棄等）を要請する。債権者全員から同意が得られれば、委員会は、債権の買取決定、出資決定などを行う。また、人的支援としては、支援決定後に機構の専門スタッフを役員や業務責任者などとして対象事業者に対して派遣し、業務改善、リストラ等を実施して再生を図る。一方、債権者調整が不調に終わり、事業再生計画案に同意しない債権者が残る場合には、速やかに支援を撤回する（同法三二条）。

ちなみに、融資ないし保証は、支援決定後の「対象事業者」でなければ実行することができない（同法二二条一項二号）。また、出資は、買取決定を行った後でなければならない（同法三一条一項）。

6　機構における運用資金の調達

機構の運用資金は、政府保証付きで金融市場から調達する（同法四四条）（注15）。政府保証付きであるため、一般の市場金利より低利とはいえ、借入金を運用して再生支援業務を行っている。

この資金の運用リスクは、第一次的に機構が負うものであり、機構の再生支援に係る事業が総体として失敗し、金融機関への返済ができない事態に至って、政府が保証責任を果たしてはじめて国民負担が発生する。言い換えると、ある事業者への支援に関しロスが発生しても、それが他の案件からの収益で補てんできる範囲に収まっていれば、機構の事業判断の問題は別にして、国民負担は発生しない。機構の投融資それ自体について、「国民負担」あるいは「税金の投入」などと論じられることが少なくないが、不正確であるばかりか、情緒的な誤解を招きかねない表現といわざるをえない。

もとより、投融資を伴う案件に際しては、最終的な国民負担を発生させる可能性を伴うものであるから、委員会において格別に慎重な審議を行っている。

(注11) 当初は五年間の時限組織として制度設計されていたが、「中小企業者等に対する金融の円滑化を図るための臨時措置に関する法律」が平成二五年三月をもって期限切れになることから生じる事態への対応等のためとして、二四年三月改正によって、支援決定は、二五年三月三一日まで（あらかじめ主務大臣の認可を受けた事業者については、同年九月三〇日まで）に行うものとされ（機構法二五条一〇号）、併せて、業務終了期限も二六年三月三一日までに完了するよう努めるものとされた（同法三三条三項）。なお、二五年三月一八日、機構は「株式会社地域経済活性化支援機構」に改組され、支援決定の期限は三〇年三月末日までに延長され、さらに支援期間は五年以内へと変更された。

(注12) 讀谷山洋司ほか「機構の解説」債管一二五号一二五頁、拙稿「いよいよ始動する機構」NBL九一三号、拙稿「オールジャパンの再生支援——企業再生支援機構の発足に際して」金法一八八〇号。なお、機構の再生支援事例については、河本茂行ほか「企業再生支援機構の再生支援事例集」債管一三七号、企業再生支援機構「再生支援事例集」(http://www.etic-j.co.jp/publication/examples.pdf)。

(注13) 平成二四年三月三一日公布・施行の「株式会社企業再生支援機構法の一部を改正する法律」は、原則として「大規模な事業者」を機構の支援対象から除外し、主務大臣が認可した事業者についてのみ支援対象とすることができるものとした（機構法二五条一項一号）。

（注14）日本航空に対する再生支援決定当時の委員会は、委員五名（瀬戸英雄［委員長］、田邉昌徳［委員長代行］、翁百合、中村俊雄、西澤宏繁）と監査役三名（高木剛、原田明夫、増田宏一）で構成していた。

（注15）機構に対する政府保証枠は、平成二一年度予算で一兆六〇〇〇億円であったが、平成二二年度予算では三兆円に増額された。この保証枠の額は、予算年度における借換えを含む延べ総額を示すものである。

四　事前相談と再生支援の検討

1　再生支援の目的

機構は、平成二一年一〇月一六日に業務を開始したが、その直後から日本航空に対する再生支援の打診を受けた。そして同月二九日、日本航空は、主要債権者の了解の下、機構を訪れ、「事前相談」を開始した。なお、機構は、事前相談を受けたことを開示しないのが原則であるが、日本航空から公表の要請があったこと、また同社に対する公的支援への国民の関心が高く、むしろ情報を開示することによって憶測・風評による被害が回避できると判断したことから、本件については再生支援の検討開始を公表した（注16）。

機構の目的は、先に述べたとおり、有用な経営資源を有しながら過大な債務を負っている事業者の事業再生を支援することを通じて、雇用の安定と地域における総合的な経済力の向上を通じて地域経済の再建を図り、併せてこれにより地域の信用秩序の基盤強化を図ることにある。日本航空において守るべき経営資源は、国内外に張りめぐらせた航空ネットワークにある。同社には、年間約五〇〇〇万人（国際線一〇〇〇万人、国内線四〇〇〇万人。わが国航空会社における国際線七割、国内線四割を輸送）の利用者がいるので、その運航が停止すると、国民の社会生活、経済産業活動に重大な支障が発生する。これを速やかに再生させ、空の公共交通として安全で安定的な運航を確保する必要がある。再生の過程では、事業規模を縮小せざるをえないとしても、残る数万の従業員の雇用を確保して安定した職場を提供し、また適正規模の取引を確保する社会経済的な要請もある。また、同社には年間取引額一〇〇〇万円以上の取引先が五五〇社あり、そのまた取引先も含めると、膨大な数の中小企業者の連鎖倒産を防止する必要がある。加えて、国際線における市場占有率の高い日本航空の破綻処理は、世界各国が注目するところであり、その対応によってはわが国の国際的な信用を失墜させかねないものである。また、多層的な国際線ネットワークによる民間交流の維持は、危機時における国民のセーフティネットともなるものである。

2　再生の方向性

日本航空を再生させるためには、負債や資本などのバランスシート調整のみならず、不採算路線からの撤退、機材のダウンサイジング、貨物事業の抜本的見直しが不可欠であり、これに伴う人員調整、人事賃金体系の改定、コア事業である航空事業に特化するための関係会社の整理など、大規模な事業リストラを断行せざるをえないこと、社内の意識改革を図り、アライアンス戦略を拡充し、陳腐化したＩＴシステムへの戦略的な集中投資などが必要とされていることなどは、関係者に共通した認識であった。問題は、積年の労使問題を抱えるなかで、安全かつ安定的な運航の継続を確保しつつ、これらを断行し、やり遂げることができるかである。しかも、再生を託された機構は、時限的な組織であり、支援決定から三年で支援を完了することが求められている。この巨大組織を短期間に再生させ、投入する巨額な公的資金を回収できるのか、慎重な検討を要した。

機構は、日本航空に対する再生支援を検討する前提として、

① 支援決定は、委員会の独立した意思によるものであり、そこに政治的な介入は認めないこと

② 事業再生計画と金融支援額について、それまでの計画案に拘束されないこと

③ 日本航空の再生には、航空行政、年金問題、つなぎ資金の融資など機構だけでは対応できない課題が多く政府の一体となった協力体制が継続的に確保されることが不可欠であること

そして、

④ 支援スキームについて法的整理の活用を排除しないこと

などを関係者に確認のうえで、再生支援に向けた本格的な検討に入った。

3　当時の外部環境

この頃、日米間オープンスカイ協定と独占禁止法適用除外（ＡＴＩ）（注17）に関連して、アライアンス（国際間業務提携）間の競争も激化していた。国内には日本航空に対する支援意思を表明するものがいないなか、日本航空が属しているアライアンス「ワンワールド」陣営のアメリカン航空から支援表明があり、それに続いて、「スカイチーム」陣営のデルタ航空からも出資等の支援表明がなされた（注18）。しかし、アライアンス提携先からの支援の受入れに際しては、これら航空会社の背後に海外大手の投資銀行・投資ファンドが控えていると思われ、日本航空ないしわが国航空業界の将来の権益が損なわれないためには、慎重な対応が求められた。

また、この当時、最も社会の耳目を集めたのは、日本航空の企業年金問題であった。企業年金基金がすでに積立不足になっているにもかかわらず、高額な年金が支給されているとの批判である。年金の減額変更のために

は、受給者・待期者及び加入者のそれぞれから、三分の二以上の同意を取り付けなければならず、また、基金を存続するためには、受給者・待期者から一時金選択権の放棄が必要であったが、この時点では、その行く末が予見できない状況であった（注19）。

4　つなぎ資金の調達方法

平成二一年末には再び運転資金が枯渇すると予測されていたことは先に述べたとおりであるが、日本航空の同年九月期中間決算において、監査法人から継続企業の前提に関する注記を記載され、民間金融機関からの借入れはますます困難な状況に陥っていた。事前相談を受けて支援を検討しているとはいえ、機構は、支援決定前に、支援の候補先に対して融資ないし保証をすることはできないので、機構が事業再生計画を策定して支援決定するまでの間、信用不安による取引停止を引き起こさないための資金の担い手が必要であったが、現実には、政府系金融機関である政投銀をおいてほかになかった。

政府は、一〇月三〇日、前原国交大臣を本部長とし、内閣府、総務省、法務省、財務省、厚生労働省、経済産業省及び国土交通省の副大臣により構成される「日本航空再建支援本部」を設置し、日本航空の経営改善の方向性について検討するとともに、安全・安定的な運航確保のために必要な資金の確保方策の検討など、関係省庁が連携・協力して取り組むべき課題について検討協議を行うことになった。

また、日本航空の再生支援の議論の過程では、オープンスカイ政策とLCC参入によってますます国際的競争が激化するなかで、この機にわが国の国際線を一社化すべきとする少数意見もあったものの、国民のためには航空会社間の公正な競争を維持する必要があり、わが国の航空会社を寡占状態にするのは、むしろ競争環境をゆがめるものとする見解が確認されている。

一一月一〇日には、菅直人内閣府特命担当大臣、藤井裕久財務大臣、長妻昭厚生労働大臣、前原国土交通大臣、平野博文内閣官房長官の五大臣連名による「日本航空の再建のための方策について」（注20）が確認され、融資実行の際の信用補完に関する方策の方向性を示した。その内容は、次のとおりである。

1．わが国の航空ネットワークを形成する上で重要な役割を果たしている日本航空の再建を、国民目線に立って確実に進める。

2．日本航空の企業年金については、公的資金が企業年金の支払いに充てられる形にならないよう、企業年金の削減に関して、法的措置を含む方策について引き続き検討を進める。

3．再建期間中における日本航空の安全で安定的な運航の継続を確保するため、必要となる資金について関係金融機関により確実に融資が実行されるよう、以下の対応を行う。

(1) 日本航空から、資金繰り等の事情により航空機の運航に支障を生ずる事態があり得る旨の申出を受けた場合、国土交通大臣は、関係大臣と協議のうえ、当該事態が発生した場合には利用者の利便及び企業の活動に重大な影響を与えるおそれがある旨の認定を行う。

(2) 認定を受けた日本航空に対する関係金融機関による融資について、適切な信用補完に関する予算及び法的措置を含む方策について検討する。

5　政投銀による融資

このような状況下で、政投銀は、平成二一年一一月二四日、関係五大臣申合せの第三項⑴に基づく国土交通大臣の認定を受けて（注21）、日本航空との間で融資契約を締結し、一〇〇〇億円の融資枠を設定し、これに基づいて、同月二七日に一五〇億円、一二月二五日に四〇〇億円の融資を実行した。なお、この融資に関連して、産業活力の再生及び産業活動の革新に関する特別措置法第五二条以下に定める法的手続に移行した場合の優先性の確認を得るため、日本航空は、一一月一三日、事業再生ＡＤＲ（特定認証裁判外紛争手続）を申し立て（注22）、同月二〇日に開催された債権者会議においてその確認を得ている（注23）。

その後、この関係五大臣申合せを具体化すべく、重要な航空運送事業者に対する事業再生資金の貸付けに係る損失補てん制度の創設と事業再生計画の認定には、企業年金債務や資本の減少などを条件とすることができるとする特別立法が検討されたが、日本航空が提案していた企業年金基金の待期者三割、加入者五割の減額提案が、平成二二年一月一二日頃には成立の見込みとなったこともあって、その立法は立ち消えとなった（注24）。

（注16）　機構ＨＰ http://www.etic-j.co.jp/pdf/091029newsrelease.pdf
（注17）　Anti Trust Immunityのこと。アメリカ運輸省が連邦航空法に基づいて認可した航空会社間の協定は、一定の条件の下で、反トラスト法の適用が免除されることから、提携航空会社間の路線運営の効率的な一体化によって、競争力の向上を図ることができる。
（注18）　アライアンスについては、会社更生手続開始後の平成二二年二月、従前どおりワンワールドに属し、アメリカン航空とのＡＴＩによる連携を深める方針を立てた。
（注19）　改定後の企業年金基金は、更生計画で存続することになった。なお、森戸英幸「事業再生と企業年金」ジュリ

一四〇一号。

（注20）国交省ＨＰ http://www.mlit.go.jp/common/000052483.pdf

（注21）国交省ＨＰ http://www.mlit.go.jp/report/press/cab04_hh_091124.html、政投銀ＨＰ http://www.dbj.jp/ja/topics/dbj_news/2009/html/0000003463.html

（注22）事業再生ＡＤＲの申立ては、ＣＤＳ（クレジット・デフォルト・スワップ）における、クレジット・イベントに該当し、クロスデフォルトが発生するのではないかとの指摘もあったが、申立てだけでは、支払不履行ないしリストラクチャリングには当たらないとされた（「アイフル事業再生ＡＤＲ成立がＣＤＳ市場に残した課題」金融財政事情二八六七号、伊藤眞「民事再生・会社更生との協働を――一時停止の機能再考」債管一二八号参照）。なお、更生手続開始決定後に、このつなぎ融資は、裁判所の許可を得て、共益債権化されている。

（注23）日本航空ＨＰ http://press.jal.co.jp/ja/uploads/20091124.pdf、政投銀ＨＰ http://www.dbj.jp/ja/topics/dbj_news/2009/html/0000003444.html

（注24）受給者・待期者の七二・六％、加入者の九五・二％の同意があったことから、厚生労働省は、平成二二年三月末に制度変更を認可し、更生計画によって変更を確定した。

五　再生の手法の選択

(一)　手続選択における考慮要素

機構が日本航空の再生支援をするに際しては、飛行機を飛ばし続け、定時・定期の安全な運航を確保すること、国民経済へのマイナスを避け、わが国の国際的信用を損なわないこと、そして長期的な視野に立った再生を成し遂げることが求められた。運航停止はもとより、オペレーション混乱による顧客喪失、サービスの劣化、そして風評被害等による信用と減収のリスクを回避する一方で、財務体質を健全化し、全社的な構造改革を推進しなければならない。また、公的資金の負担を最小化し、最終的な国民負担を発生させないためその回収を確実なものとすることは当然である。

(二) 会社更生手続の併用

日本航空の再建に適合する再生手法としては、次の点から会社更生手続を併用することが妥当であると考えられた。

(1) 強力な経営体制を直ちに確立すること

この肥大化した組織に抜本的な構造改革を実行するためには、法的権限が明確な新経営体制を速やかに確立することが不可欠である。私的整理では、債務超過会社であっても、会社法の定める株主総会による取締役等の選任手続(会社法三二九条以下)が必要とされ、上場企業において、ガバナンス交代のための手続をとるには、時間がかかるばかりか、反対派等による混乱のリスクも発生する。しかし、会社法の特別法である会社更生法によれば、裁判所が選任する管財人が直ちに業務執行及び財産管理処分を専権し、ガバナンスと責任の所在が明確になるので、大胆かつ抜本的な施策を直ちに実行することを可能にする(会社更生法七二条、七三条)。この点において、法的管理手続である会社更生手続と会社法上の諸決議を経なければならない私的整理とは本質的な違いがある。

(2) 経営を直接に把握すること

日本航空のような巨大なグループ企業の実態を知るためには、実際に権限をもって社内に入って現場との距離を縮めることが必要であり、更生会社及びその子会社に対する調査権（会社更生法七七条、八三条）をもち、また管財人として資金の動き等を掌握し、各種業務の決済権限をもつことによって、負の遺産の排除に適切かつ迅速な取組みが可能になる。すでに数次にわたってデューデリジェンスが実施されているとはいえ、所詮は会社側から提供される資料をベースに分析したものにすぎず、外部からの手触り作業である。この案件において、「群盲象を撫でる」の類に陥ることは決して許されない。

(3) 透明性が高く公平で公正な手続の実現

私的整理のメリットは、金融機関の合意により密行性を保つことでレピュテーションリスクを回避しつつ債務調整を進めるところにあるが、日本航空に関しては経営破綻に関してさまざまな報道や情報が発信されており、その効用はまったく期待できない。むしろ、事案が大規模かつ複雑であり、国民的関心もきわめて高く、しかも多額の公的資金を投入する案件であるので、支援過程の透明性確保のための説明責任においても、金融機関との合意形成だけではなく、広く利害関係人に適宜情報を開示しながら、再建を進めることが適当である。機構手続も、委員会制度を採用し、公平公正を確保して運用しているが、裁判所の手続を併用することによって、より国民の信頼は高まる。

なお、会社更生手続においては、関係書類の利害関係人に対する開示と閲覧・謄写が法律で規定されており（会社更生法第一一条）、管財人による裁判所への月次の報告、業務上の重要な行為に対する許可申請などは、利害関係人の閲覧に供される。機構手続には、このような個別業務の開示義務はない。

(4) 不確実性の排除（偶発債務の遮断と財産評定）

会社更生手続では、金融機関が有する貸金債権のみならず、社債やデリバティブの損失による債務や損害賠償債務等も広く対象となるので、債権調査によって更生計画の対象となる債権を確定することにより、将来の偶発債務の発生を遮断することができる。

担保権付債権については、財産評定による時価を更生担保権として評価することが可能になる（会社更生法八三条）。また、手続開始時の時価による財産評定によって、すべての資産について簿価の洗替えができるので、財務基盤が筋肉質になるとともに、将来の減価償却費負担が軽減される。

これらによって、不確実性を排除した抜本的で盤石な再建計画を構築することが可能になる（同法二〇四条）。

⑸　株主責任（株式の消却による資本の組換え）

私的整理の枠組みでは、株主総会において一〇〇％消却の決議が成立する可能性はないので、上場を維持しながら減資及び増資による希薄化で株主責任を問うことにせざるをえない。また、同社が発行していたA種優先株式は、株価が下落しても発行額相当の株式価値が維持できる仕組みとされており、また権利内容を変更するには、全株主の個別同意を必要とされているので、商品内容の異なる種類株へ変更することへの協力を求める程度のことしかできない。この点について、株主の多くは、優良顧客であり、株主優待券は、営業施策として重要な位置づけを有するので、上場を維持し、株式を全部消却すべきではないとする意見もあったが、本末転倒といわざるをえないものである。債権者に対して多額の債権放棄を求める一方で、劣後的な地位に陥った債務超過会社の株主を保護する理由はない。まして、それを公的資金で救済することは、特段の事情のない限り許されない。加えて、機構の出資は、三年以内の確実な回収を図ることが義務づけられており、最終的な国民負担リスクを発生させる要因は、極小化しておく必要がある。以上からして、本件では、更生計画において株式の全部消却（会社更生法一七四条一号）、いわゆる「一〇〇％減資」を実施することが適切と考えられた。

なお、株主責任の問題は、再生のための手続選択から必然的に結論が導き出される問題ではない。会社更生手続であっても、既存株主を残し、上場を維持することも不可能でない（注25）。公的資金を投入する事案における株式の扱いについては、債務超過により価値を失い劣後的な地位にある株主権を、それでもなお維持する特段の事由が利害関係人に了解可能なものとして存するか否かで判断すべきものである。

(6) 機動的な組織統合

組織の効率化のためには、日本航空の中核会社及び運航子会社を統合する必要があった。それを円滑かつ迅速に実行するためには、更生計画に吸収合併を定めて、債権者の決議によるのが最適であった（会社更生法一八〇条以下）（注26）。

(7) 法的規律による効率的な解決

抜本的な改革を断行するためには、利害関係人の権利調整において、一部債権者のごね得を許さない債権者の組ごとの多数決で再建計画を確定し、利害関係人を拘束する会社更生手続が合理的である（会社更生法一九六条）。債権者全員の同意が必要な私的整理で起こりがちな一部債権者のごね得を許さない。

また、会社更生法は、双方未履行双務契約の管財人による解除権を規定している（同法六一条）。この解除権は、現実に実行するまでもなく、管財人がこの権限をもっていることが業務改善の交渉力を著しく増強させ、解決を促進させる（注27）。

(8) 外国倒産手続との関係

日本航空の国際線は、海外の多数の国・拠点に広がっており、航空機燃料取引・空港利用料・上空利用料・各種役務取引費など、多岐かつ多額の債権者が存在していた。機材の差押え等を防止して安定した運航の確保を図るためには、当該国における日本航空の資産にわが国の会社更生手続の効力が及ぶことを明確にし、諸外国において倒産手続の承認申請をする必要があった。この点についても、わが国の裁判所において会社更生手続が開始していれば、外国裁判所において、速やかな承認を得ることができる（注28）。

(9) 既得権益の排除と社員の意識改革

最後に、直接的な法効果ではないが、実はここが一番重要なところでもある。

日本航空が活力をもった会社として復活するためには、この会社の歴史の底に沈殿した既得権益やレガシーコストを徹底的に洗い出し、市場メカニズムが機能しうるようにすることが不可欠であった。これらの典型的なものとして、年金、人事賃金制度、組合問題、不採算な地方路線の見直し、天下り・役員経験者の処遇などがメディアでは指摘されていたが、そのほかにも、不明朗な取引先の整理、非営利法人や各種団体への寄付金・分担金・会費等の廃止、関係会社の整理統合などがある。この会社のありようから、これらの既得権益の排除、削減には、大きな摩擦が生じることを避けられないが、政治的、社会的なさまざまな圧力を遮断し、再生過程がゆがめられないようにするためには、会社更生手続によって裁判所の管理下に置くことが適切であった。司法の関与によって、より中立な立場が保持されて、再生への各種施策を粛々と進めることができる。

また、日本航空の現場の一般社員はもとより、経営幹部においてすら、公共交通として地域インフラにさまざまな貢献をしている会社であるため、いざというときには国が何とかしてくれるという根強い親方日の丸意識に浸っていた。この期に及んでも、企業年金制度を自助努力で適正な水準まで引き下げることさえできれば、金融機関は債権放棄に応じてくれ、公的資金によって、リストラや機材・ＩＴの刷新ができると思い込んでいる者が少なからず存在していた。この幻想から覚醒させ、まずは社会の厳しい目を正しく認識し、また経営の実情を直視させて、危機感を全社で共有する環境づくりが必要であった。それには、裁判所の管理下に入ったことほど、明快なメッセージはない。

（注25） 難波孝一ほか「会社更生事件の最近の実情と今後の新たな展開」金法一八五三号。

（注26） 更生計画において、更生会社三社を含む五社の合併を行った。

（注27） 会社更生手続開始後において、不要リースの解除・違約金交渉、施設返却交渉など、この権限を背景として合理的な解決を図った。

（注28） 米国、英国、カナダ、オーストラリアにおいて倒産手続の承認申請をしたが、速やかな承認を得ることができた。

六　事業価値を毀損しないための方策

1　法的整理への批判

日本航空の再建において、会社更生手続を活用する有用性は、以上からも明らかであるが、法的整理を利用すると事業価値が著しく毀損され、コスト増になるので私的整理を選択すべきであるという指摘も根強く展開されていたので、この見解について、若干の検討をしておく必要があろう。

彼らが展開するシナリオは、こうである。「資金枯渇で運航を一部でも停止することになれば、機材繰りができなくなり、サベナ・ベルギー航空やスイス航空のように解体に追い込まれる。デフォルトの発生によって、世界の何処かの地で運航が阻害される事態が発生してから、あわてて現金ないしデポジットを積んでも間に合わない。そのような事態になっては国民経済へのマイナスは計り知れず、国家的な信用失墜が懸念される。まして、法的整理で運航維持を図ろうとすると私的整理よりも四〇〇〇億円以上の資金が必要となる。また、定時運航や安全性への懸念から、いったん流出した客は別会社に取り込まれるので、それを再び取り戻すことはきわめて困難になる。加えて、国際的に展開する航空会社に法的整理を適用することは難易度が高く、アメリカのチャプター11手続においても航空会社への適用草創期には、パンアメリカン航空、トランスワールド航空などの失敗例が続いた。わが国には、事例蓄積もなく、いきなりわが国を代表する航空会社に法的整理を適用するのはリスクが高く、将来責任問題が発生しかねない。」

以上の懸念の多くは、法的整理、私的整理を問わず、いかなる再生手法を選択するにしても量的な問題としては配慮しなければならないところである。しかし、具体的な戦略を立てるうえで、それぞれの戦術のリスクを最大限認識しておくことは必要であるが、概念的な法的整理への懸念を指摘するばかりでは、これまでに幾度となく繰り返されてきた弥縫的な延命策の延長線にしか立てない。多額の公的資金を投入する以上は、日本航空が抱える複雑かつ多様な課題に正面から対処して過去の負の遺産の総ざらいをし、長期的な視野に立った抜本的な構造改革を断行して業務改善を図り、確実に再生させるよう努めるべきである。これまでと同じ過ちを繰り返してはならない。法的整理への懸念の多くは、手続開始時における混乱、信用不安の発生を指摘するものであるので、会社更生手続を選択する場合には、この一時的ではあるものの高い障壁を確実に乗り越えるための回答を用意しなければならなかった。

ところで、そもそも、私的整理よりは法的整理がコスト増になるとのドグマが、どれほど実証されているのか甚だ疑問ではある。まして、本件のようにほとんど公開の場において、公的支援を前提にした再建手法が議論されている案件でいかほどの違いが生じるのかは疑問なしとしない。

いずれにしても、国民に安心感と納得感のある公平で透明性の高い手続が求められているなかで、ここで提起された会社更生手続に対する不安をいかに解決するかを検討すべきであろう。

2　会社更生法の柔軟な運用

上記の懸念を解消するためには、本件の会社更生手続においては、商取引債権、リース料債権を保護し、マイレージ、既発行株主優待券の有効性を維持すること、またその取扱いを広く国民に周知させることが不可欠であった。

(一)　商取引債権等の取扱い

旅客・貨物運航事業を維持するために必要な取引は多岐にわたる。空港の利用、航空機燃料の調達のほか、機内食、機材の整備、保守管理など、国内外で数万の取引先との間で商取引をしている。特に給油が停止された場合には、直ちに航空機の運航が停止し、国内・国際ネットワークが大混乱となるおそれは否定できない。

まずは、これまでどおりの商取引債務等の弁済を行うことが必要であるが、商取引債権の弁済について、会社更生手続を所管する東京地裁民事八部の近時の実務は柔軟である。裁判所は、「少額の更生債権を早期に弁済するのでなければ更生会社の事業の継続に著しい支障をきたすとき」、管財人の申立てにより、弁済の許可ができる（会社更生法四七条五項後段）が、その解釈と運用を弾力的に行っている。すなわち、商取引債権者が、従来の約定弁済及び支払条件での取引継続を承諾することを前提として、

① 債務者会社の事業規模、負債総額、資金繰りの状況を踏まえて、相対的であっても、商取引債権一般が「少額」といえるかどうか

② 商取引債権を全額弁済することで、事業価値の毀損が防止され、商取引債権の弁済を行わない場合と比べて金融債権者等への弁済率も向上するなどの合理性が見込まれるか

を判断している（注29）。また、当該商取引債権を弁済することが将来の更生計画等の作成に支障をきたさないと見込めることも必要であろう。

日本航空の負債総額は、約二兆七〇〇〇億円、商取引債権総額はおおよその三〇％であり、清算となった場合の債権者に対する弁済率は、最大で負債総額の約二％程度にしかならない。機材部品、給油業者に対する支払は絶対額としては大きいが、対象債務者の規模・負債総額、政投銀と機構からの融資後の資金繰りを考慮すると、これら商取引は負債全体から見ると相対的に「少額」であるといえる。また、本件では、利害関係人である金融債権者の意思としても、商取引債権について、形式的平等を当てはめて、これを権利変更の対象とすることは望んでいない。むしろ、商取引債権を弁済することによって事業価値の毀損が防止され、それが更生計画における弁済率を高めて全債権者の利益につながるものと考えられた。なお、本件における弁済許可の趣旨からして当然であるが、「従前の条件で取引が継続される場合に限る」との条件が付されている（注30）。

また、既発行のチケット、クーポン、既発行株主優待券及びマイレージについても、すべて従前のとおり利用できるものとして取り扱うことにした。

(二) リース債権等の取扱い

日本航空の国際線は、海外三四カ国一五九都市にそのネットワークを展開していた。リース・割賦払いの対象となっている航空機が海外において運航した際、現地において仮差押えや担保権実行を受けるおそれを回避しておかなければならない。スイス航空など海外の航空会社における失敗例は、航空機リース債権者からの差押えを止めることができなかったことにもあるので、その対応には細心の注意が要求された。また、リース料の支払を停止した場合には、その後、航空機リースを受けることが困難となるので将来の機材調達にも支障が生じる。むしろ、リース料・割賦金の支払を継続することが、日本航空の企業価値を維持するために資することになり、その他の債権者の利益にもなることから、従来の取引条件を維持し、会社更生手続開始を理由とする差押え等の権利行使をしないことを条件として、裁判所の許可を得て、和解により、支払を継続する方針とした(注31)。

3 主要債権者との事前調整

(一) 機構スキームと事前調整

本件では、再生の大きな枠組みと方向性について、主要金融機関との基本的な合意により、会社更生手続下においても、日本航空の信用と事業価値の維持を図るため、商取引債権等については従前どおり弁済することで、法的整理と私的整理のメリットを維持しながら、それぞれのデメリットを極小化するよう努めた。

本件では、機構の再生支援と裁判所の会社更生手続開始を同時に行っているので、機構スキームに従って、対象事業者である日本航空、主要債権者である金融機関と機構が緊密な連携の下に「事業再生計画」を策定し、その内容に関係者が合意をしたうえで、支援決定をしている。一般の会社更生手続では、管財人から更生計画案が示されるのは、手続開始後数カ月経過した後になるが、本件では、入口から機構手続を並走させ、会社更生手続開始時に併せて「事業再生計画」を提示している。企業の事業価値は、一時的な事象で左右されるよりも、利害関係人に対して、具体的な事業再生計画を速やかにかつ明瞭に示し、会社の将来の姿に得心させることで確保される。それが、利用客、取引先の不安を収め、風評被害を避け、その後の手続の進行を安定させる。

もとより、機構の支援決定時における「事業再生計画」は、後に会社更生手続に従った「更生計画」の策定が予定されているので、暫定的なものである。機構手続における関係金融機関等の権利変更は、金融機関との合意によって行われるが、会社更生手続では、関係金融機関等を含むすべての更生債権者、更生担保権者の権利変更は、多数決で決議された更生計画の認可確定によって行われる。したがって、本件のような事前調整型会社更生手続における「事業再生計画」は、管財業務の遂行過程で生じた事由やその間の事情の変化によって一部変更、修正されることがありうることを前提とした暫定的な計画と位置づけられるものではあるが、特段の事情のない限り、更生計画において、事業再生計画の機軸となるところは外すべきでない。

ところで、私的整理が先行して会社更生手続に移行する例はもとより、十分なデューデリジェンスを経ているDIP型会社更生事例のなかには、申立時点において債務者がすでに具体的で詳細な事業再生計画をもっていることが少なくないであろうから、状況によっては、それが暫定的なものであることを明示したうえで、会社更生手続開始申立てに近接した時点で事業再生計画を開示すること、が関係者間で会社の将来の方向性を速やかに共有でき、事業毀損を防いで早期再生を促すこともあると思われる。

(二) 決済システムの継続利用

私的整理においては、対象債権者となる金融機関に権利行使の一時停止の依頼を行い、普通預金について相殺を回避する実務が行われているが、法的整理においては、普通預金・当座預金を含め、銀行預金はすべて相殺され、口座についても従来どおりの利用の継続は困難となるのが一般である。しかし、それでは商取引が不安定になるので、企業価値を維持するためには、それまで利用している銀行口座など決済システムの機能を維持することが不可欠である。

そこで、事前に、主要金融機関に対し、流動性預金の相殺を行わず従来どおり流動性預金残高・口座そのものの利用を継続できること、決済サービスの利用、支払承諾、外国為替取引の継続等について依頼し、その了解を機構支援の前提条件としたところ、その協力を得ることができた。法的整理の下においても、民間の取引金融機関との協調によって、商取引の安定のための措置がとられたことは、従来の銀行実務に見られない画期的な成果となった。

なお、支払承諾取引の継続も商取引を行ううえで不可欠であることから、依頼先金融機関において、会社更生手続開始前の原因に基づき支払承諾取引を履行した場合には、手続開始後も既存枠の支払承諾取引を継続することを条件として、裁判所の許可を得て、和解により、これを共益債権として扱うこととした。

4 危機対応の準備

(一) 危機対応体制

日本航空の社内においては、運航の継続と安全を確保し、更生手続開始申立日前後における取引先、利用客等との関係における不測の事態の発生を回避するため、危機対応対策チームを立ち上げ、混乱防止のための態勢準備に入った。本社には、コントロールルーム（現場管理室）を設置し、諸外国におけるグループ拠点の情報を集中管理し、情報伝達と意思決定を迅速にし、また国内外の主要拠点に、必要人員を配備した。

機構は、政府に対し、会社更生手続開始申立て時における運航を混乱なく維持するため、政府として万全の支援を行うことを表明することを求めた。とりわけ、わが国の法制度に対する認識が薄いと思われる外国における混乱を回避するため、在外公館を通じた各国への協力要請を依頼した。

(二) 危機対応資金

危機対応のための資金については、先の五大臣による申合せを受け、政投銀と機構がどの時点で、またどの範囲で融資を分担しあうかについて検討が続けられ、平成二二年一月上旬、政投銀と機構が併せて六〇〇〇億円の協調融資枠を設定することで合意が成立し、政投銀は一月一五日に日本航空に対し一四五〇億円を融資実行した（注32）。

支援決定後には、機構が融資及び保証ができることになり、一月末の時点における危機対応融資の内訳は、政投銀が二二五〇億円（ただし、一〇〇〇億円は機構が保証）、機構が八〇〇億円となった（注33）。

(三) 適時の情報提供

最良の危機対応策は、突然性の回避である。当該事由は発生時の対策はもとよりであるが、そこに至るまでの過程における対応、周囲の環境づくりはそれに劣らず大切である。政投銀によるつなぎ融資については、取引先、利用客等に不安が生じないようにするため、一月三日には、追加融資枠の設定を検討していること（注34）、続いて一月六日には、一〇〇〇億円の追加融資枠を設定する方針について取締役会の承認があったこと（注35）、そして一月一五日には、一四五〇億円の融資を実行したことを適時開示している（注36）。

また、機構は、平成二二年一月一三日、法的整理、会社更生手続を併用した支援決定が近いとの報道が過熱するなか、日本航空の運行と取引の安定のためには、支援方針の事前開示が必要と判断し、「株式会社日本航空に関する支援検討の状況について」を公表し、検討中のスキームでは、十分な資金を確保したうえで、通常の運航・営業を継続することを意図しており、具体的には、商取引債権、航空機リースは従来どおりの支払が行われること、航空券、マイレージ、株主優待券は、従来どおりの利用が可能であることを公表した（注37）。これに合わせ日本航空も同じ内容を広報した（注38）。

（注29）難波幸一ほか「会社更生事件の最近の実情と今後の新たな展開」金法一八五三号、同「会社更生手続における調査命令を活用した商取引債権保護モデル（調査命令活用型）の提言に対する東京地裁民事第八部（商事部）の検討結果」ＮＢＬ八九〇号。

（注30）山本和彦「企業再生支援機構とＪＡＬの更生手続」ジュリ一四〇一号、同「日本における本格的な事前調整型会社更生手続の幕開きへ」債管一二八号。なお、商取引債権については、伊藤眞「新倒産法制一〇年の成果と課題――商取引債権保護の光と陰」、上田裕康・杉本純子「再建型倒産手続における商取引債権の優先的取扱い」銀法七一一号、小畑英一「再生債権をめぐる諸問題」事業再生研究機構編『民事再生の実務と理論』所収。

（注31）日本航空ＨＰ http://press.jal.co.jp/ja/release/201001/001430.html

（注32）政投銀ＨＰ http://www.dbj.jp/ja/topics/dbj_news/2009/html/0000003757.html、同 http://www.dbj.jp/ja/topics/dbj_news/2009/html/0000003800.html

（注33）日本航空定例記者会見（平成二二年四月三〇日）における筆者の管財人統括としての報告、日本航空ＨＰ

http://www.jal.co.jp/other/info2010_0430.html
（注34） 政投銀ＨＰ http://www.dbj.jp/ja/topics/dbj_news/2009/html/0000003733.html
（注35） 政投銀ＨＰ http://www.dbj.jp/ja/topics/dbj_news/2009/html/0000003738.html
（注36） 政投銀ＨＰ http://www.dbj.jp/ja/topics/dbj_news/2009/html/0000003757.html
（注37） 機構ＨＰ http://www.etic-j.co.jp/pdf/100113newsrelease.pdf
（注38） 日本航空ＨＰ http://press.jal.co.jp/ja/release/201001/001426.html

七　日本航空に対する支援の開始

1　委員会による支援決定と「支援決定の前提条件」

日本航空は、平成二二年一月一九日、東京地方裁判所に会社更生手続開始を申し立て、即日、会社更生手続開始決定を得た。これと同時に、日本航空は、主要債権者である金融機関とともに、機構に対して再生支援を申し込み、同日、委員会は、日本航空に対する株式会社企業再生支援機構法二五条四項に基づく支援決定を行った（注39）。

この支援決定に際し、委員会は、本件における機構の姿勢を明確にするため、以下の「支援決定の前提条件」を決議し、それを公表した（注40）。いささか長くなるが、その当時の委員会の覚悟と懸念が凝縮されているので、以下に引用する。

1　日本航空の迅速かつ確実な再建を実現するため、政府において、今後とも、継続的に、必要となる支援を実施すること。

2　政府及び日本航空は、国内外の関係事業者及び外国政府に対し、日本航空に対する商取引債権、リース取引債権及び日本航空の航空券・マイレージ・発行済み株主優待券は保護され、事業継続に支障がない旨を周知し、取引停止等により運航に支障が生じないよう、理解と協力を要請すること。

3　我が国航空産業の国際競争力確保を図るため、総合的な政策支援の在り方を早急に検討し、具体化すること。

4　主要債権者は、日本航空の事業の円滑な継続に必要な金融機能を引き続き提供するとともに、日本航空の今後の再生プロセスに協力すること。

5　法律により支援決定後三年以内の支援完了が求められている企業再生支援機構の制度的枠組みを踏まえ、政府は、日本航空を取り巻く経済環境、経営状況を引き続き注視し、必要に応じて適切な対策を講じること。

6　日本航空においては、今般の国、関係金融機関等の支援の意味を重く受け止め、全社を挙げて、事業再生計画および更生計画を確実に実行するとともに、とりわけ安全な運航に万全を期すこと。

2　政府声明

これを受けて、政府は、次の声明を発した（平成二二年一月一九日閣議了解）（注41）。

1　本日、企業再生支援機構は、日本航空の支援決定を行いました。これから日本航空は、企業再生支援機構による全面的な支援の下、裁判所の関与により透明性・衡平性が確保された会社更生法の手続きを通じて、国民目線に立った確実な再生を図ることになります。

2　日本航空は、わが国の発展基盤である航空ネットワークの重要な部分を担っております。このため、日本政府は、同社が再生を果たすまでの間、十分な資金を確保するほか、外国政府に対して理解と協力を得るなど、運航の継続と確実な再生を図るため、必要な支援を行ってまいります。

3　日本航空においては、企業再生支援機構の支援手続と会社更生法手続を併用する枠組みの下で、全社を挙げて事業と財務基盤の健全化に強力に取り組み、安全な運航の確保について万全を期すことを強く要請します。

3　国交大臣声明

また、国交大臣も、同日、次の声明を発した（注42）。

1. 本日、日本航空は、企業再生支援機構に支援の申込みを行うとともに、裁判所に会社更生法に基づく更生手続き開始の申し立てを行いました。

2. これを受け、同日、企業再生支援機構が支援決定を、裁判所が更生手続き開始決定を行いました。これから日本航空は、企業再生支援機構による全面的な支援の下、裁判所の関与により透明性・衡平性が確保された更生手続きを通じて、国民目線に立った確実な再生を図ることになります。

3. 日本航空の再生期間中は、企業再生支援機構及び日本政策投資銀行を通じて十分な資金が確保されます。

4. また、各国における上空通過、空港での離着陸に支障がなく、円滑な運航が継続できるよう、外国政府及び関係機関に対して理解と協力をお願いしております。

5. 日本航空の運航の継続などは、通常どおりの扱いとなりますので、安心して日本航空を利用し、また取引を継続していただくことができます。

6. 日本航空は、わが国の発展基盤である航空ネットワークの重要な部分を担っておりますので、同社が再生を果たすまでの間、必要な支援を行ってまいります。

7. 日本航空においては、企業再生支援機構の支援手続きと会社更生法手続きを併用する枠組みの下で、全社を挙げて事業と財務基盤の健全化に強力に取り組み、安全な運航の確保について万全を期すことを強く要請します。

4　再生へ向けた人的支援

(一)　稲盛氏の会長就任

日本航空の再建のためには、社員の意識改革を断行できる強力な指導者が必要であった。機構は、その適任者として、稲盛和夫京セラ名誉会長に日本航空の経営を依頼した。同氏は、管財人の就任こそ固辞したものの、平成二二年一月一三日に至って、日本航空会長として経営全般にわって指導することを受諾し、二月一日に就任した。

なお、会社更生手続における稲盛氏の法的地位は、管財人から経営を委嘱された者ということになる。

(二)　管　財　人

東京地方裁判所は、日本航空に対する会社更生手続開始決定と同時に、法人である機構と弁護士片山英二を管財人に選任した。機構が出資及び融資をすることを予定していたため、将来的に更生会社と機構との間で利益相反が生じる場合の対応も考えての構成である。

法人管財人に選任された機構は、裁判所と調整のうえ、中村彰利（当時機構代表取締役専務）及び筆者を管財人の職務を行うべき者（職務執行者）に指名した。管財人間の職務分掌は、中村が事業面、片山が法律面を担当し、筆者が管財業務全体を統括した。

㈢　管財人団と機構スタッフ

管財人は、管財人代理二五名を選任した。法律業務を行う弁護士のほか、業務執行に関して、日本航空プロパーから社長、副社長を管財人代理として選任している。また、機構の常務取締役二名、政投銀から一名、京セラグループから稲盛氏を補佐する二名を管財人代理に選任した。また、管財業務の補佐、補助者として、機構のプロオフィスメンバーを中心に三〇名を超えるスタッフが常駐した。そのほかにも、政投銀から七名、日本政策金融公庫・国際協力銀行から一名の出向者がいる。収支管理、コスト削減、財産評定は、これらの者が、機構スタッフや日本航空プロパー社員と協働して進めたが、管財業務の遂行に債権者の意見を直接汲み上げることができ、またそれを更生計画に反映することができた。

㈣　経営会議体とバンクミーティング

経営に係る基本方針や経営戦略は、会長、社長、本部長クラスの執行役員と管財人団の主要メンバーが出席する経営会議（議長：稲盛会長）において議論を尽くし、経営方針を定めた。そのうちの重要な財産処分行為や管財業務遂行上の重要事項は、管財人三名、経営に関与している管財人代理八名及び稲盛氏で構成する「管財人会」（議長：管財人統括である筆者）の決議によって決定した。

また、主要金融機関とは、定期的にバンクミーティングを開催するなど、会社の実情と改善のための施策、更生計画の方針などについて、情報交換を重ね、緊密な連携を保つよう努めた。管財人団のなかに債権者が入っていることと相まって、債権者委員会的な役割を果たしたと評価できる。

5　更生手続の遂行

㈠　構造改革と資金の安定

会社更生手続開始の当日は、事前に万全の危機対応策を講じて臨んだこと、政府から支援表明がされたこと、何より現場の従業員を中心とする整然とした対応によって、不測の事態で利用者に迷惑をかけることもなく、平穏裏に安全な運航が確保できた。また、取引先とのトラブルも発生することなく取引関係は従前どおり維持できた。

その後は、日本航空の確実な再建に向けて、構造改革に取り組んだ。具体的には、路線・路便及び機材の最適化、適正な組織規模の実現、貨物事業の見直し、施設等の見直しによる固定費の削減、資材調達体制の抜本的見直し、ＩＴシステムの刷新、子会社の整理統合等を進めた。

徹底的なコスト削減策を実施し、収益力、危機対応力の強化を図った一方で、旅客需要は回復基調に入り、さらに想定を超える円高がコストを押し下げ、燃油費は安定するという経済環境に恵まれて、営業収支は急速に改善し資金繰りは好転した。また、融資枠を大きく設定したことによって、現金決済やデポジットの積み増しを求められる事態はほとんど発生しなかった。その結果、緊急対応のために準備した資金はほとんど使用せずにすみ、追加融資の必要は発生しなかった。政投銀及び機構からの借入金は、更生手続中に順次返済され、機構が出資をした平成二二年一二月一日までには、元利すべて返済されている。

ところで、資金不安による負の連鎖を回避するためには、半端な資金準備ではほとんど意味がない。一時的な危機対応のための資金は、できれば存分に（大半の事案ではそれこそがむずかしいのであるが）用意するに越したことはない。私的整理であろうが、法的整理であろうが、信用補完のための融資枠を見せることが、風評被害による追加ロスの発生を回避させる。その結果、実際に使用する資金は小出しの融資よりむしろ少なくすますことができる。なお、公的支援による融資は、無利息ないし恩恵的な低利で実行されていると誤解されている向きもあるようだが、破綻企業に対してニューマネーを提供するものであるので、その金利はリスクに見合った水準に設定されている。

(二) 定例会見における情報の開示

これらの構造改革の進捗と収支の状況については、毎月一回開催する定例記者会見（会長、社長、管財人統括が出席）において、裁判所への月次報告の概要を配布するとともに、詳細に報告することで、機構による公的支援の経過を一般に開示した。

6 更生計画の策定と更生手続の終結

(一) 更生計画案の提出

更生計画の提出期限は、会社更生手続開始時に裁判所から平成二二年六月三〇日と指定されたが、その後、管財人は、裁判所に提出期限を二カ月延長してもらい、八月三一日に更生計画案を提出した。この延長は、管財業務を進めるなかで、あらためて厳格な財産評定を行ったこと、機材戦略と路線路便計画の変更により当初の事業再生計画を修正する必要が生じたこと、さらには主要債権者から、よりイベントリスク耐性の強固な航空会社とするため当初計画をさらに深彫りすべきであるとの強い要望があり、これらを反映させる必要が生じたことなどによるものである。

(二) 事業再生計画と更生計画の対比

機構が支援決定する際の「事業再生計画」においては、当該時点で認識した債務超過は、八六七六億円であり、七三〇〇億円の債権放棄を受け（ただし、年金給付改定が成立し年金基金が維持される場合は変更される）、機構は三〇〇〇億円を出資するとした。また、事業面では、不採算路線を整理し、平成二一年度対比で、国際線は九三路線から七九路線へ、国内線は一三六路線から一一九路線とする。機材は、ボーイング747－400（ジャンボ機）三七機、MD90を一六機退役させ、小型機五〇機を導入する。人員は、グループで平成二一年度約五万一八六〇人を三万六二〇〇人に削減する。各種手当、年功序列型賃金体系の見直しによる人件費削減を実施し、コア事業以外の子会社の売却・清算による航空事業への経営資源の集中などを計画した。

これに対し、「更生計画」では、平成二二年三月末の債務超過を九五九二億円と確定したうえで、債務免除額は五二一五億円（一般更生債権の弁済率一二・五％）、機構の出資は三五〇〇億円とし、なお第三者からの追加出資に努めることとした。また、事業面では、大型機材の退役をさらに早め、路線では、平成二四年度末で、国際線六五路線、国内線一〇九路線に縮小し、これに伴って、人員は平成二二年末で三万二六〇〇人を予定し、持続的なコスト削減のための構造改革を実行することとした。

(三) 更生計画の認可

管財人が提出した日本航空の更生計画案は、その後、債権者決議に付され、ほぼ一〇〇％の同意を得て成立し、平成二二年一一月三〇日、裁判所は、この更生計画の認可決定をした。

(四) 更生手続の終結

主要債権者及び関係諸機関からは、手続開始前から、できる限り早期に更生手続を終了させることが望まれていた。また、機構の存続期限との関係においても早期の更生手続終結が望ましいことはいうまでもない。更生計画においては、経営環境の急激な変化に対応できるようにするため、更生債権・更生担保権の七年分割弁済を基本と定めるものの、当初からリファイナンスによる更生債権等の一括弁済を予定し、管財人は、裁判所の許可を得て、未弁済額を繰上弁済できるものとした。そのことは、非メイン行の金融債権は機構が買取りすることで早期一括弁済の機会が与えられる一方で、その他の一般債権（社債やデリバティブ債権など）は機構手続における買取対象にはできないため、全債権者に対して早期一括弁済を実施することが債権者の実質平等の理念に資することになると考えた。

平成二三年三月二八日、更生会社日本航空はリファイナンスによる更生債権と更生担保権の弁済を実行し、東京地裁は、同日、会社更生手続の終結決定をした。ここに日本航空の会社更生手続は一年二カ月余で終結した。

（注39） 機構ＨＰ http://www.etic-j.co.jp/pdf/100119newsrelease.pdf
（注40） 機構ＨＰ http://www.etic-j.co.jp/pdf/100119newsrelease-2.pdf
（注41） 首相官邸ＨＰ http://www.kantei.go.jp/jp/hatoyama/statement/201001/19seimei.html
（注42） 国交省ＨＰ http://www.mlit.go.jp/report/press/cab04_hh_100119.html

八　おわりに

本稿は、日本航空再生のスタート台を整備したところで終わる。再生過程における諸問題については、また別の機会に述べることにしたい。

日本航空の再生支援に際しては、わが国の航空輸送事業は、供給過剰にあり、分割解体すべきであるという見解もあったが、機構の再生支援と会社更生手続、そして稲盛和夫氏という卓越した経営者の指導とのベストミックス、そして部門別採算制度とJALフィロソフィーの定立などによって業務改善が行われ、瞬く間に業績を回復し見事に独り立ちした。その一方で、競争相手の全日空も業務改善に努め、史上最高益を更新している。

ところで、日本航空に対する公的支援は、公平な競争環境をゆがめたとの批判がある。まずは、再建に向けた新規投資などの事業施策に対して、EUガイドラインに準じて公的資金の使用に制約を加えるべきであるとの主張である。もとより、再生支援を受けた経済的優位を利用して、競業他社を害する取引が許されるものでないことは当然である。しかし、破綻会社の再生のための新規投資に制約を設けることは、日々変転する経済社会のなかで座して死を待てというものであり、再生支援の自己否定といわざるをえない。そもそも、多国間の企業競争の利害調整に関する規制を、わが国の航空行政上の権益配分を絡めたローカルな二社間競争に当てはめようとすること自体が失当である。公共交通機関である航空会社間の適正な競争環境の維持の問題を議論する際に忘れてならないことは、国内の競業他社との権益配分の問題としてではなく、受益者である国民の視点から、激しい国際競争に直面している本邦航空輸送事業者の生き残りをかけた基盤整備の問題として議論されるべきものであることである（注43）。

また、公的資金の投入のみならず、更生計画による債権の権利変更によって返済負担を軽減し、財産評定による資産の洗直しによって減価償却費を減縮したことで利益が過大になり、しかも繰越欠損金の充当が長期にわたって適用される税制上の恩典も受けることは、過剰な公的支援であり不公平との批判もある。しかし、ここで指摘される点は、すべての企業の再生過程に適用される税制等の問題であり、日本航空が特別に享受する恩恵ではないことを認識しておく必要がある。再生過程にある企業に対し、政策的に一時的な不均衡を生じさせることの適否は、企業再生一般における公的支援のあり方として議論すべきものである。公的支援における公平論一般について論じるのは、本稿のテーマではないのでこの程度にしておく。

日本航空の再生過程において、本来議論されるべきものは、誰もが予想しなかった業績回復をいかなる要因によって、かくも短期に成し遂げることができたのか、また、わが国の民間投資家や金融機関は、このような大きなリターンを生む可能性を秘めた企業の再生支援をなぜ回避しようとするだけなのか、その要因をさまざまな角度から検証し、その成果を今後の事業再生と企業経営に生かすことではないだろうか。それはこれまでの金融の論理に寄り添った公的支援のあり方についても、根源的な問いかけをすることになるだろう。

（注43） 松嶋英機「会社更生手続を見守る視点について」ＮＢＬ九三二号、同「会社更生手続と事業再構築制約論」金法一九〇二号、伊藤眞『会社更生法』九頁（注11）参照。なお、平成二二年五月二五日の日本航空定例記者会見（平成二二年五月二六日）における筆者の管財人統括としての発言、日本航空ＨＰ http://www.jal.co.jp/other/info2010_0526.html

（法制審議会倒産法部会における倒産法制全体の見直し作業などを通じて、田原睦夫弁護士から「企業再建の魂」をご教示いただいた後進の寄稿　平成二四年一一月一四日）

二

民事訴訟法

民事裁判手続の実効性の確保としての制裁関連規定の現状
——日米の制裁制度の比較の観点から

花村良一

一　はじめに

民事裁判手続の究極目的は、私人間の権利義務関係を迅速・適切に確定し、もって、その権利の実現・救済に資することである。この目的を達成するために、民事裁判手続を主催する裁判所はもとより、これに関与する当事者や関係人（証人ないしは証拠を所持する第三者等を含む。）においても、民事裁判手続が迅速・適切に行われることに協力するとともに、手続を公正に遂行することが求められ、期待されるところである。

このような事情を受けて、現行の民事訴訟法二条は、「裁判所は、民事訴訟が公正かつ迅速に行われるように努め、当事者は、信義に従い誠実に民事訴訟を追行しなければならない。」と定めている（注1）。

今日の民事裁判手続においては、多くの当事者本人・その訴訟代理人らも、上記趣旨を十分に理解し、これに協力する姿勢で、民事裁判手続の追行に臨んでいただいているところであり、平成八年の民事訴訟法改正を契機として、集中審理・集中証拠調べに対する理解・協力を示していただき、また、平成一五年の民事訴訟法改正で導入された計画審理の規定の趣旨をふまえ、計画的な訴訟追行を心がけていただいている結果、近年、民事訴訟（第一審）の平均審理期間については、大幅に短縮化が図られており、民事裁判の迅速化の成果が顕著に見られつつある（注2）。

しかしながら、民事裁判手続は、民事調停手続のようにもっぱら当事者間の同意・互譲に依拠するものを除き、申立人（提起人）の一方的な申立てに基づいて基本となる手続が開始され、相手方や関係人においては、適宜・適切なタイミングで応訴し、自己の権利の防御に努める必要があるうえ、不利な判断が下された場合には、その結論を強制されうるという意味で、強制的・権力的な国家作用であることも、否めないところである。その結果、自己の意に反して裁判手続への参加を余儀なくされた者のなかには、手続進行への協力について好意的な姿勢をとらず、あるいは自己にとって不利益な状態が早期に確定することを避けるために、民事裁判手続の進行に逆らい、手続の引延ばしを企図する者も出てくることになる。また、上記のとおり、裁判手続が強制的・権力的な要素を含むことにかんがみると、十分な根拠・理由がないにもかかわらず、不当な目的の下に、民事裁判の濫用的な提起がされる場合には、応訴を余儀なくされる相手方において不相当な負担を強いられるおそれもある。そして、今日では、国民の権利意識の変化をはじめとして司法制度に係る各種基盤等の変容が進むなか、民事裁判の実効性の確保一般に関しても、現行の民事訴訟法の枠組みを非制裁型スキームととらえたうえで、その検証をすべき時期が来ているのではないかとの指摘（注3）や、現在進行中の裁判の迅速化の議論においても、失権効の制度又はなんらかの制裁型スキームの導入に係る意見や裁判の適正・充実・迅速化を推進するための施策としての制裁の導入に係る意見（注4）が示されるに至っている。そこで、本稿では、上記のような問題意識から、迅速かつ適切な手続進行の実現を阻害する場面への対応としての制裁規定や、濫用的申立て等への対処としての制裁規定などに関し、現在のわが国の法制度（判例法理を含む。）を概観したうえで（後記二）、アメリカにおいて同様の場面への対応として、どのような法制度（なお、本稿においては、連邦法のみを対象とする。）が設けられているかを紹介することにより（後記三）、わが国の法制度の現状や検討を要する点がどのようなところにあるかを確認することとし（後記四）、これにより、わが国の法制度改革に係る今後の議論に向けて、参考となる視点を提供することとを試みることとしたい（注5・6）。

（注1）このような裁判所及び当事者の責務を定めた民訴法の通則である二条は、各種の民事裁判手続法において包括準用されており、民事裁判手続一般を通じて、一般原則として位置づけられている（民執法二〇条、民保法七条、破産法一三条、民事再生法一八条、会社更生法一三条など）。

（注2）最高裁判所「裁判の迅速化に係る検証に関する報告書（平成一七年七月、平成一九年七月、平成二一年七月、平成二三年七月）」。各報告書の詳細については、http://www.courts.go.jp/about/siryo/indexから参照することができる。

（注3）三木浩一「日本の民事訴訟における裁判官および弁護士の役割と非制裁型スキーム」（国際シンポジウム報告）

民訴五〇号九〇頁以下。

（注4） 前掲（注2）最高裁判所「裁判の迅速化に係る検証に関する報告書（平成二三年七月）施策編・Ⅵ」の3・1・5及び3・2・3を参照。また、当該報告書における制裁の検討に係る提言に基づく議論の状況については、高橋宏志ほか「民事訴訟の迅速化に関するシンポジウム(下)」判タ一三六七号四頁、一四頁以下、山本和彦ほか「特別座談会　民事裁判の一層の充実・迅速化に向けて(3)」ジュリ一四三四号七八頁、八二頁以下を参照。

（注5） 筆者は、平成六年一月から平成一二年七月まで法務省民事局付として勤務した際に、平成八年民事訴訟法改正の立案担当者の一人として、民事訴訟手続を全体的に見直し、考察する機会を得たが、その際に、田原睦夫先生（当時は大阪弁護士会所属）には、法制審議会民事訴訟法部会、同小委員会、同準備会などにおける各種議論を通じて、さまざまなご教示を賜った。また、平成一二年には、筆者が東京地方裁判所判事として勤務していた際に、在外研究員として、同年一一月から一二月までの二か月間、アメリカにおいて裁判所侮辱の制度の実情について研究する機会を得た。本稿における考察は、これらの経験により得られた知見をふまえて、この機会に、制裁に係る制度全般について、追加的に文献・判例収集や検討を行い、現状及び問題点の整理を試みたものである。

（注6） アメリカ以外の諸国における制裁規定については、本稿では考察できなかったが、不当提訴に対する損害賠償という観点で、比較法的検討を行っているものとして、本間靖規「民事訴訟と損害賠償――不当提訴を中心に」民訴四三号三三頁、三六頁以下がある。

二　日本における現行の各種制裁関連規定について

まず、わが国の現行法制において、不適切な訴訟上の行為や濫用的な申立て等について、どのような対処がされているかを、法令の規律に限定せず、判例法理も含めて、概観することとする。なお、以下に掲げる項目には、必ずしも制裁を科することを直接の目的とするものではないものも含まれているが、不適切な訴訟上の行為等を抑止し、又はその弊害を除去する結果につながると考えられるものについては、後述するアメリカの諸制度との対比を明確にする意味から、掲げていることをご了解いただきたい。

1　訴訟手続の遅延・遅滞を防ぎ、審判の充実・実効性の確保に資する制度

(一)　時機に後れた攻撃防御方法等の却下

当事者が提出する攻撃防御方法については、訴訟の進行状況に応じて適切な時機に提出しなければならない「適時提出主義」がとられるとともに（民訴法一五六条）、審理の計画が定められている場合において、裁判長が、特定の事項についての攻撃又は防御の方法を提出すべき期間を定めたときは、当該期間内に提出することが要請される（同法一五六条の二）。

そして、①当事者の故意又は重大な過失によって、②時機に後れて提出した攻撃防御方法であって、③これを提出することにより訴訟の完結を遅延させることになると認められるものは、裁判所が申立てにより又は職権で、却下の決定をすることができるものとされている（民訴法一五七条）。また、同様に、審理の計画が定められている事案において、特定の攻撃防御方法に係る提出期間が定められている場合には、期間経過後に提出することにより、審理の計画に従った訴訟手続の進行に著しい支障を生ずるおそれがあると認められるものは、裁判所が申立てにより又は職権で、却下の決定をすることができるが、当事者が期間内に提出することができなかったことについて相当の理由があることを疎明したときは、この限りでないものとされている（民訴法一五七条の

二）。

㈡　訴訟追行に不熱心な場合の訴訟の終局

訴訟手続については、裁判所において、訴訟が裁判をするのに熟したと判断したときに、口頭弁論を終結し、終局判決をするのが原則である（民訴法二四三条）。

しかしながら、当事者の双方又は一方が口頭弁論の期日に出頭せず、又は弁論をしないで退廷した場合において、審理の現状及び当事者の訴訟追行の状況を考慮して相当と認めるときは、裁判所は、口頭弁論を終結し、終局判決をすることができるとされている（ただし、一方当事者が出頭している場合には、その者の申出があるときに限られる。民訴法二四四条）。

また、当事者双方が口頭弁論又は弁論準備手続の期日に出頭せず、又は弁論若しくは弁論準備手続における申述をしないで退廷若しくは退席をした場合には、一カ月以内に期日指定の申立てをしなければ、訴えの取下げがされたものとみなされ（民訴法二六三条前段）、同様の不出頭又は退廷若しくは退席が、連続して二回行われた場合も、訴えの取下げがされたものとみなされる（同条後段）。

㈢　訴訟を遅滞させた場合等の訴訟費用の負担

訴訟費用は、敗訴した当事者が負担するのが原則であるが（民訴法六一条）、勝訴当事者が、攻撃防御をするうえで必要でない行為によって訴訟費用を増大させた場合や、適切な時期に攻撃防御の方法を提出しないことや、期日又は期間の不遵守その他当事者の責任に帰するべき事由により訴訟を遅滞させたときは、その勝訴当事者に、訴訟費用の全部又は一部を負担させることができる（同法六二条、六三条）。

また、法定代理人、訴訟代理人等が、故意又は重大な過失によって無益な訴訟費用を生じさせた場合や、代理権を有しないで訴訟行為をした場合には、裁判所は、これらの者に対して訴訟費用額の償還を命ずることができ、また、無権代理人による訴えが却下された場合には、訴訟費用は無権代理人の負担とするものとされている（民訴法六九条、七〇条）。

これらの規定は、不必要な行為や訴訟手続を遅滞させる行為など、不適切な訴訟追行があった場合には、当該行為によって生じた訴訟費用を負担させることができるものとすることで、当事者間の衡平を図るとともに、そのような行為を抑止する効果を期待するものといえるが、①現在の法制上は、訴訟に要する費用のうち当事者にとって大きな割合を占めると思われる弁護士費用が、負担の裁判の対象となる「訴訟費用」には含まれていないこと、②訴訟費用額の確定手続を経たうえで、相手方負担とされた訴訟費用についての回収・実現を図ることは、実際上、あまり行われていないこと等の事情もあり、有効な制裁的機能を果たしていないのが実情であると考えられる。

2 証拠収集・証拠調べの実効性を確保するための制度

(一) 証人の出頭及び証言を確保するための方策

何人であれ、特別の定めがある場合を除いて、証人として証言をする義務を負うのが原則であり（民訴法一九〇条）、証人が正当な理由がなく出頭しない場合には、①これにより生じた訴訟費用の負担を命じられ、かつ、一〇万円以下の過料に処されるか（同法一九二条）、②一〇万円以下の罰金又は拘留（情状により併科される場合もある。）に処される（同法一九三条）ほか、③勾引によって、出頭を強制されることもある（同法一九四条）。

また、正当な理由がなく、証言を拒絶した場合や、宣誓を拒絶した場合にも、上記①及び②と同様の制裁が科されるものとされている（民訴法二〇〇条、二〇一条五項）。

さらに、証人が虚偽の証言をする場合には、刑法上の偽証罪の制裁を受けることになる（刑法一六九条）。

(二) 当事者本人の出頭及び陳述を確保するための方策

当事者本人を尋問する場合において、尋問の対象となる当事者が、正当な理由なく、出頭せず、又は宣誓若しくは陳述を拒んだときは、裁判所は、尋問事項に関する相手方の主張を真実と認めることができる（民訴法二〇八条）。

また、宣誓した当事者本人が虚偽の供述をした場合については、一〇万円以下の過料に処するものとされている（民訴法二〇九条一項）。なお、虚偽の陳述をした当事者が、訴訟の係属中に、虚偽であることを認めた場合には、事情により、過料の決定を取り消すことができるものとされており（同条三項）、本人による是正に対するインセンティブが付与されている。

(三) 文書提出命令の実効性を確保するための方策

訴訟当事者以外の第三者が文書提出命令に従わない場合には、裁判所は、決定で二〇万円以下の過料に処することとされている（民訴法二二五条）。

また、訴訟の当事者が文書提出命令に従わない場合や相手方の使用を妨げる目的で文書を滅失させるなどした場合には、裁判所は、文書の記載に関する相手方の主張を真実と認めることができる（民訴法二二四条）。

3　不適切な申立て、濫用的な申立て等に対する方策

㈠　不適法な訴え提起に対する方策

訴えを提起するにあたっては、当事者と審判の対象とを明らかにする必要から、訴状には、当事者及び法定代理人を記載するとともに、請求の趣旨（求める裁判の内容）及び請求原因（訴訟物を特定し、請求の趣旨を理由あらしめる事実）を明確にしたうえで（民訴法一三三条二項）、訴え提起の手数料を納付し（民事訴訟費用等に関する法律三条）、また訴状の送達に必要な費用を予納すること（同法一一条一項一号）が必要である。

しかし、訴え提起のなかには、これらの要件について十分に具備していないものもあり、補正を命じられた期間内に当該不備が補正されない場合や、そもそも不備の補正ができないようなものについては、裁判長による訴状却下命令（民訴法一三七条二項、一三八条二項）や、口頭弁論を経ない訴えの却下判決（同法一四〇条）により、相手方の応訴をまたずに、簡略な方式による訴えの排斥が可能とされている。

㈡　控訴権等の濫用に対する制裁

第一審判決に対しては、不服を有する当事者は、控訴により控訴裁判所の判断を仰ぐことができるが（民訴法二八一条一項）、なかには、控訴に理由がないことが明らかであるにもかかわらず、もっぱら訴訟の完結を遅滞させることのみを目的として控訴の提起がされる場合も少なからず存在する。このような濫用的な控訴の提起への制裁として、控訴裁判所は、第一審判決が相当であるとの理由で控訴を棄却する場合には、併せて、控訴人に対

し、控訴の提起の手数料として納付すべき金額の一〇倍以下の金銭の納付を命ずることができる（民訴法三〇三条一項）。

また、当該規定は、上告審の手続にも準用されているので（民訴法三一三条）、もっぱら訴訟の完結を遅滞させることのみを目的として上告の提起がされた場合についても、上告裁判所において、同様の金銭納付を命ずることができることとなる。

これら金銭納付命令の規定は、昭和二三年改正に際して、旧民訴法三八四条ノ二として導入されて以来の歴史を有するものであるが、「訴訟の完結を遅滞させることのみを目的」とする旨の主観的要素の認定の困難性や、濫用的な控訴に対する威嚇的効果が十分でないこと等の理由からか、現在の実務運用上は、ほとんど利用されていないといわれている（注7・8）。

(三) 濫用的な訴訟提起に対する対応

法令上の根拠規定・法条を直接に有するものではないが、訴えの提起において、その主張した権利等が根拠を欠くものであり、そのことについて提訴者が悪意・重過失である場合など、訴え提起が裁判制度の趣旨・目的に照らして著しく相当性を欠くと認められる場合には、訴え提起自体が相手方に対する不法行為（民法七〇九条）を構成するとして、損害賠償を認めるのが判例法理である（最判昭63・1・26民集四二巻一号一頁）。不当な訴訟への応訴を余儀なくされた相手方に生じた損害について、不法行為としての損害賠償が認められること自体は適切であるが、当該救済がされるためには、先行訴訟（濫用的な不当訴訟）の棄却判決等が確定したうえで、さらに応訴を強いられた相手方の主導で後行訴訟を新たに提起するなどの必要があり、相手方の救済として見ても時間と労力をさらに要することとなるし、また、濫用的な訴訟の申立てを抑制する威嚇的効果も十分とは言いがたいと考えられる。

4 法廷における不適切な訴訟活動に対する方策

(一) 法廷等の秩序維持に関する法律に基づく措置

法廷その他の裁判所が事件について審判その他の手続をする場所において、裁判所の面前で、①その場所の秩序を維持するため裁判所が命じた事項を行わず、又はとった措置に従わない者や、②暴言、暴行、けん騒その他不穏当な言動で裁判所の職務の執行を妨害し、又は裁判の威信を著しく害した者に対しては、裁判所は、二〇日以下の監置や三万円以下の過料に処する（併科も可）ことができるものとされている（法廷等の秩序維持に関する法律二条）。

当該制度は、後述する英米法の裁判所侮辱（そのなかの直接侮辱）を参考として立法されたものである（注9）。制裁の対象となる者としては、傍聴人などの訴訟関係者以外の者も含まれるが、当事者本人・代理人などの訴訟関係者自体も当然含まれるものである。

(二) その他の法律に基づく措置

裁判所（合議体の場合には、裁判長）は、法廷等における裁判所の職務の執行を妨げ、又は不当な行状をする者に対して、退廷等を命じたり、その他法廷等における秩序を維持するために必要な事項を命じ、又は処置をとることができるとされている（裁判所法七一条二項、七二条）。いわゆる法廷警察権であり、当該措置の実効性の確保としては、前述の法廷等の秩序維持に関する法律による制裁のほか、上記裁判所の命令に違反して裁判所の職務の執行を妨げた者については、審判妨害罪として、一年以下の懲役若しくは禁固又は一〇〇〇円以下の罰金が刑事罰として科されうるものである（裁判所法七三条）。

（注7）　本条による金銭納付の制裁が科された例（上告審も含む。）として公刊されているものとしては、最判昭37・7・3（裁判集民事六一号四六三頁）、最判昭37・7・17（裁判集民事六一号六六五頁）、名古屋地判昭38・6・22（下民集一四巻六号一二〇三頁）、最判昭38・12・24（判時三六一号四四頁）、最判昭41・11・18（判時四六六号二四頁）、東京高判昭50・9・22（判時七九九号四八頁）、東京高判昭51・5・20（判タ三四一号一六八頁）、高松高判昭58・10・18（判タ五一〇号一二七頁）、東京高判昭60・10・21（判時一一七一号七五頁）などがある。

さらに、本条による金銭納付を命じた最近の例としては、大阪地判平23・1・14（判時二一一七号四四頁）がある。本事案は、貸金業者に対する過払金返還請求訴訟の控訴審判決であり、被控訴人の請求を原審が認容し、貸金業者側が控訴した事案であるが、被控訴人は控訴人が悪意の受益者に該当する旨の主張をしていない（よって、民法七〇四条所定の利息請求もしていない。）にもかかわらず、控訴人が悪意の受益者に該当しない旨を唯一の控訴理由として主張したところ、控訴裁判所は、①当該主張は失当であることが明らかであり、また、②控訴人が同様の過払金返還請求訴訟を多数提起され、これに応訴していること等を考慮すると、控訴提起に理由がないことを知りながら、控訴提起したものと推認するほかないとして、控訴提起の手数料納付金額の一〇倍以内である三万円を国庫に納付することを命じたものである。通常、控訴人の主張自体が失当であるという上記①の事情だけでは、濫用的申立てと即断することは困難であるが、控訴人が同種訴訟を多数経験しているという上記②の事情があることにより、濫用的意図を推認することができるとしたものであろう。

（注8）　現行の金銭納付の制裁について、園尾隆司「民事訴訟改革の軌跡」（判タ一一八六号四二頁）は、「むやみに控訴をしても意味がない手続を定めるべきものであり、控訴権を濫用する者に制裁金による威嚇をしてみても、抜本的解決にはならない。控訴権を濫用しようとする者は、この程度の制裁金の威嚇でひるむような気弱さを持ち

合わせてはいない。」と評している。

(注9) このことは、法廷等の秩序維持に関する法律が、当初は「裁判所侮辱制裁法案」との名称で国会に提出されたところ、参議院において、若干の内容面での修正を加えたうえで、題名も現在の「法廷等の秩序維持に関する法律」に改めることとされた経緯に端的に表れている。なお、法廷等の秩序維持に関する法律に関する解説としては、桑原正憲「法廷等の秩序維持に関する法律について」曹時四巻八号六七頁を参照。

三 アメリカにおける各種制裁制度について

1 裁判所侮辱(contempt of court)について

アメリカにおいては、裁判手続全般との関係で、裁判所の命令に従わない者に対して、拘禁又は罰金(fine)の支払を命ずる権限が裁判所に認められている。英国法に起源を有する裁判所侮辱の制度が、これである(注10)。

(一) 裁判所侮辱の種類

裁判所侮辱には、さまざまな種類があり、その分類方法も、必ずしも統一的なものがあるわけではないが、今日のアメリカで主に用いられている分類としては、直接侮辱と間接侮辱の区別と、民事侮辱と刑事侮辱の区別とがある。

(1) 直接侮辱と間接侮辱

直接侮辱(direct contempt)とは、裁判所(裁判官)の審理中に行われ、かつ、裁判所(裁判官)に現認された侮辱的行為を指し、間接侮辱(indirect contempt)とは、裁判所の現認しない場所でされた侮辱的行為を指す。後者は、みなし侮辱又は擬制侮辱(constructive contempt)と呼ばれる場合もある。

直接侮辱は、前述した法廷等の秩序維持に関する法律が規定する制裁に概ね相当するものであるが、わが国では同法の対象に当たらない宣誓拒絶や証言拒絶のようなものも、裁判所の面前で行われるものとして、アメリカでは、直接侮辱の制裁の対象となっている。

他方、間接侮辱は、裁判所の命令に対する不服従一般に対する制裁として行われるものであり、手続上の命令への違反全般に適用されるほか、本案判決の執行・履行確保としても、差止命令(injunction)や扶養料の支払命令等に関して、裁判所侮辱による制裁が適用される。

(2) 民事侮辱と刑事侮辱

民事侮辱(civil contempt)と刑事侮辱(criminal contempt)との区別については、当該侮辱に対する制裁が科される目的によって定まるとされている。すなわち、民事侮辱とは、①裁判所の命令に従わない者に対して当該命令に従うことを強制する(coercive)目的で行われ、あるいは、②当該命令に従わないことによって当事者に生じた損害を補償する(compensatory)目的で行われる制裁を指し、これに対して刑事侮辱とは、裁判所の命令に従わないなどの過去の行為に対して懲罰を与える(punish)目的で行われる制裁を指すとされている。このように、民事侮辱と刑事侮辱の区別は、制裁を科する目的に着目した分類であり、基本となる事件が民事事件であるか、刑事事件であるかということとは直接の関係を有しない。よって、民事事件に伴って、民事侮辱と刑事侮辱の双方が生ずることもあるし、逆に、刑事事件に伴って、民事侮辱と刑事侮辱の双方が生ずることもあることになる。

前記二で指摘したわが国における手続上の制裁は、証人の不出頭・宣誓拒絶・証言拒絶などに見られるように、基本的には、命令違反に対する制裁として科されるものであり、過料の制裁金も国に納められるものであるから、上記分類に従えば、刑事侮辱に相当するものであることになる。

他方、アメリカにおける民事侮辱のうち、当該命令に従うことを強制する目的によるものについては、過去の侮辱的行為に懲罰を与えるためではなく、裁判所の命令への将来にわたっての服従・履行を強制するために科されるものである。よって、この場合の制裁としては、一般に、監獄への拘禁の期間・期限は確定的なものとしては定められず、裁判所の命令に服従するまで当該拘禁が継続することになる。また、罰金についても、裁判所の命令に服従するまで一日当りいくらという金額が定められるのみであり、当該金額が、裁判所の命令に服従するまで累積的に科されていくことになる。これに対して、当事者に生じた損害を補償する目的で行われる民事侮辱は、損害額に照らした一定の金額につき、当事者に対して支払われる罰金（fine payable to a party）というかたちで科されることになる。

(二) 裁判所侮辱に対する制裁の内容

刑事侮辱に基づく制裁としては、罰金と拘留の双方を科することができないのが原則であるが（合衆国法典（U.S.C）18編401条）、罰金の額や拘禁の期間については、基本的に、特段の制限がない。また、民事侮辱に関しても、制裁の内容については、連邦法上、特段の制限はないのが原則であるが、証言を拒絶する証人（recalcitrant witness）に対する民事侮辱としての拘禁の制裁については、①基本となる手続が終了した後は継続することができず、また、②一八カ月を超えて拘禁を継続することができない旨の定めがある（合衆国法典28編1826条）。民事侮辱の制裁は、あくまでも裁判所の命令に対する服従を確保するためのものであるから、基本となる手続が終了してしまえば、命令に従わせる必要はなくなったことになるし、また、長期間にわたって服従しない者を、さらに継続的に拘禁しても、服従することは期待することができないとの考え方に基づくものである。

2　連邦民事訴訟規則における制裁規定（注11）

㈠　不適切又は不当な訴答（pleading）書類の署名者への制裁

裁判所に提出する訴答書類（訴状、答弁書、準備書面に相当）、申立書その他の文書には、訴訟代理人又は（本人訴訟の場合の）当事者本人が署名をしなければならず、これらの者は、署名をすることにより、事情に応じた相当な調査の後に得られた知識、情報及び確信の限りにおいて、当該文書が、①法律上・事実上の十分な裏付けがあることや、②嫌がらせ、不必要な訴訟の引延ばし、訴訟費用の無用な増大を招くこと等の不当な目的のために提出されたものではないことを保証しなければならない（連邦民事訴訟規則11条ⓐⓑ）。これに対する違反があると認められる場合に、裁判所は、相手方の申立てにより、署名者に対して、①非金銭的な制裁、②裁判所への過料の命令、③違反に対する抑止のうえで有効と認められる場合には相手方に対する金銭賠償を命ずること等の制裁を科することができるものと定めるのが、連邦民事訴訟規則11条ⓒである（注12）。

この制裁を受ける主体は、訴答書類に署名した者であり、代理人である弁護士のほか、本人訴訟における当事者も含まれる。連邦民事訴訟規則11条による制裁は、代理人である弁護士にも適用があるため、弁護士の調査義務・真実義務との関係で議論されることも多いが、当事者本人にも同様の義務と制裁を科するものである点では、代理人の行為規範にとどまらず、当事者一般による適切な訴訟活動を確保する側面を有するものと評価することができよう。

現在の規定は、一九九三年改正によるものであるが（注13）、同改正前の規定（一九八三年改正によるもの）の下で、弁護士費用を含む損害賠償を求める申立てが相手方当事者から多数提起されるようになったこと等から、一九九三年改正においては、相手方に対する損害の賠償の側面よりも、裁判所に対する罰金の支払や、非金銭的な制裁に比重が置かれるに至っている。非金銭的な制裁として考えられるものとしては、違反書面の排斥（攻撃防御方法の却下、申立ての却下に相当）のほか、主に弁護士を念頭に置いた制裁の例として、説諭、懲戒、譴責、懲戒機関への報告、教育プログラムへの参加などが示唆されている（注14）。また、一九九三年改正においては、当事者の申立てによる制裁の発動に先立って、制裁対象の告知をし、告知の到達後二一日以内に当該書面が撤回され、違反状態が是正されれば、制裁に係る手続は開始されない旨の規定（safe harbor条項）が設けられるに至っている（連邦民事訴訟規則11条(c)(2)）。

なお、例外的な事例に限られると思われるが、悪意による濫用的な訴え提起が繰り返されるような事案においては、まずは連邦民事訴訟規則11条違反に対する他の制裁を科するが、それらが効を奏せず、なお、濫用的な訴え提起が繰り返されるときは、最終的手段として、連邦民事訴訟規則11条違反に対する非金銭的制裁としての差止命令（injunction）を発し、①同様の訴訟提起自体を禁止する場合や、②金銭的制裁を科したうえで、当該制裁に従った金銭の支払がされるまでは、同様の訴訟を新たに提起することを禁止したり、訴訟手続の進行を停止する場合などがあるとされている（注15）。

(二) 事実審理前協議、日程命令に対する不服従への制裁

裁判所は、訴訟の提起後、事実審理前協議（Pretrial Conferences）を開き、争点や証拠開示について協議をするほか、当事者の追加の訴答・申立てや証拠開示がされるべき時期、最終の事実審理前協議の日程などに関する日程命令（Scheduling Order）を発することができるが（連邦民事訴訟規則16条(a)(b)）、①当事者や訴訟代理人が日程協議その他の事実審理前協議に出頭しなかった場合、②当事者や訴訟代理人が、これらの協議に参加するための実質的な準備を怠った場合や、これらの協議に誠実に参加することを怠った場合、③日程命令その他の事実審理前命令に従わなかった場合には、当事者の申立てにより又は職権で、制裁を科することができる（may）ものと定められている（同条(f)(1)）。

この場合の制裁としては、証拠開示命令に対する違反に関する後述(四)の②～⑦の制裁（連邦民事訴訟規則37条(b)(2)(A)(ii)～(vii)）のいずれをも科することができるほか、上記の違反によって生じた相当な費用（弁護士費用を含む。）の支払を、これらの制裁に代えて又は併せて命ずる（must）ものとされている（同16条(f)(2)）。もっとも、これらの制裁は、当該違反について、実質的に正当な理由に基づくものである場合や、その他の事情から費用の支払を命ずることが正当とは認められない場合には、適用されないものと定められている。

(三) 不適切な証拠開示（disclosure, discovery）の申立て等への制裁

アメリカの民事訴訟においては、事実審理（trial）に入る前の段階で、連邦民事訴訟規則で定める種類の証拠の当然開示（disclosure）や、相手方からの請求に基づく証拠開示（discovery）が行われる（連邦民事訴訟規則26条(a)(b)）。そして、これらの当然開示並びに証拠開示に係る請求、回答及び異議の申立てにあたっても、当事者

又は訴訟代理人は、署名をすることによって、最善の知識、情報及び確信に従って、相当な調査をしたうえで、①それらが規則に従い、誠実にされたものであること、②嫌がらせ、不必要な訴訟の引延ばし、訴訟費用の無用な増大を招くこと等の不当な目的でしたものでないこと等を確証することを求められる。そして、確証がこれらに違反しており、当該違反について実質的に正当な理由を欠く場合には、裁判所は、申立てにより又は職権で、違反によって生じた合理的な費用（弁護士費用を含む。）の支払を命ずることなど、適切な制裁を科する（must）ものとされている（連邦民事訴訟規則26条(g)(1)(3)）。これは、証拠開示の場面において、前述の連邦民事訴訟規則11条と同様の規律を及ぼすものである。

(四) 証拠開示命令に対する不服従等への制裁

当事者は、相手方や関係人に対して事前の通知をしたうえで、裁判所に対して、当然開示や証拠開示を強制するための証拠開示命令（Order Compelling Disclosure or Discovery）を発するように申し立てることができる（連邦民事訴訟規則37条(a)）。

そして、裁判所が、上記申立てを理由があると認めて、証拠開示命令を発したにもかかわらず、相手方当事者や関係人がこれに従わない場合には、次のような制裁を科することができるとされている（連邦民事訴訟規則37条(b)）。

まず、証言録取の実施される地区の裁判所が命令をした後においても、証言を録取される者が宣誓をせず、又は質問に回答しない場合には、当該不服従は、裁判所侮辱に当たるものとして扱われることになる（連邦民事訴訟規則37条(b)(1)）。

次に、訴訟が係属している裁判所は、当事者、当事者の役員、当事者のために証言すべきと指定された者が、証拠開示命令に従わない場合には、これらの不服従に対する正当な命令として、次のような命令を発することができる（may）ものとされている（連邦民事訴訟規則37条(b)(2)(A)）。すなわち、①証拠開示命令にかかわる事項等について、当該訴訟との関係では、その命令を得た当事者が主張するとおりの事実が証明されているものとみなす旨の命令（真実擬制）、②不服従の当事者が、その請求や防御方法を主張し、争うことを許さない命令、又はその当事者が証拠開示命令にかかわる事項について証明することを禁止する命令、③訴答の全部又は一部を無効とする命令、④証拠開示命令に従うまで、訴訟手続を停止する命令、⑤訴訟又は裁判手続の全部又は一部を却下する命令、⑥不服従の当事者に対する懈怠判決（default judgment）を下す命令、⑦裁判所の命令（ただし、身体又は精神状態の検査命令を除く。）に対する不服従を裁判所侮辱として扱う命令である（連邦民事訴訟規則37条(b)(2)(A)(i)～(vii)）。

また、当事者が、他の者を検査のために出頭させる命令を受けたにもかかわらず、これに従わない場合には、訴訟の係属する裁判所は、上記①～⑥の各命令を発することができる（連邦民事訴訟規則37条(b)(2)(B)）。

さらに、上記の各制裁命令に代えて、又はこれらと併せて、裁判所は、不服従の当事者又は指導助言をした弁護士の一方又は双方に対して、不服従によって生じた相当な損害（弁護士費用を含む。）の支払を命ずる（must）ものとされている（連邦民事訴訟規則37条(b)(2)(C)）。

3　連邦控訴規則における制裁規定

連邦控訴規則（Federal Rules of Appellate Procedure）38条は、控訴裁判所が、控訴が“frivolous”（的確な日本語

訳はむずかしいが、「取るに足りないもの」「いいがかり的なもの」等とのニュアンスである。）であると判断したときは、独立した申立て又は裁判所からの告知（notice）の後に、答弁する合理的機会を付与したうえで、正当な損害（just damage）と、訴訟費用額又はその倍額が被控訴人へ支払われるように命ずることができる（may）旨を定めている（注16）。ここに、控訴が“frivolous”なものであるかどうかは、客観的に、結論が明らかで、主張に理由がないかどうかによって判断されるものであり、主観的な悪意等は必要とされないと解されている模様である（注17）。支払を命じられる「正当な損害」は、控訴への対応によって生じたすべての支出（控訴に応訴するための弁護士費用を含む。）又は当該限度内で裁判所が適当と認める金額であり、「訴訟費用額」は、敗訴当事者が課されることとされている申立手数料等（具体的内容については、合衆国法典28編1920条を参照）を指している（注18）。

また、これに類する規定として、その起源を一七八九年までさかのぼることができる合衆国法典28編1912条においては、「最高裁判所又は控訴裁判所は、原判決を維持する場合には、その裁量で、勝訴した当事者に、遅延による正当な損害と、費用額又はその倍額の支払を認めることができる」旨を定めている（注19）。これらは、ほぼ同一内容であるが、連邦控訴規則の上記条項においては、裁判所の裁量による旨に代えて、「“frivolous”である控訴」との要件を明確化しているほか、支払を認められる正当な損害についても、必ずしも遅延によって生じた損害のみにとどまらないものとしている（注20）。

4　合衆国法典における代理人への制裁規定

合衆国法典28編1927条は、法廷における訴訟活動を認められた弁護士等が、合理的理由なく、悪質に

（vexatiously）、訴訟手続を増大させる行為を行う（multiplies the proceedings）場合には、裁判所は、当該弁護士等に対し、それにより相手方に余計に生じた費用（弁護士費用を含む。）を個人的に負担するように命じることができる（may）旨を定めている（注21）。この規定は、弁護士等の訴訟代理人にのみ適用されるものであり、本人訴訟の当事者については、適用がない。

（注10）　裁判所侮辱は、裁判所が有する固有権（inherent power）に源を有するといわれ、判例法理の蓄積により形成されてきたものであるため、制定法としては、一部の手続的規律や制裁内容を定める規定があるのみであり、その全容の把握には、困難なものがある。アメリカにおける裁判所侮辱の全般に係る解説については、伊藤正己「裁判所侮辱の諸問題」一〜二六頁、スタンレイ・A・リース「法廷侮辱」曹時八巻四号五三頁、拙稿「米国民事事件における裁判所侮辱の実情(1)〜(5・完)」ＮＢＬ七一一号二四頁、七一二号五六頁、七一三号四二頁、七一四号六五頁、七一五号四二頁を参照されたい。

（注11）　本稿において、連邦民事訴訟規則（Federal Rules of Civil Procedure）の条文の内容を記載するにあたっては、渡辺惺之ほか『英和対訳　アメリカ連邦民事訴訟規則（2004-2005 Edition）』を適宜参考にさせていただいた。もっとも、その後の改正により項番号、内容等の変更がされたものもあること、本稿においては、紙幅の都合上、全文の日本語訳を紹介できないため、実質内容に即した要約を行う必要があったこと等から、表現等が異なっている部分も多数あると思われるが、和訳としての正確性に問題があれば、その責任は、もっぱら筆者に属する。

（注12）　連邦民事訴訟規則11条について紹介・検討する邦語の文献は多数にのぼるが、たとえば、浅香吉幹「裁判所へのアクセスと訴訟手続の濫用――アメリカ連邦民事訴訟規則11条の改正をめぐる議論からの示唆」石井紫郎・樋口範雄編『外から見た日本法』一五五頁、山本浩美「連邦民事訴訟規則11条について――プリーディング書面等に対する当事者の署名に基づく責任」秋田二六号三四頁、座談会「ルール11と弁護士の役割」判タ九二〇号二三頁、椎橋邦雄「民事訴訟手続の円滑化と弁護士の責任――アメリカ連邦民事訴訟規則11条の検討を中心に」中村

英郎教授古稀祝賀(上)『民事訴訟法学の新たな展開』六一七頁、酒井博行「民事訴訟の事実主張過程における弁護士の行為規範——アメリカ連邦民事訴訟規則11条からの示唆」九法八七号三九頁などがある。

(注13) 連邦民事訴訟規則11条は、二〇〇七年及び二〇〇九年にも部分的に改正されているが、規定の文言の見直し等が中心であり、制裁に係る規律の実質としては、一九九三年改正による規律内容が現在も維持されている。

(注14) *See* Fed. R. Civ. P 11 advisory committee's note.

(注15) *See* Georgene M. Vairo, Rule 11 SANCTIONS−Case Law, Perspectives and Preventive Measures (Third Edition), at 567-570 (2004) ; Gregory P. Joseph, SANCTIONS−The Federal Law of Litigation Abuse (Third Edition), at 266-269 (2000).

(注16) Federal Rules of Appellate Procedure Rule 38 : Frivolous Appeal−Damages and Costs : "If a court of appeals determines that an appeal is frivolous, it may, after a separately filed motion or notice from the court and reasonable opportunity to respond, award just damages and single or double costs to the appellee."

(注17) *See* Joseph, *supra* note 15, at 43, 478-489.

(注18) *Id.* at 490-491.

(注19) 28 U.S.C.§1912 :Damages and costs on affirmance : "Where a judgment is affirmed by the Supreme Court or a court of appeals, the court in its discretion may adjudge to the prevailing party just damages for his delay, and single or double costs."

(注20) *See* Joseph, *supra* note 15, at 42-43.

(注21) 28 U.S.C.§1927 : Counsel's liability for excessive costs : "Any attorney or other person admitted to conduct cases in any court of the United States or any Territory thereof who so multiplies the proceedings in any case unreasonably and vexatiously may be required by the court to satisfy personally the excess costs, expenses, and attorneys' fees reasonably incurred because of such conduct."

四　日米比較から考えるわが国の法制の現状

上記の紹介をふまえて、わが国の制裁関連規定をあらためて見直してみると、前記二から明らかなとおり、わが国の法制上も、さまざまな制裁関連規定が設けられているが、通常の訴訟実務においては、これらの制裁が発動されることは、ほとんどないのが実情である。その理由の一つとしては、制裁規定の存在自体によって、不適切な行動が一定程度抑止されている面もあると思われるが（注22）、他方で、制裁が適用される要件・場面が実情にかなっていないとか、適切な抑止効果が期待できないことなどから、やむをえず、制裁の発動が差し控えられている面もあると考えられる（注23）。そこで、以下において、日米の制裁規定を対比することにより、わが国の現在の規定がカバーしていない領域として、どのようなものがあるかを概観してみたい。

㈠　訴訟当事者以外の第三者から適切な証拠資料（供述、文書等）を得るための手段としては、懲罰的制裁（わが国における過料、アメリカにおける刑事侮辱）について、両国において共通するものがあるが、履行強制のための民事的制裁（アメリカにおける民事侮辱）については、わが国の法制には、これに該当するものがない（注24）。もっとも、履行をするまで継続的に、命令に従わない者を拘禁したり、又は金銭を支払う命令をすることが、実際上、どの程度有効な対処となるのかは、定かでない（注25）。また、裁判所の命令に従うまでの間、場合によっては、長期にわたって本案訴訟が進められなくなるとすると、訴訟の円滑な進行自体が阻害される結果となることに照らせば、履行強制のための民事侮辱的な制裁を用意することで、威嚇的効果・機能は期待できるとしても、実際に制裁を発動することによって履行を確保するということに、どれほど現実性があるかについては、検討を要するといえよう。

(二) アメリカにおいては、前述したとおり、事実審理前の段階での主張提出、日程命令の遵守、証拠開示命令の遵守等の関係で、これらに対する不服従がある場合には、真実擬制、請求・主張の排斥、訴訟手続の中止、請求の全部又は一部の却下、懈怠判決などの制裁により、訴訟の帰趨そのものに係る不利益（訴訟手続内での不利益）が科されることになるほか、相手方の弁護士費用を含め、不服従によって生じた相当な損害を相手方当事者に対して支払うように命ずることが広く認められている。

わが国においても、当事者の訴訟追行に係る懈怠・不服従との関連で、訴訟の勝敗そのものに係る不利益を科する場面は、不出頭に係る取下げ擬制、審理の現状に基づく判決、当事者による文書提出命令への不服従などに関し、限定的ながら見受けられると評価することができるが、アメリカのように、より広い場面において、訴え却下や懈怠判決を認めるような規定は存在しない。さらに、懈怠によって増加した弁護士費用その他の損害を相手方当事者に支払うように命ずる制度も存在しない。もちろん、これらの制裁をわが国にそのまま導入することが、現在の訴訟実務の現状の下で適切に機能するかどうかは、まったく別個の問題であるし、実体的真実発見の要請との関係をどのように考えるか、金銭的制裁を科する場合の損害算定を適切に行うことには種々の困難が伴うことにならないか（注26）、制裁を科することに伴って、手続の複雑化・長期化等の弊害が生じないか（注27）など、検討すべき点は多々あると思われる。

㈢　また、法廷での口頭弁論をはじめとする手続遂行中の妨害行為等については、もとよりアメリカの裁判所侮辱のような広範な制裁の制度は設けられていないものの、わが国においても、直接侮辱に係る分野においては、法廷等の秩序維持に関する法律や法廷警察権に関する規定など、一定の規律が用意されている。これらの規定のさらなる整備や強化が求められるような実情があるのかどうかについては、慎重な検討が求められよう（注28）。

㈣　さらに、アメリカでは、不当な訴え、不当な申立て及び不当な上訴に対しては、これらによって相手方に生じた損害を、弁護士費用も含めて支払わせることを含めた制裁規定が存在している。この点は、わが国では、判例法理上、不当提訴による損害の賠償請求のかたちで、限定的ながら、事後的救済を図る途が開かれているとはいえ、そのための本案訴訟を独自に提起する必要があり、ハードルの高いものとなっているうえ、濫用的訴訟の抑制・抑止という観点で、どの程度の機能を有するのかは疑問が残るところであろう。この分野に関し、強力な制裁規定を設けることは、憲法上の裁判を受ける権利の保障との関係上も、特に慎重な検討・対応が求められるところであろうが、少なくとも、同一訴訟の濫用的な繰り返しにわたる提起や、もっぱら不当な目的に基づく濫用的な上訴提起などについては、その抑制・抑止が強く求められる典型的場面に当たるといえるのではなかろうか。もちろん、どのような類型を「濫用的」なものと認めるかについて、明確な要件によって、その外延を適切に画することができることが大前提ではあるが、こうした濫用的な訴えや上訴に関しては、相手方当事者の応訴の負担や、権利救済の早期実現を不当に阻害するものであること等を考慮すれば、相手方に生ずる損害の賠償のみならず、簡易に訴えを排斥することや、訴訟等の提起そのものを不適法なものとすること等により、相手方を応訴の負担等から早期に解放する手段を確保することも検討に値するのではないかと思われる。

㈤　最後に、制裁を受ける主体についてであるが、わが国では、無権代理人による訴え提起や代理人による無益な訴訟行為があった場合の訴訟費用の償還の規定（民訴法六九条、七〇条）のような特殊な場面を除き、訴訟代理人である弁護士自体に対して制裁を科する規定は存在していない。この点、アメリカにおいては、弁護士を直接の制裁の対象とし、相手方に生じた弁護士費用その他の損害を支払わせることができる旨の規定も多数存在するが（注29）、連邦民事訴訟規則11条に係る議論に照らすと、非金銭的制裁としての弁護士に対する説諭や懲戒手続等についても重点が置かれているところである。その意味では、わが国においても、弁護士会による懲戒（弁護士法第八章参照）との関係も含めて、訴訟代理人による訴訟行為の適正さを確保するうえで、どのような手当・対処がふさわしいかについては、アメリカにおける制裁関連規定の歴史的経緯等も十分に参照しつつ、また、わが国の各種諸制度との調和・均衡にも留意したうえでの検討をしていく必要があろう。

（注22）　たとえば、証人の出頭の確保のうえでは、裁判所からの呼出状に、不出頭の場合の勾引を含む不利益の記載（告知）がされていることが一定の効果を発揮していると考えられるし、証人等の尋問にあたっての宣誓（民訴法二〇一条）や制裁の告知（民事訴訟規則一一二条五項）によって、虚偽の供述を抑止する一定の効果が生じているものと推認される。

（注23）　実務上も、とりわけ、時機に後れた攻撃防御方法の却下の規定について、故意又は重過失による提出遅延という主観的要件の認定は困難な場合が多いこと、続審制を採用するわが国の民事訴訟手続の下では、第一審で攻撃防御方法を却下しても、控訴審では提出が可能であるとすると、十分な効果が期待できないこと等が指摘されている。

（注24） 高橋ほか・前掲（注4）判タ一三六七号一四～一五頁〔三木浩一発言〕は、裁判の迅速化との関係で、議論されるべきものは、直接侮辱と間接侮辱の区別との関係では主として間接侮辱のほうであり、民事侮辱と刑事侮辱の区別との関係では主として民事侮辱のほうであり、「裁判所の命令や指示に従わないものに対して、命令や指示に従うまで何らかの制裁を科すことにより、命令や指示を実効化する制度をめぐっての議論ということになろうかと思います」と指摘する。

（注25） アメリカの民事事件において、裁判所侮辱の制裁が、実際には、ほとんど用いられていないと考えられることについては、前掲（注10）「米国民事事件における裁判所侮辱の実情(3)」NBL七一三号四三頁以下を参照。

（注26） とりわけ、わが国の現状における弁護士報酬等の体系としては、着手金と成功報酬の仕組みが広く用いられ、アメリカに多く見られる時間報酬制（タイム・チャージ）は必ずしもとられていないと考えられるが、そのようななかで、遅滞そのものによって増加した弁護士費用の額を、的確に観念し、算定することは容易ではないと考えられよう。

（注27） 前記三の2㈠のとおり、アメリカにおいても、連邦民事訴訟規則11条について、一九八三年改正によって、金銭的制裁を求める申立てが頻発した結果、逆に、一九九三年改正では、非金銭的制裁に重点を置くことなどにより、制裁に係る手続がエスカレートすることを抑止する方向での制度改正が図られた経緯がある。また、前記三の2㈢及び㈣のとおり、アメリカでは、証拠開示決定に対する違反への制裁が強力である一方、それがゆえに証拠開示が濫用的に用いられるおそれも高くなることから、証拠開示に係る申立て等の濫用に対する制裁も整備されているところであり、これらは一体として理解される必要がある。このように、制裁規定を整備する際には、手続全体の観点から、各種規定の相互作用・関係をも視野に入れたうえで、有効に機能するかどうかを検討する必要があろう。

（注28） 高橋ほか・前掲（注4）判タ一三六七号一四頁〔本田能久発言〕において、法廷等の秩序維持に関する法律による対応について、対応できる事例に限界があると指摘して、準備書面の提出期限を再三徒過することや、理由もなく繰り返し弁論等の期日に遅刻すること等が議論の対象となっていることが指摘されているが、これらの

ケースには、アメリカにおいても、通常は、前記三の２㈡の日程命令や事実審理前命令に対する違反への制裁等で対処されているものと推測される。この点、裁判所侮辱の制裁と連邦民事訴訟規則上の制裁のいずれもが適用可能である場合においても、実際の運用上は、同規則上の証拠開示命令違反に対する制裁等が主として用いられている点につき、前掲（注10）「米国民事事件における裁判所侮辱の実情⑶」ＮＢＬ七一三号四五～四八頁、同「米国民事事件における裁判所侮辱の実情（５・完）」ＮＢＬ七一五号四五頁を参照。

（注29）もっとも、英米においては、弁護士の行動を規律する権限自体が、裁判所が有する固有権（inherent power）の一つであると位置づけられており（伊藤正己「裁判所の固有権について」曹時一巻九号六五頁、七五頁以下）、わが国とは制度的背景が大いに異なっていることには、留意する必要がある。

五　おわりに

本稿では、主に制裁規定の適用要件・場面や制裁の種類・内容を中心として、日米の制裁に関する規定等を概観し、考察してきた。もっとも、制裁に係る制度を設計・検討する際には、①制裁に係る手続をどのように定めて、手続保障を確保していくかという問題、②正当な事情によって裁判所の命令に従うことができない場合など、制裁を科することがふさわしくない場合について、どのような要件で適切に画するかという問題、③（現行の制度の改正も含めて）効果的な制裁の内容・程度（制裁金の多寡など）をどのように規律するかという問題、④実際の制裁発動の場面において、不当な訴訟活動を抑制・抑止する目的を最大限に達成するうえで、適切な種類の制裁をどのように選択するものとするかという問題など、さまざまな点を考慮する必要があると考えられるが、本稿では、これらの問題について言及するまでの十分な検討をするに至らなかった。また、立法等の制度改革のみならず、わが国の現行の各種規定の下でも、実務運用上の工夫によって、さらなる対処が可能な分野も当然あると思われる。いずれにしても、民事裁判手続の実効性の確保のために、実務運用上又は制度改革上、どのような対処が考えられるかにつき、活発な議論がされ、わが国の民事裁判手続が、権利実現の有効な手段として、さらなる発展をしていくことを期待したい。

詐害行為取消訴訟における他の債権者による権利主張参加の可否
――いわゆる不動産の二重譲渡事例における権利主張参加の可否の検討を通じて

八田卓也

一　はじめに

本稿は、最判平22・10・19金商一三五五号一六頁において田原睦夫裁判官による補足意見が指摘された問題、すなわち詐害行為取消訴訟における他の債権者による権利主張参加の可否、の問題に対する筆者なりの回答を用意することを目的とする。

その回答を考えるにあたり、いわゆる不動産の二重譲渡事例における権利主張参加の可否に関する理解が一定の鍵を握るという認識を得たため、本稿は本来の目的に対する準備作業としてまずその点を検討する。さらにその前提として権利主張参加の制度趣旨が問題となるため、まずこの点を整理したうえで（二）、二重譲渡事例における権利主張参加の可否（三）、詐害防止参加訴訟における他の債権者による権利主張参加の可否（四）の順に考察を重ねていきたい（注1）。

（注1）以下の事例では、独立当事者参加人をZ、Zが参加する訴訟の原告をX、被告をYとする。

二　権利主張参加における民事訴訟法四〇条準用の趣旨についての見解の対立

不動産の二重譲渡事例における権利主張参加の可否には、権利主張参加における民訴法四〇条準用の趣旨の理解が少なからず影響を及ぼしている。

1　二見解の対立

周知のとおり、権利主張参加における民訴法四〇条準用の趣旨については、これを、「三当事者」「間の三面的紛争を矛盾無く一挙に解決するため」（注2）とする説（以下、本稿において「制度目的としての三面訴訟説」という）（注3）と、「独立当事者参加とは、〔第三者が〕本訴訟の当事者間の訴訟追行を牽制してその間に自己に不利な判決の生じることをくい止めようとする制度である」（注4）（〔　〕内、引用者）という説（以下、本稿において「第三者保護説」という）（注5）の二つが対立している。

(一)　制度目的としての三面訴訟説

制度目的としての三面訴訟説は、独立当事者参加訴訟の訴訟構造についてかつて存在した論争において通説の地位を占めた、三当事者がそれぞれ独立して対立関与する一つの訴訟が存在するとする見解（これを本稿では「独立当事者訴訟の訴訟構造としての三面訴訟説」と呼ぶ）（注6）を前提として、かかる訴訟構造としての三面訴訟性を正当化するため、民訴法四〇条準用の趣旨として、「三面紛争の一挙的解決」を持ち出す見解であった。民訴法四〇条準用の要件として三面訴訟性（両面参加）を要求し（注7）、効果として合一確定をあくまで貫く（注8）点に、その解釈論的特徴があった。

(二)　第三者保護説

第三者保護説は、民訴法四〇条が準用される独立当事者参加訴訟形態がとられるかどうかはひとえに参加する第三者のイニシアティブに委ねられていることを理由に、当該第三者の利益保護のために権利主張参加訴訟はあるとし、当該第三者に生じる不利益回避を民訴法四〇条準用の制度目的とするものである。

そこで念頭に置かれている第三者の不利益には、以下の(a)(b)の二種類のものがある。

(a)　第一は、本訴訟当事者による、第三者の権利を否定する内容の権利主張に「裁判所によるお墨付きがつくこと」である（注9）。たとえば、Zが所有権を主張している甲土地について、XがYを被告として所有権確認訴訟を提起して勝訴し、確定判決が下った場合には、Xの甲土地所有権の主張に対し、裁判所がいわばお墨付きを与えたような結果になる。これは、まず、その後ZがYやXを被告として甲土地の所有権確認訴訟を提起した場合に、証明効としてZに不利に働く可能性がある。また、ZがYに甲土地の任意の明渡しを求めた場合に、Xに所有権を認める「裁判所のお墨付き」があることにより、YがZの説得に応じがたくなる、という事態が発生する可能性もある。

(b) 第二は、第三者の権利実現が困難になる、あるいは、場合によっては不可能になるかもしれない、という不利益である。

［1］ たとえば、ZがAからYに対する甲債権を譲り受けたはずであるにもかかわらず、XがAに甲債権を譲渡したがそれは無効であると主張してYに対して甲債権の給付訴訟を提起した、という場合、仮に当該訴訟でXの請求を認容する判決が下り、確定すれば、Xが当該判決を債務名義としてYに対して強制執行をして甲債権を回収する、ないし判決に基づいてYがXに対して任意弁済をすることが当然に考えられる。このような事態は、YはZに対して任意弁済をすることを拒む可能性を高めるであろう。事案によっては、YのXに対する弁済に民法四七八条が適用になり、ZがYから支払を受ける権利を法律上失ってしまうこともあるかもしれない。また、Xによる強制執行ないしYのXに対する任意弁済の結果、Yが無資力になり、Zが事実上Yから債権回収をすることができなくなることも考えられる（注10）。

［2］ ほかにも、ZがYに対して甲土地を売却し登記も移転したが、当該売買契約が錯誤により無効であるので移転登記を抹消して甲土地を取り戻したいと考えている場合、Yから甲土地を購入したというXが現れ、Yに対し移転登記請求訴訟を提起し、勝訴判決が確定し、当該判決に基づきY→Xの移転登記が実現してし

まった場合には、Zの登記回復はより困難になる。Xからさらに転々と甲土地が譲渡され、結果、外観法理が介在することにより、Zが所有権自体を喪失する、という事態も生じるかもしれない（注11）。

2 両説の関係

平成八年改正前は、制度目的としての三面訴訟説が多数説であり、判例もこれに従っていた（注12）。しかし、平成八年改正による片面参加の許容により、形勢は逆転する。制度目的としての三面訴訟説が前提とする要件としての三面訴訟の要求は、片面参加では説明がつかないからである。これにより、第三者保護説の優位が決定づけられることとなった（注13）。

（注2） 新堂幸司『民事訴訟法（第二版補訂版）』（以下、「新堂・旧」で引用）五〇九頁。
（注3） 三ヶ月章『民事訴訟法（法律学全集）』（以下、「三ヶ月・全集」で引用）二二三頁、兼子一ほか『条解民事訴訟法』（以下、「兼子ほか・条解」で引用）一九四頁（新堂幸司）、斎藤秀夫ほか編『注解民事訴訟法⑵』（以下、「斎藤ほか編・注解⑵」で引用）二四六頁（小室直人＝東孝行）、小山昇『小山昇著作集⑷』二〇三頁以下・二二七頁、菊井維大＝村松俊夫『民事訴訟法Ⅰ（全訂版補訂版）』（以下、「菊井＝村松Ⅰ」で引用）四五三・四五五頁ほか。
（注4） 高橋宏志『重点講義民事訴訟法㈦（第二版）』（以下、「高橋・重点㈦（二版）」で引用）四九一頁以下。
（注5） 平成八年法律第一〇九号による民訴法改正（以下、「平成八年改正」と呼ぶ）前の民訴法下での見解として、井上治典『多数当事者訴訟の法理』二六七頁以下、特に二九六頁、高橋宏志「各種参加類型相互の関係」『講座民事訴訟⑶』二五三頁以下。平成八年改正後の民訴法下での見解として、徳田和幸『民事訴訟法の争点（三版）』一一二頁、畑瑞穂「多数当事者訴訟における合一確定の意義」福永有利先生古稀記念『企業紛争と民事手続法理論』（以下、「畑・福永古稀」で引用）一四二頁、賀集唱ほか編『基本法コンメンタール民事訴訟法⑴（第三版）』

（以下、「賀集ほか編・基本法コンメ(1)（三版）」で引用）一三五・一三八頁〔上野泰男〕、畑瑞穂「独立当事者参加」長谷部由起子ほか編著『基礎演習民事訴訟法』（以下、「畑・基礎演習」で引用）二四〇頁、高橋・重点(下)（二版）四八九頁以下、上野泰男「いわゆる二重譲渡事例と権利主張参加について」井上治典先生追悼論文集『民事紛争と手続理論の現在』（以下、「上野・井上追悼」で引用）一九〇頁以下、特に二〇五頁、河野正憲『民事訴訟法』（以下、「河野」で引用）七五一頁、兼子一ほか『条解民事訴訟法（第二版）』（以下、「兼子ほか・条解（二版）」で引用）二五〇頁〔新堂幸司＝高橋宏志＝高田裕成〕、山本弘「主観的予備的併合と同時審判申出共同訴訟」法教三七三号一二八頁以下、特に一三四頁（同一三四頁（注22）も参照）ほか。

このほか、秋山幹男ほか『コンメンタール民事訴訟法Ⅰ（第二版）』（以下、「秋山ほかⅠ」で引用）四六三頁、伊藤眞『民事訴訟法（第四版）』（以下、「伊藤（四版）」で引用）六四八頁も、現行法では民訴法四〇条準用の趣旨を三面訴訟という訴訟構造からは説明できないとする。竹下守夫ほか編集代表『研究会民事訴訟法』七九頁〔柳田幸三〕、高田裕成「いわゆる類似必要的共同訴訟関係における共同訴訟人の地位」新堂幸司先生古稀祝賀『民事訴訟法理論の新たな構築(上)』（以下、「高田・新堂古稀(上)」で引用）六四一頁以下、特に六四五頁（注2）以下も参照。

（注6）　兼子一『新修民事訴訟法体系（増補版）』（以下、「兼子・体系」で引用）四一六頁、三ヶ月・全集二二二頁以下、奈良次郎「独立当事者参加について(1)」判評一二〇号（以下、「奈良・（通し番号）」で引用）二二頁、小島武司「独立当事者参加をめぐる若干の問題」鈴木忠一＝三ヶ月章監修『実務民事訴訟講座(1)』一二六頁、高島義郎「独立当事者参加の構造」三ヶ月章＝青山善充編『法律学の争点シリーズ5　民事訴訟法の争点（初版）』（以下、「高島・争点（初版）」で引用）一三〇頁以下、新堂・旧五〇九頁以下、斎藤ほか編・注解(2)二四八頁〔小室直人＝東孝行〕ほか。

そのほかの見解としては、共同訴訟説（参加人は当事者のいずれか一方と共同訴訟人となるとする見解。岩澤彰二郎「民事訴訟参加」司法研究八輯一号四五三頁以下ほか）、補助的共同訴訟説（参加人は当事者のいずれか一方と共同訴訟人となるが、参加人は自ら独自の請求を定立するのではなく、従来の当事者の請求を維持するにすぎないとする見解。松岡義正『新民事訴訟法註釈(2)』三九一頁以下ほか)、主参加併合訴訟説(主参加訴訟と本訴訟とが丁字形に併合されたと見る見解。山田正三『改正民事訴訟法(3)』六〇七頁以下)、三個訴訟併合説(同一の紛争をめぐって三つの訴訟が併合されたものと見る見解。中島弘道『日本民事訴訟法第一編』三〇六頁以下、加藤正治『民事訴訟法要論(新訂版)』一六四頁)等があった。以上につき、山木戸克己「訴訟参加と訴訟承継」民事訴訟法学会『民事訴訟法講座(2)』二七三頁以下、奈良・(1)一五頁以下、高島・争点(初版)一三〇頁以下。

(注7) 最判昭42・9・27民集二一巻七号一九二五頁参照。

(注8) たとえば、三当事者間で一当事者が勝訴し、二当事者が敗訴した場合に、敗訴した二当事者中いずれか一方しか上訴をしなかった場合にも、上訴審は、上訴をしなかった敗訴当事者との関係でも「合一確定のため必要な限度で」その者に対して有利に原判決を変更できる、とする。最判昭48・7・20民集二七巻七号八六三頁。

(注9) 高橋・重点(下)(二版)四八九頁以下。

(注10) 高橋・重点(下)(二版)五三二頁(注32)、八田卓也「演習　民事訴訟法」法教三〇五号一四六頁以下、特に一四七頁、菱田雄郷「独立当事者参加について」小島武司先生古稀祝賀『民事司法の法理と政策(上)』(以下、「菱田・小島古稀(上)」で引用)六八九頁以下、特に六九九頁。

(注11) 菱田・小島古稀(上)六九九・七〇三頁(注15)。

(注12) 最判昭42・9・27民集二一巻七号一九二五頁(前掲(注7))、最判昭48・7・20民集二七巻七号八六三頁(前掲(注8))。

(注13) 前掲(注5)参照。

権利主張参加の制度趣旨については、制度目的としての三面訴訟説、第三者保護説のほかに、参加人が三面紛争の統一的解決自体に対し利益を有すると構成する見解として、上野泰男「独立当事者参加訴訟の審判規制」中野貞一郎先生古稀祝賀『判例民事訴訟法の理論(上)』(以下、「上野・中野古稀(上)」で引用)四七七頁以下がある(ただし、上野・井上追悼二〇五頁は、第三者保護説に立つことを明らかにしている。松本博之＝上野泰男『民事訴訟法』（以下、「松本＝上野（七版）」で引用）七三五頁以下〔上野〕も参照）。しかし、なぜかかる利益が参加人に認められるのかは、明らかでない。畑・基礎演習二四一頁。また、上野・中野古稀㊤四九九頁以下が前提とする、Z→X請求・Z→Y請求に対する判決の既判力がX・Y間にも及ぶという考え方は、少数説である。菱田・小島古稀㊤六九七頁（注10）も参照。

現行法下での訴訟構造としての三面訴訟説については、三木浩一「独立当事者参加の訴訟構造と要件」伊藤眞＝山本和彦編『新・法律学の争点シリーズ4　民事訴訟法の争点』八六頁以下、特に八七頁（以下、「三木・新・争点」で引用）。

三　二重譲渡事例における権利主張参加の可否

以上の民訴法四〇条準用の制度趣旨についての二見解の対立を前提に、いわゆる不動産の二重譲渡事例における権利主張参加の可否について検討する。

1　〔問題1〕

〔問題1〕【XがYに対しY元所有の甲土地の売却を受けたことを理由に所有権移転登記請求訴訟を提起したのに対し、ZがY・Z間の甲土地の売買契約を理由にYに対し所有権移転登記請求を（、Xに対し所有権確認請求を）定立して権利主張参加を申し立てた場合に、認められるか】がここでの検討対象である（注14）。

権利主張参加の民訴法四七条一項後段の条文上の要件である、参加人が「訴訟の目的の全部もしくは一部が自己の権利であることを主張する」ことを、参加人の請求が本訴の請求と論理的に両立しえない関係にあることをいう、と理解することを前提としたうえで（注15）、この請求の両立不可能性の要件を二重譲渡事例が満たすかどうか、というかたちで議論が展開されている。

2　議論の現況

この問題については、比較的古くより、参加肯定説（注16）（請求が論理的に両立しえないというのは参加人の請求の趣旨レベル（注17）で判断すればよく、本案審理の結果判決において両立することになるのはさしつかえない、として請求の両立不可能性を肯定する。本案審理の結果二重譲渡が認められた場合には、XのYに対する請求もZのYに対する請求も認容し、ZのXに対する請求を棄却する判決が下る、という）と、参加否定説（注18）（二重譲渡の場合には参加人の請求の趣旨レベル（注19）でも原告の移転登記請求権と参加人の移転登記請求権は両立する、として請求の両立不可能性を否定する）とが対立する状況にある（注20）。

しかし特に近時、三木浩一教授（注21）、上野泰男教授（注22）、高橋宏志教授（注23）による論攷により、議論が深められている。

(一)　三木教授の見解

三木教授は、請求の両立不可能性を訴訟物たる権利関係でとらえて、両者は両立する、という（注24）。また、特にXの請求とZの請求の双方が請求認容で終わった場合（すなわち、結果として事案が真正二重譲渡事例であった場合）の不都合（注25）を指摘して、実質的にも権利主張参加を認めるべきではない、とされる。

〔二〕 上野教授の見解

上野説の特徴は、(ア)「ZがY・X間の譲渡を争う場合」(本稿にいう不真正二重譲渡主張参加事例)と(イ)「Y・X間の有効な譲渡の存在を認め二重譲渡関係にあることを自認する場合」(本稿にいう真正二重譲渡自認参加事例)(注26)を区別する点にある。

そして、否定説と肯定説の結論の相違は、両者の念頭に置く事例の違い(否定説＝(イ)・肯定説＝(ア))から来るとし、両者を区別して検討される。そしてその際、権利主張参加における民訴法四〇条準用の趣旨との対応関係に着目する。

曰く、まず(ア)のケースは、制度目的としての三面訴訟説からも、参加は肯定される、という。このケースではX・Zとも自己にのみ移転登記請求権が帰属すると主張している。X・Zにとっては二重譲渡の関係にある事例ではなく、よって両立不能という「併合要件」を具備して権利主張参加は適法となる。結果としての判決で、XとZのいずれかの請求のみを認容する終局判決により、三者間の紛争の一挙的解決という制度目的が実現される。本案審理の結果、実際に二重譲渡された事例であることが明らかになれば権利主張参加が認められる事例ではないのであるが参加理由は併合要件でしかないから、権利主張参加は不適法にならない、というのが兼子理論だ、というのである(注27)。

このようにして問題の主戦場を(イ)のケースに見出したうえで、(イ)では、制度目的としての三面訴訟説では参加の肯定はむずかしいとされ、問題は、第三者保護説でどうかである、と絞りをかけられる。そのうえで、結果は〈早いもの勝ち理論〉(実体法は、先に登記を備えたほうが勝つとしており、先行しているXをZが止めるのを認めるのは、公正な自由競争を害する。訴訟の進行スピードは偶然その他の不合理な要素に左右されるが、そうした条件は両者が等しく負うものであり、公正かつ自由な競争状態が存在することに変わりはない、という理論である）（注28）の評価に依存するとされ、ご自身の結論としては、X・Y・Zの紛争が訴訟に持ち込まれた場合には早い者勝ち理論は不当（「偶然」「不合理」（注29）な競争要素を排除することは不公正とはいえない、ということを理由とする）だという評価を経て、結論として参加肯定説に軍配を上げられる（注30）（「不合理」な要素の排除は本来は詐害防止参加の役割かもしれないが、詐害防止参加と権利主張参加の境は流動的なので、権利主張参加も可能だと解するべきであるとされる（注31））。

(三) 高橋教授の見解

高橋教授は、ZがX・Y間の譲渡の（有効な）存在を最初から争っているか、最初は争っていないかでは区別できない、とされ（Zが権利主張参加をしたうえで、本案の中身として後にX・Y間の譲渡（の有効性）を争うことも可能だから、というのがその理由である（注32））、ZがX・Y間の譲渡の（有効な）存在を争うケース（本稿にいう〈α〉の不真正二重譲渡終局的主張事例）が考察対象となることをまず出発点として固められる（注33）。

そのうえで、その場合にXの請求が認容で確定されることによりZに生じる不利益（特に、XがYに対して処分禁止の仮処分をかけていた場合にはZは権利主張参加による場合以外にみちがないことを指摘される（注34））を回避するために、Zに、（自己の権利を理由あらしめる事実の積極的主張・立証に加えて）Xの権利を否定する主張・立証を展開してX請求を棄却に導く権限を与えるべきである、とされる（このような主張・立証は詐害防止参加ではZに許されている以上、効果面で変わりのない権利主張参加でも認められてしかるべきであるという（注35））。

3 検討

以上を前提に検討するに、まず、参加肯定説と否定説の間には、二点におけるすれ違いとそこにおける混同又は不明確性が見られる。

(一) 参加肯定説と否定説のすれ違い二点

すれ違いの【その1】は、上野論文がすでに指摘するところにかかわる。すなわち、訴訟の動態性や視点の違いから相互に完全に対応するわけではないが(注36)、一応、(ア)不真正二重譲渡主張参加事例―〈α〉不真正二重譲渡終局的主張事例―(1)不真正二重譲渡事例―[a]X・Y・Z間の訴訟の結果裁判所が不真正二重譲渡事例であると判断した場合の系譜と、(イ)真正二重譲渡自認参加事例―〈β〉真正二重譲渡終局的自認事例―(2)真正二重譲渡事例―[b]X・Y・Z間の訴訟の結果裁判所が真正二重譲渡事例であると判断した場合の系譜の二系譜を暫定的に区別することが許されるとすると、そのいずれの系譜を念頭に置くかというすれ違いである。具体的には、肯定説中特に高橋説が自覚的に〈α〉(すなわち(ア)―〈α〉―(1)―[a]の系譜)に着目するのに対し、否定説中特に三木説は[b](すなわち(イ)―〈β〉―(2)―[b]の系譜)に着目し、その場合の権利主張参加許容の不都合を強調することにより、参加否定説を根拠づけていた。しかし、さらに、高橋説においては不真正二重譲渡終局的主張事例を念頭にZの権利主張参加の許容を説きつつ、そこで想定されているZの不利益が真正二重譲渡事例のそれであるというねじれ現象も生じているように思われる(注37)。また、上野論文は、この二者の系譜中(ア)と(イ)を区別することを志向しつつ、後者において〈α〉不真正二重譲渡終局的主張事例と〈β〉真正二重譲渡終局的自認事例のいずれを念頭に置くのかが必ずしも明らかでない。その点は〈β〉を念頭に置いていると解釈できるにしても（注38）、その場合の「不合理な要素」としてYの自白等をあげ、それに対するZによる牽制を説いているところはそれをあたかも〈α〉として扱っているように思われ、そこにも混乱が見られる。

【その2】は純粋なすれ違いであり、権利主張参加の要件とされる〈請求の両立不可能性〉（請求の「趣旨」における両立不可能性）をどのレベルで見るか、という点におけるすれ違いである。具体的には、参加肯定説が、これを〈X・Zが実現したい結果〉というレベルでとらえるのに対し（注39）、参加否定説はこれを、訴訟物たる権利関係のレベルでとらえている（注40）。このすれ違いは、権利主張参加における民訴法四〇条準用の趣旨についての第三者保護説と制度目的としての三面訴訟説との間の対立と相関関係を有すると思われる。なぜなら、第三者保護説が、権利主張参加を許容するかにあたり、Zが結果として不利益を被るかに着目し、したがって、実現したい結果レベルで物事をとらえようとする傾向を自然と有するのに対し、制度目的としての三面訴訟説は判決による合一（＝矛盾ない）解決を志向するために判決の対象となる訴訟物レベルで物事をとらえようとする傾向を自然と有すると考えられるからである。

(二) 考察の焦点

以上の二点のすれ違いのうち、【その1】のすれ違いとの関連では、考察の出発点には、高橋教授の指摘するとおり、〈α〉の不真正二重譲渡終局的主張事例をおくべきであろう（さらにいえば、(ア)不真正二重譲渡主張参加事例と(イ)の真正二重譲渡自認参加事例との間の区別を問題とすることなく、Zによる参加を許し、ZがY・X間の有効な譲渡の譲渡の不存在を主張してXの請求を棄却に持ち込むことを許すべきか、がここでの問題点だ、というべきであろう。

すなわち、(イ)真正二重譲渡自認参加事例で結局ZがY・X間の有効な譲渡の存在を争わなかったとしても――結果として事案が〈β〉真正二重譲渡終局的自認事例で終わったとしても――翻って参加を不適法とするべきではない）。

まず確認すべきは、Zに及ぶ不利益、という観点からは、⑴不真正二重譲渡事例と⑵真正二重譲渡事例の間には顕著な相違が存在するということである。前者の場合にZが被る不利益は、［甲］X・Y間の認容確定判決に基づきYからXに登記が移転する結果として説得の相手がYからXに変わることにより、自己名義の登記の実現が事実上困難になるという不利益である（Y・X間の譲渡が無効である以上、実体法上はZは自己名義の登記を実現できる関係にある）のに対し、後者の場合にZが被る不利益は、［乙］実体法上所有権自体を喪失するという不利益である（XとZが真正二重譲渡関係にある以上、その勝敗は登記の先後により決まる）からである。

にもかかわらず、(ア)不真正二重譲渡主張参加事例と(イ)真正二重譲渡自認参加事例を（さらに正確には、〈α〉不真正二重譲渡終局的主張事例と〈β〉真正二重譲渡終局的自認事例をも）区別することは妥当でない。これについては、Y・X間の譲渡の不存在や無効等は、参加の理由において主張する必要はなく、参加後の本案審理のなかで適時提出主義の枠内で後から主張してもよいはずであり、参加の時点でZがY・X間の譲渡の不存在等を主張しているか否かで結論を異にするのはおかしい、との高橋教授の上記指摘（注41）が妥当すると考えられるほか、権利主張参加の要件たる請求の非両立性は、訴訟物たる権利又は実現結果相互の関係の問題のはずであり、ZがXの請求権の存在を肯定しているか否定しているかどうかは、あくまでXの請求権の存否にかかわるだけであり、訴訟物たる権利又は実現結果相互の関係に影響を及ぼすものではないことを指摘できる（注42）。

また、〈β〉真正二重譲渡終局的自認事例のみを切り出してこれを念頭に置きつつ権利主張参加の許容性を説くことは非常に困難である。上野論文は、この事例が二重譲渡事例における権利主張参加の可否の主戦場であるとされたうえで、結論として参加を肯定される。〈β〉真正二重譲渡終局的自認事例でZが回避しようとする不利益は、(2)真正二重譲渡事例において生じる上記［乙］の不利益である。そしてたしかに、これは権利の喪失を内実としており、それはY・X間の譲渡が無効や不存在であった場合よりもはるかに重い。しかし、〈β〉の場合にX請求とZ請求とを併合審理して民訴法四〇条を準用する意義は、審理内容の統一にはなく、判決時点の統一のみにある。すなわち、遅れてレースに参加したZが、先んじているXに「待った」をかけられるということであり、それは上野論文がいう「不合理な要素」の排除ではない（注43）。「合理的な要素」の排除であり、三木論文の指摘するとおり、公正な自由競争を害するものといわざるをえないように思われる。

結局、事案が(1)の不真正二重譲渡事例であるという可能性を念頭に置いたうえで、Y・X間の（有効な）譲渡の存在がXにより主張されている場合に、乙が権利主張参加をし、それを否定する主張・立証活動をすることを肯定することができるか、というのが、ここでの問題だというべきであろう。仮にこれを肯定することを根拠づけるZの利益が抽出できるとすれば、三木論文の指摘する、事案が結果として(2)（真正二重譲渡事例）であると判断された場合[b]に生じる不都合は、制度として甘受するべき不利益だということになろう（注44）。

このように、(1)（不真正二重譲渡事例）だとZが主張する場合（＝〈α〉不真正二重譲渡終局的主張事例）を考察の対象に置くとすれば、参加肯定・否定を分かつのは、すれ違いの【その2】とした、訴訟物たる権利関係と、X・Zが実現したい結果のいずれのレベルで両立不可能性をとらえるか、である。すなわち参加肯定・否定の決め手となるのはX・Zが実現したい結果のレベルで両立不可能性をとらえてよいか、言い換えれば、①Zに生じる不利益回避を目的として、②「実現したい結果の非両立」を理由に、③Zに、自己の権利の積極的存在の主張と離れて、Xの権利を否定する主張・立証を認めるべきかどうか、にかかる。

ただし、この場合にZが回避しようとする不利益が、上記［乙］ではなく［甲］であることには注意を要する。

(三) 焦点についての考察

このうち、③の観点がまず重要である。(1)（不真正二重譲渡事例）だとZが主張する場合（＝〈α〉不真正二重譲渡終局的主張事例）を考察の対象に置いた場合、この場合のZによる権利主張参加を認めることは、Zが、自己のYに対する移転登記請求権の成否とは無関係に、XのYに対する移転登記請求権の存否に関する主張立証を（Yの処分権限に介入するかたちで）直接に展開することを許容することを意味する。これが許容できるのか、というのがおそらく最大の論点であろう（注45）。

訴訟物たる権利関係のレベルで両立不可能性をとらえた場合、権利主張参加の許容は、Zが自分自身の権利の存在を主張することがXの権利の不存在の主張につながる場合に、Zの権利とXの権利の間の統一的判断を保障する、という意味を有する。裏を返せば、この場合には、両立しえない権利についての矛盾のない判断の保障が、民訴法四〇条準用を正当化していた、ということができる。これがおそらく民訴法四七条一項後段が想定する民訴法四〇条準用のプロトタイプである。実現したい結果レベルで両立不可能性をとらえるということは、訴訟物たる権利関係のレベルでは互いに矛盾しない請求においても民訴法四〇条準用を許容するということであり、それまで存在していた「両立しえない権利についての矛盾のない判断」という箍を外すことを意味する。

これはおそらく見かけ以上に大きな飛躍であり（制度目的としての三面訴訟説に立つ限りは正当化は困難であると思われる（注46・47））、それを、第三者保護説に立ちつつ、Zに生じる不利益回避（①）を根拠に、また、「訴訟物レベルの非両立関係」にかわる歯止めとして「実現したい結果の非両立性」(②)を持ち出すことにより正当化できるのか、が問題の焦点であろう。

まず①のZに生じる不利益という観点に着目した場合、〈α〉不真正二重譲渡終局的主張事例でZが回避しようとする不利益は、上述(二)の[甲](すなわち、登記名義人がYからXに変わることによりZの権利実現が困難になるという不利益)である。これは、第三者保護説が権利主張参加の根拠とした第三者の不利益のうち、上述二1(二)にいう(b)に内容的に相当するものである(ただし、登記がXに移っても、Zは、即座にXに対して処分禁止の仮処分をかけたうえでXに対してY→X登記の抹消登記請求訴訟ないし真正な登記名義回復を原因とする移転登記請求訴訟を提起すれば、自己名義の登記を実現できる。即座に対応する限りは、外観法理の介在により権利を喪失するおそれもない(注48)。しかし、そのためには、YからXへの移転登記が経由されるタイミングを計る必要があり、そのための監視コストを削減するという意義が権利主張参加にはある(注49))。であるとすれば、第三者保護説に立つ限りは、この場合の権利主張参加を肯定するのが内在的には一貫するように思われる。この場合、訴訟物たる権利関係レベルでの矛盾関係がない以上、第三者保護説によれば権利主張参加を基礎づけるとされる上述二1(二)にいう(a)(b)のZの不利益のうち、(a)の、第三者の権利を否定する内容の権利主張に「裁判所によるお墨付きがつくこと」という不利益は生じず(注50)、生じるのは(b)の不利益のみである。第三者保護説において権利主張参加が正当化されるには(a)(b)双方の不利益が必要だとすれば、二重譲渡事例における権利主張参加は許容されないことになろう。しかし、(a)が民訴法四〇条準用を正当化する内実を有するかどうかは疑わしく、第三者保護説からは、端的に(b)の存否のみで権利主張参加の可否が決まる、という理解で十分に筋が通ると考えられるからである(注51)((a)が権利主張参加を基礎づける不利益性の内実を有するとしても、それは結局、権利実現の困難化につながるからであるという説明の仕方もありうるかもしれない)。

しかし、問題は②の「実現したい結果の非両立性」が適切な箍として機能するか、である。これには相当な懸念がある。まず、第三者保護説に立ち二重譲渡事例におけるZの権利主張参加を原則的に肯定する論者も、ZがすでにYからの移転登記についての仮登記を経由していた場合については権利主張参加を否定するのが一般的である(注52)。その理由は仮登記による順位保全効により、Y→Zの移転登記が経由されてしまってもZに生じる不利益が小さいことにある(注53)。すなわちここでは権利主張参加の可否が、実現したい結果の非両立ではなく、Zに生じる不利益の中身を基準に判断されている(注54)。これは、実現したい結果の非両立性が基準としての役割を果たさない可能性を示唆する。他方で、Zに生じる不利益に着目した場合、(a)を外して(b)の権利実現の困難化のみを基準として権利主張参加の許否を云々できるのであれば、[1―2]Yが無資力である限り、Xの訴求する金銭債権と無関係の金銭債権を主張するZが権利主張参加をすることが許容される、あるいは、[1―3]Yに対する金銭債権の存在を主張するZが、これから債務名義を取得して強制執行をかけようと思っている動産・不動産に対するXによる引渡しや登記抹消等を求める訴えに対して、他にめぼしい財産をYが有しない限りは自己の金銭債権の訴求を求める請求を加えることにより権利主張参加をすることが許容される(注55)、ということにもなりかねない(注56)。これらと二重譲渡事例との間における、Zに生じる不利益の質的差異を摘示できるかは、本稿には疑わしく映る。

このことと、近時の参加肯定説がほぼ共通して、権利主張参加と詐害防止参加との流動性を指摘していることとの間には、一定の相関関係を見出せるように思われる(注57)。詐害防止参加の要件を緩く設定する立場からは、それで矛盾はないのかもしれない(注58)(すなわち、詐害防止参加・権利主張参加を厳しく峻別せず、第三者の不利益を直接に抽出して「独立当事者参加」として許容する、という考え方をとるということである）。しかし、民訴法は、第三者に生じる不利益を条文の文言上直接に要件とする参加類型として補助参加（民訴法四二条）と詐害防止参加（民訴法四七条一項前段）を用意しつつ、前者においては参加人に既存当事者の訴訟処分権限（注59）に対する介入を認めず、後者においてのみ当該介入権限を認めるという区別を設けている。であるとすれば、補助参加を基礎づける参加人の不利益と詐害防止参加を基礎づける参加人の不利益の内容には質的な差異があると解さざるをえず（この理解には、詐害防止参加が、法律行為によらず、したがって民法四二四条の適用範囲外に置かれざるをえない訴訟による詐害的な財産移転を補足しようとして起草されたというその沿革（注60）も、補助的な根拠を提供する）、この観点からはやはり詐害防止参加の要件としては近時有力化している判決効説（注61）の優位性を認めざるをえないように思われる。そうすると、かかる内容をもつ詐害防止参加を基礎づける不利益と伍するような不利益の内実を(b)が有しているのか、という疑問に逆に行き当たる。すなわち、二重譲渡事例における権利主張参加の許容は、訴訟物矛盾という箍を外して第三者に生じる生の不利益を基礎として権利主張参加を肯定することを通じ、際限ない民訴法四〇条の準用範囲の拡大をもたらす危険をはらんでおり、山本弘「多数当事者訴訟」竹下守夫＝今井功編『講座新民事訴訟法(1)』（注62）一五一頁の表現を借用するならば、二重譲渡事例における権利主張参加の許容は、第二の「パンドラの筐」の蓋を開けることを意味してしまうのではなかろうか。

現行法を前提とする限り権利主張参加における民訴法四〇条準用の趣旨としては第三者保護説によらざるをえず、第三者保護説による限り二重譲渡事例における権利主張参加の肯定が内在的に一貫し、そしてそれが「パンドラの筐」を開けてしまうのであれば、結局二重譲渡事例というのは、権利主張参加における民訴法四〇条準用という制度設計自体の非合理性を浮彫りにする石標の一つだということになってしまうのかもしれない（注63・

64・65）。

（注14） 以下では、譲渡のうちの一方が無効又は不存在で実際には一重譲渡であるという事案（以下、「不真正二重譲渡事例」という）と、実際にも有効な譲渡が二重に存在するという事案（以下、「真正二重譲渡事例」という）の双方を含めて二重譲渡事例として扱う。また、Zが、参加申出時点で不真正二重譲渡事例だと主張して参加する場合（以下、「不真正二重譲渡主張参加事例」という）と、参加申出時点ではX→Y間の有効な譲渡の存在を認めたうえで参加する場合（以下、「真正二重譲渡自認参加事例」という）、さらにZが審理において最終的には不真正二重譲渡事例だと主張する場合（以下、「不真正二重譲渡終局的主張事例」という。これには、不真正二重譲渡主張参加事例のほか、真正二重譲渡自認参加事例において審理の途中でZがY・X間の有効な譲渡の存在を争うほうに転じた場合がある）と、Zが審理の過程で最後まで真正二重譲渡事例だと自認する場合（以下、「真正二重譲渡終局的自認事例」という）を区別することができるが、そのいずれも、以下で扱う二重譲渡事例に含まれる（理論的には、真正二重譲渡主張参加事例でZがY・X間の有効な譲渡の自認に転じる場合も考えられるが、以下では捨象する）。

また、ZがYに対してのみ請求を定立して片面参加をした場合と、Xに対しても請求を定立して両面参加をした場合とを、等しく考察対象とする。これに関連し、後掲（注47）も参照されたい。

最後に、以下の考察では、Xの請求、Zの請求が、所有権に基づく移転登記請求であるのか、売買契約に基づく移転登記請求であるのか（以上は旧訴訟物理論を前提とする）、（新訴訟物理論を前提に実体法上の権利を捨象した）移転登記請求であるのか、は捨象する。これに関連し、後掲（注47）も参照されたい。

（注15） 兼子・体系四一四頁、奈良・⑸判評一二六号一〇頁、兼子ほか・条解一九八頁〔新堂幸司〕、菊井＝村松Ⅰ四四二頁、秋山ほかⅠ四六七頁、賀集ほか編・基本法コンメ⑴（三版）一三五頁〔上野泰男〕、松本＝上野（七版）七三九頁〔上野〕ほか。

（注16） 兼子・体系四一四頁、斎藤ほか編・注解⑵二五七頁〔小室直人＝東孝行〕、新堂幸司＝鈴木正裕＝竹下守夫編集代表『注釈民事訴訟法⑵』一九六頁〔河野正憲〕、菊井＝村松Ⅰ四四五頁、新堂幸司『新民事訴訟法（三版補正

版）』七五九頁以下、梅本吉彦『民事訴訟法（第四版）』（以下、「梅本（四版）」で引用）六八四頁、河野七五三頁、高橋・重点㈦（二版）四九八頁、兼子ほか・条解（二版）二五三頁〔新堂幸司＝高橋宏志＝高田裕成〕ほか。肯定説に立つ下級審裁判例として、大阪高判昭43・5・16判時五五四号四七頁がある。
（注17）この場合の「請求の趣旨」とは、請求の原因（民訴法一三三条二項二号）と区別されるものとしての請求の趣旨を意味するのではない。その意味については、3㈠で後述する。
（注18）吉野衛「不動産の二重譲渡と独立当事者参加の許否」近藤完爾＝浅沼武編『民事法の諸問題Ⅱ』（以下、「吉野・民事法の諸問題Ⅱ」で引用）三〇八頁以下、三木浩一「独立当事者参加における統一審判と合一確定」新堂幸司先生古稀祝賀『民事訴訟法理論の新たな構築㈤』（以下、「三木・新堂古稀㈤」で引用）八二七頁以下、秋山ほかⅠ四六七頁以下、伊藤（四版）六五一頁、新堂幸司『新民事訴訟法（第五版）』（以下、「新堂（五版）」で引用）八三一頁以下ほか。
（注19）前掲（注17）に同旨。
（注20）ほかに、Zの参加を適法としたうえ、独立当事者参加がされた場合には、登記の前後と異なる基準（たとえば契約時期等）により、実体法上X・Z間の優劣を定め、それにより本案判決をするべきだとする見解がある。住吉博『民事訴訟法読本（第二版）』五七九頁以下。
（注21）三木・新堂古稀㈤八二七頁以下。
（注22）上野・井上追悼二〇二頁以下、松本＝上野（七版）七四〇頁以下〔上野〕。
（注23）高橋・重点㈦（二版）五〇一頁以下（注10の2）。
（注24）三木・新堂古稀㈤八三一頁以下。
（注25）㈡で後述する早い者勝ち理論をその内容とする。三木・新堂古稀㈤八三四頁以下。
（注26）明確ではないが、さらに、うち、真正二重譲渡終局的自認事例を念頭に置いていると考えられる。上野・井上追悼二〇三頁終りから五行目以下参照。
（注27）上野・井上追悼二〇一頁以下。実際、参加否定説の嚆矢とされる吉野・民事法の諸問題Ⅱも、ZがX・Y間の

有効な譲渡の存在を否定するか、肯定するかで結論を異にしていた。新堂（五版）八三三頁も、吉野説に同旨である。

（注28） 三木・新堂古稀(上)八三四頁以下。

（注29） Yによる自白や、請求の認諾が、想定されている。上野・井上追悼二〇五頁以下。

（注30） 上野・井上追悼二〇五頁以下。

（注31） 上野・井上追悼二〇六頁。

（注32） 高橋・重点(下)（二版）五〇二頁（注10の2）、高橋宏志ほか編『民事訴訟法判例百選（四版）』（以下、「高橋ほか編・百選（四版）」で引用）二二七頁。

（注33） 高橋・重点(下)（二版）五〇二頁以下（注10の2）。

（注34） 高橋・重点(下)（二版）五〇二頁（注10の2）。

（注35） 高橋・重点(下)（二版）五〇二頁（注10の2）。

（注36） 不真正二重譲渡主張参加事例（又は不真正二重譲渡終局的主張事例）で、裁判所が真正二重譲渡事例であると判断しながら、神様の目から見れば不真正二重譲渡主張事例である、ということはありうる。また、参加の時点ではZがY・X間の有効な譲渡の存在を争わなかったが（真正二重譲渡自認参加事例）、その後の審理の段階でY・X間の譲渡の不存在ないし無効を主張するということ（不真正二重譲渡終局的主張事例）はありうる。

（注37） 高橋・重点(下)（二版）五〇二頁（注10の2）で「いわば後がない」とされるのは、真正二重譲渡事例を念頭に置いてのことではないか。

（注38） 前掲（注26）参照。

（注39） 高橋・重点(下)（二版）五〇三頁（注10の2）、菱田・小島古稀(上)七〇六頁。

（注40） 三木・新堂古稀(上)八三一頁、伊藤（四版）六五一頁（注99）。

（注41） 前掲（注32）参照。

（注42） ただし、Zの主張が正当だとすればXの請求が立ちえない場合（たとえば、Xの主張する売買契約の買主が自

分だとZが主張して、売買契約を理由とする所有権移転登記請求をする場合）は別である。

（注43） この点で、上述のとおり上野論文内部にも混乱が見られるように思われる。

（注44） この点は、三木・新堂古稀(上)八三六頁が自覚するとおりである。

（注45） 高橋・重点(下)（二版）五〇一頁以下（注10の2）が指摘されるところである。上述2(三)も参照。

（注46） 唯一の例外が、Xが売買契約を理由とする移転登記請求訴訟を提起しており、Zが同一の売買契約の買主が自分だと主張して売買契約を理由とする移転登記請求訴訟を提起した、という場合である。ただし、この場合、移転登記請求権を基礎づける売買契約を他のものに変更すると、訴えの変更になる、という理解を前提とする。

（注47） 旧訴訟物理論を前提に、XのYに対する請求の訴訟物、ZのYに対する請求の訴訟物がいずれも、所有権に基づく移転登記請求権である場合には、Xの請求権とZの請求権は実体法上両立しえない関係にあるが（一物一権主義により、所有権は一人にのみ帰属するからである）、売買契約に基づく移転登記請求権である場合にはXの請求権とZの請求権は実体法上両立しうる関係にある、とする見解もある（佐賀義史「判例にみる独立当事者参加における権利主張参加の要件」甲南法務研究六号一頁以下）。

しかし、Xの請求、Zの請求がともに所有権に基づく移転登記請求権であった場合でも、X・Zが登記未了の場合には、Xの権利とZの権利は実体法上両立しうる関係にあるといわざるをえないのではなかろうか。同じことは、YからX・Zに二重譲渡がなされ移転登記が未了の事案において、XがYに対し所有権確認請求訴訟を提起したのに対し、ZがY・Xを相手に所有権確認請求を定立して参加をする場合や、XがYに対し所有権に基づく明渡請求訴訟を提起したのに対し、ZがYを相手に所有権に基づく明渡請求を定立して参加をする場合にも当てはまる。反対、佐賀・前掲論文四頁（注5）。

したがって、Zが所有権確認請求を追加すれば、Z請求がX請求と「論理的に両立し得ない関係にある」という要件を満たすことになるか、という問題があるが（これを肯定するように読める文献として、秋山ほかI四七〇頁）、対抗要件を具備しないZの所有権はYに対してのみ主張しうる相対的なものであるので、請求の両立不可能性を訴訟物たる権利関係のレベルでとらえる限り、Z請求がX請求と「論理的に両立し得ない関係」にない、という関係におそらく変化は生じない（井上治典『民事手続における実践と理論』（以下、「井上・実践」で引用）二三四頁以下、特に二三八頁、高橋ほか編・百選（四版）二二六頁）。Zが所有権確認請求を追加したかどうかで解が変化するものではおそらくない。後掲（注52）も参照。

ただし、上記の考察に対しては、Zが、Xが背信的悪意者であると主張した場合はどうなるのか、という指摘を後述する研究会でいただいた。さらに考えてみたい。

（注48）この点、後述する科学研究費補助金に係る研究会合にて教示をいただいた。

（注49）もっとも、この点は現行の民事保全法の不備だともいえる。すなわち、YからXに登記が移ることを条件として予約的にZがXに対して処分禁止の仮処分をかけられるような保全の仕組みを用意するのが解決の本筋であると本稿では考える。

（注50）ただし後掲（注65）参照。

（注51）菱田・小島古稀(上)六九八頁以下は、(a)を判決の証明効ととらえたうえで、これでは民訴法四〇条準用を正当化するに足りず、権利主張参加を基礎づける第三者の利益として重要なのは(b)であるという。

（注52）井上・実践二四一頁以下、宮川聡『民事訴訟法判例百選（三版）』二二二頁以下、特に二二三頁、菱田・小島古稀(上)七〇六頁以下、高橋・重点(下)（二版）四九九頁、高橋ほか編・百選（四版）二二六頁。最判平6・9・27判時一五一三号一一一頁結論同旨。もっとも、本判決は「Zの本件参加の申出は、〔係争土地〕の所有権の存在の確定を求める申立てを含むものではない」ことを理由としており、ここから、Zが所有権確認請求を定立していれば参加を認める趣旨に読めてしまい、それは妥当ではないという批判を受けている（井上・実践二三八頁以下、高橋ほか編・百選（四版）二二六頁）。

（注53）もっとも、ZがY→Zの移転登記の本登記を経由するためには、X相手の本登記承諾請求訴訟が最終的には必要になる。X相手の訴訟が必要になるという点では、仮登記を得ていなかった場合と同様である。仮登記を得ている以上、外観法理介在の危険がないということかもしれないが、ZがX相手の訴訟を適時に提起する限り外観法理介在の危険がないことは仮登記が経由されていない場合も同様である。であるとすれば、仮登記を得ていた

場合と得ていなかった場合とで、本当に権利主張参加の可否を分けるような本質的な差異があるかどうかは実は疑問である。

仮登記の場合の権利主張参加否定説は、X・Zが真正二重譲渡の関係にあった場合を念頭に置いて、この場合にZが勝利する以上、Zに不利益がないと考えるのかもしれないが、二重譲渡事例の権利主張参加の可否の主戦場が真正二重譲渡事例ではなく不真正二重譲渡事例であることは、すでに見たとおりである。

(注54) 高橋・重点㊦(二版)五〇四頁(注11)はZ名義の仮登記がある場合「登記がいわば二度動いてよいので請求は両立する」とされる。これは、Y→X登記が経由されても、Z仮登記がある以上その後のY→X登記抹消とY→Z本登記が期待できるのでY→XとY→Zは両立することになる、という趣旨であるかと思われる。しかしもしそうであるとすれば、Y→X登記が存在しても最終的に「登記がいわば二度動いて」Z名義の登記が実現できる可能性があることは、Z名義の仮登記が存在しない場合も同様なのではなかろうか。結局、実現したい結果レベルでとらえる限り、Z名義の仮登記が存在しても請求の両立不可能性は存在するのではなかろうか(さもなくば、片面的な非両立関係を肯定することになってしまい、それは「両立性」の概念に反すると思われる)。
菱田・小島古稀㊤七〇七頁は、端的に実現したい結果の非両立ではなく、利益の中身で考えることになることを認めている。

(注55) [1—3]のような事例では、補助参加の利益もない、というのが伝統的な理解であるかと思われる。高橋・重点㊦(二版)四三二頁参照。

(注56) もっとも、このような拡散可能性は、権利主張参加を基礎づける不利益から債務者無資力による債権回収不可能性を除けば回避できるのではないかという指摘を、後述する研究会でいただいた。

(注57) 高橋・重点㊦(二版)五〇〇頁(注9)、上野・井上追悼二〇六頁。ただし、菱田・小島古稀㊤七一四頁(注32)は、詐害防止参加の要件については判決効に親近感を示し、両者間の流動化を志向しない。

(注58) たとえば、高橋説においては、訴訟に詐害性があれば第三者が被る不利益が補助参加を基礎づけるにとどまる内容のものであっても詐害防止参加を正当化しうる、とされている。高橋・重点㊦(二版)四九五頁以下、ま

た、八田卓也「独立当事者参加」法教三六二号三四頁以下、特に三八頁を参照。

（注59） この既存当事者の訴訟処分権限をどれだけ重視するか、が独立当事者参加に対する態度の友好性を分けている。後述する権利主張参加に対し立法論的疑問を提起する見解は、既存当事者の訴訟処分権限に対する利益を重視する。後掲（注63）所掲の各文献を参照。

（注60） 松本博之ほか『日本立法資料全集44』（資料33）二九六頁〔梅謙次郎発言〕、菱田・小島古稀(上)七一四頁（注32）参照。

（注61） 兼子・体系四一二頁、小山昇『民事訴訟法（五訂版）』四九七頁、高田・新堂古稀(上)六六四頁（注40）、菱田・小島古稀(上)七一四頁（注32）、三木・新・争点八八頁、梅本（四版）六八二頁ほか。なお畑・福永古稀一三六頁、同・基礎演習二四二頁も参照。

（注62） 以下、「山本弘・講座新民訴(1)」で引用する。

（注63） 権利主張参加における民訴法四〇条準用に対する立法論的疑問として、三木浩一「多数当事者紛争の審理ユニット」法研七〇巻一〇号三七頁以下、特に七二頁、山本弘・講座新民訴(1)一五一頁、山本和彦「多数当事者訴訟について」民訴四八号一二九頁以下、特に一三四頁、畑・福永古稀一三二頁、三木浩一「多数当事者紛争の処理」ジュリ一三一七号四二頁以下、特に五〇頁以下、三木・新・争点八八頁、新堂（五版）八三七頁。古くは、村松俊夫「判批」民商五九巻六号一〇一六頁以下、特に一〇二〇頁。高田・新堂古稀(上)六六一頁以下も参照。

これに対し権利主張参加における民訴法四〇条準用の立法論的正当性を再構成しようというのが、菱田・小島古稀(上)六八九頁以下である。

（注64） 立法論を離れ、現行民訴法四七条一項後段の存在を前提に第三者保護説に立ちつつ本文にいうパンドラの筺を開けない弥縫策的な解釈論を展開すれば以下のようになろうか。すなわち、あまり内容はないことを承知のうえで（前掲（注51）及びそれに対応する本文の記述を参照）二1(二)にいう(a)の不利益が生じる場合（すなわち、訴訟物たる権利関係のレベルで請求の両立不可能性が存在する場合）に権利主張参加が可能な場合を限定し、したがって原則としては二重譲渡事例における権利主張参加の許容性を否定する（ただし、Yの契約の相手方をZと

Xが互いに自分だと主張して争っている、というような、Zの権利とXの権利が事実上の択一関係にある事案に限っては、Zによる権利主張参加を肯定する。前掲（注42・46）参照）、というものである。

例外的にZによる権利主張参加が許容される場合であっても、Zに認められる主張・立証は自己の権利を理由あらしめる事実の積極的主張・立証にとどまり、それと抵触する限度でのみX→Yの請求権にZは民訴法四〇条準用により介入できるにとどまると解する。なお、これに対し、詐害防止参加は既存当事者たるX・Y間の請求についての当事者間の訴訟行為自体に介入せしめることを目的とする制度であり、こちらでは、Zは自己の権利の積極的主張・立証と無関係にそのような制約なくX・Y間の訴訟関係に介入することが正当化されると考えられる。これは、前掲（注35）に対応する本文で紹介した高橋教授による問題提起に即していえば、権利主張参加で認められるZによるX→Y請求への介入範囲と、詐害防止参加で認められるZによるX→Y請求への介入範囲の間には相違が存在する（効果面でも権利主張参加と詐害防止参加は異なる）、と解することを主張するものである。

なお、このように解すると、権利主張参加は効果面で詐害防止参加よりも弱い、ということになるのであり、そのことが、詐害防止参加を基礎づける利益よりも弱い利益で権利主張参加を認めることを正当化する可能性がある。しかし、かかる解釈によって生じる両者間の効果面での相違は既存当事者の訴訟処分権限に対する介入の横幅という意味での相違にすぎず、介入の深さ（＝訴訟処分権限に対して介入できるということ）という意味では相違をもたらさない。したがって、本稿は、上記のように解することにより権利主張参加と詐害防止参加の間に存するZの不利益性の内実の相違という問題がクリアーできることになるとは考えない。

（注65）（注64）で展開した解釈論に対し、後述する研究会にて、X→Y訴訟が請求認容で終わりXが移転登記を実現しても、ZはXに対してY・X譲渡の無効を主張してY→X登記の抹消等を求める訴えを提起することができる、しかし、X→Y訴訟請求認容判決中のY・X譲渡有効の判断はこのZの後訴に対して証明効として不利に働く、つまり、二重譲渡事例においても(a)の不利益は存在するから、（注64）で提示した要件（＝(a)の不利益性の存在の要求）では二重譲渡事例の不許を導けない、という指摘をいただいた。たしかにそのとおりであり、パン

ドラの筺を開けない解釈論としては、第三者保護説からは外在的になるが端的に訴訟物レベルでの非両立性を権利主張参加の要件として要求することにより二重譲渡事例での権利主張参加を否定する以外にないのかもしれない。

同研究会においては、二重譲渡事例における権利主張参加を許せば、X→Y訴訟に対しZがYに対し移転登記を求めXに対し所有権確認を求め双面参加をした場合、Y・X譲渡もY・Z譲渡も認められ、X→Y請求認容、Z→Y請求認容、Z→X請求棄却に終わった後で、Xが先に登記を備えれば、その後のZのXに対するY・X譲渡無効を理由とした移転登記抹消請求等を既判力で封じることが可能になり、紛争の一回的解決に資するのではないか、という指摘もいただいた。しかし、かかる客観的な紛争の一回的解決に対する利益は、二重譲渡事例における権利主張参加許容を正当化しない、と本稿では考える。

四　詐害行為取消訴訟における権利主張参加

長くなってしまったが、以上による二重譲渡事例における権利主張参加の可否についての検討を前提に、最後に詐害行為取消訴訟における権利主張参加の可否について検討したい。

1　〔問題2〕

ここでまず問題となるのは、

〔問題2〕【乙の丙に対する二〇〇万円の現金の贈与行為に対する乙の債権者甲による詐害行為取消訴訟に対し、乙の別の債権者丁が自己への給付を求めて権利主張参加をすることができるか】

である。

検討するに、この問題における甲と丁との関係は、上記二重譲渡事案におけるX・Zの関係に類比できる。なぜなら、甲・丁の乙に対する債権がともに存在する限り甲の詐害行為取消権と丁の詐害行為取消権とは、論理的に両立しうる（かつ甲・丙間の判決効は、丁・丙間には及ばない）が、丙が甲に二〇〇万円を支払えば、丁はもはや丙に給付を求めることができなくなる（実現結果レベルでは非両立である）といえるからである。もっとも、〔問題2〕の事例と上記二重譲渡事案とは、上記二重譲渡事例では、Y→X譲渡が無効であったとしても、X→Y訴訟が認容判決に終わりY→X登記が実現した後ではZはYに対してもはやY→Z移転登記を求めることができなくなるのに対し、〔問題2〕の事例では、甲→乙債権が不存在であれば、甲が丙への債権者取消訴訟で勝訴し対応した金銭の給付を丙から受けたとしても、債権の準占有者に対する弁済（民法四七八条）が適用にならない限りは、丁は丙に対して詐害行為取消権を主張して二〇〇万円の自己への給付を求められる、という相違が存在する。しかし、上述二1㈡のとおり、AのBに対する金銭債権の履行請求訴訟に対してCが当該債権のA→C譲渡があったと主張して権利主張参加をすることは可能であると考えられており、甲が丙に勝訴して金銭の給付を受けても丁がさらに丙から給付を受けられる可能性がある、ということ自体は丁による権利主張参加の可能性を排除しないと考えるべきである。

したがって、ことは二重譲渡事例における権利主張参加の可否に依存し、権利主張参加の制度趣旨について第三者保護説に立つ場合に限り（あるいは、より端的に二重譲渡事例における権利主張参加を許容する場合に限り）、丙が甲の乙に対する債権の不存在を主張することを要求せずに、権利主張参加が可能になると解するべきである。

これに対し、〔問題3〕【乙の丙に対する不動産譲渡に伴う移転登記に対する、乙の債権者甲による詐害行為取消詐訟に対し、乙の別の債権者丁が同内容の請求を立てて権利主張参加をすることができるか】という事例においては、甲の請求する乙→丙の移転登記の抹消は丁にとっても有利なものであり、甲と丙は互いに実現結果レベルで両立しない給付を取り合う関係に立たない以上、丁の権利主張参加は否定されるべきである（注66）。

2 〔問題5〕

最後に、最判平22・10・19金商一三五五号一六頁における田原睦夫裁判官による補足意見が提起する〔問題5〕【上記問題2の事例で、甲が乙に対してA（一二〇万円）、B（一五〇万円）、C（一七〇万円）の三本の債権を有しており、甲が丙に対してA債権・B債権を被保全債権として詐害行為取消訴訟を提起した後訴訟係属中に、甲が丁にB債権を譲渡した場合はどうか】を検討したい。

通説によれば詐害行為取消訴訟の訴訟物は取消債権者の「詐害行為取消権」であるとされる（注67）。また、最判平22・10・19金商一三五五号一六頁によれば、詐害行為取消権の訴訟物は「取消債権者が有する個々の被保全債権に対応して複数発生するものではな」い。したがって、甲の丁に対する詐害行為取消訴訟における訴訟物は、甲の乙に対する債権者としての地位を単位として生じる。すなわち、甲が丁に対乙債権A・B・CのうちのB債権を譲渡したというのは、訴訟物（あるいは甲の紛争の主体たる地位）を基礎づけるところの、A・B・C債権を総合した一つの債権の一部を、丁に譲渡したものと見るのがふさわしい。他方、参加承継は民訴法四七条一項によってすることとされている以上、参加承継ができるためには、参加承継人が民訴法四七条一項後段にいう「訴訟の目的の全部若しくは一部が自己の権利であることを主張する第三者」であるとの要件を満たす必要がある。すなわち、参加承継が可能かどうかは、〔問題2〕で丁が甲→丙詐害行為取消訴訟に独立当事者参加ができるかに依存する。そしてこれは本稿の理解では二重譲渡事例における権利主張参加の可否に依存する。以上を総合した結果として、二重譲渡事例における権利主張参加を肯定しうる限りで、B債権を譲り受けた丁に甲の「訴訟の目的である権利の」「一部を譲り受けた」者として参加承継による参加を認めるべきである（結果として、甲・丁は互いに相手方の被保全債権の不存在を主張して相手方への給付を命じる判決が出されるのを阻止できる。しかし、甲の被保全債権・丁の被保全債権の存在が認められる限りで、それぞれへの〔場合により双方への〕給付を命じる給付判決が出される）、というのが本稿の最終的に（注68）用意した回答である。

（注66）類似の問題は、債権者代位訴訟でも生じるが、債権者代位訴訟は通説によれば訴訟担当と理解されており、かつ代位債権者の当事者適格と債務者の当事者適格は両立しないと考えられていることから、問題は異なる様相を呈する。

まず〔問題4—1〕【第三債務者丙に対する債務者乙の金銭債権を訴求する債権者甲の債権者代位訴訟に対して、債務者乙が自己への支払を求めて権利主張参加をすること】は、最判昭48・4・24民集二七巻三号五九六頁によれば肯定されると考えられる（ただし、この最判の事案は土地の賃借権を被保全債権とし、賃貸人の占有者に対する土地明渡請求権を被代位債権とする転用型である）。しかしこれは、甲と乙が同一給付を取り合う関係に立つ以上、通常の権利主張参加から大きく外れるものではない。

しかし〔問題4—2〕【乙の債権者甲が、ある不動産の乙から丙への移転登記の抹消を求める債権者代位訴訟を提起したのに対し、乙が丙に対して同内容の請求を定立して権利主張参加できるか】。甲が債権者代位権を行使した後は、債務者乙から訴訟物たる移転登記抹消請求権についての管理処分権限が奪われ甲の当事者適格と乙の当事者適格とは両立しえない。しかし、この事案で甲・乙は同一物を取り合うのではなく、甲の請求認容判決は乙にとっても有利に働く。他方、甲の請求棄却判決は、それが確定すればその後丙が移転登記抹消請求訴訟を提起する際に証明効として不利に働く可能性がある。後者の点をとらえて乙による独立当事者参加を肯定できるかがここでは問題となる（甲の請求認容判決ではなく請求棄却判決を嫌った乙の参加であり、通常の権利主張参加とは相当異質な参加となる）。これが否定されれば〔問題4—3〕【乙の債権者甲が、ある不動産の乙から丙への移転登記の抹消を求める債権者代位訴訟を提起したのに対し、乙の別の債権者丁が同内容の請求を丙に立てて権利主張参加すること】は否定されることになろう。

しかし、〔問題4—3〕を否定しても〔問題4—4〕【第三債務者丙に対する債務者乙の金銭債権を訴求する債権者甲の債権者代位訴訟に対して、債務者乙ではなく他の債権者丁が自己への支払を求めて権利主張参加をすること】は、前掲最判昭48・4・24による限り肯定されるものと考えられる。そしてこれは二重譲渡事例における権利主張参加の可否に依存しない。

（注67） 伊藤滋夫・総括編集『民事要件事実講座③』一一九頁〔内堀宏達〕、村田渉＝山野目章夫編著『要件事実論三〇講（第三版）』五六六頁〔村田渉〕。

（注68） 本稿執筆当初は「甲が債権譲渡により取消しを求められる範囲が縮減する限り（＝八〇万円の限度）で丁を甲の承継人（「訴訟の係属中その訴訟の目的である権利の全部又は一部を譲り受けた」者。民訴法四九条）と見ることができ、丁はこの限度で参加承継により参加できる。また、残りの七〇万円の限度では、二重譲渡事例における権利主張参加肯定説に立つ限り、権利主張参加ができる。そして、丁の参加前に甲がCを被保全債権として追加した場合には、Tは甲の承継人の地位を有するとはもはやいえず、〔問題2〕のケースと同様、権利主張参加の可否のみが問題となり、それは二重譲渡事例における権利主張参加の許否に依存する。また、丁による参加後に甲がCを被保全債権として追加した場合には、二重譲渡事例における権利主張参加を肯定する限り、丁の八〇万円の限度での参加承継としての参加は権利主張参加に変化する（参加時の訴訟状態による拘束が解除される）。」との回答を用意していた。しかし、この回答は、参加承継を基礎づける紛争の主体たる地位の移転を取消債権者の有する個々の債権を単位として考えるものであり、詐害行為取消権の訴訟物は「取消債権者が有する個々の被保全債権に対応して複数発生するものではな」いとの最判平22・10・19金商一三五五号一六頁の提示し

た命題を正しく理解していないほか、当初A・B債権を被保全債権としていた甲が訴訟の旗色が悪くなればB債権を丁に譲渡して丁を参加させたうえでC債権を被保全債権に加えれば丁にそれまでの甲による（失敗に終わった）訴訟追行の結果から免れるかたちで訴訟追行をさせることができてしまい適切でないという問題点を抱えていることから、回答を改めた。この点、後述する研究会における諸先生方の指摘に全面的に負う。

五　最後に

本稿の骨子は、結局、最判平22・10・19金商一三五五号一六頁における田原睦夫裁判官による補足意見が提起される問題の回答は、二重譲渡事例における権利主張参加の可否といういわば古典的なテーマについての理解に依存するのではないか、ということに尽きる。仮にそこに誤謬がないとすればそれは、最先端、あるいは、従来直接には検討されてこなかった問題に対する回答を得るための準備作業として基礎理論において地道な検討を積み重ねることの重要性を示唆しているようにも思われる。

先行する研究業績に付け加えることのいささかもない稚拙な論攷であることを恥じ入りつつ（注69）、田原睦夫先生が最高裁判所裁判官として果たされた多面にわたる法律論の発展へのご貢献に深謝し、本稿を謹呈させていただく。

いずれについても記して感謝申し上げる。

（注69）結局、本稿の考察は高橋・重点(下)（二版）五〇一頁以下（注10の2）の設定された土俵の域を出るものではない。

＊本稿は、山田誠一教授代表平成二三年度文部科学省科学研究費補助金・基盤研究(B)「簡易で柔軟な財産管理制度とそのエンフォースメント」（課題番号：22330032）による研究成果の一部である。本稿執筆に際し、同科学研究費補助金に係る研究会合にて、研究メンバーの山田誠一教授、山本弘教授、青木哲准教授より多くの貴重なご教示をいただいた。
さらに、本稿校正段階で、東京大学において行われた民事訴訟法研究会において本稿の内容を報告する機会を与えていただき、出席された先生方から多くの貴重なご教示を得、それを可能な限りで本稿に校正段階で反映させていただいた。

民事訴訟の促進と審理の充実
——民事訴訟法改正後一五年を経過して

菅野雅之

一　はじめに

筆者が田原先生のご薫陶を受けるようになったのは、平成八年八月に最高裁判所民事局に異動して以来のことである。当時は、現行民訴法が成立した直後で、民事訴訟規則制定の準備を進めていたときであり、田原先生は、民訴法改正に際しての法制審議会民事訴訟法部会幹事であられたのとともに、最高裁判所民事規則制定諮問委員会の幹事も務めていただいたことから、さまざまなご助言をいただくことになったのである。その後、田原先生は、一連の倒産法改正の際にも、法制審議会倒産法部会の委員を務められたことから、民訴法の場合と同様に、最高裁判所規則の制定にあたっても、最高裁判所民事規則制定諮問委員会委員として有益なご指摘をいただき続けることになった。このように、筆者が最高裁判所民事局に在籍していた約九年間にわたって、常に貴重なご示唆をいただき続けたわけであり、その後、平成一八年一一月に田原先生が最高裁判所判事になられてからは、筆者が平成二〇年四月に最高裁判所事務総局審議官の職に就いたこともあり、平成二四年一月に東京高等裁判所に異動するまで、常に温かい叱咤激励を頂戴してきたものである。

筆者は、平成一七年四月から三年間、東京高等裁判所及び東京地方裁判所に在籍したが、その間に、民訴法改正一〇年を迎えることになった。雑誌「ジュリスト」が平成一八年一三一七号において、「新しい時代の民事訴訟法」と題する特集を企画し、民訴法改正一〇年をテーマに、「訴訟の促進と審理の充実」について弁護士及び裁判官に寄稿を求めた際に、奇しくも田原先生と並んで私も拙稿をしたためる運びとなった。いまあらためて思い起こしてもおそれ多いことではあるが、その後できあがった雑誌を眺めるに、格調の高い田原先生の論文「訴訟の促進と審理の充実——弁護士から」ジュリ一三一七号五三頁（以下「田原論文」という。）にひきかえ、わが拙文の出来の悪さに冷や汗を流した苦い思い出がある。今回、田原先生の最高裁判所判事ご退官を祝して、論文集が刊行されると伺った際に、まず頭に思い浮かんだのは、当時田原論文において指摘されていた多くの視点について、その後の経過や実務動向をふまえて、なんらかの返答をすることはできないかということである。決してリベンジというわけではないが、当時からさらに六年近くが経過して、民事訴訟のフィールドにはさまざまな新たな傾向が現れていることがうかがわれる。また、筆者も、その後再び最高裁判所事務総局に籍を置き、裁判の迅速化に関する法律（以下「迅速化法」という。）に基づく、裁判の迅速化に係る検証（以下「迅速化検証」という。）に関する業務を担当することになり、その業務のなかで民事訴訟の動向や長期化要因の経年変化、改善施策等について検討を続けてきたという実情もある。そこで、この機会に、再び、「民事訴訟の促進と審理の充実」と題して、民訴法改正から一五年を経過した後の、民事訴訟の動向等につき、田原先生がかつて指摘された視点に着目しつつ概観していくことにしたい。なお、統計については、特記していないものは、最高裁判所事務総局の司法統計を利用した。

二　民事訴訟の概況

1　田原論文の視点に基づく概観

まず最初に、この間の民事訴訟の概況を統計等をもとに概観してみたい。田原論文においては、その当時の状況につき、民事裁判にかかわる手続法、実体法両面における大規模な改正が行われるとともに、経済社会の大きな変動が民事裁判手続にも大きな影響をもたらすことになり、従前では考えられなかった類の事件（銀行と信託銀行とのM&Aをめぐる仮処分・本案事件、上場企業の支配権をめぐる増資差止めの仮処分事件等）が提起されるなど、民事裁判を取り巻く環境に大きな変化が生じていると分析されており、他方、民事第一審通常訴訟の新受件数は、平成一〇年と比べて平成一六年は六・二％減少しているのに対し、弁護士数は、同じ期間に二〇・二％増加し、さらに、今後法科大学院制度、修習制度の変更に伴う大幅な人員増の時代を迎えようとしているとされている。また、このようななかで、弁護士の業務内容が訴訟から交渉、契約書の作成等、訴訟外業務の占める比率が次第に高くなってきているが、それらの業務の遂行過程では、常に訴訟リスクを勘案し、訴訟になった場合における契約条項の有効性、立証の難易、早期勝訴の見込み、執行可能性等の検証が求められるところ、弁護士数の増加、専門化の下で、それらの訴訟リスクを体感できる弁護士は、今後減少する傾向にあることは明らかであると指摘されている（田原論文五四頁参照）。

田原論文において上記のように指摘されている点について、その後の状況を概観すると、地裁民事第一審訴訟事件の新受件数は、平成一七年を底にして、平成一八年からは増加傾向に転じ、平成二二年は、平成一七年に比べ、七〇％弱の増加となっていること（図表1）、もっともこの事件増は、いわゆる過払金事件の急増によるものであり、平成二二年には、地裁民事第一審訴訟事件中の過払金等以外の事件（この定義については、迅速化検証第四回報告書概況編二六頁、同第三回報告書概況・資料編二四頁参照）の割合は約四割にとどまっているが、同事件の実数については、平成一七年から平成二二年まで約九万件前後でほぼ同水準にあること（図表2）、弁護士数はその後も引き続き増加し続け、平成二二年には、二万九〇〇〇人弱に達しており、平成一七年に比べ三五％程度の増加となっていること（図表3。日本弁護士連合会『弁護士白書（二〇一一年版）』参照）が見て取れる。

こうした統計上の傾向から推測されることは、司法制度改革の際の議論に基づき、法曹人口の増大が図られた結果、弁護士数は大幅に増加しつつあるが、ちょうど、平成一七年をターニングポイントとして、過払金事件が急増し、多くの弁護士がこの種事件に関与し、このような弁護士にとっては、訴訟外業務に活路を見出すのではなく、過払金事件の掘り起こしに力を注ぐという傾向が生ずることになったということである。昨今、この種事件も底をつき始め、事件数が徐々に減少傾向にあると仄聞するとともに（実際、平成二四年三月時点の東京地方裁

図表1　新受件数と平均審理期間の推移

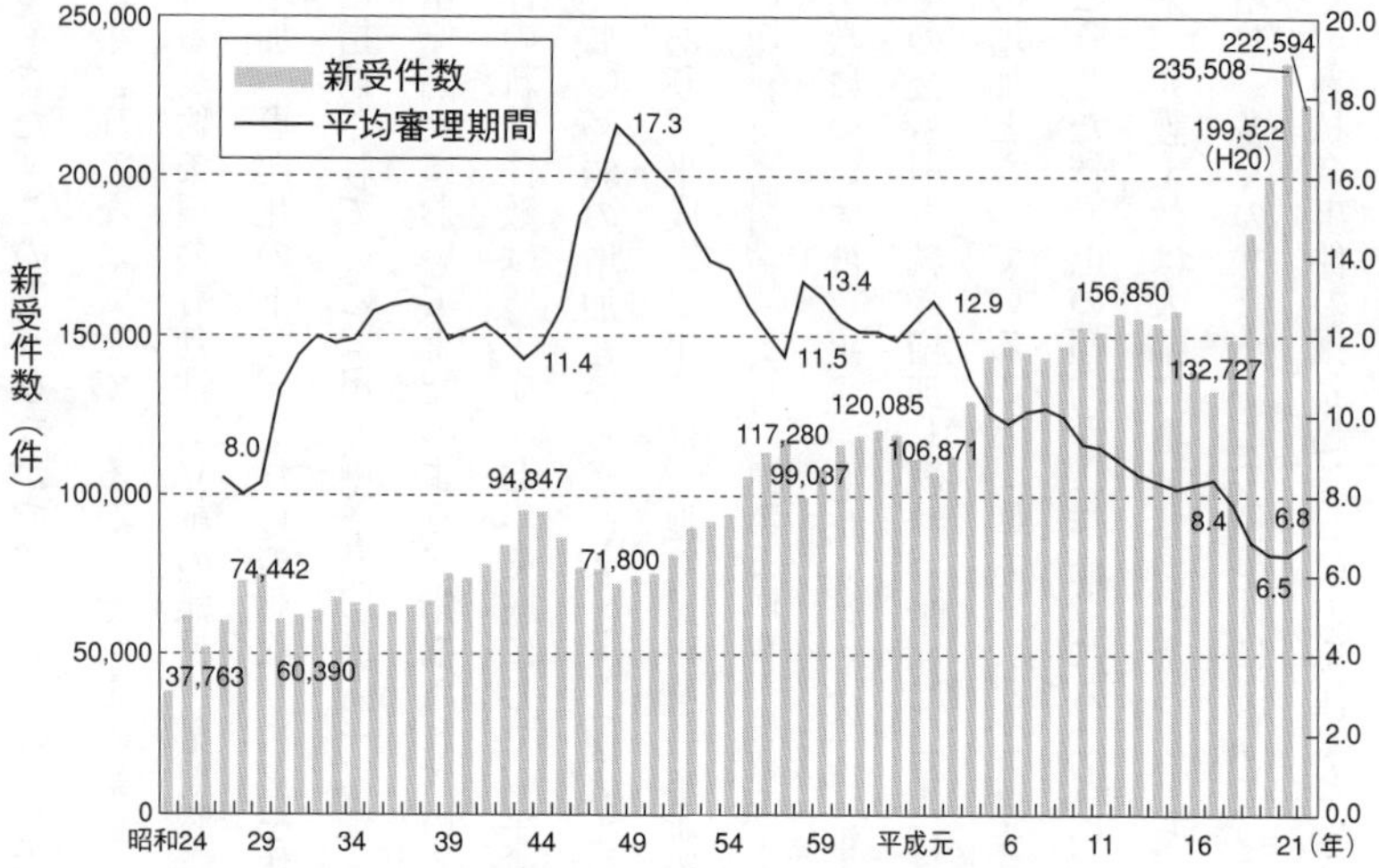

図表2　民事第一審訴訟事件に占める過払金等事件の割合（既済事件）

		平成17年	18年	19年	20年	21年	22年
事件数		135,357	143,321	172,975	192,246	214,519	227,435
	過払金等以外	94,598 69.9%	91,191 63.6%	88,962 51.4%	87,254 45.4%	87,742 40.9%	91,541 40.2%
	過払金等	40,759 30.1%	52,130 36.4%	84,013 48.6%	104,992 54.6%	126,777 59.1%	135,894 59.8%

図表3　弁護士数

年	正会員総数(人)	年	正会員総数(人)
平成10	16,305	平成17	21,185
11	16,731	18	22,021
12	17,126	19	23,119
13	18,243	20	25,041
14	18,838	21	26,930
15	19,508	22	28,789
16	20,224	23	30,485

判所における過払金事件の民事訴訟事件全体に占める占有率（迅速化検証報告書では「占有率」と表示している。）は二五％程度にまで減少してきている。）、弁護士の就職難問題がマスコミ等で大きく取り上げられるようになっているところ、当初想定されていたように、多くの弁護士が社会の各分野に進出し、紛争の予防や解決に力を注ぐというシナリオが成立しうるのか、今後の動向が注目されるところである。

2　田原論文の視点と迅速化検証

田原論文においては、「これからの民事訴訟の実務は、民事裁判を取り巻く環境が大きく変わり、また訴訟の担い手の質、量共に変化していくことを踏まえて、考察していく必要があると言える。」とまとめられている（田原論文五四頁）。過払金等事件の急増という予想外の展開により、民事裁判を取り巻く環境の変動が表面化、具体化する時期や程度に影響が及んだ可能性はあるものの、先見の明にあふれた指摘といえよう。裁判は、これを支える担い手の動向や社会・経済情勢といった社会的基盤の上に成り立つものであり、こうした社会的基盤の影響を抜きにして語ることはできない。訴訟の担い手としての弁護士についてみれば、前述のとおり、業務のなかに占める過払金事件の割合が肥大化するなかで、過払金事件以外の事件をほとんど経験したことがなく、そうかといって、訴訟外業務に注力していたわけでもなく、業務のなかで基本的なＯＪＴを受ける意欲や機会が乏しかった弁護士が急増する可能性が高まっている（すでに、裁判現場の一部では、そのような声が生じていることについては、後述三２のとおり）。社会・経済情勢についても、景気の後退とともに経済規模が縮小し、少子高齢化が進み、財政状態は悪化するという負のスパイラルが強調される昨今、最も少ないコストで最大限の紛争解決サービスを国民に提供するためにどのようなシステムが考えられるか、法曹一丸となって議論し、解答を模索していく努力が必要となろう。

このような点に関し、平成二三年七月に公表された迅速化検証第四回報告書においては、「長期化要因を解消し裁判の一層の適正・充実・迅速化を推進するために必要な施策を検討するに当たっては、前記のとおり迅速化法が基盤整備法であり、裁判の迅速化に係る総合的、客観的かつ多角的な検証を行うことを求めていることも踏まえると、第一回及び第二回報告書でも指摘しているように、裁判手続に内在する制度、運用、態勢面における要因のみならず、社会・経済的背景や国民の意識といった裁判の在り方に影響を与える裁判手続外の社会的な要因についても、幅広く考慮に入れることが重要である。もっとも、それらの要因は、多方面かつ多岐にわたるため、短期間に網羅的に検討を深めることは困難であるので、まずは、裁判の適正・充実・迅速化に直接関係する裁判手続に内在する長期化要因から検討を進めることとした。」（同報告書・施策編四頁）、「検証検討会においても、従前から、長期化要因を検討するに当たっては、裁判手続に内在する制度、運用、態勢面における要因に加えて、社会・経済的背景や国民の意識といった、司法機関においてコントロールすることが困難な論点も併せて念頭に置く必要があることが指摘されていたし、今回検討した司法固有の領域からのアプローチによる施策についても、その実現可能性への不安や、そうした施策のみでは得られる効果に限界のあることを示唆する指摘もあったところである。もとより、訴訟の量と質は、人口動態やその時々の経済状況、さらには、その時代の国民意識など司法機関においてコントロールすることが困難な事情に影響されるところが大きいが、他面、それは、紛争を予防し、あるいはそれを解決する社会全体のシステムの在りようによって、変わり得るものである。このような観点に立てば、真に実効性あるものとして裁判の適正・充実・迅速化を推進するためには、前記の基本方針でも述べたとおり、単に裁判手続に内在する制度、運用、態勢面における要因に即して施策を進めていくだけでなく、こうした裁判手続外の社会的な要因についても考察を及ぼして、その問題の構造を把握し、裁判の合理的な運営に及ぼす影響等を検討しておく必要があると思われる。」（同報告書・施策編六頁）と指摘されている。

最高裁判所のホームページ中の「裁判の迅速化に係る検証に関する検討会」に関する部分にアクセスすると（http://www.courts.go.jp/saikosai/iinkai/zinsokuka_kentoukai/index.html）、現在、同検討会においては、「紛争自体の総量や動向に大きな影響を与える要因」（たとえば、各地域における人口動態・人口構造・産業構造、経済情勢や紛争当事者の資金力の動向、企業活動の国際化、ライフスタイルの動向、法教育・啓発の進捗や業界慣行の動向、損害保険全般や権利保護保険といった保険制度の動向）や「裁判事件となる紛争の総量や動向に大きな影響を与える要因」（たとえば、ＡＤＲの動向、裁判制度に対する紛争当事者の意識・期待の動向、裁判制度を利用するためのコストの動向、法曹人口の動向）について、分析・検討を進めているようである。裁判官のみならず、弁護士、学者その他の一般有識者をメンバーとするフォーラムのなかで、国内外の実情を十分に調査したうえで、多様な観点から議論を重ねて、その結果を公表していくことが期待される。

3　民事訴訟の平均的パフォーマンス

以下、民事訴訟の平均的パフォーマンスを示すいくつかの指標を分析する（いずれも地裁民事第一審訴訟事件を対象にする。）。

(一)　平均審理期間

まず、平均審理期間の推移についてであるが、この一〇年間で見ると、平成一三年が八・五月であったのが、

図表4　平均審理期間
（民事第一審訴訟（全体）及び民事第一審訴訟（過払金等以外））

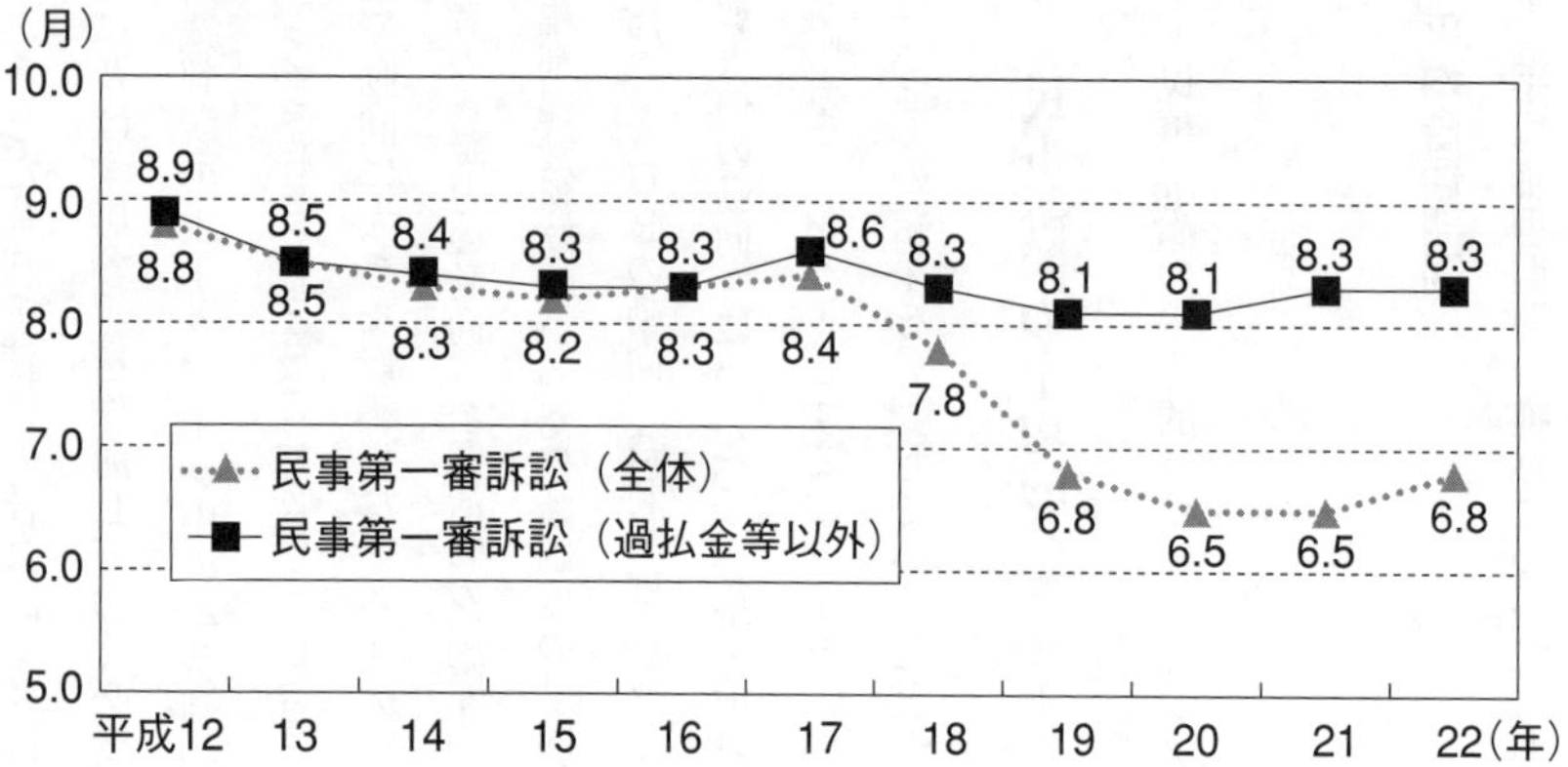

平成二二年には六・八月と、相当程度の改善が見られる（図表4参照）。ただし、これは比較的短期間で終局に至る過払金事件等が急増したことを受けた結果であると考えられ、実際、過払金等以外の事件の平均審理期間を見ると平成一三年が八・五月、平成二二年が八・三月であり、八・一月から八・六月の間でほぼ一定している。したがって、平均審理期間の推移から、この間に民事訴訟の迅速化が図られたとは言いがたい面があるが、過払金等事件がその中心とはいえ、事件数が急増したなかで、過払金等以外の事件の平均審理期間が長期化していないことは注目すべきであろう。

(二)　審理期間が二年を超える事件数

次に、審理期間が二年を超える事件数の推移について見る。迅速化法は、その二条一項において、「裁判の迅速化は、第一審の訴訟手続については二年以内のできるだけ短い期間内にこれを終局させ（中略）ることを目標として、充実した手続を実施すること並びにこれを支える制度及び体制の整備を図ることにより行われるものとする。」と規定する。この趣旨が、訴訟手続規範として、具体的事件につき審理を二年以内に終局することを求めるものでないことは明らかであり、個々の事件に見合った訴訟進行が行われ、その結果、二年を超える審理期間を要する事件が生じうることは当初から想定されているものというべきである。迅速化法は手続法ではなく基盤整備法であるといわれるゆえんであろう。実際、迅速化法は、同条二項において、「裁判の迅速化に係る前項の制度及び体制の整備は、訴訟手続その他の裁判所における手続の整備、法曹人口の大幅な増加、裁判所及び検察庁の人的体制の充実、国民にとって利用しやすい弁護士の体制の整備等により行われるものとする。」と規定し、三条において、「国は、裁判の迅速化を推進するため必要な施策を策定し、及び実施する責務を有する。」と規定している。とはいえ、一つの目安として、審理期間が二年を超える事件数の全般的な動向を押さえておくこと自体は、民事訴訟の平均的パフォーマンスを論じるうえで意味のあることと思われる。

審理期間が二年を超える未済事件数は、平成一三年は一万七三〇件であったのが、平成二二年には、六五七三件と四割程度の減少となっている(図表5参照)。前述のとおり、過払金等事件以外の事件の平均審理期間に大きな変化がないなかで、審理期間が二年を超える事件数が著しく減ったことは特筆すべきことであろう。もっとも、このような傾向は、平成一九年に六〇七八件となった時点を最後にし、その後は、審理期間が二年を超える事件数は微増を続けている。過払金等事件も近時、難易度が増してきているとの指摘もあり、事件数が急増するなかで、裁判体としても、長期化しがちな難件に精力を注ぐ余裕が徐々に乏しくなってきている可能性もあろう。

迅速化検証第四回報告書においては、特に審理が長期化しがちな困難事件については、合議体による審理を行うことが相当であり、そのためには右陪席裁判官の増員を核とした裁判所の人的態勢の整備を促進することが重

図表５　民事第一審訴訟事件における審理期間が２年を超える事件数（未済事件）

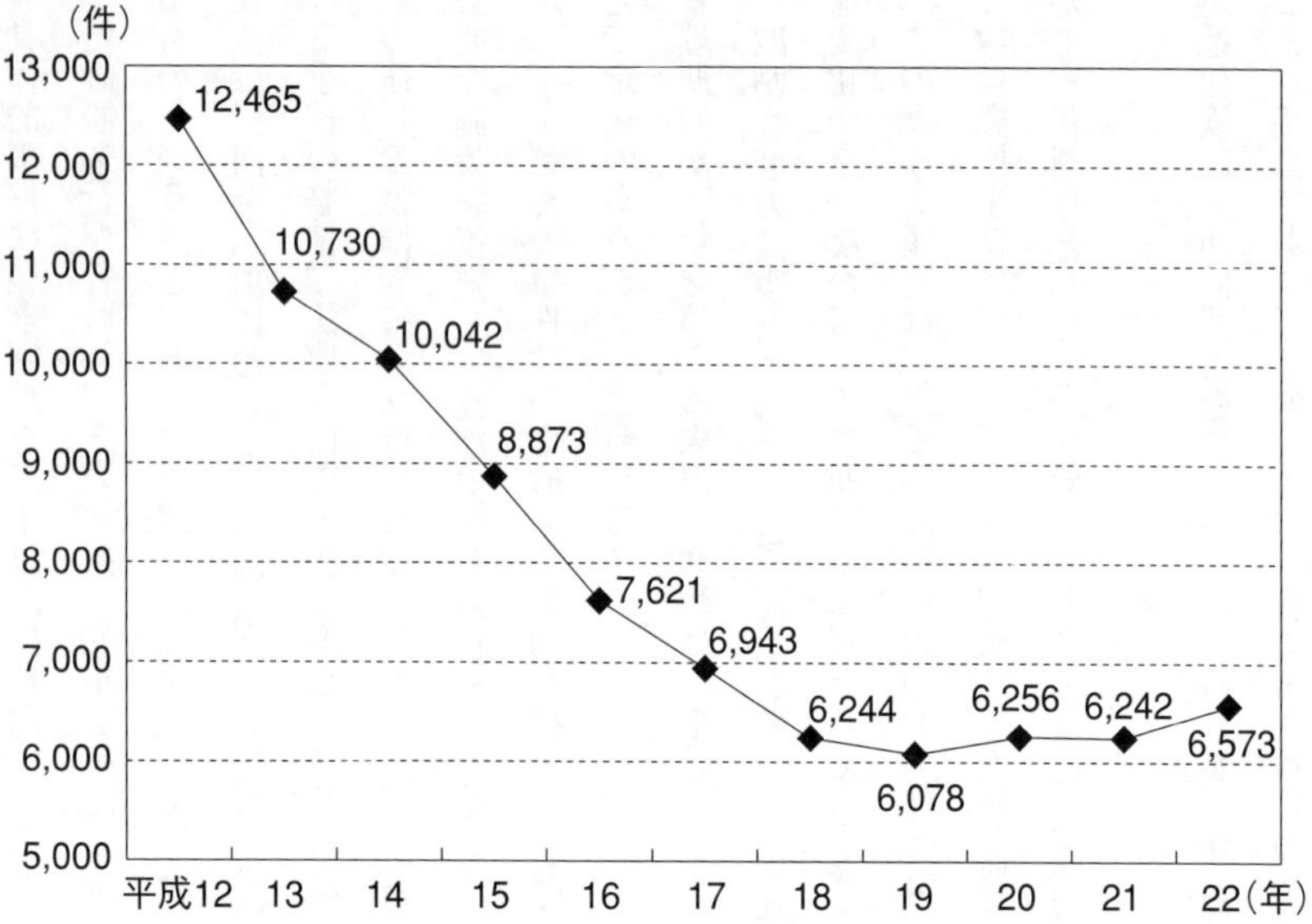

要である旨の指摘がされているところである（同報告書・施策編三九・七七頁）。司法制度改革当時は、経済界を中心として訴訟全般につき迅速化に対する大きな期待が表明されていたが、その後の社会的関心は、真に迅速処理が必要な一部の事件を除けば、むしろ審理のスピードよりも質を重視する方向にシフトしつつあるようにも思われる。このような状況下では、各種事件全体の平均審理期間をさらに短縮化するというよりは、社会的影響が大きい困難事件についてスムーズで中身の濃い審理をするための態勢整備が重要視されることになってこよう。過払金等事件の急増もピークが過ぎたと思われる昨今、審理が長期化しがちな困難事件への対応ぶりに関する今後の動向が注目されるところである（東京地方裁判所民事部においては、平成二二年から合議強化の新たな試みが開始され、一カ部に右陪席裁判官を二名配置するとともに、裁判長の単独事件の配てん比率を減らして、合議事件に注力しやすい環境を整備し、合議

事件数を増加させながら質の高い審理を行うための取組みがさまざまなかたちで行われている。)。

(三) 上訴率

上訴率の推移について見ると、平成一八年から、統計のとり方が変わったことにより、この一〇年間の経年変化を追うことは困難になったうえ、近時、過払金請求事件においては、敗訴した場合、機械的に全件控訴するといった取扱いを行っている特定業者もおり、実質的な比較検討はむずかしい状況となっている。なお、平成一八年の上訴率が一六・八%であったのが、平成二〇年には一五・五%で、平成二一年には一五・七%となっており、この五年間では大きな変動はない。

(四) 事件類型別の平均審理期間

事件類型別の平均審理期間については、図表6のとおりである。民事第一審訴訟(過払金等以外)と比べて、医事関係訴訟、建築関係訴訟、労働関係訴訟といった専門的知見を要する事件や当事者が多数となりがちな事件類型において、平均審理期間が相当程度長くなる傾向は近年変わりがない。特に、医事関係訴訟が民事第一審訴訟(過払金等以外)と比べ三倍程度の長期化傾向があること、建築関係訴訟については五年前と比べてむしろ長期化していることが注目される。

この種の事件については、当事者が事案の勝ち負けに加えて真相の解明を重視する傾向があること、鑑定等に長期間を要することがあること等の事情があるといわれている。真相解明等の機能については、本来的には民事訴訟でこれを担保することには限界があることは自明であり、国外では、むしろＡＤＲ等の場で、法的責任追及

図表6　事件類型別の平均審理期間

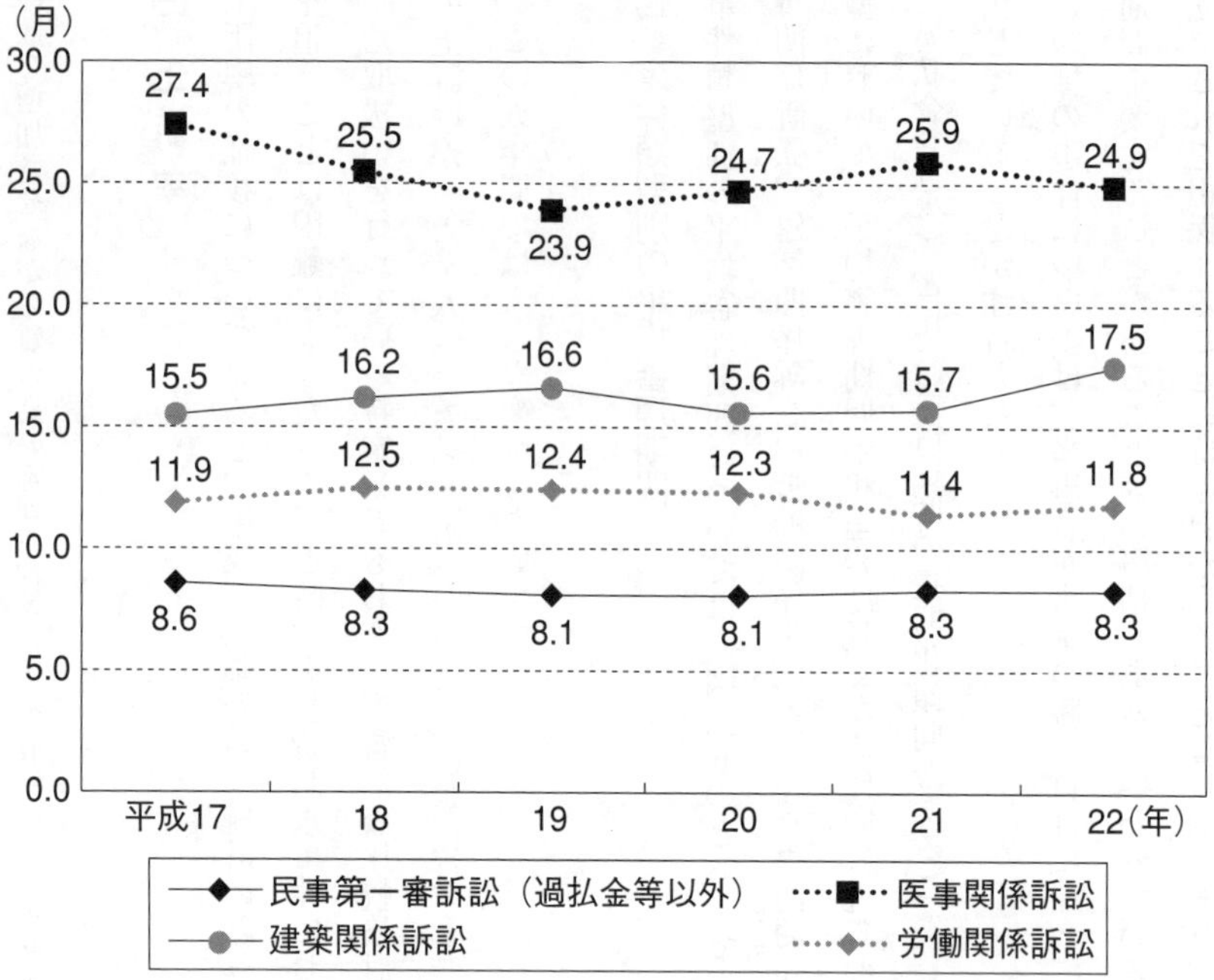

とは切り離したかたちで、十分な説明を受ける機会を増やすようにし、当事者の納得を得やすくする試みが広く行われ、注目を集めているところである。わが国においても、行政庁や関係業界が中心となって、当事者にとってより負担が少なく、また、コストパフォーマンスの高い紛争解決方法が模索されているところであり、今後の動向を注視していく必要があろう。

また、紛争予防やリスクの軽減等を図るために、この種事案においては、さまざまなかたちで保険制度が導入されているところであり、保険の態様や、保険に対する国民や関係者の意識によっても、裁判における紛争解決への期待の程度は大きく影響を受けることになろう。

図表7　訴訟代理人の選任状況

〈全　体〉

	平成17年	18年	19年	20年	21年	22年
事件数	135,357	143,321	172,975	192,246	214,519	227,435
双方に訴訟代理人	55,028 40.7%	54,612 38.1%	56,344 32.6%	58,432 30.4%	59,817 27.9%	63,144 27.8%
原告のみ訴訟代理人	47,909 35.4%	52,284 36.5%	68,157 39.4%	77,158 40.1%	91,245 42.5%	102,991 45.3%
被告のみ訴訟代理人	5,747 4.2%	5,997 4.2%	7,311 4.2%	8,426 4.4%	9,086 4.2%	8,389 3.7%
本人による	26,673 19.7%	30,428 21.2%	41,163 23.8%	48,230 25.1%	54,371 25.3%	52,911 23.3%

〈過払金等以外〉

	平成17年	18年	19年	20年	21年	22年
事件数	94,598	91,191	88,962	87,254	87,742	91,541
双方に訴訟代理人	38,299 40.5%	36,677 40.2%	35,328 39.7%	34,686 39.8%	34,955 39.8%	36,734 40.1%
原告のみ訴訟代理人	32,357 34.2%	31,524 34.6%	31,547 35.5%	31,085 35.6%	31,983 36.5%	33,786 36.9%
被告のみ訴訟代理人	3,658 3.9%	3,623 4.0%	3,521 4.0%	3,314 3.8%	3,489 4.0%	3,446 3.8%
本人による	20,284 21.4%	19,367 21.2%	18,566 20.9%	18,169 20.8%	17,315 19.7%	17,575 19.2%

㈤　訴訟代理人の選任状況

訴訟代理人の選任状況については、図表7のとおりである。この六年間では、地裁の民事第一審訴訟事件全体で見ると、当事者に訴訟代理人が就いている事案はむしろ減少してきており、過払金等以外の事件で見ても、代理人選任率が上昇しているとは決して言いがたい。双方に訴訟代理人が選任されている事件の割合は、全体で三割弱、過払金等以外の事件でも四割程度にすぎず、それ以外の事件については、少なくとも片方当事者がいわゆる本人訴訟となっている。

弁護士人口の増加により社会の隅々、さまざまな分野に弁護士が浸透していくことが期待され、必ずしも法廷に立つ弁護士ばかりが急増することが想定されていたわけではないにしても、前述のとおり、この間に弁護士数は三五％も増加しているのであるから（しかも社会の各層への弁護士の進出が期待どおりに進んでいるとは言いがたい状況であるとの指摘がされている。）、それにもかかわらず、代理人選任率がほとんど増加していないことについては、違和感があるといわざるをえない。代理人の選任に関する構造的な障壁の程度等について、あらためて検討する余地があるように思われる。

これらの点について、迅速化検証第四回報告書においては、弁護士へのアクセスの遅れの問題や弁護士の負担の過重さの問題を指摘するとともに（同報告書・施策編一六頁）、本人訴訟への対応の強化の検討が促されている（同二四頁）。さらに、弁護士の執務態勢等に関連する要因に関する施策として、法テラスのいっそうの整備・充実をはじめとする弁護士の過疎・偏在解消のための施策のさらなる前進、民事法律扶助や権利保護保険の拡充、弁護士に関する適切な情報開示、弁護士強制制度の導入、一定層の弁護士の繁忙状況の解消や複雑な事件・専門的知見を要する事案についての弁護士のサポート態勢の整備、弁護士のスキルアップ等の検討の必要性があげられている（同八三頁）。

なお、田原論文は、「社会が法廷活動の面で弁護士に求める能力を維持するためには、弁護士会は、強制加入団体であることを踏まえて、常に会員全体のレベルアップを図るべく、研鑽の場を継続的に設けると共に、個々の弁護士も、友人、知人等と共同の研究会を設け、あるいは学者の協力を得る等して、その能力の維持、向上を継続的に図ることが求められているといえよう。かかる研鑽の積み重ねこそが、裁判所の努力と相俟って、充実した審理を実現する礎を築くものといえよう。」との提言をもって締めくくられており（田原論文六〇頁）、あらためて田原先生のご慧眼とその指摘の重みを痛感するところである。

三　田原論文における各論的検討のフォローアップ

1　訴えの提起の準備

田原論文においては、訴えの提起の準備として、事実調査の重要性と法律構成や要件事実の確認の重要性を説いたうえで、「事実調査に並行して、近時整備されてきた各種の情報公開制度を利用して周辺事情に関する資料の入手を心掛けるべきである。そして、必要に応じて、平成一五年改正民事訴訟法によって導入された、訴え提起前の当事者照会（民訴一三二条の二）や訴え提起前の文書送付嘱託や調査嘱託、専門家の意見陳述嘱託、執行官による現況調査等の訴え提起前の証拠収集処分（民訴一三二条の四第一項）の申立てを積極的に行うべきである。」と指摘されている（田原論文五五頁）。

訴え提起前の準備の重要性についてはまったく同感であるが、訴え提起前の当事者照会については、田原論文の脚注の六において注記されているところによれば、弁護士のなかでの評価はあまり芳しくないとのことである。また、訴え提起前の証拠収集処分についても、田原論文の脚注の七において注記されているとおり、導入当初からその利用状況は芳しくなかったが、その傾向はその後も続いており、年々新受件数が減少している状況にある（図表8参照）。田原論文においては、その理由として、弁護士のなかでの周知性が低いレベルにとどまっていることをあげているが（田原論文五三頁脚注の一）、その後も十分周知されることなく、むしろジリ貧傾向が

図表8　訴え提起前の証拠収集処分の新受件数

平成17年	18年	19年	20年	21年	22年
320	144	120	108	89	78

続いている点については、あらためてその原因を検討してみる必要があろう。

これらの点に関連して、迅速化検証第四回報告書においては、まず証拠の不足や不存在が審理の長期化要因になっていることを明らかにしたうえで、証拠収集の困難性に関する事情として、①証拠の偏在、②個人情報保護を理由とする資料提供の拒否（なお、この点については、田原論文五八頁ですでに問題指摘がされている。）、③別手続で使用・作成された資料の利用上の制約を指摘している（同報告書・施策編一〇頁）。そして、これらの長期化要因に関する施策として、提訴前の証拠収集処分の見直し（争点整理を適切に行うために、提訴前の証拠収集処分があまり利用されていない原因を分析し、必要に応じて制度の見直しを行うことが有効と考えられるが、依頼者の事情や弁護士の実務慣行を理由にしてこのような見直しに消極的な意見があることを考慮しながら、慎重に検討を進める。）、文書送付嘱託の応諾義務の明文化、当事者照会制度の見直し、文書提出義務の拡大、当事者が証拠を早期かつ自主的に開示する制度（ディスクロージャー）や証言録取制度（デポジション）の導入等の検討が必要であるとしている（同二七頁）。

2　争点整理等

田原論文においては、「争点整理の充実は、新民事訴訟法制定前からの最大のテーマであり、その立法過程、施行の初期の段階を通じて、言わば語り尽くされている。」としつつも、「新民事訴訟法制定後、争点整理手続は一般に広く用いられるようになり、この一〇年間で民事訴訟の実務が大きく変化してきたことは事実であるが、同法の理念が貫徹しているかと言えば、漸く半ばに達したというのが実態である。」と厳しい指摘をされており（田原論文五五頁）、さらに、「おわりに」のパートにおいて、「審理の充実という、その質的側面からみると、例えば争点整理手続においても、当事者（代理人）双方が裁判所を挟んで、主要事実、間接事実、そのうち立証を要する争点は何か、法律論として何が問題か等を、相互に議論して、真の争点につき共通認識に到達するという、争点整理手続の目的とするところを真に実現できている事件はどの程度かと言えば、甘くみても全国レベルでは三分の一にも達してはいないであろう。また集中証拠調べも、その理念どおりに実行されている比率はといえば、恐らく更にそれを下回るであろう。」と本音を漏らされている（田原論文六〇頁）。

実は、筆者も田原論文と同時に掲載された拙稿のなかで、「争点整理手続は実施されていても、争点が十分整理されるに至らずに、多数の準備書面や陳述書のやりとりをする場と化して、いたずらに期日を積み重ねてしまう場合があるとの指摘もあり、争点整理手続の本来の趣旨を見失うことのないよう留意する必要があろう。」とか、「争点中心型の審理は、争点整理手続の活用による適切な争点の確定とこうした争点にターゲットを向けた集中的な証拠調べが有機的に連繫することにより初めて最大限の効果を発揮するものと考えられるところ、このような相互連携の実現とそれによる争点中心型審理の質の向上は、統計上は現れにくいものであり、この点が残された課題ということになってこよう。（中略）裁判所としても、形のみの踏襲ではなく、その内容が真に実を伴うものとなるよう常に自戒していかなければならないところといえよう。」などと辛口の記載をしており、実は、問題意識は共通していたところである。

このところの争点整理実施率の推移は、図表9記載のとおりであり、その後も高値安定状況といえる。集中証拠調べの実施率も、平成二二年においては、人証調べを実施した事件の八二・五%が一回の期日で人証調べを終

図表9　争点整理実施率（地裁民事第一審訴訟（過払金等以外））

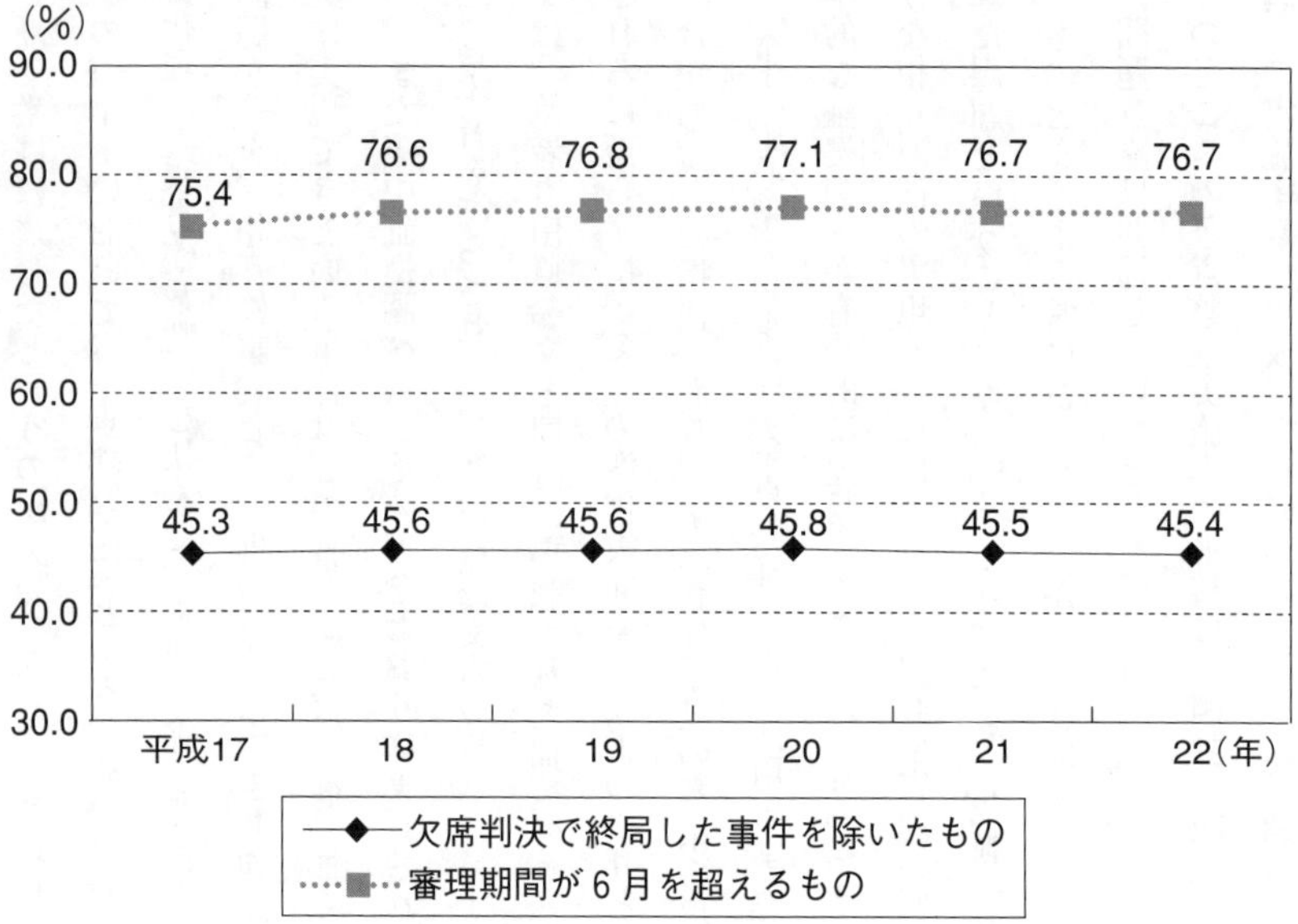

図表10　平均人証数
（地裁民事第一審訴訟（全体）及び民事第一審訴訟（過払金等以外））

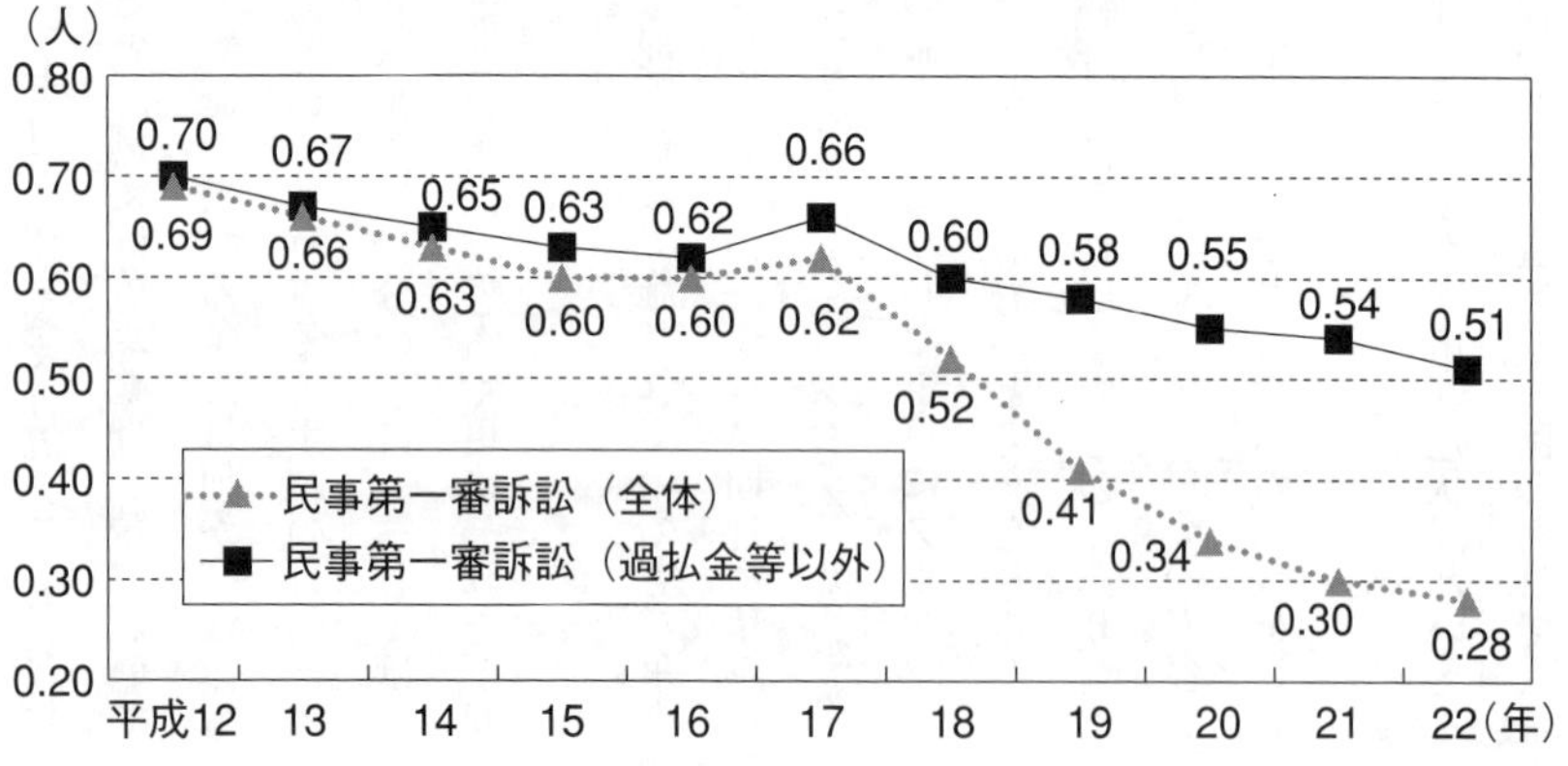

えている。他方、平均人証数は、平成一七年以降、激減しており、過払金等以外の事件についても毎年減少傾向が継続している（図表10）。このような傾向の原因が、「争点中心型審理を実施することにより、早期に事案の真相に近づくことが可能になり、人証を数多く採用するまでもなく、和解等による解決が図られやすくなったため」（拙稿六八頁）というのであれば、それは結構なことであるが、筆者が仄聞する限りにおいては、懸念は、この間、さらに膨らんでいるといわざるをえない。争点整理手続における口頭の議論の重要性や重要な論点の記録化の必要性（手続の透明性の確保）が叫ばれて久しいが、これらの点について、実際にどの程度実践されているかについては、あまり楽観視できないように思われる。

筆者は、この間、「『争点整理メモ』の活用に向けて――東京地方裁判所民事第五〇部（合議係、単独イ係）におけるささやかな取組と実践例」と題する論稿をしたため、当事者と裁判所が共通認識をもつことが何よりも重要であり、そのために双方が協力し合って争点整理を行うための方法論を提示したことがあるが（判タ一二三七号九四頁。その姉妹編として、裁判所書記官との協働態勢の重要性を訴えたものとして、「『進行管理メモ』の活用と実践例――東京地方裁判所民事第五〇部単独い係における書記官事務の新しい流れ」同誌一二六二号一八頁）、現在は、東京地方裁判所の医療集中部に属しているので、当時とはまた違ったかたちで（当事者との口頭の議論を継続しながら、必要な記録化を進めていくという意味では大きな変更はないが）、診療経過一覧表、主張対比表等を利用した主張整理を大部分の事件において実践している。しかし、この間、わずか二カ月のことではあるが、二度目の高等裁判所勤務も経験したところ、その間に見た記録から、活性化した争点整理の状況が見て取れるものは、残念ながらほとんどなかった。もちろん、争点整理の実践に際してはメリハリが重要であり、争点整理をすること自体が自己目的ではない以上、どのような事件においても多大な時間と労力を割く必要があるわけでないことはいうまでもないが、控訴されるような事件においても、記録上、争点整理のプロセスが伝わってこないということには一抹の寂しさを覚える。

このような状況の原因については、必ずしも否定的なものばかりではないかもしれない。たとえば、争点整理のコツを理解したために、十分な議論や各種ツールを利用するまでもなく、おのずから争点は確定され、的確な判断ができるようになっているということも考えられる。たしかに、高等裁判所で見ていても、最終的に判決に記載されている争点のとらえ方や争点に対する判断が的を外れているような事件は数少ないように思える。また、従前と比べて、代理人が非常にあっさりしており、自分の主張さえするだけしてしまえば、あとは裁判所の責任（裁判所におまかせ）というかのごとく、争点整理の状況や人証採用の有無にはこだわらないケースが増えているとも聞く（その分、当事者本人はこだわりの強い人が増えているとの説もある。）。現代の世相にマッチした草食系の要領のよい審理ということになるのかもしれないが、このような審理に慣れ親しんでしまっては、事案によっては、大きな誤りを犯すことにつながりかねない面もあろう。

田原論文においては、当事者主義の再確認の重要性についての指摘がある（「第一線の裁判官の一部に、裁判官の権能に対する過度の自信がみられることがある。」「裁判所の眼からみて、当事者の主張内容を代理人が正解していないのではないかと見え、あるいは無理な主張と見えても、当該代理人を選任した当事者の責任であり、一線を越えて裁判所が介入すべきでない。」田原論文五六頁。）。誠にごもっともであり、特に田原先生のような代理人が当事者であれば、「一線を越えて」どころか、裁判所が争点整理において後見的役割を果たす必要性はそもそも皆無といえよう。しかし、過払金事件以外の事件をほとんど経験したことがなく、そうかといって、訴訟外業務に注力していたわけでもなく、業務のなかで基本的なＯＪＴを受ける意欲や機会が乏しかった弁護士が急増しているという声が裁判所内部で高まっているのも事実である。一般国民が抱く正義の観念や実体的真実の発見への期待と民事裁判における当事者主義・弁論主義の理念との間に相当の較差がある現状において、裁判官も「一線を越えない範囲内で」どのようにバランスをとるべきか、日々思い悩んでいるところである。

なお、迅速化検証第四回報告書においては、主に争点整理の長期化に関連する要因に関する施策として、争点整理のステップの明確化、証拠収集方法の期限内提出制度の導入、集中的に口頭議論を行う期日の実現、時系列表等の提出を求める制度の導入、準備書面の分量制限等を求める制度の導入（なお、田原論文五八頁においては、書証に関してではあるが、「大量の書証がしかも十分な証拠説明なしに提出される事件が散見される。」としたうえで、「裁判官が当該書証の内容を理解できると共に、主張との関連性を理解できなければ意味がない。かかる観点からすれば、提出する書証は厳選すべきであると共に、主張との関連性を明らかにするための証拠説明書の提出が必要である。」と指摘されている。田原論文五八頁）、いわゆる失権効等の導入等の検討があげられていることを付言する（同報告書・施策編一九頁以下）。

3　専門委員の活用及び計画審理

(一)　専門委員の活用

田原論文においては、「平成一五年改正法では、専門委員の採否については、当事者の意見を聴かねばならず、また、その説明も口頭弁論期日若しくは弁論準備手続の期日において行うべきものとされ、当事者の関与権が一定程度保障されるに至った。また、実務運用においても、現在のところ、専門委員の中立性、公平性を保つべく謙抑的な運用が行われている。当事者代理人としては、上記のような運用の実情を踏まえたうえで、専門委

図表11　専門委員関与の有無別の事件数（地裁民事第一審訴訟（全体））

	平成17年	18年	19年	20年	21年	22年
専門委員あり	207	343	366	431	426	499
専門委員なし	135,150	142,978	172,609	191,815	214,093	226,936

図表12　事件類型別の専門委員関与率

〈医事関係訴訟〉

	平成17年	18年	19年	20年	21年	22年
事件数	1,040	1,120	1,007	955	922	896
専門委員あり	34	41	61	60	79	53
専門委員なし	1,006	1,079	946	895	843	843
関与率	3.3%	3.7%	6.1%	6.3%	8.6%	5.9%

〈建築関係訴訟（瑕疵主張あり）〉

	平成18年	19年	20年	21年	22年
事件数	1,409	1,356	1,344	1,271	1,235
専門委員あり	111	121	175	143	170
専門委員なし	1,298	1,235	1,169	1,128	1,065
関与率	7.9%	8.9%	13.0%	11.3%	13.8%

員制度の積極的活用にも留意すべきであろう。」と一定の前向きな評価がされている（田原論文五七頁）。

専門委員の関与状況については、図表11及び12のとおりであり、全事件との関係では、このところ関与件数は増加傾向にあり、専門委員に人を得やすい地域を中心として、建築関係訴訟をはじめ、知的財産権関係訴訟、ＩＴ関係訴訟等で、それなりの活用が図られている。医事関係訴訟においては、当初からの弁護士会側の強い懸念もあり、特に大規模庁では活用が困難な事態が生じていた。しかし、東京地方裁判所においては、近時、脳外科や心臓外科、あるいは産科等の領域で死亡等の重大な結果が生じた医療事故ではなく、むしろ不当な宣伝や説明のあり方、効果の不発生等を問題視する歯科、眼科や形成外科等の領域での訴訟が増え、これに伴い、本人訴訟や医療訴訟の経験が乏しい弁護士が十分な準備や検討をせずに訴えを提起するケースが増えていることから、このような傾向の事件について、的確な医学的知見を早期に獲得するために、当事者双方の希望の下で専門委員が活用される例が増えてきている。

迅速化検証第四回報告書においては、「専門的知見が必要となる事件において、専門委員の利用方法を多様化し、専門委員を活用しやすくするため、専門委員の機動的な任命・選任、専門委員による意見陳述等、専門委員のより一層の活用方策について、その活用を妨げる要因についても十分に吟味しながら、検討を進める」べきであるとの指摘がされている（同報告書・施策編三二頁）。

(二) 計画審理

田原論文においては、「従前から、大規模訴訟では、計画的な審理計画に基づいて審理がなされていたのであり、また、複雑な訴訟においては、計画的な審理の努力がなされていたのであって、とりたてて新しいことが規定された訳ではない。そのこともあって、改正法施行後の運用事例も僅かに止まっている。」とコメントされている（田原論文五七頁）。

計画審理については、その後も状況は変わっていない。民訴法一四七条の二に規定された計画審理であることを意識して計画審理が運用された事例はきわめて乏しいのではないかと推測される。これが、そのようにあえて意識することなく、自然体で計画審理若しくは計画的な審理が実現されているということであるならばよいわけであるが、裁判所側も当事者側も、計画的に物事を考えることにより束縛されることを厭う、あるいは、前倒しで審理の進め方を検討するスピリットを失い、面倒なことは先送り的発想で審理に臨んでいる結果であるならば、寂しい限りである。

迅速化検証第四回報告書においては、「計画審理が合理的な審理を行う上で有効と考えられる類型の事件において、計画審理の利用が進んでいない原因を分析しつつ、利用促進の可能性について検討を進める」べきであるとの指摘がされている（同報告書・施策編二〇頁）。

4　証人尋問

田原論文においては、「充実した証人尋問をするには、主尋問、反対尋問とも、事前準備を十分に行うことが不可欠である。」「充実した証人尋問のためには、尋問技術の熟達が必要である。」などとしたうえで、「双方代理人が、かかる技術を如何なく発揮すれば、法廷は熱気を帯び、裁判官の介入尋問や補充尋問は、姿を消す。これが、代理人弁護士として、目指すべき証人尋問である。」と指摘されている（田原論文五九頁）。誠にもっともな指摘である。

前述のとおり、近時、平均人証数が激減しており、相対的に証人尋問の重要性が軽んじられる風潮が見え始めているように思われるが、緊迫感のある内容豊かな証人尋問が実施されることは、本来、訴訟の適正、充実、迅速化のためにも望ましいことである。一人当りの尋問時間は短くても、必要と思われる多くの人証につき核心部分を法廷で端的に述べてもらうような尋問様式が定着していくことが期待される（医事関係訴訟等においては、このようなかたちでの尋問に代理人側もあまり抵抗感はないようである）。

なお、田原論文においては、「時として裁判官が、補充尋問で、証言内容の揺らいだ証人に対し、『結局どちらなんですか』と問いかけて、主尋問どおりの証言を得て納得している場面を見るが、裁判官としては、かかる補充尋問は慎むべきである。」「なお、弁護士による尋問方法に関する記述に、裁判所の補充尋問の結果を高く評価するものが時として見受けられる（中略）。しかし、裁判所の補充尋問を必要としない尋問を目指すのが尋問技術ではなかろうか。」との記述もある（田原論文五九頁）。これらの点についても、誠にそのとおりであり、前者については、本来、代理人が再主尋問で必要な補足をすれば足りるものであるし（いずれにしても、反対尋問で揺らいだ事実自体は、あくまで残ることになる）、後者についても理想としては至言というべきであり、このような意識で各代理人が尋問に臨むことを期待したい。もっとも、裁判官の立場に立てば、特に本人尋問の際には、裁判官の補充尋問は、時には、心証開示の場や本人の納得を図る場として活用されることもある。こうした尋問の利用法は、もちろん田原先生が意図する本来の尋問の役割や位置づけとは異なるものであるし、英米法的な訴訟理念とはかけ離れたものであるかもしれないが、尋問終了後に直ちに和解の試みを行うことが少なくないわが国の実務においては、訴訟全体のプロセスのなかで一つの重要な転機となる場合も少なくないような気がする。

四　おわりに

以上、田原論文で示された視点について、私なりにその後の状況と私見を書き連ねてみた。あらためて思うことは、その視点の切込みの鋭さであり、田原論文発表後六年を経過して、そこで指摘された傾向や問題点は、現時点においてますます正鵠を得るものとなっている。田原論文には、その「おわりに」のパートに、「民事訴訟は当事者（代理人）と裁判所との協働作業という側面が強いのであるから、訴訟の充実に向けた弁護士の活動と裁判所の努力とが合致しなければ、真に充実した訴訟活動を確立することはできない。」という一文がある（田原論文六〇頁)。社会全体がいわば星雲状態にあるかのような昨今の状況において、訴訟にかかわる者誰もがこのような基本認識をもつとともに、田原先生がこれまで歩まれてきた道程同様、新たな動きに柔軟にチャレンジしていく進取の気性を忘れたくないものである。

口頭による争点整理と決定手続

林　道晴

一　はじめに

司法制度改革の一環で導入された労働審判手続については、労働審判法が施行された平成一八年四月以降、申立件数（新受件数）が増加傾向で高水準にある一方、既済となった件数の約七割で調停が成立し、話合いがまとまらず労働審判となった事件（既済件数の二割程度）についても、異議申立てにより訴訟に移行したものが約六割にとどまり、残り（四割）に調停が成立したものを加えた件数が、既済件数の約八割を超えており、かなり高い解決率となっている。しかも、労働審判事件は、原則として三回以内の期日で審理を終結することとなっているところ（労働審判法一五条二項）、既済事件のうちの大多数（九八％）が三回以内の期日で手続を終局しており、申立てから終局までの平均審理期間も七〇日程度に収まっている（注1）。このような運用実績については、利用者や代理人として関与する弁護士、研究者等からも、制度導入の趣旨が十分実現しているものとして高く評価されている（注2・3）。

労働審判手続が高い解決率という成果をあげてきている要因としては、裁判官に、労働関係に関する専門的な知識経験を有する有識者二名（しかも、労使各一名とバランスがとられている。）が労働審判員として加わった合議体（労働審判委員会）が手続を運営し、審理や調停等にあたって、その専門的な知識経験が当事者の満足する解決に活かされていること、また、三回以内の期日による迅速な解決が原則として定められており、それを実現するために、当事者の言い分（申立書における申立ての趣旨や申立ての理由はもちろん、争点に係る双方の主張や従前の交渉経緯など）が十分記載され、それを裏付ける証拠書類（の写し）が添付された申立書や答弁書が、期日前に提出され、第一回期日から、民事訴訟における集中証拠調べのような充実した意見交換をすることが標準的なプラクティスとなっていること（注4）、それを実践するためにも、申立人や相手方に代理人として弁護士が関与することが原則型となっていることなどがあげられる（注5）。いずれも、労働審判手続の特質から客観的に説明できる評価であると思われるが、特に、第一回期日において、労働審判委員会と当事者（申立人、相手方。実際上は、その代理人弁護士）との間でされる、口頭の議論ないし意見交換による争点整理の局面に着目したい。そして、民事訴訟で原則的な審理方式である争点中心型審理が、充実した争点整理を前提としていることはいうまでもないが（注6）、労働審判手続に限らず、決定手続ないし非訟事件手続においても、争訟性が高い事件についても、口頭の議論ないし意見交換による争点整理が、事案の的確な解決に有意義であることを、民事調停手続を素材として論じていきたい。

（注1）労働審判の事件統計については、最高裁判所事務総局「裁判の迅速化に係る検証に関する報告書（概況編）」（平成二三年。第四回迅速化検証結果に関するもの）の一〇一頁以下に、平成一八年以降の労働審判事件の新受件数、平成二二年の統計を基礎とした終局事由、審理期間等のコンパクトな分析がされている。ちなみに、平成二三年度の労働審判事件の新受件数は三五八六件、既済件数は三五一三件、未済件数は七一〇件であり、前年（平成二二年度）の新受件数（三三七五件。既済件数は三四三六件、未済件数は六三七件であった。）よりも増加し、制度施行後最大であった平成二一年の新受件数（三四六八件）も上回る状態となっており、利用のニーズが高いものと評価できる。

（注2）運用に関与している裁判官、弁護士の意見については、岩村正彦ほか「座談会　個別労働紛争処理の実務と課題」ジュリ一四〇八号一六頁。利用者の意見については、東京大学社会科学研究所の研究グループが、平成二二年七月から一一月にかけて、労働審判事件の申立人、相手方一七八二人を対象に行ったアンケート結果が公表されており（佐藤岩夫「『労働審判制度利用者調査』の概要」ジュリ一四三五号一〇六頁）、手続の時間・費用の評価、手続の過程・経過の評価、労働審判官・労働審判員の印象・評価、結果の評価など、いずれの項目についても肯定的な評価が多数を占めている。研究者の意見については、労働審判制度の制定にも関与された菅野和夫教授も、迅速な手続で高い解決率が実現できていると、肯定的な評価をしている（同『労働法（第一〇版）』八八〇頁）。

（注3）労働審判で機能している審理方式を通常の民事訴訟で応用できないかという運用上の試みもされている。いずれも、平成二三年の論説で民事訴訟を民事調停法二〇条に基づき調停に付して、労働審判を参考にした運用を行うものである。浅見宣義「労働審判方式を取り入れた民事紛争解決方式（L方式）について——民事調停を利用

した試行的実施のレポート」判時二〇九五号三頁（神戸地裁伊丹支部における運用例）、菊池浩也＝藤田正人「福岡地方裁判所における民事訴訟の運用改善に向けた取組――福岡方式の改訂（新福岡プラクティス）と迅速トラックの実施」判タ一三五三号五二頁（福岡地裁における運用例）、和久田斉「労働審判の経験を踏まえた自庁調停」判タ一三五七号一八頁（京都地裁における運用例）。

（注4）渡辺弘『労働関係訴訟（リーガル・プログレッシブ・シリーズ9）』二七八頁、（注2）で前掲の「座談会　個別労働紛争処理の実務と課題」一八頁（渡辺弘発言）など。

（注5）春名茂「労働審判制度の現状と課題」ジュリ一四〇八号四六頁では、制度開始時から平成二一年一二月末までに既済となった七一九三件について、申立人に代理人弁護士がついた事件の割合が八四・〇％、申立人及び相手方の双方に代理人弁護士がついた事件の割合が七一・九％と紹介されている。

（注6）田原睦夫「民事裁判の再活性化に向けて」金法一九一三号一頁。

二　争点整理における口頭主義の意義

労働審判手続では、第一回の期日で、申立人の申立書、相手方の答弁書を基礎として、労働審判委員会が口頭で当事者の言い分や主張を確認して、出頭した当事者や関係人（相手方が会社の場合は、その代表者や担当者）から事情を聴取して事実関係を明らかにするための意見交換が、二時間ないし三時間程度かけて行われるのが標準的な実務である（注7）。第一回期日での議論が充実したものとなるためには、申立書や答弁書に必要な事項が記載され、それを裏付ける証拠書類が提出されることが前提であり、記載内容等と証拠書類を確認しながら、争点を抽出していくやりとりがまずされることにはなろう。しかし、適切な調停案を策定するために、明確となった争点に係る事実関係についての心証を形成することが必要であり、口頭によるやりとりのなかで、民事訴訟での人証調べに相当する事情聴取がされることからも、口頭によるやりとりのもつ重要性が高いといってよい（注8・9）。

そもそも、民事訴訟における争点整理の協議においても、口頭による議論が重要な意味をもっていたといってよい。争点整理手続には、三種類のメニューがあり、書面による準備手続は、電話会議の方法（民訴法一七六条三項）を利用しない限りは、裁判所と当事者双方が一堂に会して議論することにはならないが、口頭弁論の一類型で口頭主義が適用される準備的口頭弁論はもちろん、裁判所と当事者双方が一堂に会する期日での協議を前提とする弁論準備手続では、口頭による議論による争点整理が当然の前提となっている（注10）。ちなみに、訴訟事件の必要的口頭弁論（民訴法八七条一項）における口頭主義とは、当事者が口頭で裁判所に提出した訴訟資料のみが判決の基礎となるとする原則であり（注11）、口頭主義を原則とする審理は、審理における当事者及び裁判所の訴訟行為を口頭によって行わせる、口頭審理を意味するものである（注12）。口頭主義を原則とするというのは、その欠点を補充するために、補充的に書面主義を採用しているからであり、代表的な例外規定としては、相手方に対する不意打ちを防止し、口頭弁論期日における事実関係の理解を容易にするために、口頭弁論（期日）は、事実上及び法律上の主張を整理するための書面により準備しなければならないこと、いわゆる準備書面の規定（民訴法一六一条）がある。このような口頭主義の原則が採用されたのには歴史的な経過があり、一九世紀後半のドイツにおける市民社会の成立に伴って起こった、司法権の独立、裁判の公開などの諸理念に基づく近代的司法制度確立への政治的要求に加え、民事紛争の実体的な基盤の変化に見合った訴訟審理方式（その創出を求める市民的要求に応える新しい審理方式）として、口頭主義の原則が確立したといわれている（注13）。特に、後者の理由は、判決をする裁判官の直接の面前で（直接主義を前提にしている。）、当事者間で主張の応酬をして、法的紛争がそのあるがままに口頭で展開され、裁判官は、それを聞くことを通じて、直接の資料に基づき紛争の実態や真の争点を的確に把握し、そこに証拠調べを集中させることによって、迅速かつ適正な裁判を実現することができるという考えに基づくものである（注14）。充実した弁論により的確に紛争の核心に沿った訴訟上の争点を形成するために、当事者双方があらかじめ相互に相手方の言い分を知り、自己の主張を裏付け、あるいは相手方の主張を反駁するための資料とそれに基づく法律論を用意することができるように、口頭弁論の準備のための制度も併せて整備される必要性が認識されており、その点は、日本の現行民事訴訟法にも引き継がれている（注15）。もともと民事訴訟の対象は、当事者の民事上の利害関係に係る事項であって、訴訟資料・証拠資料等の審理の基礎となる材料は、当事者側の手の内にあり、当事者がそうした審理の材料を裁判所に持ち込まない以上、審理が円滑に進まないことになる。そうした審理の材料の持込方法として、書面化して提出する方法（訴訟資料についての準備書面、証拠資料についての書証等）には、内容を正確に過不足なく伝えるなどのメリットがあることは否定できないが、審理の材料の性格上書面化になじまないものや書面化しにくいものもあるわけであり、書面化された材料の趣旨を明確にするとともに、補充する意味でも、口頭による主張立証が重要な意味をもっている（注16）。

いずれにせよ、訴訟事件の必要的口頭弁論の口頭主義は、紛争の実態をとらえた争点を確定するために、口頭による充実した議論がされることを想定しており、その点は、口頭弁論での審理の対象を絞り込む弁論準備手続期日における争点整理に向けた議論にも当てはまるものである。口頭弁論期日に限らず、弁論準備手続期日等争点整理の期日で、充実した口頭による議論がされるためには、準備書面の適時的確な提出に代表される、当事者側の期日に向けた準備が重要であり、裁判官や弁護士の関心も、準備書面の内容の充実や適時の提出の確保に向きがちである。しかし、準備書面も基本は、期日における口頭の議論を準備するためのものであり、準備書面の記載が不十分であるとか、不明確な点があるなどの問題点がある場合には、期日における口頭の議論で正していくのが重要であること（むしろ、本則であること）を忘れてはならない（注17）。

労働審判手続の第一回期日のやりとりは、多くの場合、充実した申立書、答弁書、証拠書類が提出されているとはいえ、以上のような問題意識に適った争点整理に向けた口頭による議論が実践され、事案の適正迅速な解決につながっていると評価してよいと思われる。こうした口頭による議論は、労働審判手続に限らず、争訟性の高い決定事件であっても、少なくとも民事的な利害関係が問題となっており、対立する当事者が存在する以上、応用していくことが検討されるべきであると考えられる。

（注7）（注4）で前掲の『労働関係訴訟』二七六頁、（注2）で前掲の「座談会　個別労働紛争処理の実務と課題」一八頁〔渡辺弘発言〕。

（注8）（注4）で前掲の『労働関係訴訟』二七六頁。なお、（注3）で前掲の労働審判を参考にした民事訴訟の運用モデルでも、労働審判員に相当する民事調停委員が加わった最初の期日で、一時間以上の時間をかけて、当事者との口頭の討論を行うことを一つのポイントとしている（たとえば、（注3）で前掲の「労働審判方式を取り入れた民事紛争解決方式（L方式）について」七頁）。

（注9）（注2）で前掲の「「労働審判制度利用者調査」の概要」一〇八頁では、労働審判事件の申立人、相手方一七八二人に対するアンケート調査結果においても、審理に「使われていた言葉は分かりやすかった」という項目で、労働者側、使用者側とも回答者の七割以上が「そう思う」と回答していることから、口頭主義・直接主義を徹底する運用のなかで、当事者にとってわかりやすい言葉づかいや進行が行われていることを示す結果となっていると評価されている。

（注10） 最近の弁護士の問題意識を示した文献として、東京弁護士会民事訴訟問題等特別委員会編『民事訴訟　代理人の実務Ⅱ争点整理』一八〇頁〔大坪和敏弁護士執筆部分〕は、「弁論準備手続においては、」「争点及び証拠の整理を、裁判所と当事者双方の関係三者が、口頭での議論（討論）によって行うことが予定されている。」「口頭で手続を行うことにより裁判所と原告被告の三者間の認識を共通にすることが可能となる。」としている。また、裁判官の認識を示した文献として、藤田正人「争点整理の新しい運用に関する一試案――福岡民事プラクティス研究会の議論をふまえて」判タ一三三二号三九頁のなかで、福岡地裁の裁判官有志、福岡県弁護士会の弁護士有志による研究会の、争点整理の運用に関する具体的な改善方策の提言の一部として、争点整理期日における裁判官と代理人の口頭での議論の積極的な実施（期日のイメージとしては、三〇分間から一時間程度で口頭で事案解明のための議論を進め、そのやりとりをもとに、その結果をまとめた準備書面を代理人が用意すること、また、速やかに和解協議に入ることが考えられるとしている。）と、そのための裁判官から代理人に対する口頭での積極的な発問や開示の利用を掲げている（この提言の背景となっている実務の現状分析については、福岡民事実務改善研究会「新しい民事訴訟の実務に向けて――現在と将来の訴訟実務をどう考えるか」判タ一三一六号三八頁）。

なお、（注1）で前掲の第四回迅速化検証結果のなかには、口頭の議論を活性化させるための方策として、弁論準備手続の特定の期日に（裁判所と当事者双方が）集中的に（口頭で）議論を行う期日を設けることが提案されているが（吉岡大地ほか「第四回裁判の迅速化に係る検証結果（平成二三年七月公表）について」判タ一三五二号三四頁）、第四回迅速化検証結果に関する座談会（山本和彦ほか「民事裁判の一層の充実・迅速化に向けて(1)――最高裁迅速化検証報告書を受けて」ジュリ一四三二号四五頁）で、山本和彦教授は、争点整理ないし弁論準備手続を設けたのは、この提案にあるような集中的な議論をするためであったと分析している（同書六一頁）。

（注11） 伊藤眞＝山本和彦編『民事訴訟法の争点』一五六頁〔春日偉知郎〕、松浦馨ほか『条解民事訴訟法〔第二版〕』八六四頁〔竹下守夫〕。

（注12）・伊藤眞『民事訴訟法〔第四版〕』二五五頁。
（注13）（注11）で前掲の『条解民事訴訟法〔第二版〕』八六三頁。
（注14）竹下守夫『講座民事訴訟4「口頭弁論」の歴史的意義と将来の展望』二二二頁。
（注15）（注14）で前掲の『「口頭弁論」の歴史的意義と将来の展望』二五頁。
（注16）（注10）で前掲の「民事裁判の一層の充実・迅速化に向けて⑴」六〇頁以下では、福井章代東京地裁判事（当時）が、（注10）で前掲の集中的な議論を行う期日に関して、「口頭で集中的な議論を行うことによって、訴訟物あるいは主要事実や間接事実レベルの争点について、裁判所と当事者との間で認識の齟齬が生ずるのを防止することができる」、また、「裁判官と当事者が紛争の全体像を理解し、共通認識を持つ契機になることが期待できる」し、「紛争の妥当な解決を図るためには、当事者の主張に必ずしも明確に現れていない背景事情などを把握する必要がある」が、「口頭で集中的な議論をすることによって、このような背景事情を知ることができるという効果も期待できる」と評価している。
（注17）（注1）で前掲の第四回迅速化検証結果には、（注10）で前掲の、集中的に口頭で議論を行う期日の提案のほか、準備書面の分量制限や、一定の分量以上の準備書面にはサマリーを記載することなどの制度を導入する提案もされているが（（注10）で前掲の「第四回裁判の迅速化に係る検証結果（平成二三年七月公表）について」三四頁）、第四回迅速化検証結果に関するシンポジウム（高橋宏志ほか「民事訴訟の迅速化に関するシンポジウム㊤」判タ一三六六号四頁）では、この準備書面の分量制限等の提案について、三木浩一教授が「準備書面は、「文字どおり、口頭による議論を準備するための書面で」「これによって準備された内容を、口頭による弁論で展開していくというのが、本来のあり方であ」り、「準備書面が無駄に長かったり重複が多かったりした場合には、原告、被告、裁判官の三者が揃ったところで、書面にはいろいろ書いてあるけれども、本当のポイントは何ですかということを、まさに口頭で整理すればよいわけで」、「このようにして、争点を口頭で整理するのが本来の口頭弁論であり、あるいは争点整理手続の一つとしての弁論準備手続で」「法が本来予定しているところ」である、「準備書面の分量制限を議論するのであれば、その不可欠な前提として、口頭主義の活性化をどのように

実現するかを、さらに突き詰めて議論すべきではないか」と批判している（同書八頁）。

三　民事調停手続と争点整理

労働審判手続は、民事調停制度の一種としての労働調停制度から出発して、労働調停を包み込んだ労働審判制度へと構想を発展させたものであり、特に、民事調停手続で調停が成立しない場合（合意に至らない場合）に行うことができる「調停に代わる決定」制度（民事調停法一七条）を手がかりとして、審判手続に発展させて調停手続を包摂したものである（注18）。民事調停手続の「調停に代わる決定」をモデルにしているとはいえ、調停が成立しない場合に原則として常に審判がされるなど、相違点が少なくないが、特に労働審判は、審判手続における争点に即した事実審理に基づいて明らかとなった権利関係をふまえつつ、審判手続の経過を勘案した解決案を提示したうえでされるものである。労働審判委員会が権利関係に関する心証を形成し、それに基づき解決案が策定され、それが受け入れられない場合に、解決案に沿った労働審判をして訴訟手続による紛争解決につないでいく（当事者の異議申立てにより労働審判は失効するが、訴訟手続に自動的に移行する。）点が、民事調停手続と本質的に異なるものとなっている（注19）。権利関係をふまえた解決案を策定するためには、労働委員会が争点を明確に確定し、証拠書類や出頭した当事者・関係者からの聴取結果、審判の経過等から、争点に対する事実認定をして心証を形成することが大前提であり、争点整理の協議は必要不可欠なプロセスとなる。しかも、三回以内の期日での争点整理、心証形成、解決案の策定、調停、調停不調の場合の審判を行うために、当事者に基本的な主張・立証の資料（必要事項が記載された申立書、答弁書、証拠書類（の写し））を期日までに提出させたうえで、追加的な主張・立証は、口頭主義による審理のやりとりにおけるものに限定していく方式をとっている（注20）。

労働審判手続の基礎となった民事調停手続においても、基本的には、争点整理に向けたプロセスを観念することができる。民事調停が対象とするのは、「民事に関する紛争」（民事調停法一条）であり、この点は民事訴訟とは異ならない。「民事に関する紛争」について、「条理にかない実情に即した解決を図ることを目的とする」（同条）。「実情に即した解決」をするためには、事実関係を究明し事案の真相を十分に把握することが大前提となる。また、「条理にかな」う解決といっても、民事調停手続は裁判所が法律に基づき運営し、合意が成立した場合の調停調書には法的な執行力が与えられているので（同法一六条）、調停案の策定にあたっては、法律的な観点からの事実関係の検討が必要であることは当然である。調停の申立書には、申立ての趣旨以外には、「紛争の要点」を記載すれば足りることになっており（同法四条の二第二項）、調停期日における当事者から事情聴取のなかで、より詳細な事実関係、当事者の言い分を明らかにしていく必要があるが、多くの場合、調停委員のみでされる期日の事情聴取にあたっては、法律的観点から絶えず問題点を整理し、重要な争点となっている事項のポイントをはずさないようにすることが、調停委員には求められている（注21）。そして、正しい事実関係と法律的評価をふまえたうえで、妥当な解決方向へ、当事者双方を導いていく努力の過程こそ、調停の真骨頂であり、調停の成否を決めることとなるといわれている（注22）。したがって、民事調停手続でも、調停期日における調停委員による事情聴取（もちろん、口頭によるやりとりである。）が、法律的な観点なり権利関係も意識した争点整理の機能を果たしていることになる。労働審判手続は、そうした民事調停手続における争点整理プロセスを明確に切り出し、必須の過程と位置づけているといえる。

専門的な知見の助力が必要な民事訴訟事件について、民事調停法20条に基づき、事件を調停に付したうえで、専門的な知見を有する専門家を調停委員として関与させて、争点整理や心証形成をする運用がされており、特に建築物に係る複雑な瑕疵の有無や程度が問題となる建築関係訴訟事件では、こうした運用が定着している（注23）。民事訴訟で専門的な知見の助力を得る方法としては、専門委員（民訴法九二条の二以下）を手続に関与させ専門的知見に基づく説明をしてもらうというものがあり、建築関係訴訟事件に専門委員が関与して争点整理を進めている例もある。ただ、調停手続のような事実調査や事実の認定はできないし、和解手続には関与できるものの、調停委員のように主導的にあっせん調整や当事者の説得活動をすることはできないことから、いわば実務的に使い勝手のよい付調停の運用が優勢であるとも思われる（注24）。民事訴訟における専門的知見の活用については、専門委員制度ができた以上、その運用を工夫するなりして、専門委員の活用を図っていくことが本筋であると思われるが、調停委員の専門的知見に着目した付調停においても、裁判官が調停期日に立ち会う運用が原則型であり、そのリーダーシップが期待できるとはいえ、調停委員も争点整理に向けた活動をしているのであり、そういう意味では、労働審判に近いものといってよい（注25）。

以上のように、民事調停手続においても、事案や当事者の特性による面があるが、基本的には、調停委員会による争点整理が適切な解決案を策定する当然の前提となっており、手続の性格上、調停委員会と当事者双方との口頭によるやりとりによる争点整理が必要であり、現実にも実施されていると評価できる。一で述べたとおり、労働審判手続では、弁護士が代理人として関与する割合が高く、そのことが高い解決率という実績に寄与しているわけであるが、民事調停手続では、弁護士の関与が原則であるとまでいえない状況にある（調停実務家の実感では、弁護士が関与する調停事件は全体の五割は超えていないようである（注26）。）。しかし、当事者本人であっても、権利意識の高まり等から、民事調停手続の利用者の間でも法律的な解決へのニーズは高まっていると思われるし、法曹人口の増加、地域で開業する弁護士の増加等から、民事調停手続への弁護士の関与が増えていくものと思われる。そういう意味では、民事調停手続においても、今後ますます法的な観点からの事実関係の究明と争点の確定の必要性は高まっていくと考えられる。

（注18）（注2）で前掲の『労働法（第一〇版）』八八〇頁。

（注19）（注2）で前掲の『労働法（第一〇版）』八八〇頁。

（注20）（注2）で前掲の『労働法（第一〇版）』八八九頁。

（注21）梶村太市・深沢利一『（補訂版）和解・調停の実務』四六一頁。

（注22）（注21）で前掲の『（補訂版）和解・調停の実務』四六二頁。

労働審判手続もふまえたうえで、本稿と同様の問題意識から民事調停手続の運用改善を論じた最新の論説として、岡崎克彦「〔講演〕民事調停の機能強化について」調停時報一八二号四七頁以下（特にその五二頁から五四頁まで）、伊藤眞ほか「座談会　簡裁民事調停の機能強化について」判タ一三八三号五頁以下（特にその九頁から一二頁まで、一五頁から一九頁まで）があり、参考になる。

（注23）（注1）で前掲の「裁判の迅速化に係る検証に関する報告書（概況編）」八二頁では、平成二二年に終局した建築関係訴訟（既済事件）のうち、調停に付された事件の割合は、建築関係訴訟事件全体の一六・四％であり、瑕疵の主張がある建築関係訴訟事件全体の三〇・九％に及んでいるとしたうえで、こうした付調停事件では、建築士等の専門家調停委員を調停委員会のメンバーに加えて、争点整理等を行っているものと考えられると分析している。

（注24）建築関係訴訟における専門委員、付調停のメリット・デメリットについては、河野清孝「建築関係訴訟等の審理の現状と課題について」民訴五八号一六九頁。なお、建築関係訴訟事件について調停事件を専門的に扱う部で集中処理している東京地裁では、専門委員、付調停の両者のメリットを活かしながら、双方のデメリットを補う観点から、弁論準備・調停並進型の審理方式（弁論準備手続期日と調停期日をほぼ同一期日に指定し両手続を並

行して進行させる。）がとられている（前掲「建築関係訴訟等の審理の現状と課題について」一六七頁。河野清孝「裁判所からみた住宅建築をめぐる事件——東京地裁における実情を中心として」ひろば二〇一〇年一〇月号二一頁によると、この並進方式が最も多い審理方式のようである。）。

（注25）一で述べたところの、労働審判で機能している審理方式を通常の民事訴訟で応用しようとする運用上の試みにおいても、民事訴訟を民事調停法二〇条に基づき調停に付したうえで、労働審判を参考にした運用をしており、争点整理が調停手続のなかでされている（（注3）に掲げた各文献）。

（注26）四2で頻繁に引用することとなる志村宏ほか「民事調停の紛争解決機能を強化するための方策について」判タ一三六九号七頁では、平成二三年に全国の簡易裁判所で弁護士が関与した調停事件（特定調停事件を除く。）の割合は、双方に関与したものが一〇％、中立人のみに関与したものが二一・四％、相手方にのみ関与したものが四・九％で、合計三六・三％の事件で弁護士が関与したと紹介されている。

四　口頭主義による争点整理の運用イメージ

調停手続における口頭主義による争点整理は、現在の実務と同様に、調停委員が期日で当事者から事情聴取をする過程で行われることになるが、民事訴訟における争点整理と異なる配慮が必要となることは明らかである。そこで、民事訴訟における口頭主義による争点整理の運用イメージや運用にあたっての留意点を論じたうえで、それと対比させるかたちで、調停手続での争点整理の運用のイメージや運用にあたっての留意点を論ずることとする。

1　民事訴訟の争点整理と口頭主義

争点整理のための期日（弁論準備手続期日等）で争点整理に向けた充実した議論を準備するため、期日までに、基本的な訴訟資料・証拠資料が準備書面、書証というかたちで書面化されて提出されることになる。争点整理のための期日では、書面化されて提出された訴訟資料・証拠資料を受領するにとどまらず、口頭による議論でその内容を確認し訴訟物との関係で提出された趣旨を明確化する必要がある。こうした資料を提出し内容等を説明するのは、当事者の責任であるが、裁判所も資料を一読して得た心証を暫定的なものとして開示していき、当事者の説明を引き出すような問いかけ等の働きかけをしていくことになる（事案や当事者の対応にもよるが、裁判所としては、わからない点について率直に問いかけていく姿勢を基本とすべきであろう。）。また、主張関係を確認するとともに、主張に係る根拠もふまえない空中戦的な論争に陥らないように、主張関係を裏付ける根拠、書証等の証拠や認定に影響を及ぼす事実関係（事実の経過、証拠によらなくても認定できる決定的な事実）と照らし合わせながら確認していくことを意識する必要がある（注27）。争点整理の期日では、期日までに提出された準備書面や書証等の内容を口頭で確認しながら、訴訟物、要件事実レベルの主張関係、その事実を裏付ける根拠（証拠、間接事実等）に関する議論をすることになるが、その結果については、書面化して明確に残しておいたほうがよいと考えられる事項が出てくる。そうした事項については、期日の調書で記録化する場合もあろうが、期日後に当事者から準備書面で提出してもらう運用も考えられよう。準備書面の提出により、当事者との間で共通の認識に立っていることを確認することも期待できるからである。争点整理の期日における口頭の議論では、そうした訴訟物や要件事実レベルの議論とは別に、裁判所が当事者との議論を通じて、事案の紛争の実態や背景事情、紛争のアウトラインについて、大まかなかたちで具体的なイメージをつかむことも期待できる（注28）。その点にこそ、口頭主義による争点整理の醍醐味があると考えられる。

2　民事調停の争点整理と口頭主義

民事調停事件（ここでは簡易裁判所にされた民事調停の申立てに基づく事件を前提とする。）では、調停主任である裁判官が常に立ち会うことが原則型となっておらず、その点が労働審判と異なる（なお、三で述べた地方裁判所の建築関係訴訟事件から調停に付された事件のように、調停委員の専門的な知見で争点整理を行うことが主眼となっているものは、受訴裁判所の裁判官が調停にも立ち会うことが一般的である。）。事件の内容や当事者の姿勢（代理人弁護士の有無等）にもよるが、調停委員の口頭による当事者からの事情聴取が、争点整理も含めた事案の解明に向けてされる調停委員会の働きかけの中心となる。調停委員が期日で当事者から事情聴取した結果を基礎に、調停主任である裁判官（簡易裁判所判事）と調停委員との間の評議（期日前、期日間、期日後の評議が必要に応じて使い分けられることになる。）で、法律的な観点から評価し争点整理をしていくことになる（注29・30）。当事者に代理人弁護士がついていない場合には、事情聴取に時間を要するのが一般的であり、調停委員からの争点整理的な働きかけ、具体的には、法律的な観点からの評価を示唆し、当事者の理解を求めその意見を聴くことは、第二回の調停期日以降となろう。一方、当事者に代理人弁護士がついていて、法律的な観点からの評価が議論の対象となることが見込まれる場合には、弁護士や法学者等法律的な素養がある調停委員を調停委員会の構成に加えたり（注30・31）、調停主任（簡易裁判所判事）が早期に立ち会い議論に参加する必要がある場合もあろう。当事者からの事情聴取は、交互面接の方式で（相手方当事者が同席しない状態で）行われることが一般的であるが、争点整理に向けて当事者双方の主張やその根拠をかみ合わせる議論をする局面では、相手方当事者が同席する状態で行うことが望ましいといえる。特に、当事者に代理人弁護士がついているなど、それなりの法律的な議論を円滑にすることが期待できる場合には、当事者双方が同席の状態で議論することにチャレンジしていくべきであろう（注32・33）。

民事調停の争点整理のあり方と関係する事項として、調停（合意）が成立する見込みがない場合に、裁判所が事件の解決のために必要な決定をする、いわゆる「調停に代わる決定」（民事調停法一七条。以下では民事調停における一般的な呼称である「一七条決定」という。）がある。この一七条決定については、かねてより調停の経過をふまえた紛争の解決の可能性を増やすと考えられることから、積極的に活用すべきであるとの見解が、調停に関係する実務家や研究者の間では有力であった（注34）。決定の理由をどこまで決定書に記載するかはともかく、決定という裁判所の裁判をする以上、その前提として、当事者の主張の整理、争点の確定、争点等に係る事実の認定という、法的な判断作業が必要となるが、必ずしもこの作業が自覚的にされていないと、一七条決定をしにくかったという面があったと思われる（注35）。調停の過程で、調停委員会側が、争点整理的な作業をしていることを明確にし、調停委員会側の心証開示による事実認定的な作業をしていれば、その経過が口頭によるやりとりが主体であっても、当事者にそのやりとりの内容や調停委員会側の意図が認識されていれば、調停委員会から提示された調停案が調停の経過に基づくものであること、また、調停が成立しないときにされた一七条決定も、決定書に詳細な理由づけがされていなくても、調停の経過や調停案に基づくものであることは、十分理解されることになる。一七条決定は、当事者等の異議申立てにより、失効するとはいえ（民事調停法一八条）、紛争の解決方向を示唆するものとしての影響力をもつことが期待できないではない。三で述べたとおり、一七条決定の発展型ともいえる労働審判手続における労働審判も、充実した争点整理等の議論を受けて提示されることから、紛争解決手段として有効に機能していることも参考になろう。一七条決定の活用による民事調停の紛争解決機能を充実させる意味でも、調停手続の過程において、争点整理等の重要性を自覚して運用上の工夫を重ねることが検討されるべきである（注36）。

（注27） 争点整理に向けた協議において、主張と証拠との照らし合わせの重要性を指摘するものとして、奥宮京子ほか「座談会　民事訴訟のプラクティス(上)」判タ一三六八号一七頁以下。

（注28） 前掲（注17）参照。

（注29） この関係では、（注26）で前掲の「民事調停の紛争解決機能を強化するための方策について」四頁以降で紹介された、東京簡易裁判所及び大阪簡易裁判所における平成二三年四月からの一年間かけて調停に関する試行的な取組みが注目される。これは、民事調停事件を類型分けし、当事者双方の主張や紛争実態を法的に整理して、十分な評議に基づいて合理的な解決案を策定し、これを念頭に置いて調停手続を運営するという法的観点をふまえた調停運営を目指した運用改善の試みである。実質的な争いがある調停事件を四類型に区分し、事案の内容等に応じて、調停委員会が、事案の実情を正確に把握するよう努め、法的観点から事実の整理をする、争点について事実の調査等を行い、事実認定に努める、争点に対する判断についてある程度の心証を形成できるようになった段階で、調停委員会が解決案を策定して当事者双方の調整方法について検討する、策定された解決案と検討された調整方法に基づいて、当事者が合意形成に至るように積極的に調整活動を行うという調停運営方法を試みるものである。

なお、民事調停手続における事前評議のイメージについては、いずれも（注22）で前掲の「〔講演〕民事調停の機能強化について」五三頁、「座談会　簡裁民事調停の機能強化について」一二頁以下も参照願いたい。

（注30） （注29）で前掲の調停事件に関する試行的な取組みでは、弁護士調停委員が関与した割合は、東京簡易裁判所では七四％、大阪簡易裁判所では四七％と紹介されている（（注26）で前掲の「民事調停の紛争解決機能を強化

するための方策について」七・八頁）。

（注31）　調停手続の争点整理における評議の重要性については、（注26）で前掲の「民事調停の紛争解決機能を強化するための方策について」一三頁。

（注32）　民事訴訟の争点整理の協議は、当事者双方同席のうえされるのが大原則である。（注6）で前掲の「民事裁判の再活性化に向けて」一頁で、田原睦夫先生は、民事訴訟法が施行されて一〇年が経過した時点で、弁論準備手続で一方当事者に退室を求める訴訟指揮が行われた例を仄聞されたと指摘し、実務の安直な運用への警鐘を鳴らされているが、そうした争点整理の趣旨を正解していないような運用は、厳に慎まれるべきである。

（注33）　非訟事件手続法の改正過程においても、対立当事者（相手方）のある非訟事件（いわゆる紛争性の高い非訟事件）を対象として、中立人と相手方との間で攻撃防御を尽くさせるための規定、たとえば、裁判所が決定をする前に、審問の期日を開いて当事者から意見を聴取することを義務づける規定や、当事者に審問の期日に立ち会う権利を認める規定などの特則を設けることが検討されていた（その理論的な意義等については、山田文「非訟事件における審理原則」ジュリ一四〇七号二五頁、畑瑞穂「相手方がある非訟・家事審判事件における当事者対立構造と手続規律」ジュリ一四〇七号三二頁（いずれも平成二二年））。しかし、非訟事件には多種多様なものがあり、規律の対象となる相手方のある事件ないし紛争性の高い事件が一義的に切り分けられるわけではないし、そうした事件に一律に当てはまる特則の内容を検討することも困難であることなどから、特則を設けることが見送られた（金子修編著『一問一答　非訟事件手続法』二六頁（平成二三年））。立法論としては、このように決着がついているわけであるが、事件や紛争の性格、当事者の関係等に応じて、特則によって実現しようとした趣旨を運用上の工夫で活かす努力がされるべきといえよう。

（注34）　たとえば、石川明＝梶村太市編『注解民事調停法（改訂）』二五五頁以下〔梶村太市〕。

（注35）　東京簡易裁判所で調停事件を集中的に取り扱う墨田庁舎の責任者として、調停事件を担当されていた八束和廣元東京簡易裁判所判事は、平成二二年一〇月に調停委員の勉強会でされた「これからの民事調停――消費者紛争を手がかりに」調停時報一八〇号一九頁の三〇頁以下で、「一七条決定を活用するには、調停の充実が不可欠で

あり、調停を充実するには、主張内容を整理し、それを裏付ける資料を調べ、事情聴取をきちんと行う必要があります。その過程において適宜心証を開示するとともに、事実の調査等により心証が得られれば、調停案を提示することも考えられます。この調停案は当然、条理にかない実情に即したものでなければなりません。そして、合意に至らない場合には、特定調停ですとか過払金請求以外の事件についても、一七条決定を活用されることも十分期待されるところです。」と述べており、争点整理が一七条決定の活用の前提となることを指摘されている。(注36)(注29)で前掲の調停事件に関する試行的な取組みでは、たとえば、事実関係に争いがあり、その認定及び法的評価が調整活動のポイントになるⅠ類型事件(東京簡易裁判所では試行対象中の二七%、大阪簡易裁判所では試行対象中の三三%を占めた。)で、東京簡易裁判所では、調停が成立した割合が三六%、一七条決定をして確定した割合が三%、大阪簡易裁判所では、調停が成立した割合が四二%、一七条決定をした割合が〇%であったと紹介されている(注26)で前掲の「民事調停の紛争解決機能を強化するための方策について」六・八頁)。

五　おわりに

労働審判手続における口頭主義による争点整理の運用成果を確認し、それを他の決定手続なり非訟事件に応用する可能性を、民事調停手続を素材に検討してきた。ただ、本来的な民事紛争の解決手段である民事訴訟手続においてこそ、争点整理に向けた口頭のやりとりの重要性を再認識すべきであるというのが、本論説において最も訴えたかった点である。田原睦夫最高裁判所判事からは、民事訴訟法の改正に向けた立法作業でご一緒する機会をもたせていただいて以来、今日に至るまで懇切なご指導をいただいてきた。その退官を祝する本論集に、関連する論点の検討が不十分で、実務の運用の苦労をふまえない観念論も多々ある本論説を掲載させていただくことには、心苦しい面がある。しかし、民事訴訟法の改正の原動力となられた田原最高裁判所判事は、改正後の民事訴訟の運用状況にも多大な関心を寄せられ、実務家を叱咤激励される論説も公にされている。特に、民事裁判の充実の肝というべき争点整理の在り方には、繰り返し厳しめの指摘もされてきた（注37）。争点整理について指摘されているポイントは、争点整理の期日で裁判所と当事者（代理人弁護士）が争点整理に向けた議論（意見交換）をすること、そのために必要な準備を期日までにすることに尽きる面もあり、そうしたことは、法的な議論をする際のイロハのイともいうべき事項である。事柄の核心に迫った議論を実践されてきた田原最高裁判所判事のご指摘に、本論説が対応できているとは到底思えないが、口頭のやりとりによる法的な議論の充実に向けた覚悟を示すだけでもとの思いから、執筆したところである。田原最高裁判所判事のいままでのご指導にあらためて感謝申し上げるとともに、退官された後もますますお元気で、われわれ後輩たちを見捨てられることなく、厳しい苦言を呈され続けられることをお願いして筆をおくこととする。

（注37）　田原睦夫「民事訴訟法改正一〇年　訴訟の促進と審理の充実——弁護士から」ジュリ一三一七号。特に、その六〇頁。また、（注6）で前掲の「民事裁判の再活性化に向けて」一頁。

民事訴訟法二四八条の構造と実務

加藤　新太郎

一　はじめに

1　民事訴訟法二四八条の趣旨

民訴法二四八条は、「損害が生じたことが認められる場合において、損害の性質上その額を立証することが極めて困難であるときは、裁判所は、口頭弁論の全趣旨及び証拠調べの結果に基づき、相当な損害額を認定することができる」と定める。これは、平成八年民事訴訟法における新設規定である。

その趣旨は、次のように説明される。損害賠償請求訴訟においては、原告は、「①損害が発生したこと、②損害額がいくらであるか」の双方につき主張・立証責任を負うので、損害の発生を証明することができたとしても、損害額の証明に奏功しなければ請求は棄却される。このように、損害の発生は認められるが、その性質上、損害額を算定する根拠につき個別的・具体的な立証が困難であるため、損害額の立証が客観的にきわめて困難である場合に、損害額につき厳格な立証を要求すると、原告に不当に不利益になることがある。これでは当事者の公平の要請に反するし、社会の納得も得られにくい。そこで、このような場合に、裁判所は、口頭弁論の全趣旨及び証拠調べの結果に基づき、相当な損害額を認定することができるものとしたのが、民訴法二四八条である（注1）。

比較法的には、ドイツ民事訴訟法（ＺＰＯ）287条1項が参考にされている。同条1項は、「損害が発生したか否か及び損害額又は賠償すべき利益の額がいくらかになるかについて当事者間で争いのあるときは、裁判所は、これについてすべての事情を評価して、自由な心証により裁判する」と規定する（注2）。民訴法二四八条の文言と比べると、ZPO287条1項は、損害額だけでなく、損害の発生に関しても「すべての事情を評価して、自由な心証により裁判する」と明文で定めているのに対して、民訴法二四八条は損害額に限定している点に差異がある。

2　本稿の目的

民訴法二四八条については、学説において、少なからぬ議論が見られるし、実務上も活用され、裁判例も多く出されている（注3）。学説上これまでの議論の多くは、民訴法二四八条が適用の対象とする損害は、どのようなものかという「対象論」、その法的性質をどのように解するかという「性質論」を論じるものであった。

本稿は、そうしたなかで、民訴法二四八条の要件論及び効果論を構造論としてとらえ、これまでの規範的議論である対象論と性質論を、そのなかに吸収することにより、論点を整理して方向性を確認したうえで、実務における相当な損害額認定のための審理のあり方を論じるものである。その構成としては、民訴法二四八条をめぐる問題状況について、実務上のいくつかのエピソードをあげて問題意識を明らかにしたうえ（二参照）で、構造論として、要件論（三参照）、効果論（四参照）について、学説を整理し、裁判例の動向を検討して、私見を述べる。そして、実務上の問題として、相当な損害額認定のための審理のあり方について論じる（五参照）。そして、最後に、論旨を要約して、むすびとする（六参照）。

本稿のモチーフは、民訴法二四八条における規範的議論である対象論と性質論を、要件論及び効果論（構造論）として組み立て直すことにより、規範的議論と実務における審理のあり方という実践的課題とを架橋することにある。

（注1） 法務省民事局参事官室『一問一答新民事訴訟法』二八七頁。

（注2） 民事訴訟法典現代語化研究会編『各国民事訴訟法参照条文』二九七頁。なお、二四八条の存在意義に関する比較法的研究を含む基本的文献として、内海博俊「訴訟における損害賠償額の確定に関する一考察(1)(2)(3)（未完）」法協一二八巻九号一頁、一〇号八〇頁、一一号八〇頁。

（注3） 裁判例については、樋口正樹「民訴法二四八条をめぐる裁判例と問題点」判タ一一四八号二三頁、円谷峻「裁判所による損害額の認定」『新美還暦・現代民事法の課題』三七三頁、菊井維大＝村松俊夫原著＝秋山幹男ほか著『コンメンタール民事訴訟法Ⅴ』一三五頁など参照。

二 民事訴訟法二四八条をめぐる問題状況

1 民事控訴審の口頭弁論期日におけるエピソード

ある日の民事控訴審の口頭弁論期日において、控訴人（一審被告Y）と被控訴人（一審原告X）との間で、次のようなやりとりがあった。

事案は、XがYに対して、街宣行為差止め、業務妨害に基づく損害賠償を求め、一審判決が、これを認容（一部）したため、Yが控訴しているものである。

Yは、街宣車を用いて街宣行為を行い、X法人の経営する予備校、事務所に近接する道路上を走行し、一時停車したり最徐行しながら、街宣車に設置した拡声機から大音量で軍歌を流したり、数分にわたり大音量でXを誹誹謗中傷する発言をする行為を繰り返した。この街宣行為は、受忍限度を超えてXの業務を妨害するものであり、Yは今後も街宣行為を続ける蓋然性があるから、Xは平穏な業務遂行権に基づき、Yの街宣行為の差止めを求めるとともに、業務の妨害に基づく損害賠償を求めた。これが、事実関係である。

Yは、Xの主張する「無形損害」は、業務に支障をきたしたことであるが、これは財産上の損害（有形損害）であり積算が可能であるのにもかかわらず、その主張立証がないと主張した。これに対して、Xは、①Xが主張し、一審判決が損害賠償を認容した根拠は、最判昭39・1・28（民集一八巻一号一三六頁）が判示した「無形損害」の法理であり、「法人の名誉毀損について、金銭評価の可能な無形の損害を被ったと認められる限り、加害者に対し損害賠償を請求することができる」（注4）のであるから、一審判決にはなんら問題はない旨、②本件は、民訴法二四八条の要件を満たすから、その点からも、一審判決は正当化される旨反論した。

ここで問題とされたのは、従前の判例法理と民訴法二四八条との関係であった。両者の関係については、どのように理解するのが相当であろうか。これは、要件論及び対象論にかかわるものである。

2　民事訴訟法二四八条を適用する前提としての損害

有価証券報告書虚偽記載という上場廃止事由の存在を隠して株式上場を続けてきた上場会社が上場廃止になった後、株主が上場廃止に伴う株価暴落により損害を被ったとして損害賠償を求めて提訴した場合には、①損害をどのように構成するか、②損害額をどのように算定するかという問題が生じる。

この点について、最判平23・9・13（民集六五巻六号二五一一頁）（注5）は、①有価証券報告書等に虚偽記載のある上場株式を取引所市場において取得した投資者が虚偽記載がなければこれを取得しなかった場合には、虚偽記載により投資者に生じた損害は、「株式の取得それ自体」であるとしたうえで、②当該虚偽記載と相当因果関係のある損害の額は、投資者が、(i)虚偽記載の公表後、株式を取引所市場において処分したときは「その取得価額と処分価額との差額」、(ii)株式を保有し続けているときは「その取得価額と事実審の口頭弁論終結時の株式の市場価額との差額」を基礎とし、「経済情勢、市場動向、会社の業績等当該虚偽記載に起因しない市場価額の下落分」を差額から控除して、損害額を算定すべきものであるところ、その損害額は損害の性質上その額を立証することがきわめて困難である場合には民訴法二四八条が適用される旨判示した。これに対し、原審である東京高判平21・2・26（判時二〇四六号四〇頁）は、①投資者に生じた損害は、「有価証券報告書虚偽記載という上場廃止事由が発覚し上場廃止に伴い株価が急落したこと」であるととらえ、②その損害額は損害の性質上その額を立証することがきわめて困難であるときに当たり、民訴法二四八条の適用がある旨判示した。

いずれも、実体法（民法上）の損害概念である差額説を採用しているが、差額説を適用する際の損害そのものについての把握の仕方が異なっている。その意味では、民訴法二四八条を適用する前提としての、損害の把握それ自体の重要性を物語るものというべきであろう。これは、要件論にかかわるものである。

3　民事訴訟法二四八条の規範としての意味合い

損害賠償請求訴訟において、加害者の一定の行為により損害が発生したことを認定することができる場合、その損害額が損害の性質上立証することがきわめて困難であったときには、民訴法二四八条により相当な損害額が認定されなければならないか。これは、裁判所は二四八条の適用を義務づけられるかという問題にほかならない。

この問題については、最判平18・1・24（判時一九二六号六五頁）（注6）、最判平20・6・10（判時二〇四二号五頁）（注7）という二つの最高裁判例により、肯定的に解された。民訴法二四八条に関する審理のあり方そのものにかかわるものであるから、その実務的な含意を整理しておくことが必要であろう。これは、効果論にかかわるものである。

（注4）評釈等として、中島恒・判解民昭和三九年度八八頁、加藤一郎・判評七一号（判時三七七号）一三九頁、福地俊雄・法時三七巻四号九八頁、植林弘・民商五一巻五号七四頁、森泉章・法学二九巻四号一三〇頁、同・別冊ジュリ三一号一五八頁、同・別冊ジュリ八五号一三八頁、大淵由子・府経三三号八三頁など。なお、加藤新太郎＝大熊一之「慰謝料(3)――法人の名誉毀損」篠田省二編『裁判実務大系15 不法行為訴訟法(1)』三七五頁も参照。

（注5）評釈等として、飯田秀総・ジュリ一四四〇号一一〇頁、奈良輝久・金商一三二八号二頁、黒沼悦郎・金商一三九六号二頁、若松亮・判タ一三七〇号三八頁、加藤雅之・民事判例Ⅴ一四〇号。

（注6）評釈等として、蘆立順美・ジュリ一三三二号二六七頁、諏訪野大・法研七九巻八号四一頁。

（注7）評釈等として、河津博史・銀法五二巻九号六九頁、上田竹志・法セ五四巻三号一二四頁、川嶋隆憲・法研八二巻五号一六九頁、畑宏樹・明学八七号一〇五頁、杉山悦子・民商一四〇巻三号九一頁、円谷峻・法支一五五号九四頁、越山和広・速報判例解説(4)（法セ増刊）一一九頁、三木浩一・リマークス三九号一一四頁、加藤新太郎・ジュリ一三七六号一五一頁、同・判タ一三四三号五九頁。

三　民事訴訟法二四八条の要件論

1　総　説

民訴法二四八条を適用するための要件は、「①損害が生じたことが認められる場合であること、②損害の性質上その額を立証することが極めて困難であるときであること、③口頭弁論の全趣旨及び証拠調べの結果に基づくこと」である。

民訴法二四八条は、その趣旨・内容からして損害賠償請求訴訟において適用されるのが典型的な場合であるが、文言上損害賠償請求訴訟に限定されているわけではない。したがって、損害の認定及び損害額の算定の必要な場面であれば、たとえば、売買代金請求訴訟において、損害賠償請求債権を自働債権とする相殺の抗弁が主張されたような場合にも、その要件を充足する限り適用される（注8）。

2　損害が生じたことが認められる場合であること

(一)　損害の発生

(1)　損害の概念

損害の概念については、実体法の解釈上、①一定の加害行為がなかった場合に想定することができる利益状況（原状）と加害行為によって現実に発生した利益状況（現状）とを金銭的に評価して得られた差額であるという差額説（現実損害説）が、通説・判例の立場である（注9）。これに対して、②権利侵害の結果ないし不利益状態それ自体を損害（たとえば、死傷損害）ととらえ、後は損害の金銭的評価の問題とする損害事実説（注10）も有力である。

実務上、多くは、差額説を前提として、損害を、財産的損害（積極的損害・消極的損害）と精神的損害（非財産的損害）とに区分して、個別的な損害項目ごとに損害額を積み上げて全体の損害額を算定する方式（個別損害項目積上げ方式）がとられている（注11）。判例も差額説を採用していることは、前述のとおり、前掲最判平23・9・13、東京高判平21・2・26などからも明らかである。

民訴法二四八条の損害概念も当然のことながら実体法の解釈を前提とするものである。二四八条の文理上、概念としての損害と損害額とは区別されるものであることが重要である。この点は、差額説・損害事実説のいずれに立ったとしても、同様に解されるが、差額説においては、両者の立証は重なり合うことになる（注12）のに対して、損害事実説においては、損害を認定（認識）したうえでその金銭的評価としての損害額算定をするというプロセスを経ることになる。ただ、いずれの説においても損害額算定の証拠方法それ自体が異なるわけではなく、算定の作業そのものもそれほどの差異はないから（注13）、その限りで、二四八条の適用において、両説の違いが顕在化することはないと解される。

(2) 損害の対象

a 慰謝料

精神的損害である慰謝料が、民訴法二四八条の適用対象になるかについては、学説上争いがある。

慰謝料は、旧法下における実務上、その性質から、厳格な証明を要求せず裁判官が諸般の事情を考慮して、その額を算定することが許容されていた（大判明43・4・5民録一六輯二七三頁、大判昭7・7・8民集一一巻一五二五頁、最判昭47・6・22判時六七三号四一頁など）。

そうしたなかで、積極説として、①民訴法二四八条は、こうした判例・実務の考え方を明文化したものであるとして、慰謝料についても適用を肯定する見解（注14）、②二四八条の適用範囲は、その額の立証がきわめて困難な損害であるならば、財産的損害と非財産的損害である慰謝料とを区別する必要ないとする見解（注15）がある。そして、これに対して、消極説として、③慰謝料額の基礎となる事実は証明の対象ではなく法的評価の問題であるとして、二四八条は適用がないとする見解（注16）が見られる。

たしかに、精神的損害である慰謝料について、その損害額は、加害行為の性質、加害者の属性（法人か自然人か、被害者との関係など）、被害の性質・程度、被害者の属性（年齢、職業、生活状況）など諸般の事情を総合的に勘案して算定すべきものであり、規範的（法的）評価に係るものである。そうしたことから、消極説は、慰謝料額の算定は、認定された損害を証拠に基づいて金銭的価値に転換するものではなく、諸般の事情を総合的に勘案した、事実認定の領域外の作業であるとして、民訴法二四八条の適用を否定する。しかし、二四八条が制定されたことを所与の前提とした場合、同条の「損害」の文理解釈において、精神的損害を排除しなければならない必然性はないように思われる。そして、慰謝料は、定型的に、その額の立証がきわめて困難な損害と評価することができるから、二四八条の適用を肯定してよいと解する。慰謝料額の算定は、二四八条が存在しなくとも可能であったものではあるが、その制定を見た以上、二四八条の適用を肯定することは問題がないように思われるのである。この点について、従前の私見（消極説）を改説したい（注17）。

b　積極的財産損害

積極的財産損害は、評価的要素の大小の差異はあるものの、民訴法二四八条が適用される。積極的財産損害は、①回顧型損害額算定（加害行為により一定の時期までに発生した損害額の算定）、②予測型損害額算定（不確定要因の多い不確実な予測的事実に基づき将来に向けて発生することが見込まれる損害額の算定）に分けられる。

回顧型損害額算定のうち評価的要素の小さいもの、たとえば、動産の損壊による損害額は、当該動産の購入費用、使用した年月、現在の新品の価格、同等の中古品の価格、修理費などの評価の基礎となる事実を参考にして算定されるが、「損害の性質上その額を立証することが極めて困難であるとき」の要件を欠くとされることが多いであろう（注18）。

予測型損害額算定となるようなもの、たとえば、独占禁止法に違反する価格協定による消費者の被る損害額は、現実の購入価格と価格協定がなかったと仮定した場合の想定購入価格との差額と考えられる。旧法下の判例には、想定購入価格を推認することができるのは、価格協定の実施当時から消費者が商品を購入する時点までの間にその商品の小売価格形成の前提となる経済条件、市場構造その他の経済的要因等に変動がないときに限られるとして、当該想定購入価格の証明がなく、その結果、損害の証明なしとして請求を棄却した鶴岡灯油事件判決（最判平元・12・8民集四三巻一一号一二五九頁）が見られる。しかし、民訴法二四八条の「損害」の文理解釈において、積極的財産損害のうち予測型損害額算定となるものを除外することに合理性はないから、「損害」が観念される以上、これを二四八条の適用対象外とすることは相当とはいえない（注19）。裁判例においても、公共工事談合により自治体の被った損害額など予測型損害算定について二四八条を適用したものは枚挙に暇がない（注20）。

c　消極的財産損害

逸失利益など消極的財産損害については学説上争いがある。旧法下においては、死亡した幼児の逸失利益の損害額の算定が困難である場合においても、あらゆる証拠資料に基づき、経験則と良識を十分に活用して、できる限り蓋然性のある額を算出すべきであり、蓋然性に疑いがもたれるときも、被害者側にとって控え目な算定方法を採用すべきであるとする判例（最判昭39・6・24民集一八巻五号八七四頁）があった。

そうしたなかで、積極説である、①民訴法二四八条は、こうした実務の考え方を明文化したものであるとして適用を肯定する見解（注21）、②幼児の逸失利益は、本来証明の対象となる事項であるが、損害の発生を前提とすると損害額がゼロであることは論理的に考えられず、証明度を軽減することにより損害額が算定されるものであるとする見解（注22）、③消極的財産損害については、予測型損害額算定をすることになるが、この算定は裁量評価的な性質を有するもので、二四八条の適用があるとする見解（注23）が多数である。しかし、これに対して、④幼児の逸失利益については判例が実体法ルールを設定したものであり、二四八条の適用はないとする消極説（注24）も見られる。二四八条の「損害」の文理解釈において、消極的財産損害を除外することに合理性はないから、積極説が相当であると解される。

d　小　括

以上に見たように、民訴法二四八条にいう「損害」は、財産的損害（積極的財産損害・消極的財産損害）ばかりでなく、精神的損害（慰謝料）も含むと解してよい。慰謝料額の算定は、二四八条が存在しなくとも可能であったものではあるが、二四八条の制定を見た以上、この適用を否定することに合理性はないからである。また、判例法理により認められてきた類型の損害についても、二四八条の適用を肯定することが相当である。実定法上の論拠が付与されたものと解されるからである。

(二) 損害の発生が認められる場合であること

民訴法二四八条の適用要件として、損害が生じたことが認められる必要がある。すなわち、一定の加害行為又は債務不履行により、損害が発生したという事実につき、高度の蓋然性（原則的証明度）の存在を証明することが必要である（注25）。

(三) 損害の発生自体の立証がきわめて困難である場合

損害の発生自体の立証がきわめて困難である場合又は因果関係の立証がきわめて困難である場合に、民訴法二四八条を類推適用することが認められるか。

この点については、消極説として、①民訴法二四八条は例外的規定であること、ZPO287条1項が損害額だけでなく、損害の発生に関しても適用があると明文で定めているのに対して、民訴法二四八条は損害額に限定していることなどを根拠に、消極的に解する見解（注26）が見られる。これに対して、積極説としては、②二四八条の性質を証明度軽減ととらえて、損害額の認定は立証が困難な一例であるとして、損害の発生や因果関係の立証についても二四八条の類推適用を積極的に解する見解（注27）、③損害の発生自体の立証がきわめて困難である場合について、差額説では、損害の立証と損害額の立証は重なり合うことになるが、損害の立証を厳格に要求することは二四八条の意義を失わせることになり妥当とはいえないとして、損害の発生自体の立証がきわめて困難である場合に二四八条の類推適用を肯定する見解（注28）がある。

そこで検討すると、単に、損害の発生や因果関係の証明が事柄の性質上困難であることのみでは、民訴法二四八条を類推する必要性があるというにすぎない。しかし、それに加えて、損害発生の証明が困難である結果、実体法の趣旨・目的に照らして著しい不利益が生じるような場合であれば、これを避けるために二四八条を類推することには相当性があると解される。さらに、原則的証明度と等価値の立証が可能となる代替手法も想定されない場合に限定すれば、類推する場面が広がりすぎることもないであろう。このように、①損害の発生や因果関係の証明が事柄の性質上困難であること（必要性）、②損害発生の証明が困難である結果、実体法の趣旨・目的に照らして著しい不利益が生じること（相当性）、③原則的証明度と等価値の立証が可能となる代替手法も想定されないこと（補充性）という要件を具備する場合であれば、二四八条が例外的規定であることを考慮しても、なお損害の発生や因果関係の立証についても二四八条を類推適用することは許容されるものと解する（注29）。もっとも、その場合には、審理において、手続保障の観点から、二四八条を類推適用することがありうることを明示して手続の進行を図ることが相当であろう。

3　損害の性質上その額を立証することがきわめて困難であるとき

(一)　損害の性質

民訴法二四八条を適用する要件として、損害の性質上その額を立証することがきわめて困難であることが必要である。損害の性質とは、当該損害の客観的性質をいい、個別の事案に特有の事情はこれに当たらない（注30）。

(二) 立証困難顕著性

(1) 立証困難顕著性の客観的把握

立証することが「きわめて困難であるとき」(立証困難顕著性)とは、原則的証明度を要求した場合に、原告が不当に不利益となり、損害賠償法など実体法の趣旨・目的にそぐわない結果を生じ、損害額を立証するために民訴法二四八条による以外に代替的な立証手段手法もないときをいうものと解する(注31)。そして、立証に利用可能な証拠方法があるか、原則的証明度と等価値の立証が可能となる代替手法が想定されるか、など事柄の性質上客観的に判断されることが必要となる(客観説)。

これに対して、立証困難顕著性について、具体的な立証活動の実践のなかで、証明責任を負担する側が、事案ごとに可能と思われる立証努力を果たすという動態的な立証過程において、通常の立証の困難さの顕著性が判断されるべきであるとする主観説(注32)もある。しかし、前述のとおり、立証困難顕著性は客観的に把握されるべきであるから、相当とはいえない。もっとも、主観説は、立証困難さの顕著性を安易に肯定することを戒める意図を有するが、この点は、客観説においても要件審査にあたり留意すべきであろう。

(2) 立証に要する費用との関係

立証困難顕著性に関して、損害の性質上は、高度の自然科学、社会科学の知識・理論を用いれば証明は可能であるが、請求額と比較して釣合いのとれないような多額の費用がかかる場合には、民訴法二四八条を適用ないし類推適用してよいとする見解(注33)が見られる。費用対効果の観点を立証困難顕著性の判断に組み込むことの可否の問題である。

実務上、損害発生それ自体や加害行為と損害の因果関係の立証について高度の自然科学、社会科学的知見が必要とされる場合と比較すると、損害額の立証について、これらが必要とされることは相対的に少ないように解される。しかし、現実のケースは多様であるから、実際にないとはいえないであろう。

この場合には、損害の発生自体の立証は原則的証明度をもってされていることを与件としたうえで、損害額の立証が費用対効果ないし当事者の財産的負担の観点から無理を強いるものであり、実体法の趣旨・目的に照らして著しく不正義であると評価される場合には、立証困難顕著性を肯定してよいと解する。

(三) 各論

(1) 滅失動産の損害額の立証

滅失動産、たとえば、火災により焼失した家財道具の損害額の立証としては、①家財の品目・購入価格・購入年月日などを個別に立証させる方法と、②モデル家庭の標準的評価表中の家財道具の価額などの統計的データを用いて被害者の生活程度、家族の数などから推認する方法とが考えられる。この場合において、①のように、家財の品目ごとに個別に立証させ、損害額を認定することできればよいが、通常人がそうした個別立証ができるほどの証拠方法を保存していることは期待できないであろう。したがって、このケースでは、立証困難顕著性が肯定されるから、②のように、原告（火災被害者）に統計的データの立証をさせ、裁判所が、これを資料として被害者の生活程度、家族の数などから推認して、相当と認められる損害額を認定することが許される（注34）。

裁判例にも、火災により焼失した家財道具の損害額の算定について、民訴法二四八条を適用して、損害保険会社（共済組合）が火災後の行った査定の基準であるモデル家庭の標準的評価表中の家財道具の価額を基本としつつ、この査定が保険金額の上限を考慮して行われたことにかんがみ、損保会社のした評価額の一割増を相当な損害額と認定したもの（東京地判平11・8・31判時一六八七号三九頁）が見られる（注35）。

(2) 包括一律請求による損害額の立証

公害訴訟、薬害訴訟など原告が多数当事者となる集団訴訟において、実務上、いわゆる包括請求、一律請求、これらを合わせて包括一律請求という方式で損害賠償請求がされることがある。このような包括一律請求が民訴法二四八条の要件を満たすかという論点がある。

包括請求とは、被害者が受けた肉体的・経済的・生活的・家族的・社会的・環境的な全損害（総体としての損害）を包括的に請求しようという意図をもった損害請求の方式である。一律請求とは、多数当事者訴訟における原告が一律に同一金額又はランクづけをしたうえで同一基準額による損害賠償を請求する方式をいう。裁判例においては、これらの請求方式の可否につき肯定例と否定例が見られたが、一律請求よりも包括請求のほうに、より問題があるとされてきた。

そこで、包括請求について、①多数の被害者が存在し、個別損害立証が（時間がかかりすぎることも含めて）困難である場合において、②全体立証ができる事実のみをもって少なくとも慰謝料算定の基礎となる事実と評価することができ、③再訴する意思のないことを明示しているときには、損害費目の名目のない損害を包括損害も請求として許容することができるとして定式化を試みたことがある（注36）。私見は、下級審裁判例を判例法理ととらえて定式化したものであったが、民訴法二四八条が制定されたことにより、実定法上の論拠が付与されたものと解することができる。すなわち、包括一律請求による損害額の立証は、立証困難顕著性の要件を満たすものと解される。立証困難顕著性の要件に該当する以上、全体立証により当事者の個別の損害額を算定することもできるから、二四八条の下においては、「損害費目の名目のない包括損害が請求として許容されるか」という問題の立て方をする必要はなくなるのである。

(3)　無形損害

二1で見た無形損害は、判例法理により認められてきた類型の損害である。無形損害も、民訴法二四八条にいう「損害」であることは問題ないし、類型的に立証困難顕著性の要件に当たるものと解される。判例法理により認められてきた無形損害は、二四八条により実定法上の論拠が付与されたものと解することが相当である。

4　口頭弁論の全趣旨及び証拠調べの結果に基づくこと

(一)　損害額の認定のための資料

損害額の認定のための資料は、口頭弁論の全趣旨及び証拠調べの結果である。民訴法二四七条にいう「口頭弁論の全趣旨及び証拠調べの結果」と同様に解することが相当であるから、当事者が提出しなかった事実を損害額算定の基礎にすることはできず、これをした場合には、弁論主義違反の問題が生じる（注37）。

(二)　損害額算定の基礎となる事実の証明

損害額算定の基礎となる事実について、自由な証明によることができるか、厳格な証明によることが必要か。この点については、自由な証明によることを認める見解（注38）もある。しかし、本案たる請求の当否を理由づける事実は原則として厳格な証明によるべきであるとするのが通説であり、損害額算定の基礎となる事実も請求を理由づけるものにほかならないから、法定の証拠方法と手続によって行われる厳格な証明によるべきであると解する（注39）。

(注8) 山本克己「自由心証主義と損害額の認定」竹下守夫編集代表『講座新民事訴訟法Ⅱ』三〇四頁、新谷晋司＝吉岡大地「自由心証主義――⑸民事訴訟法二四八条の損害額の認定」門口正人編集代表『民事証拠法大系1』三二七頁。

(注9) 四宮和夫『不法行為』四三四頁、森嶋昭夫『不法行為法講義』三二九頁、高橋眞「損害論」星野栄一編集代表『民法講座別巻1』二〇五頁など。

(注10) 平井宜雄「民事訴訟法二四八条に関する実体法学的考察」『不法行為法理論の諸相』二八〇頁、内田貴『民法Ⅱ（第三版）』三八四頁。

(注11) 佐藤歳二「積極損害・消極損害・慰謝料」鈴木忠一＝三ヶ月章監修『新実務民事訴訟講座⑸』八三頁。なお、潮見佳男「不法行為における財産的損害の『理論』――実損主義・差額説・具体的損害計算」曹時六二巻一号一頁も参照。

(注12) 畑郁夫「新民事訴訟法二四八条について」『原井古稀・改革期の民事手続法』四九八頁。

(注13) 新谷＝吉岡・前掲『民事証拠法大系1』三二一〇頁。

(注14) 前掲『一問一答新民事訴訟法』二八八頁、竹下守夫ほか『研究会新民事訴訟法』三一九頁〔柳田幸三発言〕。

(注15) 春日偉知郎「民事訴訟法二四八条の『相当な損害額』の認定」『民事証拠法論』二六〇頁。

(注16) 伊藤眞「損害賠償額の認定」『原井古稀・改革期の民事手続法』六〇頁、同『民事訴訟法（第四版）』三二四頁、高橋宏志『重点講義民事訴訟法㊦（第二版）』五八頁、伊藤滋夫「民事訴訟法二四八条の定める『相当な損害額の認定』㊥」判時一七九三号三頁、菊井＝村松原著・前掲『コンメンタール民事訴訟法Ⅴ』一三一頁。なお、慰謝料額算定に関する判例理論は実体法ルールを定立したものであり、二四八条の適用によりなされるべき判断ではないとする見解として、山本・前掲『講座新民事訴訟法Ⅱ』三一八頁。

(注17) 加藤新太郎「相当な損害額の認定」ジュリ一一六六号一〇七頁。もっとも、実務的には、慰謝料につき二四八条の適用を肯定する見解の採否いかんによって結果に差異が生じるわけではない。その限りで理論的な論点である。

（注18）　実務上、人身傷害の場合における入院付添費、通院付添費、入院雑費、葬儀関係費用などについては、受傷による一定期間の入通院や付添の事実、付添の必要性、死亡の事実が認められれば、逐一個別的な立証をさせずに、定型的かつ定額的な損害額算定をしている。こうした実務は、従前から行われていたものであるが、現行法の下では、二四八条の適用によるものという説明が可能であろう。

（注19）　伊藤・前掲『民事訴訟法（第四版）』三二五頁（注245）、山本・前掲『講座新民事訴訟法Ⅱ』三一八頁、松本博之＝上野泰男『民事訴訟法（第七版）』四一六頁、加藤・前掲ジュリ一一六六号一〇七頁、前掲『研究会新民事訴訟法』三二三頁〔鈴木正裕発言・竹下守夫発言〕。反対、前掲『研究会新民事訴訟法』三二三頁〔柳田幸三発言〕。

（注20）　二四八条により談合に基づく損害額を算定した高裁段階の裁判例として、大阪高判平18・9・14（判タ一二二六号一〇七頁）、大阪高判平19・10・30（判タ一二六五号一九〇頁）、東京高判平21・5・28（判時二〇六〇号六五頁）、東京高判平23・3・23（判時二一一六号三二頁）など。

（注21）　前掲『一問一答新民事訴訟法』二八八頁、前掲『研究会新民事訴訟法』三一九頁〔柳田幸三発言〕。

（注22）　伊藤・前掲『改革期の民事手続法』六五頁、伊藤・前掲『民事訴訟法（第四版）』三二三頁。

（注23）　加藤・前掲ジュリ一一六六号一〇七頁。

（注24）　山本・前掲『講座新民事訴訟法Ⅱ』三〇一頁。

（注25）　加藤・前掲ジュリ一一六六号一〇六頁。証明度に関する議論については、同「確信と証明度」『鈴木古稀・民事訴訟の史的展開』五四九頁。

（注26）　新谷＝吉岡・前掲『民事証拠法大系1』三二八頁。

（注27）　前掲『研究会新民事訴訟法』三二四頁〔青山善充発言〕。

（注28）　兼子一原著・松浦馨ほか『条解民事訴訟法（第二版）』一三八九頁〔上原敏夫〕。

（注29）　加藤新太郎「証明度軽減の法理」『手続裁量論』一四五頁参照。

（注30）　新谷＝吉岡・前掲『民事証拠法大系1』三一二頁、伊藤滋夫「民事訴訟法二四八条の定める『相当な損害額の

認定』(上)」判時一七八二号四頁。

(注31) 春日・前掲『民事訴訟法論』二六〇頁、加藤・前掲『手続裁量論』一四五頁。

(注32) 畑・前掲『改革期の民事手続法』五〇九頁。

(注33) 伊藤・前掲『改革期の民事手続法』六三頁、伊藤・前掲『民事訴訟法〔第四版〕』三二三頁、山本・前掲『講座新民事訴訟法Ⅱ』三一六・三一八頁、前掲『研究会新民事訴訟法』三二二頁〔福田剛久発言〕。

(注34) 評釈等として、勅使河原和彦『民訴判例百選〔第三版〕』一四三頁、三木浩一「〔判例から学ぶ〕民事事実認定」二五七頁。これに続くものとして、大阪地判平15・10・3判タ一一五三号二五四頁、東京地判平18・11・17判タ一二四九号一四五頁など。

(注35) 前掲『条解民事訴訟法〔第二版〕』一三八九頁〔上原〕、春日・前掲『民事訴訟法論』二六一頁、三木浩一「民事訴訟法二四八条の意義と機能」『井上追悼・民事紛争と手続理論の現在』四二七頁。

(注36) 加藤新太郎「包括一律請求をめぐる諸問題」塩崎勤編『現代民事裁判の課題⑧』九〇四頁。

(注37) 春日・前掲『民事訴訟法論』二六二頁。

(注38) 春日・前掲『民事訴訟法論』二六二頁。

(注39) 菊井=村松原著・前掲『コンメンタール民事訴訟法Ⅴ』一四二頁、新谷=吉岡・前掲『民事証拠法大系1』三二五頁。なお、自由な証明については、高田昌宏『自由証明の研究』三頁以下参照。

四　民事訴訟法二四八条の効果論

1　相当な損害額認定の法的性質

(一)　立案担当者の説明

民訴法二四八条の要件を充足すると、相当な損害額を認定することができる。これが、効果であるが、要件・効果の法的性質については、議論が錯綜している。

ところで、民訴法二四八条についての立案担当者の説明ぶりには変遷があり、そのことが性質論についての議論を錯綜させた一因となっている。

立案担当者は、当初、損害額の算定は、本来客観的事実の存否の認定の問題ではなく、損害の金銭的評価の問題であって裁判所の裁量に委ねられるという見解もあるとして、損害賠償請求訴訟においては、損害が発生したことは認められるが、損害の性質上その額を立証することがきわめて困難である場合には、裁判所は、合理的な裁量により損害額を認定することができることを提案するものと説明していた（注40）。ところが、その後、公表された改正要綱試案の段階では、本条の立法趣旨につき、自由心証主義の範囲内で証拠に基づいて事実の認定をするという事実認定の原則を変更するものではなく、認定すべき事実の性質上、認定のために必要とされる証明度を一定の範囲で低減したものという説明をしている（注41）。立法後の解説も、証明度の軽減を規定したものとしている（注42）。このように、立案担当者の説明が、後述するような裁量評価説から証明度軽減説に変遷しているのである。

㈡ 学説の状況

⑴ 証明度軽減説

証明度軽減説は、民訴法二四八条は損害額に関する証明度を軽減したものという。この見解は、損害額も事実であるという前提に立ち、民事訴訟において事実を認定するためには、原則的証明度（高度の蓋然性）が必要であるが、二四八条は、認定すべき事実の性質を考慮して、損害額認定という限定された場面で、証明度を一定の範囲で軽減することを許容したものと解する（注43）。証明度軽減説の立場からは、二四八条は、原則的証明度の例外を定めるものであるが、自由心証主義の例外を定めるものではない。二四八条は、「口頭弁論の全趣旨及び証拠調べの結果に基づき」として自由心証主義を定める同法二四七条と平仄を合わせたものになっており、裁量評価説が有力であるＺＰＯ287条１項の文言とは異なることも、その理由づけとする。

⑵ 裁量評価説

裁量評価説は、損害額の認定について裁判所による裁量評価を許容したものとする（注44）。この見解は、損害立証の基礎となる事実については原則的証明度が必要であるが、民訴法二四八条は、損害額の評価については裁量的であることを許容したものと解する。すなわち、損害額の認定は、証拠に基づく心証を証明度に照らして事実の存否を判断する狭義の証明ではなく、その本質において裁判官の裁量評価であり、二四八条は、その意味では当然の事理を定めた注意規定と見るのである。裁量評価説は、損害額は損害の金銭的評価であると位置づける実体法の理解とも整合的であるとされる（注45）。

このように、裁量評価説は、損害額の算定（認定）は、事実認定の原則である自由心証主義の範疇外のものと考えているのである。

⑶ 折 衷 説

折衷説は、民訴法二四八条は、証明度軽減及び裁判所の裁量評価の双方を認めたものと解する（注46）。この見解は、証明度軽減法理は、証明度以下であっても要証事実につき一定の心証が形成されることを前提とする考え方であるが、民訴法二四八条は、そのような場合に限らず、損害額について一定程度の心証が形成されない場合であっても、なお裁判所の自由な判断によって相当な損害額の認定（証明度との相関で損害額を定めること）を許容するものであり、証明度軽減と裁判所の裁量判断の双方を認めた規定であるという。その意味で、二四八条は、自由心証主義（同法二四七条）の例外を認めるものである。

三 裁判例の状況

裁判例を見ると、民訴法二四八条は、「証明度の低減を図ったもの」と明示するもの（名古屋地判平21・8・7判タ一三三〇号二四七頁）も見られるが、その性質に言及するものは少ない。したがって、裁判例における二四八条の運用の仕方や適用対象の範囲などにより、証明度軽減説・裁量評価説のいずれに整合するかという解釈を施すことにより、この点を見ることになる。

そのような観点から、①多くの裁判例は裁量評価説を前提としていると推測する見解（注47）が見られる。たとえば、先に見た火災により焼失した家財道具の損害額の算定（前掲東京地判平11・8・31は損害保険会社のした評価額の一割増を相当な損害額と認定した）などは、裁判官の裁量評価としての損害額算定（認定）と見ることが相当であろう（注48）。

また、前掲最判平20・6・10をどのように理解するかをめぐって、学説には、②裁量評価説を前提としていると見るのが相当とする見解、③一定の留保をしつつも、裁量評価説に立脚していると解することもできるとする見解、④裁量評価説又は折衷説に立つとする見解などがあるが、これらは裁判例につき裁量評価説をとると見るものである（注49）。これに対して、⑤前掲最判平20・6・10は、民訴法二四八条につき一般的な法的見解を示しているのではないから、裁量評価説をとっていると見るのは性急にすぎるとする見解、⑥証明度軽減説と親和的と評価することも不可能ではないが、裁量評価説に近い考え方を採用したと評価することもできる（要するに、どちらともいえる）とする見解も見られる（注50）。

2 検討と私見

(一) 検討

学説上、証明度軽減説と裁量評価説との優位性に関する論争には決着がついてはいないし、裁判例が証明度軽減説をとるか裁量評価説をとるかについても明確とはいえない。そもそも、証明度軽減説、裁量評価説、折衷説は、民訴法二四八条の理論的位置づけと相当な損害額の認定の法的性質を語るものであり、その意味で、重要な議論であるが、具体的な差異はどのような場合に生じるのであろうか。この点については、具体的な差異は生じないとする説と差異が生じるとする説とに分かれる。

具体的な差異は生じないとする説には、①民訴法二四八条の性質論、対象範囲論は理論的には意義があるものの、実践的にはそう実益のあるものではないとする見解（注51）、②各説の考え方の差が一種の（損害額の算定における）姿勢の問題として重要な意味をもつが、二四八条の適用において必然的に異なった結論が導かれるほどの違いはないとする見解（注52）が見られる。

これに対して、具体的な差異が生じるとする三木説は、裁量評価説においては、割合的心証論と同様の結果を得るべく心証割合を加味した損害額の算定（割合的心証型、神戸地判平14・7・18交民三五巻四号一〇〇八頁）、立証に要する当事者の財産的負担（たとえば、鑑定費用）を考慮した損害額の算定（財産負担考慮型、東京地判平10・10・16判タ一〇一六号二四一頁）のほか、多数当事者が原告となるいわゆる包括一律請求にも適用できるなど、証明度軽減説とは、損害額の認定の実際において異なるものになるという。そして、裁量評価説のほうが、損害額の算定における柔軟性および適切性において優れているとする（注53）。

三木説に対しては、証明度軽減説からも損害額の算定における柔軟性・適切性についてはなんらかの説明をすることができるであろうし、その例示する事項について、民訴法二四八条の解釈論としての適否は吟味されるべきであるとの指摘（注54）がある。そうした観点から検討すると、三木説は、包括一律請求は、立証困難性の要件は原告ごとに考えるべきであるから、証明度軽減説では二四八条の要件を満たすことは困難であるが、裁量評価説では、多数当事者に被害が発生していること自体が損害の性質としてとらえることが可能であるから、二四八条の要件を満たすという。しかし、多数当事者訴訟における個別損害立証の困難性の判断について立証に要する時間を考慮要素とすることは可能と解されるから、証明度軽減説においても、立証困難顕著性の要件を充足する。そうすると、いずれの立場に立つとしても、包括一律請求による損害額については立証困難顕著性の要件を満たすことになる。

上告等の可否についても、証明度軽減説によれば、相当な損害額の認定に関する不服は事実認定の不服にほかならないから、自由心証主義（民訴法二四七条）違反による上告等の可否の問題に吸収される。これに対して、裁量評価説によれば、相当な損害額の認定に関する不服は、裁判官に付与された裁量権に内在する制限を逸脱するものととらえ、同法二四八条違反と構成することになる。いずれの説によっても法令違反（同法三一二条三項、三二五条一項・二項）に当たると解される余地があるが、単なる法令違反は上告受理の理由にはならず（同法三一二条、三一八条、三二五条）、上告が制限されている現行法の下では、上告等の可否については両説の差異はほとんどないと解される（注55）。

以上によれば、証明度軽減説と裁量評価説との間において、具体的な差異は実際には生じないということになる。

㈡ 私見

証明度軽減説と裁量評価説との差異は、損害額の認定を事実の認定であるとみるか、証明された一定の事実、すなわち、「(i)損害発生の事実、(ii)損害額の評価を根拠づける事実」を前提として行われる法的評価とみるかという点にあると解されてきた。両説には、「損害額の認定は法律問題か事実問題か」という、本質論における差異があるという見方である。

そこで考えるに、証明度軽減説に立ったとしても、損害額の認定における評価的側面を原理的に否定することはできない。また、裁量評価説に立ったとしても、民訴法二四八条を適用することが証明度軽減という機能を果たしていることは間違いない。少なくとも、観念的なレベルにおいては、このような指摘が可能である。

さらに、火災により焼失した家財道具の損害額の立証には、先に見たように、①個別立証方法と、②統計的データを用いた推認による立証方法とがある。②の方法を、①の方法と比較すると、②の方法は裁量評価をしていることはもちろんであるが、①の方法よりも「(ii)損害額の評価を根拠づける事実」の立証における証明度を軽減していないとはいえないように思われる。このように具体的にも、民訴法二四八条による損害額の認定につき証明度軽減性と裁量評価性とを観察することができるのである。したがって、裁判例には、事案によって証明度軽減的要素の大きいもの、裁量評価的要素の大きいものがみられることになる。したがって、個別の裁判例を検討するだけでは、一般的に証明度軽減説・裁量評価説いずれの立場を採用しているものかを明らかにすることはむずかしい。

このことを整理すると、損害額の認定には、評価的要素が内在する以上、本質論としては裁量評価説が相当であるが、民訴法二四八条による損害額の認定については証明度軽減的要素と裁量評価的要素とを観察することができるから、二四八条の法的性質としては、折衷説的な理解が相当ということになる。そこで、従前は、裁量評価説によっていた（注56）が、以上のような理由により折衷説に改説することにしたい。

3　相当な損害額の認定

(1)　総　説

民訴法二四八条を適用して相当な損害額を認定するにあたり、裁判所は、どのようにすべきであろうか。これについては、裁判所としては、訴訟資料・証拠資料、弁論の全趣旨、経験則、論理的整合性、当事者間の公平、一般常識などに照らして、相当かつ合理的な損害額を算定することが要請される（注57）。

⑵　損害額認定のスタンス

相当な損害額を認定する場合には、裁判所としては、どのようなスタンスをとるべきか。

この点に関する裁判例を見ると、①損害額につき控え目な金額を相当とするのもやむをえないとする抑制的算定説（大阪高判平18・9・14判タ一二二六号一〇七頁、名古屋地判平21・12・11判タ一三三〇号一四四頁など）、②損害額につき合理的な根拠をもって実際に生じた損害額に最も近いと推測できる金額を相当とすべきであるとする合理的算定説（東京地判平19・10・26判タ一二九三号一二九頁、名古屋地判平21・8・7判タ一三三〇号二四七頁、前掲東京高判平23・3・23など）、③いずれとも言及しないもの（東京高判平21・5・28判時二〇六〇号六五頁、東京地判平21・6・18判タ一三一〇号一九八頁など多数）に分かれている。

民訴法二四八条によって認定すべき損害額に関する抑制的算定説は、旧法下において、死亡した幼児の逸失利益につき、被害者側にとって控え目な算定方法を採用すべきであるとした判例（前掲最判昭39・6・24）の影響があるように思われる。しかし、相当な額という以上、証拠資料からここまでは確実に存在したであろうと考えられる範囲に抑えた額ではなく、合理的に考えられるなかで実際に生じた損害額に最も近いと推測できる額をいうと解すべきであり、合理的算定説が相当である。

（注40）法務省民事局参事官室『民事訴訟手続の検討課題（別冊NBL二三号）』四六頁。
（注41）法務省民事局参事官室『民事訴訟手続に関する改正試案（別冊NBL二七号）』五三頁。
（注42）前掲『一問一答新民事訴訟法』二八七頁。
（注43）前掲『一問一答新民事訴訟法』二八七頁、前掲『研究会新民事訴訟法』三一九頁（柳田幸三発言）・三二〇頁（青山善充発言）、山本（克）・前掲『講座新民事訴訟法Ⅱ』三〇一頁、松本博之「民事証拠法の領域における武器対等の原則」前同二二頁、畑・前掲『改革期の民事手続法』五〇七頁、松本＝上野・前掲『民事訴訟法（第七

版）』四一七頁、中野貞一郎ほか編『新民事訴訟法講義〔第二版補訂二版〕』三六二頁〔青山善充〕、新谷＝吉岡・前掲『民事証拠法大系1』三〇三頁。なお、証明度軽減説には、機能的観点から、「加害行為によって発生した損害額を賠償させる」という実体的法規範につき、「その発生額について『証明』がない場合には、損害額は零として裁判せよ」という証明責任規範を、「その損害額の証明が極めて困難な場合には、弁論の全趣旨および証拠調べの結果に基づき裁判官が相当と認める額の賠償を命じる裁判をせよ」という内容に変容させ、その限度で、実体的法規範の適用可能性を拡大したものという説明をする見解も見られる。新堂幸司『新民事訴訟法〔第五版〕』六〇六頁。

（注44） 前掲『研究会新民事訴訟法』三二〇頁〔竹下発言・鈴木発言〕、春日・前掲『民事訴訟法論』二五五頁、坂本恵三「判決③――損害賠償額の認定」三宅省三ほか編『新民事訴訟法大系⑶』二七五頁、高橋・前掲『重点講義民事訴訟法㊦〔第二版〕』五八頁、三木・前掲『民事紛争と手続理論の現在』四一六頁、河野正憲『民事訴訟法』四六五頁。なお、裁量評価という用語は、損害発生の事実を前提として裁量の幅のなかで規範的評価をすることにより損害額を認定するという趣旨であるから、法的評価説と呼ぶほうが適切ともいえるが、本稿では、裁量評価説との呼称が一般的であるから、以上のような理解をしたうえで、裁量評価説ということにする。

（注45） 平井・前掲『不法行為法理論の諸相』二八〇頁、同『損害賠償法の理論』一四〇頁。なお、損害額算定の裁量評価的性格については、藤原弘道『民事裁判と証明』一三三頁、五十部豊久「損害賠償額算定における訴訟上の特殊性」法協七九巻六号七二〇頁参照。

（注46） 伊藤・前掲『改革期の民事訴訟法』五二頁、同『民事訴訟法〔第四版〕』三三三頁、菊井＝村松原著・前掲『コンメンタール民事訴訟法Ⅴ』一二九頁。

（注47） 三木・前掲『民事紛争と手続理論の現在』四三五頁。

（注48） 三木・前掲『民事紛争と手続理論の現在』四二四頁、加藤・前掲判タ一三四三号六二頁。

（注49） ②につき、加藤・前掲判タ一三四三号六三頁、三木・前掲リマークス三九号一一七頁。③につき、越山・前掲速報判例解説⑷一二二頁。④につき、苗村博子「企業の損害と民訴法二四八条の活用」判タ一二九九号三九頁。

（注50）⑤につき、松本＝上野・前掲『民事訴訟法（第七版）』四一八頁。⑥につき、杉山・前掲民商一四〇巻三号三五九頁。
（注51）高橋・前掲『重点講義民事訴訟法㈦（第二版）』五八頁、中野ほか・前掲『新民事訴訟法講義（第二版補訂二版）』三六二頁（青山）、清水正憲「損害額の認定」滝井繁男＝田原睦夫＝清水正憲編『論点新民事訴訟法』四〇一頁。
（注52）伊藤（滋）・前掲判時一七九三号六頁。
（注53）三木・前掲『民事紛争と手続理論の現在』四一六・四二六・四二七・四三一頁。
（注54）高橋・前掲『重点講義民事訴訟法㈦（第二版）』六三頁。
（注55）菊井＝村松原著・前掲『コンメンタール民事訴訟法Ⅴ』一一七頁、新谷＝吉岡・前掲『民事証拠法大系１』三〇五頁。
（注56）鈴木正裕＝青山善充編『注釈民訴法⑷』七〇頁〔加藤新太郎〕。
（注57）加藤・前掲判タ一三四三号六三頁、三木・前掲リマークス三九号一一七頁。

五　相当な損害額の認定のための審理

1　民事訴訟法二四八条の規範としての意義

裁判所は民訴法二四八条の適用を義務づけられるであろうか。

この論点に関しては、前述（二3）したとおり、①特許庁の担当職員の過失により特許権を目的とする質権を取得できなかった場合において、それによる損害額は、特段の事情のない限り、被担保債権が履行遅滞に陥った頃に質権を実行して回収できたはずの債権額であり、仮に損害額の立証がきわめて困難であったとしても、本条により相当な損害額が認定されなければならないと判示して、損害の発生を否定した原判決を、損害額の認定につき審理を尽くさせるために破棄差戻しをした事例（前掲最判平18・1・24）、②採石権侵害の不法行為を理由とする損害賠償請求事件において、損害の発生を前提としながら、本条の適用について考慮することなく、損害の額を算定することができないとして請求を棄却した原審の判断に違法があると判示して、さらに審理を尽くすため破棄差戻しをした事例（前掲最判平20・6・10）が見られる。

損害額の立証がきわめて困難な場合には、裁判所としては、相当な損害額を認定することができることは、民訴法二四八条の文言上当然である。これは、行為規範として損害額の算定が許容される場合である。しかし、①②判決は、それを超えて、裁判所としては、相当な損害額を認定しなければならず、そうしないで請求棄却したことは判決に影響を及ぼすことが明らかな法令違反と評価されるとして、さらに審理を尽くすため破棄差戻しをしたのである。これは、二四八条を評価規範として機能させたことを意味する。すなわち、より一般化した規範命題としては、「原告に損害が発生したことが認められる場合、その損害額が損害の性質上立証することが極めて困難であったときには、二四八条により相当な損害額が認定されなければならない」と定式化される。これは、実務上、裁判所に二四八条の適用を義務づけていることにほかならない（注58）。その限りで、損害賠償を請求する者は、損害発生の事実だけでなく、損害の数額（損害額）も立証すべきであり（大判明37・1・28刑録一〇巻一〇五頁）、損害額が証明されないときは、その請求を棄却すべきである（最判昭28・11・20民集七巻一一号一二二九頁）という判例法理は、①②判決により、実質的に一部変更されたと見ることができる（注59）。

2 審理のあり方

実務的には、裁判官としては、民訴法二四八条が行為規範としてだけでなく、評価規範として機能することをも意識して、審理・判断していくことが求められる。その場合には、二四八条の要件該当性の主張・反論、要件審査、要件該当性が認められる場合における損害額の評価を根拠づける事実の主張・反論、立証・反証というプロセスで審理していくことになる。裁判所と当事者間で、口頭弁論ないし弁論準備手続において、当該損害額の立証のあり方について、二四八条の要件を充足するか否かを含めて認識を共通にしておくことが、インフォームドされた訴訟状態を形成し、不意打ちを避けるために必要であると解される（注60）。

さらに、民訴法二四八条と同様の趣旨の定めは、知財関係法にもいくつかみられる。たとえば、著作権法一一四条の五〔相当な損害額の認定〕、特許法一〇五条の三〔相当な損害額の認定〕、意匠法四一条〔特許法一〇五条の三の準用〕、商標法三九条〔特許法一〇五条の三の準用〕、不正競争防止法九条〔相当な損害額の認定〕などであるが、これらに関する訴訟においても、同様の姿勢で審理をしていくことが相当である。

3 判決理由記載の程度

判決書の理由は、一般に判断に至る過程を明らかにすることが求められる（民訴法二五三条）。同法二四八条が存在することにより、原告が損害発生を立証している場合には、損害額の立証がないという理由だけでは、損害賠償請求を棄却することはできない。原告に損害が発生したことが認められる場合、損害額の立証がきわめて困難であったとしても、二四八条により相当な損害額が認定されなければならない（前掲最判平18・1・24、前掲最判平20・6・10）から、請求を棄却する場合には、損害額の立証が不十分であることに加えて、立証困難顕著性の要件を欠き二四八条が適用されない旨を判決理由に記載すべきことになる。

判決書の明確性・明晰性の要請から、民訴法二四八条を適用した場合においても、①損害の性質上その額を立証することがきわめて困難であると判断した理由、②損害額の算定にあたり考慮した事由・要素などを概括的に判決理由中に記載することが相当である。これには、裁判所が二四八条の要件審査と相当な損害額の認定を適正に行ったことを明示する意義がある。

（注58）加藤・前掲判タ一三四三号六二頁、畑・前掲明学研八七号一一七頁、杉山・前掲民商一四〇巻三号三五八頁、中野ほか・前掲『新民事訴訟法講義（第二版補訂二版）』三六三頁〔青山〕は、①判例は、「損害額の立証がきわめて困難であっても、民訴法二四八条により損害額を認定すべきであるとの原則」を確認したものという。

（注59）川嶋・前掲法学八二巻五号一七八頁、三木・前掲リマークス三九号一一七頁。

（注60）加藤・前掲判タ一三四三号六三頁。審理はインフォームドされた訴訟状態を形成するものであることについては、加藤新太郎「釈明の構造と実務」『青山古稀・民事手続法学の新たな地平』一〇五頁。

六　むすび

本稿は、民訴法二四八条の要件論及び効果論を構造論としてとらえ、対象論と性質論を、そのなかに吸収することにより、規範的議論と実務における審理のあり方とを架橋することを試みてきた。論旨を一〇のポイントに要約して、むすびとしたい。

第一に、民訴法二四八条を適用する場合には、その前提として適切に損害の把握をすることが必要不可欠である（二2）。

第二に、民訴法二四八条にいう「損害」は、財産的損害（積極的財産損害・消極的財産損害）ばかりでなく、精神的損害（慰謝料）も含むと解してよい。慰謝料額の算定は、二四八条が存在しなくとも可能であったものではあるが、二四八条の制定を見た以上、この適用を否定することに合理性はないからである（三2(一)(2)d）。

第三に、①損害の発生や因果関係の証明が事柄の性質上困難であること（必要性）、②損害発生・因果関係の証明が困難である結果、実体法の趣旨・目的に照らして著しい不利益が生じること（相当性）、③原則的証明度と等価値の立証が可能となる代替手法も想定されないこと（補充性）という要件を具備する場合には、損害の発生や因果関係の立証についても民訴法二四八条を類推適用することが許容される（三2(三)）。

第四に、立証困難顕著性の判断には、費用対効果を考慮要素とすることもできる。高度の自然科学、社会科学の知識。理論を用いれば論理的には証明可能であっても、請求額と比較して釣合いのとれないような多額の費用がかかるときには、民訴法二四八条を適用ないし類推適用することができる（三3(二)(2)）。

第五に、包括一律請求、無形損害など判例法理により認められてきた類型の損害についても、民訴法二四八条の適用を肯定することが相当である。実定法上の論拠が付与されたものと解されるからである（三3(三)(2)・(3)）。

第六に、民訴法二四八条は、証明度軽減及び裁判所の裁量評価の双方を認めたものという折衷説の理解が相当である。損害額算定における評価的側面を原理的に否定することはできないが、二四八条を適用することにより、機能的にはもとより、実際にも証明度軽減となっているケースが見られるからである（四2(二)）。

第七に、裁判所は、民訴法二四八条を適用する場合には、訴訟資料・証拠資料、弁論の全趣旨、経験則、論理的整合性、当事者間の公平、一般常識などに照らして、相当かつ合理的な損害額を算定することが要請されるが、合理的な根拠のある実際に生じた損害額に最も近いと推測できる金額を相当な損害額とすべきである（四3⑴・⑵）。

第八に、裁判官には、民訴法二四八条が行為規範としてだけでなく、評価規範として機能することをも意識して、審理・判断していくことが求められる。原告に損害が発生したことが認められる場合、損害額の立証がきわめて困難であったとしても、二四八条により相当な損害額が認定されなければならないのである（五1・2）。

第九に、裁判所と当事者間において、インフォームドされた訴訟状態を形成する趣旨で、口頭弁論ないし弁論準備手続を通じて、損害額の立証のあり方について、民訴法二四八条の要件を充足するか否かを含めて認識を共通にしておくことが求められる（五2）。

第一〇に、民訴法二四八条を適用した場合には、判決書の明確性・明晰性の要請から、①損害の性質上その額を立証することがきわめて困難であると判断した理由、②損害額の算定にあたり考慮した事由・要素などを概括的に判決理由中に記載することが相当である（五3）。

技術又は職業の秘密に係る文書の提出

髙部　眞規子

一　はじめに

証拠収集制度の拡充を一つの目的とした平成八年の民事訴訟法改正においては、文書提出命令制度が大きく見直された。民訴法二二〇条は、文書提出の一般義務化を定め、従前に比較して、訴訟において必要な証拠が提出されるようになり、立証の容易化ないし真実発見の要請に寄与している。

他の証拠に比較して文書の証拠価値は高く、それゆえに証拠としての文書提出をめぐる利害の対立が、文書提出命令の申立てを契機に争われる。許可抗告制度が導入されて以降、この一〇年余の間に、文書提出命令に関する重要な最高裁判例が次々に出され、実務に指針を与えているところであるが、田原睦夫最高裁判事は、その判例形成に携わられ、この分野においても、実務上きわめて重要な意見を述べておられる。

ところで、技術又は職業の秘密に関する事項（民訴法一九七条一項三号）で、黙秘の義務が免除されていないものが記載されている文書については、一般的文書提出義務の除外事由とされ（同法二二〇条四号ハ）、秘密が記載された文書の提出には、依然困難が伴うものの、秘密であっても、これを提出しなければならない場合がある。

他方、特許法をはじめとする知的財産権法の分野では、営業秘密が記載された文書が証拠として必要になる場合も多い。営業秘密は、その秘密性ゆえに価値が存在するものであって、公開の法廷で訴訟手続を行うことによりその秘密性が失われるのでは、営業秘密としての価値が喪失してしまうため、秘密を保護しつつ主張立証を尽くさせる必要性が高い。このため、特許法には、民訴法の特則が置かれ、秘密保持命令や公開停止等の手続が規定されている（特許法一〇五条の四、一〇五条の七等）。

秘密の保護と立証の容易化や真実発見の要請の調和を図ることは、きわめてむずかしい問題である。本稿では、これらの制度をも参考にしつつ、技術又は職業の秘密に関する文書について、提出義務の判断枠組みを確認したうえで、実務的観点から秘密に係る文書の提出方法について検討するものである。

二　技術又は職業の秘密に関する文書の提出義務

1　「技術又は職業の秘密」に係る文書

(一)　秘密該当性

(1)　秘密の意義

民訴法一九七条一項三号所定の「技術又は職業の秘密」とは、その事項が公開されると、当該技術の有する社会的価値が下落しこれによる活動が困難になるもの又は当該職業に深刻な影響を与え以後その遂行が困難になるものをいう（最一小決平12・3・10民集五四巻三号一〇七三頁）。一般的文書提出義務の除外事由を定めた同法二二〇条四号ハにおいても、「同法一九七条一項三号に規定する事項で、黙秘の義務が免除されていないものが記載されている文書」があげられている。

(2)　判断の具体例

金融機関が民事再生手続開始決定を受けた顧客A社から開示された非公開の財務情報については、同決定以前の信用状態を対象とする情報が開示されても同社の受ける不利益は通常は軽微なものと考えられること、A社の再生債権者である相手方らは、民事再生手続のなかで上記非公開財務情報に接することも可能であることなどに照らせば、上記非公開財務情報は、それが開示されても、A社の業務に深刻な影響を与え以後その遂行が困難になるとはいえないから、職業の秘密には当たらないのに対し、金融機関が顧客の財務状況、業務状況等について分析、評価した情報は、これが開示されれば当該顧客が重大な不利益を被り、当該顧客の金融機関に対する信頼が損なわれるなど金融機関の業務に深刻な影響を与え、以後その遂行が困難になるものといえるから、金融機関の職業の秘密に当たる（最三小決平20・11・25民集六二巻一〇号二五〇七頁）。

また、A、Bを当事者とする民事訴訟の手続のなかで、Aが金融機関を相手方としてBと金融機関との間の取引履歴が記載された明細表を対象文書とする文書提出命令を申し立てた場合において、Bが上記明細表を所持しているとすれば民訴法二二〇条四号所定の事由のいずれにも該当せず提出義務が認められること、金融機関がその取引履歴を秘匿する独自の利益を有するものとはいえないことなどの事情の下では、上記明細表は、職業の秘密として保護されるべき情報が記載された文書とはいえず、同法二二〇条四号ハ所定の文書に該当しない（最三小決平19・12・11民集六一巻九号三三六四頁）。

(二) 要保護性（比較衡量論）

(1) 判断手法

ある秘密が技術又は職業の秘密に当たる場合においても、そのことから直ちに証言拒絶が認められるものではなく、そのうち保護に値する秘密についてのみ証言拒絶が認められると解すべきである。そして、保護に値する秘密であるかどうかは、①秘密の公表によって生ずる不利益と、②証言の拒絶によって犠牲になる真実発見及び裁判の公正との比較衡量により決せられる（最三小決平18・10・3民集六〇巻八号二六四七頁、最二小決平19・8・23判時一九八五号六三頁、最三小決平20・11・25民集六二巻一〇号二五〇七頁）。

(2) 判断の具体例

証言拒絶権に関する報道関係者の取材源の秘密が保護に値する秘密であるかどうかは、①当該報道の内容、性質、そのもつ社会的な意義・価値、当該取材の態様、将来における同種の取材活動が妨げられることによって生ずる不利益の内容、程度等と、②当該民事事件の内容、性質、そのもつ社会的な意義・価値、当該民事事件において当該証言を必要とする程度、代替証拠の有無等の諸事情を比較衡量して決すべきことになる（最三小決平18・10・3民集六〇巻八号二六四七頁）。

このことは、文書提出義務に関しても同様に考えられ、たとえば、介護サービス事業者が作成した審査支払機関に対する介護サービス利用者の情報について、①対象文書に係る顧客が介護サービスの利用者として現に認識されている者であり、これを提出させた場合に相手方の業務に与える影響はさほど大きなものとはいえないが、②対象文書が本案訴訟において取調べの必要性の高い証拠である場合には、民訴法二二〇条四号ハに該当するとはいえない（最二小決平19・8・23判時一九八五号六三頁）。

また、金融機関が顧客A社の財務状況、業務状況等について分析、評価した情報は、金融機関の職業の秘密に当たるが、①民事再生手続開始決定前の財務状況、業務状況等に関するものが開示されてもA社が受ける不利益は小さく、金融機関の業務に対する影響も通常は軽微なものであり、②本案訴訟は必ずしも軽微な事件であるとはいえず、また、上記文書は、金融機関と相手方らとの間の紛争発生以前に作成されたもので、しかも、監督官庁の事後的検証に備える目的もあって保存されたものであるから、上記分析評価情報は、A社の経営状態に対する金融機関の率直かつ正確な認識が記載されているものと考えられ、本案訴訟の争点を立証する書証としての証拠価値は高く、これにかわる中立的・客観的な証拠の存在がうかがわれない場合は、保護に値する秘密には当たらない（最三小決平20・11・25民集六二巻一〇号二五〇七頁）。

(3) 比較衡量論

このように、判例では、秘密該当性の判断とは別に、要保護性の判断が、比較衡量論を採用して行われており、これは、従来の多数説とも合致する（注1）。そして、保護に値する秘密であるかどうかは、①秘密の重大性・態様といった秘密保護の利益と、②当該事件の公共性の程度、代替証拠の有無、要証事実についての証明責任の所在といった審理判断の充実・真実発見・裁判の公正の促進の要請とを、比較衡量して決するべきである。したがって、実質的に重要な秘密であったとしても、なお、公正な裁判の実現等のために必要不可欠な場合等には、提出義務が肯定されることになる。

なお、最三小決平20・11・25民集六二巻一〇号二五〇七頁が示したような比較衡量による実質判断のためには、インカメラ手続を用いて、文書の箇所ごとに切り分けるという審理判断方法が肯定されていくという指摘もある（注2）。

(三) 黙秘の義務の免除

民訴法二二〇条四号ハにおいて、「技術又は職業の秘密」に係る文書については、「同法一九七条一項三号に規定する事項で、黙秘の義務が免除されていないものが記載されている文書」を、提出義務の除外事由と定めている。したがって、秘密を公表することについて決定することができる者の許諾があれば、提出義務を認めてよかろう。

2 金融機関の守秘義務と職業の秘密

(一) 顧客自身が訴訟の当事者として開示義務を負う場合

金融機関は、顧客との取引内容に関する情報や顧客との取引に関して得た顧客の信用にかかわる情報などの顧客情報につき、商慣習上又は契約上、当該顧客との関係において守秘義務を負い、その顧客情報をみだりに外部に漏らすことは許されないが、金融機関が民事訴訟において訴訟外の第三者として開示を求められた顧客情報について、当該顧客自身が当該民事訴訟の当事者として開示義務を負う場合には、同情報は、金融機関がこれにつき職業の秘密として保護に値する独自の利益を有するときは別として、民訴法一九七条一項三号にいう職業の秘密として保護されない(最三小決平19・12・11民集六一巻九号三三六四頁)。

他方、当該顧客自身が当該民事訴訟の当事者として開示義務を負わない場合や、取引過程で金融機関が得た取引先の関連情報(顧客の取引先の信用に関する情報、取引先役員の個人情報等)及び顧客に対する金融機関内部での信用状況解析資料、第三者から入手した顧客の信用情報等について、金融機関独自の情報として、金融機関が職業の秘密として保護に値する独自の利益を有すると認められる場合には、提出義務はない。

なお、田原裁判官は、同判決の補足意見において、金融機関の顧客情報につき職業の秘密に当たるか否かは、当該事案ごとに守秘義務の対象たる秘密の種類、性質、内容及び秘密保持の必要性、並びに法廷に証拠として提出された場合の金融機関の業務への影響の性質、程度と、当該文書が裁判手続に証拠として提出されることによる実体的真実の解明の必要性との比較衡量により決せられるものであると述べられている。また、金融機関が法律上開示義務を負う場合のほか、その顧客情報を第三者に開示することが許容される正当な理由がある場合(監督官庁の調査、税務調査、裁判所の命令等のほか、一定の法令上の根拠に基づいて開示が求められる場合を含む。）に、金融機関が第三者に顧客情報を開示することができ、守秘義務違反の責任を問われることはないとし、顧客が自ら第三者に対して特定の顧客情報を開示している場合や、第三者に対して自ら所持している特定の顧客情報につき開示義務を負っている場合には、当該顧客は、特段の事由のない限り、その第三者との関係では、金融機関の当該顧客情報の守秘義務により保護されるべき正当な利益を有さず、金融機関が当該情報をその第三者に開示しても、守秘義務違反の問題は生じないと述べられている。

上記決定は、金融機関の有する顧客情報が、金融機関という組織において当然のごとく保持しうる秘密に当たるのではなく、秘密として保持しうる独自の利益を有するときは別として、当該顧客との関係で守秘義務を負う限度で認められるにすぎない性質のものであることを前提としている。このため、端的に、「当該顧客が守秘義務により保護されるべき正当な利益の有無」を基準として判断しており、上記のような正当な利益が考慮されている点において、黙秘の義務が免除されていない場合に係る民訴法一九七条二項や二二〇条四号ハの規定の趣旨に通じる（注3）。

(二) 金融機関の顧客が訴訟当事者になっていない場合

このことは、金融機関の顧客が訴訟当事者になっていない場合についても同様であり、最三小決平20・11・25民集六二巻一〇号二五〇七頁も、①金融機関が職業の秘密として保護に値する独自の利益を有するか否か、②情報が開示された場合の顧客の受ける不利益の程度を勘案して、職業の秘密が記載された文書といえるか否かを判断している。

3　他の秘密記載文書との比較

(一)　公務秘密文書（民事訴訟法二二〇条四号ロ）

民訴法二二〇条四号ロは、「公務員の職務上の秘密に関する文書」であって、「その提出により公共の利益を害し、又は公務の遂行に著しい支障を生ずるおそれがあるもの」を文書提出義務の除外事由と定めている。上記「公務員の職務上の秘密」についても、公務員が職務上知り得た非公知の事項であって、実質的にもそれを秘密として保護するに値すると認められるものをいう。そして、公務員の所管事務に属する秘密のみならず、公務員が職務を遂行するうえで知ることができた私人の秘密も、それが公にされることにより、私人との信頼関係が損なわれ、公務の遂行に著しい支障を生ずるおそれの存在することが具体的に認められるような実質秘も含まれる。また、上記「公務の遂行に著しい支障を生ずるおそれ」とは、単に文書の性格から抽象的なそれが生ずることが認められるだけでは足りず、その文書の記載内容から見てそのおそれの存在することが具体的に認められることが必要である（最三小決平17・10・14民集五九巻八号二二六五頁）。

ただし、公務秘密文書と認められる以上、証拠としての重要性等との比較衡量を経ることなく文書提出義務が否定されると解されており（注4）、この点が技術又は職業の秘密に関する文書の場合と異なる。

(二)　プロフェッション文書と守秘義務（民事訴訟法二二〇条四号ハ、一九七条一項二号）

民訴法二二〇条四号ハ前段は、医師や弁護士等が職務上知り得た事実で黙秘すべきもの（民訴法一九七条一項二号）であって、「黙秘の義務が免除されていないもの」について、文書提出義務の除外事由と定めている。上記「黙秘すべきもの」とは、一般に知られていない事実のうち、秘匿することについて、単に主観的利益だけではなく、客観的に見て保護に値するような利益を有するものをいう（最二小決平16・11・26民集五八巻八号二三九三頁）。

専門職の証言拒絶権（民訴法一九七条一項二号）について、上記金融機関の守秘義務に係る判例理論が妥当するかが問題となる。金融機関の守秘義務が、特定の顧客に対して発生した義務ととらえられるのに対し、医師や弁護士の守秘義務は、専門家の義務として、より高度の職業上の一般的な義務とされている点で異なる。

法定の専門職の秘密に係る文書提出義務の除外事由の保護法益は、私人の秘密及び弁護士等の職務の一般的な遂行にあるから、公務秘密のような、私人との関係が損なわれ、職務の公正かつ円滑な運営に支障を来すことになることは、要件ではなく（注5）、証拠としての重要性等の利益衡量を排除して、絶対的優越性を認める方向に進むべきであるとする見解（注6）があるのに対し、保護法益は端的に顧客のプロフェッションに対する信頼の保護にあるから、実質的な利益の帰属主体である顧客に開示義務が認められる以上、所持者に開示が強制されてもやむをえないとして、職業の秘密に係る利益衡量が妥当するとも考えられるとする見解（注7）もある。

（注1）田原睦夫「文書提出義務の範囲と不提出の効果」ジュリ一〇九八号六三頁。
（注2）杉山悦子「判批」金法一八五八号二一頁。
（注3）高橋譲「判解民」平成一九年度〔36〕事件・九一三頁。
（注4）伊藤眞「文書提出義務をめぐる判例法理の形成と展開」判タ一二七七号一三頁。
（注5）山本和彦ほか編『文書提出命令の理論と実務』一一頁〔山本和彦〕。
（注6）伊藤・前掲（注4）。
（注7）秋山幹男ほか『コンメンタール民事訴訟法Ⅳ』四〇二頁。

三　特許法における特則

1　特許法における書類提出命令

(一)　特許権侵害訴訟における特則

特許法一〇五条は、特許権侵害訴訟において、「当該侵害行為について立証するため、又は当該侵害行為による損害の計算をするため必要な書類の提出を命ずることができる」、ただし、「その書類の所持者においてその提出を拒むことについて正当な理由があるときは、この限りでない」と規定し、侵害行為の立証又は侵害行為による損害の計算のための書類の提出につき、特別の規定を置いている。同条は、民訴法二二〇条の特則として、権利者の侵害行為及び損害額立証の困難さを解消し、より実効性のあるものとするために設けられた規定である。

特許法一〇五条は、「侵害行為の立証又は侵害行為による損害の計算のための必要性」が認められれば、「正当な理由」のない限り、書類の提出を命じることができるという構造になっている。同条に基づく書類提出命令は、民訴法二二〇条四号が除外事由を限定的に列挙している規定ぶりであるのに比較して、除外事由を一般条項的な、「正当な理由」という文言により規定していることも、特徴的である。

(二) 侵害行為の立証又は侵害行為による損害の計算のための必要性

(1) 立証の必要性

特許法一〇五条の積極的要件である「侵害行為の立証又は侵害行為による損害の計算のための必要性」については、「技術又は職業の秘密」における前記二1(二)の要保護性の判断要素②が参考になる。ここでは、当該文書を取り調べる必要性の有無、程度すなわち証拠としての重要性や代替証拠の有無、さらには真実発見・裁判促進という司法の利益をも考慮することになると思われる。

(2) 侵害論の場面

前段の「侵害行為の立証」のための必要性の場面では、たとえば、被告の工場内で行われている製造方法が原告の特許発明の技術的範囲に属するものであることを立証するため、製造方法が記載された仕様書等が対象になる。そこでは、特に探索的ないし模索的な申立てを排除するという観点をこの必要性の判断に加えるべきであり、その意味では、権利者側は侵害であることを合理的に疑わしめるだけの手がかりとなる疎明を尽くす必要がある。すなわち、相手方が提出に従わない場合に、民訴法二二四条一項により当該文書の記載に関する権利者側の主張を真実と認めることができるだけの合理性が存することが必要である(大阪地判昭59・4・26無体集一六巻一号二四八頁)。そのように解さなければ、目的物が相手方の支配下にあり、これを入手する途がないというだけで相手方にその開示を強制できることになり、特許権者に対し、目的物が侵害品であることの可能性の調査すらすることなく訴訟を提起し、その後相手方に提出を求め、相手方がこれに応じなければ目的物が侵害品である事実の擬制効果を受けることになり、模索的濫訴を許す結果となりかねない。

(3) 損害論の場面

他方、後段の「侵害行為による損害の計算」のための必要性の場面では、被告の会計帳簿等が対象になる。特許権侵害訴訟では侵害立証が尽くされ、侵害の心証が開示されたうえで、初めて損害論の審理に入るという審理方法によっているところ、すでに損害論に入っていることを考慮すれば、損害の計算という訴訟追行上の必要性が高い場合が多い。

(三) 正当な理由

(1) 提出拒絶の正当理由

特許法一〇五条において提出義務が免除されるのは、提出拒絶に「正当な理由」がある場合である。記載内容が営業秘密に該当する場合であっても、そのことが直ちに「その書類の所持者においてその提出を拒むことについて正当な理由」となるわけではなく、提出義務が免除されるわけではないと考えるのが多数である（注8）。裁判例においても、営業秘密を含むことによって、直ちに「正当な理由」があるとはされていない（東京高決平9・5・20判時一六〇一号一四三頁）。

従前から、「正当な理由」の有無は、開示することにより文書の所持人が受ける不利益と、文書が提出されないことにより文書提出命令の申立人が受ける不利益とを比較衡量して判断されていた。この比較衡量論は、「技術又は職業の秘密」における要保護性についての比較衡量による判断手法を想起させるものである。

その事項が公開されると当該技術の有する社会的価値が下落し、これによる活動が困難になるもの又は当該職業に深刻な影響を与え、以後その遂行が困難になるような不利益と、文書が提出されないことにより申立人が受ける不利益とを、比較衡量して判断すべきである。秘密保持命令制度が導入されたことにより、当該文書に記載されている営業秘密について開示した後も秘密性を維持することが可能となったことからすると、一般的にいえば、公開することによる不利益は、相当程度小さくなるものと思われる。

(2) 侵害論の場面

前段の「侵害行為の立証」のための文書提出命令の場合は、いまだ侵害の事実の有無が認定されていない段階で発令されるものであり、被告が工場内で行っている製造の詳細な条件等、当該企業にとって存亡にかかわる秘密もありえよう。その秘密とされる程度が高ければ、開示によって所持者の側に看過しがたい不利益が生ずるおそれがあると認められることもありえよう。

(3) 損害論の場面

他方、後段の「侵害の行為による損害の計算」のための文書提出命令の場合は、侵害行為の立証の場合ほど高度な秘密がある場合は少なく、むしろ、前記(二)(3)のとおり、すでに侵害という心証が開示されている段階では、保護に値する秘密とはいえないことが多いと思われる。後段の規定は、民事訴訟法が文書提出の一般義務化を規定する以前から存在するものであり、その意味で当時は意義の大きい規定であったと思われるが、現行法の下で正当な理由を考えつくのはむずかしい。

2　特許法等における秘密保持命令

(一)　立法趣旨

(1)　問題の所在

前記のとおり、特許法においては、侵害行為が被告の工場内で行われている方法である場合など、侵害行為の有無を立証するための証拠が当事者の一方（上記の場合は被告）に偏って存在することがままあるところ、特許権の保護の観点から、侵害行為や損害の立証を容易化すべく民訴法の特則が置かれ、通常の民事訴訟より証拠が提出される場合が拡大されている。他方、特許権侵害訴訟において提出されるべき証拠には、営業上又は技術上のノウハウなど営業秘密が含まれる場合も多くあり、これを提出した場合に、当事者が訴訟手続を通じて相手方や第三者に当該秘密の内容が知られることを懸念することなどから、従前、営業秘密を含む書類等は、これを収集する側にも提出する側にも困難が伴い、裁判所がこれらの事項に関する証拠の提出を受けて審理を行うことには障害があり、立証の容易化ないし真実発見の要請と営業秘密の保護の要請の両者をいかに調整するかが課題となっていた。

(2)　秘密保持命令の立法趣旨

そこで、平成一六年法律第一二〇号により、特許法等に秘密保持命令（特許法一〇五条の四ないし六等）についての規定が設けられた。

訴訟において、提出を予定している準備書面や証拠の内容に営業秘密が含まれる場合には、当該営業秘密を保有する当事者が、相手方当事者によりこれを訴訟の追行の目的以外の目的で使用され、又は第三者に開示されることによって、これに基づく事業活動に支障を生ずるおそれがあることを危惧して、当該営業秘密を訴訟に顕出することを差し控え、十分な主張立証を尽くすことができないという事態が生じうる。特許法が、秘密保持命令の制度（同法一〇五条の四ないし一〇五条の六、二〇〇条の二、二〇一条）を設け、刑罰による制裁を伴う秘密保持命令により、当該営業秘密を当該訴訟の追行の目的以外の目的で使用すること及び同命令を受けた者以外の者に開示することを禁ずることができるとしている趣旨は、上記のような事態を回避するためである（最三小決平21・1・27民集六三巻一号二七一頁）。

以上のように、秘密保持命令は、営業秘密を訴訟手続に顕出することを容易にし、営業秘密の保護及び侵害行為の立証の容易化を図り、審理の充実を図るものであり、営業秘密が絡む知的財産の保護に前進を与える制度である（注9）。なお、この命令に違反した場合については、両罰規定を伴う刑事罰の規定が置かれ（特許法二〇〇条の二、二〇一条）、その実効性が担保されている。

(二) 発令の要件（特許法一〇五条の四第一項）

(1) 準備書面の記載又は証拠の内容に当事者の保有する営業秘密が含まれていること

右要件については、「当事者の保有する」営業秘密でなければならず、訴訟当事者以外の第三者の秘密は含まれない。また、「営業秘密」とは、不正競争防止法二条六項所定の営業秘密であることを要し、①秘密管理性、②有用性、③非公知性が要件となる。

(2) 当該営業秘密が当該訴訟の追行の目的以外の目的で使用され、又は開示されることにより、当該営業秘密に基づく事業活動に支障を生ずるおそれがあり、これを防止するため当該営業秘密の使用又は開示を制限する必要があること

右要件のうち、「訴訟の追行の目的以外の目的で使用されることにより、当該営業秘密に基づく事業活動に支障を生ずるおそれがある」場合としては、営業秘密を自社工場内で使用し、不特定多数の者がその営業秘密を知りうる状態に置くことにより、その営業秘密の秘密管理性が失われる場合、営業秘密を利用して生産活動を行っていてその営業秘密が訴訟を通じて明らかになると、当該企業がもっている優位性が失われてしまう場合等があげられる。訴訟追行目的を除外しているのは、秘密保持命令制度ができたことで、そのような危険性が低くなったうえ、正当行為といえるからである。

また、「当該営業秘密が開示されることにより、当該営業秘密に基づく事業活動に支障を生ずるおそれがある」場合とは、開示により、営業秘密の要件を欠き、その価値が著しく損なわれる場合をいう。

(3) 秘密保持命令申立ての時までに秘密保持命令の名宛人が当該準備書面の閲読又は証拠の取調べ若しくは開示以外の方法で当該営業秘密を取得し保有していたものでないこと（一項柱書ただし書参照）

右要件について、準備書面の閲読又は証拠の取調べ若しくは開示以外の方法ですでに知っていた場合には、当該営業秘密の保護は、その知るに至った法律関係の規律するところであって、営業秘密を訴訟手続に顕出することを容易にすることと無関係であるため、除外された。

㈢　発令の効果

秘密保持命令の名宛人となった者は、命令の対象となった秘密を、当該訴訟の追行の目的以外の目的で使用し、又は同内容の秘密保持命令を受けた者以外の者に開示してはならない。その効果は秘密保持命令が取り消されるまで続き、すでに開示を受けた事項については守秘義務を負い、これに違反すると刑事罰が科される（特許法二〇〇条の二、二〇一条）。

㈣　インカメラにおける秘密保持命令

⑴　特許法一〇五条二項は、正当な理由があるかどうかの判断をするために必要があると認めるときに、民訴法二二三条六項と同様のインカメラ手続を規定している。特許法一〇五条三項は、インカメラ審理において当事者等に書類を開示して正当な理由の有無について意見を聴くことができることとし、この場合にも、秘密保持命令の発令を検討しうる（同法一〇五条の四第一項一号参照）。

すなわち、文書提出命令の対象とされている文書に記載された構造ないし方法が原告特許発明の技術的範囲に属するものかどうかが裁判所において一見しても明らかでなく、その点について双方当事者に主張立証を尽くさせることが必要な事案においては、正当な理由があるかどうかについて文書を開示してその意見を聴くことが必要であり、特許法一〇五条三項の場合に当たる。その場合は、インカメラ手続における秘密保持命令を発令することを検討すべきであり、秘密保持命令の下で原告訴訟代理人（原告側担当者を含む。以下同じ）等に当該文書を開示し、その意見を聴いたうえで、正当な理由の有無を判断するという方法をとることになる。その場合、文書提出の許否を決定するにあたり、実質的な攻撃防御を行うのに最低限必要な範囲の原告訴訟代理人を名宛人として、秘密保持命令を発令することになろう。

(2) インカメラ審理の結果、開示することにより文書の所持人が受ける不利益と、文書が提出されないことにより申立人が受ける不利益とを比較衡量して「正当な理由」ありと判断した場合は、文書提出命令の申立ては却下すべきである。正当な理由の有無を判断するため、インカメラにより秘密保持命令の下で開示された場合は、それにより知り得た情報は提出されない文書となる。その文書の情報は、秘密保持命令によって保護される。秘密保持命令を受けた名宛人たる原告訴訟代理人は、第三者に漏洩してはならない。

逆に、インカメラ審理の結果、開示することにより文書の所持人が受ける不利益と、文書が提出されないことにより申立人が受ける不利益とを比較衡量して「正当な理由」なしと判断した場合は、文書提出命令を発令する。これにより、当該文書の提出を受けて、これを証拠として取り調べることになる。

(3) なお、正当な理由と営業秘密に当たることとは必ずしも常にリンクするわけではないから、正当な理由がないとして文書の提出が命じられた場合であっても、秘密が保持され続けるべき場合はある。その際、インカメラ審理における書類の開示の際に発令される秘密保持命令の名宛人となっていない者にも、提出命令に従った文書の開示が必要である場合には、再度その者を名宛人として追加するための秘密保持命令を申し立てることが必要である。

(4) 秘密保持命令制度が創設され、インカメラ手続の際に開示する相手方に秘密保持命令を発令することが可能になって、より実効性のある制度になったと評価される。

3　秘密記載文書の提出

(一)　提出方法

前記のとおり、営業秘密に当たることのみをもって文書の提出を拒絶する事由には当たらないから、営業秘密を含む文書についても提出命令が発令される場合がある。この場合であっても、営業秘密が不必要に開示されることを避けることが必要である。

(1)　従前、それは裁判所の訴訟指揮により適切に措置すべき事柄であるとして、提出された文書の閲覧謄写の方法等を訴訟指揮に基づき決定した事例もある（東京高決平9・5・20判時一六〇一号一四三頁、東京地決平9・7・22判タ九六一号二七七頁）。もっとも、インカメラ手続が創設された後においては、インカメラ審理により保護すべき営業秘密の存在を認めて訴訟指揮をする場合でも、当該営業秘密部分に限って訴訟指揮をすべきであるとの指摘もある（注10）。

(2)　また、文書の一部に営業秘密が含まれている場合（たとえば、侵害品の売上げの立証に必要な売上元帳に、侵害品以外の製品の販売先・卸値や販売数量が記載されている場合等）に、その部分を除いて提出を命じることが可能である（民訴法二二三条一項ただし書、最一小決平13・2・22判時一七四二号八九頁）。

(3)　そして、秘密保持命令制度が創設された現在、その要件を充足するのであれば、その発令も検討することになる。

秘密保持命令による保護の下で当事者に主張立証を尽くさせるのが秘密保持命令創設の趣旨であることに照らせば、特許法においては、秘密保持命令制度が導入されたことにより、提出した書類に記載されている営業秘密について、開示した後も秘密性を維持することが可能となったため、改正前に比べると、書類提出を拒む「正当な理由」に該当する場合が狭くなり、結果として、書類提出命令を発令する場合が拡大することが予想される。なお、秘密保持命令の立法過程において、提出される書類の範囲を広げるために「正当な理由」に営業秘密が含まれないことを明文化すべきであるとの意見もあったが、秘密保持命令等の営業秘密の保護手段を拡充することによって、営業秘密を含む書類が提出されやすくなるようにするとされたために、「正当な理由」の文言を改正しないこととされた経緯がある（注11）。

このように、秘密保持命令制度の導入により、開示された営業秘密を刑事罰の担保の下に保持することができるようになった。これにより、提出による所持人の不利益を従前より小さく抑えることができるようになったから、侵害行為の立証又は損害の計算のために必要であると認められれば、秘密保持命令の下で開示することによって所持者の側に看過しがたい不利益が生ずるおそれがあると認められない限り、「正当な理由」があるとはいえないとして、書類提出命令が発令されることになろう。

(4) また、インカメラ審理においても、秘密保持命令の下で、文書提出命令の申立人の側でも対象書類につき開示を受けることができるようになったため（特許法一〇五条三項、一〇五条の四第一項一号）、開示後、当事者間で訴訟に提出する書類の範囲を合意するなどしたうえで、書類の所持人が、任意に当該部分を提出することもありえよう。

(5) 以上のように、提出される書類の範囲は、従前より広がるものと思われる（注12）。

(二) 特許法における書類提出命令の具体的手続

特許権侵害訴訟において特許法一〇五条に基づき営業秘密を含む書類の提出を申し立てた場合の手続は、具体的には、次のようになる。

(1) まず、原告が「侵害の立証のために必要である」として、特許法一〇五条一項に基づき、たとえば被告の工場における製造指図書の提出を求める。被告は、製造条件に営業秘密が含まれ、その開示によって所持者の側に看過しがたい不利益が生ずるおそれがあるとして「提出を拒むことについて正当な理由」がある旨主張する。

(2) 裁判所は、正当な理由があるかどうかの判断をするため必要があると認めるときは、書類を所持する被告にその提示をさせることができる（特許法一〇五条二項）。この場合何人も提示された書類の開示を求めることはできないが（同項）、裁判所が書類を開示してその意見を聴くことが必要であると認めるときは、原告側の一定の者に秘密保持命令の下で当該書類を開示することができる（同条三項、一〇五条の四第一項一号）。被告側は、提示の際に秘密保持命令を申し立てることになる。その段階で、被告は、当該証拠が①不正競争防止法二条六項にいう営業秘密に該当すること、②当該訴訟の追行の目的以外の目的で使用され、又は開示されることにより、当該営業秘密に基づく事業活動に支障を生ずるおそれがあり、これを防止するため当該営業秘密の使用又は開示を制限する必要があること等を疎明する必要がある（特許法一〇五条の四第一項）。

(3) このように秘密保持命令の下で原告の代理人等の名宛人が書類の開示を受け、正当な理由の有無につき意見を述べ、裁判所において、正当な理由ありと認めれば書類提出命令は却下となり、他方、必要性を認め正当な理由がないと判断すれば提出命令を発令することになる。書類提出命令が発令される場合に、必要な部分のみの提出（黒塗り）も考えられる。なお、その場合に、インカメラ審理の際に秘密保持命令により開示を受けた名宛人が黒塗りの部分に本来提出すべき必要な部分が含まれていないことを確認して、提出命令によることなく、上記部分のみを任意に提出することで合意することも考えられる。なお、書類提出命令により基本事件に提出された証拠は、従前の正当な理由の有無の判断のためにした秘密保持命令が生きており、そこで名宛人となった者のみに開示される。

(4) 以上のように、特許法では、立証の必要性があると認められれば、正当な理由がない限り、提出義務があり、秘密に当たるというだけでは正当な理由とは認められない。この点も含めて、必要があれば秘密保持命令を活用して審理し、提出する場合も秘密保持命令をかけられる仕組みとなっている。秘密と認められても、正当な理由がなければ提出すべきことになる点は、通常の民事訴訟と同様である。

(注8) 雨宮正彦「損害(6)——書類の提出」『裁判実務大系9』三八二頁、中山信弘編『注解特許法(上)(第三版)』一一八二頁〔青柳昤子〕。

(注9) 牧野利秋ほか「座談会 知的財産高等裁判所設置法及び裁判所法等の一部を改正する法律について」知管五五巻四号四七八頁〔小田真治発言〕、三村量一＝山田知司「知的財産権訴訟における秘密保持命令の運用について」判タ一一七〇号五頁。

(注10) 中山信弘編『注解特許法(上)(第三版)』一一九五頁〔青柳昤子〕。

(注11) 近藤昌昭＝斎藤友嘉『知的財産関係二法・労働審判法』三六頁、伊藤眞ほか「座談会 司法制度改革における知的財産訴訟の充実・迅速化を図るための法改正について」判タ一一六二号一六頁〔坂口智康発言〕。

(注12) 高部眞規子「知的財産権訴訟における秘密保護手続の現状と課題」ジュリ一三一七号一八七頁。

四　民事訴訟における秘密記載文書の提出

1　秘密に係る文書の提出命令

再度、通常民事事件に目を転じると、前記二のとおり、民訴法において、技術又は職業の秘密に当たるか否かは、審理にインカメラ手続を用いるなどして、保護に値するか否かを比較衡量して提出義務の有無が判断される。秘密と認められても、保護に値しなければ提出すべきことになる。

したがって、重大な民事事件において公正な裁判の実現のために当該証拠が不可欠であるといった事情が認められる場合には、それが実質的に重大な秘密であるとしても、なお提出を命じられることがありうる（注13）。

2　インカメラ手続

(一)　インカメラ手続の概要

秘密が記載された書類について書類提出命令の申立てがされ、その書類について書類の保持者において提出を拒む事由があるかどうかを判断するため必要があると認めるときは、インカメラ手続で書類を提示させることができる（民訴法二二三条六項、なお、特許法一〇五条二項も同様の規定である）。

秘密該当性、すなわち、公開されると、当該技術の有する社会的価値が下落し、これによる活動が困難になるもの又は当該職業に深刻な影響を与え以後その遂行が困難になるような、実質的な秘密か否かの事由を判断するには、インカメラ審理が有用であり、また、比較衡量による要保護性の実質判断のためには、インカメラ手続を用いて、文書の箇所ごとに切り分けるという審理判断方法が肯定されていくという指摘があることは、前記二のとおりであり、インカメラ手続によるべき場面が、今後増えていくことが予想される（注14）。

なお、インカメラ手続は、事実認定のための審理の一環として行われるもので、法律審で行うことはできず、インカメラ審理に基づく認定は、法律審では、特段の事情のない限り争えない（最三小決平20・11・25民集六二巻一〇号二五〇七頁）。

(二) インカメラ手続の問題点

従前、インカメラ手続では、書類所持者からの説明を受けたうえで、裁判所において当該書類を閲読した結果により文書提出命令を発令するかどうかを決定しており（東京高決平10・7・26金商一〇五五号三九頁は、提示された書類に記載された構造ないし方法が原告の特許発明の技術的範囲に属するかどうかを判断している。）、それに対しては、書類を閲読する裁判官が心証を形成してしまうのではないかといった問題や、申立人の手続保障という見地からは不十分な制度であるという問題点が指摘されている（注15）。

(三) 解決手法

(1) 心証形成の問題について

インカメラ審理の結果、文書提出命令が発令されなかった場合でも、その文書の記載内容により裁判所が心証を得てしまうといった問題点に関しては、受訴裁判所とは別の裁判官がインカメラを担当するという立法もありえたであろうが、文書提出義務と証拠調べの必要性を完全に切り離すことが適当か、審理の遅延を招くおそれがある等の問題が指摘され、上記のような手法は採用されなかった経緯がある（注16）。

インカメラを実施した場合も、文書提出命令又はその却下決定における説示としては、除外事由の有無についての判断をすれば十分であるが、文書を閲読した結果得た心証を消し去ることは不自然で、それが除外事由の判断に影響を与えているとすれば、むしろ、申立人代理人に手続に立ち会う機会を認める合意をして手続保障を押し進め心証形成過程を合理的なものにしていく等の方法も考えられる（注17）。そして、この点については、文書を見ることによって裁判所が心証を形成するという危険ではなく、裁判所が文書を直接見ることこそ提出義務の究極の判断方法であるとする考え方ではないかとの指摘がされているところである（注18）。なお、刑事事件においては、たとえば被告人の自白調書の任意性の審査のためにこれを提示させたとしても（刑事訴訟規則一九二条）、それによって実体に関する心証形成は許されないこととされているところ、これと同様に、提出義務の除外事由の判断のために文書を閲読したからといって、実体に関する心証形成をしないということは、可能なことと思われる。

(2) 当事者の手続保障について

インカメラ手続が、文書の所持者が裁判所に文書を提示して意見を述べることが予定されている制度だとすると、所持者だけが文書提出義務の除外事由を一方的に主張できることになり、不公平ではないかとの問題がある。この問題を回避するためには、申立人と書類所持者間で申立代理人の立会い等を認める旨の訴訟上の合意をするなど、手続上の同意に基づいた運用の工夫が提唱されていたが（注19）、申立代理人の立会いを認めるには、実効性のある秘密漏洩防止措置を導入することが必要であるとの指摘があった（注20）。

(3)　ヴォーンインデックス方式

その他、文書所持者に除外事由のある項目ごとに、文書内容の概要と除外事由の理由づけを一覧表にして提出させ、除外事由を明確化させるヴォーンインデックス方式の活用も示唆されている（注21）。

もっとも、これに対して申立人がどのように反論できるか、というプロセスに問題も残される。

(4)　秘密保持命令

特許法は、秘密保持命令制度を設けて、秘密記載文書の審理方法及びその提出方法に選択肢を与えた。

もっとも、秘密保持命令は、その名宛人となった当事者等に対して、当該訴訟の追行に限られない広い範囲において刑事罰の威嚇の下で行動の制約を課することになることもあってか、訴訟代理人弁護士限りの開示であっても、弁護士としては責任を負いきれないという意見もあり、企業においても、下手に相手方の営業秘密にアクセスすると、自己の独自の技術と相手方の営業秘密が混じり合って（コンタミネーション）、その後仕事にならないといった問題点も指摘されている（注22）。そのためか、秘密保持命令制度創設後も利用件数はきわめて少なく（東京地決平18・9・15判タ一二五〇号三〇〇頁）、現に職務発明対価請求訴訟（特許法三五条）にこれを導入しようとして、産業界から反対を受け、断念した経緯もある。

3　秘密保持の手法

(一)　秘密を含む証拠の提出

秘密を含む証拠を提出することにより真実を発見するという要請と秘密の保護の要請を調整することは、きわめてむずかしい問題である。

前記二に見たとおり、民事訴訟において、職業又は技術の秘密に該当する場合であっても、訴訟に提出する必要性がきわめて高く、利益衡量の結果、これを提出しなければならない場合がある。現行の民訴法においては、訴訟記録の閲覧制限といった方法（民訴法九二条）や、証拠の一部のみ抄本の形式で提出すること（同法二二三条一項）により、少しでも秘密の保護を図ろうとしている。

また、秘密に係る証拠の内容を当事者本人に知らせず、訴訟代理人のみに限り当該証拠を開示するという当事者間の秘密契約を締結することにより、弁論主義の下における証拠契約として効力を認めてよいと思われる。特許法においては、民事訴訟法を一歩進めて、このような秘密を証拠として提出する場合や、提出すべきか否かの審理の過程で秘密保持命令を発令することにより、秘密の漏洩を最大限防止すべき方策をとっている。営業秘密を保護しつつこれを訴訟手続に顕出することを容易にし、立証の容易化及び審理の充実を図るためのさまざまな手続的メニューが用意されたことを参照して、訴訟の充実を図ることが考えられる。

㈡　秘密保持命令制度の存在意義

秘密保持命令制度にも前記2のような問題は指摘されているものの、営業秘密を保護するこのような制度が存在することの意義は、きわめて大きいものである。すなわち、最終的にはこのような手段を用いることができることを拠り所として、任意に書類を提出するなど、立証活動を促進して審理の充実を図る効果がある。営業秘密を保護しつつ、真実発見ひいては適正な裁判の実現を目指していくことが可能となった。その意味では、文書の提出方法にさまざまな選択肢があることに、意義がある。立証の容易化及び審理の充実を図るために用意されたさまざまな手続的メニューのなかから、具体的事案において、秘密の内容や程度及び当事者双方の利益状況等を総合的に判断したうえ、最も適切な方法を選択して、審理を充実させることができるよう、訴訟運営が行われることが望まれる（注23）。

（注13）高橋・前掲（注3）。
（注14）松並重雄「判解民」平成一七年度〔32〕事件・七二八頁は、公務秘密文書についても、インカメラ手続等による具体的内容の把握が必要であるとする。
（注15）伊藤眞「イン・カメラ手続の光と影」新堂幸司古稀祝賀『民事訴訟法理論の新たな構築㊦』一九一頁、山本ほか・前掲（注5）六九頁〔安西明子〕。田原睦夫「文書提出義務の範囲と不提出の効果」ジュリ一〇九八号六三頁は、インカメラ手続は、あくまで除外事由認定のための手続であるから、裁判所が当該文書を閲読した結果、取調べの必要性がないと判断しても、それを理由として文書提出命令の申立てを却下することは許されないと述べる。
（注16）法務省民事局参事官室『一問一答新民事訴訟法』二六七頁。
（注17）伊藤・前掲（注15）、遠山光貴「判批」金商一三一一号一七八頁。
（注18）安西・前掲（注15）。
（注19）伊藤・前掲（注15）。
（注20）門口正人編『民事証拠法大系第4巻』一八四頁〔金子修〕、司法研修所編『特許権侵害訴訟の審理の迅速化に関する研究』九二頁。
（注21）中村心「判解民」平成二〇年度〔26〕事件・五七七頁。
（注22）伊藤ほか・前掲（注11）七頁〔末吉亙発言〕。
（注23）髙部眞規子「知的財産権訴訟における文書の提出——民事訴訟法との交錯」知財年報二〇〇六（別冊NBL一一六号）二八五頁。

五　おわりに

(一)　文書の所持者の予測可能性

技術又は職業の秘密については、実質的に秘密として保護に値するものに限定し、具体的事案において開示することによる不利益と、当該情報の証拠としての価値との利益衡量を要求して要保護性の判断をしている。このように、具体的な比較衡量を行わなければ提出義務の有無を判断できない事案があるために、文書の所持者にとっても、慎重な対応が要求される場合がある。訴訟当事者ではない第三者が文書の所持者である場合は、特に比較衡量の対象となる判断要素について知りえない場合もある。

したがって、企業としては、どのような文書が職業の秘密に該当するか、事前に的確に予測することは困難であり、同じ文書でも、具体的事案によって、提出すべき場合とそうでない場合とがありうる。企業としては、営業秘密に該当する場合であっても、証拠として提出を命じられる場合がありうることを予期しておくべきであろう。

また、第三者から交付され秘密保持契約を締結した場合でも、それだけで職業の秘密に該当するわけではない。それが実質的に保護すべき価値を有する秘密であることが必要であり、開示した場合の不利益と証拠としての価値や立証の必要性を比較衡量して決せられる。また、文書の所持者が第三者との関係で秘密保持義務を負う場合であっても、訴訟において提出義務を免れない場合もあるから、秘密保持契約が締結される場合には、裁判所による提出命令があった場合を除外するなどの規定を設けることも考えられよう。

裁判所には、判例理論の具体的当てはめの在り方が問われており、事例を集積して、できるだけ客観的な、予測可能性のある判断をすることが望まれている。

(二) 文書提出義務の明確化と訴訟運営

現代型訴訟が多数提起されている現在、適正かつ迅速な裁判の実現のためには、争点整理の適正迅速化とともに、証拠収集手続の拡充が不可欠であり、これにより、争点についての裁判所の心証を早期に形成することができる。適時提出主義の下では、実務上、文書提出義務を介した情報や証拠の収集がきわめて重要である。民訴法の文書提出義務の一般義務化により、文書提出命令を発令する前に、また申立ての前に、相手方が任意に文書を提出する事象が増えている。民訴法二二〇条四号ハ又はニに該当するか否かが争われ、解釈が困難な場合を除き、任意に提出する実務が定着しつつあり、ルールの明確化によって、それが実現していることがうかがわれる。

判例の集積により、文書提出義務については、そのルールが明確化されつつあるものの、その全体像は必ずしも明らかではなく、新たな種類の文書の提出義務の有無については、挙証者の側でも所持者にとっても、また、これを判断すべき裁判所にとっても、判断基準が明らかではないために、簡単に任意の提出を促すこともむずかしい場合がある。また、文書提出命令に係る最高裁判例における、たとえば、民訴法二二〇条四号ハについて、後段の同法一九七条一項三号の秘密に該当する場合のルールが前段の同項二号の秘密についても及ぶか否かとか、第三者の秘密に関し、金融機関の守秘義務に係るルールが同法二二〇条四号ハの専門職の守秘義務についても及ぶか否かといった、判例の射程の問題がある。除外事由として規定されたそれぞれの保護法益との関連で射程が及ばないものもある。

文書提出命令の申立ての採否や秘密保持命令等の発令に時間をとられ過ぎるのは、迅速適正な裁判の実現の観点からは問題もある。より円滑な訴訟運営ができるようにするためには、ルールを更に明確化することが必要である。

そして、文書の提出方法に係るさまざまな手続的メニューのなかから、具体的事案において、秘密の内容や程度及び当事者双方の利益状況等を総合的に判断したうえ、最も適切な方法を選択して、より充実した訴訟運営を行うことを目指したい。

私文書の真正推定再考

森　宏司

一　はじめに

もう昔といってもよい頃になってしまったが、私文書の真正推定について、未熟な論考を発表したことがある（「私文書の真正の推定とその動揺」判タ五六三号二六頁。以下「前稿」という。）。その頃、特例判事補として大量の民事単独事件の処理に悪戦苦闘していたのであるが、担当している事件のなかに、私文書の真正が争点となる事件がかなりあることに気づいた。ところが、当時は拠り所となる研究がほとんどなく、この問題点に遭遇するたびに事実認定という奥深い領域で道に迷い、いつも判断に苦慮していた。その苦しみのなか、少しでも手掛かりがほしいとの一念でささやかな研究を試みたものが前稿である。それからすでに四半世紀を超える時が経過し、周知のとおり、この問題点、とりわけ二段の推定に関しては数多くの優れた研究成果が公表されて考察が進み、今日では、司法研修所や裁判所総合研修所などで実施される実務的な研修だけでなく、法科大学院や大学法学部の講義・ゼミにおいても取り上げられていると聞き及んでいる。このような状況の下で、再びこのテーマを取り上げたとしても、さらにいかほどのことが付け加えられようかという疑念はあるものの、その後の民事実務経験をふまえ、また多くの研究に触発されることにより、自分自身の考えを修正した点もある。そこで、あらためてこの論点を整理して自らの執務の反省材料としたい。

二　文書の真正

文書が真正に成立したとは、通説によれば、「文書が挙証者の主張する作成者（特定人）の意思に基づいて作成されたこと」を意味する（注1）。通説がどのように形成されたのかは必ずしも明らかではないが、代表的な見解はこれを弁論主義ないし当事者主義の要請から説明している。すなわち、「一個の文書を、甲の思想内容の表現物として提出するか或いは乙のそれとして提出するか、はたまた、この文書の存在それ自体を証拠方法として（すなわち、当該文書を検証物として）提出するかということは、挙証者の裁量ないし判断に一任されているのであって、この点に関し、裁判所が挙証者の意図を無視して当事者の期待した証拠資料（例えば、甲の思想内容）

以外の証拠資料（例えば、乙の思想内容）を引き出してこれを事実認定の用に供することは、挙証者からの中立がない証拠に基づいて裁判を行う結果となり、証拠方法における当事者主義の原則が破壊されることになるであろう。」と説いている（注2）。さらに当事者の手続保障ないし当事者の訴訟参加という観点から、「弁論主義の第三テーゼたる証拠の申出のなかには、文書に関する限り単に文書を裁判所に提出するという行為に止まるものではなく、誰の思想を証拠とするのかについても当事者の権能と認め、証拠申出の中に付陳をも含めて理解されるべきである。」と主張されている（注3）。

この通説によれば、挙証者が、甲作成に係るものとして文書を提出した場合、裁判所が乙作成文書と認定することが可能であったとしても、当該文書を乙作成の真正文書であるとして形式的証拠能力を肯定することはできないとするのが素直な立論になろう。これに対して、有力な見解は、その帰結は窮屈に過ぎるとして反対している。この反対説にも二つの流れがあり、一つは文書の真正概念を変更し、たとえば、文書の真正とは、「文書が特定人によりその意思に基づいて作成されたことが確定されることである」などと解して、真正概念から「挙証者により作成者が主張されること」を除外する見解である（注4）。いま一つは、文書の真正概念としては通説的な理解に立ちながら、別個の観点から形式的証拠力を是認しようという立場である（注5）。反対説には論者によって、ニュアンスや論拠に相違があるが、通説に対する根本的な批判は、文書の真正の問題は弁論主義とは無関係であるという主張であろう。すなわち、有形物たる文書自体を提出するかどうかの点については弁論主義の第三原則が妥当するが、その文書が誰の思想であるかという点と弁論主義とは無関係である（注6）、あるいは証拠方法（本来は有形物）の定義に証拠方法の解釈（証拠資料）を混入させている（注7）等と強く批判しているのである。この反対説を私なりに要約すると、文書に記載された意味内容の意思主体が特定されてその思想との連結が可能となれば、当該文書の形式的証拠力があるということができるのであり、その限度で文書の真正の有無を決定すれば足りるのであるから、通説の考え方は文書の真正の概念に直接的な関係のない当事者主義又は弁論主義の要請を持ち込んでいるというものであろう。

甲作成に係るものとして提出された文書を、裁判所が乙作成文書と認定してその形式的証拠能力を肯定することはできないとする通説の処理が不合理であるとする実務的な非難に対しては、通説から、挙証者に当該文書を乙作成文書として提出する意思があるかどうかを裁判所が釈明することによって、実際上の弊害を除去できるとの反論がなされている。しかし、通説の定義が文書の真正と無関係な当事者主義や弁論主義の第三原則の要請を取り込んでいるという理論的な批判に対しては、説明を補強する必要を感じる。

そもそも文書を証拠とする場合において形式的証拠力という特殊な概念が問題とされるのはなぜであろうか。

文書とは、文字その他の記号の組合せにより、一定の思想（意思、判断、報告、感想等）を表現している有形物であると定義されている。この定義からも窺い知れるように、証拠方法としての文書の特徴は「記号性」と「思想性」にある。すなわち、①存在形態としては、文字又はその代用となる記号を用いることによって見読可能な状態にあること、②機能目的としては、一定の思想的意味つまり情報を保存し伝達するものである（注8）。ところで、文書を証拠とするためには検証も可能であるが、書証（「書証」との用語は、本来は文書の証拠調べの意味であり、検証と対比して用いるのが本義であるが、その対象となる文書自体を意味するものとしても使用されている（注9）。本稿では、本来の意味である「文書の証拠調べ」の意味で使用したい。）とは、文書の意味内容を証拠資料とするための証拠調べであるところ、証拠資料になるのは、書証の対象となる文書から得られる思想である。思想が証拠資料になるものとしては、他に証人尋問や当事者尋問があるが、形式的証拠力は理論上はともかく実際上問題にされていない（注10）。人証においては発言した者が法廷にいるということで（手続としては人定質問により確認されている。）、証言等に包含されている思想がその在廷する人物と常に結合し特定されており、文書の形式的証拠力のような考慮が特に必要ではないからであると考えられる。しかし、書証の対象となる文書に表現される思想は、それだけを見る限り、その思想が誰のものかは明らかとはならない。誰の思想かわからないものは意味をもたず、その文書に証拠価値を与えるためには人格との連結を確認する作業、すなわち文書の真正が常に問題になるのである。したがって、文書に表現された思想の帰属主体の特定は、文書の意味内容と不可欠な関係にあり、証拠資料としての価値を決めるうえではいずれ劣らぬ重要な事柄である。

ところで、弁論主義の第三原則によれば、当事者間で争いのある事実を証拠によって認定するときは、原則として当事者の申し出た証拠によらなければならない。しかるところ、それが書証の対象となる文書であるときには、当事者の申し出た証拠方法は、たしかに文書という有形物ではあるが、有形物を申し出るだけで弁論主義の要請を満たしていると考えるのは妥当ではない。思想を証拠資料とする書証（文書の取調べ）においては、その文書の表現された思想が誰の思想であるかは、証人尋問における証人の特定と同価値であり（注11）、決定的に重要な事実であるから、この点についても当事者に委ねることが弁論主義の内容となっているか、少なくとも弁論主義と同様の取扱いが必要になっていると考えられるのである（注12）。

要するに、通説の定義が文書の真正と無関係な当事者主義や弁論主義の要請を取り込んでいるという批判に対しては、次のように答えることになろう。文書の真正とは、単に有形物としての文書の作成者を明らかにすることではない。たとえば、検証の対象として文書を取り調べる際に、作成者を明らかにすることもあるが、これは一般に文書の特定に資するためであり、文書の真正とは無関係であり、挙証者の主張と裁判所の判断が齟齬してもなんらさしつかえない。しかし、書証の対象となる文書にあっては、証拠資料となる思想は必ずその思想の帰属主体と結合しなければ意味をもたないところ、思想の帰属主体は、書証の対象となる文書においては意味内容に匹敵する重要な事実であって、当事者の主張がないのに裁判所が自由に事実認定できるとすることは、当事者に対し不意打ちの危険があり避けるべきである。文書の真正の概念は、書証の対象となる文書において必要となるものであるから、書証の上記特質にかんがみ、弁論主義の要請を含んで定義されるべきである。

以上のように考えるならば、挙証者が作成者と主張した者の意思に基づくものではないと判断された場合には、当該文書は真正文書ではなく、その意味内容を証拠とすることはできないことになる（注13）。

（注1） 門口正人編集代表『民事証拠法大系第4巻各論Ⅱ』二〇頁及び二三頁（注10）所掲の文献参照。
（注2） 岩松三郎＝兼子一編『法律實務講座民事訴訟編第4巻第一審手続⑶』二六一頁。
（注3） 近藤昌昭「文書に関する二、三の問題について」伊東古稀『民事訴訟の理論と実践』三八七頁。
（注4） 磯崎良誉「文書の形式的証拠力」判タ八七号一〇一頁、池田良兼「文書の真正についての一考察」司法研修所『創立一五周年記念論文集㊤』三三一頁。このほか伊藤滋夫「書証に関する二、三の問題㊤㊥㊦」判タ七五二号一五頁、同七五三号一三頁、七五五号五一頁、井上泰人「文書の真正な成立と署名代理形式で作成された処分証書の取扱いに関する一試論」判タ九三九号二九頁も基本的にこの流れにあると考えられる。
（注5） この立場には種々のものがあるが、要領のよい説明として、司法研修所編『民事訴訟における事実認定』八八頁がある。このほかに、川添利賢「署名代理と二段の推定」立教法務研究一号一三五頁。
（注6） 池田・前掲「文書の真正についての一考察」三三三頁。
（注7） 吉村勝重＝小島武司『注釈民事訴訟法⑺』一六一頁〔太田勝造〕。
（注8） 加藤新太郎「新種証拠と証拠調べの方式」『講座民事訴訟5』二二四頁。
（注9） 倉田卓次「書証実務の反省」『民事実務と証明論』一六一頁。

（注10）　河野信夫「文書の真否」鈴木忠一＝三ヶ月章監修『新・実務民事訴訟講座2』二〇四頁は、形式的証拠力につき、文書に特有のことではなく、他の証拠方法についても理論上は問題になりうるとするが、概念の設定の問題であろう。実際上、文書以外の証拠について、形式的証拠力が問題になることはない。

（注11）　たとえば、集団訴訟の原告に同姓同名の甲と乙がいた場合に、原告代理人が申請したのは甲であったが、乙に誤送達されて乙が出頭し、裁判所は乙として尋問し、乙の尋問結果に証拠価値があるときであっても、判決の基礎にすることはできないことは当然であろう。

（注12）　証拠方法たる文書の提出者が一方的に作成者を規定する権限を独占できるわけではない。たとえば、原告が、A作成文書として提出した文書について被告がA作成ではなくB作成であると考えるならば、被告のほうから、当該文書の作成者はBであると主張しておけば足りる。仮にこの処理を否定したとしても、被告は、原告から提出された文書を謄写して、その原本がB作成文書になるとして証拠提出することになるだけである。

（注13）　もっとも、例外的に不意打ちの危険がない場合には、挙証者が主張した作成者と裁判所が認定した作成者が齟齬していても、その意味内容を証拠資料とすることができることも付言しておかなければならない。作成者が一定範囲の者であれば、要証事実との関連で意味づけができ、食い違いが当事者によって想定された範囲である限りは、認定された作成者と主張された作成者との間には事実上同一性を肯定できる場合がある（加藤新太郎「文書成立の真正の認定」中野古稀『判例民事訴訟法の理論(上)』五八八頁）。

三　代理と私文書の真正推定

1　二段の推定の概要

民訴法二二八条四項は「私文書は、本人又はその代理人の署名又は押印があるときは、真正に成立したものと推定する」と規定するが、ここにいう「本人又はその代理人の署名又は押印があるとき」とは、その文書に記載されている署名、印影が真正に成立した場合であることであるから、その署名や印影が本人又はその代理人の意思に基づいていなければならない。さらに、最判昭39・5・12民集一八巻四号五九七頁は、「文書中の印影が本人または代理人の印章によって顕出された事実が確定された場合には、反証がない限り、該印影は本人または代理人の意思に基づいて成立したものと推定するのが相当であり、右推定がなされる結果、当該文書は、民訴三二六条（筆者注：現行法二二八条四項）にいう『本人又ハ其ノ代理人ノ（中略）捺印アルトキ』の要件を充たし、その全体が真正に成立したものと推定されることになるのである。」と判示した。この結果、名義人の印影が自分の印章によって顕出されたことが認められるときには、印影が名義人の印章によって顕出されているのであれば、名義人の意思に基づいて押したと推定され、さらに民訴法二二八条四項により、文書全体が真正に成立したものと推定される。図式的には

印影の存在→印影が意思に基づく→文書全体の真正

となることから、二段の推定と呼ばれる。

本稿で問題とするのは、印影の存在から、その印影が意思に基づくことを推定する過程であり、これを、「一段目の推定」と呼んでおこう。

2　顕名方式による場合

(一)　「Y代理人A」と表示されている文書の作成名義人は、本人（Y）であるのか（本人説）、代理人（A）なのか（代理人説）という議論がなされており、前稿においては、私自身は本人説を支持したところである。従来の議論は次のように整理されるのが通常である（注14・15）。

①　代理人説（多数説である（注16）。）

形式説ともいう。「Y代理人A」と表示されている文書の作成者は、代理人Aであるとする見解である。相手方が、Aが作成したことは認めるならば、AがYの代理人であることを否定する場合であっても、文書の成立は「認める」と陳述すべきことになる。そのうえで、Aの代理権については、提出者Xが、当該文書の真正の判断とは別に、証拠によって立証すべきことになる。

②　本人説（注17）

実質説ともいう。文書の作成者は本人Yであるとする見解である。代理人のした行為の効果は本人に帰属するから、そこに表現されているのはYの思想であるとみる。相手方が、Aが作成したことは認めるが、AがYの代理人であることを否定する場合の認否は、「否認」となる。したがって、提出者Xは、文書の成立の立証のなかで、代理権の存在を立証しなければならない。

(二) 一見するとこの二説はまったく両立しないようにも見えるが、果たしてそうであろうか。

(1) まず本人説においても、次のようなケースではその立場を徹底することはできないだろう。

① 提出者Xが、Aに代理権があると主張しない場合は、A作成文書としての提出を認めなければならない。特に、Aに対して無権代理人の責任（民法一一七条）を追及する場合には、A作成文書として提出する必要がある。

② そして、提出者Xが、無権代理人Aが作成したと主張して提出した場合に、Aが、自分はYの代理人であると主張して争う事案では、本人説を貫徹するとY作成文書であるという理解に立つから、Aは成立を否認するという認否になり、文書の成立についての立証は、Aが無権代理人であることをXのほうから証明しなければならないことになるとされている（注18）。しかし、この処理は不当であって、Aは、XによりA作成文書として提出された以上、その理解に沿って認否するのが相当である。

(2) 次に、代理人説に対しても、次のような批判が可能である。

① 「Y代理人A」と表示されている文書について、挙証者があえてY作成文書であると主張して提出した場合、Aの代理権の存在が立証されたときであっても、裁判所は、A作成文書であってY作成文書ではないことを理由に、形式的証拠力がないと扱うことになるのが筋であるが、実務的には釈明等で処理されているとしても、理論的にこの結論になるのは不当である。

② 二において述べたように、文書の作成者の特定を挙証者の権能に属すると解した場合、Y作成文書としての提出を認めない代理人説の立場は、整合的な説明がかなりむずかしいと思われる。

③ 代理人説においても、偽造文書については、文書に表示された作成者ではなく、偽造者が作成した文書とし

て提出することも許容すると思われるが、そうであれば、誰を作成者と主張するかどうかは挙証者の判断に委ねられているというべきである。

㈢　以上のように、本人説、代理人説のいずれについても、その立場を貫徹することには無理があるように思える。ひるがえって考えてみると、「Y代理人A」と表示されている文書の作成者は、その思想内容を現実に記載した者がAである以上、Aを作成者であるとみることは自然な見方であるから、Aの意思に基づくとみることができ、さらに代理権がYからAに授与されていることにより、当該文書は、Yの意思に基づく文書にも当たる（Y作成文書にも当たる）と理解すれば足りるのではないだろうか。そうであれば、「Y代理人A」と表示されている文書の作成者をYとするか、Aとするかは、挙証者が自由に選択してよいと考えられる。また、この見解（挙証者選択説）は、弁論主義を根拠として文書の作成者を挙証者の主張によって決する通説の立場にも整合すると思われる。

㈣　この関係で、顕名方式の代理表示について、作成者の決定を挙証者の選択に委ねるという挙証者選択説から、二段の推定の働き方を検討しておこう。

まず、代理人Aが作成者であると主張されたときには、Aの印影がAの印章によって顕出されている事実から二段の推定がそのまま働き、A作成文書として真正に成立したことが推定される。そして、そのうえでYのAに対する代理権授与の事実が別途挙証者側の立証対象になる。

次に、本人Yを作成者としたときにおいても、Aの印影がAの印章によって顕出されている以上、Aの意思に基づいて顕出されたことは経験則上推認することができる。そして実体上の代理権がAに認められることと相まって民訴法二二八条四項の法定証拠法則が働き（注19）、これによって当該文書がYの作成文書として真正が推定される。

以上のところから明らかなように、作成者を本人としようと代理人としようと、結局のところ代理権授与の事実は挙証者が立証することになって違いはなく、理論的な位置づけが異なるにすぎないのである。

㈤　Yを作成者とする方途を残すべきであると考えるいま一つの理由は、文理上の根拠を否定できないと考えるからである。前稿でも指摘したところであるが、民訴法二二八条四項は、「私文書は、本人又はその代理人の署名又は押印があるときは、真正に成立したものと推定する」と規定しているところ（注20）、これは「私文書は、本人又はその代理人の署名又は押印があるときは、本人の文書として真正に成立したものと推定する」と読むのが自然である。代理人説を徹底する見解からは、「私文書は、本人又はその代理人の署名又は押印があるときは、本人又は代理人の文書として真正に成立したものと推定する」と読むのであろうが、代理人の場合をわざわざ取り上げて規定した理由がわからない。より簡明に「私文書は、署名又は押印があるときは、真正に成立したものと推定する」と規定するだけで足りるからである。

3　署名代理の場合

㈠　署名代理の概念

署名代理とは、代理人が本人にかわって文書に本人の記名捺印又は署名をし、代理人資格の表示及び代理人自

図表1

署名押印補助事実 ＼ 意思表示要件事実		AがYの代理人である場合	AがYの使者である場合
意思に基づく	Aに独立性がある場合（受任者など）	①	③
	Aに独立性がない場合（道具・手足など）	②	④

身の記名捺印又は署名をしない方式をいう（注21）。本人の表記のみがあり代理人の表示が登場しない点で顕名方式と異なり、また本人から代行者に代理権が授与されている点で後述の使者署名とは異なるというのが一般的理解である。

ところで、署名代理という用語は、一般に多用されているので、本稿でもこの用法に従っているが、本来、署名押印について代理という観念を用いることはできないはずである（注22）。すなわち、代理人とその対概念といってよい使者との区別ができるのは、法律行為についてだけであり、事実行為である署名押印についてはこのような整理はできない。現実の訴訟の次元に引き直せば、代理人や使者という観念は、訴訟上の請求の訴訟資料となる要件事実のレベルにおいて登場する。これに対して、文書の形式的証拠力についての判断資料である補助事実のレベルにおいては、署名押印という事実行為について、「本人の意思に基づくこと」すなわち代行をする権限があるかどうかだけが問題になる。この代行権限のなかには、行為者に独立性がある場合から独立性がない場合まで多様なものがあるだろうが、その区別は形式的証拠力の判断においては重要ではないし、さらには代理人や使者の区別と一義的に直結するものではないと考える。

署名代理の本人をY、行為者をAとして、わかりやすさのためにまとめると

図表1のようになる。

Aが Yの代理人であるときは、Aの行った署名押印という事実行為は代理権授与の付随行為だという説明も可能であるが、Yからの準委任と構成される場合もあろう。いずれにせよAには署名押印の代行について一定の独立性があろうから、上記表における①が通常である。これに対して、Aが使者であったときは、親族関係又は雇用などの別の法律関係があることが多く、署名押印を行うことについては単なる道具とみられる場合が多いから、上記表の④が通常である。しかし、論理的にはこの牽連関係が必然というわけではないし、上記表の②や③がまったく想定できないわけでもないと思う。

従前議論されていた署名代理の観念では、要件事実レベルと補助事実レベルとが区分されていたかどうか、必ずしも明瞭ではないが、右の整理に基づくと、署名代理の概念は、現実の訴訟の場面においては、「要件事実において代理人である者が本人にかわって文書に本人の記名捺印又は署名をし、代理人資格の表示及び代理人自身の記名捺印又は署名をしない方式」というべきであるから、これを前提に議論を進めてみよう。

(二) 署名代理の作成者について

署名代理においても、本人説と代理人説があり、一段目の推定との関係で議論が対立している。

① 代理人説

Yの代理人Aが、署名代理方式により文書を作成した場合における当該文書の作成者はAであるとする（注23）。

② 本人説

右の場合における作成者はYであるとする見解である。

以上の両説が対立しているところであるが（注24）、署名代理の場合においても、挙証者選択説を採用し、挙証者は、文書の作成者について代理人と本人とのいずれを主張してもさしつかえないと解したい。以下、この点を詳論する。

(三) 署名代理と二段の推定の機能

たとえば、原告であるXは、被告Yに対する保証債務履行請求訴訟において、Yの代理人AがYの印章を用いて捺印したY名義の保証契約書を証拠として提出する場合、Xは、保証契約書の作成者につき、YとAとのいずれを主張してもかまわない。

実務上しばしば登場するケースを想定して検討したい。

【設例】

（Xの言い分）

私は、Bに対して二〇〇万円を貸し付けましたが、Bは所在不明になり、返済してくれません。しかし、Bの父親であるYが連帯保証をしていますので、Yからお金を返してもらいたいと思います。保証をした証拠として連帯保証契約書を提出しますが、連帯保証人欄にはYの名前が記載されていますし、その後にはYの実印が押してあり、印鑑登録証も添付されています。この連帯保証契約を直接担当したのは私が雇用していた従業員Cですが、Cはいまは辞めてしまい連絡がとれないために契約時の詳細はわかりません。

ところで、Yの言い分によりますと、Yのかわりに来たYの妻Aが、Yに無断で代署し、Yの実印を押したものだということですが、Cが作成していた日報によれば、Yに急用があって出席できなかったために、その妻Aが代理人として手続をしたとのことです。ですから、Yは代理人がした連帯保証の責任をとるべきです。

Yの話では、実印は自宅ではなく事務所の金庫で保管していたというのですから、Aが勝手に使うことはできないはずです。またその根拠の一つには次のような事情があります。私の事務所では、常に審査部門から保証意思の確認をすることになっています。本件でも、契約の一週間後に、審査担当のDが、Yの勤務先に電話をかけ、電話口に出たYから保証したことは間違いないとの確認を得ています。


(Yの言い分)

私は、Bの父親です。BがXから二〇〇万円を借りたそうですが、その連帯保証をしたことはありません。Bは行方不明で連絡もとれません。

Xから請求が来たためにびっくりして、当時、ガンがわかって入院していた妻Aに問い質したところ、Bから頼まれてかわいそうになり、私が保証人になることを承諾したとのことです。しかし、私に話すと猛反対するのは確実なので、私には秘密にしていたのです。私はそもそも保証人になるのは大嫌いで、本件の直前に、Bが、別口の借金について保証をしてくれないかという話をもってきましたが、そのときには明確に断っています。

Aの話によれば、Xの事務所に行って、相手の担当者と会い、保証契約書に私の名前を代署し、私の実印を押したとのことです。概略はわかったのですが、Aは、その直後に亡くなってしまい、いまとなっては詳細が不明になり残念でなりません。実印は事務所の金庫に入れて管理していますが、その頃、私の車をA名義に変更することになり、その名義書換えの必要があるといわれてAに預けたことがありますので、それが保証契約書の作成に使われた可能性があります。

なお、Xは、Xの従業員Dが私に電話をかけたといっていますが、そのようなことはありません。

(1) 代理人作成文書として挙証者が提出する場合

【設例】において、Xは、保証契約書の名義人がYであっても、A作成文書としてこれを提出することができる。代理人説からはもちろんであるが、本人説の立場をふまえてもこれを否定する理由はないと考える。このとき、Yは、Aに対する代理権授与を否認していても、保証契約書の成立は「認める。」という認否を行うことになる。YのAに対する代理権授与の点は、一般的な主張責任の分配に従い、別途、Xが主張立証しなければならない。保証契約書にYの印章から顕出された印影が存在する事実は、代理権授与の認定に積極的に働く重要な間接事実となる。

(2) 挙証者が本人作成文書として提出する場合

a 【設例】で、Xは、Y作成文書として保証契約書を提出することもできる。代理人説は、挙証者が本人作成文書として提出することを否定するようであるが、前記㈡で述べたように文書の作成者の特定が挙証者の権能であること、さらに、偽造文書については、文書に表示された作成者ではなく、偽造者が作成した文書として提出することも許容できることなどを考えるならば、この提出方法も認めなければならない。

b　Yが、Aの代理権を争わないならば、成立に関しても「認める。」と陳述することで足りる。次に、【設例】のように、Aの代理権を争う場合において、Yの認否は、「否認。ただし、Y名下の印影がYの印章によって顕出されたことは認める。」との陳述になる。Yがそれ以上になんらの主張立証をしないならば、二段の推定が機能して借用証書はY作成の真正文書と推定されてしまうから、Yとしては、「保証契約書は、印章を預けていたAによって無断で捺印された。」との主張をしなければならない（民訴規則一四五条参照）。このケースは冒用型（注25）に当たるから、一段目の推定を破るために、Yは、他目的預託の事実、すなわち、①Aに印章を預けたこと、②交付には保証契約書作成以外の目的があったことを反証しなければならない。①「Aに印章を預けたこと」については、【設例】では争いがないだろうから、主戦場は、②「交付には保証契約書作成以外の目的があったこと」の認定ができるかどうかとなるが、この判断において考慮される事情には、保証契約書作成以外の目的があったことに直接かかわる事実（車の譲渡のために交付したこと、その頃に車の譲渡が行われたことなど）だけではなく、代理人として行為する権限の授与の有無にかかわる事実、換言するならば保証契約書作成目的がなかったことにかかわる事実（本例では、Yは以前にBから頼まれた保証を断ったかどうか、XがYに保証意思を確認したかどうか（注26）。）などの事情が総合的に考慮される。この結果、真正推定を破る程度の立証がなされないならば、一段目の推定が機能して、Aの関与があってもYの意思に基づく顕出であることが推定される。

留意すべきは、代理人であるか使者であるかはここで推定される事実ではないことである。Yは、形式的証拠力に関する補助事実について反証活動をしているところ、この活動が失敗したときは、「AにはYにかわって署名捺印する権限がある」ことだけに推定が及ぶのである。㈠で示した表でいえば、推定が及ぶのは、AがYにかわって署名捺印ができる権限を有する「受任者など又は道具・手足など」であったことまでである。代理か使者かという要件事実のレベルとは論理的には異なる位置づけであるし、また、Aの地位に独立性があろうとなかろうと、保証契約書が真正に成立したと推定される。

(四) 代理人説の難点

(1) 代理人説を徹底すると、署名代理で作成された文書については、本人作成文書としての提出を認めないことになろう。しかしながら、一段目の推定の根拠は、わが国の慣行として、印章が大切にされ、みだりに文書に自分の印章を押捺するようなことはなく、または他人に手渡す場合でも、信用のできる相手に用途を限定して渡すのが普通であるから、文書に印影が顕出されている以上は、その名義人自らが押したか、あるいは名義人がその意思に基づいて他人に押させたものであろうという経験則である（注27）。代理人説からは、この経験則が、署名代理の場合には働かないという理解になるはずである。すなわち、「意思に基づいて他人に押させた」とは使者のときに限定されることになる。しかし、果たしてそのような区別があろうか。他人に手渡す場合でも、信用のできる相手に用途を限定して渡すのが普通であるという経験則であるとされているが、使者の場合であろうと、代理権の授権がされた場合であろうと、その経験則の範囲内ではないだろうか。

(2) 署名代理において代理人説を採用することの一つの難点は、すでに多くの論者が指摘しているように、署名代理と後述4の使者署名を峻別しなければならないことである。使者は、本人の決定した効果意思を相手方に伝えるだけの者であり、これに対して、代理人（注28）は、与えられた授権の範囲内で決定した自らの効果意思を表示する者と考えられている。代理人と使者の区別は、その区別を見極める事実を認定することが非常にむずかしいのであるが、そもそもの当てはめの観点からして明瞭ではない。たとえば、小売業の店員の場合、使者と見るか代理人と見るかはなかなか判断がむずかしい（注29）。代理人説では使者と代理人とで、大きな違いを認めることになるが、社会生活上、関係者も区別をしていないこともあろうし、また微妙なケースが多いことを考えると、果たしてそれが妥当であろうか。

(3)　代理人説は、署名代理の場合に本人作成の文書としての提出を認めない以上、通常の訴訟を念頭に置くならば、署名代理であることが判明した段階で、挙証者は、作成者を変更しなければならないことが多いと思われるが、現実の訴訟運営では障害を生むことがある。

これを【設例】で見ると、Xは、契約時の状況を詳しく知らないから、Y以外の者が介在している事実は、訴訟の冒頭段階では主張されていないのが通常であろう。また、Xが特に挙証者に関して特別の主張をしなければ、文書に記載された名義人であるYの作成文書として提出されたものと扱われる。このように本人作成文書として提出された契約書等が、後になってYの主張と立証により、Aが代理人として活動していたことが判明すると、Xは、仮にYの多目的預託に関する立証が成功していないことが明らかであったとしても、反証不成功であるから当該文書は真正であると裁判所により判断されるものと安心してはいけないことになる。つまり、代理人説では、署名代理においてはYを作成者としたままにすると、当該文書は真正ではないことになるために、予備的にAが作成者であることを主張しておく必要がある（注30・31）。裁判所も訴訟の途中で心証開示をしなければならないことになるが、訴訟進行上むずかしい場合もある。

また、後述のように、使者署名については本人作成文書であるとの一般的な見解を前提とするならば、代理人説をとると、署名代理の文書については、代理人A作成に係る文書として証拠申請することになるが、後にAの性格が代理人ではなく、使者であることが判明してくると、挙証者は、今度は本人作成文書と主張を改めるか、予備的な主張をしなければならないのではないかとの疑問が出てくる。

(五) 要件事実との不整合について

原告であるXが、被告Yに対する保証債務履行請求訴訟において、AがYにかわって連帯保証人Yの記名捺印した保証契約書を証拠として提出する場合、Xが、要件事実として、YA間の代理権授与、Aの顕名、XA間の契約締結を主張していた場合、本人説では、契約書の真正な成立が認められると、XY間の直接契約を認定することになり、意思表示の主体をAではなく、Yと認定することになり、民法の代理人行為説と整合せず、主張と立証（判決内容）との間で整合しないと主張されている（注32）。代理人説には立たない見解（注33）からも「文書の作成者について本人説を採用して旧様式で判決書を起案すると、判決の事実欄ではYA間の代理権授権の有無が争点に見えるのに、理由欄では右代理権授権の事実を認定せずに、本件契約書の真正な成立から直接にXY間に本件契約の成立を認定するという首尾一貫しない判決書ができあがってしまうことになる。」と述べられている。

だが、本人説においては、署名代理形式の契約書について真正な成立が認められるならば、必ずXY間の直接の契約を認定しなければならないわけではない。なぜならば、真正な文書とは、「意思に基づく」場合であれば足り、作成名義人が直接行為したことに直結するものではないからである。上記見解は、ある文書の成立が認められれば、特段の事情のない限り、経験則上、その記載どおりの行為がなされたものと認められるため（注34）、文書にXの表示しかない以上は、その記載どおりにX（又はその使者）が意思表示したと認定すべきであるとの趣旨かもしれないが、署名代理が問題になる事案では、真正とされた契約書に、Xの表示しかないからといって、Xが直接に又は使者により意思表示したことまでが確定されているわけではない。署名代理という方法が世間で行われ、また法的にもその方式が是認されている以上、XとYしか表示されていない保証契約書であっても、そこでは権限ある代理人が作成した可能性が排斥されているわけではなく、代理人による行為であると認定してなんら問題はない。X以外の者（前例ではA）がXの印章を預かっていたということ、そしてAが代理人と表示していたなどの事実が、争いがないか、少なくとも他の証拠により判明しているであろうから、これらの事実関係を総合して、XからAに代理権が授与されていること、そしてその代理人Aが意思表示をしたと認定することになるだけである。

(六) 立証責任の転換について

(1) 【設例】の場合に本人説を採用して、Yを作成者とする提出を許容すると、Yは、一段目の真正推定を破るために、他目的預託の事実、すなわち、①Aに印章を預けたこと、②交付には保証契約書作成以外の目的があったことについて反証活動を行う。これに対して、Xは、二段の推定とは別に、③YがAに対し、Y名義の文書作成の権限を授与していたことについて、主張立証に努めることは自然な成り行きであろう。

ところで、Xが③の事実について立証できなかった場合でも、Yが②の事実の反証に成功できなければ、本人説では、保証契約書の真正が認められることになるはずだが、これには問題がないだろうか。

保証契約書のような処分証書であれば、処分証書を作成するという事実行為の準委任の意思と処分証書に表示されている意思表示（保証契約をする意思表示）の代理権授与は、ほとんど重複するから（注35）、③の事実（Y

がAに対し、Y名義の文書作成の権限を授与していた事実）を立証できないことは、保証契約代理権授与事実の立証にも成功しなかったわけである。ところが、印影のある保証契約書については②の事実の反証に成功できないというのであるから、保証契約書の成立は肯定され、その保証契約書の記載内容から保証意思を認定できることになる。つまり、代理権授与がXの立証責任に属する事実であるのに、二段の推定によって代理権授与の認定を回避できることになるわけであり、本人説を採用することにより、立証責任が転換できるように見える。

(2) 結論から述べるならば、立証責任の転換があるわけではない。

本人説において、一段目の推定で、印影の存在からその意思に基づく顕出が推定されるといっても、それは事実上の推定であるから、Yは、その推定を動揺させるだけで足りる。すなわち、Yが負担するのは反証責任であって、保証契約書の真正を立証すべき責任はあくまでもXにある。代理人説においても、争点はYからAへの代理権授与であり、その立証責任はXにあるから、立証責任の負担者の点では同じである。推定を働かせない代理人説に立つと、Xの負担は、推定を働かせる本人説よりも大きいように見えるが、Yの印章が保証契約書に顕出されているという事実にはなんら変わりはないから、YとAとの間になんらかの内部関係があったこと（YがAに対して授権したこと）については、経験則上一定の推認ができるはずである（注36）。そうすると、YがAに対する代理権授与を否定するためには、どうしてもYがAに対して、別の目的で印章を交付していたことなどを主張していく必要がある。

つまり、本人説といい、代理人説といっても、推認のプロセスに一部相違があるだけであって、立証責任の転換がなされているわけではない。

(3) 理論的には、本人説と代理人説で立証責任の分担に違いがあるわけではないのに、(1)で述べた問題点を見ると、本人説を採用した場合には、Xにアドバンテージが与えられるとみなされていたのではないか。つまり、二段の推定を活用することが、挙証者側に有利であるかのように考えられているように思える（注37）。もしもこの指摘が的を射ているならば、一段目の推定の効果を大きくとらえ過ぎているのではないだろうか。換言すると、推定を破るためのハードルが高過ぎるのではないかということである。この推定の動揺の問題は次項四でさらに検討するが、少なくとも、代理人説を採用して事実認定をしたときに、代理権の存在を認定できない場合に、本人説を採用し、契約書の真正の推定という媒介項を介在させるならば、代理権を認定できると考えるのは明らかに行き過ぎである。なぜならば、本人名義の印章の印影があるという基礎的な事実はまったく同じであり、経験則上、その事実からどの程度まで「本人の意思に基づくこと」（一方が代理権の授与について本人の意思に基づくことであり、他方が印影の顕出が本人の意思に基づくことであるという相違はあるが、処分証書があるという事実から、通常のケースではほとんど同一の立証命題となる。）の推定が可能なのかという場面であるから、それは本人説であろうと代理人説であろうと、同じでなければならないからである。さらには、真正推定を破る反証事実には、すでに㈢⑵bで述べたように、印章そのものにかかわる事実だけではなく、代理人として行為する権限の授与の有無にかかわる事実が含められるからである。

⑷　そこで、⑴の問題点に立ち戻ると、Xが、「YがAに対し、Y名義の文書作成の権限を授与していた事実」や代理権授与を立証できないような場合は、Yは、「交付には保証契約書作成以外の目的があった」旨の反証にも成功し、一段目の推定を破ることができるはずである。逆に、一段目の推定が破られない場合には、「代理権授与」についても立証できるはずだということになる。

4　使者署名の場合

使者が、本人にかわって文書に本人の記名捺印又は署名をすることがある。あくまでも本人の手足としてなされた場合である。適切な用語ではないかもしれないが、前述の署名代理との対比から、これを使者署名と呼んでおきたい。たとえば、手が不自由なため押捺ができない本人にかわって、本人の面前で家族が契約書に署名捺印したりする場合がその典型である。このほか秘書の場合などが例にあげられる。

この使者署名の場合には、当該文書が本人作成文書であることには争いがない。署名代理においては、代理人説をとる論者も、使者署名では本人作成文書であるとの結論を採用している。

使者署名文書を本人作成文書として扱うことにつき、あえて異を唱える必要はないかもしれないが、私は、挙証者が、署名捺印を代行した使者を、その文書の作成者であると主張した場合には、これを否定するまでもなく、ここでも挙証者選択説を採用できると考える。たとえば、甲が本人、乙が使者としての署名捺印の代行者であるときに、挙証者が乙作成文書であると主張するならば、それはそれでさしつかえない。裁判所は、乙作成文書としてその成立を認定し、ただ乙の立場が甲の使者であったことを、別途認定することになる。この考え方の利点は、挙証者が、署名代理であると考えて、代理人作成文書として提出したときに、後に使者署名であると判明した場合でも、取扱上の難点がないことである。

（注14）　前掲・『民事証拠法大系第4巻』二六頁〔石井〕。

（注15）　このほかに、「Y代理人A作成の文書」と主張すべきであるとの見解（前掲・『注釈民事訴訟法⑺』一六五頁〔太田勝造〕）や、「乙が代理人として作成した」と主張するのが相当であるとの見解（松浦馨ほか『条解民事訴

訟法（第二版）』一二六五頁〔松浦馨＝加藤新太郎〕）がある。

（注16）前掲・『民事訴訟における事実認定』七七頁、前掲・『民事証拠法大系第4巻』一一七頁〔石井〕、坂原正夫「私文書の検真と真正の推定（一）」民商九七巻二号七八頁、河野・前掲『新・実務民事訴訟講座2』二〇九頁等。

（注17）斎藤秀夫ほか『（第二版）注解民事訴訟法⑻』二一一頁〔小室直人＝宮本聖司〕、神戸敬太郎「民事訴訟の書証たる文書の成立についての主張とこれに対する陳述」民商二七巻二号八一頁、前稿二七頁。

（注18）菊井維大＝村松俊夫『全訂民事訴訟法Ⅱ』六五三頁、菊井＝村松原著・秋山幹男ほか『コンメンタール民事訴訟法Ⅳ』五〇三頁。

（注19）前稿二七頁。

（注20）旧法（三二六条）は、「私文書ハ本人又ハ其ノ代理人ノ署名又ハ捺印アルトキハ之ヲ真正ナルモノト推定ス」としており、現行法と規定ぶりは変わらない。

（注21）河野・前掲『新・実務民事訴訟講座2』二〇八頁。

（注22）坂井芳雄『手形法小切手法の理解』六二頁、井上・前掲「文書の真正な成立と署名代理形式で作成された処分証書の取扱いに関する一試論」三四頁。

（注23）河野・前掲『新・実務民事訴訟講座2』二〇八頁、司法研修所編『四訂　民事訴訟第一審手続の解説』三三頁。

（注24）前掲・『民事訴訟における事実認定』七七頁は両論を併記しつつ、実務の大勢は本人説に立脚していると思われるとする。これに対して、加藤新太郎編『民事事実認定と立証活動第Ⅰ巻』八頁〔須藤典明〕はむしろ本人説は異説であると見ている。

（注25）前稿三三頁。

（注26）この保証意思確認の時点で意思表示がなされたとの法的構成や追認の法的構成なども考えられるが、本例では、そのような法的構成を採用していない以上、YのAに対する授権の有無に関する間接事実として機能していると考えられる。

（注27）坂井芳雄「印影の同一と文書の成立の推定⑴⑵」判時四二八号七頁、四二九号四頁。

（注28）なお、法定代理人と使者の区別はさほど困難ではないので、任意代理人のことを念頭に置いている。

（注29）判例の紹介については、辻正美「代理人（法定代理人、任意代理人）、使者、代表機関」法教一四四号三一頁を参照されたい。

（注30）河村浩「契約書（処分証書）による事実認定の証明のプロセス」判タ一一〇一号六四頁。

（注31）もっとも、この点は、作成者が、YであろうとAであろうといずれを認定しても不意打ちにはならないから、予備的な主張までは必要がないという考えは十分成立する。

（注32）河村・前掲判タ一一〇一号六二頁。

（注33）井上・前掲「文書の真正な成立と署名代理形式で作成された処分証書の取扱いに関する一試論」二七頁。

（注34）最判昭45・11・26裁判集一〇一号五六五頁。

（注35）保証契約書について本人名義の作成という事実行為を行うことは準委任したことは認められるが、保証の意思表示を授権していないという場合が想定できるかどうかが問題になるが、特別な事態ではない限り、通常の交渉場面では想定しづらい。

（注36）最判昭44・10・17判タ二四二号一六一頁は「特定の取引行為に関連して印鑑を交付することは、特段の事情がないかぎり、代理権を授与したものと解するのが相当である」と説示している。

（注37）代理人説には、代理権の認定までも、私文書の推定を用いれば簡単に認定できることに対する危惧感がその背景にあるように思われる。

四　真正推定の動揺

1　推定の強度について

推定の強度については、後藤判事が、「これは、いわば二段の推定を用いて文書の成立の真正を推定するわけでありますから、比較的簡単な反証で右推定は覆ると考えるべきであります。」（注38）と述べられるように、さほど強いものではないというべきであり、この点は理論的には異論がないと考えられる。ところが、すでに述べたように（前記三3(六)(3)）、一段目の推定についてはかなり強い推定として扱われている可能性がある。

そのような実務の現状認識からか、推定の使われ方に対する危惧の念がたびたび表明されている（注39）。たとえば、実務家から「いわゆる二段の推定は、事案の処理に現場が悩む中、思考を整理してくれたという点で意味がありますが、それが、その生まれた土壌を離れて一つの絶対的な経験則になってしまい、思考が停止し、容易に反証を認めないとすれば、パターン化した経験則が害を及ぼすことになってしまいます。」との指摘がされている（注40）。

一段目の推定が、実務の上で、挙証者に有利にパターン化しているという弊害があるとするならば、その原因はどこにあるのだろうかというのがここでの問題意識である。一つには推定の性格に対する理解の不十分さが原因であるように思われる。そして、いま一つは反証の証明度が影響しているのではないだろうか。

2　推定の性格

一段目の推定には特徴的な性格がある。この点は学説上はさほど異論はないと思われるが、再確認しておく必要があろう。

(一)　事実上の推定であること

一段目の推定が事実上の推定であることについては争いがない。事実上の推定は法律上の推定と異なり、立証責任の転換はない。印影の存在という事実によって「名義人の意思に基づくこと」を推定するのであるが、その推定を覆すには反証で足りるのである。つまり名義人の意思に基づかないかもしれないとの心証に至れば推定は動揺する。

民事訴訟における証明度については対立があるが、多数説は、「社会の通常人が日常生活においてその程度の判断を得たときは疑いを抱かずに安心して行動するであろう」程度の「高度の蓋然性」であると説明している(注41)。この立場に立つと、推定が動揺するというのは、名義人の意思に基づくことについて、通常人が安心して行動するであろうとまではいえない心理状態である。率直にいうと、推定に従って行動するのに疑いがあるならば、反証が成功しているのである。

(二)　基礎となる経験則には多くの例外があり、推定力も個別的であること

一段目の推定の基礎は、名義人の印章によって顕出された印影があるならば、その印影は名義人の意思に基づ

いて押捺されたであろうという経験則である。

経験則には強力な経験則もあれば薄弱な経験則もある。社会生活の上でほとんど例外のないほど確実な経験則もある。たとえば、わが国で旅券に出国の表示があれば入国の表示日までの期間は国内にいなかったと認定するが、この背景には厳格な出入国管理態勢が実施されているという経験則があり、この経験則から得られる推定にはまず例外が認められない。通帳に相手方からの銀行振込みの記載がないときには振込みはないと認定するが、これは銀行の事務処理が正確であるという経験則があるからである。また、現在の一般的郵便事情の下では、国内郵便が一定期間内に到達することについても相当強い経験則が働くといっていいだろう。上記のような経験則と比較するならば、一段目の推定の基礎となる印章尊重の慣行という経験則は、内在的に多くの例外を含み、あまり強いものではない（注42）ことは明らかである。また、この経験則は、上記の旅券や郵便の場合のように制度に由来するものでもないから、普遍的ないし抽象的な経験則と考えてはならない。当該事案において、捺印されているという事実から、どの範囲まで推定できるかを個別具体的に検討しなければならず、印判の性格（実印かどうか、通常は何に用いられているものか。）や保管状況、使用方法や、当事者の関係からその推定力は変化し、その意味できわめて個別性が強い経験則である。したがって、この個別性にかかわる事実が、推定の動揺の有無を見極める重要な判断材料となるのである。

(三)　経験則の競合がありうること

(1)　私文書の真正を判断する際、文書に名義人の印影がある場合には必ず一段目の推定を用いなければならないというものではない。

二二八条四項が規定する二段目の推定は、一段目の推定と同様に事実上の推定ではあるが（注43）、法定証拠法則であり自由心証の例外であるとするのが通説である。この通説の立場では、この二段目の推定は、裁判官の判断枠組みの採用についても一定の拘束を及ぼすことになる。これに対し、一段目の推定については、その判断枠組みを用いることにより審理が合理化されるという大きな効用があるが、事実認定が裁判官の自由心証に委ねられている以上、一段目の推定を利用した判断枠組みの採用が必要的になるというわけではない。この推定があることを斟酌しておけば十分である。

(2) 次に、訴訟の進展に伴い、一段目の推定の役割は次第に小さくなる。公示送達のケースや証拠方法が保証契約書だけしかない訴訟初期の事件であれば、一段目の推定を用いるしか形式的証拠力を判定する手段はないだろうが、審理が深まり事案の詳細が解明されてくると、印影以外の事実が判明し、その結果、別の経験則の適用場面が生じる。そこでは複数の経験則が、プラスとマイナス双方の側から、重層的に存在することになるし、それらの経験則は、私文書の真正に直接かかわるものだけではなく、本来の立証命題である要件事実（たとえば、保証意思）の有無にかかわるものが増えてくる。私文書の真正をめぐり真剣に争われる事案においては、このようなケースがむしろ通常というべきである。これら事案においては、印影の存在から生じる経験則を他の経験則とは異なって特別扱いしなければならないわけではない。たとえば、要証事実又は成立真正にプラスの方向で働く別の直接的な証拠がある場合には、その証拠から事実認定することも考えられる（注44）。Yが債権者からの保証意思確認の電話に対して保証を肯定する態度を示したが、それは無断で使われた印章であっても管理責任があると誤信していたために、仕方なくそのような態度を示していたにすぎないとの反論がある場合であれば、Yが債権者から保証の有無について確認された際に肯定した以上、特段の事情のない限りはYが保証したと認めることができると説示したうえで、その後に、特段の事情の有無について検討するという枠組みを用い、印影の問題はこの特段の事情のなかで判断するという方法を採用することも可能である。つまり判断枠組みには選択可能性があるというべきである（注45）。さらには、複数の経験則が複雑に絡み合い錯綜しているときなどには、判断枠組みを提示せず、いくつかの経験則を基礎づける事実を並列させつつ、総合的に判断することが適切である場合もある（注46）。

訴訟の初期段階では、二段の推定を念頭に置いて進行させるのが合理的であることは確かである。しかし、訴訟が進展するに従って、二段の推定の判断枠組みを維持してよいかどうか再検討してみることが必要であろう。

(3)　一段目の推定の判断枠組みを用いるときであっても、認定された他の事実とその事実に関連する経験則も機能しているから、その経験則を十分考慮しなければならない。たとえば、保証人であれば当然とる態度がとられていなかったこと、逆に、保証をした人であればこそとる態度を示している場合には、それだけで保証意思の有無に関する重要な間接事実となるから、その事実と私文書の真正推定の経験則との軽重を考えるべきである。要するに、各経験則の重みを彼此較量あるいは総合しながら事実認定をすることが必要となる。

特に重要なものは直接的な本人意思確認の有無・態様である。いわゆるバブル景気に沸いた頃までは、さほど本人との面談等による直接的な意思確認の必要性は強調されておらず、むしろ印章による本人意思確認で代用する取扱いもしばしばなされていた節がある。そのため、いきおい文書に存在する印影の問題が注目され、その成立をめぐって深刻な争いが生じ、それに伴って二段の推定の役割もクローズアップされていたように思われる。しかし、現在の金融実務では時に煩瑣と感じられるほど本人確認が励行されていることは顕著な経験則であり、保証意思の確認についても同様である。つまり、一般的な金融取引を念頭に置く限り、直接的な本人意思確認が行われるのが通常という経験則が同時に並存しているのである。とすると、現在では、直接的な本人意思確認がなされていないならば、なぜそれが行われなかったのか、行われているとしたらそれはどのような態様であったかということが審理の重要なポイントになる。

(4) この関係で、判決の上で採用した判断枠組みが、心証形成に事実上の影響を与えているおそれについて配慮が必要であろう。

裁判官は、原則・例外関係で、論理的に思考を組み上げていく作業に慣れている。事実認定について見ると、一定の判断枠組みを原則に定置し、「特段の事情」に代表される例外的事象を探究するという思考様式をとることがかなりある。ところが、裁判官に最もなじみのある事実整理における要件事実論が、請求原因・抗弁・再抗弁というように、原則・例外関係で構造化されているという類似性があるためか、事実認定の判断枠組みが多く存在する経験則の適用場面の一つにすぎないのに、法規範と同様に扱い、誇大視している可能性はないだろうか。

一段目の推定の枠組みで判決を起案するとしても、その判断枠組みにとらわれ過ぎないためには、一度は、別の構成から得られる視点で、事実認定を試みるということが必要であるように思われる。

3　一段目の推定の反証は間接反証か

(一) 間接反証とは、ある主要事実につき立証責任を負う当事者が、その主要事実を推認させるに足る間接事実の存在を証明した場合に、相手方が、その間接事実と両立しうる別の事実の存在を立証することによって、右の間接事実による主要事実の推認が疑わしいことを明らかにし、主要事実につき裁判官が心証を形成するのを妨げるための証拠ないし証明活動をいう（注47）。そして、その間接事実については証明度に達する程度の心証を裁判官に得させることが必要であり、その意味で、間接反証は、当該主張事実に対しては反証ということになるが、証明しようという間接事実に対しては「本証」に当たるとされている（注48）（学説（注49）によれば、これを「確定責任」と呼んでいる。）（注50）。

(二)　一段目の推定を動揺させる反証は、この間接反証と理解されるのが一般であり、前稿では疑問を感じながらもこの見解に従った（注51）。間接反証と考えるならば、推定を動揺させる事実の立証の程度は、それが存在するかもしれないという疑いを裁判官に生じさせるだけでは足りず、その存在を証明しきる必要があることになる。たとえば、【設例】でいうならば「Aに車を譲渡する名義書換えのために判子を預けた」ことについては証明を要することになる。ところが、【設例】のように、関係者が死亡したり、所在不明になっている場合もあり、このときには他目的預託の事実を立証することが非常に困難になる。そうであれば、実際上、この反証責任の負担はかなり重いものになるといわざるをえない。

一段目の推定が強力であると錯覚されている一つの原因は、このように推定を覆す事情の立証が本証でなければならないという理解にもあるように思われる。私自身も前稿においては、盗用型と冒用型を区別したうえで、盗用型の反証は「盗用の可能性」で足りるが、冒用型の反証は他目的預託の事実であり、その可能性では足りないと述べた（注52）。これは冒用型の場合には、冒用を主張する当事者（【設例】ではY）が他目的預託をした事実を基礎づける証拠方法に近い関係にあって立証が可能であるうえに、他目的預託の事実そのものが間接反証事実となるとみるしかないと考え、その立証については証明が必要であると理解したためである。

(三)　しかし、いまはその見解を改めたい。

(1)　そもそも間接反証という特別な概念の必要性には疑問がある。特に「証明」されなければ、当該事実を心証から排除しなければならないという帰結には強い違和感がある。

学説においても近時はむしろ間接反証概念の必要性に疑いをもつ見解が増加している。たとえば、伊藤滋夫教授は、間接反証事実について証明を要するという点に強く疑問を呈され、これにかわって反対間接事実という概念を提唱されているが、反対間接事実においては「種々の反対間接事実の存在すること、それらが存在する可能性が様々な確度であることといった諸般の状況が、その事実の性質に応じて、そのまま考慮にいれられるべきであろう。」と主張されており（注53）、私もその基本的な考え方に賛同する。

まず反証の場面ではなく、主要事実を認定する場面において、蓋然性はあるが証明されていない間接事実を、事実認定の資料に供することができるかが問題となる。主要事実の存在が争点となるときに、さまざまな間接事実を集積して主要事実を認定することは、ごく通常の事実認定であるが、間接事実の存在が証明されていなければ事実認定の資料にいっさい供しえないわけではないというべきである（注54）。この点について伊藤教授は、「間接事実というものは、そもそもその存在の証明ということと結び付いている観念ではない。したがって、要件事実についての推認力を性質上有する事実であれば、それは間接事実というを妨げない。その事実がおよそ存在したという可能性が極めて低ければ、それは要件事実の証明には実際には役に立たないということにはなる。だからといって逆に、証明度に達していなければ、間接事実はおよそ無意味であるということではなく（間接事実は常に証明が必要であるというわけではなく）、間接事実について達せられている証明の程度とその性質上持っている推認力の強度によっては、その間接事実と同間接事実を除いて考えた場合の証明の状況とが総合されて、要件事実の証明があったとされることはあるということである。」と主張されている（注55）。私も、証明には達しないまでも蓋然性がある事実を事実認定に供しえないのは不合理であると考える。実務的な経験に照らしても、蓋然性が認められる程度の間接事実であっても、その蓋然性程度のままの心証を認定に反映させることがある。時間の経過、当事者の死亡、関係者の所在不明等により証拠が散逸又は喪失し、直接的な証拠を獲得できない場面では特にその必要性が高くなるといえよう。通常は、証明の程度に達した事実に、証明の程度に達しない蓋然性が認められる程度の事情を総合して、主要事実を認定するということが多いだろうが（注56）、さらに進んで、証明の程度に達しない事実であっても、それが数多く重複している場合、そのような重複が経験則上まれであるかどうかというスクリーンを通し、その低い蓋然性の事実の集合を事実認定の資料とすることもできると考えるのが相当である。

このように主要事実を推認する場面で蓋然性程度の間接事実を心証に反映させることができるのであれば、逆に、主要事実に対する反証の場面でも、証明に達しない程度の事実を斟酌できるとするのが衡平である（注57）。この点からしても、間接反証と呼ばれている攻撃防御方法に関しては、必ずしも証明を要するものではないというべきである（注58）。

(2) 仮に民事訴訟の事実認定において間接反証理論が適用されるべき場面が存在するとしても、一段目の推定における反証については、反証事実が間接反証であるとして証明まで要すると考えるのは妥当ではない。

たとえば、保証書に保証人の印影がある事案でも、保証人であれば当然とる態度がとられていなかったこと、又は保証をしていない人であればこそとる態度を示していたこと、保証人に対する保証意思の確認が十分ではないことなどの事実が認定できたときには、保証意思を認定することについて疑いが生じる。そのときに、印章の他目的預託の事実については低い蓋然性程度の立証しかできなかったとしても、処分証書たる保証契約書の真正推定が破られることがありうるのである（注59）。たとえば、【設例】では、Xが保証人になることを嫌っていたこと、別口の借金の保証話は断っていること、Xの事務所では保証意思の確認をしているといっているがそれが励行されていないこと、保証意思の確認のためにYに電話した事実も裏付けられないことなどの事情が認定できるならば、仮に、Aに車を譲渡する名義書換えのために印章を預けたという他目的預託の事実が可能性程度の心証にとどまる場合でも、保証契約書の真正な成立が否定されることがある。

これに対して、直接的に保証意思の存在を否定する事情が証明されているのであるから、他目的預託の可能性という曖昧な事情は斟酌しないでも保証書の真正を否定できるのではないかと考える余地があるかもしれない。もちろん、そのようなケースがあることは否定しないが、Xの印章から顕出されている印影がなぜ契約書にあるのかという疑問に答えていないことは、一審であれば確実に控訴理由になるし、控訴審でも審理不尽として上告理由とされるだろう。そもそも裁判官の心理としても、この疑問に応接しないことには大きな抵抗感がある。事案にもよろうが、他目的預託の可能性を心証から排除すると結論が逆転することも考えられるのである。

したがって、一段目の推定の反証事実については、心証度として証明まで要しないというべきである。

（注38）　後藤勇「民事事実認定のスキル」田尾桃二ほか編『民事事実認定』一六九頁。

（注39）　たとえば、須藤判事は、「比較的若い裁判官と話をしますと、事実認定が非常にやっかいだということがあるのかもしれませんが、この二段の推定を強く働かせたいという意見も出てくるのですね。確かに、二段の推定を働かせれば、簡単に文書の成立が認められ、しかも、その推定を破りにくいということで、事実認定が簡単になるという一面があることは否定しませんが、個人的には、それは、ちょっと、どうかなと思いますね。」と述べられる（前掲・『民事事実認定と立証活動第Ⅰ巻』五一頁）。

（注40）前掲・『民事訴訟における事実認定』三九〇頁。
（注41）中野貞一郎ほか編『新民事訴訟法講義〔第二版補訂版〕』三五一頁。
（注42）伊藤眞＝加藤新太郎『判例から学ぶ民事事実認定』六〇頁〔須藤典明〕。
（注43）通説である。反対・松本博之『証明責任論の分配』一七七頁、坂原正夫「私文書の検真と真正の推定(2)」民商九七巻三号四一三頁。
（注44）ある高裁裁判官は、「私は、そもそも、当事者が作成した書類については、推定を使わないで、直接証拠で認定すべきではないかと思っています。推定は、作成当事者が訴訟の当事者でなく、尋問できないような場合に用いるようにしていました。」と述べている（前掲・『民事訴訟における事実認定』三二五頁）。
（注45）ある高裁裁判官は、「二段の推定の問題になるケースでも、どういう事実経過でその書面が作成されたのかが分かれば、二段の推定を使う必要がないことが多くあります。一例を挙げますと、銀行員が保証人に会い、面前で保証書を作成してもらった、と供述しているのですが、筆跡が明らかにその保証人のものではないというケースがありました。とすると、銀行員が保証人と本当に会ったのであれば、保証書は別の人に書かせたことになりますし、なぜそんなことをしたのかが問題となるはずです。それなのに、会ったかどうかを認定しないまま、二段の推定を使って認定した判決がありました。こういう判断をするべきではないと思います。どういう経過でその書証ができたかを語れるものについては、その書証が作成された経過を事実として認定すればよいのです。」と述べている（前掲・『民事訴訟における事実認定』三二六頁）。
（注46）ある高裁裁判官は、「第一段階の事実上の推定については、このような推定を適切とする事案があることは間違いありませんが、他方で、印章の保管状況や使用状況によっては、この推定を適用することができない場合があり、また、作成名義人の印影が当該名義人の印章によって顕出されたことが認められる場合でも、必ずしも、この二段の推定を適用しなければならないものではありません。実例としては、印鑑の適切な保管がされておらず、同居の妻による冒用が容易な状況で、事実上の推定を用いて金融機関との連帯保証契約書の印影の真正を推定し、反証があるとの主張に対して、金融機関の担当者が保証意思を確認した事実や妻の証言が信用できないこ

となどを挙げて反証を否定した事案がありますが、このような場合には、むしろ、事実上の推定を用いないで、保証契約の締結に関する他の間接事実や直接証拠を検討し、印影の点も総合して文書の成立の成否を判断した方がよいと思います。」と述べている（前掲・『民事訴訟における事実認定』三五四頁）。

（注47）上田徹一郎『民事訴訟法（第五版）』三八三頁など。

（注48）間接事実から経験則を適用して主要事実を推認する立証活動に対して、例外的な事実があることによってその推認を妨げる効果をもたらすのが間接反証であるが、この例外的な事実は、「完全に立証しておかなければ、本件はその例外の場合だ、とはいえなくなるからである。」と説明されている（賀集唱「事実上の推定における心証の程度」民訴一四号四六頁）。

（注49）ローゼンベルグ（倉田卓次訳）『証明責任論（全訂版）』二三〇頁。

（注50）証明については高度の蓋然性説と証拠の優越性説との対立があるが、この点は本稿では触れない。

（注51）前稿二七頁。

（注52）前稿三五頁。

（注53）伊藤滋夫『事実認定の基礎』一二〇頁。

（注54）高橋宏志『重点講義民事訴訟法㊤（第二版）』五一六頁。もっとも、この点は議論があるところであり、伊藤・前掲『事実認定の基礎』一七五頁以下の分析を参照されたい。

（注55）伊藤・前掲『事実認定の基礎』一八〇頁。

（注56）「……したこと、……したことが認められ、これに加えて……との可能性も総合するならば、特段の事情の認め難い本件では、……があったと認めるのが相当である。」などの説示が見られる。

（注57）たとえば、「……との反対事実が認められる。しかも、……であることが窺える上に、……したことや……であった疑念を払拭できない。このような事情を総合するならば、前記……であったからといって……を推認するには至らない。」などの説示が考えられる。

（注58）このような心証形成は裁判において固有のものではなく、通常の社会生活における判断の仕方である。朝、起

きたときに地面が一様に濡れていたことを見て昨晩雨が降ったと推定するのは、経験則を活用した事実上の推定である（賀集・前掲民訴一四号四〇頁）。これに対して、隣人が昨晩水をまいていた事実があれば、雨が降ったとは直ちに推定できなくなる（反証の成功）。さらに、水をまいた事実は証明に達していないときも、隣人が夜間水まきをしていたことがあるために、昨晩も水まきをした可能性があるという事情を斟酌し、他の降雨を否定する方向に働く事実（たとえば、今朝は晴天であり、天気予報も同様であったことなど）と相まって、降雨が証明されていないと判断することがあるだろう。

（注59）処分証書の成立の真正が立証されてはじめて処分証書を証拠に用いることができ、その証拠によって保証意思の存在が認定されるというのが一般的な論理であるが、直接的に保証意思の存在を否定する事情が強い場合には、それが逆に処分証書の成立の真正を否定する作用をもつことになる。

五　おわりに

事実認定は本当にむずかしい。事実認定に関する先達の優れた研究は数多くあるが、それらを読んだからといって、正しい事実認定ができるものではないし、事実審裁判官の悩みがなくなるわけでもない。この困難さの理由のかなりの部分は、事実認定をする裁判官には、どの程度の心理状態になれば事実を認定してよいかという点について、一種の相場感覚が必要であるということではないかと思う。証明度については、八〇％の確からしさとか九〇％の確からしさとかのように数値で表すこともあるが、具体的な事件において、どの程度の心理状態が八〇％か九〇％かは、その裁判官自身の内心でしかなく、また個別の事件ごとに事案が異なるために、一般論で説明することはきわめて困難である。裁判官もまたその感覚を会得するためには、大量の事件に触れ、記録を読み込み、真剣に審理に臨み、合議で議論を重ね、起案で苦しみ、さらに上級審における審査結果を反省材料として自らの審理を顧みるなどして、一個一個経験を積み上げていくしかないのだろう。

本稿は、その感覚の基盤となる思考過程を検討したものである。最も単純な経験則の適用場面であり、比較的、論理になじみやすいと思われるが、そのような限られた局面であっても躓きの石は随所に転がっている。その石を一つなりとも取り除くことができたかどうか自信はないが、事実認定をより精確なものとする一助となれば幸いである。

三

家事事件手続法

家事事件手続における手続保障の流れ

二本松　利忠

一　はじめに

平成二三年五月一九日、「家事事件手続法」（平成二三年法律第五二号。以下「家事法」という。）が「非訟事件手続法」（同年法律第五一号。以下「新非訟法」という。）及び「非訟事件手続法及び家事事件手続法の施行に伴う関係法律の整備等に関する法律」（同年法律第五三号）とともに、第一七七回国会において成立し（同月二五日公布）、平成二五年一月一日から施行された。このうち家事法は、家事事件（家事審判・家事調停）の手続を国民にとってより利用しやすく、現代社会の要請に合致した内容のものとするため、家事審判法（昭和二二年法律第一五二号。以下「家審法」という。）を全面的に見直して新たに制定されたもので、当事者等の手続保障に資する規定を大幅に拡充した。これに伴い、家審法は廃止された。また、平成二四年六月二七日、家事審判規則（昭和二三年最高裁規則第一五号。以下「家審規則」という。）及び特別家事審判規則（昭和二三年最高裁規則第一六号）に代わる新たな「家事事件手続規則」（平成二四年最高裁規則第八号）が制定され（同年七月一七日公布）、家事法の施行と同じく平成二五年一月一日から施行された。

家事事件の手続に関しては、従来、学説が展開してきた当事者権を中心とする手続保障について実務は消極的な立場をとっているとされ、学説と実務との間に乖離が存在する分野として、これまで批判の対象となっていた（注1）。本稿は、手続保障に関する学説の進展や学説からの批判を実務がどのように受容し、あるいは受容してこなかったのか、多くの批判を受けながら実務が受け入れず、学説との「乖離」を生じさせていたとしたら、その理由は何であったのか、実務の変遷をたどって検討してみようとするものである。その問題意識は、現行民事訴訟法（平成八年法律第一〇九号）の制定前後の実務の動向との対比から生じている。現行民事訴訟法は、旧民事訴訟法時代の実務の運用のあり方、とりわけその制定前の約十年間にわたるいわゆる実務慣行改善運動（審理充実の促進）の大きな成果を踏まえて制定されたものであり、その結果、現行民事訴訟法が裁判実務に抵抗なく受け入れられ、円滑に施行されたという面がある。しかしながら、今回の家事法の制定は、一部の手続については、すでに実務で運用として行われていたものもあるが、新たに導入された手続も多く、その趣旨等を十分理解して運用を重ねていかないと、改正の趣旨に則った円滑な運用、ひいては改正の目的の実現はむずかしいのではないかという懸念があるからである。各地の家庭裁判所（以下「家裁」ということもある。）では、家事法の円滑な施行を目指して、施行前から、一部について家事法の趣旨に即した運用を試行的に始めてきたが、こういったことを紹介しながら、併せて、今後の家事法の運用のあり方について、特に気になる点について触れてみることとしたい。

なお、今回の改正は、当事者等の手続保障を図るための制度のほか、国民が家事事件の手続を利用しやすくするための制度の創設・見直し、管轄・代理・不服申立て等の手続の基本的事項に関する規定の整備等、多岐にわたっているが、以下は、もっぱら手続保障に関連する部分に限定して論ずることとする。

（注1）本間靖規「非訟事件手続・家事事件手続における裁判所の役割」法時八三巻一一号一八頁。

二　家庭裁判所の創設と家事審判・家事調停制度

1　戦前の家事審判所構想

わが国では、明治期に民法（明治二九年法律第八九号）と時を同じくして人事訴訟手続法（明治三一年法律第一四号。）が施行されていたが（ともに明治三一年七月一六日施行）、親族間の紛争を公開の法廷において原告・被告に分かれて勝敗を決するという紛争処理形式は、わが国の国民感情に沿わないという批判が強かった。また、民法親族編・相続編そのものに対しても、家族のなかに権利・義務の概念を持ち込んだもので、わが国古来の淳風美俗に反し、わが国の家族制度にそぐわないという批判がなされ、大正八年七月、民法親族編・相続編を改正する目的で臨時司法制度審議会が設けられた。その審議の過程で、家庭内の紛争については、「家事審判所ヲ設ケ専ラ訴訟ノ形式ニ依ラス温情ヲ本トシ道義ノ観念ニ基キテ争議ノ調停及ビ審判ヲ為サシムルヲ以テ我邦ノ淳風美俗ニ合スルモノト認メ……（以下略）」として、家事審判所において特別の手続（非公開、職権探知主義等を基本とする審判・調停）により専門に処理させるという提案がなされ、昭和二年一〇月、調停及び審判の手続を定める家事審判法案が仮決定された。しかし、同時改正が予定されていた民法親族編・相続編の改正作業が進まなかったことから、家事審判制度の創設は先送りにされていたところ、昭和一二年七月、日華事変が勃発し、出征軍人の留守家族間で、戦没者の弔慰金や遺族扶助料等の支給を巡って紛争が起きるなどしたため、家庭内の紛争を速やかに解決することで「銃後の備え」を強化する必要があるとして、昭和一四年三月、民法改正や家事審判法の制定とは切り離し、家事審判制度構想のうちの調停制度だけを取り出して、人事調停法を制定した（注2）。人事調停の対象となる事件は、「家族親族間ノ紛争其ノ他ノ一般ニ家庭ニ関スル事件」（人事調停法一条）とされ、調停は「道義ニ本ツキ温情ヲ以テ事件ヲ解決スルコトヲ以テ其ノ本旨トス」（同法二条）と定められた。なお、家事事件を専属的に扱う機関（家事審判所）は設けられなかった（注3）。

2　家庭裁判所の誕生

㈠　家事審判所の創設

日本国憲法の施行に伴い、民法親族編・相続編が全面改正され、昭和二三年一月一日に施行となった。その主な改正点は、戸主及び家制度の廃止、夫婦財産の平等化、離婚等に伴う財産分与規定の新設、親権の父母平等化、家督相続の廃止と諸子均分相続の徹底、妻の相続権の保障等であった。併せて、「個人の尊厳と両性の本質的平等を基本として、家庭の平和と健全な親族共同生活の維持を図ることを目的とする」家審法が施行され、昭和二三年一月一日、家事審判所が地方裁判所の特別の支部として設置された。

(二) 少年法改正と家庭裁判所の創設

旧少年法（大正一二年一月施行）下において、少年事件は、司法省に設置された少年審判所が保護処分を行うこととされていたが、司法機関が担当するのが相当であるとして、旧少年法は抜本的に改正され、昭和二三年七月、少年法（昭和二三年法律第一六八号）が制定された。その際、少年審判所と地方裁判所からの分離独立の希望の強かった家事審判所を統合して、少年事件と家事事件を管轄する裁判所を創設することとされ、昭和二四年一月一日、家庭裁判所が誕生した（注4）。

3 家事審判・調停制度の基本構造

(一) 家事審判・調停制度創設の趣旨

家審法の国会審議に際し、立案担当者は、家事審判・調停制度の創設の趣旨について、次のとおり説明していた（注5）。

(1) 家庭内や親族間の紛争については、夫婦、親子、兄弟、親族が法廷で原告・被告に分かれて対立し黒白を争うことは、家庭の平和と健全な親族の共同生活の維持を図るという見地から相当でなく、これらの紛争については、訴訟の形式によらないで、親族間の情誼に適合するように紛争を解決することが望ましい。

(2) 家事審判所は、家庭事件のみを扱い、その手続も訴訟手続によらないものであるから、訴訟事件を取り扱う裁判所とは区別して、地方裁判所の特別の支部とする。

(3) 家庭事件は、離婚等その性質上訴訟手続によって処理することを必要とする事件を除き、すべて審判事件とする。審判の対象とならない訴訟事件については調停前置主義をとり、審判事件のうち、その性質上調停に適さない事件を除いて調停事件とするとともに、調停に適する審判事件についてはいつでも調停に付しうることとして、家庭事件はすべて一応家事審判所において処理することとする。このように家庭事件については可及的に関係人の互譲によって円満かつ自主的な解決を図る。

(4) 二三条審判（合意に相当する審判）制度及び二四条審判（調停に代わる審判）制度を設けて調停を強化し、家庭事件をできる限り訴訟によらず調停によって処理するようにする。

(5) 家庭内の秘密が世間に暴露されることを防止して、当事者が安んじて家事審判・調停制度を利用しうるようにするとともに、非訟事件手続法（明治三一年法律第一四号。以下「旧非訟法」という。）を準用し、その手続を簡易にして、事件の迅速な解決と費用の軽減を図る。

(二) 家事審判・家事調停の対象

(1) 家事審判

家事審判は、民法及び民法以外の法律（戸籍法、児童福祉法等）によって特に定められた多種多様の家庭に関する事件を対象としている（家審法九条）。そのなかには、単なる公証事務に属するもの（たとえば、甲類二九号の相続の放棄の申述、同三三号の遺言の確認等）もあれば、講学上「真正訴訟（争訟）事件」として、それまで民事訴訟手続又は人事訴訟手続で処理されていた争訟性の強い事件（たとえば、乙類九号の推定相続人廃除事件、同一〇号の遺産分割事件等）も含まれている。

(2) 家事調停

家事調停の対象となる事件は、人事に関する訴訟事件その他一般に家庭に関する事件で甲類審判事件を除いたものである（家審法一七条）。人事調停法より対象事件の範囲が拡大され、しかも、人事に関する訴訟事件その他一般に家庭に関する事件については調停前置主義がとられ（同法一八条）、調停の役割は著しく拡大された。乙類審判事件についても、調停による解決を尊重する建前がとられ（同法一一条）、できる限り調停による解決が期待されていた。

㈢ 家事事件手続の構造

前記の多種多様な事件に対して、家審法は、一条ないし一六条、二七条ないし三一条において、家事審判及び家事調停手続に関する総則的規定を置いたにすぎない。その処理手続の基本は旧非訟法の準用によるとされた（家審法七条）。訴訟手続においては、原則として口頭弁論という審理方式が採用され、公開の法廷で双方審尋主義の適用を受ける対審手続によるものとされ、事実の認定も厳格な証明である証拠調べによることとされている。これに対し、家事審判手続は、裁判資料の収集を裁判所の権能及び責任とする職権探知主義（旧非訟法一一条）が採用され、非公開の手続で（同法一三条、家審規則六条）、厳格な手続によらず、簡易迅速に取り扱うことを旨とされたのである。終局裁判も、判決による訴訟手続と異なり、簡易な形式である決定により行われ（旧非訟法一七条）、裁判に対する不服申立ても、抗告という形式により限定的に認められる（同法二〇条）（注6）。

㈣ 家族法（親族法・相続法）と家事審判・調停手続

(1)「訴訟（事件）の非訟化」

前述のとおり、家審法が制定された際、それまで人事訴訟事件ないし民事訴訟事件として訴訟手続で裁判されていた事件も非訟手続で行う家事審判事件に移された（たとえば、夫婦の同居に関する事件、親権の喪失に関する事件、遺産分割等）。家族法（親族法・相続法）上の多くの紛争が、訴訟ではなく、特別の裁判所（家事審判所）と手続（家事審判・調停手続）による解決に委ねられたわけであるが、こうした立法の動向は、「訴訟（事件）の非訟化」現象の一つであった。家庭に関する事件について非訟化が図られた理由としては、「家事審判手続による事件の解決は、現状のもとで消極的に特定事項の当否ないし権利の存否を判断することによってなされるのではなくして、適当かつ可能な限り家庭その他の環境の調整や関係人の心理状態の改善をはかり、むしろ将来に向って具体的に妥当な家庭関係を作り出すことによってなされるべきである。」ことがあげられ、家事審判・調停の手続は、「事実の真相の究明につきるのではなくて同時に具体的な事情に応じて適切な助言や指導や環境調整の行われる過程である」とされた（注7）。

そして、このことは、家庭に関する紛争については、権利義務に係る生活関係の新たな形成に際して自主的な協議が調わない場合を想定して、関係人の将来を見通した調整を図るために、合目的的な裁量に基づく裁判をすることを実体法が家裁の後見的役割に期待したということを意味した。すなわち、家族法は、明確な基準を示さずに家裁の判断に委ねる白地規定ないし一般条項的規定を多く設け、裁判所の広範な裁量を認めている。これは家族法上の紛争では、法が事前に用意した要件への該当如何に従って判断するのでは妥当な解決には至らず、個別の諸事情を基礎として、専門的知見も利用しながら、将来に向けた判断が必要と考えられたことによる。このように、家庭に関する紛争については、実体法自体が家裁の手続に後見的性格を付与したものといえる（注8）。

⑵「身分関係の非合理性」

前述のとおり、実体法規の白地性と家裁の広範な裁量性は、関係人の将来を見通した調整を図るために、裁判所に合目的的な裁量に基づく判断を委ねるという非訟化の現れであるが、このことが肯定された背景には、その当時の家庭観や家庭の紛争に対する国家の関与のあり方についての考え方（前記㈠参照）が根本にあったものと思われる。そして、戦前、中川善之助教授が「財産関係の合理性・身分関係の非合理性」を説いて多くの支持を集めていたが（注9）、戦後、中川教授とともに民法改正に関与した我妻榮教授は、この理論を踏まえて、「同じ私法関係のうちでも、財産関係と身分関係との間には、大きな差異がある。前者は、合理的な関係であり、そしてまた、合理的な一般的基準によって解決すべきものとされるのに対し、後者は、非合理的な関係であり、そしてまた、合理的な一般的基準を作ることが不適当」であり、家庭事件は、合理的な立法による合理的な処理になじまないとして、実体法規の白地性と家裁の広範な裁量性を肯定した。そして、民事事件については「裁判を主とし、調停はこれを補うものとすべきだ」が、家事事件については「調停がむしろ裁判に代わるものと考えるべき」であるとし、「身分関係の非合理性の故」に「家庭事件こそ調停という特殊の紛争処理機構に本質的に適したものだ」と説かれ（注10）、多くの実務家の支持を受けた（注11）。

⑶　家事審判・調停制度の「連続性と非連続性」

こうして戦前からの構想（家庭に関する事件について審判又は調停を行う特別の裁判所を設けること、手続は非公開で職権探知主義をとることなど）をそのまま踏襲して家事審判・調停制度が創設された。しかし、戦前の家事審判所構想と戦後の家事審判所とでは両者の理念は根本的に違っていた。戦前の構想は、家庭の問題を権利義務の関係として解決を図るということは、わが国古来の伝統や淳風美俗に反するので、温情を本として道義の理念をもって解決を図るべきだというものであり、そこには家父長的な家族制度を維持することにねらいがあった。これに対し、戦後創設された家事審判・調停制度は、憲法の定める個人の尊厳と両性の本質的平等を理念として、民主的な家庭生活をつくることにあり、両者は理念的にはその目指すところがまったく異なっていた（注12）。

しかし、それと同時に、家庭に関する紛争は、まず関係者の協議で解決し、それができないときに国家（裁判所）が乗り出すことにするが、その場合でも、調停においてできる限り解決を図り、協議が調わないときに裁判所が後見的立場から関与するという基本的な構想は同じであり、さらに、家庭に関する紛争は、訴訟手続によって公開の法廷で争わせるのは道義上好ましくないので、訴訟はあくまでも最後の手段とし、できる限り調停で円満かつ具体的妥当な解決を図るのが望ましいとして、人事調停制度にはなかった調停前置主義も採用された（注13）。こうした考え方が、その後の実務の運用に色濃く反映していった。

4　少年審判制度の基本構造

少年法は、当時全盛期にあったアメリカ合衆国の「国親（パレンス・パトリエ）思想」・保護優先主義の強い影響を受けて制定されたものであり、法律の目的として「少年の健全な育成」を掲げ、保護処分は、非行のある少年に対して「性格の矯正及び環境の調整」に関して行うものとされ（少年法一条）、審判は、非公開で、「懇切を旨として和やかに」行う（同法二二条一項）こととされた。

少年審判は、非公開・職権主義（非対審）・非形式主義（手続の形式性の緩和）の下、裁判所対少年という関係で進められ、裁判所が少年の保護のために合目的的裁量により処分を行うもので、少年の地位は審理の客体としての性格がかなり強い扱いとなっている。これは、審判の目的が少年の保護にあるので、少年に対して防御的な地位を認めなくても、その権利ないし利益が不当に侵害されるおそれが少ないのみならず、裁判所の後見的な役割を十分発揮するためには、争訟的な形態よりも審問的な形態のほうが適当である（当事者主義的構造は、審判を対立抗争の場とするおそれがあり、少年審判の教育的機能や少年の情操保護等の点から適当でない。）と考えられたことによる（注14）。

5　制度面及び態勢面の整備と家裁の発展・定着

㈠「家庭に光を少年に愛を」

⑴　こうして高い理想を掲げて家裁が誕生し、家事事件及び少年事件について、審判及び調停による家裁の後見的役割に大きな期待が寄せられた。家裁は、紛争の法的解決制度である訴訟手続を扱うことをあえて避け、心理学、社会学などの人間関係諸科学の成果に基づいて、後見的に、かつ将来展望的に、家庭の平和、少年の健全育成を指向する審判、調停手続に特化した裁判所であるべきであるとされ、このような理念重視の考え方がその後の手続の運用に大きな枠をはめた。

⑵　準備期間もなく、沿革を異にする家事審判所と少年審判所とが合体し、突如として独立のしかも独自の性格をもった裁判所になったことから、制度としての定着とその円滑な運用を図るうえで大きな苦労が伴った（注15）。家裁内部（少年部と家事部）をまとめ、裁判所内外に独自性を訴え、制度としての定着を図るために、最高裁家庭局は、家裁の特色・独自性として福祉的機能、ケースワーク機能を強調し、福祉的機能を媒体に家庭事件と少年事件との有機的関連をもった処理の必要性を説いた（注16）。

この見地から、家裁調査官制度の充実強化、家庭裁判所調査官研修所の創設、医務室の整備等の執務態勢の整備を図り、家裁が科学的、専門的な機能を備え、あるいは福祉的機能を持った裁判所であって、地方裁判所とは一味も二味も違う特別な裁判所（「裁判所らしくない裁判所」）であることを強調した（家庭の平和、少年の健全育成を標榜し、家裁を宣伝するためにつくられた標語「家庭に光を少年に愛を」は象徴的である。）。

(二) 後見的役割の強調

新憲法や改正民法が施行されたからといって、それがいまだ現実の国民生活に定着しているとはいえない状況（新しい身分法秩序と家意識が残る社会との乖離）のなかで、現実から大きく隔たった理念をもつ新しい身分法（改正民法）を国民の間に実効的に定着させていくことこそ、家事審判所＝家裁に期待されていたことであり、審判・調停には、「新しい身分法定着のための尖兵ともいうべき役割」が期待されていた（注17）。

このようなことから、家裁では、当初から家事相談に積極的に取り組んだほか、事件の受付やその審理にあたり当事者を後見的にサポートし、さらに、家事に関する債務の履行（家事事件のアフターケア）まで受け持つようになった。

(1) 家事相談

家事審判所発足の当初から、家庭内や親族間の問題を解決したいとして相談に訪れる者が殺到し、家裁は、これらの者に家裁の手続を説明するなどの家事相談を行うようになった。家裁が家事相談を行うことについての直接的な根拠法規はなかったが、現実の必要から自然発生的に行われるようになったものであり、家裁を国民（とりわけ社会的弱者とされていた女性や高齢者）にとって身近で親しみやすい裁判所とするための取組みとして、また、改正民法の指導理念の普及という啓蒙的、教育的立場から積極的に応ずるようになったものである。当初の頃の相談は、調停又は審判を申し立てようとして来庁した者に対する手続の教示にとどまらず、来庁者の身上相談、法律相談に及ぶようなものまで応じていた（注18）。

家事相談の件数は、統計がとられ始めた昭和二五年度には約二二万五〇〇〇件（なお、同年度の家事審判申立件数は約三二万三四〇〇件、家事調停申立件数は約四万一〇〇〇件である。）を数え、その後も二〇万件を超える状態が続き、家裁がこのような家事相談を行うことについては研究者からも高く評価された（注19）。家事相談については、法律上の限界が問題とされ、家事事件の手続に関する説明・案内（手続教示）であることを明確にするため、平成二〇年一月に「家事手続案内」と名称が変更されたが、その後も増加を続け、平成二三年度には約五七万八〇〇〇件を数えた（注20）。

⑵　家事債務の履行確保制度

昭和三一年の家審法改正により、一種の司法サービス・行政サービスとして、家事調停・家事審判で定められた各種家事債務の履行確保のため、履行状況の調査及び履行の勧告（家審法一五条の五）、履行命令（同法一五条の六）、寄託（同法一五条の七）の制度が設けられた（調査及び勧告の申出の手数料は不要であり、義務者の呼出、通知、嘱託等に要する費用及び職員の出張旅費等はすべて国庫負担である。）。民事法上の債務に属する家事債務の履行確保のために家裁が後見的な役割を果たすもので、この制度は従来の司法の概念を超える画期的なものといわれ、好感をもって受け入れられた（注21）。

(三) 親しみやすく利用しやすい裁判所

家庭に関する紛争を処理する機関として独立の裁判所を設けたことは、従来の近づきがたい裁判所のイメージを払拭して、敷居の低い、一般市民によって親しまれやすい裁判所とするうえで役立ったが、家裁は、本人でも簡単に申立てができるように早くから簡易定型的な申立書式等を整備し、また、呼出や期日における当事者の感情に配慮した取扱い（たとえば、当事者の呼出状の封筒には裁判所名を表示せず、書記官個人名で送ること、当事者の意向等に配慮して、他方当事者と顔を合わせないですむように、呼出時間をずらしたり、待合室を別フロアーにすること、待合室で待っている当事者の名を呼ばないようにすることなど）をして、利用者の利便や心情に気をつかった運用を行うことが一般的になった。

（注2） 斎藤秀夫＝菊池信男編『注解家事審判法（改訂）』一三頁〔斎藤秀夫〕。なお、わが国においては、大正一一年一〇月の借地借家調停法の施行により借地借家事件に初めて調停制度が導入されて以降、小作事件（大正一三年一二月小作調停法施行）、労働事件（大正一五年七月労働争議調停法施行）、商事事件（大正一五年一一月商事調停法施行）、金銭債務事件（昭和七年一〇月金銭債務臨時調停法施行）というように、人事調停制度が設けられる以前からすでに他の法領域に調停制度が導入されていた。

（注3） 佐上善和『家事審判法』四頁以下、沼辺愛一『家事審判法講座第3巻』〈調停関係〉五頁以下、岡部喜代子「家事審判手続の歴史と将来」ケ研三〇〇号五四頁。なお、家裁の史的展開については、斎藤＝菊池編・前掲（注2）三頁以下〔斎藤秀夫〕、高地茂世ほか『戦後の司法制度改革——その軌跡と成果』（明治大学社会科学研究所叢書）一九〇頁以下のほか、佐上・前掲『家事審判法』四頁の（注）に掲記された文献参照。

（注4） 最高裁家庭局「家庭裁判所一〇年の歩み」家月一一巻一号一二頁、高地茂世ほか・前掲（注3）二〇三頁。

（注5） 斎藤＝菊池編・前掲（注2）四〇頁〔斎藤秀夫〕、佐上・前掲（注3）六頁。

（注6） 鈴木正裕「訴訟と非訟」小山昇ほか編『演習民事訴訟法』二八頁、吉村徳重「訴訟事件と非訟事件」法教〈第

二期〉二号六三頁、佐上・前掲（注3）三一頁。

（注7）　山木戸克己『家事審判法』三七頁。

（注8）　高田裕成「訴訟と非訟」ジュリ増刊『民事訴訟法の争点』八頁、小池泰「家事審判と家事調停の改革についての評価と課題――実体法の視点から」法時八三巻一一号二八頁。このような仕組みに批判的なのは、水野紀子「民法典の白紙条項と家事調停」家族一六号一三三頁。

（注9）　島津一郎「家事調停の問題点」ジュリ四八九号四九頁。

（注10）　我妻榮「家事調停序論」同『民法研究Ⅶ2』一三四頁（初出・穂積先生追悼論文集『家族法の諸問題』）。ここでは調停は「情理を尽くした説得」とされている。

（注11）　沼辺・前掲（注3）一六頁、市川四郎「家事調停二十年の歩み」判タ二五〇号九頁。

（注12）　山木戸・前掲（注7）八頁、斎藤＝菊池編・前掲（注2）四一頁〔斎藤秀夫〕、栗原平八郎「家庭裁判所五〇年の回顧と展望」ケ研二六〇号七三頁。

（注13）　岡垣学「家事審判・調停(上)――家事事件の実務その一」ジュリ三一八号八八頁、斎藤＝菊池編・前掲（注2）四三頁〔斎藤秀夫〕。

（注14）　早川義郎「少年の審判（その一）」判タ一六七号一二三頁、佐伯仁志「少年法制」ジュリ一〇七三号一八六頁。

（注15）　唄孝一＝湯沢雍彦「家庭裁判所の現実――家庭事件」岩波講座『現代法5巻』三〇八頁。詳細は、森田宗一「家庭裁判所と現代における転機」最高裁事務総局『家庭裁判所の諸問題（上巻）』一頁以下参照。

（注16）　宇田川潤四郎「家庭裁判所の発足とその指導理念について」家月一一巻一号一七二頁、森田・前掲（注15）六頁。

（注17）　三ヶ月章「家庭裁判所の今後の課題」同『民事訴訟法研究第8巻』二八五頁、二八七頁。

（注18）　日野原昌「家庭裁判所における家事相談」同『家族法実務の諸問題』二九〇頁。家事相談の実情については野村健「家事相談の現状と展望」最高裁事務総局『家庭裁判所の諸問題（上巻）』五一五頁以下参照。

（注19）　三ヶ月章「小額裁判の理想型」同『民事訴訟法研究第8巻』二五六頁。山木戸克己教授も「家事相談が家裁の

事務としてはたして認められ得るものかは大いに問題であるが、家事審判制度ないし家庭裁判所の存在理由を考えると、家裁がこのような相談事務を行うことが適当である。」として、その法制化の必要を述べている（山木戸・前掲（注7）一八頁）。

（注20） 最高裁事務総局『平成二三年司法統計年報3家事編』一七頁。

（注21） 我妻・前掲（注10）一四一頁、島津一郎「家族」ジュリ三六一号一四六頁。ただし、立法当時、家裁自身がこのような制度を設けて強制執行の責任まで負うことは、訴訟制度一般の立場から見て問題があり、保護の過剰ではないかという批判もなされた（中村宗雄「家事審判の訴訟的性格と行政的性格――国会における公述意見」民訴四号一二五頁）。

三　家裁実務の運用と手続保障の流れ

1　家事調停手続における手続保障の流れ

(一)　家事調停事件数の推移

家裁実務の運用に対する批判は、まず、家事調停について向けられた。

家事調停事件は、家裁が発足した昭和二四年に約三万九〇〇〇件を数え、その二〇年後の昭和四四年には約六万件の申立てがなされた。戦前の人事調停事件は、多い年（昭和一五年）でも申立件数が約六九〇〇件であったのに比べ、著しい増加であった。これは、家事調停の対象とされる事件種別が人事調停法当時に比べてはるかに増えたことや戦後の社会事情が多くの家庭紛争を引き起こしたことに加えて、調停前置主義の採用により、家事調停が従前の人事調停とは比較にならないほど重要な役割を担うことになったためである（注22）。

㈡ 調停に対する批判と実務の対応

⑴ 家事調停については、制度発足後間もない昭和二〇年代の終わり頃から、多くの批判が寄せられた。たとえば、

① 家事調停は戦前の人事調停の延長線上にあり、新憲法や改正民法によって定められた近代法の原則が家事調停によってなし崩し的に破壊される危険があり、「家事調停は、互譲妥協の美名の下に、法規を売りとばす行為である。」（注23）、

② 家事調停は、当事者の力関係に左右され、弱い立場にある者の意見が抑圧される傾向にあるのではないか（注24）、

③ 家事調停では、司法的機能と人間関係調整機能とが未分離のまま、しかも調停前置により調整が強制されている結果、「権利義務関係がぼかされて義理と人情が良識の名のもとに」とってかわっている（注25）などというものである。また、裁判官不在の調停の常態化と調停委員の意識の古さ、旧家族制度的な意識による道義の押付けを指摘する声もあった。

⑵ 当時の研究者からの批判は、調停制度によって改正民法が骨抜きにされるのではないかという危惧・反発がその根底にあり、必ずしも調停全般についての実情に即した批判とはいえない面があった。しかしながら、当時、家事調停については、一般的に、「家庭内の争いを条理と温情をもって解決する手続であり、調停では、家庭紛争の原因を進んで探求し、治療の方法を求める等、家庭の平和と親族共同生活の維持を図るために、介添役

又は後見役としての役割を積極的に果たさなければならない。」とされ（注26）、実際も後見的な立場で互譲による円満な解決を推し進めようとする姿勢が濃厚であった（注27）。制度発足当初、人事調停制度の時代に調停委員を務めた者の多くがそのまま家事調停委員の中核を占めたことも、その原因の一つであったと思われる（注28）。

(3) こうした批判に対して、実務家側から、調停は調停委員会の事実認定、法（法の適用が具体的に妥当しないときには条理）を適用して得た調停判断を当事者双方に説得して納得せしめるものであるといった見解（「調停裁判説」）（注29）や、調停機関の判断をより重視する見解（「調停判断説」）（注30）が唱えられるに至った。この立場から、調停委員会が対席で当事者から事情を聴取し、事実及び評価を示して反論を促すといった運用も推奨されたが、広く実務に浸透するには至らなかった。通説である調停合意説と調停裁判説に実質的に大きな違いはないとする見解（注31）も多いが、調停裁判説は裁判官不在の調停に対する反省と調停の司法的機能強化のために裁判官関与をより強める運用を実現しようとする実践的な意義があったというべきであろう。また、調停における司法的機能と人間関係調整機能については、これを意識した運用がなされるようになった。

(三) 臨時調停制度審議会の答申と民事・家事調停制度の改正

昭和四六年六月、民事・家事紛争が増加するとともに複雑多様化し、その処理に困難を伴うようになったことから、調停の紛争解決機能を十分果たさせるための施策を講じる必要があるとして、最高裁に臨時調停制度審議会が設置され、昭和四八年三月、調停委員制度、調停手続等に関する改善施策が答申された。これを受けて、昭和四九年一〇月、民事調停法及び家審法の一部を改正する法律が施行され、調停委員の任命資格等に大きな変更が加えられた（注32）。この改正は、調停委員たる人物の社会的地位ないし声望に由来する影響力よりも、解決案の内容の合理性、妥当性によって合意の促進を図ることを意図したものであり（注33）、併せて、前記答申書が提言する調停委員の執務能力向上のための研修、研さんの充実強化のための方策も講じられるようになった。

(四) 運用による手続保障の配慮

家事調停については、早くから事実調査や証拠調べによる事実関係の解明の必要性（注34）や当事者主義的取扱いの必要性（注35）が指摘されていた。また、調停委員会の事実認識の正確性、あるいはそのための手続の公正、当事者公開の必要性（注36）等もいわれたが、何よりも合意を尊重し、感情的対立を招いて紛争が激化することをおそれる調停実務で広く受け入れられるには至らなかった。そして、その後も、家事調停の充実の必要が繰り返し説かれ、特に、人事訴訟の家裁への移管後には、家事調停の司法的機能を強化して紛争解決機能を高めるため、手続の透明性に配慮するとともに争点を意識した計画的進行、評議の充実等種々の方策が提言され、一部で実践されるようになった（注37）。しかしながら、家事調停については、依然として「傾聴と互譲中心の調整」であり、事実関係と法的観点に基礎を置いた紛争解決の機能を十分に果たしていないとか、情報の開示が不十分で透明性を欠くなどという批判が絶えなかった。

2　家事審判手続における手続保障の流れ

(一) 家事審判事件数の推移

昭和二四年の家事審判の新受件数は約二八万六〇〇〇件であったが、そのうちの約九八・七％は甲類審判事件

（時代を反映して、相続放棄申述受理、子の氏変更、養子縁組許可が多くを占めた。）であった。同年の乙類審判事件はわずか一八三八件（そのなかで多かったのは親権者の指定・変更、扶養に関する処分）であり、これに対して乙類調停事件は八一六〇件というように、乙類事件の大半は調停によって解決されていた。こうした傾向はその後も続いたが、次第に乙類審判事件が増加し、特に紛争性が強く深刻に争われることの多い親権者の指定・変更、遺産分割等の増加が著しかった（注38）。

このように、乙類審判事件の新受件数が増加し、その内容が複雑化するとともに、強く争われる事案が増え、実体法の解釈、判断基準についての家裁及び抗告審（高裁）の裁判例が数多く集積されていったが、手続上の瑕疵を争ったり、家事事件を非訟手続によって処理すること自体の当否を争う事例も出てきた。

(二) 憲法三二条・八二条をめぐる一連の最高裁決定と学説の批判

(1) 憲法三二条・八二条をめぐる最高裁決定

家事審判を含む民事紛争の非訟手続による処理について、憲法三二条の裁判を受ける権利の保障及び同法八二条の公開の原則との関係で、その合憲性が問われた。特に、紛争性の高い乙類審判事件（夫婦同居、遺産分割事件等）については、従前は訴訟で処理されていたものが審判事件とされたものであり（訴訟事件の非訟化）、このような「真正争訟事件」を非訟手続で処理することが憲法三二条及び同法八二条で定める権利を侵害しないかどうか強く争われることになった。

最高裁は、次の一連の決定において、事実を確定し法律を適用して終局的に権利義務の存否を確定することと、この権利義務の存否を前提として具体的・付随的内容を形成することを区別し、前者を性質上純然たる訴訟事件、後者を非訟事件としたうえで、純然たる訴訟事件は訴訟手続によって審理・判決されなければならないが、非訟事件は非訟手続によらしめても憲法三二条及び同法八二条に違反するものではない（非訟事件には憲法三二条及び同法八二条の手続保障は及ばない。）として、夫婦の同居に関する処分等は夫婦同居の義務等の実体的権利義務の存することを前提に家裁が後見的立場から合目的の見地に立って裁量権を行使してその具体的内容を形成する裁判であるから、これらを非訟手続で審理・決定することは憲法三二条及び同法八二条に違反するものではないとした（ただし、⑥は憲法三二条、同法八二条違反の主張を排斥した事案である。）。憲法八二条は、純然たる訴訟事件について公開の原則の下における対審（口頭弁論）及び判決によることを保障し、また、同法三二条は、この種の事件についてかかる手続形式による裁判を要求する権利を国民に保障するものであるとの立場を基礎としている（注39）。

① 最大決昭40・6・30民集一九巻四号一〇八九頁（夫婦の同居に関する処分の審判）
② 最大決昭40・6・30民集一九巻四号一一一四頁（婚姻費用分担に関する処分の審判）
③ 最大決昭41・3・2民集二〇巻三号三六〇頁（遺産分割に関する処分の審判）
④ 最決昭46・7・8判時六四二号二一頁（親権者変更の審判）
⑤ 最決昭55・7・10判時九八一号六五頁（推定相続人廃除の審判）
⑥ 最決昭59・3・22判時一一一二号五一頁（推定相続人廃除の審判）

(2) 学説の批判

これに対し、学説の多くは、最高裁決定の理由づけを強く批判した。すなわち、最高裁決定は、

① 非訟事件の裁判があっても権利の存否につきあらためて訴訟による判断を求めうるとするが、これは非訟手

続の紛争解決機能を著しく低下させるものである、②訴訟手続構造に関する憲法上の保障を公開の対審のみに限ることとなる点で手続保障が不十分であるなどというものである。そして、学説は、前記の「訴訟と非訟の二分論」や「憲法上の手続保障に関する二分論」を批判し、訴訟手続と非訟手続の中間的手続を模索するなどして、非訟事件にも憲法上一定の手続保障を及ぼす努力を重ねた（注40）。

その後、非訟事件の手続的規律のあり方について議論が進み、近時は、憲法三二条は、訴訟事件たると非訟事件たるとを問わず、それぞれの事件類型に適合した審理方式・手続構造による裁判を求める権利を保障したものであると理解したうえ、訴訟手続及び非訟手続のあり方を統制する原理である審尋請求権（裁判事項につき予め自己の見解を表明しかつ聴取される機会が与えられることを要求する権利）が非訟事件にも保障されるとして、非訟事件にも憲法上一定の手続保障を及ぼそうとする立場が多数説となっている（注41）。

(三) 運用による手続保障の配慮

(1) 一連の最高裁決定に対する学説の批判や手続保障に関する議論を受けて、実務でも手続保障に配慮する動きが見られるようになった。これには、昭和四一年の借地法改正と借地非訟事件手続規則の制定により借地非訟事件が創設されたことも影響している。借地非訟事件手続は、「訴訟事件の非訟化」の一現象であるが、①審問期日を開いて当事者の陳述を聴くべきこと、そして、当事者は他の当事者の審問に立ち会うことができること（借地法四五条二項）、②裁判所が事実の探知をしたときは原則としてその旨を当事者に告知すべきこと（借地非訟事件規則二六条）、③裁判所が審理を終結するときは、審問期日においてその旨を宣言すること（同規則四七条）、④

当事者・利害関係人の記録の閲覧権（同規則五三条一項）について特別の定めを置くなど、家審法に比べると格段に当事者の地位を強化している。このような立法は、それまでの学説の進展により、非訟手続において、従来は当事者を事情聴取、事実の調査の対象としてしか見ていなかった議論に対して、その手続上の主体性ないしは手続上の権利を認める方向への思想の転換が図られたことを意味した（注42）。

(2) 家事審判手続について一定の手続保障を考えるべきであるということは、昭和四〇年代に入って、家事審判官会同等でしばしば議論され、家事審判事件について、事件の性質に反しない限り、運用上、手続保障に配慮していこうという見解が有力になり、さらに、争訟性の強い乙類審判事件については、現行の手続では限界があり、訴訟と非訟の中間的な審判手続を創設すべきであるとか、借地非訟事件手続同様の特則を設けるのが相当であるという意見も出されるようになった（注43）。そして、最高裁家庭局も、乙類審判事件中の争訟性の強いものについては、事案に応じて、当事者に審尋の機会や、審問に立ち会ったり、証拠調べに立ち会い、尋問する機会等を与えるなどの運用が適当であるとし、立法論については十分検討していきたいと回答していた（注44）。

このような経緯で、実務では、乙類審判事件について、当事者間に実質的な利害対立のあることを考慮し、なるべく当事者を審問する等の運用が望ましいとする見解が大勢を占めるようになり（注45）、遺産分割事件については、①当事者権の実質的保障、②当事者の手続協力義務ないし真実解明義務、③当事者の合意を基礎にした審判運営をセットにした「当事者主義的運用」が広く行われるようになった（この点は後述する。）。

3　少年審判手続における手続保障の流れ

(一)　運用による手続保障の配慮

(1)　少年審判手続については、少年法の施行当初は、形式からの拘束を離れて個々の事案に即した家裁の合目的的裁量に委ねられているという考え方が支配的であった（注46）。

しかしながら、保護処分といっても、少年の自由を奪い、あるいはこれに制限を加えるものである以上、少年審判においても適正手続の保障を考慮する必要のあることが次第に意識されるようになった。そして、昭和四〇年代以降、少年審判手続における適正手続の保障の議論が活発となり、少年に実質的な当事者としての地位を認めるべきであるとして、運用上の措置として、①少年に対して審判の対象とされている非行事実を告げ、それに対する弁解を聴くこと、②自己に不利益な証拠について争う機会を与えることなどが行われるようになった（注47）。

(2)　一九六〇年代後半から一九七〇年代にかけて、少年事件に関するアメリカ合衆国連邦最高裁判所の判決が相次いでなされ、これら一連の判決が日本に大きな影響を及ぼすことになった。特に、ゴールト判決（一九六七年）は、「国親（パレンス・パトリエ）思想」を批判し、少年審判にデュープロセスの適用があり、少年にも非行事実の告知、弁護権、黙秘権の告知、反対証拠への対質権が保障されるべきであると判示したことから、このような判例に触発されて、わが国においても、少年審判の有する司法的機能が強く意識されるようになった。こうしたなか、少年及び付添人に立会い及び反対尋問の機会を与えないまま目撃者を参考人として取り調べたことの適否が争われた最決昭58・10・26刑集三七巻八号一二六〇頁（流山事件）が、「少年保護事件における非行事実の認定にあたっては、少年の人権に対する手続上の配慮を欠かせないのであって、非行事実の認定に関する証拠調べの範囲、限度、方法の決定も、家庭裁判所の完全な自由裁量に属するものではなく、少年法及び少年審判規則は、これを家庭裁判所の合理的な裁量に委ねた趣旨と解すべきである。」としたことから、実務でも、少年審判手続に憲法三一条の適正手続の保障が及ぶという前提の下に、非行事実の告知とこれに対する少年の弁解の聴取、黙秘権の保障とその告知、自白の証拠能力の制限と補強法則、付添人選任権、反対尋問権の実質的保障等について、よりきめ細かな配慮がなされるようになった（注48）。さらに、これら適正手続の保障は単にこれを運用に委ねて満足すべきでなく、明文を設けて制度化を図ることが必要であるという意見も実務家から出されるようになった（注49）。

このように、アメリカの連邦最高裁の動きは、「少年手続の非形式性を切り縮める方向」に進み（注50）、日本においても、「手続の非形式性の克服＝法律化という事態」（注51）に向かうことになった。

(二) 平成一二年の少年法改正

少年審判手続は、旧少年法当時と同様、少年が非行事実を争うことをあまり想定していない手続であったため、事実関係が争われると、裁判官が一人二役あるいは三役を兼ねなければならないなど、しばしばむずかしい審判運営を迫られた。少年の否認事件が増加し、しかも非行事実の認定が問題となる事件が相次いで生じたこともあって、少年が非行事実を争う場合の事実認定について、少年法の定める審判手続には限界があり、適正な事実認定を行うために、検察官、少年（付添人）という対立当事者にそれぞれ立証を尽くさせる対審手続構造を導入することが必要であるという見解が実務家からも主張されるようになった（注52）。研究者からも、少年法は、その弾力性・非形式性を生かして、制定後五〇年近くをごく一部の立法的手直しを除いて判例と運用ですごしてきたが、判例と運用に限界のあることは当然であり、適正手続保障のための法改正は是非とも必要であると指摘されるようになっていた（注53）。

このような状況のなか、平成一二年の「少年法等の一部を改正する法律」（平成一二年法律第一四二号）により、少年審判における非行事実の認定手続の改善を目的として、①裁定合議制の導入、②審判手続への検察官関与の承認、③検察官関与と連動した必要的付添人、国選付添人制度の導入等が図られた。そして、これまで実務の運用として行われてきた手続保障の重要部分である①審判期日における告知、②少年本人の意見陳述権、③証拠調べの申出手続、④観護措置についての手続保障等が改正少年審判規則で明文化された（注54）。

（注22）佐上・前掲（注3）三一六頁、最高裁事務総局・前掲（注20）九頁。家事調停事件は、その後も増加を続け、平成二二年には過去最高の一四万五七七件となり、平成二三年度も一三万七三九〇件を数えている。ちなみに、同年の民事調停事件の総数（高裁、地裁及び簡裁の合計件数）は七万四八九六件である（最高裁『裁判所データブック２０１２』六二頁、四四頁）。

（注23）戒能通孝「民法と家事調停」法時二八巻二号五頁。

（注24）川島武宜「調停及び審判における力関係」ケ研一五八号二三頁。

（注25）潮見俊隆「家事調停に関する問題提起」法時三〇巻三号一二頁。

（注26）日本調停協会連合会編輯『調停読本』一五七頁。同書は、民事・家事調停委員用の手引として、昭和二九年一〇月に刊行された。

（注27）日本調停協会連合会は、昭和二八年、調停制度の普及宣伝に資するために全国各地の調停協会から「いろはかるた」を募集し、そのなかから選定した作品をポスターにして全国の裁判所に配付し、調停関係人控え室に掲示された。選ばれた作品は、「論よりは義理と人情の話し合い」「話し合い相手に五分の利を譲り」「理詰めでは出

来る調停角が立ち」「権利義務などと四角にもの言わず」などというもので（日本調停協会連合会編輯・前掲（注26）一六九頁）、当時の調停委員の調停観や調停に臨む姿勢が色濃く出ている。

（注28）唄＝湯沢・前掲（注15）三一六頁。

（注29）村崎満「家事調停の問題点（上）」ジュリ四八九号一四二頁。なお、山田文教授は、調停裁判（判断）説について、「家事紛争の特徴、当事者間格差が大きいこと、当事者の家族法上の地位という金銭に換えることのできない深刻な問題を扱うので、当事者の処分性を制限すべき場合があること、離婚事件における未成年の子のような、代弁者を持たない者の深刻な利益を当事者のみで扱うことになる構造であることへの理論的・実務的対応であった。」と評価している（山田文「ＡＤＲとしての家事調停」野田愛子＝梶村太市総編集『新家族法実務大系第5巻』八五頁）。

（注30）高野耕一「家事調停論」『司法研修所論集創立五十周年記念特集号』二一六頁。

（注31）沼辺・前掲（注3）一九頁。

（注32）竹下守夫「改正された民事・家事調停法――その概要と今後の課題」ジュリ五六九号九八頁。

（注33）野田愛子「家事調停論のフィード・バック」ケ研一一九号一一頁。

（注34）山木戸克己「調停制度」ジュリ三六一号二〇七頁。

（注35）島津・前掲（注9）五二頁。

（注36）竹下守夫「調停制度における非訟的処理をめぐる課題」ひろば二七巻八号一五頁、一六頁。

（注37）「各高等裁判所管内調停運営協議会における協議結果要旨」調停時報一六〇号一六頁（平成一六年度）、一六六号二五頁（平成一八年度）、一七五号一七頁（平成二一年度）。

（注38）最高裁事務総局・前掲（注20）二頁、六頁、八頁。なお、乙類審判事件は近年さらに急増し（なかでも、婚姻費用分担、養育費、面会交流、監護者指定、子の引渡しの事件の増加が著しい。）、平成二三年には約一万九七〇〇件となっている。

（注39）佐々木雅寿「訴訟と非訟」ジュリ一四〇〇号一九頁。

（注40）鈴木・前掲（注6）二八頁、新堂幸司「訴訟と非訟」ジュリ増刊『民事訴訟法の争点（旧）（第三版）』一二頁、佐々木・前掲（注39）一九頁。
（注41）佐々木・前掲（注39）二四頁、吉村・前掲（注6）六六頁、中野貞一郎「民事裁判と憲法」同『民事手続の現在問題』二頁。
（注42）高田・前掲（注8）一四頁。なお、中野・前掲（注41）二頁は、「訴訟手続への接近を示した」ものとしている。
（注43）「昭和四二年一〇月家事審判官会同協議議事録」家月一九巻一〇号一九頁、「昭和四四年二月全国家事審判官会同概要」家月二一巻一二号六六頁、「昭和四七年三月家事事件担当裁判官協議会概要」家月二四巻九号三〇頁。
（注44）前掲（注43）家月一九巻一〇号二三頁、二一巻一二号七二頁、二四巻九号四五頁、最高裁事務総局『家事執務資料集下巻の二』二七五頁。
（注45）最高裁事務総局『家庭裁判所三十年の概観』（家裁資料一一七号）一一四頁。
（注46）木谷明・判解刑昭和五八年度三六四頁。
（注47）早川義郎「少年の審判（その二）」判タ一六七号一二四頁、市村光一「少年審判の法理について」最高裁事務総局『家庭裁判所の諸問題（上巻）』三三頁、松尾浩也「少年法」ジュリ六〇〇号二七〇頁、佐伯・前掲（注14）一八六頁。
（注48）木谷明＝家令和典「判批」別冊ジュリ『少年法判例百選』九五頁、「座談会　少年法の現状と課題」ジュリ一〇八七号一五頁〔木谷明発言〕。
（注49）猪瀬愼一郎「少年審判制度の現状と展望」ジュリ一〇八七号四〇頁。
（注50）松尾・前掲（注47）二七一頁。
（注51）田宮裕「判批」別冊ジュリ『少年法判例百選』七頁。
（注52）猪瀬・前掲（注49）四四頁、栗原・前掲（注12）八〇頁。
（注53）佐伯・前掲（注14）一九〇頁。

（注54） 川出敏裕「非行事実の認定手続の改善と被害者への配慮の充実」ジュリ一一九五号一七頁、酒巻匡「少年法等の一部を改正する法律㊤㊦」法教二四八号五五頁、二四九号七四頁。

四 家審法改正に至る経緯

1 人事訴訟の家裁への移管

㈠ 司法制度改革と家裁

一九九〇年代になって、バブル経済の崩壊等により日本経済が停滞・混乱し、社会全体に閉塞感が生じているなかで、二一世紀に向けた新しい日本をつくりあげるために、財政改革、行政改革など、さまざまな分野における改革が唱えられた。その一環として、司法制度改革が論議されるようになり、平成一一年七月、内閣に司法制度改革審議会が設置され、平成一三年六月一二日、「司法制度改革審議会意見書」が公表された。これを受けて司法制度改革推進法が制定され、以後、種々の分野で制度改正が図られたが、家裁関係では、家裁の機能強化を図るという観点から、人事訴訟の家裁への移管、家庭裁判所委員会の改編、養育費等の少額定期債権の強制執行の強化が図られたのみであった。家裁は、それまでの五〇年の歴史を経て、それなりに機能しているものと見られた面はあろうが、そもそも、司法制度改革において、裁判制度については、事前規制・調整型社会から事後監視・救済型社会に転換するためのセーフティ・ネットの構築という面から民事・刑事を中心にその改革が議論されたもので、家裁の機能やそのあり方について正面から取り上げられることはなかったものといえる。

(二) 人事訴訟の家裁への移管

(1) 前述のとおり、家事審判法制定後も、離婚等の人事訴訟事件は従前どおり地裁で訴訟事件として取り扱われていたが、当事者は、調停前置主義により、家裁で離婚等の調停手続を経て調停が不調に終わったときにあらためて地裁に人事訴訟を提起せざるをえず、多くの当事者に対しきわめて不親切であるばかりか、地裁での人事訴訟の審理に家裁におけるような専門的知見を活かすことができないなどの問題があった。家裁側にも、家裁がもろもろの家事事件を全般的に統括する専門裁判所としてさらに強化されるために人事訴訟を取り扱いたいという希望が強く、人事訴訟の家裁への移管は家裁関係者にとって長年の悲願とされていた。ただし、家裁内部には、人事訴訟を家裁が訴訟として取り込むと、家裁の性質が訴訟的となり家裁らしさが失われるとか、家裁の福祉的・後見的機能が後退するという反対意見が根強くあった一方、人事訴訟を家裁に移管する場合は、これを非訟化して乙類審判手続に組み込むべきであるという意見(注55)もあり、こうしたことに対する警戒感が人事訴訟移管の実現が遅れた原因の一つとなっていた(注56)。

(2) 前記司法制度改革審議会意見書の指摘に基づいて、家裁の利用のしやすさを実現するため、平成一五年、人事訴訟事件の家裁への移管及び人事訴訟手続の見直しを内容とする人事訴訟法(平成一五年法律第一〇九号。以下「人訴法」という。)が制定され、平成一六年四月から施行された。

その際、離婚請求等に付随する財産分与、子の監護に関する処分等の附帯処分や親権者指定などの実質的家事審判事項に関する事実の調査(人訴法三三条)について、記録閲覧権(同法三五条一項・二項)、審問期日への立会権(同法三三条四項)等が保障された。人事訴訟における事実の調査が、家事審判手続における事実の調査(家審規則七条)に比して手続保障の点で強化されたのは、これまでの家事審判手続における手続保障自体が不十分で問題があったと評価されたものであり、研究者からは、いずれ各種の非訟手続における事実の調査をはじめとする手続保障のあり方が見直されなければならないとか（注57）、家庭関係の紛争解決手続は、訴訟（人事訴訟）と非訟（家事審判・家事調停）の両輪によるところ、その一方の軸である訴訟手続の現代化が図られたことに伴い、非訟手続に係る家審法の改正も不可欠の課題とされることになり、その意味で、人事訴訟移管後の家審法改正に至る途は必然的なものと指摘されていた（注58）。

2　旧非訟法及び家審法の改正の動き——非訟事件・家事審判手続研究会の発足

(一)　旧非訟法及び家審法の改正の動き

(1)　旧非訟法については、明治三一年の制定以来、実質改正がほとんどないまま現在に至っているため、片仮名・文語体の表記が残っていてわかりにくいばかりか、その内容についても手続の基本法として必要十分なものとはいえず、明確性を欠くものであり、現代的要請に即したものに改めるべきであるとかねてから指摘されていた。一方、家審法についても、昭和二二年の制定以来、実質改正がほとんどないまま今日に至っており、その内容について、現代的要請に即したものにすべきであると指摘されていたが、家審法は旧非訟法第一編（総則）の規定を包括的に準用しているため、同法を見直すことになると、その影響を受け、家審法の見直しも迫られることになるのは必定であった（注59）。

(2)　旧非訟法等の改正の動きの背景には、一九七〇年代から続けられてきた民事執行法制定、民事保全法制定、民事訴訟法制定、倒産法の抜本的改正等といった民事手続法の抜本的改正の流れがあった。旧非訟法及び家審法の改正は、こうした民事手続法の改正作業の掉尾を飾るものと位置づけられていた（注60）。また、日本の母法であり、日本と同様の非訟事件手続を有するドイツにおいて、非訟事件手続法（FGG）の全面改正作業が行われ、「家事事件及び非訟事件の手続に関する法律（FamFG）」が二〇〇九（平成二一）年九月に施行されたことも、日本の改正論議に大きな影響を与えた（注61）。

(二) 非訟事件・家事審判手続研究会の発足

このような経緯から、旧非訟法及び家審法の見直しを行う必要があるとして、法制審議会における検討の準備として、平成一八年二月、研究者、法務省担当者、実務家等からなる法務省主催の「非訟事件・家事審判手続研究会」（座長：高田裕成東京大学教授）が発足し、ここで精力的に旧非訟法及び家審法についての検討項目の洗出しや整理、検討等を行い、平成二一年一月、『非訟事件手続法及び家事審判法に関する調査・研究報告書』が公表された（注62）。

3 最決平20・5・8家月六〇巻八号五一頁の衝撃

家審法の改正が俎上にあげられている最中に、家裁関係者に冷水を浴びせるような最高裁決定が出された。

(一) 最決平20・5・8家月六〇巻八号五一頁

(1) X（妻―原々審申立人・即時抗告人）のY（夫―原々審相手方・即時抗告相手方）に対する婚姻費用分担を求める審判（家審法九条一項乙類三号）事件において、原々審（家裁支部）は、Yに対し、Yの負担すべき婚姻費用の額は一カ月一二万円であるとして、それまでの未払分九五万円と離婚又は同居に至るまで一カ月一二万円の支払を命ずる決定をした。これに対してXが即時抗告したところ、原審（抗告審・東京高裁）は、Yの負担すべき婚姻費用の額は一カ月一六万円であるとして原々審の審判を変更し、それまでの未払分一六七万円と毎月一六万円の支払を命じた。原審は、原決定をするにあたって、Xが即時抗告をしたことをYに知らせておらず、また、抗告状及び抗告理由書の写しを送付することもなかった。

Yは、特別抗告（民訴法三三六条）をし、Yに対して抗告状及び抗告理由書の副本を送達しなかった原審の措置は、抗告審におけるYの反論の機会を奪うものであって、憲法三一条、三二条に違反するなどと主張した。

(2) 本決定は、次の理由により、特別抗告を棄却した。まず、憲法三二条違反の主張については、同条所定の裁判を受ける権利は純然たる訴訟事件につき裁判所の判断を求めることができる権利をいうものであるとする最高裁の判例の趣旨に照らして、本質的に非訟事件である婚姻費用の分担に関する処分の審判に対する抗告審において手続にかかわる機会を失う不利益は、同条所定の「裁判を受ける権利」とは直接の関係がないというべきであるから、原審が、Yに対し抗告状及び抗告理由書の副本を送達せず、反論の機会を与えることなく不利益な判断をしたことが同条所定の「裁判を受ける権利」を侵害したものであるということはできず、憲法三二条違反の主張には理由がないとした。また、憲法三一条違反の主張については、実質的に法令違反を主張するにすぎないもので、理由がないとした。

ただし、本決定は、原々審の審判を即時抗告の相手方である抗告人（Y）に不利益なものに変更するのであれば、家事審判手続の特質を損なわない範囲でできる限り抗告人（Y）にも攻撃防御の機会を与えるべきであり、少なくとも実務上一般に行われているように即時抗告の抗告状及び抗告理由書の写しを抗告人（Y）に送付するという配慮が必要であったというべきであって、抗告人（Y）に対して即時抗告があったことを知らせる措置が何ら執られていないことがうかがわれる原審の手続には問題があるといわざるをえない旨判示した。

これには田原睦夫裁判官の補足意見（審理不尽として職権破棄の事由となりうることを示唆）及び那須弘平裁判官の反対意見（非訟事件にも憲法三二条の適用の余地があり、この限りで先の合憲決定を見直すことの必要性を指摘）が付されている。

(二) 本決定の影響

折しも旧非訟法及び家審法の改正の動きが始まっていたことから、本決定に対して多くの評釈がなされたが（注63）、そのほとんどが本決定の結論及び理由に反対するものであり、それ以後の家審法改正に関する論議において、家事審判手続における手続保障の不備の典型例としてたびたびあげられることになった（注64）。

本決定が指摘するように、相手方のある非訟事件については、手続保障に配慮して、一般に、抗告人の提出した抗告状や抗告理由書の写しを相手方に送付する運用が行われていたが（注65）、このような一般的な運用に反する取扱いがなされ、実質的に手続保障を欠いた事例が生じたことから、「運用面の配慮」で十分であるという実務側の反論を押さえたという意味で、その後の改正論議にきわめて大きな影響を与えたと考えられる。

(三) 最決平21・12・1家月六二巻三号五一頁（特別抗告事件①）、同日付決定（許可抗告事件②）同号四七頁

その後、遺産分割に関する処分等の審判に対する抗告審（東京高裁）が即時抗告の相手方に対し抗告状の副本の送達又はその写しの送付をせずに原審判を不利益に変更したことについて特別抗告及び許可抗告がなされた事案について、前記最決平20・5・8と同じ第三小法廷から二つの決定が出された。

①決定は、前記最決平20・5・8と同じ理由で憲法三二条、三一条違反の主張を退けた。これには那須弘平裁判官の意見が付され、同裁判官は、本件は憲法三二条違反の疑いもあるが、本件では許可抗告事件も併せて係属しているので、許可抗告事件において法令違反を理由として原決定を破棄すれば足り、本件特別抗告事件において重ねて破棄の判断をするまでの必要もないとされた。

②決定は、本件においては、即時抗告の相手方において即時抗告があったことをすでに知っていたことがうかがえるうえ、抗告状に記載された抗告理由も抽象的なものにとどまり、即時抗告の相手方に攻撃防御の機会を与えることを必要とする事項は記載されていなかったという事情の下では、即時抗告の相手方が攻撃防御の機会を逸し、その結果として十分な審理が尽くされなかったとまではいえず、抗告審の手続に裁判に影響を及ぼすことが明らかな法令違反があるとはいえないとして、本件抗告を棄却した。これに対し、那須弘平裁判官は、原決定の手続に裁判に影響を及ぼすことが明らかな法令違反があるものとして破棄を免れないとする反対意見を述べられている。

4　旧非訟法及び家審法の改正

(一)　法制審議会非訟事件手続法・家事審判法部会における検討

平成二一年二月、法務大臣から法制審議会に対し、「非訟事件手続法及び家事審判法の現代化を図る上で留意すべき事項」について諮問（諮問第八七号）がなされ、これを受けて、法制審議会は、非訟事件手続法・家事審判法部会（部会長：伊藤眞早稲田大学大学院教授）を設置し、同年三月から多数回にわたる調査審議を経て、平成二三年一月二八日開催の第三三回会議において、「非訟事件手続法及び家事審判法の見直しに関する要綱案」を決定した（注66）。

（二）　新非訟法及び家事法の制定

こうして、平成二三年五月、前記要綱案を基に策定された新非訟法及び家事法が制定されたが、家審法の改正理由について、法務省の担当者は、概要、次のとおり説明している。すなわち、家審法は、

① 制定以来、抜本的な改正がされないまま今日に至っていたが、近年の他の民事関係の手続を定めた法令と比較すると、手続法として備える基本的な事項や当事者等の手続保障に関する規定が十分とはいえないものになっていたこと、

② この間の社会の著しい変化に伴い、家族をめぐる事情も複雑化・多様化していることを背景に、家事事件の手続をより明確で、利用しやすいものとし、また、当事者等がより主体的に主張や資料の提出をすることができるようにし、もって、裁判所の調停や審判の適正さを担保し、当事者等の納得を得られやすくすることが求められるようになっていたこと、

③ さらに、家審法は、広く旧非訟法の規定を準用していたことから、旧非訟法の改正の影響を免れないという事情があったこと、

④ 家庭をめぐる紛争を扱う手続のうち、訴訟手続については人訴法が制定されて現代化が図られたことといった事情があり、これらの事情がこの時期に旧非訟法と併せて、家事審判及び家事調停の手続について見直すべきであるという考えにつながり、国民にとってより利用しやすく、現代社会の要請にも合致した新たな法律を制定し、家事事件の手続の改善を図ろうとした

というものである（注67）。

（注55）細江秀雄「家庭裁判所・家事審判制度」ジュリ三六一号一七九頁。

（注56）三ヶ月・前掲（注17）二八七頁。

（注57）高田昌宏「人事訴訟法施行と今後の理論的課題」ジュリ一三〇一号四頁。

（注58）山本和彦「〈家事事件手続法の意義と今後の課題〉民事訴訟法研究者の視点から」ひろば六四巻一〇号三三頁。

（注59）三木浩一「非訟事件手続法・家事審判法改正の課題」ジュリ一四〇七号八頁。

（注60）三木・前掲（注59）八頁。

（注61）山本・前掲（注58）三三頁、高田昌宏「非訟手続における職権探知の審理構造——新非訟事件手続法・家事事件手続法の制定を契機として」曹時六三巻一一号四頁。ドイツにおける非訟事件手続法の改正については、垣内秀介「ドイツにおける新たな家事事件・非訟事件手続法の制定」法支一五五号三五頁以下参照。

（注62）『非訟事件手続法及び家事審判法に関する調査・研究報告書』（はしがき）、山本和彦「非訟事件手続法・家事事件手続法の制定の理念と課題」法時八三巻一一号五頁。

（注63）垣内秀介・ジュリ一三六七号一五五頁、川嶋四郎・法セ六五〇号一二六頁、山田文・速報判例解説（法セ増刊二〇〇八年）三号一五三頁、本間靖規・リマークス二〇〇九(上)一二六頁、園田賢治・法制七五巻三号一五頁、三木浩一・法研八三巻一〇号八四頁、塩崎勤・民情二〇七号八一頁。

（注64）高田・前掲（注61）八頁、本間靖規「手続保障論の課題——審尋請求権を中心に」民訴五七号一二六頁。

（注65）大阪高裁の実情については、「〈シンポジウム〉民事裁判の審理における基本原則の再検討」民訴五七号一三四頁〔小野憲一判事発言〕、松本哲泓「婚姻費用分担事件の審理——手続と裁判例の検討」家月六二巻一一号一三頁（原則として抗告状の写しを相手方に送付するが、抗告理由が一見して理由がなく、事件の早期の終局が必要なものについては、相手方の反論を待たずに、抗告審決定とともに抗告状副本を送付する扱いをしている。）。

（注66）金子修編著『一問一答　家事事件手続法』三頁。

（注67）金子編著・前掲（注66）一頁。

五　家事事件手続における手続保障に関する実務と学説

1　実務の運用についての問題点の指摘と家審法の改正

家審法改正の理由の一つとして、実務上、当事者等の手続保障に配慮した運営や工夫が重ねられてきたが、裁判所の広範な裁量に委ねられていたため、事案によっては裁判資料を提出する機会が十分に与えられなかったり、裁判所又は家事審判官によって手続の運営が相当異なるといった批判もあり、明文の規律により家事事件の手続を明確に定める必要があると考えられるようになったという指摘がなされている（注68）。研究者からも、実務の運用による手続保障について、「いつまでも運用論としてお茶を濁す扱いにするにも限界があろう。」と批判されていた（注69）。

一方、旧非訟法及び家審法の改正が論議され始めた頃、実務では、これらの法律について国民にとってより利用しやすく、現代社会に適合した内容に改める必要があるとされるが、旧非訟法についてはともかく、家審法に関しては、手続保障に関する規定が整備されているとはいえないにしても、改正するだけの実質的理由がどの程度あるのか、実務の運用上の工夫で対処できない法律上の不具合が存在するのかという反応が多かった。前記非訟事件・家事審判手続研究会等での議論も、現実に生じている問題への対処、処方箋というよりは、むしろ、理念的ないしは理論的な観点からの手続保障の規定の整備、民訴法並びの規定の整備という面が強いと受け止める者が多かった。

そこで、以下、実務の運用による手続保障の限界と手続運営の不統一の問題を取り上げ、指摘されるような不都合があったのか検討してみることとする。

2　運用による当事者権の保障（手続保障）

㈠　当事者権の保障（手続保障）の具体的内容

当事者権とは、一般に、当事者が訴訟の主体たる地位につくことによって手続上認められる諸権利であるとされる（注70）。当事者権にはさまざまなものが含まれるが、家事審判手続における当事者権のうち重要なものとして、①審尋（審問）請求権と証拠申出権を内容とする弁論権、②審理手続に立ち会うことを請求しうる立会権、尋問権、③手続記録の当事者公開を請求しうる記録閲覧権・謄写権等があげられている（注71）。

⑴　弁論権（審尋請求権、証拠申出権）

実務では、非訟事件の職権主義、裁量主義の原則から、裁判所は、必要と認める範囲内で事実の調査及び証拠調べをすれば足りるのであって、審問をするかしないかはその裁量に属し、当事者に審問を求める権利はないとするのが大審院以来の一般的考えであり、家事審判手続でも同様と解されていた（注72）。ただし、前述のとおり、実務上、乙類審判事件については、当事者間に実質的な利害対立のあることを考慮し、運用上、なるべく当事者を審問する運用が望ましいとする見解が大勢を占めるようになった。

審問については、手続の客体として事実調査ないし証拠調べの対象たる面（証拠）と、手続の主体としての陳述（主張）を聴く面の二側面があるところ、従前は、職権探知主義・裁量主義の観点から、前者に重点が置かれ、後者は軽視される傾向があったが、その後、当事者の手続上の主体的地位の尊重という点が重視されるよう

になった。ただし、

① 審問は、その形式いかんを問わず、書面によってでもさしつかえない、

② 当事者の意見表明の時期、回数等は裁判所の裁量に委ねられる、

③ 家裁調査官が調査の過程で当事者の陳述を聴取したときは、あらためて家事審判官が直接聴かなくてもよいとされる（注73）。③の点については、これを肯定する裁判例が多いが（東京高決昭53・7・27家月三一巻八号五〇頁等）、家事審判官が直接当事者から陳述ないし意見を聴取すべきであるとして反対する見解も有力である（注74）。

証拠申出権についても、家事審判手続では証拠調べや事実の調査は職権で行うことになっているので、当事者に証拠の申出権は認められないが、裁判所の職権の発動を促すための証拠の申出はできるとされていた（注75）。

(2) 立会権、尋問権

職権主義が支配する家事審判手続においては、当事者に審問や証拠調べの際の立会権や尋問権は認められていない（大決昭3・6・29民集七巻五九二頁）。しかしながら、特段の事情のない限り、当事者に立会い及び尋問の機会を与える運用が相当であるとされる（注76）。

(3) 記録の閲覧権・謄写権

家事事件においては、事件の関係人から申立てがあった場合、家裁が相当と認めたときに限り、記録の閲覧、謄写を許可する扱いとなっている（家審規則一二条）。

争訟性の強い乙類審判事件にあっては、審理の公正の保持ないし当事者の手続上の権利保護が特に要請され、当事者が、手続上の主体たる地位に基づいて、互いに攻撃防御を尽くすためには、記録の開示が不可欠となると

して、子の福祉に重大な悪影響を及ぼすおそれがあるなどの特段の事情のない限り、記録の閲覧、謄写を許可すべきであるという見解が有力である（注77）。

(二) 遺産分割事件における当事者主義的運用

(1) 当事者主義的運用が提唱されるようになった理由

a 事件数の増加と複雑困難化

遺産分割の審判事件の新受件数は、昭和二三年度はわずか一六七件（同年度の遺産分割調停事件の新受件数は六二九件）であった。申立件数は、その後次第に増加したものの、一〇〇〇件以下で推移していたところ、昭和五六年から増加傾向が著しくなり、平成一四年頃以降、審判事件は二〇〇〇件前後となっている。一方、遺産分割調停事件は平成一四年に九〇〇〇件を超え、平成一六年以降は一万件を超えるに至った（注78）。

遺産分割は、家督相続が原則的形態であった旧民法時代には、さして問題にならず、戦後もしばらく相続放棄等により一子相続（事実上の家督相続）が行われるなどしていたが、権利意識が高まって均分相続の要求が増加するとともに、親族共同体意識の希薄化に伴い相続人同士による紛争解決機能が低下するなどしたことから、調停による解決がむずかしい案件が増え、さらに、近年の経済環境の劇的な変化が事件増加をもたらすと同時に紛争解決を困難にした。特に、バブル期における大都市部での不動産価額の急騰は遺産取得希望者の代償金支払を困難にし、最近の不動産価額の著しい下落は相続税の支払の困難性をもたらすなど、紛争解決をいっそう難しくしている（注79）。

b　遺産分割の審理の特徴

遺産分割事件は、事実関係及び法的問題とも論点が多岐にわたるうえ、争訟性が強く、長年の親族間の確執が強い事例も多いことから、相続人間のさまざまな問題が次から次へと持ち出されて紛争が拡大する傾向があり、審理期間が長期化しやすい。

このようなことから、実務では、遺産分割事件を適正迅速に処理するため、調停段階における争点整理等の充実、書記官の進行管理の充実等のさまざまな工夫が行われてきたが（注80）、そのなかで遺産分割事件の「当事者主義的運用」が提唱され、東京家裁の遺産分割事件集中部等において、具体的内容が集大成され、これが遺産分割事件の審理方式として推奨されるようになった（注81）。

(2)　当事者主義的運用が相当とされる理由

遺産分割事件の審理について当事者主義的運用が相当であることについては、次のとおり説明されている。すなわち、そもそも遺産分割は、原則として共同相続人の協議によって行われ（民法九〇七条一項）、この協議が調わないときにはじめて共同相続人の申立てによって家裁が遺産分割の審判をするにすぎず、各共同相続人が遺産に対する権利をそれぞれ自由に処分することができることが前提とされている。戦後、乙類審判事項とされるまでは、地裁で民事訴訟として審理されていたように、これは財産をめぐる争訟性の強い紛争であり、一方で、公益性が薄い事件である。こうしたことから、遺産分割事件については、当事者の希望する自主的な解決に近づけることが望ましい。また、裁判所が職権探知義務を負っているとはいえ、遺産分割事件は、対象となる遺産も多種多様で、争点も多岐にわたることが多いことから、事情を最もよく知っている当事者の協力がなければ実際上事件の解決を図ることは困難である。遺産分割は相続財産の分配という私益が優先する手続であるから、その解決を当事者の主張・立証に委ねても不合理ではない。そこで、遺産分割事件においては、職権探知主義を前提としつつも、当事者に手続主体としての地位を認めたうえ、手続協力義務ないし事案解明義務を負わせることにより、第一次的な主張立証の責任と役割分担を担わせ（弁論主義的運用）、事案の適切かつ迅速な解決を図るのが相当である（注82）。

(3) 当事者主義的運用の具体的内容

a 当事者権の実質的保障

当事者権は、プライバシー侵害のおそれなどの支障がない限り、実質的に保障される。審理は、当事者双方に主張・立証の内容が明確になるように、当事者間で準備書面の交換や書証の写しの交付を行わせ、それを踏まえて主張整理を行い、証拠調べにおいては、立会権を認めて交互尋問を行う（代理人弁護士がついている場合）など、訴訟に近い方法がとられている（注83）。

b 当事者の手続協力義務ないし事案解明義務（弁論主義的運用）

遺産の範囲（財産の遺産帰属性）、遺言書の存否・有効性、特別受益や寄与等に関する事実関係について、基本的に当事者が事案解明の第一次的な役割を負うものとされる（ただし、当事者が任意に処分できない相続人の範囲の問題は除く。）。たとえば、遺産の範囲の確定については、遺産分割の申立人に第一次的な主張及び立証を、特別受益や寄与分に関しては、これを主張する者にその事実の存在について第一次的な主張及び立証を求め、これを争う者に反論とその根拠となる資料の提出を求める。そして、裁判所は、原則として、当事者の提出した主張と証拠だけで申立ての当否を判断し、職権調査は例外的・補充的に行うにすぎない。

当事者が第一次的な主張・立証の責任と役割分担を負うべき事項について、その義務を怠るときは、当該当事者に不利な判断がされることになっても、家裁は、探知義務を尽くしたものとして、さらに職権による資料の収集等を行う必要はない（注84）。

c　当事者の合意を基礎にした審判運営

遺産分割事件の審理においては、職権探知主義の建前から自白法則の適用はないが、当事者全員の合意が相当なものであると認められる場合には、これを最大限に尊重し、合意を基礎として審理を進行させ、原則としてそれ以上の職権調査は行わない。

合意の対象になる事項は、基本的には当事者が任意に処分することができる事項、たとえば、①遺産の範囲（財産の遺産帰属性）、②遺言及び分割協議の効力・趣旨、③遺産の評価、④特別受益、⑤寄与分、⑥具体的相続分、分割方法等である。こうして、遺産性に問題のある預貯金債権や相続開始後の果実についても、当事者全員の合意があれば分割の対象に含める一方、当事者全員の合意によって遺産の一部を分割の対象から除外することが広く行われている（注85）。

(三)　他の事件類型における当事者主義的運用

家事審判事件のうち、当事者主義的運用が妥当する領域として、主に遺産分割が念頭に置かれているが、他の乙類審判事件についても、当事者権を実質的に保障する扱いが相当であるとされる。ただし、弁論主義的運用についでは一様でない。

財産分与、推定相続人の廃除等の純粋な財産紛争事件においては、原則として弁論主義的運用が相当と考えられている。ただし、財産関係事件であっても、婚姻費用分担、養育費請求のように、親族間の協力扶助に基づく類型においては、当事者の生活維持等のために裁判所が後見的任務を果たすことが相当な場合もあり、事案に応じて弁論主義的運用の適用の程度が決まってくるとされる（注86）。一方、親権者の指定又は変更、子の監護に関する処分のように、子の福祉に直接関係する類型の事件においては、裁判所の後見的関与の必要性が高く、弁論主義的運用は大幅に後退し、むしろ、家裁調査官による調査が中心になる等、積極的な職権探知が実施されるという（注87）。

四　運用による当事者権の保障の評価

(1)　当事者権を認める根拠

論者によって当事者主義的運用の具体的内容が異なっているうえ、当事者権の外延及び内包も必ずしもはっきりしたものではない。そして、当事者権に含まれるとされる審問請求権、証拠申出権、記録の閲覧・謄写権等のどこまでが認められれば、当事者権の保障として十分といえるのか不明なところがある。特に、手続協力義務ないし事案解明義務との関係で、当事者権のどこまでが保障されていれば裁判所の職権探知義務が軽減又は解除されることになるのかきわめて曖昧である。

これは当事者権の根拠をどのように考えるか、そして、どのような目的で当事者権を認めるのかということにも関係しているものと考えられる。実務において運用による手続保障の必要がいわれるとき、いくつかの根拠ないしこれを認める理由があげられている。一つは、適正手続の保障ということである。夫婦同居、遺産分割等の争訟性の強い乙類審判事件は、対審・公開の手続によらなくとも違憲ではないとされているが、その実質は審判制度がなければ訴訟によって処理されるべき事件であるから、事実の主張、裁判資料の提出等について、訴訟と同じような主張立証の機会を与える必要があるというものである（注88）。もう一つは、職権探知主義の限界から、遺産分割事件は、民事訴訟のように、利益を受けるべき当事者が主体的かつ積極的に実情を明らかにする方式になじむものであり、当事者に十分な攻撃防御の機会を与える必要があり、そのために当事者権の実質的保障を図る必要があるというものである（前記(二)(2)参照）。

(2) 審尋（審問）請求権等の権利性

前述のとおり、当事者権を認めるか否かは裁判所の裁量に属し、当事者の手続上の権利とはいえないとする見解が多い。当事者権は実質的に保障されているとされるが、その成否は裁判所の裁量的判断に依存することになる。これによれば、審尋請求権等を認めなかったとしても、手続に瑕疵があったことにはならないことになる（注89）。

これに対し、「手続保障を裁判所の運用上の問題に解消することは裁判所の論理であり、しかも、その根拠とされる職権主義、裁量主義による審理が、真実発見、当事者の権利保障から見て絶対の信頼をおくことができないのであるから、そのような運用がなされなかった場合を違法とするのでなければ、これによって現実に不利益を受けた当事者は助からない。」という批判がなされ（注90）、これに賛成して、審尋請求権の保障を欠いた手続には瑕疵があるとする見解も有力である（注91）。

(3) 当事者権の保障を欠いた場合の規律

審問をしなかったことを手続上の瑕疵として不服申立てがなされた場合、どのように扱われるか。裁判例として、大阪高決昭41・6・6家月一九巻一号三九頁（共同相続人の一人又は数人が審判手続に当事者として関与する機会を与えられなかったときは違法であるとして、原審判を取り消して差し戻した。）のようなものもあるが、当事者の審尋（審問）請求権の権利性を否定的に解するのが支配的な動向であるとされる（注92）。

ところで、「当事者の審問機会の保障について疑問を生じさせる先例」として、名古屋高決昭48・5・4家月二五巻一一号九二頁（親権者変更審判に対する即時抗告事件）があげられている（注93）。本決定は、一般的立論として、「相手方の審問手続を経ることなく、直ちに審判しても違法ではない。」として抗告を棄却したが、原審の審問期日に抗告人が欠席した事例である。審尋（審問）については、その機会を与えればよく、その機会を利用するかは当事者の自己責任に属するとされており（注94）、これによれば、原審が審尋（審問）請求権についての配慮を欠いたとはいえないと考えられる。同じく「疑問を生じさせる先例」とされる高松高決昭50・12・10家月二八巻九号五〇頁（遺産分割審判に対する即時抗告事件）は、「家裁は、必ずしも、事件の関係人を法定の手続で調査、審問しなければならないわけでないから、関係人が右調査、審問期日の呼出を受けなかったからといって、直ちに審判手続の違法をきたすいわれはない。」としたものであるが、抗告人らは少なくとも特定の期日の呼出しを受けていたが欠席した事例であり、必ずしも原審において審尋（審問）請求権を無視したとはいえないと考えられる。このように、一般的立論として審尋（審問）請求権の権利性を否定した抗告審の裁判例が多いといっても、その原審のすべてが当事者権に配慮しなかったとはいえないと思われる。なお、公刊物に掲載された手続上の瑕疵をめぐる抗告審決定は昭和四〇年代及び五〇年代のものが中心で、最近のものはきわめて少ない。

(4) 審尋義務違反と瑕疵の治癒

審尋請求権を不当に侵害した最近の例として、東京高決平15・7・15判タ一一三一号二二八頁があげられている（注95）。

抗告人（原審相手方・夫）が別居中の相手方（原審申立人・妻）に対して離婚と二人の子（抗告人が監護中）の親

権者を抗告人と定める旨の調停を求め、その調停係属中、相手方（妻）が二子の監護者を自分としてその引渡しを求める審判を申し立て、原審はこれを認める審判をした。これに対して、抗告人（夫）が、即時抗告をして、

① 原審は、本件審判手続において抗告人に一度も審問の機会を与えず、証拠提出の機会を奪ったまま突如審判をしたもので、本件審判手続に手続上重大な瑕疵がある、

② 家裁調査官の事実の調査は不十分であり、一方の当事者に偏した内容で説得性がない、

③ 原審が幼児母親優先の原則のみを拠り所に結論を導いたのは不当である

などと主張し、大学教授（臨床心理学）の意見書を提出した。

これに対し、抗告審は、原審の審判手続において、当事者の審問は行われておらず、この種の事件においては、双方の審問をすることが望ましいとしながら、家裁調査官は、双方の本人及び代理人と面接し、未成年者、抗告人等と居宅で二度面接するなどの調査を行い、その間に相手方及び抗告人から上申書、陳述書等が出され、双方当事者の意見や意向は報告を行うに必要な限度で相応にされており、これらの調査結果に照らせば、審問の機会が与えられず、原審が調査報告書に依拠して判断したとしても、それだけで原審判を取り消し、差戻しをすべきものとまでは認められないとした。そのうえで、抗告人の主張②③を検討し、結局、「抗告人の当審における主張と立証を考慮しても」原審判は相当であるとして、抗告を棄却した。

本件については、

① 原審判は、抗告人の監護の現状を変更して子の引渡しを命じる判断をしたもので、少なくとも、審判によって不利益を受ける当事者（抗告人）に審問（意見陳述）の機会を与えるのが相当であったし、

② 実質的に調査報告書を唯一の資料として判断したものであるから、抗告人に調査報告書を開示して、これに

対する意見を述べさせるのが相当であったと考えられる（調査報告書がいつ開示されたかは必ずしも明らかでないが、原審において審判前にこれを開示して抗告人の意見を求めたことはなかったようである。）（注96）。

本決定については、原審が当事者の審問を行わなかった点を重大な瑕疵として、原審判を取り消して原審に差し戻し、当事者の審問をさせるなり、再調査を命ずるべきであったとする見解がある（注97）。しかしながら、仮に審尋請求権の権利性を認めたとしても、審尋義務に違反してなされた裁判は、それだけで当然に無効となるわけではない。審尋請求権の侵害は、一つの手続上の瑕疵であり、手続の内部で、通常の上訴ないし抗告・特別抗告によってこれを主張し、裁判の取消し・変更・破棄を求めることができるが、上訴や異議による主張・立証の機会が原審における審尋欠缺を補充・追完するに足りる場合は、瑕疵の治癒を認めてよいとされている（注98）。本件については、抗告審において主張・立証の機会が与えられたことにより、原審における審尋の欠缺が補充・追完されたものとして瑕疵の治癒を認めてよいと考えられる。

3　運用の不統一の問題

(一)　広範な裁量による運用の不統一

前述のとおり、家裁における多種多様の事件をどう処理するかは、もっぱら手続を主宰する裁判官の広い裁量に委ねられていた。これにより、弾力的で機動性のある手続運営を行えることから、家裁調査官の活用をはじめ、種々の創意工夫が試みられ、事件の特性に応じた審理方式が考案され、事件処理の迅速化、効率化等の面で実績をあげるとともに、時代の変化にも対応してきた。その半面、家裁における事件処理が、家事事件、少年事件とも、実体法的にも手続法的にも広範な裁量判断に委ねられている部分が多いため、各裁判官ごと、あるいは各庁ごとに格差を生じやすく、それが昂じると、当事者や関係機関、さらに国民に不便を強い、または不満を醸成することになり、ひいては裁判不信を招かずにおかないという懸念が研究者から指摘され（注99）、家裁関係者にも十分自覚されていた。

このようなことから、最高裁家庭局は、裁量性の高い事件類型について一定の処理基準を示し、また、家事審判官の協議会、研究会等において、合理的な手続運営のあり方や運用基準の統一について協議を重ねるなどしたが、運用の不統一の問題はなかなか解消に至らなかった（注100）。

(二) 事件処理要領の策定

最高裁家庭局は、昭和五九年秋、各庁の事件処理の標準化、均質化を図るため、標準的な事件処理方式をモデル試案として提示し、これを一種のたたき台として、各庁においてその庁の実情を加味した事件処理要領（担当裁判官、家裁調査官、書記官等の申合せによる運用指針の性格を有する。）を策定した。策定のねらいの重点は標準的な処理方式による手続の均質化であるが、それは同時に、裁判官、家裁調査官、書記官等の役割分担を明確にして事件処理の実効性と効率性を高め、かつ、適正手続の保障の強化（準則化）をも図ろうとするものであった（注101）。

各庁で事件処理要領が整備されたことにより、家裁内部の事務処理態勢の充実が図られ、一定の手続保障も配慮されるようになったが、しかし、それでもなお庁あるいは裁判官による取扱いの相違は避けがたかった（事件処理要領による運用の統一の限界である。）。

4　実務の運用とこれに対する学説の批判

(一)　家事事件手続の手続保障に関する学説の進展と実務の運用に対する批判

(1)　非訟手続は、戦後の一時期までは、「学問的にも実務的にも見捨てられた地域」であった（注102）。しかし、旧非訟法の制定当時は主として紛争性のない事件をその対象としていたものが、戦後、紛争性の高い事件を含む数多くの家庭に関する事件が非訟手続によるとされ、さらに借地非訟事件手続が創設されるなど、社会情勢の変化に伴って非訟事件が多様化し、多数の事件が非訟手続によって処理されることになったことから、非訟手続の役割が増大し、家事審判・調停手続にも関心が向けられるようになった。

こうしたなか、昭和四〇年前後から家事審判手続を含む非訟手続に関する一連の最高裁決定が出され、非訟手続の憲法適合性、非訟手続における当事者の手続保障に関心が寄せられるようになった（注103）。ただ、当初は、訴訟と非訟をいかなる基準によって区別するかという問題が中心で、そこには、訴訟手続では手続保障が必要的であるが、非訟手続ではそうではないという前提があった。

(2)　わが国では、山木戸克己教授が昭和三四年に発表された「訴訟における当事者権」（注104）において、非訟事件において弁論権を認めるなど、関係人の地位の向上を図るべきであると主張されたのを嚆矢として、その後、ドイツにおける法的審尋請求権をめぐる判例・学説の進展の影響を受けて、非訟事件における正当な手続保障という観点から、非訟事件について当事者の審問請求権を認めるべきであり、これは憲法に由来するという見解（鈴木忠一元判事）が唱えられ（注105）、多くの賛同を得るに至った。そして、訴訟と非訟の限界、当事者権、審尋請求権の意義と位置づけ等についての議論が進み（注106）、これらの問題をめぐる議論を通じて、民事訴訟において手続保障概念が果たす役割についての認識が深まり、手続の正統性保障機能が強く意識されるようになった（注107）。

現在では、学説の多くは、当事者権あるいは審尋請求権を憲法に根拠を有する基本権であり、非訟手続を含む民事裁判手続のあらゆる場面（立法、解釈、実務の運用）で指導理念として働くものと位置づけており、この観点から、家事審判手続における当事者権あるいは審尋請求権の保障を運用上の配慮で足りるとしてきた実務の扱いを厳しく批判している（注108）。

(3)　こうして実務と学説との間に乖離があるとされているところであるが、学説の議論が実務にそのまま受容されなかった理由としては、まず、憲法が要請する裁判手続の原則（手続基本権）の外延と内包が論者によって必ずしも一致せず、この議論がなお不透明さを残していることがあげられよう。また、実務が、審尋請求権を憲法上の権利とするかはともかく、手続上の権利として認めることにも消極的であったのは、法文上の根拠を欠くと理解されていたこともあるが、やはり家事審判手続における当事者の主体的地位についての配慮や対審の重要性についての認識に欠けるところがあったことが大きな要因と考えられる。ただ、仮に審尋請求権を手続上の権利と認めたとしても、審尋請求権の侵害（審尋義務に反してなされた手続）は、その後の上訴審における補充・追完により治癒されることが認められる手続上の一つの瑕疵にすぎず（前記2(四)(4)参照）、これを憲法上の権利として位置づける必要はそれほど感じられなかったのではないかと思われる（注109）。

(二)　審理内容の裁量性と手続の非形式性（無方式性）——非形式性から形式性へ

(1)　少年審判手続においては、当初は、その基本原理が保護主義であり、人権保障原理（手続保障）を第一義とする刑事訴訟とは異質な手続であることを強調し、裁判所の後見的役割を十分に発揮するために、裁判所が形式からの拘束を離れて個々の事案に最も適合した手続運営を行うのが相当とされた。しかし、保護処分の実質（不利益処分であること）を考慮して、運用上、適正手続の保障や少年の当事者としての地位の保障に配慮するようになった。そして、手続保障の明文化を図る必要が指摘され、法改正によって非行事実の認定手続に当事者対立構造を一部取り込むと同時に、運用で行っていた手続保障を規則に明文化するという手続面で裁判所を規律する方向に向かったのである（手続の非形式性から形式性への移行）。

なお、適正手続の保障は非行事実の認定手続だけでなく、裁判所の裁量の幅が大きい要保護性判断の手続にも要求されると考えられるようになっており、このような観点から、要保護性の判断にとって重要な事実は、審判においてその内容を開示して、少年、保護者、付添人の弁解・意見を聴き、反証の機会を与える運用が行われている（注110）。

(2)　家事審判手続においても、家裁は、裁判内容の形成のみならず、手続運営についても広範な裁量権を与えられ、審理も非方式の職権探知主義がとられた。これは、前述のとおり、家事事件については、その特殊性から、実体法に白地規定あるいは抽象的一般条項を多く設けて現場の裁判官に広い裁量の余地を与え、紛争当事者や利害関係人（親権者指定、養育費等の審判事件における子など）の個別事情を比較考量しながら、その具体的事件に応じた妥当な解決を図るには、訴訟という厳格な方式は窮屈であり、機動性を誇る非訟手続によることが相当とされたことによる。

しかしながら、前述のとおり手続の正統性保障機能についての議論が深められ、最近の学説は、「手続の形式性（フォーマリティ）」を重視する傾向を強め、その見地から、口頭弁論という審理方式（とりわけ双方審尋を手続のフォーマリティを維持しつつ保障すること）を、歴史的な試行錯誤を経た、いわば叡智の所産としての審理方式であり、適正迅速な審理を図ることのできる合目的的な方式であるとともに、公正な手続を保障する方式であると見る立場が有力となっている（注111）。そして、「手続の審判内容の裁量性（事案に即した後見的・総合的判断が必要であること等）は、手続の方式性の全面的解除・緩和を直ちに導き出すものではない。」とされ、このような見解が広く支持されるに従って、学説から、家事審判手続の無方式性（「手続のフォーマリティの後退した非訟手続」）や実務の広範な裁量権行使に強い批判が寄せられたのは当然であった（注112）。

今回の家審法改正（家事法制定）は、まさに家事事件手続における「非形式性（無方式性）から形式性へ」の転換であった。

(三) 当事者の手続上の主体的地位に対する配慮

学説が批判するとおり、実務において、家事審判手続における当事者の主体的地位に対する配慮に欠けるところがあったことは否定できないと考えられる。それについては、それぞれ相互に関連していると思われるが、次のような理由が指摘できる。

(1) 家事審判・調停手続の構造

職権探知主義の原則から、裁判所が裁判資料の収集の権能と責任を有するとされ、家審法の手続における当事者は、裁判所による探知の対象、つまり「手続客体」として取り扱われることが多く、民事訴訟の当事者のように「手続主体」として裁判資料を提出する権能や機会が十分に保障される立場にあるとは必ずしも考えられてこなかった。これは少年審判でも同様で、家裁においては、当事者・少年を保護の対象とか審理の客体ととらえ、当初はその手続上の主体的地位を十分に尊重してこなかったといえる。このようなことから、少年審判のみならず、家事調停・家事審判においても、後記(2)(3)と相まって、パターナリズム（家父長的、干渉的温情主義）に陥りやすい傾向があったと思われる。

(2) 理念先行——役割意識の過剰

前述のとおり、家裁は、戦後、新憲法の個人の尊厳と両性の本質的平等の理念の実現や旧来の家制度からの解放、そして、少年の健全な保護育成という使命を課せられて創設された。そこでは、後見的に、かつ将来展望的に、家庭の平和、少年の健全育成を志向する審判、調停が求められ、家裁はこれに特化した裁判所であるべきであるという理念が極めて強かった。家事の分野については、まず、協議による円満な解決（調停）を図ることを第一義とし、協議が調わなかった場合でも、関係人の将来を見通した調整等を企図して合目的的な裁量に基づく裁判（審判）をすることが期待された。特に、家事紛争の解決は当事者の合意で収めるのがいちばん望ましいという考え方が伝統的に強くあり、家裁が法を適用して迅速適正な紛争解決を図るという任務を負った司法裁判所であるという考え方は、背後に退きがちであった。こうして、家事調停では、当事者の感情面への配慮と互譲を重視するあまり、紛争の対立点に関する情報を必要以上に制限したり曖昧に説明する傾向や、事情聴取も心理的調整に重点が置かれているため、事実の食い違いの把握や対立点についての反論の聴取を十分に行わない運用に傾きがちであった。

家審法改正が具体的に論議され始めた頃、一部の家裁において調停申立書の写しを相手方に送付する運用を試行的に始めたが、当初は、これに消極的あるいは懐疑的な者が多かった。相手方が感情的に反発して調停期日に出頭して来なくなるのではないか、相手方から抗議や問合せの電話が殺到して事務が混乱するのではないかなどというのである。こうした不安感は調停委員にも強く、「家事調停においては、当事者の感情面での納得を得て初めて当事者同士が自主的に問題を解決する姿勢を持つという特徴が強く、申立書写しの送付及び記録の閲覧等による対立当事者への情報開示が、人間関係調整の側面に影響を及ぼすことになりはしないかが懸念される。」などといった意見も出された（注113）。しかし、家事法の施行準備として、多くの家裁で、夫婦関係調整（離婚）、婚姻費用分担、養育費、面会交流、遺産分割等の調停事件について、申立書の書式を改訂したうえ、申立書の写しを相手方に送付する運用を試行的に始めたところ、調停の運営に支障が生じた事例は報告されず、むしろ、相手方からの書記官室への問合せの電話が減り、利用者に対するアンケート結果でも、申立書の写しを送付することについて、概ね肯定的な回答が得られている（注114）。従前の運用は、家裁実務が当事者に対する情報開示、手続の透明化ということよりも、感情的対立を招くようなことはできるだけ避け、円満な合意に導こうとすることに過剰に神経を使っていることの現れの一つであった。

(3)　家裁関係者の抱く当事者像

家族法においても、手続法でも、そこに登場する当事者は、本来、「合理的な人間」が想定されている。夫婦間、親族間の問題を協議で解決するということは、主体的に合理的な判断ができる者が自由に自己決定することが前提になっている。家事審判・調停の手続上の権利行使をする者についても同様である。

しかし、家裁がこれまで対応してきたのは、そうした「合理的な人間」とは異なる現実具体的な人間であった。制度発足当初は、改正民法の精神を啓蒙しなければならない対象であったり、家裁が後見的に保護する必要のある者（たとえば、家を追い出された妻）であったり、家事相談で時間をかけて手続等を懇切丁寧に説明し、申立書の記載を事実上代わってやるなどの対応が必要な者であった。感情的に混乱していて、まずその鎮静化に努めなければ次に進めない当事者も少なくなく、手続の主体として権利行使ができる者とはほど遠い当事者が多かった（ただし、それぞれに対応に苦慮することが多かったことから、家裁にとっては、実際以上に増幅されたイメージとなっている面がある。）。

これはまた、利用者の多くの家裁に対するイメージでもあった。家裁は、「裁判所らしくない裁判所」「病院のようなところ」で、申立てをしただけで、後は家裁が何とかしてくれると全面的にもたれかかってくる者も少なくない。裁判所が行う裁判なので、申立てを裏付ける主張や資料を提出してもらう必要があると説得しなければならない者もいれば、自分の言い分を一方的に述べるだけで、それ以上の資料提出等をしないまま、ただ調停委員会にその方向で相手方を説得してほしいと要求する者もいる。

近年、社会の変化に伴い、財産分与、遺産分割事件のみならず、事件数が大きく増加している事件類型（婚姻費用分担、子の監護に関する処分（養育費、面会交流、監護者指定、子の引渡し等））を中心として、権利意識の強い当事者が増えており、紛争の激化を反映して最終調整が困難な事件が増加している。これらの当事者は、より有利な成果を得るためにさまざまな主張をするとともに、手続への主体的関与、他方当事者の主張・提出資料についての情報開示を求める傾向が以前より増してきている。一方、裁判所に過度に依存する当事者や精神的に問題を抱えている当事者も増えており、当事者の多極化の傾向がより強まっている（注115）。

このように、国民の権利意識の高揚等に伴い、家事審判・調停手続において、手続上の権利や手続の透明性を求める当事者が増えてきたにもかかわらず、家裁は、これらのニーズを的確に把握せず、正当な権利行使が十分行えず後見的関与が必要という旧来の当事者像のまま対応してきた面がある。家審法改正の背景には、このような当事者の変化や家裁の手続運用に対する不満があったと考えられる。

(4) 実体（結論）重視の傾向

前記(2)(3)の理由から、家裁は実体（結論）重視の傾向が強いといえる。その分、手続面の配慮ということが背後に退くことが多い。

家事調停については、調停委員があるべきと考える方向に決着させるという結果に重きを置いた手続運用を行う傾向があると指摘されている。家事審判では、子の福祉ということを配慮しなければいけない親権者（監護者）指定、子の引渡し等の事件では、実体重視の傾向が特に強く出る。これらの事件については、当事者の主張・立証に任せていては子の福祉に反することになるとして、家裁調査官が双方の当事者（親）に秘密にすることを条件に学校・保育園の教師、保育士等から入手した情報を当事者に開示しないまま、判断をした事例も少なくなかった。利害関係のある当事者に意見表明の機会を与えないまま、当事者がまったく知らない情報に基づいて裁判をすることの不当性に意識が向かわなかったのは問題であり、最近は、このような運用は是正されているものと思われる。

(四) 運用による手続保障・運営改善の限界

家裁に対しては、これまで、家事審判・調停制度の理念や実績に肯定的な見解と、その実績のみならず、その理念自体についても手厳しい批判をする否定的見解とが寄せられてきた。肯定的見解の論者には、家裁の実務家（裁判官、家裁調査官、家事調停委員等）の占める割合が高く、否定的見解の論者には研究者（特に民事訴訟法学者）の占める割合が高かったといえる。しかも、肯定、否定の見解が平行線をたどり、家事審判・調停の制度改正や、運用の改善につながる具体的・建設的な一致点が見られないことが多かった。こうなる要因は、家裁の閉鎖性と家事事件手続の非方式性にあったと考えられる。すなわち、まず、手続の非公開制のために実務家と研究者が共通の実態認識に基づいて議論することはなかなか困難である。実務家側には、家裁の実情を知らない研究者の批判という不満があるし、研究者側は、家裁内部だけで通用する論理だと考えがちである。そして、無限定の裁量に任されている手続では、よい運用も可能であると同時に、よくない運用も起こりうる。裁量権の行使を誤った運用について、実務家はたまたま発生した運用上の誤りと考えがちであるのに対し、研究者は制度上の欠陥として指弾することになる。

前述のとおり、家裁は、これまで大量の事件を職権主義的で裁量の幅の広い柔軟な手続運用によって処理してきた。家事事件の特殊性から、当事者が不満を出しにくいという面はあろうが、大多数の事件について、手続的に問題のない運用がなされており、看過できないような手続上の瑕疵が生じた例はそれほど多くなかったと考えられる。

しかしながら、これまでの家裁実務の運用による手続保障に限界があったことも否定できない。運用によって生ずる顕著な不当事例を規制できない制度は、制度自体に欠陥があると考えるべきなのであろう。

（注68） 金子修「家事事件手続法の制定の経緯とその概要」ひろば六四巻一〇号四頁。
（注69） 佐上・前掲（注3）七九頁。
（注70） 山木戸克己「訴訟における当事者権」同『民事訴訟理論の基礎的研究』六〇頁、新堂幸司『新民事訴訟法（第五版）』一三三頁。
（注71） 井上哲男「乙類審判事件における職権探知と適正手続の具体的運用」岡垣學＝野田愛子編著『講座・実務家事審判法1』一二九頁。
（注72） 井上・前掲（注71）一二九頁。

（注73） 岡垣學「家事審判に対する抗告について――その実情と問題点」家月三八巻四号一八頁。
（注74） 岡垣・前掲（注73）一九頁、吉岡進「家事審判の抗告審における諸問題」『新・実務民事訴訟講座⑧』二八八頁、金田宇佐夫「抗告審における手続」判タ二五〇号一三八頁。
（注75） 井上・前掲（注71）一三〇頁。
（注76） 井上・前掲（注71）一三一頁。
（注77） 井上・前掲（注71）一三一頁、岡垣・前掲（注73）二二頁、金子修「調査報告書の開示（閲覧謄写）」判タ増刊一一〇〇号五七七頁。
（注78） 井上繁規『遺産分割の理論と審理』八六頁。
（注79） 井上・前掲（注78）九〇頁、松原正明「遺産分割手続（審判・調停）における職権主義と当事者主義との交錯」家族一六号六二頁。
（注80） 水野亮二＝品川幸樹＝岩井正『遺産分割事件における進行管理事務の研究』（平成八年度書記官実務研究）。司法研修所編『遺産分割手続運営の手引㊤』（昭和五八年）は遺産分割事件が増加し、各庁で未済事件の増加や審理期間の長期化が問題となってきた時期に出されている。
（注81） 田中壮太ほか『遺産分割事件の処理をめぐる諸問題』司法研究報告書四五輯一号二〇七頁、太田武聖「遺産分割事件の当事者主義的運用」判タ増刊一一〇〇号三六二頁。
（注82） 東京家庭裁判所家事第五部編著『遺産分割事件処理の実情と課題』（判タ増刊一一三七号）三四頁、井上・前掲（注78）七二頁、松原・前掲（注79）六五頁。
（注83） 太田・前掲（注81）三六二頁、東京家庭裁判所家事第五部編著・前掲（注82）三五頁。
（注84） 東京家庭裁判所家事第五部編著・前掲（注82）三五頁、井上・前掲（注78）六九頁、七二頁。
（注85） 東京家庭裁判所家事第五部編著・前掲（注82）三七頁、井上・前掲（注78）七五頁。
（注86） 井上・前掲（注71）一四二頁。ただし、婚姻費用分担については、財産分与と同様の扱いをしてよいのではないかと考えられる。

（注87） 井上・前掲（注71）一四二頁、小田正二「乙類審判における当事者主義的運用」判タ増刊一一〇〇号五六五頁。

（注88） 前掲・（注43）「昭和四四年二月全国家事審判官会同概要」六九頁。

（注89） ただし、井上・前掲（注71）一三〇頁は、合理的な理由なく当事者の審問を行わないときは、裁量権の行使を誤ったものとして、抗告審で審理不尽の評価を受けて取り消される可能性を肯定する。

（注90） 吉岡・前掲（注74）二八八頁。

（注91） 岡垣・前掲（注73）一六頁、金田・前掲（注74）一三八頁。

（注92） 岡垣・前掲（注73）一七頁。なお、東京高決昭42・2・7家月一九巻六号六一頁は、遺産分割に対する即時抗告事件で、相続人たる関係人を審判前に必ず審問すべきであるとしたが、原審が遺産分割の基礎となる相続分の算定を誤ったという理由で原審判を取り消して差戻しをしたもので、審問をしなかったことを原審判の取消事由と認めたのかは不明である。

（注93） 佐上善和「審理の非方式性」判タ増刊一一〇〇号五六三頁。

（注94） 中野・前掲（注41）一五頁、岡垣・前掲（注73）一八頁、奈良次郎「抗告審の多様性（上）」判タ七五四号二〇頁。

（注95） 若林昌子「手続的透明性の視点から」判タ一二三七号一九頁、高田・前掲（注61）八頁。

（注96） 若林・前掲（注95）一九頁。

（注97） 本山敦「本件判批」判タ一一四四号一〇四頁。

（注98） 中野・前掲（注41）一六頁、奈良・前掲（注94）二〇頁。

（注99） 山木戸克己教授は、昭和三三年刊行の『家事審判法』のなかで、「家事審判は非訟手続であるから、職権主義を基調とし裁量的に処理できるのが原則であって、家庭裁判所は必要ないし適当と認めるところにしたがって自ら職権をもって適宜の処置をすることができるわけである。したがって家庭裁判所の処置が手続法的に法令違反となる余地は極めて少ないけれども、家庭裁判所ごとにまた事件によって取扱が区々になるという弊害を生ずる

にわかりやすい手続を可能にしたといえる。

2　家事審判

家事法により、今まで裁量に任されていた手続運営に枠がはめられ、定められた手続を履践することにより、当事者の主体的地位の保障や手続の透明性の向上は一定程度図られることになる。しかし、家事法においても手続保障には一定の留保が付され（家事法六七条一項ただし書、六九条ただし書等）、裁判所の手続裁量に幅があるうえ、事件の特性に応じた適切な判断形成、迅速処理の要請に特に配慮していく必要があり、その意味で今後の運用が非常に重要となる。

(一)　陳述聴取・審問への立会い

家事審判事件では、当事者に、対席審理の場である審問期日で審問を受ける権利を保障している（家事法六八条一項・二項）。この規律の背景には、争訟性の高い家事事件の場合、訴訟事件の審理に近いかたちで当事者に手続上の権利（当事者権）をより手厚く保障すべきという考え方がある（注116）。

また、家裁が審問の期日を開いて当事者の陳述を聴くことにより事実の調査をするときは、他の当事者は、当該当事者が当該期日に立ち会うことにより事実の調査に支障を生ずるおそれがあると認められるときでない限り、当該期日に立ち会うことができる（家審法六九条）。ここでの当事者の審問は、当事者が直接裁判官に主張や意見を述べる場であるから、心証への影響も直接的であるだけに、他の当事者において、そのときの表情や身振りを観察しつつ、直ちに反論をする機会を保障する必要があり、後日、調書により審問の内容を文字情報として確認し、それに反論を加えるだけでは、他方当事者の手続保障として不十分であると考えられている（注117）。この趣旨からすると、他の当事者が当該期日に立ち会うことにより事実の調査に支障を生ずるおそれがあると認められる場合とは、いわゆるＤＶ（配偶者間暴力）事案のように当事者の安全確保を最優先しなければならない場合や、当事者が他の当事者と対面することで、その影響を受けて十分に陳述ができず、その結果、事実の調査に支障が生ずるおそれがある事案等に限られ、単に感情的に立会いを拒否するにすぎない場合は該当しないことになろう。相手の顔を見たくないなどという当事者（かえってこういう者の相手方が同席を強く望むことが少なくない。）が多い実情を考えると、他方当事者の立会いについて説得に苦労する場面が相当出てくると思われる。

(二) 証拠調べ・事実調査

家事法は、裁判所の判断の基礎となる資料の収集を裁判所が職権をもって行うものとする職権探知主義を維持しつつ、当事者に裁判資料の収集の場面における主体的役割を与えるため、証拠調べについて、当事者の申立（申出）権を認めた（家事法五六条一項、二五八条一項）。

ところで、人事訴訟移管後、人事訴訟事件の平均審理期間が年々長期化し、地裁で処理していた当時よりも長くなっており、手続の段階で見ると、争点整理の期間が長期化している。特に、財産分与の申立てがある場合の審理期間が長期化しているところ、片方の当事者が財産関係を把握しておらず、反面、支払義務者は財産の開示に協力しないことが多いため、証拠漁り的な立証を試み、探索的な調査嘱託の申立て等を重ねる事件の長期化が著しい。

家事事件において、これまでは当事者に証拠調べの申立権はないとして対応してきたが、人事訴訟における運用状況にかんがみると、家事法下での遺産分割や財産分与事件における証拠調べ・事実調査については検討すべき課題が多く、従前のとおりの当事者主義的運用を貫くことの合理性を含め、当事者と裁判所の役割分担を十分に考えていく必要があろう。

3 家事調停

(一) これからの調停運営のあり方

このところ、家事調停事件は、国民の権利意識の高揚や近年の家庭状況を背景に、当事者の利害対立の激しい事件や専門性・後見性を要求される事件が増加している。家事法により手続保障に関する規定が拡充されても、合意による紛争の自主的な解決という本質に変わりはないが、家事法の趣旨を踏まえると、手続の透明性を高めるとともに、これまで以上に当事者の主体的関与を引き出し、当事者の紛争解決能力の向上を図っていく必要がある。そのためには、調停委員会は、法的・専門的判断を基礎とした調停の方向づけを考え、調停のプロセスを意識した計画的な手続進行を図り、進行について透明性を図って当事者と認識を共有することや、当事者公開を推し進めたうえ、積極的に法的分析・資料に裏付けられた調停案を提示していくことも求められよう。これらを可能とするためには、裁判官の調停手続への一層の関与を図ることが重要となる。

(二) 事実認識を踏まえた解決の見通しをもつことの必要性

家事調停では、これまで合意を強調するあまり、きちんとした対立点の確認をしなかったり、事実認定に甘さを残したまま、それ以上踏み込んだ事実調査等をしない運用が多かったといえる。調停案の提示が適切になされるためには、当事者の主張を相互に伝え合い、反論を尽くさせること、そして、その主張を裏付ける資料の評価を積極的に行い、調停委員会として、法的観点を踏まえた合理的な解決見通しをもつ必要がある。その場合、手続の透明性、当事者公開に配慮する必要があるし、調停委員会として、事実認識を踏まえた客観的かつ合理的な解決基準をもつことが必要である。これまでの調停実務において、これらの点が十分になされてきたとは言いがたいように思われる。

このようなことは、竹下守夫教授によって、すでに昭和四九年に指摘されていたことである。すなわち、「これからの調停は、民事、家事を問わず、調停委員会が紛争事実関係の正しい認識に立って斡旋を進めるということを基本となすべきであろう。国民が調停に求めているのは、決して紛争の非法律的ないし脱法律的解決ではない。その意味では、ある程度、調停においても正確な事実認識が必要とされる。ところが、事実認識の正確を期するためには、そのための手続の厳正さないし公正さを必要とする。しかし、事実認識のための手続が公正であることは、実は、調停案の内容の客観的妥当性の確保のためのみならず、何よりもまず、提示された調停案に対する当事者の信頼の確保のために必要とされる。調停案が、公正な手続で得られた事実認識に基づくとの信頼がなければ、当事者がそれを承諾することは期待できない。」(注118)

四〇年近く経とうとしているのに、まだこのような調停が一般的に実現できていないのは、これまでの意識改革を含む運用改善策が不十分であった証左である。今後は、調停の紛争解決機能を強化するため、裁判官の実質的な調停関与をより高めるなどの相当な努力が要求されよう。いずれにしても、家事法の趣旨を踏まえれば、家事調停手続はより透明性が高まり、当事者公開も進むであろうから、前記のような調停運営がより実現しやすくなるのであろうし、そのように期待したい。

（注116）高田・前掲（注61）二一頁。

（注117）徳田和幸「非訟事件手続・家事事件手続における当事者等の手続保障」法時八三巻一一号一三頁。

（注118）竹下・前掲（注36）一五頁。

遺産分割審判における遺産の範囲の判断と当事者主義

笠井正俊

一　はじめに

本稿は、遺産分割の家事審判事件（家事事件手続法三九条・別表第二の一二項）において、家庭裁判所が分割対象となる遺産の範囲を判断する際に、特定の財産の遺産帰属性を認定するための事実について弁論主義が成り立つ余地がないかどうかを探ることを目的とする。ここでは、ある財産の遺産帰属性が私人の所有権の帰属に関する事柄であって実体法的にも訴訟法的にも私的自治の対象事項であることや、遺産帰属性が実体的に確定されるのが民事訴訟であり、民事訴訟では当事者主義（処分権主義、弁論主義等（注1））が妥当することを手掛かりにする。これらの私的自治や当事者主義が家事審判での遺産の範囲の確定に弁論主義が働くことの根拠になるのではないかとの立論をするので、本稿の題名では、「当事者主義」という語を用いている。家事審判について実務上従来からいわれている「当事者主義的運用」を超えて本当の「当事者主義」がありうるのではないかという意味も含んでいる。

家事審判には職権探知主義が妥当するとされている（家事事件手続法五六条一項。また、同法六四条一項による民訴法一七九条の準用除外。旧法に関しては、旧家事審判法七条が準用する旧非訟事件手続法一一条、旧家事審判法八条が委任する旧家事審判規則七条一項参照（注2））（注3）。そのことからすると、家事審判で家庭裁判所の判断対象となる事実について、弁論主義が成り立つ余地はないのだということになる。現に、本年（平成二五年）に施行された家事事件手続法の制定過程で、当事者が「主張しない事実」という概念自体が職権探知主義を採る家事審判手続になじまないとも述べられていた（注4）。

ところで、遺産分割の前提問題となる特定の財産の遺産帰属性について、判例は、遺産分割の家事審判において家庭裁判所がこれを判断することができるが、その判断には既判力がなく、既判力による確定は遺産確認の訴えによる民事訴訟の手続で実現されるという理論を確立している（最決昭41・3・2民集二〇巻三号三六〇頁、最判昭61・3・13民集四〇巻二号三八九頁）。本稿の関心は、このような遺産帰属性についても、家事審判においては弁論主義が排除されるのかということである。

この問題を考えるうえで興味深い裁判例として、東京高決平23・2・24判タ一三六六号二三七頁がある。この決定は、遺産分割審判の申立てについて、裁判所が職権探知及び当事者の提出によって収集した資料によると、その対象はすでに黙示の遺産分割協議が成立したと認められる分割済みの不動産であるので、それが被相続人の遺産の範囲内に属する相続財産であると全当事者が合意しても、分割対象がない申立てであって不適法であるとした（遺産分割をした原審判を取り消して、遺産分割審判の申立てを却下している）。遺産分割の前提として遺産の範囲を判断するために必要な特定財産の遺産帰属性についても職権探知主義が働き、弁論主義が排除されるとすると、そのような遺産分割協議の成立が事実として存在する限り、この決定は正しいということになる。当事者が主張していない黙示の遺産分割協議の成立という事実についても、家庭裁判所や抗告裁判所が職権で認識すれば、判断の基礎にできるし、そうすべきだからである。遺産分割について職権探知主義が働くとする通説・実務の立場からは、おそらく、何の問題もない判断として是認されることとなろう。

しかし、特定の財産の遺産帰属性は、他方で、民事訴訟で確定される事項であり、家事審判での判断に既判力がない一方で、民事訴訟で既判力の生じた判断が示されていれば、家事審判はそれに従ってされなければならない。遺産帰属性を職権探知によって否定した家事審判の後に民事訴訟で弁論主義や処分権主義の規律によって遺産帰属性が認められれば、家庭裁判所はあらためて遺産帰属性を前提に遺産分割の審判をすべきこととなる。また、そもそも遺産帰属性は、物の所有権の私人への帰属そのものであって、その存否は、私人間の争いの前提にとどまる限り、実体法上も手続法上も当事者の意思に委ねられるべき性質のものではないかと思われる。そこで、このような遺産帰属性について、家事審判での判断であるからといって、弁論主義の適用を排除してしまってよいのかどうか、筆者には得心がいかないところがある。職権探知によって遺産該当性について当事者の一致した意思と異なる判断をすることには、それが私的自治の範囲内の事項であり、かつ、本来は民事訴訟で解決されるべき事項であることからして、問題があるのではないかということである（注5）。そこで、本稿では、家事審判における遺産の範囲の確定について弁論主義の適用を肯定する方向の議論をしたい（注6）。そして、これは、解釈論として、という趣旨である。家事事件手続法の前記規定との関係は問題となるであろうが、もともと弁論主義自体がきちんとした明文のない原則であり、職権探知主義の内容も明確とは言いがたいところがあるので、解釈論として許される範囲に収まると考える。

非訟事件において訴訟と同様に当事者の「主張」を観念できるかという問題には慎重な検討が必要であるが（注7）、結論として、遺産帰属性を判断するための事実については主張を観念できると思われるし（後記五2で述べる）、前記の東京高決平23・2・24のようなケース（後記四）は、当事者が「主張した事実」か「主張しない事実」かの区別が比較的明瞭であり、また、特定の財産の遺産帰属性について当事者間に争いがなかった事案であるので、弁論主義の適用について論ずる素材として適切である。

ただ、あらかじめ述べておくと、遺産分割審判にはさまざまなケース、手続進行、当事者の姿勢がありうるところ、民事訴訟の口頭弁論や準備書面のようには当事者の「主張」を明確に観念できず、関係する資料のうちで主張と証拠とが不分明な場合があろう。また、遺産の合目的的な裁量による分割という非訟事項との関係で遺産帰属性の判断にも影響が及ぶといったこともありうるのかもしれない。そういった点を含め、遺産分割審判の全般にわたる目配りは筆者の能力ではむずかしいところがあり、おそらく通説や実務の大勢の側から加えられるであろう強い批判に耐えうる立論をする自信はない。本稿は、そのような不十分なものであるが、一研究者の素朴な疑問の提示ということで、お許しいただきたい。

以下、遺産分割審判と遺産確認の訴えに関する判例の確認（後記二）、遺産確認の訴えで当事者主義が妥当することの意義（後記三）、前記東京高決の検討（後記四）、遺産分割審判手続における問題点（後記五）の順に述べることにする。

（注1） ここで「等」としているのは、次のような趣旨である。ある物が「被相続人の遺産に属すること」又は「遺産分割前の遺産共有の状態にあること」それ自体は、ある物の所有権の帰属そのものであるので、事実ではなく権利ないし法的効果であって、その主張や自白は、事実を対象とする弁論主義の適用範囲からは厳密にいえば外れる。自白が成立すれば権利自白の問題になる性質の事項である（権利自白について、三木浩一ほか『民事訴訟法』二四二頁〔三木〕参照）。権利の主張や権利自白の問題は、処分権主義と弁論主義とのいわば中間領域にある事柄であって、そのどちらにも属さない性質のものであるが、私的自治に根拠をもつという意味でこれらと同様に当事者主義の問題として論ずべきものである。そして、権利自白の成否については議論があるが、所有権の存在が権利自白の対象となるという考え方は比較的広く受け入れられている。なお、以下で「弁論主義」という語は、一々「等」をつけるのも煩瑣であるので、その対象に遺産帰属性（遺産共有状態）そのものの主張や自白（権利自白）を含むものとして記述する。

（注2） なお、旧非訟事件手続法一一条について、旧家事審判規則七条一項の規定があるので旧家事審判法七条による準用はないとする見解があるが（斎藤秀夫＝菊池信男編『注解家事審判法（改訂）』八三頁〔菊池〕）、規則への委任があるので法律の準用がないという解釈には疑問がある。家事審判にも旧非訟事件手続法一一条の準用があることを前提に、家事審判規則七条一項がその準用の在り方を定めているという見解（斎藤秀夫＝菊池信男編『注解家事審判規則（特別家事審判規則）（改訂）』四九頁〔山田博〕）に従いたい。ともあれ、現行法では、非訟事件手続法の準用によらず、かつ、法律事項として、家事事件手続法五六条一項が職権探知主義を定めている。

（注3） 筆者は、職権探知主義について、裁判所の職権探知義務を含むものと理解している（笠井正俊「当事者主義と職権主義」門口正人編集代表『民事証拠法大系　第1巻』二一〇頁参照）。非訟事件手続法四九条一項や家事事件

手続法五六条一項は「裁判所は……しなければならない」と定めており、立法の仕方としても解釈論としても裁判所の義務を肯定することに意見の一致があると見られるが、人事訴訟法に関しては必ずしも義務とはとらえない考え方もある（家事事件手続法の立案担当者の考え方として、金子修編著『一問一答家事事件手続法』一一六頁参照。たしかに、人事訴訟法二〇条の表現は「……できる」である。しかし、筆者は、人事訴訟法も、必要があれば職権で探知すべき裁判所の義務を規定したものであり、ただし、離婚や離縁などのように公益性の高くない事件については別の取扱いがありうるものと考えている。笠井・同一二三頁参照）。法制審議会・非訟事件手続法・家事審判法部会の議論でも、人事訴訟法の職権探知と非訟事件手続法及び家事事件手続法の職権探知とを同様のものと見るか違うものと見るかについては理解のずれがあるように見える（同部会第一一回会議録参照。同部会の資料については、法務省のウェブサイトで閲覧可能。また、高田裕成ほか「研究会家事事件手続法4・家事審判の手続（四九条〜五六条）」論究ジュリスト四号一二一頁〔高田〕、一二四頁〔増田勝久〕参照）。

（注4） 法制審議会・非訟事件手続法・家事審判法部会資料のうち、「家事審判手続に関する検討事項(2)」第一九の一参照。もっとも、これに対しては、人事訴訟法では職権探知主義が採られていても「当事者が主張しない事実」という概念が用いられている（同法二〇条）との指摘がある（同部会第一一回会議録参照。前注にあげた職権探知主義の意味に関する理解のずれとも関連する）。また、同部会の議論において、畑瑞穂教授は、事件類型ないし事項によっては職権探知主義を妥当させるべきではないと述べている（第五回、第一一回会議の各議事録参照）。

（注5） ただし、詳しくは本文後記四で検討するが、この東京高決平23・2・24の事案で抗告裁判所は当事者の意向に配慮した慎重な手続運営をしたようであり、また、遺産帰属性についての同じ帰結を弁論主義の適用を前提にしながら導く余地がないわけではないと思われるので、筆者も、この決定自体を強く批判するわけではない。この決定については、それが前提とする職権探知主義の適用を否定して弁論主義を適用することも考えられるのではないかとの検討をするための素材として活用したいということである。

（注6） 高田ほか・前掲（注3）一二三頁〔畑瑞穂〕は、家事審判事件のうちでも遺産分割審判のようにそもそも単なる私益紛争ではないかと思われるものもあり、一律に職権探知主義だというのはおかしいのではないかとし、同

一二六頁〔山本克己〕は、遺産の範囲は民訴事項であるから弁論主義でよいということになる余地があるとする。いわゆる当事者主義的運用に関する後記（注25）掲記の文献のなかにも、当事者の合意についてのなんらかの効力に触れるものが見られる。裁判例として、直接的には特別受益財産の存否に関するものであり、また、遺産の範囲の判断において弁論主義を採用したと評価できるかどうか定かではないが、鹿児島家審昭56・8・21家月三五巻一号九九頁は、申立人に特別受益財産があるとうかがわれなくはない事案において、相手方らが全員、相続開始時点において被相続人の所有に属していた財産のみを遺産として分割されればよい旨を申述し、申立人に特別受益が存したとしても、これについては事情として考慮されれば足り、遺産の範囲からは除外してよい旨申述しており、もとより申立人にも異存がないので、「本来遺産分割が当事者間の合意によりなさるべきものであることに鑑みれば、本件審判においてもこれに従うのが相当である。そこで、申立人について窺われる特別受益の存在についてはあえて考慮せず、別紙遺産目録記載の各不動産のみを遺産分割の対象たる遺産の範囲として確定する。」としている（この審判及び家事審判における当事者の合意や弁論主義の取扱いについては、稲田龍樹「調停前置主義と乙類審判事件(下)」家月五二巻一〇号一五頁参照）。なお、相続財産中の金銭債権その他の可分債権は相続開始とともに法律上当然に分割され、各共同相続人がその相続分に応じて権利を承継するところ（最判昭29・4・8民集八巻四号八一九頁）、実務上、相続人の合意があれば家事調停や家事審判での分割対象となるとする扱いが広く採用されているが（松原正明「可分債権と現金」判タ一一〇〇号三三二頁、梶村太市『実務講座　家事事件法』二一八頁、田中寿生ほか「遺産分割事件の運営(中)」判タ一三七五号七一頁参照）、これは、訴訟法上の弁論主義の適用というよりも実体法的な処理の仕方と見るべきであろう。ただし、これを一種の手続上の合意とする見方もありうるところであり（佐上善和ほか「人事訴訟・家事審判の手続的諸問題」民訴四七号一七九頁〔増田勝久〕参照）、なお検討を要する。

（注7）　この問題の指摘として、畑瑞穂「弁論主義・職権探知主義（等）」民訴五七号九九頁参照。

二　遺産分割審判と遺産確認の訴えに関する判例

1　最決昭41・3・2民集二〇巻三号三六〇頁

遺産分割審判については、その制度の合憲性も含めて基本的かつ最も重要な判例といえるのが最決昭41・3・2民集二〇巻三号三六〇頁である。この判例は、まず、遺産分割審判の性質について、「民法九〇七条二項、三項を承けて、各共同相続人の請求により、家庭裁判所が民法九〇六条に則り、遺産に属する物または権利の種類および性質、各相続人の職業その他一切の事情を考慮して、当事者の意思に拘束されることなく、後見的立場から合目的的に裁量権を行使して具体的に分割を形成決定し、その結果必要な金銭の支払、物の引渡、登記義務の履行その他の給付を付随的に命じ、あるいは、一定期間遺産の全部または一部の分割を禁止する等の処分をなす裁判」であり、その性質は本質的に非訟事件であるから、公開法廷における対審及び判決によってする必要はないとした。そして、遺産分割の前提事項の判断に関し、遺産分割の審判は「相続権、相続財産等の存在を前提としてなされるものであり、それらはいずれも実体法上の権利関係であるから、その存否を終局的に確定するには、訴訟事項として対審公開の判決手続によらなければならない。しかし、それであるからといつて、家庭裁判所は、かかる前提たる法律関係につき当事者間に争があるときは、常に民事訴訟による判決の確定をまつてはじめて遺産分割の審判をなすべきものであるというのではなく、審判手続において右前提事項の存否を審理判断したうえで分割の処分を行うことは少しも差支えないというべきである。けだし、審判手続においてした右前提事項に関する判断には既判力が生じないから、これを争う当事者は、別に民事訴訟を提起して右前提たる権利関係の確定を求めることをなんら妨げられるものではなく、そして、その結果、判決によつて右前提たる権利の存在が否定されれば、分割の審判もその限度において効力を失うに至るものと解されるからである」と述べ、前提事項の存否を審判手続によって決定しても、民事訴訟による通常の裁判を受ける道は閉ざされないから、遺産分割審判は憲法三二条、八二条に違反しないとしている（注8）。

この最決昭41・3・2は、家庭裁判所は「前提たる法律関係につき当事者間に争があるときは」審判手続において前提事項の存否を審理判断して分割の処分を行うことはさしつかえないと述べている。ところが、この判示にもかかわらず、従来、前提事項について当事者間に争いがあることは、家事審判の性質上、家庭裁判所が審理判断できることの要件とは解されてこなかったようである。すなわち、遺産帰属性の有無や特定人の相続権の存否は一定の権利又は法律関係であるので確認訴訟の対象たるべき事項であるが、家庭裁判所は、遺産分割の審判をするにあたり、これらの事項について当事者間に争いがあろうとなかろうと、職権探知により、その権利又は法律関係を確定しなければならないとの見解が通説的である（注9）。

しかし、この判例の趣旨について、前提事項が純然たる訴訟事項である場合には、それが本来訴訟手続で確定されるべき事柄であるので、当事者に争いがないときは家庭裁判所がこれと異なる判断ができないと理解することはできないだろうか。この判例の調査官解説は、前提問題について当事者間に争いがないのが理想であるが、実際には、審判の前提問題について争いが生じることもあるので、純然たる訴訟事項である実体上の権利義務としての前提事項についても家庭裁判所が判断することができるとする立場に立った判例である旨を述べている（注10）。判例の「当事者間に争があるときは」との措辞を特段の留保を示す趣旨ではないとして無視してしまってよいかどうかについては、再考を要するように思われる。

また、この判例と夫婦同居審判に関する判例（最決昭40・6・30民集一九巻四号一〇八九頁）とを対比する文脈でよく指摘されることであるが（注11）、夫婦同居義務とその具体的内容との区別にむずかしいところがあるのとは異なり、ある財産の遺産帰属性の問題と遺産分割の具体的態様（遺産のうちどの財産をどの相続人に与えるか）とが区別しやすいことは検討の前提になるところである。

なお、最決昭41・3・2は、民事訴訟の確定判決で前提となる権利の存在が否定されれば「分割の審判もその限度において効力を失う」と述べており、これを文字どおり当然に無効になると解することはできないが（注12）、遺産でないとされた財産についての分割審判の効果を民事訴訟の当事者であった者がなんらかの手続によって否定できるという帰結に結び付くものであろう。

2　遺産確認の訴え

この最決昭41・3・2が当事者の権利として認めていた「別に民事訴訟を提起して右前提たる権利関係の確定を求めること」について、その方法を具体的に明らかにしたのが、最判昭61・3・13民集四〇巻二号三八九頁である（注13）。この判例は、相続人の一部の者が、遺産分割の前提問題として、他の相続人との間で特定の不動産が被相続人の遺産であることの確認を求める訴え（遺産確認の訴え）について、当該財産が現に共同相続人による遺産分割前の共有関係にあることの確認を求める訴えであり、その原告勝訴の確定判決は、当該財産が遺産分割の対象たる財産であることを既判力をもって確定し、したがって、これに続く遺産分割審判の手続において及びその審判の確定後に当該財産の遺産帰属性を争うことを許さず、もって、遺産分割の前提問題として遺産に属するか否かの争いに決着をつけようとする原告の意思にかなった紛争の解決を図ることができるので、このような訴えは適法であるとしている。

また、遺産確認の訴えは、その適法性が肯定されるこのような実質的根拠からして、共同相続人全員が当事者として関与し、その間で合一にのみ確定することを要する固有必要的共同訴訟であるとされている（最判平元・3・28民集四三巻三号一六七頁）。

以上の二つの判例の考え方の基本的な方向については、学説上も是認する考え方が多数であるといってよく（注14）、遺産分割の前提問題を確定するための民事訴訟に関する重要な法理として検討の前提とすべきものである。

なお、その他の遺産分割の前提事項に関する民事訴訟法上の問題を取り扱った判例には、遺言無効確認の訴えについて確認の利益が認められるとした最判昭47・2・15民集二六巻一号三〇頁、遺言無効確認の訴えは固有必要的共同訴訟ではないとした最判昭56・9・11民集三五巻六号一〇一三頁、特定の財産がいわゆる特別受益財産（民法九〇三条一項）であることの確認を求める訴えは確認の利益を欠くとした最判平7・3・7民集四九巻三号八九三頁、民法九〇三条一項により算定されるいわゆる具体的相続分の価額又はその価額の遺産の総額に対する割合の確認を求める訴えは確認の利益を欠くとした最判平12・2・24民集五四巻二号五二三頁、共同相続人が、他の共同相続人に対し、その者が被相続人の遺産につき相続人の地位を有しないことの確認を求める訴えは共同相続人が当事者として関与し、その間で合一にのみ確定することを要する固有必要的共同訴訟であるとした最判平16・7・6民集五八巻五号一三一九頁などがある。これらの事項についても、特に訴訟で確認の対象とされうる事項については遺産帰属性と同様の検討が必要となるが、本稿では立ち入った考察ができない。他方、特別受益財産の該当性や具体的相続分の価額については、遺産分割との関係では、家事審判の手続において職権探知主義の下で判断がされる事柄ととらえておくことができる（注15）。

（注8） なお、石田秀博「判批」法教二三九号一二二頁は、この判例等を批判し、家事審判手続後に、前提となる実体法上の権利義務についての民事訴訟を許容すべきではなく、家事審判手続における弁論権の実質的保障をいかに実現するかを検討すべきであるとする。しかし、憲法八二条との関係での問題はどうしても残るように思われる（山本弘「遺産分割をめぐる民事訴訟法上の諸問題」法教三七一号一三一頁参照）。また、審判の前提問題である遺産帰属性についての家事審判の判断に既判力を認めたかのような結果を生じさせることになり、確定判決でも原則として認められない理由中の判断の拘束力を認めることになるという問題もある（家事審判の判断の前提となる遺産帰属性が理由中の判断であることについて、徳田和幸「家事審判の効力と関連紛争」民訴四七号一五三頁、越山和広「非訟裁判・家事審判の既判力」法雑五五巻三・四号七二七・七五四頁参照。なお、特定の財産が一部の相続人の固有財産であることを家事審判の主文で判断することはできないとする裁判例として、名古屋高決昭46・4・13家月二四巻一号五二頁がある）。ただし、遺産該当性について弁論主義を適用するとした場合、後の訴訟でそれが覆る可能性がより高くなるのではないかとの指摘はありうるところであり、この点については本文五4で言及する。

（注9） 札幌身分法研究会「遺産分割に関する諸問題XⅢ　四　遺産の分割　二　分割の条件　2　遺産の確定」判タ一四一号三二頁〔中島一郎〕（判例が出る前の見解。本文後記五4で見るように、争いがない場合についても職権探知義務があることを理由を付して強調する）、小山昇「訴訟事項と家事審判」小山ほか編『演習民事訴訟法』六四頁（『小山昇著作集第8巻』一九頁所収）、田中恒朗「遺産分割の前提問題と民事訴訟㊤」ジュリ六〇八号九二頁参照。

（注10） 高津環「判解」判タ一八九号七九頁、同「判解」『判解民昭和四一年度』八九頁。

（注11） 鈴木正裕「訴訟事件と非訟事件」（本文前掲最決昭40・6・30の判批）新堂幸司＝青山善充編『民事訴訟法判例

百選（第二版）』一三頁、青山善充「訴訟と非訟――夫婦同居の審判」（同最決昭40・6・30の判批）伊藤眞ほか編『民事訴訟法判例百選（第三版）』五頁、山本・前掲（注8）一二六頁参照。

（注12） 田中恒朗「遺産分割手続の前提問題」中川善之助先生追悼現代家族法大系編集委員会編『現代家族法大系5』三八頁、松本博之『人事訴訟法（第三版）』一四頁、越山・前掲（注8）七二七頁等参照。学説の状況について、徳田和幸「家事審判の効力と関連紛争」論叢一四八巻三・四号一五六頁参照。

（注13） それに先立つ下級審裁判例の状況については、林屋礼二「遺産確認の訴えの適法性」家月三九巻八号一〇頁、上野泰男「遺産確認の訴について」関法三九巻六号一五五四頁参照。

（注14） 最近のいくつかの文献として、加藤哲夫「遺産確認の訴え」（最判昭61・3・13の判批）高橋宏志ほか編『民事訴訟法判例百選（第四版）』五四頁、越山和広「固有必要的共同訴訟の成否(4)――遺産確認の訴え」（最判平元・3・28の判批）同書二一六頁、山本・前掲（注8）一二四頁、高橋宏志『重点講義　民事訴訟法(上)（第二版）』三六五頁、同『重点講義　民事訴訟法(下)（第二版）』三四〇頁参照。なお、これらの判例からすると、遺産分割を訴訟裁判所で行うのが一貫性があるとも思われるとの指摘として、徳田・前掲（注12）一五八頁参照。

（注15） 本文であげた判例のうち、最判平12・2・24については、憲法との関係での問題の指摘があるが（山本克己「遺産分割の前提問題の確認対象としての適格性」法教二八四号八六頁、山本弘・前掲（注8）一三一頁）、筆者は、最判平12・2・24も最判平7・3・7とともに基本的に支持できるものと考えている（光本（旧姓）正俊「特別受益財産であることの確認を求める訴えの適否」（最判平7・3・7の判批）民商一一三巻四・五号七八五頁参照）。

三　遺産確認の訴えにおける当事者主義

1　弁論主義の適用

遺産確認の訴えは民事訴訟の手続によるものであるから、その審理や判決について処分権主義と弁論主義が適用されることはいうまでもない。それは、ある物がある被相続人の遺産に該当することが実体私法上の権利の帰属に関する事柄であって、これを対象とする民事訴訟では、当事者の自主的な意思や主体性を尊重して国家の介入をできるだけ避けるべきであるという私的自治の原則が働くことによる（注16）。

したがって、遺産確認の訴えにおいては、当事者の主張する要件事実について、当事者間に争いがないかどうか、争いがあれば証拠（原則として当事者が提出する。ただし、たとえば当事者本人尋問のように職権で採用されうる証拠もある）によって認められるかどうかという判断過程を経て判決が導かれる。たとえば、問題とされている不動産について被相続人がそもそも所有権を取得したかどうかについて争いがあるのであれば（前主から、あるいは、原始的に、不動産を取得したのが被相続人なのか共同相続人のうちの一部の者なのかが争いになる事例が裁判例上も見られる）、その原因となる権利及び事実（請求原因となる）があったかどうかが判断される。遺産帰属性が問題とされている不動産を被相続人が生前の一時点で所有していたこと（請求原因となる）について当事者間に争いがないか、それが証拠上認められるのであれば、その後、被相続人がそれを売買、贈与等をした事実（所有権喪失事実。抗弁事実となる）があったかどうかが当事者の主張や立証に基づいて判断される。これらの判断過程においては、事実や証拠の提出に関して弁論主義が適用され、職権探知主義は適用されない。前記一であげた（後記四でも検討する）東京高決平23・2・24が問題としたような当事者間での黙示の遺産分割の成立も、民事訴訟での遺産確認であれば、その基礎となる事実について当事者の主張がなければ裁判所がこれを認定して判決をすることは許されず、被相続人が生前の一時点で当該不動産を所有していたことが当事者の主張と証拠に基づいて認められるのであれば（なお、所有権の帰属の権利主張と権利自白でもよい）、遺産分割がされたという主張（黙示のそれであれば、それを基礎づけるような具体的事実）が当事者から出なければ、遺産確認の請求認容判決がされることになる。

2　確定判決の既判力

遺産確認の訴えによる確定判決が請求認容判決であれば、その既判力によって事実審口頭弁論終結時に当該財産が遺産であることが確定され、請求棄却判決であればその時点で当該財産が遺産でないことが確定する。その後の民事訴訟や家事審判で、裁判所はこのことを前提に判断をしなければならず、既判力が及ぶ者がこれに反する主張をしても排斥される。

ところで、遺産確認の訴えに基づく確定判決の既判力が原告と被告との間にのみ生ずるのか、原告同士、被告同士も含めた当事者全員の間で相互に生ずるのかは一つの問題である。通常の既判力論でいうと、民訴法一一五条一項一号によって原告と被告との間にしか生じない。共同相続人がA、B、C、Dの四名であり、AとBが原告となり、CとDを被告として遺産確認の訴えを提起し、請求の認容又は棄却の判決が確定したとする場合、この確定判決の既判力は、A・C間、A・D間、B・C間、B・D間には生ずるが、AとBとの間やCとDとの間には生じないことになる。

しかし、前記二2の判例が示すように、遺産確認の訴えは、その請求認容確定判決によって当該財産が遺産分割の対象であることを既判力をもって確定し、その後の遺産分割審判の手続等において当該財産の遺産帰属性を争うことを許さないことに訴えの利益の根拠があり、そのことから、共同相続人全員が当事者として関与し、その間での合一確定が必要となる固有必要的共同訴訟とされるのであるから、その確定判決は、共同訴訟における一般的な既判力とは異質なものとなるが、共同原告（AとB）の間や共同被告（CとD）との間でも既判力を有することになると考えるのが妥当である（注17）。そして、このようにどの共同訴訟人の間でも遺産該当性の有無が合一に確定すべきであるとするならば、遺産分割においてそれを前提とすべき要請はより強くなり、弁論主義の妥当性の根拠もより強くなるのではないかと思われる。

もっとも、既判力が共同当事者間で及ぶことが遺産分割審判における遺産該当性の判断に弁論主義を適用することについて不可欠の理由となるというわけではなく、その意味で、前記の議論は、既判力が共同当事者間で及ぶのであれば遺産分割審判で訴訟と同様の取扱いをすべきことがより強く要請されるのではないかという趣旨にすぎない。仮に遺産確認の訴えの確定判決の既判力が共同当事者間（前記の例でA・B間、C・D間）には生じないとしても、その既判力は共同相続人の間で一定の範囲（前記の例でA・C間、A・D間、B・C間、B・D間）では生じており、遺産分割審判では、既判力が生じない共同相続人間でも、その既判力に矛盾するような前提に立って分割を実施することには一般的に合理性がないと考えられるからである。

3　訴訟上の和解等の既判力

遺産確認訴訟において訴訟上の和解が成立した場合、その内容がある物が遺産であることを確認するものであるとき、及び、ある物が遺産でないことを確認するものであるときのいずれにおいても、和解の意思表示に瑕疵があるなどの無効事由である場合は別として、そのような遺産帰属性の有無について既判力が生ずるものと解される（制限的既判力説）。訴訟上の和解の既判力については周知のように議論があり、これを全面的に否定する説も有力であるが（注18）、和解の紛争解決機能の充実や法的安定性、和解を選択する当事者の判決に代わる機能への期待等を考慮すると、意思表示の瑕疵によって無効とされない限り、既判力を認めるのが妥当である（注19）。請求の認諾・放棄についても同様である（注20）。固有必要的共同訴訟であるので、訴訟上の和解や請求の認諾・放棄は、共同訴訟人である相続人全員の意思の一致が要件となる（民訴法四〇条一項）。

そうすると、遺産確認の訴えで訴訟上の和解や請求の認諾・放棄がされることにより、当事者の意思によって遺産帰属性について遺産分割審判に対する拘束力も生じさせることが可能である。また、実際にそのような事態が生じうるかどうかは別として（また、濫用的なものとされる可能性もあるが）、遺産分割審判で職権探知の結果に基づいて当事者の意思に反して遺産帰属性を否定または肯定しても、後から当事者の訴訟上の和解等によってその審判の結果が覆されることが理論的にはありうることになる。これらのことも、遺産帰属性が本来、民事訴訟で判断・確定されるべき事項であることによって裏付けられている（なお、家事調停の調書の既判力については、後記五4で言及する）。

（注16）　民事訴訟における私的自治の原則について、三木ほか・前掲（注1）五四頁〔菱田雄郷〕参照。弁論主義の根

拠については、さしあたり、笠井正俊「弁論主義の意義」鈴木正裕先生古稀祝賀『民事訴訟法の史的展開』三九七頁参照。

（注17）　このような理解を示すものとして、徳田和幸「共同相続人間における遺産確認の訴えと固有必要的共同訴訟」（最判平元・3・28民集四三巻三号一六七頁の判批）判評三七三号四一頁（判時一三三三号二〇三頁）があり、遺産確認の訴えに関する審理手続においては、三面訴訟・多面訴訟として民訴法四七条四項が四〇条一項〜三項までを準用するのと同様の規律がされるとする。基本的に同方向の見解として、小山昇「遺産の範囲確定のための民事訴訟」島津一郎ほか編『新版　相続法の基礎　実用編』一五五頁、谷口安平「多数当事者訴訟について考える」法教八六号六頁（いわゆる「メリーゴーランド構成」）、高橋・前掲（注14）㊦三八五頁（高橋・前掲（注14）㊤三七一頁は中立的な叙述である）参照。なお、判例は訴えの利益を理由づける判示の性質上、請求認容判決の機能のみを述べているが、それとの均衡上、請求棄却判決についても同様に各共同訴訟人相互間での合一確定を要すると考えることになる。

（注18）　高橋・前掲（注14）㊤七六九・七七四頁、高田裕成「訴訟上の和解の効力論への一視点」井上治典先生追悼論文集『民事紛争と手続理論の現在』二六〇頁参照。

（注19）　三木ほか・前掲（注1）四八〇頁〔笠井正俊〕参照。判例（最判昭31・3・30民集一〇巻三号二四二頁、最判昭33・3・5民集一二巻三号三八一頁、最判昭33・6・14民集一二巻九号一四九二頁、最決昭35・7・6民集一四巻九号一六五七頁）の考え方は、基本的に制限的既判力説と同様のものと見られる。

（注20）　三木ほか・前掲（注1）四八八頁〔笠井〕参照。

四　東京高決平23・2・24について

1　事案の概要

冒頭の一であげた東京高決平23・2・24判タ一三六六号二三七頁は、当事者である共同相続人五名の亡父A（平成四年死亡。Aの遺産について同年に遺産分割協議書が作成されている）と亡母B（Aの配偶者で平成八年死亡。Bの遺産について平成九年に遺産分割協議書が作成されている）の遺産分割審判申立てについての抗告審決定である。本件申立てにおいては、Aの遺産分割協議は有効であるがBの遺産分割協議は無効であることを前提に、土地一〇筆（以下、一括して「乙土地」ともいう）がBの未分割の遺産であるとしてそれらの分割審判が求められ、その後、Aが生前所有していた土地一筆（以下、「甲土地」ともいう）が未分割であることが判明したとして、その遺産分割も求められた。遺産分割審判の対象とされている土地（Aの遺産として甲土地一筆、Bの遺産として乙土地一〇筆）がそれぞれ遺産に属することについて当事者間に争いがなく、これらの土地を遺産分割審判の対象とすることについて全当事者の合意がある。ただし、全当事者は、この遺産分割審判申立ての前には、Aの財産の一部について遺産分割調停を成立させており、また、甲土地及び乙土地以外の多数の相続財産（土地）について、相続税納付のために物納や売却をしており、その際、相続財産について分筆及び合筆の各登記手続を繰り返すなどしたほか、その後、一部の代金の分配をしている。

原審は遺産分割審判をしたところ、当事者の一部の者が分割の内容に不服があるとして抗告をした。

2 決定の内容

この東京高決は、遺産分割審判の手続における全当事者の合意の取扱いについて、一般論として次のように述べており、この説示がまず注目される。すなわち、「遺産分割審判の手続における全当事者の合意は、民法九〇七条及び家事審判法九条一項乙類一〇号〔引用者注・現行家事事件手続法三九条・別表第二の一二項〕の相互関係を考えるとき、遺産分割審判事件の性質上、一定の事柄について全当事者間に合意があるときには、格別の事情のない限り、これを尊重して審判の前提とすることができるものと解されるが、職権探知の原則から、一件記録及び審問の全趣旨により認められる事実関係に照らして、上記全当事者間の合意をもってしても、遺産分割等の審判の前提にすることが許されない場合があるというべきである。」と。この説示は、当事者の合意について、遺産分割審判事件の性質上、格別の事情のない限り、これを尊重して審判の前提とすることができるとしており、当事者主義への一定の理解を示すものといえる。しかし、合意と異なる事実関係が認められる場合には、当事者の合意を遺産分割審判の前提にすることが許されないとしており、職権探知主義による手続では、裁判所は当事者の合意に拘束を受けず、職権探知義務を果たして当事者の合意と異なる判断をすべき場合があるとの考え方が基調となっている。

そして、申立てに係る土地の遺産該当性について、この東京高決は、次のように判断している。まず、Aの遺産として分割審判が申し立てられている一筆の土地（甲土地）に関しては、一件記録及び審問の全趣旨によれば、Aの遺産を対象として前記のように平成四年に遺産分割協議書が成立しており、その有効性に当事者が異を唱えていないこと、甲土地の属していた土地（分筆前の土地）もその協議書に記載されていること、分筆前の土地のうち甲土地以外の土地については当事者間の合意によって物納、第三者への譲渡、代金受領等が済まされていることなどから、甲土地は、現在の時点に至るまでに、全当事者が法定相続分である各五分の一の持分割合の持分で共有する旨の少なくとも黙示の遺産分割協議を終えているものであって、遺産分割協議が成立している通常の共有関係にあるものと認めるのが相当であるとしている。また、Bの遺産として分割審判が申し立てられている一〇筆の土地（乙土地）に関しては、A及びBの遺産のうち全当事者の了承の下で相続税の物納や第三者への譲渡によって処分がされた後の残地であり、相続財産の売却代金等について全員がほぼ平等に配分を受けていること、乙土地（一〇筆とも）について、全員の合意によってA及びBの遺産に関する前記の遺産分割協議書に基づいた持分五分の一の割合による共有登記手続が経由されていることなどから、乙土地は、黙示の遺産分割協議の成立を経て、各五分の一の持分割合の持分で通常の共有関係にあると認められるとしている。

この決定の認定の根拠となった資料は、決定文や登載誌（判例タイムズ）のコメントによると、次のようなもののようである（なお、当事者が提出した資料のなかには、調停の過程で提出されて審判の資料にもなったものもある可能性がある）。まず、原審判の段階では、AとBの各遺産に係る前記の遺産分割協議書が当事者から提出されていたほか、当事者から、被相続人所有名義の登記事項証明書や単なる相続登記をしたものと見られる登記事項証明書、古い公図写しが資料として提出されていた。同コメントでは、原審判は全当事者の合意があるのでこれを審判の基礎に据えれば審判ができるものと考えていたと指摘されている。これに対し、抗告審では、職権で所要の登記事項証明書を集めたほか、分割対象とされた土地に関する直近の公図写しの提出を当事者に求めたり、前記の相続財産処分や売却代金等の配分の経過について当事者からの事情聴取を行ったりしたようである。また、一件記録から、調停手続では当事者の一部の者がAとBの遺産についてはすべて分割協議済みであると主張していたことも認定している。

3　検　討

この決定について、遺産分割審判における遺産帰属性の判断に弁論主義を適用すべきであるという見地からどのように評価するかは、かなり微妙である。というのは、事実認定の主たる根拠資料が、遺産の確認のために当然に必要となるとみられる登記事項証明書や公図の写しであり、しかも、それらの資料によると遺産分割が求められた土地をも含むと認めることができる遺産分割協議書が当事者から提出されていたのであるから、この決定のような遺産該当性の判断（遺産であることの否定）は、仮に遺産確認の訴えで同様の問題が生じた場合に、弁論主義に立ちつつ、裁判所による釈明権の行使によって当事者からの主張及び証拠提出を促し（そのような釈明義務を肯定する見方さえ成り立ちうる）、職権によって当事者本人尋問をすること（本件は代理人がついていないようであるところ、本人訴訟では、職権による当事者本人尋問がされる可能性が高い）によっても可能であると考える余地があるからである。

また、登載誌のコメントによると、この東京高決は、Aの遺産分割協議書について全当事者の合意に基づく一部解除による一部協議のやり直しとしての調停が成立したこと（注21）、Bの遺産分割協議書についてはAの遺産分割協議の無効を全当事者が前提に置いて無効としていたことを考慮して、期日に各当事者から個別に意見を徴したうえで、当事者が原審判に対して何を不服としているのかを確認したうえでされた決定であるとのことであり、各遺産分割協議書による遺産分割が基本的に有効に成立しているという方向の判断をしても、当事者の真意に反しない事案であったと見ることも可能である（なお、この決定が遺産非該当の直接の理由として認定したのは黙示の遺産分割であって、遺産分割協議書による遺産分割ではないが、その説示内容からして、認定の根拠として遺産分割協議書による遺産分割がかなりの意味をもっていることがうかがわれる)。

このように考えると、遺産該当性の判断について弁論主義を適用すべきとの見地からしても、本決定の認定手法と結論について、直ちに違法であるとか不当であるとかの評価をすることは避けるべきである。

しかしながら、この東京高決は、前記の一般論のように、基調としては職権探知主義に立っていることは間違いない(それを前提とした当事者主義的運用の在り方としては、当事者の真意にも慎重に配慮し、手続保障にも目配りをしつつ、真実を発見した適切な決定ということにもなるが)。弁論主義を適用すべきとの見地からすると、遺産該当性について全当事者間に合意があるのであるから、権利自白が成立したものとしてそれを審判の前提にすべきではないかとの指摘が可能である。また、この権利自白が錯誤に基づくものであるとか合意による自白の撤回が認められるといった事情が認められるのであれば、それを決定文で明示する必要が生ずる。そのための基礎事実については当事者の主張や証拠提出が必要となり、登記事項証明書は、釈明権行使に当事者が応じなければ提出されないため、この決定のような結論は導かれない可能性がある(注22)。

弁論主義の適用を否定すべきであるという立場からは、このような帰結は疑問であって、弁論主義を採ることの不当さを示すということになるのであろう(登載誌のコメントは、当事者主義的運用の消極的な面を露呈した一事例であるとする)。しかし、職権探知によって本決定が認定した事実が「実体的真実」であるとするならば、このような実体的真実との齟齬も受け入れるべきであるのが私的自治に基づく当事者主義である。民事訴訟での当事者主義の採用は、実体的真実との齟齬をも是とするものであって、本来的に訴訟事項である遺産帰属性に関する限り、それで問題ないはずである(注23)。

なお、本件のような事例に限ったことではあるが、裁判所が当事者の合意に従って遺産帰属性を肯定したうえで、遺産分割の具体的な内容については、裁判所が職権で収集した資料によって認められる従前の経緯に関する事実も考慮して、当該財産について五分の一の共有による遺産分割審判をするということで十分合理的な解決が図られる（この東京高決と同じ結果となる）ようにも思われる。

（注21）　共同相続人は、すでに成立している遺産分割協議につき、その全部又は一部を全員の合意により解除したうえ、あらためて分割協議を成立させることができるとするのが判例（最判平2・9・27民集四四巻六号九九五頁）である。

（注22）　なお、職権探知主義を採るべき場合であれば、釈明権の機能が尽きたところで職権探知主義が実質的な意味をもつといわれる（松本・前掲（注12）六二頁、笠井・前掲（注3）四九頁参照）。

（注23）　なお、この東京高決のように遺産帰属性がその財産を対象とする遺産分割審判申立てについての適法要件であることを前提にする場合、民事訴訟でいうと訴訟要件に相当するものといえるので、職権調査事項として職権探知主義が妥当するのではないかとの指摘がありうる。しかし、訴訟要件に関する職権調査事項のなかにも、訴えの利益や当事者適格（判決の対世効がある場合を除く）のように弁論主義が妥当する事項がある（三木ほか・前掲（注1）三八一頁〔垣内秀介〕参照）のと同様、職権調査事項であるからといって職権探知主義が妥当するとは限らない。特定の財産の遺産該当性は、訴訟要件と類比するとしても、公益的な意味は強くなく、また、当事者がその財産を対象に遺産分割をする必要性に関する事柄という意味で、訴えの利益に近いものと解することができるように思われる。そのため、申立ての適法要件であることから直ちに弁論主義の妥当性を否定することはできない。また、遺産分割協議が調った後の申立てを不適法としつつも、遺産帰属性を「実体要件」と位置づける見解もあり（田中・前掲（注12）四四・四九頁）、いずれにせよ、弁論主義の適用を肯定することは可能である。

五　遺産分割審判手続における問題点の検討

1　弁論主義適用の意義と当事者の手続上の権利の保障

すでに繰り返して述べてきたが、遺産分割審判の前提として遺産の範囲を判断する際に、特定の財産の遺産帰属性については、弁論主義を適用すべきであるというのが本稿の考え方である。そうすると、その判断については、遺産確認の訴えにおいて当該財産の遺産帰属性を審理と判決の対象とする場合（前記三1）と同様の審理と審判をするということになる。なお、特定の物が遺産に帰属することは、遺産確認の訴えでは訴訟物そのものであるので、それ自体についての当事者の合意は、処分権主義の妥当する事項として訴訟上の和解や請求の放棄・認諾によってされることになるが、遺産分割の審判においてはその前提問題として、権利自白と同様に扱われることになる。

ところで、弁論主義は、基本的には、主張と証拠の提出についての当事者の責任を定めるものであると解される（注24）。当事者が提出しない事実や証拠は、裁判所がこれを判断の基礎とすることはできないし、してはならない。逆に、職権探知主義が働けば、そのような事実や証拠も裁判所が収集すべきことになるので、当事者が主張や証拠を提出しなくても、当事者が責任を帰せられることはない（すなわち、それが理由で敗訴することはない）。それが弁論主義と職権探知主義の理念形である。しかし、弁論主義が働く手続でも、事案の適正・迅速な解決、当事者間の実質的公平等を図るために釈明権が行使され（民訴法一四九条一項）、場合によっては裁判所に釈明義務が課せられる。他方、職権探知主義が働く手続でも、実際には裁判所があらゆる事実や証拠を探知できるはずはないので、当事者からの事実や主張の提出が重要な役割を果たす。そして、職権探知主義が適用される家事審判に関しても、争訟性がある事件（旧家事審判法の乙類審判事件、家事事件手続法の別表第二に掲げる事項についての審判事件）、とりわけ遺産分割審判を中心として、実務上、いわゆる当事者主義的運用が強調されるようになっている（注25）。

新しい家事事件手続法は、当事者の手続主体としての地位にかんがみ、また、当事者主義的運用といった実際上の必要性をも考慮し、家事審判に関し、当事者の事実の調査等への協力を定めるとともに（家事事件手続法五六条二項）、当事者の手続上の権利の保障を明確化した（具体的にいくつかをあげると、同法五六条一項による証拠調べ申立権、四六条による調書の作成等、四七条による記録の閲覧等、五一条による期日の関係人の呼出し、六七条による申立書の写しの送付等、六八条による陳述聴取、六九条による審問期日への立会い、六三条又は七〇条による事実の調査の通知、七一条による相当の猶予期間を置いた審理終結日の定め、八八条による抗告状の写しの送付等、八九条による陳述の聴取といったものである）（注26）。

審判手続において一定の事項について弁論主義を適用すると考えた場合、当事者にその責任を問うには、当事者が責任を十分に果たせるだけの制度的な裏付けが必要である。これが、当事者に対する手続上の権利の保障であろう。基本的に職権探知主義を前提とする規律ではあるが、家事事件手続法における手続保障の拡充は、遺産帰属性について弁論主義を適用することで当事者に事実や証拠の提出責任を負わせることを正当化する方向に働くものということができる。

そして、当事者が手続の主体であるという理念からは、職権探知主義が後退すべき場面があり、家事審判のなかでも、特に遺産分割審判のような財産権をめぐる争訟的手続では、当事者が手続の客体であるという見方は排除されなければならない。当事者の自己決定に基づく主張や立証に裁判所の判断の範囲が限定され、それを職権で拡大しないというのが、本来の意味での当事者の主体性の尊重である。

2　当事者の主張

家事審判の手続において弁論主義を適用できるかを考えるにあたっては、非訟事件手続において口頭弁論という審理方式が採られないことから、当事者の主張の有無を観念できるのか、証拠との区別ができるのかという問題について検討しておく必要がある。また、これと関連して、当事者対立構造が観念できるのか、さらに、法律要件の一義的明確性が認められるのかという問題がある（注27）。

これらについては、争訟性の高い財産上の紛争である遺産分割審判における遺産の範囲の判断に必要な事実に関する限り、前記三1であげた遺産確認の訴えにおける要件事実の態様を念頭に置けば、家事審判においても同様の要件事実が観念でき、これに基づく対立当事者（共同相続人）間での「主張」「自白」「証拠提出」が想定できる。そして、当事者の提出する資料を裁判長の手続指揮や釈明権行使によって整理すれば、要件事実の主張があるかどうか、そして、それを裏付ける証拠が当事者から提出されているかどうかという区別は実際にも明確にできると思われる。

そもそも、家事事件手続規則一〇二条一項は、遺産の分割の審判の申立書には、共同相続人、特別受益（民法九〇三条一項）の有無とその内容を記載し、遺産の目録を添付すべきことを定めており（旧家事審判規則一〇四条も同旨）、遺産の範囲について当事者からの「主張」があることを基本的な出発点としている。

したがって、特定の財産が遺産の範囲に属するかどうかの判断に必要な事実については、当事者の「主張」を観念できるかどうかといった観点からの障害はないと考えられる。

なお、仮に主張と証拠との間で不分明な部分が残る事案があるとしても、弁論主義が証拠の提出をも含めた当事者主義の原則であることからすると、当事者が主張も証拠も提出していない事実についての裁判所の認定の不許という枠組みを設定することは可能であろう。前記1で触れたいわゆる当事者主義的運用も、(遺産分割に関係する事実一般に関するものであるが)当事者からの主張や証拠の提出を観念できることの裏付けとなりうる。

3　遺産分割の具体的内容との関係

ところで、特定の財産の遺産該当性は、民法九〇六条が遺産分割の基準として「遺産に属する物又は権利の種類及び性質」をあげているとおり、遺産分割の内容面(実体面)の重要な要素であるので、遺産帰属性について弁論主義のみでは割り切れないのではないかとの見方が想定される。

しかし、同条の規定も、遺産分割の対象物の内容を考慮しなければならないといういわば当然のことを定めたものであって、対象物の範囲の判断とその具体的な分け方とは明確に区別できるはずである(それが前記二の判例理論の前提でもあろう)。その前者について弁論主義を適用したからといって、具体的な分割方法についての裁判所の合目的的裁量を制約するという性質のものではないであろう。

4　遺産帰属性に関する判断を職権ですべき必要性の有無

当事者間に争いがあろうとなかろうと、ある物が遺産に属するかどうかの判断は職権探知によって行うべきであるとされるのは（前記二1・（注9）掲記の学説参照）、審判手続において当事者間に争いがなくても、審判後にそれが争いになって訴訟で審判の前提が覆されるおそれをできるだけ小さくしておこうという考慮が働いているからであるようにも見える（注28）。

しかし、裁判所の調査能力といっても、基本的には当事者からの主張や証拠の提出を前提にせざるをえないという限界のあるものであるし、そもそも、遺産分割のような私人の財産上の紛争に関して、当事者の意思に反してまで職権探知をする必要は大きくないというのが、これまで繰り返し述べてきたところからの帰結である。

なお、遺産帰属性に限っては当事者間に合意がある場合に、後で争いが生じて審判の前提が崩れる事態を避けるためには、事件を家事調停の手続に付し（家事事件手続法二七四条一項）、あるいは、当事者から家事調停の申立てを受け、その部分について調停調書を作成することによって対処が可能であると解する。すなわち、遺産帰属性についても家事調停を成立させることは可能であり、その部分については調停調書に既判力が発生すると解されるのである（注29）。

5　遺産確認の訴えの確認の利益との関係

遺産帰属性について共同相続人間に争いがないときには家事審判の判断との関係でも権利自白が成立し、裁判所が拘束を受けるという本稿の立場に対しては、ある物が遺産であることに共同相続人間にまったく争いがない場合には、そもそも遺産確認の訴えについて確認の利益が欠けるので、遺産確認の請求認容判決が出ることがないのではないか（だから、遺産確認の訴えの請求認容判決は、権利自白の拘束力の根拠にはならないのではないか）との批判があるかもしれない。

しかし、ここでは、遺産帰属性が私的自治の妥当する事項であって、最終的には民事訴訟で確定されるべきものであるという事柄の実体的な性質論に着目して議論をしているので、民事訴訟の訴訟要件という手続法的な制約をあげるのみでは、的を射た批判にはならないはずである。そもそも、遺産確認の訴えは、遺産分割の前提問題を確定する必要に基づいて固有必要的共同訴訟とされていることとの関係で、実質的に遺産帰属性を争っていない（が、原告に加わって訴えを提起することまではしない）相続人をも被告として訴訟をする必要があるので（注30）、確認の利益の厳密な吟味が妥当しない類型の訴えであるともいえる。

それでも、ある物が相続財産に属することについて共同相続人間にまったく争いがない場合には、遺産確認の訴えは確認の利益を欠くといわざるをえないであろう。では、そのような場合に、確認の利益の欠如によって本案判決が封じられるにもかかわらず、遺産分割審判で職権探知によりその物の遺産帰属性を否定する判断をしてよいのであろうか。そのような判断をすることは、本来訴訟事項であるはずの遺産帰属性について、非訟事件手続での遺産非該当の判断が最終的なものとなってしまいかねないという意味で、民事訴訟と家事審判の役割分担（訴訟事項と非訟事項との振分け）に反するのではなかろうか。どこに問題があるかというと、本来訴訟で解決されるべき実体的性質を有する遺産帰属性について、家事審判において、訴訟であれば想定される結果とは異なる枠組み（職権探知主義）によって判断をするところにあるのであろう。このように、訴えの利益との関係を考えても、家事審判で、遺産帰属性について共同相続人の一致した意思に反する判断はすべきではないということになると思われる。

（注24）　笠井・前掲（注16）三九九・四〇五頁参照。
（注25）　当事者主義的運用については、当事者が実体法上の権利主体であって手続上も主体であるので攻撃防御の機会

が十分に付与されるべきであるという手続保障的な面と、当事者から資料の提出を受け、詳細な事情を聴取しなければ適正な審判ができないという実際上の必要性に基づいて当事者を事実の調査の客体として取り扱う面との両面がある（当事者に事案解明を求めることは、そのいずれの面からも説明される）。遺産分割審判等の当事者主義的運用に関する文献として、たとえば、司法研修所編『遺産分割手続運営の手引㊤』一七頁、佐上善和「訴訟と家事審判」竜嵜喜助先生還暦記念『紛争処理と正義』四四八頁、吉村徳重「家事審判手続の当事者主義的運用？」民訴三五号一四一頁、井上哲男「乙類審判事件における職権探知と適正手続の具体的運用」岡垣學＝野田愛子編『講座・実務家事審判法1』一二七頁、藤枝忠了「多数当事者の遺産分割」岡垣學＝野田愛子編『講座・実務家事審判法4』六頁、池尻郁夫「遺産分割審判手続における事実・証拠の提出責任㈠」愛媛一七巻一号五九頁、木村要「遺産分割の審理手続」川井健ほか編『講座・現代家族法　第5巻』一三七頁、田中壯太ほか『遺産分割事件の処理をめぐる諸問題』二〇七頁、稲田・前掲（注6）一九頁、太田武聖「遺産分割事件の当事者主義的運用」判タ一一〇〇号三六二頁、平田厚「乙類審判事件に関する当事者主義的運用の意義と問題点」判タ一二三七号五頁、梶村・前掲（注6）二一五頁参照。

（注26）　家事審判手続において当事者の手続上の権利を保障する必要性については、家事事件手続法の制定との関係での議論も含めて、多くの文献によって指摘されているところである。たとえば、山木戸克己『民事訴訟理論の基礎的研究』五九頁、鈴木忠一『非訟・家事事件の研究』二五九頁、有紀新「非訟手続における審問請求権」民訴二一号一六二頁、同「非訟事件における手続関係人の手続協力義務（事案解明義務）」青法一四巻四号一頁、佐上善和「利益調整紛争における手続権保障とその限界」法時五二巻七号二七頁、同「家事審判における当事者権」鈴木忠一＝三ヶ月章監修『新・実務民事訴訟講座8』七三頁、本間靖規「家事審判と手続保障」吉村徳重先生古稀記念論文集『弁論と証拠調べの理論と実践』一一〇頁、高田裕成「家事審判手続における手続保障論の輪郭」判タ一二三七号三三頁、大橋眞弓「家事審判手続と「審判物」概念について」青山善充先生古稀祝賀論文集『民事手続法学の新たな地平』二一一頁、三木浩一「非訟事件手続法・家事審判法改正の課題」ジュリ一四〇七号八頁、本間靖規「非訟手続・家事審判手続における当事者・関係人の地位」同一八頁、山田文「非訟事件におけ

る審理原則」同二五頁、畑瑞穂「相手方がある非訟・家事審判事件における当事者対立構造と手続規律」同三二頁、山本和彦「非訟事件手続法・家事事件手続法の制定の理念と課題」法時八三巻一一号四頁、徳田和幸「非訟事件手続・家事事件手続における当事者等の手続保障」同一一頁、本間靖規「非訟事件手続・家事事件手続における裁判所の役割」同一七頁、佐上善和「家事審判・家事調停の改革についての評価と課題――手続法の視点から」同三三頁、梶村太市「家事審判・家事調停の改革についての評価と課題――実務家の視点から」同三七頁、高田昌宏「非訟手続における職権探知の審理構造」曹時六三巻一一号二五七一頁、大橋眞弓「家事事件手続法の意義(1)(2)」法教三七五号五二頁、三七六号四九頁、三浦毅「非訟事件手続における審尋請求権法理の実定化に関する考察(一)～(三完)」名法二四二号二一三頁、二四三号四七頁、二四四号五五頁である。こういった手続保障に関する議論が当事者の責任と直ちに結びつくとはいえないが(既判力との関係で、越山・前掲(注8)七三六頁参照)、当事者の責任を肯定するための前提の一つとして手続保障の充実をあげることは可能であろう。

(注27) 以上の問題設定については、畑・前掲(注7)九九頁があげるところに従っている。

(注28) 中島・前掲(注9)三二頁は、家庭裁判所としては、争いがあろうとなかろうと、調査機能を駆使して遺産の範囲を調査し、遺産の範囲に属するものについてのみこれを分割することにより、将来この点に関する争いの余地をなくすことこそ法の期待するところであり、重要なのは現在争いがあるかどうかではなくて、別に訴訟で争われた場合、分割審判における認定と別訴における認定とに差異を生じないように、調査を徹底的にして判断を慎重にしなければならないということであるとする。

(注29) 家事調停調書の既判力の有無(家事事件手続法二六八条一項参照)については、裁判上の和解の既判力と関連して議論があるが(斎藤＝菊池編・前掲(注2)『注解家事審判法(改訂)』七三六頁〔上村多平〕参照)、筆者は、訴訟上の和解(本文前記三3参照)と同様に制限的な既判力を認めてよいと考えている(なお、同項括弧書の別表第二に掲げる事項は、この場合、遺産分割の内容のことであり、遺産の範囲の確定はそこには含まれないと解される)。家庭裁判所で遺産の範囲を確定するために家事調停を活用する方向を示すものとして、土井博子「遺産の範囲の確定」加藤一郎ほか編『家族法の理論と実務(別冊判タ八号)』一八九頁(既判力を肯定する)、

木村・前掲（注25）一四七頁（既判力を肯定する）、徳田・前掲（注12）一六〇頁（既判力と当事者の合意の効力のいずれかによるとの趣旨かと思われる）参照。遺産分割調停のうち遺産の範囲を定めた部分は、訴訟事項に関する調停として確定判決と同一の効力があり、制限的な既判力があるとした裁判例として、大阪高判昭54・1・23高民集三二巻一号一頁がある（その評釈等として、石渡哲「遺産分割の調停が成立した場合における遺産の範囲を定める調停調書の記載部分の効力」判評二五三号三二頁（判時九五一号一七〇頁）、佐々木吉男「遺産の範囲・分割を定める家事調停の既判力」判タ四一一号二五五頁、紺谷浩司「遺産の範囲の確定について」広法五巻三・四号四一七頁がある）。

（注30）小山・前掲（注17）一五五頁、上野・前掲（注13）一五九一頁参照。

六　結びに代えて

以上で本稿の検討を終えるが、おそらく、家事審判で問題となる事項のなかで、遺産分割審判の前提問題としての特定の財産の遺産帰属性は、弁論主義の適用が最も考えやすいものではないかと思っている。それでも、冒頭の一でも述べたように考察に至らぬところが多いと思われるので、ご指導をお願いできれば幸いである。

今後、当事者の手続主体としての位置づけを前提に、この問題についてさらによく考えるとともに、遺産分割審判の前提問題には、ほかにも種々のものがあるので（注31）、どの範囲で弁論主義の対象となりうるかについても検討してみたい。そのなかには、相続人の範囲のように、問題となる事柄によって人事訴訟（婚姻の効力、養子縁組の効力、親子関係存否、認知等）と民事訴訟（民法八九一条の相続欠格事由等。前掲二2の最判平16・7・6民集五八巻五号一三一九頁参照）の双方で争われうるものもあり、より複雑な検討が必要となろう。そして、そもそも、遺産分割審判の対象事項全体が弁論主義になじむのではないかという問題の検討もすべきであり、そこでは、家事審判における裁判所の役割との関係がよりむずかしい課題として現れることになるだろう。

（注31）　田中ほか・前掲（注25）一三・二一〇頁参照。

四

民事執行法

法人格なき社団の財産に対する強制執行の方法
――最判平成二二年六月二九日が残した問題点

山本　弘

はじめに

法人格なき社団に対する金銭債権につき債務名義を有する者は、同社団の代表者等の個人名義で登記された不動産を、いかなる方法により差し押さえることができるか。確立された判例が、法人格なき社団に民事訴訟における当事者能力を認める民訴法二九条の規定は、同社団の権利能力まで認めるものではなく、社団財産は、その構成員全員の総有に属するとし、登記実務が、不動産については、社団名義での登記はもちろんのこと、社団代表者の肩書きを付したかたちでの代表者個人名義の登記も認めないことの帰結として、生ずる問題である。

従来、有力な学説（注1）は、代表者等の登記名義人は、判例及び登記実務が先のような内容のものであるため、便宜的に登記名義人となっているにすぎず、当該不動産につき固有の実質的利益を有していない点において、特定物の引渡・明渡請求における「請求の目的物の所持者」に準じる立場にあるととらえていた。所持者は、当該特定物を占有することにつき固有の利害関係を有していないため、給付訴訟による独立した手続保障の必要はないことを根拠として、民訴法一一五条一項四号及び民執法二三条四項が、引渡・明渡請求権についての確定判決の既判力及び債務名義の執行力を拡張している趣旨を類推できるから、社団を債務者として表示する債務名義に登記名義人に対して執行することができる旨の執行文を付与することにより、同人名義で登記されている不動産の差押えが可能となる、というのである。

ところが、最判平22・6・29民集六四巻四号一二三五頁は、これとは異なる方法による差押えが可能であることを判示したうえで、執行文の付与を通じた差押えは許されない旨を判示した。同判決には、本稿の被献呈者である田原睦夫判事が関与され、詳細にして理論的に興味深い補足意見（岡部伊都子裁判官同調）を付しておられる。

（注1）中野貞一郎『民事執行法（新訂増補第五版）』一四一頁以下、伊藤眞『民事訴訟法（第四版）』一二二頁（注28）、新堂幸司『新民事訴訟法（第四版）』一四二頁（ただし、新堂教授は同書第五版（一五〇頁）において、後述する平成二二年最判の立場へと改説した）、新堂幸司＝小島武司『注釈民事訴訟法(1)』四三九頁（高見進）等。

一　最判平22・6・29の事案及び判旨並びに田原補足意見の概要

訴外A（在日本朝鮮人総聯合会）に対する貸付債権を、経営破綻した訴外金融機関B（朝銀信用組合）より譲り受けたX（株式会社整理回収機構。原告・控訴人・上告人）は、同債権につきAを被告として貸金返還請求訴訟を提起し、第一審において仮執行宣言付判決を取得した。そこでXは、Aの本部として使用されている土地・建物につき登記名義を有するY（合資会社朝鮮中央会館管理会）を被告として、執行文付与の訴えを提起し、その理由として、次のように主張した。

法人格なき社団が不動産を所有する場合、現在の登記実務上、法人格なき社団の代表者名義（又は構成員全員の共有名義）での登記しか認められないため、右登記名義人たる代表者は、当該社団のため登記名義を保有しているにすぎず、民執法二三条三項の「所持者」に準ずるものであるから、債権者は、同法二七条二項に基づき代表者を債務者とする執行文の付与を求めることができ、この理は、登記名義人が代表者である場合のみならず、Yのような、登記名義を管理するためだけの便宜的存在にすぎない第三者が登記名義人である場合にも当てはまる。Bの経営破綻により選任された金融管財人宛てにAが提出したその財産一覧表のなかには、本件不動産が記載されており、前記貸金請求訴訟において第一審判決が言い渡される直前にY宛てに所有権移転登記が経由された際、Aの代理人である弁護士が記者会見等において本件不動産の実質的な所有者がAであることを前提として「差押えを回避するための措置」であると言明していたこと、Aの最上級幹部がYの代表者及び役員を務めていること等に照らし、本件不動産はAの所有であり、YはAの代表者とほぼ同様の地位にあり、便宜上Aの構成員全員のため形式的に登記名義人になっているにすぎない。

さて、執行文の付与により対応すべしとする学説も、社団の代表者や、社団の規約や社員総会の決議により社団構成員のため登記名義人たることを授権された特定の構成員が登記名義人となっている場合（注２）を想定して議論をしており、本件事案におけるＹのような者が登記名義人である場合も同説の射程内にあると考えていたか否かは、必ずしも定かでない。ＡからＹに登記名義が移転した背景事情としてＸが主張するところ（ＡとＹとは代表者その他の役員が共通で、第一審判決の直前に執行逃れのために登記を移転した）からは、ＡとＹとの間には濫用型の法人格否認の関係が認められるから、Ｘに対する確定判決又は仮執行宣言付判決がある限り、Ｙに対し給付の訴えによる独立した手続を保障する必要はないというのが、Ｘの立場であるようにも理解できる。そうすると、法人格否認の法理に基づく既判力及び執行力の拡張を否定する判例法理（注３）と抵触する疑いを生じさせることになる。

そのせいもあってか、第一審判決（東京地判平20・11・17判時二〇三六号八八頁）は、一般論として、法人格なき社団の不動産につき社団の規約等に定められた手続により代表者その他の構成員の名義で登記されている場合には、民執法二三条三項の類推適用により、強制執行の対象を当該不動産に限定したうえで、当該登記名義人を債務者とする執行文を付与することができる、との判断を示しつつも、Ｙは、Ａとは別個独立の法人格者でありＡの構成員ではないから、仮にＹがＡの不動産につき便宜上登記名義を管理するための形式的存在にすぎないとしても、Ｙを民執法二三条三項にいう所持者に準ずる者ととらえ、同法二七条二項に基づきＹを債務者とする執行文の付与を求めることができるとするＸの見解は、採用できないとした。原判決（東京高判平21・4・15金法一九〇四号一一八頁）もこの立場を踏襲している。

ただ、Xの主張を採用できない理由として、原判決は「社団の構成員でない第三者が登記名義人となっている場合、そのような登記が登記実務上当該社団名義の登記が許されないことに伴う便宜上の措置であったとしても、公示の機能を果たすものとは認められないし、真実の権利関係を反映していない不実の登記のまま強制競売手続を行うことを許容すると、登記が真実の権利関係を公示していないにもかかわらず、不実の登記のまま新たな権利変動を生じさせ、それに基づく登記がなされることを容認する結果となるのであって、登記により現在の権利関係を明かにするとともに権利変動の過程を如実に反映するという不動産登記制度の趣旨に反」する旨を指摘するが、これは説得力に乏しいといわざるをえない。冒頭に記したように、現在の登記実務は、代表者の名義で登記する場合であっても、社団代表者の肩書きを付すことにより、当該財産が社団の財産であることを公示する方法を認めず、代表者の個人財産であることを公示するかたちでの登記しか認めない。ここにおいてすでに、真実の権利関係を登記に反映させることは断念されている。原判決が肯定するように、代表者等の登記名義人を債務者とする執行を許容する旨の執行文を付与し、それに基づき強制競売を行えば、その結果、真実その不動産の所有者ではない代表者等の登記名義人から買受人への売買を原因とする所有権移転が公示されることとなり、権利変動の過程を如実に反映するという登記制度の趣旨に反する点に、変わりはないからである。

他方で、第三者が登記名義人である場合に執行文の付与の方法によることができないとして、債権者にいかなる手段が可能かについては、原判決は「債権者代位権により当該社団の代表者個人への真正な登記名義の回復を原因とする所有権移転登記手続を経た上でこれを差し押さえる方法により、権利能力なき社団を債務者とする金銭債務に係る債務名義に基づく権利実現が可能である」としている。

このように、傍論としてではあるが、第一審判決及び原判決は、代表者等社団の構成員が登記名義人である場合に民執法二三条三項の類推適用を肯定した。これに対し、最高裁は「法二三条三項の規定は、特定物の引渡請求権等についての強制執行の場合を予定しているものであるし、法二七条二項に規定する執行文付与の手続および執行文付与の訴えにおいて、強制執行の対象となる財産が債務名義上の債務者に帰属するか否かを審理することも予定されていないことからすると、法二三条三項の規定を金銭債権についての強制執行の場合にまで拡張解釈することは許されないものというべきである。」と判示した。最高裁のこの判示は、本件における登記名義人が社団構成員ではない第三者であることを理由に執行文付与の訴えを棄却した原審の判断を「結論において是認することができる」とする前提として展開されており、判旨は、登記名義人が代表者等社団の構成員であるか第三者であるかにかかわらず、執行文付与手続の利用を一般的に否定したものである。

かといって、債務名義に表示された債務者の名義で登記された不動産のみが差押えの対象となるという民事執行法手続の原則（執行機関に責任財産の帰属についての実質判断をさせないとの建前から採用される「外観主義」）を法人格なき社団の場合に形式的に適用すると、債権者の社団に対する債権の実現を法が拒否するに等しく、適切でないことは、判旨も認める。そこで、法二三条三項の類推適用（判旨は「拡張適用」という）に代わり、判旨は、債権者に認められる権利の実現のための方法につき次のように判示する（注4）。

「債権者は、上記不動産が当該社団の構成員全員の総有に属することを確認する旨の上記債権者と当該社団及び上記登記名義人との間の確定判決その他これに準ずる文書を添付して、当該社団を債務者とする強制執行の申立てをすることができると解するのが相当であ（中略）る。」（注5）

本判決には、田原睦夫判事による詳細な補足意見（以下「田原補足意見」という）が付されている。

田原補足意見は、民執法二三条三項及び二七条二項の拡張適用を認めるべきでないとする法廷意見の結論に同調したうえ、現在の登記名義人が社団の現在の代表者であるなど、同人と社団との関連性が債務名義及び社団の規約等から明らかである場合と、現在の登記名義人が社団の旧代表者である場合又は社団が構成員の総有権を対抗できる第三者である場合など、同人と社団との関連性が債務名義等から明らかでない場合とを、区別する。

前者の場合には、差押えの対象不動産が社団構成員の総有に属することを、社団との関係で確認する確定判決があれば、当該確定判決の当事者欄に現在の社団代表者が誰であるかが表示される以上、これと代表者をもって登記名義人とする社団の規約等とが相まって、現在の登記名義人と社団との関連性が証明されることとなるから、債権者は、金銭債権についての債務名義にこれらの文書を添付して執行裁判所に提出すれば、当該不動産を差し押さえることができる。

これに対し、後者の場合には、債権者は、債権者代位権に基づき、社団（社団に登記請求訴訟の原告適格が認められなければ、社団構成員全員）に代位して、現在の登記名義人に対して、社団の現在の代表者宛てへの移転登記手続を求める訴えを提起し、それを認容する確定判決により社団の現在の代表者への移転登記を経由することができ、その後は、先に記したとおり、現在の代表者への移転登記手続を命ずる確定判決と代表者をもって登記名義人とする旨の社団の規約等により、現在の登記名義人と社団との関連性が証明されるから、執行裁判所に対し社団に対する金銭債権の債務名義にこれらの文書を添付して、当該不動産の差押えを申し立てることができる。本来はこの方法を原則とすべきであるが、社団及び現在の登記名義人の双方に対して構成員の総有権を確認する確定判決を得るという、法廷意見が説示する方法によっても、執行裁判所が執行債務者たる社団と現在の登記名義人との具体的な関連性を認定することができる限りにおいて、結論的に法廷意見の見解を是認できる。

（注2）この方法により、代表者が交替するごとに登記名義の変更をする煩を免れることができる。なお、最判平6・

5・31民集四八巻四号一〇六五頁は、判決要旨第三において、同構成員は、社団構成員全員の任意的訴訟担当者として、現在登記名義を有する者に対し、自己宛ての所有権移転登記手続を求める訴えを提起しうるとしている。

（注3）　最判昭53・9・14判時九〇六号八八頁。松村和徳「平成二二年最判解説」リマークス二〇一一年(下)一一三頁が、この点を指摘する。法人格否認の法理による既判力・執行力の拡張に好意的な学説上の有力説（伊藤・前掲書（注1）五六二頁、中野貞一郎『民事執行法（新訂増補第六版）』一一三頁）も、濫用型ではこれを否定する。なお、園田憲治「平成二二年最判解説」『ジュリスト重要判例解説平成二二年度』一六九頁も、執行文付与類推説では、従来の判例法理による限り、法人格否認を理由として登記名義人に対する執行文付与を求めることは許されないが、平成二二年最判の立場では、自己名義の不動産を差し押さえられたYが第三者異議の訴えを提起してきた場合、Xの側からAY間に法人格否認の関係が成立するとの抗弁を提出することができる、とする最判平17・7・15民集五九巻六号一七四二頁の法理が適用されることになるから、この点に執行文付与類推説に対する平成二二年最判の優位性が認められると説く。しかし、Y名義で登記された不動産を差し押さえるために要求される証明文書の典型は、判旨も例示するとおり、同不動産がAの構成員の総有に属する旨をXY間において確認する確定判決であり、この判決の既判力（矛盾関係）により、Yが自らの所有権を主張して第三者異議の訴えを提起すれば、法人格否認の抗弁の提出をまつまでもなく、請求は棄却されるはずである。証明文書が、本件不動産がAの構成員の総有であることを認めるXY間の和解調書・認諾調書である場合も、和解の更改的効果又は認諾調書の（制限的）既判力により、同様の帰結となるはずである。

（注4）　このように、本判決における請求棄却の理由は、権利能力なき社団の構成員の総有に属する不動産の登記名義人に対し民執法二三条三項に基づき執行文を付与する方法による強制執行は許されないという点にあり、それに代わる差押えの方法を判示する部分は、傍論として位置づけられる（滝澤孝臣「平成二二年最判研究」金商一三五七号一一頁）が、滝澤判事も強調するように、決定的意義を有する傍論である。

（注5）　なお、XがA及びYに対する関係で構成員の総有権を確認する確定判決を取得する前に、Yが本件不動産をさ

らに他に譲渡し移転登記を経由する等の執行妨害行為に及ぶ危険があり、この場合、最判平23・2・9民集六五巻二号六五五頁は、XはY名義で登記された本件不動産の仮差押えを申し立てることができ、この申立てに際して本件不動産がAの構成員の総有に属する事実を証するため添付すべき書面は、確定判決等であることを要しないとした。

二　法廷意見と有力説の理論的及び実践的な優劣

法廷意見は、民執法二三条三項は特定物引渡・明渡請求を念頭に置くもので、金銭債権に基づく不動産の強制競売の場合にまで「拡張適用」することはその趣旨を逸脱するとして、従来の有力説を批判する。しかし、従来の有力説とてそれは百も承知のことであって、法人格なき社団に対する金銭債権についての債務名義に基づいて、代表者その他の者の個人名義で登記された不動産を差し押さえる方法がこのほかには存在しないと考えたがゆえに、便法として同条項を流用したにすぎない（注6）。法廷意見としては、同判決が説く方法のほうが、理論的にも実践的にも、民執法二三条三項、二七条二項を類推適用する説より優れた結果をもたらすことを論証しなければ、従来の有力説を葬り去ることはできないはずである。

この点につき、田原補足意見は従来の有力説が妥当でない根拠として、具体的に次の点をあげる。すなわち、法人格なき社団に対する金銭債権について作成された債務名義の本来の執行債務者は、法人格なき社団であるにもかかわらず、従来の有力説では、その執行手続の執行債務者は登記名義人とならざるをえず、金銭債権の執行手続としては異例の形態となる（注7）。

これに対しては、権利の観念的形成手続（とその担当機関）と事実的形成手続（とその担当機関）とを分離し、後者をして権利の簡易迅速かつ効率的な実現に専念させる趣旨から、不動産執行においては、債務名義に表示された債務者名義で登記された不動産については差押えが許され、そうでない不動産については差押えを許さないという「外観主義」が採用されているのであって、従来の有力説は、執行文付与機関による執行文付与手続を介在させることを通じて、現在の登記名義人に債務名義の執行力を拡張し、同人を執行債務者とすることにより、外観主義との調和を図ろうとするものであり、判旨の提案する方法のほうが、執行機関に実体的権利義務関係の判断を強いる点において、むしろ強制執行として異例であるという批判がある（注８）。

この対立をどう評価すべきか。もともと、債務名義に表示された債務者の名義で登記された不動産のみが適法な差押えの対象となるという意味での外観主義は、登記よりも実体的権利関係を正しく示すもの、すなわち、第三者異議の訴えにおける請求認容の確定判決の提出があれば覆される（民執法三八条、三九条一項一号、四〇条）のであるから、反対に、債務名義に表示された債務者以外の者の名義で登記された不動産は差し押さえることができないという意味での外観主義もまた、それが債務者の不動産であり、登記のほうが実体に反していることを示す確定判決の提出があれば、覆されるとしてさしつかえないのではあるまいか。かつて、兼子一博士が、第三者異議の訴えは競売による譲渡を妨げる第三者の実体法上の権利の確認を求める私法上の確認訴訟であると主張された際に強調されたとおり（注９）、執行機関が判決を尊重して行動するのは、執行機関と判決機関を分離した建前から当然のことであり、登記のほうが実体に反することを確認する確定判決がある限り、執行機関が確定判決のほうを尊重すべきこともまた当然であって、これをもって執行機関に実体関係を判断させるものとする批判は的外れであるという再反論が、田原補足意見の立場からはなされるであろう。この点は田原補足意見に理論的な優位性を認めうると思われる（注10）。

より、実践的な問題として、田原補足意見は、従来の有力説では、執行文の付与により登記名義人が執行債務者となるから、登記名義人個人に対する金銭債権につき債務名義を有する債権者が配当要求等をしてきた場合に、それを排除することがきわめて困難であると指摘している。この点についても、従来の有力説によれば、登記名義人が執行債務者となるから、社団債権者による差押えも登記名義人個人に対する債権者による差押えも、二重差押えとして手続が一本化されるのに対し、判旨の立場では、社団債権者による強制執行手続の執行債務者は社団であり、登記名義人個人に対する債権者による強制執行は登記名義人を執行債務者とするから、両手続は別個の手続として独立に進行し、別々に競売がなされ、それぞれの手続で別の買受人が出現することも理論上は可能であって、そのほうがかえって解決困難な問題を惹起することとなるという批判がある（注11）。

筆者は、別の機会に、従来の有力説のいうとおり、社団債権者による差押えと登記名義人の債権者による差押えが登記名義人を執行債務者とする二重の差押えとなり、手続が一本化されると、当該不動産が社団に属するものである限りは前者の差押えの効果として、反対にそれが登記名義人個人の財産である限りは後者の差押えの効果として、いずれにしても買受人にその所有権が移転するのであるから、売却を実施したうえで、当該不動産の帰属は売却代金の配当の問題として処理したほうが合理的であると論じたことがある（注12）。判旨の立場によると、社団を執行債務者とする手続と登記名義人を執行債務者とする手続とが別個に併存するから、社団債権者としては、差押えに係る不動産の本来の権利主体である社団構成員全員又は社団が有する第三者異議の訴えの提訴権限を、債権者代位権に基づいて代位行使することにより、他方の競売手続の執行を阻止する必要が出てくるし、同訴えを提起しただけでは、当然には手続は停止しないから、執行停止のための疏明や担保の提供も必要となる。前者の処理のほうが合理的であると考えているが、私見のような立場をとっても、両者の差押えの登記に先んじて、登記名義人が設定した地上権や対抗力ある賃借権が存在する場合には、不動産が登記名義人の個人所有に属する限り、これらは買受人による引受けの対象となるが、当該不動産が社団構成員の総有であるとすると、登記名義人が、社団を代表して又は社団構成員全員の代理人として当該地上権等を設定する権限を有しない限り、当該地上権等は無効である。結局、売却対象不動産の所有権の帰属が決まらないと売却条件が決まらないのであり、手続が一本化されれば常に配当の問題として処理できるわけではない。この問題については、本稿ではこれ以上は言及することを避ける。

（注6） 山本和彦「平成二二年最判研究」法研八四巻三号一五三頁も「余りに形式論であ」ると批判する。

（注7） 山本・前掲評釈（注6）一五三頁も、社団の責任財産であることが執行手続上の大前提であるにもかかわらず、登記名義人に対する執行を許す旨の執行文を付与して、登記名義人の財産として強制執行の手続をとるべしとする有力説に比べ、それが債務名義に表示された社団の（正確には社団構成員の総有に係る）財産であることを確定判決等により証明させるほうが、この大前提に忠実であり自然であるとして、法廷意見及び田原補足意見に与する。

（注8） 中野・前掲書（注1）一四三頁、同「平成二二年最判研究」判タ一三四一号一一頁。

（注9） 兼子一『増補強制執行法』五九頁。

（注10） 青木哲「平成二二年最判解説」『民事執行・保全法判例百選（第二版）』二〇頁以下は、添付文書を構成員の総有権を確認する確定判決等一定の範囲に限定することによって、執行の迅速性は確保できるから、権利判定機関と権利実現機関との分離は、平成二二年最判に対する批判として、決定的ではないとする（Y名義で登記されている不動産をXが仮差押えする場合の添付文書に関する、前掲（注5）・平成二三年最判についての菱田雄郷批評（判評六三四号（判時二一二七号）二一頁）も同旨）。なお、青木哲「不動産執行における執行債務者と所有

者との関係について」民訴五八号一四七頁、特に一四九頁以下は、外観主義を、執行債務者を所有者とする登記があればその差押えは適法であるという「十分原則」と、執行債務者を所有者とする登記がなければ強制執行を開始することができないという「必要原則」とに分解し、前者は、執行機関をして迅速な執行の実施に専念させるため、権利判定機関と執行機関とを分離したことに由来し、後者の趣旨は、一般に、執行機関と権利判定機関の分離から、執行機関は所有権の帰属につき判断することができないので、その判断資料を登記事項証明書に限定したと説明されるが、登記事項証明書以外の資料、たとえば判決に基づいて、執行機関が所有権の帰属を判断することは権利判定機関と執行機関を分離した趣旨に反するものではない、と説く。これを法人格なき社団の例に即していえば、平成二二年最判が例示するような、係争不動産が社団構成員の総有に属することを確認する確定判決に基づいて執行機関が所有権の帰属を判断することは、権利判定機関と執行機関とを分離した趣旨に反することはない。その一方で、青木論文は、「必要原則」の根拠を、差押えの登記及び買受人への所有権移転登記の経由により登記上の不利益を受ける現在の登記名義人に、手続保障の関係から、執行手続において執行債務者の地位を与える必要がある点に求める。そうすると、法人格なき社団の事例では、社団名義での登記が許されない関係で登記名義人となっている者の右登記上の不利益に鑑みると、平成二二年最判がいうように、同人との関係で社団構成員の総有権確認判決等があれば当該不動産の差押えができるとするだけでは、いまだ「必要原則」を克服するには十分でなく、同人に執行手続における執行債務者たる（またはそれに準ずる）地位を与える必要がある。青木説によれば、後に紹介する詐害行為取消権に関する「責任説」が提唱するような、「登記名義人に対する強制執行受忍の訴え」を構想し、これにより、同人名義で登記されている不動産が誰のものであるかについて同人に判決手続を保障しつつ、その請求を認容する確定判決を「登記名義人に対する執行力ある債務名義」ととらえ、執行開始にあたりこれを同人に送達することにより、執行手続における債務者たる地位を保障するという規律が、本来あるべき姿である。しかし、この場合の登記名義人が民執法二三条三項にいう「請求の目的物の所持者」と共通する性質を有することに照らすと、同人が社団のために名義人となっていること（同人が社団の現在の代表者であり、社団には代表者をもって登記名義人とする規約があること等）の証明を要件として、社団に対する債務名義に同人に対する執行文を付与し、執行開始にあたりこれを同人に送達する方法によって同人に対し執行債務者たる地位を保障することも可能である、と論じる。

（注11） 中野・前掲評釈（注8）一一頁以下。いかに困難な問題が生じうるかは、渡邉健司「強制換価法における外観と実体——人格なき社団事例の具体的検討」判タ一九一八号五〇頁以下に詳しい。

（注12） 拙稿「法人格なき社団の当事者能力」法教三七五号一四九頁以下。

三 法廷意見への疑問——社団を総有権確認の訴えの被告とする必要性

法廷意見は、ある者の所有名義で登記された不動産につき社団を債務者として表示する債務名義に基づきこれを差し押さえるためには、社団及び登記名義人との間で、当該不動産が社団構成員の総有に属する旨を確認する確定判決その他これに準ずる文書が必要であるとする。本判決の評釈等の中には、社団及び登記名義人は右確認訴訟につき必要的共同訴訟人の関係に立つとするものも、存在する（注13）。

しかし、本判決を一読して筆者が最初に抱いた疑問は、なぜこの両者との関係で総有権確認判決が必要なのかという点にある。もちろん、その所有名義で登記されている不動産が名義人固有の財産か債務者の責任財産に属するかに関する紛争につき、登記名義人は最も密接な利害関係を有する当事者であるから、同人を被告としない確認の訴えは許されないといえよう（この点は、「おわりに」で再論する）。問題は、社団を債務者とする金銭債権についての債務名義のほかに、社団との関係においても社団構成員の総有権を確認する確定判決を要求する必要がどこにあるかという点である。

この疑問は、法人格なき社団においては社団名義での登記ができないがゆえに、代表者等の構成員や本件のような法人格なき社団の関連会社の所有名義でしか登記する方法がないという、法人格なき社団に特有の事情から生じるものではない。むしろ、ある債務者に対して金銭債権を有すると主張する債権者が、債務者以外の者（以下「登記名義人」という。ただし、詐害行為取消権の文脈においては、通例に従い「受益者」という）の名義で登記されている不動産につき、それは実は債務者の所有であり、当該債権者の金銭債権についての責任財産であると主張し、登記名義人はこれを争う場合に、債務者を被告として責任財産の帰属を確定する必要があるかという、より普遍化されうる問題である。

こうした紛争の一例として思い浮かぶのは、民法四二四条が定める債権者取消権ないし詐害行為取消権であり、そのリーディングケースが、大審院明44・3・26聯合部判決民録一七輯一一七頁である。少し長くなるが、判決原文（必要に応じて句読点及び濁点を付し、旧字体を新字体に、片仮名書きを平仮名書きに、それぞれ改めた）を引用する。

「民法四百二十四条に規定する詐害行為廃罷訴権は、債権者を害することを知りて為したる債務者の法律行為を取消し、債務者の財産上の地位を詐害行為を為したる以前の原状に復し、以て債権者をしてその債権の正当なる弁済を受くることを得せしめて、その担保権（筆者注：一般担保、すなわち責任財産の意である）を確保することを目的とするは、此訴権の性質上明確一点の疑を容れざる所なり。然れども、債権者が詐害行為廃罷訴権を行使するに当たり何人を以て対手人として訴訟を提起すべきやの点に付いては、我民法並に民事訴訟法中に何等の規定を存せさる為、解釈上疑を生ずるを免れず。而して、債務者の財産が詐害行為の結果行為の対手人たる受益者の有に帰し、更に転じて第三者の有に帰したる場合に於て、廃罷の目的となるべき行為は、第四百二十四条の規定の明文に従い債務者の行為にして、受益者は其行為の相手方として直接之に関与したるものなれば、其廃罷を請求する訴訟において債務者及び受益者を対手人と為すことを要する（中略）ものなりとするは、従来当院の判例に依り確認せられたる解釈なり。然りと雖も、詐害行為の廃罷は、民法が「法律行為の取消」なる語を用いたるに拘らず、一般の法律行為の取消と其性質を異にし、其効力は相対的にして何人にも対抗すべき絶対的なものにあらず。詳言すれば、裁判所が債権者の請求に基き債務者の法律行為を取消したるときは、其法律行為は訴訟の相手方に対しては全然無効に帰すべしと雖も、其訴訟に干与せざる債務者、受益者又は転得者に対しては、依然として存立することを妨げざると同時に、債権者と特定の対手人との関係に於て法律行為の効力を消滅せしめ、因て以て直接又は間接に債務者の財産上の地位を原状に復することを得るに於ては、其他の関係人との関係に於て其法律行為を成立せしむるも其利害に何等の影響を及ぼすことなし。是を以て債権者が債務者の財産を譲受けたる受益者または転得者に対して訴を提起し、之に対する関係に於て法律行為を取消したる以上は、其財産の回復又は之に代るべき賠償を得ることに因りて其担保権を確保するに足るを以て、特に債務者に対して訴を提起し、其法律行為の取消を求むるの必要なし。故に、債務者は其訴訟の対手人たる適格を有せざるを以て、必要的共同被告として之を相手取るべきものとした当院の判例は、之を変更せざるべからず。」

この判決は、債務者を詐害行為取消訴訟の被告とする必要はないことのほか、同訴訟が形成訴訟であること、したがって、債権者は形成の効果として生ずる財産の回復の請求（債務者から受益者への移転登記の抹消登記手続請求）を詐害行為取消請求と併合提起することを妨げないが、詐害行為の取消しを求める訴えを単独で提起してもその訴えの利益は認められること、詐害行為取消しの効果は相対的であること、転得者が存在する場合であっても、債権者は受益者に対し財産の回復に代わる賠償請求をすることが可能であるから、受益者と転得者の双方を共同被告として訴える必要がないこと等、現在に至る詐害行為取消権及び詐害行為取消訴訟に関する判例理論を確立した。もっとも、債務者を詐害行為取消しの訴えを被告とする必要がないことの論拠として、本判決では、詐害行為取消しの実体法上の効果が相対的な取消しであることが強調されているところから、法人格なき社団を債務者とする債務名義に基づく差押えのために総有権確認が必要とされる場合の被告適格は、詐害行為取消しの場合と同列に論じることはできないとの批判が想定される。しかし、詐害行為取消しの場合に債務者を被告とする必要がないことは、より実質的な根拠に基づくものであり、取消しの相対効はその実質的根拠から派生する結果にすぎないと考えられる。その実質的根拠の内容と、その根拠が法人格なき社団の場合と同じように妥当することについては、後に詳論することとし、さしあたりここでは、相対的取消しという法律構成の問題性を指摘し、いわゆる「責任説」を提唱される中野貞一郎教授（注14）が、次のように明言しておられることを指摘するにとどめる。

「取消の訴えは、受益者または転得者を被告とすべきである。法文上は、なにびとを被告として取消を請求すべきか、明確でない。しかし、詐害行為の取消について、原告たる債権者と相対立する利害関係に立つ者、つまり、移離された財産（またはこれに代る利益）の現在の帰属主体たる受益者または転得者を被告とするのが当然である。債務者を被告に加えるべき必要も根拠もまったく存しない。」（注15）

「債権者は、詐害行為取消しの訴えにおいて、債務者を被告とすることを要しないが、債務者に対する債権に基づく給付訴訟を併合提起することを妨げない。」（注16）

中野説が債務者を被告とする必要性を否定する理由は、先に引用した論文においては、係争財産が債権者の債務者に対する債権についての責任財産か否かをめぐる紛争につき債権者と直接的に利害が対立するのは受益者であるからという、当事者適格の決定基準についての機能主義的理解が根拠となっているが、その一方で、取消しの効果として生ずる法律関係の実体法上の性質が、受益者のみが被告適格者となるとする中野説の帰結を導いているようにも解される。すなわち、中野説によれば、詐害行為の取消しの結果生ずる法律効果は、対象財産の帰属を債務者に復させることではなく、債権者の債務者に対する金銭債権につき、詐害行為の対象財産に限定された物的有限責任を受益者に生じさせることであり、債権者は、詐害行為取消判決の確定後に、又は取消判決の確定を条件として詐害行為取消訴訟に併合するかたちで、受益者に対し、債権者による当該財産に対する強制執行を受忍することを求める訴えを提起することができ、この訴えは責任を限定した給付の訴えであると把握される。給付の訴えにおいては、給付義務の負担者として原告から名指しされる者をおいてほかに被告適格者はいない。そうだとすると、この法律効果を生じさせる前提要件である詐害行為取消判決を求める訴えも、もっぱら受益者を被告とすれば足りると考えるのが、自然な帰結だからである。

（注13） 山本克己「平成二二年最判解説」金法一九二九号四七頁。

（注14） 中野「債権者取消訴訟と強制執行」『訴訟関係と訴訟行為』一六〇・一六六頁以下によれば、詐害行為の取消しによって債務者に復帰した不動産に対する強制執行は、常に債権者と債務者との間で実施されるのに、詐害行為取消しの効果がもし債権者と受益者との間でしか生じないのであれば、なにゆえに債権者は当該不動産を掴取して、その換価益から自己の債権についての弁済を得られるのか、説明がつかない。この欠陥は、権利判定機関と執行機関とを分離した建前から、差押えの適否はもっぱら登記という外観によってのみ決することとし、その外観に反する権利を主張する者の側から第三者異議の訴えを提起し、その請求を認容する確定判決があって初めて執行関係に反映されるところ、債権者と受益者との間では、詐害行為取消判決が確定していることにより、受益者が自己の所有権を主張することをあらかじめ封じられていることによって表面化しないだけであり、だから

といって、債権者と債務者との間の執行関係において、当該不動産が債務者の所有財産として執行の対象適格を有することにはならない。

（注15） 中野・前注論文（注14）一九一頁、同・前掲書（注1）二九五頁以下。

（注16） 中野・前掲書（注1）二九七頁。

四　債務者を被告とすべき実質的根拠及びそれに対する批判

さて、平成二二年最判が、法人格なき社団に対する関係でも構成員の総有権確認判決が必要であるとする実質的な根拠としては、次の二点が想定される。

第一に、債務者の責任財産であることを前提として強制競売を実施した場合、所有名義を失ったかつての登記名義人がその所有権を主張して追奪請求をするリスクから買受人を保護し、その地位を安定させる必要があるので、現在の登記名義人だけでなく、債務者との関係でも構成員の総有権を確認する確定判決が必要であるというものである。

しかし、これを理由に債権者と債務者との間での総有権確認判決が必要であるとするのは、完全に的外れである。競売における実体法上の売主は、債権者ではなく執行債務者、ここでは法人格なき社団であり、買受人は、債権者ではなく執行債務者たる法人格なき社団の特定承継人である。したがって、社団の特定承継人に対する既判力の拡張により、かつての登記名義人から所有権の追奪請求を受けない地位を買受人に保障するためには、社団と債権者との間ではなく、社団と登記名義人との間において構成員の総有権確認について既判力を生じさせる必要がある。しかし、社団と登記名義人との間において構成員の総有権確認請求は定立されていないから、両者の間には総有権確認につき既判力は生じない（注17）。

法人格なき社団に対する関係でも総有権確認判決が必要であるとすることの実質的根拠として、第二に、債権者と社団の間においても既判力をもって責任財産の帰属関係を確定しておくことにより、かつての登記名義人から債務者に対する、そして債務者から債権者に対する、不当利得返還請求の連鎖を断ち切ることができる、というものが想定される。これを敷衍すると、法人格なき社団の例では、先にも見たように、債務者と登記名義人との間には確認請求が定立されておらず、両者の間では構成員の総有権につき既判力は存在しない。したがって、債務者競売により所有名義を失ったかつての登記名義人が、債務者に対して、係争不動産は自己の所有であり、債務は自己の所有財産の売却代金から債権者に対する金銭債務の弁済による消滅という受益を得ていると主張した場合、立証次第では同人が勝訴する可能性がある（注18）。そして、利得をかつての登記名義人に返還した債務者が、債権者に対し、彼のこの損失とかつての登記名義人の財産である不動産の売却代金からの弁済という債権者の受益との間には、因果関係があると主張してくる場合に備え、債権者と債務者との間における総有権確認の既判力によりこの主張を遮断するというものである。

しかし、このような将来の不当利得をめぐる紛争を予防するために、債権者が社団に対して構成員の総有権確認の訴えを提起することは、必要ではなく、また、構成員の総有権を確認の対象とする訴えは、この種の紛争解決にとって適切でもない。このような不当利得返還請求権の主張は、競売不動産の売却代金から得た債権者の利得が法律上の原因に基づくこと、すなわち、債権者が債務者に対し執行債権たる金銭債権を有していることについて既判力を生じさせておけば遮断できる。そして、執行の完了後に債務者が債権者に対して行う不当利得返還請求の理由は、このような執行対象たる財産の帰属をめぐるものに限られず、執行債権の当初からの不成立もありうるから、紛争の未然防止という観点から見れば、確認対象として適格性を有するのは、構成員の総有権ではなく債権者の金銭債権であり、金銭債権については、その確認の利益は肯定されず、端的に給付の訴えを提起すべきである。債権者が金銭債権につき既判力をもたない債務名義を有する場合であっても、なお給付の訴えの利益が認められる。平成二二年最判の事例に即していえば、債務名義は仮執行宣言付判決であるから、債権者は、仮執行宣言に係る金銭の支払いを求める給付訴訟においてその勝訴が確定すれば、債務者によるこうした主張は遮断できる。

詐害行為取消しの場合も同様である。判例の立場では、債務者と受益者との間では売買は有効で不動産の所有権は受益者に帰属するから、詐害行為取消判決の確定後に両者の間で不当利得返還や追奪をめぐる紛争が生じうるけれども、債権者が債務者に対しすでに確定判決等既判力ある債務名義を有していれば、債務者は、詐害行為に係る不動産の換価益からの弁済の受領が法律上の原因に基づくことを争うことができないのであるから、債務者名義に復帰した不動産を直ちに差し押さえて競売を進行させれば十分であり、そうでなければ、債務者に対し金銭の支払いを求めて訴えを提起すればよい。だからこそ、詐害行為取消しの効果は相対的であってかまわないし、取消訴訟の被告に債務者を加える必要がないことも、実質的に正当化されるのである。他方、責任説を説く中野説では、債権者は、債務者との関係で（人的な）債務名義を取得していなくとも、詐害行為取消判決の確定後又は詐害行為取消訴訟と併合して提起される執行受忍の訴えで勝訴が確定すれば（詐害行為取消権の成立要件として、債権者の債務者に対する金銭債権の主張・立証は必要であるが）、この物的債務名義により受益者名義の不動産を差し押さえ、競売を進行させることができるとされるようである。そして、中野説でも、詐害行為の取消しにより債務者と受益者との間で不動産の帰属が債務者に復するものではないとされるから、先に記したような理由に基づく受益者の債務者に対する不当利得返還請求は可能であり、かつ、中野説では、債権者と債務者との間には金銭債権の存在についての既判力ある確定判決が存在するとは限らない。そこで中野説では、（もちろん、先のような不当利得返還請求を遮断することだけが理由ではなく、むしろ、執行受忍判決に基づく執行によって債権の全額が満足されない場合を想定してのことであろうが）詐害行為取消訴訟等に併合して、債務者に対し給付の訴えを提起することができるとされるのである。

以上に記したところから、債務者に対する関係においても社団構成員の総有権確認判決が必要であるとする法廷意見には、法律上の根拠がないと解される。

この点において、登記名義人が社団代表者等社団の構成員でない第三者である場合について、田原補足意見が、債権者が、同人に対し、債権者代位権に基づいて代表者等宛てへの移転登記請求訴訟を提起し、そこで債権者の勝訴が確定すれば、右確定判決の理由において移転登記に係る不動産が第三者の所有ではなく社団構成員全員の総有に属するとの判断が示され、移転登記の名宛人が社団の現在の代表者であること又は社団の規約又は総会決議により登記名義人となることを委託された者であることについては、同人への移転登記を命ずる判決主文がその旨の判断を示しているから、社団に対する債務名義にこの確定判決を添付することにより、直ちにこの不動産に対する差押えが可能であり、必ずしも、社団との関係において構成員の総有権確認判決を取得する必要はないと指摘する点は、社団を総有権確認訴訟の被告とする必要はないとの結論において、私見と一致する。

そもそも、債権者と登記名義人との間で、その名義で登記されている不動産が債務者の責任財産に属するか否かが争われる最も単純な紛争事例は、債務者から登記名義人への移転登記の登記原因たる売買が虚偽表示等の理由により無効であると主張する債権者が、当該財産を債務名義に基づいて差し押さえようとする場合である（注19）。この場合、無資力要件が充足される限り、債権者代位権に基づき、債務者と登記名義人との間の売買の無効を原因とする所有権移転登記の抹消登記手続を登記名義人に対して請求し、そこで勝訴すれば足りる。この訴訟に債務者をも被告として加え、係争不動産が債務者の所有に属することの確認を求める必要など、些かも存在しない（注20）。

（注17）　ただし、これは、債権者による登記名義人に対する社団構成員の総有権確認の訴えが、債権者に確認の利益が認められることから生ずる彼固有の提訴権限に基づくものであると理解した場合の話である。しかし、金銭債権者にすぎない者が、その債務者と第三者との間の財産関係をめぐる紛争につき当然に固有の原告適格を持つということは、実は自明ではない。登記名義人が法人格なき社団の構成員ではない第三者である場合において、田原補足意見が説く原則的な差押えの方法は、まず登記名義を現在の社団代表者宛てに移転することであり、そこで債権者に与えられる手段は、債権者代位権に基づく移転登記手続請求訴訟の提起である。また、登記名義人の登記が債務者の虚偽表示等による仮装のものである場合に、債権者に与えられる差押えのための最初の手段もまた、債権者代位権に基づく抹消登記手続請求訴訟の提起である。つまり、債権者代位権を介在させて初めて、債務者の財産関係に係る給付訴訟の原告適格が金銭債権者に認められるのであり、そうだとすると、法廷意見が説く「債権者による登記名義人に対する社団構成員の総有権確認の訴え」も、実は、社団自身が有する登記名義人に対する総有権確認の訴えの提訴権限を、社団の無資力を要件として債権者が社団に代位して行使するものであると把握するのが、理論的には正当である可能性がある。そうだとすると、社団と登記名義人との間には請求は定立されていないが、民訴法一一五条一項二号により、社団と登記名義人との間にも総有権確認訴訟の確定判決の既判力が生ずることになり、登記名義人との関係で同確定判決を取得すれば、同時に競売における買受人も保護されることとなる。ただ、この場合の債権者の原告適格は、同じく責任財産の帰属をめぐる紛争であって、債務名義に表示された債務者の名義で登記されている不動産が債務名義に基づき差し押さえられた場合に、その所

有権を主張する第三者が提起する第三者異議の訴えにおいて、その被告とされる差押債権者の被告適格の性質と統一的に把握する必要がある。ここでは問題の指摘にとどめる。

（注18）　この不当利得返還請求権は、侵害不当利得、他人の財（貨）からの利得の類型に当たる（四宮和夫『事務管理・不当利得・不法行為(上)』一八二頁以下、潮見佳男『基本講義債権各論Ⅰ契約法・事務管理・不当利得（第二版）』三〇三頁以下、藤岡康宏ほか『民法Ⅴ――債権各論（第三版）』三八六頁以下（松本恒夫）ほか参照）。

（注19）　なお、平成二二年最判についての榎本光宏調査官の解説（ジュリ一四一八号一一九頁）によると、同判決は、法人格なき社団では社団の登記能力が認められないという特殊事情から、債務名義に表示された債務者（社団）以外の者の名義で登記されている不動産を同債務名義に基づき差し押さえることを、例外的に認めたものであり、虚偽表示等の仮装登記の事案のように、債務名義に表示された債務者と登記名義人とを一致させることができる場合には、同判決の射程が及ばず、債権者は、債権者代位権を行使することにより、表意者への所有権移転登記を経なければならない、とされる。

（注20）　この場合、債権者代位訴訟の確定判決の既判力は債務者に及ぶ（民訴法一一五条一項二号）が、係争不動産が債務者の所有に帰属するか否かは、抹消登記手続請求についての判決理由中の判断にすぎないから、この点については登記名義人と債務者との間で既判力は生じない。したがって、後に債務者の責任財産帰属性をめぐり両者間で争いが生じうる。しかし、債務者の債権者に対する金銭債権についての債務名義が確定給付判決であれば、債権者と債務者との間の不当利得の問題は遮断できるから、この最も単純な事例において、債権者は債務者を被告として債務者の所有権の確認を求める必要があるとは、誰もいわないし、誰も考えない。

おわりに

最後になるが、登記名義人が、法人格なき社団の現在の代表者であるか、社団の規約若しくは総会決議により登記名義人となることを委託された特定の構成員である場合に関して展開される田原補足意見についての私見を、付言しておきたい。この場合、田原補足意見は、社団に対する金銭債権の債務名義に加え、社団を被告とする構成員の総有権を確認する確定判決等と、登記名義人と社団との間の代表者である等の密接な関係性を証明する文書を提出すれば、その名義で登記された不動産を差し押さえることができ、当該不動産が登記名義人個人の所有であるとして争う場合には、登記名義人の側から第三者異議の訴えを提起すべきであるとする。

ところで、最判平6・5・30民集四八巻四号一〇六五頁は、入会権者が入会団体を形成し、それが民訴法二九条の法人格なき社団に当たる場合には、入会総有のもつ団体的色彩の濃い共同所有の形態に照らし、社団は当該入会地が団体構成員の総有に属することにつき自己の名において確認の訴えを追行する原告適格を有し、この確認判決の効力は構成員全員に対して及ぶとしている。かつて、私は、民訴法二九条が法人格なき社団に民事訴訟の当事者能力を与えているからといって、そこから同社団に実体法上の権利能力まで認めることはできず、社団財産の所有関係は構成員全員の総有に属するとする判例法理を維持する限り、入会団体以外の法人格なき社団の場合についても、その当事者適格について、この判旨が示す訴訟担当構成（法定のそれか任意的なそれかはここでは措く）を採用せざるをえないと論じたことがある（注21）。そして、この理は、法人格なき社団が社団構成員の総有権確認訴訟の原告となる場合と被告となる場合とで、異なることはないから、その結果、社団を被告として構成員の総有権を確認する確定判決を得れば、その既判力は、登記名義人である代表者等の構成員にも拡張される。したがって、構成員である登記名義人に対して確認判決を取得する必要はないし、そもそも構成員である登記名義人に対しては総有権確認の利益はない、ということになりそうである。

しかし、現在債務名義に表示された債務者以外の者の個人財産のかたちで登記されている不動産につき、事前にそれが社団構成員の総有財産であるか登記名義人の固有財産であるかに関する判決手続を登記名義人に保障することなくして、その不動産を差し押さえ、競売を実施し、買受人への所有権移転登記を経由するという不利益を課すことが、果たして正当化されるのであろうか。たとえ、その者が社団の代表者であることが社団の規約等から明らかであるといっても、そのことから、彼の個人名義で登記されている特定の不動産が社団構成員の総有財産であるという「推定」が当然に成り立つのであろうか。しかも、その者の名義で登記されている不動産が、真実彼の所有に属するかそれとも社団構成員の総有財産であるかという争いについて、社団は、登記名義人と利害が対立し、むしろ債権者と利害を共通にする関係にある。債権者と社団とが馴れ合い的に訴訟を追行する危険を想定すると、登記名義人を除外して社団との間で総有権確認訴訟を行うことが、適切とは思われない（注22）。さらには、両者間における判決の既判力を、登記名義人でない一般の社団構成員を超えて、このような利害対立関係にある特定の構成員に対してまで拡張し、既判力の拡張を受ける者の側に、その拘束から免れるために、当該訴訟が馴れ合い訴訟であったことを主張すべき行為責任を課するという規律が、果たして正当化されるのだろうか。やはり、登記名義人が社団の代表者等かそうでない第三者であるかを区別することなく、その者の名義で登記された不動産の帰属をめぐる紛争である以上、現在の登記名義人を被告としてその決着を図るべきである。このこととの関係では、登記名義人への執行文付与によるべしとする従来の有力説が、代表者等の個人名義で登記された不動産が社団構成員の総有に属することを文書により証明できる限り、執行文付与機関限りの判断で執行文を付与することを認めていたのだとすれば、このことがもつ問題性を浮き彫りにする点にも、田原補足意見の意義を認めることができる。執行文付与の手続を流用すべしとする立場においても、執行文付与の申立てと執行文付与に対する異議の訴えというかたちで登記名義人への起訴責任の転換を認めるべきではなく、直ちに登記名義人を被告として執行文付与の訴えを提起する方法によるべきである。これに対し、社団構成員の総有権確認判決を取得すべきであるとの法廷意見を是とする立場に立つと、本稿において縷説したとおり、債権者は、登記名義人を被告として構成員の総有権を確認する確定判決を取得すれば足り、社団との関係においてもそれを取得する必要はない。

(注21) 拙稿「権利能力なき社団の当事者能力と当事者適格」『民事訴訟法理論の新たな構築(上)』(新堂幸司先生古希祝賀論集) 八四九頁以下。

(注22) 榎本・前掲(注19)も、この馴れ合いによる登記名義人の利益侵害の可能性を指摘する。また、青木哲「平成二二年最判批評」金法一九一八号七五頁及び同・前掲評釈(注10)二〇頁も、登記名義人が、買受人への競売を原因とする所有権移転登記の経由により登記上不利益を受けることに照らすと、事前に同人に判決手続を保障する必要があるとし、登記名義人が代表者等社団の構成員か社団外の第三者かを区別することなく、同人に対する総有権確認の確定判決を要求する法廷意見を評価する。山本・前掲評釈(注6)一五六頁は、これとは反対に、登記名義人が社団代表者等である場合にまで債権者による登記名義人に対する訴え提起を要求することは、実質上その名義での登記が可能な法人に比べて、法人格なき社団に対する強制執行を困難にする点で、社団と取引した債権者に酷な結果をもたらすとして、田原補足意見に賛成する。

〔付記〕

本稿は、平成二二年度科学研究費補助金の交付を受けた研究(基礎研究(B)「簡易で柔軟な財産管理制度とそのエンフォースメント」[研究代表者:山田誠一神戸大学教授])の成果の一部である。

不動産に対する差押え・仮差押えに抵触する処分の効力と処分後に開始される手続について

青木　哲

一　はじめに

所有権の登記がされた不動産に対して強制競売の申立てをする際には、対象不動産について、登記事項証明書の提出が求められる（民執規二三条一号）。登記上、執行債務者が所有者として登記されていれば執行裁判所は当該不動産に対する強制競売開始決定をし、執行債務者が所有者として登記されていなければ申立ては却下される。執行裁判所は、当該不動産の帰属について登記事項証明書以外の資料に基づいて、対象不動産の所有権の帰属を判断することはしないのが原則である。

このような原則に対し、最判平22・6・29（民集六四巻四号一二三五頁）は、権利能力のない社団を債務者とする金銭債権を表示した債務名義を有する債権者が、当該社団の構成員の総有に属することを証明する確定判決等の文書を提出することで、当該社団のために第三者がその登記名義人とされている不動産に対して、当該社団を債務者とする強制執行の申立てをすることができることを判示した（注1）。この最高裁判決、特に、この判決における田原睦夫裁判官の補足意見を契機に、権利能力のない社団の総有不動産に対する強制競売の手続について、議論が深められている。

社団の代表者名義で登記された不動産に対する強制競売について学説上主張されてきたのは、「請求の目的物を所持する者」（民執法二三条三項）に準じて、登記名義人に対する承継執行文の付与を認め、登記名義人を執行債務者とする強制執行を認めるという方法である。上記の最高裁判決はこの方法を否定するものであり、田原睦夫裁判官は補足意見のなかで、「上記の執行手続における本来の執行債務者は権利能力のない社団であるにもかかわらず、上記有力説によれば、その執行債務者は登記名義人とならざるを得ないのであって、金銭債権の執行手続としては異例の形態となるのに加えて、その執行手続中に、当該登記名義人を本来の名宛人とする債務名義を有する第三者が配当加入してきた場合に、それを排除することが極めて困難である等、付随する様々な問題が生じ得るのであって、それらの困難な問題を抱えてまで上記有力説を採用すべき必要はない」ことを述べられた。これは、社団構成員の総有に属する財産について、登記名義人を執行債務者とする手続を開始することにより、社団（構成員）に対する債権者の配当参加と登記名義人に対する債権者の配当参加の競合が生じることの問題（注2）を指摘したものである。

他方で、最高裁判決が認める、社団を執行債務者とする方法によると、登記名義人を所有者とする登記を残存させたまま、社団を執行債務者とする強制競売手続を開始することになるから、社団債権者による差押え後に、登記名義人の債権者が強制競売の申立てをした場合に、執行債務者を異にする手続をどのように調整するのかという問題が生じる（注3）。本稿は、この問題を検討する前提として、執行債務者名義の登記ができる通常の不動産について、差押えと仮差押えの効力についての従来の議論を整理し、差押えや仮差押えに抵触する処分が、処分後に開始された手続においてどのような効力をもつのか、差押えや仮差押えが抵触する処分を前提とする手続においてどのような効力をもつのかについて、検討するものである。

（注1）その後、仮差押えの申立てについて、最決平23・2・9民集六五巻二号六六五頁が出された。

（注2）この問題について、山本克己「批判」金法一九二九号四四頁、四七頁、山本弘「法人格なき社団をめぐる民事手続法上の諸問題⑵」法教三七五号一四一頁、一四九頁以下を参照。

（注3）この問題について、渡邉健司「強制換価法における外観と実体——人格なき社団事例の具体的検討」金法

一九一八号五〇頁、五八頁以下、中野貞一郎「権利能力のない社団の不動産に対する強制執行――強制執行の形式化との対応」判タ一三四一号一一頁、一三頁以下、山本弘・前掲（注2）一五〇頁（注18）を参照。

二 差押えと仮差押えの効力について

1 相対的効力

㈠ 差押えの効力の相対性

強制競売手続の開始決定（民執法四五条一項）がされると、裁判所書記官の嘱託により、差押えの登記がなされる（同法四八条一項）。差押えは処分禁止効を有し、執行債務者は対象不動産の譲渡、担保権や用益権の設定などの処分を制限される。差押えに抵触する譲渡や抵当権の設定も登記がされるが、差押債権者に対してその効力を主張することができず、差押えに係る手続において無視される。差押えに係る手続において対象不動産が売却されると、差押えに抵触する権利の取得はその効力を失い（同法五九条二項）、当該権利の取得に係る登記は抹消される（同法八二条一項二号）。

しかし、差押えは手続開始時に把握された交換価値を売却まで維持することを目的としているから、差押えに係る手続が取下げ又は取消しにより終了した場合には、原則として、抵触する処分の効力を否定する必要がない。

㈡　仮差押えの効力の相対性と仮定性

仮差押えの執行としての仮差押えの登記により、仮差押えの効力が生じる。仮差押えは処分禁止効を有し、仮差押債務者は対象不動産の処分を制限される。仮差押えに抵触する処分は登記がされるが、仮差押債権者に対してその効力を主張することができず、仮差押えから移行した本執行の手続において無視される。本執行の手続において対象不動産が売却されると、仮差押えに抵触する権利の取得はその効力を失い（民執法五九条二項）、当該権利の取得に係る登記は抹消される（同法八二条一項二号）。

しかし、仮差押えは、被保全権利と保全の必要性の疎明に基づくものであり（民保法一三条二項）、本案訴訟の帰趨が定まらない間のその効力は仮定的（暫定的）なものであるとされる。また、仮差押えは将来の強制執行（本執行）を保全するものであり、仮差押え時における交換価値を保全することを目的としているから、仮差押債権者が本案訴訟において敗訴し、又は、仮差押えが効力を失った場合には、原則として、抵触する処分の効力を否定する必要がない。

2　差押え・仮差押えの効力の主観的範囲

差押え・仮差押えに抵触する処分について、当該差押債権者・仮差押債権者及び処分前に手続に参加した債権者に対してのみ主張することができないとする個別相対効説と、手続に参加する他の債権者に対しても主張することができないとする手続相対効説とがある。

現行民事執行法は、個別相対効説によると複雑な配当手続上の問題が生ずることから、手続の安定と迅速化を図るために、手続相対効説を採用したとされる（注4）。手続相対効は、次の諸規定に表れている。

① 差押債権者又は仮差押債権者に対抗できない不動産に係る権利の取得は、売却によりその効力を失う（注5）（民執法五九条二項）。

② 差押えの登記前に登記がされた抵当権等（先取特権、質権又は抵当権で、売却により消滅するもの）を有する債権者のみが、配当等（配当又は弁済金交付）を受けるべき債権者とされている（同法八七条一項四号）。

③ 抵当権等が仮差押えの登記後に登記されたものである場合には、その債権者は、仮差押債権者が本案の訴訟において敗訴し、又は仮差押えがその効力を失ったときに限り、配当等を受けることができる（同条二項）。

④ 先行する差押え後、後行する差押え前に登記された抵当権等を有する債権者は、先行手続が停止され、続行決定（同法四七条六項）により後行手続が進行する場合に、先行手続の差押債権者が手続の停止に係る訴訟において敗訴したときに限り、配当等を受けることができる（同法八七条三項）。

⑤ 差押え後又は仮差押え後に対象不動産が譲渡されても、弁済金交付において、剰余金は執行債務者に交付される（同法八四条二項）。

3　差押えに係る手続または仮差押えに係る本執行の手続における効力

(一)　差押えに係る手続

差押えに抵触する処分は、差押えに係る手続において無視され、対象不動産の売却によりその効力を失う（民執法五九条二項）。

① 差押え後に対象不動産が譲渡された場合には、譲渡人を執行債務者として手続が進行する。当該手続において対象不動産が売却されると、執行債務者（譲渡人）を売主として、買受人が所有権を取得する（同法七九

条）。

② 差押え後に抵当権が設定された場合には、抵当権者はその資格において配当等を受けることができない（同法八七条一項四号）。

③ 差押え後に用益権が設定された場合には、用益権の負担がないものとして売却が行われ、当該用益権は買受人に引き受けられない。

(二) 仮差押債権者の申立てによる本執行の手続

仮差押債権者が本案訴訟において勝訴して債務名義を取得すると、その申立てにより、仮差押債務者を執行債務者とする強制競売手続が開始される（本執行への移行）。仮差押えに抵触する処分は、本執行において無視され、仮差押債権者に対抗することができない権利の取得は、本執行手続における対象不動産の売却によりその効力を失う（民執法五九条二項）。

① 仮差押え後に対象不動産が譲渡され、譲受人への所有権移転登記がされた場合であっても、仮差押債権者は、譲渡人を執行債務者として強制競売の申立てをすることができる。譲渡人に対する本執行の手続における売却により、執行債務者（譲渡人）を売主として、買受人が所有権を取得する（同法七九条）。

② 仮差押え後に抵当権が設定された場合には、本執行の手続において、抵当権者はその資格において配当等を受けることができない（同法八七条一項四号、二項）。

③ 仮差押え後に用益権が設定された場合には、用益権の負担がないものとして売却が行われ、当該用益権は買受人に引き受けられない。

（注４） 浦野雄幸『条解民事執行法』二〇八頁。
（注５） 竹下守夫「差押の効力の相対性」藤田耕三ほか編『民事執行法の基礎』一〇九頁、一一二頁は、「消滅する」（民執法五九条一項）と「効力を失う」（同条二項）の表現の違いから手続相対効説を推認することはできないとする。

三 差押え・仮差押え後の他の債権者による強制競売手続について

1 差押え後に他の債権者が強制競売手続を開始した場合

(一) 他の債権者による強制競売の申立て

強制競売の開始決定（先行差押え、先行手続）がされた不動産について、他の債権者から強制競売の申立てがあった場合、執行裁判所はさらに強制競売の開始決定（後行差押え、後行手続）をする（二重開始決定。民執法四七条一項）。

しかし、先行差押えの後に対象不動産が譲渡され、譲受人への所有権移転登記がされた場合には、譲渡人の他の債権者は強制競売の申立てをすることができないとされる（注６）。その理由として、

① 先行手続が取下げまたは取消しにより終了する場合には譲渡は有効であり、後行手続は取り消されることになる（同法五三条）ので、先行手続への配当要求をするのと異ならないこと、

② 譲受人は、先行手続とは別個の手続の開始を求める申立てとの関係では、所有権取得を対抗しうること、

③　すでに譲受人が登記名義人となっているから、譲渡人を執行債務者とする差押えの登記をすることができないこと（不動産登記法二五条六号参照）

があげられている（注7）。

このうち②の理由について、手続相対効により差押えの効力は手続に参加する債権者に及ぶところ、この場合の参加の方法として、本来は、差押えの方法による場合も含む（注8）のか、配当要求の方法のみである（注9）のかについては、どちらの理解もありうる。①の理由について、二重開始決定を認めると、先行手続が停止された場合に、後行手続の開始決定により手続が続行されることになる点で、配当要求をするのとは異なる。しかし、先行手続への参加が認められるにすぎないとすれば、この場合に手続の続行を認めるのは妥当でない。③の理由について、先行する差押えの存在は登記上も明らかであること、仮差押え後に所有権移転登記がされ、仮差押債権者が本執行の申立てをする場面では、譲受人への所有権移転登記にもかかわらず、譲渡人を執行債務者とする差押えの登記をすることが認められていることから、決定的な理由にはならない。

差押えの目的は手続開始時に把握された交換価値を売却まで維持することにあること、対象不動産の処分は、本来、処分後の差押債権者に対して対抗しうること、譲渡人の他の債権者は差押えに係る手続に配当要求をすることができることから、譲渡人の他の債権者の申立てによる強制競売手続の開始を認める必要はなく、譲渡人に対する申立ては不適法であると考える（注10）。

(二)　先行手続において売却された場合

二重開始決定がされた場合に、先行手続において対象不動産が売却されると、先行差押えに抵触する処分はその効力を失う（民執法五九条二項）。先行手続において配当等が行われ、後行手続の差押債権者は、先行手続の配当要求の終期までに申立てをした場合には、配当等を受けることができる（同法八七条一項一号）。

(三) 先行手続が取下げ又は取消しにより終了した場合

先行手続が取下げ又は取消しにより終了した場合には、後行手続の開始決定に基づいて手続が続行される（民執法四七条二項）。先行手続の効力が後行手続に引き継がれ（注11）、先行手続における配当要求債権者は後行手続において配当等を受けることができるが、先行手続の配当要求の終期後に後行手続の申立てがされた場合には、後行手続の差押債権者が配当等を受けられるように、新たに配当要求の終期を定める（同条三項）。用益権及び抵当権の処遇は、後行差押えを基準に判断される（注12）。

(四) 先行手続が停止した場合の、続行決定について

先行手続の配当要求の終期までに後行手続の申立てがされ、その後先行手続が停止された場合には、後行手続の差押債権者の申立てによる執行裁判所の続行決定を経て、後行手続の開始決定に基づいて手続が続行される（民執法四七条六項）。ただし、先行差押え後、後行差押え前に用益権が設定され、先行手続と後行手続とで売却条件（同法六二条二項に掲げる事項）が異なることになる場合には、続行決定をすることができない（同法四七条六項但書）。

後行手続においては、後行差押えを基準に剰余主義の判断がされる（民執法六三条一項柱書括弧書）。この場合も、先行手続の効力が後行手続に引き継がれ、先行手続の配当要求債権者は、後行手続において配当等を受ける

ことができる。

後行手続における売却の前に先行手続の差押債権者が停止に係る訴訟において勝訴した場合にも、先行手続に復帰することなく後行手続が進行するが、先行差押えを基準に配当等が行われるので、先行差押え後に設定された抵当権を有する債権者は、配当等を受けることができない。これに対して、先行手続の差押債権者が敗訴した場合には、後行手続が進行し、後行差押えを基準に配当等が行われるので、後行差押え前に登記された抵当権を有する債権者は、配当等を受けることができる（民執法八七条三項）。

㈤ 先行手続の停止に係る訴訟の帰趨が定まらないまま、後行手続が売却に至った場合

後行手続において対象不動産が売却され、配当等の実施までに手続の停止に係る訴訟の帰趨が定まらない場合、先行手続の差押債権者は配当等を受けることができるが（民執法八七条一項一号）、執行一時停止文書（同法三九条一項七号の文書）が提出されている場合には、供託がされる（同法九一条一項三号。配当等留保供託）。後行手続が売却に至ると、先行差押え後、後行差押え前に登記された抵当権を有する債権者は、先行手続の差押債権者が手続の停止に係る訴訟において敗訴した場合に、配当等を受けることができる（同法八七条三項）。このために配当額が定まらない場合には供託がされる（同法九一条一項六号）。実務上は、先行手続の差押債権者が手続の停止に係る訴訟において勝訴する場合と敗訴する場合のそれぞれについて、配当表が作成される（二重配当表）。

㈥ 先行差押えに抵触する処分の、後行手続における効力

対象不動産の処分は、本来、処分後の差押債権者に対して対抗することができる。このため、先行差押え後に

対象不動産が譲渡された場合、譲渡人の債権者は後行手続を開始することができない。また、先行差押え後に用益権が設定された場合には、先行手続とは売却条件が異なることになるので、先行手続が停止しても、後行の開始決定に基づいて手続を続行することはできない。これに対して、先行手続が停止され、後行の開始決定に基づく続行手続により対象不動産が売却されて、配当等が実施される場合に、手続の停止に係る訴訟において差押債権者が勝訴すると、先行差押えの効力が後行手続に及び、先行差押えに抵触する抵当権を有する債権者は配当等を受けることができない。このことは、先行手続の差押債権者が後行手続において配当等を受ける場合に、先行差押えにより把握された交換価値を後行手続において実現する必要があることにより正当化される。

2 仮差押え後に他の債権者が強制競売手続を開始した場合

(一) 他の債権者による強制競売の申立て

仮差押えがされている不動産についても、仮差押債務者の他の債権者は強制競売の申立てをすることができる。しかし、仮差押え後に対象不動産が譲渡された場合には、登記上の所有名義が譲受人に移っていることから、譲渡人の他の債権者は強制競売の申立てをすることができないとされる（注13）。しかし、仮差押えの存在は登記上も明らかであり、また、仮差押債権者は譲渡人に対して本執行をすることができるのであるから、登記上の理由は決定的ではない。対象不動産の譲渡は、本来、譲渡後に差押えをしようとする債権者に対しては対抗することができること、仮差押えの目的は、対象不動産の交換価値を保全することにあること、譲渡人の他の債権者は本執行への移行後に配当要求をすれば本執行の手続に参加することができることから、譲渡人の他の債権者による強制競売の申立ては不適法であると考える。

(二) 強制競売手続の進行と売却条件

仮差押えの対象不動産について他の債権者の申立てにより強制競売手続が開始された場合、強制競売手続を進行させることができ、この手続により対象不動産を売却することができるのが原則である。

仮差押え後、差押え前に設定された用益権がある場合、用益権は、仮差押債権者に対しては対抗できず、これに対して、差押債権者に対しては対抗できる。強制競売手続の売却までに、仮差押えに係る本案訴訟の帰趨が定まらない場合に、用益権が買受人に引き受けられるのかについては見解が分かれている。

第一に、差押えを基準に用益権の負担があるものとして売却することを肯定する見解がある（注14）。この見解によると、仮差押債権者が仮差押えに抵触する処分の失効を主張するためには、売却までに本執行要件を具備する必要があり、売却後に仮差押債権者が本執行要件を具備しても、買受人の用益権の負担は消滅しない。

第二に、仮差押えに係る本案訴訟の帰趨が定まるまで確定しないとする見解がある（注15）。この見解は、民執法八七条二項に準じて、仮差押債権者が本案訴訟において敗訴した場合、又は、仮差押えが失効した場合には、仮差押え後に設定された用益権の設定は有効であると理解する。この見解には、売却条件を定めることができないので、手続を事実上停止すべきであるとする見解（注16）と、仮差押えを基準に用益権の負担がないものとして売却することを肯定するが、売却後であっても仮差押えの執行が取り消された場合には、用益権は実体的に消滅せず、その用益権を引き受けることになる買受人は民法の担保責任（民法五六八条）により救済を受けられるとする見解（注17）とがある。

第三に、仮差押えに係る本案訴訟の帰趨にかかわらず、用益権は、売却により確定的、実体的に効力を失うとする見解がある（注18）。本案訴訟の帰趨が定まるまで執行手続が事実上停止されると、差押債権者の利益を著しく害し、仮差押えと用益権の設定とを接合した執行妨害を誘引すること、売却後に仮差押えの効力が失われた場合に用益権の負担を負うことになるのは買受人の地位を著しく不安定にすることが、その理由である。

二重開始決定の場面では、先行する強制競売手続が開始されているので、この手続が停止された場合において、買受人に引き受けられる権利が異なるときは、後行手続の開始決定に基づいて手続を続行することができない（民執法四七条六項但書）。これに対して、仮差押え後の他の債権者による強制競売手続の場面では、本執行の手続はまだ開始されていないので、他の債権者による手続の進行を妨げるべきではなく、強制競売手続を停止すべきではない。

本来、用益権は、設定後の差押債権者に対しては対抗することができるが、他方で、強制競売手続において対象不動産が売却される場合には、仮差押債権者はこの手続において配当等を受ける（民執法八七条一項三号）。用益権が買受人に引き受けられるものとして売却が実施されると、この手続において仮差押債権者が把握した交換価値が実現されないことになる。そこで仮差押えの効力は、用益権設定後に開始された手続にも及び、この手続における対象不動産の売却により用益権はその効力を失うものと考える。

また、用益権の負担がないものとして売却しつつ、売却後に仮差押債権者が敗訴し、又は、仮差押えが効力を失った場合に、買受人が用益権の負担を引き受けるとすること（注19）は、買受人の地位を著しく不安定にし、仮差押えにより把握された交換価値が損なわれるおそれがある。そうだとすれば、売却後に仮差押債権者が本案で敗訴し、又は、仮差押えが効力を失う場合にも、買受人は用益権を負担しない（用益権は売却により、実体的、確定的に効力を失う）ものとする必要がある。

このように考えても、仮差押えは登記により公示されているから、用益権の設定を受けた者が不測の損害を負うことにはならない。また、仮差押債務者は用益権の設定を制約されることになるが、仮差押債務者が本案訴訟で敗訴し、又は、仮差押えが効力を失うまでは、処分が制約されることはやむをえない。後に仮差押債権者が本案で敗訴し、又は、仮差押えが効力を失う場合にも用益権の効力が失われる点で、仮差押えの仮定性、相対性が否定されるが、他の債権者による強制競売手続を進行させる必要があり、この手続において仮差押えにより把握された交換価値を実現する必要があることにより、正当化されると考える。

(三) 仮差押債権者が本案訴訟において敗訴し、又は、仮差押えがその効力を失った場合

仮差押債権者が本案訴訟において敗訴し、又は、仮差押えがその効力を失った場合には、差押えを基準に売却が実施される。それゆえ、仮差押え後、差押え前に設定された用益権がある場合、買受人はその負担を引き受ける。また、差押えを基準に配当等を実施する。それゆえ、差押え前に登記された抵当権を有する債権者は、他の債権者に優先して配当等を受けることができる（民執法八七条一項四号）。

(四) 仮差押債権者が本執行の要件を具備した場合

仮差押債権者が本執行の要件を具備した場合には、他の債権者による強制競売手続が進行するが、仮差押えを基準として売却が実施され、仮差押えを基準として配当等が実施される。それゆえ、仮差押え後、他の債権者による差押え前に設定された用益権や抵当権は売却により効力を失い（民執法五九条二項）、抵当権を有する債権者は配当等を受けることができない（同法八七条二項）。

㈤　本案訴訟の帰趨が定まらないまま、売却に至った場合

仮差押え後、差押え前に設定された用益権がある場合、前述したように、用益権は実体的、確定的に消滅し、買受人は用益権の負担を引き受けない。これに対して、仮差押えの登記後、差押えの登記前に登記された抵当権がある場合には、この抵当権を有する債権者は、仮差押債権者が敗訴し、又は、仮差押えが効力を失ったときに限り、配当等を受けることができる（民執法八七条一項四号、二項）。このために配当額が定まらない場合には供託がされる（同法九一条一項六号。二重配当表）。

本案訴訟の帰趨が定まらないまま売却される場合の用益権と抵当権との処遇の違いは、用益権の負担が売却条件として考慮せざるをえないのに対して、抵当権が配当手続において考慮することができ、本案訴訟の帰趨が定まってからその帰趨に応じて対応しうるという点にある。この処遇の違いから、仮差押え後、まず用益権が設定され、次に抵当権が設定された後に、他の債権者の申立てにより強制競売手続が開始され、仮差押えに係る本案訴訟の帰趨が定まらないまま、対象不動産が売却され、売却後に仮差押債権者が敗訴した場合には、用益権は消滅するが、抵当権者は配当等を受けられることになる。

㈥　仮差押えに抵触する処分の、他の債権者による強制競売手続における効力

対象不動産の処分は、本来、処分後の差押債権者に対して対抗することができる。このため、仮差押え後に対象不動産が譲渡された場合には、譲渡人の他の債権者は、強制競売手続を開始することができない。

仮差押え後、他の債権者による差押え前に用益権が設定された場合には、仮差押えに係る本案訴訟の帰趨が売却までに定まらない限り、仮差押えの効力が他の債権者による強制競売手続に及び、この手続における対象不動

産の売却により、用益権は確定的、実体的に消滅する。このことは、他の債権者による強制競売手続を進行させる必要があり、この手続において仮差押債権者が把握した交換価値を実現する必要があることにより正当化される。

また、仮差押債権者が本執行の要件を具備した場合には、仮差押えの効力は他の債権者による強制競売手続に及び、強制競売手続における対象不動産の売却により、仮差押えに抵触する抵当権は効力を失う。このことは、仮差押えにより把握された交換価値を強制競売手続において実現する必要があることにより正当化される。

（注6）竹下・前掲（注5）一一三頁、中野貞一郎『民事執行法（増補新訂六版）』四〇三頁。

（注7）竹下・前掲（注5）一一三頁。これに対して、谷口安平「金銭執行における債権者間の平等と優越」竹下守夫＝鈴木正裕編『民事執行法の基本構造』二五三頁、二八二頁は、登記法上の問題を除けば、手続上まったく否定してしまう理由はない、とする。中野・前掲（注6）四一頁（注2）も、登記法上の制約があるにすぎない、とする。なお、債権執行における差押えについて、香川保一監修『注釈民事執行法⑹』八〇〇頁（注11）〔三村量一〕を参照。

（注8）中野・前掲（注6）四一頁（注2）。

（注9）鈴木忠一＝三ヶ月章編『注解民事執行法⑵』七四頁〔伊藤眞〕。

（注10）これに対して、差押え後に対象不動産が譲渡され、他の債権者が仮差押えの申立てをした場合は、これを認めないと無名義債権者による配当参加の可能性が否定される。差押えの手続相対効が譲渡後の他の債権者による仮差押えに及ぶのかどうかについては、引き続き検討したい。

（注11）中野・前掲（注6）五二三頁以下。

（注12）中野・前掲（注6）五二三頁。

（注13）谷口安平「差押えの効力の相対性」新堂幸司＝竹下守夫編『基本判例から見た民事執行法』一五五頁、一六二

頁、中野・前掲（注6）四〇三頁。

（注14） 富越和厚「差押え・仮差押えの効力(6)」金法一〇一〇号六頁、七頁以下。

（注15） 谷口・前掲（注7）二八二頁以下は、民執法五九条二項の「仮差押債権者」とは「本案に勝訴した仮差押債権者」の意味である、又は、「売却によりその効力を失う」とは仮差押えとの関係においては「本案勝訴を条件として効力を失う」の意味である、と解している。

（注16） 佐々木吉男「仮差押後の抵当権・用益権の取扱い」藤田耕三ほか編『民事執行法の基礎』一一六頁、一一九頁。

（注17） 田中康久『新民事執行法の解説（増補改訂版）』一四五頁以下、香川保一監修『注釈民事執行法(7)』三九二頁〔林道晴〕、石川明ほか編『注解民事執行法(上)』六一八頁以下〔廣田民生〕、佐藤歳二「不動産競売における仮差押えの効力」三ヶ月章先生古稀祝賀『民事手続法学の革新(下)』一六九頁、一八二頁以下（佐藤歳二「不動産競売事件における仮差押えの効力」司法研修所論集七九号二一四頁も参照）、竹下守夫＝藤田耕三編『注解民事保全法(下)』三九頁以下〔杉山正己〕。

（注18） 香川保一監修『注釈民事執行法(3)』二七九頁以下〔大橋寛明〕、香川保一監修『注釈民事執行法(4)』三一二頁以下〔近藤崇晴〕、藤井一男「仮差押え後の権利取得者の地位」大石忠生ほか編『裁判実務大系第7巻　民事執行訴訟法』一四九頁、一五四頁以下、中野・前掲（注6）四〇五頁以下。

仮差押えに抵触する短期賃貸借（平成一五年法一三四号による改正前の民法三九五条）が設定された後に、担保権の実行手続が開始され、対象不動産が売却された場合に、賃借人に対して不動産引渡命令を発することができるのかが争われた事件において、東京高決昭61・9・30東高時報（民事）三七巻八～一〇号一一五頁は、売却許可決定確定までに仮差押えの執行が取り消されない限り、売却許可決定の確定により、用益権者は確定的にその権利を失う（民執法五九条二項）と述べる。本決定の解説・評釈として、住吉博・判評三四二号（判時一二三四号）四七頁、伊藤眞・判タ六六一号四一頁、東京地方裁判所民事執行センター実務研究会編著『民事執行判例エッセンス二〇〇二』（判タ一一〇三号）三九頁がある。

（注19）用益権者が執行手続内において仮差押えの効力を争うことができないことが、その理由としてあげられている（佐藤・前掲（注17）三ヶ月古稀一八五頁（注29））。

四　差押え・仮差押え後の抵当権の設定とその実行手続について

1　差押え後に設定された抵当権が実行された場合

(一)　抵当権の実行手続の開始決定

強制競売手続が開始された不動産について、差押え後に執行債務者が抵当権を設定した場合、強制競売手続において抵当権の設定は無視され、対象不動産の売却により抵当権は効力を失い、当該抵当権者はその資格において配当等を受けることはできない（民執法八七条一項四号）。

しかし、抵当権の実行としての競売手続の開始を否定する必要はない。この場合、強制競売手続と抵当権実行手続は、執行当事者（執行債務者、所有者）が同一であり、また、責任財産の帰属主体が同一であるから、二重開始決定の関係にあるということができ、強制競売手続が取下げ又は取消しにより終了した場合には、抵当権実行手続の開始決定に基づいて手続が続行される（民執法一八八条、四七条二項）。

(二)　強制競売手続が停止した場合

先行する強制競売手続が停止し、売却条件に変更が生じない場合に、抵当権者の申立てにより続行決定をすることができるだろうか。抵当権の実行手続により対象不動産が売却される場合に、強制競売手続の停止に係る訴訟において差押債権者が勝訴すると、差押えにより把握された交換価値を実現すべく、抵当権者に配当等を認めるべきでないことから、配当等が認められない可能性のある抵当権者による手続の進行の可否が問題になる。

この問題について、剰余主義が採用されているので、抵当権実行手続の差押債権者の債権に弁済されるか否か不明である間は、手続を進行させるべきではないとする見解がある（注20）。しかし、剰余主義は、差押債権者が配当を受けられない場合に、無益な競売手続を防ぎ、また、優先債権者の換価時期の選択を認めるものであるところ、この場面においては、強制競売手続の差押債権者が敗訴すれば抵当権実行手続の差押債権者が配当等を受けることができ、また、強制競売手続の停止に係る訴訟の帰趨にかかわらず対象不動産は売却されるから、抵当権実行手続を進行させても、剰余主義には反しない。また、強制競売手続の差押債権者が勝訴する場合に、先行する差押えにより把握された交換価値を実現するためには、抵当権者が配当等を受けられないとすれば足り、抵当権の実行手続における換価の基礎にある抵当権を無効とする必要はない。

そこで、強制競売手続が停止し、売却条件に変更が生じない場合には、抵当権実行手続の差押債権者（抵当権者）の申立てにより、抵当権実行手続の開始決定に基づいて手続を続行することができ、この手続における配当等の実施までに強制競売手続の停止に係る訴訟の帰趨が定まらないときは、抵当権者に対する配当等を供託すべきである（民執法八七条一項四号・三項、九一条一項六号）。

(三) 差押えが抵当権の実行手続に及ぼす効力

差押えに抵触する抵当権も、その実行手続の開始は認められ、差押えに係る強制競売手続と抵当権の実行手続は、二重開始決定の関係にあるということができる。強制競売手続が取下げ又は取消しにより終了した場合には、抵当権の実行手続により手続を続行することができ、強制競売手続が停止された場合には、抵当権者の申立てにより、抵当権の実行手続により手続を続行することができる。このことは、抵当権の実行手続において、抵当権者が配当等を受けられないとすることで、先行する差押えにより把握された交換価値が実現されることにより、正当化される。

2 仮差押え後に設定された抵当権が実行された場合

(一) 抵当権の実行手続の開始決定と手続の進行

仮差押えの対象不動産について抵当権が設定された場合、抵当権の設定は仮差押えに抵触するが、抵当権者による抵当権の実行としての競売手続の申立てを不適法とする必要はない。この場合に、抵当権実行手続の開始を認めつつ、この手続は事実上停止すべきであるとする見解がある（手続停止説）（注21）。その理由として、手続を進行させても、仮差押債権者が本案訴訟において勝訴すると、抵当権は仮差押債権者に対抗できず、抵当権の実行手続は取り消されなければならないこと、仮差押債権者が本案訴訟に勝訴し自ら本執行に移行すれば抵当権者は配当を受けることができず、剰余主義（民執法一八八条、六三条）の下で配当を受けられなくなる可能性のある抵当権者による競売手続の進行を認めるべきでないことがあげられている。

これに対して、抵当権実行手続を進行させることができるとする見解がある（手続進行説）（注22）。その理由として、仮差押えにより抵当権の換価権は否定されないこと、手続を停止すると手続が著しく遅延することになって妥当でないこと、仮差押え時に保全した価値を維持したままで換価されるのであれば、仮差押債権者の権利を害しないこと、執行債務者・所有者としても、仮差押えの本執行であるにせよ、担保権の実行であるにせよ、換価自体については甘受しなければならない立場にあること、民執法一八四条の趣旨から、抵当権が効力を失っても買受人は有効に所有権を取得できること、仮差押えの仮定性（暫定性）については、配当段階において実体関係に沿った処理をすることができること、配当等を受けることができるか否かが未確定であることによって、無剰余となるわけではないことがあげられている。ただし、申立てをした抵当権者が手続の進行を希望しない場合には、手続を事実上停止する運用を考慮すべきであるとされる。

仮差押えにより把握された交換価値を保全するためには、仮差押債権者が本執行の要件を具備する場合に抵当権者が配当等を受けられないとすれば足り、抵当権の実行手続の基礎にある抵当権を無効とする必要はない。しかし、抵当権の実行手続が仮差押債権者による本執行と売却条件が異なる場合には、仮差押えにより把握された交換価値を保全する必要があるので、仮差押えに係る本案訴訟の帰趨が定まるまで、仮差押えに抵触する抵当権の実行を事実上停止すべきである。前述したように、仮差押え後に用益権が設定され、その後に他の債権者が強制競売手続を開始した場合には、仮差押債権者が把握した交換価値を保全しつつ、強制競売手続を進行させるために、仮差押えの効力は他の債権者による強制競売手続に及び、対象不動産の売却により用益権は効力を失う。これに対して、仮差押え後に用益権が設定され、その後に設定された抵当権に基づいてその実行手続が開始される場合には、仮差押えに抵触する抵当権の実行手続を進行させないことで、仮差押債権者が把握した交換価値が保全される。

㈡ 仮差押えの本案訴訟の帰趨が定まらないまま、抵当権の実行手続が売却に至った場合の配当

抵当権実行手続において対象不動産が売却された場合、抵当権者は、仮差押債権者が本案訴訟に敗訴し、又は、仮差押えがその効力を失った場合に限り、配当等を受けることができる（民執法八七条二項）。本案訴訟の帰趨が配当等の実施までに定まらない場合には、二重配当表が作成され、配当等の額が重なる部分（仮差押債権者が敗訴した場合に抵当権者に配当して、なお剰余があるときは、配当要求をした他の債権者はいずれにしても配当等を受けられる）のみが支払われ、その余の部分は、本案訴訟の帰趨が定まるまで、供託される（同法九一条一項二号・六号）。

㈢ 抵当権の実行手続の開始後に、仮差押債権者が本執行要件を具備した場合

抵当権の実行手続の開始後に、仮差押債権者が本執行要件を具備し、本執行の申立てをした場合、手続はどのように進行するだろうか。この場合について、抵当権の実行としての競売開始決定はないものとして本執行としての強制競売開始決定をし、抵当権実行手続は事実上停止すべきであるという見解がある（注23）。この見解は、仮差押えの登記後に設定された抵当権は仮差押えに基づく本執行の手続では無視されること、不動産の売却に至れば配当等を受けることができないから、このような債権者による競売の続行は、民執法六三条（無剰余取消し）の趣旨から許すべきではないことを、根拠とする。

これに対して、先行する抵当権実行手続を進行させ、本執行について二重開始決定をするという見解がある（注24）。この見解は、売却までは抵当権の効力は失われないこと、抵当権者は配当等において執行費用・手続費用の支払を受けられることを、根拠としている。

抵当権実行手続と本執行の手続は、執行当事者（執行債務者、所有者）が同一であり、また、責任財産の帰属主体が同一であるから、二重開始決定の関係にあるということができる（注25）。しかし、抵当権実行手続を進行させても抵当権者はその被担保債権について配当等を受けることができないことから、本執行の差押債権者（仮差押債権者）を手続の当事者とすべく、抵当権実行手続は事実上停止し、本執行の開始決定に基づいて手続を続行させるべきであると考える。

㈣　仮差押えが抵当権の実行手続に及ぼす効力

仮差押え後に設定された抵当権も実行手続を開始することができ、売却条件が異ならなければ、手続を進行して、売却することもできる。抵当権の実行手続において、仮差押債権者が本執行要件を具備する場合に、抵当権者が配当等を受けられないとすることで、仮差押えにより把握された交換価値を実現することができるからである。これに対して、売却条件が異なる場合には、仮差押えにより把握された交換価値が実現されないので、抵当権の実行手続を進行することができない。

（注20）　田中・前掲（注17）四一七頁。

（注21）　青山善充「不動産仮差押えの効力」丹野達＝青山善充編『裁判実務大系第4巻　民事保全法』三六五頁、三七五頁以下、松本博之『民事執行保全法』五五一頁。

（注22）　竹田稔『民事執行の実務Ｉ』四〇頁以下、香川監修・前掲（注18）『注釈民事執行法⑶』一〇三頁（注3）〔三宅弘人〕、香川監修・前掲（注18）『注釈民事執行法⑷』三〇六頁〔近藤〕、佐藤・前掲（注17）三ヶ月古稀一七九頁以下、竹下＝藤田編・前掲（注17）四一頁〔杉山〕。この見解について、裁判所書記官研修所編『不動産執行における配当に関する研究』一二三二頁も参照。

（注23）　田中・前掲（注17）一三三頁、香川監修・前掲（注18）『注釈民事執行法(3)』一一三頁（注2）〔三宅〕。
（注24）　佐藤・前掲（注17）三ヶ月古稀一八〇頁以下。
（注25）　これに対して、裁判所書記官研修所編・前掲（注22）一二三頁は、前後の差押えが法律的に両立しえないことを理由に、二重開始決定の関係にないとする。

五　差押え・仮差押え後の譲受人の債権者による強制競売手続について

1　差押え後に対象不動産が譲渡され、譲受人の債権者が強制競売手続を開始した場合

(一)　譲受人に対する強制競売手続の開始と進行

先行する強制競売手続の開始後に対象不動産が譲渡され、譲受人への所有権移転登記がなされた場合であっても、譲受人の債権者は強制競売の申立てをすることができる。この場合、譲渡人に対する手続と譲受人に対する手続とでは、執行債務者が異なり、また、責任財産の主体が異なるので、二重開始決定の関係にはない（注26）。譲受人に対する差押債権者は譲渡人に対する手続において配当等を受けることができないが、譲渡人に対する手続が取下げまたは取消しにより終了することがあるので、譲受人に対する差押えを認める実益がある（注27）。しかし、譲渡人に対する手続において対象不動産が売却されると、譲受人への譲渡は効力を失い（民執法五九条二項）、譲受人に対する手続は取り消される（同法五三条）（注28）。それゆえ、譲受人に対する手続は、差押えの登記をした段階で事実上停止しておくべきである（注29）。

譲渡人に対する手続が取下げまたは取消しにより終了した場合には、譲渡は確定的に有効であり、譲受人に対する手続を進行させることができる。これに対して、譲渡人に対する手続が停止された場合には、譲受人に対する手続を進行させるべきではない。譲受人に対する手続において対象不動産が売却され、譲渡人に対する差押えが消滅すると、差押えの目的が達せられないからである。これに対して、譲受人に対する手続を進行させ、対象不動産が売却された場合に、譲渡人に対する手続の停止に係る訴訟の帰趨が定まるまで、売却代金を供託するという考え方がありうる。しかし、譲渡人に対する手続の差押債権者が手続の停止に係る訴訟で勝訴した場合であっても、譲渡人に対する債権者が譲受人の責任財産を対象とする手続における売却代金から配当等を受けることはできないと考える。

(二) 譲渡人に対する差押えが譲受人に対する強制競売手続に及ぼす効力

譲受人に対する強制競売手続は、差押え後の譲渡が有効であることを前提に、手続を開始することができる。しかし、譲受人に対する手続により対象不動産を売却すると、差押えにより把握された交換価値を譲渡人の債権者のために実現することができないので、譲受人に対する手続は進行させることができない。

2 仮差押え後に対象不動産が譲渡され、譲受人の債権者が強制競売手続を開始した場合

(一) 譲受人に対する強制競売手続の開始と進行

仮差押え後に対象不動産が譲渡され、譲受人への所有権移転登記がされた場合、譲受人の債権者の申立てにより譲受人に対する強制競売手続が開始され、差押えの登記がされる。仮差押債権者が本案訴訟において敗訴し、

又は、仮差押えが効力を失う場合には、譲渡は確定的に有効であり、譲受人に対する手続を進めることができるので、譲受人に対する差押えを認める実益がある。

しかし、譲渡人に対する仮差押えが本執行に移行し、本執行の手続において対象不動産が売却されると、譲受人に対する差押えは効力を失い、譲受人に対する手続は取り消される（民執法五三条）。また、仮差押えに係る本案訴訟の帰趨が定まらないまま、譲受人に対する手続を進行させ、譲受人に対する手続において対象不動産が売却され、仮差押えが消滅すると、仮差押えの目的が達せられない。それゆえ、仮差押債権者が本案訴訟において敗訴し、又は、仮差押えが効力を失うまで、譲受人に対する手続は事実上停止しておくべきである（注30）。

これに対して、譲受人に対する手続を進行させ、この手続において対象不動産が売却された場合に、仮差押えに係る本案訴訟の帰趨が定まるまで、売却代金を供託するという考え方（注31）がありうる。しかし、仮差押債権者が本執行の要件を具備した場合であっても、譲渡人に対する仮差押債権者は、譲受人の責任財産を対象とする手続における売却代金から、配当等を受けることはできない。また、譲渡人の責任財産に属するものとして仮差押債権者に対して配当等がされるとすると、それにもかかわらず、譲渡人に対する他の債権者に配当参加の機会が与えられない。

(二) 仮差押えが譲受人に対する強制競売手続に及ぼす効力

仮差押え後の譲渡が有効であることを前提に、譲受人に対する強制競売手続を開始することができるが、譲受人に対する手続により対象不動産を売却すると、仮差押えにより把握された交換価値が譲渡人の債権者のために実現されないので、譲受人に対する手続は進行させることができない。

（注26） 中野・前掲（注6）四〇三頁。
（注27） 浦野雄幸編『基本法コンメンタール民事執行法（第六版）』一五六頁〔三輪和雄〕。
（注28） 浦野編・前掲（注27）一五六頁〔三輪〕。
（注29） 裁判所書記官研修所編・前掲（注22）二一九頁、鈴木＝三ヶ月編・前掲（注9）七四頁〔伊藤〕、竹下守夫『民事執行法の論点』一四〇頁、浦野編・前掲（注27）一五六頁〔三輪〕、中野・前掲（注6）四〇三頁。
（注30） 竹下・前掲（注29）一四一頁、香川監修・前掲（注17）三九四頁〔林〕。
（注31） このような考え方について、裁判所書記官研修所編・前掲（注22）二二四頁以下において詳細な検討がされている。

六　抵当不動産の差押え・仮差押え後の譲渡と抵当権の実行手続について

1　抵当不動産が差押え後に譲渡され、その後に、抵当権が実行された場合

抵当権が設定された不動産について、所有者の債権者により強制競売手続が開始され、その後に当該不動産が譲渡され、譲受人への所有権移転登記がされた場合、抵当権には追及力があり、また、譲受人が登記名義人であることから、抵当権者は、譲受人を執行当事者（所有者）として抵当権の実行としての競売手続を開始することができる。この場合、譲渡人に対する強制競売手続と抵当権実行手続は執行当事者（執行債務者、所有者）が異なり、また、責任財産の主体が異なるので、二重開始決定の関係にはない。譲渡人に対する強制競売手続において対象不動産が買受人に売却されると、抵当権は消滅し（民執法五九条一項。消除主義）、買受人への移転登記の

際に、抵当権設定登記は抹消される（同法八二条一項二号）。譲渡人に対する強制競売手続において抵当権者は配当等を受けることができること（同法八七条一項四号）、また、譲受人に対する抵当権実行手続は対象を失い取り消されること（同法五三条）から、抵当権実行手続は、その開始決定後、事実上停止すべきである。譲渡人に対する強制競売手続が取下げ又は取消しにより終了した場合には、抵当権実行手続を進行させることができ、この場合には、譲受人の債権者のために配当要求の終期を定める必要がある。譲渡人に対する強制競売手続が停止した場合には、抵当権実行手続における売却により譲渡人に対する差押えの効力を消滅させることができないので、抵当権実行手続を進行させるべきではない。

これに対して、譲渡人に対する強制競売手続と抵当権実行手続が二重開始決定の関係にないとしつつ、強制競売手続が停止した場合に、民執法四七条六項を類推して、譲渡人に対する手続として続行決定をすることができるとする見解がある（注32）。この見解は、抵当権者が譲渡人に対しても抵当権を主張しうる立場にあったことから、譲渡人に対する手続の続行を求める権利を有することを根拠とする。そして、この見解によると、譲渡人に対する手続が取下げ又は取消しにより終了していない以上、譲受人の債権者は、譲渡人に対する手続において配当等を受けるべき債権者の全員に弁済して、剰余があるときにのみ配当等を受けることができるとする。

譲渡人に対する強制競売手続が停止された場合に、抵当権実行手続を進行させて、この手続において対象不動産を売却するのであれば、譲渡人に対する差押えを消滅させる必要がある。譲渡人に対する手続の停止に係る訴訟において差押債権者が勝訴する場合に、譲渡人に対する債権者がその売却代金から配当等を受けることができれば、譲渡人に対する差押えにより把握された交換価値が譲渡人の債権者のために実現されるので、抵当権実行手続における対象不動産の売却により譲渡人に対する差押えを消滅させることができる。しかし、譲渡人に対する差押債権者が勝訴する場合に、譲渡人に対する債権者が抵当権実行手続における売却代金から配当等を受けるものとするのであれば、対象不動産が譲渡人の責任財産に帰属する場合を抵当権実行手続に取り込み、譲渡人も執行当事者とする必要がある。

2　抵当不動産が仮差押え後に譲渡され、その後に抵当権が実行された場合

(一)　抵当権の実行手続の執行当事者

抵当権が設定された不動産に対して仮差押えがされ、その後に当該不動産が譲渡された場合、抵当権には追及力があるので、抵当権者は譲受人を執行当事者（所有者）として抵当権の実行としての競売手続を開始することができる。仮差押債権者が本案訴訟に敗訴し、又は、仮差押えがその効力を失ったときは、譲受人に対する抵当権の実行手続を進行させることができ、譲受人に対する抵当権の実行手続において対象不動産が売却され、抵当権者である差押債権者と譲受人に対する債権者が配当等を受けることになる。

仮差押えに係る本案訴訟の帰趨が定まらないまま、抵当権実行手続を進行させ、対象不動産が売却されたときは、抵当権者である差押債権者が配当等を受け、剰余があればそれを供託し、本案訴訟の帰趨が定まってから配当等を実施することが考えられる。仮差押債権者が本案訴訟において敗訴し、又は、仮差押えがその効力を失う場合には、譲受人に対する債権者が配当等を受け、剰余があれば譲受人に交付する。これに対して、仮差押債権者が本執行の要件を具備する場合について、仮差押債権者が配当等を受け、剰余があれば譲渡人に交付する、又は、執行当事者である譲受人に交付するという見解（注33）と、仮差押債権者が配当を受け（民執法八七条一項三号）、剰余があれば譲受人に対する債権者が配当等を受け、さらに剰余があれば譲受人に交付するという見解

（注34）がある。

抵当権実行手続において対象不動産が売却された場合、譲渡人に対する仮差押えを消滅させる必要がある。本案訴訟において仮差押債権者が勝訴した場合に、抵当権実行手続の売却代金から譲渡人に対する債権者が配当等を受けることができれば、仮差押えにより把握された交換価値（抵当権の剰余部分）が譲渡人の債権者のために実現されるので、対象不動産の売却により仮差押えを消滅させることができる。しかし、譲渡人に対する債権者が抵当権実行手続における売却代金から配当等を受けるものとするのであれば、対象不動産が譲渡人の責任財産に帰属する場合を抵当権実行手続に取り込み、譲渡人も執行当事者とする（注35）必要があると考える。また、抵当権の実行手続において、譲受人の債権者とともに、譲渡人の債権者にも配当参加の機会が与えられるべきである（注36）。

譲渡人と譲受人の両方を執行当事者として抵当権の実行手続を進行させ、仮差押債権者が本案訴訟において敗訴し、又は、仮差押えの効力が失われた場合には、譲受人に対する手続として、抵当権の実行手続を進行することになる。

仮差押えに係る本案訴訟の帰趨が定まらないまま、抵当権実行手続における売却代金について配当等を実施する場合、まず抵当権者に対して配当等がなされ、剰余は供託される。その後、仮差押債権者が本執行要件を具備した場合には、対象不動産が譲渡人の責任財産に属することを前提に、仮差押債権者と譲渡人に対する配当要求債権者に配当等をし、剰余があれば譲渡人に交付する。仮差押債権者が本案訴訟において敗訴した場合には、対象不動産が譲受人の責任財産に属することを前提に、譲受人に対する債権者に配当等を行い、剰余があれば譲受人に交付する。

(二) 抵当権実行手続における売却前に、仮差押債権者が本執行要件を具備した場合

仮差押債権者は、抵当権の実行手続において配当等を受けることができるが、仮差押債権者が本執行要件を具備した場合には本執行の申立てをすることもできる。抵当権実行手続により対象不動産が売却される前に本執行手続が開始された場合に、抵当権実行手続と本執行手続がどのような関係にあるのかについて、次のような見解がある。

第一に、本執行に移行した場合に、手続経済上、担保権実行手続と本執行手続を二重開始決定の関係にあるものと見るが、後行の本執行手続により事件を進行させ、手続上の所有者が変更するので、あらためて配当要求の終期を定めるとする見解がある（注37）。この見解は、本執行に移行した場合、譲受人への所有権移転が売却により効力を失うことになるので、本来、譲渡人を所有者として手続を進行すべきものであることを根拠とする。

第二に、抵当権実行手続と本執行手続は、二重開始決定があった場合として処理し、抵当権実行手続を進行するという見解がある（注38）。この見解は、仮差押債権者が抵当権の実行手続において配当を受けうることを根拠とする。

第三に、抵当権実行手続と本執行手続は二重開始決定の関係になく、同一の不動産を対象とする独立の手続であるとする見解がある（注39）。この見解は、優先する抵当権実行手続においては、執行当事者の変動に関する限り、仮差押え・差押えの処分禁止効が及ばないから、譲受人を執行当事者として手続を進行させることができることを根拠とする。この見解によると、これらの手続は、いずれかの手続で売却され代金が納付されたら対象を失い、手続が取り消されるという関係にある。

抵当権の実行手続において、対象不動産が譲渡人の責任財産に属することがありうるものとして手続を進め、

譲渡人の債権者にも配当参加の機会が与えられるのであれば、仮差押債権者が本執行要件を具備し、譲渡人に対する本執行の手続が開始された場合に、二重開始決定の場合に準じて、先行する抵当権実行手続を進行させることができると考える。

三　仮差押えに抵触する譲渡の、抵当権実行手続における効力

抵当不動産の譲渡が仮差押えに抵触する場合には、譲渡後の抵当権の実行手続において、対象不動産が譲渡人の責任財産に属する場合と譲受人の責任財産に属する場合のいずれも手続に取り込み、譲渡人と譲受人の両方を執行当事者とし、譲渡人の債権者と譲受人の債権者の両方に配当要求の機会が与えられるべきである。

このように考えると、本来、対象不動産の譲渡は譲渡後の差押債権者である抵当権者に対して主張することができるにもかかわらず、抵当権者は、対象不動産が譲渡人の責任財産であることがありうるものとして、譲渡人に対しても抵当権の実行手続を開始することになる。このことは、仮差押債権者が本案訴訟において勝訴した場合に、仮差押えにより把握された交換価値（抵当権の剰余部分）が、抵当権の実行手続において譲渡人の債権者のために実現される必要があることにより、正当化される。

(注32)　香川監修・前掲（注18）『注釈民事執行法(3)』二七六頁〔大橋〕。

(注33)　裁判所書記官研修所編・前掲（注22）二四〇頁以下（剰余金は譲渡人に交付する）、佐藤・前掲（注17）三ヶ月古稀一八八頁以下（剰余金は譲受人に交付する）。

(注34)　坂本倫城「差押えの処分禁止効」大石忠生ほか編『裁判実務大系第7巻　民事執行訴訟法』一三四頁、一四三頁以下。この見解は、仮差押えは移行後の本執行手続において手続相対効を発揮しうるものであり、仮差押えに優先する抵当権実現のための手続においては、売却時までに本執行要件を具備できなければ、被保全債権につい

ての配当受領資格が確保される以上、手続相対効を発揮できなくてもやむをえないこと、仮差押手続しかないので譲渡人の債権者による配当要求すなわち平等主義の実現は問題にならないこと、手続の安定の要請にも反しないことを、根拠とする。

（注35） 佐藤・前掲（注17）三ヶ月古稀一八八頁は、立法論として、譲渡人と譲受人を選択的に執行当事者として、そのいずれの債権者にも配当参加の機会を与え、民執法八七条二項と同趣旨の規定を置き、仮差押えの帰趨確定後の配当関係を律することが不可能ではないこと、しかし、多数の仮差押えと抵触する譲渡がある場合に、担保権の迅速処理が著しく阻害されることが予想されるという問題があることを指摘する。

（注36） 東京高決平6・2・18東高時報四五巻一〜一二号二頁。

（注37） 坂本・前掲（注34）一四七頁。

（注38） 中野・前掲（注6）四〇四頁。この見解によると、抵当権実行手続の申立取下げ・手続取消しあるいは停止があって本執行による強制競売が実施されるときは、手続上の所有者が譲渡人となり、譲渡人の債権者の配当要求を認めなければならないので、あらためて配当要求の終期を定めることになる。

（注39） 佐藤・前掲（注17）三ヶ月古稀一九〇頁以下。この見解は、抵当権の実行手続が売却直前まで進行していない限り、抵当権の実行手続を事実上停止し、譲渡人に対する本執行手続を進行させるのが妥当であるとする。

七　おわりに

本稿において、差押えと仮差押えの効力についての従来の議論を整理したうえで、差押えや仮差押えに抵触する処分が、処分後に開始された手続においてどのような効力をもつのか、差押えや仮差押えが抵触する処分を前提とする手続にどのような効力をもつのかについての検討を行った。まとめると、差押えや仮差押えは、それにより把握された交換価値を実現・保全するために必要な限度で、抵触する処分の後に開始された手続において処分の効力を否定ないし制約し、また、抵触する処分を前提とする手続の進行を制約する。

本稿の出発点は、権利能力のない社団を執行債務者とする手続と登記名義人を執行債務者とする手続の競合の問題にあった。対象不動産の所有者と登記名義人が異なることにより執行債務者を異にする手続の競合が生じる場合については、本稿における考察を基礎として、引き続き検討したい。

＊本稿は、科学研究費補助金による研究成果の一部である。

1291　不動産に対する差押え・仮差押えに抵触する処分の効力と処分後に開始される手続について

五

弁護士倫理

相続問題と弁護士倫理

清水正憲

一　はじめに

相続関連案件が弁護士業務のなかに占める割合は一般に小さくはないし、「高齢社会」を迎え、今後増加していくことが予想される。ただ、相続問題は、近親関係にある複数の相続人間の、本来には経済的利害が対立する問題であるため、何かと困難な問題が生じやすい案件である。当初は表面化しないと予想された利害対立が途中で顕在化したり、デリケートな人間関係に弁護士も巻き込まれたりすることがあって、弁護士倫理（注1）上注意しなければならないことが多い事件類型の一つである。ことに、最近、遺言執行者をめぐって、相次いでいくつかの懲戒事例が公にされ、弁護士倫理上注目を集めているところでもある。

そこで、本稿では、相続の分野での弁護士の「職務禁止」の問題を中心に弁護士倫理上注意すべきいくつかの点について、若干の検討を行うことにしたい。

（注1）　実質的意義の弁護士倫理の法源として日本弁護士連合会（以下「日弁連」という）が定めた規範は、現在は、平成一七年四月一日から施行されている「弁護士職務基本規程」（以下「規程」という）である。それ以前は、平成三年に総会で決議された「弁護士倫理」（以下「弁倫」と略記することがある。なお、本稿では、普通名詞としても「弁護士倫理」という用語を使用することがあるが、両者の区別は、文脈上自ずから明らかであろう）であった。

二　職務禁止に関する規律

具体的な検討に入る前に、本稿での検討と密接に関係する、弁護士の職務禁止に関する規程及び弁倫の規律内容を概観・確認しておく。

規程上、弁護士が「職務を行い得ない事件」（職務禁止）を直接定めるのは、二七及び二八条である。規程二七条は、弁護士法（以下「法」という）二五条一ないし五号と同じ（ただし、その五号で、「仲裁人」だけでなく「調停、和解斡旋その他の裁判外紛争解決手続機関の手続実施者」に拡張していることのみが異なる）規律であり、また、規程二八条は、一号で相手方が配偶者等一定の親族関係にある事件、二号で現在の依頼者又は顧問契約先等を相手とする事件、三号で「依頼者の利益と他の依頼者の利益が相反する事件」、四号で「依頼者の利益と弁護士の経済的利益が相反する事件」について職務を行うことを原則的に禁止している（注2）。

これらのうち、規程二八条三号は、「利益相反」の規定として、「職務禁止」の関係では、法二五条（規定二七条）一号・二号とともに最もよく問題となる規定である。規程二八条三号は、弁倫二六条二号が、弁護士は「受任している事件と利害相反する事件」につき職務を行ってはならないとしていたものを受け継いだもので（ただし、規定二八条三号の方は、双方の同意があれば、禁止が解除される点が異なる）、その解釈が参考となる（注3）。そのため、以下では、適宜、「弁護士倫理」時代の事例や文献も参照することにする（注4）。

（注2） 以下では、規程二八条は、その三号以外を取り上げることはない。

（注3） 「利益相反」も「利害相反」も本来は同様の意味であるが、本稿では、以下、「利益相反」は規程二八条三号の場合に使用し、「利害相反」又は「利害対立」は、弁倫二六条二号の場合に用いるのを除いては、より広く、法二五条（規程二七条）一号・二号、規程二八条三号や弁倫二六条一号・二号の場合等を含めて、広く関係者の利害が対立する状況を指すものとして使用する。

（注4） 以下では、頻繁に引用する文献を次のように、略記する。
「新解説」＝日弁連弁護士倫理委員会編著『解説　弁護士職務基本規程　第二版』
「旧解説」＝日弁連弁護士職務基本規程解説起草検討会『解説　弁護士職務基本規程』
「注釈」＝日弁連倫理に関する委員会編『注釈弁護士倫理（補訂版）』

「議決例集」＝日弁連『弁護士懲戒議決例集』（第三ないし第七集は『弁護士資格・懲戒議決例集』。第一集は資料室、第二ないし第七集は調査室、それ以降は、懲戒、綱紀委員会及び綱紀審査会の各編集である）

三　遺産分割

1　協　議

遺産分割は、相続人間の協議（意思表示）で行うことができる（民法九〇七条一項）から、弁護士は、この協議の段階で、相続人から遺産分割事件の依頼を受ける場合がある。

しかし、遺産分割は、一定範囲の財産を共同相続人間で分け合い、いわば「あちらを立てればこちらが立たず」の関係にある（注5）から、遺産分割協議において、複数の相続人を同一の弁護士が代理をすることは、基本的には、法二五条（規程二七条）一号に該当すると考えるべきである（注6）。

この場合、「原告対被告」といったこれらの条項が予定している典型的な二者対立構造の場合とは少し状況が異なることから、規程二八条三号の「利益相反」の規律によるという考え方もありうる（注7）。しかし、同条同号によるとすると、全依頼者の同意さえあれば、利害相反が顕在化した後でも、複数の相続人の代理を一人の弁護士ができると考えることになりかねず（注8）、適切ではないし、この問題には、「弁護士の品位」等、依頼者の同意・承諾だけでは解消できない問題を含んでいるので、やはり、基本的には、法二五条（規程二七条）一号の問題と考えるのが正当であろう。

ただ、例外的に、実質的に利益相反にならない場合（注9）、たとえば、全遺産を換価してすべて相続分割合で分け合うとか、ある弁護士が代理をしている一部の相続人全員の取得財産を相続分に応じた割合で共有にするような場合には、複数の相続人の代理人を同一の弁護士が務めることも許されるとすることに大方の反対はないであろう。実体法上の双方代理の問題も、関係者本人の許諾を得る（民法一〇八条ただし書）ことによって、有効な代理と考えることができる（注10）。もちろん、この場合も、受任時に、将来利害対立が顕在化した際には辞任する等についての「不利益事項の説明」が必要であるし（規程三二条）、現実に利害対立が生じれば、規程四二条に従って適切な措置をとる必要があるが、その場合は、結局は、法二五条（規程二七条）一号によって、いずれの相続人の代理人も辞任すべきことにならざるをえない。

現実には、複数の相続人が遺産分割の方針について何グループかに分かれて対立し、そのグループの全部又は一部に複数の相続人が属しているという事態が多い。この場合でも、グループ内での利害対立が顕在化していない間は、同一の弁護士が同一グループ内の複数の相続人の代理人を務めることは許されると解されているが、最終分割案はグループ内での平等の確保ができていないけれども本人らには異存がないという場合（異存があれば、もはや利害は対立している）、たとえば、同一グループ内の相続人Aは一〇〇〇万円の不動産を取得し、相続人Bは現金七〇〇万円を取得するという分割案で、AもBもそれでよいとの意思を積極的に示しているような場合に、同一弁護士がそのままA及びBの代理人を続けて遺産分割協議を完成させてしまってもよいのかはむずかしい問題である。利害相反が顕在化しない限りは、同一の弁護士が代理人を務めることが許されるとする前提からすれば、A及びBの明示の了解があれば、弁護士倫理違反とはいえないという結論になるかと思われるが、違和感は歪めない（注11）。いずれにしても、このような事態はできる限り避けるのが望ましいことはいうまでもないし、仮に、現時点で「許される」という結論をとったとしても、近い将来にこの結論が変わる可能性も高い（注12）。

2　調停・審判

裁判外での遺産分割の協議が調わない場合には、家庭裁判所に遺産分割の審判を求めることになる（民法九〇七条二項、家事事件手続法一九一条、別表第二の一二項）。ただし、審判の申立てをしても、調停による解決に親しみやすい事件として職権で調停に付される（家事事件手続法二七四条一項）のが通常であるし、家事調停が成立しない場合には家事調停申立て時に家事審判の申立てがあったものとみなされる（同法二七二条四項）ため、実務上は、先に遺産分割の調停を申し立てるのが、家事審判法時代からの通常の扱いである。

現実には、調停・審判で解決するしかない状態になってはじめて弁護士に相談にくることも多く、遺産分割の調停・審判段階での相続人の代理に関する弁護士倫理が問題となることのほうがはるかに多いが、基本的な規律は、先の「協議」の場合と同様である。

したがって、協議の段階で、まだ利害対立が顕在化していないものとして複数の相続人の相談に乗っていたが、調停申立段階では利害対立が顕在化したという場合には、いずれの相続人に対する関係でも、法二五条（規程二七条）一号（場合によっては、各条二号）によって、いずれの相続人の代理もできない場合がある。

「協議」段階の場合と異なるとすれば、裁判所での手続となっていることをどう考慮するかである。たとえば、最判昭38・10・30（民集一七巻九号一二六六頁）は、弁護士法二五条違反の訴訟行為は、相手方（利益を害された者）から口頭弁論終結時までに異議があれば、無効となるとしている。したがって、遺産分割での複数相続人の代理は基本的に法二五条一号違反になると考える本稿の立場からすれば、利害対立が顕在化している複数相続人を代理して申し立てられた調停や審判は、当該相続人から利害対立があるとして異議があると、無効な申立てになって却下を免れないであろうし、審判が出されても確定前であれば異議を述べて家事事件手続法一九八条一項一号の即時抗告をすれば、審判の効力を否定することができよう。しかし、調停については、家事事件手続法二八四条の調停にかわる審判を除いては(注13)、当該相続人が異議を述べずに成立してしまった以上は、もはやその効力を争うことができないと考えられる。しかし、これらの場合も代理人を務めてしまった弁護士の法や規程違反の責任は、もちろん別問題である。

このように、複数の相続人を同一の弁護士が代理をして遺産分割の調停・審判を申し立てる場合には、訴訟法上の問題があるし、実体法上も、双方代理(民法一〇八条)で無権代理行為となる可能性もあるためか、家庭裁判所では、このような場合に当事者本人である複数の相続人から「同一の弁護士に代理されることに異議はない」という趣旨の「念書」の提出を求めることもあるようである。しかし、このような「念書」が差し入れられていることと当該弁護士の行為が法や規程に違反していないかどうかとは直接関係がないことに注意が必要である(注14)。

3 遺産分割の斡旋

弁護士が被相続人と生前親しく、また相続人のいずれとも信頼関係があるような場合には、相続人らから、間に入って遺産分割の合意が成立するように調整してほしいとか、さらに進んで、分割案を提示してほしいといった依頼を受けることがある(注15)。

この場合は、「調整型の職務」(注16)の一類型で、相続人全員に、いずれの代理人になるものではないこと、弁護士の費用はすべての当事者が公平に負担すること(注17)を十分説明して、その全員から了解を得ておく必要がある(注18)。また、調整に失敗した場合には、規程四二条(受任後の利害対立)によって、適切な措置をとる必要があるから、それ以後は、いずれの相続人の代理人にも就くことができず、したがって、規程三二条(不利益事項の説明)により、そういった不利益があることも事前に十分説明しておく必要がある。

これらの要件を満たす限りでは、法二五条(規程二七条)一号・二号違反にはならないと考えられている。ただ、職務執行にあたっては、もちろん「中立・公正」を旨とすべきで、いずれの相続人からも等距離を保つべきである。

しかし、現実には、遺産分割という限られた財産の分割・配分という職務では、相続人全員の納得を得るのはかなりむずかしく、その結果、後で「偏頗であった」とか「公平ではない」との誤解を受けて、懲戒問題にまで発展することもあるので、「中立・公正」には、きわめて慎重に配慮することが必要である。

そして、関係人との間で、「中立・公正」を旨としなければならないという点では、後述の「相続財産管理人」や「(元)後見人」の地位にも通じるものがあるし、後述の遺言執行者の地位や職務を考える際にも参考になると考えられる。

(注5) 最判昭49・7・22(裁判集民一一二号三八九頁)は、共同相続人の関係にある複数の未成年子を一人の親権者が代理して遺産分割協議を行うことは、民法八二六条二項の利益相反に当たり無権代理になると判断するに際して、「遺産分割の協議は、その行為の客観的性質上相続人相互間に利害の対立を生ずるおそれのある行為と認められる」としている。

（注6） 新解説八三頁は、旧解説五三頁に比べて、法二五条（規程二七条）一号の問題であることを明確にしている。

（注7） 旧解説五三頁は、法二五条（規程二七条）一号への言及がなかった。また、注釈一一六頁は、「遺産分割のための調停外の話合いへの関与」「複数相続人の代理人としての調停申立て及び調停期日への出頭」は、関係当事者の同意があれば利害相反には当たらないとしているので、その限度では、法二五条一号の問題ではないと考えていたようである。

（注8） 現実には、法二五条（規定二七条）一号により全員の代理人を辞さなければならなくなるという結論に対して、弁護士過疎や弁護士費用の観点からの不合理さを理由として、いずれかの相続人の代理人として残る余地を認めようとする考え方も根強い（新解説八〇頁にこのような考え方の紹介がある）。それには相応の理由のあることであるが、このような考え方に対しては、後記（注12）参照。

なお、規程二八条三号は、利害相反が顕在化している際の規定であると解するのが一般的であるが（新解説七九頁）、利害対立が潜在している場合の規定であるという見解（小島武司ほか編『テキストブック 現代の法曹倫理』一〇六頁〔小山稔〕）がある。そうだとすれば、利害対立が顕在化した場合は、もともと、当事者の同意があっても、職務は禁止されるということになろう。

（注9） この場合、法二五条（規程二七条）一号の関係では、同条の「相手方」となるには至っていないと考えることになるのであろう。

（注10） 遺産分割の場合は、利害関係が多面的であるので、はたして、民法一〇八条ただし書だけで処理できるのか、なお疑問があるが、ここでは深入りしないことにする。

（注11） 注釈一一六頁は、遺産分割調停についてではあるが、（関係当事者の同意があっても）「協議が調い、調停条項をまとめる段階においては、個別代理にとどめる必要が生じてくる。」としているが、その理由は必ずしも明確ではない。おそらくは、潜在的とはいえ、分割の内容が利害相反の関係にあることに違和感を感じてのことと推測される。そのため、実務では、一方の代理人を辞任したり、本人を同席させたりする工夫もされている（規程二八条三号の問題だと考えれば、これにより弁護士倫理上の問題も解決できる）。しかし、たとえば、審判の場

相談に乗ったりすることは弁護士倫理上当然禁止される（注19）。これは、同一の被相続人の相続問題に限らず、他の事件の代理人への就任も禁止されると見るべきである。そうでなければ、「公正らしさ」を保つことはむずかしいからである。

そうすると、これらの職務が終了した後も一定期間（注20）は、当該相続事件以外の他の事件についても一部の相続人の代理人に就任する等「公正らしさ」を害する行為は禁止されると見るべきであるし、法二五条（規程二七条）四号・五号に照らしても、当該相続問題に関しては、職務終了後も、いずれの相続人についても代理人に就任する等「賛助」することはいっさいできないと解するべきである。その職務にあった者の「公正らしさ」を保つためには当然のことと考えられる（注21）。

このことは、次の遺言執行者の倫理を検討する場合に参考となる。

（注19）ほかに、弁護士は、信義・誠実、公正に職務を行うとする規程五条、名誉を重んじ、信用を維持し、常に品位を高める努力をするとする規程六条及び職務禁止に関する二七条、二八条をあげる見解もある（新解説一八四頁で紹介されている）。

なお、死因贈与の受贈者の代理人を受任しながら、贈与者死亡後の相続人不在の場合の相続財産管理人に就任したことが、「相続財産に対する忠実義務と受贈者との間の契約上の義務が実質的にも相反する」として懲戒とした例として、昭和五八年一〇月四日懲戒委議決（議決例集第五集二一五頁）がある（略記については後記（注25）参照）。

（注20）この期間を一律に決めるのはむずかしいが、ことが「公正らしさ」の問題である以上は、職務終了後一年も経っていれば、通常は問題がないのではないだろうか。

（注21）平成二三年三月当時の日弁連綱紀委員会委員長大室俊三は、「職務の公正性が求められる業務」では、「特定の依頼者の正当な利益を守るという弁護士業務において求められる責務とは異質とも言える倫理が問題とされる」

（議決例集第一三集「はしがき」）と、この議論の核心を指摘している。

五　遺言執行者

(一)　弁護士は、遺言執行者に就任することもまれではない。家庭裁判所から選任を受ける（民法一〇一〇条）こともあるが、遺言書において指定されることが多い。遺言者が弁護士に遺言書作成（公正証書とするのが通常である）の相談をする際に遺言執行者を当該弁護士と指定することが多い（注22）ためである。そして、相続人や受遺者のなかに遺言執行者に指定された弁護士ともともと親しい者がいると、当該弁護士が遺言執行者に就任後も、当該相続人や受遺者の当該相続・遺贈をめぐる紛争についてつい法律相談に乗ったり、その相続人や受遺者の代理人になってしまったりすることがありうる。一部の相続人や受遺者の代理人と遺言執行者とでは、その立場が相容れないので、弁護士倫理上問題となることが多々あり、懲戒問題にまで発展した例も少なくない。

(二)　遺言執行者が一部の相続人や受遺者の代理人となることができるかという問題に関しては、近時日弁連内の考え方に「揺らぎ」が見られる（注23）。日弁連の懲戒関係での見解の変化は、公刊物を見る限り、大まかには、「利害相反から中立・公正性へ」と表現できるように思われるが、弁護士倫理の解釈としては、基本的には妥当な方向であると評価できる（注24）。

(三)　以下、この問題の本質を探るため、少し詳しくその経緯を見てみよう。

(1)「議決例集」(注25)でこの問題が最初に取り上げられた(注26)のは、平12・10・10懲戒委議決(議決例集第八集二七頁)である(以下「一二年議決」のようにいう)。これは、遺留分減殺請求の効果が発生した後に遺言執行者に就任しながら、その後遺留分減殺請求調停事件において遺留分減殺請求をされた受遺者及び一部相続人の代理人を受任したという案件について、遺言執行者が遺言執行事務を公正中立に行うこと、とりわけ弁護士にはいっそう強くそれが要請されるとして、遺言によって不利益を受ける相続人の相手方の代理人になることは、品位を失うべき非行に当たるとしたものである。もともと、懲戒の対象とされた弁護士の所属弁護士会(注27)が、遺言執行によって受遺者が受ける財産の多寡と遺留分減殺請求者が受ける遺留分侵害分とが相反する関係にあるとして具体的な利害相反を認定して弁倫二六条二号に該当するとしていたのをわざわざ理由を差し替えて「遺言執行事務の公正中立性」及び弁護士の場合はそれがいっそう強く要請されることを指摘していたことが注目される。

(2)「利害相反」の問題としてとらえた日弁連での懲戒事例として、遺言執行者が遺留分減殺請求調停事件の申立人の相手方相続人の代理人を受任した案件について、「遺言執行者は相続人の代理人であり(民法一〇一五条)、遺言執行者に就任後、少なくとも執行終了までの間、個々の相続人から遺留分減殺請求事件等を受任することは、弁護士倫理二六条二号に違反する」とした平13・8・24懲戒委員会議決(注28)がある。

この議論は、それに先立って公にされていた「利害相反は、遺言執行者と相続人(民法第一〇一五条参照)との間において生じ」る(注29)とか、遺産について遺言執行者が受遺者の代理人として相続人を相手に訴訟を提起するケースについて、法二五条一号・二号あるいは弁倫二六条二号の問題として検討している(注30)見解と軌を一にするものであったと思われる。

その後、遺言執行者である弁護士が遺言執行中に、遺産分割調停事件を申し立てられた一部の相続人に同一事務所のパートナー弁護士を代理人として紹介して同パートナー弁護士が受任したという案件について、遺言執行者である弁護士が受任していれば弁倫二六条二号違反になることがあるとした平15・3・10懲戒委議決（議決例集第八集一二一頁）（注31）も同様の考え方に立つものであろう。

規程が制定された後の、遺言執行終了後の受任について、遺言執行者の権限に裁量の余地があるかないかによって、相続人が法二五条一号の「相手方」になるかどうかを判定しようとする考え方（注32）も同様であった。

(3) これに対して、むしろ、遺言執行者の職務の中立性の問題ではないかという考え方が東京高判平15・4・24（判時一九三二号八〇頁）で示された（以下「一五年判決」という）。これは、前記一三年議決に対する取消しの訴え（現弁護士法六一条一項）に対する判決であるが、「弁護士である遺言執行者が、当該相続財産を巡る相続人間の紛争につき特定の相続人の代理人となることは中立的立場にあるべき遺言執行者の任務と相反するものであるから、受任している事件（遺言執行事務）と利害相反する事件を受任したものとして、」弁倫二六条二号に違反するとしている。

また、「利害相反」の観念からは十分に脱却できていないものの、「中立的立場」にある遺言執行者の任務と相反することが「利害相反」であるとすることによって、この問題の本質が、「依頼人間の利害相反」ではなく、遺言執行者の中立的立場を害することにあることが示された（注33）。しかし、「利害相反」という枠組みで考えているため、「その職務を終了していないにもかかわらず」というように、「職務終了後」であれば許されるかのような口吻を残していた。

(4) 問題が「遺言執行者の職務の中立・公正性」だとすれば、遺言執行終了後も安易に一部の相続人の代理人を

公正性からのアプローチを維持している。

他方、一八年議決後も、利益相反の枠組みでアプローチをする平成二〇年と二二年の懲戒委議決二例（注41）がある。
(7) このように、日弁連の方向は、まだ確定的とはいえないが、懲戒関係では、徐々に、「中立性・公正性」に収斂していくのではないかと思われる。
この問題は、遺言執行者の法律的な地位の理解とも関係するが、遺言執行者は、民法一〇一五条が「相続人の代理人とみなす」としていたり、遺言書で指定されていることが多いため、家庭裁判所が選任する相続財産管理人や次の後見人の場合のようには、正面からその中立性・公正性を打ち出しにくかったものかと思われる（注42）。しかし、遺言執行者が一部の相続人や受遺者の代理人となることができない根拠は、その職務の中立性・公正性、ことに弁護士がそれに就任した場合のその要請（注43）にあるのであって、依頼人間の利益が相反するという規程二八条三号に見られるような「利害相反」の枠組みでアプローチすべきものでない（注44）ことは、すでに一二年議決でも認識されていたはずである。

ただ、その根拠を法や規程の実定法上直接見出すのはむずかしく（注45）、ついには、一八年議決のように、弁倫四条、五条（規程では、五条、六条）という公正とか信用・品位といった抽象的な規定に行き着いてしまい、抽象的に過ぎるという批判が加えられたりしている（注46）。実定法的には、法二五条（規定二七条）の四号・五号に準じるというのがわかりやすいと思われる（注47）が、むしろ、遺言執行者の相続財産管理人や次の後見人との制度的な共通性にも目を向けてみる必要があろう。

ただし、いずれの場合も、単に、形式的に中立性・公正性を害したということではなく、実質的に害されたかどうかが問題であることを銘記すべきである（注48）。

（注22）　弁護士が自己を遺言執行者に指定するように遺言者に圧力をかけるようなことが弁護士倫理上許されないことは当然であるが（柏木・後掲（注37）三七頁）、その執行に不安を残さないため、遺言書作成にかかわって事情をよく知ることになった（あるいは、顧問関係などで、もともと親しい関係にあるという場合もある）当該弁護士を遺言執行者に指定することは自然な流れであるため、双方ともあまり深く考えることなく、当該弁護士が遺言執行者に指定されていることも多い。

（注23）　旧解説五四頁は、執行を終えた後は、執行内容に裁量の余地がなければ、受遺者の代理人に就くことは可としていたが、新解説八四頁以下は、後述する日弁連の近時の懲戒関係での考え方の変化をふまえて、遺言執行終了前は、一部の相続人の代理人となるのを差し控えるべきであり、執行終了後であっても「当事者間に深刻な争いがあって、話し合いによる解決が困難な状況においては、」差し控えるべきであるとしている（八六頁）。

岩井重一ほか「座談会　弁護士倫理の課題と展望」（自正六三巻一〇号）一二頁（山口健一発言）、一三頁（鳥山半六発言）には、この問題に関する議決例や判決例が旧解説発行後、旧解説等の従来の考え方とは異なる方向になってきたことについて（ミスリードの）懸念があったとの指摘がある。

（注24）　小島ほか編・前掲（注8）一一二頁（小山稔）は、「相続問題こそは利益相反問題の生ずる典型的事例」であるという理由で、議論の蓄積の多い「利害相反」の枠組みを支持する。しかし、遺言執行者の問題は、「相続問題」というよりも、むしろ、その職務に就いた弁護士の職務の「ありよう」の問題であろう。

（注25）　以下、引用にあたっては、いずれも日弁連各委員会議決の趣旨であり、「懲戒委員会議決」は「懲戒委議決」と、「綱紀委員会議決」は「綱紀委議決」と、「綱紀審査会議決」は「審査会議決」と略記する。

（注26）　議決例集には先例的価値のあるものだけが掲載されているので、これ以前にも、議決があったものの掲載されていないという可能性はある。

（注27）　以下、懲戒の対象とされた弁護士を「対象弁護士」、その弁護士が所属し綱紀・懲戒手続を行った（法五八条）弁護士会を「所属弁護士会」という。

（注28）議決例集非掲載。引用は、その取消請求訴訟（後記一五年判決）の判決文による。
（注29）注釈弁倫一一六頁。
（注30）日弁連調査室「遺言執行者と相続人の関係」（調査室嘱託　山川隆久執筆）自正四八巻六号一六二頁以下。
（注31）ただし、パートナー弁護士を紹介した行為については、（規程では五七条に相当する）弁倫二七条（他の弁護士又はその依頼者との関係において職務を行いえない事件）の問題であり、「遺言執行者としての職務の公正さを疑わしめ、遺言執行に対する信頼を害する虞がある」としている。
（注32）日弁連調査室編著『条解　弁護士法（第三版）』二二〇頁、旧解説五四頁。
（注33）もっとも、本件は、判決文からうかがえる事実関係からは、懲戒が必要な案件であったかについて、疑問がある。本件は、もともと、所属弁護士会では、綱紀委員会において「遺言執行者に就職した事実が認められない」と認定して、懲戒手続に付さないとされたが、日弁連への異議申立てがあって、日弁連において懲戒したものである。しかし、対象弁護士は、まだ、明確には「就職の承諾」（民法一〇〇七条）をしていなかったので、これを認定できるかどうかはかなり微妙な案件であったと思われる。また、結局、遺留分減殺請求調停事件の第一回調停期日前には代理人を辞任しており、「代理人」として本人のために実質的な行動はほとんどしていない（もっとも、代理人名義で被相続人名義の財産の目録等を家庭裁判所に提出し、中立人にも送付している）ので、実質的な「利害相反」行為もほとんどないと評価できる。したがって、中立・公平性を実質的に害したのかについても疑問があり、弁護士倫理違反とまではいえない可能性があった。仮に、弁護士倫理には違反していると考えるとしても、これだけの事実で懲戒までしなければならない案件であったかはかなり疑問である。しかも、本来違法な懲戒を受けた弁護士を救済する役割を担った東京高裁の判決も、日弁連処分を単に追認しただけとも評価できる。本件は、行政事件訴訟法三〇条（裁量処分の取消し）及び「まったく事実の基礎を欠くか裁量権を逸脱・濫用した場合にのみ裁判所は取消しができる」旨を判示した最判平18・9・14（裁判集民二二一号八七頁）を考慮に入れても、なお、事実の基礎を欠く（就任していない）又は裁量権の逸脱・濫用があるとして、東京高裁が取り消す余地はあったのではないだろうか。行政事件訴訟法三〇条や右最高裁裁判例を機械的に適用したの

では、法六一条の訴えによって弁護士が救済される機会がほとんどないことになりかねず、この訴えの意義が薄れるように思われる。

（注34）　平成一七年出版の高中正彦『法曹倫理講義』三一五頁が、規程二七条一号・二号には違反しないが、遺言執行者は、すべての相続人に対して平等・公平であるべきであるとしているのは、内容的にも時期的にも、ちょうど一六年議決から一八年議決への過渡的な見解と位置づけることができる。

（注35）「相続させる」遺言に執行の余地があるのかという問題があるが、この議決では「遺言執行業務が完了した」と積極的に認定している。

（注36）　ただし、これは、中立・公正性が実質的・実体的に害されたと判断する際の一つのファクターであるとはいえよう。したがって、このような状況があれば、弁護士倫理違反であるとはいえても、なければ違反にならないとは必ずしもいえないと考えるべきである。

（注37）　本稿校正時点までは、判例集や雑誌には未掲載のようである。内容は、柏木俊彦「弁護士が遺言執行者に就任した場合と利益相反の問題」（判タ一二八三号三一〜三二頁）による。議決例集第九集三頁によれば、「請求棄却」の結論で確定したとのことである。

（注38）　もっとも、このケースも懲戒が相当であったかは疑問の残るところである。一三年議決は利害相反の枠組みによるアプローチをして「少なくとも執行終了までの間」としていたし、一五年判決も中立性からのアプローチではあるが、「その職務を終了していないにもかかわらず」という措辞は残していた。一六年議決も、「執行終了」というだけで許されるという考え方は明確に否定していたものの、法二五条一号・二号（弁倫二六条一号）への該当の有無というアプローチをしていたので、これらを先例とする限り、本件は、法二五条一号・二号（弁倫二六条一号）違反が具体的に認定されない限り弁護士倫理違反にはならないとする可能性も十分あった。所属弁護士会は、執行者の任務が終了していることを理由に懲戒をしなかった。このように一八年議決が正しいとするなら、一三年議決は、日弁連のミスリードとなりかねない（もっとも、一三年議決は、議決例集非掲載であるから、公式の先例としては、むしろ「中立・公正」のアプローチをした一二年議決と見るべきかもしれないが、そ

の後の日弁連内部での議論が「利害相反」の方向に傾いていたこともまた事実である）。その点の手当もなく、見解を大きく転換させて（筆者からすれば妥当な方向へと評価できるとはいえ）懲戒するのは、恣意的で、日弁連の懲戒権の濫用と見る余地があるのではないだろうか。その意味で、東京高裁も、日弁連の裁量権の濫用を理由に一八年議決による懲戒処分を取り消す余地はあったと考えられる。

岩井ほか・前掲（注23）一六〜一七頁〔加戸茂樹発言〕〔鳥山発言〕も、「いきなり懲戒」することの問題性を指摘している。

（注39） ただし、すでに一部の相続人の代理人になっているにもかかわらず、その弁護士を家庭裁判所が遺言執行者に選任することは問題である。そうせざるをえなかった背景事情があるのかもしれないが、そのような選任はもともとすべきではない。

（注40） ただし、「懲戒処分に付するほどの職務の公正さに反する行為を認めることはできない」として、所属弁護士会の懲戒しないとの結論を維持した。そして、その結論は、綱紀審査会でも維持されている（平23・6・21審査会議決議決例集第一四集二〇一頁）。

（注41） 一つは、平20・4・14懲戒委議決（議決例集第一一集二四頁）で、相続人の代理人が家庭裁判所によって遺言執行者に選任され、そのような地位の兼任を生じさせたこと自体を利益相反とした事例。

もう一つは、平22・5・10懲戒委議決（議決例集第一三集一九頁）で、共同事務所の弁護士間への規程二七条、二八条の適用の問題（規程五七条）ではあるが、「（遺言の内容が）遺言執行者に裁量の余地なく」「実質的に見て利害相反の関係は認められない」として所属弁護士会の懲戒処分を取り消した事例である。ちなみに、本件は、当初所属弁護士会が懲戒しないとしたため異議申立てがあり日弁連はこれを棄却したが、綱紀審査会がこの結論を覆し（平20・9・16審査会議決（議決例集第一一集一九三頁））、そのため所属弁護士会が懲戒したものを審査請求（法五九条）により懲戒しないという結論に至ったもので、かなり微妙な案件であった。上記審査会議決は、「弁護士に期待されるべき『公正さ』に対する相続人の信頼を裏切る」としていながら、規程五七条に違反するとしているので、その考え方ははっきりしないところがあった。二二年議決の原決定である所属弁護士会議決は、この点を意識的にとらえて、「同条は、遺言執行者の職務の中立性と公正さが損なわれるか否かを判断するに当たり、……類推適用する」と両者の関係を述べている。

（注42） 先にも紹介したように、一五年判決は、中立性、公正性に言及しながらも、そのような遺言執行者の任務と特定の相続人の代理人となって訴訟活動をすることを、なお「利害相反」ととらえた判示をしている。

（注43） 小島ほか編・前掲（注8）一一一～一一二頁〔小山稔〕は、利害相反からのアプローチを支持してはいるが、「党派性を否定し、中立性を鮮明した立場」にある弁護士に対する信頼の保護がこの問題の本質であることを的確に指摘している。そして、この指摘は、「調整型職務」や相続財産管理人、（元）後見人の場合にも当てはまるのではないだろうか。

（注44） ただし、柏木・前掲（注37）四一頁以下は、法二五条五号、規程二七条五号を類推適用するとする結論であるが、これらの規程も、利益相反（守秘義務の制度的保障）の一類型であるとしている。法二五条（規程二七条）を統一的にしかも守秘義務との密接な関係に注目しつつ把握しようとする注目すべき見解ではあるが、従来は、四号・五号は、その利益相反的側面よりも、公的（中立性、公正性）側面が強調されていたのではないかと考えられ、なお、検討・議論を必要とすると思われる。

（注45） 加藤・前掲（注12）七六頁も「利益相反回避の精神に照らして」とする。

現行の規程が制定される過程では、遺言執行者、相続財産管理人、破産管財人などの職務を行った際に関与した事件を受任しえない事件の一つにあげていたという経緯もあったようである（柏木・前掲（注37）四三頁（注25）、岩井ほか・前掲（注23）一三頁〔山口発言〕）。やはり、独立の項目を明記するのが望ましい。

（注46） 小島ほか編・前掲（注8）一一二頁〔小山稔〕。各説の差異、得失については、新解説八五～八六頁に要領のよい紹介がある。

（注47） 飯村佳夫ほか『弁護士倫理（補訂版）』九七頁〔安木健〕は、規程二七条五号の「趣旨も想起されてよい」とする。

（注48） 新解説八六頁は、実質的、実体的な判断の必要を説いている。日弁連調査室編著『条解　弁護士法（第四版）』

一九〇頁も、一五年判決のような理解（「中立性」によるアプローチ）をすると、判断がかなり形式的に傾くことを指摘している。心すべきことである。

六 「元後見人」の問題

被相続人の生前その成年後見人であった弁護士に一部の相続人から、遺産分割や遺留分減殺請求などの相続に関する紛争についての相談があったり、代理人を依頼されることがあるようである。人間関係や財産関係がよくわかっているから便宜であろうとか、被相続人の生前から後見人を巻き込んで相続人間に争いがあり、後見人に友好的であった相続人グループであるということが理由かと推測される。

しかし、弁護士が就く後見人職も、相続財産管理人と同様に、家庭裁判所から選任された中立・公正な立場の職務であり、推定相続人等利害関係人からは、等距離を保つべき立場である。したがって、後見人就任中はもちろん任務終了後も被相続人（元被後見人）の財産関係の紛争について一部の相続人の代理人を務める等の偏頗な行為は許されないと考えるべきである。

ただ、前記三3の調整型職務としていずれの相続人からも等距離の立場で遺産分割の調整を引き受けるのは、「元後見人」の立場とは矛盾せず、さしつかえないであろう。

平22・9・22綱紀委議決（議決例集第一三集一九一頁）は、成年後見人であった弁護士が、相続人間で相続に関する紛争が発生した際に、一部の相続人の代理人としてその紛争にかかわった事案について、「職務の中立性・公正性が強く求められる点で」後見人と遺言執行者の間の共通性を認め、所属弁護士会綱紀委員会が懲戒の審査を求めないとしたのを、異議の申出（法六四条）によって、「原弁護士会の懲戒委員会に事案の審査を求めることを相当と認める」とした（注49）。後見人の職務で知りえた事実を一部の相続人の利益に利用したというような特殊な事情が影響しているのかもしれないが、遺言執行者との共通性を認めて中立・公正性に言及しており、日弁連の考え方を知るうえで、今後の動向が注目されるところである。

（注49）新解説八七頁は、まったく逆に、このような場合は、「原則として非行にあたると解するべきでない」としている。

七　むすび

以上瞥見しただけでも、弁護士倫理上の「弁護士の職務禁止」に関して、遺産分割の分野で、これまで一般的に用いられてきた「利害対立の未顕在」という規準が細部では必ずしも有効ではなく、しかも、弁護士の増加等の社会状況の変化に伴って再検討を要する可能性も考えられることや、弁護士懲戒の関係において近時話題となっている「遺言執行者」の問題も、その根拠を通常の事件の依頼者間での「利益相反」「利害相反」の考え方に求めるだけではその問題の本質に迫るには不十分ではないか、また、その職務の中立性・公正性がよりはっきりしている相続財産管理人や後見人との共通性も視野に入れるべきではないのかといった問題があることがわかった。

筆者としては、遺産分割問題に関しては、複数の相続人を同一の弁護士が代理することは基本的に避けるべきではないかと考えていることや、遺言執行者に関しては、その職務に就いた弁護士の中立性・公正性確保の要請からアプローチすべきではないかと考えていることも、そこで述べたとおりである。もちろん、これに反対の意見もあるであろう。ただ、弁護士倫理の問題は、論者の弁護士観、社会認識や価値観によって大きく左右されるが、その結論について大方の弁護士の賛同が得られ、またそれが社会的にも受容されるものでなければならない。その意味では、右の二つの問題も、いまだ「生成中」の議論と位置づけるべきであり、筆者の検討が、今後の議論を深める一材料となれば幸いである。

敬愛する田原睦夫最高裁判事が再び弁護士となられて、これらの問題に、快刀乱麻を断つがごとく明快に、ご意見と実践を示される日が間もなく来ることを楽しみにして、拙い検討の結びとさせていただく。

追　記

校了後、「議決例集　第一五集」が発刊された。元後見人が一部の相続人の代理人となって、他の相続人を相手に遺産分割調停や遺言無効確認請求訴訟を申し立てたこと等を「懲戒審査相当」とした平成24・3・21綱紀委議決（一四九頁）や、遺言執行者は遺言執行終了後も一部の相続人の代理人となって、他の相続人を相手に訴訟行為を行うことを慎むべきであるとして「懲戒審査相当」とした平成24・8・28綱紀委議決（一六三頁）など、本稿のテーマからは、注目すべき議決例が掲載されているが、残念ながら本稿に取り入れることはできなかった。

執筆文献一覧

Ⅰ　論文等

〔物権法・担保法関係（保証を含む）〕

1　「区分建物とはどういうものか」「区分建物・マンション購入に際しての注意事項」林良平＝枇杷田泰助編『不動産取引事故百科』三二・五七頁（金融財政事研究会・一九七四年六月）

2　「予告登記」「主登記・付記登記」林良平＝石田喜久夫編『不動産登記の基礎』四二・四三頁（青林書院新社・一九七六年一〇月）

3　「動産の先取特権の効力に関する一試論──動産売買先取特権を中心にして」林良平先生還暦記念論文集『現代私法学の課題と展望㊤』六九頁（有斐閣・一九八一年一一月）

4　「連帯保証に関する判例の整理」加藤一郎＝林良平編集代表『担保法大系⑸』一八八頁（金融財政事情研究会・一九八四年一一月）

5　「譲渡担保と私的整理」『譲渡担保──実務と理論の問題点』金商増刊七三七号一四一頁（一九八六年三月）

6　「動産売買先取特権の有効な使い方」債管三号三八頁（一九八七年一二月）

7　「根抵当権の譲渡による債権回収」債管四号一七頁（一九八八年一月）

8　「仮登記担保の活用法」債管一二号三四頁（一九八八年九月）

9　「滞納処分による差押えの嘱託登記（第二八条の二、第二八条の三、第二九条）」林良平＝青山正明編『注解不動産法⑹ 不動産登記法』一二一六～一二二九頁（青林書院・一九八八年一二月）

10　「動産売買先取特権の実行と保全処分──そのⅠ　学説・判例の状況」債管二九号三八頁（一九九〇年二月）

11　「転抵当と被担保債権の質入れとの競合と実務対応」金法一二六二号三四頁（一九九〇年八月）

12　林良平＝鈴木重信＝石井眞司編『金融取引実務ハンドブック㊦』（第四章担保第一五節代理受領・振込指定一～九

八七四～八八五頁、（同第一六節動産担保一〇～一三）八八六～九〇二頁（金融財政事情研究会・一九九一年一月）

13　永井紀昭＝石井眞司＝林部實編『（金融実務手続双書）債権・動産担保』（No.二三二一～二四四）四八五～五一〇頁（金融財政事情研究会・一九九二年四月）

14　「根債権質を巡って――主として確定、根保証との関係等について」ジュリ一〇八三号九四頁（一九九六年二月）

15　「賃料に対する物上代位と建物の管理」金法一四六九号四頁（一九九六年一二月）

16　青山正明編『注解不動産法(5)　区分所有法』（第四節管理者・前注・第二五～二九条）一二八～一六三頁（青林書院・一九九七年二月）

17　永井紀昭＝石井眞司＝林部實＝峯崎二郎＝田井雅巳編『（貸出管理回収実務手続双書）債権・動産担保』（No.二四四～二五六）五二九～五五三頁（金融財政事情研究会・一九九八年二月）

18　「根譲渡担保を巡る諸問題――主として被担保債権・確定について」林良平先生献呈論文集刊行委員会編『現代における物権法と債権法の交錯』二九一頁（有斐閣・一九九八年六月）

19　林良平＝岡部崇明＝田原睦夫＝安永正昭編『注解　判例民法　物権法』（第八章先取特権前注・第三〇三～三〇五条）三七〇～三九四頁、（第三二五～三二八条）四一五～四二〇頁、（第九章質権前注）四三四～四三七頁、（第三七一～三七二条）五一八～五三九頁（青林書院・一九九九年一〇月）

20　「最近の担保法をめぐる判例と担保・執行・保証法制の改正」日本弁護士連合会編『平成一八年度研修版　日弁連研修叢書　現代法律実務の諸問題』三一五頁（二〇〇七年七月）

〔債権法・会社法関係（保証を除く）〕

21　林良平編『注解判例民法・債権法Ⅰ』（連帯債務・前注）一三九頁、（第四三四～第四四五条）一四六～一六七頁、（不真正連帯債務）一六七頁、（連帯債権）一七一頁（青林書院・一九八七年一一月）

22　「不法行為」『近代法における物権と債権の交錯――林良平著作選集』二九七頁（有信堂・一九八九年三月）

23 林良平編『注解判例民法・債権法Ⅱ』（組合）（第六七〇～六七三条）八六六～八八〇頁、（第七〇九条〔担保権侵害・安全配慮義務〕）一〇四五～一〇五七頁、一一四二～一一六一頁（青林書院・一九八九年五月）

24 「中小企業のM&A手法と債権保全・回収策」金法一二九六号一〇頁（一九九一年八月）

25 「不当な配当と債権者の不当利得返還請求」金法一二九八号一五頁（一九九一年九月）

26 永井紀昭＝石井眞司＝林部實編『（金融実務手続双書）回収』（№一九七～二〇〇）四〇一～四〇七頁（金融財政事情研究会・一九九二年四月）

27 「会社再建の手法としてのM&A」金法一三六七号一八頁（一九九三年一〇月）

28 永井紀昭＝石井眞司＝林部實＝峯崎二郎＝田井雅巳編『（貸出管理回収実務手続双書）回収』（№二三二～二三五）四八六～四九二頁（金融財政事情研究会・一九九八年二月）

〔民事手続法関係（倒産法を除く）〕

29 「訴訟救助制度の再検討」（栗原良扶＝中山巌雄と共筆）法時四四巻四号六六頁（一九七二年四月）

30 「訴訟救助」「反証の証拠のつぶし方」「因果関係」西原道雄＝木村保男編『公害法の基礎』一四三・二一〇・三一五頁（青林書院新社・一九七六年八月）

31 「強制執行――その手続きと効果的な使い方」企業実務二二一号九二頁（一九七七年七月）

32 「民事執行法一九三条一項の『担保権の存在を証する文書』の意義に関する裁判例の実証的検討――物上代位権行使に関して」近畿弁護士会連合会編『近弁連記念論文集――弁護士夏期研修三〇周年』一頁（一九八八年七月）

33 「民訴法改正を追って2――『文書提出命令』をめぐる審議状況」日弁連新聞二三〇号（一九九三年三月）

34 「民訴法改正を追って3――『当事者照会制度』をめぐる審議状況」日弁連新聞二三一号（一九九三年四月）

35 「証拠収集方法の拡充（民事訴訟法の改正――当事者の視点からの提言4）」（増田勝久と共筆）判タ八五一号一一頁（一九九四年九月）

36 「保全手続は速やかに」金法一四一四号四一頁（一九九五年三月）
37 「文書提出義務の範囲と不提出の効果」ジュリ一〇九八号六一頁（一九九六年一〇月）
38 「弁護士から見た今後の上告制度の活用」三宅省三＝塩崎勤＝小林秀之編『新民事訴訟法大系(4)』七七頁（青林書院・一九九七年九月）
39 「証拠収集方法の改革――立法過程の議論を踏まえて」自正四八巻一〇号二六頁（一九九七年一〇月）
40 「当事者照会（第一六三条）」小室直人＝賀集唱＝松本博之＝加藤新太郎編『基本法コンメンタール 新民事訴訟法(2)』別冊法セ九三頁（一九九八年八月）、同書（第二版）九七頁（二〇〇三年六月）
41 「文書提出命令」青山善充＝伊藤眞編『民事訴訟法の争点（第三版）』ジュリ増刊二二〇頁（一九九八年九月）
42 「大規模訴訟の審理に関する特則」竹下守夫編集代表、松本博之＝宮崎公男編『講座 新民事訴訟法Ⅱ』四〇九頁（弘文堂・一九九九年一月）
43 「新民事訴訟法改正と弁護士の果たした役割――主として日弁連および大阪弁護士会を中心として」原井龍一郎先生古稀祝賀『改革期の民事手続法』三八四頁（法律文化社・二〇〇〇年二月）
44 「証拠（情報）の開示制度」鈴木正裕先生古稀祝賀『民事訴訟法の史的展開』四九九頁（有斐閣・二〇〇二年一月）
45 「訴訟の促進と審理の充実――弁護士から」ジュリ一三一七号五三頁（二〇〇六年八月）
46 「民事裁判の再活性化に向けて」金法一九一三号一頁（二〇一一年一月）

〔倒産法関係〕

47 「和議認可後の和議条件の不履行」道下徹＝高橋欣一編『裁判実務大系(6) 破産訴訟法』五七二頁（青林書院・一九八五年七月）
48 稲葉威雄＝米津稜威雄＝石井眞司編『融資管理・回収実務事典』（第一八章第四節七三〜七七〔和議債権者集会ほか〕）九七六〜九七九頁（金融財政事情研究会・一九八八年二月）

49 「債権者による相殺権の行使」「破産管財人からの相殺」「相殺の禁止（その1）」「相殺の禁止（その2）」竹下守夫ほか編『問答式　破産・和議の実務』（新日本法規・一九八八年一二月）

50 「手形の商事留置権と破産宣告」金法一二二一号二二頁（一九八九年五月）

51 「和議開始と和議認可決定」債管四六号五四頁（一九九一年七月）

52 「和議債権と消滅時効」「特別清算手続の利用の実情――大阪の場合」『和議・会社整理・特別清算――実務と理論の問題点』金商増刊八八五号一〇九・二七九頁（一九九二年二月）

53 「破産の終結・免責をめぐって」債管六六号六三頁（一九九三年三月）

54 「いま更生会社では――太陽鉄工の場合」金法一三六七号三四頁（一九九三年一〇月）

55 「会社更生、和議事件実務の最近の傾向――大阪地裁の事件を中心にして」自正四四巻一二号六二頁（一九九三年一二月）

56 「商事留置権」三宅省三＝多比羅誠編『倒産処理・清算の法律相談Ⅰ』四七頁（青林書院・一九九四年一月）

57 「破産手続における相当性を超える処分行為と否認――一部否認の可否をめぐって」金法一四〇二号一三頁（一九九四年一一月）

58 「会社整理手続における整理委員およびその職務」「特別清算協定の条件」『会社更生・会社整理・特別清算の実務と理論』判タ臨増八六六号四一〇・四八一頁（一九九五年三月）

59 「連載開始にあたって（倒産実務上の問題点――法改正に向けて1）」判タ八八〇号四七頁（一九九五年九月）

60 「再建型の申立て手続き及び保全処分について（倒産実務上の問題点――法改正に向けて2）」（釜田佳孝と共筆）判タ八八一号六一頁（一九九五年九月）

61 「会社更生手続中の会社の更生計画によらない営業譲渡の問題点」今中利昭先生還暦記念論文集『現代倒産法・会社法をめぐる諸問題』一〇五頁（民事法研究会・一九九五年一一月）

62 「再建型倒産手続における債務者の財産管理について（倒産実務上の問題点――法改正に向けて6）」判タ八九三号一六頁（一九九六年二月）

63 「清算型の弁済計画（倒産実務上の問題点――法改正に向けて6）」判タ九〇〇号五一頁（一九九六年四月）

64 「取締役等に対する倒産責任の追及と会社更生法七二条」（石井教文と共筆）NBL五九二号一五頁（一九九六年五月）

65 「保証会社の倒産と債権管理上の諸問題」（木村圭二郎と共筆）金法一四六二号三二頁（一九九六年九月）

66 「破産管財人の実務」日本弁護士連合会編『日弁連研修叢書・現代実務法の諸問題（平成七年版）』五〇一頁（一九九六年一一月）

67 「再建計画の遂行（倒産実務上の諸問題――法改正に向けて15）」判タ九二一号四九頁（一九九六年一二月）

68 「破産財団資産の換価」高木新二郎編『法律知識ライブラリー(9) 破産・和議の基礎知識』一一三頁（青林書院・一九九六年一二月）

69 「結合企業と倒産法上の諸問題――会社更生手続と和議手続がとられる場合について」ジュリ一一〇四号六八頁（一九九七年一月）

70 「大規模破産をめぐる法的諸問題(上)(下)――末野興産事件を中心に」金法一四九九号二四頁、一五〇一号四五頁（一九九七年一一、一二月）

71 「新再建型倒産手続」NBL六四二号六頁（一九九八年六月）

72 「大型倒産事例にみる役員の責任追及のあり方」奥島孝康編『遵法経営――コーポレートガバナンス(3)』二九頁（金融財政事情研究会・一九九八年七月）

73 「リース料債権の更生手続における取扱い」塩崎勤＝秦光昭編『現代裁判法大系(24) 銀行取引・証券取引』二八一頁（新日本法規・一九九八年九月）

74 「連帯保証と無償否認」塩崎勤＝高木新二郎編『倒産手続と担保権・否認権・相殺権の諸問題』金商増刊一〇六〇号一二〇頁（一九九九年三月）

75 高木新二郎＝山崎潮＝伊藤眞編集代表『倒産法実務事典』二〇三～二〇五頁（破産73・リースと破産〔増田勝久と共筆〕）、二五四～二五五頁（破産99・相殺の時期、方法）、四二〇～四二二頁（和議1・和議の概要）、四三二～四三四頁

（和議7・債権者の同意書）、五八一～五八七頁（会社整理22・整理債権とその範囲、会社整理22・整理優先再建、会社整理24・新勘定債権）、七三五～七三六頁（会社更生15・監督員、監督命令）、七四六～七四八頁（会社更生20・更生計画とM&A）、九二六～九三八頁（会社更生109・更生計画、会社更生110・更生計画の条項、会社更生111・清算を目的とする更生計画、会社更生112・複数の関連更生会社の更生計画、会社更生113・更生計画作成の実際）、九七五～九七七頁（会社更生132・更生計画による合併）（金融財政事情研究会・一九九九年四月）

76 「討議・倒産法改正の方向(上)(中)(下)」ＮＢＬ六六六号六頁、六六七号三四頁、六六八号三〇頁（一九九九年六、七月）

77 「民事再生手続（仮称）に関する要綱案の概要」金法一五五四号三五頁（一九九九年八月）

78 「フレキシブルな倒産処理と担保権・否認権などをめぐる諸問題」債管八六号六八頁（一九九九年一〇月）

79 「再建型倒産手続の実務と展望」日本弁護士連合会編『日弁連研修叢書　現代法律実務の諸問題（平成一〇年版）』四四三頁（一九九九年一〇月）

80 「『民事再生法』の概要」地銀協月報四七三号一四頁（一九九九年一一月）

81 「民事再生法の概要――和議手続との対比を中心に」自正五一巻二号七六頁（二〇〇〇年二月）

82 伊藤眞＝才口千晴＝瀬戸英雄＝田原睦夫＝山本克己編「逐条解説　民事再生法(I)(II)」金法一五七一号三七頁、一五七二号二三頁（二〇〇〇年二、三月）

83 「民事再生法の運用と実務」ＮＢＬ六八四号四〇頁（二〇〇〇年三月）

84 「再生手続の諸類型の選択基準」『民事再生法――理論と実務』金商増刊一〇八六号一九頁（二〇〇〇年三月）

85 「和議実務の現状について」名古屋弁護士会研修委員会『弁護士実務研修講義録V――平成九年度講義～平成一〇年度講義』二頁（二〇〇〇年七月）

86 「小規模個人再生等の手続の開始を債権者が知る手段（Q23）」「給与所得者再生の認可要件である可処分所得の算定（Q45）」始関正光＝園尾隆司＝田原睦夫＝桃尾重明＝石井眞司監修「金融実務家のためのQ&A個人再生手続」債管九一号二六頁（二〇〇一年一月）

87 「倒産手続開始の申立てと期限の利益喪失条項について」銀法五八六号四六頁（二〇〇一年二月）

88　伊藤眞＝才口千晴＝瀬戸英雄＝田原睦夫＝桃尾重明＝山本克己編「逐条解説　個人再生手続(I)(II)(III)」金法一六一一号六頁、一六一二号一五頁、一六一三号二三頁（二〇〇一年五、六月）

89　「小規模個人再生の再生計画の条項」「保証会社と住宅ローン債権者の立場」高木新二郎＝伊藤眞編集代表『個人再生法の実務』八二・一五一頁（金融財政事情研究会・二〇〇一年六月）

90　「会社更生手続と担保権変換請求権——立法上の提言」金法一六一五号四五頁（二〇〇一年七月）

91　「『〔私的整理に関するガイドライン〕』中間取り纏め』について」金法一六一七号一頁（二〇〇一年七月）

92　「DIP型更生手続」ジュリ一二一二号二三頁（二〇〇一年一一月）

93　「民事再生手続の実務——監督委員から見た問題点」弁護士研修講座（大阪弁護士会）No.一〇四号一一頁（二〇〇二年一月）

94　「履行期に入った民事再生手続」銀法六〇〇号一頁（二〇〇二年二月）

95　「企業の消滅・再生の法制度」日経フォーラム二八六号一頁（二〇〇二年五月）

96　「倒産手続と非典型担保権の処遇——譲渡担保権を中心に」『倒産実体法改正のあり方を探る』別冊NBL六九号六三頁（二〇〇二年五月）

97　「民事再生手続と会社の機関——管理型の手続を中心に」河本一郎＝仲田哲編『〔河合伸一判事退官・古稀記念〕会社法・金融取引法の理論と実務』一〇五頁（商事法務・二〇〇二年六月）

98　「担保・執行法制と倒産法制の見直しについて」経済人二〇〇二年七月号三四頁（二〇〇二年七月）

99　「会社更生法改正要綱案の概要」金法一六五一号二〇頁（二〇〇二年八月）

100　「破産・民事再生事件の実情と小規模個人再生手続の運用」日本弁護士連合会編『日弁連研修叢書　現代法律実務の諸問題（平成一三年版）』一九九頁（二〇〇二年八月）

101　「民事再生手続の運用状況——大阪の場合」自正五三巻一一号五九頁（二〇〇二年一一月）

102　「別除権について」ジュリ一二三六号二八頁（二〇〇二年一一月）

103　「改正会社更生法の財産評定における『時価』」事業再生研究機構財産評定委員会（主査：田原睦夫）NBL七五二号

五六頁（二〇〇三年一月）
104「担保権消滅の請求等」金法一六七四号一〇〇頁（二〇〇三年五月）
105「更生担保権とその評価基準」山本克己＝山本和彦＝瀬戸英雄編『新会社更生法の理論と実務』判タ一一三二号
一九九頁（二〇〇三年一二月）
106「財産評価」伊藤眞＝西岡清一郎＝桃尾重明編『新しい会社更生法』二三六頁（有斐閣・二〇〇四年二月）
107「破産法が変わる　第一回　全国倒産弁護士ネットワーク編　企画案内」金法一七〇三号五九頁（二〇〇四年四月）
108「倒産法制の整備と民事再生法の活性化」債管一〇五号三六頁（二〇〇四年七月）
109「新破産法の理念と実務の応接」NBL七八九号一八頁（二〇〇四年七月）
110「担保権と破産財団及び配当手続」ジュリ一二七三号四四頁（二〇〇四年八月）
111「会社更生手続における営業譲渡」門口正人＝西岡清一郎＝大竹たかし編『会社更生法・民事再生法』一一〇頁（青
林書院・二〇〇四年一一月）
112「新破産法元年」金商一二〇六号一頁（二〇〇五年一月）
113「新破産法施行と全倒ネットの取組み」NBL八〇〇号八九頁（二〇〇五年一月）
114「はしがき」「新破産法の概要と本書の構成」全国倒産処理弁護士ネットワーク編『論点解説　新破産法㊤㊦』（金融
財政事情研究会・二〇〇五年一月）
115「保全管理人・管財人業務の実際」清水直編『企業債権の真髄』二〇五頁（商事法務・二〇〇五年五月）
116「詐害行為否認と価額償還請求」田辺光政編集代表『（今中利昭先生古希記念）最新・倒産法・会社法をめぐる実務上
の諸問題』（民事法研究会・二〇〇五年六月）
117「DIP型会社更生事件の管財人の欠格事由」福永有利先生古稀記念『企業紛争と民事手続法理論』六八三頁（商事
法務・二〇〇五年六月）
118「倒産手続と根担保」谷口安平先生古稀祝賀『現代民事司法の諸相』四六一頁（成文堂・二〇〇五年六月）
119「破産法改正について」「改正破産法」日本弁護士連合会編『日弁連研修叢書　現代法律実務の諸問題（平成一六年

版)』二五三・二八七頁(二〇〇五年七月)
120 「各種倒産手続と担保権の取扱い——概論」金法一七四七号八頁(二〇〇五年八月)
121 「破産管財、更生管財人の地位と職務」櫻井孝一=加藤哲夫=西口元編『倒産処理法制の理論と実務』別冊金商一二二頁(二〇〇六年八月)
122 「はじめに」「各種倒産手続と担保権の取扱い」全国倒産処理弁護士ネットワーク編『倒産手続と担保権』一〜二頁(金融財政事情研究会・二〇〇六年一〇月)
123 「担保権消滅請求制度の機能と課題」新堂幸司=山本和彦編『(松沢三男還暦記念)民事手続法と商事法務』(商事法務・二〇〇六年一二月)
124 「弁済禁止の仮処分後に決済された約束手形所持人に対する支払い銀行による不当利得返還請求」塩崎勤=雨宮眞也=山下丈編『新・裁判実務大系(29) 銀行関係訴訟法』三二五頁(青林書院・二〇〇七年五月)、同書(補訂版)三二六頁(二〇〇九年九月)
125 「企業グループの倒産処理」高木新二郎=伊藤眞編集代表『講座 倒産の法システム(3) 再建型倒産処理システム』七三頁(日本評論社・二〇一〇年七月)
126 「整理屋の時代と弁護士の倒産実務」伊藤眞=門口正人=園尾隆司=山本和彦編 松嶋英機弁護士古稀記念論文集『時代をリードする再生論』(商事法務・二〇一三年四月)

〔刑事法関係〕

127 「鑑定」三井誠=中山善房=河上和雄=田邨正義編『刑事手続(下)』六九九頁(筑摩書房・一九八八年八月)
128 弁護士研修講座『無罪事件に学ぶ』(浦功=杉谷義文=高野嘉雄=平栗勲と共筆)大阪弁護士会・研修速報No.17(一九九一年三月)

〔その他〕

129 「騒音公害による健康被害とその法的救済のあり方」公害と対策一〇巻七号六九頁（一九七四年七月）

130 「騒音公害における人格権論の再構成――健康概念を中心にして」木村保男編『現代実務法の課題』（道工隆三先生古希記念論文集）一五五頁（有信堂・一九七四年一二月）

131 「大阪国際空港訴訟――上告審の状況と周辺対策を巡って（公害弁連レポート）」（中山巌雄と共筆）法時五〇巻三号一三二頁（一九七八年三月）

132 「静けさに対する権利」大阪弁護士会編『一億人の権利』五三頁（法律文化社・一九七九年一〇月）

133 「空港周辺対策の意義とその課題」（石橋一晁＝中山巌雄と共筆）『大阪空港大法廷判決』ジュリ臨増七六一号八〇頁（一九八二年三月）

134 「騒音・振動」沢井裕＝木村保男編『都市生活の法律相談（市民生活の法律相談⑶）』五四頁（三省堂・一九八二年七月）

135 「実務修習担当者からみた研修所の民弁カリキュラムへの注文」自正三五巻一号五二頁（一九八四年一月）

136 「いま金融機関の法務セクションに求められるものは」金法一三七五号九頁（一九九四年一月）

137 「阪神・淡路大震災に伴う特別立法」近畿弁護士会連合会編『地震に伴う法律問題Ｑ＆Ａ』三四一～三四六頁（商事法務研究会・一九九五年三月）

138 「法律の改正動向を視野に入れた債権管理を」債管八四号七五頁（一九九九年四月）

139 書評「倒産処理法入門（山本和彦）」ＮＢＬ七六四号六六頁（二〇〇三年七月）

140 （「事業再生と債権管理」に寄せて）「内容の充実と情報提供の役割の発揮を」債管一〇三号一二五頁（二〇〇四年一月）

141 「弁護士業務と学会」自正五五巻三号三七頁（二〇〇四年三月）

142 「経済案件で公認会計士の方々と接して」京滋ＣＰＡニュース平成一八年四月号一頁

143 「ブラジル裁判所事情(上)(下)」法曹七一〇号二頁、七一一号二頁（法曹会・二〇〇九年一二月・二〇一〇年一月）

144 「各地の裁判所を訪問して」司法の窓七七巻一頁（最高裁判所・二〇一二年）

Ⅱ　判例批評等

145 「建物表示登記も建物保護法一条の登記ということができるか（東京高判昭45・3・25）」判タ二六〇号一〇六頁（一九七一年六月）

146 「大阪空港夜間飛行差止等請求事件（最大判昭56・12・16）」民商八七巻四号五四五頁（一九八三年一月）

147 「保証と破産法七二条五号にいう無償行為——最二小判昭62・7・10とその銀行実務への影響を中心に」金法一一八二号六頁（一九八八年三月）

148 「不動産競売手続において国税徴収法二二条五項の交付要求をすべき時期（最一小判平2・6・28）」金法一三〇四号（金融判例研究一号）六二頁（一九九一年一一月）

149 「抵当証券に記載のない失権約定と民事執行法一八一条（東京高決平4・2・19）」金法一三三一号（金融判例研究二号）六六頁（一九九二年九月）

150 「原抵当権より弁済期が後の債権を担保する転抵当権の効力——東京高判昭和四二年一月一八日」『担保法の判例Ⅰ』ジュリ増刊五九頁（一九九四年四月）

151 「配当後の不当利得返還請求と配当異議の要否——最二小判平成三年三月二二日」『民事執行法判例百選』別冊ジュリ一二七号一一四頁（一九九四年五月）

152 「賃貸人が破産した場合と、賃借人が差し入れている敷金と賃料との相殺の可否（大阪地判平5・8・4）」金法一四〇三号四頁（一九九四年一一月）

153 「配当表に債権者として記載されていない者と配当異議の訴えの原告適格（最一小判平6・7・14）」金法一四一七号

四頁（一九九五年四月）

154 「破産者たる主債務者からの弁済の否認と保証債務の復活——最一小判昭和四八年一一月二二日」金法一四二一号七八頁（一九九五年六月）

155 「ファイナンス・リース契約と会社更生手続——最二小判平成七年四月一四日」金法一四二五号一一頁（一九九五年六月）

156 「遺産分割協議成立前の相続預金につき、一部の相続人からの払戻し請求の可否（東京地判平7・3・17）」金法一四二九号四頁（一九九五年九月）

157 「転付債権者からの相殺との競合——最一小判昭和五四年七月一〇日」金法一四三三号（戦後金融判例五〇選）一二二頁（一九九五年一〇月）

158 「抵当権の物上代位に基づく転貸賃料の差押さえの可否（最二小判平元・10・27）」金法一四四一号四頁（一九九六年二月）

159 「隣接する建物所有目的の土地の利用のための借地と借地法一条（最一小判平7・6・29）」金法一四五〇号四頁（一九九六年五月）

160 「詐害行為取消権によって保全される債権の額と詐害行為後に発生した遅延損害金（最一小判平8・2・8）」金法一四五九号四三頁（一九九六年八月）

161 「和議認可決定を受けた連帯保証人の一人に対する他の連帯保証人の求償権の行使（最二小判平7・1・20）」金法一四六〇号（金融判例研究六号）四三頁（一九九六年九月）

162 「小規模で閉鎖的な会社における実質的な経営者の交代と民法六一二条にいう賃借権の譲渡（最一小判平8・10・14）」金法一四八〇号四頁（一九九七年四月）

163 「将来の賃料債権の譲渡と抵当権の物上代位——大阪高判平成七年一二月六日・東京高判平成九年二月二〇日をめぐって」金法一四八四号一七頁（一九九七年六月）

164 「阪神・淡路大震災による賃貸マンションの損壊と保証金（敷金）全額の返還請求（大阪高判平7・12・20）」リマー

クス一五号五六頁（一九九七年七月）
165「保証予約と多額の借財（東京地判平9・3・17）」金法一四八九号四頁（一九九七年七月）
166「和議手続開始前の弁済禁止の保全処分と履行遅滞（東京地判平8・11・26）」金法一五〇〇号四頁（一九九七年一一月）
167「留置権者に対する使用の承諾と競落人（最一小判平9・7・3）」金法一五〇七号四頁（一九九八年二月）
168「M&A契約における保証条項と賠償義務（東京高判平8・12・18ほか）」金法一五一七号四頁（一九九八年六月）
169「破産と手形の商事留置権に関する最高裁平成一〇年七月一四日判決を読んで――破産管財実務の遂行上問題あり」金法一五二二号一〇頁（一九九八年八月）
170「停止条件付集合債権譲渡担保と否認（大阪地判平10・3・18）」金法一五二八号四頁（一九九八年一〇月）
171「預金債権の遺贈と譲渡禁止特約（東京高判平9・10・30）」金法一五三九号四頁（一九九九年二月）
172「営業譲渡の挨拶状と債務引受の広告（東京高判平10・11・26）」金法一五四九号四頁（一九九九年六月）
173「敷引特約と災害時における適用の可否（最一小判平10・9・3）」リマークス一九号四八頁（一九九九年七月）
174「『不動産小口化商品』による賃貸建物の所有権の移転と敷金返還義務（最一小判平11・3・25）」金法一五六〇号四頁（一九九九年一〇月）
175「帰属に争いのある預金の払戻請求と金融機関の履行遅滞の責任（最三小判平11・6・15）」金法一五七〇号四頁（二〇〇〇年二月）
176「会社の債務につき根保証をした代表取締役の解任と、解任後に生じた債務の保証責任（東京地判平11・3・31）」金法一五八〇号四頁（二〇〇〇年六月）
177「債権者代位権と債務者の無資力（最一小判昭50・3・6）」「転付債権者からの相殺との競合（最三小判昭54・7・10）」金法一五八一号（金融判例一〇〇）一八六・一九二頁（二〇〇〇年六月）
178「『経営指導念書』とその法的効力（東京地判平11・9・30）」金法一五九〇号四頁（二〇〇〇年九月）
179「倒産手続において送達および公告がなされた場合と即時抗告期間（最三小決平12・7・26）」金法一六〇一号四頁

（二〇〇一年二月）

180 「土地賃貸借契約の債務不履行解除と借地上の建物の賃貸借契約（最三小判平12・12・19）」金法一六一〇号四頁（二〇〇一年五月）

181 「銀行の貸出稟議書と『自己利用文書』（最二小決平11・11・12）」民商一二四巻四・五号六八五頁（二〇〇一年八月）

182 「破産財団から放棄された財産を目的とする別除権につき放棄の意思表示をすべき相手方（最二小決平12・4・28）」金法一六二〇号（金融判例研究一一号）六四頁（二〇〇一年九月）

183 「債権譲渡特例法の債権譲渡につき、終期の記載のない登記の対抗力の及ぶ範囲（東京地判平13・3・9）」金法一六二二号四頁（二〇〇一年九月）

184 「予告登記の抹消にかかる権利放棄書面と訴訟（東京地判平12・9・8、東京高判平12・12・20）」金法一六三〇号四頁（二〇〇一年一二月）

185 「ファイナンス・リース契約の民事再生手続上の取扱い（大阪地決平13・7・19）」金法一六四一号四頁（二〇〇二年四月）

186 「動産売買先取特権の目的物を転売先から取り戻してする代物弁済と否認（最一小判平9・12・18）」『倒産判例百選（第三版）』別冊ジュリ一六三号六四頁（二〇〇二年九月）

187 「弁護士の依頼者からの預り金口座の預金とその帰属（東京地判平14・3・15）」金法一六六二号四頁（二〇〇二年一二月）

188 「負債の相続に関する遺言とその債務に関する遺言執行者の被告適格（東京地判平14・10・2）」金法一六七四号四頁（二〇〇三年五月）

189 「債務者に対する破産宣告後に物上保証人から届出債権の一部の弁済を受けた破産債権者が権利を行使し得る範囲（最三小判平14・9・24）」金法一六八四号六四頁（二〇〇三年九月）

190 「詐害行為取訴訟と監督委員の受継義務および再生計画認否の決定を抗告審で原審に差し戻すことの可否（東京高決平15・7・25）」金法一六八八号四頁（二〇〇三年一〇月）

191 「不実の登記を信頼した第三者の保護が否定された事例（最二小判平15・6・13）」（印藤弘二と共筆）金法一六九七号四頁（二〇〇四年二月）

192 「金融整理管財人選任後の組合員代表訴訟の追行権（最一小判平15・6・12）」ジュリ臨増一二六九号（平成一五年度重判解）一四五頁（二〇〇四年六月）

193 「ファイナンス・リースの担保機能に関する法律構成を示した東京地裁判決（東京地判平15・12・22）」（印藤弘二と共筆）金法一七〇九号四頁（二〇〇四年六月）

194 「停止条件付集合債権譲渡担保と否認権行使――最二判平成16・7・16について」金商一一九七号二頁（二〇〇四年八月）

195 「銀行が支払不能となった債務者の預金行為により債務を負担した場合と同債務者に対する相殺の可否・東京地判平成15・10・9」金法一七一六号（金融判例研究一四号）六〇頁（二〇〇四年九月）

196 「配当後の不当利得返還請求と配当異議の要否（最一小判平10・3・26）」『民事執行・保全判例百選』別冊ジュリ一七七号一〇六頁（二〇〇五年八月）

197 「弁済禁止の保全処分と、その後に決済された約束手形所持人に対する支払銀行による不当利得返還請求（東京高判平16・2・25）」金法一七四八号（金融判例研究一五号）六八頁（二〇〇五年九月）

198 「動産売買先取特権の目的物を転売先から取り戻してする代物弁済と否認」『倒産判例百選（第四版）』別冊ジュリ一八四号六〇頁（二〇〇六年一〇月）

Ⅲ　座談会・研究会・シンポジウム等

199 長田泰公＝木村保男＝久保井一匡――沢井裕＝田原睦夫＝西原道雄＝宮本憲一＝山本剛夫「〈座談会〉大阪国際空港公害訴訟の問題点」法時昭和四八年一一月号臨時増刊三八頁（一九七一年一一月）

200 研修会発言「損害論」近弁連（昭和五〇年人権・交通・公害合同夏季研修会、交通・公害部門速記録）特集号二三・二四・二九頁（一九七六年三月）

201 森井英雄＝中祖博司＝国井和郎＝田原睦夫＝池田辰夫「〈座談会〉動産売買先取特権と集合動産譲渡担保との競合・優劣」判タ五三六号八一頁（一九八四年一一月）

202 今中利昭＝堀龍児＝中祖博司＝田原睦夫＝四宮章夫「〈座談会〉動産売買先取特権と譲渡担保権の優劣とその実務——最判昭62・11・10をめぐって」債管九号一二頁（一九八八年六月）、一〇号二二頁（一九八八年七月）、一一号二四頁（一九八八年八月）

203 今中利昭＝平岡建樹＝田原睦夫＝林田学＝四宮章夫「〈座談会〉建築工事請負人の破産と注文者の権利」債管一五号四頁（一九八八年一二月）、一六号八頁（一九八九年一月）、一七号二〇頁（一九八九年二月）

204 シンポジウム「集合動産譲渡担保の再検討——担保権実行の局面から」金融法研究・資料編(5)一四〇頁（一九八九年九月）

205 伊藤眞＝今中利昭＝田原睦夫＝林部實＝堀龍児＝三宅省三「〈座談会〉今日の時代の債権管理とは——その課題と展望」債管二六号四頁（一九八九年一一月）

206 学会発言・日本私法学会シンポジウム「第三者割当増資」私法五二号七八頁（一九九〇年五月）

207 金融法学会シンポジウム「集合動産譲渡担保の再検討」（共同報告者：林良平＝道垣内弘人）金融法研究六号四五頁（一九九〇年六月）

208 学会発言・民事訴訟法学会ミニ・シンポジウム「弁論兼和解」民訴三七巻八二頁（一九九一年三月）

209 米津稜威雄＝今中利昭＝林部實＝田原睦夫＝堀龍児「〈座談会〉企業の経営姿勢と債権管理」債管五二号一四頁（一九九二年一月）

210 阿部一正＝石垣君雄＝北尾哲郎＝小林秀之＝竹下守夫＝田原睦夫＝福永有利＝柳田幸三「〈座談会〉民事訴訟法改正の中間展望」ジュリ一〇二八号八頁（一九九三年八月）

211 山口孝司＝田原睦夫＝（司会）松葉知幸＝岡村久道「法的倒産手続において弁護士の果たす役割——和議・会社整理

と弁護士」大阪弁護士会研修速報五七号一頁（一九九四年二月）

212 倉田卓次＝谷口安平＝田原睦夫＝福永有利＝松本博之＝山本克己「〈座談会〉民事訴訟手続に関する改正要綱試案の検討」民商一一〇巻四・五号五九一頁（一九九四年八月）

213 伊藤眞＝三宅省三＝田原睦夫＝石黒省吾「〈座談会〉倒産処理実務の現状と問題点」金法一四七五号六頁（一九九七年二月）

214 学会発言・民事訴訟法学会ミニ・シンポジウム「訴訟手続きにおける合意」民訴四三号一一三頁（一九九七年四月）

215 青山善充＝伊藤眞＝竹下守夫＝福田剛久＝柳田幸三＝鈴木正裕＝田原睦夫「〈研究会〉新民事訴訟法をめぐって」（第七〜九回）ジュリ一一一〇号一三一頁、一一一二号一〇九頁、一一一五号一一一頁、青山＝伊藤＝竹下＝福田＝柳田＝田原＝高田裕成（第一〇〜一三回）ジュリ一一一六号九五頁、一一一七号一五五頁、一一一八号八五頁、一一二〇号一〇五頁（一九九七年四〜一〇月）（『〈研究会〉新民事訴訟法——立法・解釈・運用』ジュリ増刊一九九九年一一月号）

216 青山善充＝伊藤眞＝菅原胞治＝田原睦夫＝広瀬寿勇＝松嶋英機「〈座談会〉倒産法改正に何を望むか」ジュリ一一一一号六頁（一九九七年五月）

217 学会発言・金融法学会シンポジウム「抵当権の賃料債権に対する物上代位」金融法研究一四号一一二頁（一九九八年四月）

218 学会発言・民事訴訟法学会国際シンポジウム「倒産処理制度の理念と発展」民事訴訟法学会編『民事訴訟法・倒産法の現代的潮流』二七五頁（信山社・一九九八年四月）

219 故林良平先生追悼シンポジウム「破産から更生へ——末野興産の場合」『倒産法制の課題と展望』近畿大学法学四六巻四号一二一頁（一九九九年三月）

220 伊藤眞＝田原睦夫＝松下淳一＝村田利喜弥＝山田誠一「〈座談会〉サービサー法の制定と新しい根抵当・競売制度」ジュリ一一五二号一〇六頁（一九九九年三月）

221 学会発言・日本民事訴訟法学会五〇周年記念シンポジウム「民事保全の理論と実務」「担保権の倒産法における処遇」民訴四六号七四頁、二一九頁（二〇〇〇年三月）

222 小澤一郎＝熊田士朗＝園尾隆司＝田原睦夫＝多比羅誠＝山本克己「〈座談会〉東京・大阪・名古屋地裁での民事再生法への取組(上)(下)」判タ一〇二四号四頁、一〇二五号四頁（二〇〇〇年五月）

223 伊藤眞＝高橋宏志＝田原睦夫＝林道晴＝松下淳一＝深山卓也＝（ゲスト）竹下守夫「〈研究会〉民事再生法──立法・解釈・運用」（第一回）ジュリ一一八二号二六頁、（ゲスト）山本克己（第二～五回）ジュリ一一八四号七〇頁、一一八七号七四頁、一一八九号七八頁、一一九三号八二頁、（ゲスト）鎌田薫＝福永有利（第六、七回）ジュリ一一九六号一〇四頁、一一九九号六四頁、（ゲスト）岩原紳作（第八回）ジュリ一二〇一号一二〇頁、（第九～一一回）ジュリ一二〇四号五四頁、一二〇五号一一〇頁、一二〇七号一三四頁、（ゲスト）山本和彦（第一二、一三回）ジュリ一二一〇号一二六頁、一二一三号九六頁（ゲスト）始関正光＝山本和彦（第一四、一五回）ジュリ一二一五号一二六頁、一二一六号一二三頁（二〇〇〇年七月～二〇〇二年二月）〔『〈研究会〉民事再生法逐条研究──解釈と運用』ジュリ増刊二〇〇二年一二月号〕

224 園尾隆司＝田原睦夫＝松嶋英機＝三上徹＝蓑田孝行＝森宏司＝山本克己「〈座談会〉民事再生法の検証と課題」債管九二号一〇八頁（二〇〇一年四月）

225 学会発言・私法学会シンポジウム「倒産手続と民事実体法」私法六三号七八頁（二〇〇一年四月）

226 シンポジウム討論司会・高木新二郎＝伊藤眞編『民事再生手続運用の実情──施行一年間の実績をふまえて』別冊NBL六五号（二〇〇一年一一月）

227 「民事再生法の運用と実務」財団法人民事紛争処理研究基金『企業活動と紛争（基金設立記念講演集(2)）』（二〇〇一年一一月）

228 小松陽一郎＝森宏司＝田原睦夫＝木内道祥「〈座談会〉最近の大阪地裁の倒産実務について──民事再生・個人再生・破産（小規模管財）・会社更生手続全般にわたって」銀法六〇五号六頁（二〇〇二年六月）

229 シンポジウム司会「事業再生機構シンポジウム　会社更生法の改正」別冊NBL七〇号四頁（二〇〇二年八月）

230 民事訴訟法学会シンポジウム「倒産実体法の改正」（報告・非典型担保の処遇）民訴四九号八九頁（二〇〇三年三月）

231 片山英二＝（司会）田原睦夫＝堂園昇平＝松下淳一＝三上徹＝深山卓也「〈座談会〉改正会社更生法と金融実務(上)

(下)」金法一六七四号五五頁、一六七五号三二頁（二〇〇三年五月）

232 伊藤眞＝田原睦夫＝花村良一＝松下淳一＝深山卓也＝山本和彦＝（ゲスト）竹下守夫「〈研究会〉新会社更生法」（第一回）ジュリ一二五二号九〇頁、（ゲスト）岩原紳作（第二回）ジュリ一二五四号一四二頁、（ゲスト）福永有利（第三、四回）ジュリ一二五六号九二頁、一二六〇号一六六頁、（ゲスト）山本克己（第五回）ジュリ一二六一号九〇頁、（第六回・完）ジュリ一二六四号八四頁（二〇〇三年九月～二〇〇四年三月）〔「〈研究会〉会社更生法の基本構造」ジュリ増刊二〇〇五年五月号〕

233 岡正晶＝小川秀樹＝川田悦男＝（司会）田原睦夫＝三上徹＝山本和彦「〈座談会〉新しい破産法と金融実務(上)(下)」金法一七一三号九頁、一七一四号三九頁（二〇〇四年七、八月）

234 （コーディネーター）田原睦夫＝（パネリスト）大竹たかし＝林圭介＝野田弘明＝多比羅誠＝木内道祥＝（コメンテーター）本間靖規「シンポジウム裁判実務からみた新破産法」債管一〇七号二〇頁（二〇〇五年一月）

235 小川秀樹＝川田悦男＝田原睦夫＝三上徹＝山本克己「〈座談会〉新破産法と否認の実務(上)(中)(下)」金法一七二九号二九頁、一七三〇号一八頁、一七三一号二八頁（二〇〇五年二月）

236 伊藤眞＝小川秀樹＝田原睦夫＝花村良一＝松下淳一＝山本和彦「〈研究会〉新破産法の基本構造と実務」（ゲスト）竹下守夫（第一、二回）ジュリ一二八四号七〇頁、一二八六号四六頁、（ゲスト）福永有利（第三～五回）一二八八号七六頁、一二九二号一三四頁、一二九四号一〇八頁、（第六回）一二九六号一二六頁、（ゲスト）福永有利（第七～九回）一二九八号九六頁、一三〇〇号七八頁、一三〇二号一二二頁、（ゲスト）福永有利＝沖野眞已（第一〇回）一三〇六号一三四頁、（ゲスト）沖野眞已（第一一～一五回）一三〇八号九八頁、一三一〇号六〇頁、一三一一号一二六頁、一三一二号一〇〇頁、一三一四号九六頁、（ゲスト）山本克己〔伊藤眞は欠席〕（第一六～一九回）一三一五号一七〇頁、一三一六号一二四頁、一三一八号一五八頁、一三二一号一七六頁、（ゲスト）山本克己（第二〇回）一三二三号一四〇頁（二〇〇五年二月～二〇〇六年一一月）〔『新破産法の基本構造と実務』ジュリ増刊二〇〇七年一二月号〕

237 学会発言「民事手続と弁護士の行動指針」民訴五二号一〇五頁（二〇〇六年三月）

238 東京弁護士会倒産法部倒産法改正研究会（大阪）主催シンポジウム「倒産法改正の展望と提言」（閉会の辞）NBL九七八号二三頁（二〇一二年六月）

239 シンポジウム「債権法の未来像」（会場からのコメント）NBL九八〇号二七頁（二〇一二年七月）

240 六〇周年記念シンポジウム「債権法の未来像」（パネルディスカッション会場からのコメント）法支一六六号九六頁（二〇一二年一〇月）

Ⅳ 書籍

241 東西倒産実務研究会編『和議』（共筆）（商事法務研究会・一九八八年九月）

242 東西倒産実務研究会編『会社更生・会社整理』（共筆）（商事法務研究会・一九八九年二月）

243 東西倒産実務研究会編『破産・特別清算』（共筆）（商事法務研究会・一九八九年九月）

244 『実践　担保の取り方・生かし方』（監修・著）（民事法情報センター・一九九四年九月）

245 滝井繁男＝田原睦夫＝清水正憲編『論点・新民事訴訟法』（判例タイムズ社・一九九八年六月）（同書中「同時審判申出共同訴訟」八七頁、「文書提出命令の審理手続」二八七頁執筆）

246 才口千晴＝田原睦夫＝林道晴執筆者代表『民事再生手続の運用モデル――手続の流れの理解のために』（法曹会・二〇〇〇年二月）

247 才口千晴＝田原睦夫＝園尾隆司＝小澤一郎＝加藤哲夫＝松下淳一編『民事再生法の理論と実務(上)』（ぎょうせい・二〇〇〇年一〇月）（同書中「民事再生法の理念と主要な特徴」一頁執筆）

248 伊藤眞＝才口千晴＝瀬戸英雄＝田原睦夫＝山本克己編『注釈民事再生法』（金融財政事情研究会・二〇〇〇年一一月）（同書中「第一七四～一八一条」四九一～五一二頁執筆）

249 『個人再生手続マニュアル』（日本弁護士連合会倒産法改正問題検討委員会編）（商事法務研究会・二〇〇一年二月）

250 才口千晴＝田原睦夫＝林道晴執筆者代表『民事再生手続の運用モデル――補訂版』（法曹会・二〇〇二年四月）

251 伊藤眞＝才口千晴＝瀬戸英雄＝田原睦夫＝桃尾重明＝山本克己『注釈民事再生法（新版）㊤㊦』（金融財政事情研究会・二〇〇二年六月）〔同書中「第一七四～一八一条、二二九条」六二一～八四頁、三三四～三三九頁執筆〕

252 事業再生研究機構財産評定委員会編（委員長）『新しい会社更生手続きの「時価」マニュアル』（共著・監修）（商事法務・二〇〇三年七月）

253 事業再生研究機構編『新会社更生法の実務』（共著）（商事法務・二〇〇三年七月）

254 日本弁護士連合会倒産法制検討委員会編〔執筆協力〕『要点解説・新破産法』（商事法務・二〇〇四年一〇月）

255 伊藤眞＝田原睦夫監修・全国倒産処理弁護士ネットワーク編『新注釈民事再生法㊤㊦』（金融財政事情研究会・二〇〇六年一一月）

256 伊藤眞＝岡正晶＝田原睦夫＝林道晴＝松下淳一＝森宏司『条解　破産法』（弘文堂・二〇一〇年二月）

Ⅰ　倒産関係事件

一　破産事件

⑴　破産管財人

一九七三年に建設資材関係会社の破産管財人に就任したのを始めとして全部で三二件に就任。主要な破産事件は次のとおり。

1　「カナタニ商会」（一九七八年）。カメラ類の大型安売り小売店。

2　「ミツワ丸三㈱」（一九八一年）。船場の商社、在庫商品が相当額で売却でき、また不動産が高価格で売却できたところから一〇〇％配当実施（管財人は、当時の共同事務所のパートナー四名）。

3　「オリオンパーツ商会」（一九八一年）。中堅の自動車部品会社。整理屋の関与の下に私的整理が先行したところ、債権者申立てにより破産宣告。

4　「泰和商事㈱」（一九八五年）。中堅の紙問屋。自己破産申立て、その取下げが繰り返され、三度目の準自己破産申立ての審尋後即破産宣告。

5　「㈱日証」（一九八六年）。消費者相手の無免許での証券売買取引業者（大阪を本拠とし、東北・九州地方にも多数の債権者がいた）。

6　「日本化学技術㈱」（一九八七年）。中堅の石油関連プラント設計会社。会社側は、M&Aによる強制和議を模索していたが、主要技術者が四散して破産手続続行。

7　「コスモポリタン㈱」（一九八八年）。株の仕手筋。不動産の地上げや中目黒の雅叙園を支配下に置くなどして一時マスコミの社会面で話題になったが、ブラック・マンデーの余波を受けて破綻。同社の代表者は同年八月に行方不明に。

資金の流れが不透明であり、また、一〇万坪余の開発計画中の山林を含む不動産約六〇物件あり。

8 「小山土木工業㈱」（一九九三年）。関西新空港の埋立工事で事業を拡大し過ぎて破綻した土木建設請負業者。代表者が刑事事件で勾留中で、帳簿類が押収されていた。なお、同埋立工事用に用いられていた六〇トンダンプカーや五〇トン大型トラクター等の売却処理に難渋。

9 「末野興産㈱」（一九九六年）（相管財人出水順弁護士、四宮章夫弁護士）。旧住専の大口融資先の一社で、住宅債権管理機構の申立てに係る最初の破産事件であり、破産宣告時にグループ企業が所有していた賃貸物件は約一五〇件、テナント総数五三〇〇余に及んでいた。

同事件は、その後会社更生手続に移行した。

⑵ 破産申立代理人

消費者破産事件を除き約四〇件。

中にはその申立手続中に、工場の管理人が脅されて主要な大型機械が搬出されたり、アセスレンガスで入口の鉄扉を溶接していたのを破られて在庫の資材や機械が搬出され、あるいは債権者の激しい追込みを受けた事案もある。

二　和議事件

⑴ 和議申立代理人

一九七五年から一九九三年まで八件。

そのうちには、弁済禁止の保全処分を得たうえで、大口債権者による債権者委員会を組織し、数百社にのぼる小口債権者とは順次和解のうえ、最後は和議申立てを取り下げて大口債権者のみの私的整理に移行した件もある。取り下げせずに和議が成立した五件は、いずれも曲がりなりにも和議条件の履行を完了した。

(2) **和議整理委員**

一九八〇年から一九八六年まで四件。

三　会社整理事件

(1) **会社整理申立代理人**

一九八三年から一九九七年まで六件。

中には弁護士登録抹消後に終結に至った事件もあるが、いずれも曲がりなりにも終結に至っている。

(2) **会社整理管理人**

「大和都市管財㈱」（二〇〇一年）。抵当証券を発行して資金を調達し、グループ会社（ゴルフ場運営会社四社、飲食店経営会社、小口金融業者等）に、資金を供給していた。

商法三八一条二項の監督官庁の通告、裁判所の職権により開始され、かつ同法三九八条により管理命令が発令された最初にして最後の事件。管理命令発令時には、ゴルフ場の預託金会員も債権者に含まれていたため、債権者総数は約一・八万人に及んだが、整理計画立案までにゴルフ場は全て売却したところから、最終的には債権者総数は約一・二万人となった。

なお、多種類の金融商品が販売されており、中間配当実施や債権者の受継手続が想定されたところから、債権表のソフト開発に苦労した。

四　民事再生事件

(1)　民事再生申立代理人

二〇〇〇年一一月以降七件。

そのうち主要な事件は次のとおり。

1　「富士車輌㈱」（二〇〇一年）。大証一部上場の鋼材組立て各種機械製造の名門企業。

2　「㈱藤三商会」（二〇〇三年）。京都に本店を置く全国規模のアイスクリーム卸売業（月商一〇〇億円、従業員約一五〇〇人）。産業再生機構肝入りの案件で多額の協調融資が行われたが、支援企業との交渉がまとまらないうちに資金繰りが続かず、申立て後約一カ月余で再建を断念、破産へ。

(2)　監督委員

「高橋ビルディング㈱」（二〇〇〇年）。大阪の名門のビル所有・管理会社。監督委員としてＲＣＣを相手方とする否認の請求をし、訴訟となり勝訴した。

(3)　その他

「日本コーリン㈱」の大株主で元経営者が同社の再生手続に不服を主張する事案で、再生計画認可決定が取り消された事例の元経営者の代理人（東京高決平16・6・17金商一一九五号一七頁）。

五　会社更生事件

(1) 申立代理人

一九七七年以降四件。
主要事件は次のとおり。

1 「第一レース㈱」（一九七七年）。京都の名門企業、人工皮革の開発投資に失敗して破綻。

2 「第一紡績㈱」（一九九二年）。紡績業界の基盤沈下の下で破綻。

(2) 更生管財人

1 「太陽鉄工㈱」ほか六社（一九九三年）。油空圧機器、各種機械メーカー。全国に一〇工場、六〇支社・営業所があった。年商三五〇億円、従業員二三〇〇人。ほかに関連会社一〇社あり。油圧機器部門では日本のトップメーカーで、取引先に一部上場企業多数。過剰設備投資で破綻。一社・一工場を分離して別途の更生計画案を立て、五工場を売却し、四工場、約九〇〇人体制で再建（その後、繰上げ弁済）。

2 「末野興産㈱」ほか一社（一九九八年）。前記一(1)9の破産事件から更生事件に移行したものである。更生手続開始決定時、関連会社はパチンコ屋、ラブホテル等を含め三六社あり、相当件数の不動産がそれら関連会社の所有名義となっていたところから、それら各社を順次破綻処理する必要があった。債務総額は、更生債権一兆六五六億円、その他九〇億円。資産総額一一三四億円であった。

3 「スポーツ振興㈱」ほか一七社（二〇〇二年）。ゴルフ場二八カ所、ホテル二カ所（沖縄県にリゾートホテル、大阪市にビジネスホテル）を経営。債権者総数六万人余。更生手続中に四社・四ゴルフ場がグループから分離し、独自に民事再生手続の申立て。残余の一四社で更生計画案立案。更生担保権約一二一〇億円。一般更生債権二三六〇億円、総資産一九〇億円。

4　「京都交通㈱」（二〇〇四年）。京都市内と京都府北部を結ぶ路線バス事業会社。事業管財人の引受け手が全くなく、事業面を含め全ての管財業務を担当する。京都府北部と南部に分けて、それぞれ既存のバス事業者に譲渡する更生計画を立案したが、更生計画案可決のためには労働債権についても大幅な譲歩を求めざるをえなかった。

5　「シンコー㈱」ほか一社（二〇〇五年）。ゴルフ場六カ所を経営。スポンサー企業を公募し、応募した各社から具体的な再建案の提示を受けて、スポンサー企業グループの傘下で更生計画案を立案。

六　特別清算事件

多数手掛けているが、主要な案件は次の二件である。

1　「京都証券㈱」（一九七八年）。京都証券取引所とその他の証券取引所の繋ぎ取引を主要業務とする会社。同社の解散は即同取引所の閉鎖に繋がることから労働争議を伴い、その解決に時間を要した。

2　「豊秀興産㈱」（旧松下興産㈱）（二〇〇五年）。松下グループの不動産事業会社。不動産バブルの崩壊の下、多額の国内不動産投資、海外投資を順次整理し、最終的に事業を売却し、その代金でもって金融債権者を対象に特別清算を実施した事案。

七　私的整理等

(1)　私的整理

多数関与しているが主要なものとしては以下の事案がある。

1　京都室町繊維業者の事案

一九七四〜一九七七年頃、わが国の和服卸問屋の中核を担っていた京都室町繊維卸問屋で破綻する中堅業者が相次いだが、当時は大手の納入先業者が債権者委員会を組織し、債権届を受け付け、債権調査、在庫商品の売却、売掛金の回収・管理、配当等を行ったが、規模がそれなりに大きかったところから、弁護士の関与が求められ、債務総額一〇億円を超える複数の事案の債権者委員会の代理人として関与した。

2 「京都ロイヤルホテル㈱」（一九九九年）。西武グループのホテル。同グループの解体に伴う処理。金融機関と交渉を重ね、最終的に二〇〇一年に事業譲渡して清算。

3 「木下商事㈱」（二〇〇〇年）。京都に本店を置く大手のワイン輸入・卸商社。バブル期に金融機関からの借入金で金融商品を購入して破綻。グループ会社の解散、整理、事業譲渡等により整理。

(2) 私的整理ガイドラインによる整理

「共和水産㈱」（二〇〇五年）。境港市に本店を置く日本海側最大規模のトロール漁船団を所有する会社。鰯漁が自然の変化でピークの一〇％弱にまで落ち込む下で経営に行き詰まり、私的整理ガイドラインの適用を申請。そのアドバイザーを担当。

Ⅱ　経済関係事件

倒産関係以外の主要な経済関係案件として以下のものがある。

一　M＆A関係

M＆Aに係る法務DDや契約書作成には、一九八九年に初めて関与して以来、二〇〇六年までに大小取り混ぜ合計一二六件に関与している。

中には上場企業、あるいはその子会社を双方の当事者とするものも含まれていた。

二　スポンサー候補としての競合事件

1　更生会社のスポンサー候補競合事件。

「中山鋼業㈱」が一九九九年に更生手続開始決定を受け、そのスポンサー候補として名乗りを上げた共栄製鋼㈱の代理人として、スポンサー就任に向けてのアドバイザーとなり最終的に同社がスポンサーになる。

2　民事再生会社のスポンサー候補競合事件。

二〇〇五年某食品中堅企業が民事再生手続開始決定を受け、スポンサー候補企業が競合し、ある会社のアドバイザーとなる（最終的に同社は候補を辞退した）。

三　その他

1　代表取締役、取締役職務代行

小規模な事件で二件。

2　「日本ドリーム観光㈱」株主総会検査役（一九八八年）

3　「松下興産㈱」会社分割等（二〇〇二年）

4　㈱ダイエー再建ファンドアドバイザー（二〇〇三年）

Ⅲ　その他の民事事件

その他の民事事件の主要なものとしては、以下の事案がある。

一　集団訴訟

1　大阪国際空港公害訴訟（第一次〜第四次）（一九七〇年〜一九八〇年）。
2　未熟児網膜症訴訟（大阪）（一九七六年）

二　個別紛争

1　大覚寺紛争（一九七七年）
2　京都仏教会vs京都市（一九八三年）
3　大阪タクシー協会vsＭＫタクシー（一九八九年）
4　東京佐川急便事件（一九九一年）
5　尾上縫破産管財人vs興銀（一九九三年）
6　安田信託vs兵銀リースほか（一九九八年）
7　佐川急便㈱商業登記簿改竄事件（二〇〇二年）

Ⅳ　刑事事件

国選事件を中心として約二〇〇件。

一　無罪事件――三件

信号無視、暴行（構成要件に該当せず）、心中未遂（育児ストレス、心神喪失）。

二　主文中一部無罪

強姦、障害、窃盗。

三　死刑事件

大阪電解殺人事件（共犯と二人殺害、実質強殺事件）（一九七四年）――一審は国選、控訴審は先輩弁護士が国選、上告審は同弁護士と共に無料で受任。

四　著名事件

1　大阪タクシー汚職事件（控訴審、上告審）（一九七九年）

2　イトマン事件河村被告人主任弁護人（一九九一年受任、一九九六年辞任）

五　その他

1　特別案件事件（被告人との信頼関係に困難を伴う国選事件）――三件

2　国選の脱税事件――二件

年譜

［学歴］

一九六六年　九月　司法試験第二次試験合格
一九六七年　三月　京都大学法学部卒業

［職歴］

一九六七年　四月　司法修習生（第二一期）
一九六九年　四月　司法修習終了
一九六九年　四月　弁護士名簿登録、大阪弁護士会入会
二〇〇六年一〇月　最高裁判所判事就任に伴い弁護士登録抹消
二〇一三年　五月　弁護士名簿登録、大阪弁護士会入会
至現在

［日本弁護士連合会関係］

自　一九七六年　六月　至　一九七七年　五月　公害対策委員会委員
自　一九七九年　六月　至　一九八四年　四月　同上
一九八三年　五月　同委員会副委員長
自　一九八九年　五月　至　一九九一年　四月　司法制度調査会委員
自　一九九一年　二月　至　一九九七年　五月　民事訴訟法改正問題検討委員会に法制審議会に民事訴訟部幹事として出席

自　一九九七年　六月　至　二〇〇五年　三月　倒産法制検討委員会に法制審議会倒産法部会委員として出席
自　二〇〇五年　五月　至　二〇〇六年一〇月　同委員会委員
自　二〇〇五年　五月　至　二〇〇六年一〇月　司法制度調査会副委員長

［大阪弁護士会関係］

一九七六年四月　公害対策委員会副委員長
一九七七年四月　常議員
一九八〇年四月　非弁護士活動取締委員会副委員長
一九八四年四月　司法修習委員会副委員長
一九八五年四月　同上
一九八七年四月　常議員
一九八八年四月　常議員
自　一九八九年　四月　至　二〇〇六年一〇月　司法委員会委員（一九八九年四月、一九九〇年四月は同副委員長）
自　一九九一年　四月　至　一九九七年　三月　民事訴訟法改正問題特別委員会委員（一九九一年四月から一年は同副委員長）
自　一九九七年　七月　至　二〇〇五年　三月　倒産法改正問題検討特別委員会委員
自　二〇〇五年　四月　至　二〇〇六年一〇月　司法委員会委員長

［公職等］

自　一九八七年　四月　至　一九八八年　三月　立命館大学法学部非常勤講師（民訴法Ⅱ）
自　一九九〇年　八月　至　一九九六年　八月　法制審議会民事訴訟法部会幹事

自　一九九五年一一月　至　二〇〇一年　八月　最高裁判所民事規則制定諮問委員会幹事
自　一九九六年一〇月　至　二〇〇五年　三月　法制審議会倒産法部会委員
自　一九九七年一〇月　至　一九九八年　三月　京都大学大学院法学研究科非常勤講師（企業法務）
自　一九九八年　四月　至　一九九九年　三月　同　客員教授（企業法務）
自　一九九八年　五月　至　二〇〇四年　五月　日本民事訴訟法学会理事
自　二〇〇〇年　四月　至　二〇〇一年　三月　同志社大学大学院法学研究科非常勤講師（企業法務）
自　二〇〇一年　八月　至　二〇〇五年　七月　最高裁判所民事規則制定諮問委員会委員
自　二〇〇二年　二月　至　二〇〇六年一〇月　事業再生研究機構理事
自　二〇〇三年　六月　至　二〇〇六年一〇月　財団法人民事紛争処理研究基金評議員
自　二〇〇三年　六月　至　二〇〇六年一〇月　全国倒産処理弁護士ネットワーク理事長

［弁護士業務に関連しない職務］

㈶油空圧機器技術振興財団理事（一九九五年五月～二〇〇六年一〇月）
㈶佐川美術館監事（一九九八年一月～二〇〇六年一〇月）
㈶冷泉家時雨亭文庫評議員（二〇〇三年六月～二〇〇六年一〇月）
㈻関西医科大学監事（二〇〇六年六月～二〇〇六年一〇月）
佐川ホールディングス㈱社外取締役（二〇〇六年三月～二〇〇六年一〇月）

田原睦夫先生 古稀・最高裁判事退官記念論文集
現代民事法の実務と理論（下巻）

平成25年6月27日　第1刷発行

編　者　一般社団法人金融財政事情研究会
発行者　倉　田　　勲
印刷所　図書印刷株式会社

〒160-8520　東京都新宿区南元町19
発　行　所　**一般社団法人 金融財政事情研究会**
編 集 部　TEL 03(3355)2251　FAX 03(3357)7416
販　　売　**株式会社 き ん ざ い**
販売受付　TEL 03(3358)2891　FAX 03(3358)0037
URL http://www.kinzai.jp/

ISBN978-4-322-12345-6
ISBN978-4-322-12148-3（セット）
〈分売不可〉